Dr. Oetker

1000 Landfrauenrezepte

Dr. Oetker

1000 Landfrauenrezepte

Dr. Oetker Verlag

Die besten Landfrauenrezepte

Wo wird mit viel Liebe, einem Blick auf die Tradition und großer Kreativität gekocht und gebacken?

Auf dem Lande natürlich. Da gibt es nicht nur am Sonntag leckere Gerichte und Gebäcke frisch vom Herd und aus dem Backofen.
Die Rezepte der Landfrauen sind oft regionale Köstlichkeiten, die sich in der Familie weitervererbt haben, oder pfiffige neue Kreationen, die oft ganz nebenbei entstehen.
Hier kennt die Landfrau den Landwirt, den Fischer, den Jäger oder den Metzger noch persönlich. So werden heimische Produkte von bester Qualität verarbeitet, das Gemüse der Saison zubereitet und Spezial-Rezepte vom Lande serviert.
In diesem Buch finden sich wiederentdeckte und neu entwickelte Rezepte, Bewährtes und fast Vergessenes, Heimisches und Rezepte aus den Nachbarländern, die den Weg über die Grenzen gefunden haben. Herausgekommen ist eine herzhafte, deftige und unverfälschte Küche vom Lande.
Ob Gerichte oder Gebäck für Festtage oder besondere Anlässe oder „Unter-der-Woche-Rezepte“, ob Lieblingsrezepte für die Kleinen oder Gerichte mit Schuss für die Großen – mit diesem Buch sind Sie für die gemütliche Gästerunde zu Hause, Kindergeburtstage, Familienfeiern und Pfarr- und Sportfeste bestens gerüstet.

Alle Rezepte wurden von uns nachgekocht und -gebacken und Schritt für Schritt so beschrieben, dass sie garantiert gelingen.

Kapitelübersicht

Kapitel 01

Rezepte 001–100

Suppen und Eintöpfe

Fenchel-Zitronen-Suppe mit Lachs

Fenchel-Zitronen-Suppe mit Lachs

4 Portionen

Zubereitungszeit: 30 Minuten
Garzeit: etwa 20 Minuten

2 Fenchelknollen
3 Möhren
2 mehligkochende Kartoffeln (250 g)
1 EL Olivenöl
750 ml (3/4 l) Gemüsebrühe
2 Lorbeerblätter
1 gestr. TL Currypulver
1 Bio-Zitrone
(unbehandelt, ungewachst)
200 g frischer Lachs
Salz
1 Msp. gemahlener Piment
5 Stängel glatte Petersilie

Pro Portion:
E: 13 g, F: 6 g, Kh: 13 g,
kJ: 690, kcal: 165

1. Vom Fenchel etwas Fenchelgrün abzupfen, abspülen, trocken tupfen und zum Garnieren beiseitelegen. Vom Fenchel die Stiele dicht oberhalb der Knollen abschneiden. Knollen abspülen, abtropfen lassen und halbieren. Möhren putzen und schälen. Kartoffeln waschen und schälen. Fenchel, Möhren und Kartoffeln abspülen, abtropfen lassen und in kleine Würfel schneiden.

2. Olivenöl in einem Topf erhitzen. Gemüse- und Kartoffelwürfel unter Rühren darin andünsten. Gemüsebrühe, Lorbeerblätter und Curry hinzufügen, umrühren. Die Suppe etwa 15 Minuten kochen lassen, dann Lorbeerblätter entfernen.

3. In der Zwischenzeit Zitrone heiß abwaschen, abtrocknen, die Hälfte der Schale abreiben und beiseitelegen. Zitrone halbieren und den Saft auspressen.

4. Lachs kurz unter fließendem kalten Wasser abspülen, trocken tupfen und in etwa 1 cm große Würfel schneiden. Lachswürfel mit Zitronensaft beträufeln, mit Salz und Piment bestreuen.

5. Zitronenschale in die Suppe rühren. Suppe fein pürieren und nochmals aufkochen lassen. Lachswürfel in die Suppe geben und etwa 5 Minuten bei schwacher Hitze gar ziehen lassen. Suppe evtl. nochmals mit Salz, Curry und Piment abschmecken.

6. Petersilie abspülen und trocken tupfen. Die Blättchen von den Stängeln zupfen. Petersilienblättchen und beiseitegelegtes Fenchelgrün klein schneiden. Die Suppe mit den Kräutern bestreut servieren.

Erbsensuppe mit Würstchen

4 Portionen

Zubereitungszeit: 15 Minuten
Garzeit: etwa 25 Minuten

250 g mehligkochende Kartoffeln
2 Zwiebeln
2–3 EL Speiseöl
450 g TK-Erbsen
oder frische, vorbereitete Erbsen
1 l Wasser
etwa 2 geh. TL gekörnte Brühe
1 TL gerebelter Majoran
Salz
frisch gemahlener Pfeffer
1 EL Zucker
4 Wiener Würstchen

evtl. 1–2 EL gehackte Minze

Pro Portion:
E: 17 g, F: 21 g, Kh: 27 g,
kJ: 1535, kcal: 366

1. Kartoffeln waschen, schälen, abspülen, abtropfen lassen und grob würfeln. Zwiebeln abziehen und ebenfalls grob würfeln. Speiseöl in einem Topf erhitzen. Zwiebel- und Kartoffelwürfel darin unter Rühren andünsten. Frische oder gefrorene Erbsen unterrühren. Wasser und gekörnte Brühe hinzugeben. Die Zutaten zum Kochen bringen und zugedeckt etwa 25 Minuten bei mittlerer Hitze kochen lassen.
2. Die Suppe mit gekörnter Brühe, Majoran, Salz, Pfeffer und Zucker abschmecken.
3. Würstchen in Scheiben schneiden, in die Suppe geben und kurz erhitzen. Die Suppe evtl. mit gehackter Minze garniert servieren.

Bologneser Reistopf

8–10 Portionen

Zubereitungszeit: 40 Minuten
Garzeit: etwa 30 Minuten

5 EL Speiseöl
1 1/2 kg Gehacktes
(halb Rind-, halb Schweinefleisch)
5 mittelgroße Zwiebeln
Salz
frisch gemahlener Pfeffer
Paprikapulver edelsüß
gerebelter Oregano
500 g Langkornreis
70 g Tomatenmark
1 1/2 l Fleischbrühe
je 1 rote und gelbe Paprikaschote
300 g TK-Erbsen

Pro Portion:
E: 39 g, F: 33 g, Kh: 52 g,
kJ: 2789, kcal: 666

1. Jeweils die Hälfte des Speiseöls in einem großen Topf erhitzen. Gehacktes darin in 2 Portionen unter ständigem Rühren anbraten. Dabei die Fleischklümpchen mit einer Gabel zerdrücken.
2. Die Zwiebeln abziehen, halbieren, in kleine Würfel schneiden, zu dem angebratenen Gehackten geben und mitdünsten lassen. Mit Salz, Pfeffer, Paprika und Oregano würzen.
3. Reis hinzufügen und kurz mit andünsten. Tomatenmark unterrühren. Brühe hinzugießen. Die Zutaten zum Kochen bringen und zugedeckt etwa 20 Minuten bei schwacher Hitze kochen lassen.
4. In der Zwischenzeit die Paprikaschoten halbieren, entstielen, entkernen und die weißen Scheidewände entfernen. Schotenhälften abspülen, abtropfen lassen und in kleine Würfel schneiden.
5. Paprikawürfel und gefrorene Erbsen in den Reistopf geben und wieder zum Kochen bringen. Reistopf weitere etwa 10 Minuten bei schwacher Hitze garen lassen. Mit Salz, Pfeffer und Paprika abschmecken, evtl. noch etwas Wasser hinzufügen.

Erbsensuppe mit Würstchen

Bologneser Reistopf

Fenchelsuppe mit Knoblauchbrot

4 Portionen

Zubereitungszeit: 25 Minuten
Garzeit: etwa 20 Minuten

Für die Suppe:
3–4 Schalotten (etwa 100 g)
2–3 Fenchelknollen (etwa 800 g)
2 EL Olivenöl
1 l Gemüsebrühe
Salz, frisch gemahlener Pfeffer

Für das Knoblauchbrot:
1 Knoblauchzehe
1 kleines Weißbrot,
z. B. Ciabattine (etwa 100 g)

1–2 EL gehackte Petersilie

Pro Portion:
E: 7 g, F: 7 g, Kh: 18 g,
kJ: 687, kcal: 164

1. Für die Suppe Schalotten abziehen und klein würfeln. Von den Fenchelknollen die Stiele dicht oberhalb der Knollen abschneiden, dabei etwas Fenchelgrün abzupfen und beiseitelegen. Dunkle Stellen entfernen. Die Knollen waschen, abtropfen lassen, vierteln und in Streifen schneiden.

2. Olivenöl in einem Topf erhitzen. Schalottenwürfel darin unter gelegentlichem Rühren andünsten. Fenchelstreifen hinzugeben und unter Rühren 2–3 Minuten mit andünsten. Brühe hinzugießen. Mit Salz und Pfeffer würzen. Die Zutaten zum Kochen bringen und zugedeckt etwa 20 Minuten bei schwacher Hitze leicht köcheln lassen. Die Suppe mit einem Stabmixer fein pürieren.

3. Den Backofen vorheizen.
Ober-/Unterhitze: etwa 200 °C
Heißluft: etwa 180 °C

4. In der Zwischenzeit für das Knoblauchbrot Knoblauch abziehen und halbieren. Das Brot in 12 dünne Scheiben schneiden. Brotscheiben auf einem Rost verteilen und in den vorgeheizten Backofen schieben. Die Brotscheiben von jeder Seite etwa 3 Minuten leicht bräunen.

5. Die Brotscheiben vom Rost nehmen und mit den Knoblauchhälften einreiben.

6. Beiseitegelegtes Fenchelgrün abspülen, trocken tupfen und klein schneiden. Die Fenchelsuppe nochmals erwärmen. Mit Salz und Pfeffer abschmecken.

7. Die Fenchelsuppe in Suppentassen anrichten. Mit Fenchelgrün und Petersilie bestreuen. Das Knoblauchbrot dazureichen.

Fenchelsuppe mit Knoblauchbrot

Gemüsebrühe mit Zwiebelflädle

4 Portionen

Zubereitungszeit: 30 Minuten, ohne Quellzeit
Garzeit: Brühe etwa 60 Minuten

1 große Zwiebel
150 g Möhren
2 Stangen Porree (Lauch)
150 g Knollensellerie
1 l Wasser
1 gestr. TL Meersalz
1/2 TL gemahlener Pfeffer
1 Lorbeerblatt

Für die Zwiebelflädle:
100 g Vollkorn-Weizenmehl
1 Ei (Größe M)
1 Eigelb (Größe M)
125 ml (1/8 l) Milch
frisch geriebene Muskatnuss
Salz, frisch gemahlener Pfeffer
2 Frühlingszwiebeln
4 EL Sonnenblumenöl

1 Bund Schnittlauch

Pro Portion:
E: 9 g, F: 17 g, Kh: 24 g,
kJ: 1233, kcal: 294

1. Die Zwiebel abziehen und grob hacken. Möhren putzen, schälen, abspülen, abtropfen lassen und in Scheiben schneiden.

2. Porree putzen, die Stangen längs halbieren, gründlich waschen, abtropfen lassen, in Streifen schneiden. Den Sellerie schälen, in Stücke schneiden, abspülen und abtropfen lassen. Das Gemüse in einen Topf geben. Mit Wasser aufgießen. Salz, Pfeffer und Lorbeerblatt hinzugeben. Die Zutaten zum Kochen bringen und knapp 1 Stunde köcheln lassen. Die Brühe durch ein Sieb gießen, mit Salz und Pfeffer abschmecken.

3. Für die Zwiebelflädle Mehl mit Ei, Eigelb, Milch, Muskat, Salz und Pfeffer verrühren, etwa 30 Minuten quellen lassen.

Gemüsebrühe mit Zwiebelflädle

Geflügel-Reis-Bällchen-Topf

4. Die Frühlingszwiebeln putzen, abspülen, in feine Ringe schneiden und unter den Teig rühren. In einer Pfanne jeweils 1 Esslöffel Speiseöl erhitzen. Nacheinander 4 dünne Pfannkuchen ausbacken und zusammenrollen. Pfannkuchen in dünne Streifen schneiden, in 4 Suppenteller verteilen und mit der heißen Brühe übergießen.
5. Schnittlauch abspülen, trocken tupfen, in feine Röllchen schneiden und auf die Brühe streuen.

Geflügel-Reis-Bällchen-Topf

8 Portionen

Zubereitungszeit: 65 Minuten, ohne Abkühlzeit
Garzeit: etwa 40 Minuten

Für die Geflügel-Reis-Bällchen:
Wasser
Salz
400 g Langkornreis
500 g Kalbswurstbrät oder normale Bratwurst (jeweils ungebrüht)
2 Hähnchenbrustfilets (500 g), vom Metzger durch den Fleischwolf drehen lassen oder sehr klein schneiden
1 Ei (Größe M)
Salz, frisch gemahlener Pfeffer

1 Kopf Romanesco (etwa 500 g) oder 1 Kopf Brokkoli (etwa 500 g)
1 kleiner Blumenkohl (etwa 500 g)
Salzwasser
2 dicke Möhren (etwa 200 g)
1 Bund glatte Petersilie
4 EL Speiseöl
400 ml Fleischbrühe
200 g Schlagsahne

Pro Portion:
E: 26 g, F: 28 g, Kh: 38 g,
kJ: 2135, kcal: 510

1. Wasser in einem Topf zum Kochen bringen. Salz und Reis hinzufügen und nach Packungsanleitung garen. Reis in einem Sieb abtropfen lassen und abkühlen lassen.
2. Wurstbrät, Geflügelgehacktes, Reis und das Ei in einer Schüssel gut vermengen. Mit Salz und Pfeffer würzen. Aus der Masse mit angefeuchteten Händen kleine Bällchen formen.
3. Von dem Romanesco oder Brokkoli und Blumenkohl die Blätter und Strunk entfernen. Romanesco oder Brokkoli und Blumenkohl abspülen, abtropfen lassen, in kleine Röschen teilen und in kochendem Salzwasser 5–7 Minuten garen. Anschließend in ein Sieb geben, mit kaltem Wasser übergießen und abtropfen lassen. Möhren putzen, schälen, abspülen, abtropfen lassen und in Scheiben schneiden. Möhrenscheiben ebenfalls in kochendem Salzwasser etwa 8 Minuten garen, in ein Sieb geben, mit kaltem Wasser übergießen und abtropfen lassen.
4. Petersilie abspülen und trocken tupfen. Die Blättchen von den Stängeln zupfen. Blättchen fein hacken.
5. Speiseöl in einem Bräter erhitzen. Fleisch-Reis-Bällchen in 2 Portionen rundherum gut darin anbraten. Die Romanesco- oder Brokkoli- und Blumenkohlröschen sowie Möhrenscheiben hinzugeben. Brühe und Sahne hinzugießen. Die Zutaten zum Kochen bringen und zugedeckt bei schwacher Hitze etwa 10 Minuten kochen lassen. Petersilie unterrühren. Den Eintopf mit Salz und Pfeffer abschmecken.

Gemüsesuppe

Getreidetopf

Gemüsesuppe
4 Portionen

Zubereitungszeit: 50 Minuten
Garzeit: 15–18 Minuten

300 g Blumenkohlröschen
300 g Brokkoliröschen
300 g grüne Bohnen
400 g Wirsing
300 g Möhren
1 Stange Porree (Lauch)
280 g Gemüsemais (aus der Dose)
1 l Gemüsebrühe
Salz, frisch gemahlener Pfeffer
gerebelter Majoran

Pro Portion:
E: 10 g, F: 3 g, Kh: 24 g,
kJ: 731, kcal: 174

1. Blumenkohl- und Brokkoliröschen abspülen, abtropfen lassen, evtl. zerkleinern. Von den Bohnen die Enden abschneiden. Die Bohnen evtl. abfädeln, abspülen, abtropfen lassen und in Stücke schneiden oder brechen.
2. Vom Wirsing die groben, äußeren Blätter entfernen. Den Wirsing vierteln und den Strunk herausschneiden. Wirsing abspülen, abtropfen lassen und in Streifen schneiden. Möhren putzen, schälen, abspülen, abtropfen lassen und in Scheiben schneiden. Porree putzen, die Stange längs halbieren, gründlich waschen, abtropfen lassen und in Streifen schneiden. Maiskörner in einem Sieb abtropfen lassen.
3. Brühe zum Kochen bringen. Dann Blumenkohl-, Brokkoliröschen, Bohnen und Möhrenscheiben hinzufügen, wieder zum Kochen bringen und etwa 10 Minuten garen.
4. Wirsingstreifen, Porree und Mais hinzufügen, weitere 5–8 Minuten garen.
5. Mit Salz, Pfeffer und Majoran abschmecken.

Getreidetopf
4 Portionen

Zubereitungszeit: 50 Minuten, ohne Einweichzeit
Garzeit: etwa 20 Minuten

je 100 g Roggen- und Gerstenkörner
500 ml (1/2 l) Wasser
200 g Sauerkraut
2 grüne Paprikaschoten
1 Stange Porree (Lauch)
2 Stangen Staudensellerie
4 Tomaten
4 Möhren
500 ml (1/2 l) Wasser
2 gestr. TL Salz
1 TL Fenchelsamen
1 TL Estragonblättchen
frisch gemahlener Pfeffer
100 ml Milch
100 g saure Sahne
1 EL gehackter Dill

Pro Portion:
E: 9 g, F: 7 g, Kh: 42 g,
kJ: 1208, kcal: 289

1. Die Roggen- und Gerstenkörner in kaltem Wasser über Nacht einweichen.
2. Sauerkraut klein schneiden. Paprikaschoten halbieren, entstielen, entkernen und die weißen Scheidewände entfernen. Schotenhälften abspülen, abtropfen lassen und klein würfeln. Porree putzen. Stange längs halbieren, gründlich waschen, abtropfen lassen und in feine Streifen schneiden.
3. Sellerie putzen, die harten Außenfäden abziehen. Den Sellerie abspülen, abtropfen lassen und in dünne Scheiben schneiden. Tomaten abspülen, abtropfen lassen und die Stängelansätze entfernen. Tomaten quer halbieren, achteln. Möhren putzen, schälen abspülen, abtropfen lassen und in dünne Scheiben schneiden.
4. Vorbereitetes Gemüse mit den Körnern, Einweichwasser, Wasser, Salz, Fenchelsamen, Estragon und Pfeffer in einen Topf geben, zum Kochen bringen und zugedeckt etwa 20 Minuten garen.
5. Milch mit Sahne und Dill verrühren, unter die heiße Suppe ziehen (nicht mehr kochen lassen).

Kerbelsuppe
4 Portionen

Zubereitungszeit: 20 Minuten
Garzeit: etwa 10 Minuten

750 ml (3/4 l) Gemüsebrühe
1 Bund frischer Kerbel
250 g Schlagsahne
Salz
1–2 EL Zitronensaft
50 g kalte Butter
2 Eigelb (Größe M)

Pro Portion:
E: 3 g, F: 34 g, Kh: 3 g,
kJ: 1421, kcal: 339

1. Brühe in einem Topf zum Kochen bringen.
2. Kerbel abspülen und trocken tupfen. Die Blättchen von den Stängeln zupfen. Blättchen fein schneiden, beiseitestellen.
3. Von der Sahne 2 Esslöffel abnehmen und beiseitestellen. Die restliche Sahne mit 3 Esslöffeln Kerbel in einen hohen Rührbecher geben und mit einem Stabmixer pürieren. Die Kerbelsahne unter die Brühe rühren und erhitzen.
4. Die Suppe mit Salz und Zitronensaft abschmecken.
5. Butter in Flöckchen unterrühren. Beiseitegestellte Sahne mit dem Eigelb verschlagen und vorsichtig unter die Suppe ziehen (legieren), nicht mehr kochen lassen.
6. Die Kerbelsuppe in Suppentassen füllen und anschließend sofort mit beiseitegestelltem Kerbel bestreut servieren.

Mitternachtssuppe

12 Portionen

Zubereitungszeit: 45 Minuten
Garzeit: etwa 2 Stunden

350 g Rindfleisch
350 g Schweinefleisch
75 g Schweineschmalz
Salz
frisch gemahlener Pfeffer
1 Prise Zucker
1 EL Paprikapulver rosenscharf
2 EL Tabasco
2 TL Cayennepfeffer
6 EL Madeira
2 1/2 l Fleischbrühe
400 g Zwiebeln
2 Stangen Porree (Lauch)
2 rote Paprikaschoten
250 g Knollensellerie
2 Möhren
je 425 g rote und weiße Bohnenkerne (aus der Dose)

Pro Portion:
E: 27 g, F: 18 g, Kh: 23 g,
kJ: 1670, kcal: 399

1. Fleisch mit Küchenpapier trocken tupfen und in Würfel schneiden. Das Schmalz in einem Topf zerlassen, von allen Seiten darin anbraten. Mit Salz, Pfeffer, Zucker, Paprika, Tabasco, Cayennepfeffer und Madeira würzen. Brühe hinzugießen. Die Zutaten zum Kochen bringen und etwa 90 Minuten kochen lassen.
2. Zwiebeln abziehen, halbieren, in Streifen schneiden. Porree putzen, die Stangen längs halbieren, gründlich waschen, abtropfen lassen und in schmale Streifen schneiden. Paprika vierteln, entstielen, entkernen, die weißen Scheidewände entfernen. Schotenviertel abspülen, abtropfen lassen. Sellerie und Möhren putzen, schälen, abspülen, abtropfen lassen.
3. Paprikaviertel, Sellerie und Möhren in Streifen schneiden. Gemüse in die Suppe geben und etwa 30 Minuten mitgaren.
4. Etwa 10 Minuten vor Ende der Garzeit Bohnenkerne mit der Flüssigkeit hinzufügen. Vor dem Servieren die Mitternachtssuppe umrühren und abschmecken.

Kerbelsuppe

Mitternachtssuppe

Oldenburger Ententopf
6 Portionen

Zubereitungszeit: 45 Minuten, ohne Einweichzeit
Garzeit: etwa 90 Minuten

100 g getrocknete, weiße Bohnen
1 Bund Suppengrün
(Möhre, Sellerie, Porree)
2 Zwiebeln
2 Knoblauchzehen
4 große Entenkeulen (je etwa 300 g)
Salz
frisch gemahlener Pfeffer
2–3 EL Olivenöl
2 EL Tomatenmark
200 ml Rotwein
1 Bund Thymian
evtl. Wasser oder Hühnerbrühe

Pro Portion:
E: 23 g, F: 18 g, Kh: 12 g,
kJ: 1337, kcal: 319

1. Bohnen in kaltem Wasser über Nacht (mindestens 12 Stunden) einweichen.
2. Suppengrün putzen, abspülen, abtropfen lassen und in etwa 2 cm große Würfel schneiden. Zwiebeln und Knoblauch abziehen und klein würfeln.
3. Entenkeulen kurz unter fließendem kalten Wasser abspülen, trocken tupfen, mit Salz und Pfeffer würzen.
4. Den Backofen vorheizen.
Ober-/Unterhitze: etwa 160 °C
Heißluft: etwa 140 °C
5. Olivenöl in einem breiten, feuerfesten Topf erhitzen. Entenkeulen darin von allen Seiten anbraten und herausnehmen. Zwiebel-, Knoblauchwürfel und das vorbereitete Suppengrün in dem verbliebenen Bratfett unter Rühren andünsten. Tomatenmark unterrühren und kurz mitdünsten. Mit Rotwein ablöschen.
6. Thymian abspülen und trocken tupfen. Blättchen von den Stängeln zupfen. Bohnen mit dem Einweichwasser und der Hälfte der Thymianblättchen zu dem Gemüse in den Topf geben. Mit Salz und Pfeffer würzen. Entenkeulen auf das Gemüse geben. Sie sollen in der Flüssigkeit schwimmen. Evtl. mit etwas Wasser oder Hühnerbrühe auffüllen.
7. Den Topf mit dem Deckel verschließen und auf dem Rost in den vorgeheizten Backofen schieben.
8. Entenkeulen etwa 90 Minuten garen. Danach die Entenkeulen mit einer Gabel einstechen und prüfen, ob das Fleisch weich ist. Falls nicht, die Garzeit um etwa 15 Minuten verlängern und verdampfte Flüssigkeit durch Wasser ersetzen.
9. Die garen Entenkeulen aus dem Topf nehmen und das Fleisch von den Knochen lösen. Haut entfernen. Fleisch in mundgerechte Stücke schneiden und wieder zum Gemüse in den Topf geben. Ententopf mit Salz und Pfeffer abschmecken. Restliche Thymianblättchen unterrühren.

Schlemmertopf
6 Portionen

Zubereitungszeit: 30 Minuten, ohne Abkühl- und Durchziehzeit
Garzeit: etwa 60 Minuten

6 Schweinekoteletts (je etwa 150 g)
Salz, frisch gemahlener Pfeffer
60 g Weizenmehl
2 EL Margarine
240 g Champignons
(aus der Dose oder aus dem Glas)
375 g Zwiebeln
30 g Butter
150 g Kochschinken
75 g roher Schinken
150 g saure Sahne
250 g Schlagsahne

Pro Portion:
E: 39 g, F: 58 g, Kh: 13 g,
kJ: 3263, kcal: 780

Schlemmertopf

1. Koteletts kurz unter fließendem kaltem Wasser abspülen, trocken tupfen. Mit Salz und Pfeffer würzen. Koteletts in Mehl wenden.
2. Margarine in einer Pfanne zerlassen. Koteletts darin von beiden Seiten anbraten, herausnehmen und in eine Auflaufform schichten.
3. Champignons in einem Sieb abtropfen lassen. Zwiebeln abziehen, in Scheiben schneiden. Butter in einem Topf zerlassen. Zwiebelscheiben darin andünsten. Champignons hinzufügen und kurz mitdünsten lassen.
4. Den Koch- und rohen Schinken würfeln, zu den Champignons geben. Die Masse auf den Koteletts verteilen. Saure Sahne mit Schlagsahne verrühren und vorsichtig über die Champignon-Schinken-Masse gießen. Abkühlen lassen. Schlemmertopf zugedeckt im Kühlschrank mindestens 12 Stunden (am besten über Nacht) durchziehen lassen.
5. Den Backofen vorheizen.
Ober-/Unterhitze: etwa 200 °C
Heißluft: etwa 180 °C
6. Die Form auf dem Rost in den vorgeheizten Backofen schieben. Schlemmertopf etwa 60 Minuten garen.

Beilage: Baguette, Reis oder Bratkartoffeln.

Tipp: Kurz vor Ende der Garzeit den Schlemmertopf mit Käse bestreuen.

Weiß-grüner Kohltopf mit Petersilienpesto

Weiß-grüner Kohltopf mit Petersilienpesto

6–8 Portionen

Zubereitungszeit: 60 Minuten
Garzeit: 90–100 Minuten

2 Zwiebeln
2 Knoblauchzehen
2 EL Butter
1 kg Lammgulasch
Salz
frisch gemahlener Pfeffer
1 1/2 l Gemüsebrühe
1 kleiner Spitzkohl
(etwa 600 g)
1 kleiner Weißkohl
(etwa 800 g)
800 g festkochende Kartoffeln

Für das Petersilienpesto:
1 Knoblauchzehe
60 g Pecorino-Käse
1 Bund glatte Petersilie
40 g geröstete Mandeln
4 EL mildes Olivenöl

Pro Portion:
E: 37 g, F: 27 g, Kh: 21 g,
kJ: 2006, kcal: 479

1. Zwiebeln und Knoblauch abziehen, jeweils in feine Scheiben schneiden. Butter in einem großen Topf zerlassen. Zwiebel- und Knoblauchscheiben darin andünsten. Lammgulasch mit Küchenpapier trocken tupfen, mit Salz und Pfeffer würzen, hinzugeben und mitdünsten. So viel Gemüsebrühe hinzugießen, dass die Fleischwürfel bedeckt sind. Lammgulasch zugedeckt etwa 60 Minuten garen.
2. In der Zwischenzeit Spitz- und Weißkohl von den äußeren Blättern befreien. Kohlköpfe vierteln und jeweils den Strunk herausschneiden. Kohlviertel in etwa 3 cm große Würfel schneiden. Kartoffeln waschen, schälen, abspülen, abtropfen lassen und grob würfeln.
3. Nach etwa 60 Minuten Garzeit die Kartoffelwürfel auf dem Lammfleisch verteilen, leicht mit Salz würzen. Dann den Kohl daraufgeben. So viel von der restlichen Gemüsebrühe hinzugießen, dass die Kohlschicht bedeckt ist. Den Kohltopf wieder zum Kochen bringen und zugedeckt weitere 30–40 Minuten garen.
4. In der Zwischenzeit für das Pesto Knoblauch abziehen. Pecorino-Käse fein reiben. Petersilie abspülen und trocken tupfen. Blättchen von den Stängeln zupfen. Knoblauch, Petersilienblättchen und Mandeln in einen hohen Rührbecher geben und mit einem Stabmixer fein pürieren. Das Olivenöl und den geriebenen Käse unterrühren. Mit Salz und Pfeffer abschmecken.
5. Den Eintopf anrichten. Petersilienpesto dazureichen.

Wirsingsuppe mit weißen Bohnen

6 – 8 Portionen

Zubereitungszeit: 2 1/2 Stunden, ohne Einweichzeit
Garzeit: 60–65 Minuten

100 g getrocknete, weiße Bohnen
500 ml (1/2 l) Wasser

500 g magerer, durchwachsener Speck
1 l Wasser
1 1/2 kg Wirsing
3 Zwiebeln
4 Knoblauchzehen
100 g Möhren
2 Petersilienwurzeln
250 g Stangen Porree (Lauch)
500 g Schinkenknochen
1 l Wasser
je 2 Zweige Thymian- und Majoran
2–3 Zweige Petersilie
je 2–3 Sellerieblättchen und Lorbeerblätter
500 g festkochende Kartoffeln
500 g Cabanossi (Knoblauchwurst)
Salz, frisch gemahlener Pfeffer

Pro Portion:
E: 33 g, F: 74 g, Kh: 28 g,
kJ: 3953, kcal: 943

1. Bohnen abspülen und in Wasser 12–24 Stunden einweichen.
2. Speck in kochendem Wasser etwa 1 Stunde garen, herausnehmen und die Brühe beiseitestellen.
3. Vom Wirsing die äußeren, schlechten Blätter entfernen. Wirsing vierteln und den Strunk herausschneiden. Kohlviertel abspülen, abtropfen lassen und in grobe Streifen schneiden. Zwiebeln abziehen, in Scheiben schneiden. Knoblauch abziehen und klein schneiden. Möhren und Petersilienwurzeln putzen, abspülen, abtropfen lassen und in Scheiben schneiden. Den Porree putzen, die Stangen längs halbieren, gründlich waschen, abtropfen lassen und in Streifen schneiden.

Wirsingsuppe mit weißen Bohnen

4. Den Schinkenknochen kurz abspülen, mit den eingeweichten weißen Bohnen und dem Einweichwasser in die Speckbrühe geben. Wasser und das vorbereitete Gemüse hinzugeben. Die Zutaten zum Kochen bringen und etwa 45 Minuten kochen lassen. Abgespülte Thymian-, Majoran- und Petersilienzweige, Sellerieblättchen und Lorbeerblätter in die Suppe geben.
5. Kartoffeln waschen, schälen, abspülen, abtropfen lassen und in Würfel schneiden. Cabanossi mit einer Gabel einige Male einstechen, mit den Kartoffelwürfeln in die Suppe geben, wieder zum Kochen bringen und weitere 15–20 Minuten kochen lassen.
6. Schinkenknochen, Cabanossi und Kräuterzweige aus der Suppe nehmen. Das Fleisch vom Knochen lösen und in Würfel schneiden. Vom Speck die Schwarte abschneiden, Speck würfeln. Cabanossi in Scheiben schneiden.
7. Fleisch-, Speckwürfel und Wurstscheiben wieder in die Suppe geben und erhitzen. Die Suppe vorsichtig mit Salz und Pfeffer abschmecken und servieren.

Zucchini-Kartoffel-Suppe

Zucchini-Kartoffel-Suppe

4–6 Portionen

Zubereitungszeit: 35 Minuten, ohne Abkühlzeit
Garzeit: 15–20 Minuten

600 g Zucchini
200 g festkochende Kartoffeln
1 mittelgroße Zwiebel
2 EL Speiseöl
Currypulver
Salz
frisch gemahlener Pfeffer
750 ml (3/4 l) Gemüsebrühe
2 EL Pinienkerne
1 Bund Dill
4–6 TL Crème fraîche

Pro Portion:
E: 4 g, F: 10 g, Kh: 10 g,
kJ: 615, kcal: 147

1. Zucchini abspülen, abtrocknen und die Enden abschneiden. Von 1 Zucchini die grüne Schale grob raspeln und beiseitelegen. Zucchini in grobe Würfel schneiden. Kartoffeln waschen, schälen, abspülen, abtropfen lassen und in Würfel schneiden. Zwiebel abziehen, halbieren und klein würfeln.

2. Jeweils 1 Esslöffel Speiseöl in einem Topf erhitzen. Die Zucchini-, Kartoffel- und Zwiebelwürfel darin in 2 Portionen andünsten. Mit Curry, Salz und Pfeffer würzen. Gemüsebrühe hinzugießen und zum Kochen bringen. Die Zutaten 15–20 Minuten kochen lassen.

3. Pinienkerne in einer Pfanne ohne Fett hellbraun rösten, herausnehmen und auf einem Teller abkühlen lassen.

4. Den Dill abspülen und trocken tupfen. Die Spitzen von den Stängeln zupfen (einige Spitzen zum Garnieren beiseitelegen). Die Spitzen klein schneiden.

5. Die Suppe mit einem Stabmixer pürieren. Zucchiniraspel (evtl. einige Zucchiniraspel zum Garnieren beiseitelegen) und Dill unterrühren. Die Zucchini-Kartoffel-Suppe mit den Gewürzen abschmecken.

6. Die Suppe in Tellern verteilen. Jeweils 1 Teelöffel Crème fraîche in die Teller geben.

7. Die Zucchini-Kartoffel-Suppe mit den Pinienkernen und beiseitegelegten Zucchiniraspeln bestreuen. Mit den Dillspitzen garnieren.

Kürbiseintopf mit roten Linsen

4 Portionen

Zubereitungszeit: 35 Minuten
Garzeit: 30–35 Minuten

3 Zwiebeln (etwa 150 g)
2 Knoblauchzehen
500 g Kürbis
200 g Staudensellerie
450 g Kartoffeln
4 EL Kürbiskernöl
Salz, frisch gemahlener Pfeffer
1 l Gemüsebrühe
100 g rote Linsen
1 Bund Zitronenthymian
200 g Wiener Würstchen

evtl. geröstete Kürbiskerne oder Sonnenblumenkerne

Pro Portion:
E: 18 g, F: 25 g, Kh: 33 g,
kJ: 1807, kcal: 432

1. Zwiebeln und Knoblauch abziehen, in kleine Würfel schneiden. Kürbis schälen, abspülen, abtropfen lassen, halbieren und die Kerne mit einem Löffel herauslösen. Kürbisfruchtfleisch in Stücke schneiden. Den Staudensellerie putzen und die harten Außenfäden abziehen. Selleriestangen abspülen, abtropfen lassen und in Stücke schneiden. Kartoffeln waschen, schälen, abspülen, abtropfen lassen und würfeln.

2. Zwei Esslöffel des Kürbiskernöls in einem großen Topf erhitzen. Zwiebel- und Knoblauchwürfel darin andünsten. Kürbis-, Selleriestücke und Kartoffelwürfel portionsweise hinzugeben und mit andünsten. Mit Salz und Pfeffer würzen. Die Brühe hinzugießen und zum Kochen bringen. Das Gemüse zugedeckt 20–25 Minuten bei mittlerer Hitze garen.

3. Rote Linsen in ein Sieb geben, mit kaltem Wasser abspülen und abtropfen lassen. Zitronenthymian abspülen und trocken tupfen. Die Blättchen von den Stängeln zupfen. Würstchen in Scheiben schneiden.

4. Nach 20–25 Minuten Garzeit Linsen, Zitronenthymian und Würstchenscheiben hinzugeben. Den Eintopf zugedeckt weitere etwa 10 Minuten garen. Den Eintopf mit Salz und Pfeffer abschmecken.

5. Den Kürbiseintopf in 4 Suppentellern verteilen und mit dem restlichen Kürbiskernöl beträufeln. Nach Belieben mit Kürbiskernen oder Sonnenblumenkernen bestreuen.

Kürbiseintopf mit roten Linsen

Kartoffel-Käsecreme-Suppe

6 Portionen

Zubereitungszeit: 55 Minuten
Garzeit: etwa 25 Minuten

3 EL Sonnenblumenkerne
1 kleine Stange Porree (Lauch)
1 Stück Knollensellerie (etwa 200 g)
2 Möhren
1 Zwiebel
1 Knoblauchzehe
850 g Kartoffeln
125 g getrocknete Tomaten, in Öl
1/2 Bund Basilikum
2 EL Tomatenöl
(von den getrockneten Tomaten)
1–1 1/2 l Gemüsebrühe
1 Lorbeerblatt
frisch gemahlener Pfeffer
frisch geriebene Muskatnuss, Salz
200 g Doppelrahm-Frischkäse

Pro Portion:
E: 11 g, F: 19 g, Kh: 27 g,
kJ: 1366, kcal: 326

1. Sonnenblumenkerne in einem großen Topf ohne Fett unter Rühren anrösten, herausnehmen und beiseitelegen. Porree putzen, die Stange längs halbieren, gründlich waschen, abtropfen lassen und in dünne Streifen schneiden.

2. Sellerie und Möhren putzen, schälen, abspülen, abtropfen lassen und in Würfel schneiden. Zwiebeln und Knoblauch abziehen, ebenfalls in kleine Würfel schneiden. Kartoffeln waschen, schälen, abspülen, abtropfen lassen und in grobe Würfel schneiden.

3. Tomaten abtropfen lassen, dabei das Öl auffangen und 2 Esslöffel abmessen. Tomatenhälften in Streifen schneiden. Basilikum abspülen und trocken tupfen. Die Blättchen von den Stängeln zupfen. Blättchen in feine Streifen schneiden, zu den Tomatenstreifen geben, untermischen und beiseitestellen.

4. Jeweils etwas von dem aufgefangenen Tomatenöl in dem großen Topf erhitzen. Porreestreifen, Sellerie-, Möhren-, Zwiebel-, Knoblauch- und Kartoffelwürfel darin portionsweise andünsten. Gemüsebrühe und Lorbeerblatt hinzugeben. Mit Pfeffer, Muskat und wenig Salz würzen.

5. Die Zutaten zum Kochen bringen und etwa 25 Minuten bei mittlerer Hitze kochen lassen. Lorbeerblatt entfernen.

6. Die Suppe mit einem Stabmixer fein pürieren. Frischkäse unterrühren und nochmals mit dem Stabmixer durchpürieren. Nochmals mit den Gewürzen abschmecken.

7. Die Kartoffel-Käsecreme-Suppe mit der beiseitegestellten Tomaten-Basilikum-Mischung und den Sonnenblumenkernen anrichten.

Kürbiseintopf

4–6 Portionen

Zubereitungszeit: 30 Minuten
Garzeit: etwa 70 Minuten

500 g Rindfleisch, z. B. Hohe Rippe
1 Bund Suppengrün
(Möhre, Sellerie, Porree)
1 1/4 l Salzwasser
1 kg Kürbis
3 Zwiebeln
3 EL Speiseöl
500 g Tomaten
2 EL gehackte Basilikumblättchen
Salz
frisch gemahlener Pfeffer
Weißweinessig

Pro Portion:
E: 32 g, F: 24 g, Kh: 16 g,
kJ: 1822, kcal: 434

1. Das Rindfleisch mit Küchenpapier trocken tupfen. Suppengrün putzen, abspülen, abtropfen lassen, mit dem Rindfleisch in einen Topf geben. Salzwasser hinzugeben, zum Kochen bringen und abschäumen. Rindfleisch etwa 1 Stunde bei schwacher Hitze kochen lassen.

Kaiser-Wilhelm-Kartoffelsuppe

2. Rindfleisch aus der Brühe nehmen, leicht abkühlen lassen und in Würfel schneiden. Brühe durch ein Sieb gießen und 1 Liter davon abmessen.
3. Kürbis schälen, abspülen, abtropfen lassen und die Kerne mit einem Löffel herauslösen. Das Kürbisfleisch in kleine Würfel schneiden. Zwiebeln abziehen und in Scheiben schneiden. Speiseöl in einem Topf erhitzen, die Zwiebelscheiben darin andünsten. Kürbiswürfel hinzufügen und etwa 5 Minuten mitdünsten.
4. Tomaten kreuzweise einschneiden, mit kochendem Wasser übergießen und kurz darin liegen lassen. Tomaten mit kaltem Wasser abschrecken, enthäuten, halbieren und die Stängelansätze herausschneiden.
5. Tomatenhälften mit der abgemessenen Brühe, den Rindfleischwürfeln und Basilikumblättchen zu dem Kürbisgemüse geben. Den Eintopf zum Kochen bringen und etwa 5 Minuten kochen lassen. Mit Salz, Pfeffer und etwas Essig würzen.

Beilage: Bauernbrot.

Kaiser-Wilhelm-Kartoffelsuppe

6 Portionen

Zubereitungszeit: 45 Minuten
Garzeit: etwa 75 Minuten

600 g Beinscheibe
1 1/4 l Wasser
1 gestr. TL Salz
1 Prise Selleriesalz
750 g mehligkochende Kartoffeln
30 g Butter
2 rohe, grobe Bratwürste
Salz, frisch gemahlener Pfeffer
50 g Schlagsahne
1 kleines Bund Kerbel oder
1 TL gerebelter Kerbel

Pro Portion:
E: 21 g, F: 22 g, Kh: 15 g,
kJ: 1430, kcal: 341

1. Beinscheibe kurz unter fließendem kalten Wasser abspülen und in einen Topf legen. Wasser, Salz und Selleriesalz hinzufügen, zum Kochen bringen und etwa 60 Minuten leicht kochen lassen.
2. Kartoffeln waschen, schälen, abspülen, abtropfen lassen und in kleine Würfel schneiden. Jeweils die Hälfte der Butter zerlassen. Die Kartoffelwürfel darin in 2 Portionen von allen Seiten etwa 10 Minuten rösten, beiseitestellen.
3. Fleisch aus der Brühe nehmen, etwas abkühlen lassen und in kleine Würfel schneiden.
4. Kartoffelwürfel in die Brühe geben. Die Suppe weitere etwa 15 Minuten kochen lassen.
5. Die Bratwurstmasse in kleinen Klößchen aus der Haut drücken, in die Suppe geben und etwa 5 Minuten gar ziehen lassen. Fleischwürfel hinzufügen und miterhitzen. Suppe mit Salz und Pfeffer abschmecken.
6. Die Schlagsahne steif schlagen und beiseitestellen.
7. Kerbel abspülen und trocken tupfen. Die Blättchen von den Stängeln zupfen. Suppe in die Teller geben. Mit Kerbel und mit einem Klecks steif geschlagener Sahne servieren.

Kartoffelgulasch mit Frühlingszwiebeln

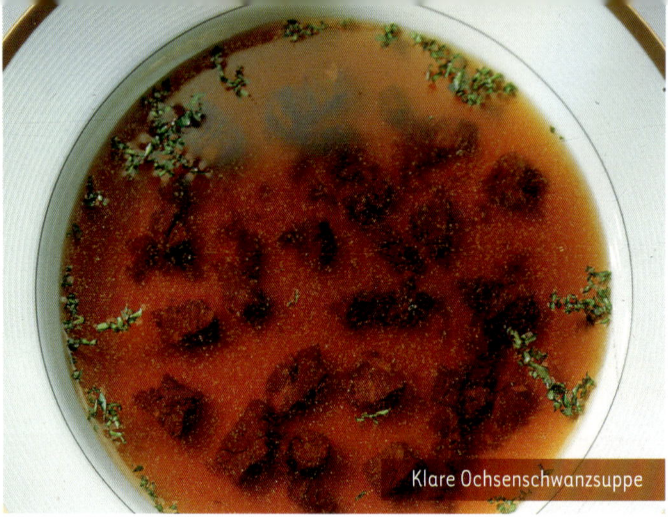

Klare Ochsenschwanzsuppe

Kartoffelgulasch mit Frühlingszwiebeln

4 Portionen

Zubereitungszeit: 35 Minuten
Garzeit: etwa 50 Minuten

1 kg festkochende Kartoffeln
2 Bund Frühlingszwiebeln
3 EL Olivenöl
1 EL Paprikapulver edelsüß
2 EL Tomatenmark
etwa 400 ml Gemüsebrühe
350 g Sauerkraut (aus der Dose)
Salz
frisch gemahlener Pfeffer
gemahlener Kümmelsamen
1 Bund glatte Petersilie
150 g saure Sahne

Pro Portion:
E: 9 g, F: 12 g, Kh: 45 g,
kJ: 1375, kcal: 328

1. Kartoffeln waschen, schälen, abspülen, abtropfen lassen und in grobe Würfel schneiden. Frühlingszwiebeln putzen, abspülen, abtropfen lassen und in etwa 2 cm lange Stücke schneiden.
2. Olivenöl in einem Bräter erhitzen. Kartoffelwürfel und Frühlingszwiebelstücke in 2 Portionen leicht darin anbraten und mit Paprika bestäuben. Tomatenmark hinzugeben und kurz mit andünsten. Brühe hinzugießen. Sauerkraut evtl. etwas klein schneiden, hinzufügen und gut unterrühren. Mit Salz, Pfeffer und Kümmel würzen. Die Zutaten zum Kochen bringen und zugedeckt etwa 50 Minuten bei schwacher Hitze garen. Evtl. noch etwas Brühe hinzugeben.
3. Petersilie abspülen und trocken tupfen. Die Blättchen von den Stängeln zupfen. Klein schneiden. Petersilie zum Kartoffelgulasch geben. Kartoffelgulasch mit saurer Sahne verfeinern, nochmals mit den Gewürzen abschmecken. Kartoffelgulasch nicht mehr kochen lassen und sofort servieren.

Klare Ochsenschwanzsuppe

4 Portionen

Zubereitungszeit: 30 Minuten, ohne Abkühlzeit
Garzeit: etwa 60 Minuten

750 g Ochsenschwanz, in Stücken
60 g Schinkenspeck
40 g Margarine
1 Bund Suppengrün
(Möhre, Sellerie, Porree)
1 mittelgroße Zwiebel
1 Lorbeerblatt
2 Gewürznelken
4 Pfefferkörner
2 Pimentkörner
Salz
1 l Wasser
frisch gemahlener Pfeffer
1 Prise Zucker
4 EL Sherry
2 EL gehackte Petersilie

Pro Portion:
E: 41 g, F: 39 g, Kh: 5 g,
kJ: 2439, kcal: 583

1. Fleischstücke kurz unter fließendem kalten Wasser abspülen und trocken tupfen. Schinkenspeck in Würfel schneiden.
2. Margarine in einem Topf zerlassen. Fleischstücke und Speckwürfel darin von allen Seiten gut anbraten.
3. Suppengrün putzen, abspülen, abtropfen lassen und kurz mitdünsten.
4. Zwiebel abziehen, halbieren, mit Lorbeerblatt, Gewürznelken, Pfefferkörnern, Pimentkörnern und Salz hinzufügen. Wasser hinzugießen, zum Kochen bringen und zugedeckt etwa 60 Minuten kochen lassen.
5. Die Brühe durch ein Sieb in einen Topf gießen und erkalten lassen.
6. Von der kalten Brühe das erstarrte Fett abnehmen. Fleisch von den Knochen lösen, in kleine Stücke schneiden, in die Suppe geben und miterhitzen. Mit Salz, Pfeffer und Zucker abschmecken, Sherry unterrühren. Die Suppe mit Petersilie bestreut servieren.

Tipp: Möchten Sie die heiße Suppe entfetten, legen Sie 2–3 Lagen Küchenpapier flach auf die heiße Suppe und entfernen Sie es, sobald das Fett aufgesogen ist.

Lübecker National

6 Portionen

Zubereitungszeit: 45 Minuten
Garzeit: etwa 90 Minuten

1 kg Schweinebauch
2 Zwiebeln
1 kg Möhren
800 g festkochende Kartoffeln, z. B. Sieglinde
2 EL Butter
1 EL Zucker
Salz, frisch geschroteter, grober, schwarzer Pfeffer
1 Lorbeerblatt
1 Bund glatte Petersilie

scharfer Senf

Pro Portion:
E: 32 g, F: 39 g, Kh: 27 g,
kJ: 2477, kcal: 592

1. Vom Bauchfleisch die Schwarte, evtl. Knochen und Knorpel entfernen. Bauchfleisch kurz unter fließendem kalten Wasser abspülen, trocken tupfen und in etwa 2 cm große Würfel schneiden. Zwiebeln abziehen und klein würfeln. Möhren putzen, schälen, abspülen und abtropfen lassen. Kartoffeln waschen, schälen, abspülen und abtropfen lassen. Möhren und Kartoffeln in Würfel schneiden.
2. Butter in einem Topf zerlassen. Zwiebelwürfel darin glasig dünsten. Möhren- und Fleischwürfel hinzugeben und kurz mit andünsten. Mit Zucker bestreuen und karamellisieren lassen. So viel Wasser hinzugießen, dass die Möhren- und Fleischwürfel bedeckt sind. Mit Salz und reichlich schwarzem Pfeffer würzen. Lorbeerblatt hinzufügen.
3. Die Zutaten zum Kochen bringen und zugedeckt etwa 60 Minuten bei mittlerer Hitze kochen lassen.
4. Nach etwa 60 Minuten Garzeit die Kartoffelwürfel in den Eintopf geben, wieder zum Kochen bringen und zugedeckt weitere etwa 30 Minuten bei mittlerer Hitze garen. Petersilie abspülen und trocken tupfen. Blättchen von den Stängeln zupfen. Blättchen klein schneiden. Den Eintopf mit Salz und Pfeffer abschmecken, mit Petersilie bestreut servieren. Den Senf dazureichen.

Kasseler-Filet-Topf

6–8 Portionen

Zubereitungszeit: 45 Minuten
Garzeit: etwa 40 Minuten

1,2 kg Kasseler-Filet
800 g festkochende Kartoffeln
1 Stange Porree (Lauch, etwa 400 g)
4 EL Speiseöl
etwa 1,6 kg Sauerkraut (aus Dosen)
Salz, frisch gemahlener Pfeffer
2 Lorbeerblätter
4 Wacholderbeeren
300 g Crème fraîche
1 gestr. TL Paprikapulver edelsüß

Pro Portion:
E: 28 g, F: 30 g, Kh: 19 g,
kJ: 1906, kcal: 456

1. Kasseler-Filet mit Küchenpapier trocken tupfen und in etwa 2 cm dicke Scheiben schneiden.
2. Kartoffeln waschen, schälen, abspülen und in gleich große Würfel schneiden. Porree putzen, die Stange längs halbieren, gründlich waschen, abtropfen lassen und in feine Streifen schneiden.
3. Speiseöl in einem Bräter erhitzen. Kasselerscheiben darin von beiden Seiten anbraten. Fleischscheiben herausnehmen, beiseitestellen. Kartoffelwürfel und Porreestreifen in den Bräter geben und andünsten.
4. Sauerkraut klein schneiden, mit der Flüssigkeit in den Bräter geben und gut mit dem Gemüse vermischen. Mit Salz und Pfeffer würzen. Lorbeerblätter und Wacholderbeeren hinzufügen. Das beiseitegestellte Fleisch darauflegen. Zum Kochen bringen und zugedeckt etwa 40 Minuten garen, dabei ab und zu umrühren.
5. Crème fraîche mit Paprika verrühren und unter den Kasseler-Filet-Topf ziehen.

Beilage: Kartoffelpüree oder Bauernstuten.

Leipziger Allerlei mit Kalbshackbällchen

4 Portionen

Zubereitungszeit: 45 Minuten
Garzeit: etwa 20 Minuten

Für die Hackbällchen:
1 Brötchen (Semmel) vom Vortag
2 Schalotten
600 g Kalbsgehacktes
1 Ei (Größe M)
1 EL fein gehackte Kapern
2 EL Schnittlauchröllchen
Salz
frisch gemahlener Pfeffer
Salzwasser

500 g weißer Spargel
1 kleiner Blumenkohl
1 Bund Möhren
300 g frische Erbsen
200 g rosé Champignons
2 Schalotten
2 EL Butter
3 EL Weizenmehl
1 Bund Kerbel
250 g Schlagsahne
Saft von 1 Zitrone

Pro Portion:
E: 43 g, F: 42 g, Kh: 30 g,
kJ: 2845, kcal: 679

1. Brötchen in kaltem Wasser einweichen und ausdrücken. Schalotten abziehen und in kleine Würfel schneiden. Gehacktes in eine Rührschüssel geben. Eingeweichtes Brötchen, Ei, Schalottenwürfel, gehackte Kapern und Schnittlauchröllchen hinzugeben. Die Zutaten zu einem glatten Fleischteig verkneten. Mit Salz und Pfeffer würzen.

2. Salzwasser in einem Topf zum Kochen bringen. Aus der Gehacktesmasse mit angefeuchteten Händen kleine Bällchen formen. Hackbällchen im siedenden Salzwasser bei schwacher Hitze etwa 15 Minuten gar ziehen lassen. Die Hackbällchen mit einer Schaumkelle herausnehmen, auf einen Teller legen und warm stellen. Den Fond durch ein feines Sieb gießen und beiseitestellen.

3. Den Spargel von oben nach unten schälen. Darauf achten, dass die Schalen vollständig entfernt, die Köpfe aber nicht verletzt werden. Die unteren Enden abschneiden (holzige Stellen vollkommen entfernen). Die Spargelstangen abspülen, abtropfen lassen und in etwa 4 cm lange Stücke schneiden.

4. Von dem Blumenkohl die Blätter entfernen. Blumenkohl in Röschen teilen, abspülen und abtropfen lassen.

5. Möhren putzen, schälen, abspülen, abtropfen lassen und je nach Größe in Scheiben schneiden oder der Länge nach halbieren.

6. Erbsen aus den Schoten palen, abspülen und abtropfen lassen. Die Champignons putzen, mit Küchenpapier abreiben, evtl. abspülen, trocken tupfen und vierteln. Die Schalotten abziehen und in kleine Würfel schneiden.

7. Butter in einem großen Topf zerlassen. Schalottenwürfel darin andünsten und mit Mehl bestäuben. Beiseitegestellten Fond unter Rühren hinzugießen. Spargelstücke, Blumenkohlröschen und Möhrenscheiben oder -stücke hinzugeben. So viel heißes Wasser hinzugießen, dass die Gemüsezutaten mit Wasser bedeckt sind, zum Kochen bringen. Den Eintopf zugedeckt etwa 15 Minuten bei schwacher Hitze kochen lassen.

8. Kerbel abspülen und trocken tupfen. Die Blättchen von den Stängeln zupfen. Blättchen klein schneiden.

9. Nach etwa 15 Minuten Garzeit Erbsen und Champignonviertel in den Eintopf geben, wieder zum Kochen bringen und zugedeckt weitere etwa 5 Minuten bei schwacher Hitze kochen lassen.

10. Sahne unterrühren. Die warm gestellten Hackbällchen hinzugeben. Leipziger Allerlei mit Salz, Pfeffer und Zitronensaft abschmecken. Mit Kerbelblättchen bestreuen.

Leipziger Allerlei mit Kalbshackbällchen

Pürierte Erbsensuppe mit Lachs

Präsidentensuppe

Pürierte Erbsensuppe mit Lachs

4 Portionen

Zubereitungszeit: 20 Minuten
Garzeit: etwa 15 Minuten

300 g TK-Erbsen
1 Prise Zucker
1 l Gemüsebrühe
400 g Lachsfilet, in Stücken
2–3 TL frisch gepresster Zitronensaft
4 EL Crème fraîche
1 Bund Dill

Pro Portion:
E: 25 g, F: 13 g, Kh: 12 g,
kJ: 1111, kcal: 266

1. Die gefrorenen Erbsen mit Zucker in einen Topf geben. Die Brühe hinzufügen, zum Kochen bringen und zugedeckt bei schwacher Hitze etwa 15 Minuten köcheln lassen, bis die Erbsen gar sind.
2. In der Zwischenzeit Lachsfilet kurz unter fließendem kalten Wasser abspülen und trocken tupfen. Fischfilet mit Zitronensaft beträufeln und in kleine Würfel schneiden.
3. Crème fraîche in die Suppe geben und mit einem Stabmixer sehr fein pürieren.
4. Fischwürfel hinzugeben und gar ziehen lassen. Dill abspülen und trocken tupfen. Die Spitzen von den Stängeln zupfen. Dillspitzen klein schneiden (4 Dillspitzen zum Garnieren beiseitelegen) und auf die Suppe streuen. Suppe in Suppentassen geben, mit den beiseitegelegten Dillspitzen garniert sofort servieren.

Präsidentensuppe

12 Portionen

Zubereitungszeit: 30 Minuten
Garzeit: etwa 30 Minuten

3 große Zwiebeln
2 Knoblauchzehen
6 EL Speiseöl
1 kg Gehacktes (halb Rind-, halb Schweinefleisch)
770 g Sauerkraut (aus der Dose)
140 g Tomatenmark (aus der Dose)
1 l Tomatensaft
1 l Fleischbrühe
Paprikapulver edelsüß
gemahlener Kümmelsamen
Salz, frisch gemahlener Pfeffer
Tabasco
8–10 Gewürzgurken
1 Bund Petersilie
300 g saure Sahne

Pro Portion:
E: 19 g, F: 21 g, Kh: 7 g,
kJ: 1263, kcal: 302

1. Zwiebeln und Knoblauch abziehen. Zwiebeln halbieren und in grobe Würfel schneiden. Knoblauch klein würfeln.
2. Speiseöl in einem großen Topf erhitzen. Zwiebel- und Knoblauchwürfel darin andünsten.
3. Gehacktes hinzufügen und unter Rühren anbraten. Dabei die Fleischklümpchen mit einer Gabel zerdrücken. Das Sauerkraut auseinanderzupfen, evtl. klein schneiden und hinzufügen.
4. Tomatenmark, -saft und Fleischbrühe hinzugießen und mit Paprika, Kümmel, Salz und Pfeffer würzen. Die Zutaten zum Kochen bringen und etwa 30 Minuten bei schwacher Hitze kochen lassen.
5. Die Suppe mit Tabasco und den Gewürzen abschmecken. Gewürzgurken abtropfen lassen, in feine Scheiben schneiden und miterhitzen.
6. Petersilie abspülen und trocken tupfen. Blättchen von den Stängeln zupfen. Blättchen klein schneiden.
7. Die Suppe in Suppentassen oder -teller verteilen. Jeweils 1 Klecks saure Sahne in die Suppe geben. Mit Petersilie bestreut servieren.

Sauerkrautsuppe mit Croûtons

8–10 Portionen

Zubereitungszeit: 60 Minuten
Garzeit: etwa 25 Minuten

Für die Croûtons:
8 Scheiben Weißbrot
80–100 g Butter

Für die Suppe:
3 mittelgroße Zwiebeln
3 EL Butter oder Margarine
750 g Sauerkraut (aus der Dose)
600 ml Weißwein
1 1/2 l Gemüsebrühe
75 g Weizenmehl
375 g Schlagsahne
Salz
frisch gemahlener Pfeffer
etwas Zucker

Pro Portion:
E: 5 g, F: 27 g, Kh: 22 g,
kJ: 1716, kcal: 409

1. Für die Croûtons Weißbrot entrinden und in kleine Würfel schneiden. Butter zerlassen. Die Weißbrotwürfel darin von allen Seiten goldbraun rösten.
2. Für die Suppe Zwiebeln abziehen und fein würfeln. Butter oder Margarine in einem großen Topf zerlassen. Zwiebelwürfel darin andünsten. Das Sauerkraut etwas auseinanderzupfen, hinzufügen und mitdünsten lassen.
3. Weißwein und Gemüsebrühe hinzufügen. Die Zutaten zum Kochen bringen und etwa 25 Minuten bei schwacher Hitze kochen lassen.
4. Mehl mit Sahne verrühren, in die Suppe rühren, unter Rühren aufkochen und einige Minuten köcheln lassen. Mit Salz, Pfeffer und Zucker würzen.
5. Sauerkrautsuppe in vorgewärmte Suppentassen oder -teller geben. Croûtons darauf verteilen und sofort servieren.

Selleriesuppe mit Birnen und Gorgonzola

4 Portionen

Zubereitungszeit: 25 Minuten
Garzeit: etwa 55 Minuten

1 Knollensellerie (400–450 g)
1 große, mehligkochende Kartoffel
100 g Zwiebeln
2 reife Birnen, z. B. Williams oder Abate
Salz
750 ml (3/4 l) Geflügelbrühe
125 g Schlagsahne
Saft von 1 Zitrone
frisch gemahlener Pfeffer

125 g Gorgonzola-Käse
4 EL Preiselbeerkompott (aus dem Glas)

Pro Portion:
E: 10 g, F: 20 g, Kh: 26 g,
kJ: 1370, kcal: 327

1. Knollensellerie putzen, schälen, abspülen, abtropfen lassen und in etwa 1 cm große Würfel schneiden. Kartoffel waschen, schälen, abspülen, abtropfen lassen und in kleine Würfel schneiden. Zwiebeln abziehen und ebenfalls klein würfeln. 1 Birne abspülen, trocken tupfen, vierteln und entkernen. Birnenviertel mit der Schale in Würfel schneiden.
2. Sellerie-, Kartoffel-, Zwiebel- und Birnenwürfel in einen gewässerten Römertopf® (2 1/2-Liter-Inhalt) geben. Mit Salz würzen. Brühe hinzugießen.
3. Den Römertopf® mit dem Deckel verschließen und auf dem Rost in den kalten Backofen schieben.
Ober-/Unterhitze: etwa 200 °C
Heißluft: etwa 180 °C
Garzeit: etwa 55 Minuten
4. Nach etwa 45 Minuten Garzeit den Römertopf® aus dem Backofen nehmen. Dann die Suppe in dem Römertopf® mit einem Stabmixer pürieren. Die Sahne unterrühren. Den Römertopf nochmals auf dem Rost in den heißen Backofen schieben. Die Suppe in etwa 10 Minuten fertig garen.
5. Restliche Birne abspülen, trocken tupfen, vierteln und entkernen. Birnenviertel mit der Schale würfeln. Mit Zitronensaft beträufeln.
6. Die Suppe mit Salz und Pfeffer abschmecken. Birnenwürfel unterheben. Die Suppe in 4 vorgewärmte Teller füllen. Den Gorgonzola-Käse evtl.

Sauerkrautsuppe mit Croûtons

Selleriesuppe mit Birnen und Gorgonzola

Hähnchenfleischtopf mit Paprika

entrinden. Gorgonzola zerbröseln und über die Suppe streuen. Die Suppe jeweils mit 1 Esslöffel Preiselbeeren garnieren.

Beilage: Graubrot oder dunkles Nussbrot.

Hähnchenfleischtopf mit Paprika

4 Portionen

Zubereitungszeit: 45 Minuten
Garzeit: etwa 40 Minuten

2 Hähnchenbrustfilets (etwa 375 g)
2–3 Hähnchenkeulen (etwa 500 g), ohne Haut und Knochen
250 g festkochende Kartoffeln
1 Kohlrabi (etwa 200 g)
2 Möhren (etwa 200 g)
1 Bund Frühlingszwiebeln (etwa 250 g)
1 rote Paprikaschote (etwa 200 g)
2 EL Speiseöl
Salz, frisch gemahlener Pfeffer
1 EL Tomatenmark
300 ml Hühnerbrühe
100 ml trockener Weißwein, z. B. Riesling
1/2 Bund Kerbel

Pro Portion:
E: 52 g, F: 10 g, Kh: 19 g, kJ: 1084, kcal: 409

1. Hähnchenbrustfilets und -keulen kurz unter fließendem kalten Wasser abspülen und trocken tupfen. Filets in kleine Stücke schneiden. Das Fleisch der Hähnchenkeulen von den Knochen lösen und ebenfalls in kleine Stücke schneiden.
2. Die Kartoffeln waschen. Kartoffeln und Kohlrabi schälen, abspülen und abtropfen lassen. Möhren putzen, schälen, abspülen und abtropfen lassen. Kartoffeln, Kohlrabi und Möhren zuerst in Scheiben, danach in Stifte schneiden. Frühlingszwiebeln putzen, abspülen, abtropfen lassen und in etwa 3 cm lange Stücke schneiden. Paprikaschote halbieren, entstielen, entkernen und die weißen Scheidewände entfernen. Schotenhälften abspülen, abtropfen lassen und in Würfel schneiden.
3. Jeweils etwas Speiseöl in einem großen Topf erhitzen. Hähnchenfleischstücke darin portionsweise von allen Seiten anbraten. Mit Salz und Pfeffer würzen. Kartoffel-, Kohlrabi- und Möhrenstifte hinzugeben und mit andünsten. Tomatenmark unterrühren. Die Hälfte der Brühe hinzugießen. Die Zutaten zum Kochen bringen und zugedeckt etwa 20 Minuten bei schwacher Hitze köcheln lassen.
4. Restliche Brühe und Wein hinzugießen, wieder zum Kochen bringen und zugedeckt bei schwacher Hitze etwa 10 Minuten garen. In der Zwischenzeit Kerbel abspülen und trocken tupfen. Blättchen von den Stängeln zupfen.
5. Frühlingszwiebelstücke und Paprikawürfel in den Hähnchenfleischtopf geben, mit Salz und Pfeffer würzen. Einige Kerbelblättchen unterrühren. Den Fleischtopf wieder zum Kochen bringen und weitere etwa 10 Minuten bei schwacher Hitze garen.
6. Den Hähnchenfleischtopf mit Salz und Pfeffer abschmecken. Mit den restlichen Kerbelblättchen bestreut servieren.

Tomaten-Porree-Suppe

Hochzeitssuppe

Tomaten-Porree-Suppe

6 Portionen

Zubereitungszeit: 45 Minuten
Garzeit: etwa 40 Minuten

125 g Langkornreis
1 l Salzwasser
400 g Porree (Lauch, etwa 2 Stangen)
2 Zwiebeln
750 g Tomaten
50 g Butter oder Margarine
1 l Gemüsebrühe
1 EL Tomatenmark
2 EL Portwein
Salz
5 EL Schlagsahne

Pro Portion:
E: 4 g, F: 12 g, Kh: 24 g,
kJ: 960, kcal: 229

1. Reis in kochendem Salzwasser nach Packungsanleitung in 15–20 Minuten fast gar kochen lassen. Reis in ein Sieb geben, mit kaltem Wasser übergießen und abtropfen lassen.
2. Porree putzen, die Stangen längs halbieren, gründlich waschen, abtropfen lassen und in feine Streifen schneiden. Zwiebeln abziehen und in Würfel schneiden.
3. Tomaten kreuzweise einschneiden, mit kochendem Wasser übergießen und kurz darin liegen lassen. Tomaten mit kaltem Wasser abschrecken, enthäuten, halbieren und die Stängelansätze herausschneiden. Tomatenhälften in Scheiben schneiden. Butter oder Margarine in einem Topf zerlassen. Zwiebelwürfel darin glasig dünsten. Tomatenscheiben hinzufügen und 3–5 Minuten mit andünsten.
4. Brühe hinzugießen, zum Kochen bringen und zugedeckt etwa 5 Minuten kochen lassen. Die Suppe mit einem Stabmixer pürieren. Porreescheiben hinzufügen und zugedeckt etwa 10 Minuten in der Suppe kochen lassen.
5. Gekochten Reis, Tomatenmark und Portwein unter die Suppe rühren, mit Salz abschmecken. Sahne kurz vor dem Servieren unter die Suppe rühren.

Hochzeitssuppe

4 Portionen

Zubereitungszeit: 90 Minuten
Garzeit: etwa 2 Stunden

500 g Rinderknochen
1 Beinscheibe (etwa 300 g)
4 Markknochen
2 l Salzwasser
1 Bund Suppengrün
(Möhre, Sellerie, Lauch)
1 Zwiebel
1 Bund Petersilie
1/2 Lorbeerblatt
Salz
frisch gemahlener Pfeffer

Für die Markklößchen:
30 g Knochenmark
(aus den Markknochen)
20 g Butter
1 kleines Ei
(Größe S)
1 Eigelb (Größe M)
70 g Semmelbrösel
Salzwasser

Für den Eierstich:
2 Eier (Größe M)
125 ml (1/8 l) kalte Milch
frisch geriebene Muskatnuss

Pro Portion:
E: 12 g, F: 12 g, Kh: 18 g,
kJ: 1022, kcal: 244

1. Knochen und Fleisch unter fließendem kalten Wasser abspülen. Das Mark aus den Knochen lösen und für die Klößchen beiseitelegen. Fleisch in einen Topf geben, Salzwasser hinzugießen.
2. Suppengrün putzen, waschen, klein schneiden. Zwiebel abziehen, vierteln und mit dem Suppengrün zum Fleisch in den Topf geben.

3. Petersilie abspülen, trocken tupfen, Blättchen abzupfen. Lorbeerblatt und Petersilienstängel in die Suppe geben. Petersilienblättchen klein schneiden, beiseitestellen.
4. Suppe zum Kochen bringen und bei schwacher Hitze etwa 2 Stunden köcheln lassen.
5. Beinscheibe nach etwa 90 Minuten herausnehmen, von Sehnen und Fett befreien, in Stücke schneiden und beiseitestellen. Die Brühe durch ein feines Sieb abgießen, mit Salz und Pfeffer abschmecken.
6. Für die Markklößchen das beiseitegelegte Knochenmark ganz fein würfeln, mit der Butter bei schwacher Hitze zerlassen und durch ein Sieb streichen, erkalten lassen.
7. Mark mit Ei und Eigelb schaumig rühren, Semmelbrösel unterziehen, etwa 20 Minuten stehen lassen.
8. Aus der Masse mit angefeuchteten Händen kleine Klößchen formen, in kochendem Salzwasser etwa 3 Minuten gar ziehen lassen.
9. Für den Eierstich Eier mit Milch, Salz und Muskat verschlagen. Die Eiermilch in eine gefettete, hitzebeständige, verschließbare Form füllen. Form verschließen, in einen weiten, hohen Topf stellen. So viel heißes Wasser angießen, bis die Form halb im Wasser steht. Den Topf verschließen und die Eiermilch bei schwacher Hitze 25–30 Minuten stocken lassen.
10. Anschließend den Eierstich aus der Form lösen, stürzen und etwas abkühlen lassen. Eierstich in Würfel oder Rauten schneiden und in die Suppe geben. Fleisch und Markklößchen hinzugeben, mit Petersilie bestreuen und servieren.

Gnocchi-Eintopf mit Wiener Würstchen

4–6 Portionen

Zubereitungszeit: 30 Minuten
Garzeit: etwa 16 Minuten

2 Zwiebeln
1 Knoblauchzehe
2 gelbe Paprikaschoten
1 EL Olivenöl
300 g grüne TK-Bohnen
400 ml Gemüsebrühe
Salz
frisch gemahlener, schwarzer Pfeffer
1 TL gerebelter Thymian
500 g passierte Tomaten (aus der Dose)
4–6 kleine Wiener Würstchen
600 g Gnocchi
4–6 EL frisch geriebener Parmesan-Käse

Pro Portion:
E: 24 g, F: 24 g, Kh: 67 g,
kJ: 2446, kcal: 584

1. Zwiebeln und Knoblauch abziehen, in kleine Würfel schneiden. Paprikaschoten halbieren, entstielen, entkernen und weiße Scheidewände entfernen. Schotenhälften abspülen, abtropfen lassen und in Würfel schneiden.
2. Olivenöl in einem Topf erhitzen. Zwiebel- und Knoblauchwürfel darin andünsten. Paprikawürfel hinzugeben und mit andünsten. Die gefrorenen Bohnen hinzugeben. Brühe hinzugießen, zum Kochen bringen. Mit Salz, Pfeffer und Thymian würzen. Die Zutaten zugedeckt etwa 6 Minuten bei mittlerer Hitze kochen.
3. Passierte Tomaten hinzugeben und unterrühren. Den Eintopf wieder zum Kochen bringen und etwa 10 Minuten bei mittlerer Hitze kochen lassen. Eintopf mit Salz, Pfeffer und Thymian abschmecken.
4. Würstchen und Gnocchi in den Eintopf geben, kurz miterhitzen. Den Eintopf in tiefen Tellern anrichten und mit Parmesan-Käse bestreut servieren.

Gnocchi-Eintopf mit Wiener Würstchen

Graupensuppe

4 Portionen

Zubereitungszeit: 30 Minuten
Garzeit: etwa 70 Minuten

500 g Rindfleisch
30 g Pflanzenfett
Salz
frisch gemahlener Pfeffer
1 l Gemüsebrühe
150 g Perlgraupen
1 1/2 l kochendes Salzwasser
375 g Kartoffeln
1 Kohlrabi
1 Stange Porree (Lauch)
1 Stück Knollensellerie
1 Stängel Liebstöckel
1 EL Suppenwürze
125 g Schlagsahne
2 EL gehackte Petersilie

Pro Portion:
E: 39 g, F: 18 g, Kh: 61 g,
kJ: 2486, kcal: 594

1. Rindfleisch mit Küchenpapier trocken tupfen und in Würfel schneiden. Pflanzenfett in einem Topf zerlassen. Die Fleischwürfel von allen Seiten darin anbraten. Mit Salz und Pfeffer würzen. Brühe hinzufügen, zum Kochen bringen und etwa 30 Minuten kochen.
2. Graupen mit kochendem Salzwasser übergießen, abtropfen lassen, zum Fleisch geben und weitere etwa 20 Minuten garen.
3. Kartoffeln waschen, schälen, abspülen, in Würfel schneiden. Kohlrabi schälen, abspülen, abtropfen lassen, halbieren und in Stifte schneiden. Porree putzen, die Stange längs halbieren, gründlich waschen, abtropfen lassen und in Streifen schneiden. Sellerie putzen, schälen, abspülen, abtropfen lassen und in Stifte schneiden.
4. Liebstöckel abspülen, trocken tupfen, mit Kartoffelwürfeln und dem vorbereiteten Gemüse in die Suppe geben, zum Kochen bringen. Mit Salz und Pfeffer würzen und weitere etwa 20 Minuten garen.
5. Kurz vor dem Servieren Sahne unterrühren. Mit Salz und Pfeffer abschmecken, aber nicht mehr kochen lassen.
6. Die Graupensuppe mit Petersilie bestreut servieren.

Frühlingszwiebelsuppe mit Käse-Kräuter-Bällchen

8–10 Portionen

Zubereitungszeit: 70 Minuten
Garzeit: Suppe etwa 20 Minuten, Kräuterbällchen etwa 5 Minuten

Für die Käse-Kräuter-Bällchen:
2 Brötchen (Semmeln) vom Vortag
200 g Gouda-Käse, im Stück
1 Bund Petersilie
1 Ei (Größe M)
20 g Speisestärke
80 g Semmelbrösel
Salz, frisch gemahlener Pfeffer
frisch geriebene Muskatnuss
heißes Salzwasser

Für die Suppe:
4 Bund Frühlingszwiebeln (etwa 1 kg)
100 g Butter
3 EL Weizenmehl
200 ml trockener Weißwein
1 1/2 l Gemüsebrühe
3 Tomaten (etwa 250 g)
200 g Schlagsahne

Graupensuppe

Frühlingszwiebelsuppe mit Käse-Kräuter-Bällchen

Pro Portion:
E: 11 g, F: 25 g, Kh: 27 g,
kJ: 1707, kcal: 408

1. Für die Bällchen die Brötchen in kaltem Wasser einweichen. Käse in Würfel schneiden. Petersilie abspülen und trocken tupfen. Die Blättchen von den Stängeln zupfen. Blättchen sehr klein schneiden.
2. Die eingeweichten Brötchen sehr gut ausdrücken und in eine Schüssel geben. Ei, Speisestärke, Semmelbrösel und Petersilie gut unterarbeiten. Mit Salz, Pfeffer und Muskat würzen.
3. Aus der Masse mit angefeuchteten Händen kleine Bällchen formen, dabei jeweils 1 Käsewürfel mit einarbeiten. Die Bällchen in siedendem Salzwasser etwa 5 Minuten gar ziehen lassen, bis sie an der Oberfläche schwimmen. Die Bällchen herausnehmen und beiseitelegen.
4. Für die Suppe Frühlingszwiebeln putzen, abspülen, abtropfen lassen und in Ringe schneiden. Butter in einem Topf zerlassen. Zwiebelringe darin andünsten. Mit Mehl bestäuben, unter Rühren so lange erhitzen, bis das Mehl hellgelb ist.
5. Wein und Brühe hinzugießen. Mit einem Schneebesen durchschlagen. Dabei darauf achten, dass keine Klümpchen entstehen. Brühe zum Kochen bringen und etwa 15 Minuten bei schwacher Hitze kochen lassen.
6. Tomaten kreuzweise einschneiden, mit kochendem Wasser übergießen und kurz darin liegen lassen. Tomaten mit kaltem Wasser abschrecken, enthäuten, halbieren und die Stängelansätze herausschneiden. Tomaten entkernen und in Würfel schneiden. Tomatenwürfel und Sahne in die Suppe geben und miterhitzen. Die Suppe mit Salz und Pfeffer würzen.
7. Vor dem Servieren die beiseitegelegten Käse-Kräuter-Bällchen in die Suppe geben und miterhitzen.

Tipp: Formen Sie zur Probe 1 Käsebällchen und geben es in das siedende Wasser. Fällt es auseinander, kneten sie 20 g Semmelbrösel unter.

Bunter Rübentopf mit Pökelfleisch

Bunter Rübentopf mit Pökelfleisch

6 Portionen

Zubereitungszeit: 45 Minuten
Garzeit: etwa 45 Minuten

1 Stange Porree (Lauch)
2 Bund Möhren
2 Bund gelbe Möhren
2 Bund Eiszapfen (kleine, weiße Rüben)
1 kg kleine, neue Kartoffeln
800 g gepökelte Schweineschulter, ohne Knochen
2 EL Butter
Salz, frisch gemahlener Pfeffer
1 Lorbeerblatt
1 Bund Schnittlauch

Pro Portion:
E: 30 g, F: 18 g, Kh: 45 g,
kJ: 1986, kcal: 474

1. Porree putzen, die Stange längs halbieren und gründlich waschen, abtropfen lassen und in Streifen schneiden. Möhren und Eiszapfen putzen, schälen, abspülen, abtropfen lassen und danach in Scheiben schneiden. Kartoffeln unter fließendem kalten Wasser gründlich waschen, abbürsten, abtropfen lassen und halbieren.
2. Die Schweineschulter mit Küchenpapier trocken tupfen und in etwa 2 cm große Würfel schneiden.
3. Butter in einem großen Topf zerlassen. Das vorbereitete Gemüse darin evtl. in 2 Portionen andünsten. Kartoffeln und Fleischwürfel hinzufügen. So viel kaltes Wasser hinzugießen, dass die Zutaten bedeckt sind. Alles zum Kochen bringen. Mit etwas Salz und Pfeffer würzen. Lorbeerblatt hinzufügen. Den Rübentopf zugedeckt etwa 45 Minuten bei schwacher Hitze leicht kochen lassen.
4. Schnittlauch abspülen, trocken tupfen und in feine Röllchen schneiden. Das Lorbeerblatt entfernen. Den Rübentopf mit Schnittlauchröllchen bestreut servieren.

Brokkolicremesuppe

4 Portionen

Zubereitungszeit: 30 Minuten
Garzeit: etwa 15 Minuten

1 kg Brokkoli
300 ml Wasser
1 EL Instant-Gemüsebrühe
500 ml (1/2 l) Milch
4 EL Haferkleieflocken (aus dem Reformhaus oder Bioladen)
Salz
frisch gemahlener weißer Pfeffer
frisch geriebene Muskatnuss

Pro Portion:
E: 13 g, F: 6 g, Kh: 17 g,
kJ: 748, kcal: 178

1. Vom Brokkoli Blätter entfernen. Den Brokkoli in Röschen teilen, den Strunk schälen und in Stücke schneiden. Brokkoli abspülen und abtropfen lassen.
2. Wasser mit Gemüsebrühe zum Kochen bringen. Brokkoliröschen- und würfel dazugeben und zugedeckt etwa 15 Minuten bei mittlerer Hitze kochen lassen. Anschließend Gemüse und Brühe mit einem Stabmixer pürieren.
3. Milch erhitzen, nach und nach zum Brokkolipüree gießen. Evtl. nochmals mit dem Stabmixer pürieren.
4. Haferkleieflocken unterrühren. Die Suppe nochmals kurz aufkochen lassen. Mit Salz, Pfeffer und Muskat abschmecken.

Tipp: Als schnelle Verfeinerungsidee die Suppe mit Räucherlachsstreifen, Krabben, fein gewürfelten Tomatenstückchen oder Knoblauch-Croûtons servieren.

Anglertopf

4–6 Portionen

Zubereitungszeit: 30 Minuten
Garzeit: etwa 22 Minuten

500 g Kartoffeln
400 g Möhren
4 Stangen Staudensellerie
50 g Butter
Salz
frisch gemahlener Pfeffer
gemahlener Kümmelsamen
Currypulver
500 ml (1/2 l) Fischfond
500 g Fischfilet, z. B. Rotbarsch, Zander, Forelle
250 g Schlagsahne
1 Bund Dill
4–5 EL Weißwein

Pro Portion:
E: 25 g, F: 27 g, Kh: 19 g,
kJ: 1813, kcal: 433

1. Kartoffeln waschen, schälen, abspülen, abtropfen lassen und in Würfel schneiden. Möhren putzen, schälen, abspülen, abtropfen lassen und würfeln. Sellerie putzen und die harten Außenfäden abziehen. Sellerie abspülen, abtropfen lassen und in feine Scheiben schneiden.
2. Butter in einem Topf zerlassen. Das vorbereitete Gemüse und die Kartoffeln darin andünsten. Mit Salz, Pfeffer, Kümmel und Curry bestreuen. Fischfond hinzufügen und zum Kochen bringen. Gemüse etwa 15 Minuten garen.
3. Fischfilet kurz unter fließendem kalten Wasser abspülen, trocken tupfen und in Stücke schneiden. Fischstücke mit Sahne zu dem Gemüse geben und bei schwacher Hitze weitere 5–7 Minuten garen.
4. Dill abspülen und trocken tupfen. Die Spitzen von den Stängeln zupfen. Spitzen klein schneiden und mit dem Weißwein in die Suppe geben. Den Anglertopf nach Belieben nochmals mit den Gewürzen abschmecken.

Altdeutsche Kartoffelsuppe

4 Portionen

Zubereitungszeit: 45 Minuten
Garzeit: etwa 30 Minuten

600 g mehligkochende Kartoffeln
50 g Knollensellerie
3 Möhren
100 g Butter
1 l Fleischbrühe
2 Zwiebeln
1 Lorbeerblatt

1 Gewürznelke
1 Stange Porree (Lauch)
125 g Schlagsahne
oder 3 EL Crème fraîche
Salz
frisch gemahlener Pfeffer
gerebelter Majoran
frisch geriebene Muskatnuss
200 g Pfifferlinge
2 EL gehackte Kräuter, z. B. Kerbel, Schnittlauch, glatte Petersilie

Pro Portion:
E: 14 g, F: 37 g, Kh: 32 g,
kJ: 2234, kcal: 534

1. Kartoffeln waschen, schälen, abspülen, abtropfen lassen. Sellerie und Möhren putzen, schälen, abspülen, abtropfen lassen. Kartoffeln, Sellerie und Möhren in Würfel schneiden.
2. 50 g der Butter zerlassen. Sellerie- und Möhrenwürfel darin andünsten. Kartoffelwürfel und Fleischbrühe hinzugeben.
3. Zwiebeln abziehen. 1 Zwiebel mit Lorbeerblatt und Nelke spicken, in die Brühe geben und zugedeckt etwa 20 Minuten kochen.
4. Porree putzen, die Stange längs halbieren, gründlich waschen, abtropfen lassen, in Streifen schneiden. Porree in die Suppe geben, weitere etwa 10 Minuten kochen lassen. Gespickte Zwiebel entfernen.
5. Etwa ein Drittel der Kartoffeln mit einer Schaumkelle aus der Suppe nehmen und pürieren. Sahne oder Crème fraîche unterrühren. Püreemasse wieder in die Suppe geben und unterrühren. Mit Salz, Pfeffer, Majoran und Muskat würzen.
6. Pfifferlinge putzen, mit Küchenpapier abreiben, evtl. kurz abspülen und trocken tupfen.
7. Restliche Zwiebel in feine Würfel schneiden. Restliche Butter zerlassen, Zwiebelwürfel darin andünsten.
8. Pilze hinzugeben und etwa 5 Minuten mitdünsten, herausnehmen und in die Suppe geben. Die Suppe mit den Kräutern bestreuen.

Hühnersuppe
6 Portionen

Zubereitungszeit: 30 Minuten, ohne Abkühlzeit
Garzeit: etwa 90 Minuten

2 l Wasser
1 Bund Suppengrün
(Sellerie, Möhre, Porree)
1 Zwiebel
1 küchenfertiges Suppenhuhn
(1–1 ½ kg)
Salz, 1 Lorbeerblatt
200 g gekochte, grüne und weiße Spargelstücke
125 g gekochter Langkornreis
2 EL gehackte Petersilie

Pro Portion:
E: 32 g, F: 15 g, Kh: 6 g,
kJ: 1191, kcal: 285

1. Wasser in einem großen Topf zum Kochen bringen. Suppengrün putzen, schälen, abspülen und abtropfen lassen.
2. Sellerie und Möhre grob würfeln. Porree in Streifen schneiden. Zwiebel abziehen, vierteln. Suppenhuhn innen und außen unter fließendem kalten Wasser abspülen und in das kochende Wasser geben. 1 gestrichenen Teelöffel Salz und Lorbeerblatt hinzufügen, erhitzen (nicht kochen lassen) und abschäumen. Gemüsewürfel, -streifen und Zwiebelviertel in die Brühe geben. Das Huhn ohne Deckel bei schwacher Hitze etwa 90 Minuten garen.
3. Suppenhuhn aus der Brühe nehmen. Brühe durch ein Sieb in einen Topf gießen, evtl. das Fett abschöpfen. Brühe mit Salz abschmecken. Suppenhuhn etwas abkühlen lassen.
4. Das Fleisch von den Knochen lösen, die Haut entfernen und das Fleisch in kleine Stücke schneiden. Fleisch-, Spargelstücke und Reis in die Brühe geben und erhitzen. Die Suppe mit Petersilie bestreuen und servieren.

Altdeutsche Kartoffelsuppe

Hühnersuppe

Geschichteter Pichelsteiner

4–6 Portionen

Zubereitungszeit: 50 Minuten
Garzeit: etwa 90 Minuten

500 g Wirsing
500 g Möhren
500 g Kartoffeln
1 große Stange Porree (Lauch)
1 Gemüsezwiebel
500 g Gulasch (halb Rind-, halb Schweinefleisch)
Salz, frisch gemahlener Pfeffer
gemahlener Kümmelsamen
2 Lorbeerblätter
1 l Fleisch- oder Gemüsebrühe
60 g Butter

200 g Schmand (Sauerrahm) oder Crème fraîche

Pro Portion:
E: 33 g, F: 40 g, Kh: 29 g, kJ: 2689, kcal: 643

1. Wirsing putzen, vierteln und den Strunk herausschneiden. Wirsingviertel abspülen, abtropfen lassen und in Streifen schneiden. Möhren putzen, schälen, abspülen, abtropfen lassen und ebenfalls in Scheiben schneiden.

Geschichteter Pichelsteiner

2. Kartoffeln waschen, schälen, abspülen, abtropfen lassen und in Scheiben schneiden. Porree putzen, die Stange längs halbieren, gründlich waschen, abtropfen lassen und in Streifen schneiden. Gemüsezwiebel abziehen, halbieren, zuerst in Scheiben, dann in Streifen schneiden.
3. Den Backofen vorheizen.
Ober-/Unterhitze: etwa 180 °C
Heißluft: etwa 160 °C
4. Gulasch mit Küchenpapier trocken tupfen. Fleischstücke halbieren.
5. Vorbereitetes Gemüse, Kartoffel- und Fleischwürfel nacheinander in einen großen Bräter oder eine feuerfeste Form (gefettet) schichten. Zuerst die Hälfte des Wirsings, dann die Hälfte des restlichen Gemüses einschichten. Danach die Fleischwürfel hinzufügen und zuletzt das restliche Gemüse einschichten. Die oberste Schicht sollte aus Wirsing bestehen. Dabei die einzelnen Schichten kräftig mit Salz, Pfeffer und Kümmel würzen. Die Lorbeerblätter mit einschichten.
6. Brühe hinzugießen. Die Butter in Flöckchen darauf verteilen. Den Bräter bzw. die Form mit dem Deckel verschließen und auf dem Rost in den vorgeheizten Backofen schieben. Pichelsteiner etwa 90 Minuten garen.
7. Den Pichelsteiner in Tellern anrichten. Je einen Klecks Schmand oder Crème fraîche daraufsetzen.

Gemüsegulasch in Zitronensahne

Gemüsegulasch in Zitronensahne

4 Portionen

Zubereitungszeit: 50 Minuten
Garzeit: etwa 20 Minuten

1 Bund Frühlingszwiebeln
250 g weiße Champignons
500 g grüner Spargel
250 g Zuckerschoten
250 g Möhren
Salzwasser
2 EL Olivenöl
150 ml Gemüsebrühe
200 g Schlagsahne
Salz, frisch gemahlener Pfeffer
je 1/2 kleines Bund Zitronenmelisse und Zitronenthymian

Pro Portion:
E: 8 g, F: 19 g, Kh: 15 g, kJ: 1113, kcal: 266

1. Frühlingszwiebeln putzen, abspülen, abtropfen lassen, in etwa 5 cm lange Stücke schneiden. Champignons putzen, mit Küchenpapier abreiben, evtl. kurz abspülen und trocken tupfen. Größere Champignons halbieren.
2. Von dem Spargel das untere Drittel schälen und die Enden abschneiden. Spargel in etwa 5 cm lange Stücke schneiden, abspülen, abtropfen lassen. Von den Zuckerschoten die Enden abschneiden. Schoten abspülen und abtropfen lassen.
3. Möhren putzen, schälen, abspülen, abtropfen lassen und in Stifte schneiden. Die Möhrenstifte in kochendem Salzwasser etwa 5 Minuten garen. Anschließend in ein Sieb geben, mit kaltem Wasser übergießen und abtropfen lassen.
4. Jeweils etwas Olivenöl in einem großen Topf erhitzen. Vorbereitetes Gemüse portionsweise darin andünsten. Gemüsebrühe und Sahne hinzugießen, mit Salz und Pfeffer würzen. Die Zutaten zum Kochen bringen und 10–15 Minuten bei schwacher Hitze garen.

5. Zitronenmelisse und -thymian abspülen, trocken tupfen. Blättchen von den Stängeln zupfen. Blättchen klein schneiden, zum Gemüsegulasch geben und unterrühren. Mit Salz und Pfeffer abschmecken.

Beilage: Reis, Nudeln oder Rösti.

Tipp: Gemüsegulasch mit gehobeltem Parmesan-Käse bestreuen.

Gelbe Linsensuppe mit Joghurt

Ungarische Gulaschsuppe

Gelbe Linsensuppe mit Joghurt

4 Portionen

Zubereitungszeit: 45 Minuten
Garzeit: etwa 10 Minuten

1 kleine Zwiebel
2 Knoblauchzehen
2 TL Speiseöl, z. B. Sonnenblumenöl
gemahlener Kreuzkümmel (Cumin)
gemahlener Koriander
Cayennepfeffer
200 g getrocknete, gelbe oder rote Linsen
800 ml Gemüsebrühe
280 g Gemüsemais (aus der Dose)
30 g Rosinen
Salz
frisch gemahlener Pfeffer
1/2 TL frisch gepresster Zitronen- oder Limettensaft
2–4 Stängel glatte Petersilie
75 g Naturjoghurt

Pro Portion:
E: 17 g, F: 6 g, Kh: 42 g,
kJ: 1248, kcal: 298

1. Zwiebel und Knoblauch abziehen, in feine Würfel schneiden. Speiseöl in einem Topf erhitzen. Die Zwiebelwürfel darin kurz andünsten. Knoblauch zugeben, kurz mitdünsten. Je 2–3 Prisen Kreuzkümmel, Koriander und Cayennepfeffer zugeben und gut verrühren.
2. Linsen und Gemüsebrühe hinzugeben, verrühren und zum Kochen bringen. Linsen nach Packungsanleitung etwa 10 Minuten bei schwacher Hitze gar kochen, dabei gelegentlich umrühren.
3. Mais in einem Sieb abtropfen lassen, mit den Rosinen in die Suppe geben und gut unterrühren. Suppe mit Salz, Pfeffer und Zitronen- oder Limettensaft abschmecken.
4. Petersilie abspülen und trocken tupfen. Die Blättchen von den Stängeln zupfen. Blättchen fein hacken. Die Suppe vor dem Servieren mit Petersilie bestreuen. Den Joghurt glatt rühren und in einem Schälchen zur Suppe dazureichen.

Ungarische Gulaschsuppe

4 Portionen

Zubereitungszeit: 45 Minuten
Garzeit: 45–60 Minuten

400 g Rindergulasch
2 Zwiebeln
2 Knoblauchzehen
2 große, gelbe Paprikaschoten (je etwa 250 g)
1 große, grüne Paprikaschote (etwa 250 g)
1 Peperoni
4 EL Speiseöl
Salz, frisch gemahlener Pfeffer
2 gestr. EL Paprikapulver edelsüß
2 EL Tomatenmark
1 1/2 l Fleischbrühe
125 ml (1/8 l) Rotwein
Cayennepfeffer

Pro Portion:
E: 24 g, F: 20 g, Kh: 12 g,
kJ: 1412, kcal: 337

1. Gulasch mit Küchenpapier trocken tupfen. Fleischwürfel nach Belieben etwas kleiner schneiden. Zwiebeln und Knoblauch abziehen, in kleine Würfel schneiden.
2. Paprikaschoten halbieren, entstielen, entkernen und die weißen Scheidewände entfernen. Schotenhälften abspülen, abtropfen lassen und in Würfel schneiden. Die Peperoni längs halbieren, entstielen und entkernen. Peperonihälften abspülen, trocken tupfen und in Streifen schneiden.
3. Jeweils etwas Speiseöl in einem großen Topf erhitzen. Gulasch darin portionsweise von allen Seiten anbraten. Mit Salz, Pfeffer und Paprika würzen.
4. Zwiebel-, Knoblauch-, Paprikawürfel und Peperonistreifen zum Gulasch in den Topf geben und unter Rühren mit andünsten. Tomatenmark unterrühren.
5. Brühe und Rotwein hinzugießen, zum Kochen bringen. Die Suppe zugedeckt 45–60 Minuten bei schwacher Hitze kochen lassen.
6. Die Gulaschsuppe kräftig mit Salz, Pfeffer, Paprika und Cayennepfeffer würzen.

Gemüse-Hähnchen-Gulasch

8 Portionen

Zubereitungszeit: 65 Minuten
Garzeit: etwa 35 Minuten

600 g festkochende Kartoffeln
600 g Fenchel
600 g Zucchini
2 Bund Frühlingszwiebeln
3 gelbe Paprikaschoten
800 g geschälte Tomaten (aus der Dose)
6 EL Speiseöl
1 EL Paprikapulver edelsüß
Salz
frisch gemahlener Pfeffer
Tomatenflüssigkeit (aus der Dose)
200 ml Gemüsebrühe
1 kg Hähnchenbrustfilet
4 EL süße Chilisauce
1 Bund glatte Petersilie

Pro Portion:
E: 32 g, F: 6 g, Kh: 22 g,
kJ: 1156, kcal: 276

Gemüse-Hähnchen-Gulasch

1. Kartoffeln waschen, schälen, abspülen, abtropfen lassen. Von den Fenchelknollen die Stiele dicht oberhalb der Knollen abschneiden. Braune Stellen und Blätter entfernen. Knollen abspülen, abtropfen lassen. Zucchini abspülen, abtrocknen und die Enden abschneiden. Kartoffeln und Gemüse in Würfel schneiden. Frühlingszwiebeln putzen, abspülen, abtropfen lassen und in Stücke schneiden.
2. Paprikaschoten halbieren, entstielen, entkernen und die weißen Scheidewände entfernen. Schotenhälften abspülen, trocken tupfen und in Stücke schneiden.
3. Tomaten in einem Sieb abtropfen lassen, Flüssigkeit auffangen. Die Hälfte davon für die Sauce abmessen. Tomaten etwas zerkleinern.
4. Die Hälfte des Speiseöls in einem Bräter oder einem großen Topf erhitzen. Vorbereitete Kartoffeln und Gemüse in 2 Portionen unter Rühren andünsten. Mit Paprika bestreuen und kurz mit andünsten. Mit Salz und Pfeffer würzen. Tomatenstücke unterrühren. Abgemessene Tomatenflüssigkeit und Brühe hinzugießen. Die Zutaten zum Kochen bringen und zugedeckt bei schwacher Hitze etwa 35 Minuten garen.
5. Hähnchenbrustfilet kurz unter fließendem kalten Wasser abspülen, trocken tupfen und in Streifen schneiden.
6. Restliches Speiseöl in einer großen Pfanne erhitzen. Die Hähnchenbrustfiletstreifen darin in 2 Portionen knusprig anbraten. Mit Salz und Pfeffer bestreuen, herausnehmen und in den Gemüsetopf geben. Mit Chilisauce pikant abschmecken.
7. Petersilie abspülen und trocken tupfen. Blättchen von den Stängeln zupfen, klein schneiden. Gemüse-Hähnchen-Gulasch mit Petersilie bestreut servieren.

Dicke-Bohnen-Suppe mit Schalotten

4 Portionen

Zubereitungszeit: 40 Minuten, ohne Ruhezeit
Garzeit: etwa 10 Minuten

Für die Brotfladen:
125 g Vollkorn-Weizenmehl
100 ml heißes Wasser
1 Prise Salz

etwa 1 TL Speiseöl

Für die Suppe:
6 Schalotten (etwa 180 g)
1 Bund Schnittlauch
425 g dicke Bohnen (aus dem Glas)
1 EL Butter oder Margarine
750 ml (3/4 l) Gemüsebrühe
Salz, frisch gemahlener Pfeffer
1/2–1 EL Zitronensaft

Pro Portion:
E: 12 g, F: 7 g, Kh: 33 g,
kJ: 1025, kcal: 245

1. Für die Brotfladen Mehl in eine Rührschüssel geben. Dann Wasser und Salz hinzufügen. Die Zutaten mit Handrührgerät mit Knethaken zunächst kurz auf niedrigster, dann auf höchster Stufe in etwa 1 Minute zu einem glatten Teig verarbeiten. Den Teig mit den Händen kurz durchkneten, etwa 60 Minuten ruhen lassen.
2. Den Teig vierteln. Die einzelnen Teigportionen jeweils auf einer leicht bemehlten Arbeitsfläche zu einer runden Platte ausrollen (Ø je etwa 13 cm). Eine Pfanne (gefettet) gut erhitzen. Die Fladen darin nacheinander etwa 2 Minuten von einer Seite backen, bis braune Punkte erscheinen. Fladen wenden und weiterbacken, die Hitze evtl. etwas reduzieren. Die Fladen aus der Pfanne nehmen und auf Kuchenrosten abkühlen lassen.
3. Für die Suppe Schalotten abziehen und in kleine Würfel schneiden. Schnittlauch abspülen, trocken tupfen und in feine Röllchen schneiden. Bohnen in ein Sieb geben, mit kaltem Wasser abspülen und abtropfen lassen.
4. Butter oder Margarine in einem Topf zerlassen. Schalottenwürfel darin andünsten. Zwei Drittel der Schnittlauchröllchen und die Bohnen hinzugeben, etwa 2 Minuten unter Rühren mitdünsten lassen.

Dicke-Bohnen-Suppe mit Schalotten

5. Brühe hinzugießen und zum Kochen bringen. Die Bohnensuppe zugedeckt 6–8 Minuten bei schwacher Hitze leicht kochen lassen. 4 Esslöffel der Bohnen mit einer Schaumkelle herausnehmen, beiseitelegen. Suppe mit den restlichen Bohnen pürieren.
6. Die beiseitegelegten Bohnen in der Suppe erwärmen. Die Suppe mit Salz, Pfeffer und Zitronensaft abschmecken und in Tellern verteilen. Die Bohnensuppe mit den restlichen Schnittlauchröllchen bestreuen. Die Brotfladen dazureichen.

Bunter Linseneintopf

6 Portionen

Zubereitungszeit: 35 Minuten, ohne Einweichzeit
Garzeit: 15–20 Minuten

je 200 g rote, grüne und schwarze Linsen
2 rote Zwiebeln
1 Knoblauchzehe
100 g Südtiroler Bauernspeck
500 g Lyoner Wurst (Fleischwurst)
1 dicke Möhre
100 g Knollensellerie
1 kleine Stange Porree (Lauch)
2 EL Olivenöl
1 EL Zucker
2–3 EL Balsamico-Essig
2 l Fleischbrühe
1 Stängel Rosmarin
1 Lorbeerblatt

Bunter Linseneintopf

Salz, frisch gemahlener Pfeffer
1 Bund Schnittlauch
150 g Crème fraîche

Pro Portion:
E: 40 g, F: 30 g, Kh: 59 g,
kJ: 2812, kcal: 670

1. Die Linsen in ein Sieb geben, unter fließendem kalten Wasser abspülen, abtropfen lassen und in eine Schüssel geben. Kaltes Wasser hinzugießen, sodass die Linsen ganz bedeckt sind. Linsen über Nacht einweichen. Anschließend in einem Sieb abtropfen lassen. Das Einweichwasser dabei auffangen.
2. Zwiebeln und Knoblauch abziehen, jeweils in kleine Würfel schneiden. Bauernspeck in feine Streifen schneiden. Die Lyoner Wurst in etwa 1 cm große Würfel schneiden. Möhre und Sellerie putzen, schälen, abspülen, abtropfen lassen und ebenfalls in etwa 1 cm große Würfel schneiden. Porree putzen, die Stange längs halbieren, gründlich waschen, abtropfen lassen und in sehr kleine Stücke schneiden.
3. Olivenöl in einem Topf erhitzen. Zwiebel- und Knoblauchwürfel darin andünsten. Speckstreifen und Wurstwürfel hinzugeben und mitdünsten.
4. Linsen, Möhren-, Selleriewürfel und Porreestückchen hinzugeben. Mit Zucker bestreuen. Die Zutaten unter Rühren karamellisieren lassen. Mit Balsamico-Essig ablöschen. Die Brühe und das aufgefangene Einweichwasser hinzugießen, zum Kochen bringen. Rosmarin abspülen, trocken tupfen und mit dem Lorbeerblatt hinzugeben. Mit Salz und Pfeffer würzen. Den Eintopf zugedeckt 15–20 Minuten bei schwacher Hitze kochen lassen.
5. Schnittlauch abspülen, trocken tupfen und in kleine Röllchen schneiden. Lorbeerblatt und Rosmarinstängel entfernen. Den Eintopf nochmals mit den Gewürzen abschmecken und mit Schnittlauchröllchen bestreut servieren. Die Crème fraîche dazureichen.

Buttermilchkaltschale
4 Portionen

Zubereitungszeit: 10 Minuten, ohne Quellzeit

30 g Rosinen oder Korinthen
50 g Schwarzbrot
1 l Buttermilch
etwa 50 g Zucker
etwas Zitronensaft

Pro Portion:
E: 10 g, F: 1 g, Kh: 33 g,
kJ: 787, kcal: 187

1. Rosinen oder Korinthen in lauwarmem Wasser quellen lassen und anschließend in einem Sieb abtropfen lassen.
2. Schwarzbrot reiben oder fein zerbröseln.
3. Buttermilch in eine Schüssel gießen. Schwarzbrotbrösel, Zucker und Zitronensaft unterrühren. Rosinen hinzufügen.
4. Die Suppe mit Zucker und Zitronensaft abschmecken und bis zum Verzehr kalt stellen.

Käse-Porree-Suppe
6 Portionen

Zubereitungszeit: 20 Minuten
Garzeit: etwa 15 Minuten

1 kg Porree (Lauch)
3 EL Speiseöl
500 g Gehacktes (halb Rind-, halb Schweinefleisch)
Salz
frisch gemahlener Pfeffer
1 l Fleischbrühe
315 g Champignonscheiben (aus dem Glas)
200 g Sahne- oder Kräuterschmelzkäse

Pro Portion:
E: 23 g, F: 29 g, Kh: 7 g,
kJ: 1589, kcal: 380

1. Porree putzen, die Stangen längs halbieren, gründlich waschen, abtropfen lassen und in feine Streifen schneiden.
2. Speiseöl in einem großen Topf erhitzen. Gehacktes darin unter Rühren anbraten. Dabei die Fleischklümpchen mit einer Gabel zerdrücken. Mit Salz und Pfeffer würzen. Porreestreifen hinzufügen und kurz mit andünsten.
3. Fleischbrühe hinzugießen, zum Kochen bringen und anschließend zugedeckt etwa 15 Minuten bei mittlerer Hitze garen.
4. Die Champignonscheiben in einem Sieb abtropfen lassen und in die Suppe geben. Schmelzkäse unterrühren und in der heißen Suppe unter Rühren schmelzen lassen (nicht mehr kochen). Die Suppe mit Salz und Pfeffer abschmecken.

Kohlrabi-Apfel-Suppe
4 Portionen

Zubereitungszeit: 30 Minuten
Dämpfzeit: 15–20 Minuten

2 Kohlrabi (je etwa 350 g)
1 Apfel, z. B. Cox Orange
4 Scheiben Toastbrot
40 g Butter
1 Bund Kerbel

Buttermilchkaltschale

Käse-Porree-Suppe

Kohlrabi-Apfel-Suppe

Porree-Eintopf

750 ml (3/4 l) Gemüsebrühe
250 g Schlagsahne
Salz
frisch gemahlener Pfeffer

Pro Portion:
E: 5 g, F: 29 g, Kh: 18 g,
kJ: 1491, kcal: 356

1. Kohlrabi putzen, schälen, abspülen, abtropfen lassen und in gleich große Stücke schneiden. Wasser in einem Topf (mit Dämpfeinsatz, Ø etwa 24 cm) zum Kochen bringen. Kohlrabistücke in den Dämpfeinsatz geben. Den Dämpfeinsatz in den Topf hängen, die Kohlrabistücke zugedeckt 15–20 Minuten dämpfen.
2. Den Apfel schälen, vierteln und entkernen. Apfelviertel in Stücke schneiden. Nach etwa 10 Minuten Dämpfzeit die Apfelstücke zu den Kohlrabistücken in den Dämpfeinsatz geben und in weiteren 5–10 Minuten gar dämpfen.
3. Toastbrotscheiben entrinden und in kleine Würfel schneiden. Die Butter in einer Pfanne zerlassen. Toastbrotwürfel darin von allen Seiten hellbraun rösten.
4. Kerbel abspülen und trocken tupfen. Blättchen von den Stängeln zupfen. Einige Blättchen zum Garnieren beiseitelegen. Restliche Blättchen klein schneiden.
5. Gemüsebrühe in einem hohen Topf zum Kochen bringen. Kohlrabi-, Apfelstücke und Sahne hinzufügen. Mit einem Stabmixer pürieren. Die Suppe unter Rühren aufkochen lassen. Mit Salz und Pfeffer abschmecken.
6. Die Kohlrabi-Apfel-Suppe mit Croûtons und den beiseitegelegten Kerbelblättchen garniert servieren.

Porree-Eintopf

4–6 Portionen

Zubereitungszeit: 45 Minuten
Garzeit: etwa 15 Minuten

1 kg Porree (Lauch)
2 Möhren
1 Stück Knollensellerie
1 Zwiebel
750 g mehligkochende Kartoffeln
1 EL Speiseöl
75 g durchwachsener Speck, in Würfeln
1 l Fleischbrühe
4 geräucherte Mettwürstchen
Salz
frisch gemahlener Pfeffer
1–2 EL gehackte Petersilie

Pro Portion:
E: 59 g, F: 39 g, Kh: 40 g,
kJ: 3325, kcal: 793

1. Porree putzen, die Stangen längs halbieren, gründlich waschen, abtropfen lassen und in etwa 2 cm lange Stücke schneiden. Möhren putzen, schälen, abspülen, abtropfen lassen, in Scheiben schneiden. Sellerie putzen, schälen, abspülen, abtropfen lassen und in Würfel schneiden.
2. Die Zwiebel abziehen und würfeln. Kartoffeln waschen, schälen, abspülen und in Würfel schneiden.
3. Speiseöl in einem Topf erhitzen, Speckwürfel darin ausbraten. Möhrenscheiben, Sellerie- und Zwiebelwürfel darin unter Rühren andünsten. Kartoffelwürfel, Fleischbrühe und Mettwürstchen hinzufügen, zum Kochen bringen und etwa 10 Minuten kochen lassen.
4. Porreestücke hinzufügen. Mit Salz und Pfeffer würzen. Den Eintopf wieder zum Kochen bringen und 5–7 Minuten kochen lassen.
5. Mettwürstchen aus dem Eintopf nehmen, In Scheiben schneiden und wieder in den Eintopf geben. Porree-Eintopf mit Salz und Pfeffer abschmecken, mit Petersilie bestreuen.

Pastinakentopf

Pastinakentopf

4 Portionen

Zubereitungszeit: 25 Minuten
Garzeit: etwa 1 3/4 Stunden

600 g Rindfleisch, z. B. Hohe Rippe
1 l Salzwasser
1 Lorbeerblatt
4 Pimentkörner
500 g Kartoffeln
750 g Pastinaken
Salz
frisch gemahlener Pfeffer
je 1 EL gehackter Dill
und gehackte Petersilie

Pro Portion:
E: 29 g, F: 10 g, Kh: 19 g,
kJ: 1214, kcal: 290

1. Das Rindfleisch mit Küchenpapier trocken tupfen.

2. Das Wasser in einem Topf zum Kochen bringen. Rindfleisch, Lorbeerblatt und Pimentkörner hinzugeben, zum Kochen bringen. Rindfleisch zugedeckt etwa 90 Minuten bei schwacher Hitze garen.

3. Kartoffeln waschen, schälen, abspülen, abtropfen lassen und in Würfel schneiden. Kartoffelwürfel zum Rindfleisch in den Topf geben, wieder zum Kochen bringen und zugedeckt etwa 5 Minuten kochen lassen.

4. Pastinaken putzen, schälen, abspülen, abtropfen lassen und in Würfel schneiden. Pastinakenwürfel in den Eintopf geben, wieder zum Kochen bringen und zugedeckt weitere etwa 10 Minuten kochen lassen. Mit Salz und Pfeffer würzen.

5. Rindfleisch herausnehmen. Von den Knochen lösen, in Stücke schneiden. Das Fleisch in den Eintopf geben. Dill und Petersilie unterrühren.

Rheinische Bohnensuppe

8–10 Portionen

Zubereitungszeit: 40 Minuten, ohne Abkühlzeit
Garzeit: etwa 70 Minuten

800 g Dicke Rippe (vom Schwein)
2 1/2 l Wasser
etwas Salz
1 Gemüsezwiebel (etwa 100 g)
2 EL Speiseöl
600 g festkochende Kartoffeln
1 kg grüne TK-Bohnen
1 Bund Bohnenkraut
etwas Kräuteressig
Salz, frisch gemahlener Pfeffer
etwas Zucker

Pro Portion:
E: 23 g, F: 17 g, Kh: 19 g,
kJ: 1366, kcal: 256

1. Dicke Rippe kurz unter fließendem kalten Wasser abspülen, trocken tupfen und in 3 Stücke schneiden. Fleischstücke in einem Topf mit Wasser zum Kochen bringen. Salz hinzufügen.

2. In der Zwischenzeit die Gemüsezwiebel abziehen, halbieren und in Würfel schneiden. Speiseöl in einer Pfanne erhitzen. Zwiebelwürfel darin andünsten, herausnehmen und zum Fleisch in den Topf geben. Das Fleisch zugedeckt etwa 50 Minuten garen.

3. Kartoffeln waschen, schälen, abspülen, abtropfen lassen und in kleine Würfel schneiden. Kartoffelwürfel und die gefrorenen Bohnen hinzugeben, wieder aufkochen und weitere etwa 20 Minuten kochen lassen.

4. Das Fleisch aus der Suppe nehmen, etwas abkühlen lassen und in kleine Würfel schneiden. Fleischwürfel in die Suppe geben.

5. Bohnenkraut abspülen und trocken tupfen. Die Blättchen von den Stängeln zupfen. Blättchen grob zerschneiden. Die Suppe mit Essig, Salz, Pfeffer und Zucker würzen. Bohnenkraut unterrühren.

Ratatouille-Eintopf
4 Portionen

Zubereitungszeit: 40 Minuten
Garzeit: etwa 20 Minuten

200 g Aubergine
300 g Zucchini
200 g Gemüsezwiebel
1 Knoblauchzehe
je 1 rote und gelbe Paprikaschote
einige Stängel Thymian
3 EL Olivenöl
2 EL Tomatenmark
250 ml (1/4 l) Gemüsebrühe
1–2 TL gerebelte Kräuter der Provence
Salz, frisch gemahlener Pfeffer
Paprikapulver edelsüß
800 g geschälte Tomaten (aus der Dose)

Pro Portion:
E: 6 g, F: 9 g, Kh: 16 g,
kJ: 716, kcal: 170

1. Aubergine und Zucchini abspülen, abtrocknen und die Stängelansätze bzw. Enden abschneiden.
2. Aubergine und Zucchini in grobe Würfel oder Scheiben schneiden.
3. Die Gemüsezwiebel abziehen, halbieren und würfeln. Knoblauch abziehen und in sehr kleine Würfel schneiden.
4. Paprikaschoten halbieren, entstielen, entkernen und die weißen Scheidewände entfernen. Schotenhälften abspülen, abtropfen lassen und ebenfalls in grobe Würfel schneiden. Thymian abspülen und trocken tupfen. Blättchen von den Stängeln zupfen.
5. Olivenöl in einem großen Topf erhitzen. Zwiebel-, Knoblauch-, Auberginen-, Zucchiniwürfel und Tomatenmark darin portionsweise unter Rühren andünsten. Brühe hinzugießen. Kräuter der Provence und Thymianblättchen unterrühren. Mit Salz, Pfeffer und Paprika würzen. Die Zutaten zum Kochen bringen und zugedeckt etwa 10 Minuten bei schwacher Hitze kochen lassen.
6. Tomaten mit einem Messer in der Dose etwas zerkleinern. Tomaten mit der Flüssigkeit in den Eintopf geben, wieder zum Kochen bringen und zugedeckt weitere etwa 10 Minuten bei schwacher Hitze kochen lassen.
7. Den Eintopf nochmals mit Salz, Pfeffer und Paprika abschmecken, in tiefen Tellern anrichten und sofort servieren.

Rheinische Bohnensuppe

Ratatouille-Eintopf

Spargel-Kerbel-Suppe mit Hackklößchen

4 Portionen

Zubereitungszeit: 40 Minuten
Garzeit: etwa 15 Minuten

Für die Hackklößchen:
200 g Tatar
2 EL Butter
1 Eigelb (Größe M)
30 g Semmelbrösel
1 EL klein geschnittene Petersilie
Salz
frisch gemahlener Pfeffer
frisch geriebene Muskatnuss

Für die Suppe:
750 g weißer Spargel
250 g Champignons
1 Bund Suppengrün (Möhre, Sellerie, Porree)
3 Frühlingszwiebeln
3 EL Butter
1 l Gemüsebrühe
3 EL Crème fraîche

4 EL klein geschnittene Kerbelblättchen

Pro Portion:
E: 19 g, F: 20 g, Kh: 14 g,
kJ: 1337, kcal: 319

1. Für die Hackklößchen Tatar, Butter, Eigelb, Semmelbrösel und Petersilie zu einer geschmeidigen Masse verkneten. Mit Salz, Pfeffer und Muskat würzen. Aus der Masse mit angefeuchteten Händen kleine Klößchen formen.
2. Für die Suppe den Spargel von oben nach unten schälen. Darauf achten, dass die Schalen vollständig entfernt, die Köpfe aber nicht verletzt werden. Die unteren Enden abschneiden (holzige Stellen vollständig entfernen). Spargel abspülen, abtropfen lassen und in etwa 3 cm lange Stücke schneiden.
3. Die Champignons putzen, mit Küchenpapier abreiben, evtl. abspülen, abtropfen lassen und in Scheiben schneiden. Suppengrün und Frühlingszwiebeln putzen, abspülen, abtropfen lassen und in feine Streifen schneiden.
4. Butter in einem Topf zerlassen. Suppengrün- und Frühlingszwiebelstreifen darin leicht andünsten. Brühe und Spargelstücke hinzugeben. Die Suppe zum Kochen bringen und etwa 15 Minuten kochen lassen.
5. Nach etwa 10 Minuten Kochzeit die Champignonscheiben und Klößchen hinzugeben. Die Suppe in etwa 5 Minuten bei schwacher Hitze fertig garen.
6. Crème fraîche unterrühren. Die Suppe in Suppentassen füllen und mit Kerbel bestreuen.

Rucolasuppe mit Möhrenklößchen

4 Portionen

Zubereitungszeit: 40 Minuten
Garzeit: etwa 20 Minuten

Für die Möhrenklößchen:
300 g Möhren
1 EL Butter
1 TL Zucker, Salz
1–2 EL Wasser
1 Eigelb (Größe M)
2 EL Vollkorn-Semmelbrösel
1 EL Magerquark
1 EL gehackte Petersilie
1 l Gemüsebrühe

Spargel-Kerbel-Suppe mit Hackklößchen

Rucolasuppe mit Möhrenklößchen

Steckrübeneintopf

Für die Rucolasuppe:
2 Bund Rucola (Rauke)
40 g Butter
1 Zwiebel
500 ml (1/2 l) Gemüsebrühe
250 ml (1/4 l) Buttermilch

Pro Portion:
E: 6 g, F: 17 g, Kh: 13 g,
kJ: 995, kcal: 237

1. Für die Möhrenklößchen Möhren putzen, schälen, abspülen, abtropfen lassen und in Würfel schneiden. Möhren mit Butter, Zucker, Salz und Wasser in einem Topf zum Kochen bringen. Möhrenwürfel zugedeckt etwa 10 Minuten garen. Möhren durch ein Sieb streichen. Etwas abkühlen lassen.
2. Möhrenmasse mit Eigelb, Semmelbröseln und Quark vermischen. Petersilie unterrühren, mit Salz und Zucker abschmecken.
3. Heiße Gemüsebrühe in einen Topf geben. Von der Möhrenmasse mit zwei Teelöffeln kleine Klößchen abstechen, in die heiße, nicht kochende Brühe geben. Klößchen etwa 5 Minuten gar ziehen lassen. Mit einer Schaumkelle aus der Brühe nehmen und beiseitestellen.
4. Für die Suppe Rucola verlesen, evtl. dicke Stängel abschneiden, abspülen, abtropfen lassen und in Streifen schneiden.
5. Butter in einem Topf zerlassen. Zwiebel abziehen, fein hacken, in der Butter andünsten. Gemüsebrühe und Buttermilch hinzufügen, zum Kochen bringen. Mit Salz und Pfeffer abschmecken.
6. Rucolastreifen in die Suppe geben, mit dem Stabmixer pürieren. Möhrenklößchen in die Suppe geben und vorsichtig unterrühren.

Steckrübeneintopf

4–6 Portionen

Zubereitungszeit: 30 Minuten
Garzeit: etwa 50 Minuten

500 g Kasseler, ohne Knochen
2 Zwiebeln
1 EL Speiseöl, z. B. Sonnenblumenöl
Salz, frisch gemahlener Pfeffer
etwa 500 ml (1/2 l) Gemüsebrühe
750 g Steckrüben
500 g vorwiegend festkochende Kartoffeln
1 EL gehackte Petersilie

Pro Portion:
E: 26 g, F: 13 g, Kh: 25 g,
kJ: 1390, kcal: 332

1. Kasseler mit Küchenpapier trocken tupfen und in kleine Würfel schneiden. Zwiebeln abziehen und klein würfeln.
2. Speiseöl in einem Topf erhitzen. Fleischwürfel darin von allen Seiten hellbraun anbraten.
3. Die Zwiebelwürfel hinzufügen und kurz mit andunsten. Mit Salz und Pfeffer würzen.
4. Etwa die Hälfte der Gemüsebrühe hinzugießen, zum Kochen bringen und zugedeckt etwa 30 Minuten bei mittlerer Hitze garen.
5. In der Zwischenzeit Steckrüben schälen, abspülen, abtropfen lassen. Kartoffeln waschen, schälen, abspülen, abtropfen lassen. Steckrüben und Kartoffen in Stifte schneiden, mit der restlichen Brühe zum Fleisch geben. Den Eintopf mit Salz und Pfeffer würzen, wieder zum Kochen bringen und weitere etwa 20 Minuten garen.
6. Den Steckrübeneintopf nochmals mit den Gewürzen abschmecken und den Eintopf mit Petersilie bestreut servieren.

Stielmuseintopf

Wirsingeintopf

Stielmuseintopf
(Streifrüben/Rübstiel)

4 Portionen

Zubereitungszeit: 80 Minuten
Garzeit: etwa 50 Minuten

600 g Schweinenacken, ohne Knochen
750 g Stielmus
500 g Kartoffeln
40 g Butter oder Margarine
Salz, frisch gemahlener Pfeffer
250 ml (1/4 l) Wasser

Pro Portion:
E: 34 g, F: 28 g, Kh: 23 g,
kJ: 2164, kcal: 517

1. Schweinefleisch mit Küchenpapier trocken tupfen und in kleine Würfel schneiden.
2. Stielmus putzen und die welken Blätter entfernen. Stielmus gut abspülen, abtropfen lassen und klein schneiden. Die Kartoffeln waschen, schälen, abspülen, abtropfen lassen und in Würfel schneiden.
3. Butter oder Margarine in einem Topf zerlassen. Die Fleischwürfel darin von allen Seiten leicht bräunen. Mit Salz und Pfeffer würzen.
4. Stielmus und Kartoffelwürfel zu dem Fleisch geben. Wasser hinzufügen und zum Kochen bringen. Den Eintopf zugedeckt etwa 50 Minuten garen. Mit Salz und Pfeffer nochmals abschmecken.

Wirsingeintopf
4 Portionen

Zubereitungszeit: 30 Minuten
Garzeit: etwa 40 Minuten

500 g Rind- oder Lammfleisch (aus der Schulter)
2 Zwiebeln
3 EL Speiseöl, z. B. Sonnenblumen- oder Rapsöl
Salz, frisch gemahlener Pfeffer
gemahlener Kümmel
oder ganzer Kümmelsamen
750 ml (3/4 l) heiße Gemüsebrühe
1 kg Wirsing
375 g mehligkochende Kartoffeln
evtl. 2 EL gehackte Petersilie

Pro Portion:
E: 33 g, F: 16 g, Kh: 17 g,
kJ: 1458, kcal: 349

1. Fleisch mit Küchenpapier trocken tupfen und in etwa 2 cm große Würfel schneiden. Zwiebeln abziehen, halbieren und in Scheiben schneiden.
2. Speiseöl in einem großen Topf erhitzen. Die Fleischwürfel darin von allen Seiten leicht anbraten. Zwiebelscheiben hinzufügen und kurz mit andünsten. Mit Salz, Pfeffer und Kümmel würzen. Gemüsebrühe hinzugießen, zum Kochen bringen und zugedeckt etwa 30 Minuten bei mittlerer Hitze kochen.
3. In der Zwischenzeit vom Wirsing die äußeren welken Blätter entfernen. Wirsing vierteln und den Strunk herausschneiden. Wirsing in Streifen schneiden, abspülen und abtropfen lassen. Kartoffeln waschen, schälen, abspülen, abtropfen lassen und in Würfel schneiden.
4. Nach Ende der Kochzeit Wirsingstreifen und Kartoffelwürfel hinzufügen und wieder zum Kochen bringen. Den Eintopf zugedeckt in weiteren etwa 10 Minuten fertig garen.
5. Eintopf nochmals mit den Gewürzen abschmecken und nach Belieben mit Petersilie bestreut servieren.

Süßsaure Hackfleischsuppe

6 Personen

Zubereitungszeit: 40 Minuten
Garzeit: etwa 18 Minuten

1 Zwiebel
2 Knoblauchzehen
3 EL Speiseöl
750 g Gehacktes (halb Rind-, halb Schweinefleisch)
Salz
frisch gemahlener Pfeffer
125 g Langkornreis
1 1/2 l Gemüsebrühe
250 g Zucchini
150 g Cocktailtomaten
125 ml süßsaure Asia-Sauce (aus der Flasche)
125 g TK-Erbsen
Cayennepfeffer

Pro Portion:
E: 29 g, F: 26 g, Kh: 28 g,
kJ: 1994, kcal: 476

1. Zwiebel und Knoblauch abziehen. Zwiebel in grobe Würfel schneiden, Knoblauch klein schneiden.
2. Jeweils 1 Esslöffel Speiseöl in einer Pfanne erhitzen. Gehacktes darin in 2 Portionen unter Rühren anbraten. Dabei die Fleischklümpchen mit einer Gabel zerdrücken. Mit Salz und Pfeffer würzen.
3. Das restliche Speiseöl in einem großen Topf erhitzen. Zwiebelwürfel, Knoblauch und Reis darin andünsten. Die Brühe hinzugießen und zum Kochen bringen. Reis zugedeckt etwa 8 Minuten bei schwacher Hitze kochen lassen.
4. In der Zwischenzeit Zucchini abspülen, abtrocknen und die Enden abschneiden. Zucchini der Länge nach halbieren und in Scheiben schneiden. Tomaten abspülen, abtropfen lassen, halbieren und evtl. die Stängelansätze entfernen.
5. Angebratenes Gehacktes, Asia-Sauce und Zucchinischeiben zum Reis in den Topf geben, wieder zum Kochen bringen und weitere etwa 5 Minuten garen.
6. Tomaten und die gefrorenen Erbsen in die Suppe geben, wieder zum Kochen bringen und nochmals etwa 5 Minuten kochen lassen. Die Suppe mit Cayennepfeffer abschmecken.

Sauerampfersuppe

4 Portionen

Zubereitungszeit: 20 Minuten
Garzeit: etwa 7 Minuten

2 Zwiebeln
1 EL Butter
500 ml (1/2 l) Gemüsebrühe
200–250 g Sauerampfer
2 Eigelb (Größe M)
250 g Schlagsahne
Salz
frisch gemahlener Pfeffer

Pro Portion:
E: 5 g, F: 27 g, Kh: 4 g,
kJ: 1209, kcal: 289

1. Zwiebeln abziehen und fein würfeln. Butter in einem Topf zerlassen, Zwiebelwürfel darin glasig dünsten. Gemüsebrühe hinzugießen, zum Kochen bringen und etwa 5 Minuten kochen lassen.
2. Sauerampfer verlesen und die Stiele entfernen. Sauerampferblätter vorsichtig abspülen, abtropfen lassen und in feine Streifen schneiden. Sauerampferstreifen in die Brühe geben, wieder zum Kochen bringen und die Suppe etwa 2 Minuten kochen lassen.
3. Eigelb mit Sahne verrühren, unter die heiße, nicht mehr kochende Suppe ziehen. Sauerampfersuppe erhitzen (nicht mehr kochen lassen). Mit Salz und Pfeffer abschmecken und sofort servieren.

Beilage: Vollkorntoast oder Baguette.

Süßsaure Hackfleischsuppe

Sauerampfersuppe

Grünkerntopf
4 Portionen

Zubereitungszeit: 30 Minuten
Garzeit: etwa 30 Minuten

1 Bund Suppengrün
(Möhre, Sellerie, Porree)
2 Knoblauchzehen
100 g durchwachsener Speck
2 EL Olivenöl
200 g Grünkern
100 ml trockener Weißwein
2 l kräftige Fleischbrühe
Salz
frisch gemahlener Pfeffer
400 g Steinpilze
1 Bund glatte Petersilie
2 EL Butter

Pro Portion:
E: 16 g, F: 23 g, Kh: 37 g,
kJ: 1823, kcal: 436

1. Suppengrün putzen, schälen, abspülen, abtropfen lassen und in Würfel schneiden. Knoblauch abziehen und fein hacken. Speck in dünne Streifen schneiden.
2. Olivenöl in einem Topf erhitzen. Suppengrün und Knoblauch darin andünsten. Speckstreifen hinzugeben und mitdünsten lassen. Grünkern unterrühren und kurz mit andünsten. Mit Weißwein ablöschen. Die Fleischbrühe hinzugießen. Mit Salz und Pfeffer würzen. Die Zutaten zum Kochen bringen und den Eintopf etwa 30 Minuten bei mittlerer Hitze garen.
3. In der Zwischenzeit Steinpilze putzen und mit Küchenpapier abreiben, evtl. kurz abspülen und trocken tupfen. Kleinere Pilze halbieren, größere Pilze in Stücke schneiden. Petersilie abspülen und trocken tupfen. Die Blättchen von den Stängeln zupfen. Blättchen klein schneiden.
4. Butter in einer Pfanne zerlassen. Pilze darin unter Wenden dünsten. Mit Salz und Pfeffer würzen. Petersilie unterrühren.
5. Den Eintopf in tiefen Tellern anrichten. Die Steinpilze darauf verteilen.

Frikadellentopf
12 Portionen

Zubereitungszeit: 45 Minuten, ohne Durchziehzeit
Garzeit: etwa 2 1/2 Stunden

2 Brötchen (Semmeln)
vom Vortag
4 Zwiebeln (etwa 350 g)
1 1/2 kg Gehacktes (halb Rind-, halb Schweinefleisch)
3 Eier (Größe M)
Salz, frisch gemahlener Pfeffer
2 TL Paprikapulver edelsüß

Für die Sauce:
5 Zwiebeln (etwa 500 g)
3 EL Speiseöl
200 g magerer, gewürfelter Schinkenspeck
250 g Schmand (Sauerrahm)
250 g Crème fraîche
250 g Schlagsahne
250 ml (1/4 l) Milch
600 g Chamignonscheiben
(aus dem Glas)
2 Pck. helle Bratensauce
(für je 250 ml [1/4 l] Flüssigkeit)

einige Petersilienblättchen

Pro Portion:
E: 34 g, F: 45 g, Kh: 15 g,
kJ: 2514, kcal: 601

1. Brötchen in kaltem Wasser einweichen und gut ausdrücken. Zwiebeln abziehen, halbieren, in Würfel schneiden. Gehacktes in eine große Schüssel geben. Eingeweichte Brötchen, Eier und Zwiebelwürfel hinzufügen und gut unterarbeiten. Mit Salz, Pfeffer und Paprika würzen.
2. Aus der Hackfleischmasse mit angefeuchteten Händen kleine Frikadellen (Ø 3–4 cm) formen und in einen großen Bräter legen.

Grünkerntopf

Frikadellentopf

Tomatensuppe mit Reis

3. Für die Sauce Zwiebeln abziehen, in dünne Scheiben schneiden. Speiseöl in einem Topf erhitzen. Zwiebelscheiben und Speckwürfel darin etwa 10 Minuten unter Rühren anbraten. Schmand, Crème fraîche, Sahne und Milch hinzugeben, gut unterrühren.
4. Champignonscheiben in einem Sieb abtropfen lassen, in die Sauce geben und aufkochen lassen. Saucenpulver nach Packungsanleitung einrühren, unter Rühren nochmals aufkochen lassen. Die Frikadellen sofort mit der heißen Sauce übergießen und abkühlen lassen.
5. Den Bräter mit dem Deckel verschließen und in den Kühlschrank stellen. Frikadellentopf 5–6 Stunden durchziehen lassen.
6. Den Backofen vorheizen.
Ober-/Unterhitze: etwa 200 °C
Heißluft: etwa 180 °C
7. Den Bräter mit dem Deckel auf dem Rost in den vorgeheizten Backofen schieben. Den Frikadellentopf etwa 2 1/2 Stunden garen. Nach etwa 1 1/2 Stunden Garzeit den Frikadellentopf einmal vorsichtig umrühren und mit Deckel weitergaren. Etwa 15 Minuten vor Ende der Garzeit den Deckel abnehmen und fertig garen.
8. Den Frikadellentopf auf Tellern verteilen. Mit abgespülten und trocken getupften Petersilienblättchen garnieren.

Beilage: Reis oder Baguette.

Tomatensuppe mit Reis

8 Portionen

Zubereitungszeit: 45 Minuten
Garzeit: etwa 35 Minuten

200 g Langkornreis
750 ml (3/4 l) kochendes Salzwasser
160 g Zwiebeln (etwa 4 Stück)
2 Knoblauchzehen
2 EL Olivenöl
500 g passierte Tomaten (aus der Dose)
500 ml (1/2 l) Wasser
2 EL gekörnte Gemüsebrühe
2 TL gerebelter Oregano
140 g Tomatenmark
Salz, frisch gemahlener Pfeffer
Paprikapulver edelsüß
Cayennepfeffer
etwas Zucker
4 EL klein geschnittene Petersilie

Pro Portion:
E: 7 g, F: 3 g, Kh: 39 g,
kJ: 893, kcal: 213

1. Den Reis in kochendem Salzwasser etwa 15 Minuten ausquellen lassen. Den Reis in ein Sieb geben, mit kaltem Wasser übergießen und abtropfen lassen.
2. In der Zwischenzeit Zwiebeln und Knoblauch abziehen, in kleine Würfel schneiden. Olivenöl in einem großen Topf erhitzen. Zwiebel- und Knoblauchwürfel darin unter Rühren andünsten.
3. Passierte Tomaten, Wasser, Gemüsebrühe und Oregano hinzufügen, zum Kochen bringen und etwa 10 Minuten kochen lassen.
4. Tomatenmark unterrühren. Suppe mit Salz, Pfeffer, Paprikapulver, Cayennepfeffer und Zucker würzen.
5. Den gegarten Reis hinzufügen und erwärmen.
6. Die Suppe mit Petersilie bestreut servieren.

Abwandlung: Nach Belieben Hackfleischklößchen in die Tomatensuppe geben und etwa 10 Minuten mitgaren.

Bunte Bohnensuppe

Gemüsesuppe mit Chorizo

Bunte Bohnensuppe

12 Portionen

Zubereitungszeit: 20 Minuten
Garzeit: etwa 40 Minuten

2 gelbe Paprikaschoten (etwa 400 g)
4 Knoblauchzehen
1 Dose Kidneybohnen
(Einwaage 800 g)
1 kleine Dose Kidneybohnen
(Einwaage 400 g)
5 EL Speiseöl
800 ml Gemüsebrühe
2 Pck. TK-Kräuter der Provence
Salz, frisch gemahlener Pfeffer
1 Dose weiße Bohnen
(Einwaage 800 g)
1 Dose grüne Bohnenkerne
(Flageolets, Einwaage 800 g)
400 g Schlagsahne

Pro Portion:
E: 26 g, F: 18 g, Kh: 52 g,
kJ: 2071, kcal: 495

1. Die Paprikaschoten halbieren, entstielen, entkernen und die weißen Scheidewände entfernen. Schotenhälften abspülen, abtropfen lassen, in kleine Würfel schneiden. Knoblauch abziehen und ebenfalls klein würfeln.
2. Kidneybohnen in ein Sieb geben, abspülen und abtropfen lassen.
3. Speiseöl in einem großen Topf erhitzen. Knoblauch- und Paprikawürfel darin andünsten. Die Gemüsebrühe hinzugießen, zum Kochen bringen und etwa 10 Minuten kochen lassen. Kidneybohnen mit den Kräutern in die Brühe geben. Mit Salz und Pfeffer würzen.
4. Die Suppe wieder zum Kochen bringen und etwa 20 Minuten unter gelegentlichem Rühren kochen.
5. Weiße Bohnen und grüne Bohnenkerne in ein Sieb geben, abspülen und abtropfen lassen.
6. Sahne, weiße Bohnen und grüne Bohnenkerne hinzugeben, weitere etwa 10 Minuten leicht kochen lassen. Die Suppe nochmals mit den Gewürzen abschmecken.

Gemüsesuppe mit Chorizo

6 Portionen

Zubereitungszeit: 45 Minuten
Garzeit: etwa 30 Minuten

375 g festkochende Kartoffeln
1 1/2 l Gemüsebrühe
750 g frisches Gemüse, z. B. Möhren, Kohlrabi, Blumenkohl, grüne Bohnen, Staudensellerie
3 Stangen Porree (Lauch)
1 Bund Petersilie
150 g Gouda-Käse, am Stück
375 g Chorizo
(spanische Paprikawurst)
Salz, frisch gemahlener Pfeffer

Pro Portion:
E: 26 g, F: 33 g, Kh: 15 g,
kJ: 1927, kcal: 461

1. Kartoffeln waschen, schälen, abspülen, abtropfen lassen und in kleine Würfel schneiden. Brühe in einem großen Topf zum Kochen bringen. Kartoffelwürfel hinzufügen, wieder zum Kochen bringen und zugedeckt etwa 15 Minuten kochen lassen.
2. Die Möhren und den Kohlrabi putzen, schälen, abspülen, abtropfen lassen und in Würfel schneiden. Von dem Blumenkohl die Blätter entfernen. Blumenkohl in Röschen teilen. Strunk schälen und in Würfel schneiden. Blumenkohlröschen und -würfel abspülen, abtropfen lassen. Von den Bohnen die Enden abschneiden. Bohnen evtl. abfädeln, abspülen, abtropfen lassen und in Stücke schneiden oder brechen.
3. Staudensellerie putzen und die harten Außenfäden abziehen. Selleriestangen abspülen, abtropfen lassen und in Scheiben schneiden. Porree putzen, die Stangen längs

halbieren, gründlich waschen, abtropfen lassen und feine in Streifen schneiden.

4. Vorbereitetes Gemüse (außer Porreestreifen) zu den Kartoffelwürfeln in den Topf geben und wieder zum Kochen bringen. Die Suppe zugedeckt weitere 10–15 Minuten bei schwacher Hitze garen.

5. In der Zwischenzeit Petersilie abspülen und trocken tupfen. Die Blättchen von den Stängeln zupfen. Blättchen klein schneiden. Käse fein reiben. Chorizo in Scheiben schneiden.

6. Etwa 5 Minuten vor Ende der Garzeit die Porreestreifen in die Suppe geben und mitgaren lassen. Etwa 1 Minute vor Ende der Garzeit die Chorizoscheiben hinzugeben und miterhitzen.

7. Suppe mit Salz und Pfeffer abschmecken und mit Petersilie bestreuen.

Tipp: Geriebenen Käse dazureichen.

Forellencremesuppe

4 Portionen

Zubereitungszeit: 40 Minuten
Garzeit: etwa 20 Minuten

2 ganze, geräucherte Forellen
4 Schalotten
60 g Butter
20 g Weizenmehl

2 Stängel Dill
1 Lorbeerblatt
150 ml Weißwein z. B. Riesling
400 ml Gemüsebrühe
2–3 EL Zitronensaft
300 g Schlagsahne
Salz, frisch gemahlener Pfeffer
1 EL Worcestersauce
2 Stängel Dill oder Petersilie
2 EL steif geschlagene Schlagsahne

Pro Portion:
E: 19 g, F: 41 g, Kh: 7 g,
kJ: 2122, kcal: 507

1. Die Forellen filetieren, Haut und Gräten beiseitelegen. Die Filets in kleine Stücke teilen, beiseitelegen.

2. Schalotten abziehen und in kleine Würfel schneiden. Butter in einem Topf zerlassen. Schalottenwürfel darin glasig dünsten. Mit Mehl bestäuben und so lange unter Rühren erhitzen, bis das Mehl hellgelb ist.

3. Dill abspülen und trocken tupfen. Forellenhaut, -gräten, Lorbeerblatt und Dill zur Mehlschwitze geben. Nach und nach Weißwein, Brühe und etwas Zitronensaft hinzugießen. Mit einem Schneebesen durchschlagen. Darauf achten, dass keine Klümpchen entstehen.

4. Die Suppe zum Kochen bringen und etwa 5 Minuten kochen lassen. Dann Sahne unterrühren, mit Salz und Pfeffer würzen. Die Suppe wieder zum Kochen bringen und weitere etwa 15 Minuten bei schwacher Hitze kochen lassen.

5. Die Suppe durch ein Sieb in einen Topf gießen. Mit Worcestersauce und evtl. etwas Zitronensaft abschmecken.

6. Dill oder Petersilie abspülen und trocken tupfen. Die Spitzen oder Blättchen von den Stängeln zupfen und klein schneiden.

7. Die geschlagene Sahne unter die Suppe rühren. Die Suppe in vorgewärmte Teller füllen. Forellenstücke auf die Suppe legen. Die Suppe mit Kräutern bestreuen und anschließend sofort servieren.

Forellencremesuppe

Flädlesuppe
4 Portionen

Zubereitungszeit: 50 Minuten, ohne Ruhezeit
Garzeit: etwa 2 Stunden

250 g Rinderknochen
250 g Rindfleisch (Beinscheibe)
1 1/2 l kaltes Wasser
1 Zwiebel
1 Bund Suppengrün
(Sellerie, Porree, Möhre)
1–2 TL Instant-Fleischbrühe

Für die Flädle:
125 g Weizenmehl
1 gestr. TL Salz
2 Eier (Größe M)
250 ml (1/4 l) kalte Milch
3–4 EL Speiseöl

Pro Portion:
E: 22 g, F: 21 g, Kh: 26 g,
kJ: 1582, kcal: 378

1. Rinderknochen und Rindfleisch kurz unter fließendem kalten Wasser abspülen, in einen Topf geben, Wasser hinzugießen und zum Kochen bringen. Fleisch und Knochen etwa 60 Minuten köcheln lassen.
2. Zwiebel abziehen. Suppengrün putzen, abspülen, abtropfen lassen und in kleine Stücke schneiden. Suppengrün und Zwiebel hinzufügen. Die Zutaten weitere etwa 60 Minuten köcheln lassen. Dann die Brühe durch ein Sieb in einen Topf gießen, mit Instant-Brühe abschmecken. Rindfleisch in kleine Stücke schneiden und in die Brühe geben.
3. Für die Flädle Mehl in eine Rührschüssel geben, in die Mitte eine Vertiefung eindrücken. Salz und Eier hineingeben und von der Mitte aus Eier und Mehl verrühren. Nach und nach die Milch hinzugießen. Dabei darauf achten, dass keine Klümpchen entstehen. Den Teig etwa 10 Minuten ruhen lassen.
4. Etwas von dem Speiseöl in einer beschichteten Pfanne erhitzen. Den Flädleteig nochmals gut durchrühren und eine dünne Teiglage mit einer drehenden Bewegung gleichmäßig auf dem Boden der Pfanne verteilen. Flädlepfannkuchen von beiden Seiten goldgelb backen.
5. Aus dem restlichen Teig weitere Pfannkuchen backen. Pfannkuchen aufrollen und in sehr schmale Streifen schneiden. Flädle erst kurz vor dem Servieren in die heiße Fleischbrühe geben und kurz erwärmen.

Fischsuppe
4 Portionen

Zubereitungszeit: 25 Minuten
Garzeit: etwa 10 Minuten

4 Tomaten
4 kleine Zwiebeln
3–4 Knoblauchzehen
4 EL Olivenöl
800 ml Gemüsebrühe
1 gestr. TL Zucker
einige Safranfäden
600 g Fischfilet, z. B. Kabeljau-, Seelachsfilet
500 g frische, geschlossene Miesmuscheln oder Venusmuscheln (ersatzweise vakuumverpackt)
1 Zweig glatte Petersilie
Anislikör oder Pernod
Salz
frisch gemahlener Pfeffer

Pro Portion:
E: 31 g, F: 12 g, Kh: 13 g,
kJ: 1308, kcal: 312

1. Tomaten kreuzweise einschneiden, mit kochendem Wasser übergießen und kurz darin liegen lassen. Tomaten mit kaltem Wasser abschrecken, enthäuten, halbieren und die Stängelansätze herausschneiden. Tomate entkernen und das Fruchtfleisch in Streifen schneiden.
2. Zwiebeln und Knoblauch abziehen, in kleine Würfel schneiden. Olivenöl in einem Topf erhitzen, Zwiebel- und Knoblauchwürfel darin andünsten. Gemüsebrühe hinzugießen, Tomatenstreifen, Zucker und Safran hinzugeben. Das Ganze zum Kochen bringen.
3. Fischfilet kurz unter fließendem kalten Wasser abspülen, trocken tupfen und in mundgerechte Stücke schneiden. Die Muscheln unter fließendem kalten Wasser gründlich sauber bürsten. Muscheln, die sich beim Waschen öffnen, sind nicht genießbar. Fischfilet und Muscheln in die kochende Suppe geben und zugedeckt 5–10 Minuten bei schwacher Hitze ziehen lassen, bis sich alle Muscheln geöffnet haben. Den Topf dabei mehrmals schwenken (Muscheln, die sich nach dem Garen nicht geöffnet haben, sind ebenfalls nicht genießbar).
4. In der Zwischenzeit Petersilie abspülen und trocken tupfen. Die Blättchen von den Stängeln zupfen.
5. Die Suppe mit Anislikör oder Pernod, Salz und Pfeffer abschmecken. Mit Petersilienblättchen bestreuen und sofort servieren.

Deftiger Kohltopf

Kartoffelcremesuppe

Deftiger Kohltopf
4 Portionen

Zubereitungszeit: 45 Minuten
Garzeit: etwa 35 Minuten

500 g Rosenkohl
1 Spitzkohl (etwa 500 g)
oder 1/2 Kopf Wirsing (etwa 500 g)
600 g festkochende Kartoffeln
300 g Cabanossi
oder geräucherte Mettwürstchen
3 EL Speiseöl
1 l Gemüsebrühe
Salz, frisch gemahlener Pfeffer
Kümmelsamen
1/2 Bund glatte Petersilie

Pro Portion:
E: 16 g, F: 24 g, Kh: 14 g,
kJ: 1398, kcal: 334

1. Vom Rosenkohl die äußeren Blätter entfernen und etwas von dem Strunk abschneiden. Die Rosenkohlröschen am Strunk kreuzförmig einschneiden. Rosenkohl abspülen und abtropfen lassen. Von Spitzkohl oder Wirsing die groben äußeren Blätter entfernen und jeweils den Strunk herausschneiden. Spitzkohl oder Wirsing abspülen, abtropfen lassen und in Stücke schneiden.
2. Kartoffeln waschen, schälen, abspülen und in Würfel schneiden. Cabanossi oder Mettwürstchen in dünne Scheiben schneiden.
3. Speiseöl in einem Bräter erhitzen, Kartoffelwürfel, Spitzkohl- oder Wirsingstücke, Rosenkohl und Wurstscheiben portionsweise darin andünsten. Brühe hinzugießen, mit Salz, Pfeffer und Kümmel würzen. Die Zutaten zum Kochen bringen und zugedeckt bei schwacher Hitze etwa 35 Minuten garen.
4. Petersilie abspülen und trocken tupfen. Die Blättchen von den Stängeln zupfen. Blättchen fein hacken und unter den Kohltopf rühren. Mit Salz und Pfeffer abschmecken.

Kartoffelcremesuppe
4 Portionen

Zubereitungszeit: 30 Minuten
Garzeit: etwa 12 Minuten

2 mittelgroße Zwiebeln
1 Bund Suppengrün
(Möhre, Sellerie, Porree)
15 g Butter
250 g Kartoffeln
500 ml (1/2 l) Fleischbrühe
125 g Schlagsahne
Salz
frisch gemahlener Pfeffer
gerebeltes Basilikum
1 Brötchen (Semmel)
1 1/2 EL Butter
einige gehackte Kerbelblättchen

Pro Portion:
E: 5 g, F: 20 g, Kh: 21 g,
kJ: 1203, kcal: 288

1. Zwiebeln abziehen und würfeln. Suppengrün putzen, abspülen, abtropfen lassen und klein schneiden.
2. Butter in einem Topf zerlassen. Zwiebelwürfel und Suppengrün darin andünsten. Kartoffeln waschen, schälen, abspülen und in Würfel schneiden.
3. Fleischbrühe hinzugießen, zum Kochen bringen und 10–12 Minuten garen.
4. Suppe pürieren oder durch ein Sieb passieren. Sahne hinzugießen. Suppe mit Salz, Pfeffer und Basilikum würzen.
5. Brötchen in Würfel schneiden. Butter in einer Pfanne zerlassen, Brötchenwürfel darin von allen Seiten braun rösten. Die Suppe mit Kerbelblättchen bestreuen und mit den Brötchenwürfeln anrichten.

Gemüseeintopf aus Vierlanden

6 Portionen

Zubereitungszeit: 60 Minuten
Garzeit: 1 1/2–2 Stunden

1 kg Kalbsbrust
100 g Kalbsknochen
Salz
grob zerdrückte Pfefferkörner
1 Lorbeerblatt
1 Bund Möhren
1 Bund gelbe Möhren
1 kg weißer Spargel

Für die Hackbällchen:
500 g Kalbsgehacktes
frisch gemahlener Pfeffer
1 Ei (Größe M)
1 TL mittelscharfer Senf
1 Bund Schnittlauch

Für die Nudeln:
2 1/2 l Wasser
2 1/2 gestr. TL Salz
250 g kleine Muschelnudeln

1 Bund Petersilie

Pro Portion:
E: 58 g, F: 20 g, Kh: 38 g,
kJ: 2356, kcal: 562

Gemüseeintopf aus Vierlanden

1. Kalbsbrust und -knochen unter fließendem kalten Wasser abspülen, abtropfen lassen und in einen hohen Topf geben. So viel kaltes Wasser hinzugießen, dass das Fleisch gut bedeckt ist. Zum Kochen bringen und abschäumen. Salz, Pfefferkörner und Lorbeerblatt hinzugeben. Die Kalbsbrust und -knochen ohne Deckel etwa 90 Minuten bei schwacher Hitze leicht kochen lassen. Dabei ab und zu die Brühe abschäumen.

2. In der Zwischenzeit Möhren putzen, schälen, abspülen, abtropfen lassen und in Scheiben schneiden. Den Spargel von oben nach unten schälen. Darauf achten, dass die Schalen vollständig entfernt, die Köpfe aber nicht verletzt werden. Die unteren Enden abschneiden (die holzigen Stellen vollkommen entfernen). Stangen in etwa 3 cm lange Stücke schneiden, abspülen und abtropfen lassen.

3. Für die Hackbällchen Kalbsgehacktes in eine Schüssel geben. Salz, Pfeffer, Ei und Senf hinzugeben und gut unterkneten. Schnittlauch abspülen, trocken tupfen und in feine Röllchen schneiden. Schnittlauchröllchen unter die Gehacktesmasse arbeiten. Aus der Gehacktesmasse mit angefeuchteten Händen kleine Bällchen formen und kalt stellen.

4. Für die Nudeln Wasser in einem großen, geschlossenem Topf zum Kochen bringen. Salz und Nudeln hinzugeben. Nudeln im geöffneten Topf bei mittlerer Hitze nach Packungsanleitung kochen. Zwischendurch umrühren. Nudeln in ein Sieb geben, mit heißem Wasser abspülen und abtropfen lassen.

5. Petersilie abspülen und trocken tupfen. Die Blättchen von den Stängeln zupfen. Blättchen klein schneiden.

6. Nach etwa 90 Minuten Garzeit prüfen (durch Einstechen mit einem Holzspieß), ob das Fleisch weich ist. Falls nicht, die Garzeit noch um etwa 30 Minuten verlängern. Fleisch aus der Brühe nehmen, in Scheiben schneiden und warm stellen.

7. Brühe durch ein Sieb gießen und wieder in den Topf geben. Hackbällchen in die Brühe geben und etwa 10 Minuten gar ziehen lassen.

8. Möhrenscheiben und Spargelstücke hinzugeben, evtl. etwas Wasser hinzufügen. Den Gemüseeintopf wieder zum Kochen bringen und ohne Deckel weitere etwa 20 Minuten bei schwacher bis mittlerer Hitze kochen lassen.

9. Gemüseeintopf mit Salz und Pfeffer abschmecken.

10. Muschelnudeln unter den Eintopf rühren, kurz erwärmen. Mit Petersilie bestreuen. Warm gestelltes Fleisch in den Eintopf geben oder dazureichen.

Käsesuppe mit Croûtons

4 Portionen

Zubereitungszeit: 35 Minuten
Garzeit: etwa 5 Minuten

125 g mittelalter Gouda-Käse (45 % Fett)
1 Zwiebel
20 g Butter oder Margarine
2–3 EL Weizenmehl
500 ml (1/2 l) Gemüsebrühe
500 ml (1/2 l) Milch
Salz
frisch gemahlener Pfeffer
frisch geriebene Muskatnuss
4 Scheiben Toastbrot

Pro Portion:
E: 14 g, F: 16 g, Kh: 24 g,
kJ: 1328, kcal: 318

1. Käse fein reiben und beiseitestellen. Zwiebel abziehen und fein würfeln. Butter oder Margarine in einem Topf zerlassen. Zwiebelwürfel darin mit andünsten.
2. Mehl darüberstäuben und etwa 1 Minute unter Rühren andünsten. Die Brühe und Milch hinzugießen, mit Salz, Pfeffer und Muskat würzen. Suppe unter Rühren zum Kochen bringen, etwa 5 Minuten leicht köcheln lassen.
3. In der Zwischenzeit Toastbrotscheiben in einem Toaster rösten. Abkühlen lassen. Rinde abschneiden. Toastbrotscheiben in kleine Würfel schneiden und beiseitelegen.
4. Käse unter Rühren in der heißen Suppe schmelzen. Suppe nicht mehr kochen lassen. Käsesuppe mit Salz, Pfeffer und Muskat abschmecken und auf Tellern verteilen. Toastbrotwürfel daraufstreuen.

Tipp: Mit Schnittlauchröllchen oder geriebenem Käse bestreut servieren.

Kräutersuppe

4 Portionen

Zubereitungszeit: 40 Minuten
Garzeit: etwa 15 Minuten

je 1 kleines Bund Rucola (Rauke), Kerbel, Basilikum und Petersilie
1 Kästchen Kresse
1 Zwiebel
1 EL Butter
Salz, frisch gemahlener Pfeffer
800 ml Gemüsebrühe
125 g Schlagsahne oder Crème fraîche
frisch geriebene Muskatnuss

Pro Portion:
E: 3 g, F: 14 g, Kh: 4 g,
kJ: 645, kcal: 155

1. Rucola und Kräuter abspülen und trocken tupfen. Kerbel-, Basilikum- und Petersilienblättchen von den Stängeln zupfen, Kerbel- und Petersilienstängel klein schneiden. Kresse abspülen, trocken tupfen und mit einer Schere abschneiden. Etwas Kresse zum Garnieren beiseitelegen. Zwiebel abziehen und würfeln.
2. Butter in einem Topf zerlassen, klein geschnittene Stängel und Zwiebelwürfel darin andünsten. Mit Salz und Pfeffer würzen. Brühe hinzugießen, zum Kochen bringen und etwa 15 Minuten köcheln lassen.
3. Kräuterblättchen klein schneiden. Rucola in Streifen schneiden. Sahne oder Crème fraîche, Kräuter, Kresse und Rucola in die Suppe geben, mit dem Stabmixer pürieren und kurz erwärmen, nicht mehr kochen lassen.
4. Die Suppe mit Salz, Pfeffer und Muskat abschmecken. In Suppentassen anrichten und mit der beiseitegelegten Kresse garniert servieren.

Käsesuppe mit Croûtons

Kräutersuppe

Tomaten-Nudel-Eintopf

4 Portionen

Zubereitungszeit: 15 Minuten
Garzeit: etwa 20 Minuten

1 Knoblauchzehe
2 Zwiebeln
3 EL Olivenöl
1 TL gerebelte Kräuter der Provence
800 g stückige Tomaten (aus der Dose)
400 ml Gemüsebrühe
Salz
frisch gemahlener Pfeffer
125 g kleine Suppennudeln, z. B. Hörnchen- oder Buchstabennudeln
425 g Mais-Gemüse-Mix (aus der Dose)
100 g Schlagsahne
250 g fertig gebratene Geflügel-Hackfleischklößchen (aus der Kühltheke)

Pro Portion:
E: 20 g, F: 28 g, Kh: 47 g,
kJ: 2210, kcal: 527

1. Knoblauch und Zwiebeln abziehen, in kleine Würfel schneiden. Olivenöl in einem Topf erhitzen. Knoblauch- und Zwiebelwürfel darin andünsten. Mit Kräutern der Provence bestreuen und kurz mitdünsten lassen. Tomatenstücke und Brühe hinzugeben. Mit Salz und Pfeffer würzen. Die Zutaten zum Kochen bringen.
2. Kleine Suppennudeln unter Rühren einstreuen.
3. Den Eintopf etwa 15 Minuten (je nach Garzeit der Nudeln) bei schwacher Hitze kochen, dabei den Tomaten-Nudel-Eintopf zwischendurch vorsichtig umrühren.
4. Mais-Gemüse-Mix abtropfen lassen, mit der Sahne und den Hackfleischklößchen in den Eintopf geben, wieder zum Kochen bringen und weitere etwa 5 Minuten kochen lassen. Den Eintopf mit den Gewürzen abschmecken.

Spargelschaumsuppe

4 Portionen

Zubereitungszeit: 25 Minuten
Garzeit: etwa 18 Minuten

800 g grüner Spargel
1 l Wasser
200 g Kartoffeln
Salz
frisch gemahlener Pfeffer
80 g eiskalte Butter

12 Crevetten (Garnelenschwänze ohne Schale)

Pro Portion:
E: 12 g, F: 18 g, Kh: 10 g,
kJ: 1034, kcal: 248

1. Von dem Spargel nur das untere Drittel schälen und die Enden abschneiden. Spargel und Spargelschalen abspülen und abtropfen lassen.
2. Die Spargelschalen mit Wasser in einem Topf zum Kochen bringen und zugedeckt etwa 10 Minuten bei

Tomaten-Nudel-Eintopf

Spargelschaumsuppe

Sieben-Pfund-Topf

schwacher Hitze kochen lassen. Spargelschalen in einem Sieb abtropfen lassen, dabei das Spargelwasser auffangen.

3. Spargelstangen abspülen, abtropfen lassen, längs halbieren und quer in feine Scheiben schneiden. Spargelscheiben in das Spargelwasser geben, zum Kochen bringen und zugedeckt etwa 6 Minuten bei schwacher Hitze kochen lassen.

4. Kartoffeln waschen, schälen, abspülen und abtropfen lassen. Kartoffeln grob raspeln, zu den Spargelscheiben geben und weitere etwa 2 Minuten mitkochen lassen. Mit Salz und Pfeffer würzen.

5. Den Topf von der Kochstelle nehmen. Die Suppe mit einem Stabmixer fein pürieren. Butter in Stückchen schneiden und unterrühren.

6. Von den Crevetten evtl. den Darm entfernen (schwarzer Faden). Crevetten kurz unter fließendem kalten Wasser abspülen und mit Küchenpapier trocken tupfen. Crevetten in die heiße Suppe geben und kurz darin erwärmen.

Sieben-Pfund-Topf

10–12 Portionen

Zubereitungszeit: 50 Minuten
Garzeit: etwa 90 Minuten

500 g Kasseler (Kotelettstück), ohne Knochen
500 g Champignons
500 g Gemüsezwiebeln
500 g rote Paprikaschoten
je 500 g Rinder- und Schweinegulasch
500 g Thüringer Mett (gewürztes Schweinemett)
250 ml (1/4 l) Schaschliksauce
250 ml (1/4 l) Zigeunersauce

Pro Portion:
E: 38 g, F: 20 g, Kh: 13 g,
kJ: 1609, kcal: 384

1. Kasseler mit Küchenpapier trocken tupfen, in etwa 1 1/2 cm große Würfel schneiden und kalt stellen.

2. Den Backofen vorheizen.
Ober-/Unterhitze: etwa 200 °C
Heißluft: etwa 180 °C

3. Champignons putzen, mit Küchenpapier abreiben, evtl. abspülen, trocken tupfen und in Scheiben schneiden. Zwiebeln abziehen, halbieren und in Streifen schneiden. Paprikaschoten halbieren, entstielen, entkernen und die weißen Scheidewände entfernen. Schotenhälften abspülen, abtropfen lassen und ebenfalls in Streifen schneiden.

4. Rinder- und Schweinegulasch mit Mett vermischen. Schaschlik- und Zigeunersauce verrühren.

5. Die Gulasch-Mett-Mischung mit Kasselerwürfeln, Champignonscheiben, Zwiebel- und Paprikastreifen in einen großen Bräter schichten. Je etwas von der Schaschlik-Zigeunersauce-Mischung auf die einzelnen Schichten geben.

6. Den Bräter mit dem Deckel verschließen und auf dem Rost in den vorgeheizten Backofen (untere Schiene) schieben.

7. Sieben-Pfund-Topf etwa 90 Minuten garen, dabei die Zutaten nach jeweils etwa 20 Minuten vorsichtig umrühren.

Schneller Schweinegulaschtopf

Rindfleischsuppe „Kaiser Art“

Schneller Schweinegulaschtopf

8 Portionen

Zubereitungszeit: 25 Minuten
Garzeit: etwa 2 Stunden

1 1/2 kg Schweinegulasch
1 kg Zwiebeln
750 g Chilisauce
(aus der Flasche)
1 l Jägersauce (aus dem Glas)
760 g Champignonscheiben
(aus Gläsern)
400 g Schlagsahne

Pro Portion:
E: 45 g, F: 34 g, Kh: 30 g,
kJ: 2570, kcal: 615

1. Den Backofen vorheizen.
Ober-/Unterhitze: etwa 200 °C
Heißluft: etwa 180 °C
2. Fleisch mit Küchenpapier trocken tupfen. Evtl. etwas kleiner schneiden und in eine große Auflaufform oder in einen Bräter geben. Zwiebeln abziehen, in Scheiben schneiden und mit dem Fleisch vermengen. Chili- und Jägersauce hinzugeben, untermischen.
3. Die Form (ohne Deckel) oder den Bräter auf dem Rost in den vorgeheizten Backofen schieben. Gulaschtopf etwa 1 Stunde vorgaren, dabei zwischendurch umrühren.
4. Champignonscheiben in einem Sieb abtropfen lassen. Sahne und Champignons auf das Fleisch geben und gut vermischen. Form oder Bräter wieder auf dem Rost in den heißen Backofen schieben. Das Gulasch bei gleicher Backofentemperatur in etwa 1 Stunde fertig garen.

Rindfleischsuppe „Kaiser Art“

4 Portionen

Zubereitungszeit: 30 Minuten
Garzeit: etwa 2 Stunden 35 Minuten

250 g Rindfleischknochen
250 g Rindfleisch (Beinscheibe)
1 1/2 l kaltes Wasser
etwas Salz
1 Bund Suppengrün
(Möhre, Sellerie, Porree)
250 g Zuckerschoten
2 EL Kerbelblättchen

Pro Portion:
E: 17 g, F: 4 g, Kh: 10 g,
kJ: 584, kcal: 139

1. Rindfleischknochen und Rindfleisch kurz unter fließendem kalten Wasser abspülen, abtropfen lassen. Wasser in einen großen Topf geben. Fleisch und Knochen hinzugeben und zum Kochen bringen. Salz hinzugeben und abschäumen.
2. Suppengrün putzen, abspülen, abtropfen lassen, klein schneiden und zum Fleisch in den Topf geben. Die Zutaten wieder zum Kochen bringen. Die Rindfleischsuppe zugedeckt in etwa 2 1/2 Stunden gar ziehen lassen.
3. Fleisch aus der Brühe nehmen, etwas abkühlen lassen und in Stücke schneiden. Brühe durch ein Sieb in einen Topf gießen.
4. Zuckerschoten putzen, abspülen, abtropfen lassen und in die Brühe geben.
5. Die Brühe wieder zum Kochen bringen. Zuckerschoten etwa 5 Minuten gar ziehen lassen.
6. Kleingeschnittenes Fleisch in die Brühe geben und kurz erhitzen. Die Suppe abschmecken.
7. Rindfleischsuppe mit Kerbelblättchen garnieren.

Kürbissuppe

4 Portionen

Zubereitungszeit: 45 Minuten
Garzeit: etwa 20 Minuten

750 g Kürbis, z. B. Hokkaido
1 Zwiebel
40 g Butter oder Margarine
750 ml (3/4 l) Gemüsebrühe
Salz, frisch gemahlener Pfeffer
frisch geriebene Muskatnuss
1/2 TL Zucker
Weißweinessig
1 EL gehackte Kräuter,
z. B. Schnittlauch, Petersilie

Pro Portion:
E: 3 g, F: 9 g, Kh: 8 g,
kJ: 521, kcal: 125

1. Kürbis schälen, abspülen, abtropfen lassen und die Kerne mit einem Löffel herauslösen. Faserigen Innenteil herausschneiden. Kürbis in kleine Würfel schneiden. Zwiebel abziehen und fein würfeln.
2. Butter oder Margarine in einem Topf zerlassen. Zwiebel- und Kürbiswürfel darin unter Rühren andünsten. Brühe hinzugießen, zum Kochen bringen und etwa 20 Minuten kochen lassen.
3. Die Suppe pürieren oder durch ein Sieb streichen. Die Suppe mit Salz, Pfeffer, Muskat, Zucker und Essig abschmecken. Mit Kräutern bestreut servieren.

Spinatcremesuppe mit Räucherforelle

4 Portionen

Zubereitungszeit: 20 Minuten
Garzeit: etwa 10 Minuten

500 g Blattspinat
1 Zwiebel
1 Knoblauchzehe
40 g Butter
2 EL Weizenmehl
800 ml Gemüsebrühe
150 g Crème fraîche
Zucker
Salz, frisch gemahlener Pfeffer
frisch geriebene Muskatnuss
125 g geräuchertes Forellenfilet

Pro Portion:
E: 12 g, F: 21 g, Kh: 9 g,
kJ: 1162, kcal: 279

1. Spinat verlesen, gründlich waschen, abtropfen lassen und in kochendem Wasser etwa 1 Minute blanchieren. Spinat in ein Sieb geben, mit kaltem Wasser abspülen und abtropfen lassen.
2. Zwiebel und Knoblauch abziehen, in feine Würfel schneiden. Butter in einem Topf zerlassen. Die Zwiebel- und Knoblauchwürfel darin andünsten, mit Mehl bestäuben. Mit einem Schneebesen gut verrühren und etwa 1 Minute mitdünsten lassen.
3. Die Brühe unterrühren, unter Rühren aufkochen lassen und glatt rühren. Zuletzt Crème fraîche unterrühren. Die Suppe zum Kochen bringen und etwa 5 Minuten kochen lassen. Spinat fein hacken und in die Suppe geben. Mit Zucker, Salz, Pfeffer und Muskat abschmecken.
4. Forellenfilets in Stücke schneiden. Die Spinatcremesuppe in Suppentassen füllen.
5. Die Forellenfiletstücke darauf verteilen.

Kürbissuppe

Spinatcremesuppe mit Räucherforelle

Bohnentopf mit Entenkeulen

12 Portionen

Zubereitungszeit: 40 Minuten
Garzeit: 65–70 Minuten

12 Entenkeulen
(frisch oder TK, je etwa 250 g)
Salz
1 Bund Salbei
1 Zweig Thymian
4 mittelgroße Zwiebeln
4 EL Olivenöl
800 g Tomaten (aus der Dose)
1 TL geschroteter, schwarzer Pfeffer
je 240 g Riesenbohnen und
Kidneybohnen (aus Dosen)
440 g feine, grüne Bohnen
(aus der Dose)
frisch gemahlener Pfeffer
1 Bio-Zitrone
(unbehandelt, ungewachst)
4 Knoblauchzehen
100 g gehackte Mandeln
1 Prise gemahlener Piment
100 g weiche Butter

Pro Portion:
E: 39 g, F: 56 g, Kh: 11 g,
kJ: 2947, kcal: 704

1. Den Backofen vorheizen.
Ober-/Unterhitze: etwa 200 °C
Heißluft: etwa 180 °C
2. Entenkeulen kurz unter fließendem kalten Wasser abspülen und trocken tupfen (TK-Entenkeulen vorher auftauen lassen).
3. Entenkeulen kräftig mit Salz einreiben. Salbei und Thymian abspülen, trocken tupfen. Von dem Salbei die Blättchen von den Stängeln zupfen (einige Blättchen zum Garnieren beiseitelegen). Blättchen in Streifen schneiden. Von dem Thymianzweig ebenfalls die Blättchen von den Stängeln zupfen.
4. Zwiebeln abziehen und vierteln. Zwiebelviertel, Salbeistreifen, Thymianblättchen, Olivenöl, Tomaten mit der Flüssigkeit und Pfeffer in einer Schüssel gut vermischen und in einer Fettpfanne (30 x 40 cm) verteilen. Die Entenkeulen darauflegen und 200 ml Wasser hinzugießen.
5. Die Fettpfanne in den vorgeheizten Backofen schieben. Die Entenkeulen etwa 50 Minuten hellbraun braten.
6. Riesenbohnen und Kidneybohnen in ein Sieb geben, abspülen und abtropfen lassen. Grüne Bohnen ebenfalls in einem Sieb abtropfen lassen. Die Bohnen in eine Schüssel geben und vermischen, mit Salz und Pfeffer würzen.
7. Zitrone heiß abspülen, abtrocknen, die Schale abreiben und 2 Teelöffel abmessen. Zitrone halbieren und den Saft auspressen. Knoblauch abziehen. Knoblauch, Zitronenschale, -saft und Mandeln in einen hohen Rührbecher geben. Je 1 Prise Salz und Piment hinzufügen. Die Zutaten mit einem Stabmixer grob pürieren. Butter unterarbeiten.
8. Die Fettpfanne aus dem Backofen nehmen. Die Entenkeulen herausnehmen. Die Bohnen-Mischung zu dem Bratenfond in die Fettpfanne geben und gut untermischen. Die Entenkeulen wieder auf die Bohnen-Mischung geben. Das Butter-Mandel-Püree auf den Entenkeulen verteilen. Die Fettpfanne wieder in den heißen Backofen schieben. Die Bohnen mit den Entenkeulen 15–20 Minuten bei gleicher Backofentemperatur garen.
9. Die Bohnen mit Entenkeulen mit den beiseitegelegten Salbeiblättchen garnieren.

Buchweizensuppe „Gärtnerin“

4 Portionen

Zubereitungszeit: 15 Minuten, ohne Quellzeit
Garzeit: etwa 25 Minuten

1 l Gemüsebrühe
100 g grob geschroteter Buchweizen
150 g Zwiebeln
3 EL Speiseöl
frisch geriebene Muskatnuss
Meersalz

Bohnentopf mit Entenkeulen

Buchweizensuppe „Gärtnerin"

Curry-Ananas-Rahmsuppe

Selleriesalz
gerebelter Oregano
frisch gemahlener Pfeffer
Knoblauchpulver
20 g geriebener Käse,
z. B. Gouda
einige Schnittlauchröllchen

Pro Portion:
E: 4 g, F: 13 g, Kh: 22 g,
kJ: 956, kcal: 228

1. Gemüsebrühe in einen Topf geben. Buchweizen hinzugeben und etwa 60 Minuten in der Gemüsebrühe quellen lassen.
2. Zwiebeln abziehen und fein würfeln. Speiseöl in einem Topf erhitzen, Zwiebelwürfel darin andünsten.
3. Den Buchweizenbrei hinzugeben, unter Rühren zum Kochen bringen und in etwa 25 Minuten gar kochen.
4. Die Suppe mit Muskat, Meer-, Selleriesalz, Oregano, Pfeffer und Knoblauch abschmecken.
5. Die Suppe in 4 vorgewärmte Tassen füllen. Mit Käse und Schnittlauchröllchen bestreut servieren.

Curry-Ananas-Rahmsuppe

12 Portionen

Zubereitungszeit: 45 Minuten
Garzeit: etwa 25 Minuten

1 1/2 kg Putenbrustfilet
2 mittelgroße Gemüsezwiebeln
340 g Ananasstücke (aus der Dose)
6 EL Speiseöl
Salz
frisch gemahlener Pfeffer
3–4 gestr. EL Currypulver
250 ml (1/4 l) Currysauce
2 1/2 l Hühnerbrühe
60 g Weizenmehl
400 g Schlagsahne
200 ml Ananassaft (aus der Dose)
2 EL gehackte Petersilie

Pro Portion:
E: 38 g, F: 23 g, Kh: 20 g,
kJ: 1971, kcal: 472

1. Putenbrustfilet kurz unter fließendem kalten Wasser abspülen, trocken tupfen und in feine Streifen schneiden.
2. Zwiebeln abziehen, halbieren und in dünne Streifen schneiden. Ananasstücke in einem Sieb abtropfen lassen, dabei den Saft auffangen, 200 ml abmessen, beiseitestellen.
3. Jeweils etwas Speiseöl in einer Pfanne erhitzen. Die Fleischstreifen darin portionsweise von allen Seiten anbraten. Mit Salz, Pfeffer und Curry würzen. Die Fleischstreifen herausnehmen und in einen großen Topf geben. Die Zwiebelstreifen in dem verbliebenen Bratfett kurz andünsten, herausnehmen und zu den Fleischstreifen in den Topf geben. Ananasstücke, Currysauce und Hühnerbrühe hinzufügen, unter Rühren einmal aufkochen lassen.
4. Mehl anrühren. Mit Sahne und Ananassaft in den Topf geben und unter Rühren zum Kochen bringen. Die Suppe unter Rühren etwa 5 Minuten kochen lassen.
5. Die Suppe nochmals mit den Gewürzen abschmecken. Mit Petersilie bestreut servieren.

Bohneneintopf mit Knoblauchwurst

Hessischer Suppentopf

Bohneneintopf mit Knoblauchwurst

5 Portionen

Zubereitungszeit: 25 Minuten, ohne Einweichzeit
Garzeit: etwa 60 Minuten

Zum Vorbereiten:
250 g getrocknete, weiße Bohnen

150 g Zwiebeln
1 rote Chilischote
600 g Knoblauchwurst
1 gelbe Paprikaschote
Salz, frisch gemahlener Pfeffer
750 ml (3/4 l) Rindfleischbrühe
1 Bund Bohnenkraut
4 mittelgroße Tomaten (etwa 200 g)
4 EL Olivenöl

Pro Portion:
E: 31 g, F: 45 g, Kh: 29 g,
kJ: 2665, kcal: 637

1. Zum Vorbereiten die weißen Bohnen in ein Sieb geben und mit kaltem Wasser abspülen. Die Bohnen in eine große Schüssel geben und mit reichlich kaltem Wasser übergießen. Die Bohnen über Nacht einweichen, in einem Sieb abtropfen lassen.

2. Zwiebeln abziehen und in Spalten schneiden. Die Chilischote abspülen, trocken tupfen, halbieren, entstielen, entkernen und klein hacken. Knoblauchwurst in etwa 1/2 cm dicke Scheiben schneiden. Paprikaschote halbieren, entstielen, entkernen und die weißen Scheidewände entfernen. Schotenhälften abspülen, trocken tupfen und in kleine Stücke (in Größe der Bohnen) schneiden.

3. Bohnen, Zwiebeln, Chili, Wurst und Paprika in einen gewässerten Römertopf® (4-Liter-Inhalt) geben und vermischen. Mit Salz und Pfeffer würzen. Brühe hinzugießen. Die Zutaten nochmals gut vermischen. Bohnenkraut abspülen und trocken tupfen. Die Hälfte des Bohnenkrautes hinzufügen.

4. Den Römertopf® mit dem Deckel verschließen und auf dem Rost in den kalten Backofen schieben.
Ober-/Unterhitze: etwa 200 °C
Heißluft: etwa 180 °C
Garzeit: etwa 60 Minuten

5. Von dem restlichen Bohnenkraut die Blättchen von den Stängeln zupfen. Die Blättchen klein schneiden. Die Tomaten abspülen, abtrocknen, vierteln, die Stängelansätze herausschneiden, Tomatenviertel entkernen und in feine Streifen schneiden.

6. Nach etwa 50 Minuten Garzeit die Tomatenstreifen unter den Bohneneintopf rühren. Den Bohneneintopf mit Deckel in weiteren etwa 10 Minuten fertig garen.

7. Den Bohneneintopf nochmals mit Salz und Pfeffer abschmecken. Den Bohneneintopf mit Olivenöl beträufeln und mit Bohnenkraut bestreut servieren.

Hessischer Suppentopf

4 Portionen

Zubereitungszeit: 50 Minuten
Garzeit: etwa 60 Minuten

600 g Rindfleisch
2 EL Speiseöl
300 g Porree (Lauch)
2 Knoblauchzehen
750 ml (3/4 l) Wasser
Salz
frisch gemahlener Pfeffer
600 g grüne Bohnen
1 Bund Bohnenkraut
1 l Wasser
Salz
50 g Nudeln
500 g Tomaten
2 EL gehackte Petersilie

Pro Portion:
E: 36 g, F: 19 g, Kh: 18 g,
kJ: 1617, kcal: 385

1. Rindfleisch mit Küchenpapier trocken tupfen und in dünne Scheiben schneiden. Speiseöl in einem Topf erhitzen, Fleischscheiben darin kräftig anbraten.
2. Porree putzen, die Stangen längs halbieren, gründlich waschen, abtropfen lassen und in etwa 1 cm lange Stücke schneiden. Knoblauch abziehen, in feine Würfel schneiden. Porreestücke und Knoblauch zu den Fleischscheiben geben, kurz andünsten.
3. Wasser hinzugießen, mit Salz und Pfeffer würzen. Die Zutaten zum Kochen bringen und anschließend zugedeckt etwa 35 Minuten bei schwacher Hitze garen.
4. In der Zwischenzeit von den Bohnen die Enden abschneiden, evtl. abfädeln. Bohnen abspülen, abtropfen lassen und in Stücke schneiden oder brechen. Bohnkraut abspülen und trocken tupfen. Bohnen und Bohnenkraut in den Topf geben und weitere etwa 20 Minuten kochen lassen.
5. Wasser in einem geschlossenem Topf zum Kochen bringen. Salz und Nudeln zugeben. Nudeln im geöffneten Topf bei mittlerer Hitze nach Packungsanleitung bissfest kochen, dabei gelegentlich umrühren. Anschließend die Nudeln in ein Sieb geben, mit heißem Wasser abspülen, beiseitestellen.
6. Tomaten kreuzweise einschneiden, mit kochendem Wasser übergießen und kurz darin liegen lassen. Tomaten mit kaltem Wasser abschrecken, enthäuten, halbieren und die Stängelansätze herausschneiden. Tomaten vierteln und in den Topf geben. Weitere etwa 5 Minuten kochen lassen. Das Bohnenkraut entfernen.
7. Petersilie abspülen und trocken tupfen, Blättchen von den Stängeln zupfen und fein schneiden.
8. Nudeln in die Suppe geben und unterrühren. Mit Petersilie bestreut servieren.

Bohnen-Kartoffel-Suppe

4 Portionen

Zubereitungszeit: 35 Minuten
Garzeit: etwa 25 Minuten

1 Zwiebel
500 g grüne Bohnen
500 g mehligkochende Kartoffeln
2 EL Speiseöl
750 ml (3/4 l) Gemüsebrühe
1 TL gerebeltes Bohnenkraut
3–4 Liebstöckelblätter
frisch geriebene Muskatnuss
frisch gemahlener Pfeffer
1 Lorbeerblatt
1 EL Hefeflocken
Salz
2 EL gehackte Petersilie

Pro Portion:
E: 7 g, F: 8 g, Kh: 25 g,
kJ: 866, kcal: 205

1. Die Zwiebel abziehen und klein würfeln.
2. Von den Bohnen die Enden abschneiden, evtl. abfädeln. Bohnen abspülen, abtropfen lassen und in kleine Stücke schneiden oder brechen.
3. Kartoffeln waschen, schälen, abspülen, abtropfen lassen und in kleine Würfel schneiden.
4. Speiseöl in einem Topf erhitzen. Zwiebelwürfel darin glasig dünsten. Kartoffelwürfel und Bohnenstücke hinzufügen, kurz mit andünsten.
5. Die Gemüsebrühe hinzugießen. Bohnenkraut, abgespülte, trocken getupfte Liebstöckelblätter, Muskat, Pfeffer, Lorbeerblatt, Hefeflocken und Salz hinzufügen.
6. Die Zutaten zum Kochen bringen und zugedeckt etwa 25 Minuten bei schwacher Hitze garen.
7. Ein Viertel der Suppe abnehmen und beiseitestellen. Das Lorbeerblatt entfernen. Restliche Suppe mit einem Stabmixer pürieren. Abgenommene Suppe wieder hinzufügen.
8. Die Bohnen-Kartoffel-Suppe mit Salz abschmecken und mit Petersilie bestreuen.

Bohnen-Kartoffel-Suppe

Gulaschsuppe

4 Portionen

Zubereitungszeit: 40 Minuten
Garzeit: etwa 55 Minuten

300 g Rindfleisch (aus der Schulter)
4 EL Speiseöl
1 l Fleischbrühe
200 g Zwiebeln
1 Knoblauchzehe
je 1 gelbe und grüne Paprikaschote (je etwa 200 g)
200 g Tomaten
3 EL Tomatenmark
Salz, frisch gemahlener Pfeffer
Paprikapulver rosenscharf
1/2 TL gemahlener Kümmelsamen
gerebelter Majoran
einige Spritzer Tabasco

Pro Portion:
E: 18 g, F: 15 g, Kh: 9 g,
kJ: 1011, kcal: 241

1. Rindfleisch mit Küchenpapier trocken tupfen und in 1 1/2–2 cm große Würfel schneiden. Speiseöl in einem Topf erhitzen. Die Fleischwürfel darin von allen Seiten gut anbraten. Die Fleischbrühe hinzugießen, zum Kochen bringen und zugedeckt etwa 40 Minuten bei mittlerer Hitze kochen lassen.
2. In der Zwischenzeit Zwiebeln abziehen und in Scheiben schneiden. Knoblauch abziehen und fein würfeln. Paprikaschoten halbieren, entstielen, entkernen und die weißen Scheidewände entfernen. Schotenhälften abspülen, abtropfen lassen und in Stücke schneiden.
3. Tomaten kreuzweise einschneiden, mit kochendem Wasser übergießen und kurz darin liegen lassen. Tomaten mit kaltem Wasser abschrecken, enthäuten, halbieren und die Stängelansätze herausschneiden. Tomaten vierteln.
4. Vorbereitetes Gemüse und Tomatenmark in die Suppe geben. Mit Salz, Pfeffer, Paprika, Kümmel und Majoran würzen. Die Suppe wieder zum Kochen bringen und zugedeckt weitere etwa 15 Minuten garen.
5. Die Suppe mit Salz, Pfeffer, Paprika und Tabasco abschmecken.

Französische Zwiebelsuppe

4 Portionen

Zubereitungszeit: 45 Minuten
Garzeit: 10–15 Minuten

600 g Zwiebeln
50 g Butter oder Margarine
850 ml Gemüsebrühe
150 ml trockener Weißwein
Salz
frisch geschroteter, weißer Pfeffer

Für die Baguettescheiben:
30 g Butter
4 Scheiben Baguette
30 g geriebener Käse, z. B. Comté

Pro Portion:
E: 6 g, F: 20 g, Kh: 17 g,
kJ: 1256, kcal: 301

1. Für die Suppe Zwiebeln abziehen, halbieren und in dünne Scheiben schneiden oder hobeln. Butter oder Margarine in einem Topf zerlassen. Zwiebelscheiben darin unter Rühren bei mittlerer Hitze goldgelb dünsten.
2. Brühe hinzugießen und zum Kochen bringen. Die Zwiebelscheiben darin zugedeckt bei mittlerer Hitze 10–15 Minuten garen. Wein hinzugeben. Suppe mit Salz und Pfeffer würzen.
3. Den Backofengrill vorheizen.
4. Für die Baguettescheiben Butter in einer großen Pfanne zerlassen. Baguettescheiben darin von beiden Seiten goldgelb rösten.
5. Die Zwiebelsuppe in große, hitzebeständige Suppentassen füllen. Die Baguettescheiben darauf verteilen und mit geriebenem Käse bestreuen. Die Suppentassen auf dem Rost unter den vorgeheizten Backofengrill schieben. Die Zwiebelsuppe so lange überbacken, bis der Käse geschmolzen und leicht gebräunt ist.
6. Die Zwiebelsuppe sofort servieren, damit das Brot knusprig bleibt.

Gulaschsuppe

Französische Zwiebelsuppe

Feuertopf

Allgäuer Käsesuppe

Feuertopf

12 Portionen

Zubereitungszeit: 45 Minuten
Garzeit: etwa 40 Minuten

2 mittelgroße Gemüsezwiebeln
je 3 grüne und rote Paprikaschoten
340 g Ananasstücke (aus der Dose)
630 g Pilzscheiben (aus Gläsern)
2 kg Schweinegulasch
3 EL Steakgewürz
6 EL Speiseöl
500 g Zigeunersauce (Fertigprodukt)
250 ml (1/4 l) Barbecuesauce (Fertigprodukt)
500 g Schlagsahne
1 EL Currypulver
1 EL Paprikapulver edelsüß
1 TL Cayennepfeffer
1 TL gemahlener Kümmelsamen
1 TL frisch gemahlener Pfeffer

150 g frisch geriebener Käse, z. B. Gouda

Pro Portion:
E: 39 g, F: 45 g, Kh: 20 g, kJ: 2836, kcal: 678

1. Gemüsezwiebeln abziehen, halbieren und in grobe Würfel schneiden. Paprikaschoten halbieren, entstielen, entkernen und die weißen Scheidewände entfernen. Schotenhälften abspülen, abtropfen lassen und in Streifen schneiden. Ananasstücke und Pilzscheiben in einem Sieb abtropfen lassen.
2. Gulasch mit Küchenpapier trocken tupfen. Größere Fleischstücke etwas kleiner schneiden. Gulasch mit Steakgewürz würzen.
3. Den Backofen vorheizen.
Ober-/Unterhitze: etwa 180 °C
Heißluft: etwa 160 °C
4. Jeweils etwas Speiseöl in einer Pfanne erhitzen. Das Fleisch darin portionsweise von allen Seiten anbraten und herausnehmen. Zwiebelwürfel und Paprikastreifen portionsweise in dem verbliebenen Bratfett kurz andünsten (evtl. noch etwas Speiseöl hinzufügen).
5. Zigeuner- und Barbecuesauce mit Sahne und den Gewürzen verrühren. Zuerst die Hälfte der Zwiebel-Paprika-Mischung in eine große, flache Auflaufform (gefettet) geben. Dann nacheinander die Hälfte der Fleischwürfel, die Hälfte der Ananas-Pilz-Mischung und die Hälfte der Saucenmischung einschichten.
6. Die restlichen Zutaten in der gleichen Reihenfolge einschichten. Die Form zugedeckt auf dem Rost in den vorgeheizten Backofen schieben. Den Feuertopf etwa 40 Minuten garen.
7. Nach etwa der Hälfte der Garzeit den Feuertopf mit Käse bestreuen. Den Feuertopf ohne Deckel fertig garen.

Allgäuer Käsesuppe

4–6 Portionen

Zubereitungszeit: 20 Minuten
Garzeit: etwa 10 Minuten

200 g Weißbrot
750 ml (3/4 l) heiße Fleischbrühe
400 g geriebener Allgäuer Emmentaler Käse
250 ml (1/4 l) Weißwein
Salz, Zucker
fein gehackte Kräuter, z. B. Petersilie, Dill, Kerbel

Pro Portion:
E: 38 g, F: 35 g, Kh: 35 g, kJ: 2874, kcal: 687

1. Von dem Brot die Rinde entfernen. Brot in Würfel schneiden. Brotwürfel in einen Topf geben, die heiße Brühe hinzugießen und kurz aufkochen lassen. Die Suppe mit einem Stabmixer pürieren.
2. Den Käse langsam nach und nach in die Brühe geben. Den Weißwein hinzugießen und erhitzen. Mit Salz und Zucker abschmecken. Die Suppe mit Kräutern bestreuen.

Bouillonkartoffeln

Brokkoli-Käse-Suppe

Bouillonkartoffeln

4–6 Portionen

Zubereitungszeit: 45 Minuten
Garzeit: etwa 2 Stunden

500 g Rinderbrust
2 l kaltes Salzwasser
800 g Kartoffeln
100 g Knollensellerie
5 Möhren
1 Stange Porree (Lauch)
Salz
frisch gemahlener Pfeffer
Streuwürze

etwas gehackte Petersilie

Pro Portion:
E: 29 g, F: 18 g, Kh: 36 g,
kJ: 1780, kcal: 424

1. Die Rinderbrust unter fließendem kaltem Wasser abspülen, in einen Topf geben. Salzwasser hinzugeben, zum Kochen bringen und in etwa 90 Minuten gar kochen lassen.
2. Das gegarte Fleisch aus der Brühe nehmen, in Alufolie einschlagen und warm stellen.
3. Kartoffeln waschen, schälen, abspülen, abtropfen lassen und in Würfel schneiden. Sellerie und Möhren putzen, schälen, abspülen, abtropfen lassen und in Würfel schneiden. Den Porree putzen, die Stange längs halbieren, gründlich waschen, abtropfen lassen und in feine Streifen schneiden. Kartoffel-, Sellerie-, Möhrenwürfel und Porreestreifen in einen Topf geben. Mit der Rindfleischbrühe auffüllen, zum Kochen bringen und etwa 30 Minuten kochen lassen.
4. Mit Salz, Pfeffer und Streuwürze abschmecken.
5. Das Fleisch in Scheiben schneiden und auf einer Platte anrichten. Mit Petersilie bestreuen.
6. Die Bouillonkartoffeln anrichten und mit dem Fleisch servieren.

Brokkoli-Käse-Suppe

4 Portionen

Zubereitungszeit: 35 Minuten, ohne Abkühlzeit
Garzeit: 5–8 Minuten

2–4 EL gehobelte Mandeln
600 g Brokkoli
800 ml Gemüsebrühe
125 g Kräuter-Schmelzkäse
100 g Schlagsahne
2 frische Eigelb (Größe S)
Salz
frisch gemahlener Pfeffer
frisch geriebene Muskatnuss

Pro Portion:
E: 12 g, F: 27 g, Kh: 5 g,
kJ: 1307, kcal: 312

1. Mandeln in einer Pfanne ohne Fett goldgelb rösten, herausnehmen und auf einem Teller erkalten lassen.
2. Vom Brokkoli Blätter entfernen. Den Brokkoli in Röschen teilen, den Strunk schälen und in Stücke schneiden. Brokkoli abspülen und abtropfen lassen. Gemüsebrühe in einem Topf zum Kochen bringen. Brokkoli hinzufügen und zugedeckt 5–8 Minuten bei mittlerer Hitze garen.
3. Einige Brokkoliröschen für die Suppeneinlage mit einer Schaumkelle herausnehmen und in einem Sieb abtropfen lassen. Restlichen Brokkoli mit der Brühe pürieren.
4. Schmelzkäse hinzufügen und unter Rühren bei schwacher Hitze schmelzen. Topf von der Kochstelle nehmen.
5. Sahne mit Eigelb verschlagen, in die Suppe rühren, nicht mehr kochen lassen. Brokkoli-Käse-Suppe mit Salz, Pfeffer, Muskat abschmecken.
6. Vor dem Servieren die restlichen Brokkoliröschen in die Suppe geben und kurz erwärmen. Die Suppe mit Mandeln bestreut servieren.

Hinweis: Nur ganz frische Eigelb verwenden, die nicht älter als 5 Tage sind (Legedatum beachten!).

Graupentopf mit Bauernspeck

4 Portionen

Zubereitungszeit: 30 Minuten
Garzeit: etwa 50 Minuten

2 Zwiebeln
1 Knoblauchzehe
2 Möhren
4 Stangen Staudensellerie
100 g Wirsingblätter
100 g durchwachsener Speck
2–3 EL Olivenöl
200 g Perlgraupen
100 ml trockener Weißwein
2 l Fleischbrühe
Salz, frisch gemahlener Pfeffer
2 Lorbeerblätter
1 Bund Petersilie

Pro Portion:
E: 14 g, F: 10 g, Kh: 43 g,
kJ: 1401, kcal: 335

1. Zwiebeln und Knoblauch abziehen. Zwiebeln zuerst in Scheiben schneiden, dann in Ringe teilen. Den Knoblauch fein hacken. Die Möhren putzen, schälen, abspülen, abtropfen lassen und in Scheiben schneiden. Sellerie putzen und die harten Außenfäden abziehen. Sellerie abspülen, abtropfen lassen und in Scheiben schneiden. Kohlblätter abspülen, trocken tupfen und in etwa 2 cm große Quadrate schneiden.
2. Von dem Speck die Schwarte und Knorpel abschneiden. Speck in feine Scheiben schneiden.
3. Olivenöl in einem Topf erhitzen. Zwiebelringe und Knoblauch darin andünsten. Möhren-, Selleriescheiben, Kohlstücke und Speckscheiben portionsweise hinzugeben und mit andünsten.
4. Die Perlgraupen in ein Sieb geben, kurz abspülen, abtropfen lassen und zu dem angedünsteten Gemüse und den Speckscheiben in den Topf geben. Mit Wein ablöschen. Fleischbrühe hinzugießen. Mit Salz und Pfeffer würzen. Lorbeerblätter hinzufügen. Die Suppe zum Kochen bringen und zugedeckt etwa 50 Minuten bei mittlerer Hitze kochen.
5. Petersilie abspülen und trocken tupfen. Die Blättchen von den Stängeln zupfen. Blättchen grob zerkleinern. Lorbeerblätter entfernen. Den Graupentopf mit Salz und Pfeffer abschmecken. Mit Petersilie bestreut servieren.

Graupentopf mit Bauernspeck

Gulasch vom Wirsingkohl in Balsamicosauce

4 Portionen

Zubereitungszeit: 55 Minuten
Garzeit: etwa 35 Minuten

1 kleiner Kopf Wirsing (etwa 500 g)
600 g Suppengemüse
(Möhren, Sellerie, Porree)
1 Zwiebel
300 g kleine, festkochende
Kartoffeln
1/2 Bund Thymian
3 EL Oliven- oder Speiseöl
1 EL Zucker
3 EL Balsamico-Essig
200 ml Gemüsebrühe
Kümmelsamen
Salz, frisch gemahlener Pfeffer

Pro Portion:
E: 5 g, F: 7 g, Kh: 17 g,
kJ: 668, kcal: 160

1. Vom Wirsing die groben, äußeren Blätter entfernen. Wirsing vierteln und den Strunk herausschneiden. Wirsing abspülen, abtropfen lassen und in Stücke schneiden. Sellerie und Möhren putzen, schälen, abspülen, abtropfen lassen und in kleine Würfel schneiden. Porree putzen, die Stangen längs halbieren, gründlich waschen, abtropfen lassen und in Stücke schneiden. Zwiebel abziehen und in Würfel schneiden.
2. Kartoffeln waschen, schälen, abspülen, abtropfen lassen und in Würfel schneiden. Thymian abspülen und trocken tupfen. Die Blättchen von den Stängeln zupfen.
3. Öl in einem Bräter oder großen Topf erhitzen, vorbereitetes Gemüse- und Kartoffelwürfel in 2 Portionen etwa 5 Minuten darin andünsten. Zucker unterrühren und karamellisieren lassen. Essig und Brühe hinzugießen. Die Hälfte der Thymianblättchen hinzugeben. Gulasch mit Kümmelsamen, Salz und Pfeffer würzen. Zum Kochen bringen und zugedeckt bei schwacher Hitze etwa 30 Minuten garen. Gulasch nochmals mit den Gewürzen abschmecken und restliche Thymianblättchen unterrühren.

Kohlrabitopf mit Bratwurstklößchen

8–10 Portionen

Zubereitungszeit: 55 Minuten
Garzeit: etwa 25 Minuten

1 kg Kohlrabi (etwa 4 Stück)
50 g Butter
2 l Gemüsebrühe
250 g Schlagsahne
1 Pck. Kartoffelpüreepulver
(für 3 Portionen)
4 grobe, ungebrühte Bratwürste
(je etwa 100 g)

Gulasch vom Wirsingkohl in Balsamicosauce

Kohlrabitopf mit Bratwurstklößchen

Linseneintopf mit Mettwürstchen

Salz
frisch gemahlener Pfeffer
etwas Currypulver
2 EL glatte Petersilienstreifen

Pro Portion:
E: 13 g, F: 30 g, Kh: 11 g,
kJ: 1540, kcal: 368

1. Kohlrabi putzen, schälen, abspülen, abtropfen lassen und halbieren. Kohlrabi zuerst in Scheiben, dann in Streifen schneiden.
2. Butter in einem großen Topf zerlassen. Kohlrabistreifen darin andünsten. Gemüsebrühe und Sahne hinzufügen, zum Kochen bringen. Die Suppe etwa 15 Minuten bei schwacher Hitze unter gelegentlichem Rühren kochen lassen. Kartoffelpüreepulver unterrühren.
3. Bratwurstmasse portionsweise aus der Haut drücken. Aus der Masse kleine Klößchen formen und ebenfalls in die Suppe geben.
4. Klößchen etwa 10 Minuten in der Suppe bei schwacher Hitze gar ziehen lassen.
5. Kohlrabitopf mit Salz, Pfeffer und Curry abschmecken. Mit Petersilienstreifen bestreut servieren.

Linseneintopf mit Mettwürstchen

8–10 Personen

Zubereitungszeit: 20 Minuten
Garzeit: 20–25 Minuten

2 Bund Suppengrün
(Mohren, Sellerie, Porree)
500 g getrocknete, gelbe
oder rote Tellerlinsen
750 g vorwiegend festkochende
Kartoffeln
4 Zwiebeln
4 EL Speiseöl, z. B. Sonnenblumenöl
3 l Gemüse- oder Fleischbrühe
8–10 Mettwürstchen
(Rauchenden, je etwa 90 g)
Weißweinessig
Salz, frisch gemahlener Pfeffer
etwas Zucker
4 EL gehackte Petersilie
oder TK-Petersilie

Pro Portion:
E: 39 g, F: 28 g, Kh: 48 g,
kJ: 2524, kcal: 601

1. Suppengrün putzen, abspülen, abtropfen lassen, in Stücke schneiden.
2. Tellerlinsen in ein Sieb geben und kalt abspülen. Kartoffeln waschen, schälen, abspülen, abtropfen lassen und in Würfel schneiden. Zwiebeln abziehen, halbieren und in Scheiben schneiden.
3. Speiseöl in einem Topf erhitzen. Vorbereitetes Gemüse und Kartoffelwürfel darin andünsten. Die Gemüsebrühe und die Linsen hinzugeben, zum Kochen bringen und zugedeckt etwa 15 Minuten bei mittlerer Hitze kochen lassen.
4. Die Mettwürstchen hinzugeben und weitere 5–10 Minuten mitkochen lassen.
5. Den Eintopf mit Essig, Salz, Pfeffer und Zucker abschmecken. Mit Petersilie bestreut servieren.

Mitternachts-Tomatensuppe

Rindfleischbrühe

Mitternachts-Tomatensuppe

4–6 Portionen

Zubereitungszeit: 30 Minuten
Garzeit: etwa 25 Minuten

1 Bund Suppengrün
(Möhre, Sellerie, Porree)
2 kleine Zwiebeln
1 Knoblauchzehe
5 EL Olivenöl
1 kg passierte Tomaten (aus dem Tetrapak® oder aus der Dose)
Zucker
Salz
frisch gemahlener Pfeffer
7–8 frische Basilikumblättchen
2 EL Schlagsahne
4 TL grünes Pesto

Pro Portion:
E: 6 g, F: 17 g, Kh: 20 g,
kJ: 1089, kcal: 259

1. Suppengrün putzen, abspülen, abtropfen lassen und in Würfel schneiden. Zwiebeln und Knoblauch abziehen, ebenfalls würfeln. Olivenöl in einem großen Topf erhitzen. Gemüse-, Zwiebel- und Knoblauchwürfel darin 3–4 Minuten andünsten. Die passierten Tomaten hinzugeben und etwa 20 Minuten köcheln.
2. Die Suppe mit Zucker, Salz und Pfeffer würzen. Die Basilikumblättchen abspülen, trocken tupfen und hinzugeben. Weitere etwa 5 Minuten köcheln. Die Suppe mit einem Stabmixer pürieren, mit Sahne verfeinern. Die Mitternachts-Tomatensuppe in Tellern oder Schüsseln anrichten. Pesto in Klecksen daraufgeben.

Rindfleischbrühe

4–6 Portionen

Zubereitungszeit: 30 Minuten
Garzeit: 2 1/2–3 Stunden

750 g Rindfleisch, z. B. Hohe Rippe, Beinscheibe
2 l kaltes Wasser
Salz
1 Bund Suppengrün
(Sellerie, Möhre, Porree)
2 Zwiebeln
1 Lorbeerblatt
3 Gewürznelken
5 Pfefferkörner

Pro Portion:
E: 38 g, F: 7 g, Kh: 3 g,
kJ: 970, kcal: 230

1. Das Rindfleisch mit Küchenpapier trocken tupfen, mit kaltem Wasser in einen großen Topf geben und zum Kochen bringen. Salz hinzufügen. Rindfleisch zugedeckt etwa 60 Minuten bei mittlerer Hitze kochen, dabei ab und zu mit einer Schaumkelle den Schaum abschöpfen.
2. Suppengrün putzen, abspülen, abtropfen lassen und grob würfeln. Zwiebeln abziehen, 1 Zwiebel mit Lorbeerblatt und den Gewürznelken spicken.
3. Suppengrün, Zwiebeln und Pfefferkörner zum Rindfleisch geben, wieder zum Kochen bringen und zugedeckt 1 1/2–2 Stunden bei schwacher Hitze kochen.
4. Das Fleisch herausnehmen und die Brühe durch ein feines Sieb oder durch ein mit einem Geschirrtuch ausgelegtes Sieb in einen Topf gießen. Brühe mit Salz abschmecken.

Tipps: Die Rindfleischbrühe mit einer Einlage aus Spargelspitzen, Möhrenstreifen, feinen Suppennudeln oder Eierstich verfeinern. Die Suppe mit gehackter Petersilie bestreut servieren.

Chinakohleintopf

4 Portionen

Zubereitungszeit: 45 Minuten
Garzeit: 25–30 Minuten

750 g Chinakohl
2–3 Zwiebeln
250 g Tomaten
375 g Kartoffeln
40 g Butter oder Margarine
500 g Gehacktes (halb Rind-, halb Schweinefleisch)

Salz, frisch gemahlener Pfeffer
500 ml (1/2 l) Gemüsebrühe
2 EL Tomatenmark
2 EL Schnittlauchröllchen

Pro Portion:
E: 29 g, F: 39 g, Kh: 19 g,
kJ: 2425, kcal: 579

1. Chinakohl putzen, halbieren und den Strunk herausschneiden. Den Kohl vierteln, in schmale Streifen schneiden, abspülen und abtropfen lassen. Zwiebeln abziehen und fein würfeln.
2. Tomaten kreuzweise einschneiden, mit kochendem Wasser übergießen und kurz darin liegen lassen. Tomaten mit kaltem Wasser abschrecken, enthäuten, halbieren und die Stängelansätze herausschneiden. Tomatenhälften in Würfel schneiden. Die Kartoffeln waschen, schälen, abspülen und in Würfel schneiden.
3. Butter oder Margarine in einem Topf zerlassen, Zwiebelwürfel darin glasig dünsten. Gehacktes hinzufügen und unter Rühren anbraten, dabei die Fleischklümpchen mit einer Gabel etwas zerdrücken. Mit Salz und Pfeffer würzen.
4. Kartoffelwürfel und Gemüsebrühe hinzugeben und etwa 10 Minuten dünsten. Chinakohlstreifen hinzufügen, weitere 15–20 Minuten garen.
5. Tomatenstücke und -mark unterrühren. Den Eintopf nochmals erhitzen und mit den Gewürzen abschmecken. Mit Schnittlauchröllchen bestreut servieren.

Möhrencremesuppe

4 Portionen

Zubereitungszeit: 20 Minuten
Garzeit: 12–15 Minuten

700 g Möhren
2 kleine Zwiebeln
30 g Butter oder 2 EL Speiseöl
1 l Gemüse-, Geflügel- oder Fleischbrühe
Salz, frisch gemahlener Pfeffer
Zucker
etwas frisch geriebene Ingwerwurzel oder gemahlener Ingwer
evtl. 3–4 EL Crème fraîche
2 TL geröstete Sesamsamen

Pro Portion:
E: 4 g, F: 15 g, Kh: 11 g,
kJ: 819, kcal: 196

1. Möhren putzen, schälen, abspülen, abtropfen lassen und in etwa 1 cm dicke Scheiben schneiden. Die Zwiebeln abziehen und in kleine Würfel schneiden.
2. Butter oder Speiseöl in einem Topf zerlassen. Zwiebelwürfel darin andünsten. Die Möhrenscheiben hinzugeben und kurz mitdünsten.
3. Brühe hinzugießen und zum Kochen bringen. Die Möhrenscheiben zugedeckt 12–15 Minuten garen.
4. Möhrensuppe mit einem Stabmixer pürieren. Mit Salz, Pfeffer, Zucker und Ingwer würzen. Nach Belieben Crème fraîche unterrühren. Die Möhrensuppe in Suppentassen verteilen und mit Sesam bestreut servieren.

Tipp: Möhrensuppe mit in Streifen geschnittenem Räucherlachs und Dillspitzen garnieren.

Chinakohleintopf

Möhrencremesuppe

Erbsen-Hähnchen-Salat

Erbsen-Hähnchen-Salat

4 Portionen

Zubereitungszeit: 50 Minuten

265 g Kichererbsen
(aus der Dose)
3 Frühlingszwiebeln
500 g Hähnchenbrustfilet
3 EL Olivenöl
Salz
frisch gemahlener Pfeffer
1–2 EL Currypulver
225 g TK-Erbsen

Für die Sauce:
150 g Magermilchjoghurt
2–3 EL Salatmayonnaise
1–2 TL Zitronensaft

150–200 g feine Spinatblätter

Pro Portion:
E: 38 g, F: 13 g, Kh: 23 g,
kJ: 1633, kcal: 390

1. Kichererbsen in ein Sieb geben, kalt abspülen und abtropfen lassen. Frühlingszwiebeln putzen, abspülen, abtropfen lassen und schräg in Ringe schneiden.

2. Hähnchenbrustfilet unter fließendem kalten Wasser abspülen, trocken tupfen und in Streifen schneiden. 2 Esslöffel des Olivenöls in einer Pfanne erhitzen. Die Fleischstreifen darin von allen Seiten braten. Mit Salz, Pfeffer und Curry würzen und herausnehmen.

3. Restliches Olivenöl in der Pfanne erhitzen. Die Frühlingszwiebelringe darin kurz anbraten. Unaufgetaute Erbsen hinzufügen, etwa 5 Minuten mitgaren, mit Salz und Pfeffer würzen.

4. Gegarte Zutaten in eine große Schüssel geben. Kichererbsen und Fleisch vorsichtig unterheben.

5. Für die Sauce Joghurt mit Mayonnaise, Zitronensaft, Salz und Pfeffer verrühren. Etwa zwei Drittel der Sauce unter die Salatzutaten heben.

6. Vom Spinat die dicken Stiele entfernen. Den Spinat gründlich waschen und abtropfen lassen. Die Hälfte der Spinatblätter unter den Salat heben. Den restlichen Spinat auf Tellern verteilen. Den Salat darauf anrichten und mit der restlichen Sauce beträufeln.

Mamas Kartoffelsalat
4 Portionen

Zubereitungszeit: 50 Minuten, ohne Abkühl- und Durchziehzeit

1 kg festkochende Kartoffeln
1 Zwiebel
1 Bund Frühlingszwiebeln
1 Bund Radieschen
1 kleines Glas Cornichons (kleine Gewürzgurken)

Für die Sauce:
6 EL Salatmayonnaise
2 TL mittelscharfer Senf
300 g Crème fraîche
3 EL Gurkenflüssigkeit (von den Cornichons)
Salz, frisch gemahlener Pfeffer
1 TL Zucker oder Honig

2 EL Schnittlauchröllchen

Pro Portion:
E: 8 g, F: 43 g, Kh: 46 g,
kJ: 2537, kcal: 609

1. Kartoffeln gründlich waschen, mit Wasser bedeckt zum Kochen bringen und zugedeckt in 20–25 Minuten gar kochen. Die Kartoffeln abgießen, mit kaltem Wasser abschrecken, abtropfen lassen, sofort pellen und lauwarm abkühlen lassen. Kartoffeln in Scheiben schneiden.
2. Zwiebel abziehen und fein würfeln. Frühlingszwiebeln putzen, abspülen, abtropfen lassen und in feine Ringe schneiden.

Mamas Kartoffelsalat

3. Radieschen putzen, abspülen und vierteln. Cornichons in einem Sieb abtropfen lassen. Gurkenflüssigkeit dabei auffangen und 3 Esslöffel abmessen, beiseitestellen. Cornichons in Scheiben schneiden.
4. Für die Sauce die Mayonnaise mit Senf, Crème fraîche und Gurkenflüssigkeit verrühren. Mit Salz, Pfeffer und Zucker oder Honig würzen.
5. Kartoffeln, Zwiebel, Frühlingszwiebeln, Radieschen und Cornichons in einer Schussel mischen. Die Sauce unterheben. Den Salat mit Frischhaltefolie zugedeckt etwa 30 Minuten im Kühlschrank durchziehen lassen.
6. Vor dem Servieren den Salat nochmals mit Salz, Pfeffer, Zucker oder Honig und Gurkenflüssigkeit abschmecken. Mit Schnittlauchröllchen bestreuen.

Rucolasalat

Rucolasalat
4 Portionen

Zubereitungszeit: 20 Minuten

250 g Rucola (Rauke)

Für das Dressing:
3–4 EL Balsamico-Essig
1 EL flüssiger Honig
Salz
frisch gemahlener Pfeffer
6 EL Olivenol
12 Scheiben Parma- oder Serranoschinken
100 g Parmesan-Käse, am Stück

Pro Portion:
E: 16 g, F: 25 g, Kh: 6 g,
kJ: 1316, kcal: 314

1. Vom Rucola die dicken Stiele abschneiden. Rucola abspülen und gut abtropfen lassen. Rucolablätter evtl. etwas kleiner zupfen.
2. Für das Dressing Essig mit Honig, Salz und Pfeffer verrühren. Olivenöl unterschlagen.
3. Rucola auf 4 Tellern oder einer Platte anrichten und mit dem Dressing beträufeln.
4. Schinken dekorativ auf den Salat legen. Parmesan mit einem Sparschäler daraufhobeln.
5. Den Salat nach Belieben mit grob gemahlenem Pfeffer bestreuen.

Obstsalat „Exotische Art“

Sommersalat mit Hähnchen

Obstsalat „Exotische Art“

4 Portionen

Zubereitungszeit: 30 Minuten, ohne Durchziehzeit

1 Papaya (etwa 350 g)
1 Baby-Ananas
2 Kiwis
1/2 Galiamelone
1 rosa Grapefruit
1 Granatapfel
1 EL Zucker

Für die Zitronensauce:
150 g Crème fraîche
2–3 EL Milch
1 EL Zucker
Saft von 1 Zitrone
1 EL gehackte Zitronenmelisse

Pro Portion:
E: 2 g, F: 12 g, Kh: 46 g,
kJ: 1344, kcal: 323

1. Papaya längs halbieren, die Kerne mit einem Teelöffel herauslösen. Die Papayahälften schälen. Das Fruchtfleisch in kleine Stücke schneiden.
2. Von der Ananas Blatt- und Strunkende entfernen. Ananas vierteln und den holzigen Strunk entfernen. Ananas schälen, zunächst in etwa 1 cm dicke Scheiben und dann in kleine Stücke schneiden.
3. Kiwis schälen. Melone entkernen und schälen. Kiwi- und Melonenfruchtfleisch klein schneiden. Grapefruit so schälen, dass die weiße Haut vollständig entfernt wird. Grapefruit filetieren, Filets halbieren. Granatapfel quer halbieren und die Kerne herauslösen. Das vorbereitete Obst mit dem Zucker vermengen und etwa 1 Stunde kalt gestellt durchziehen lassen.
4. Für die Zitronensauce die Crème fraîche mit Milch, Zucker, Zitronensaft und -melisse verrühren. Die Sauce zum Obstsalat servieren.

Sommersalat mit Hähnchen

4 Portionen

Zubereitungszeit: 35 Minuten

je 1 kleiner Lollo rossa und Lollo bionda
1 Handvoll Feldsalat
1 Bund Frühlingszwiebeln
je 1 kleine, rote und gelbe Paprikaschote
4 Hähnchenbrustfilets (je etwa 150 g)
4 EL Olivenöl
Salz
frisch gemahlener Pfeffer
3 EL Weißweinessig
3 EL Wasser

Pro Portion:
E: 39 g, F: 12 g, Kh: 6 g,
kJ: 1202, kcal: 288

1. Salatköpfe putzen. Die Blätter jeweils vom Strunk lösen. Salatblätter und Feldsalat gründlich abspülen und in einem Sieb gut abtropfen lassen. Große Salatblätter kleiner zupfen und die Herzblätter ganz lassen. Vom Feldsalat die Wurzelenden abschneiden.
2. Frühlingszwiebeln putzen, abspülen, abtropfen lassen und in feine Ringe schneiden.
3. Paprikaschoten halbieren, entstielen, entkernen und die weißen Scheidewände entfernen. Schotenhälften abspülen, abtropfen lassen und in Streifen schneiden.
4. Hähnchenbrustfilets unter fließendem kalten Wasser abspülen und trocken tupfen. Die Sehnen entfernen. Die Filets quer zur Faser in Streifen schneiden.
5. Etwas von dem Olivenöl in einer Pfanne erhitzen. Die Fleischstreifen darin in 2 Portionen von allen Seiten kurz anbraten. Angebratenes Fleisch wieder in die Pfanne geben. Frühlingszwiebelringe und Paprikastreifen hinzufügen, 2–3 Minuten mitdünsten lassen. Die Fleisch-Gemüse-Mischung mit Salz und Pfeffer würzen, aus der Pfanne nehmen und warm stellen.
6. Für die Sauce den Bratensatz mit Essig und Wasser ablöschen, mit Salz und Pfeffer würzen. Restliches Olivenöl unterschlagen.
7. Die Fleisch-Gemüse-Mischung in einer Schüssel anrichten und mit der lauwarmen Sauce beträufeln.

Wurst-Käse-Salat

4 Portionen

Zubereitungszeit: 25 Minuten, ohne Durchziehzeit

250 g Zwiebeln
250 g Emmentaler Käse
350 g Fleischwurst
75 g Gewürzgurken

Für die Sauce:
2 EL Weißweinessig
2 EL Wasser
1 TL mittelscharfer Senf
Salz, frisch gemahlener Pfeffer
Zucker
4 EL Sonnenblumenöl

1 EL Schnittlauchröllchen

Pro Portion:
E: 29 g, F: 48 g, Kh: 4 g,
kJ: 2357, kcal: 563

1. Zwiebeln abziehen, zunächst in Scheiben schneiden, dann in Ringe teilen. Zwiebelringe in kochendes Wasser geben, etwa 2 Minuten kochen, dann in ein Sieb geben und abtropfen lassen.
2. Emmentaler Käse entrinden und in Streifen schneiden. Fleischwurst enthäuten. Fleischwurst und abgetropfte Gewürzgurken in Scheiben schneiden.
3. Für die Sauce Essig mit Wasser, Senf, Salz, Pfeffer und Zucker verrühren. Das Sonnenblumenöl unterschlagen. Die vorbereiteten Salatzutaten mit der Sauce vermengen. Salat etwa 1 Stunde durchziehen lassen. Den Wurst-Käse-Salat mit Schnittlauchröllchen bestreuen und servieren.

Sommerlicher Kartoffelsalat

4 Portionen

Zubereitungszeit: 45 Minuten, ohne Abkühlzeit

500 g Frühkartoffeln
1 Salatgurke (etwa 600 g)
200 g Mai-Gouda-Käse
2 hart gekochte Eier
100 g Shrimps oder Garnelen, in Öl mariniert

Für die Sauce:
1 Bund Dill
1 TL mittelscharfer Senf
3 EL Weißweinessig
Salz
frisch gemahlener Pfeffer
etwas Zucker
4 EL Öl von den Shrimps oder Garnelen

Pro Portion:
E: 24 g, F: 31 g, Kh: 23 g,
kJ: 2030, kcal: 484

1. Kartoffeln gründlich waschen, mit Wasser bedeckt zum Kochen bringen und zugedeckt in 20–25 Minuten gar kochen. Kartoffeln abgießen, mit kaltem Wasser abschrecken, abtropfen lassen, sofort pellen und erkalten lassen. Die Kartoffeln je nach Größe evtl. längs halbieren und in Scheiben schneiden.
2. Gurke abspülen, abtrocknen und die Enden abschneiden. Die Gurke der Länge nach vierteln. Nach Belieben die Kerne herausschaben. Die Gurke anschließend in feine Scheiben schneiden.
3. Käse entrinden und in feine Würfel schneiden. Eier pellen und in kleine Würfel schneiden. Shrimps oder Garnelen abtropfen lassen, dabei das Öl auffangen und 4 Esslöffel für die Sauce abmessen.
4. Für die Sauce Dill abspülen und trocken tupfen. Die Spitzen von den Stängeln zupfen. Spitzen fein hacken. Senf mit Essig, Salz, Pfeffer und Zucker verrühren. Öl unterschlagen, Dill unterrühren.
5. Die vorbereiteten Salatzutaten mit der Sauce in einer Schüssel vorsichtig mischen und den sommerlichen Kartoffelsalat evtl. nochmals mit den Gewürzen abschmecken.

Wurst-Käse-Salat

Sommerlicher Kartoffelsalat

Pasta-Salat mit Hähnchen

4 Portionen

Zubereitungszeit: 40 Minuten, ohne Abkühlzeit
Bratzeit: Hähnchenbrustfilet etwa 10 Minuten

2 l Wasser
2 gestr. TL Salz
200 g grüne Bandnudeln

etwa 300 g Hähnchenbrustfilet
Salz, frisch gemahlener Pfeffer
etwas Currypulver
10 g Weizenmehl
2 EL Speiseöl

1 reife Mango
100 g Joghurt-Salatcreme
2 EL Schlagsahne
2 EL Zitronensaft
2 EL geröstete Sesamsamen

2 Kolben Chicorée
1/2 Bund Schnittlauch

Pro Portion:
E: 27 g, F: 18 g, Kh: 50 g,
kJ: 2004, kcal: 479

1. Das Wasser in einem großen, geschlossenen Topf zum Kochen bringen. Dann Salz und Nudeln hinzugeben. Die Nudeln im geöffneten Topf bei mittlerer Hitze nach Packungsanleitung bissfest kochen, dabei gelegentlich umrühren.
2. In der Zwischenzeit das Hähnchenbrustfilet kurz unter fließendem kalten Wasser abspülen und trocken tupfen. Mit Salz und Pfeffer würzen, mit Curry und Mehl bestäuben.
3. Speiseöl in einer Pfanne erhitzen. Hähnchenbrustfilet darin von beiden Seiten etwa 10 Minuten braten, herausnehmen und erkalten lassen.
4. Die garen Nudeln in ein Sieb geben, mit heißem Wasser abspülen und abtropfen lassen.
5. Die Mango halbieren und den Stein herauslösen. Die Mangohälften schälen und das Fruchtfleisch in Scheiben schneiden. 2 Mangoscheiben in sehr kleine Stücke schneiden. Restliche Mangoscheiben in etwa 1 cm dicke Streifen schneiden.
6. Salatcreme mit Sahne und Zitronensaft in einer Schüssel verrühren. Klein geschnittene Mangostücke unterheben. Die Zutaten pürieren. Mit Salz und Pfeffer würzen. 1 Esslöffel des gerösteten Sesams unterrühren.
7. Chicorée putzen, abspülen, abtropfen lassen und längs halbieren. Den Strunk keilförmig herausschneiden. Chicorée in einzelne Blätter teilen. Die Blätter jeweils in Form eines halben Sterns auf 4 Teller legen.
8. Hähnchenbrustfilet quer halbieren und in dünne Streifen schneiden. Die Nudeln mit zwei Dritteln der Hähnchenfleischstreifen vermengen. Die Joghurt-Mango-Sauce unterrühren. Den Salat auf den Tellern verteilen. Mangostreifen und restliche Hähnchenfleischstreifen darauf anrichten. Mit restlichem Sesam bestreuen.
9. Den Schnittlauch abspülen, trocken tupfen, in Röllchen schneiden und über den Salat streuen.

Kartoffelsalat mit Senfdressing und Käse

4 Portionen

Zubereitungszeit: 25 Minuten

Für das Senfdressing:
150 g Schmand (Sauerrahm)
100 g Joghurt
2–3 EL körniger Senf
Salz
frisch gemahlener Pfeffer
1 Prise Zucker

750 g gegarte Pellkartoffeln
1 TL TK-Schnittlauchröllchen
1 Bund Radieschen
300 g Harzer Käse

Pro Portion:
E: 29 g, F: 10 g, Kh: 29 g,
kJ: 1357, kcal: 325

1. Für das Dressing Schmand mit Joghurt und Senf in einer Salatschüssel verrühren. Dressing mit Salz, Pfeffer und Zucker abschmecken.
2. Die Kartoffeln pellen, in Würfel schneiden und mit den Schnittlauchröllchen unter das Dressing mischen. Den Salat etwa 5 Minuten durchziehen lassen, dabei gelegentlich umrühren.

Pasta-Salat mit Hähnchen

Kartoffelsalat mit Senfdressing und Käse

3. In der Zwischenzeit Radieschen putzen, abspülen, abtropfen lassen und in dünne Scheiben schneiden. Harzer Käse in grobe Würfel schneiden. Radieschenscheiben und Käsewürfel unter den Kartoffelsalat heben. Den Salat nochmals mit Salz, Pfeffer und Senf abschmecken.

Tomatensalat mit Knusper-Croûtons

4 Portionen

Zubereitungszeit: 20 Minuten

8 Strauchtomaten
1 reife Avocado
1 EL Zitronensaft
Salz
frisch gemahlener Pfeffer
150 g Schafkäse
2 Schalotten
1 Knoblauchzehe
2 EL weißer Balsamico-Essig
4 EL Olivenöl

2 Scheiben Mehrkorntoast
5 Stängel glatte Petersilie

Pro Portion:
E: 10 g, F: 31 g, Kh: 12 g,
kJ: 1544, kcal: 368

1. Tomaten abspülen, abtrocknen, halbieren und die Stängelansätze herausschneiden. Tomatenhälften in Scheiben schneiden. Eine große Salatplatte mit den Tomatenscheiben auslegen.
2. Avocado in der Mitte längs durchschneiden und den Stein herauslösen. Avocadohälften schälen, in Spalten schneiden und sofort mit Zitronensaft beträufeln. Avocadospalten mit Salz und Pfeffer würzen und auf den Tomatenscheiben anrichten. Schafkäse in kleine Würfel schneiden und darauf verteilen.
3. Schalotten und Knoblauch abziehen, klein würfeln. Essig mit Salz und Pfeffer verrühren. 2 Esslöffel des Olivenöls unterschlagen. Den Salat mit der Marinade beträufeln.
4. Restliches Olivenöl in einer Pfanne erhitzen. Toastbrotscheiben in kleine Würfel schneiden und in dem heißen Olivenöl von allen Seiten unter Wenden knusprig braun braten. Petersilie abspülen und trocken tupfen. Die Blättchen von den Stängeln zupfen. Blättchen klein schneiden. Die Croûtons auf dem Tomatensalat verteilen und mit der Petersilie bestreuen.
5. Den Tomatensalat kräftig mit Pfeffer würzen und sofort servieren.

Tomatensalat mit Knusper-Croûtons

Nudelsalat mit Rucola und Mais

Nudelsalat mit Rucola und Mais

8–10 Portionen

Zubereitungszeit: 30 Minuten, ohne Durchziehzeit

5 l Wasser
5 gestr. TL Salz
500 g Nudeln, z. B. Penne

300 g TK-Erbsen
125 g Rucola (Rauke)
285 g Gemüsemais (aus der Dose)

Für die Sauce:
6 EL frisch gepresster Orangensaft
2 EL Balsamico-Essig
4 EL Olivenöl
1–2 Knoblauchzehen
Salz, frisch gemahlener Pfeffer

75 g gehobelter Parmesan-Käse

Pro Portion:
E: 13 g, F: 9 g, Kh: 49 g,
kJ: 1386, kcal: 331

1. Das Wasser in einem großen, geschlossenen Topf zum Kochen bringen. Dann Salz und Nudeln hinzugeben. Die Nudeln im geöffneten Topf bei mittlerer Hitze nach Packungsanleitung bissfest kochen, dabei gelegentlich umrühren. Etwa 3 Minuten vor Ende der Garzeit die Erbsen hinzufügen und mitgaren. Nudeln und Erbsen in einem Sieb mit kaltem Wasser abspülen und abtropfen lassen.
2. In der Zwischenzeit von dem Rucola die dicken Stiele abschneiden. Rucola abspülen, gut abtropfen lassen und evtl. etwas kleiner zupfen. Den Mais in einem Sieb abtropfen lassen.
3. Für die Sauce Orangensaft mit Essig verrühren. Olivenöl unterschlagen. Knoblauch abziehen, fein hacken und hinzuzufügen. Die Sauce mit Salz und Pfeffer würzen.
4. Die lauwarmen Nudeln und Erbsen mit Rucola, Mais und der Sauce in einer großen Schüssel vermischen, etwa 20 Minuten durchziehen lassen.
5. Vor dem Servieren Parmesan unter den Salat rühren. Den Salat mit Salz und Pfeffer abschmecken.

Gemüse-Obst-Platte
4 Portionen

Zubereitungszeit: 40 Minuten, ohne Ziehzeit

1 Aubergine
Salz
250 g geschälte und gegarte Rote Bete (vakuumverpackt)
1 Fenchelknolle
4 EL Olivenöl

Für die Sauce:
1/2 Bund Petersilie
150 g Joghurt
1 TL Sonnenblumenöl
2 EL frisch gepresster Orangensaft
Salz, frisch gemahlener Pfeffer
1 Prise Zucker

Außerdem:
2 säuerliche Äpfel, z. B. Elstar
evtl. etwas Zitronensaft

Pro Portion:
E: 4 g, F: 12 g, Kh: 18 g,
kJ: 818, kcal: 195

1. Die Aubergine abspülen, abtrocknen und die Enden abschneiden. Die Frucht in 1/2–1 cm dicke Scheiben schneiden, nebeneinander auf eine Platte legen, mit Salz bestreuen und etwa 15 Minuten ziehen lassen.
2. In der Zwischenzeit die Rote Bete abtropfen lassen und in dünne Scheiben schneiden. Von der Fenchelknolle die Stiele dicht oberhalb der Knolle abschneiden. Knolle abspülen, abtropfen lassen, halbieren und in dünne Streifen schneiden.
3. Etwas von dem Olivenöl in einer Pfanne erhitzen. Die Auberginenscheiben mit Küchenpapier trocken tupfen, portionsweise in dem Olivenöl von beiden Seiten bei mittlerer bis großer Hitze braun anbraten, herausnehmen und auf Küchenpapier abtropfen lassen.
4. Für die Sauce Petersilie abspülen und trocken tupfen. Die Blättchen von den Stängeln zupfen. Blättchen fein hacken. Joghurt mit Sonnenblumenöl und Orangensaft verrühren, mit Salz, Pfeffer und Zucker würzen. Die Petersilie unterrühren.
5. Dann die Äpfel abspülen, abtrocknen, vierteln, entkernen, in Spalten schneiden und evtl. mit etwas Zitronensaft beträufeln. Auberginen- und Rote-Bete-Scheiben mit Fenchelstreifen und Apfelspalten sofort nebeneinander auf einer großen Platte anrichten. Die Joghurtsauce mit den Gewürzen abschmecken und dazu servieren.

Gemüse-Obst-Platte

Bamberger Spargelsalat

Bamberger Spargelsalat
4 Portionen

Zubereitungszeit: 40 Minuten

750 g grüner Spargel
750 g weißer Spargel
Salzwasser
20 g Butter
etwas Zucker
1 Zwiebel

Für die Salatsauce:
2–3 EL Weißweinessig
Salz
frisch gemahlener Pfeffer
Zucker
4 EL Olivenöl
2–3 EL fein gehackte Kräuter, z. B. Petersilie, Kerbel, Estragon

2 hart gekochte Eier

Pro Portion:
E: 10 g, F: 14 g, Kh: 8 g,
kJ: 805, kcal: 193

1. Vom grünen Spargel das untere Drittel schälen und die unteren Enden abschneiden. Den weißen Spargel von oben nach unten schälen. Dabei darauf achten, dass die Schalen vollständig entfernt, die Köpfe aber nicht verletzt werden. Die unteren Enden abschneiden (holzige Stellen vollkommen entfernen). Grünen und weißen Spargel in 3–5 cm lange Stücke schneiden, abspülen und abtropfen lassen.
2. Salzwasser mit Butter und Zucker zum Kochen bringen. Zuerst die weißen Spargelstücke hinzufügen, zum Kochen bringen und zugedeckt etwa 7 Minuten kochen lassen. Dann die grünen Spargelstücke hinzugeben, wieder zum Kochen bringen. Die Spargelstücke in weiteren etwa 7 Minuten garen.
3. Spargelstücke in einem Sieb abtropfen lassen. Zwiebel abziehen, zuerst in dünne Scheiben schneiden, dann in Ringe teilen. Zwiebelringe und Spargelstücke in eine Schüssel geben.

4. Für die Sauce Essig mit Salz, Pfeffer und Zucker verrühren. Olivenöl unterschlagen. Gehackte Kräuter unterrühren. Die Spargelstücke mit der Sauce übergießen. Den Salat zugedeckt gut durchziehen lassen, dann nochmals mit Salz abschmecken. Die Eier pellen, in feine Würfel schneiden und auf dem Salat verteilen.

Nuss-Endivien-Salat

4 Portionen

Zubereitungszeit: 25 Minuten, ohne Abkühlzeit

Für die Salatsauce:

2 Schalotten
2 Stängel Thymian
6 EL Speiseöl
1 Lorbeerblatt
200 ml Gemüsebrühe

1 mittelgroßer Endiviensalat
4 Stängel glatte Petersilie
40 g Walnusskerne
2–3 TL körniger Senf
2–3 EL Apfelessig
Salz, frisch gemahlener Pfeffer
1–2 TL flüssiger Honig

Pro Portion:
E: 3 g, F: 21 g, Kh: 4 g,
kJ: 919, kcal: 220

1. Für die Salatsauce die Schalotten abziehen und klein würfeln. Thymian abspülen und trocken tupfen. 2 Esslöffel Speiseöl in einem Topf erhitzen. Schalottenwürfel darin glasig dünsten, Lorbeerblatt und Thymian hinzugeben, kurz andünsten. Brühe hinzugießen, zum Kochen bringen und auf die Hälfte einkochen lassen. Die Sauce abkühlen lassen.
2. Endiviensalat putzen, abspülen, abtropfen lassen. Die Salatblätter in mundgerechte Stücke zupfen. Petersilie abspülen, trocken tupfen. Die Blättchen von den Stängeln zupfen und Blättchen grob hacken. Walnusskerne ebenfalls grob hacken.
3. Schalotten-Brühe durch ein Sieb in eine Schüssel gießen. Senf und Essig unterrühren. Restliches Speiseöl nach und nach unterschlagen. Die Salatsauce mit Salz, Pfeffer und Honig abschmecken.
4. Salat mit der Petersilie unter die Salatsauce heben. Den Salat anrichten und mit Walnusskernen bestreuen. Sofort servieren.

Steirischer Kartoffelsalat

4 Portionen

Zubereitungszeit: 25 Minuten, ohne Durchziehzeit

750 g gegarte Pellkartoffeln
200 g Kürbisstücke (aus dem Glas)

Für die Sauce:

150 ml heiße Gemüsebrühe
4 EL Kräuteressig
2 EL Speiseöl, z. B. Rapsöl
1 Prise Currypulver
Salz, frisch gemahlener Pfeffer
1 Prise Zucker

4 hart gekochte Eier
3 EL geröstete Kürbiskerne
2 EL Kürbiskernöl

Pro Portion:
E: 14 g, F: 21 g, Kh: 28 g,
kJ: 1529, kcal: 366

1. Kartoffeln pellen und in Scheiben schneiden. Kürbisstücke in ein Sieb geben und abtropfen lassen.
2. Für die Sauce Brühe mit Essig in einer großen Salatschüssel verrühren. Speiseöl unterschlagen. Sauce mit Curry, Salz, Pfeffer und Zucker würzen.
3. Kürbisstücke und Kartoffelscheiben unter die Sauce mischen. Den Salat etwa 5 Minuten durchziehen lassen.
4. Eier pellen und in Stücke schneiden. Den Kartoffelsalat nochmals mit Salz und Pfeffer abschmecken. Den Kartoffelsalat mit Eierstücken und Kürbiskernen anrichten, mit Kürbiskernöl beträufeln.

Nuss-Endivien-Salat

Steirischer Kartoffelsalat

Spinatsalat in Grüne-Sauce-Dressing

4 Portionen

Zubereitungszeit: 25 Minuten

200 g Blattspinat
50 g Frühstücksspeck (Bacon)
150 g rosa Champignons
20 g Butter

Für das Grüne-Sauce-Dressing:
2 EL Apfelessig
Salz, frisch gemahlener Pfeffer
1 Schalotte
4 EL Nussöl
1 kleines Bund Kräuter, z. B. Sauerampfer, Petersilie, Pimpinelle, Kerbel, Kresse, Schnittlauch
50 g Schmand (Sauerrahm)
50 g Joghurt
frisch gemahlener, weißer Pfeffer
etwas Zitronensaft
2 hart gekochte Eier

evtl. Tomatenspalten
evtl. vorbereitete Petersilienblättchen

Pro Portion:
E: 9 g, F: 24 g, Kh: 2 g,
kJ: 1107, kcal: 265

1. Spinat putzen, gründlich waschen und gut abtropfen lassen.
2. Frühstücksspeck in feine Streifen schneiden, in einer Pfanne ohne Fett knusprig braten, herausnehmen.
3. Champignons putzen, mit Küchenpapier abreiben, evtl. kurz abspülen und gut abtropfen lassen. Champignons in Scheiben schneiden.
4. Butter zum Speckfett geben und zerlassen. Die Champignonscheiben darin andünsten.
5. Für das Dressing Essig mit Salz und Pfeffer verrühren. Schalotte abziehen, klein würfeln und unterrühren. Nussöl unterschlagen.
6. Kräuter abspülen und trocken tupfen. Die Blättchen von den Stängeln zupfen. Schnittlauch in Röllchen schneiden. Schmand mit Joghurt und den Kräutern in einem hohen Rührbecher pürieren. Das Kräuterpüree unter das Dressing rühren. Mit Salz, Pfeffer und Zitronensaft abschmecken. Eier pellen, klein würfeln und unterheben.
7. Blattspinat dekorativ auf einem Teller verteilen und mit dem Grüne-Saucen-Dressing beträufeln. Champignonscheiben und Speckstreifen darauf anrichten. Nach Belieben mit Tomatenspalten und Petersilienblättchen garnieren.

Spinatsalat in Grüne-Sauce-Dressing

Grüner Sommersalat

Grüner Sommersalat

4 Portionen

Zubereitungszeit: 45 Minuten

400 g grüne Bohnen
150 g Zuckerschoten
500 g grüner Spargel
150 g dicke Bohnenkerne (frisch, TK oder aus dem Glas)
500 g Brokkoli
Salzwasser
2 EL gehobelte Mandeln

Für das Dressing:
150 g Joghurt-Salatcreme
100 g Joghurt
1/2 TL milder Senf
2 EL Zitronensaft
6 EL Gemüse-Kochwasser
1 Knoblauchzehe
25 g geriebener Parmesan-Käse
Salz
frisch gemahlener Pfeffer
einige Spritzer Worcestersauce

Pro Portion:
E: 22 g, F: 19 g, Kh: 27 g,
kJ: 1589, kcal: 379

1. Grüne Bohnen und Zuckerschoten putzen, evtl. abfädeln. Vom Spargel das untere Drittel schälen und die Enden abschneiden. Bohnen, Zuckerschoten und Spargel abspülen, abtropfen lassen und in Stücke schneiden.
2. Bohnenkerne vorbereiten (frische Bohnenkerne aus den Schoten lösen, TK-Bohnenkerne auftauen lassen. Bohnenkerne aus dem Glas in einem Sieb abtropfen lassen).
3. Von dem Brokkoli die Blätter entfernen. Brokkoli in Röschen teilen, dicke Stiele abschneiden und schälen. Röschen und Stiele abspülen und abtropfen lassen.
4. Salzwasser in einem Topf zum Kochen bringen. Nacheinander grüne Bohnen etwa 8 Minuten, frische und TK-Bohnenkerne etwa 15 Minuten, Spargel etwa 5 Minuten, Brokkoli etwa 6 Minuten und Zuckerschoten etwa 2 Minuten darin garen. Das Ge-

müse jeweils mit einem Schaumlöffel aus dem Topf nehmen, in ein Sieb geben, mit kaltem Wasser abspülen und gut abtropfen lassen. Von dem Kochwasser 6 Esslöffel für das Dressing abmessen.
5. Mandeln in einer Pfanne ohne Fett unter Wenden goldbraun rösten und auf einen Teller geben.
6. Für das Dressing Salatcreme mit Joghurt, Senf, Zitronensaft und Gemüse-Kochwasser verrühren. Knoblauch abziehen und fein hacken. Parmesan mit dem Knoblauch unterrühren. Das Dressing mit Salz, Pfeffer und Worcestersauce abschmecken.
7. Das Gemüse auf einer großen Platte anrichten, mit dem Dressing beträufeln und mit den gerösteten Mandeln bestreuen.

Tipp: Geben Sie etwas gehobelten Parmesan-Käse auf den Salat.

Artischockensalat mit Saubohnen und Tomaten

Artischockensalat mit Saubohnen und Tomaten

4–6 Portionen

Zubereitungszeit: 40 Minuten
Garzeit: etwa 20 Minuten

4–6 kleine frische Gemüse-Artischocken
4 EL Olivenöl
Salz
frisch gemahlener Pfeffer
20 ml trockener Weißwein oder Zitronensaft
1 Stängel Rosmarin
2 Knoblauchzehen

Salzwasser
200 g vorbereitete, frische Saubohnen (dicke Bohnen ohne Hülse)
200 g Cocktailtomaten
2 EL Kapern (aus dem Glas)
4 EL Olivenöl
evtl. etwas Kapernflüssigkeit (aus dem Glas)
Zucker
1/2 Bund Petersilie
1 Knoblauchzehe
1 Bio-Zitrone (unbehandelt, ungewachst)

Pro Portion:
E: 13 g, F: 17 g, Kh: 17 g, kJ: 1162, kcal: 277

1. Den Backofen vorheizen
Ober-/Unterhitze: etwa 200 °C
Heißluft: etwa 180 °C
2. Artischocken unter fließendem kalten Wasser abspülen und gut abtropfen lassen. Obere braune Spitzen der Artischocken abschneiden. Die Stiele schälen. Artischocken vierteln.
3. Olivenöl in einer hitzebeständigen Pfanne erhitzen. Die Artischockenviertel darin von allen Seiten gut anbraten, mit Salz und Pfeffer würzen. Weißwein oder Zitronensaft hinzugießen.
4. Rosmarin abspülen und trocken tupfen. Einige Nadeln von dem Stängel zupfen und zum Garnieren beiseitelegen. Knoblauch abziehen, fein hacken und mit dem Rosmarinstängel in die Pfanne geben. Pfanne zudecken (mit einem Deckel oder Aluminiumfolie) und auf dem Rost in den vorgeheizten Backofen schieben. Die Artischocken etwa 20 Minuten garen.
5. Salzwasser in einem Topf zum Kochen bringen. Die Bohnen darin kurz blanchieren, mit kaltem Wasser abspülen, abtropfen lassen und die inneren Kerne aus der Hülse drücken.
6. Tomaten abspülen, abtropfen lassen, vierteln und die Stängelansätze herausschneiden. Bohnen, Tomaten- und Artischockenviertel mit den Kapern vermischen. Olivenöl und evtl. etwas Kapernflüssigkeit unterrühren. Den Salat mit Salz, Pfeffer und Zucker abschmecken.
7. Petersilie abspülen und trocken tupfen. Die Blättchen von den Stängeln zupfen. Blättchen fein hacken. Knoblauch abziehen und fein hacken. Zitrone heiß abwaschen, abtrocknen und etwas von der Schale abreiben. Zitrone halbieren und den Saft auspressen. Den Salat mit Petersilie, beiseitegelegten Rosmarinnadeln, Knoblauch und Zitronenschale bestreuen, mit Zitronensaft beträufeln.

Brathähnchensalat

Schichtsalat mit Bohnen

Brathähnchensalat

4 Portionen

Zubereitungszeit: 20 Minuten

600 g Eisbergsalat
370 g Ananasstücke (aus der Dose)
350 g Mandarinen (aus der Dose)
2 Kiwis
1 gebratenes, abgekühltes Hähnchen vom Grill

Für das Dressing:
4 EL Salatmayonnaise
2 EL Tomatenketchup
2 EL Weinbrand
1 TL Zucker
Salz
frisch gemahlener Pfeffer
1/4 TL Chilipulver

Pro Portion:
E: 39 g, F: 39 g, Kh: 40 g,
kJ: 2873, kcal: 687

1. Von dem Salat die Salatblätter lösen, abspülen und gut abtropfen lassen. Salatblätter in mundgerechte Stücke zupfen. Ananas und Mandarinen in einem Sieb abtropfen lassen. Kiwis schälen, halbieren und in Scheiben schneiden.
2. Das Hähnchenfleisch von den Knochen lösen, in Stücke schneiden.
3. Für das Dressing Mayonnaise mit Ketchup und Weinbrand verrühren. Mit Zucker, Salz, Pfeffer und Chili abschmecken.
4. Den Eisbergsalat mit Ananasstücken, Mandarinen, Kiwischeiben und Hähnchenfleisch vermischen. Den Salat auf Tellern oder einer Platte anrichten und mit dem Dressing beträufeln.

Beilage: Frisches Baguette.

Schichtsalat mit Bohnen

12 Portionen

Zubereitungszeit: 60 Minuten, ohne Durchziehzeit

Salzwasser
700 g grüne TK-Brechbohnen
300 g Staudensellerie
500 g Möhren
2 Bund Frühlingszwiebeln
8 hart gekochte Eier
400 g Kasseler-Aufschnitt
740 g Wachsbrechbohnen (aus dem Glas)
700 g große, weiße Bohnenkerne (aus der Dose)

Für die Sauce:
1 Bund glatte Petersilie
500 g Salatmayonnaise
500 g Schmand (Sauerrahm)
1–2 TL flüssiger Honig
Salz, frisch gemahlener Pfeffer
Cayennepfeffer

Pro Portion:
E: 19 g, F: 37 g, Kh: 23 g,
kJ: 2107, kcal: 503

1. Salzwasser in einem Topf zum Kochen bringen. Grüne Bohnen hinzufügen und etwa 10 Minuten kochen lassen. Bohnen in ein Sieb geben, mit kaltem Wasser abspülen und abtropfen lassen.
2. Staudensellerie putzen und die harten Außenfäden abziehen. Sellerie abspülen und abtropfen lassen. Sellerie in Scheiben schneiden. Möhren putzen, schälen, abspülen, abtropfen lassen und grob raspeln.
3. Frühlingszwiebeln putzen, abspülen, abtropfen lassen und in feine Ringe schneiden. Einige Frühlingszwiebelringe zum Garnieren beiseitelegen. Eier pellen und in Scheiben schneiden.
4. Kasseler-Aufschnitt in Streifen schneiden. Beide Bohnensorten getrennt abtropfen lassen.
5. Für die Sauce Petersilie abspülen und trocken tupfen. Die Blättchen von den Stängeln zupfen. Einige Blättchen zum Garnieren beiseitelegen, restliche Blättchen fein hacken. Mayonnaise mit Schmand und Honig verrühren und mit Salz, Pfeffer und Cayennepfeffer abschmecken. Petersilie unterrühren.
6. Nacheinander die vorbereiteten Salatzutaten in 12 Gläser oder eine große Schüssel schichten und mit der Salatsauce übergießen. Den Schicht-

salat zugedeckt in den Kühlschrank stellen und etwa 12 Stunden durchziehen lassen. Salat mit beiseitegelegten Petersilienblättchen und Frühlingszwiebelringen garnieren.

Feldsalat mit Preiselbeersauce

4 Portionen

Zubereitungszeit: 25 Minuten

150 g Feldsalat
2 Äpfel, z. B. Elstar
2 EL Zitronensaft
200 g Kasseler-Aufschnitt

Für die Sauce:
3 EL Preiselbeeren (aus dem Glas)
2 EL Himbeeressig
Salz
frisch gemahlener Pfeffer
2 EL Nussöl
2 EL Rapsöl

Pro Portion:
E: 12 g, F: 19 g, Kh: 10 g,
kJ: 1161, kcal: 277

1. Den Feldsalat putzen, gut abtropfen lassen und die Wurzelenden abschneiden. Äpfel abspülen, abtrocknen, vierteln und entkernen. Die Apfelviertel der Länge nach in dünne Spalten schneiden und sofort mit Zitronensaft beträufeln. Anschließend Kasseler-Aufschnitt in feine Streifen schneiden.
2. Für die Sauce Preiselbeeren mit Himbeeressig, Salz und Pfeffer verrühren. Nuss- und Rapsöl unterschlagen.
3. Feldsalat, Apfelspalten und Kasselerstreifen auf Tellern anrichten und mit der Sauce beträufeln.

Gebratener Paprikasalat

4 Portionen

Zubereitungszeit: 40 Minuten, ohne Durchziehzeit

je 2 große, rote, grüne und gelbe Paprikaschoten (etwa 1 1/2 kg)
8 EL Olivenöl
4 Knoblauchzehen
6–8 Stängel Oregano
Saft von 1 Limette
Salz
frisch gemahlener Pfeffer
evtl. etwas Olivenöl

Pro Portion:
E: 4 g, F: 21 g, Kh: 15 g,
kJ: 1118, kcal: 267

1. Paprika vierteln, entstielen, entkernen und die weißen Scheidewände entfernen. Schotenviertel abspülen, gut abtropfen lassen und in mundgerechte Stücke schneiden.
2. Jeweils etwas Olivenöl in einer großen Pfanne erhitzen. Die Paprikastücke portionsweise darin anbraten. Die Paprikastücke jeweils aus der Pfanne nehmen und in eine große Schüssel geben.
3. Knoblauch abziehen und in dünne Scheiben schneiden. Knoblauchscheiben in dem verbliebenen Olivenöl anbraten.
4. Oregano abspülen und trocken tupfen (1–2 Stängel zum Garnieren beiseitelegen). Die Blättchen von den Stängeln zupfen. Blättchen fein hacken.
5. Knoblauchscheiben und Oregano zu den Paprikastücken in die Schüssel geben und untermischen. Limettensaft unterrühren. Den Salat mit Salz und Pfeffer würzen. Evtl. noch etwas Olivenöl unterrühren. Salat zugedeckt und kalt gestellt etwa 1 Stunde durchziehen lassen.
6. Den Salat mit dem beiseitegelegten Oregano garniert servieren.

Feldsalat mit Preiselbeersauce

Gebratener Paprikasalat

Schichtsalat mit Nudeln

6 Portionen

Zubereitungszeit: 60 Minuten

2 1/2 l Wasser
2 1/2 gestr. TL Salz
250 g bunte Nudeln, z. B. Farfalle

150 ml Wasser
1/2 gestr. TL Salz
375 g TK-Romanesco-Mix-Gemüse
300 g Tomaten
125 g Schafkäse
1 Zwiebel
1–2 Knoblauchzehen
250 g Joghurt
100 g Kräuter-Doppelrahm-Frischkäse
125 g Kräuter-Crème-fraîche
1/2 EL frische, gehackte Basilikumblättchen
frisch gemahlener Pfeffer

einige Basilikumblättchen

Pro Portion:
E: 16 g, F: 17 g, Kh: 37 g,
kJ: 1584, kcal: 378

1. Das Wasser in einem großen, geschlossenen Topf zum Kochen bringen. Dann Salz und Nudeln hinzugeben. Die Nudeln im geöffneten Topf bei mittlerer Hitze nach Packungsanleitung bissfest kochen, dabei gelegentlich umrühren. Anschließend die Nudeln in ein Sieb geben, mit heißem Wasser abspülen und abtropfen lassen.
2. Wasser in einem Topf zum Kochen bringen. Dann Salz und das gefrorene Gemüse hinzugeben, wieder zum Kochen bringen und etwa 5 Minuten garen. Das Gemüse in einem Sieb abtropfen und erkalten lassen.
3. In der Zwischenzeit Tomaten abspülen, abtrocknen, halbieren und die Stängelansätze herausschneiden. Tomatenhälften in Scheiben schneiden. Schafkäse würfeln. Zwiebel und Knoblauch abziehen, klein würfeln.
4. Joghurt mit Frischkäse, Crème fraîche und Basilikum verrühren. Zwiebel- und Knoblauchwürfel unterrühren. Die Sauce mit Pfeffer abschmecken.
5. Die vorbereiteten Salatzutaten in einer Glasschüssel einschichten. Dazu der Reihe nach ein Drittel Sauce, Nudeln, Gemüse, Tomatenscheiben und Schafkäsewürfel einschichten, noch 2-mal wiederholen.
6. Basilikumblättchen abspülen und trocken tupfen. Blättchen in Streifen schneiden. Den Salat mit Basilikumstreifen bestreuen und zugedeckt im Kühlschrank gut durchziehen lassen.

Mini-Würstchensalat

6 Portionen

Zubereitungszeit: 30 Minuten

500 g Mini-Cocktail-Würstchen
1 Bund Radieschen
190 g Gewürzgurken (aus dem Glas)
185 g Silberzwiebeln (aus dem Glas)
1 grüne Paprikaschote

Für das Dressing:
4 EL Obstessig
Salz
frisch gemahlener Pfeffer
8 EL Rapsöl

1–2 EL Schnittlauchröllchen

Pro Portion:
E: 12 g, F: 35 g, Kh: 4 g,
kJ: 1624, kcal: 388

1. Die Würstchen abtropfen lassen und diagonal halbieren. Radieschen putzen, abspülen, abtropfen lassen und in Scheiben schneiden.
2. Gewürzgurken und Silberzwiebeln in je einem Sieb abtropfen lassen. Gurken in Scheiben schneiden.
3. Paprikaschote halbieren, entstielen, entkernen und die weißen Scheidewände entfernen. Schotenhälften abspülen, abtropfen lassen und in feine Würfel schneiden.
4. Für das Dressing Essig mit Salz und Pfeffer verrühren. Rapsöl unterschlagen. Das Dressing evtl. nochmals abschmecken und mit den Salatzutaten vermischen. Den Salat mit Schnittlauchröllchen garniert servieren.

Porreesalat

Gurken-Apfel-Salat

Porreesalat

10 Portionen

Zubereitungszeit: 30 Minuten, ohne Abkühl- und Durchziehzeit

5 Stangen Porree (Lauch)
Salzwasser
370 g geraspelter Sellerie (aus dem Glas)
530 g Ananasstücke (aus der Dose)
350 g Mandarinen (aus der Dose)
4 säuerliche Äpfel, z. B. Boskop
250 g Joghurt-Salatcreme
200 g Schlagsahne
Salz, frisch gemahlener Pfeffer

Pro Portion:
E: 3 g, F: 14 g, Kh: 29 g,
kJ: 1095, kcal: 262

1. Porree putzen, die Stangen längs halbieren, gründlich waschen und abtropfen lassen. Porree in kleine Stücke schneiden.
2. Salzwasser in einem Topf zum Kochen bringen. Die Porreestücke darin kurz blanchieren, anschließend in ein Sieb geben, mit kaltem Wasser abspülen, abtropfen, erkalten lassen.
3. Sellerie, Ananasstücke und Mandarinen abtropfen lassen. Äpfel schälen, vierteln, entkernen und in kleine Stücke schneiden.
4. Die vorbereiteten Salatzutaten in einer Schüssel mischen. Salatcreme mit Sahne gut verrühren und unter die Salatzutaten heben. Salat gut durchziehen lassen und mit Salz und Pfeffer abschmecken.

Gurken-Apfel-Salat

4–5 Portionen

Zubereitungszeit: 30 Minuten, ohne Durchziehzeit

1 Salatgurke (etwa 400 g)
1–2 rote Paprikaschoten
400 g Äpfel, z. B. Jonagold
einige Stängel Dill

Für die Sauce:
3 EL Rotweinessig
3 EL Schlagsahne
150 g Joghurt
etwas Zucker
Salz
frisch gemahlener Pfeffer

Pro Portion:
E: 2 g, F: 4 g, Kh: 12 g,
kJ: 398, kcal: 94

1. Gurke schälen und die Enden abschneiden. Gurke der Länge nach halbieren, vierteln und in Stücke schneiden.
2. Paprikaschoten halbieren, entstielen, entkernen und die weißen Scheidewände entfernen. Schotenhälften abspülen, abtropfen lassen und in Würfel schneiden. Äpfel schälen, vierteln, entkernen und in grobe Würfel schneiden. Dill abspülen und trocken tupfen. Die Spitzen von den Stängeln zupfen, Spitzen fein hacken.
3. Für die Sauce Rotweinessig mit Schlagsahne, Joghurt, Zucker, Salz und Pfeffer verrühren.
4. Die vorbereiteten Salatzutaten in einer Schüssel mit der Sauce vermischen. Den Salat zugedeckt etwas durchziehen lassen.

Bohnensalat mit Kapern

Wildbretsalat mit Sherrysauce

Bohnensalat mit Kapern

4 Portionen

Zubereitungszeit: 15 Minuten, ohne Durchziehzeit

800 g große, weiße Bohnenkerne (aus der Dose)
2 Zwiebeln
1 Knoblauchzehe
60 g Kapernäpfel (aus dem Glas)

Für die Marinade:
2 EL Balsamico-Essig
Salz, frisch gemahlener Pfeffer
6 EL Olivenöl

2 EL vorbereitete, glatte Petersilienblättchen

Pro Portion:
E: 14 g, F: 16 g, Kh: 22 g,
kJ: 1217, kcal: 290

1. Bohnenkerne in einem Sieb abtropfen lassen und in eine Schüssel geben.
2. Die Zwiebeln abziehen, zuerst in Scheiben schneiden, dann in Ringe teilen. Knoblauch abziehen und fein hacken.
3. Zwiebelringe, Knoblauch und abgetropfte Kapernäpfeln zu den Bohnenkernen geben und untermischen.
4. Für die Marinade Essig mit Salz und Pfeffer verrühren, Olivenöl unterschlagen. Marinade unter den Salat heben, etwas durchziehen lassen.
5. Den Bohnensalat mit Petersilienblättchen garniert servieren.

Wildbretsalat mit Sherrysauce

4 Portionen

Zubereitungszeit: 25 Minuten

150 g vorbereiteter Wirsing
50 g vorbereiteter Chicorée
50 g vorbereiteter Feldsalat
50 g kleine Pfifferlinge (aus der Dose)
je 50 g kernlose, grüne und blaue Weintrauben
200 g gebratenes Rehrückenfilet
200 g gebratene Fasanenbrust
30 g gehackte Walnusskerne

Für die Sauce:
50 ml Sherry medium
½ TL gerebelter Thymian
4 EL Walnussöl
Salz
frisch gemahlener Pfeffer

Pro Portion:
E: 32 g, F: 19 g, Kh: 6 g,
kJ: 1417, kcal: 338

1. Den Wirsing, Chicorée und Feldsalat abspülen und gut abtropfen lassen. Chicorée längs halbieren und den Strunk keilförmig herausschneiden. Wirsing und Chicorée in Streifen schneiden. Feldsalat in kleine Stücke zupfen.
2. Wasser in einem Topf zum Kochen bringen. Die Wirsingstreifen darin kurz blanchieren, in ein Sieb geben, mit kaltem Wasser abspülen und abtropfen lassen.
3. Pfifferlinge in einem Sieb abtropfen lassen. Weintrauben abspülen, gut abtropfen lassen, entstielen und halbieren.
4. Fleisch in dünne Scheiben schneiden und gut mit den vorbereiteten Salatzutaten in einer Schüssel vermischen.
5. Für die Sauce Sherry mit Thymian verrühren, Walnussöl unterschlagen. Die Sauce mit Salz und Pfeffer abschmecken und über den Salat gießen.

Potpourri-Salat
4 Portionen

Zubereitungszeit: 40 Minuten, ohne Durchziehzeit

3 kleine Zwiebeln
6 Champignons
1 Bund Radieschen
1 roter Apfel
2 hart gekochte Eier
175 g Mandarinen (aus der Dose)

Für die Sauce:
3 EL Zitronensaft
Salz
frisch gemahlener Pfeffer
etwas Zucker
4 EL Olivenöl
1 EL gehackte Kräuter, z. B. Kerbel, Estragon, Liebstöckel, Basilikum

einige Kopfsalatblätter

Pro Portion:
E: 6 g, F: 16 g, Kh: 16 g, kJ: 1010, kcal: 241

1. Zwiebeln abziehen. Champignons putzen, mit Küchenpapier abreiben, evtl. kurz abspülen und gut abtropfen lassen. Radieschen putzen, abspülen und abtropfen lassen. Apfel abspülen, abtrocknen, vierteln und entkernen. Die vorbereiteten Zutaten in dünne Scheiben schneiden.
2. Eier pellen und in feine Würfel schneiden. Mandarinen in ein Sieb geben und abtropfen lassen.
3. Für die Sauce Zitronensaft mit Salz, Pfeffer und Zucker verrühren. Olivenöl unterschlagen. Die Kräuter untermischen.
4. Zwiebel-, Champignon-, Apfelscheiben, Eierwürfel und Mandarinen mit der Sauce vermengen und den Salat etwas durchziehen lassen.
5. Salatblätter abspülen und trocken tupfen. Den Salat auf den Salatblättern anrichten und sofort servieren.

Staudenselleriesalat
8–10 Portionen

Zubereitungszeit: 60 Minuten

2 Staudensellerie (etwa 1 kg)
Salzwasser
3 Birnen
3 Äpfel
2 rote Paprikaschoten

Für die Gorgonzola-Creme:
200 g Gorgonzola-Käse
150 g Crème fraîche
5 EL Milch
4–5 EL Weinbrand
Salz
etwas Zucker
frisch gemahlener Pfeffer
80 g gehackte Haselnusskerne

Pro Portion:
E: 8 g, F: 18 g, Kh: 15 g, kJ: 1102, kcal: 263

1. Staudensellerie putzen und die harten Außenfäden abziehen. Sellerie abspülen und abtropfen lassen. Die Stangen in etwa 1 cm große Stücke schneiden. Das zarte Blattgrün fein schneiden und beiseitelegen.
2. Salzwasser in einem Topf zum Kochen bringen. Die Selleriestücke darin etwa 2 Minuten blanchieren. In ein Sieb geben, mit kaltem Wasser abspülen und abtropfen lassen.
3. Birnen und Äpfel abspülen, abtrocknen, vierteln, entkernen und das Obst in kleine Würfel schneiden. Paprikaschoten halbieren, entstielen, entkernen und die weißen Scheidewände entfernen. Schotenhälften abspülen, abtropfen lassen und ebenfalls in kleine Würfel schneiden.
4. Für die Gorgonzola-Creme Gorgonzola in einer Salatschüssel mit einer Gabel fein zerdrücken. Crème fraîche, Milch, Weinbrand, Salz, Zucker und Pfeffer gut unterrühren.
5. Die vorbereiteten Salatzutaten mit dem beiseitegelegten Selleriegrün vermischen. Gorgonzola-Creme unterheben. Den Salat nochmals abschmecken, mit Haselnusskernen bestreuen und servieren.

Frühlingssalatteller

4 Portionen

Zubereitungszeit: 50 Minuten

500 g weißer Spargel
Salzwasser
1 Prise Zucker
1 TL Butter
200 g Zuckerschoten
1 Bund kleine Möhren
1 kleine Salatgurke

Für die Sauce:
3 Schalotten
1 rote Peperoni (aus dem Glas)
1 TL Kapern (aus dem Glas)
2 EL Weißweinessig
1 EL Rotwein
Salz
frisch gemahlener Pfeffer
etwas Zucker
3 EL Olivenöl
1 EL gehackte Kräuter, z. B. Dill, Petersilie

Pro Portion:
E: 6 g, F: 8 g, Kh: 15 g,
kJ: 687, kcal: 164

1. Den Spargel von oben nach unten schälen. Darauf achten, dass die Schalen vollständig entfernt, die Köpfe aber nicht verletzt werden. Die unteren Enden abschneiden (holzige Stellen vollkommen entfernen).

2. Spargel abspülen und abtropfen lassen. Salzwasser mit Zucker und Butter zum Kochen bringen. Spargel hinzugeben, wieder zum Kochen bringen und zugedeckt 12–15 Minuten kochen. Den Spargel in ein Sieb geben, mit kaltem Wasser abschrecken und abtropfen lassen.
3. Von den Zuckerschoten die Enden abschneiden. Zuckerschoten abspülen und abtropfen lassen. Die Zuckerschoten in kochendem Salzwasser in etwa 8 Minuten bissfest garen, herausnehmen, mit eiskaltem Wasser abschrecken und abtropfen lassen.
4. Möhren putzen, schälen, abspülen, abtropfen lassen und in kochendem Salzwasser etwa 10 Minuten bissfest kochen. Die Möhren abtropfen lassen.
5. Gurke abspülen, abtrocknen und die Enden abschneiden. Die Gurke längs halbieren, nach Belieben entkernen und in Scheiben schneiden. Die vorbereiteten Salatzutaten auf einer Platte anrichten.
6. Für die Sauce Schalotten abziehen und fein würfeln. Peperoni abtropfen lassen, entkernen und in Ringe schneiden. Kapern abtropfen lassen und fein hacken.
7. Die drei Zutaten mit Essig, Wein, Salz, Pfeffer und Zucker verrühren. Olivenöl unterschlagen. Die Kräuter unterrühren. Die Sauce über die Salatzutaten gießen.

Hochzeitssalat

10–12 Portionen

Zubereitungszeit: 40 Minuten, ohne Durchziehzeit

6 mittelgroße, gekochte Pellkartoffeln
340 g Ananasstücke (aus der Dose)
380 g Selleriesalat (aus dem Glas)
4 Zwiebeln
4 säuerliche Äpfel, z. B. Boskop
400 g Fleischwurst

Für die Salatsauce:
250 g Salatmayonnaise
150 g Joghurt
Salz
frisch gemahlener Pfeffer

Pro Portion:
E: 7 g, F: 16 g, Kh: 16 g,
kJ: 1033, kcal: 247

1. Kartoffeln pellen, längs halbieren und in Scheiben schneiden. Ananasstücke und Selleriesalat abtropfen lassen.
2. Zwiebeln abziehen, halbieren und in sehr dünne Scheiben schneiden.
3. Äpfel schälen, vierteln, entkernen und in Stifte schneiden. Fleischwurst enthäuten, in Würfel oder dünne Streifen schneiden.
4. Für die Salatsauce Mayonnaise mit Joghurt verrühren, mit Salz und Pfeffer würzen. Kartoffelscheiben mit Ananasstücken, Selleriesalat, Zwiebelscheiben, Apfelstiften und Fleischwurst in einer Schüssel mischen. Salatsauce unterheben. Den Salat etwa 30 Minuten durchziehen lassen (nicht länger, da er sonst zu viel Saft zieht). Den Hochzeitssalat evtl. vor dem Servieren nochmals abschmecken.

Tipp: Der Hochzeitssalat kann auch als Schichtsalat serviert werden. Die Äpfel dann mit Zitronensaft beträufeln und die Salatsauce auf dem Salat verteilen.

Kartoffel-Carpaccio

Kartoffel-Kürbis-Salat

Kartoffel-Carpaccio

4 Portionen

Zubereitungszeit: 80 Minuten

1,2 kg festkochende Kartoffeln
Salz
4 Bund Radieschen
24 große Champignons (etwa 600 g)
500 g Kräuter-Crème-fraîche
grob gemahlener, bunter Pfeffer
2 Bund Schnittlauch
2 Kästchen Kresse
6 EL Olivenöl

Pro Portion:
E: 5 g, F: 18 g, Kh: 19 g,
kJ: 1090, kcal: 260

1. Die Kartoffeln waschen, schälen, abspülen, abtropfen lassen und in dünne Scheiben hobeln oder schneiden. Kartoffelscheiben in kochendem Salzwasser 5–10 Minuten garen. Kartoffelscheiben in einem Sieb gut abtropfen lassen und evtl. mit Küchenpapier trocken tupfen.
2. Radieschen putzen, abspülen und abtropfen lassen. Die Champignons putzen, mit Küchenpapier abreiben, evtl. kurz abspülen und trocken tupfen. Radieschen und Champignons in dünne Scheiben schneiden.
3. Crème fraîche mit Salz und Pfeffer würzen, auf einer flachen Platte glatt verstreichen. Kartoffel-, Radieschen- und Champignonscheiben kranzförmig darauf anrichten.
4. Schnittlauch abspülen, trocken tupfen und in Röllchen schneiden. Kresse abspülen, abschneiden und trocken tupfen. Kartoffel-, Radieschen- und Champignonscheiben mit Schnittlauchröllchen, Kresseblättchen und Pfeffer bestreuen. Mit Olivenöl beträufeln.

Kartoffel-Kürbis-Salat

4 Portionen

Zubereitungszeit: 30 Minuten, ohne Abkühl- und Durchziehzeit

2 Zwiebeln
750 g festkochende Kartoffeln
200 ml Gemüsebrühe
225 g TK-Erbsen
200 g Kürbisstücke (aus dem Glas)
2–3 Stängel Dill
125 g Salatmayonnaise
40 g körniger Senf
3 EL Kürbisflüssigkeit
(von den Kürbisstücken)
Salz
frisch gemahlener Pfeffer
75 g geräucherter, durchwachsener Speck

Pro Portion:
E: 12 g, F: 19 g, Kh: 35 g,
kJ: 1512, kcal: 361

1. Zwiebeln abziehen, halbieren und in Streifen schneiden. Kartoffeln waschen, schälen, abspülen, abtropfen lassen und in Scheiben schneiden. Gemüsebrühe in einem Topf zum Kochen bringen. Kartoffelscheiben und Zwiebelstreifen hinzugeben, zum Kochen bringen und zugedeckt bei schwacher Hitze etwa 15 Minuten garen. Anschließend die Erbsen unaufgetaut hinzufügen, etwa 3 Minuten mitgaren. Topf von der Kochstelle nehmen. Die Zutaten in der Brühe etwas abkühlen lassen.
2. Die Kürbisstücke in einem Sieb abtropfen lassen, die Flüssigkeit dabei auffangen und 3 Esslöffel abmessen. Dill abspülen und trocken tupfen. Die Spitzen von den Stängeln zupfen (einige Spitzen zum Garnieren beiseitelegen). Spitzen klein schneiden.
3. Mayonnaise mit Senf, abgemessener Kürbisflüssigkeit und Dill verrühren. Mayonnaise mit Salz und Pfeffer würzen.
4. Kartoffelscheiben mit Zwiebelstreifen und Erbsen in ein Sieb geben, abtropfen lassen und in eine Schüssel geben. Die Kürbisstücke und Dill-Mayonnaise untermengen. Salat etwa 30 Minuten durchziehen lassen.
5. Speck in Würfel schneiden, in einer Pfanne ohne Fett knusprig braten und auf Küchenpapier abtropfen lassen. Den Salat mit Salz, Pfeffer und evtl. Kürbisflüssigkeit abschmecken. Die Speckwürfel auf den Salat streuen. Den Kartoffel-Kürbis-Salat mit den beiseitegelegten Dillspitzen garniert servieren.

Penne-Brokkoli-Salat
4 Portionen

Zubereitungszeit: 40 Minuten

400 g Brokkoli
Salzwasser

2 1/2 l Wasser
2 1/2 gestr. TL Salz
250 g Penne (Röhrennudeln)

20 g Pinienkerne
200 g Cocktailtomaten
einige Stängel Petersilie
150 g Hähnchenbrust- oder Putenbrustaufschnitt

Für die Sauce:
2–3 EL Weißweinessig
1/2 gestr. TL Salz
frisch gemahlener Pfeffer
1/2 EL Zucker
50 ml Walnussöl

75 g geraspelter Höhlenkäse

Pro Portion:
E: 24 g, F: 22 g, Kh: 49 g,
kJ: 2076, kcal: 496

1. Von dem Brokkoli die Blätter entfernen. Den Brokkoli in Röschen teilen, abspülen und abtropfen lassen. Salzwasser in einem Topf zum Kochen bringen. Die Brokkoliröschen darin etwa 5 Minuten garen. Anschließend die Brokkoliröschen in ein Sieb geben, mit kaltem Wasser abspülen und abtropfen lassen.
2. Das Wasser in einem großen, geschlossenen Topf zum Kochen bringen. Dann Salz und Nudeln zugeben. Die Nudeln im geöffneten Topf bei mittlerer Hitze nach Packungsanleitung bissfest kochen, dabei gelegentlich umrühren. Anschließend die Nudeln in ein Sieb geben, mit kaltem Wasser abspülen, abtropfen und erkalten lassen.
3. In der Zwischenzeit Pinienkerne in einer Pfanne ohne Fett unter Wenden goldbraun rösten und auf einen Teller geben. Tomaten abspülen, abtrocknen, evtl. halbieren, Stängelansätze herausschneiden. Tomatenhälften in eine große Schüssel geben. Petersilie abspülen und trocken tupfen. Die Blättchen von den Stängeln zupfen. Blättchen grob hacken. Den Hähnchen- oder Putenbrustaufschnitt in schmale Streifen schneiden.
4. Für die Sauce Essig, Salz, Pfeffer und Zucker verrühren, Walnussöl unterschlagen. Brokkoliröschen, Nudeln, Fleischstreifen und Käse zu den Tomaten geben. Die Sauce gut untermischen. Salat mit Pinienkernen und Petersilie bestreuen, sofort servieren.

Penne-Brokkoli-Salat

Tomaten-Gurken-Salat mit Lammbällchen

Tomaten-Gurken-Salat mit Lammbällchen

4 Portionen

Zubereitungszeit: 40 Minuten, ohne Durchziehzeit
Garzeit: Bällchen 6–8 Minuten

1 Möhre
1 Bund glatte Petersilie
2 Stängel Minze
250 g Lammgehacktes
je 1 Msp. Cayennepfeffer, gemahlener Kreuzkümmel, gemahlener Zimt und gerebelter Majoran
70 g fein gehackte Walnusskerne
1 TL Grenadinesirup
1 Eigelb (Größe M)
2 EL Olivenöl
Salz, frisch gemahlener Pfeffer

2 EL Olivenöl
1 Gurke
3 Tomaten
200 g Joghurt
1 EL Olivenöl
1–2 EL Zitronensaft

Pro Portion:
E: 17 g, F: 32 g, Kh: 9 g,
kJ: 1665, kcal: 398

1. Möhre putzen, schälen, abspülen und abtropfen lassen. Möhre in sehr kleine Würfel schneiden. Petersilie und Minze abspülen und trocken tupfen. Die Blättchen von den Stängeln zupfen. Einige Minzeblättchen zum Garnieren beiseitelegen. Restliche Minze- und Petersilienblättchen getrennt fein hacken.
2. Gehacktes mit Möhrenwürfeln, Cayennepfeffer, Kreuzkümmel, Zimt, Majoran, gehackten Walnusskernen, Grenadinesirup, Eigelb, Petersilie und 2 Esslöffel des Olivenöls vermengen. Mit Salz und Pfeffer würzen. Gehackesmasse etwa 30 Minuten im Kühlschrank durchziehen lassen.
3. Aus der Gehacktesmasse mit angefeuchteten Händen 16 Bällchen formen. Olivenöl in einer großen Pfanne erhitzen. Die Bällchen darin von allen Seiten anbraten und in

6–8 Minuten fertig braten, herausnehmen und warm stellen.

4. Gurke abspülen, abtrocknen und die Enden abschneiden. Gurke der Länge nach halbieren, entkernen und in etwa 1 cm große Würfel schneiden. Tomaten abspülen, abtrocknen, halbieren und die Stängelansätze herausschneiden. Tomatenhälften in kleine Würfel schneiden, mit den Gurkenwürfeln vermischen.

5. Joghurt mit Olivenöl und gehackter Minze verrühren, mit Zitronensaft, Salz und Pfeffer würzen. Sauce mit den Gurken- und Tomatenwürfeln vermischen.

6. Lammbällchen mit dem Salat anrichten und mit den beiseitegelegten Minzeblättchen garnieren.

Blattsalat mit Putenfleisch

4 Portionen

Zubereitungszeit: 40 Minuten, ohne Marinierzeit

200 g Putenbrustfilet

Für die Marinade:
125 ml (1/8 l) trockener Sherry
1 TL flüssiger Honig
1 TL Johannisbeergelee
1 TL Currypulver
1 TL Paprikapulver edelsüß
1 Msp. gemahlener Ingwer
frisch gemahlener, weißer Pfeffer

1 EL Butter
200 g Schlagsahne
Salz
Sherryessig

Für den Salat:
1 Friséesalat (etwa 600 g)
1 Radicchio (etwa 150 g)
1 Avocado
1 EL Zitronensaft
100 g Champignons
1 EL Butter
50 g Mandeln, gesalzen

Pro Portion:
E: 6 g, F: 27 g, Kh: 11 g,
kJ: 1515, kcal: 362

1. Putenbrustfilet kurz unter fließendem kalten Wasser abspülen, trocken tupfen, in breite Streifen schneiden und in eine flache Schale legen.

2. Für die Marinade Sherry mit Honig, Johannisbeergelee, Curry, Paprika, Ingwer und Pfeffer verrühren. Die Marinade auf den Fleischstreifen verteilen und das Fleisch etwa 30 Minuten marinieren.

3. Die Fleischstreifen aus der Marinade nehmen. Butter in einer Pfanne zerlassen. Die Fleischstreifen darin von allen Seiten goldgelb braten, herausnehmen und auf Küchenpapier abtropfen lassen.

4. Den Bratensatz mit der Marinade ablöschen. Sahne hinzugießen, zum Kochen bringen und etwa 5 Minuten bei starker Hitze einkochen lassen. Die Sauce mit Salz und Sherryessig abschmecken und beiseitestellen.

5. Salate putzen, die Blätter lösen, abspülen und gut abtropfen lassen. Die Blätter zerpflücken.

6. Avocado halbieren und den Stein herausnehmen. Avocadohälften schälen. Das Fruchtfleisch in Spalten schneiden und mit Zitronensaft beträufeln.

7. Champignons putzen, mit Küchenpapier abreiben, evtl. kurz abspülen, trocken tupfen und in Scheiben schneiden.

8. Butter in einer Pfanne zerlassen, Champignonscheiben darin kurz anbraten. Mandeln in einer Pfanne ohne Fett unter Wenden goldbraun rösten.

9. Die vorbereiteten Salatzutaten auf einer Salatplatte anrichten.

10. Die Putenfleischstreifen darauf verteilen.

11. Die lauwarme Salatsauce getrennt dazu servieren.

Blattsalat mit Putenfleisch

Mediterraner Salat

4 Portionen

Zubereitungszeit: 40 Minuten

je 170 g schwarze und grüne Oliven, ohne Stein (aus dem Glas)
110 g Kapernäpfel (aus dem Glas)
400 g Zucchini
400 g rote und gelbe Cocktailtomaten
2 Knoblauchzehen
6 Stängel Oregano
4 EL Olivenöl
80 g Pinienkerne
Salz, frisch gemahlener Pfeffer
4 EL Crema di Balsamico

Außerdem:
je 1 Kolben roter und gelber Chicorée
1 Römersalat (etwa 300 g)

2–3 EL Olivenöl

Pro Portion:
E: 10 g, F: 52 g, Kh: 11 g,
kJ: 2331, kcal: 556

1. Oliven und Kapernäpfel in einem Sieb abtropfen lassen. Zucchini abspülen, abtrocknen und die Enden abschneiden. Zucchini längs halbieren und in Scheiben schneiden.
2. Tomaten abspülen, abtropfen lassen und halbieren. Die Stängelansätze herausschneiden. Knoblauch abziehen und sehr fein hacken.
3. Oregano abspülen und trocken tupfen. 2 Stängel kleiner zupfen und zum Garnieren beiseitelegen. Die Blättchen von den restlichen Stängeln zupfen. Oreganoblättchen klein schneiden.
4. Olivenöl in einer großen Pfanne erhitzen. Oliven, Kapernäpfel, Zucchinischeiben, Pinienkerne und Cocktailtomatenhälften darin leicht andünsten. Mit Oregano, Salz, Pfeffer, Knoblauch und Crema di Balsamico würzen.
5. Chicorée und Römersalat putzen. Chicorée längs halbieren und jeweils den Strunk keilförmig herausschneiden. Salatblätter abspülen, gut abtropfen lassen und auf einer Platte anrichten.
6. Die angebratenen Salatzutaten auf den Salatblättern verteilen. Den Salat mit Olivenöl beträufeln und mit beiseitegelegtem Oregano garnieren.

Wurstsalat mit Mozzarella

4 Portionen

Zubereitungszeit: 20 Minuten, ohne Durchziehzeit

300 g Geflügel-Fleischwurst
200 g Mini-Mozzarella-Kugeln
1 Bund Radieschen
265 g Gemüsemais (aus der Dose)
1/2 Bund glatte Petersilie
1 Bund Schnittlauch

75 ml Gemüsebrühe
4 EL Weißweinessig
1 EL mittelscharfer Senf
Salz
evtl. 1 Prise gemahlener Piment
4 EL Olivenöl

Pro Portion:
E: 22 g, F: 35 g, Kh: 11 g,
kJ: 1881, kcal: 450

1. Von der Fleischwurst die Pelle abziehen. Fleischwurst in feine Scheiben schneiden und evtl. halbieren oder vierteln. Mozzarella-Kugeln in einem Sieb abtropfen lassen.
2. Die Radieschen putzen, abspülen, abtropfen lassen und in Scheiben schneiden. Radieschenscheiben und abgetropften Mais in eine Salatschüssel geben. Danach die Fleischwurst und die Mozzarella-Kugeln untermischen.
3. Petersilie und Schnittlauch abspülen und trocken tupfen. Von der Petersilie die Blättchen von den Stängeln zupfen. Blättchen fein hacken. Den Schnittlauch in feine Röllchen schneiden.
4. Die Gemüsebrühe mit Essig, Senf, 1 Prise Salz und evtl. Piment in einer Rührschüssel verrühren. Olivenöl unterschlagen. Petersilie und Schnittlauchröllchen unterrühren. Die Vinaigrette zu den Salatzutaten in die Schüssel geben und untermischen. Den Wurstsalat mit Mozzarella etwa 10 Minuten durchziehen lassen.

Tomatensalat

Bunter Tortellini-Salat

Tomatensalat

4 Portionen

Zubereitungszeit: 10 Minuten, ohne Durchziehzeit

750 g Tomaten

Für die Salatsauce:

1 Zwiebel
1–2 EL Weißwein- oder Kräuteressig
Salz, frisch gemahlener Pfeffer
1 Prise Zucker
2 EL Olivenöl

5 Stängel Basilikum

Pro Portion:
E: 2 g, F: 5 g, Kh: 6 g,
kJ: 345, kcal: 82

1. Tomaten abspülen, abtrocknen, halbieren und die Stängelansätze herausschneiden. Tomaten in Scheiben schneiden und in eine Schüssel geben.
2. Für die Salatsauce Zwiebel abziehen und fein würfeln. Essig mit Salz, Pfeffer und Zucker verrühren. Olivenöl unterschlagen. Die Sauce unter die Tomatenscheiben mischen. Den Salat kurz durchziehen lassen.
3. Basilikum abspülen und trocken tupfen. Die Blättchen von den Stängeln zupfen. Einige Blättchen zum Garnieren beiseitelegen. Die restlichen Blättchen fein hacken und unter den Salat geben. Den Tomatensalat mit dem beiseitegelegten Basilikum garniert servieren.

Beilage: Frisches Baguette.

Bunter Tortellini-Salat

10–12 Portionen

Zubereitungszeit: 35 Minuten, ohne Abkühl- und Durchziehzeit

Wasser
Salz
250 g getrocknete Tortellini mit Fleischfüllung
3–4 Paprikaschoten (rot, gelb, evtl. orange)
500 g Ananasstücke (aus der Dose)
340 g Gemüsemais (aus der Dose)
250 g Salatcreme
2 EL Tomatenketchup
3–4 EL Ananassaft (aus der Dose)
frisch gemahlener Pfeffer

Pro Portion:
E: 8 g, F: 13 g, Kh: 48 g,
kJ: 1448, kcal: 345

1. Das Wasser in einem großen, geschlossenen Topf zum Kochen bringen. Dann Salz und Tortellini zugeben. Tortellini im geöffneten Topf bei mittlerer Hitze nach Packungsanleitung bissfest kochen, dabei gelegentlich umrühren. Anschließend die Tortellini in ein Sieb geben, mit kaltem Wasser abspülen und abtropfen lassen.
2. Paprikaschoten halbieren, entstielen, entkernen und die weißen Scheidewände entfernen. Schotenhälften abspülen, abtropfen lassen und in Streifen schneiden. Ananasstücke in einem Sieb abtropfen lassen, dabei den Saft auffangen.
3. Tortellini in eine Schüssel geben. Paprikastreifen, Ananasstücke und den Mais mit dem Sud hinzugeben. Die Zutaten gut vermengen.
4. Salatcreme mit Ketchup und Ananassaft verrühren und unter die Salatzutaten heben. Den Tortellini-Salat 2–3 Stunden zugedeckt durchziehen lassen. Den Salat evtl. nochmals mit etwas Ananassaft abschmecken. Den Tortellini-Salat mit Salz und Pfeffer abschmecken.

Tipp: Den Salat in kleinen Gläsern mit gewaschenen und abgetropften Chicoréeblättern und etwas Schnittlauch anrichten.

Gurkenteller mit Tunfischcreme

4 Portionen

Zubereitungszeit: 20 Minuten

130 g Tunfisch in Öl (aus der Dose)
etwa 50 ml Gemüsebrühe
3 EL Zitronensaft
Salz
frisch gemahlener Pfeffer
1 Knoblauchzehe
1/2 Zwiebel
5 EL Joghurt
2 mittelgroße Tomaten
1 1/2 mittelgroße Salatgurken
evtl. einige frische Basilikumblättchen oder Dillspitzen

Pro Portion:
E: 9 g, F: 6 g, Kh: 6 g,
kJ: 507, kcal: 121

1. Tunfisch abtropfen lassen und mit einer Gabel grob zerzupfen. Tunfisch mit Brühe, Zitronensaft, etwas Salz und Pfeffer in einen hohen Rührbecher geben und pürieren. Knoblauch abziehen und fein hacken. Die Zwiebelhälfte abziehen und sehr klein würfeln. Knoblauch und Zwiebelwürfel zu dem Tunfischpüree geben.
2. Den Joghurt unter das Püree rühren und evtl. noch etwas Brühe hinzugeben. Die Tunfischcreme mit Salz, Pfeffer und evtl. Zitronensaft abschmecken.
3. Tomaten abspülen, abtrocknen, halbieren und die Stängelansätze herausschneiden. Tomatenhälften in kleine Würfel schneiden. Gurken abspülen und abtrocknen oder evtl. schälen, die Enden abschneiden. Gurken in feine Scheiben schneiden oder hobeln.
4. Gurkenscheiben auf Tellern verteilen. Die Tunfischcreme daraufgeben und mit den Tomatenwürfeln garnieren. Nach Belieben Basilikumblättchen oder Dillspitzen abspülen und trocken tupfen. Gurkenteller damit garnieren.

Gurkenteller mit Tunfischcreme

Birnen-Möhren-Puten-Salat

Birnen-Möhren-Puten-Salat

4 Portionen

Zubereitungszeit: 30 Minuten, ohne Durchziehzeit

Für die Sauce:
Saft von 1 Zitrone
1 EL flüssiger Honig
1 Msp. Cayennepfeffer
2 EL Sojasauce
6 EL Sojaöl

2 kleine, feste Birnen
200 g Möhren
200 g Chinakohl
250 g geräucherte Putenbrust
2 EL Sesamsamen

evtl. einige Birnenspalten

Pro Portion:
E: 17 g, F: 25 g, Kh: 14 g,
kJ: 1503, kcal: 360

1. Zitronensaft, Honig, Cayennepfeffer und Sojasauce in einer Schüssel verrühren. Sojaöl unterschlagen.
2. Die Birnen abspülen, abtrocknen, vierteln und das Kerngehäuse herausschneiden. Die Birnenviertel in Stücke schneiden und unter die Salatsauce rühren.
3. Möhren putzen, schälen, abspülen, abtropfen lassen und grob raspeln. Chinakohl putzen, vierteln, abspülen, abtropfen lassen und in feine Streifen schneiden. Putenbrust in Streifen schneiden.
4. Möhrenraspel, Chinakohl- und Putenbruststreifen zu den Birnenstücken geben und untermengen. Den Salat etwas durchziehen lassen.
5. Sesam in einer Pfanne ohne Fett unter Wenden goldbraun rösten. Den Salat damit bestreuen, evtl. mit Birnenspalten garniert sofort servieren.

Bunter Bauernsalat

12 Portionen

Zubereitungszeit: 30 Minuten

24 hauchdünne Scheiben Frühstücksspeck (Bacon)

Für das Dressing:
100 ml Fleischbrühe
Saft von 1/2 Zitrone
5 EL Weißweinessig
frisch gemahlener Pfeffer

1 Prise Zucker
Salz
60 ml Olivenöl

6 hart gekochte Eier
300 g Gouda-Käse, in Scheiben
2 Köpfe Eisbergsalat
6 Fleischtomaten
2 rote Zwiebeln
je 1 große, rote und gelbe Paprikaschote
50 g rosé Champignons

Pro Portion:
E: 16 g, F: 26 g, Kh: 6 g,
kJ: 1346, kcal: 321

1. Bacon portionsweise in einer Pfanne ohne Fett knusprig braten. Baconscheiben auf Küchenpapier abtropfen lassen.
2. Für das Dressing Fleischbrühe, Zitronensaft und Essig zum verbliebenen Bratfett in die Pfanne geben und gut verrühren. Mit Pfeffer, Zucker und evtl. noch etwas Salz abschmecken. Den Fond mit Olivenöl in einen hohen Rührbecher geben und mit einem Schneebesen verschlagen. Dressing nochmals mit den Gewürzen abschmecken und kalt stellen.
3. Eier pellen und in Spalten schneiden. Gouda-Käsescheiben in Streifen schneiden. Salat putzen, vierteln und in Streifen schneiden. Salatstreifen abspülen, gut abtropfen lassen und in eine große Schüssel geben.

Bunter Bauernsalat

4. Tomaten abspülen, abtrocknen, halbieren und die Stängelansätze herausschneiden. Tomatenhälften grob würfeln. Zwiebeln abziehen, zuerst in feine Scheiben schneiden, dann in Ringe teilen. Paprikaschoten halbieren, entstielen, entkernen und die weißen Scheidewände entfernen. Schotenhälften abspülen, abtropfen lassen und in grobe Würfel schneiden. Champignons putzen, mit Küchenpapier abreiben, evtl. kurz abspülen, gut abtropfen lassen und in Scheiben schneiden.
5. Vorbereitete Zutaten mit den Salatstreifen vermengen. Dressing vorsichtig unterheben.
6. Baconscheiben in Stücke brechen und mit den Eierspalten auf dem Salat anrichten.

Couscous-Salat

4 Portionen

Zubereitungszeit: 30 Minuten, ohne Durchziehzeit

200 g Couscous
etwa 750 ml (3/4 l) Gemüsebrühe
1 Knoblauchzehe
1 Zwiebel
je 1 kleine, grüne und gelbe Paprikaschote (je etwa 150 g)
1/2 Salatgurke
3 Fleischtomaten

Couscous-Salat

Für die Salatsauce:
Saft von 1 Zitrone
3 EL Olivenöl
Salz
frisch gemahlener Pfeffer
1/4 TL Chilipulver
4–5 Stängel glatte Petersilie
3–4 Stängel Koriander

Pro Portion:
E: 9 g, F: 8 g, Kh: 44 g,
kJ: 1201, kcal: 287

1. Couscous mit der Gemüsebrühe in einem Topf nach Packungsanleitung zubereiten. Den Topf von der Kochstelle nehmen. Couscous erkalten lassen.
2. In der Zwischenzeit Knoblauch und Zwiebel abziehen, fein würfeln. Paprikaschoten halbieren, entstielen, entkernen und die weißen Scheidewände entfernen. Schotenhälften abspülen, abtropfen lassen und in feine Würfel schneiden.
3. Salatgurkenhälfte abspülen, abtrocknen und abschneiden. Gurkenhälfte längs halbieren, entkernen und in Stücke schneiden.
4. Fleischtomaten kreuzweise einschneiden, mit kochendem Wasser übergießen und kurz darin liegen lassen. Tomaten mit kaltem Wasser abschrecken, enthäuten, halbieren und die Stängelansätze herausschneiden. Tomaten entkernen und in kleine Stücke schneiden.
5. Couscous in eine Salatschüssel geben und mit zwei Gabeln etwas auflockern. Knoblauch-, Zwiebel-, Paprikawürfel, Gurken- und Tomatenstucke unterheben.
6. Für die Salatsauce Zitronensaft mit Olivenöl verschlagen. Mit Salz, Pfeffer und Chili würzen. Die Sauce mit den Salatzutaten vermengen und zugedeckt etwa 2 Stunden im Kühlschrank durchziehen lassen.
7. Kräuter abspülen und trocken tupfen. Die Blättchen von den Stängeln zupfen. Blättchen fein hacken und vor dem Servieren unter den Salat heben. Den Salat nochmals abschmecken und servieren.

Nudelsalat mit Dillgurken

Fruchtiger Eisbergsalat

Nudelsalat mit Dillgurken

4 Portionen

Zubereitungszeit: 45 Minuten, ohne Durchziehzeit

150 g Nudeln, z. B. Makkaroni
1 1/2 l Wasser
1 1/2 gestr. TL Salz

1/2 gebratenes Hähnchen
etwa 300 g Staudensellerie
etwa 200 g Dillgurken (aus dem Glas)

Für die Salatsauce:
150 g Crème fraîche
2 EL Joghurt
2 EL Weißweinessig
2 EL Dillgurkenflüssigkeit (aus dem Glas)
1–2 EL Weinbrand
Salz, frisch gemahlener Pfeffer
Zucker

3 EL gehackte Kräuter, z. B. Dill, Petersilie, Schnittlauch

Pro Portion:
E: 25 g, F: 28 g, Kh: 34 g,
kJ: 2170, kcal: 518

1. Makkaroni in etwa 2 cm lange Stücke brechen. Wasser in einem großen, geschlossenen Topf zum Kochen bringen. Dann Salz und Nudeln zugeben. Die Nudeln im geöffneten Topf bei mittlerer Hitze nach Packungsanleitung bissfest kochen, dabei gelegentlich umrühren. Anschließend die Nudeln in ein Sieb geben, mit heißem Wasser abspülen und abtropfen lassen.
2. Das Hähnchen von Haut und Knochen befreien. Das Fleisch in Stücke schneiden. Sellerie putzen und die harten Außenfäden abziehen. Sellerie abspülen, abtropfen lassen und in dünne Scheiben schneiden. Dillgurken in einem Sieb abtropfen lassen, dabei die Gurkenflüssigkeit auffangen, abmessen und 2 Esslöffel davon beiseitestellen. Gurken ebenfalls in dünne Scheiben schneiden.
3. Für die Sauce Crème fraîche mit Joghurt, Essig, Dillgurkenflüssigkeit und Weinbrand verrühren. Mit Salz, Pfeffer und Zucker abschmecken.
4. Die vorbereiteten Salatzutaten mit der Sauce in einer Schüssel mischen. Den Salat gut durchziehen lassen. Vor dem Servieren den Salat mit Salz, Pfeffer und Zucker abschmecken. Die Kräuter unterheben.

Fruchtiger Eisbergsalat

4 Portionen

Zubereitungszeit: 15 Minuten

175 g Mandarinen (aus der Dose)
250 g Vanille-Joghurt (aus dem Kühlregal)
3–4 EL Zitronensaft
1 mittelgroßer Eisbergsalat

Pro Portion:
E: 3 g, F: 3 g, Kh: 20 g,
kJ: 529, kcal: 127

1. Die Mandarinen in ein Sieb geben und abtropfen lassen. Joghurt und Zitronensaft in eine Salatschüssel geben und mit einem Schneebesen schaumig aufschlagen.
2. Von dem Eisbergsalat die Salatblätter lösen, abspülen und gut abtropfen lassen.
3. Salatblätter in mundgerechte Stücke zupfen und zu dem Dressing in die Salatschüssel geben. Die abgetropften Mandarinen hinzufügen. Den Salat und die Mandarinen vorsichtig unter das Dressing mischen.

Bunter Feldsalat

4 Portionen

Zubereitungszeit: 20 Minuten

2 EL gestiftelte Mandeln
1 rosa Grapefruit

Für das Rosmarin-Honig-Dressing:
1 Stängel Rosmarin
1 Schalotte
Saft von der Grapefruit
2 EL Weißweinessig
1 TL flüssiger Honig
Salz
frisch gemahlener Pfeffer
5 EL Distelöl

1 gelbe Paprikaschote
150 g Feldsalat
1 kleiner Lollo rossa
50 g Parmesan-Käse, am Stück

Pro Portion:
E: 9 g, F: 21 g, Kh: 10 g,
kJ: 1142, kcal: 273

1. Mandeln in einer Pfanne ohne Fett unter Wenden goldbraun rösten und auf einen Teller geben.
2. Grapefruit so schälen, dass die weiße Haut vollständig entfernt wird. Grapefruit mit einem scharfen Messer filetieren, dabei den Saft für das Dressing auffangen.
3. Für das Dressing Rosmarin abspülen und trocken tupfen. Die Nadeln von dem Stängel zupfen. Nadeln fein hacken. Schalotte abziehen und sehr fein würfeln. Grapefruitsaft mit Essig und Honig verrühren, Rosmarin und Schalottenwürfel unterrühren. Das Dressing mit Salz und Pfeffer würzen. Distelöl unterschlagen.
4. Paprikaschote halbieren, entstielen, entkernen und die weißen Scheidewände entfernen. Schotenhälften abspülen, abtropfen lassen und in feine Streifen schneiden.
5. Vom Feldsalat die Wurzelansätze abschneiden. Feldsalat und Lollo rossa putzen, abspülen und gut abtropfen lassen. Salatblätter in mundgerechte Stücke zupfen.
6. Parmesan mit einem Sparschäler oder einem Käsehobel in feine Späne hobeln. Salate, Grapefruitfilets und Paprikastreifen in einer Schüssel mischen. Das Dressing untermischen. Den Salat mit Mandeln und Parmesan-Käsehobeln bestreut servieren.

Geflügel-Avocado-Salat

4 Portionen

Zubereitungszeit: 50 Minuten

600 g geräucherte Putenbrust
2–3 reife Avocados
2–3 Fleischtomaten
120 g schwarze Oliven, ohne Stein
1 Bund glatte Petersilie

Für die Sauce:
5–6 EL Weißweinessig
Salz
frisch gemahlener Pfeffer
100 ml Olivenöl

50 g Cashewkerne

Pro Portion:
E: 18 g, F: 27 g, Kh: 6 g,
kJ: 1448, kcal: 346

1. Putenbrust in Würfel schneiden. Avocados halbieren, entsteinen, schälen und das Fruchtfleisch würfeln. Tomaten abspülen, abtrocknen, halbieren und die Stängelansätze entfernen. Tomaten würfeln.
2. Die Oliven in Streifen oder Ringe schneiden. Petersilie abspülen, trocken tupfen und die Blättchen von den Stängeln zupfen. Blättchen fein hacken. Die vorbereiteten Zutaten vorsichtig mischen.
3. Für die Sauce Essig mit Salz und Pfeffer verrühren, Olivenöl unterschlagen. Die Sauce mit den Salatzutaten vermengen. Cashewkerne auf den Salat streuen.

Tipp: Salat sofort servieren, da Avocados schnell braun werden.

Bunter Feldsalat

Geflügel-Avocado-Salat

Gemischter Salat mit Fischfilet

4 Portionen

Zubereitungszeit: 35 Minuten

Für das Frischkäse-Dressing:
1 Knoblauchzehe
100 g Frischkäse (16 % Fett)
125 ml (1/8 l) Milch
1 TL Tomatenketchup
1–1 1/2 TL mittelscharfer Senf
2–3 EL Zitronensaft
Salz
frisch gemahlener Pfeffer

600–800 g Pangasius- oder Seelachsfilets
3 EL Zitronensaft

2 Frühlingszwiebeln
100 g weiße Champignons
300 g Tomaten
1 Bataviasalat
1/2 Bund Basilikum

2 EL Olivenöl

Pro Portion:
E: 31 g, F: 12 g, Kh: 9 g,
kJ: 1165, kcal: 278

1. Für das Dressing Knoblauch abziehen und fein hacken. Frischkäse mit Milch, Ketchup, Senf, Zitronensaft und Knoblauch in einen hohen Rührbecher geben und mit Handrührgerät mit Rührbesen verrühren. Dressing mit Salz und Pfeffer abschmecken.
2. Fischfilets unter fließendem kalten Wasser abspülen, trocken tupfen und mit Zitronensaft beträufeln.
3. Frühlingszwiebeln putzen, abspülen, abtropfen lassen und in feine Ringe schneiden. Champignons putzen, mit Küchenpapier abreiben, evtl. kurz abspülen und gut abtropfen lassen. Champignons vierteln oder in Scheiben schneiden. Tomaten abspülen, abtrocknen, halbieren und die Stängelansätze herausschneiden. Tomaten entkernen und in größere Stücke schneiden.
4. Salat putzen und gut abtropfen lassen. Salat in mundgerechte Stücke zupfen. Basilikum abspülen und trocken tupfen. Die Blättchen von den Stängeln zupfen und die Blättchen fein schneiden. Vorbereitete Salatzutaten auf einer großen Platte oder 4 Tellern anrichten und mit dem Dressing beträufeln.
5. Fischfilets trocken tupfen, mit Salz und Pfeffer bestreuen. Olivenöl in einer Pfanne erhitzen. Fischfilets je nach Dicke von jeder Seite 3–5 Minuten darin braten. Filets in Stücke schneiden und auf dem gemischten Salat anrichten.

Salat mit Bismarckhering

4–6 Portionen

Zubereitungszeit: 40 Minuten

Für das Senf-Dill-Dressing:
200 g saure Sahne
150 g Joghurt
2–3 TL milder Senf
1 Prise Zucker
Salz
frisch gemahlener Pfeffer
1/2 Bund Dill

200 g Gewürz- oder Salzgurken
200 g Kürbisstücke (aus dem Glas)
250 g Bismarckheringe (aus dem Glas)
2 Äpfel
1 heller Eichblatt- oder Kopfsalat

4–6 hart gekochte Eier

Pro Portion:
E: 18 g, F: 17 g, Kh: 13 g,
kJ: 1219, kcal: 291

1. Für das Dressing saure Sahne mit Joghurt und Senf verrühren. Mit Zucker, Salz und Pfeffer würzen. Dill abspülen und trocken tupfen (einen Dillstängel zum Garnieren beiseitelegen). Die Spitzen von den Stängeln zupfen. Die Spitzen fein hacken und unter das Dressing rühren.
2. Gurken, Kürbisstücke und Heringe jeweils abtropfen lassen und in kleine Stücke schneiden. Äpfel abspülen, abtrocknen, vierteln und ent-

Gemischter Salat mit Fischfilet

Salat mit Bismarckhering

Obstteller mit Schwips

Hähnchen-Zwiebel-Salat

kernen. Äpfel in Spalten schneiden. Gurken-, Kürbis-, Herings- und Apfelstücke vorsichtig vermischen.

3. Salat putzen, abspülen, gut abtropfen lassen und in mundgerechte Stücke zupfen. Eier pellen und in Spalten schneiden.

4. Salatblätter auf einer Platte anrichten. Hering-Gurken-Kürbis-Mischung und Eierspalten darauf anrichten. Mit den beiseitegelegten, klein gezupften Dillstängeln garniert servieren.

Obstteller mit Schwips

4 Portionen

Zubereitungszeit: 35 Minuten, ohne Durchziehzeit

4 Bio-Orangen (unbehandelt, ungewachst)
2 Granatäpfel (etwa 600 g)
125 g frische Datteln
50 g Pinienkerne

3–4 EL Zitronensaft
Saft von den Orangen
125 ml (1/8 l) Grand Marnier
20 ml Amaretto-Likör
1 TL gesiebter Puderzucker

Pro Portion:
E: 5 g, F: 7 g, Kh: 52 g,
kJ: 1585, kcal: 379

1. Orangen heiß abwaschen und abtrocknen. Von 1 Orange die Schale abreiben. Orangen so schälen, dass die weiße Haut vollständig entfernt wird. Orangen mit einem scharfen Messer filetieren, dabei den Saft auffangen. Orangenfilets halbieren.

2. Granatäpfel halbieren und die Kerne mit einem Löffel herauslösen. Datteln abspülen, abtropfen lassen, entsteinen und in Streifen schneiden.

3. Pinienkerne in einer Pfanne ohne Fett unter Wenden goldbraun rösten und mit dem Obst vermengen.

4. Zitronensaft mit aufgefangenem Orangensaft, Grand Marnier, Amaretto, Puderzucker und Orangenschale verrühren, über das Obst gießen und durchziehen lassen.

Tipp: Mit Minzeblättchen garnieren.

Hähnchen-Zwiebel-Salat

4 Portionen

Zubereitungszeit: 30 Minuten, ohne Abkühl- und Durchziehzeit

500 g rote Zwiebeln
500 ml (1/2 l) Salzwasser
1 kleines, gebratenes Hähnchen (etwa 750 g)
125 g Emmentaler Käse

Für die Salatsauce:
1 Bund Radieschen
4 EL Weißweinessig
Salz
frisch gemahlener, weißer Pfeffer
Paprikapulver edelsüß
5 EL Speiseöl
je 1–2 EL fein gehackter Dill und fein gehackte Petersilie

Pro Portion:
E: 46 g, F: 49 g, Kh: 9 g,
kJ: 2938, kcal: 701

1. Die Zwiebeln abziehen, in Scheiben schneiden und in kochendem Salzwasser etwa 2 Minuten blanchieren. Zwiebelscheiben in ein Sieb geben, mit kaltem Wasser abschrecken, abtropfen und erkalten lassen.

2. Hähnchen von Haut und Knochen befreien. Das Fleisch in Streifen, den Käse in Stifte schneiden.

3. Für die Sauce Radieschen putzen, abspülen, abtrocknen und in kleine Stücke schneiden. Essig mit Salz, Pfeffer und Paprika verrühren, Speiseöl unterschlagen. Dill und Petersilie unterrühren.

4. Die vorbereiteten Salatzutaten mit der Sauce in einer Schüssel gut vermengen.

5. Den Salat zugedeckt eine Zeit lang durchziehen lassen. Vor dem Servieren mit Salz, Pfeffer und Paprika abschmecken.

Lauwarmer Linsen-Pilz-Salat

4 Portionen

Zubereitungszeit: 40 Minuten

knapp 500 ml (1/2 l) Gemüsebrühe
75 g rote Linsen

3 Frühlingszwiebeln
75 g magerer Frühstücksspeck (Bacon), in dünnen Scheiben
5–6 EL Balsamico-Essig
2 TL körniger Senf
Zucker
Salz, frisch gemahlener Pfeffer
1 kleiner Kopf Salat, z. B. Frisée
500 g gemischte Pilze, z. B. Pfifferlinge, Champignons, Steinpilze, Kräutersaitlinge
2 EL Olivenöl
1 Knoblauchzehe
1/2 Bund frische Kräuter, z. B. Petersilie oder Kerbel

1 kleiner, säuerlicher Apfel, z. B. Cox Orange

Pro Portion:
E: 12 g, F: 7 g, Kh: 16 g, kJ: 764, kcal: 183

1. Gemüsebrühe zum Kochen bringen, Linsen einstreuen und nach Packungsanleitung kochen.
2. In der Zwischenzeit Frühlingszwiebeln putzen, abspülen, abtropfen lassen und in Ringe schneiden. Speck in einer Pfanne knusprig braten und herausnehmen. Den Essig vorsichtig ins Fett rühren. Senf, Zucker, Salz und Pfeffer unterrühren. Die Frühlingszwiebelringe und Linsen (evtl. mit restlicher Gemüsebrühe) untermischen.
3. Salat putzen, abspülen und gut abtropfen lassen. Salat in mundgerechte Stücke zupfen. Pilze putzen, mit Küchenpapier abreiben, evtl. kurz abspülen und gut abtropfen lassen.
4. Olivenöl in einer Pfanne erhitzen. Knoblauch abziehen, fein hacken

Lauwarmer Linsen-Pilz-Salat

Gurkensalat, klassisch

und in dem Olivenöl anbraten. Pilze in dem Knoblauchöl unter Wenden bei starker Hitze etwa 5 Minuten braten. Mit Salz und Pfeffer würzen.
5. Kräuter abspülen, trocken tupfen und fein hacken. Apfel abspülen, abtrocknen oder nach Belieben schälen und in feine Spalten schneiden. Apfelspalten, Pilze und Kräuter unter die Linsen heben. Linsensalat mit Blattsalat und Speckscheiben anrichten.

Gurkensalat, klassisch

4 Portionen

Zubereitungszeit: 15 Minuten, ohne Durchziehzeit

2 mittelgroße Salatgurken (je etwa 400 g)
1–2 Stängel Dill
2 EL Weißweinessig
Salz, frisch gemahlener Pfeffer
1 TL Zucker
3 EL Speiseöl, z. B. Sonnenblumenöl

Pro Portion:
E: 1 g, F: 8 g, Kh: 5 g, kJ: 387, kcal: 92

1. Gurken schälen und die Enden abschneiden. Gurken in dünne Scheiben schneiden oder auf einem Gemüsehobel hobeln. Dill abspülen und trocken tupfen. Spitzen von den Stängeln zupfen, klein schneiden.
2. Essig mit Salz, Pfeffer und Zucker verrühren. Speiseöl unterschlagen. Dill unterrühren. Die Gurkenscheiben in eine Schüssel geben und mit der Sauce gut vermengen. Den Salat etwa 15 Minuten durchziehen lassen. Nochmals mit Salz und Pfeffer abschmecken und servieren.

Abwandlung: Für einen **Gurkensalat mit Schmand** die Gurken und den Dill wie unter Punkt 1 beschrieben vorbereiten. Den Dill mit 4 Esslöffeln Schmand (Sauerrahm) oder saurer Sahne verrühren, mit Salz, Pfeffer und Zucker abschmecken. Die Sauce mit den Gurkenscheiben vermengen.

Pikanter Käsesalat

4 Portionen

Zubereitungszeit: 20 Minuten

2 EL abgezogene Mandeln

Für die Vinaigrette:
3 EL Apfelessig
2 EL Apfel- oder Orangensaft
1 Prise Zucker
Salz, frisch gemahlener Pfeffer
1/2 TL mittelscharfer Senf
1 TL geriebener Meerrettich (aus dem Glas)

3 EL Sonnenblumenöl
2 EL Mandelöl
6 getrocknete Soft-Aprikosen

Für den Salat:
300 g kernlose, blaue Weintrauben
250 g Emmentaler Käse, am Stück
250 g Gouda-Käse, am Stück

2 Kolben roter Chicorée
150 g Radicchio

Pro Portion:
E: 34 g, F: 60 g, Kh: 23 g,
kJ: 3218, kcal: 768

1. Mandeln in einer Pfanne ohne Fett unter Wenden goldbraun rösten und auf einen Teller geben.
2. Für die Vinaigrette Essig mit Saft, Zucker, Salz, Pfeffer, Senf und Meerrettich in einer Schüssel verrühren. Sonnenblumen- und Mandelöl unterschlagen. Aprikosen in feine Streifen schneiden und unter die Vinaigrette rühren.
3. Für den Salat die Weintrauben abspülen, trocken tupfen, entstielen und halbieren. Beide Käsesorten würfeln.
4. Chicorée und Radicchio putzen, abspülen und gut abtropfen lassen. Chicorée längs halbieren und jeweils den Strunk keilförmig herausschneiden. Salate in mundgerechte Stücke schneiden. Salate mit Weintrauben und Käsewürfeln mischen, in Portionsschälchen anrichten. Käsesalat mit der Vinaigrette beträufeln.

Pikanter Eiersalat
4 Portionen

Zubereitungszeit: 30 Minuten

2 EL ungesalzene, geröstete Erdnusskerne
6–8 hart gekochte Eier
2 Frühlingszwiebeln
500 g Chicorée

Für das Curry-Mandarinen-Dressing:
175 g Mandarinen (aus der Dose)
200 g saure Sahne
150 g Crème fraîche
Salz, frisch gemahlener Pfeffer
1–2 TL Currypulver

Pro Portion:
E: 19 g, F: 31 g, Kh: 17 g,
kJ: 1769, kcal: 424

1. Die Erdnusskerne grob hacken. Eier pellen und vierteln. Frühlingszwiebeln putzen, abspülen, abtropfen lassen, in feine Ringe schneiden.
2. Chicorée putzen, abspülen, abtropfen lassen und längs halbieren. Den Strunk keilförmig herausschneiden. Einige Chicoréeblätter im Ganzen ablösen, restlichen Chicorée in Streifen schneiden.
3. Für das Dressing Mandarinen in einem Sieb abtropfen lassen. 2 Esslöffel davon in einer Schüssel fein zerdrücken. Saure Sahne und Crème fraîche unterrühren und das Dressing mit Salz, Pfeffer und Curry würzig abschmecken.
4. Die ganzen Chicoréeblätter auf Tellern anrichten. Erdnusskerne, Eierviertel, Frühlingszwiebelringe, Chicoréestreifen und die restlichen Mandarinen vorsichtig miteinander mischen. Salat auf den Chicoréeblättern verteilen. Das Curry-Mandarinen-Dressing über den Salat träufeln, mit Currypulver bestäuben.

Pikanter Käsesalat

Pikanter Eiersalat

Herbstsalat mit Entenbrust

4 Portionen

Zubereitungszeit: 40 Minuten, ohne Ruhezeit

1 Entenbrustfilet, mit Haut (etwa 350 g)
Salz, frisch gemahlener Pfeffer
einige Thymianblättchen
2 EL Speiseöl
1–2 EL flüssiger Honig
1/2 Kopf Lollo rossa
1/2 Kopf Lollo bionda
1/2 Kopfsalat

Für die Salatsauce:
2–3 EL Himbeeressig
5 EL Walnussöl

30 g gehackte Walnusskerne

Pro Portion:
E: 18 g, F: 42 g, Kh: 8 g,
kJ: 2097, kcal: 501

1. Entenbrustfilet kurz unter fließendem kalten Wasser abspülen, trocken tupfen und enthäuten. Die Entenhaut in feine Streifen schneiden.
2. Entenbrustfilet mit Salz und Pfeffer würzen, mit Thymianblättchen bestreuen. Speiseöl in einer Pfanne erhitzen. Entenbrustfilet darin von beiden Seiten 10–12 Minuten langsam braten und herausnehmen. Entenbrustfilet in Alufolie wickeln und ruhen lassen.
3. In der Zwischenzeit die Hautstreifen in dem verbliebenen Bratfett kross anbraten und das Bratfett abgießen. Honig unter die Hautstreifen rühren, kurz weiterbraten. Mit Salz und Pfeffer würzen.
4. Lollo rossa, Lollo bionda und Kopfsalat putzen, etwas zerpflücken, abspülen, gut abtropfen lassen und auf 4 Tellern anrichten.
5. Für die Salatsauce Essig mit Salz und Pfeffer verrühren, Walnussöl unterschlagen. Die Sauce auf den Salat träufeln, mit Walnüssen bestreuen.
6. Entenbrustfilet aus der Alufolie nehmen, längs in feine Scheiben schneiden und dachziegelartig auf den Salat legen. Die gebratenen Hautstreifen darauf verteilen und mit dem Honigsud übergießen.

Weißkohlsalat

8–12 Portionen

Zubereitungszeit: 30 Minuten, ohne Durchziehzeit

1–1 1/2 kg Weißkohl
300 g Gemüsezwiebeln
1 TL Kümmelsamen
5 EL Speiseöl, z. B. Rapsöl
150 g Speckwürfel

Für die Marinade:
5 EL Weißweinessig
1 gestr. TL Selleriesalz
1 gestr. TL Salz
1/2 TL frisch gemahlener Pfeffer
1–2 EL Zucker
1–2 TL geriebener Meerrettich (aus dem Glas)

Pro Portion:
E: 4 g, F: 10 g, Kh: 8 g,
kJ: 576, kcal: 137

1. Von dem Weißkohl die äußeren, welken Blätter entfernen. Den Kohl vierteln und den Strunk herausschneiden. Kohlviertel in feine Streifen schneiden, abspülen und abtropfen lassen. Zwiebeln abziehen, halbieren und in feine Streifen schneiden. Die Kohl- und Zwiebelstreifen in eine große Schüssel geben. Kümmel mit einigen Tropfen Speiseöl grob hacken.
2. Einen Esslöffel Speiseöl in einer Pfanne erhitzen. Die Speckwürfel darin knusprig braten, herausnehmen und auf Küchenpapier abtropfen lassen.
3. Für die Marinade restliches Speiseöl, Essig, Gewürze, Zucker und Meerrettich in einen Topf geben. Die Zutaten einmal aufkochen.
4. Heiße Marinade auf den Weißkohlsalat geben und gut vermengen. Den Salat etwa 60 Minuten durchziehen lassen.

Herbstsalat mit Entenbrust

Weißkohlsalat

Obstsalat mit Mandeln

Waldpilzsalat

5. Den Salat vor dem Servieren mit Salz, Pfeffer, Meerrettich und Zucker abschmecken. Mit den Speckwürfeln bestreut servieren.

Tipp: Nach Belieben den Salat mit kross gebratenen Baconscheiben belegen.

Obstsalat mit Mandeln

4 Portionen

Zubereitungszeit: 30 Minuten

2–3 EL gestiftelte Mandeln
4 Kiwis
2 Bananen
4 Orangen
4 Äpfel
etwas Saft von den Orangen
2–3 EL Zitronensaft
evtl. 1 EL flüssiger Honig
oder Apfeldicksaft

Pro Portion:
E: 5 g, F: 6 g, Kh: 42 g,
kJ: 1066, kcal: 255

1. Die Mandeln in einer Pfanne ohne Fett unter Wenden goldbraun rösten, dann auf einen Teller geben.
2. Kiwis und Bananen schälen, in kleine Stücke schneiden. Die Orangen so schälen, dass die weiße Haut vollständig entfernt wird. Orangen ebenfalls in kleine Stücke schneiden, dabei den Saft auffangen.
3. Äpfel abspülen und abtrocknen oder schälen. Äpfel vierteln, entkernen und in Stücke schneiden.
4. Das vorbereitete Obst mit Orangensaft, Zitronensaft, Honig oder Apfeldicksaft in einer Schüssel vermengen. Den Salat kurz durchziehen lassen. Den Obstsalat mit Mandeln bestreut servieren.

Waldpilzsalat

4 Portionen

Zubereitungszeit: 30 Minuten
Garzeit: etwa 10 Minuten

1 kg Waldpilze, z. B. Maronen, Steinpilze, Pfifferlinge, Birkenpilze
5 EL Olivenöl
2 Zwiebeln
1 Knoblauchzehe
Saft von 1 Zitrone
Salz, frisch gemahlener Pfeffer
1 TL gerebelter Thymian
150 g Kochschinken, in Scheiben
1/2 Bund glatte Petersilie

Pro Portion:
E: 13 g, F: 15 g, Kh: 3 g,
kJ: 841, kcal: 201

1. Pilze putzen, mit Küchenpapier abreiben, evtl. kurz abspülen und gut abtropfen lassen. Große Pilze kleiner schneiden.
2. Olivenöl in einer großen Pfanne erhitzen. Die Pilze evtl. in 2 Portionen darin anbraten. Zwiebeln und Knoblauch abziehen, in feine Würfel schneiden und mit anbraten. Die Pilze etwa 10 Minuten unter gelegentlichem Rühren garen.
3. Pilze aus der Pfanne nehmen und etwas abkühlen lassen. Die Pilze mit Zitronensaft, Salz, Pfeffer und Thymian würzen. Den Schinken in Streifen schneiden. Petersilie abspülen und trocken tupfen. Die Blättchen von den Stängeln zupfen. Blättchen fein hacken. Schinkenstreifen und Petersilie unter die Pilze heben.

Rohkostplatte mit Schmand-Kräuter-Sauce

Zwiebel-Wurst-Salat

Rohkostplatte mit Schmand-Kräuter-Sauce

4 Portionen

Zubereitungszeit: 40 Minuten

Für die Sauce:
200 g Schmand (Sauerrahm)
1 EL Kräuteressig
1–2 EL Olivenöl
3–4 EL Milch
25 g TK-Kräutermischung
Salz
frisch gemahlener Pfeffer
1 Prise Zucker

225 g Staudensellerie
1 Kohlrabi
200 g Cocktailtomaten
125 g braune Champignons
etwa 10 Radieschen

Pro Portion:
E: 5 g, F: 16 g, Kh: 7 g,
kJ: 833, kcal: 199

1. Für die Sauce Schmand mit Essig, Olivenöl, Milch und gefrorenen Kräutern verrühren. Mit Salz, Pfeffer und Zucker würzen. Danach die Schmand-Kräuter-Sauce zum Durchziehen beiseitestellen.
2. In der Zwischenzeit Sellerie putzen und die harten Außenfäden abziehen. Sellerie abspülen, abtropfen lassen und in mundgerechte Stücke schneiden. Kohlrabi schälen, abspülen, abtropfen lassen, zuerst in Scheiben, dann in Stifte schneiden.
3. Die Tomaten abspülen, abtrocknen, halbieren und evtl. die Stängelansätze herausschneiden. Champignons putzen, mit Küchenpapier abreiben, evtl. kurz abspülen und gut abtropfen lassen. Champignons in Scheiben schneiden. Radieschen putzen, abspülen, abtrocknen und in Scheiben schneiden.
4. Die vorbereiteten Salatzutaten auf einer großen Platte anrichten. Die Schmand-Kräuter-Sauce nochmals mit den Gewürzen abschmecken. Die Sauce auf den Salatzutaten verteilen oder getrennt dazu servieren.

Zwiebel-Wurst-Salat

12 Portionen

Zubereitungszeit: 45 Minuten, ohne Durchziehzeit

3 kleine Gemüsezwiebeln (etwa 1 kg)
50 ml Weißweinessig
1 gestr. TL Salz
2 EL Zucker
360 g Gewürzgurken
500 g Fleischwurst
4 Äpfel (etwa 500 g)

Für die Marinade:
375 g Salatcreme (10 % Fett)
300 g Joghurt

Pro Portion:
E: 8 g, F: 16 g, Kh: 12 g,
kJ: 951, kcal: 228

1. Gemüsezwiebeln abziehen, halbieren und in schmale Streifen schneiden. Zwiebelstreifen in eine große Schüssel geben. Essig mit Salz und Zucker gut verrühren. Die Zwiebelstreifen damit übergießen.
2. Die Zwiebelstreifen mit einem Teller beschweren und die Schüssel mit Frischhaltefolie zudecken. Zwiebelstreifen etwa 2 Stunden durchziehen lassen.
3. Die Zwiebelstreifen in ein Sieb geben und abtropfen lassen. Die Gurken ebenfalls abtropfen lassen und in Streifen schneiden.
4. Von der Fleischwurst die Pelle abziehen. Fleischwurst zuerst in Scheiben, dann in schmale Streifen schneiden. Äpfel schälen, vierteln, entkernen und in Stifte schneiden.
5. Die abgetropften Zwiebelstreifen wieder in die Schüssel geben. Gur-

ken-, Fleischwurststreifen und Apfelstifte hinzugeben und gut untermengen.
6. Für die Marinade Salatcreme mit Joghurt verrühren und unter den Zwiebelsalat rühren. Den Zwiebelsalat zugedeckt im Kühlschrank mindestens 1 Stunde durchziehen lassen.

Tipp: Den Zwiebelsalat vor dem Servieren mit grob geschnittenen Schnittlauchröllchen bestreuen.

Kartoffelsalat mit Frischkäse-Dressing

4 Portionen

Zubereitungszeit: 25 Minuten

Für das Dressing:
200 ml Gemüsebrühe
2 EL Weißweinessig
1 EL mittelscharfer Senf
5 EL Speiseöl, z. B. Olivenöl
150 g fettreduzierter Kräuter-Frischkäse
Salz
frisch gemahlener Pfeffer

750 g gegarte, kleine Pellkartoffeln (vom Vortag)

1 großes Bund oder
1 Topf Brunnenkresse
200 g Räucherlachs, in Scheiben

Pro Portion:
E: 20 g, F: 17 g, Kh: 27 g,
kJ: 1429, kcal: 341

1. Für das Dressing Brühe mit Essig und Senf in einer großen Salatschüssel verrühren. Speiseöl unterschlagen, Frischkäse unterrühren. Dressing mit Salz und Pfeffer würzen.
2. Kartoffeln nach Belieben pellen, halbieren oder vierteln und mit dem Dressing vermischen. Den Salat etwa 5 Minuten durchziehen lassen.
3. In der Zwischenzeit Kresse abspülen und trocken tupfen. Die Kresseblätter von den Stielen schneiden. Räucherlachs in Streifen schneiden. Den Kartoffelsalat nochmals mit Salz und Pfeffer abschmecken, mit Kresse und Lachsstreifen anrichten.

Wurstsalat

4 Portionen

Zubereitungszeit: 20 Minuten, ohne Abkühlzeit

300 g Fleischwurst
4 Frühlingszwiebeln
je 1 gelbe und rote Paprikaschote
1 rote Chilischote

Für das Senfdressing:
2 TL gekörnte Gemüsebrühe
3–4 EL Rotweinessig
3–4 EL Speiseöl
2 EL scharfer Senf
Salz, frisch gemahlener Pfeffer
1 Prise Zucker

einige gehackte Kräuter, z. B. Petersilie, Schnittlauch, Kerbel

Pro Portion:
E: 12 g, F: 29 g, Kh: 9 g,
kJ: 1445, kcal: 346

1. Von der Fleischwurst die Pelle abziehen. Fleischwurst in Scheiben schneiden.
2. Frühlingszwiebeln putzen, abspülen, abtropfen lassen und in feine Ringe schneiden. Paprikaschoten halbieren, entstielen, entkernen und die weißen Scheidewände entfernen. Schotenhälften abspülen, abtropfen lassen und in grob würfeln.
3. Chilischote halbieren, abspülen, abtropfen lassen, entstielen, entkernen und klein würfeln. Die vorbereiteten Salatzutaten in einer Schüssel vermischen.
4. Für das Dressing gekörnte Brühe mit Essig und Speiseöl in einem kleinen Topf aufkochen. Das Dressing etwas abkühlen lassen.
5. Den Senf unter das Dressing rühren. Mit Salz, Pfeffer und Zucker abschmecken. Das Dressing mit den gehackten Kräutern unter den Wurstsalat mischen und in einer Schale anrichten.

Tipp: Den Wurstsalat zusätzlich mit vorbereiteten Eisbergsalat- oder Römersalatblättern vermengen.

Kartoffelsalat mit Frischkäse-Dressing

Wurstsalat

Kartoffel-Schinken-Salat

4 Portionen

Zubereitungszeit: 25 Minuten

Für die Sauce:
200 ml heiße Gemüsebrühe
4 EL Kräuteressig
6 EL Speiseöl, z. B. Rapsöl
Salz, frisch gemahlener Pfeffer
1 Prise Zucker

750 g gegarte Pellkartoffeln
25 g TK-Schnittlauchröllchen
2 gelbe Paprikaschoten
175 g Kochschinken, in Scheiben
4 EL schwarze Oliven, ohne Stein

Pro Portion:
E: 15 g, F: 22 g, Kh: 30 g,
kJ: 1614, kcal: 386

1. Für die Sauce Brühe mit Essig in einer großen Salatschüssel verrühren. Speiseöl unterschlagen. Die Sauce mit Salz, Pfeffer und Zucker würzen.
2. Kartoffeln pellen, würfeln und mit den Schnittlauchröllchen unter die Sauce mischen. Den Salat etwa 5 Minuten durchziehen lassen, dabei gelegentlich umrühren.
3. In der Zwischenzeit Paprikaschoten halbieren, entstielen, entkernen und die weißen Scheidewände entfernen. Schotenhälften abspülen, abtropfen lassen und in Würfel schneiden. Schinken in kleine Stücke schneiden. Oliven abtropfen lassen und in Ringe schneiden.
4. Paprikawürfel, Schinkenstücke und Olivenringe unter den Kartoffelsalat heben. Salat nochmals mit Salz, Pfeffer und Essig abschmecken.

Salat von Erdäpfeln

4 Portionen

Zubereitungszeit: 30 Minuten

1 kg gegarte Pellkartoffeln

Für die Marinade:
2 Zwiebeln
125 ml (1/8 l) Gemüsebrühe
4–5 EL Kräuteressig
Salz, frisch gemahlener Pfeffer
1 Prise Zucker

1 Salatgurke
4 Tomaten
1 Bund Schnittlauch

3 EL Speiseöl, z. B. Rapsöl

Pro Portion:
E: 7 g, F: 8 g, Kh: 40 g,
kJ: 1122, kcal: 267

1. Kartoffeln pellen, in Scheiben schneiden und in eine große Salatschüssel geben.
2. Für die Marinade Zwiebeln abziehen und in kleine Würfel schneiden. Zwiebelwürfel und Brühe in einem Topf kurz aufkochen. Den Topf von der Kochstelle nehmen. Essig unterrühren. Die Marinade mit Salz, Pfeffer und Zucker abschmecken und mit den Kartoffelscheiben vermengen. Kartoffelscheiben einige Minuten durchziehen lassen.
3. Gurke abspülen und abtrocknen oder evtl. schälen, die Enden abschneiden. Gurke in dünne Scheiben schneiden oder hobeln.
4. Tomaten abspülen, abtrocknen, halbieren und die Stängelansätze herausschneiden. Tomatenhälften in Würfel schneiden. Schnittlauch abspülen, trocken tupfen und in Röllchen schneiden.
5. Speiseöl unter die marinierten Kartoffelscheiben rühren. Gurkenscheiben unterheben. Salat nochmals mit Salz, Pfeffer und Essig abschmecken.
6. Salat mit Tomatenwürfeln und Schnittlauchröllchen anrichten.

Kartoffel-Schinken-Salat

Salat von Erdäpfeln

Nudelsalat mit Rostbratwürstchen

Reissalat mit Schinken und Obst

Nudelsalat mit Rostbratwürstchen

3–4 Portionen

Zubereitungszeit: 20 Minuten

2 Rostbratwürste (je etwa 90 g)
1 EL Speiseöl, z. B. Rapsöl
2 Stangen Staudensellerie
6 Frühlingszwiebeln
100 g roher Schinken
10 Sardellenfilets
2 hart gekochte Eier

400 g herzhafter Nudelsalat mit Schinkenwurst, Zwiebeln und Mais (aus dem Kühlregal)
2 EL Weißweinessig
frisch gemahlener Pfeffer

einige Kopfsalatblätter

Pro Portion:
E: 26 g, F: 41 g, Kh: 29 g,
kJ: 2482, kcal: 593

1. Bratwürste in dünne Scheiben schneiden. Öl in einer Pfanne erhitzen. Wurstscheiben darin kurz von beiden Seiten anbraten, herausnehmen, etwas abkühlen lassen.
2. Staudensellerie putzen und die harten Außenfäden abziehen. Sellerie abspülen, abtropfen lassen und in dünne Scheiben schneiden.
3. Frühlingszwiebeln putzen, abspülen, abtropfen lassen und in feine Ringe schneiden. Schinken in kleine Stücke schneiden.
4. Sardellenfilets abtropfen lassen und grob hacken. Eier pellen und in Scheiben schneiden.
5. Den Nudelsalat in einer Schüssel mit Selleriescheiben, Frühlingszwiebelringen, Schinkenstücken, Bratwurstscheiben und Sardellenfiletstückchen vermengen. Salat mit Essig und Pfeffer abschmecken. Zuletzt Eierscheiben unterheben.
6. Kopfsalatblätter abspülen und trocken tupfen. Eine Schale mit Kopfsalatblättern auslegen. Den Nudelsalat darauf anrichten.

Reissalat mit Schinken und Obst

4–6 Portionen

Zubereitungszeit: 30 Minuten, ohne Abkühl- und Durchziehzeit

etwa 600 ml Wasser
1 gestr. TL Salz
200 g Langkorn- oder Naturreis
200 g Kochschinken, in Scheiben
150 g blaue Weintrauben
150 g Staudensellerie
1 Banane

Für die Sauce:
150 g Joghurt
2 EL Salatmayonnaise
3 EL Schlagsahne
2 EL Zitronensaft
Salz
frisch gemahlener Pfeffer
etwas Zucker

Pro Portion:
E: 14 g, F: 9 g, Kh: 41 g,
kJ: 1261, kcal: 301

1. Wasser in einem Topf zum Kochen bringen. Salz und Reis hinzufügen und nach Packungsanleitung garen. Reis in ein Sieb geben, abtropfen und erkalten lassen.
2. Kochschinken in Streifen schneiden. Weintrauben abspülen, abtrocknen, entstielen, halbieren und evtl. entkernen.
3. Staudensellerie putzen und die harten Außenfäden abziehen. Die Stangen abspülen, abtropfen lassen und in dünne Scheiben schneiden. Banane schälen und in dünne Scheiben schneiden.
4. Für die Sauce Joghurt mit Mayonnaise, Sahne und Zitronensaft verrühren. Die Sauce mit Salz, Pfeffer und Zucker würzen. Die vorbereiteten Salatzutaten sofort mit der Sauce vermengen und etwas durchziehen lassen. Den Salat nochmals mit Salz, Pfeffer und Zucker abschmecken.

Scharfer Kartoffelsalat

4–6 Portionen

Zubereitungszeit: 55 Minuten, ohne Abkühl- und Durchziehzeit

700 g kleine, festkochende Kartoffeln
1 kleiner Rettich (etwa 400 g)
1 kleine Salatgurke (etwa 400 g)
1 Bund Radieschen (etwa 250 g)

100 ml heiße Gemüsebrühe
3 EL Weißweinessig
6 EL Sesam- oder Speiseöl
1 EL geriebener Meerrettich (aus dem Glas)
1 EL Sojasauce
Salz, frisch gemahlener Pfeffer

1 Kästchen Shisoblätter (rote Kressekeimlinge)

Pro Portion:
E: 4 g, F: 13 g, Kh: 22 g,
kJ: 951, kcal: 227

1. Kartoffeln gründlich waschen, knapp mit Wasser bedeckt zum Kochen bringen und zugedeckt in etwa 20 Minuten gar kochen. Kartoffeln abgießen, mit kaltem Wasser abschrecken, abtropfen lassen, sofort pellen und lauwarm abkühlen lassen. Kartoffeln in Scheiben schneiden und in eine Schüssel geben.
2. Rettich schälen, abspülen, abtrocknen und halbieren. Rettichhälften mit einem Gemüsehobel hobeln. Gurke abspülen, abtrocknen, längs halbieren, entkernen und in dünne Scheiben schneiden. Rettich- und Gurkenscheiben in eine Schüssel geben, mit Salz bestreuen und etwa 30 Minuten ziehen lassen.
3. Heiße Brühe mit Essig verrühren, Sesam- oder Speiseöl unterschlagen. Meerrettich und Sojasauce unterrühren. Mit Salz und Pfeffer abschmecken.
4. Rettich- und Gurkenscheiben evtl. in einem Sieb abtropfen lassen, zu den Kartoffelscheiben geben, mit der Marinade übergießen und vorsichtig umrühren. Den Salat zugedeckt etwa 1 Stunde kalt gestellt durchziehen lassen.
5. Kresse abspülen, trocken tupfen und abschneiden. Den Salat mit der Kresse bestreut servieren.

Scharfer Kartoffelsalat

Champignon-Reis-Salat

2 Portionen

Zubereitungszeit: 50 Minuten, ohne Abkühl- und Durchziehzeit

300 ml Gemüsebrühe
100 g Naturreis

2 Frühlingszwiebeln
100 g Joghurt (1,5 % Fett)
50 g Joghurt-Salatcreme
Salz, frisch gemahlener Pfeffer
1 Msp. Zucker
1/4 TL Cayennepfeffer
100 g weiße Champignons
1 TL Olivenöl
200 g Möhren
1 gelbe Paprikaschote
2 EL Schnittlauchröllchen

Pro Portion:
E: 10 g, F: 7 g, Kh: 55 g,
kJ: 1357, kcal: 325

1. Die Gemüsebrühe in einem Topf zum Kochen bringen. Reis hinzufügen und nach Packungsanleitung garen. Den Reis in ein Sieb geben, mit kaltem Wasser abspülen und gut abtropfen lassen. Anschließend den Reis in einer Schüssel abkühlen lassen, dabei gelegentlich umrühren.
2. In der Zwischenzeit Frühlingszwiebeln putzen, abspülen, abtropfen lassen und in feine Ringe schneiden. Joghurt mit Salatcreme verrühren, mit Salz, Pfeffer, Zucker und Cayennepfeffer abschmecken. Die Sauce mit den Frühlingszwiebelringen unter den Reis rühren. Die Reismischung etwa 30 Minuten zugedeckt in den Kühlschrank stellen.
3. In der Zwischenzeit Champignons putzen, mit Küchenpapier abreiben, evtl. kurz abspülen und gut abtropfen lassen. Die Champignons halbieren oder in Scheiben schneiden. Olivenöl in einer Pfanne erhitzen. Champignons unter Rühren darin etwa 2 Minuten braten, mit Salz und Pfeffer abschmecken. Pilze herausnehmen und auf einen Teller geben.
4. Möhren putzen, schälen, abspülen und abtropfen lassen. Möhren längs halbieren und in feine Stifte schneiden. Paprikaschote halbieren, entstielen, entkernen und die weißen Scheidewände entfernen. Schotenhälften abspülen, abtropfen lassen und fein würfeln.
5. Champignons, Möhrenstifte, Paprikawürfel und Schnittlauchröllchen unter die Reismischung rühren.
6. Den Salat nochmals zugedeckt etwa 30 Minuten im Kühlschrank durchziehen lassen.

Champignon-Reis-Salat

Teufelssalat

2 Portionen

Zubereitungszeit: 20 Minuten

145 g Ananasstücke
(aus der Dose)
145 g Gemüsemais (aus der Dose)
1 rote Chilischote
250 g Schweinebraten-Aufschnitt,
in dicken Scheiben
8–10 EL Tomatenketchup
4 EL Ananassaft (aus der Dose)
Salz
frisch gemahlener Pfeffer
1 Frühlingszwiebel

Pro Portion:
E: 40 g, F: 16 g, Kh: 56 g,
kJ: 2245, kcal: 536

1. Ananasstücke und Mais in jeweils einem Sieb abtropfen lassen, dabei den Ananassaft auffangen. Chilischote abspülen, trocken tupfen, längs halbieren, entstielen, entkernen und in kleine Stücke schneiden.
2. Schweinebraten in etwa 1 cm große Würfel schneiden, mit Ananasstücken, Mais und Chili in einer Schüssel mischen. Ketchup mit Ananassaft verrühren, mit Salz und Pfeffer würzen. Die Sauce unter die Salatzutaten rühren.
3. Frühlingszwiebel putzen, abspülen, abtropfen lassen und in feine Ringe schneiden. Frühlingszwiebelringe unter den Salat heben. Den Salat nochmals mit Salz und Pfeffer abschmecken.

Ananassalat mit roten Linsen

4 Portionen

Zubereitungszeit: 35 Minuten, ohne Abkühl- und Durchziehzeit

200 ml Gemüsebrühe
100 g rote Linsen
1 kleine Ananas (etwa 900 g)
1 Bund Schnittlauch

200 g Joghurt
3 EL Weißweinessig
4 EL Speiseöl, z. B. Sonnenblumenöl
Salz
frisch gemahlener Pfeffer
Zucker

Pro Portion:
E: 9 g, F: 13 g, Kh: 30 g,
kJ: 1197, kcal: 285

1. Gemüsebrühe zum Kochen bringen. Die Linsen einstreuen und nach Packungsanleitung kochen. Linsen in einem Sieb abtropfen und erkalten lassen.
2. Von der Ananas Blatt- und Strunkende entfernen. Ananas vierteln und den holzigen Strunk entfernen. Ananas schälen und in etwa 1 cm dicke Scheiben schneiden.
3. Schnittlauch abspülen, trocken tupfen, in feine Röllchen schneiden.
4. Joghurt mit Essig in einer Schüssel gut verrühren, Speiseöl unterschlagen, Mit Salz, Pfeffer und Zucker würzen. Linsen, Ananasscheiben und Schnittlauchröllchen unterheben. Den Salat zugedeckt und kalt gestellt etwa 10 Minuten durchziehen lassen.

Teufelssalat

Ananassalat mit roten Linsen

Roastbeef-Gemüse-Salat

4 Portionen

Zubereitungszeit: 30 Minuten

8 Möhren
400 g Champignons
je 1 große, gelbe und rote Paprikaschote
einige frische Salbeiblätter
2 EL Speiseöl, z. B. Olivenöl
Salz, frisch gemahlener Pfeffer

100 ml Gemüsebrühe
8 EL Weißwein- oder Apfelessig

2 TL Kürbiskerne
160 g Roastbeef-Aufschnitt

4 Vollkornbrötchen

Pro Portion:
E: 25 g, F: 9 g, Kh: 46 g,
kJ: 1555, kcal: 372

1. Möhren putzen, schälen, abspülen, abtropfen lassen und schräg in dünne Scheiben schneiden. Champignons putzen, mit Küchenpapier abreiben, evtl. kurz abspülen und gut abtropfen lassen. Champignons in Scheiben schneiden.
2. Paprikaschoten halbieren, entstielen, entkernen und die weißen Scheidewände entfernen. Schotenhälften abspülen, abtropfen lassen und in Stücke schneiden. Salbei abspülen und trocken tupfen. Einige Blätter zum Garnieren beiseitelegen.
3. Speiseöl in einer Pfanne erhitzen. Nacheinander Möhrenscheiben mit Salbei, Paprikastücken und Champignons darin andünsten. Mit Salz und Pfeffer würzen. Das Gemüse aus der Pfanne nehmen und vermischen.
4. Die Gemüsebrühe und Essig in der Pfanne verrühren, kurz erwärmen, mit Salz und Pfeffer abschmecken. Die Sauce etwas abkühlen lassen und auf das Gemüse träufeln. Kürbiskerne in einer Pfanne ohne Fett unter Wenden anrösten. Das Gemüse mit den Kürbiskernen bestreuen und mit dem Roastbeef-Aufschnitt anrichten.
5. Roastbeef-Gemüse-Salat mit den beiseitegelegten Salbeiblättern garnieren und die Brötchen dazureichen.

Hirschbraten-Mandarinen-Salat

4 Portionen

Zubereitungszeit: 20 Minuten

500 g gegarter Hirschbraten
175 g Mandarinen (aus der Dose)

Für das Dressing:
120 g Delikatessmayonnaise
150 g Crème fraîche
2 EL flüssiger Honig,
z. B. Lindenblütenhonig
1 TL gehackte Thymianblättchen
1 TL gehackte Rosmarinnadeln
Salz
frisch gemahlener Pfeffer

etwa 8 große Salatblätter,
z. B. Lollo bionda

Pro Portion:
E: 37 g, F: 41 g, Kh: 19 g,
kJ: 2490, kcal: 596

1. Den Hirschbraten in kleine Würfel schneiden. Die Mandarinen in ein Sieb geben und abtropfen lassen.

Roastbeef-Gemüse-Salat

Hirschbraten-Mandarinen-Salat

Möhren-Apfel-Salat

Spätzle-Pfifferlings-Salat

2. Für das Dressing Mayonnaise mit Crème fraîche und Honig verrühren. Thymian und Rosmarin unterrühren. Das Dressing mit Salz und Pfeffer abschmecken.
3. Die Salatblätter abspülen und gut abtropfen lassen. Jeweils 2 Blätter auf 4 Teller legen. Die Hirschbratenwürfel darauf verteilen und mit dem Dressing beträufeln. Den Salat mit den Mandarinen garniert servieren.

Möhren-Apfel-Salat

4 Portionen

Zubereitungszeit: 20 Minuten, ohne Durchziehzeit

Für die Sauce:
1–2 EL Zitronensaft
Salz
Zucker
1–2 EL Sonnenblumenöl

Für den Salat:
500 g Möhren
250 g Äpfel

Pro Portion:
E: 1 g, F: 4 g, Kh: 11 g,
kJ: 371, kcal: 89

1. Für die Sauce Zitronensaft mit Salz und Zucker verrühren, Sonnenblumenöl unterschlagen.
2. Für den Salat die Möhren putzen, schälen, abspülen, abtropfen lassen. Äpfel schälen, vierteln, entkernen.
3. Möhren und Apfelviertel auf einer Haushaltsreibe raspeln und in eine Schüssel geben. Die Sauce zu den Möhren- und Apfelraspeln geben und untermengen. Den Salat mit Salz und Zucker abschmecken und kurz durchziehen lassen.

Spätzle-Pfifferlings-Salat

4 Portionen

Zubereitungszeit: 25 Minuten

2 l Gemüsebrühe
1 gestr. TL Salz
200 g Spätzle

Für die Vinaigrette:
1 Stange Porree (Lauch)
225 g Pfifferlinge (aus der Dose)
2 EL Speiseöl, z. B. Rapsöl
175 ml Gemüsebrühe
3 EL Balsamico-Essig
1 TL körniger Senf
frisch gemahlener Pfeffer

200 g geräucherter Putenbrustaufschnitt
200 g Cocktailtomaten
1 Bund glatte Petersilie

Pro Portion:
E: 20 g, F: 8 g, Kh: 40 g,
kJ: 1314, kcal: 313

1. Gemüsebrühe in einem großen, geschlossenen Topf zum Kochen bringen. Dann Salz und Spätzle hinzugeben. Die Spätzle im geöffneten Topf bei mittlerer Hitze nach Packungsanleitung garen, dabei gelegentlich umrühren.
2. Für die Vinaigrette Porree putzen, die Stange längs halbieren, gründlich waschen und abtropfen lassen. Porree in sehr feine Streifen schneiden.
3. Die garen Spätzle in ein Sieb geben, mit kaltem Wasser abspülen und abtropfen lassen. Pfifferlinge in einem Sieb abtropfen lassen.
4. Speiseöl in einer Pfanne erhitzen. Porreestreifen und Pfifferlinge darin andünsten. Brühe hinzugießen. Essig und Senf unterrühren, mit Salz und Pfeffer würzen. Spätzle in einer großen Salatschüssel mit der Vinaigrette vermischen.
5. Putenbrustaufschnitt in Streifen schneiden. Tomaten abspülen, abtrocknen und halbieren. Stängelansätze herausschneiden. Petersilie abspülen und trocken tupfen. Die Blättchen von den Stängeln zupfen.
6. Putenbruststreifen, Tomatenhälften und Petersilienblättchen unter die Spätzle heben. Den Salat nochmals mit Salz, Pfeffer und evtl. etwas Essig abschmecken.

Nudelsalat mit Kasseler

4 Portionen

Zubereitungszeit: 30 Minuten

3 l Wasser
3 gestr. TL Salz
300 g kurze Makkaroni

200 g Kasseler-Braten-Aufschnitt
120 g Greyerzer Käse, in Scheiben
2 Äpfel, z. B. Braeburn
1 EL Zitronensaft

Für die Salatsauce:
150 g Crème légère
2 EL Salatmayonnaise
1 EL mittelscharfer Senf
1 EL Zitronensaft
Salz
frisch gemahlener Pfeffer
1 Prise Zucker
1–2 EL gehackte, glatte Petersilie

1 kleiner Radicchio

Pro Portion:
E: 29 g, F: 29 g, Kh: 62 g,
kJ: 2616, kcal: 626

1. Wasser in einem großen, geschlossenen Topf zum Kochen bringen. Dann Salz und Nudeln hinzugeben. Die Nudeln im geöffneten Topf bei mittlerer Hitze nach Packungsanleitung bissfest kochen, dabei gelegentlich umrühren.
2. In der Zwischenzeit Kasseler und Käse in Streifen oder kleine Stücke schneiden. Äpfel schälen, vierteln, entkernen und in kleine Würfel schneiden. Apfelwürfel mit Zitronensaft beträufeln.
3. Die garen Makkaroni in ein Sieb geben, mit kaltem Wasser abspülen und abtropfen lassen.
4. Für die Sauce Crème légère mit Mayonnaise, Senf und Zitronensaft in einer großen Salatschüssel verrühren. Sauce mit Salz, Pfeffer und Zucker würzen. Die Petersilie unterrühren.

Nudelsalat mit Kasseler

5. Nudeln und Apfelwürfel hinzugeben und untermengen. Den Salat etwa 5 Minuten durchziehen lassen.
6. In der Zwischenzeit Radicchio vierteln und den Strunk herausschneiden. Radicchio in einzelne Blätter zupfen. Radicchioblätter abspülen, gut abtropfen lassen und in mundgerechte Stücke zupfen.
7. Radicchio, Kasseler- und Käsestreifen oder -stücke unter den Salat heben. Salat mit Salz und Pfeffer abschmecken.

Porree-Pfifferlings-Salat

4 Portionen

Zubereitungszeit: 25 Minuten, ohne Abkühlzeit

1 kg Porree (Lauch)
Salzwasser

Für das Dressing:
1 Knoblauchzehe
150 g Crème fraîche
75 g Joghurt (1,5 % Fett)
1 TL körniger Senf
Salz
frisch gemahlener Pfeffer

Porree-Pfifferlings-Salat

Zucker
1/2 Topf glatte Petersilie

30 g getrocknete Tomaten, in Öl
500 g Pfifferlinge
2 EL Olivenöl
300 g geräucherter Putenbrustaufschnitt

Pro Portion:
E: 21 g, F: 20 g, Kh: 8 g,
kJ: 1299, kcal: 311

1. Porree putzen, die Stangen längs halbieren, gründlich abspülen und abtropfen lassen. Porree in Streifen schneiden.
2. Salzwasser in einem Topf zum Kochen bringen. Porreestreifen darin etwa 3 Minuten garen, anschließend in ein Sieb geben, mit kaltem Wasser abspülen, gut abtropfen und erkalten lassen.
3. Für das Dressing Knoblauch abziehen und fein hacken. Crème fraîche mit Joghurt, Senf und Knoblauch verrühren. Mit Salz, Pfeffer und Zucker würzen. Petersilie abspülen und trocken tupfen. Die Blättchen von den Stängeln zupfen. Blättchen fein hacken und unter das Dressing rühren.
4. Tomaten in einem Sieb abtropfen lassen und in feine Streifen schneiden. Pfifferlinge putzen, mit Küchen-

papier abreiben, evtl. kurz abspülen und gut abtropfen lassen. Große Pilze halbieren. Olivenöl in einer Pfanne erhitzen. Die Pfifferlinge darin unter Wenden etwa 4 Minuten braten, mit Salz und Pfeffer würzen.
5. Vorbereitete Salatzutaten und den Aufschnitt auf einer Platte anrichten und mit dem Dressing beträufeln.

Rettich-Rote-Bete-Salat

4 Portionen

Zubereitungszeit: 30 Minuten, ohne Durchziehzeit

500 g Rettich
1 Rote Bete (etwa 200 g)

Für die Sauce:
3 EL weißer Balsamico-Essig
Salz, frisch gemahlener Pfeffer
1–2 TL flüssiger Honig
4–5 EL Walnussöl

50 g Walnusskerne
1 Bund Rucola (Rauke)

Pro Portion:
E: 4 g, F: 21 g, Kh: 11 g,
kJ: 1063, kcal: 255

1. Rettich putzen, schälen, abspülen und abtropfen lassen. Rote Bete gründlich waschen und schälen. Rettich und Rote Bete mit einem Gemüsehobel in feine Streifen hobeln und in einer Schüssel mischen.
2. Für die Sauce Essig mit Salz, Pfeffer und Honig verrühren. Walnussöl unterschlagen. Die Sauce unter die Gemüsestreifen mischen. Den Salat mindestens 30 Minuten durchziehen lassen.
3. Walnusskerne hacken. Vom Rucola evtl. die dicken Stiele abschneiden. Rucola putzen, gut abtropfen lassen und die Blätter kleiner zupfen. Rucola unter den Salat heben. Den Salat mit Walnusskernen bestreuen und servieren.

Geflügelsalat

4 Portionen

Zubereitungszeit: 20 Minuten, ohne Abkühl- und Durchziehzeit

200 g TK-Erbsen
Salzwasser
175 g Mandarinen (aus der Dose)
200 g Spargelstücke
(aus dem Glas)
500 g gebratenes Geflügelfleisch,
z. B. Hähnchenbrustfilet

Für die Sauce:
3 EL Salatmayonnaise
75 g Joghurt
2 EL Mandarinensaft (aus der Dose)
Salz, frisch gemahlener Pfeffer
1 Prise Zucker

20 g gehackte Walnusskerne

Pro Portion:
E: 38 g, F: 18 g, Kh: 19 g,
kJ: 1657, kcal: 395

1. Die gefrorenen Erbsen in wenig kochendes Salzwasser geben, 3–5 Minuten kochen. Die Erbsen in ein Sieb geben, mit kaltem Wasser abspülen, abtropfen und erkalten lassen.
2. Mandarinen in einem Sieb abtropfen lassen, dabei den Mandarinensaft auffangen und 2 Esslöffel für die Sauce abmessen. Spargelstücke ebenfalls in einem Sieb abtropfen lassen. Geflügelfleisch in Streifen schneiden. Die Spargelstücke in etwa 3 cm lange Stücke schneiden.
3. Für die Sauce Mayonnaise mit Joghurt und Mandarinensaft verrühren. Mit Salz, Pfeffer und Zucker würzen. Die Sauce mit den Salatzutaten in einer Schüssel vermengen und mindestens 30 Minuten zugedeckt durchziehen lassen.
4. Den Salat vor dem Servieren mit Walnusskernen bestreuen.

Rettich-Rote-Bete-Salat

Geflügelsalat

Geraspelter Salat mit Ziegenfrischkäse

4 Portionen

Zubereitungszeit: 35 Minuten, ohne Durchziehzeit

250 g Möhren
200 g Knollensellerie
400 g Zucchini
1 Bund glatte Petersilie

Für die Sauce:
3–4 EL Zitronensaft
Salz
frisch gemahlener Pfeffer
etwas Zucker
4 EL Olivenöl

Für die Frischkäse-Klößchen:
100 g gehobelte Mandeln
200 g Ziegenfrischkäse
1 TL Olivenöl

Pro Portion:
E: 13 g, F: 41 g, Kh: 10 g,
kJ: 2059, kcal: 492

1. Möhren und Sellerie putzen, schälen, abspülen und abtropfen lassen. Zucchini abspülen, abtrocknen und die Enden abschneiden. Das vorbereitete Gemüse auf der Haushaltsreibe raspeln. Petersilie abspülen und trocken tupfen. Die Blättchen von den Stängeln zupfen. Die vorbereiteten Salatzutaten in einer Schüssel mischen.
2. Für die Sauce Zitronensaft mit Salz, Pfeffer und Zucker verrühren. Olivenöl unterschlagen. Die Sauce unter die Salatzutaten mischen. Den Salat etwa 30 Minuten durchziehen lassen.
3. In der Zwischenzeit für die Frischkäse-Klößchen die Mandeln in einer Pfanne ohne Fett unter Wenden bei schwacher Hitze goldbraun rösten und auf einen Teller geben.
4. Ziegenfrischkäse mit Olivenöl und etwas Pfeffer verrühren. Aus der Frischkäse-Masse mithilfe von 2 kalt abgespülten Teelöffeln etwa 16 kleine Klöße abstechen. Die Klöße sofort in den Mandeln wälzen und bis zum Servieren zugedeckt in den Kühlschrank stellen.
5. Den Salat auf Tellern anrichten und mit den Klößchen servieren.

Zuckerschotensalat mit Filetstreifen

4 Portionen

Zubereitungszeit: 55 Minuten

2 gelbe Paprikaschoten
(je etwa 200 g)
250 g Zuckerschoten
4 EL Wasser
4 EL Olivenöl
400 g Schweinefilet
Salz, frisch gemahlener Pfeffer

Für die Sauce:
2 EL Weißweinessig
3 EL Wasser
4 EL Olivenöl

50 g Zwiebelsprossen

Pro Portion:
E: 25 g, F: 22 g, Kh: 10 g,
kJ: 1448, kcal: 345

1. Paprikaschoten halbieren, entstielen, entkernen und die weißen Scheidewände entfernen. Schotenhälften abspülen, abtropfen lassen und in Würfel schneiden.
2. Zuckerschoten putzen, evtl. abfädeln, abspülen, abtropfen lassen und schräg halbieren.
3. Wasser und 1 Esslöffel des Olivenöls in einen Topf geben und aufkochen lassen. Paprikawürfel und Zuckerschotenstücke hinzufügen, nochmals aufkochen lassen und zugedeckt bei schwacher Hitze etwa 2 Minuten garen, zwischendurch ab und zu umrühren.
4. Schweinefilet mit Küchenpapier trocken tupfen, evtl. enthäuten und entfetten. Filet der Länge nach halbieren und quer in dünne Scheiben schneiden.
5. Das restliche Olivenöl in einer Pfanne erhitzen. Die Filetscheiben darin portionsweise bei starker Hitze kurz braten. Mit Salz und Pfeffer würzen. Die Filetscheiben mit dem Gemüse in eine Schüssel geben.
6. Für die Sauce Essig mit Wasser, Salz und Pfeffer verrühren. Das Olivenöl unterschlagen. Die Salatzutaten mit der Sauce mischen.
7. Zwiebelsprossen in ein Sieb geben, kalt abspülen, gut abtropfen lassen und mit dem Salat anrichten.

Tassensalat

Wintersalat

Tassensalat

4 Portionen

Zubereitungszeit: 25 Minuten, ohne Durchziehzeit

1 Tasse gewürfelte Äpfel (etwa 2 kleine Äpfel)
1 Tasse gewürfelte Gewürzgurken (etwa 2 große Gewürzgurken)
1 Tasse gewürfelte Ananas (aus der Dose, etwa 3 Scheiben)
1 Tasse gewürfelte Zwiebeln (etwa 2 Stück)
1 Tasse Selleriestreifen (aus dem Glas, etwa 100 g)
1 Tasse Fleischsalat (fertig gekauft, etwa 125 g)
1 Tasse Schlagsahne (etwa 140 g)
Salz, frisch gemahlener Pfeffer
Currypulver
etwas Gewürzgurkenflüssigkeit

Pro Portion:
E: 8 g, F: 15 g, Kh: 12 g,
kJ: 925, kcal: 221

1. Die Salatzutaten vorbereiten, abmessen und in einer Schüssel gut vermischen. Salat mit Salz, Pfeffer, Curry und etwas Gewürzgurkenflüssigkeit würzen und im Kühlschrank gut durchziehen lassen.
2. Den Salat evtl. vor dem Servieren nochmals mit den Gewürzen abschmecken.

Wintersalat

4–6 Portionen

Zubereitungszeit: 35 Minuten, ohne Durchziehzeit

265 g Ananasstücke (aus der Dose)
190 g Selleriestreifen (aus dem Glas)
2–3 Stangen Porree (Lauch)
2 Äpfel, möglichst rotschalig

Für die Salatsauce:
250 g Schlagsahne
Saft von 1 Zitrone
1–2 EL Salatmayonnaise
Salz, frisch gemahlener Pfeffer
etwas Zucker
etwas Ananassaft (aus der Dose)

Pro Portion:
E: 4 g, F: 18 g, Kh: 18 g,
kJ: 1083, kcal: 258

1. Die Ananasstücke in einem Sieb abtropfen lassen, dabei den Ananassaft auffangen und für die Sauce beiseitestellen. Ananasstücke nach Belieben etwas kleiner schneiden. Selleriestreifen ebenfalls abtropfen lassen.
2. Porree putzen, die Stangen längs halbieren, gründlich waschen und abtropfen lassen. Porree in Streifen schneiden. Äpfel abspülen, abtrocknen, vierteln, entkernen und quer in Scheiben schneiden. Die vorbereiteten Salatzutaten in eine Schüssel geben.
3. Für die Sauce Sahne mit Zitronensaft und Mayonnaise aufschlagen. Die Sauce mit Salz, Pfeffer und Zucker würzen und mit den Salatzutaten vermischen.
4. Den Salat mit etwas von dem beiseitegestellten Ananassaft abschmecken und am besten über Nacht im Kühlschrank gut durchziehen lassen.

Makkaroni-Salat „Retro“

Brotsalat mit roten Zwiebeln

Makkaroni-Salat „Retro“

8–10 Portionen

Zubereitungszeit: 30 Minuten, ohne Abkühl- und Durchziehzeit

500 g Makkaroni
5 l Wasser
5 gestr. TL Salz
200 g Cornichons (aus dem Glas)
200 g roher Schinken
200 g Salami
200 g Edamer Käse
6 Tomaten
3 säuerliche Äpfel

Für die Salatsauce:
5–6 EL Tomatenketchup
4 EL Weißweinessig
4 EL Speiseöl
Salz, frisch gemahlener Pfeffer
1–2 Bund Petersilie
1–2 Bund Schnittlauch

1 Kressesträußchen

Pro Portion:
E: 22 g, F: 20 g, Kh: 48 g,
kJ: 1941, kcal: 464

1. Die Makkaroni in fingerlange Stücke brechen. Wasser in einem großen, geschlossenen Topf zum Kochen bringen. Dann Salz und Makkaroni hinzugeben. Die Makkaroni im geöffneten Topf bei mittlerer Hitze nach Packungsanleitung bissfest kochen, dabei gelegentlich umrühren. Anschließend die Makkaroni in ein Sieb geben, mit heißem Wasser abspülen, abtropfen und erkalten lassen.
2. Die Cornichons abtropfen lassen. Schinken, Salami, Käse und Cornichons in Streifen schneiden. Tomaten kreuzweise einschneiden, mit kochendem Wasser übergießen und kurz darin liegen lassen. Tomaten mit kaltem Wasser abschrecken, enthäuten, halbieren, entkernen und die Stängelansätze herausschneiden. Tomatenhälften in Streifen schneiden. Danach Äpfel schälen, vierteln, entkernen und ebenfalls in Streifen schneiden.
3. Die vorbereiteten Salatzutaten mit den Makkaroni gut vermischen.
4. Für die Sauce Ketchup mit Essig und Speiseöl verrühren, mit Salz und Pfeffer abschmecken. Petersilie und Schnittlauch abspülen und trocken tupfen. Von der Petersilie die Blättchen von den Stängeln zupfen, Blättchen fein hacken. Schnittlauch in Röllchen schneiden. Petersilie und Schnittlauchröllchen unter die Salatsauce rühren. Die Sauce unter die Salatzutaten heben. Den Salat gut durchziehen lassen.
5. Kressesträußchen abspülen und trocken tupfen. Den Makkaroni-Salat vor dem Servieren mit dem Kressesträußchen garnieren.

Brotsalat mit roten Zwiebeln

4 Portionen

Zubereitungszeit: 40 Minuten, ohne Abkühlzeit

300 g Fladenbrot vom Vortag
3 Knoblauchzehen
4 EL Olivenöl
250 g Cocktailtomaten
2 rote Zwiebeln
1 rote Paprikaschote
1 kleine Salatgurke (etwa 500 g)
1 Bund glatte Petersilie
15 Kräuteroliven, ohne Stein
3 EL geschälte Kürbiskerne
Salz
frisch gemahlener Pfeffer
Saft von 2 Zitronen
6 EL Olivenöl

Pro Portion:
E: 10 g, F: 37 g, Kh: 38 g,
kJ: 2302, kcal: 549

1. Fladenbrot in etwa 1 cm große Würfel schneiden. Knoblauch abziehen und fein hacken. Olivenöl in einer Pfanne erhitzen. Brotwürfel darin anrösten. Knoblauch hinzufügen und mitbraten. Die Brotwürfel herausnehmen und auf einen Teller geben.
2. Tomaten abspülen, abtrocknen und die Stängelansätze entfernen. Größere Tomaten evtl. halbieren. Zwiebeln abziehen, halbieren, zunächst in dünne Scheiben schneiden und dann in Ringe teilen. Paprikaschote vierteln, entstielen, entkernen und die weißen Scheidewände entfernen. Schotenviertel abspülen, abtropfen lassen und in größere Stücke schneiden.
3. Gurke abspülen, abtrocknen und die Enden abschneiden. Die Gurke längs vierteln und in Stücke schneiden. Petersilie abspülen und trocken tupfen. Die Blättchen von den Stängeln zupfen. Blättchen fein hacken.
4. Die vorbereiteten Salatzutaten (außer Brotwürfel) in einer Schüssel

mit Petersilie, abgetropften Oliven und Kürbiskernen mischen. Den Salat mit Salz, Pfeffer und Zitronensaft würzen, mit Olivenöl beträufeln. Die Brotwürfel unterheben und den Salat sofort servieren.

Löwenzahnsalat

4–5 Portionen

Zubereitungszeit: 55 Minuten

250 g Löwenzahnblätter
375 g Putenbrustfilet
2–3 EL Olivenöl
Salz, frisch gemahlener Pfeffer

Für die Sauce:
1 Knoblauchzehe
2 EL Himbeeressig
einige rosa Pfefferbeeren
etwas Zucker
3 EL Olivenöl
2 EL Sonnenblumenöl

1–2 rote Zwiebeln
2 Orangen
etwas Saft von den Orangen

Pro Portion:
E: 9 g, F: 22 g, Kh: 10 g,
kJ: 1202, kcal: 287

1. Löwenzahnblätter abspülen, gut abtropfen lassen und in mundgerechte Stücke zupfen.
2. Putenbrustfilet kurz unter fließendem kalten Wasser abspülen, trocken tupfen und in breite Streifen schneiden. Olivenöl in einer großen Pfanne erhitzen. Die Fleischstreifen darin portionsweise jeweils 5–6 Minuten von beiden Seiten braten, mit Salz und Pfeffer bestreuen und warm stellen.
3. Für die Sauce Knoblauch abziehen und fein hacken. Essig mit Pfefferbeeren, Zucker und Knoblauch verrühren, Oliven- und Sonnenblumenöl unterschlagen.
4. Zwiebeln abziehen, zuerst in dünne Scheiben schneiden, dann in Ringe teilen. Orangen so schälen, dass die weiße Haut vollständig entfernt wird. Orangen filetieren, dabei den Saft auffangen, unter die Sauce rühren.
5. Löwenzahnblätter mit Orangenfilets und Zwiebelringen auf Tellern anrichten und mit der Sauce beträufeln. Warm gestellte Putenbruststreifen darauf verteilen. Den Salat sofort servieren.

Matjessalat mit Roter Bete

10–12 Portionen

Zubereitungszeit: 50 Minuten, ohne Durchziehzeit

12 Matjesfilets (je etwa 60 g)
6 mittelgroße Zwiebeln
8–10 Gewürzgurken
6 große, gegarte Pellkartoffeln
6 hart gekochte Eier
220 g Rote Bete, in Scheiben (aus dem Glas)

Für die Salatsauce:
4 EL Salatmayonnaise (etwa 150 g)
450 g Joghurt
125 g Schlagsahne
1 gestr. TL mittelscharfer Senf
Salz
frisch gemahlener Pfeffer
Zucker

Pro Portion:
E: 19 g, F: 27 g, Kh: 12 g,
kJ: 1653, kcal: 395

1. Matjesfilets evtl. entgräten, jedes Filet in 4–5 Stücke schneiden. Zwiebeln abziehen, halbieren und in feine Streifen schneiden.
2. Gurken abtropfen lassen, in Scheiben schneiden. Kartoffeln pellen, längs halbieren und in Scheiben schneiden. Eier pellen und ebenfalls in Scheiben schneiden. Rote Bete gut abtropfen lassen (evtl. auf Küchenpapier).
3. Für die Sauce Mayonnaise mit Joghurt und Sahne verrühren. Mit Senf, Salz, Pfeffer und Zucker würzen.
4. Die Salatzutaten in eine große Schüssel geben und vorsichtig vermischen. Die Salatsauce darauf geben.
5. Den Salat zugedeckt in den Kühlschrank stellen und 4–6 Stunden durchziehen lassen.

Tipp: Den Salat mit Petersilienblättchen garnieren.

Löwenzahnsalat

Matjessalat mit Roter Bete

Eisberg-Camembert-Salat

4 Portionen

Zubereitungszeit: 15 Minuten

2 EL gehackte Haselnusskerne

Für das Joghurt-Senf-Dressing:
150 g Joghurt
2 EL Zitronensaft
1–2 TL milder Senf
1–2 EL Walnussöl
Salz, frisch gemahlener Pfeffer
Zucker

1 Eisbergsalat
2 mittelgroße Möhren
75 g rosé Champignons
300 g Camembert

1 Kästchen Kresse

Pro Portion:
E: 20 g, F: 27 g, Kh: 6 g,
kJ: 1502, kcal: 359

1. Nusskerne in einer Pfanne ohne Fett unter Wenden goldbraun rösten und auf einen Teller geben.
2. Für das Dressing Joghurt mit Zitronensaft und Senf verrühren. Öl unterschlagen. Dressing mit Salz, Pfeffer und Zucker abschmecken.
3. Von dem Eisbergsalat die Salatblätter lösen, abspülen und gut abtropfen lassen. Die Salatblätter in mundgerechte Stücke zupfen. Möhren putzen, schälen, abspülen, abtropfen lassen und in feine Streifen schneiden.
4. Champignons putzen, mit Küchenpapier abreiben, evtl. kurz abspülen und gut abtropfen lassen. Pilze in Scheiben schneiden. Käse evtl. halbieren und in Scheiben schneiden.
5. Die Kresse abspülen, trocken tupfen und abschneiden. Eisbergsalat mit Möhren, Champignons und Käse in einer Schüssel vorsichtig vermischen. Das Dressing darauf verteilen. Den Salat mit Nusskernen und Kresse bestreut servieren.

Roastbeef-Gurken-Salat

4 Portionen

Zubereitungszeit: 25 Minuten, ohne Durchziehzeit

100 g Glasnudeln
600 g Salatgurke
1 reife Mango
1 rote Zwiebel
175 g Roastbeef-Aufschnitt (möglichst durchgegart)

Für das Dressing:
½ rote Chilischote
1 kleines Stück Ingwerwurzel
1 Knoblauchzehe
8–10 EL Limettensaft
½ TL Zucker, Salz
1 EL Sesamöl
2 EL Sonnenblumenöl

½ Bund Koriander

Pro Portion:
E: 15 g, F: 12 g, Kh: 29 g,
kJ: 1206, kcal: 287

1. Die Glasnudeln nach Packungsanleitung zubereiten. Die Nudeln in ein Sieb geben und abtropfen lassen. Glasnudeln mit einer Küchenschere klein schneiden.
2. Gurke schälen und die Enden abschneiden. Gurke längs halbieren und entkernen. Gurkenhälften in etwa 1 cm dicke Scheiben schneiden. Die Mango halbieren und den Stein herauslösen. Mangohälften schälen. Das Fruchtfleisch fein würfeln.
3. Zwiebel abziehen, zuerst in dünne Scheiben schneiden, dann in Ringe teilen. Den Aufschnitt in Streifen schneiden.
4. Für das Dressing Chilischote abspülen, abtropfen lassen, längs halbieren, entstielen und entkernen. Chilischotenhälften fein hacken. Ingwer schälen und Knoblauch abziehen, beides ebenfalls fein hacken.
5. Chili-, Ingwer- und Knoblauchstücke mit Limettensaft und Zucker verrühren, mit Salz würzen. Sesam- und Sonnenblumenöl unterschlagen. Vorbereitete Salatzutaten in einer Schüssel mit dem Dressing mischen. Salat etwa 1 Stunde kalt gestellt durchziehen lassen.
6. Koriander abspülen und trocken tupfen. Die Blättchen von den Stängeln zupfen. Einige Blättchen zum Garnieren beiseitelegen. Restliche Blättchen grob hacken und unter den Salat mischen. Salat nochmals mit Salz und evtl. etwas Limettensaft abschmecken. Salat mit den beiseitegelegten Korianderblättchen garniert servieren.

Eisberg-Camembert-Salat

Roastbeef-Gurken-Salat

Putensalat

Eiersalat mit Speck

Putensalat

2 Portionen

Zubereitungszeit: 30 Minuten, ohne Abkühl- und Durchziehzeit
Garzeit: etwa 4 Minuten

100 g saure Sahne
1/2 TL Currypulver
Salz, frisch gemahlener Pfeffer
Zitronensaft
1 Orange
1 Banane
100 g Staudensellerie
100 g Johannisbeeren (frisch oder TK)
125 g Putenschnitzel
1 TL Speiseöl
Paprikapulver edelsüß

Pro Portion:
E: 16 g, F: 12 g, Kh: 29 g,
kJ: 1248, kcal: 298

1. Saure Sahne mit Curry, Salz, Pfeffer und Zitronensaft verrühren. Die Orange so schälen, dass die weiße Haut vollständig entfernt wird. Die Orange filetieren und die Filets halbieren. Banane schälen und in Scheiben schneiden. Orangenfilets und Bananenscheiben vorsichtig unter die Sauce heben.
2. Sellerie putzen und die harten Außenfäden abziehen. Sellerie abspülen, abtropfen lassen und in Scheiben schneiden. Das Selleriegrün abspülen, abtropfen lassen und beiseitelegen. Johannisbeeren abspülen, abtropfen lassen und entstielen. Oder gefrorene Johannisbeeren nach Packungsanleitung auftauen lassen.
3. Putenschnitzel kurz unter fließendem kalten Wasser abspülen und trocken tupfen. Speiseöl in einer Pfanne erhitzen. Das Putenschnitzel darin von jeder Seite etwa 2 Minuten braten. Putenschnitzel mit Paprika und wenig Salz würzen, aus der Pfanne nehmen, abkühlen lassen und in Streifen schneiden.
4. Die Selleriescheiben und die Putenfleischstreifen unter den Salat mischen. Beeren vorsichtig unterheben. Den Salat etwa 30 Minuten durchziehen lassen. Den Salat auf einem Teller mit beiseitegelegtem Selleriegrün anrichten.

Eiersalat mit Speck

4 Portionen

Zubereitungszeit: 30 Minuten, ohne Auftauzeit

100 g TK-Erbsen
250 g Porree (Lauch)
3 Stangen Staudensellerie
50 g Frühstücksspeck (Bacon)
1 EL Sonnenblumenöl

3 EL Gemüsebrühe
3–4 EL Weißweinessig
1 TL milder Senf
Salz, frisch gemahlener Pfeffer
1/4 TL Zucker
2 EL Distelöl

100 g junge Spinatblätter
6–8 hart gekochte Eier

Pro Portion:
E: 18 g, F: 20 g, Kh: 7 g,
kJ: 1171, kcal: 280

1. Erbsen nach Packungsanleitung auftauen lassen. Porree putzen, die Stangen längs halbieren, gründlich waschen und abtropfen lassen. Porree in feine Streifen schneiden. Sellerie putzen und die harten Außenfäden abziehen. Sellerie abspülen, abtropfen lassen und in dünne Scheiben schneiden.
2. Speck in einer Pfanne ohne Fett knusprig ausbraten und auf Küchenpapier abtropfen lassen.
3. Sonnenblumenöl in der Pfanne erhitzen. Porreestreifen, Selleriescheiben und Erbsen darin unter Wenden etwa 2 Minuten dünsten. Gemüse aus der Pfanne nehmen. Brühe und Essig in die Pfanne geben und verrühren. Dressing mit Senf, Salz, Pfeffer und Zucker abschmecken. Distelöl unterschlagen, Dressing warm halten.
4. Vom Spinat die dicken Stiele entfernen. Den Spinat putzen, gründlich waschen und abtropfen lassen. Eier pellen und in Scheiben schneiden. Spinat und Eier mit dem Gemüse anrichten. Den Speck daraufgeben und das Dressing dazureichen.

Tunfisch-Kartoffel-Salat

8–10 Portionen

Zubereitungszeit: 50 Minuten

1 kg festkochende Kartoffeln

Für die Sauce:
3 frische Eigelb (Größe M)
2 EL mittelscharfer Senf
6 EL Weißweinessig
etwas Zucker
Salz
frisch gemahlener Pfeffer
150 ml Olivenöl
2 rote Zwiebeln

300 g Tunfisch in Öl (aus der Dose)
200 g Staudensellerie
1 Bund glatte Petersilie
200 g Cocktailtomaten
1 rote Paprikaschote

Pro Portion:
E: 10 g, F: 29 g, Kh: 19 g,
kJ: 1651, kcal: 394

1. Kartoffeln gründlich waschen, mit Wasser bedeckt zum Kochen bringen und zugedeckt in 20–25 Minuten gar kochen. Kartoffeln abgießen, mit kaltem Wasser abschrecken, abtropfen lassen, sofort pellen und lauwarm abkühlen lassen. Kartoffeln in grobe Würfel schneiden.
2. Für die Sauce das Eigelb mit Senf, Essig, Zucker, Salz und Pfeffer in einer Rührschüssel mit Handrührgerät mit Rührbesen verrühren. Nach und nach Olivenöl unterschlagen. Zwiebeln abziehen, fein würfeln und unter die Sauce rühren.
3. Tunfisch in einem Sieb abtropfen lassen und zerpflücken. Staudensellerie putzen und die harten Außenfäden abziehen. Sellerie abspülen, abtropfen lassen und in feine Scheiben schneiden. Petersilie abspülen und trocken tupfen. Die Blättchen von den Stängeln zupfen. Blättchen fein hacken.
4. Tomaten abspülen und abtrocknen. Paprikaschote halbieren, entstielen, entkernen und die weißen Scheidewände entfernen. Schotenhälften abspülen, abtropfen lassen und in feine Streifen schneiden.
5. Die vorbereiteten Salatzutaten mit der Sauce vermischen. Den Salat nochmals mit Essig, Zucker, Salz und Pfeffer abschmecken.

Hinweis: Nur ganz frisches Eigelb verwenden, die nicht älter als 5 Tage sind (Legedatum beachten!). Den Salat im Kühlschrank aufbewahren und innerhalb von 24 Stunden verzehren.

Marinierter Spitzkohlsalat

4 Personen

Zubereitungszeit: 100 Minuten

Für den Salat:
1 1/2 kg Spitzkohl
600 g Champignons

Für die Croûtons:
12 Scheiben Toastbrot
3 Knoblauchzehen
150 g Butter oder Margarine

Salz
grob gemahlener, bunter Pfeffer
100 ml Apfelessig
150 ml Speiseöl,
z. B. Sonnenblumenöl
200 ml Spitzkohl-Flüssigkeit
3 EL Speiseöl, z. B. Sonnenblumenöl

Pro Portion:
E: 6 g, F: 26 g, Kh: 16 g,
kJ: 1424, kcal: 340

1. Für den Salat Spitzkohl putzen, abspülen, abtropfen lassen und in feine Streifen schneiden.
2. Champignons putzen, mit Küchenpapier abreiben, evtl. kurz abspülen und abtropfen lassen. Champignons in Scheiben schneiden.

3. Für die Croûtons Toastbrot in feine Würfel schneiden. Knoblauchzehen abziehen und klein schneiden. Butter oder Margarine zerlassen, Knoblauch darin anbraten. Brotwürfel hinzugeben und goldbraun rösten.
4. Spitzkohlstreifen in kochendem Salzwasser etwa 15 Minuten garen. Dann in einem Sieb abtropfen lassen (200 ml Flüssigkeit auffangen).
5. Für die Marinade Spitzkohl mit Salz und Pfeffer würzen. Mit Essig und Speiseöl sowie der aufgefangenen Flüssigkeit vermengen.
6. Champignonscheiben kurz und kräftig in 3 Esslöffeln Speiseöl anbraten. Mit Salz und Pfeffer würzen, herausnehmen und unter den noch lauwarmen Salat mischen. Den Salat mit Croûtons bestreut servieren.

Warmer Nudelsalat

4 Portionen

Zubereitungszeit: 45 Minuten, ohne Durchziehzeit

400 ml Gemüsebrühe
300 g TK-Brokkoliroschen
300 g Kochschinken
4 Frühlingszwiebeln
215 g Maiskölbchen (aus dem Glas)

2 1/2 l Wasser
2 1/2 gestr. TL Salz
250 g Nudeln, z. B. Hütchen- oder Trulli-Nudeln

Für die Salatsauce:
150 ml Gemüsebrühe (von den Brokkoliröschen)
2 EL Essig, z. B. Estragon-Essig
4 EL Olivenöl
etwas Zucker
Salz
frisch gemahlener Pfeffer

2 EL Schnittlauchröllchen

Pro Portion:
E: 29 g, F: 14 g, Kh: 51 g,
kJ: 1924, kcal: 459

1. Brühe in einem Topf zum Kochen bringen. Gefrorene Brokkoliröschen hinzugeben, wieder zum Kochen bringen und in etwa 6 Minuten gar kochen. Brokkoliröschen in ein Sieb geben, die Brühe auffangen und 150 ml für die Sauce abmessen. Brokkoliröschen abtropfen lassen.
2. Schinken in Würfel schneiden. Frühlingszwiebeln putzen, abspülen, abtropfen lassen und in feine Ringe schneiden. Maiskölbchen in einem Sieb abtropfen lassen und eventuell halbieren.
3. Wasser in einem großen, geschlossenen Topf zum Kochen bringen. Dann Salz und Nudeln hinzugeben. Die Nudeln im geöffneten Topf bei mittlerer Hitze nach Packungsanleitung bissfest kochen, dabei gelegentlich umrühren.
4. Anschließend die Nudeln in ein Sieb geben, mit heißem Wasser abspülen und abtropfen lassen.
5. Für die Sauce die Brühe in einem Topf aufkochen lassen. Essig und Olivenöl unterschlagen. Mit Zucker, Salz und Pfeffer kräftig würzen.
6. Nudeln mit Brokkoliröschen, Schinkenwürfeln, Frühlingszwiebelringen und Maiskölbchen in einer Schüssel mischen und mit der heißen Salatsauce übergießen. Den Salat etwas durchziehen lassen.
7. Danach den warmen Nudelsalat mit Schnittlauchröllchen bestreuen und servieren.

Warmer Nudelsalat

Kapitel 03

Rezepte 201–300

Fleisch

Backhühnchen

Backhühnchen

3–4 Personen

Zubereitungszeit: 25 Minuten

1–2 junge Hühnchen
Salz
1 Ei (Größe M)
2 EL Weizenmehl
50 g Semmelbrösel

1 l Speiseöl oder 1 1/2 kg Pflanzenfett

1 Bio-Zitrone
(unbehandelt, ungewachst)
einige Stängel Petersilie

Pro Portion:
E: 70 g, F: 58 g, Kh: 14 g,
kJ: 3585, kcal: 857

1. Hühnchen innen und außen unter fließendem kalten Wasser abspülen und trocken tupfen. Hühnchen in 4–6 Teile zerlegen und mit Salz bestreuen.
2. Das Ei in einer flachen Schale verschlagen. Hühnchenteile zuerst in Mehl wenden, dann durch das verschlagene Ei ziehen, am Schalenrand abstreifen und zuletzt in Semmelbröseln wenden. Panade andrücken.
3. Speiseöl oder Pflanzenfett in einem großen Topf oder in einer Fritteuse auf etwa 180 °C erhitzen. Die Hühnchenteile schwimmend in dem heißen Ausbackfett etwa 15 Minuten goldbraun backen.
4. Die Hühnchenteile mit einem Schaumlöffel herausnehmen, auf Küchenpapier legen und abtropfen lassen.
5. Zitrone heiß abwaschen, abtrocknen und in Spalten schneiden. Petersilie abspülen und trocken tupfen. Petersilie etwas zerkleinern. Gebackenes Hühnchen mit Zitronenspalten und Petersilie garniert servieren.

Beilage: Gurkensalat mit saurer Sahne und Dill zubereitet.

Filettopf

4 Portionen

Zubereitungszeit: 20 Minuten
Garzeit: etwa 45 Minuten

600 g Schweinefilet
1 TL milder Senf
6 Scheiben geräucherter Frühstücksspeck (Bacon)
230 g Champignonscheiben
(aus der Dose)
Salz, frisch gemahlener Pfeffer
je 1/2 TL gerebelter Majoran,
frische Dillspitzen
und Petersilienstreifen

Für die Sauce:
200 g Schlagsahne
100 ml heiße Fleischbrühe
1/2 TL Paprikapulver edelsüß
1 Prise Currypulver

Pro Portion:
E: 40 g, F: 20 g, Kh: 2 g,
kJ: 1501, kcal: 358

1. Den Backofen vorheizen.
Ober-/Unterhitze: etwa 180 °C
Heißluft: etwa 160 °C
2. Schweinefilet mit Küchenpapier trocken tupfen und in 6 gleich große Scheiben (Medaillons) schneiden.
3. Die Medaillons mit Senf bestreichen und mit je 1 Scheibe Frühstücksspeck umwickeln. Die Medaillons nicht zu dicht nebeneinander in eine große Auflaufform legen.
4. Champignonscheiben in einem Sieb abtropfen lassen und in die Zwischenräume der Medaillons geben. Medaillons und Champignonscheiben mit Salz, Pfeffer, Majoran, Dill und Petersilie bestreuen.
5. Für die Sauce Sahne mit der heißen Brühe verrühren. Mit Paprika und Curry würzen. Den Filettopf mit der Sauce übergießen. Die Form zugedeckt auf dem Rost in den vorgeheizten Backofen schieben. Den Filettopf etwa 45 Minuten garen.

Beilage: Spätzle, Bandnudeln oder Reis.

Filettopf

Gulasch von der Rinderhaxe mit Bier

Gulasch von der Rinderhaxe mit Bier

8–10 Portionen

Zubereitungszeit: 40 Minuten
Garzeit: etwa 2 Stunden

1,6 kg Rinderhaxe, ohne Knochen (evtl. beim Metzger auslösen lassen)
Salz, frisch gemahlener Pfeffer
3 EL Speiseöl
3 EL Tomatenmark
500 ml (1/2 l) Rindfleischbrühe
300 ml Malzbier
4 Möhren (etwa 400 g)
1/2 Knollensellerie (etwa 400 g)
2 Petersilienwurzeln (etwa 200 g)
1 Kohlrabi (etwa 400 g)
1 Bund Petersilie
1 EL mittelscharfer Senf

Pro Portion:
E: 41 g, F: 17 g, Kh: 9 g,
kJ: 1511, kcal: 360

1. Rinderhaxenfleisch mit Küchenpapier trocken tupfen, evtl. vorhandene Sehnen entfernen. Das Fleisch in etwa 3 cm große Würfel schneiden. Mit Salz und Pfeffer würzen.
2. Speiseöl in einem Bräter erhitzen. Fleischwürfel darin evtl. in 2 Portionen von allen Seiten anbraten. Das Tomatenmark unterrühren. Brühe und Bier hinzugießen, zum Kochen bringen und zugedeckt bei schwacher Hitze etwa 1 1/2 Stunden garen, dabei gelegentlich umrühren. Evtl. verkochte Flüssigkeit durch etwas Brühe oder Wasser ersetzen.
3. Möhren, Sellerie, Petersilienwurzeln und Kohlrabi putzen, schälen, abspülen, abtropfen lassen und in gleich große Würfel schneiden. Petersilie abspülen und trocken tupfen (einen Petersilienzweig beiseitelegen). Die Blättchen von den Stängeln zupfen. Blättchen klein schneiden.
4. Die vorbereiteten Gemusewürfel nach etwa 1 Stunde Garzeit zu dem Gulasch in den Bräter geben und fertig garen. Zuletzt Senf und Petersilie unterrühren. Gulasch mit Salz und Pfeffer abschmecken. Mit dem beiseitegelegten Petersilienzweig garniert servieren.

Beilage: **Kartoffelwürfel mit Rosmarin.** Dafür festkochende Kartoffeln waschen, schälen, abspülen, abtropfen lassen, in Würfel schneiden und in kochendem Salzwasser etwa 5 Minuten blanchieren. In ein Sieb geben, mit kaltem Wasser übergießen und abtropfen lassen. Kartoffelwürfel in erhitztem Olivenöl, Butter und Rosmarin braten. Mit Salz und Pfeffer bestreuen.

Gyrosbraten

6 Portionen

Zubereitungszeit: 40 Minuten
Garzeit: etwa 5 1/2 Stunden

etwa 1 1/4 kg Schweinefleisch (aus der Keule)
Salz
frisch gemahlener Pfeffer
150 g Feta-Käse
500 g Krautsalat (aus dem Kühlregal)
6 EL Olivenöl
2–3 TL Gyros-Gewürzmischung
3 Gemüsezwiebeln
500 g Zaziki

Außerdem:
Küchengarn

Pro Portion:
E: 51 g, F: 45 g, Kh: 20 g,
kJ: 2891, kcal: 691

1. Den Backofen vorheizen.
Ober-/Unterhitze: etwa 80 °C
2. Schweinefleisch mit Küchenpapier trocken tupfen, evtl. vorhandenes Fett abschneiden. Das Fleisch der Länge nach waagerecht einschneiden, jedoch nicht durchschneiden, sodass es an einer Seite noch fest zusammenhält.
3. Das Fleisch auseinanderklappen, etwas flach klopfen, mit Salz und Pfeffer würzen. Feta-Käse in etwa 1 cm breite Streifen schneiden. Das Fleisch mit der Hälfte des Krautsalates und den Käsestreifen belegen. Das Fleisch von der längeren Seite aus fest aufrollen und mit Küchengarn fest umwickeln.
4. Olivenöl in einem großen, flachen Bräter erhitzen. Den Gyrosbraten mit der Gyros-Gewürzmischung einreiben, in den Bräter legen und etwa 10 Minuten von allen Seiten gut anbraten. Zwiebeln abziehen, halbieren und in Scheiben schneiden. Zwiebelscheiben zu dem Gyrosbraten in den Bräter geben und mit anbraten.
5. Den Bräter auf dem Rost (unteres Drittel) in den vorgeheizten Backofen schieben. Den Gyrosbraten etwa 5 1/2 Stunden garen.
6. Nach etwa 4 Stunden Garzeit den restlichen Krautsalat und das Zaziki zu dem Gyrosbraten in den Bräter geben. Den Bräter wieder in den heißen Backofen schieben. Gyrosbraten fertig garen.
7. Den Bräter aus dem Backofen nehmen. Den Gyrosbraten herausnehmen und das Küchengarn entfernen. Den Gyrosbraten in Scheiben schneiden und mit dem Zaziki-Kraut servieren.

Gyrosbraten

Hähnchenbrust mit Chili und Honig

4 Portionen

Zubereitungszeit: 60 Minuten, ohne Marinierzeit
Garzeit: etwa 15 Minuten

Für die Marinade:
150 ml Geflügel- oder Gemüsebrühe
4 EL flüssiger Honig
je 1 rote und grüne Chilischote
1 Schalotte

4 Hähnchenbrustfilets (je 140–150 g)
frisch gemahlener Pfeffer
Salz
40 g Butter
1 EL Speiseöl

Außerdem:
Chilifäden oder -flocken zur Schärfe und zum Garnieren

Pro Portion:
E: 35 g, F: 12 g, Kh: 16 g,
kJ: 1308, kcal: 313

1. Für die Marinade Brühe und Honig in einem Topf unter Rühren leicht erwärmen, in eine flache Auflaufform geben.
2. Chilischoten abspülen, trocken tupfen, längs halbieren, entstielen und entkernen. Schotenhälften in kleine Würfel schneiden. Schalotte abziehen, ebenfalls klein würfeln. Chili- und Schalottenwürfel unter die Honigbrühe rühren.
3. Hähnchenbrustfilets kurz unter fließendem kalten Wasser abspülen, trocken tupfen und mit Pfeffer würzen. Hähnchenbrustfilets in die Marinade legen, zugedeckt und kalt gestellt etwa 60 Minuten marinieren, dabei gelegentlich wenden.
4. Den Backofen vorheizen.
Ober-/Unterhitze: etwa 180 °C
Heißluft: etwa 160 °C
5. Hähnchenbrustfilets aus der Marinade nehmen, kurz abtropfen lassen und mit Salz würzen. Butter in einer

Hähnchenbrust mit Chili und Honig

Oliven-Hähnchen-Topf

feuerfesten Pfanne zerlassen, Speiseöl miterhitzen. Hähnchenbrustfilets darin von beiden Seiten anbraten. Die Pfanne auf dem Rost in den vorgeheizten Backofen schieben. Hähnchenbrustfilets etwa 15 Minuten garen.

6. Hähnchenbrustfilets aus der Pfanne nehmen und warm stellen. Den Bratensatz mit der restlichen Marinade ablöschen, zum Kochen bringen und um die Hälfte einkochen.

7. Hähnchenbrustfilets auf einer vorgewärmten Platte anrichten und mit der Sauce übergießen. Mit Chilifäden oder -flocken garnieren.

Beilage: In Butter geschwenkte, kleine Kartoffeln und Zuckerschoten.

Oliven-Hähnchen-Topf

4 Portionen

Zubereitungszeit: 20 Minuten
Garzeit: 25–35 Minuten

1 küchenfertiges, zerlegtes Hähnchen (etwa 1,2 kg)
Salz
frisch gemahlener Pfeffer
Paprikapulver edelsüß
1 Zwiebel
1 Knoblauchzehe
150 g mittelgroße Champignons
einige Stängel frischer Thymian oder 1/2 TL gerebelter Thymian
2 EL Olivenöl
100 g stückige Tomaten (aus der Dose oder dem Tetra Pak®)
250 ml (1/4 l) Geflügelbrühe
2 rote Paprikaschoten (etwa 350 g)
75 g schwarze Oliven mit Stein

evtl. einige Zweige Thymian

Pro Portion:
E: 54 g, F: 36 g, Kh: 7 g,
kJ: 2365, kcal: 565

1. Hähnchenfleischstücke kurz unter fließendem kalten Wasser abspülen, trocken tupfen, mit Salz, Pfeffer und Paprika würzen.

2. Zwiebel und Knoblauch abziehen, in kleine Würfel schneiden. Champignons putzen, mit Küchenpapier abreiben, evtl. abspülen, trocken tupfen und nach Belieben halbieren. Thymian abspülen und trocken tupfen.

3. Olivenöl in einem Schmortopf oder Bräter erhitzen. Hähnchenstücke darin von allen Seiten knusprig braun braten, herausnehmen und beiseitelegen. Zwiebel-, Knoblauchwürfel und Champignons im verbliebenen Bratfett unter Rühren andünsten. Tomaten mit der Flüssigkeit, Brühe und Thymian hinzugeben, zum Kochen bringen. Mit Salz und Pfeffer würzen.

4. Hähnchenfleischstücke wieder hinzugeben. Den Hähnchen-Topf zugedeckt 25–35 Minuten bei mittlerer Hitze garen.

5. In der Zwischenzeit Paprikaschoten halbieren, entstielen, entkernen und die weißen Scheidewände entfernen. Schotenhälften abspülen, abtropfen lassen und in grobe Würfel schneiden. Oliven abtropfen lassen.

6. Paprikawürfel etwa 10 Minuten und die Oliven etwa 5 Minuten vor Ende der Garzeit zum Hähnchen-Topf geben und zugedeckt fertig garen. Die Sauce nochmals mit Salz und Pfeffer abschmecken.

7. Oliven-Hähnchen-Topf auf Tellern anrichten und nach Belieben mit abgespülten und trocken getupften Thymianzweigen garniert servieren.

Beilage: Röstkartoffeln, Weizenbrot, Reis, Polenta oder Couscous.

Rahmschnitzel mit Zwiebel-Kräuter-Kruste

Rinderrouladen

Rahmschnitzel mit Zwiebel-Kräuter-Kruste

4 Portionen

Zubereitungszeit: 25 Minuten
Garzeit: etwa 20 Minuten

4 Putenschnitzel (je etwa 150 g)
1–2 EL Speiseöl, z. B. Sonnenblumenöl
Salz
frisch gemahlener Pfeffer
400 g Champignons
100 g Schlagsahne
75 g Röstzwiebeln (Fertigprodukt)
je 3 Zweige frischer Majoran und Thymian oder jeweils 1/2 TL gerebelter Majoran oder Thymian
3 EL Semmelbrösel
150 g geraspelter Gratin-Käse

Pro Portion:
E: 52 g, F: 31 g, Kh: 17 g,
kJ: 2350, kcal: 562

1. Die Putenschnitzel kurz unter fließendem kalten Wasser abspülen und trocken tupfen. Speiseöl in einer großen Pfanne erhitzen. Putenschnitzel darin von beiden Seiten kurz anbraten. Mit Salz und Pfeffer würzen. Putenschnitzel herausnehmen und in einer großen Auflaufform verteilen.

2. Den Backofen vorheizen.
Ober-/Unterhitze: etwa 200 °C
Heißluft: etwa 180 °C

3. Champignons putzen, mit Küchenpapier abreiben, evtl. abspülen, trocken tupfen und in Scheiben schneiden. Champignonscheiben in dem verbliebenen Bratfett unter Rühren kurz andünsten. Mit Salz und Pfeffer würzen.

4. Sahne und 2–3 Esslöffel Wasser hinzugießen, unter Rühren aufkochen lassen.

5. Die Champignonmasse auf den Putenschnitzeln verteilen und mit Röstzwiebeln bestreuen.

6. Majoran und Thymian abspülen und trocken tupfen. Die Blättchen von den Stängeln zupfen. Majoran, Thymian und Semmelbrösel mit dem geraspelten Käse mischen und auf den Putenschnitzeln verteilen.

7. Die Form auf dem Rost in den vorgeheizten Backofen schieben. Die Rahmschnitzel etwa 20 Minuten garen.

8. Die Rahmschnitzel mit Zwiebel-Kräuter-Kruste nach etwa 15 Minuten Garzeit mit Alufolie zudecken, damit die Kräuterkruste nicht zu dunkel wird.

Beilage: Spätzle oder ofenfrisches Baguette.

Rinderrouladen

4 Portionen

Zubereitungszeit: 60 Minuten
Garzeit: etwa 90 Minuten

4 Frühlingszwiebeln
1 Möhre
4 Scheiben Rindfleisch (aus der Keule, je etwa 180 g)
4 TL mittelscharfer Senf
Salz
frisch gemahlener Pfeffer
8 Scheiben Bacon (Frühstücksspeck, etwa 160 g)
3 EL Speiseöl
250 ml (1/4 l) Fleischbrühe

Nach Belieben:
20 g Weizenmehl
3 EL kaltes Wasser
1 kleine Frühlingszwiebel

Außerdem:
Rouladennadeln oder Holzstäbchen

Pro Portion:
E: 45 g, F: 25 g, Kh: 4 g,
kJ: 1750, kcal: 418

1. Frühlingszwiebeln putzen, abspülen, abtropfen lassen und halbieren. Möhre putzen, schälen, abspülen, abtropfen lassen und in Scheiben schneiden.

2. Rindfleischscheiben trocken tupfen, mit jeweils 1 Teelöffel Senf bestreichen. Mit Salz und Pfeffer würzen. Die Fleischscheiben mit jeweils 2 Scheiben Frühstücksspeck und je 2 Frühlingszwiebelhälften belegen und von der schmalen Seite aus aufrollen. Rouladen mit Rouladennadeln oder Holzstäbchen feststecken.

3. Speiseöl in einem breiten, flachen Topf erhitzen. Die Rouladen darin von allen Seiten kräftig anbraten. Möhrenscheiben und restliches Frühlingszwiebelgrün hinzugeben, kurz mitbraten lassen.

4. Brühe hinzugießen. Die Rouladen zugedeckt etwa 90 Minuten garen, dabei die Rouladen ab und zu wenden, evtl. noch etwas Wasser hinzugießen.

5. Die garen Rouladen aus dem Topf nehmen, auf einer vorgewärmten Platte anrichten. Rouladennadeln oder Holzstäbchen entfernen. Rouladen zugedeckt warm stellen.

6. Den Bratensatz mit Wasser auf 750 ml (3/4 l) auffüllen, zum Kochen bringen und mit einem Stabmixer pürieren.

7. Nach Belieben Mehl mit Wasser anrühren, in die Sauce rühren, unter Rühren aufkochen und etwa 5 Minuten kochen lassen. Mit Salz und Pfeffer abschmecken. Frühlingszwiebel putzen, abspülen, abtropfen lassen und in feine Scheiben schneiden. Frühlingszwiebeln in die Sauce rühren.

Beilage: Rotkohl und Salzkartoffeln oder Kartoffelklöße.

Würziges Schweinefilet

4 Portionen

Zubereitungszeit: 40 Minuten, ohne Marinierzeit

2 Schweinefilets (je etwa 350 g)
etwa 100 ml Sojasauce

20 g Butter
frisch gemahlener Pfeffer
Paprikapulver edelsüß

Für die Sauce:
250 ml (1/4 l) Fleischbrühe
1–2 EL Weizenmehl
3 EL kaltes Wasser
4 EL Schlagsahne

einige Zweige Kerbel

Pro Portion:
E: 41 g, F: 11 g, Kh: 7 g,
kJ: 1227, kcal: 293

1. Schweinefilets mit Küchenpapier trocken tupfen. Filets enthäuten und die Sehnen entfernen.

2. Schweinefilets in eine flache Schale legen, mit Sojasauce übergießen, zugedeckt und kalt gestellt etwa 30 Minuten marinieren, dabei gelegentlich wenden.

3. Den Backofen vorheizen.
Ober-/Unterhitze: etwa 200 °C
Heißluft: etwa 180 °C

4. Butter in einem kleinen Topf zerlassen. Die Filets aus der Marinade nehmen, mit Küchenpapier trocken tupfen. Mit Pfeffer und Paprika würzen. Filets in eine feuerfeste Form (Auflaufform) legen und mit zerlassener Butter bestreichen. Die Form auf dem Rost in den vorgeheizten Backofen schieben. Die Schweinefilets etwa 25 Minuten garen.

5. Filets aus der Form nehmen und auf eine vorgewärmte Platte legen, mit einer heiß ausgespülten Schüssel zudecken und noch einige Minuten bei Zimmertemperatur ruhen lassen.

6. Für die Sauce den Bratensatz mit Fleischbrühe loskochen. Mehl mit Wasser anrühren, in die Brühe einrühren und unter Rühren zum Kochen bringen, etwa 5 Minuten kochen lassen. Sahne unterrühren. Die Sauce mit Salz, Pfeffer und Sojasauce (von der Marinade) abschmecken.

7. Schweinefilets in Scheiben schneiden, mit der Sauce anrichten, mit abgespülten Kerbelzweigen garnieren.

Beilage: Gemüseplatte und Salzkartoffeln.

Würziges Schweinefilet

24-Stunden-Geschnetzeltes

12 Portionen

Zubereitungszeit: 40 Minuten, ohne Durchziehzeit
Garzeit: etwa 1 3/4 Stunden

Für das Geschnetzelte:
750 g Schlagsahne
3 Pck. Jägersauce
(für je 250 ml [1/4 l] Flüssigkeit)
1 1/2 kg Schweine-Geschnetzeltes
Salz, frisch gemahlener Pfeffer
etwas Chilipulver
2 EL frisch gehackter Thymian
2 EL frisch gehackte Petersilie
200 g gewürfelter Katenschinken
1 Bund Frühlingszwiebeln
2 Stangen Porree (Lauch)
500 g Champignons
2 Pck. Chester-Schmelzkäse
(etwa 250 g), in Scheiben

Pro Portion:
E: 38 g, F: 38 g, Kh: 7 g,
kJ: 2207, kcal: 529

1. Für das Geschnetzelte aus Sahne und Saucenpulver eine Sauce nach Packungsanleitung zubereiten. Die Jägersauce erkalten lassen.

2. Geschnetzeltes evtl. mit Küchenpapier trocken tupfen und in einen großen Bräter oder Topf geben. Mit Salz, Pfeffer und Chili leicht würzen. Thymian, Petersilie und Schinkenwürfel unterrühren.
3. Frühlingszwiebeln putzen, abspülen, abtropfen lassen und in dünne Scheiben schneiden. Porree putzen, die Stangen längs halbieren, gründlich waschen, abtropfen lassen und in dünne Streifen schneiden. Champignons putzen, mit Küchenpapier abreiben, evtl. abspülen, trocken tupfen und in Scheiben schneiden. Käsescheiben in Würfel schneiden.
4. Frühlingszwiebel-, Porreestreifen, Champignonscheiben und Käsewürfel zu dem Geschnetzelten in den Bräter oder Topf geben und gut vermengen. Die erkaltete Jägersauce unterrühren. Das Geschnetzelte zugedeckt im Kühlschrank etwa 24 Stunden durchziehen lassen.
5. Den Backofen vorheizen.
Ober-/Unterhitze: etwa 200 °C
Heißluft: etwa 180 °C
6. Den Bräter oder Topf auf dem Rost (untere Schiene) in den vorgeheizten Backofen schieben. Geschnetzeltes etwa 1 3/4 Stunden garen. Nach etwa 60 Minuten Garzeit das Geschnetzelte 2–3-mal umrühren.

24-Stunden-Geschnetzeltes

Beilage: Tagliatelle oder Reis oder Rösti und einen Blattsalat mit Joghurtdressing.

Tipp: Geschnetzeltes mit abgespülten und trocken getupften Thymianzweigen garnieren.

Pesto-Filet

4 Portionen

Zubereitungszeit: 15 Minuten
Garzeit: etwa 15 Minuten

600–700 g Schweinefilet
Salz, frisch gemahlener Pfeffer
2 EL Butterschmalz
3–4 mittelgroße Zucchini
2 Knoblauchzehen
2 EL Olivenöl
2 TL Zucker
2 EL Weißweinessig
2 Zweige frischer
oder 1/2 TL gerebelter Oregano
2 EL Basilikum-Pesto (aus dem Glas)

Pro Portion:
E: 39 g, F: 16 g, Kh: 6 g,
kJ: 1373, kcal: 328

1. Schweinefilet mit Küchenpapier trocken tupfen, enthäuten und die Sehnen entfernen. Mit Salz und Pfeffer würzen. Butterschmalz in einer Pfanne erhitzen. Schweinefilet darin von allen Seiten bei starker Hitze kräftig anbraten. Schweinefilet 10–15 Minuten bei mittlerer Hitze unter mehrmaligem Wenden braten.
2. Zucchini abspülen, abtrocknen und die Enden abschneiden. Zucchini in dicke Scheiben schneiden. Knoblauch abziehen und zerdrücken.
3. Olivenöl in einer Pfanne erhitzen. Knoblauch und Zucchinischeiben darin unter Rühren anbraten. Mit Zucker bestreuen und leicht karamellisieren lassen. Zucchinischeiben mit Essig, Salz und Pfeffer würzen, unter Rühren etwa 2 Minuten dünsten.
4. Oregano abspülen und trocken tupfen. Die Blättchen von den Stän-

Pesto-Filet

Kasseler „Italienische Art“

geln zupfen. Blättchen klein schneiden. Oregano unter das Zucchini-Gemüse heben.

5. Schweinefilet aus der Pfanne nehmen, in Alufolie wickeln und ruhen lassen.

6. Schweinefilet aus der Alufolie wickeln. Den ausgetretenen Fleischsaft zu dem Zucchini-Gemüse geben und unterrühren.

7. Das Schweinefilet rundherum mit dem Pesto einstreichen, in Scheiben schneiden und mit dem Zucchini-Gemüse auf einer vorgewärmten Platte anrichten.

Beilage: Bandnudeln, Röstkartoffeln oder Polenta.

Kasseler „Italienische Art“

4–5 Portionen

Zubereitungszeit: 20 Minuten
Garzeit: etwa 40 Minuten

1 mittelgroße Gemüsezwiebel
2 Knoblauchzehen
4 mittelgroße Fleischtomaten oder 400 g Pizza-Tomaten (aus der Dose)
etwas frischer Rosmarin, Salbei und Thymian
750 g Kasselerkotelett im Stück, ohne Knochen
1 EL Butterschmalz
1 Lorbeerblatt
Salz
frisch gemahlener Pfeffer

Für den Basilikum-Dip:
150 g Crème fraîche
100 g stichfeste, saure Sahne
1 Bund Basilikum

Pro Portion:
E: 33 g, F: 31 g, Kh: 10 g,
kJ: 1884, kcal: 450

1. Die Zwiebel und Knoblauch abziehen. Zwiebel halbieren. Zwiebelhälften und 1 Knoblauchzehe in Würfel schneiden. Tomaten kreuzweise einschneiden, mit kochendem Wasser übergießen und kurz darin liegen lassen. Tomaten mit kaltem Wasser abschrecken, enthäuten, halbieren und die Stängelansätze herausschneiden. Tomaten in grobe Würfel schneiden. Kräuter abspülen und trocken tupfen.

2. Kasseler mit Küchenpapier trocken tupfen. Butterschmalz in einem Schmortopf zerlassen. Kasseler darin von allen Seiten leicht braun anbraten. Kräuter, Lorbeerblatt, Zwiebel- und Knoblauchwürfel hinzugeben und unter Wenden mit anbraten. Mit 200 ml Wasser ablöschen.

3. Tomatenwürfel oder Tomaten aus der Dose hinzugeben. Mit etwas Salz und Pfeffer würzen. Kasseler zugedeckt etwa 40 Minuten bei mittlerer Hitze garen, dabei gelegentlich wenden.

4. Für den Dip die Crème fraîche und saure Sahne glatt rühren. Die restliche Knoblauchzehe fein hacken und unterrühren.

5. Basilikum abspülen und trocken tupfen. Die Blättchen von den Stängeln zupfen. Blättchen in feine Streifen schneiden und anschließend unter den Dip rühren. Den Dip mit Salz und Pfeffer abschmecken.

6. Das Kasseler aus dem Schmortopf nehmen und kurz warm stellen. Tomaten-Zwiebel-Gemüse bei starker Hitze kräftig einkochen, mit Salz und Pfeffer abschmecken.

7. Das Kasseler in Scheiben schneiden und auf einer vorgewärmten Platte anrichten. Mit dem Tomaten-Zwiebel-Gemüse und Basilikum-Dip servieren.

Beilage: Kartoffel-Wedges, Röstkartoffeln, Polenta oder knuspriges Ciabatta.

Cordon bleu vom Kalb mit Preiselbeeren und Feldsalat

Cordon bleu vom Kalb mit Preiselbeeren und Feldsalat

4 Portionen

Zubereitungszeit: 40 Minuten
Bratzeit: etwa 6 Minuten

Für den Salat:
250 g Feldsalat
2 Schalotten
1 Knoblauchzehe
2 EL Sherryessig
Salz
frisch gemahlener Pfeffer
4 EL Traubenkernöl
1 TL Zucker

1 Stängel Thymian
150 g Wild-Preiselbeeren
(aus dem Glas)

1 Bio-Zitrone
(unbehandelt, ungewachst)
einige Zweige Kerbel

Für die Cordon bleus:
4 Kalbskoteletts, ohne Knochen
(je etwa 140 g)
4 Scheiben Kochschinken
4 Scheiben Allgäuer Bergkäse
Salz, Pfeffer aus der Mühle
2 Eier (Größe M)
etwas Weizenmehl
60 g Semmelbrösel
2 EL Schweineschmalz

Pro Portion:
E: 49 g, F: 45 g, Kh: 32 g,
kJ: 3092, kcal: 738

1. Für den Salat von dem Feldsalat die Wurzelenden abschneiden. Die schlechten Blätter entfernen, mehrmals gründlich abspülen, trocken tupfen oder trocken schleudern.
2. Schalotten und Knoblauch abziehen, klein würfeln und in eine große Schüssel geben. Mit Essig, Salz und Pfeffer verrühren. Traubenkernöl unterschlagen. Salatsauce mit Zucker abschmecken.
3. Thymian abspülen und trocken tupfen. Die Blättchen von den Stängeln zupfen. Blättchen klein schneiden. Thymian und Preiselbeeren verrühren. Zitrone heiß abwaschen, abtrocknen und in Spalten schneiden. Kerbel abspülen und trocken tupfen.
4. Kalbskoteletts unter fließendem kalten Wasser abspülen, trocken tupfen und waagerecht einschneiden, sodass sie an einer Seite noch zusammenhängen. Die Kalbskoteletts zwischen 2 Lagen Frischhaltefolie legen und etwas flach klopfen. Koteletts aufklappen. Je 1 Scheibe Schinken und 1 Scheibe Käse auf die untere Kotelethälfte legen (die Schinken- und Käsescheiben sollten knapp so groß sein wie die Fleischscheiben). Die Koteletts zusammenklappen und die Fleischränder etwas andrücken. Koteletts von beiden Seiten mit Salz und Pfeffer bestreuen.
5. Eier verschlagen. Koteletts zuerst in Mehl wenden, dann durch die Eiermasse ziehen, am Schüsselrand etwas abstreifen und in den Semmelbröseln wenden. Die Panade fest andrücken.
6. Schweineschmalz in einer Pfanne erhitzen. Die Cordon bleus darin von beiden Seiten etwa 6 Minuten bei mittlerer Hitze goldbraun braten.
7. Feldsalat mit der Salatsauce mischen und portionsweise anrichten. Cordon bleus auf Tellern verteilen. Mit Zitronenspalten und Kerbelzweigen garnieren. Mit Preiselbeeren und Salat servieren.

Hirschrollbraten mit Kirschsauce

4 Portionen

Zubereitungszeit: 35 Minuten
Garzeit: etwa 90 Minuten

800 g Hirschkalbskeule,
ohne Knochen
80 g geräucherter Bauchspeck
100 g Feta-Käse
Salz
frisch gemahlener Pfeffer
5 EL Speiseöl, z. B. Rapsöl
1 Zwiebel
350 g Schattenmorellen
(aus dem Glas)
400 ml Wildfond
200 ml Kirschsaft (aus dem Glas)

1 EL flüssiger Honig
1 TL gerebelter Thymian
1–2 EL Speisestärke
2 EL kaltes Wasser

Außerdem:
Küchengarn
1 EL gehackte Thymianblättchen

Pro Portion:
E: 48 g, F: 42 g, Kh: 30 g,
kJ: 2922, kcal: 697

1. Hirschkalbskeule mit Küchenpapier trocken tupfen. Das Fleisch mit einem scharfen Messer waagerecht fast durchschneiden und aufklappen. Speck und Feta-Käse in etwa 1 cm dicke Streifen schneiden.
2. Speck- und Feta-Streifen abwechselnd auf das Fleisch legen und von der schmaleren Seite aus fest aufrollen. Mit Küchengarn fest umwickeln. Fleisch mit Salz und Pfeffer bestreuen.
3. Den Backofen vorheizen.
Ober-/Unterhitze: etwa 180 °C
Heißluft: etwa 160 °C
4. Speiseöl in einem Bräter erhitzen. Den Hirschrollbraten darin von allen Seiten gut anbraten. Zwiebel abziehen, klein würfeln, zu dem Rollbraten geben und mit anbraten.
5. Kirschen in einem Sieb abtropfen lassen, den Saft auffangen, 200 ml abmessen. Fond und Kirschsaft zu dem Rollbraten geben, zum Kochen bringen. Den Bräter auf dem Rost in den vorgeheizten Backofen (unteres Drittel) schieben. Den Rollbraten etwa 90 Minuten garen.
6. Den Rollbraten aus dem Bräter nehmen und warm gestellt kurz ruhen lassen. Den Bratenfond zum Kochen bringen. Mit Honig, Salz, Pfeffer und Thymian würzen. Speisestärke mit Wasser anrühren, in den Bratenfond rühren und unter Rühren aufkochen lassen. Kirschen in die Sauce geben und miterwärmen.
7. Das Küchengarn entfernen. Den Rollbraten in Scheiben schneiden, mit Thymianblättchen bestreuen und mit der Sauce servieren.

Beilage: Schupfnudeln oder Rösti-Ecken.

Gulasch, klassisch

4 Portionen

Zubereitungszeit: 15 Minuten
Schmorzeit: 1 1/4–1 1/2 Stunden

500 g Zwiebeln
500 g schieres Rindfleisch, ohne Knochen (z. B. aus der Unterschale) oder geschnittenes Gulaschfleisch
30 g Margarine oder 3 EL Speiseöl, z. B. Sonnenblumenöl
Salz
frisch gemahlener Pfeffer
Paprikapulver edelsüß
2 schwach geh. EL Tomatenmark
etwa 250 ml (1/4 l) heißes Wasser
1–2 Spritzer Tabasco

Pro Portion:
E: 27 g, F: 14 g, Kh: 7 g,
kJ: 1101, kcal: 264

1. Zwiebeln abziehen, halbieren und in Scheiben schneiden. Rindfleisch mit Küchenpapier trocken tupfen und anschließend in etwa 3 cm große Würfel schneiden.
2. Etwas Margarine oder Speiseöl in einem Topf erhitzen. Die Fleischwürfel darin in 2 Portionen von allen Seiten kräftig anbraten. Die restliche Margarine oder Speiseöl und die Zwiebelscheiben hinzufügen, mitbraten lassen. Mit Salz, Pfeffer und Paprika würzen. Tomatenmark unterrühren. Heißes Wassers hinzugießen und zum Kochen bringen. Gulasch zugedeckt 1 1/4–1 1/2 Stunden bei mittlerer Hitze garen. Sollte zu viel Flüssigkeit verdampfen, evtl. noch etwas Wasser hinzugeben.
3. Gulasch mit Salz, Pfeffer, Paprika und Tabasco abschmecken.

Beilage: Nudeln oder Reis und Gurkensalat.

Abwandlung: Für ein **Gulasch mit Champignons** 200 g Champignons putzen, mit Küchenpapier abreiben, in Scheiben schneiden und etwa 10 Minuten vor Ende der Garzeit zu dem Gulasch geben. Oder 210 g Champignonscheiben (aus dem Glas) in einem Sieb abtropfen lassen und kurz vor Ende der Garzeit zum Gulasch hinzufügen.

Hirschrollbraten mit Kirschsauce

Gulasch, klassisch

Feiner Hähnchenfleischtopf

4 Portionen

Zubereitungszeit: 45 Minuten
Garzeit: etwa 40 Minuten

2 Hähnchenbrustfilets (etwa 375 g)
2 Hähnchenkeulen (etwa 500 g), ohne Haut und Knochen
250 g festkochende Kartoffeln
2 Möhren (etwa 200 g)
1 Kohlrabi (etwa 200 g)
1 Bund Frühlingszwiebeln (etwa 250 g)
250 g grüner Spargel
2 EL Speiseöl
Salz
frisch gemahlener Pfeffer
1 EL Tomatenmark
300 ml Hühnerbrühe
100 ml trockener Weißwein, z. B. Riesling
1/2 Bund Kerbel

Pro Portion:
E: 53 g, F: 12 g, Kh: 16 g, kJ: 1794, kcal: 406

1. Hähnchenbrustfilets und Hähnchenkeulen kurz unter fließendem kalten Wasser abspülen und trocken tupfen. Filets in kleine Stücke schneiden. Das Fleisch der Hähnchenkeulen von den Knochen lösen und ebenfalls in kleine Stücke schneiden.
2. Kartoffeln waschen, schälen, abspülen, abtropfen lassen. Möhren putzen, schälen, abspülen und abtropfen lassen. Kohlrabi schälen, abspülen und abtropfen lassen. Kartoffeln, Möhren und Kohlrabi zuerst in Scheiben, dann in Stifte schneiden. Frühlingszwiebeln putzen, abspülen, abtropfen lassen und in etwa 3 cm lange Stücke schneiden.
3. Von dem Spargel das untere Drittel schälen und die Enden abschneiden. Spargel abspülen, abtropfen lassen und in etwa 3 cm lange Stücke schneiden.
4. Speiseöl in einem großen Topf erhitzen. Hähnchenfleischstücke darin portionsweise von allen Seiten anbraten, mit Salz und Pfeffer würzen. Kartoffel-, Kohlrabi- und Möhrenstifte hinzugeben und mit andünsten. Tomatenmark unterrühren. Die Hälfte der Brühe hinzugießen. Die Zutaten zum Kochen bringen und zugedeckt etwa 20 Minuten garen.
5. Restliche Brühe und Wein hinzugießen, wieder zum Kochen bringen und zugedeckt bei schwacher Hitze noch etwa 10 Minuten garen. In der Zwischenzeit Kerbel abspülen und trocken tupfen. Die Blättchen von den Stängeln zupfen.
6. Spargel- und Frühlingszwiebelstücke zum Hähnchenfleischtopf geben, mit Salz und Pfeffer würzen. Einige Kerbelblättchen unterrühren. Die Suppe wieder zum Kochen bringen und weitere etwa 10 Minuten bei schwacher Hitze garen.
7. Den Hähnchenfleischtopf mit Salz und Pfeffer abschmecken. Mit den restlichen Kerbelblättchen bestreut servieren.

Bierkotelett

4 Personen

Zubereitungszeit: 15 Minuten
Bratzeit: 7–8 Minuten

4 Schweine-Lummerkoteletts (Kotelett mit Filetstück, je etwa 200 g)
1 TL Paprikapulver edelsüß
1 TL Paprikapulver rosenscharf
8–10 kleine Schalotten
2 EL Speiseöl
1–2 Stängel frischer Rosmarin
1 TL Butter
Salz
250 ml (1/4 l) Bier (restliches Bier kann man ja selbst trinken)
frisch gemahlener Pfeffer
Zucker

Kaninchen-Paprika-Spieße

Pro Portion:
E: 36 g, F: 15 g, Kh: 5 g,
kJ: 1338, kcal: 319

1. Die Koteletts unter fließendem kalten Wasser abspülen und trocken tupfen. Mit Paprika edelsüß und rosenscharf würzen. Schalotten abziehen.
2. Das Speiseöl in einer großen Pfanne erhitzen. Die Koteletts darin von jeder Seite etwa 2 Minuten braten. Rosmarin abspülen, trocken tupfen, mit der Butter zu den Koteletts in die Pfanne geben und kurz mitdünsten lassen. Die Koteletts mit Salz würzen. Schalotten hinzufügen.
3. Die angebratenen Koteletts mit Bier beträufeln und 1–2 Minuten braten lassen. Dann wieder mit Bier beträufeln und weitere 1–2 Minuten braten lassen. Die Koteletts auf diese Weise insgesamt 7–8 Minuten braten, bis das Bier aufgebraucht ist. Die Koteletts während der Bratzeit ab und zu wenden.
4. Die Koteletts mit den Schalotten aus der Pfanne nehmen. Die Sauce mit Salz, Pfeffer und 1 Prise Zucker abschmecken. Die Koteletts mit den Schalotten und der Sauce servieren.

Beilage: Petersilienkartoffeln und grüner Salat.

Kaninchen-Paprika-Spieße

3 Portionen

Zubereitungszeit: 25 Minuten
Garzeit: etwa 5 Minuten

3 Kaninchenkeulen
je 1 rote, grüne und gelbe Paprikaschote
1–2 EL Olivenöl
Salz, frisch gemahlener Pfeffer

Für die Currymayonnaise:
250 g Salatmayonnaise
1 EL Currypulver, indisch oder Thai-Currypulver
2 EL flüssiger Honig
1 Zweig Thymian
1 Ciabatta oder 1 kleines Baguette
5–6 EL Olivenöl

Außerdem:
9 Schaschlikspieße oder Holzspieße

Pro Portion:
E: 39 g, F: 67 g, Kh: 69 g,
kJ: 4329, kcal: 1037

1. Kaninchenkeulen von den Knochen befreien (auslösen). Das Fleisch kurz unter fließendem kalten Wasser abspülen, trocken tupfen und in walnussgroße Stücke schneiden.
2. Paprikaschoten halbieren, entstielen, entkernen und die weißen Scheidewände entfernen. Schotenhälften abspülen, abtropfen lassen und ebenfalls in walnussgroße Stücke schneiden.
3. Den Backofen vorheizen.
Ober-/Unterhitze: etwa 160 °C
Heißluft: etwa 140 °C
4. Fleisch- und Paprikastücke abwechselnd auf Schaschlik- oder Holzspieße stecken. Olivenöl in einer großen, hitzebeständigen Pfanne erhitzen. Spieße darin evtl. in 2 Portionen von allen Seiten 1–2 Minuten anbraten. Mit Salz und Pfeffer würzen. Die Pfanne auf dem Rost in den vorgeheizten Backofen schieben. Die Spieße etwa 5 Minuten garen.
5. In der Zwischenzeit für die Currymayonnaise Salatmayonnaise mit Currypulver und Honig verrühren. Thymian abspülen und trocken tupfen. Die Blättchen von den Stängeln zupfen.
6. Ciabatta oder Baguette in etwa 2 cm dicke Scheiben schneiden. Olivenöl in einer Pfanne erhitzen. Thymianblättchen hinzugeben.
7. Die Brotscheiben darin von beiden Seiten goldgelb braten. Dabei die Brotscheiben mit etwas Salz bestreuen.
8. Kaninchen-Paprika-Spieße mit den Brotscheiben auf einer Platte anrichten. Currymayonnaise dazureichen.

Gefüllter Nackenbraten

6 Portionen

Zubereitungszeit: 40 Minuten, ohne Durchziehzeit
Garzeit: etwa 3 Stunden

1 1/2 kg Schweinefleisch (Nacken), ohne Knochen
Salz, frisch gemahlener Pfeffer
Paprikapulver edelsüß
2–3 EL Weinbrand oder Rum
1–2 Gemüsezwiebeln
1/2 rote Chilischote
125 g Frühstücksspeck (Bacon), in Scheiben

Außerdem:
2–3 Schaschlikspieße oder Küchengarn

Pro Portion:
E: 55 g, F: 30 g, Kh: 3 g, kJ: 2165, kcal: 518

1. Schweinefleisch mit Küchenpapier trocken tupfen. Das Schweinefleisch in gleichmäßigen Abständen mit einem scharfen Messer etwa 5 cm tief einschneiden, jedoch nicht durchschneiden, sodass Scheiben entstehen.
2. Das Fleisch kräftig mit Salz, Pfeffer und Paprika würzen. Mit Weinbrand oder Rum beträufeln.
3. Gemüsezwiebeln abziehen, halbieren und in etwa 1 cm dicke Scheiben schneiden. Die Chilischote waschen, abtrocknen, halbieren und entkernen. Schotenhälfte in kleine Würfel schneiden. Die Zwiebelscheiben mit Chiliwürfeln bestreuen. Die Zwiebelscheiben mit je 1 Scheibe Frühstücksspeck umwickeln und senkrecht in die Fleischeinschnitte stecken. Das Fleisch nochmals mit Salz, Pfeffer und Paprika würzen. Nach Belieben nochmals mit Weinbrand oder Rum beträufeln. Das Fleisch mit Schaschlikspießen zusammenstecken oder mit Küchengarn fest umwickeln.
4. Den gefüllten Nackenbraten in einen Bräter legen und mit dem Deckel verschließen. Das Fleisch kalt gestellt über Nacht durchziehen lassen.
5. Den Backofen vorheizen.
Ober-/Unterhitze: etwa 200 °C
Heißluft: etwa 180 °C
6. Den Bräter mit dem Deckel verschließen und auf dem Rost in den vorgeheizten Backofen schieben. Das Fleisch etwa 3 Stunden garen.

Beilage: Kartoffelgratin, Bohnensalat, Paprikasalat.

Gefüllter Nackenbraten

Griechischer Putenrollbraten

6 Portionen

Zubereitungszeit: 50 Minuten
Garzeit: etwa 4 Stunden

1 Putenbrust (etwa 1 1/4 kg)
1 1/2 EL Gyros-Gewürzmischung
1 kleiner Weißkohl (etwa 750 kg)
150 g Feta-Käse
7–8 EL Olivenöl
2 Zwiebeln
2 Knoblauchzehen
375 ml (3/8 l) Hühnerbrühe
75 ml Weißweinessig
Salz, frisch gemahlener Pfeffer
Zucker
evtl. etwas Speisestärke

einige Zweige Petersilie

Außerdem:
Küchengarn

Pro Portion:
E: 56 g, F: 20 g, Kh: 6 g, kJ: 1811, kcal: 433

1. Den Backofen vorheizen.
Ober-/Unterhitze: etwa 80 °C
2. Putenbrust kurz unter fließendem kalten Wasser abspülen, trocken tupfen. Mit einem großen, scharfen Messer der Länge nach in der Mitte aufschneiden, aber nicht ganz durchschneiden. Putenbrust auseinanderklappen und mit Gyros-Gewürz würzen.
3. Von dem Weißkohl die äußeren Blätter entfernen, Strunk herausschneiden. Einige Blätter lösen und auf die auseinandergeklappte Putenbrust legen. Feta-Käse grob zerkleinern und darauf verteilen. Die Putenbrust aufrollen. Mit Küchengarn fest umwickeln.

4. Die Hälfte des Olivenöls in einem großen Bräter erhitzen. Den Rollbraten darin etwa 10 Minuten von allen Seiten anbraten. Zwiebeln und Knoblauch abziehen, in kleine Würfel schneiden, zu dem Putenrollbraten in den Bräter geben und mit anbraten. Brühe hinzugießen, zum Kochen bringen. Den Bräter auf dem Rost in den vorgeheizten Backofen (untere Schiene) schieben. Den Putenrollbraten etwa 4 Stunden garen, dabei zwischendurch 2–3-mal wenden.
5. In der Zwischenzeit den restlichen Weißkohl in schmale Streifen schneiden, in eine Schüssel geben. Essig, restliches Olivenöl, Salz, Pfeffer und Zucker hinzugeben. Den Weißkohl kräftig durchkneten und abschmecken. Den Weißkohlsalat kalt stellen.
6. Den garen Putenrollbraten aus dem Bräter nehmen, Küchengarn entfernen. Putenrollbraten in Scheiben schneiden, auf eine vorgewärmte Platte legen und warm stellen. Den Bratensud zum Kochen bringen. Speisestärke mit etwas Wasser anrühren, in den Bratensud rühren und unter Rühren aufkochen lassen. Mit Salz und Pfeffer abschmecken.
7. Den griechischen Putenrollbraten mit einigen abgespülten und trocken getupften Petersilienzweigen garnieren. Krautsalat und Sauce dazureichen.

Beilage: Ofenfrisches Fladenbrot oder halbierte, gebratene Rosmarin-Kartoffeln und Zaziki.

Hähnchen, gefüllt

4 Portionen

Zubereitungszeit: 35 Minuten
Garzeit: etwa 60 Minuten

1 küchenfertiges Hähnchen (etwa 1,2 kg)
Salz, frisch gemahlener Pfeffer
Paprikapulver edelsüß

Für die Füllung:
100 g Champignons
100 g Kochschinken
150 g gekochter Reis
125 g feines Bratwurstbrät
2 EL gehackte Petersilie

2 EL Speiseöl
400 g Tomaten
1–2 EL Schlagsahne

Außerdem:
Holzstäbchen
1 Stück Bratfolie oder Bratschlauch

Pro Portion:
E: 49 g, F: 33 g, Kh: 12 g,
kJ: 2255, kcal: 538

1. Den Backofen vorheizen.
Ober-/Unterhitze: etwa 180 °C
Heißluft: etwa 160 °C
2. Hähnchen innen und außen unter fließendem kalten Wasser abspülen und trocken tupfen. Hähnchen innen und außen mit Salz, Pfeffer und Paprika würzen.
3. Für die Füllung Champignons putzen, mit Küchenpapier abreiben, evtl. abspülen, trocken tupfen und in Scheiben schneiden. Schinken in Würfel schneiden.
4. Reis in eine Schüssel geben, mit Bratwurstbrät, Champignonscheiben, Schinkenwürfeln und Petersilie gut vermischen, mit Salz würzen.
5. Das Hähnchen mit der Brätmasse füllen. Die Öffnung mit Holzstäbchen verschließen. Speiseöl mit Salz und Paprika verrühren. Das gefüllte Hähnchen damit bestreichen und auf ein großes Stück Bratfolie oder in den Bratschlauch geben.
6. Tomaten abspülen, trocken tupfen, vierteln, entkernen und die Stängelansätze herausschneiden. Tomatenviertel nochmals durchschneiden. Mit Salz und Pfeffer bestreuen und zum Hähnchen geben.
7. Anschließend die Bratfolie oder den Bratschlauch nach Packungsanleitung verschließen und auf ein Backblech legen. Das Backblech in den vorgeheizten Backofen schieben. Hähnchen etwa 60 Minuten garen.
8. Die Folie aufschneiden. Das Hähnchen herausnehmen, Holzstäbchen entfernen. Hähnchen in Portionen teilen. Hähnchenteile mit der Füllung auf einer vorgewärmten Platte anrichten.
9. Den Bratensud mit den Tomaten durch ein Sieb passieren. Sahne unterrühren. Die Sauce mit Salz und Pfeffer abschmecken und zum Hähnchen reichen.

Griechischer Putenrollbraten

Hähnchen, gefüllt

Jungschweinerücken mit Pumpernickelkruste

4 Portionen

Zubereitungszeit: 45 Minuten
Gar- und Grillzeit: etwa 45 Minuten

1 Gemüsezwiebel (etwa 150 g)
2 Möhren
300 g Knollensellerie
1 Stange Porree (Lauch)
600 g Jungschweinerücken
Salz
frisch gemahlener Pfeffer
2 EL Butterschmalz
3 Stängel Thymian
200 ml Rotwein
2 Stängel Majoran
1 TL Kümmelsamen
2 EL mittelscharfer Senf
1 TL flüssiger Honig
400 ml Rinderbrühe

150 g Pumpernickel
80 g Doppelrahm-Frischkäse
40 g frisch geriebener Bergkäse
1 Eigelb (Größe M)
1 TL gemahlener Koriander

1 TL Speisestärke
60 g kalte Butter

Pro Portion:
E: 44 g, F: 43 g, Kh: 23 g,
kJ: 2857, kcal: 682

1. Zwiebel abziehen. Möhren und Sellerie putzen, schälen, abspülen, abtropfen lassen. Das Gemüse in walnussgroße Stücke schneiden. Porree putzen, die Stange längs halbieren, gründlich waschen, abtropfen lassen und quer in Stücke schneiden.
2. Schweinerücken mit Küchenpapier trocken tupfen. Mit Salz und Pfeffer würzen.
3. Butterschmalz in einem Bräter erhitzen. Schweinerücken darin von allen Seiten anbraten und herausnehmen. Den Backofen vorheizen.
Ober-/Unterhitze: etwa 160 °C
Heißluft: etwa 140 °C
4. Die vorbereiteten Gemüsestücke in den Bräter geben. Die Gemüsestücke unter Wenden in dem Bratfett anbraten. Thymian abspülen, trocken tupfen und hinzugeben. Mit Rotwein ablöschen und etwas einkochen lassen.
5. Majoran abspülen und trocken tupfen. Die Blättchen von den Stängeln zupfen. Blättchen klein schneiden. Kümmel im Mörser fein zerstoßen, mit Senf, Honig und Majoran mischen. Den Schweinerücken mit der Paste bestreichen und auf die Gemüsestücke legen. Brühe hinzugeben. Den Bräter auf dem Rost in den vorgeheizten Backofen schieben. Den Schweinerücken etwa 40 Minuten garen.
6. Pumpernickel mit den Händen oder einem Stabmixer zerbröseln. Mit Frischkäse und Bergkäse vermengen. Eigelb und Koriander unterrühren. Evtl. mit etwas Salz würzen.
7. Den Schweinerücken aus dem Bräter nehmen. Den Bratenfond durch ein Sieb in einen Topf gießen. Den Schweinerücken wieder in den Bräter legen. Den Backofengrill vorheizen.
8. Die Pumpernickelmasse auf den Schweinerücken geben und leicht andrücken. Den Bräter auf dem Rost unter den vorgeheizten Backofengrill schieben. Den Schweinerücken etwa 5 Minuten grillen.
9. In der Zwischenzeit die Sauce zum Kochen bringen und etwas einkochen lassen. Die Stärke mit 1–2 Esslöffeln Wasser anrühren, in die Sauce rühren und unter Rühren kurz aufkochen lassen (die Sauce sollte leicht gebunden sein). Die Sauce mit Salz und Pfeffer abschmecken. Den Topf von der Kochstelle nehmen. Die Butter in kleinen Stücken unter die Sauce rühren.
10. Den Schweinerücken herausnehmen, 2–3 Minuten ruhen lassen, dann in Scheiben schneiden und auf einer vorgewärmten Platte anrichten. Die Sauce dazureichen.

Tipp: Hierzu passt sehr gut ein mit dünnen Radieschenscheiben verfeinerter Blattspinat (Foto).

Jungschweinerücken mit Pumpernickelkruste

Hähnchen-Geschnetzeltes in Zwiebel-Sahne-Sauce

6 Portionen

Zubereitungszeit: 50 Minuten, ohne Durchziehzeit
Garzeit: etwa 30 Minuten

etwa 750 g Hähnchenbrustfilet
etwa 2 EL Speiseöl, z. B. Rapsöl
Salz
frisch gemahlener Pfeffer
375 g rote Zwiebeln
1/2 TL Zucker

1 TL Balsamico-Essig oder Himbeeressig
240 g Champignonscheiben (aus dem Glas)
250 g Schlagsahne
Paprikapulver edelsüß
1 1/2 EL Tomatenketchup

etwa 125 g Frühstücksspeck (Bacon), in Scheiben

Pro Portion:
E: 35 g, F: 23 g, Kh: 6 g, kJ: 1581, kcal: 378

1. Hähnchenbrustfilet kurz unter fließendem kalten Wasser abspülen, trocken tupfen und in etwa 1 1/2 cm dicke Streifen schneiden.
2. Die Hälfte des Speiseöls in einer großen Pfanne erhitzen. Die Hähnchenfleischstreifen darin in 2 Portionen von allen Seiten anbraten. Mit Salz und Pfeffer würzen. Hähnchenfleischstreifen aus der Pfanne nehmen und beiseitestellen.
3. Zwiebeln abziehen, halbieren und in dünne Scheiben schneiden. Zwiebelscheiben in dem verbliebenen Bratfett unter Rühren glasig dünsten. Mit Zucker und Essig ablöschen.
4. Champignonscheiben in einem Sieb abtropfen lassen. Beiseitegestellte Hähnchenfleischstreifen in eine große Auflaufform geben. Zwiebelscheiben mit den Champignonscheiben mischen und auf den Hähnchenfleischstreifen verteilen.
5. Sahne mit Salz, Pfeffer, Paprika und Ketchup verrühren. Die Sauce in die Auflaufform geben und mit den Zutaten gut vermischen. Die Form zugedeckt 3–4 Stunden kalt stellen, Geschnetzeltes durchziehen lassen.
6. Den Backofen vorheizen.
Ober-/Unterhitze: etwa 200 °C
Heißluft: etwa 180 °C
7. Hähnchengeschnetzeltes mit den Frühstücksspeckscheiben dicht belegen. Die Form auf dem Rost in den vorgeheizten Backofen schieben. Das Hähnchen-Geschnetzelte etwa 30 Minuten garen.

Beilage: Spätzle oder Reis und ein frischer, bunter Salat.

Hähnchen-Geschnetzeltes in Zwiebel-Sahne-Sauce

Rinderkotelett
2 Portionen

Zubereitungszeit: 20 Minuten, ohne Ruhezeit
Garzeit: 15–18 Minuten

2 doppelte Rinderkoteletts, mit Knochen (je etwa 400 g)
2–3 EL Olivenöl
Salz, frisch gemahlener Pfeffer
5 Knoblauchzehen
3 Zweige Rosmarin

Rinderkotelett

Pro Portion:
E: 61 g, F: 34 g, Kh: 0 g, kJ: 2294, kcal: 549

1. Den Backofen vorheizen.
Ober-/Unterhitze: etwa 200 °C
Heißluft: etwa 180 °C
2. Die Koteletts kurz unter fließendem kalten Wasser abspülen und mit Küchenpapier trocken tupfen. Den Fettrand jeweils 3–4-mal mit einem scharfen Messer einschneiden. Das Olivenöl in einer hitzebeständigen Pfanne erhitzen. Die Koteletts darin 2–3 Minuten von beiden Seiten goldbraun anbraten. Mit Salz und Pfeffer wurzen.
3. Knoblauch hinzugeben (sie müssen nicht abgezogen, sondern nur angedrückt werden). Rosmarin abspülen, trocken tupfen und zu den Koteletts in die Pfanne geben.
4. Die Pfanne auf dem Rost in den vorgeheizten Backofen schieben. Die Koteletts 13–15 Minuten garen.
5. Die Pfanne aus dem Backofen nehmen. Rinderkoteletts herausnehmen, in Alufolie wickeln und 5–10 Minuten ruhen lassen – so kann sich das Fleisch entspannen, läuft beim Anschneiden nicht aus und bleibt schön saftig und zart.

Beilage: Goldgelb gebratene Kartoffelspalten, Kräuterbutter oder Limetten-Chili-Butter.

Gespickte Lammhaxe
2 Portionen

Zubereitungszeit: 40 Minuten
Garzeit: etwa 90 Minuten

2 Lammhaxen
2 kleine Zweige Rosmarin
1 Knoblauchzehe
2 kleine Zwiebeln
1 Knoblauchzehe
Salz
frisch gemahlener Pfeffer
2 EL Olivenöl
1 Zweig Thymian
400 ml Lammfond (aus dem Glas)
100–150 ml Weißwein
50 g eiskalte Butter

Pro Portion:
E: 42 g, F: 59 g, Kh: 1 g,
kJ: 3119, kcal: 745

1. Die Lammhaxen mit Küchenpapier trocken tupfen. Die Haxen mit einem spitzen Messer jeweils 2-mal längs durchstechen.
2. Den Backofen vorheizen.
Ober-/Unterhitze: etwa 160 °C
Heißluft: etwa 140 °C
3. Rosmarin abspülen und trocken tupfen. Den Knoblauch abziehen und vierteln. Rosmarinzweige und Knoblauchstücke in die Löcher der Lammhaxen stecken.
4. Zwiebeln und Knoblauch ungeschält grob zerkleinern. Die Lammhaxen mit Salz und Pfeffer würzen.
5. Olivenöl in einem großen Bräter erhitzen. Die Lammhaxen darin rundherum anbraten. Die Zwiebel-, Knoblauchstücke und den abgespülten und trocken getupften Thymianzweig hinzugeben und kurz mit anbraten. Fond und Wein hinzugießen. Den Bräter zugedeckt auf dem Rost in den vorgeheizten Backofen schieben. Die Lammhaxen etwa 90 Minuten garen.
6. Den Bräter aus dem Backofen nehmen. Die Lammhaxen vorsichtig herausnehmen und zugedeckt warm stellen. Sie müssen jetzt so zart sein, dass sie fast vom Knochen fallen.

Gespickte Lammhaxe

7. Den Bratenfond durch ein Sieb gießen (evtl. entfetten) und in einem Topf auf 1/3 einkochen lassen – die Sauce wird dann leicht sirupartig. Nochmals mit Salz und Pfeffer abschmecken. Die eiskalte Butter in Stücke schneiden und mit einem Schneebesen unter die Sauce rühren.
8. Die Rosmarinzweige und Knoblauch (Piercings) vorsichtig entfernen. Lammhaxe mit der Sauce anrichten.

Beilage: Kartoffel-Sellerie-Püree und Ratatouille.

Tipp: Für das **Kartoffel-Sellerie-Püree** (Foto): 250 g Kartoffeln waschen, schälen, abspülen, abtropfen lassen. 1 kleine Sellerieknolle putzen, schälen, abspülen, abtropfen lassen. Kartoffeln und Sellerie in gleich große Würfel schneiden und zugedeckt in kochendem Salzwasser etwa 20 Minuten garen. 50 g Schlagsahne, 50 g Butter und 50 g Sauerrahm in einem Topf erwärmen. Die gegarten Kartoffel- und Selleriewürfel durch eine Kartoffelpresse drücken oder mit einem Kartoffelstampfer zerkleinern. Die Sahne-Rahm-Mischung hinzugeben und mit einem kräftigen Schneebesen aufschlagen. Mit Salz, Pfeffer und Muskatnuss würzig abschmecken.

Spargel mit mariniertem Filetsteak
4 Portionen

Zubereitungszeit: 50 Minuten, ohne Marinierzeit
Garzeit: Filetsteaks etwa 20 Minuten, Spargel 10–12 Minuten

Für die Marinade:
1/2 Bund Petersilie
1/2 Bund Schnittlauch
1 Bund Kerbel
6–8 schwarze Pfefferkörner
5 EL Speiseöl
200 ml trockener Weißwein

2 Schweinefilets (je etwa 300 g)

je 750 g weißer und grüner Spargel
Salzwasser, Zucker
etwas Butter
2 Pck. Sauce Hollandaise (Fertigprodukt)

Pro Portion:
E: 20 g, F: 32 g, Kh: 9 g,
kJ: 1707, kcal: 412

1. Für die Marinade Petersilie, Schnittlauch und Kerbel abspülen, trocken tupfen. Von der Petersilie und dem Kerbel die Blättchen von den Stängeln zupfen. Petersilienblättchen klein schneiden. Schnittlauch in Röllchen schneiden.

2. Petersilie, Schnittlauchröllchen und die Hälfte der Kerbelblättchen in eine flache Schale geben. Pfefferkörner, 2 Esslöffel des Speiseöl und Wein unterrühren.

3. Die Schweinefilets mit Küchenpapier trocken tupfen, evtl. enthäuten und entsehnen, in die Marinade legen und etwa 45 Minuten marinieren.

4. Den weißen Spargel von oben nach unten schälen. Darauf achten, dass die Schalen vollständig entfernt, die Köpfe aber nicht verletzt werden. Die unteren Enden abschneiden (holzige Stellen vollständig entfernen). Von dem grünen Spargel nur das untere Drittel schälen und die Enden abschneiden. Den Spargel abspülen und abtropfen lassen.

5. Schweinefilets aus der Marinade nehmen und trocken tupfen. Restliches Speiseöl in einer Pfanne erhitzen. Die Schweinefilets darin etwa 20 Minuten unter Wenden bei mittlerer Hitze braten.

6. Salzwasser mit Zucker und Butter in einem hohen Topf zum Kochen bringen. Den weißen Spargel hineingeben, wieder zum Kochen bringen und 8–10 Minuten garen. Nach etwa 8 Minuten Garzeit den grünen Spargel hinzufügen und mitgaren lassen.

7. Die Sauce in einem kleinen Topf nach Packungsanleitung erhitzen.

8. Den Spargel in einem Sieb abtropfen lassen. Schweinefilets in Scheiben schneiden.

9. Den Spargel mit den Fleischscheiben auf einer vorgewärmten Platte anrichten. Mit den restlichen Kerbelblättchen bestreuen. Die Sauce in einem Schälchen dazureichen.

Beilage: Neue, in der Schale gebratene Kartoffeln.

Kasseler-Ananas-Pfanne

5–6 Portionen

Zubereitungszeit: 35 Minuten, ohne Durchziehzeit
Garzeit: etwa 90 Minuten

etwa 1 kg Kasseler (Nacken- oder Kotelettstück), ohne Knochen
340 g Ananasscheiben (aus der Dose)
evtl. 4–5 getrocknete Tomaten
40 g Butter
200 g Sahne-Schmelzkäse
200 g Schlagsahne
evtl. frisch gemahlener Pfeffer

Pro Portion:
E: 36 g, F: 43 g, Kh: 19 g, kJ: 2576, kcal: 615

1. Kasseler mit Küchenpapier trocken tupfen und in etwa 1 cm dicke Scheiben schneiden. Ananasscheiben in einem Sieb abtropfen lassen.

2. Kasselerscheiben abwechselnd mit den Ananasscheiben und nach Belieben mit je 1 halbierten, getrockneten Tomate hintereinander in eine große Auflaufform legen.

3. Butter in einem Topf zerlassen. Schmelzkäse und Sahne hinzugeben, mit einem Schneebesen unter Rühren bei mittlerer Hitze zum Kochen bringen.

4. Die Käse-Sahne-Sauce auf den Fleisch- und Ananasscheiben verteilen. Die Form zugedeckt 3–4 Stunden kalt stellen.

5. Den Backofen vorheizen.
Ober-/Unterhitze: etwa 200 °C
Heißluft: etwa 180 °C

6. Die Form auf dem Rost in den vorgeheizten Backofen (untere Schiene) schieben. Die Kasseler-Ananas-Pfanne etwa 90 Minuten garen. Die Käse-Sahne-Sauce nach Belieben mit Pfeffer abschmecken.

Beilage: Spätzle und ein bunter Blattsalat.

Spargel mit mariniertem Filetsteak

Kasseler-Ananas-Pfanne

Lammrollbraten in Estragon-Rahm-Sauce

4 Portionen

Zubereitungszeit: 50 Minuten
Garzeit: 1 1/2 – 2 Stunden

je 4 Stängel Rosmarin und Thymian
1 EL Olivenöl
2 TL mittelscharfer Senf
Salz, frisch gemahlener Pfeffer
2 TL Paprikapulver rosenscharf
1 Lammschulter (etwa 800 g), ohne Knochen

1 Gemüsezwiebel
2 Möhren
300 g Knollensellerie
1 Stange Porree (Lauch)
4 EL Olivenöl
2 TL Tomatenmark
200 ml Rotwein
400 ml Geflügelfond
4 Lorbeerblätter
200 g Schlagsahne
6 Stängel frischer Estragon
1 TL Speisestärke

Außerdem:
Küchengarn

Pro Portion:
E: 41 g, F: 41 g, Kh: 10 g,
kJ: 2550, kcal: 609

1. Den Rosmarin und Thymian abspülen, trocken tupfen. Die Nadeln bzw. Blättchen von den Stängeln zupfen. Nadeln und Blättchen klein schneiden. Anschließend Olivenöl mit Senf, Salz, Pfeffer, Paprika und den Kräutern verrühren.
2. Das harte Fett von der Lammschulter abschneiden. Lammschulter mit Küchenpapier trocken tupfen und mit der Außenseite nach unten auf die Arbeitsfläche legen. Die Sehnen auf der Innenseite entfernen. Lammschulter umdrehen und zwischen 2 Lagen Frischhaltefolie legen. Mit einem Plattiereisen oder einem Fleischklopfer etwas flacher klopfen, damit die Oberfläche größer wird. Frischhaltefolie entfernen. Fleisch wieder mit der Hautseite nach unten auf die Arbeitsfläche legen und mit der Kräuterpaste bestreichen. Das Lammfleisch aufrollen und mit Küchengarn fest umwickeln.
3. Zwiebel abziehen. Möhren und Sellerie putzen, schälen, abspülen und abtropfen lassen. Zwiebel, Möhren und Sellerie in grobe Würfel schneiden. Porree putzen, die Stange längs halbieren, gründlich waschen, abtropfen lassen und quer in Stücke schneiden.
4. Den Backofen vorheizen.
Ober-/Unterhitze: etwa 180 °C
Heißluft: etwa 160 °C
5. Olivenöl in einem Bräter erhitzen. Den Rollbraten darin von allen Seiten gut anbraten und aus dem Bräter nehmen. Vorbereitetes Gemüse in dem Bratfett anbraten, sodass es Farbe bekommt. Tomatenmark unterrühren und kurz anrösten. Mit Rotwein ablöschen. Den Rollbraten auf das Gemüse legen und den Fond hinzugießen. Lorbeerblätter hinzugeben. Den Bräter mit dem Deckel verschließen und auf dem Rost in den vorgeheizten Backofen schieben. Den Rollbraten 1 1/2–2 Stunden garen.
6. Den Rollbraten aus dem Bräter nehmen und warm stellen. Den Bratenfond durch ein Sieb in einen Topf gießen und um ein Drittel einkochen lassen. Sahne unterrühren. Den Fond noch etwas kochen lassen.
7. Estragon abspülen und trocken tupfen. Einige Zweige zum Garnieren beiseitelegen. Von den restlichen Stängeln die Blättchen abzupfen, klein schneiden und unter die Sauce rühren. Speisestärke mit 1–2 Esslöffeln kaltem Wasser anrühren, in die Sauce rühren und unter Rühren kurz aufkochen lassen. Die Sauce mit Salz und Pfeffer abschmecken.
8. Küchengarn von dem Rollbraten entfernen. Braten aufschneiden, mit der Sauce auf einer vorgewärmten Platte anrichten. Mit beiseitegelegten Estragonzweigen garnieren.

Putenbrust mit gelben Linsen

6 Portionen

Zubereitungszeit: 20 Minuten
Garzeit: etwa 4 Stunden

1 Putenbrust (etwa 1 1/4 kg)
Salz, frisch gemahlener Pfeffer
65 ml Rapsöl
2 Zwiebeln
1 Knoblauchzehe
1 EL Currypulver
1/4 TL Chiliflocken
625 ml Fleischbrühe
125 g Erdnusscreme

2 Schalotten
75 g geräucherte Schinkenwürfel
750 ml Gemüsebrühe
300 g gelbe Linsen
(erhältlich im Bioladen)
1 EL Schnittlauchröllchen

Pro Portion:
E: 71 g, F: 27 g, Kh: 31 g,
kJ: 2680, kcal: 643

1. Den Backofen vorheizen.
Ober-/Unterhitze: etwa 80 °C

2. Putenbrust kurz unter fließendem kalten Wasser abspülen und trocken tupfen. Mit Salz und Pfeffer würzen.

3. Etwa zwei Drittel des Rapsöls in einem großen Bräter erhitzen. Putenbrust darin etwa 10 Minuten von allen Seiten anbraten. Zwiebeln und Knoblauch abziehen, in kleine Würfel schneiden, zu der Putenbrust in den Bräter geben und kurz mit anbraten. Mit Curry und Chiliflocken bestreuen, kurz mit anrösten. Brühe und Erdnusscreme hinzugeben, zum Kochen bringen.

4. Den Bräter auf dem Rost in den vorgeheizten Backofen (untere Schiene) schieben. Die Putenbrust etwa 4 Stunden garen, dabei zwischendurch 2–3-mal wenden.

5. In der Zwischenzeit Schalotten abziehen und in kleine Würfel schneiden. Restliches Rapsöl in einem Topf erhitzen. Schalottenwürfel darin andünsten. Schinkenwürfel hinzugeben und mit andünsten. Brühe hinzugießen, Linsen einstreuen. Die Linsen zugedeckt etwa 20 Minuten bei schwacher Hitze garen.

6. Den Bräter aus dem Backofen nehmen. Die Putenbrust herausnehmen, in Scheiben schneiden und auf eine vorgewärmte Platte legen. Linsen in eine Schüssel geben und mit Schnittlauchröllchen bestreuen.

7. Die Putenbrustscheiben mit der Erdnusssauce und den Linsen anrichten, sofort servieren.

Beilage: Basmatireis.

Steak-Blech

Steak-Blech

6 Portionen

Zubereitungszeit: 45 Minuten
Garzeit: etwa 35 Minuten

1 kg Kartoffeln
1 mittelgroße Zwiebel
oder 1–2 Schalotten
50 g gewürfelter Katenschinken
3 EL Speiseöl, z. B. Olivenöl
Salz

Für den Belag:
evtl. 1/2 Knoblauchzehe
250 g Crème fraîche
3 TL gehackte Petersilie
3 TL Schnittlauchröllchen
frisch gemahlener Pfeffer
100 g frisch geriebener Gouda-Käse

6 Kalbs-Rumpsteaks (je etwa 140 g)
etwa 2 EL Speiseöl

Pro Portion:
E: 41 g, F: 31 g, Kh: 22 g,
kJ: 2235, kcal: 535

1. Den Backofen vorheizen.
Ober-/Unterhitze: etwa 200 °C
Heißluft: etwa 180 °C

2. Kartoffeln waschen, schälen, abspülen, abtropfen lassen und in dünne Scheiben schneiden. Kartoffelscheiben in eine Fettpfanne (mit etwas Speiseöl bestrichen) geben. Die Zwiebel oder Schalotten abziehen, klein würfeln. Zwiebelwürfel mit Schinkenwürfeln und Speiseöl vermischen, auf den Kartoffelscheiben verteilen und gut untermengen.

3. Die Fettpfanne in den vorgeheizten Backofen schieben. Kartoffelscheiben etwa 20 Minuten garen, dabei die Kartoffelscheiben nach der Hälfte der Garzeit einmal wenden.

4. Für den Belag nach Belieben Knoblauch abziehen und in kleine Würfel schneiden. Crème fraîche mit Petersilie, Schnittlauchröllchen und Knoblauchwürfeln verrühren. Mit Salz und Pfeffer würzen. Die Hälfte des geriebenen Käses unterrühren.

5. Rumpsteaks mit Küchenpapier trocken tupfen. Jeweils die Hälfte des Speiseöls in einer großen Pfanne erhitzen. Die Steaks darin in 2 Portionen von jeder Seite etwa 2 Minuten anbraten und herausnehmen.

6. Die Crème-fraîche-Käse-Masse und Rumpsteaks auf den Kartoffelscheiben verteilen und mit dem restlichen Käse bestreuen. Die Fettpfanne wieder in den heißen Backofen schieben. Die Steaks bei gleicher Backofentemperatur etwa 15 Minuten überbacken.

Beilage: Tomatensalat und ofenfrisches Ciabatta-Brot.

Tomaten-Koteletts

Züricher Geschnetzeltes

Tomaten-Koteletts

10–12 Portionen

Zubereitungszeit: 15 Minuten
Garzeit: 2–2 1/2 Stunden

2–2 1/2 kg Schweinenacken, ohne Knochen
Salz, frisch gemahlener Pfeffer
2 Gemüsezwiebeln
1 Knoblauchzehe
1/2 Bund frischer oder
1 TL gerebelter Thymian
1,6 kg Tomaten, z. B. Pizzatomaten (aus Dosen)
225 g feurige Taco-Sauce (aus dem Glas)
2 Lorbeerblätter

einige Zweige Thymian und Petersilie

Pro Portion:
E: 44 g, F: 20 g, Kh: 7 g,
kJ: 1631, kcal: 390

1. Den Backofen vorheizen.
Ober-/Unterhitze: etwa 200 °C
Heißluft: etwa 180 °C
2. Schweinenacken mit Küchenpapier trocken tupfen und anschließend in 10–12 gleich große Scheiben schneiden, eventuell etwas flach klopfen. Fleischscheiben mit Salz und Pfeffer kräftig würzen.
3. Zwiebeln und Knoblauch abziehen. Zwiebeln zuerst in Scheiben schneiden, dann in Ringe teilen. Knoblauch in Scheiben schneiden.
4. Thymian abspülen und trocken tupfen. Die Blättchen von den Stängeln zupfen. Den Thymian mit den Tomaten (Tomaten evtl. in der Dose zerkleinern) und der Taco-Sauce verrühren. Lorbeerblätter grob zerreiben und unterrühren. Die Tomatensauce mit Salz und Pfeffer würzen.
5. Die Fleischscheiben abwechselnd mit den Zwiebelringen, Knoblauchscheiben und der Tomatensauce in einen großen Bräter schichten. Die letzte Schicht sollte aus Zwiebelringen und Tomatensauce bestehen. Den Bräter auf dem Rost in den vorgeheizten Backofen schieben. Die Tomaten-Koteletts 2–2 1/2 Stunden garen und im Bräter anrichten.
6. Die Tomaten-Koteletts mit den abgespülten und trocken getupften Thymian- und Petersilienzweigen garnieren.

Beilage: Röstkartoffeln, Baguette oder Fladenbrot.

Züricher Geschnetzeltes

4 Portionen

Zubereitungszeit: 30 Minuten

2 mittelgroße Zwiebeln
500 g mageres Kalbfleisch (aus der Keule)
2 EL Weizenmehl
3 EL Butter oder Margarine
125 ml (1/8 l) Weißwein
250 g Schlagsahne
Salz
frisch gemahlener Pfeffer
1 Prise Zucker

Pro Portion:
E: 29 g, F: 35 g, Kh: 9 g,
kJ: 2050, kcal: 490

1. Zwiebeln abziehen und in kleine Würfel schneiden. Das Fleisch mit Küchenpapier trocken tupfen und in hauchdünne Scheiben schneiden. Mit Mehl bestäuben.
2. Einen Esslöffel Butter oder Margarine in einer Pfanne zerlassen. Ein Viertel der Zwiebelwürfel und die Hälfte der Fleischscheiben darin etwa 2 Minuten unter gelegentlichem

Rühren braten (Fleisch darf nicht braun werden!), aus der Pfanne nehmen, in eine Schüssel geben und zugedeckt warm stellen. Wieder 1 Esslöffel Butter oder Margarine in der Pfanne erhitzen. Restliche Fleischscheiben mit einem weiteren Viertel der Zwiebelwürfel wie zuvor beschrieben anbraten, herausnehmen und in die Schüssel geben.
3. Restliche Butter oder Margarine in der Pfanne zerlassen. Restliche Zwiebelwürfel darin etwa 3 Minuten dünsten, mit Wein ablöschen. Sahne und Fleischscheiben hinzufügen. Mit Salz, Pfeffer und Zucker würzen. Das Geschnetzelte etwa 5 Minuten erhitzen und sofort servieren.

Beilage: Berner Rösti, Spätzle oder Reis und Salat.

Tafelspitz mit Meerrettichsauce

4 Portionen

Zubereitungszeit: 60 Minuten
Garzeit: etwa 2 Stunden 20 Minuten

1–1 1/2 l Wasser
1 kg Rindfleisch (aus der Hüfte, Tafelspitz)
1–1 1/2 gestr. TL Salz
1 Lorbeerblatt
2 EL Pfefferkörner
2 große Zwiebeln
150 g Möhren
150 g Knollensellerie
200 g Porree (Lauch)

Für die Meerrettichsauce:
30 g Butter oder Margarine
20 g Weizenmehl
375 ml (3/8 l) Tafelspitzbrühe
125 g Schlagsahne
3 EL geriebener Meerrettich (aus dem Glas)
Salz
etwas Zucker
etwa 1 TL Zitronensaft
1/2 Bund Schnittlauch

Pro Portion:
E: 57 g, F: 24 g, Kh: 11 g,
kJ: 2051, kcal: 491

1. Wasser in einem großen Topf zum Kochen bringen. Rindfleisch mit Küchenpapier trocken tupfen und in das kochende Wasser geben. Salz, Lorbeerblatt und Pfefferkörner hinzugeben. Rindfleisch zugedeckt etwa 2 Stunden bei schwacher Hitze gar ziehen lassen (das Wasser sollte sich nur leicht bewegen).
2. In der Zwischenzeit Zwiebeln abziehen und würfeln. Möhren und Knollensellerie putzen und schälen. Möhren und Sellerie abspülen, abtropfen lassen und in Scheiben schneiden. Porree putzen, die Stangen längs halbieren, gründlich waschen, abtropfen lassen und in etwa 2 cm lange Stücke schneiden.
3. Das vorbereitete Gemüse nach Ende der Garzeit zum Rindfleisch geben und zugedeckt weitere etwa 20 Minuten mitgaren lassen.
4. Das gegarte Rindfleisch aus der Brühe nehmen und vor dem Anschneiden etwa 10 Minuten zugedeckt ruhen lassen, damit sich der Fleischsaft setzt.
5. Die Brühe mit dem Gemüse durch ein Sieb geben, dabei die Brühe auffangen und 375 ml (3/8 l) für die Sauce abmessen. Das Gemüse zugedeckt warm stellen.
6. Für die Meerrettichsauce Butter oder Margarine in einem kleinen Topf zerlassen. Mehl darin unter Rühren so lange erhitzen, bis es hellgelb ist. Die abgemessene Brühe und Sahne hinzugießen. Die Sauce mit einem Schneebesen gut durchschlagen. Dabei darauf achten, dass keine Klümpchen entstehen. Die Sauce unter Rühren zum Kochen bringen und etwa 10 Minuten bei schwacher Hitze kochen lassen, dabei gelegentlich umrühren. Meerrettich unterrühren. Mit Salz, Zucker und Zitronensaft abschmecken.
7. Schnittlauch abspülen, trocken tupfen und in sehr feine Röllchen schneiden.
8. Das Fleisch in Scheiben schneiden, mit dem Gemüse auf einer vorgewärmten Platte anrichten. Mit etwas heißer Brühe und etwas Meerrettichsauce übergießen. Mit einigen Schnittlauchröllchen bestreuen. Die restlichen Schnittlauchröllchen unter die restliche Sauce rühren und dazureichen.

Beilage: Petersilienkartoffeln und grüner Salat.

Tafelspitz mit Meerrettichsauce

Wildsugo

2 Portionen

Zubereitungszeit: 20 Minuten
Garzeit: etwa 75 Minuten

300–400 g Hirschfleisch
2 Zwiebeln
2 Knoblauchzehen
1 Möhre
3 EL Olivenöl
3 EL Tomatenmark
300 ml Rotwein
800 g geschälte Tomaten (aus der Dose)
1 Zweig Rosmarin
evtl. 1 Lorbeerblatt
Salz, frisch gemahlener Pfeffer

Pro Portion:
E: 39 g, F: 21 g, Kh: 14 g, kJ: 2038, kcal: 486

1. Das Hirschfleisch mit Küchenpapier trocken tupfen und in etwa 1 cm große Würfel schneiden. Zwiebeln und Knoblauch abziehen. Möhre putzen, schälen, abspülen und abtropfen lassen. Zwiebeln, Knoblauch und Möhre klein würfeln.
2. Olivenöl in einem Topf erhitzen. Die Fleischwürfel darin von allen Seiten bei mittlerer bis starker Hitze anbraten. Die Gemüsewürfel hinzugeben und mit anbraten. Tomatenmark unterrühren und etwa 1 Minute bei mittlerer Hitze mitbraten lassen. Mit Rotwein ablöschen, zum Kochen bringen und einkochen lassen.
3. Geschälte Tomaten mit der Flüssigkeit und dem abgespülten, trocken getupften Rosmarinzweig unterrühren. Nach Belieben 1 Lorbeerblatt hinzugeben. Wildsugo zugedeckt etwa 75 Minuten bei mittlerer Hitze garen, dabei hin und wieder umrühren. Zum Schluss mit Salz und Pfeffer abschmecken.

Tipp: Wildsugo mit Bandnudeln, frisch gehobeltem Parmesan-Käse und einem leckeren Rotwein servieren.

Grünkohl mit Kasseler und Pinkel

4 Portionen

Zubereitungszeit: 50 Minuten
Garzeit: etwa 80 Minuten

1 1/2 kg Grünkohl
Salzwasser
2 mittelgroße Zwiebeln
100 g Schweineschmalz
2 EL Haferflocken
500 g Kasseler Rippenspeer
100 g durchwachsener Speck, im Stück
375 ml (3/8 l) Wasser
Salz
4 geräucherte Grützwürste (Pinkel)
frisch gemahlener Pfeffer
frisch geriebene Muskatnuss
1 Prise Zucker

Pro Portion:
E: 44 g, F: 72 g, Kh: 12 g, kJ: 3666, kcal: 878

1. Von dem Grünkohl die welken und fleckigen Blätter und dicken Rippen entfernen. Grünkohl gründlich waschen und abtropfen lassen. Salzwasser in einem großen Topf zum Kochen bringen. Den Grünkohl darin 1–2 Minuten blanchieren. Grünkohl in einem Sieb abtropfen, abkühlen lassen und grob hacken.
2. Zwiebeln abziehen und in kleine Würfel schneiden. Schmalz in einem großen Topf zerlassen. Zwiebelwürfel darin glasig dünsten. Grünkohl hinzufügen. Haferflocken unterrühren. Grünkohl erhitzen.
3. Kasseler unter fließendem kalten Wasser abspülen und trocken tupfen. Die Knochen auslösen. Das Fleisch mit den Knochen auf den Grünkohl legen. Speck und Wasser hinzufügen. Mit Salz würzen. Die Zutaten zum Kochen bringen und zugedeckt etwa 60 Minuten garen.
4. Grützwurst zum Grünkohl geben und weitere etwa 20 Minuten mitga-

Wildsugo

Grünkohl mit Kasseler und Pinkel

Frikadellen

Wiener Schnitzel

ren lassen. Das Fleisch mit Knochen, Speck und Grützwurst herausnehmen. Fleisch und Speck in Scheiben schneiden.
5. Den Grünkohl mit Salz, Pfeffer, Muskat und Zucker abschmecken, mit den Fleisch-, Speckscheiben und der Grützwurst auf einer großen Platte anrichten.

Beilage: Salz- oder Bratkartoffeln.

Frikadellen

6–8 Stück oder
8–10 kleine Frikadellen

Zubereitungszeit: 25 Minuten
Bratzeit: etwa 10 Minuten

1 Brötchen (Semmel) vom Vortag
2 mittelgroße Zwiebeln
600 g Gehacktes (halb Rind-, halb Schweinefleisch)
1 Ei (Größe M)
Salz
frisch gemahlener Pfeffer
Paprikapulver edelsüß
5–6 EL Speiseöl

Pro Portion:
E: 18 g, F: 18 g, Kh: 5 g,
kJ: 1055, kcal: 252

1. Brötchen in kaltem Wasser einweichen. Zwiebeln abziehen und in kleine Würfel schneiden.
2. Gehacktes in eine Schüssel geben. Ausgedrücktes Brötchen, Zwiebelwürfel und Ei hinzugeben und gut untermengen. Mit Salz, Pfeffer und Paprika würzen.
3. Aus der Gehacktesmasse mit angefeuchteten Händen Frikadellen formen.
4. Speiseöl in einer Pfanne erhitzen. Die Frikadellen darin von jeder Seite etwa 5 Minuten bei mittlerer Hitze braten und herausnehmen.

Beilage: Kartoffelpüree, Möhrengemüse.

Abwandlung: **Hamburger.** Die Frikadellen etwas flacher drücken und von jeder Seite etwa 3 Minuten braten. 4–6 Hamburger-Brötchen waagerecht durchschneiden. Auf die unteren Brötchenhälften jeweils 1 abgespültes, trocken getupftes Salatblatt legen und je 1 Frikadelle daraufgeben. 2 abgespülte, trocken getupfte Tomaten und 2 abgetropfte Gewürzgurken in Scheiben schneiden, mit Senf und Ketchup auf den Frikadellen verteilen. Die oberen Brötchenhälften jeweils darauflegen und servieren.

Wiener Schnitzel

4 Portionen

Zubereitungszeit: 30 Minuten, ohne Abkühlzeit

4 Kalbsschnitzel (je etwa 120 g, aus der Oberschale) oder
8 kleine Schnitzel (je etwa 60 g)
Salz, frisch gemahlener Pfeffer
2 Eier (Größe M)
2 EL Schlagsahne
50 g Weizenmehl
150 g Semmelbrösel

200 g Butterschmalz oder Margarine

1 Bio-Zitrone
(unbehandelt, ungewachst)

Pro Portion:
E: 30 g, F: 18 g, Kh: 24 g,
kJ: 1587, kcal: 378

1. Die Schnitzel mit Küchenpapier trocken tupfen. Schnitzel mit einem Fleischklopfer flacher klopfen. Mit Salz und Pfeffer würzen.
2. Eier mit Sahne in einer Schüssel verschlagen. Die Schnitzel kurz in Mehl wenden, überschüssiges Mehl abklopfen, dann durch die Eiersahne ziehen, am Schüsselrand etwas abstreifen und zuletzt in Semmelbröseln wenden. Die Panade etwas andrücken.
3. Butterschmalz oder Margarine in einer großen Pfanne erhitzen. Die Schnitzel darin evtl. in 2 Portionen von beiden Seiten leicht schwimmend je nach Größe 2–3 Minuten braten. Die Schnitzel herausnehmen und auf Küchenpapier abtropfen lassen.
4. Zitrone heiß abwaschen, abtrocknen und 4 gleich große Scheiben abschneiden. Die Schnitzel mit den Zitronenscheiben anrichten.

Beilage: Bratkartoffeln oder Kartoffelsalat und grüner Blattsalat.

Putenrolle mit Zucchini-Champignon-Gemüse

Putenrolle mit Zucchini-Champignon-Gemüse

6 Portionen

Zubereitungszeit: 50 Minuten
Garzeit: etwa 4 Stunden

1 Putenbrust (etwa 1 kg)
Salz, frisch gemahlener Pfeffer
gerebelter Thymian
500 g Zucchini
210 g rote Paprika, geröstet (aus dem Glas)
100 ml Rapsöl
1 kleine Zwiebel
1 EL Tomatenmark
500 ml (1/2 l) Hühnerbrühe
400 g Champignons
3 kleine Zwiebeln
1 Knoblauchzehe
1 Bund glatte Petersilie
evtl. 2 TL Speisestärke

Außerdem:
Küchengarn

Pro Portion:
E: 45 g, F: 19 g, Kh: 6 g,
kJ: 1559, kcal: 373

1. Den Backofen vorheizen.
Ober-/Unterhitze: etwa 80 °C

2. Putenbrust kurz unter fließendem kalten Wasser abspülen und trocken tupfen. Putenbrust mit einem scharfen Messer der Länge nach in der Mitte aufschneiden, aber nicht ganz durchschneiden. Die Putenbrust auseinanderklappen. Mit Salz, Pfeffer und Thymian würzen.

3. Zucchini abspülen, abtrocknen und die Enden abschneiden. Von 1 Zucchini längs eine etwa 1 cm dicke Scheiben abschneiden. Paprika in einem Sieb abtropfen lassen. 3–4 Paprika auf die auseinandergeklappte Putenbrust legen. Die Zucchinischeibe auf die Paprika legen. Die Putenbrust aufrollen und mit Küchengarn fest umwickeln.

4. Knapp die Hälfte des Rapsöls in einem großen Bräter erhitzen. Die Putenrolle darin etwa 10 Minuten von allen Seiten anbraten. Zwiebel abziehen, in kleine Würfel schneiden, zu der Putenrolle in den Bräter geben und mit anbraten. Tomatenmark unterrühren, kurz anbraten. Brühe hinzugießen und zum Kochen bringen.

5. Den Bräter auf dem Rost in den vorgeheizten Backofen schieben. Die Putenrolle etwa 4 Stunden garen, dabei 2–3-mal wenden.

6. Die restlichen vorbereiteten Zucchini in Würfel schneiden. Champignons putzen, mit Küchenpapier abreiben, evtl. abspülen, trocken tupfen und in Scheiben schneiden. Zwiebeln und Knoblauch abziehen, jeweils in kleine Würfel schneiden.

7. Jeweils etwas von dem restlichen Rapsöl in einer großen Pfanne erhitzen. Zucchiniwürfel, Champignonscheiben, Zwiebel- und Knoblauchwürfel darin portionsweise andünsten. Das portionsweise angedünstete Gemüse wieder in die Pfanne geben und etwa 10 Minuten dünsten. Das Gemüse mit Salz, Pfeffer und Thymian würzen.

8. Petersilie abspülen und trocken tupfen. Die Blättchen von den Stängeln zupfen. Blättchen klein schneiden. Restliche Paprika in Würfel schneiden. Petersilie und Paprikawürfel unter das Gemüse heben.

9. Die Putenrolle aus dem Bräter nehmen. Küchengarn entfernen. Putenrolle in Scheiben schneiden und warm stellen. Den Bratenfond zum Kochen bringen. Nach Belieben Speisestärke mit etwas Wasser anrühren, in den Fond rühren, unter Rühren aufkochen lassen. Die Sauce mit Salz und Pfeffer abschmecken.

10. Die Putenrolle mit dem Zucchini-Champignon-Gemüse anrichten und mit der Sauce servieren.

Beilage: Salzkartoffeln.

Mexikanischer Blechkuchen

12 Portionen

Zubereitungszeit: 35 Minuten
Garzeit: etwa 25 Minuten

2 Brötchen (Semmeln) vom Vortag
1 1/4 kg Gehacktes (halb Rind-, halb Schweinefleisch)
4 Eier (Größe M)
4 EL frisch gehackte Petersilie
2 EL Schnittlauchröllchen
1 EL frisch gehacktes Basilikum
Salz, frisch gemahlener Pfeffer
1/2 TL Paprikapulver edelsüß
560 g Mexikanische Gemüsemischung (aus Dosen)
1 TL rosa Pfefferbeeren
250 g Mozzarella-Käse

evtl. einige Zweige Thymian
evtl. Basilikumblättchen

Pro Portion:
E: 29 g, F: 24 g, Kh: 12 g,
kJ: 1590, kcal: 379

1. Die Brötchen in kaltem Wasser einweichen und anschließend gut ausdrücken.

2. Gehacktes in eine große Schüssel geben. Eier, Petersilie, Schnittlauchröllchen, Basilikum und die eingeweichten Brötchen hinzugeben. Die Zutaten gut unterarbeiten und mit Salz, Pfeffer und Paprika würzen.

3. Gemüsemischung in einem Sieb abtropfen lassen. Die Hälfte davon unter die Hackfleischmasse geben.

4. Den Backofen vorheizen.
Ober-/Unterhitze: etwa 200 °C
Heißluft: etwa 180 °C

5. Die Hackfleischmasse in eine Fettpfanne (30 x 40 cm, mit Speiseöl bestrichen, mit Semmelbröseln bestreut) geben und mit einer Teigkarte verstreichen. Restliche Gemusemischung darauf verteilen und etwas in die Hackfleischmasse drücken. Pfefferbeeren daraufstreuen.

6. Mozzarella abtropfen lassen und in dünne Scheiben schneiden. Mozzarellascheiben auf die Hackfleischmasse legen. Die Fettpfanne in den vorgeheizten Backofen schieben. Den mexikanischen Blechkuchen etwa 25 Minuten garen.

7. Nach Belieben einige Thymianzweige und Basilikumblättchen abspülen und trocken tupfen. Den mexikanischen Blechkuchen in Quadrate oder Rechtecke schneiden. Mit Thymianzweigen und Basilikumblättchen garniert servieren.

Tipp: Den Mexikanischen Blechkuchen können Sie auch in 2 Pizzaformen (Foto, Ø 28 cm) zubereiten.

Entenbrust mit Orangensauce

4 Portionen

Zubereitungszeit: 35 Minuten
Bratzeit: etwa 12 Minuten

2 Entenbrustfilets (je etwa 300 g)
Salz
frisch gemahlener Pfeffer
2 TL flüssiger Honig
15 g Butter
3–4 EL Orangenlikör

Für die Orangensauce:
1 Bio-Orange
(unbehandelt, ungewachst)
150 g Crème fraîche
etwas flüssiger Honig

Pro Portion:
E: 45 g, F: 67 g, Kh: 26 g,
kJ: 3917, kcal: 937

1. Entenbrustfilets kurz unter fließendem kalten Wasser abspülen und trocken tupfen. Die Hautseite leicht einschneiden. Entenbrustfilets mit Salz und Pfeffer würzen.

2. Entenbrustfilets mit der Hautseite nach unten in eine erhitzte Pfanne ohne Fett legen und von jeder Seite etwa 6 Minuten braten.

3. Kurz vor Ende der Bratzeit die eingeschnittene Haut der Entenbrustfilets mit Honig bestreichen. Butter in die Pfanne geben. Die Filets mit Orangenlikör übergießen und aus der Pfanne nehmen. Filets auf einer vorgewärmten Platte anrichten und zugedeckt warm stellen.

4. Für die Orangensauce Orange heiß abwaschen und abtrocknen. Orange dünn schälen. Die Schale in sehr feine Streifen schneiden oder die Schale mit einem Zestenreißer dünn abziehen. Die Orange halbieren und den Saft auspressen.

5. Von dem Bratensatz evtl. das Fett mit einem Löffel abnehmen (entfetten) oder abgießen. Orangensaft und -schale zu dem Bratensatz geben. Den Bratensatz etwas loskochen. Crème fraîche unterrühren. Die Sauce zum Kochen bringen. Mit Salz, Pfeffer und Honig abschmecken, evtl. ausgetretenen Fleischsaft von den Entenbrustfilets unterrühren. Die Entenbrustfilets mit der Orangensauce anrichten.

Beilage: Salzkartoffeln und Frühlingszwiebelgemüse.

Tipp: Flambieren Sie die Entenbrustfilets mit dem Orangenlikör. Dazu 4–5 Esslöffel Orangenlikör in einem kleinen Pfännchen erwärmen. Den Alkohol anzünden und über die Filets geben. Nach Belieben mit Orangenfilets garnieren.

Mexikanischer Blechkuchen

Entenbrust mit Orangensauce

Rinderfilet mit Vollkornnudeln und Pilzen

2 Portionen

Zubereitungszeit: 20 Minuten

80 g Vollkornspätzle
Salzwasser

300 g Austernpilze
100 g Frühlingszwiebeln
einige Thymianblättchen
250 g Rinderfilet
1 TL Speiseöl, z. B. Olivenöl
Salz, frisch gemahlener Pfeffer
1 Msp. gemahlener Piment (Nelkenpfeffer)
50 g saure Sahne (10 % Fett)
1 Msp. Paprikapulver edelsüß

Pro Portion:
E: 38 g, F: 11 g, Kh: 32 g,
kJ: 1574, kcal: 376

1. Spätzle in kochendem Salzwasser nach Packungsanleitung zubereiten. Spätzle in ein Sieb geben, abtropfen lassen und warm stellen.

2. Pilze putzen, mit Küchenpapier abreiben, evtl. abspülen, gut trocken tupfen und in Streifen schneiden. Frühlingszwiebeln putzen, abspülen, abtropfen lassen und in dünne Ringe schneiden. Thymianblättchen abspülen und trocken tupfen.

3. Rinderfilet mit Küchenpapier trocken tupfen, evtl. enthäuten und in etwa 1 cm dicke Scheiben schneiden. Speiseöl in einer Pfanne erhitzen. Filetscheiben darin von jeder Seite etwa 2 Minuten braten. Filetscheiben aus der Pfanne nehmen, mit Salz und Pfeffer würzen, warm stellen.

4. Pilzstreifen und Frühlingszwiebelringe in dem verbliebenen Bratfett anbraten. 2 Esslöffel Wasser hinzufügen. Pilz-Frühlingszwiebel-Masse etwa 3 Minuten garen. Mit Piment und Salz würzen. Saure Sahne und Thymianblättchen unterrühren.

5. Die Spätzle mit den Pilzen und den Rinderfiletscheiben auf einer Platte anrichten. Mit Paprikapulver bestreut servieren.

Beilage: Gemischter Blattsalat mit Zitronen-Vinaigrette.

Rinderfilet mit Vollkornnudeln und Pilzen

Lammkeule nach der 80-Grad-Methode

6 Portionen

Zubereitungszeit: 40 Minuten
Garzeit: etwa 6 1/2 Stunden

10–12 Knoblauchzehen
3 Stängel Rosmarin

Für die Marinade:
1 EL flüssiger Honig
1 EL Dijon-Senf
2 EL Olivenöl
frisch gemahlener Pfeffer

1 Lammkeule (etwa 2 kg)
2 gestr. TL grobes Salz

Für die Sauce:
2 Zwiebeln (etwa 100 g)
100 ml Rotwein
400 ml Fleischbrühe
evtl. etwas Saucenbinder
Salz

Pro Portion:
E: 54 g, F: 15 g, Kh: 5 g,
kJ: 1603, kcal: 382

1. Knoblauch abziehen, die Hälfte davon in Stifte schneiden. Rosmarin abspülen und trocken tupfen. Rosmarinnadeln in kleinen Büscheln abzupfen.

2. Für die Marinade restlichen Knoblauch fein hacken. Mit Honig, Senf und Olivenöl in einer Schüssel mit einem Schneebesen verrühren, mit Pfeffer würzen.

3. Den Backofen vorheizen.
Ober-/Unterhitze: etwa 250 °C

4. Lammkeule unter fließendem kalten Wasser abspülen und trocken tupfen. Fett und Sehnen mit einem scharfen Messer entfernen. Die Lammkeule rundherum mit einem kleinen, spitzen Messer an mehreren Stellen etwa 2 cm tief einstechen. Sofort Rosmarinnadeln und Knoblauchstifte in die Einstiche stecken.

5. Die Lammkeule rundherum mit Salz einreiben und mit der Marina-

Lammkeule nach der 80-Grad-Methode

Mariniertes Kräuterfleisch

de bestreichen. Lammkeule auf ein Backblech legen. Das Backblech in den vorgeheizten Backofen (unteres Drittel) schieben. Die Lammkeule etwa 15 Minuten anbraten, dabei einmal wenden.

6. Dann die Backofentemperatur auf Ober-/Unterhitze: etwa 80 °C herunterschalten. Dabei die Tür etwa 1 Minute öffnen, damit die Backofentemperatur schnell auf etwa 80 °C abkühlen kann. Dann die Backofentür wieder schließen.

7. Für die Sauce Zwiebeln abziehen, klein würfeln und zur Lammkeule auf das Backblech geben. Die Lammkeule etwa 6 1/2 Stunden garen.

8. Nach etwa 2 Stunden Garzeit die Lammkeule wenden und den Rotwein hinzugießen. Nach weiteren etwa 2 Stunden die Lammkeule wieder wenden und die Fleischbrühe hinzugießen. Lammkeule fertig garen.

9. Die Lammkeule vom Backblech nehmen und warm stellen. Die Sauce durch ein Sieb in einen Topf gießen, etwas einkochen lassen und nach Belieben mit Saucenbinder binden. Mit Salz und Pfeffer abschmecken.

Beilage: Zuckerschoten, Salzkartoffeln und Zaziki.

Tipp: Sie können den Rotwein durch Fleischbrühe ersetzen.

Mariniertes Kräuterfleisch

6 Portionen

Zubereitungszeit: 40 Minuten, ohne Marinierzeit
Garzeit: Schweinefilet etwa 60 Minuten, Roastbeef etwa 3 Stunden

600 g Schweinefilet
600 g Roastbeef
Salz
frisch gemahlener Pfeffer
6 EL Speiseöl

Für die Marinade:
4 EL Rotweinessig
2 TL Dijon-Senf
3 TL rosa Pfefferbeeren
6 EL Speiseöl
je 2 EL gehackte Petersilie, Dill, Kerbel und Schnittlauchröllchen
Rotweinessig

Pro Portion:
E: 45 g, F: 19 g, Kh: 1 g,
kJ: 1505, kcal: 359

1. Den Backofen vorheizen.
Ober-/Unterhitze: etwa 80 °C

2. Einen großen, feuerfesten Teller oder eine Auflaufform mit niedrigem Rand auf dem Rost (mittlere Schiene) miterwärmen.

3. Schweinefilet und Roastbeef mit Küchenpapier trocken tupfen und evtl. enthäuten. Mit Salz und Pfeffer würzen.

4. Speiseöl in einer großen Pfanne erhitzen. Schweinefilet und Roastbeef darin etwa 8 Minuten von allen Seiten gut anbraten. Das Fleisch herausnehmen und auf dem vorgewärmten Teller oder in der Auflaufform in den Backofen schieben. Schweinefilet etwa 60 Minuten, Roastbeef etwa 3 Stunden garen.

5. Das Fleisch jeweils nach der angegebenen Garzeit aus dem Backofen nehmen und erkalten lassen. Anschließend in etwa 1/2 cm dicke Scheiben schneiden und in eine flache Schale legen.

6. Für die Marinade den Rotweinessig mit Dijon-Senf, Bratensaft und rosa Pfefferbeeren verrühren, Speiseöl unterschlagen. Mit Salz und Pfeffer würzen. Petersilie, Dill, Kerbel und Schnittlauchröllchen hinzufügen. Die Marinade auf den Fleischscheiben verteilen und zugedeckt mindestens 3–4 Stunden marinieren. Fleischscheiben dabei gelegentlich wenden.

7. Das Kräuterfleisch nochmals mit Salz, Pfeffer und Rotweinessig abschmecken und mit der Marinade auf einer Platte anrichten.

Beilage: Baguette und Salat.

Bio-Hähnchen, süßsauer

Gefüllte Gans

Bio-Hähnchen, süßsauer

4 Portionen

Zubereitungszeit: 30 Minuten
Garzeit: etwa 5 Stunden

1 küchenfertiges Bio- oder Freilandhähnchen (etwa 1,2 kg)
Salz
frisch gemahlener Pfeffer
4 EL Speiseöl, z. B. Rapsöl
2 Zwiebeln
200 ml Hühnerbrühe

je 1 gelbe und rote Paprikaschote
1 frische Ananas
(etwa 400 g Fruchtfleisch)
150 g Tomatenketchup
1 TL rote Currypaste
2 gestr. TL gemahlenes Zitronengras

Pro Portion:
E: 45 g, F: 21 g, Kh: 28 g,
kJ: 2113, kcal: 506

1. Den Backofen vorheizen.
Ober-/Unterhitze auf 80 °C

2. Das Hähnchen in 8 Stücke teilen. Hähnchenteile unter fließendem kalten Wasser abspülen und trocken tupfen. Fett und Sehnen abschneiden. Hähnchenteile mit Salz und Pfeffer würzen.

3. Speiseöl in einem Bräter mit niedrigem Rand erhitzen. Die Hähnchenteile darin etwa 10 Minuten von allen Seiten gut anbraten.

4. Zwiebeln abziehen, fein würfeln, zu den Hähnchenteilen geben und mit anbraten. Brühe hinzugießen, unter Rühren kurz aufkochen lassen. Den Bräter auf dem Rost in den vorgeheizten Backofen schieben. Hähnchen etwa 5 Stunden garen.

5. Etwa 2 Stunden vor Ende der Garzeit Paprikaschoten halbieren, entstielen, entkernen und die weißen Scheidewände entfernen. Schotenhälften waschen, abtropfen lassen, in Streifen schneiden. Paprikastreifen zu dem Hähnchen in den Bräter geben. Den Bräter wieder in den Backofen schieben.

6. Etwa 1 Stunde vor Ende der Garzeit von der Ananas Blatt- und Strunkende entfernen. Ananas halbieren und den harten mittleren Strunk herausschneiden. Ananashälften schälen. Das Fruchtfleisch zuerst in etwa 1 cm dicke Scheiben, dann in Stücke schneiden.

7. Paprikastreifen mit Ketchup und Currypaste verrühren. Mit Salz, Pfeffer und Zitronengras würzen. Die Ananasstücke ebenfalls in den Bräter geben. Den Bräter wieder in den Backofen schieben und das Hähnchen fertig garen.

Gefüllte Gans

6–8 Portionen

Zubereitungszeit: 30 Minuten
Garzeit: etwa 3 Stunden

1 küchenfertige Gans (etwa 3 kg)
Salz
frisch gemahlener Pfeffer
gerebelter Majoran

Für die Füllung:
4 Zwiebeln
1 EL Butterschmalz
400 g säuerliche Äpfel
100 g Rosinen
Salzwasser

Für die Sauce:
200 ml Wasser
2 EL Weizenmehl
4 EL kaltes Wasser
1 Prise Zucker
etwas Weißwein

Außerdem:
Küchengarn oder Holzstäbchen

Pro Portion:
E: 45 g, F: 87 g, Kh: 16 g,
kJ: 4597, kcal: 1099

1. Den Backofen vorheizen.
Ober-/Unterhitze: etwa 200 °C
Heißluft: etwa 180 °C

2. Die Gans innen und außen unter fließendem kalten Wasser abspülen und trocken tupfen. Die Gans innen und außen mit Salz, Pfeffer und Majoran würzen.
3. Für die Füllung Zwiebeln abziehen und achteln. Butterschmalz in einer Pfanne zerlassen. Zwiebelspalten darin bei mittlerer Hitze von allen Seiten leicht anbraten. Äpfel schälen, vierteln und entkernen. Apfelviertel nochmals längs durchschneiden. Rosinen mit den Zwiebel- und Apfelspalten vermengen. Die Füllung in die Gans geben. Die Öffnung mit Küchengarn zunähen oder mit Holzstäbchen verschließen.
4. Die Gans mit der Brust nach oben in eine Fettpfanne (mit Wasser ausgespült) legen. Die Fettpfanne in den vorgeheizten Backofen schieben. Die Gans etwa 3 Stunden garen.
5. Während des Garens ab und zu unterhalb der Flügel und der Keulen mit einer Nadel in die Gans stechen, damit das Fett besser ausbraten kann. Das angesammelte Fett gelegentlich abschöpfen, die Gans damit übergießen.
6. Sobald der Bratensatz bräunt, etwas heißes Wasser hinzugießen. Verdampfte Flüssigkeit nach und nach durch heißes Wasser ersetzen. Die Gans etwa 10 Minuten vor Ende der Garzeit mit Salzwasser bestreichen, damit die Haut kross wird.
7. Die Gans aus der Fettpfanne nehmen (Küchengarn oder Holzstäbchen entfernen), in Portionsstücke teilen (tranchieren), mit der Füllung auf einer vorgewärmten Platte anrichten und warm stellen.
8. Für die Sauce den Bratensatz mit Wasser loskochen, durch ein Sieb in einen Topf gießen und entfetten. Den Bratenfond evtl. mit etwas Wasser auffüllen und zum Kochen bringen.
9. Mehl mit Wasser anrühren, in den Bratenfond rühren, unter Rühren zum Kochen bringen und etwa 5 Minuten kochen lassen. Die Sauce mit Salz, Pfeffer, Majoran, Zucker und Wein abschmecken. Die Gans mit der Füllung und der Sauce servieren.

Entenkeulen mit Ingwer-Möhren

4 Portionen

Zubereitungszeit: 30 Minuten
Garzeit: etwa 60 Minuten

4 Entenkeulen, mit Knochen (je etwa 350 g)
Salz
frisch gemahlener Pfeffer
2 EL Speiseöl
1 Apfel (etwa 200 g)
1 dicke Zwiebel (etwa 200 g)
400 ml Geflügelbrühe oder Entenfond

Für die Ingwer-Möhren:
400 g Möhren
Salzwasser
40 g Butter
1 EL Olivenöl
etwas Zitronensaft
etwas frisch geriebene Ingwerwurzel
evtl. 1 Stängel Zitronengras oder einige Stängel Zitronenmelisse

Pro Portion:
E: 48 g, F: 74 g, Kh: 12 g, kJ: 3772, kcal: 902

1. Den Backofen vorheizen.
Ober-/Unterhitze: etwa 200 °C
Heißluft: etwa 180 °C
2. Entenkeulen kurz unter fließendem kalten Wasser abspülen und trocken tupfen. Mit Salz und Pfeffer würzen. Speiseöl in einem Bräter erhitzen. Die Entenkeulen darin von allen Seiten kross anbraten.
3. Apfel abspülen, abtrocknen, vierteln und entkernen. Apfelviertel mit der Schale in grobe Würfel schneiden. Zwiebel abziehen und ebenfalls würfeln. Apfel- und Zwiebelwürfel zu den Entenkeulen in den Bräter geben und etwa 5 Minuten mit andünsten. Mit der Hälfte der Brühe oder des Fonds ablöschen.
4. Den Bräter auf dem Rost in den vorgeheizten Backofen schieben. Die Entenkeulen etwa 60 Minuten garen. Restliche Brühe oder Fond nach und nach hinzugießen. Die Entenkeulen während der Garzeit gelegentlich wenden.
5. Für die Ingwer-Möhren Möhren putzen, schälen, abspülen, abtropfen lassen und in Scheiben schneiden oder hobeln. Möhrenscheiben in kochendem Salzwasser 2–3 Minuten blanchieren. Möhrenscheiben in ein Sieb geben, mit kaltem Wasser abspülen und abtropfen lassen.
6. Butter in einer Pfanne zerlassen, Möhrenscheiben darin andünsten. Mit Olivenöl, Zitronensaft, geriebenem Ingwer, Salz und Pfeffer würzen.
7. Die Entenkeulen aus dem Bratensud nehmen und warm stellen.
8. Den Sud mit einem Stabmixer pürieren oder durch ein Sieb streichen. Nach Belieben noch etwas Brühe hinzugeben. Sauce aufkochen lassen und mit den Gewürzen abschmecken.
9. Nach Belieben Zitronengras oder Melisse abspülen und trocken tupfen. Die Entenkeulen auf dem Möhrengemüse anrichten. Mit etwas Sauce umgießen. Mit Zitronengras oder Zitronenmelisse garnieren.

Gegrillte Putenkeulen

4 Portionen

Zubereitungszeit: 40 Minuten, ohne Marinierzeit
Grillzeit: Putenkeulen etwa 20 Minuten, Champignonspieße etwa 10 Minuten

4 Putenunterkeulen (je 200–250 g)
100 g frische, rote Johannisbeeren oder Preiselbeeren (aus dem Glas)
2–3 Stängel Thymian
10 EL Speiseöl
10 Wacholderbeeren

Für die Champignonspieße:
200 g kleine, braune Champignons
Salz
frisch gemahlener Pfeffer
40 g weiche Kräuterbutter

Außerdem:
8–10 Holzspieße

Pro Portion:
E: 40 g, F: 18 g, Kh: 2 g,
kJ: 1357, kcal: 325

1. Putenunterkeulen kurz unter fließendem kalten Wasser abspülen und trocken tupfen. Die Knochen herauslösen und die Haut abziehen. Putenunterkeulen so weit wie möglich auseinanderklappen, dabei das Fleisch mit einer Hand flach drücken.
2. Johannisbeeren abspülen, abtropfen lassen und entstielen. Johannisbeeren oder Preiselbeeren in eine Schüssel geben und mit einer Gabel zerdrücken. Thymian abspülen und trocken tupfen. Die Blättchen von den Stängeln zupfen. Blättchen klein schneiden. Thymian und Speiseöl zu den Johannis- oder Preiselbeeren geben und untermischen. Wacholderbeeren unterrühren.
3. Die Johannisbeermasse auf dem Putenfleisch verteilen und zugedeckt etwa 2 Stunden im Kühlschrank marinieren. Den Grill nach etwa 90 Minuten Marinierzeit vorheizen.
4. Für die Champignonspieße Champignons putzen, mit Küchenpapier abreiben, evtl. kurz abspülen, trocken tupfen, auf Holzspieße stecken.
5. Das Putenfleisch aus der Marinade nehmen und auf dem vorgeheizten Grill bei schwacher Hitze unter mehrmaligem Wenden etwa 20 Minuten grillen. Das Putenfleisch während des Grillens ab und zu mit der Marinade bestreichen. Die Champignonspieße mit auf den Grill legen und unter mehrmaligem Wenden etwa 10 Minuten grillen. Das Putenfleisch mit Salz und Pfeffer würzen. Champignonspieße mit Kräuterbutter bestreichen.

Gefüllter Schweinenacken

6 Portionen

Zubereitungszeit: 40 Minuten, ohne Einweichzeit
Garzeit: 2–2 1/2 Stunden

1 1/2 kg Schweinenacken, ohne Knochen
Salz, frisch gemahlener Pfeffer
3 mittelgroße Äpfel
300 g Soft-Pflaumen
1/2 TL rosa Pfefferbeeren
25 g Sonnenblumenkerne
1 Prise Salz
etwa 200 ml Gemüsebrühe

evtl. 10 g Weizenmehl
evtl. einige frische Zweige Majoran

Außerdem:
Küchengarn oder Rouladennadeln

Pro Portion:
E: 54 g, F: 27 g, Kh: 35 g,
kJ: 2529, kcal: 605

1. Den Backofen vorheizen.
Ober-/Unterhitze: etwa 220 °C
Heißluft: etwa 200 °C
2. Den Schweinenacken mit Küchenpapier trocken tupfen. Den Schweinenacken waagerecht mit einem

Gegrillte Putenkeulen

Gefüllter Schweinenacken

Hackfleischpizza mit Erdnusskernen

scharfen Messer einschneiden, jedoch nicht durchschneiden, sodass eine Tasche entsteht. Den Schweinenacken kräftig mit Salz und Pfeffer würzen.

3. Äpfel schälen, vierteln, entkernen und in grobe Würfel schneiden. Apfelwürfel mit Pflaumen, Pfefferbeeren, Sonnenblumenkernen und Salz mischen, in die Fleischtasche füllen. Den Schweinenacken mit Küchengarn umwickeln oder die Fleischtasche vorsichtig mit Rouladennadeln zusammenstecken.

4. Den gefüllten Schweinenacken in einen großen Bräter legen. Gemüsebrühe hinzugießen. Den Bräter auf dem Rost in den vorgeheizten Backofen schieben. Den Schweinenacken 2–2 1/2 Stunden garen. Evtl. verdampfte Flüssigkeit durch Wasser ersetzen.

5. Den garen Schweinenacken aus dem Bräter nehmen. Küchengarn oder Rouladennadeln entfernen. Den Schweinenacken in Scheiben schneiden und auf einer vorgewärmten Platte anrichten.

6. Nach Belieben Mehl mit Wasser anrühren, in den Bratensatz (etwa 125 ml [1/8 l]) rühren und unter Rühren kurz aufkochen lassen. Die Sauce mit Salz und Pfeffer abschmecken.

7. Dann den Schweinenacken mit der Sauce servieren, evtl. mit abgespülten und trocken getupften Majoranzweigen garnieren.

Hackfleischpizza mit Erdnusskernen

6 Portionen

Zubereitungszeit: 40 Minuten
Garzeit: 25–30 Minuten

1 Brötchen (Semmel) vom Vortag
1 rote Paprikaschote
1/2 Bund Frühlingszwiebeln
1 1/4 kg Gehacktes (halb Rind-, halb Schweinefleisch)
2 Eier (Größe M)
1 EL gehackte Petersilie
1 TL gehackter Koriander
4 EL Chilisauce mit Ananas
Salz
frisch gemahlener Pfeffer
50 g gehackte, gesalzene Erdnusskerne

evtl. 125 g Cocktailtomaten
1 kleine, rote Pfefferschote

etwas gehackte Petersilie
etwas gehackter Koriander

Pro Portion:
E: 30 g, F: 28 g, Kh: 16 g,
kJ: 1853, kcal: 442

1. Brötchen in kaltem Wasser einweichen und gut ausdrücken.

2. Den Backofen vorheizen.
Ober-/Unterhitze: etwa 180 °C
Heißluft: etwa 160 °C

3. Die Paprikaschote halbieren, entstielen, entkernen und die weißen Scheidewände entfernen. Schotenhälften abspülen, abtropfen lassen und in kleine Würfel schneiden. Die Frühlingszwiebeln putzen, abspülen, abtropfen lassen und in dünne Ringe schneiden.

4. Gehacktes in eine große Schüssel geben. Die eingeweichten Brötchen, Paprikawürfel, Frühlingszwiebelringe, Eier, Petersilie, Koriander und Chilisauce hinzufügen. Die Zutaten unter die Gehacktesmasse kneten. Mit Salz und Pfeffer abschmecken. Erdnusskerne unterheben.

5. Die Fleischmasse in eine Fettpfanne (mit Speiseöl bestrichen und Semmelbröseln bestreut) geben und mit einer Teigkarte glatt streichen.

6. Für den Belag nach Belieben Tomaten und Pfefferschote abspülen, trocken tupfen und entstielen. Tomaten halbieren, evtl. Stängelansätze herausschneiden. Pfefferschote in dünne Ringe schneiden. Tomatenhälften und Pfefferschotenringe auf der Fleischmasse verteilen. Tomatenhälften etwas in die Fleischmasse drücken. Die Fettpfanne in den vorgeheizten Backofen schieben. Die Hackfleischpizza 25–30 Minuten garen.

7. Die Hackfleischpizza in Rechtecke schneiden. Mit Petersilie oder Koriander bestreut servieren.

Beilage: Reis oder ein gemischter Blattsalat mit Bauernbrot.

Hähnchenbrust mit Zwiebeln, Pinienkernen und Basilikum gefüllt

6. Den Salat mit den Tomatenhälften auf 2 Tellern anrichten, mit dem Dressing beträufeln und mit Pinienkernen bestreuen.
7. Hähnchenbrustfilets halbieren und zum Salat servieren.

Hähnchenbrust mit Zwiebeln, Pinienkernen und Basilikum gefüllt

(Topf mit Dämpfeinsatz
Ø etwa 24 cm)
2 Portionen

Zubereitungszeit: 25 Minuten
Dämpfzeit: etwa 15 Minuten

1 kleine, rote Zwiebel
1/2 Topf Basilikum
einige Stängel Thymian
1 EL Pinienkerne
1 EL flüssiger Honig
Salz, frisch gemahlener Pfeffer
2 Hähnchenbrustfilets
(je etwa 180 g)
4 Scheiben Frühstücksspeck (Bacon)

Für den Salat:
1 kleiner Römersalat
250 g Cocktailtomaten
3 EL Weißweinessig
1 TL flüssiger Honig
1 EL Olivenöl
1 EL Pinienkerne

Pro Portion:
E: 53 g, F: 17 g, Kh: 18 g,
kJ: 1852, kcal: 442

1. Zwiebel abziehen, halbieren und in Streifen schneiden. Basilikum und Thymian abspülen und trocken tupfen. Die Basilikumblättchen von den Stängeln zupfen und 8 Blättchen beiseitelegen. Restliche Basilikumblättchen klein schneiden.
2. Pinienkerne mit der Hälfte der klein geschnittenen Basilikumblättchen, den Zwiebelstreifen und dem Honig vermengen, mit Salz und Pfeffer würzen.
3. Hähnchenbrustfilets kurz unter fließendem kalten Wasser abspülen und trocken tupfen. Die Filets längs bis etwa zur Mitte einschneiden und aufklappen. Filets mit Salz und Pfeffer würzen. Mit je 4 Basilikumblättchen und der Pinienkern-Zwiebel-Masse belegen. Hähnchenbrustfilets zusammenklappen. Die gefüllten Hähnchenbrustfilets jeweils mit 2 Speckscheiben umwickeln.
4. Einen Topf etwa 2 cm hoch mit Wasser füllen, Thymianstängel hinzufügen. Wasser zum Kochen bringen. Die gefüllten Hähnchenbrustfilets in einen Dämpfeinsatz legen. Den Dämpfeinsatz in den Topf hängen und mit einem Deckel verschließen. Die Hähnchenbrustfilets etwa 15 Minuten dämpfen.
5. Für den Salat Römersalat putzen, abspülen und trocken schleudern. Salat nach Belieben in kleinere Stücke zupfen. Tomaten abspülen, trocken tupfen, halbieren und die Stängelansätze herausschneiden. Essig mit Honig verrühren, Olivenöl unterschlagen, mit Salz und Pfeffer würzen. Restliche klein geschnittene Basilikumblättchen unterrühren.

Lammfilet-Tomaten-Sülze

4 Portionen

Zubereitungszeit: 50 Minuten, ohne Kühlzeit
Haltbarkeit: gekühlt 4–5 Tage

300 g Lammfilet
Salz, frisch gemahlener Pfeffer
3 EL Olivenöl
1 kg Roma- oder Flaschentomaten
10 Blatt weiße Gelatine
70 g Zwiebeln
2 Knoblauchzehen
500 ml (1/2 l) Gemüsebrühe
150 ml Weißweinessig
1 gestr. TL Salz
1 gestr. EL Zucker
2 TL gerebeltes Basilikum
1 TL gerebelter Thymian
30 g geröstete Pinienkerne

Pro Portion:
E: 24 g, F: 8 g, Kh: 11 g,
kJ: 911, kcal: 217

1. Lammfilet mit Küchenpapier trocken tupfen. Mit Salz und Pfeffer würzen. Olivenöl in einer Pfanne erhitzen. Das Lammfilet darin etwa 6 Minuten von allen Seiten gut anbraten, herausnehmen und erkalten lassen.
2. Tomaten kreuzweise einschneiden, mit kochendem Wasser übergießen und kurz darin liegen lassen. Tomaten mit kaltem Wasser abschrecken, enthäuten, vierteln und die Stängelansätze herausschneiden.
3. Gelatine in kaltem Wasser nach Packungsanleitung einweichen. Zwiebeln und Knoblauch abziehen, in kleine Würfel schneiden.

4. Etwa 150 ml Gemüsebrühe in einem kleinen Topf zum Kochen bringen. Die Zwiebel- und Knoblauchwürfel darin etwa 2 Minuten kochen lassen. Den Topf von der Kochstelle nehmen.
5. Gelatine leicht ausdrücken und in der heißen Brühe unter Rühren auflösen. Restliche Gemüsebrühe und Essig unterrühren. Die Sülzenflüssigkeit mit Salz, Pfeffer, Zucker, Basilikum und Thymian kräftig würzen.
6. Den Boden einer länglichen Form (etwa 1,2-Liter-Inhalt, kalt ausgespült) etwa 1/2 cm hoch mit der Sülzenflüssigkeit bedecken. Die Form etwa 10 Minuten in den Kühlschrank stellen. Dann die Hälfte der Tomatenviertel in die Form geben.
7. Das Lammfilet längs in die Mitte der Form legen und mit Pinienkernen bestreuen. Mit den restlichen Tomatenvierteln belegen. Die restliche Sülzenflüssigkeit vorsichtig in die Form gießen. Die Form mindestens 6 Stunden, am besten über Nacht, in den Kühlschrank stellen.
8. Die Form kurz in heißes Wasser tauchen. Die Sülze auf eine Platte stürzen.

Rinderhüftsteak in Zitronen-Kapern-Sauce

4 Portionen

Zubereitungszeit: 50 Minuten
Garzeit: etwa 8 Minuten

Für das Gemüse:
2 Möhren
2 Petersilienwurzeln
300 g Knollensellerie
1 Stange Porree (Lauch)
2 EL Kapern (aus dem Glas)

4 Rinderhüftsteaks (je etwa 180 g)
Salz, frisch gemahlener Pfeffer
etwas Weizenmehl
4 Stängel Thymian
2 EL Butterschmalz

30 g Butter
abgeriebene Schale von 1/2 Bio-Zitrone (unbehandelt, ungewachst)
125 ml (1/8 l) Kalbs- oder Gemüsefond
Zucker

200 ml Rinderfond
30 g kalte Butter

evtl. einige vorbereitete Zweige Thymian
evtl. einige Spalten von 1 Bio-Zitrone (unbehandelt, ungewachst)

Pro Portion:
E: 44 g, F: 27 g, Kh: 11 g,
kJ: 1962, kcal: 468

1. Für das Gemüse Möhren, Petersilienwurzeln und Sellerie putzen, schälen, abspülen, abtropfen lassen, in feine Streifen schneiden.
2. Porree putzen, die Stange längs halbieren, gründlich waschen, abtropfen lassen und ebenfalls in Streifen schneiden.
3. Kapern abtropfen lassen und klein schneiden.
4. Rinderhüftsteaks mit Küchenpapier trocken tupfen. Mit Salz und Pfeffer würzen, leicht mit Mehl bestäuben.
5. Thymian abspülen und trocken tupfen.
6. Das Butterschmalz in einer großen Pfanne erhitzen. Die Steaks darin von beiden Seiten bei starker Hitze anbraten. Die Hitze reduzieren. Thymian in die Pfanne geben. Die Steaks in 5–6 Minuten bei mittlerer Hitze fertig braten. Die Hüftsteaks sollten innen noch rosa sein.
7. In der Zwischenzeit Butter in einem Topf zerlassen. Die Gemüsestreifen darin andünsten.
8. Zitronenschale und Kapernstücke unterrühren. Den Fond hinzugießen und aufkochen. Das Gemüse zugedeckt etwa 6 Minuten bei schwacher Hitze dünsten. Mit Salz und Zucker abschmecken.
9. Die Steaks aus der Pfanne nehmen und warm stellen. Das Bratfett abgießen.
10. Verbliebenen Bratensatz mit Rinderfond ablöschen und kräftig aufkochen. Die Pfanne von der Kochstelle nehmen. Die Butter in kleinen Stücken in den Fond rühren.
11. Das Fleisch mit dem Gemüse und dem Fond anrichten. Nach Belieben mit Thymianzweigen und Zitronenspalten garnieren.

Schweinebraten in Bier

4 Portionen

Zubereitungszeit: 45 Minuten
Garzeit: etwa 2 Stunden
Überbackzeit: 10–15 Minuten

2–2,2 kg Schweinerollbraten (aus der Schulter)
Salz
frisch gemahlener Pfeffer
3 EL Speiseöl, z. B. Sonnenblumenöl
2 kleine Zwiebeln
2 Möhren
4 Knoblauchzehen
2 gestr. EL Weizenmehl
100 ml Apfel- oder ein anderer Obstessig
1 Flasche (0,33 l) helles Bier
100 ml Geflügel- oder Gemüsefond

4 EL mittelscharfer bis scharfer Senf
2 EL Semmelbrösel
50 g kalte Butter

Pro Portion:
E: 108 g, F: 76 g, Kh: 14 g,
kJ: 4992, kcal: 1194

1. Den Rollbraten mit Küchenpapier trocken tupfen, kräftig mit Salz und Pfeffer einreiben.
2. Das Speiseöl in einem Bräter erhitzen. Den Rollbraten darin rundherum etwa 5 Minuten kräftig braun anbraten. Den Rollbraten aus dem Bräter nehmen.
3. Die Zwiebeln abziehen, zuerst in Scheiben schneiden, dann in Ringe teilen. Möhren putzen, schälen, abspülen, abtropfen lassen und in Würfel schneiden. Knoblauch abziehen.
4. Den Backofen vorheizen.
Ober-/Unterhitze: etwa 160 °C
Heißluft: etwa 140 °C
5. Zwiebelringe, Möhrenwürfel und Knoblauch in dem verbliebenen Bratfett unter mehrmaligem Rühren bei mittlerer Hitze weich und braun anbraten. Mehl hinzugeben und gut durchrühren, damit das Mehl das Gemüse bedeckt. Nochmals etwa 2 Minuten unter gelegentlichem Rühren weiterbraten. Mit Essig und Bier ablöschen. Dabei die angesetzten Röststoffe mit dem Kochlöffel vom Boden abkratzen. Die Zutaten aufkochen und bei mittlerer Hitze auf die Hälfte einkochen lassen. Fond hinzugießen, wieder aufkochen.
6. Den angebratenen Rollbraten (mit dem Saft, der aus dem Braten herausgelaufen ist) wieder in den Bräter legen. Den Bräter auf dem Rost in den vorgeheizten Backofen schieben. Den Rollbraten etwa 2 Stunden garen, dabei den Rollbraten zwischendurch wenden.
7. Ist der Braten fertig (Test: Mit der Fleischgabel hineinstechen und beim Herausziehen fällt das Fleisch leicht von der Gabel), ihn aus dem Bräter nehmen. Von dem Rollbraten das Netz bzw. Küchengarn entfernen. Den Rollbraten auf ein Backblech (gefettet) legen. Die Backofentemperatur um etwa 80 °C erhöhen (Ober-/Unterhitze: etwa 240 °C, Heißluft: etwa 220 °C).
8. Den entstandenen Bratenfond durch ein Sieb in einen Topf gießen und etwa 15 Minuten leicht einkochen lassen. In der Zwischenzeit den Rollbraten gleichmäßig mit 2 Esslöffeln Senf bestreichen und mit Semmelbröseln bestreuen. Dabei die Semmelbrösel vorsichtig andrücken. Die Panade mit hauchdünn geschnittenen Butterscheiben belegen. Das Backblech in den heißen Backofen schieben. Die Panade 10–15 Minuten überbacken, bis eine feste, braune Kruste entstanden ist.
9. Den restlichen Senf mit einem Schneebesen unter den leicht eingekochten Bratenfond rühren. Nochmals mit Salz und Pfeffer abschmecken. Den Rollbraten vom Backblech nehmen, in Scheiben schneiden, auf einer vorgewärmten Platte anrichten und mit der Sauce servieren.

Beilage: Kartoffelpüree oder Petersilien-Salzkartoffeln und Kopfsalat mit Joghurtdressing.

Vitello tonnato

6 Portionen

Zubereitungszeit: 45 Minuten, ohne Abkühlzeit
Garzeit: etwa 90 Minuten

600 g mageres Kalbfleisch
2 Zwiebeln
2 l Salzwasser
2 Lorbeerblätter
4 Gewürznelken

Für die Tunfischsauce:
370 g Tunfisch (aus Dosen)
Saft von 1–2 Zitronen
150 g Delikatessmayonnaise
150 g Crème fraîche
2 EL Kapern
Salz
frisch gemahlener Pfeffer

Pro Portion:
E: 34 g, F: 40 g, Kh: 2 g,
kJ: 2111, kcal: 505

1. Kalbfleisch mit Küchenpapier trocken tupfen. Zwiebeln abziehen und vierteln. Salzwasser in einem Topf zum Kochen bringen. Kalbfleisch, Lorbeerblätter, Nelken und Zwiebelviertel hinzufügen. Das Wasser wieder zum Kochen bringen. Das Kalbfleisch zugedeckt bei schwacher Hitze etwa 90 Minuten garen. Das Kalbfleisch nach der Garzeit in dem Sud erkalten lassen.
2. Für die Sauce den Tunfisch gut abtropfen lassen und mit Zitronensaft pürieren. Mayonnaise und Crème fraîche unterrühren.
3. Kapern abtropfen lassen. 1 Esslöffel Kapern fein hacken und unter die Tunfischmasse rühren. Mit Salz und Pfeffer würzen.
4. Kalbfleisch aus dem Sud nehmen, trocken tupfen und in sehr dünne Scheiben schneiden (am besten mit einer Aufschnittmaschine). Fleischscheiben auf einer runden Platte anrichten.
5. Die Sauce auf den Fleischscheiben verteilen und mit den restlichen Kapern bestreuen.

Tatar vom Rind, angebraten

4 Portionen

Zubereitungszeit: 30 Minuten
Bratzeit: etwa 4 Minuten

2 Schalotten
Salz
1 kleine Gewürzgurke
2 Sardellenfilets
600–800 g Rindertatar
1 TL Tomatenketchup
1 TL mittelscharfer Senf
2 Eigelb (Größe M)
frisch geriebene Muskatnuss
frisch gemahlener Pfeffer

2 EL Sonnenblumenöl

Pro Portion:
E: 41 g, F: 14 g, Kh: 1 g,
kJ: 1220, kcal: 292

1. Die Schalotten abziehen, in kleine Würfel schneiden, in kochendem Salzwasser kurz blanchieren, in kaltem Wasser abschrecken und abtropfen lassen. Gewürzgurke abtropfen lassen und in kleine Würfel schneiden. Die Sardellenfilets klein hacken. Rindertatar in eine große Schüssel geben. Die vorbereiteten Zutaten mit Ketchup, Senf und Eigelb zum Tatar in die Schüssel geben, gut vermengen. Mit Salz, Muskat und Pfeffer gut würzen.
2. Aus der Masse mit angefeuchteten Händen 4 gleich große Frikadellen formen. Mit einem Messer von beiden Seiten ein Gittermuster in den Fleischteig drücken.
3. Sonnenblumenöl in einer Pfanne erhitzen. Die Frikadellen von jeder Seite etwa 2 Minuten anbraten, herausnehmen und sofort servieren.

Beilage: **Kartoffel-Gurken-Salat mit Radieschen.** Dafür 2 Salatgurken schälen und die Enden abschneiden. Gurken der Länge nach halbieren. Die Kerne mit einem Löffel herausschaben. Gurkenhälften in halbmondförmige Stücke schneiden. Mit etwas Salz bestreuen, in ein Sieb geben und etwa 30 Minuten stehen lassen, damit das Wasser abtropfen kann. 500 g Kartoffeln gründlich waschen, knapp mit Salzwasser bedeckt zum Kochen bringen. Einige Kümmelsamen und 1 Lorbeerblatt hinzugeben. Die Kartoffeln zugedeckt etwa 20 Minuten garen. 1 Bund Radieschen putzen, abspülen, trocken tupfen und in schmale Streifen schneiden. Für die Salatsauce 2 kleine Zwiebeln abziehen, in feine Würfel schneiden. Etwas Rapsöl in einer Pfanne erhitzen. Zwiebelwürfel darin andünsten. 250 ml (1/4 l) Rindfleischbrühe hinzugießen, zum Kochen bringen, etwas einkochen lassen. 1 Teelöffel mittelscharfen Senf und 1 Esslöffel Schnittlauchröllchen hinzufügen. 20 ml Weißweinessig und 60 ml Rapsöl gut unterrühren. Mit Salz und Pfeffer kräftig abschmecken. 4 Stängel Kerbel abspülen, trocken tupfen. Kartoffeln abgießen, mit kaltem Wasser abschrecken, pellen und lauwarm in etwa 5 mm dicke Scheiben schneiden. Die noch warmen Kartoffelscheiben in die Salatsauce geben und darin schwenken, damit die Sauce eine „sämige" Konsistenz hat. Zuletzt Gurkenstücke und Radieschenstifte hinzufügen. Das Tatar auf dem Salat anrichten und mit Kerbel garnieren.

Tatar vom Rind, angebraten

Rheinischer Sauerbraten

Gyrospfanne mit Knoblauch-Dill-Quark

Rheinischer Sauerbraten

8 Portionen

Zubereitungszeit: 50 Minuten, ohne Marinierzeit
Garzeit: etwa 2 Stunden

Für die Marinade:
2 Möhren
3 Petersilienwurzeln
1 Stück Knollensellerie
1 Zwiebel
Salz
2 Lorbeerblätter
je 1/2 TL Pfeffer- und Senfkörner
3 Gewürznelken
1 Knoblauchzehe
1 Zweig Thymian
5 Pimentkörner
250 ml (1/4 l) Weißweinessig
1 l Rindfleischbrühe
1 l Rotwein

2 kg Rindfleisch (aus der Keule), ohne Knochen

2 EL Schweineschmalz
2 EL Zuckerrübensirup (Rübenkraut)
2 EL Preiselbeeren (aus dem Glas)

Für die Sauce:
2 EL Crème fraîche
evtl. etwas Speisestärke
100 g Rosinen
4 EL gehobelte, gebräunte Mandeln
Salz, frisch gemahlener Pfeffer

Pro Portion:
E: 54 g, F: 30 g, Kh: 23 g,
kJ: 2765, kcal: 660

1. Für die Marinade Möhren, Petersilienwurzeln und Sellerie putzen, schälen, abspülen, abtropfen lassen, in Stücke schneiden. Zwiebel abziehen und grob würfeln. Vorbereitetes Gemüse in einen Topf geben. Restliche Zutaten für die Marinade hinzufügen, aufkochen und abkühlen lassen. Die Marinade in eine große Schale oder Auflaufform geben.
2. Rindfleisch mit Küchenpapier trocken tupfen und in die Marinade legen. Dann zugedeckt mindestens 24 Stunden marinieren. Bei einem dicken Fleischstück sollte man die Einlegezeit noch etwas verlängern, damit die Marinade gut durchzieht.
3. Den Backofen vorheizen.
Ober-/Unterhitze: etwa 200 °C
Heißluft: etwa 180 °C
4. Rindfleisch aus der Marinade nehmen und trocken tupfen. Die Marinade durch ein Sieb in einen Topf gießen.
5. Schweineschmalz in einem Bräter erhitzen. Rindfleisch darin von allen Seiten scharf anbraten. Gut abgetropftes Gemüse (aus der Marinade) kurz mitbraten lassen.
6. Sirup und Preiselbeeren hinzugeben. Aufgefangene Marinade hinzugießen. Den Bräter zugedeckt auf dem Rost in den vorgeheizten Backofen schieben. Den Braten etwa 2 Stunden garen.
7. Den Braten aus dem Bräter nehmen und warm stellen. Die Sauce durch ein Sieb passieren, Crème fraîche unterrühren. Die Sauce nach Belieben mit angerührter Speisestärke binden. Rosinen und Mandeln unterrühren. Mit Salz und Pfeffer abschmecken.
8. Den Braten in die Sauce legen.
9. Den Sauerbraten in Scheiben schneiden, auf einer Platte anrichten und mit der Sauce übergießen. Oder die Sauce zum rheinischen Sauerbraten dazureichen.

Beilage: Kartoffelklöße und Rotkohl.

Gyrospfanne mit Knoblauch-Dill-Quark

4 Portionen

Zubereitungszeit: 25 Minuten

Für den Knoblauch-Dill-Quark:
250 g Salatgurke
3 Stängel Dill
2 Knoblauchzehen
250 g Magerquark
150 g Joghurt (3,5 % Fett)
Salz
frisch gemahlener Pfeffer

Für die marinierten Zwiebeln:
2 Zwiebeln (etwa 100 g)
Salz
1 EL Weißweinessig
1 Prise Pul Biber
(scharfe Paprikaflocken)

Für die Gyrospfanne:
4 EL Olivenöl
800 g gewürztes Gyrosfleisch
etwas glatte Petersilie

Pro Portion:
E: 51 g, F: 31 g, Kh: 6 g,
kJ: 2135, kcal: 511

1. Für den Knoblauch-Dill-Quark die Gurke schälen, auf der Haushaltsreibe raspeln und etwas ausdrücken. Dill abspülen und trocken tupfen. Die Spitzen von den Stängeln zupfen. Spitzen fein hacken.
2. Knoblauch abziehen und klein würfeln, mit Quark und Joghurt verrühren. Die Gurkenraspel und Dill unterheben. Mit Salz und Pfeffer abschmecken, kalt stellen.
3. Für die marinierten Zwiebeln die Zwiebeln abziehen, in feine Scheiben schneiden, mit Salz, Essig und Pul Biber würzen und durchziehen lassen.
4. Für die Gyrospfanne Olivenöl in einer Pfanne erhitzen. Gyros darin portionsweise unter Rühren anbraten. Das gesamte angebratene Gyros etwa 8 Minuten bei starker Hitze unter gelegentlichem Wenden knusprig braun braten.
5. Gyros mit Zwiebeln und Knoblauch-Dill-Quark anrichten, mit vorbereiteter Petersilie garnieren.

Beilage: Fladenbrot, Pommes frites.

Schweinerücken in Altbiersauce

6 Portionen

Zubereitungszeit: 30 Minuten
Garzeit: etwa 80 Minuten

1,3 kg Kotelettstrang, mit Knochen (Knochen evtl. vom Metzger auslösen und klein hacken lassen)
Salz, frisch gemahlener Pfeffer
1 TL gemahlener Kümmelsamen
3 Zwiebeln
1 Knoblauchzehe
4 Möhren
150 g Knollensellerie
250 ml (1/4 l) Altbier
250 ml (1/4 l) Malzbier
150 g kalte Butter

Pro Portion:
E: 37 g, F: 29 g, Kh: 6 g,
kJ: 1918, kcal: 458

1. Den Backofen vorheizen.
Ober-/Unterhitze: etwa 200 °C
Heißluft: etwa 180 °C

2. Die Knochen vom Fleisch lösen und klein hacken. Das Fleisch kurz unter fließendem kalten Wasser abspülen und trocken tupfen. Mit Salz, Pfeffer und Kümmel würzen. Fleisch in einen Bräter legen.
3. Zwiebeln und Knoblauch abziehen, in kleine Würfel schneiden. Möhren und Sellerie putzen, schälen, abspülen, abtropfen lassen und in kleine Würfel oder Stücke schneiden. Das vorbereitete Gemüse und die Knochen zum Fleisch in den Bräter geben. Den Bräter auf dem Rost in den vorgeheizten Backofen schieben. Den Schweinerücken etwa 80 Minuten garen.
4. Während der Garzeit nach und nach beide Biersorten hinzufügen und das Fleisch ab und zu damit begießen.
5. Den Schweinerücken aus dem Bräter nehmen und warm stellen.
6. Für die Sauce den Bratensud mit den Knochen und dem Gemüse in ein Sieb geben. Den Bratensud dabei auffangen und wieder in den Bräter geben. Die Sauce evtl. etwas einkochen lassen.
7. Butter nach und nach in Stückchen unterschlagen, bis die Sauce sämig ist. Evtl. nochmals mit Salz und Pfeffer abschmecken.
8. Den Schweinerücken in Scheiben schneiden und mit der Sauce anrichten.

Schweinerücken in Altbiersauce

Gorgonzola-Schnitzel-Pfanne

6 Portionen

Zubereitungszeit: 40 Minuten
Garzeit: etwa 40 Minuten

6 Putenschnitzel (je etwa 125 g)
Salz
frisch gemahlener Pfeffer
3 mittelgroße Schalotten
3 Knoblauchzehen
3 EL Olivenöl
200 g geschälte Tomaten
(aus der Dose)
1/2 Würfel Gemüsebrühe
200 g Gorgonzola-Käse
250 g Crème fraîche
1 1/2 EL gehackter, frischer Salbei
etwa 2 EL Weizenmehl

evtl. einige Zweige Salbei

Pro Portion:
E: 39 g, F: 30 g, Kh: 5 g,
kJ: 1899, kcal: 459

1. Die Putenschnitzel kurz unter fließendem kalten Wasser abspülen und trocken tupfen. Mit Salz und Pfeffer würzen.
2. Schalotten und Knoblauch abziehen. Schalotten halbieren und in schmale Streifen schneiden. Knoblauch in kleine Würfel schneiden. Olivenöl in einem Topf erhitzen. Schalottenstreifen und Knoblauchwürfel darin kurz andünsten. Tomaten mit der Flüssigkeit und dem Brühwürfel hinzugeben, unter Rühren aufkochen.
3. Den Gorgonzola in Stücke schneiden oder zerbröseln. Crème fraîche und die Gorgonzolastücke in die Tomatensauce geben, unter Rühren aufkochen lassen, bis der Käse geschmolzen ist. Salbei unterrühren.
4. Den Backofen vorheizen.
Ober-/Unterhitze: etwa 200 °C
Heißluft: etwa 180 °C
5. Die Putenschnitzel in Mehl wenden. Die Hälfte der Tomaten-Käse-Sauce in eine Auflaufform (gefettet) geben. Die Putenschnitzel darauflegen. Restliche Tomaten-Käse-Sauce darauf verteilen.
6. Die Auflaufform auf dem Rost (untere Schiene) in den vorgeheizten Backofen schieben. Die Schnitzel-Pfanne etwa 40 Minuten garen.
7. Nach Belieben Salbei abspülen und trocken tupfen. Die Gorgonzola-Schnitzel-Pfanne mit Salbeizweigen garniert servieren.

Beilage: Tagliatelle oder Weißbrot und Feldsalat.

Gorgonzola-Schnitzel-Pfanne

Shepherd's Pie

3 Portionen

Zubereitungszeit: 30 Minuten
Überbackzeit: 45–55 Minuten

3 EL Speiseöl, z. B. Olivenöl
500 g Gehacktes (halb Rind-/
halb Schweinefleisch)
1 Gemüsezwiebel
2 Knoblauchzehen
1 Fleischtomate
100 g Möhrenwürfel
200 ml Rotwein
240 g geschälte Tomaten
(aus der Dose)
1 Pck. Kartoffelpüree
(Fertigprodukt für 3 Portionen)
Salz
frisch gemahlener Pfeffer
Paprikapulver edelsüß

1 Handvoll frisch gehackte Kräuter

Pro Portion:
E: 38 g, F: 45 g, Kh: 33 g,
kJ: 3044, kcal: 727

1. Speiseöl in einer Pfanne erhitzen. Gehacktes darin unter Rühren kräftig anbraten. Dabei die Fleischklümpchen mit einer Gabel zerdrücken. Zwiebel und Knoblauch abziehen. Zwiebel halbieren. Zwiebelhälften und den Knoblauch in kleine Würfel schneiden, zu dem Gehackten geben und mit anbraten.
2. Fleischtomate abspülen, trocken tupfen, halbieren und den Stängelansatz herausschneiden. Tomatenhälften in Stücke schneiden, mit den Möhrenwürfeln zu dem Gehackten geben und unter gelegentlichem Rühren etwa 5 Minuten mitdünsten lassen.
3. Rotwein und geschälte Tomaten mit der Flüssigkeit hinzugeben, zum Kochen bringen und 30–35 Minuten bei mittlerer Hitze einkochen lassen.
4. Den Backofen vorheizen.
Ober-/Unterhitze: etwa 220 °C
Heißluft: etwa 200 °C
5. In der Zwischenzeit Kartoffelpüree nach Packungsanleitung zubereiten.

Shepherd's Pie

Kalbsrücken mit Kräuterkruste

Die Gehacktessauce mit Salz, Pfeffer und Paprika pikant würzen, in eine flache, feuerfeste Form füllen. Das noch warme Kartoffelpüree mit einem Löffel locker auf der Gehacktessauce verteilen. Die Form auf dem Rost in den vorgeheizten Backofen schieben und Shepherd's Pie 15–20 Minuten überbacken.

6. Shepherd's Pie mit den Kräutern bestreuen und servieren.

Beilage: Friséesalat mit einer Kräuter-Vinaigrette.

Kalbsrücken mit Kräuterkruste

4 Portionen

Zubereitungszeit: 35 Minuten
Garzeit: 1 1/2–2 Stunden

600 g magerer Kalbsrücken, ohne Knochen
Salz, frisch gemahlener Pfeffer
1 EL Butterschmalz

1 kg weißer Spargel

Für die Kräuterkruste:
1 1/2 Bund glatte Petersilie
6 Stängel Thymian
1 Bund Kerbel
1 Bund Schnittlauch
125 g weiche Butter
2 Eigelb (Größe M)
100 g Semmelbrösel
frisch gemahlene Muskatnuss

30 g Butter
Zucker

Pro Portion:
E: 38 g, F: 42 g, Kh: 24 g,
kJ: 2650, kcal: 632

1. Kalbsrücken mit Küchenpapier trocken tupfen. Mit Salz und Pfeffer würzen.

2. Den Backofen vorheizen.
Ober-/Unterhitze: etwa 80 °C

3. Butterschmalz in einer Pfanne erhitzen. Kalbsrücken darin von allen Seiten scharf anbraten, herausnehmen und in einen Bräter legen. Den Bräter auf dem Rost in den vorgeheizten Backofen schieben. Den Kalbsrücken 1 1/2–2 Stunden garen.

4. Den Spargel von oben nach unten schälen. Darauf achten, dass die Schalen vollständig entfernt, die Köpfe aber nicht verletzt werden. Die unteren Enden abschneiden, holzige Stellen vollständig entfernen. Spargel abspülen, abtropfen lassen und schräg in Stücke schneiden.

5. Für die Kräuterkruste Kräuter abspülen und trocken tupfen. 4 Kerbelstängel beiseitelegen. Restliche Kräuterblättchen von den Stängeln zupfen. Blättchen klein schneiden. Schnittlauch in feine Röllchen schneiden.

6. Weiche Butter in einer Rührschüssel mit Handrührgerät mit Rührbesen schaumig schlagen. Eigelb nach und nach unterrühren. Kräuter und Semmelbrösel hinzufügen, unterarbeiten. Mit Salz, Pfeffer und Muskat würzen.

7. Butter in einer Pfanne zerlassen. Spargelstücke in die Pfanne geben, mit etwas Salz und Zucker bestreuen und 5–8 Minuten bei schwacher Hitze unter mehrmaligem Wenden braten.

8. Nach Ende der Garzeit den Bräter aus dem Backofen nehmen. Den Backofengrill vorheizen. Die Kräutermasse auf den Kalbsrücken streichen. Den Bräter wieder auf dem Rost unter den vorgeheizten Backofengrill schieben. Den Kalbsrücken so lange grillen, bis die Kruste goldbraun ist.

9. Den Kalbsrücken aus dem Bräter nehmen und etwa 5 Minuten ruhen lassen. Spargel in den Bräter geben und in dem Bratenfond schwenken. Mit Salz und Pfeffer würzen. Vom beiseitegelegten Kerbel die Blättchen abzupfen. Den Kalbsrücken in Scheiben schneiden und auf dem Spargel in den Bräter legen. Spargel mit Kerbelblättchen bestreuen.

Beilage: Feine Bandnudeln.

Brathähnchen im Römertopf®

Gänsegulasch

Brathähnchen im Römertopf®

4 Portionen

Zubereitungszeit: 30 Minuten
Garzeit: etwa 75 Minuten

1 küchenfertiges Hähnchen (etwa 1 1/2 kg)
Salz, frisch gemahlener Pfeffer
Paprikapulver edelsüß
1 Zwiebel
2 Möhren (etwa 225 g)
2 Tomaten
3 Stängel Rosmarin
1/2 zerkleinertes Lorbeerblatt
250 g Langkornreis
500 ml (1/2 l) heiße Gemüsebrühe
1 EL weiche Butter

Pro Portion:
E: 66 g, F: 33 g, Kh: 53 g,
kJ: 3369, kcal: 805

1. Hähnchen innen und außen unter fließendem kalten Wasser abspülen, trocken tupfen, mit Salz, Pfeffer und Paprika einreiben.
2. Die Zwiebel abziehen und in kleine Würfel schneiden. Möhren putzen, schälen, abspülen, abtropfen lassen und in Scheiben schneiden.
3. Tomaten kreuzweise einschneiden, mit kochendem Wasser übergießen und kurz darin liegen lassen. Tomaten mit kaltem Wasser abschrecken, enthäuten, halbieren und die Stängelansätze herausschneiden. Tomaten vierteln. Rosmarin abspülen und trocken tupfen (1 Stängel zum Garnieren beiseitelegen). Die Nadeln von den Stängeln zupfen.
4. Zwiebelwürfel, Möhrenscheiben, Tomatenviertel, Lorbeerblatt, Rosmarinnadeln und Reis in einen gewässerten Römertopf® (4-Liter-Inhalt) geben. Brühe hinzugießen. Die Zutaten umrühren. Das Hähnchen darauflegen. Den Römertopf® mit dem Deckel verschließen und auf dem Rost in den kalten Backofen schieben.
Ober-/Unterhitze: etwa 200 °C
Heißluft: etwa 180 °C
Garzeit: etwa 75 Minuten
5. Etwa 20 Minuten vor Ende der Garzeit den Deckel abnehmen. Das Hähnchen herausnehmen. Den Reis umrühren, eventuell etwas Brühe oder Wasser hinzugeben. Mit Salz und Pfeffer würzen.
6. Das Hähnchen wieder auf den Gemüsereis legen und mit Butter bestreichen. Das Brathähnchen ohne Deckel in etwa 20 Minuten fertig garen.
7. Das Hähnchen und den Gemüsereis mit dem beiseitegelegten Rosmarin garnieren.

Gänsegulasch

4 Portionen

Zubereitungszeit: 40 Minuten
Garzeit: 45–50 Minuten

800 g Gänsebrust
40 g Butterschmalz
Salz, frisch gemahlener Pfeffer
2 Möhren (etwa 200 g)
1 große Zwiebel (etwa 200 g)
2 EL Tomatenmark
1 TL Weizenmehl
700 ml dunkle Fleischbrühe oder Gänsefond
200 ml Rotwein
1 kleines Bund Majoran
1 EL Crema di Balsamico

Pro Portion:
E: 34 g, F: 72 g, Kh: 9 g,
kJ: 3534, kcal: 844

1. Gänsebrust kurz unter fließendem kalten Wasser abspülen, trocken tupfen und in mundgerechte Stücke schneiden.
2. Das Butterschmalz in einem Bräter zerlassen. Fleischstücke mit Salz und Pfeffer würzen, in den Bräter geben und von allen Seiten kräftig anbraten.
3. Möhren putzen, schälen, abspülen, abtropfen lassen und in mittelgroße Würfel schneiden. Zwiebel ab-

ziehen und ebenfalls würfeln. Nach 5–10 Minuten Bratzeit die Möhren- und Zwiebelwürfel zu den Fleischstücken geben und etwa 5 Minuten unter Rühren leicht anbraten. Tomatenmark unterrühren. Mit Mehl bestäuben und gut verrühren.

4. 500 ml (1/2 l) von der Brühe oder dem Fond und den Rotwein hinzugießen, zum Kochen bringen und zugedeckt 45–50 Minuten bei schwacher Hitze garen, dabei gelegentlich umrühren.

5. Majoran abspülen und trocken tupfen. Die Blättchen von den Stangeln zupfen, klein schneiden.

6. Nach etwa 20 Minuten Garzeit restliche Brühe oder Fond hinzugießen. Mit Crema di Balsamico würzen. Majoran unterrühren. Mit Salz und Pfeffer abschmecken.

Beilage: Butterspätzle und Chicoréesalat in Orangen-Joghurt-Dressing.

Entenbrust mit Pfeffer-Essigkirschen-Sauce

2 Portionen

Zubereitungszeit: 50 Minuten, ohne Ruhezeit
Garzeit: Entenbrüste etwa 14 Minuten, Rote Bete etwa 5 Minuten

Für die Pfeffer-Essigkirschen-Sauce:
100 g Sauerkirschen
125 ml (1/8 l) Sherry
2 EL Rotweinessig
1 EL grob gemahlener, schwarzer Pfeffer
40 g Zucker
1 TL Speisestärke
300 g Rote Bete

2 Entenbrüste (weiblich, je etwa 180 g)
Salz
4 EL Olivenöl

Pro Portion:
E: 41 g, F: 31 g, Kh: 39 g,
kJ: 2816, kcal: 6740

1. Für die Sauce Kirschen waschen, abtropfen lassen, entstielen, halbieren und entsteinen. 100 ml Sherry mit Essig, Pfeffer und Zucker in einem Topf zum Kochen bringen, auf etwa 100 ml einkochen lassen. Speisestärke mit dem restlichen Sherry anrühren, unter die Sauce rühren und unter Rühren kurz aufkochen lassen. Die Kirschen unter die heiße Sauce rühren, beiseitestellen.

2. Rote Bete gründlich waschen, abtropfen lassen, schälen (am besten mit Einweghandschuhen) und in etwa 1/2 cm große Würfel schneiden.

3. Entenbrüste kurz unter fließendem kalten Wasser abspülen und trocken tupfen. Von den Entenbrüsten das winzige Filet und die dicken Sehnen abschneiden. Die weiße Haut der Entenbrüste nach Belieben etwas abschneiden. Die restliche Entenhaut mit einem scharfen Cutter (Teppichmesser) rautenförmig einritzen. Dabei nicht in das Fleisch schneiden. Entenbrüste leicht mit Salz bestreuen.

4. Den Backofen vorheizen.
Ober-/Unterhitze: etwa 180 °C
Heißluft: etwa 160 °C

5. Die Entenbrüste mit der Hautseite nach unten in eine ofenfeste, beschichtete Pfanne legen und 3–4 Minuten bei starker Hitze goldbraun anbraten. Entenbrüste wenden und etwa 1/2 Minute von der zweiten Seite anbraten. Die Pfanne von der Kochstelle nehmen. Entenbrüste wieder wenden.

6. Die Pfanne auf dem Rost in den vorgeheizten Backofen schieben. Die Entenbrüste (mit der Hautseite nach oben) etwa 10 Minuten rosa garen.

7. Olivenöl in einer Pfanne erhitzen. Rote-Bete-Würfel darin etwa 5 Minuten bei starker Hitze von allen Seiten anbraten. Mit Salz würzen.

8. Die Entenbrüste aus der Pfanne nehmen und 2–3 Minuten ruhen lassen. Die Essigkirschen-Sauce nochmals kurz erhitzen. Die Entenbrüste in dünne Scheiben schneiden. Entenbrust mit der Sauce und Roter Bete anrichten.

Beilage: **Kartoffel-Pastinaken-Püree.** Dafür 350 g festkochende Kartoffeln und 200 g Pastinaken waschen, schälen, abspülen, abtropfen lassen und in sehr grobe Würfel schneiden. Kartoffel- und Pastinakenwürfel knapp mit Salzwasser bedeckt zum Kochen bringen und in etwa 25 Minuten weich kochen. 150 ml Milch und 10 g Butter erwärmen. Kartoffel- und Pastinakenwürfel abgießen, sofort durch eine Kartoffelpresse drücken. Die Milch-Butter-Mischung unterrühren. Mit Salz, frisch gemahlenem, weißen Pfeffer und frisch geriebener Muskatnuss würzen (Zutaten für 2 Portionen).

Entenbrust mit Pfeffer-Essigkirschen-Sauce

Gebratene Entenbrust mit grünem Spargel

4–6 Portionen

Zubereitungszeit: 40 Minuten
Garzeit: Entenbrust etwa 10 Minuten

1 kg grüner Spargel
Salz, 1 Prise Zucker
1 EL Butter
4 Entenbrustfilets (je etwa 200 g)
frisch gemahlener Pfeffer
1 EL Olivenöl
4 Grapefruits

Für die Marinade:
3 EL Weißweinessig
4 EL Sherry
125 ml (1/8 l) Olivenöl
75 g frischer Kerbel

Küchengarn

Pro Portion:
E: 34 g, F: 53 g, Kh: 22 g,
kJ: 3067, kcal: 733

1. Von dem Spargel nur das untere Drittel schälen und die Enden abschneiden. Die Stangen nach Möglichkeit gleich lang schneiden.
2. Die Spargelstangen abspülen und abtropfen lassen. Anschließend portionsweise mit Küchengarn bündeln.
3. Salzwasser mit Zucker und Butter in einem hohen Topf zum Kochen bringen. Den gebündelten Spargel hineingeben und zum Kochen bringen. Die Spargelstangen zugedeckt 8–10 Minuten garen.
4. In der Zwischenzeit Entenbrustfilets kurz unter fließendem kalten Wasser abspülen und trocken tupfen. Mit Salz und Pfeffer würzen.
5. Olivenöl in einer großen Pfanne erhitzen. Die Entenbrustfilets mit der Fettseite nach unten in die Pfanne legen und in 4–6 Minuten kross anbraten. Die Entenbrustfilets wenden und von der anderen Seite weitere 4–6 Minuten braten.
6. Die Entenbrustfilets aus der Pfanne nehmen, in Alufolie wickeln und mindestens 5 Minuten ruhen lassen.
7. Den garen Spargel mit einem Schaumlöffel vorsichtig aus dem Topf nehmen und auf eine vorgewärmte Platte legen. Küchengarn entfernen.
8. Die Grapefruits so schälen, dass die weiße Haut mitentfernt wird, und quer in Scheiben schneiden.
9. Für die Marinade Essig und Sherry in einer kleinen Schüssel verrühren. Olivenöl langsam in einem dünnen Strahl unterschlagen. Die Marinade mit Salz und Pfeffer würzen.
10. Kerbel abspülen und trocken tupfen. Die Blättchen von den Stängeln zupfen. Einige Blättchen zum Garnieren beiseitelegen. Restliche Blättchen fein hacken und unter die Marinade rühren.
11. Entenbrustfilets aus der Alufolie wickeln und in Scheiben schneiden.
12. Die Grapefruitscheiben mit den warmen Spargelstangen und Entenbrustfiletscheiben schichtweise auf kleine Teller geben und mit der Marinade beträufeln. Mit den beiseitegelegten Kerbelblättchen garnieren.

Gebratene Entenbrust mit grünem Spargel

Gebratene Fasanenbrust auf Rote-Bete-Carpaccio

4 Portionen

Zubereitungszeit: 30 Minuten, ohne Kühlzeit

4 Fasanenbrüste (etwa 400 g)
Salz
frisch gemahlener Pfeffer
3 EL Speiseöl, z. B. Rapsöl
50 g geräucherte Schinkenspeckwürfel
350 g gegarte Rote Bete (vakuumverpackt)
1 Schalotte
4 EL Himbeeressig
4 EL Olivenöl
20 g Walnusskerne

4 Blätter Friséesalat

Pro Portion:
E: 27 g, F: 18 g, Kh: 7 g,
kJ: 1247, kcal: 298

1. Fasanenbrüste kurz unter fließendem kalten Wasser abspülen, trocken tupfen. Mit Salz und Pfeffer bestreuen. Speiseöl in einer großen Pfanne erhitzen. Die Fasanenbrüste darin von allen Seiten gut anbraten und in etwa 12 Minuten fertig braten.
2. Etwa 2 Minuten vor Ende der Bratzeit die Schinkenwürfel zu den Fasanenbrüsten in die Pfanne geben und mit anbraten. Fasanenbrüste herausnehmen und erkalten lassen. Gebratene Schinkenwürfel ebenfalls herausnehmen und auf Küchenpapier abtropfen lassen.
3. Die Rote Bete in feine Scheiben schneiden oder hobeln. 4 große Teller mit Rote-Bete-Scheiben dekorativ belegen.
4. Schalotte abziehen und in kleine Würfel schneiden. Schalotten- und Schinkenwürfel vermischen. Die Rote-Bete-Scheiben damit bestreuen. Je 1 Esslöffel Himbeeressig und Olivenöl daraufträufeln.

Gebratene Fasanenbrust auf Rote-Bete-Carpaccio

Krustenbraten mit Malzbier

5. Von den Walnusskernen 4 Nusshälften zum Garnieren beiseitelegen. Restliche Nusshälften fein hacken. Das Rote-Bete-Carpaccio mit Salz, Pfeffer und den gehackten Walnusskernen bestreuen.
6. Salatblätter abspülen und trocken tupfen. Fasanenbrüste in Scheiben schneiden und auf dem Carpaccio anrichten.
7. Carpaccio mit Salatblättern und beiseitegelegten Walnusshälften servieren.

Beilage: Geröstete Baguettescheiben.

Krustenbraten mit Malzbier

6 Portionen

Zubereitungszeit: 45 Minuten
Garzeit: etwa 60 Minuten

1 1/4 kg Schweinekeule mit Schwarte, ohne Knochen
6 Gewürznelken
Salzwasser
1 TL gemahlener Kümmel
2 Zwiebeln
1 Bund Suppengrün (Möhre, Sellerie, Porree)
2 EL Speiseöl
1 TL Tomatenmark
300 ml Malzbier
200 ml Kochsud (von der Schweinekeule)
1 TL Speisestärke
frisch gemahlener Pfeffer

Pro Portion:
E: 40 g, F: 28 g, Kh: 8 g, kJ: 1921, kcal: 459

1. Die Schweinekeule mit Küchenpapier trocken tupfen. Die Schwarte rautenförmig etwa 1 cm tief einschneiden (dabei darauf achten, dass das Fleisch nicht mit eingeschnitten wird). Die Nelken in die Kreuzungspunkte der Einschnitte stecken.
2. Die Schweinkeule in einem Topf in kochendem Salzwasser etwa 25 Minuten bei schwacher Hitze kochen lassen. Die Schweinekeule herausnehmen und mit Kümmel bestreuen. Den Kochsud beiseitestellen.
3. Den Backofen vorheizen.
Ober-/Unterhitze: etwa 180 °C
Heißluft: etwa 160 °C
4. In der Zwischenzeit Zwiebeln abziehen und in Würfel schneiden. Suppengrün putzen, abspülen, abtropfen lassen, in kleine Stücke schneiden.
5. Das Speiseöl in einem Bräter erhitzen. Die vorbereiteten Gemüsestücke darin unter Rühren anbraten. Tomatenmark unterrühren und kurz anrösten. Mit Malzbier ablöschen.
6. Die Schweinekeule auf die Gemüsestücke legen. Von dem beiseitegestellten Kochsud 200 ml abmessen und hinzugießen. Den Bräter auf dem Rost in den vorgeheizten Backofen schieben. Den Krustenbraten etwa 60 Minuten garen.
7. Die Schweinekeule aus dem Bräter nehmen und warm stellen. Den Bratensatz durch ein Sieb in einen Topf gießen. Speisestärke mit etwas Wasser anrühren, in den Bratensatz rühren und unter Rühren kurz aufkochen lassen. Die Sauce mit Salz und Pfeffer abschmecken.
8. Den Backofengrill vorheizen. Den Krustenbraten kurz vor dem Servieren unter dem vorgeheizten Grill knusprig braun braten und anschließend etwa 5 Minuten ruhen lassen.
9. Den Krustenbraten in Scheiben schneiden und mit der Sauce anrichten.

Beilage: Kartoffelklöße, Schupfnudeln, Romanesco und Möhren.

Lammkoteletts mit grünem und weißem Spargel

4 Portionen

Zubereitungszeit: 50 Minuten
Garzeit: Spargel etwa 15 Minuten, Lammkoteletts etwa 5 Minuten

je 750 g weißer und grüner Spargel
Salz, 1 Prise Zucker
Saft von 1/2 Bio-Zitrone (unbehandelt, ungewachst)
70 g Butterschmalz

8 Lammkoteletts (je etwa 100 g)
frisch gemahlener, grober Pfeffer
3 Knoblauchzehen
je 1 Zweig frischer Rosmarin und Thymian

Für die Sauce Hollandaise:
2 Eigelb (Größe M)
6 EL Weißwein
125 g kalte Butter
abgeriebene Schale und Saft von 1/2 Bio-Zitrone (unbehandelt, ungewachst)
1 EL mittelscharfer Senf

Pro Portion:
E: 38 g, F: 65 g, Kh: 8 g,
kJ: 3267, kcal: 780

1. Den weißen Spargel von oben nach unten schälen. Darauf achten, dass die Schalen vollständig entfernt, die Köpfe aber nicht verletzt werden. Die unteren Enden abschneiden (holzige Stellen vollkommen entfernen). Von dem grünen Spargel nur das untere Drittel schälen und die Enden abschneiden. Spargel abspülen und abtropfen lassen.
2. Salzwasser mit Zucker, Zitronensaft und 20 g Butterschmalz in einem hohen Topf zum Kochen bringen. Den weißen Spargel hinzugeben, wieder zum Kochen bringen und etwa 5 Minuten kochen. Den grünen Spargel hinzugeben, zum Kochen bringen und weitere etwa 10 Minuten kochen.

Lammkoteletts mit grünem und weißem Spargel

3. Den Spargel mit einem Schaumlöffel aus dem Spargelfond nehmen und warm stellen.
4. Die Lammkoteletts kurz unter fließendem kalten Wasser abspülen und trocken tupfen. Den äußeren Fettrand mit einem scharfen Messer einschneiden. Lammkoteletts mit Pfeffer würzen.
5. Knoblauch abziehen und in feine Scheiben schneiden. Rosmarin und Thymian abspülen und trocken tupfen. Die Nadeln bzw. Blättchen von den Stängeln zupfen.
6. Restliches Butterschmalz in einer großen Pfanne erhitzen. Die Lammkoteletts mit den Knoblauchscheiben und den Kräutern darin etwa 5 Minuten von beiden Seiten braten. Knoblauchscheiben evtl. aus der Pfanne nehmen. Lammkoteletts mit Salz würzen, herausnehmen, mit dem Spargel auf einer vorgewärmten Platte anrichten und warm stellen.
7. Für die Sauce Eigelb mit Weißwein in einer Schüssel mit dem Schneebesen verschlagen. Die Schüssel in ein heißes Wasserbad (Wasser darf nicht kochen) setzen. Die Eigelbmasse mit dem Schneebesen so lange schlagen, bis die Masse dicklich geworden ist.
8. Die Butter langsam (flöckchenweise) unter die Eigelbmasse schlagen. Die Sauce mit Zitronenschale, -saft, Salz und Senf würzen. Die Buttersauce zu dem Spargel und den Lammkoteletts reichen.

Kasseler Rücken mit Grünkohl

Beilage: In Butterschmalz geschwenkte neue Kartoffeln.

Hinweis: Für die Sauce ganz frisches Eigelb verwenden, das nicht älter als 5 Tage ist (Legedatum beachten!).

Kasseler Rücken mit Grünkohl

6 Portionen

Zubereitungszeit: 30 Minuten
Garzeit: Kasseler etwa 3 1/2 Stunden, Grünkohl etwa 50 Minuten

1 1/4 kg Kasseler (Nackenstück), ohne Knochen
frisch gemahlener Pfeffer
etwa 75 ml Rapsöl
2 Zwiebeln
900 ml Fleischbrühe

600 g vorbereiteter Grünkohl

100 g geräucherte Schinkenwürfel
1 EL mittelscharfer Senf
1 TL Piment (Nelkenpfeffer)

1 Lorbeerblatt
Salz
2 EL Haferflocken

Pro Portion:
E: 45 g, F: 27 g, Kh: 8 g,
kJ: 1892, kcal: 451

1. Den Backofen vorheizen.
Ober-/Unterhitze: etwa 80 °C
2. Kasseler mit Küchenpapier trocken tupfen und mit Pfeffer würzen.
3. Drei Esslöffel Rapsöl in einem flachen, großen Bräter erhitzen. Kasseler darin etwa 6 Minuten von allen Seiten anbraten.
4. Die Zwiebeln abziehen und in sehr kleine Würfel schneiden. Die Hälfte der Zwiebelwürfel zum Kasseler in den Bräter geben und mit anbraten. 200 ml Brühe hinzugießen und zum Kochen bringen.
5. Den Bräter auf dem Rost in den vorgeheizten Backofen schieben (untere Schiene). Das Kasseler etwa 3 1/2 Stunden garen, dabei zwischendurch 2–3-mal wenden.
6. Nach etwa 2 Stunden Garzeit den Grünkohl gründlich waschen und abtropfen lassen. 2 l Wasser in einem großen Topf zum Kochen bringen. Den Grünkohl hinzugeben und etwa 2 Minuten blanchieren. Grünkohl in ein Sieb geben, mit kaltem Wasser abschrecken und abtropfen lassen.
7. Restliches Rapsöl in einem großen Topf erhitzen. Restliche Zwiebel- und die Schinkenwürfel darin anbraten. Restliche Brühe hinzugießen. Grünkohl hinzugeben. Mit Senf, Piment, Lorbeerblatt, Salz und Pfeffer würzen. Grünkohl zum Kochen bringen und zugedeckt etwa 45 Minuten bei schwacher Hitze garen.
8. Haferflocken unter den Grünkohl rühren. Grünkohl mit den Gewürzen abschmecken.
9. Den Bräter aus dem Backofen nehmen. Kasseler herausnehmen, in Scheiben schneiden und auf einer vorgewärmten Platte anrichten. Kasseler mit Grünkohl servieren.

Beilage: Salzkartoffeln.

Putenbraten in weißem Burgundergelee

4 Portionen

Zubereitungszeit: 60 Minuten, ohne Kühlzeit
Haltbarkeit: gekühlt 4–5 Tage

400 g kalter Putenbraten, im Stück
1 Zwiebel
2 Tomaten
2 Gewürzgurken
6 Blatt weiße Gelatine
250 ml (1/4 l) Gemüsebrühe
200 ml trockener Weißwein, z. B. Weißer Burgunder
Salz, frisch gemahlener Pfeffer

Pro Portion:
E: 30 g, F: 16 g, Kh: 2 g,
kJ: 1313, kcal: 313

1. Den Putenbraten zuerst in dickere Scheiben und anschließend in Würfel schneiden. Zwiebel abziehen und in feine Würfel schneiden. Wasser in einem Topf zum Kochen bringen. Die Zwiebel darin kurz blanchieren, dann mit kaltem Wasser übergießen und gut abtropfen lassen.
2. Tomaten waschen, abtrocknen, halbieren und die Stängelansätze herausschneiden. Tomaten entkernen und das Fruchtfleisch in Würfel schneiden. Gewürzgurken ebenfalls in kleine Würfel schneiden.
3. Gelatine nach Packungsanleitung einweichen. Brühe und Wein in einem Topf erhitzen, mit Salz und Pfeffer kräftig würzen. Gelatine leicht ausdrücken und in der Wein-Gemüse-Mischung bei schwacher Hitze unter Rühren auflösen.
4. Braten-, Zwiebel-, Tomaten- und Gewürzgurkenwürfel miteinander vermischen, gleichmäßig auf 4 kleine Schüsseln verteilen und mit der Gelatinemischung auffüllen. Gelee erkalten lassen und zum Durchkühlen für einige Stunden bzw. besser über Nacht in den Kühlschrank stellen.
5. Burgundergelee mit einem spitzen Messer vom Rand der Schüssel lösen, die Schüssel kurz in heißes Wasser tauchen und den Braten in Burgundergelee auf vorbereitete Teller stürzen.

Beilage: Bratkartoffeln und Remouladensauce.

Tipp: Wenn Sie die Schüsseln vor dem Befüllen mit Frischhaltefolie auslegen, lässt sich das Gelee besser stürzen.

Putenbraten in weißem Burgundergelee

Putenoberkeule mit Trauben

6 Portionen

Zubereitungszeit: 20 Minuten
Garzeit: etwa 4 Stunden

1 Putenoberkeule (etwa 1,4 kg)
Salz, frisch gemahlener Pfeffer
Chilipulver
1 TL gerebelter Thymian
2 EL Speiseöl, z. B. Maiskeimöl
1 Zwiebel
1 Knoblauchzehe
100 g geräucherte Schinkenspeckwürfel
200 ml Hühnerbrühe
200 ml Weißwein
Saft von 1 Zitrone
1 Granatapfel

400 g kernlose, grüne Weintrauben
evtl. 2 TL Speisestärke

Außerdem:
Küchengarn

Pro Portion:
E: 36 g, F: 20 g, Kh: 13 g,
kJ: 1692, kcal: 405

1. Den Backofen vorheizen.
Ober-/Unterhitze: etwa 80 °C
2. Putenoberkeule kurz unter fließendem kalten Wasser abspülen und abtropfen lassen. Haut, Fett und Sehnen entfernen. Den Röhrenknochen herausschneiden. Das Putenfleisch mit Salz, Pfeffer, Chili und Thymian würzen, aufrollen und mit Küchengarn fest umwickeln.
3. Speiseöl in einem großen Bräter erhitzen. Die Putenrolle darin etwa 10 Minuten von allen Seiten anbraten. Zwiebel und Knoblauch abziehen, in kleine Würfel schneiden, zu der Putenrolle in den Bräter geben und mit anbraten. Speckwürfel hinzugeben und kurz mit andünsten. Brühe, Wein und Zitronensaft hinzugießen, zum Kochen bringen. Granatapfel halbieren. Die Kerne und den Saft zur Putenrolle geben.
4. Den Bräter auf dem Rost in den vorgeheizten Backofen (untere Schiene) schieben. Die Putenrolle etwa 4 Stunden garen.
5. Den Bräter aus dem Backofen nehmen. Die Putenrolle herausnehmen und Küchengarn entfernen. Putenrolle in Scheiben schneiden, auf einer vorgewärmten Platte anrichten und warm stellen.
6. Weintrauben abspülen, abtropfen lassen, entstielen und halbieren. Die Weintrauben in den Bratenfond geben. Fond aufkochen lassen. Nach Belieben Speisestärke mit etwas Wasser anrühren, in den Bratenfond rühren und unter Rühren aufkochen lassen. Die Sauce mit Salz und Pfeffer abschmecken. Die Putenoberkeule mit der Traubensauce anrichten und servieren.

Beilage: Basmatireis.

Putengulasch mit Sauerkraut und Möhren

3–4 Portionen

Zubereitungszeit: 30 Minuten
Garzeit: etwa 20 Minuten

Putenoberkeule mit Trauben

Für das Gulasch:
600 g Putenbrustfilet
1 Zwiebel
4 Möhren (etwa 400 g)
2 EL Sonnenblumenöl
Salz, frisch gemahlener Pfeffer
Paprikapulver edelsüß
850 g Sauerkraut (aus der Dose)

1 Lorbeerblatt
250 ml (1/4 l) Gemüsebrühe

Für das Kartoffelpüree:
1 Beutel Instant-Kartoffelpüree (für 500 ml [1/2 l] Flüssigkeit)
375 ml (3/8 l) Wasser
etwa 1/2 gestr. TL Salz
125 ml (1/8 l) Milch
20 g Butter oder Margarine
1 EL gehackte TK-Petersilie
frisch geriebene Muskatnuss

1 kleiner Apfel (etwa 150 g, möglichst rotschalig)

Pro Portion:
E: 48 g, F: 15 g, Kh: 28 g,
kJ: 1884, kcal: 451

1. Putenbrustfilet kurz unter fließendem kalten Wasser abspülen und trocken tupfen. Filet in etwa 2 cm große Würfel schneiden. Zwie-

Putengulasch mit Sauerkraut und Möhren

Rumpsteaks mit Zwiebeln

bel abziehen und klein würfeln. Möhren putzen, schälen, abspülen, abtropfen lassen und schräg in dünne Scheiben schneiden.

2. Sonnenblumenöl in einer großen Pfanne erhitzen. Die Fleischwürfel darin von allen Seiten anbraten. Mit Salz, Pfeffer und Paprika würzen. Fleischwürfel aus der Pfanne nehmen und beiseitestellen.

3. Zwiebelwürfel und Möhrenscheiben im verbliebenen Bratfett unter gelegentlichem Rühren etwa 3 Minuten bei mittlerer Hitze andünsten. Sauerkraut etwas auseinanderzupfen, mit dem Lorbeerblatt hinzufügen. Brühe hinzugießen. Die Zutaten gut verrühren und zum Kochen bringen.

4. Die beiseitegestellten Fleischwürfel zu dem Sauerkraut in die Pfanne geben. Das Gulasch zugedeckt etwa 15 Minuten bei mittlerer Hitze garen.

5. In der Zwischenzeit für das Kartoffelpüree Kartoffelpüreepulver mit Wasser, Salz, Milch und Butter oder Margarine nach Packungsanleitung zubereiten. Petersilie unterrühren. Das Püree evtl. mit Salz und Muskat abschmecken.

6. Apfel abspülen, abtrocknen, vierteln, entkernen und mit der Schale in dünne Spalten schneiden. Apfelspalten etwa 5 Minuten vor dem Ende der Garzeit zum Gulasch geben und vorsichtig unterrühren. Gulasch zugedeckt fertig garen. Das Lorbeerblatt entfernen.

7. Putengulasch mit Salz und Pfeffer abschmecken, mit Kartoffelpüree anrichten und servieren.

Rumpsteaks mit Zwiebeln

4 Portionen

Zubereitungszeit: 20 Minuten
Garzeit: etwa 10 Minuten

2 Gemüsezwiebeln
(je etwa 200 g)
4 Rumpsteaks (je etwa 200 g)
3–4 EL Speiseöl
Salz
frisch gemahlener Pfeffer
evtl. etwas Steak-Gewürz

Pro Portion:
E: 46 g, F: 18 g, Kh: 5 g,
kJ: 1520, kcal: 362

1. Zwiebeln abziehen, halbieren und in Scheiben schneiden. Rumpsteaks mit Küchenpapier gut trocken tupfen und an den Rändern etwas einschneiden.

2. Speiseöl in einer Pfanne erhitzen. Rumpsteaks hinzufügen und kurz von beiden Seiten anbraten. Die Steaks mit Salz, Pfeffer und evtl. Steak-Gewürz bestreuen und von jeder Seite 3–4 Minuten braten. Die Rumpsteaks dabei öfter mit dem Bratfett aus der Pfanne begießen, damit sie saftig bleiben.

3. Die Steaks aus der Pfanne nehmen, auf einer vorgewärmten Platte anrichten, mit Alufolie zudecken und warm stellen.

4. Die Zwiebelscheiben mit Salz und Pfeffer würzen und in dem verbliebenen Bratfett unter mehrmaligem Wenden einige Minuten bräunen. Zwiebelscheiben auf den warm gestellten Rumpsteaks verteilen und sofort servieren.

Tipps: Das Fleisch sollte nach dem Braten immer noch etwas ruhen, damit sich der Fleischsaft verteilt und das Steak saftig bleibt. Das 3-Minuten-Steak („medium") ist besonders beliebt. Es ist nicht mehr roh („rare", 1–2 Minuten), aber auch noch nicht ganz durchgebraten („welldone", 5 Minuten).

Rinderbacke in Rotwein

Salbeihähnchen

Rinderbacke in Rotwein

4 Portionen

Zubereitungszeit: 50 Minuten
Garzeit: etwa 2 Stunden

je 100 g Möhren, Knollensellerie und Petersilienwurzel
100 g Zwiebeln
1 kg Rinderbacke oder Rinderbrust
Salz, frisch gemahlener Pfeffer
3 EL Speiseöl
1 TL Tomatenmark
200 ml Portwein
200 ml Madeira
500 ml (1/2 l) Rotwein
500 ml (1/2 l) Rinderbrühe
1 Lorbeerblatt
3 Wacholderbeeren
10 g Pfefferkörner
100 g Butter

Pro Portion:
E: 50 g, F: 66 g, Kh: 13 g,
kJ: 4104, kcal: 980

1. Möhren, Sellerie und Petersilienwurzel putzen, schälen, abspülen und abtropfen lassen. Zwiebeln abziehen und in Würfel schneiden.
2. Fleisch mit Küchenpapier trocken tupfen, Fett und Sehnen entfernen. Das Rindfleisch mit Salz und Pfeffer würzen.
3. Speiseöl in einem Bräter oder Topf erhitzen. Das Fleisch darin von allen Seiten anbraten, herausnehmen und warm stellen.
4. Das vorbereitete Wurzelgemüse in dem verbliebenen Bratfett anrösten, das Fett abgießen. Tomatenmark hinzufügen und kurz mit anrösten. Mit etwas Portwein und Madeira ablöschen.
5. Anschließend restlichen Rotwein und restliche Brühe langsam hinzugießen.
6. Das warm gestellte Fleisch, Lorbeerblatt, Wacholderbeeren und Pfefferkörner hinzugeben. Die Zutaten zum Kochen bringen und zugedeckt etwa 2 Stunden garen.
7. Das gare Fleisch aus dem Bräter oder Topf nehmen. Den Bratenfond durch ein Sieb in einen Topf geben. Butter in Stücke schneiden, hinzugeben und aufschlagen. Die Sauce mit Salz und Pfeffer abschmecken.
8. Das Fleisch in Scheiben schneiden, auf vorgewärmten Tellern anrichten und mit der Sauce servieren.

Tipp: Nach Belieben mit Kräuterzweigen garnieren.

Salbeihähnchen

3 Portionen

Zubereitungszeit: 45 Minuten, ohne Marinierzeit
Garzeit: mindestens 20 Minuten

4 Hähnchenbrüste mit Haut (500–600 g)
2 Bio-Zitronen (unbehandelt, ungewachst)
4–6 Chilischoten (je nach gewünschter Schärfe)
12 Salbeiblättchen
6 EL Olivenöl
Salz, frisch gemahlener Pfeffer

evtl. einige Spalten von 1 Bio-Zitrone (unbehandelt, ungewachst)

Pro Portion:
E: 37 g, F: 37 g, Kh: 4 g,
kJ: 2145, kcal: 513

1. Hähnchenbrüste von Fett und Sehnen befreien. Hähnchenbrüste kurz

unter fließendem kalten Wasser abspülen, trocken tupfen und in eine flache Schale legen.
2. Zitronen heiß abspülen, abtrocknen und die Schale abreiben. Zitronen halbieren und jeweils den Saft auspressen. Chilischoten halbieren, entstielen und entkernen. Schotenhälften abspülen, trocken tupfen und in sehr kleine Würfel schneiden.
3. Salbeiblättchen abspülen, trocken tupfen und klein schneiden (etwas Salbei zum Garnieren beiseitelegen). Zitronenschale, -saft, Chiliwürfel und Salbei verrühren. 3 Esslöffel Olivenöl unterschlagen. Die Marinade auf den Hähnchenbrüsten verteilen und zugedeckt im Kühlschrank 1–2 Stunden unter mehrmaligem Wenden marinieren.
4. Den Backofen vorheizen.
Ober-/Unterhitze: etwa 95 °C
Heißluft: etwa 75 °C
5. Die Hähnchenbrüste aus der Marinade nehmen und etwas trocken tupfen. Restliches Olivenöl in einem Bräter oder einer hitzebeständigen Pfanne erhitzen. Hähnchenbrüste darin von allen Seiten goldgelb anbraten. Mit Salz und Pfeffer würzen. Die Marinade auf den Hähnchenbrüsten verteilen. Den Bräter oder die Pfanne auf dem Rost in den vorgeheizten Backofen schieben. Die Hähnchenbrüste mindestens 20 Minuten garen (eine längere Garzeit macht hier das Fleisch noch zarter, ohne es auszutrocknen).
6. Die Hähnchenbrüste aus dem Bräter oder der Pfanne nehmen und in Scheiben schneiden. Das Hähnchenfleisch auf einen vorgewärmten Teller legen und mit dem Bratenfond anrichten. Mit beiseitegelegtem Salbei und nach Belieben mit Zitronenspalten garnieren.

Beilage: Ofenfrisches Baguette, gebratene Kartoffeln oder Gnocchi.

Tipp: Zu dem Salbeihähnchen schmeckt ein knackiger Tomatensalat mit Oliven, den man während der Garzeit zubereitet.

Gefüllte Putenbrustfilets

4 Portionen

Zubereitungszeit: 40 Minuten
Garzeit: etwa 25 Minuten

2 Putenbrustfilets (je etwa 350 g)
Salz
frisch gemahlener, weißer Pfeffer
Paprikapulver edelsüß

Für die Füllung:
75 g Zucchini
1 Bund Basilikum
150 g Schafkäse

30 g Butterschmalz
40 g Weizenmehl

Für die Sauce:
150 g Crème fraîche
100 g Schlagsahne
1 EL Tomatenmark
Cayennepfeffer

Außerdem:
Holzstäbchen oder Küchengarn

Pro Portion:
E: 52 g, F: 36 g, Kh: 12 g,
kJ: 2580, kcal: 617

1. Putenbrustfilets kurz unter fließendem kalten Wasser abspülen und trocken tupfen. Jeweils mit einem scharfen Messer eine längliche Tasche einschneiden. Mit Salz, Pfeffer und Paprika würzen.
2. Für die Füllung Zucchini waschen, abtrocknen und die Enden abschneiden. Zucchini in kleine Würfel schneiden. Basilikum abspülen und trocken tupfen. Die Blättchen von den Stängeln zupfen. Blättchen in feine Streifen schneiden (einige Basilikumstreifen für die Sauce beiseitelegen). Schafkäse klein würfeln.
3. Zucchiniwürfel mit den Schafkäsewürfeln und Basilikumstreifen vermengen. Mit Salz und Pfeffer würzen. Die Putenbrustfilets damit füllen. Die Öffnungen mit Holzstäbchen oder Küchengarn verschließen.
4. Butterschmalz in einer Pfanne erhitzen. Putenbrustfilets mit Mehl bestäuben und in dem Butterschmalz von beiden Seiten etwa 25 Minuten garen. Putenbrustfilets herausnehmen, Holzstäbchen oder Küchengarn entfernen. Filets warm stellen.
5. Für die Sauce die Crème fraîche, Sahne und Tomatenmark unter den Bratensatz rühren und unter Rühren aufkochen lassen.
6. Anschließend die Sauce mit Salz, Pfeffer und Cayennepfeffer würzen. Beiseitegelegte Basilikumstreifen unterrühren.
7. Die Putenbrustfilets in Scheiben schneiden, mit der Sauce auf Tellern anrichten.

Beilage: Kräuterkartoffeln, Reis, verschiedene Blattsalate.

Gefüllte Putenbrustfilets

Lammschulter mit Tomaten-Oliven-Gemüse

6 Portionen

Zubereitungszeit: 35 Minuten, ohne Einweichzeit
Garzeit: etwa 6 Stunden

1 1/2 kg Lammschulter, ohne Knochen
Salz
frisch gemahlener Pfeffer
etwa 80 ml Olivenöl
2 Zwiebeln
3 Knoblauchzehen
125 g Knollensellerie
1–2 EL Tomatenmark
1 TL frisch gehackter Thymian
1 TL frische Rosmarinnadeln
500 ml (1/2 l) Lammfond oder Fleischbrühe

1 kg Cocktailtomaten
250 g grüne Oliven, ohne Stein

einige Zweige Rosmarin

Außerdem:
Küchengarn

Pro Portion:
E: 51 g, F: 33 g, Kh: 5 g,
kJ: 2210, kcal: 527

1. Den Backofen vorheizen.
Ober-/Unterhitze: etwa 80 °C
2. Lammschulter mit Küchenpapier trocken tupfen, von Fett und Sehnen befreien. Lammschulter mit Küchengarn umwickeln und in Form binden. Mit Salz und Pfeffer würzen.
3. Etwa die Hälfte des Olivenöls in einem großen Bräter erhitzen. Die Lammschulter darin etwa 10 Minuten von allen Seiten anbraten. Zwiebeln und Knoblauch abziehen, in kleine Würfel schneiden. Knollensellerie putzen, schälen, abspülen, abtropfen lassen und in große Würfel schneiden.
4. Zwiebel-, Knoblauch- und Selleriewürfel zu der Lammschulter in den Bräter geben und mit andünsten. Tomatenmark unterrühren. Thymian und Rosmarinnadeln hinzugeben. Lammfond oder Brühe hinzugießen und zum Kochen bringen.
5. Den Bräter auf dem Rost in den vorgeheizten Backofen (untere Schiene) schieben. Die Lammschulter etwa 6 Stunden garen, dabei zwischendurch 2–3-mal wenden.
6. Tomaten abspülen, abtropfen lassen und eventuell die Stängelansätze herausschneiden. Tomaten und abgetropfte Oliven etwa 30 Minuten vor Ende der Garzeit zu der Lammschulter in den Bräter geben und mitgaren lassen.
7. Den Bräter aus dem Backofen nehmen. Die Lammschulter herausnehmen und Küchengarn entfernen. Lammschulter in Scheiben schneiden und auf einer vorgewärmten Platte anrichten. Tomaten-Oliven-Gemüse mit Salz und Pfeffer abschmecken.
8. Die Lammschulter mit dem Tomaten-Oliven-Gemüse servieren. Mit abgespülten und trocken getupften Rosmarinzweigen garnieren.

Beilage: Bauernbrot.

Mariniertes, geschmortes Rindfleisch

6 Portionen

Zubereitungszeit: 50 Minuten, ohne Marinierzeit
Garzeit: etwa 4 Stunden

1 1/2 kg Rindfleisch (aus der Hüfte)
1 1/2 Zwiebeln
1 1/2 Knoblauchzehen
Salz, frisch gemahlener Pfeffer
4–5 Lorbeerblätter
10 Gewürznelken
1 1/2 EL mittelscharfer Senf
1 1/2 EL Tomatenmark
1 1/2 TL gemahlener Zimt
1 1/2 TL gerebelter Oregano
450 ml Rotwein

65 ml Olivenöl
300 ml heiße Fleischbrühe
100 g Schinkenwürfel

2 kleine Stangen Porree (Lauch)
900 g Möhren
600 g Knollensellerie

Lammschulter mit Tomaten-Oliven-Gemüse

90 g Butter
Zucker

evtl. einige Zweige Oregano

Pro Portion:
E: 60 g, F: 29 g, Kh: 13 g,
kJ: 2562, kcal: 612

1. Rindfleisch mit Küchenpapier trocken tupfen und in eine große Schale legen. Zwiebeln und Knoblauch abziehen, in kleine Würfel schneiden. Zwiebel- und Knoblauchwürfel mischen und auf dem Rindfleisch verteilen. Mit Salz und Pfeffer würzen. Lorbeerblätter und Nelken hinzugeben. Senf, Tomatenmark, Zimt und Oregano mit dem Rotwein verrühren. Das Fleisch mit der Marinade übergießen und zugedeckt im Kühlschrank über Nacht marinieren.
2. Den Backofen vorheizen.
Ober-/Unterhitze: etwa 80 °C
3. Das Rindfleisch aus der Marinade nehmen und abtropfen lassen. Olivenöl in einem großen Bräter erhitzen. Rindfleisch darin etwa 10 Minuten von allen Seiten anbraten. Die Marinade hinzugeben und aufkochen lassen.
4. Den Bräter auf dem Rost in den vorgeheizten Backofen (unteres Drittel) schieben. Das Rindfleisch etwa 4 Stunden garen, dabei zwischendurch 2–3-mal wenden. Nach etwa 2 Stunden Garzeit die heiße Brühe und Schinken hinzugeben.
5. Nach etwa 3 1/2 Stunden Garzeit Porree putzen. Die Stangen längs halbieren, gründlich waschen, abtropfen lassen und in etwa 2 cm dicke Streifen schneiden. Möhren und Sellerie putzen, schälen, abspülen, abtropfen lassen und in etwa 1 cm große Würfel schneiden.
6. Butter in einem Topf zerlassen. Möhren- und Selleriewürfel darin andünsten. Etwa 100 ml Wasser hinzugeben und zum Kochen bringen. Mit Salz und Zucker würzen. Möhren- und Selleriewürfel etwa 10 Minuten dünsten. Porreestreifen hinzugeben und weitere etwa 2 Minuten dünsten.

Mariniertes, geschmortes Rindfleisch

7. Den Bräter aus dem Backofen nehmen. Das gare Rindfleisch herausnehmen und in Scheiben schneiden. Lorbeerblätter aus der Sauce entfernen. Die Fleischscheiben wieder in die Sauce legen und mit dem Möhren-Sellerie-Gemüse servieren. Nach Belieben mit abgespülten und trocken getupften Oreganozweigen garnieren.

Beilage: Knödel.

Deftige Hähnchenunterschenkel

Zubereitungszeit: 30 Minuten
Garzeit: etwa 35 Minuten

800 g Hähnchenschenkel (Unterschenkel, etwa 4 Stück)
3 kleine, rote, gelbe und grüne Paprikaschoten (etwa 500 g)
500 g festkochende Kartoffeln
Salz, frisch gemahlener Pfeffer
1–2 TL Paprikapulver edelsüß
1/2 TL Chilipulver
2 EL Olivenöl

evtl. 1 Zweig glatte Petersilie

Außerdem:
1 Stück Bratfolie oder Bratschlauch

Deftige Hähnchenunterschenkel

Pro Portion:
E: 30 g, F: 22 g, Kh: 20 g,
kJ: 1684, kcal: 402

1. Den Backofen vorheizen.
Ober-/Unterhitze: etwa 200 °C
Heißluft: etwa 180 °C
2. Hähnchenschenkel unter fließendem kalten Wasser abspülen und trocken tupfen.
3. Paprikaschoten halbieren, entstielen, entkernen und die weißen Scheidewände entfernen. Schotenhälften waschen, trocken tupfen und in große Würfel schneiden. Kartoffeln waschen, schälen, abspülen, abtropfen lassen und in kleine Würfel schneiden. Paprika-, Kartoffelwürfel und Hähnchenschenkel mit Salz, Pfeffer, Paprika und Chili würzen. Mit Olivenöl beträufeln.
4. Paprika-, Kartoffelwürfel und die Hähnchenschenkel auf ein großes Stück Bratfolie oder in den Bratschlauch geben, nach Packungsanleitung verschließen und auf ein Backblech legen. Das Backblech in den vorgeheizten Backofen (unteres Drittel) schieben. Die Hähnchenschenkel etwa 35 Minuten garen.
5. Die Folie aufschneiden. Die Hähnchenschenkel mit dem Gemüse herausnehmen und auf vorgewärmten Tellern anrichten. Nach Belieben mit einem abgespülten, trocken getupften Petersilienzweig garnieren.

Schweinebraten in Holunderblütenöl gegart

4–6 Portionen

Zubereitungszeit: 45 Minuten
Garzeit: 5–6 Stunden

1 kg Schweinefleisch mit Schwarte (aus der Schulter, vom Metzger einritzen lassen)
10 Holunderblüten
1 Bio-Orange (unbehandelt, ungewachst)
100 ml Olivenöl
100 ml neutrales Speiseöl, z. B. Sonnenblumenöl
4 grob zerdrückte Wacholderbeeren
2 EL Meersalz
frisch gemahlener, schwarzer Pfeffer

Für das Kohlrabigemüse:
1 kg Kohlrabi
Salzwasser

50 g Butter
2 EL Weizenmehl
150 ml kalte Milch
Kohlrabiwasser
Salz
frisch geriebene Muskatnuss

Pro Portion:
E: 38 g, F: 61 g, Kh: 11 g,
kJ: 3195, kcal: 763

1. Schweineschulter mit Küchenpapier trocken tupfen.
2. Den Backofen vorheizen.
Ober-/Unterhitze: etwa 80 °C
Heißluft: etwa 60 °C
3. Holunderblüten vorsichtig abspülen und trocken tupfen. Orange heiß abspülen, abtrocknen und die Hälfte der Schale abreiben.
4. Schweineschulter und Holunderblüten in einen Bräter geben. Oliven- und Speiseöl, Wacholderbeeren, Meersalz und Pfeffer hinzufügen.
5. Den Topf oder Bräter zugedeckt auf dem Rost in den vorgeheizten Backofen schieben. Schweineschulter 5–6 Stunden garen.

Schweinebraten in Holunderblütenöl gegart

6. Für das Gemüse vom Kohlrabi die zarten Blätter abschneiden, abspülen und abtropfen lassen. Blätter in feine Streifen schneiden, in kochendem Salzwasser kurz blanchieren, in kaltem Wasser abschrecken, abtropfen lassen und beiseitelegen.
7. Kohlrabi schälen, abspülen und abtropfen lassen. Kohlrabi zuerst in Scheiben, dann in Stifte schneiden. Kohlrabistifte in 250 ml (1/4 l) kochendem Salzwasser bei schwacher Hitze etwa 8 Minuten bissfest dünsten. Kohlrabistifte in ein Sieb geben, dabei Kohlrabiwasser auffangen.
8. Butter in einem Topf zerlassen. Mehl darin unter Rühren so lange erhitzen, bis es hellgelb ist. Nach und nach Milch und Kohlrabiwasser hinzugießen. Mit einem Schneebesen durchschlagen. Darauf achten, dass kleine Klümpchen entstehen. Die Sauce zum Kochen bringen und etwa 5 Minuten bei schwacher Hitze kochen. Kohlrabistifte und geschnittene Kohlrabiblätter unterheben. Mit Salz und etwas Muskat würzen. Gemüse nochmals aufkochen lassen und warm stellen.
9. Den Backofengrill vorheizen.
10. Den Bräter aus dem Backofen nehmen. Den Braten herausnehmen und etwas abtropfen lassen. Das Holunderblütenöl durch ein Sieb in einen Topf gießen. Den Braten wieder in den Bräter legen und auf dem Rost unter den heißen Backofengrill schieben. So lange grillen, bis die Schwarte knusprig ist.
11. Den Schweinebraten etwa 5 Minuten ruhen lassen. Von der restlichen Orangenhälfte die Schale mit einem Zestenreißer abziehen. Braten aufschneiden. Gemüse portionsweise auf Tellern anrichten. Das Fleisch darauflegen und mit etwas lauwarmem Holunderblütenöl beträufeln. Mit Orangenschale garnieren und mit Pfeffer bestreuen.

Beilage: Rösti.

Schweinekrustenbraten

4 Portionen

Zubereitungszeit: 20 Minuten, ohne Ruhezeit
Garzeit: 1 3/4–2 Stunden

1 kg Schweinefleisch mit Schwarte (aus der Keule)
Salz, frisch gemahlener Pfeffer
gerebelter Thymian
gerebelter Salbei
gerebelter Rosmarin
250 ml (1/4 l) Bier
250 ml (1/4 l) Wasser

2 EL Weizenmehl
3 EL kaltes Wasser

Pro Portion:
E: 48 g, F: 30 g, Kh: 7 g,
kJ: 2160, kcal: 515

1. Den Backofen vorheizen.
Ober-/Unterhitze: etwa 200 °C
Heißluft: etwa 180 °C
2. Fleisch mit Küchenpapier trocken tupfen. Die Schwarte gitterartig einschneiden. Die Fleischeinschnitte mit Salz, Pfeffer, Thymian, Salbei und Rosmarin einreiben.
3. Das Fleisch mit der Schwarte nach oben in einen mit Wasser ausgespülten Bratentopf legen, auf dem Rost in den vorgeheizten Backofen schieben. Braten 1 3/4–2 Stunden garen.
4. Sobald der Bratensatz bräunt, etwas Bier und Wasser hinzugießen. Den Braten ab und zu mit dem Bratensatz begießen. Verdampfte Flüssigkeit nach und nach durch Bier und Wasser ersetzen.
5. Den Krustenbraten aus dem Topf nehmen und etwa 10 Minuten ruhen lassen. Krustenbraten in Scheiben schneiden, auf einer vorgewärmten Platte anrichten und warm stellen.
6. Den Bratensatz mit Wasser loskochen und durch ein Sieb gießen. Nach Belieben mit Wasser auf 500 ml (1/2 l) auffüllen. Mehl mit Wasser anrühren, in die Sauce rühren und unter Rühren aufkochen lassen. Mit Salz und Pfeffer abschmecken.
7. Den Schweinekrustenbraten anrichten und mit der Sauce servieren.

Tipp: Mit Zwiebelringen und Rosmarinzweigen garnieren.

Roastbeefröllchen mit Kartoffelecken

12 Portionen

Zubereitungszeit: 40 Minuten
Garzeit: etwa 20 Minuten

24 dünne Scheiben Roastbeef (Rumpsteak, je etwa 60 g)
3 kleine, rote Paprikaschoten
3 Bund Frühlingszwiebeln
200 g mittelalter Gouda-Käse, am Stück
Salz, frisch gemahlener Pfeffer
9 EL Olivenöl
120 ml Weinbrand

1 1/4 kg TK-Kartoffel-Wedges (Kartoffelspalten)

Außerdem:
Holzstäbchen

Pro Portion:
E: 37 g, F: 25 g, Kh: 26 g,
kJ: 2085, kcal: 498

1. Den Backofen vorheizen.
Ober-/Unterhitze: etwa 80 °C
2. Eine große Auflaufform mit niedrigem Rand auf dem Rost (mittlere Schiene) miterwärmen.
3. Roastbeefscheiben mit Küchenpapier trocken tupfen und den Fettrand abschneiden. Die Fleischscheiben nebeneinander auf die Arbeitsfläche legen.
4. Paprikaschoten halbieren, entstielen, entkernen und die weißen Scheidewände entfernen. Schotenhälften abspülen, abtropfen lassen und in Streifen schneiden. Frühlingszwiebeln putzen, abspülen, abtropfen lassen und in etwa 3 cm lange Stücke schneiden.
5. Den Käse in 24 fingerdicke, etwa 3 cm lange Stücke schneiden. Die Fleischscheiben mit Salz und Pfeffer bestreuen. Jeweils 1–2 Paprikastreifen, 1–2 Frühlingszwiebelstücke und 1 Käsestift auf die Fleischscheiben legen. Die Fleischscheiben von der schmalen Seite aus fest aufrollen und mit Holzstäbchen feststecken.
6. Jeweils etwas Olivenöl in einer großen Pfanne erhitzen. Die Roastbeefröllchen darin portionsweise etwa 5 Minuten von allen Seiten gut anbraten, herausnehmen, in die vorgewärmte Auflaufform legen und in den vorgeheizten Backofen schieben. Den Weinbrand unter Rühren zum Bratensatz in die Pfanne geben. Die Roastbeefröllchen mit dem Weinbrandsud übergießen. Die Roastbeefröllchen etwa 20 Minuten garen.
7. Kartoffelspalten in einer Pfanne nach Packungsanleitung zubereiten. Roastbeefröllchen (Holzstäbchen entfernen) mit Kartoffelspalten anrichten und servieren.

Schweinekrustenbraten

Roastbeefröllchen mit Kartoffelecken

Leberterrine

6–8 Portionen

Zubereitungszeit: 60 Minuten, ohne Kühlzeit
Garzeit: etwa 50 Minuten
Haltbarkeit: gut gekühlt etwa 5 Tage

1 Entenbrustfilet (etwa 250 g)
600 g Geflügelleber, z. B. Hühner- oder Putenleber
Salz, frisch gemahlener Pfeffer
1 EL Speiseöl, z. B. Rapsöl
300 g ungeräucherter, frischer Speck
70 g Zwiebeln
2 gestr. TL Salz
1 EL gerebelter Majoran
1 TL gerebelter Beifuß
2 EL Butter
2 EL Weizenmehl
200 g Schlagsahne
100 ml Fleischbrühe
50 g getrocknete Tomaten
125 g Frühstücksspeck (Bacon), in Scheiben

Pro Portion:
E: 34 g, F: 42 g, Kh: 11 g,
kJ: 2313, kcal: 552

1. Entenbrustfilet und Geflügelleber unter fließendem kalten Wasser abspülen und trocken tupfen. Von dem Entenbrustfilet die Haut abschneiden. Die Haut in kleine Stücke schneiden. Filet längs halbieren, mit Salz und Pfeffer würzen.
2. Speiseöl in einer Pfanne erhitzen. Die Entenbrusthälften darin unter gelegentlichem Wenden etwa 10 Minuten braten, herausnehmen und erkalten lassen.
3. Geflügelleber evtl. entsehnen, in kleine Stücke schneiden. Speck klein würfeln. Speck-, Entenhaut- und Leberstücke zugedeckt etwa 10 Minuten in den Gefrierschrank legen. Anschließend in einem Blitzhacker fein zerkleinern oder durch einen Fleischwolf mit feiner Scheibe drehen.
4. Die Zwiebeln abziehen, halbieren, klein würfeln und unter die Lebermasse rühren. Lebermasse mit Salz, Pfeffer, Majoran und Beifuß würzen.
5. Den Backofen vorheizen.
Ober-/Unterhitze: etwa 180 °C
Heißluft: etwa 160 °C
6. Die Butter in einem Topf zerlassen. Mehl darin unter Rühren so lange erhitzen, bis es hellgelb ist. Sahne und Fleischbrühe hinzugießen und mit einem Schneebesen gut durchrühren. Darauf achten, dass keine Klümpchen entstehen. Sauce unter Rühren kurz aufkochen, anschließend etwas abkühlen lassen.
7. Wasser in einem Topf zum Kochen bringen. Getrocknete Tomaten hinzufügen und kurz aufkochen lassen. Tomaten in einem Sieb abtropfen lassen und in Stücke schneiden. Tomatenstücke mit der Sauce unter die Lebermasse rühren.
8. Eine Terrinenform oder hitzebeständige Form (etwa 1 1/2-Liter-Inhalt) mit den Speckscheiben so auslegen, dass die Scheiben etwas über den Formrand hängen. Die Hälfte der Lebermasse in die Form geben und glatt streichen. Entenbrusthälften längs darauflegen. Die restliche Lebermasse darauf verteilen. Die überhängenden Speckscheiben auf die Lebermasse legen.
9. Die Form auf dem Rost in den vorgeheizten Backofen (unteres Drittel) schieben. Leberterrine etwa 50 Minuten garen.
10. Die Leberterrine in der Form erkalten lassen, mindestens 3 Stunden in den Kühlschrank stellen. Leberterrine in der Form servieren.

Marinierte Wildsteaks

4 Portionen

Zubereitungszeit: 30 Minuten, ohne Marinierzeit

4 Wildsteaks (je etwa 150 g) vom Reh, Hirsch oder Wildschwein

Für die Marinade:
3 EL Zitronensaft
10 zerdrückte Wacholderbeeren
1 Lorbeerblatt, in Stückchen
1 TL getrockneter, gerebelter Thymian oder frische Rosmarinnadeln
5 EL Speiseöl, z. B. Rapsöl
Salz, frisch gemahlener Pfeffer
125 g Schlagsahne
2 TL Johannisbeergelee
evtl. Cayennepfeffer

Pro Portion:
E: 32 g, F: 27 g, Kh: 4 g,
kJ: 1640, kcal: 392

1. Die Wildsteaks mit Küchenpapier trocken tupfen, evtl. enthäuten.
2. Für die Marinade den Zitronensaft mit Wacholderbeeren, Lorbeerblatt, Thymian oder Rosmarin verrühren, Speiseöl unterschlagen. Die Steaks in eine flache Schale geben und mit der Marinade übergießen. Die Steaks in der Marinade etwa 2 Stunden mit Frischhaltefolie zugedeckt im Kühlschrank marinieren, dabei gelegentlich wenden.

Leberterrine

3. Eine Pfanne ohne Fett erhitzen. Die Steaks aus der Marinade nehmen, etwas abtropfen lassen, in die Pfanne geben und von beiden Seiten anbraten. Die Steaks etwa 10 Minuten bei mittlerer Hitze braten, dabei zwischendurch einmal wenden. Die Steaks mit Salz und Pfeffer würzen, herausnehmen und zugedeckt warm stellen.

4. Die restliche Marinade in die Pfanne geben und den Bratensatz loskochen. Sahne und Gelee hinzufügen, gut verrühren. Den ausgetretenen Fleischsaft von den Steaks unterrühren. Die Sauce mit Salz, Pfeffer und nach Belieben mit Cayennepfeffer abschmecken. Die Sauce zu den Steaks reichen.

Beilage: Salzkartoffeln, gemischter Blattsalat oder Feldsalat.

Tipp: Nach Belieben die Sauce mit etwas dunklem Saucenbinder binden.

Abwandlung: Für **Wildsteaks mit Brombeersauce** 250 g Brombeeren verlesen (oder TK-Früchte auftauen lassen). 75 g Zucker in einem Topf bei mittlerer Hitze unter Rühren karamellisieren. Mit 165 ml schwarzem Johannisbeersaft ablöschen, zum Kochen bringen. Brombeeren hinzugeben. 1–2 Teelöffel Speisestärke mit etwas Wasser anrühren, unter Rühren in die Sauce rühren und unter Rühren aufkochen lassen. Die Sauce mit Salz und Pfeffer abschmecken. Nach Belieben mit gehackten Basilikumblättchen garniert zu den Wildsteaks reichen.

Rehmedaillons mit Mango-Ananas-Scheiben

4 Portionen

Zubereitungszeit: 40 Minuten
Garzeit: etwa 10 Minuten

etwa 700 g Rehrücken, ohne Knochen
1 Bund Frühlingszwiebeln
1 Mango
1 frische Ananas
5 EL Speiseöl, z. B. Rapsöl
Salz
frisch gemahlener Pfeffer
40 ml Grand Marnier (Orangenlikör)

Pro Portion:
E: 41 g, F: 19 g, Kh: 33 g,
kJ: 2067, kcal: 494

1. Rehrücken mit Küchenpapier trocken tupfen und in 8 gleich große Medaillons schneiden.

2. Frühlingszwiebeln putzen, abspülen, abtropfen lassen und in etwa 3 cm große Stücke schneiden. Mango halbieren und den Stein herauslösen. Mangohälften schälen. Von dem Fruchtfleisch 8 etwa 1 cm dicke Scheiben abschneiden.

3. Von der Ananas Blatt- und Strunkende entfernen. Ananas längs halbieren und den holzigen Mittelstrunk herausschneiden. Ananashälften schälen und in 8 etwa 1 cm dicke Scheiben schneiden.

4. Etwa die Hälfte des Speiseöls in einer Pfanne erhitzen. Die Rehmedaillons darin etwa 10 Minuten unter gelegentlichem Wenden braten, mit Salz und Pfeffer bestreuen, herausnehmen und warm stellen. Restliches Speiseöl in der Pfanne erhitzen. Die Ananas- und Mangoscheiben darin kurz von beiden Seiten anbraten und herausnehmen.

5. Frühlingszwiebelstücke in die Pfanne geben und ebenfalls anbraten, Grand Marnier unterrühren. Die Rehmedaillons mit den Mango-Ananas-Scheiben und Frühlingszwiebelstücken anrichten, sofort servieren.

Beilage: Kroketten oder Toastbrot.

Gänsebrust mit Apfelspalten

Gänsebrust mit Apfelspalten

6 Portionen

Zubereitungszeit: 40 Minuten
Garzeit: etwa 3 Stunden

3 Gänsebrüste mit Haut
(je etwa 1 kg)
Salz, frisch gemahlener Pfeffer

3 Zwiebeln
600 ml Geflügelfond
7–8 Gewürznelken
1 1/2 TL Beifuß
1 1/2 Bund Frühlingszwiebeln
6 rote Äpfel
60 g Butter
3 EL brauner Zucker (Rohrzucker)
frisch gemahlener Zimt
4–5 EL Schlagsahne

einige Zweige Rosmarin

Pro Portion:
E: 57 g, F: 61 g, Kh: 25 g,
kJ: 3675, kcal: 878

1. Den Backofen vorheizen.
Ober-/Unterhitze: etwa 80 °C

2. Gänsebrüste kurz unter fließendem kalten Wasser abspülen und trocken tupfen. Das Fleisch von den Knochen lösen. Den äußeren Fettrand etwa 1 cm breit abschneiden. Die Haut der Gänsebrüste 2–3-mal etwa 1/2 cm tief einschneiden. Gänsebrüste mit Salz und Pfeffer würzen.

3. Gänsebrüste evtl. in 2 Portionen mit der Hautseite nach unten in einer großen Pfanne etwa 10 Minuten anbraten, dann die Gänsebrüste wenden und die zweite Seite etwa 5 Minuten anbraten. Fett abgießen.

4. Zwiebeln abziehen, in kleine Würfel schneiden, zu den Gänsebrüsten in die Pfanne geben und kurz andünsten. Mit Fond ablöschen und zum Kochen bringen. Gänsebrüste herausnehmen und mit der Hautseite nach oben in eine Fettpfanne legen. Den Fond hinzugießen. Nelken und Beifuß hinzufügen. Die Fettpfanne in den vorgeheizten Backofen (untere Schiene) schieben. Die Gänsebrüste etwa 3 Stunden garen.

5. Etwa 30 Minuten vor Ende der Garzeit die Frühlingszwiebeln putzen, abspülen, abtropfen lassen und in dünne Ringe schneiden. Äpfel abspülen, vierteln und entkernen. Apfelviertel nochmals durchschneiden. Butter in einer Pfanne zerlassen. Die Apfelspalten hinzugeben, mit Zucker und Zimt bestreuen und etwa 5 Minuten dünsten. Frühlingszwiebelringe und Sahne hinzugeben. Apfelspalten warm halten.

6. Nach etwa 2 1/2 Stunden Garzeit der Gänsebrüste den Backofengrill einschalten. Die Gänsebrusthaut 6–10 Minuten knusprig braun grillen. Die Gänsebrüste aus der Fettpfanne nehmen, eventuell in Scheiben schneiden, mit den Apfelspalten und Frühlingszwiebelringen auf einer großen Platte anrichten. Mit abgespülten und trocken getupften Rosmarinzweigen garnieren.

Beilage: Kartoffelpüree.

Schweinefilet mit Spätzle

10–12 Portionen

Zubereitungszeit: 50 Minuten
Garzeit: etwa 40 Minuten je Form

1 1/2 kg Schweinefilet
4 mittelgroße Zwiebeln (etwa 400 g)
500 g Champignons
8 EL Speiseöl,
z. B. Sonnenblumenöl
Salz
frisch gemahlener Pfeffer
800 g Eier-Spätzle
(aus dem Kühlregal)

Für den Käse-Sahne-Guss:
200 g Kräuter-Schmelzkäse
400 g Schlagsahne
450 g Kräuter-Crème-fraîche
1 EL gehackte Petersilie
1 EL Schnittlauchröllchen

100 g geraspelter Käse,
z. B. Emmentaler, Gouda
oder Parmesan

evtl. 2 EL gehackte Kräuter,
z. B. glatte Petersilie

Pro Portion:
E: 44 g, F: 41 g, Kh: 27 g,
kJ: 2733, kcal: 655

1. Schweinefilet mit Küchenpapier trocken tupfen, evtl. enthäuten und entsehnen, längs halbieren und in dünne Scheiben schneiden.

2. Zwiebeln abziehen, halbieren und in Würfel schneiden. Champignons putzen, mit Küchenpapier abreiben, evtl. abspülen, trocken tupfen und in Scheiben schneiden.

3. Die Fleischscheiben in 4 Portionen anbraten. Dafür jeweils etwa 1 1/2 Esslöffel Speiseöl in einer großen Pfanne erhitzen. Die Fleischscheiben darin kurz von beiden Seiten anbraten, mit Salz und Pfeffer würzen, herausnehmen und auf einen Teller legen. Jeweils die Hälfte des restlichen Speiseöls in die Pfanne geben. Die Zwiebelwürfel und Champignonscheiben darin in 2 Portionen kurz anbraten. Mit Salz und Pfeffer würzen.

4. Die Spätzle jeweils aus der Packung nehmen und in 2 Auflaufformen verteilen. Je die Hälfte der Fleischscheiben daraufgeben und mit der Hälfte der Champignon-Zwiebel-Masse belegen.

5. Den Backofen vorheizen.
Ober-/Unterhitze: etwa 200 °C
Heißluft: etwa 180 °C

6. Für den Guss Schmelzkäse zuerst mit etwas von der Sahne verrühren, dann mit der restlichen Sahne und Crème fraîche glatt rühren. Mit Salz und Pfeffer würzen. Petersilie und Schnittlauchröllchen unterrühren. Jeweils die Hälfte der Käse-Sahne-Sauce in die Auflaufformen geben und mit Käse bestreuen.

7. Die Auflaufformen nacheinander (bei Heißluft zusammen) in den vorgeheizten Backofen (untere Schiene) schieben. Anschließend Schweinefilet mit Spätzle etwa 40 Minuten je Form garen.

8. Nach Belieben Schweinefilet mit Spätzle mit gehackten Kräutern bestreut servieren.

Beilage: Gemischter Blattsalat oder Tomatensalat.

Fasanenbrust mit Apfelgemüse und Kartoffelpüree

4 Portionen

Zubereitungszeit: 40 Minuten
Garzeit: Fasanenbrustfilets etwa 12 Minuten, Apfelgemüse 3–4 Minuten

1 kg mehligkochende Kartoffeln
Salz
4 Fasanenbrustfilets (etwa 400 g)
frisch gemahlener Pfeffer
4 EL Speiseöl, z. B. Rapsöl
2 Zwiebeln
4 säuerliche Äpfel (etwa 800 g), z. B. Cox Orange
2 EL Speiseöl, z. B. Rapsöl
1 EL brauner Zucker (Rohrzucker)
1 TL gerebelter Majoran
75 g Butter
250 ml (1/4 l) Milch
frisch geriebene Muskatnuss

Pro Portion:
E: 29 g, F: 27 g, Kh: 56 g,
kJ: 2491, kcal: 595

1. Kartoffeln waschen, schälen, abspülen, abtropfen lassen und in kleine Stücke schneiden. Kartoffelstücke knapp mit Salzwasser bedeckt zum Kochen bringen und zugedeckt etwa 20 Minuten garen.

2. In der Zwischenzeit Fasanenbrustfilets kurz unter fließendem kalten Wasser abspülen, trocken tupfen, mit Salz und Pfeffer würzen. Speiseöl in einer großen Pfanne erhitzen. Fasanenbrustfilets darin von allen Seiten gut anbraten, in etwa 12 Minuten fertig garen. Fasanenbrustfilets herausnehmen und warm stellen.

3. Zwiebeln abziehen und in Scheiben schneiden. Äpfel schälen, vierteln, entkernen und grob würfeln. Speiseöl in einem Topf erhitzen. Zwiebelscheiben darin andünsten. Apfelwürfel hinzufügen und unter Rühren 3–4 Minuten dünsten. Apfelgemüse mit Zucker, Salz, Pfeffer und Majoran abschmecken.

4. Kartoffeln abgießen, abdämpfen und sofort durch eine Kartoffelpresse drücken. Butter hinzugeben. Milch aufkochen, mit einem Schneebesen nach und nach unter die Kartoffelmasse rühren. Das Püree bei schwacher Hitze so lange mit einem Schneebesen rühren, bis eine einheitlich lockere Masse entstanden ist. Mit Salz und Muskat würzen.

5. Fasanenbrust mit Apfelgemüse und Kartoffelpüree auf Tellern anrichten.

Schweinefilet mit Spätzle

Fasanenbrust mit Apfelgemüse und Kartoffelpüree

Curryhähnchen

4 Portionen

Zubereitungszeit: 20 Minuten
Brat- und Garzeit: etwa 15 Minuten

3 Hähnchenbrustfilets (je etwa 200 g)
Salz
evtl. 1 Prise gemahlener Piment
1 mittelgroße Stange Porree (Lauch)
3 mittelgroße Möhren
evtl. 1 walnussgroßes Stück Ingwerwurzel
2 EL Butterschmalz
frisch gemahlener Pfeffer
1–2 TL mildes Currypulver
150 ml Gemüsebrühe
Saft von 1/2 Limette
1 TL flüssiger Honig
250 g Joghurt (3,5 % Fett)

Pro Portion:
E: 39 g, F: 14 g, Kh: 8 g,
kJ: 1324, kcal: 317

1. Hähnchenbrustfilets kurz unter fließendem kalten Wasser abspülen, trocken tupfen und in Streifen schneiden. Mit Salz und evtl. Piment würzen. Porree putzen, die Stange längs halbieren, gründlich waschen, abtropfen lassen und in Streifen schneiden.
2. Möhren putzen, schälen, abspülen und abtropfen lassen. Möhren in feine Scheiben schneiden. Ingwer schälen, in kleine Würfel schneiden.
3. Butterschmalz in einer Pfanne erhitzen. Die Fleischstreifen darin von allen Seiten knusprig braun braten. Porree, Möhren und Ingwer hinzufügen. Mit Salz, Pfeffer und Curry würzen, kurz mit anbraten. Brühe hinzugießen. Limettensaft und Honig unterrühren.
4. Die Zutaten zum Kochen bringen und zugedeckt 5–7 Minuten bei schwacher Hitze kochen lassen. Die Pfanne von der Kochstelle nehmen. Joghurt unter die Hähnchenpfanne rühren (nicht mehr kochen lassen). Die Hähnchenpfanne mit Curry, Salz und Piment würzig abschmecken.

Beilage: Vollkornreis.

Champagner-Fleisch

6 Portionen

Zubereitungszeit: 40 Minuten, ohne Durchziehzeit
Garzeit: etwa 35 Minuten

6 Schweineschnitzel (je 160–180 g)

Für die Marinade:
1/2 Bio-Zitrone (unbehandelt, ungewachst)
1 1/2 EL flüssiger Honig
knapp 1/2 TL grobes Salz
frisch gemahlener, schwarzer Pfeffer
1/4 TL Chilipulver
1 Msp. Sambal Oelek
3 EL Olivenöl
1 EL gehackte Petersilie
1 EL Schnittlauchröllchen
1 TL gehackter Thymian
1/2 Bund Frühlingszwiebeln
250 g Fenchelknollen
125 ml (1/8 l) Curryketchup
375 ml Champagner oder Sekt

Pro Portion:
E: 39 g, F: 8 g, Kh: 14 g,
kJ: 1398, kcal: 334

1. Schnitzel mit Küchenpapier trocken tupfen und quer halbieren.
2. Für die Marinade Zitrone heiß abwaschen, abtrocknen und halbieren. Von 1 Zitronenhälfte die Schale abreiben und den Saft auspressen. Honig mit Zitronenschale, -saft, Salz, Pfeffer, Chili und Sambal Oelek verrühren. Olivenöl unterschlagen. Petersilie, Schnittlauchröllchen und Thymian unterrühren.
3. Frühlingszwiebeln putzen, abspülen, abtropfen lassen und in etwa 1 cm dicke Ringe schneiden. Von den Fenchelknollen die Stiele dicht oberhalb der Knollen abschneiden. Braune Stellen und Blätter entfernen. Fenchelgrün abschneiden und beiseitelegen (kühl legen). Die Wurzelenden der Knollen gerade schneiden. Knollen waschen, abtropfen lassen, halbieren, in dünne Scheiben, dann in Streifen schneiden.

Curryhähnchen

Champagner-Fleisch

Currybuletten mit Avocado-Joghurt und Sesamkringel

4. Etwa ein Drittel der Marinade in einem Bräter oder Topf verteilen. Ein Drittel der Schnitzel darauflegen und mit etwas Marinade bestreichen. Einige Frühlingszwiebelringe und Fenchelstreifen darauf verteilen. Wieder ein Drittel der Schnitzel darauflegen und mit etwas von der Marinade bestreichen. Mit einigen Frühlingszwiebelringen und Fenchelstreifen belegen. So weiter verfahren, bis alle Zutaten aufgebraucht sind. Die letzte Schicht sollte aus Frühlingszwiebeln und Fenchel bestehen.
5. Die eingeschichteten Zutaten zuerst mit Ketchup und dann mit Champagner oder Sekt übergießen. Das Champagner-Fleisch zugedeckt etwa 5 Stunden im Kühlschrank durchziehen lassen.
6. Das marinierte Champagner-Fleisch in dem Bräter oder Topf bei mittlerer Hitze zum Kochen bringen, einmal umrühren und etwa 5 Minuten kochen lassen. Den Bräter oder Topf von der Kochstelle nehmen. Champagner-Fleisch weitere etwa 30 Minuten gar ziehen lassen.
7. Den Sud nach Belieben mit Salz, Pfeffer und Chili abschmecken.
8. Beiseitegelegtes Fenchelgrün abspülen, trocken tupfen und klein schneiden. Das Champagner-Fleisch mit Fenchelgrün bestreut servieren.

Beilage: Fettuccine (breite, kurze Bandnudeln), frische Pellkartoffeln oder ofenfrisches Baguette.

Currybuletten mit Avocado-Joghurt und Sesamkringel

4 Portionen

Zubereitungszeit: 30 Minuten
Bratzeit: 5–6 Minuten

3 EL (40 g) geröstete, gesalzene Erdnusskerne
10–12 Minzeblättchen
50 g Schalotten
600 g Gehacktes (halb Rind-/halb Schweinefleisch)
2 TL mildes Currypulver
1–2 EL Sambal Oelek
Salz
2 EL Speiseöl

250 g Magermilchjoghurt
1 EL Zitronensaft
1 reife Avocado
2 Sesamkringel
(erhältlich im türkischen Laden)

Pro Portion:
E: 37 g, F: 48 g, Kh: 22 g,
kJ: 2793, kcal: 667

1. Erdnusskerne klein hacken. Die Minzeblättchen abspülen und trocken tupfen. 5 Minzeblättchen klein schneiden. Restliche Blättchen beiseitelegen. Schalotten abziehen und in kleine Würfel schneiden.
2. Gehacktes in eine Schüssel geben. Erdnusskerne, klein geschnittene Minze, Schalottenwürfel, Curry, Sambal Oelek und Salz hinzufügen, mit dem Gehackten gut vermischen. Die Gehacktesmasse in einen Einwegspritzbeutel oder großen Gefrierbeutel füllen und eine etwa 4 cm große Ecke abschneiden.
3. Die Gehacktesmasse direkt auf ein Schneidbrett zu langen Rollen spritzen und mit einem Messer in etwa 8 cm lange Röllchen schneiden. Speiseöl in einer Pfanne erhitzen. Die Gehacktesröllchen darin 5–6 Minuten bei mittlerer Hitze goldbraun braten, herausnehmen und auf Küchenpapier abtropfen lassen.
4. Beiseitegelegte Minzeblättchen klein schneiden. Joghurt mit Zitronensaft und Salz glatt rühren, Minze unterrühren.
5. Avocado halbieren und den Stein herauslösen. Die Avocadohälften schälen. Fruchtfleisch in kleine Stücke schneiden und sofort unter die Joghurtmasse heben.
6. Currybuletten mit dem Avocado-Joghurt und den Sesamkringeln servieren.

Tipp: Mit frisch gepresstem Orangensaft servieren.

Corned-Beef-Sülze

4 Portionen

Zubereitungszeit: 30 Minuten, ohne Kühlzeit
Haltbarkeit: gekühlt etwa 6 Tage

2 Blatt weiße Gelatine
1 Pck. gemahlene Gelatine, rot
300 ml Fleischbrühe
400 g Corned Beef
1 gestr. TL Salz
frisch gemahlener Pfeffer
2–3 Tropfen Tabasco
135 g Maiskölbchen (aus dem Glas)
2 kleine Bockwürste oder Wiener Würstchen (etwa 160 g)
2 Gewürzgurken

Pro Portion:
E: 31 g, F: 17 g, Kh: 3 g,
kJ: 1235, kcal: 295

1. Gelatine in kaltem Wasser nach Packungsanleitung einweichen. Die Brühe in einem Topf erwärmen. Corned Beef hinzufügen und unter Rühren schmelzen.
2. Gelatine leicht ausdrücken und in der warmen Corned-Beef-Masse unter Rühren auflösen. Mit Salz, Pfeffer und Tabasco kräftig abschmecken.
3. Den Boden einer rechteckigen Form (etwa 1,2-Liter-Inhalt, kalt ausgespült) etwa 1/2 cm hoch mit der Sülzenmischung bedecken und etwa 10 Minuten in den Kühlschrank stellen.
4. Maiskölbchen in einem Sieb gut abtropfen lassen und in die Form schichten, etwas von der Sülzenmischung daraufgeben und verstreichen (die Maiskölbchen sollten dünn mit der Masse bedeckt sein). Die Form wieder etwa 10 Minuten in den Kühlschrank stellen.
5. Bockwürste oder Wiener Würstchen in die Form legen. Wieder etwas von der Sülzenmischung daraufstreichen. Die Form wieder 10 Minuten in den Kühlschrank stellen.
6. Gurken abtropfen lassen, längs vierteln und in die Form legen. Restliche Sülzenmischung darauf verteilen. Die Form mindestens 6 Stunden oder über Nacht in den Kühlschrank stellen.
7. Die Form kurz in heißes Wasser tauchen. Corned-Beef-Sülze auf eine Platte stürzen.

Beilage: Roggenmischbrot.

Corned-Beef-Sülze

Entenbraten mit Nektarinen

Entenbraten mit Nektarinen

4–6 Portionen

Zubereitungszeit: 30 Minuten
Garzeit: etwa 6 Stunden

1 küchenfertige Ente (etwa 2 kg)
Salz, frisch gemahlener Pfeffer
1–2 EL Speiseöl, z. B. Rapsöl
1 Zwiebel
250 g Zucchini
200 ml Apfelsaft
Saft von 1 Limette
etwa 10 frische Salbeiblättchen
6 Nektarinen
100 g Schlagsahne

Pro Portion:
E: 60 g, F: 44 g, Kh: 25 g,
kJ: 3151, kcal: 751

1. Den Backofen vorheizen.
Ober-/Unterhitze: etwa 80 °C
2. Die Ente innen und außen unter fließendem kalten Wasser abspülen, trocken tupfen, in 8 Stücke teilen. Fett und Sehnen abschneiden.Ententeile mit Salz und Pfeffer würzen.
3. Speiseöl in einem Bräter mit niedrigem Rand erhitzen. Die Ententeile darin zuerst auf der Hautseite anbraten, dann etwa 10 Minuten von allen Seiten gut anbraten. Zwiebel abziehen, klein würfeln, zu den Ententeilen in den Bräter geben und mit anbraten.
4. Den Bräter auf dem Rost (unteres Drittel) in den vorgeheizten Backofen schieben. Die Ententeile etwa 6 Stunden garen.
5. Etwa 3 Stunden vor Ende der Garzeit Zucchini waschen, abtrocknen

und die Enden abschneiden. Zucchini in etwa 1 cm große Würfel schneiden.
6. Apfel- und Limettensaft erwärmen, mit den Zucchiniwürfeln zu den Ententeilen in den Bräter geben. Zucchiniwürfel mit Salz und Pfeffer würzen. Salbeiblättchen abspülen, trocken tupfen und unterrühren. Den Bräter wieder in den heißen Backofen schieben und die Ententeile weitergaren.
7. Etwa 60 Minuten vor Ende der Garzeit Nektarinen abspülen, abtrocknen, halbieren und entsteinen. Nektarinen in Spalten schneiden. Sahne unter Rühren in den Bräter geben. Die Nektarinenspalten hinzufügen. Den Bräter wieder in den heißen Backofen schieben und die Ententeile fertig garen.

Beilage: Spätzle.

Pikant geschmorte Putenkeule

4–5 Portionen

Zubereitungszeit: 25 Minuten
Garzeit: etwa 50 Minuten

2 Knoblauchzehen
1 walnussgroßes Stück Ingwerwurzel
1/2 TL grob geschroteter Chili
3 TL flüssiger Honig
1 Putenoberkeule (etwa 800 g), ohne Knochen
Salz
frisch gemahlener Pfeffer
2 Zwiebeln
2 Möhren
1 Stange Porree (Lauch)
2 EL Speiseöl oder Butterschmalz
2 EL Tomatenmark
1 Pimentkorn
1 Lorbeerblatt
2 Gewürznelken
200 ml Gemüse- oder Geflügelbrühe

Außerdem:
Küchengarn

Pro Portion:
E: 36 g, F: 23 g, Kh: 9 g,
kJ: 1597, kcal: 382

1. Knoblauch abziehen. Ingwer schälen. Knoblauch und Ingwer in sehr kleine Würfel schneiden, in eine kleine Schüssel geben. Chili und Honig gut unterrühren. Putenoberkeule kurz unter fließendem kalten Wasser abspülen, trocken tupfen, mit Salz und Pfeffer rundherum einreiben. Die Putenkeule von innen mit der Hälfte der Ingwer-Honig-Mischung bestreichen. Putenkeule mit Küchengarn umwickeln.
2. Den Backofen vorheizen.
Ober-/Unterhitze: etwa 180 °C
Heißluft: etwa 160 °C
3. Zwiebeln abziehen und in Spalten schneiden. Möhren putzen, schälen, abspülen, abtropfen lassen und in Scheiben schneiden. Porree putzen, die Stange längs halbieren, gründlich waschen, gut abtropfen lassen und in Streifen schneiden.
4. Speiseöl oder Butterschmalz in einem Bräter erhitzen. Die Putenkeule darin von allen Seiten kräftig anbraten. Putenkeule herausnehmen und kurz beiseitelegen.
5. Zwiebelspalten, Möhrenscheiben und Porreestreifen in dem verbliebenen Bratfett unter mehrmaligem Rühren andünsten. Tomatenmark unterrühren und kurz mitdünsten lassen. Mit Salz, Pfeffer, Piment, Lorbeerblatt und Nelken würzen. Brühe hinzugießen. Die beiseitegelegte Putenkeule auf das angedünstete Gemüse legen. Den Bräter mit dem Deckel verschließen und auf dem Rost in den vorgeheizten Backofen schieben. Die Putenkeule etwa 50 Minuten garen.
6. Den Bräter aus dem Backofen nehmen. Die gare Putenkeule herausnehmen und mit der restlichen Ingwer-Honig-Mischung bestreichen. Die Putenkeule auf den Rost (mit Alufolie belegt) legen und in den heißen Backofen schieben. Die Putenkeule bei gleicher Backofentemperatur von allen Seiten knusprig braun braten.
7. Die Putenkeule (Küchengarn entfernen) in Scheiben schneiden und mit dem Gemüse anrichten.

Beilage: Im Backofen mitgegarte Röstkartoffeln, ofenfrisches Baguette, Reis.

Pikant geschmorte Putenkeule

Schnitzel-Pizza

6 Portionen

Zubereitungszeit: 40 Minuten, ohne Durchziehzeit
Garzeit: etwa 35 Minuten

6 Schweineschnitzel (je 100–120 g)

Für die Marinade:
5 TL flüssiger Blütenhonig
1 TL Zitronensaft
gut 1 TL milder Senf

Für den Belag:
400 g Thüringer Mett
(gewürztes Schweinemett)
6 TL Tomatenketchup
1/2 Bund Frühlingszwiebeln
oder 2 kleine Zwiebeln
300 g Tomaten
einige Oregano- und
Basilikumblättchen
200 g Champignonscheiben
(aus dem Glas)
150 g Kräuter-Crème-fraîche
75 g frisch geriebener Gouda-Käse

einige vorbereitete Basilikumblättchen
vorbereitete Frühlingszwiebelringe

Pro Portion:
E: 42 g, F: 26 g, Kh: 12 g,
kJ: 1897, kcal: 454

1. Schweineschnitzel mit Küchenpapier trocken tupfen und in eine Fettpfanne legen.
2. Für die Marinade Honig mit Zitronensaft und Senf gut verrühren. Die Marinade auf den Schnitzeln verteilen und etwa 15 Minuten durchziehen lassen.
3. Für den Belag Thüringer Mett auf die Schnitzel geben, mit einer Gabel gleichmäßig verteilen und andrücken. Je 1 Teelöffel Ketchup daraufstreichen.
4. Die Frühlingszwiebeln putzen, abspülen, gut abtropfen lassen und in Ringe schneiden. Oder Zwiebeln abziehen, zuerst in Scheiben schneiden, dann in Ringe teilen. Frühlingszwiebelringe oder Zwiebelringe auf dem Mett verteilen.
5. Den Backofen vorheizen.
Ober-/Unterhitze: etwa 200 °C
Heißluft: etwa 180 °C
6. Tomaten abspülen, trocken tupfen, halbieren und die Stängelansätze herausschneiden. Tomatenhälften in Scheiben schneiden und auf den Frühlingszwiebelscheiben oder Zwiebelringen verteilen. Oregano- oder Basilikumblättchen abspülen und trocken tupfen. Jeweils 2–3 Blättchen auf die Tomatenscheiben legen.
7. Champignonscheiben in einem Sieb abtropfen lassen und ebenfalls auf die Tomatenscheiben legen. Kräuter-Crème-fraîche daraufgeben, leicht verstreichen und mit Käse bestreuen.
8. Die Fettpfanne in den vorgeheizten Backofen schieben. Die Schnitzel-Pizza etwa 35 Minuten garen.
9. Die Schnitzel-Pizza mit Basilikumblättchen und Frühlingszwiebelringen garnieren.

Beilage: Ciabatta-Brot.

Schweineschnitzel, paniert

4 Portionen

Zubereitungszeit: 20 Minuten
Bratzeit: etwa 5 Minuten

4 Schweineschnitzel
(je etwa 150 g)
Salz
frisch gemahlener Pfeffer
Paprikapulver edelsüß
2 Eier (Größe M)
2 EL Weizenmehl
3 EL Semmelbrösel
5 EL Speiseöl

Pro Portion:
E: 36 g, F: 16 g, Kh: 7 g,
kJ: 1323, kcal: 316

Schnitzel-Pizza

Schweineschnitzel, paniert

1. Schweineschnitzel mit Küchenpapier trocken tupfen. Mit Salz, Pfeffer und Paprika würzen.
2. Eier in einem tiefen Teller verschlagen.
3. Schnitzel zuerst in Mehl wenden, überschüssiges Mehl abschütteln, dann durch die verschlagenen Eier ziehen, am Tellerrand abstreifen und zuletzt in Semmelbröseln wenden. Panade nur leicht andrücken.
4. Speiseöl in einer Pfanne erhitzen. Schnitzel darin von beiden Seiten kurz und kräftig anbraten, dann bei mittlerer Hitze in 3–5 Minuten – je nach Dicke der Schnitzel – fertig braten. Dabei ab und zu wenden.

Beilage: Zitronenscheiben, Pommes frites und Blattsalat.

Abwandlung: **Jägerschnitzel.** Dafür 1 Zwiebel abziehen und fein würfeln. 250 g Champignons putzen, mit Küchenpapier abreiben, evtl. abspülen, trocken tupfen und in Scheiben schneiden. Schnitzel wie beschrieben vorbereiten, panieren, braten und zugedeckt warm stellen. Zwiebelwürfel in dem verbliebenen Bratfett andünsten. Champignonscheiben hinzugeben und mit andünsten. Mit Salz und Pfeffer würzen. 2–3 Minuten bei schwacher Hitze ohne Deckel leicht kochen lassen. 150 g Crème fraîche und 1 Esslöffel gehackte Petersilie unterrühren.

Entenpastete

Entenpastete

4 Portionen

Zubereitungszeit: 40 Minuten, ohne Auftau- und Kühlzeit
Garzeit: 35–40 Minuten
Haltbarkeit: gekühlt etwa 3 Tage

450 g TK-Blätterteig
2 Entenbrustfilets (je etwa 250 g)
180 g Hähnchenbrustfilet
Salz, frisch gemahlener Pfeffer
1 EL Olivenöl
1 Brötchen (Semmel) vom Vortag
1 Schalotte
50 g Crème fraîche
20 ml Grand Marnier (Orangenlikör)
25 g gehackte Pistazienkerne

etwas Milch

Pro Portion:
E: 42 g, F: 43 g, Kh: 52 g,
kJ: 3227, kcal: 772

1. Blätterteigplatten zugedeckt nebeneinander nach Packungsanleitung auftauen lassen.
2. Entenbrust- und Hähnchenbrustfilets kurz unter fließendem kalten Wasser abspülen und trocken tupfen. Von den Entenbrustfilets Fett und Haut abschneiden. 1 Entenbrustfilet längs in 3 Streifen schneiden, mit Salz und Pfeffer würzen.
3. Olivenöl in einer Pfanne erhitzen. Entenbruststreifen darin von allen Seiten etwa 10 Minuten gut anbraten, herausnehmen und erkalten lassen.
4. Das zweite Entenbrust- und Hähnchenbrustfilet in kleine Würfel schneiden, etwa 10 Minuten in den Gefrierschrank legen.
5. Brötchen in kaltem Wasser einweichen und ausdrücken. Schalotte abziehen und in kleine Würfel schneiden. Angefrorene Fleischwürfel, Schalottenwürfel und Brötchen in einem Blitzhacker fein zerkleinern.
6. Die Fleischmasse mit Salz und Pfeffer abschmecken. Crème fraîche, Grand Marnier und die Pistazienkerne unterrühren oder untermixen. Fleischmasse kalt stellen.
7. Blätterteigplatten aufeinanderlegen und auf einer bemehlten Arbeitsfläche zu einem Rechteck (etwa 30 x 40 cm) ausrollen. Etwa ein Drittel der Teigplatte mit der Fleischmasse bestreichen, dabei einen etwa 1 cm breiten Rand frei lassen.
8. Dann Entenbruststreifen auf die Fleischmasse legen. Den Teig von der schmalen Seite aus, mit der Füllung beginnend, aufrollen. Die Enden gut zusammendrücken. Auf der Pastetenoberfläche mit einem spitzen Messer 3 kleine runde Blätterteigtaler ausschneiden.
9. Den Backofen vorheizen.
Ober-/Unterhitze: etwa 180 °C
Heißluft: etwa 160 °C
10. Die Pastete etwa 20 Minuten kalt stellen. Dann mit der Nahtseite nach unten auf ein Backblech (30 x 40 cm, mit Backpapier belegt) legen. Pastetenoberfläche mit Milch bestreichen. Das Backblech in den vorgeheizten Backofen schieben und die Pastete 35–40 Minuten garen.
11. Die Pastete vom Backblech nehmen und etwa 5 Minuten ruhen lassen. Pastete anschließend in Scheiben schneiden.

Filetspitzen vom Kalb mit Waldpilzen

Filetspitzen vom Kalb mit Waldpilzen

4 Portionen

Zubereitungszeit: 40 Minuten

2 Schalotten
1/2 Bund Schnittlauch
1/2 Bund glatte Petersilie
1–2 TL eingelegter, grüner Pfeffer
150 g Tomaten
150 g Waldpilze, z. B. Pfifferlinge oder Steinpilze
150 g Champignons

500 g Kalbsfiletspitzen
2 EL Butterschmalz
Salz, frisch gemahlener Pfeffer
125 ml Kalbsfond oder -brühe
8 cl Calvados (oder Apfelschnaps)
150 g Crème fraîche

Pro Portion:
E: 29 g, F: 26 g, Kh: 4 g,
kJ: 1768, kcal: 423

1. Schalotten abziehen und in Würfel schneiden. Schnittlauch und Petersilie abspülen, trocken tupfen. Schnittlauch in Röllchen schneiden. Petersilienblättchen von den Stängeln zupfen (einige Blättchen zum Garnieren beiseitelegen). Blättchen klein schneiden. Pfefferkörner abtropfen lassen und hacken.

Entenbrust in Rotwein und Balsamico

2. Tomaten kreuzweise einschneiden, mit kochendem Wasser übergießen und kurz darin liegen lassen. Tomaten mit kaltem Wasser abschrecken, enthäuten, halbieren und die Stängelansätze herausschneiden. Tomatenhälften klein würfeln.
3. Waldpilze und Champignons putzen, mit Küchenpapier abreiben. Pfifferlinge je nach Größe ganz lassen oder halbieren. Champignons und evtl. Steinpilze in Scheiben schneiden.
4. Filetspitzen mit Küchenpapier trocken tupfen und in dünne Scheiben schneiden. Butterschmalz in einer Pfanne zerlassen. Die Filetscheiben darin portionsweise von beiden Seiten kurz anbraten, herausnehmen, mit Salz und Pfeffer bestreuen und warm stellen.
5. Schalottenwürfel in dem verbliebenen Bratfett andünsten. Pilze, grünen Pfeffer, Fond oder Brühe und Calvados hinzugeben, zum Kochen bringen und etwa 10 Minuten bei schwacher Hitze kochen lassen. Tomatenwürfel und die Hälfte der fein geschnittenen Kräuter hinzugeben. 100 g Crème fraîche unterheben. Mit Salz und Pfeffer abschmecken.
6. Die warm gestellten Fleischscheiben in die Sauce geben und erhitzen. Filetspitzen mit restlicher Crème fraîche anrichten und mit den Petersilienblättchen garnieren.

Entenbrust in Rotwein und Balsamico

4 Portionen

Zubereitungszeit: 60 Minuten
Garzeit: 20–30 Minuten

4 Entenbrustfilets (je etwa 250 g)
Salz, frisch gemahlener Pfeffer
1 EL Speiseöl
200 ml trockener Rotwein, z. B. italienischer Merlot
200 ml Enten- oder Geflügelfond
2 EL Balsamico-Essig
2 EL Crema di Balsamico

Pro Portion:
E: 46 g, F: 46 g, Kh: 2 g,
kJ: 2621, kcal: 625

1. Den Backofen vorheizen.
Ober-/Unterhitze: etwa 180 °C
Heißluft: etwa 160 °C
2. Entenbrustfilets kurz unter fließendem kalten Wasser abspülen und trocken tupfen. Die Hautseite einige Male kreuzweise mit einem scharfen Messer einritzen. Entenbrustfilets mit Salz und Pfeffer würzen.
3. Speiseöl in einer großen Pfanne erhitzen. Entenbrustfilets darin zuerst mit der Hautseite nach unten anbraten, wenden und dann von der anderen Seite anbraten.
4. Entenbrustfilets aus der Pfanne nehmen und in eine feuerfeste Form oder flache Auflaufform legen. Die Form auf dem Rost in den vorgeheizten Backofen schieben. Entenbrustfilets 20–30 Minuten je nach Dicke der Filets garen.
5. Den Bratensatz mit Rotwein ablöschen und in einen Topf gießen. Fond, Essig und Crema di Balsamico hinzugeben, zum Kochen bringen. Die Sauce 5–10 Minuten bis zur gewünschten Konsistenz einkochen lassen. Sauce evtl. nochmals mit den Gewürzen abschmecken.
6. Die Entenbrustfilets aus der Form nehmen, auf Tellern anrichten und mit etwas Sauce übergießen. Restliche Sauce dazureichen.

Beilage: Frisches Gemüse in Butter geschwenkt, z. B. Brokkoli, Möhren, Zuckerschoten. Gegrillte Tomaten und Spätzle.

Ente mit Süßkartoffeln

4–6 Portionen

Zubereitungszeit: 30 Minuten
Garzeit: etwa 6 Stunden

1 küchenfertige Ente (etwa 2 kg)
Salz
frisch gemahlener Pfeffer

2 Zwiebeln
2 Knoblauchzehen
800 g Süßkartoffeln
einige Stängel Thymian
250 ml (1/4 l) heiße Hühnerbrühe
60 ml Rum (40 Vol.-%)

Pro Portion:
E: 59 g, F: 34 g, Kh: 33 g,
kJ: 3035, kcal: 723

1. Den Backofen vorheizen.
Ober-/Unterhitze: etwa 80 °C

2. Die Ente innen und außen unter fließendem kalten Wasser abspülen, trocken tupfen und in 8 Stücke teilen. Fett und Sehnen abschneiden. Ententeile mit Salz und Pfeffer würzen.

3. Einen Bräter mit flachem Rand erwärmen. Die Ententeile darin zuerst mit der Hautseite nach unten anbraten, sodass das Fett unter der Haut ausbraten kann. Dann die Ententeile in etwa 8 Minuten von allen Seiten gut anbraten.

4. Den Bräter auf dem Rost (unteres Drittel) in den vorgeheizten Backofen schieben. Die Ententeile etwa 6 Stunden garen.

5. Etwa 2 Stunden vor Ende der Garzeit Zwiebeln und Knoblauch abziehen, klein würfeln. Süßkartoffeln waschen, schälen, abspülen, abtropfen lassen und in etwa 1 cm große Würfel schneiden.

6. Thymian abspülen und trocken tupfen (1–2 Stängel etwas kleiner zupfen und zum Garnieren beiseitelegen). Die Blättchen von den Stängeln zupfen. Die Blättchen klein schneiden.

7. Süßkartoffel-, Zwiebel- und Knoblauchwürfel zu den Ententeilen in den Bräter geben. Heiße Brühe und Rum hinzugießen und unterrühren. Mit Salz, Pfeffer und Thymian abschmecken. Den Bräter wieder auf dem Rost in den heißen Backofen schieben. Die Ententeile fertig garen.

8. Die Ententeile mit Süßkartoffeln und beiseitegelegtem Thymian garniert servieren.

Ente mit Süßkartoffeln

Kapitel 04

Rezepte 301–400

Gemüse und Beilagen

Gemischte gefüllte Gemüse

Gemischte gefüllte Gemüse

4 Portionen

Zubereitungszeit: 65 Minuten
Garzeit: 50–60 Minuten

4 kleine Fleischtomaten
4 kleine, grüne oder gelbe Paprikaschoten
2 mittelgroße, gelbe oder grüne Zucchini
2 kleine Kohlrabi
1 Bund Petersilie
800 g Geflügelgehacktes (beim Metzger vorbestellen)
1 Ei (Größe M)
Salz
frisch gemahlener Pfeffer
1 Zwiebel
500 g kleine Kartoffeln
2 EL Speiseöl

Pro Portion:
E: 49 g, F: 21 g, Kh: 27 g,
kJ: 2090, kcal: 498

1. Tomaten und Paprika abspülen, abtrocknen und je einen Deckel abschneiden. Das Tomatenfleisch mit einem Teelöffel herauslösen, dabei einen Rand stehen lassen, beiseitestellen. Paprikaschoten entkernen und die weißen Scheidewände entfernen.

2. Zucchini abspülen, abtrocknen und die Enden abschneiden. Zucchini längs halbieren und vorsichtig aushöhlen, dabei einen etwa 1 cm breiten Rand stehen lassen. Zucchini nochmals quer halbieren. Von den Kohlrabi einen Deckel abschneiden. Kohlrabi schälen, abspülen, trocken tupfen und aushöhlen, dabei ebenfalls einen etwa 1 cm breiten Rand stehen lassen. Zucchini- und Kohlrabifruchtfleisch beiseitelegen. Petersilie abspülen und trocken tupfen. Die Blättchen von den Stängeln zupfen. Blättchen klein schneiden. Gehacktes mit Petersilie und Ei verkneten. Mit Salz und Pfeffer würzen. Das ausgehöhlte Gemüse damit füllen.

3. Den Backofen vorheizen.
Ober-/Unterhitze: etwa 180 °C
Heißluft: etwa 160 °C

4. Das beiseitegelegte Zucchini- und Kohlrabi-Fruchtfleisch in große Würfel schneiden. Zwiebel abziehen und in kleine Würfel schneiden. Kartoffeln waschen, schälen, abspülen, abtropfen lassen und in Würfel schneiden.

5. Speiseöl in einem Bräter erhitzen. Zwiebel-, Kartoffel-, Zucchini- und Kohlrabiwürfel darin evtl. portionsweise unter Rühren andünsten. Beiseitegelegtes Tomaten-Fruchtfleisch unterrühren. Die gefüllten Paprikaschoten, Zucchini und Kohlrabi dar-

aufsetzen. Den Bräter auf dem Rost in den vorgeheizten Backofen schieben. Das gefüllte Gemüse 50–60 Minuten garen.
6. Nach 25–30 Minuten Garzeit die gefüllten Tomaten hinzugeben. Evtl. etwas Wasser hinzugießen. Das gefüllte Gemüse fertig garen.

Beilage: Reis.

Tipp: Benutzen Sie zum Aushöhlen der Kohlrabi einen Kugelausstecher oder einen Teelöffel.

Italienisches Gemüse mit Mozzarella

4 Portionen

Zubereitungszeit: 60 Minuten, ohne Abkühlzeit
Garzeit: 25–30 Minuten

je 2 gelbe und rote Paprikaschoten (etwa 900 g)
4 mittelgroße Zucchini (etwa 500 g)
1 Knoblauchzehe
1 Bund Basilikum
200 g Mozzarella Käse
50 g schwarze Oliven
Salz, frisch gemahlener Pfeffer
6 EL Sojaöl

Pro Portion:
E: 14 g, F: 30 g, Kh: 8 g,
kJ: 1585, kcal: 379

1. Den Backofen vorheizen.
Ober-/Unterhitze: etwa 220 °C
Heißluft: etwa 200 °C
2. Paprikaschoten halbieren, entstielen, entkernen und die weißen Scheidewände entfernen. Schotenhälften abspülen, trocken tupfen und nebeneinander mit der Wölbung nach oben auf ein Backblech (gefettet) legen. Das Backblech in den vorgeheizten Backofen schieben. Die Schotenhälften rösten, bis die Haut Blasen wirft (etwa 10 Minuten).
3. Das Backblech aus dem Backofen nehmen. Schotenhälften sofort mit einem feuchten Geschirrtuch zudecken und abkühlen lassen. Die Haut abziehen. Schotenhälften in grobe Streifen schneiden.
4. Zucchini abspülen, abtrocknen und die Enden abschneiden. Zucchini in Scheiben schneiden. Knoblauch abziehen und klein würfeln. Basilikum abspülen und trocken tupfen. Die Blättchen von den Stängeln zupfen. Blättchen in Streifen schneiden. Mozzarella abtropfen lassen und in Scheiben schneiden.
5. Paprikastreifen, Mozzarella-, Zucchinischeiben und abgetropfte Oliven nach Belieben dachziegelartig in eine Auflaufform (gefettet) schichten. Mit Salz und Pfeffer würzen.
6. Sojaöl mit Knoblauchwürfeln und Basilikumstreifen verrühren, auf den Auflauf träufeln. Die Form auf dem Rost in den vorgeheizten Backofen schieben. Den Auflauf 25–30 Minuten garen.

Kartoffel-Gemüse-Puffer

4 Portionen

Zubereitungszeit: 50 Minuten

500 g Kartoffeln
250 g Möhren
250 g Zwiebeln
2 Eier (Größe M)
Salz
frisch gemahlener, weißer Pfeffer
Hefewürze
100 g Weizen, sehr fein geschrotet
60 g Butterschmalz

Pro Portion:
E: 11 g, F: 19 g, Kh: 46 g,
kJ: 1731, kcal: 414

1. Kartoffeln waschen, schälen, abspülen und abtropfen lassen. Möhren putzen, schälen, abspülen und abtropfen lassen. Zwiebeln abziehen.
2. Kartoffeln, Möhren und Zwiebeln raspeln und vermengen, mit beiden Händen leicht ausdrücken und in eine Schüssel geben. Mit Eiern, Salz, Pfeffer, Hefewürze und Weizenschrot verrühren.
3. Etwas Butterschmalz in einer Pfanne erhitzen. Mit einem Esslöffel kleine Küchlein in die Pfanne geben und flach drucken.
4. Die Puffer bei mittlerer Hitze von beiden Seiten darin knusprig braun braten und anschließend sofort servieren.

Italienisches Gemüse mit Mozzarella

Kartoffel-Gemüse-Puffer

Kartoffel-Gemüse-Ragout

4 Portionen

Zubereitungszeit: 30 Minuten
Garzeit: etwa 75 Minuten

400 g Kartoffeln
1 Zwiebel
2 Knoblauchzehen
2 Zucchini (etwa 400 g)
1 Aubergine (etwa 200 g)
150 g Knollensellerie
je 1 rote und grüne Paprikaschote (je etwa 200 g)
4 EL Olivenöl
Salz, frisch gemahlener Pfeffer
125 ml (1/8 l) Gemüsebrühe
300 g Tomaten
je 1 Bund Thymian und Majoran

Pro Portion:
E: 6 g, F: 13 g, Kh: 27 g,
kJ: 1062, kcal: 254

1. Kartoffeln waschen, schälen, abspülen, abtropfen lassen und in Würfel schneiden. Die Zwiebel und den Knoblauch abziehen, klein würfeln. Zucchini und Aubergine abspülen, abtrocknen und die Enden abschneiden. Zucchini und Aubergine würfeln.
2. Sellerie putzen, schälen, abspülen, abtropfen lassen und in etwa 1 cm große Würfel schneiden. Paprikaschoten halbieren, entstielen, entkernen und die weißen Scheidewände entfernen. Schotenhälften abspülen, abtropfen lassen und ebenfalls würfeln.
3. Die vorbereiteten Zutaten mit dem Olivenöl in einem gewässerten Römertopf® mischen. Mit Salz und Pfeffer würzen. Brühe hinzugießen. Den Römertopf® mit dem Deckel verschließen und auf dem Rost in den kalten Backofen schieben.
Ober-/Unterhitze: etwa 200 °C
Heißluft: etwa 180 °C
Garzeit: etwa 75 Minuten
4. In der Zwischenzeit Tomaten abspülen, vierteln und die Stängelansätze herausschneiden. Tomatenviertel in Würfel schneiden. Thymian und Majoran abspülen, trocken tupfen. Die Blättchen von den Stängeln zupfen. Blättchen (einige Blättchen zum Garnieren beiseitelegen) klein schneiden.
5. Nach etwa 60 Minuten Garzeit die Tomatenwürfel und gehackten Kräuter zu dem Gemüse-Kartoffel-Ragout in den Römertopf® geben, unterrühren und im geschlossenen Topf fertig garen.
6. Kartoffel-Gemüse-Ragout mit Salz und Pfeffer abschmecken und mit den beiseitegelegten Kräutern garnieren.

Kürbis mit Auberginen

3 Portionen

Zubereitungszeit: 45 Minuten
Garzeit: etwa 21 Minuten

200 g Auberginen
500 g Kürbis
3 Knoblauchzehen
6 EL Erdnussöl
500 ml (1/2 l) Gemüsebrühe
2 1/2 EL Zucker
1 1/2 gestr. TL Salz
frisch gemahlener Pfeffer

3 EL Sesamöl

Pro Portion:
E: 3 g, F: 21 g, Kh: 20 g,
kJ: 1233, kcal: 294

1. Auberginen abspülen, abtrocknen und die Stängelansätze entfernen. Die Auberginen in dreieckige Stücke schneiden.
2. Kürbis halbieren und die Kerne mit einem Löffel herauskratzen. Kürbis schälen, das Fruchtfleisch in Würfel schneiden. Knoblauch abziehen und in sehr kleine Würfel schneiden.
3. Erdnussöl in einem Wok erhitzen. Knoblauchwürfel darin anbraten. Auberginenstücke hinzugeben und etwa 2 Minuten mitbraten lassen. Kürbiswürfel hinzufügen und etwa

Kartoffel-Gemüse-Ragout

Kürbis mit Auberginen

Kürbisgemüse mit Ananas und Birnen

Mangold mit Schmand

1 Minute mit anbraten. Gemüsebrühe hinzugießen, zum Kochen bringen und im geschlossenen Wok bei mittlerer Hitze etwa 15 Minuten garen. Mit Zucker, Salz und Pfeffer abschmecken.

4. Den Deckel entfernen. Kürbis und Auberginen etwa 3 Minuten weitergaren lassen, dabei evtl. die Hitze erhöhen und die Flüssigkeit einkochen lassen. Mit Sesamöl beträufelt servieren.

Beilage: Reis.

Abwandlung: Anstelle von Kürbis kann auch die gleiche Menge Zucchini verwendet werden.

Kürbisgemüse mit Ananas und Birnen

4 Portionen

Zubereitungszeit: 45 Minuten
Garzeit: etwa 30 Minuten

1 Kürbis, z. B. Hokkaido (etwa 1,4 kg, Fruchtfleisch etwa 800 g)
1 frische Ananas (Fruchtfleisch etwa 600 g)
3 festkochende Birnen (etwa 500 g)
etwas getrocknete Zitronenverbene (gibt es als Tee im Bio-Laden) oder einige Stängel Zitronenverbene
50 g Pinienkerne, 40 g Butter
1 EL rote Pfefferbeeren
2 EL Crema di Balsamico
1 EL Currypaste

Pro Portion:
E: 7 g, F: 16 g, Kh: 46 g,
kJ: 1539, kcal: 368

1. Den Kürbis vierteln oder achteln. Die Kerne mit einem Löffel herauskratzen. Die Kürbisspalten schälen und anschließend das Kürbisfleisch (etwa 800 g) in mundgerechte Stücke schneiden.

2. Von der Ananas Blatt- und Strunkende entfernen. Die Ananas längs halbieren und den holzigen Mittelstrunk herausschneiden. Das Ananasfruchtfleisch (etwa 600 g) in Stücke schneiden.

3. Birnen heiß abspülen, abtrocknen, vierteln und entkernen. Birnenviertel in grobe Stücke schneiden.

4. Frische Zitronenverbene abspülen, trocken tupfen und in Stücke zupfen. Pinienkerne in einer Pfanne ohne Fett unter Rühren anrösten.

5. Butter in einem großen Topf zerlassen. Kürbis-, Ananas- und Birnenstücke darin portionsweise unter Rühren andünsten. Die Pinienkerne, Zitronenverbene und rote Pfefferbeeren hinzugeben.

6. Die Masse in einen gewässerten Römertopf® (3-Liter-Inhalt) füllen und mit dem Deckel verschließen. Den Römertopf® auf dem Rost (untere Schiene) in den kalten Backofen schieben.
Ober-/Unterhitze: etwa 220 °C
Heißluft: etwa 200 °C
Garzeit: etwa 30 Minuten

7. Crema di Balsamico und Currypaste kurz vor dem Servieren unter das Kürbisgemüse rühren.

Mangold mit Schmand

4 Portionen

Zubereitungszeit: 40 Minuten
Garzeit: etwa 10 Minuten

2–3 Knoblauchzehen
2 rote Zwiebeln
1 kg Mangold
1–2 TL Zitronensaft
3 EL Speiseöl, z. B. Sonnenblumenöl
125 ml (1/8 l) Gemüsebrühe
Salz, frisch gemahlener Pfeffer
frisch geriebene Muskatnuss
200 g Schmand (Sauerrahm)

Pro Portion:
E: 6 g, F: 20 g, Kh: 10 g,
kJ: 1049, kcal: 252

1. Knoblauch und Zwiebeln abziehen und in kleine Würfel schneiden. Mangold putzen, gründlich waschen und abtropfen lassen. Die Stiele von den Blättern schneiden. Blätter und Stiele in etwa 1 cm breite Streifen schneiden. Mangoldstiele mit Zitronensaft vermengen.

2. Speiseöl in einem großen Topf erhitzen. Mangoldstiele, Knoblauch- und Zwiebelwürfel darin kurz unter Rühren andünsten. Brühe hinzugießen, zum Kochen bringen. Mangoldstiele zugedeckt 3–4 Minuten bei schwacher Hitze dünsten. Dann die Blätter hinzufügen, zugedeckt noch weitere etwa 5 Minuten dünsten.

3. Mangold mit Salz, Pfeffer und Muskat würzen. Schmand glatt rühren und kurz vor dem Servieren auf das Gemüse geben.

Kartoffelgratin

Kartoffelpüree mit asiatischen Aromen

Kartoffelgratin

4 Portionen

Zubereitungszeit: 65 Minuten
Garzeit: etwa 45 Minuten

1 Knoblauchzehe
1 EL Butter

800 g Kartoffeln
Salz
frisch gemahlener Pfeffer
frisch geriebene Muskatnuss
125 ml (1/8 l) Milch
125 g Schlagsahne
2 EL frisch geriebener Parmesan-Käse

Pro Portion:
E: 8 g, F: 15 g, Kh: 33 g,
kJ: 1270, kcal: 302

1. Den Backofen vorheizen.
Ober-/Unterhitze: etwa 180 °C
Heißluft: etwa 160 °C
2. Knoblauch abziehen und halbieren. Eine flache, feuerfeste Form mit Butter ausstreichen und mit den Knoblauchhälften einreiben.
3. Kartoffeln waschen, schälen, abspülen, trocken tupfen und in dünne Scheiben schneiden oder hobeln. Kartoffelscheiben dachziegelartig schräg in die vorbereitete Form einschichten. Mit Salz, Pfeffer und Muskat würzen.
4. Milch und Sahne verrühren, auf den Kartoffelscheiben verteilen. Mit Käse bestreuen. Die Form auf dem Rost in den vorgeheizten Backofen schieben. Das Kartoffelgratin etwa 45 Minuten garen.

Tipps: Besonders fein werden die Kartoffelscheiben, wenn sie mit einem Gurkenhobel geschnitten werden. Passt sehr gut zu Fleisch-, Fisch- oder Gemüsegerichten ohne Sauce.

Kartoffelpüree mit asiatischen Aromen

4 Portionen

Zubereitungszeit: 20 Minuten

4 Stangen Zitronengras
2 Kaffirblätter (Limettenblätter)
1 1/4 kg mehligkochende Kartoffeln
Salzwasser
2 EL Sesamsamen
200 ml Kokosmilch
fein abgeriebene Schale von
2 Bio-Limetten (unbehandelt, ungewachst)
1/2 TL getrocknete Chilibrösel
evtl. Salz

1/2 Bund Koriandergrün

Pro Portion:
E: 7 g, F: 4 g, Kh: 42 g,
kJ: 1007, kcal: 240

1. Zitronengras mit einem schweren Gegenstand faserig flach klopfen. Zitronengras kurz abspülen und trocken tupfen. Kaffirblätter ebenfalls abspülen und trocken tupfen. Kartoffeln waschen, schälen, abspülen und abtropfen lassen. Kartoffeln knapp mit Salzwasser bedeckt zum Kochen bringen. Zitronengras und Kaffirblätter hinzugeben. Kartoffeln zugedeckt in 20–25 Minuten gar kochen.
2. In der Zwischenzeit Sesamsamen in einer Pfanne ohne Fett unter Wenden goldbraun rösten. Kokosmilch erhitzen.
3. Die garen Kartoffeln abgießen, Zitronengras und Kaffirblätter entfernen. Kartoffeln sofort durch eine Kartoffelpresse zurück in den heißen Topf drücken. Die heiße Kokosmilch hinzugießen und mit einem Holzlöffel glatt rühren. Limettenschale und Chilibrösel unterrühren, evtl. mit Salz nachwürzen.

4. Koriander abspülen und trocken tupfen. Die Blättchen von den Stängeln zupfen. Blättchen grob zerschneiden.
5. Kartoffelpüree in einer Schüssel anrichten. Mit Sesam bestreuen und mit Koriander garnieren.

Getreidebratlinge mit Basilikumsauce

4 Portionen (etwa 20 Stück)

Zubereitungszeit: 30 Minuten, ohne Einweichzeit

Für die Getreidebratlinge:
250 g 5-Korn-Mischung
250 ml (1/4 l) kochende Gemüsebrühe
200 g Möhren
200 g Zucchini
2 Eier (Größe M)
100 g Magerquark
Kräutersalz
frisch gemahlener Pfeffer
8 EL Speiseöl

Für die Basilikumsauce:
150 g Magerquark
150 g Crème fraîche
100 ml Milch
1 EL Basilikumstreifen
2 EL geraspelte Zucchini

Pro Portion:
E: 18 g, F: 22 g, Kh: 49 g,
kJ: 2071, kcal: 495

1. Für die Getreidebratlinge 5-Korn-Mischung mit kochender Gemüsebrühe übergießen und etwa 45 Minuten einweichen.
2. Möhren putzen, schälen, abspülen, abtropfen lassen. Zucchini abspülen, abtrocknen und die Enden abschneiden. Möhren und Zucchini auf einer Haushaltsreibe reiben, mit den Eiern unter die eingeweichten Körner geben. Quark unterrühren, mit Kräutersalz und Pfeffer würzen.
3. Jeweils etwas von dem Speiseöl in einer Pfanne erhitzen. Den Teig portionsweise mit einem Esslöffel hineingeben und sofort flach drücken. Die Bratlinge von beiden Seiten etwa 10 Minuten bei mittlerer Hitze goldbraun braten.
4. Für die Basilikumsauce Quark mit Crème fraîche und Milch gut verrühren. Basilikumstreifen und Zucchiniraspel unterrühren. Mit Kräutersalz und Pfeffer abschmecken.

Beilage: Gemischter Blattsalat.

Pastinakengemüse

4 Portionen

Zubereitungszeit: 25 Minuten
Garzeit: etwa 8 Minuten

750 g junge Pastinaken
2 EL Butter oder Margarine
knapp 125 ml (1/8 l) Gemüsebrühe
Salz
frisch gemahlener Pfeffer
1 EL gehackter Dill
1 EL gehackte Petersilie

Pro Portion:
E: 2 g, F: 5 g, Kh: 16 g,
kJ: 519, kcal: 124

1. Pastinaken putzen, schälen, abspülen, abtropfen lassen und in Würfel schneiden. Butter oder Margarine in einem Topf zerlassen. Pastinakenwürfel darin von allen Seiten andünsten.
2. Brühe hinzugießen. Mit Salz und Pfeffer würzen, zum Kochen bringen. Pastinakenwürfel zugedeckt etwa 8 Minuten garen, dabei ab und zu umrühren.
3. Pastinakengemüse in einer Schüssel anrichten. Mit Dill und Petersilie bestreuen.

Kartoffelpüree mit Mascarpone und Champignons

4 Portionen

Zubereitungszeit: 40 Minuten
Garzeit: Tomaten-Champignon-Mischung 10–12 Minuten

1 1/4 kg mehligkochende Kartoffeln
Salzwasser
1/2 Bund glatte Petersilie
300 g rosa Champignons
40 g Serranoschinken
(etwa 4 Scheiben)
200 g sehr kleine Strauchtomaten
6 EL Olivenöl
20 g Kapern
1 EL Balsamico-Essig
Salz
frisch gemahlener, schwarzer Pfeffer
200 ml Milch
50 g Mascarpone
(ital. Frischkäse)

Pro Portion:
E: 13 g, F: 20 g, Kh: 42 g,
kJ: 1716, kcal: 409

1. Kartoffeln waschen, schälen, abspülen und abtropfen lassen. Kartoffeln knapp mit Salzwasser bedeckt zum Kochen bringen und zugedeckt in 20–25 Minuten gar kochen.
2. In der Zwischenzeit Petersilie abspülen und trocken tupfen. Die Blättchen von den Stängeln zupfen. Blättchen grob zerschneiden.
3. Champignons putzen, mit Küchenpapier abreiben, evtl. abspülen, trocken tupfen und waagerecht halbieren. Schinkenscheiben in kleine Stücke schneiden. Tomaten abspülen, abtrocknen und evtl. die Stängelansätze herausschneiden.
4. Zwei Esslöffel des Olivenöls in einer Pfanne erhitzen. Tomaten, abgetropfte Kapern, Essig, Salz und Pfeffer hinzugeben, unter gelegentlichem Wenden 6–8 Minuten bei schwacher Hitze garen, bis die Tomaten leicht aufplatzen.
5. Einen Esslöffel des restlichen Olivenöls in einer zweiten, großen Pfanne erhitzen. Die Schinkenstücke darin von beiden Seiten knusprig braten, herausnehmen und auf Küchenpapier abtropfen lassen.
6. Restliches Olivenöl in der Pfanne erhitzen. Die Champignonhälften darin rundum etwa 4 Minuten bei starker Hitze kräftig goldbraun braten. Mit Salz würzen. Tomaten, Schinkenstücke und Petersilie vorsichtig untermischen.
7. Die Milch erhitzen. Die garen Kartoffeln abgießen, sofort durch eine Kartoffelpresse zurück in den heißen Topf drücken. Milch, Mascarpone und etwas Salz mit einem Kochlöffel kurz und glatt unterrühren. Kartoffelpüree in einer Schüssel anrichten. Die Tomaten-Champignon-Mischung daran verteilen.

Kohlrabi in Kressecreme

4 Portionen

Zubereitungszeit: 40 Minuten
Garzeit: 10–15 Minuten

1 kg Kohlrabi (mit Herzblättchen)
Salzwasser

Für die Kressecreme:
150 g Crème fraîche
3 EL gehackte Kresseblättchen
Salz, frisch gemahlener Pfeffer
frisch geriebene Muskatnuss
etwas Zitronensaft

Pro Portion:
E: 4 g, F: 12 g, Kh: 9 g,
kJ: 664, kcal: 159

1. Kohlrabi putzen, schälen, abspülen, abtropfen lassen und in dünne Stifte schneiden. Kohlrabiblättchen in feine Streifen schneiden und beiseitelegen.
2. Kohlrabistifte in kochendem Salzwasser 10–15 Minuten gar kochen. Anschließend in ein Sieb geben, abtropfen lassen und warm stellen.
3. Für die Kressecreme Crème fraîche in einem Topf erhitzen, Kresseblättchen unterrühren. Mit Salz, Pfeffer, Muskat und Zitronensaft würzen.
4. Kohlrabistifte und -blättchen hinzufügen, kurz erhitzen und evtl. nochmals abschmecken.

Kartoffelpüree mit Mascarpone und Champignons

Kohlrabi in Kressecreme

Teltower Rübchen mit Möhren

Sommergemüse mit Knusperkernen

Teltower Rübchen mit Möhren

4 Portionen

Zubereitungszeit: 20 Minuten
Dämpfzeit: 8–10 Minuten

500 g Teltower Rübchen
500 g Möhren
1/2 Bund glatte Petersilie
40 g Butter
1 Prise Zucker
Salz

Pro Portion:
E: 2 g, F: 9 g, Kh: 8 g,
kJ: 498, kcal: 120

1. Die Rübchen und Möhren putzen, schälen, abspülen und abtropfen lassen. Gemüse in etwa 1/2 cm dicke Scheiben schneiden.
2. In einen Topf (mit Dämpfeinsatz, Ø etwa 24 cm) etwa 3 cm hoch Wasser einfüllen und zum Kochen bringen. Das Gemüse in den Dämpfeinsatz geben, den Dämpfeinsatz in den Topf hängen. Den Topf mit einem Deckel verschließen. Das Gemüse 8–10 Minuten dämpfen.
3. Petersilie abspülen und trocken tupfen. Die Blättchen von den Stängeln zupfen. Blättchen klein schneiden. Butter in einer Pfanne zerlassen. Zucker unterrühren. Die Butter zum Gemüse geben und untermischen. Mit Salz abschmecken. Mit Petersilie bestreut servieren

Sommergemüse mit Knusperkernen

4 Portionen

Zubereitungszeit: 20 Minuten
Garzeit: etwa 15 Minuten

2 EL Sonnenblumenkerne
1 kleiner Spitzkohl (etwa 600 g)
1 Bund Möhren
2 mittelgroße Zucchini (etwa 300 g)
2 EL Butter oder Margarine
1 EL Zucker
Salz, frisch gemahlener Pfeffer
frisch geriebene Muskatnuss
1 EL Zitronensaft
300 g Schupfnudeln
(aus dem Kühlregal)
200 g saure Sahne
2 EL heller Saucenbinder

Pro Portion:
E: 11 g, F: 19 g, Kh: 45 g,
kJ: 1678, kcal: 399

1. Sonnenblumenkerne in einer Pfanne ohne Fett unter Rühren anrösten, herausnehmen und auf einem Teller erkalten lassen.
2. Spitzkohl putzen, abspülen, gut abtropfen lassen und in fingerbreite Streifen schneiden. Möhren putzen, schälen, abspülen und abtropfen lassen. Zucchini abspülen, abtrocknen und die Enden abschneiden. Möhren und Zucchini in feine Stifte schneiden.
3. Jeweils etwas Butter oder Margarine in einer großen Pfanne zerlassen. Kohlstreifen, Möhren- und Zucchinistifte darin portionsweise unter Rühren andünsten. Mit Zucker, Salz, Pfeffer und Muskat würzen. Zitronensaft und etwa 4 Esslöffel Wasser hinzugeben, zum Kochen bringen. Das Gemüse zugedeckt etwa 5 Minuten bei schwacher Hitze garen, dabei gelegentlich umrühren.
4. Den Deckel abnehmen. Das Gemüse bei starker Hitze braten, bis die Flüssigkeit fast verdampft ist. Schupfnudeln hinzugeben und unter vorsichtigem Wenden anbraten. Saure Sahne mit dem Saucenbinder verrühren, unter vorsichtigem Rühren unter die Gemüse-Schupfnudel-Masse rühren und kurz aufkochen lassen.
5. Die Sommergemüse-Pfanne nochmals mit Salz, Pfeffer und Muskat abschmecken. Mit Sonnenblumenkernen bestreut sofort servieren.

Wirsing

Zucchini-Tomaten-Gemüse

Wirsing

4 Portionen

Zubereitungszeit: 55 Minuten
Garzeit: 15–20 Minuten

1 kg Wirsing
1 Zwiebel
40 g Butter oder Margarine
etwa 125 ml (1/8 l) Gemüsebrühe
Salz
frisch gemahlener Pfeffer
1 Prise Zucker
1 Msp. abgeriebene Schale von 1 Bio-Zitrone (unbehandelt, ungewachst)
1–2 EL Zitronensaft oder Weißwein

Pro Portion:
E: 6 g, F: 9 g, Kh: 6 g,
kJ: 548, kcal: 132

1. Von dem Wirsing die äußeren, welken Blätter entfernen. Den Wirsing vierteln und den Strunk herausschneiden. Wirsingviertel in feine Streifen schneiden, abspülen und abtropfen lassen. Zwiebel abziehen und in kleine Würfel schneiden.
2. Butter oder Margarine in einem Topf zerlassen. Die Zwiebelwürfel darin kurz andünsten. Kohlstreifen hinzugeben und mitdünsten lassen. Gemüsebrühe hinzugießen. Mit Salz und Pfeffer würzen. Wirsingstreifen zum Kochen bringen und zugedeckt 15–20 Minuten bei schwacher Hitze garen.
3. Den Wirsing mit Salz, Pfeffer, Zucker, Zitronenschale, -saft oder Wein abschmecken.

Zucchini-Tomaten-Gemüse

4 Portionen

Zubereitungszeit: 25 Minuten
Garzeit: etwa 10 Minuten

3 Knoblauchzehen
500 g Zucchini
250 g Tomaten
3 EL Olivenöl
Salz, frisch gemahlener Pfeffer
1 Prise Zucker

frisch gehackte Oreganoblättchen
frisch gehackte Basilikumblättchen

Pro Portion:
E: 2 g, F: 8 g, Kh: 4 g,
kJ: 406, kcal: 96

1. Knoblauch abziehen und in kleine Würfel schneiden. Zucchini abspülen, abtrocknen und die Enden abschneiden. Zucchini in Scheiben schneiden.
2. Tomaten kreuzweise einschneiden, mit kochendem Wasser übergießen und kurz darin liegen lassen. Tomaten mit kaltem Wasser abschrecken, enthäuten, halbieren und die Stängelansätze herausschneiden. Tomatenhälften halbieren.
3. Olivenöl in einer großen Pfanne erhitzen. Knoblauchwürfel darin andünsten. Zucchinischeiben hinzufügen und etwa 5 Minuten mitdünsten lassen.
4. Tomatenviertel hinzufügen. Mit Salz, Pfeffer und Zucker würzen. Die Gemüsezutaten etwa 5 Minuten bei schwacher Hitze gar dünsten.
5. Das Gemüse mit Salz, Pfeffer und Zucker abschmecken. Mit Oregano- und Basilikumblättchen bestreuen.

Geschmortes Ofengemüse mit Walnusspesto

4 Portionen

Zubereitungszeit: 30 Minuten
Garzeit: etwa 60 Minuten

Für das Ofengemüse:
500 g kleine Kartoffeln (je etwa 50 g)
250 g dicke Bundmöhren
275 g dicke Pastinaken
Salz
10 Wacholderbeeren
1 TL Koriandersamen
5 EL Olivenöl
300 ml Gemüsebrühe (evtl. gekörnte Bio-Brühe)
300 g Hokkaido-Kürbis
1 TL Zucker
Cayennepfeffer
4 Stängel Thymian

Für das Pesto:
25 g Walnusskerne
1/2 Bund glatte Petersilie
2 EL Walnussöl
1 TL mittelscharfer Senf
frisch gemahlener, schwarzer Pfeffer
25 g Bergkäse, am Stück

Pro Portion:
E: 7 g, F: 24 g, Kh: 27 g,
kJ: 1503, kcal: 359

1. Den Backofen vorheizen.
Ober-/Unterhitze: etwa 200 °C
Heißluft: etwa 180 °C

2. Für das Ofengemüse Kartoffeln unter fließendem kalten Wasser gründlich abbürsten, trocken tupfen und mit der Schale halbieren. Möhren und Pastinaken putzen, schälen, abspülen, abtropfen lassen und der Länge nach halbieren. Kartoffel-, Möhren- und Pastinakenhälften auf ein Backblech geben. Mit Salz, Wacholderbeeren, Koriander, 2 Esslöffeln Olivenöl und 150 ml der Brühe vermischen und gleichmäßig verteilen. Das Backblech in den vorgeheizten Backofen schieben. Die Kartoffeln mit dem Gemüse etwa 60 Minuten garen. Dabei nach und nach restliche Brühe hinzugießen.

3. In der Zwischenzeit den Kürbis halbieren. Die Kerne mit einem Löffel herausschaben. Die Kürbishälften in etwa 3 cm breite Spalten schneiden. Kürbisspalten schälen, mit Salz, Zucker und Cayennepfeffer einreiben. Thymian abspülen und trocken tupfen. Kürbisspalten und Thymianstängel nach etwa 20 Minuten Garzeit zu den Kartoffeln und dem Gemüse auf das Backblech geben.

4. Für das Pesto Walnusskerne grob hacken. Petersilie abspülen und trocken tupfen. Die Blättchen von den Stängeln zupfen. Blättchen grob zerkleinern. Walnusskerne und Petersilie mit dem Walnussöl, restlichem Olivenöl, Senf, Salz und Pfeffer im Blitzhacker zu einem Pesto pürieren. Bergkäse entrinden, fein reiben und unter das Pesto rühren.

5. Das Gemüse mit dem Pesto beträufeln und sofort servieren.

Überbackene Kartoffelschnecken

4 Portionen

Zubereitungszeit: 55 Minuten
Überbackzeit: etwa 20 Minuten

1 kg mehligkochende Kartoffeln
2 Zwiebeln
1 rote Paprikaschote
2 EL Speiseöl
Salz
frisch gemahlener Pfeffer
1 Ei (Größe M)
frisch geriebene Muskatnuss
etwa 80 g Weizenmehl
2 EL Kräuter-Crème-fraîche

Zum Bestreichen:
1 Ei
60 g geriebener Gruyère-Käse

Pro Portion:
E: 15 g, F: 18 g, Kh: 54 g,
kJ: 1852, kcal: 442

1. Die Kartoffeln gründlich waschen, knapp mit Wasser bedeckt zum Kochen bringen und zugedeckt in etwa 25 Minuten gar kochen. Kartoffeln abgießen, abdämpfen, heiß pellen und sofort durch eine Kartoffelpresse drücken, abkühlen lassen.

2. Die Zwiebeln abziehen und in kleine Würfel schneiden. Paprikaschote halbieren, entstielen, entkernen und die weißen Scheidewände entfernen. Schotenhälften abspülen, abtropfen lassen und klein würfeln.

3. Das Speiseöl in einer Pfanne erhitzen. Die Zwiebel- und Paprikawürfel darin andünsten. Mit Salz und Pfeffer würzen.

4. Den Backofen vorheizen.
Ober-/Unterhitze: etwa 180 °C
Heißluft: etwa 160 °C

5. Unter die abgekühlte Kartoffelmasse Ei, Salz, Pfeffer und Muskat rühren. So viel Mehl unterkneten, bis ein fester Teig entstanden ist. Den Kartoffelteig auf einer gut bemehlten Arbeitsfläche zu einem Rechteck (etwa 40 x 25 cm) ausrollen. Crème fraîche daraufstreichen, dann die Zwiebel- und Paprikawürfel darauf verteilen.

6. Kartoffelteig von der längeren Seite aus vorsichtig mithilfe eines langen Messers zu einer Roulade einrollen. Die Teigrolle in 10 Scheiben schneiden. Die Scheiben in eine Gratinform (gefettet) legen.

7. Ei verschlagen. Die Kartoffelschnecken mit dem Ei bestreichen und mit Käse bestreuen. Die Form auf dem Rost in den vorgeheizten Backofen schieben. Die Kartoffelschnecken etwa 20 Minuten überbacken.

Geschmortes Ofengemüse mit Walnusspesto

Überbackene Kartoffelschnecken

Gemüsespieße
4 Portionen

Zubereitungszeit: 55 Minuten
Garzeit: etwa 15 Minuten

400 g Blumenkohl
400 g Brokkoli
2 gelbe Paprikaschoten (etwa 400 g)
Salzwasser
6 Cocktailtomaten
Salz, frisch gemahlener Pfeffer

Für die Sauce:
2 Zwiebeln (etwa 120 g)
1 EL Speiseöl
1 EL Currypulver
200 ml Gemüsebrühe oder -fond
200 g Schlagsahne
1–2 EL flüssiger Honig
3 EL Olivenöl

Außerdem:
8 dünne Holzspieße (am besten Bambussticks)

Pro Portion:
E: 13 g, F: 25 g, Kh: 52 g,
kJ: 2038, kcal: 486

1. Von dem Blumenkohl die schlechten Stellen entfernen und den Strunk abschneiden. Blumenkohl in nicht zu kleine Röschen teilen. Von dem Brokkoli die Blätter und den dicken Strunk entfernen. Brokkoli ebenfalls in nicht zu kleine Röschen teilen. Blumenkohl- und Brokkoliröschen abspülen und abtropfen lassen.
2. Paprikaschoten halbieren, entstielen, entkernen und die weißen Scheidewände entfernen. Schotenhälften abspülen, abtropfen lassen und in mundgerechte Stücke schneiden. Paprikastücke in kochendem Wasser etwa 2 Minuten blanchieren, in ein Sieb geben, mit kaltem Wasser übergießen und abtropfen lassen.
3. Blumenkohl- und Brokkoliröschen in kochendem Salzwasser etwa 4 Minuten blanchieren, in ein Sieb geben, mit kaltem Wasser übergießen und abtropfen lassen.
4. Tomaten abspülen, trocken tupfen, halbieren und die Stängelansätze herausschneiden.
5. Blumenkohl-, Brokkoliröschen, Paprikastücke und Tomatenhälften abwechselnd auf 8 Spieße verteilen. Mit Salz und Pfeffer würzen.
6. Den Backofen vorheizen.
Ober-/Unterhitze: etwa 180 °C
Heißluft: etwa 160 °C
7. Für die Sauce Zwiebeln abziehen, klein würfeln. Speiseöl in einem kleinen Topf erhitzen. Zwiebelwürfel darin glasig dünsten. Mit Curry bestäuben. Brühe oder -fond und Sahne hinzugießen, unter Rühren aufkochen und bis zur gewünschten Konsistenz einkochen lassen. Mit Honig, Salz und Pfeffer würzen. Die Sauce nach Belieben durch ein Sieb in eine große, flache Auflaufform geben.
8. Olivenöl in einer großen Pfanne erhitzen. Gemüsespieße darin portionsweise bei nicht zu großer Hitze von allen Seiten anbraten. Die Spieße in die Currysauce (Auflaufform) legen. Die Form auf dem Rost in den vorgeheizten Backofen schieben. Die Spieße etwa 15 Minuten garen.

Beilage: Langkornreis mit Pinienkernen.

Zuckerschoten mit Mandelbutter

4 Portionen

Zubereitungszeit: 25 Minuten
Garzeit: etwa 5 Minuten

600 g Zuckerschoten
Salzwasser
30 g Butter
20 g gehobelte Mandeln
Salz, frisch gemahlener Pfeffer

Pro Portion:
E: 5 g, F: 9 g, Kh: 16 g,
kJ: 711, kcal: 169

Gemüsespieße

Zuckerschoten mit Mandelbutter

Terrine von frischen Gemüsen

Wirsing-Möhren-Gemüse

1. Von den Zuckerschoten die Enden abschneiden. Schoten evtl. abfädeln, abspülen und abtropfen lassen. Zuckerschoten in kochendem Salzwasser etwa 5 Minuten garen, in ein Sieb geben, mit kaltem Wasser übergießen und abtropfen lassen.
2. Butter in einer Pfanne zerlassen und etwas bräunen lassen. Mandeln darin unter Rühren leicht bräunen. Zuckerschoten hinzufügen und gut durchschwenken. Mit Salz und Pfeffer würzen.
3. Zuckerschoten mit Mandelbutter sofort servieren.

Tipp: Zuckerschoten mit Mandelbutter zu kurzgebratenem Fleisch, z. B. Filetsteaks, reichen.

Terrine von frischen Gemüsen

4 Portionen

Zubereitungszeit: 90 Minuten
Garzeit: etwa 70 Minuten

100 g Möhrenwürfel
100 g Knollenselleriewürfel
100 g Porreewürfel
100 g Brokkoliröschen
100 g Blumenkohlröschen
100 g Kohlrabiwürfel
Salzwasser

400 g Schlagsahne
6 Eier (Größe M)
2 EL gehackte Petersilie
Salz
frisch gemahlener Pfeffer
frisch geriebene Muskatnuss

Für die Sauce:
4 EL Crème fraîche
4 EL feine Paprikawürfel
1 EL Schnittlauchröllchen

Pro Portion:
E: 17 g, F: 46 g, Kh: 9 g,
kJ: 2249, kcal: 538

1. Den Backofen vorheizen.
Ober-/Unterhitze: etwa 180 °C
Heißluft: etwa 160 °C
2. Die Gemüsezutaten in kochendem Salzwasser etwa 3 Minuten kochen, in ein Sieb geben, mit kaltem Wasser übergießen und abtropfen lassen. Gemüse in eine längliche Terrinen- oder Auflaufform geben.
3. Sahne mit Eiern und gehackter Petersilie verschlagen. Mit Salz, Pfeffer und Muskat würzen. Die Eiersahne auf dem Gemüse in der Form verteilen. Die Form auf dem Rost in den vorgeheizten Backofen schieben. Das Gemüse etwa 70 Minuten garen.
4. Für die Sauce in der Zwischenzeit Crème fraîche mit Paprikawürfeln und Schnittlauchröllchen verrühren. Mit Salz und Pfeffer würzen.
5. Die Terrine vorsichtig auf eine Platte stürzen, in Scheiben schneiden und mit der Sauce auf Tellern anrichten.

Beilage: Toast.

Wirsing-Möhren-Gemüse

4 Portionen

Zubereitungszeit: 35 Minuten
Garzeit: etwa 20 Minuten

2 Zwiebeln
375 g Möhren
500 g Wirsing
50 g fetter Speck
Salz, frisch gemahlener Pfeffer
125 ml (1/8 l) Gemüsebrühe

Pro Portion:
E: 4 g, F: 11 g, Kh: 9 g,
kJ: 651, kcal: 155

1. Zwiebeln abziehen und in Scheiben schneiden. Die Möhren putzen, schälen, abspülen, abtropfen lassen und ebenfalls in dünne Scheiben schneiden.
2. Die groben, äußeren Blätter des Wirsings entfernen. Wirsing vierteln und den Strunk herausschneiden. Kohlviertel abspülen, abtropfen lassen und in Streifen schneiden. Kohlstreifen abspülen und abtropfen lassen.
3. Speck würfeln und in einem Topf auslassen. Die Zwiebel-, Möhrenscheiben und Kohlstreifen darin portionsweise unter Rühren andünsten. Mit Salz und Pfeffer würzen.
4. Brühe hinzugießen. Das Gemüse in etwa 20 Minuten gar dünsten. Evtl. nochmals mit Salz und Pfeffer abschmecken.

Spinatklöße auf Tomaten-Salbei-Sauce

Maronen, glasiert

Spinatklöße auf Tomaten-Salbei-Sauce

6 Portionen

Zubereitungszeit: 60 Minuten, ohne Auftau- und Kühlzeit

Für die Spinatklöße:
450 g TK-Blattspinat
250 g Ricotta (ital. Frischkäse)
100 g frisch geriebener Parmesan-Käse
2 Eier (Größe S)
2 EL Weizenmehl
1 1/2 EL Semmelbrösel
Salz, frisch gemahlener Pfeffer
frisch geriebene Muskatnuss

Für die Sauce:
4 Fleischtomaten (etwa 500 g)
1 Bund Salbei
1 1/2 EL Olivenöl

Zum Garnieren:
einige Salbeiblättchen

Pro Portion:
E: 17 g, F: 16 g, Kh: 8 g,
kJ: 1084, kcal: 259

1. Für die Spinatklöße Spinat nach Packungsanleitung auftauen lassen und in einem Sieb abtropfen lassen. Den Blattspinat ausdrücken, grob hacken und in eine Rührschüssel geben. Ricotta und Parmesan-Käse gut untermischen. Eier, Mehl und Semmelbrösel unterrühren. Mit Salz, Pfeffer und Muskat kräftig würzen. Die Masse etwa 45 Minuten kalt stellen und fest werden lassen.

2. Für die Sauce in der Zwischenzeit Tomaten kreuzweise einschneiden, mit kochendem Wasser übergießen und kurz darin liegen lassen. Tomaten mit kaltem Wasser abschrecken, enthäuten, halbieren und die Stängelansätze herausschneiden. Tomatenhälften klein schneiden.

3. Salbei abspülen und trocken tupfen. Die Blättchen von den Stängeln zupfen. Die Blättchen in Streifen schneiden.

4. Olivenöl in einem Topf erhitzen. Tomatenstücke darin unter Rühren andünsten, Salbeistreifen hinzufügen. Mit Salz und Pfeffer würzen.

5. Die Spinatmasse mit zwei Teelöffeln zu kleinen Klößchen formen, in siedendes Wasser geben und garen. Die Klößchen sind gar, wenn sie an der Oberfläche schwimmen.

6. Spinatklöße auf der Tomatensauce anrichten und mit einigen abgespülten und trocken getupften Salbeiblättchen garnieren.

Maronen, glasiert

4 Portionen

Zubereitungszeit: 20 Minuten
Garzeit: 25–35 Minuten

1 kg Maronen (Esskastanien)
40 g Butter
20 g Zucker
125 ml (1/8 l) Gemüsebrühe

Pro Portion:
E: 8 g, F: 13 g, Kh: 113 g,
kJ: 2612, kcal: 623

1. Den Backofen vorheizen.
Ober-/Unterhitze: etwa 160 °C
Heißluft: etwa 140 °C

2. Maronen über Kreuz einritzen und auf ein Backblech legen. Das Backblech in den vorgeheizten Backofen schieben. Die Maronen 15–20 Minuten backen.

3. Sobald sich die Schalenspitzen an den eingeschnittenen Stellen nach außen biegen, die Maronen mit kochendem Wasser übergießen, damit sich die gelbe Haut entfernen lässt. Die Maronen schälen, dabei die pelzige Innenhaut ebenfalls entfernen.

4. Die Butter in einer Pfanne zerlassen. Zucker hinzufügen. Die Maronen darin etwa 5 Minuten unter Rühren dünsten, bis sie mit einer Butter-Zucker-Schicht überzogen sind. Brühe hinzugießen, zum Kochen bringen und 10–15 Minuten dünsten.

Marinierte Paprikaschoten

4 Portionen

Zubereitungszeit: 40 Minuten, ohne Abkühl- und Marinierzeit

je 3 rote und gelbe Paprikaschoten
1 EL Speiseöl

Für die Marinade:
3 Knoblauchzehen
3 EL Zitronensaft
8–10 EL Olivenöl
Salz
frisch gemahlener, weißer Pfeffer

1 Prise Zucker
grob gehackte, glatte Petersilie

Pro Portion:
E: 3 g, F: 31 g, Kh: 10 g,
kJ: 1423, kcal: 339

1. Den Backofen vorheizen.
Ober-/Unterhitze: etwa 220 °C
Heißluft: etwa 200 °C
2. Paprikaschoten vierteln, entstielen, entkernen, die weißen Scheidewände entfernen. Schotenviertel abspülen, abtropfen lassen und nebeneinander auf ein Backblech (gefettet) legen. Backblech in den vorgeheizten Backofen schieben. Paprikaschoten etwa 10 Minuten backen.
3. Das Backblech aus dem Backofen nehmen. Die Paprikaschoten sofort mit einem feuchten Geschirrtuch zudecken und abkühlen lassen.
4. Die Paprikaschoten enthäuten und in eine flache Schüssel legen.
5. Für die Marinade Knoblauch abziehen, in Scheiben schneiden und zu den Paprikaschoten geben. Zitronensaft mit Olivenöl gut verrühren. Mit Salz, Pfeffer und Zucker würzen. Die Marinade auf den Paprikaschoten verteilen und zugedeckt etwa 6 Stunden oder über Nacht durchziehen lassen.
6. Die marinierten Paprikaschoten mit Petersilie bestreut servieren.

Marinierter Spitzkohl mit Champignons

6 Portionen

Zubereitungszeit: 50 Minuten
Garzeit: Spitzkohl etwa 15 Minuten

Für den Salat:
750 g Spitzkohl
300 g Champignons

Für die Croûtons:
6 Scheiben Toastbrot
1–2 Knoblauchzehen
75 g Butter oder Margarine

Salzwasser

Für die Marinade:
50 ml Apfelessig
100 ml Kochflüssigkeit
(von dem Spitzkohl)
75 ml Speiseöl
Salz
grob gemahlener, bunter Pfeffer

1–2 EL Speiseöl

Pro Portion:
E: 6 g, F: 26 g, Kh: 16 g,
kJ: 1424, kcal: 340

1. Für den Salat den Spitzkohl putzen und den unteren Strunk abschneiden. Spitzkohl halbieren, abspülen, abtropfen lassen und mit einem Gemüsehobel zu Streifen verarbeiten oder mit einem Messer in feine Streifen schneiden.
2. Champignons putzen, mit Küchenpapier abreiben, evtl. kurz abspülen, gut abtropfen lassen und in Scheiben schneiden.
3. Für die Croûtons Toastbrot in kleine Würfel schneiden. Knoblauch abziehen und klein schneiden. Butter oder Margarine in einer Pfanne zerlassen. Knoblauch darin anbraten. Brotwürfel hinzugeben und von allen Seiten goldbraun rösten.
4. Spitzkohlstreifen in kochendem Salzwasser etwa 15 Minuten garen. Anschließend in einem Sieb abtropfen lassen, dabei die Kochflüssigkeit auffangen und 100 ml abmessen.
5. Für die Marinade Essig mit der Kochflüssigkeit in einer Schüssel verrühren. Speiseöl unterschlagen. Mit Salz und Pfeffer würzen. Spitzkohl untermischen.
6. Speiseöl in einer Pfanne erhitzen. Champignonscheiben darin kurz und kräftig anbraten. Mit Salz und Pfeffer würzen. Champignonscheiben unter den noch lauwarmen Spitzkohlsalat heben.
7. Den marinierten Spitzkohl mit Croûtons bestreuen und lauwarm servieren.

Marinierte Paprikaschoten

Marinierter Spitzkohl mit Champignons

Mangold-Hirse-Gemüse
4 Portionen

Zubereitungszeit: 40 Minuten
Garzeit: etwa 30 Minuten

70 g getrocknete Aprikosen
150 g Zwiebeln
2–3 Knoblauchzehen
1 Stange Zimt
30 g Butterschmalz
1–2 TL gemahlener Kreuzkümmel (Cumin)
150 g Hirse
70 g Rosinen
650 ml Gemüsebrühe
800 g Mangold
2 EL Zitronensaft
Salz
Cayennepfeffer

Pro Portion:
E: 9 g, F: 10 g, Kh: 63 g,
kJ: 1597, kcal: 381

1. Aprikosen in Streifen schneiden. Zwiebeln und Knoblauch abziehen. Zwiebeln halbieren und in Spalten schneiden. Knoblauch in Scheiben schneiden. Zimtstange in Stücke brechen.
2. Butterschmalz in einem Wok erhitzen. Zimtstücke und Kreuzkümmel darin unter Rühren kurz anrösten. Zwiebelspalten und Knoblauchscheiben hinzufügen, unter Rühren anbraten. Hirse, Rosinen und Aprikosenstreifen hinzufügen. Die Hälfte der Brühe hinzugießen und zum Kochen bringen. Den Deckel darauflegen und etwa 15 Minuten bei mittlerer Hitze garen. Restliche Brühe nach und nach hinzugießen.
3. In der Zwischenzeit Mangold putzen, gründlich waschen und abtropfen lassen. Die Mangoldblätter von den Stielen schneiden. Die Stiele abziehen, in Streifen schneiden und sofort in Zitronensaft schwenken.
4. Mangoldstiele zur Hirse in den Wok geben und 8–10 Minuten mitgaren. Mangoldblätter in Streifen schneiden, ebenfalls zur Hirse geben und noch etwa 5 Minuten weitergaren. Das Mangold-Hirse-Gemüse mit Salz, Cayennepfeffer und Kreuzkümmel abschmecken.

Tipps: Anstelle von Hirse können Sie auch Bulgur (Weizengrütze) verwenden. Dabei gegebenenfalls etwas mehr Brühe verwenden (beachten Sie die Flüssigkeitsangabe auf der Packung). Wer keinen Mangold bekommt, kann auch frischen Blattspinat verwenden.

Kürbis-Kräuter-Püree
8 Portionen

Zubereitungszeit: 50 Minuten, ohne Zieh- und Abkühlzeit

1 kg Kürbisfleisch (geputzt, ohne faserigen Innenteil)
4 gestr. TL Salz
1,6 kg mehligkochende Kartoffeln
frisch geriebene Muskatnuss
frisch gemahlener Pfeffer
500 g Schlagsahne
8 Stängel Minze
8 Stängel glatte Petersilie
2 Bund Schnittlauch

Pro Portion:
E: 4 g, F: 12 g, Kh: 19 g,
kJ: 840, kcal: 200

1. Kürbisfleisch in etwa 2 cm große Würfel schneiden und in eine Rührschüssel geben. Salz untermischen und etwa 20 Minuten ziehen lassen.
2. Kartoffeln waschen, schälen, abspülen, abtropfen lassen und in etwa 2 cm große Würfel schneiden.
3. Kartoffelwürfel mit den Kürbiswürfeln und der Flüssigkeit zugedeckt in einem Topf etwa 20 Minuten bei mittlerer Hitze dünsten, evtl. etwas Wasser hinzufügen. Kartoffel-

Mangold-Hirse-Gemüse

Kürbis-Kräuter-Püree

Chicorée, geschmort

Leipziger Allerlei

und Kürbiswürfel mit einem Kartoffelstampfer zerdrücken. Mit Muskat und Pfeffer abschmecken. Püree abkühlen lassen.
4. Sahne steif schlagen und unter das Püree heben. Minze, Petersilie und Schnittlauch abspülen, trocken tupfen. Von der Minze und Petersilie die Blättchen von den Stängeln zupfen. Blättchen klein schneiden. Schnittlauch in Röllchen schneiden. Die Kräuter unter das Püree heben.

Chicorée, geschmort

4 Portionen

Zubereitungszeit: 25 Minuten
Garzeit: etwa 10 Minuten

750 g Chicorée
50 g Butter
Salz, frisch gemahlener Pfeffer
Zucker
2 säuerliche Äpfel, z. B. Boskop

Pro Portion:
E: 2 g, F: 11 g, Kh: 7 g,
kJ: 591, kcal: 142

1. Chicorée putzen, längs halbieren und den bitteren Kern herausschneiden. Chicoréehälften abspülen und gut abtropfen lassen.
2. Butter in einer Pfanne zerlassen. Chicoréehälften darin etwa 6 Minuten von allen Seiten leicht anbraten. Mit Salz, Pfeffer und Zucker würzen.
3. Äpfel schälen, vierteln, entkernen, in kleine Stücke schneiden, zu den Chicoréehälften geben und kurz mitdünsten lassen.
4. Chicorée zugedeckt 4–5 Minuten garen. Mit Salz, Pfeffer und Zucker nochmals abschmecken.

Leipziger Allerlei

8 Portionen

Zubereitungszeit: 50 Minuten
Garzeit: etwa 30 Minuten

250 g Spargel
500 g frische Erbsen in der Schote oder 250 g TK-Erbsen
1 kleiner Blumenkohl
250 g Zuckerschoten
250 g Kohlrabi
250 g Möhren
1 l Gemüsebrühe
Salz
80 g Butter
frisch gemahlener Pfeffer
1 Bund glatte Petersilie

Pro Portion:
E: 5 g, F: 9 g, Kh: 38 g,
kJ: 1089, kcal: 260

1. Den Spargel von oben nach unten schälen. Darauf achten, dass die Schalen vollständig entfernt, die Köpfe aber nicht verletzt werden. Die unteren Enden abschneiden. Spargel abspülen, abtropfen lassen und in etwa 4 cm lange Stücke schneiden. Erbsen aus der Schote palen, abspülen und abtropfen lassen. Von dem Blumenkohl die Blätter und schlechten Stellen entfernen. Den Strunk abschneiden. Blumenkohl in Röschen teilen, abspülen und abtropfen lassen.
2. Von den Zuckerschoten die Enden abschneiden, evtl. abfädeln. Schoten abspülen und abtropfen lassen. Kohlrabi putzen, schälen, abspülen, abtropfen lassen und in Würfel schneiden.
3. Möhren putzen, schälen, abspülen, abtropfen lassen und in Scheiben schneiden.
4. Brühe in einem großen Topf mit Salz zum Kochen bringen. Blumenkohlröschen und Erbsen hinzugeben, zum Kochen bringen und etwa 10 Minuten kochen lassen. Dann die Spargelstücke hinzugeben und weitere etwa 10 Minuten garen. Das gegarte Gemüse in einem Sieb abtropfen lassen.
5. Die Hälfte der Butter zerlassen. Zuckerschoten, Kohlrabiwürfel und Möhrenscheiben darin unter Rühren andünsten. Mit Salz und Pfeffer würzen. Die Gemüsezutaten in etwa 10 Minuten gar dünsten.
6. Petersilie abspülen und trocken tupfen. Die Blättchen von den Stängeln zupfen. Blättchen klein schneiden. Petersilie mit der restlichen Butter und dem abgetropften Gemüse zu dem gedünsteten Gemüse geben und unterheben.

Gefüllte Kartoffeln vom Blech

Kartoffelklöße mit Porreestreifen

Gefüllte Kartoffeln vom Blech

4 Portionen

Zubereitungszeit: 65 Minuten
Backzeit: etwa 20 Minuten

8 große Kartoffeln (je etwa 150 g)
Salzwasser

4 Vollkorn-Zwiebäcke
4 Tomaten
2 Frühlingszwiebeln
200 g Gouda-Käse, im Stück
1 Ei (Größe M)
Salz, frisch gemahlener Pfeffer
1 EL gehackte Petersilie

Pro Portion:
E: 29 g, F: 22 g, Kh: 78 g,
kJ: 2721, kcal: 649

1. Kartoffeln unter fließendem kalten Wasser gründlich abbürsten, in einem Topf knapp mit Salzwasser bedeckt zum Kochen bringen und in 20–25 Minuten gar kochen lassen.
2. In der Zwischenzeit Zwiebäcke in einen Gefrierbeutel geben. Den Beutel verschließen. Zwiebäcke mit einer Teigrolle zerbröseln.
3. Tomaten kreuzweise einschneiden, mit kochendem Wasser übergießen und kurz darin liegen lassen. Tomaten mit kaltem Wasser abschrecken, enthäuten, halbieren und die Stängelansätze herausschneiden. Tomatenhälften in Würfel schneiden. Frühlingszwiebeln putzen, abspülen, abtropfen lassen und klein schneiden. Käse in Würfel schneiden.
4. Den Backofen vorheizen.
Ober-/Unterhitze: etwa 200 °C
Heißluft: etwa 180 °C
5. Ei in einer Schüssel verschlagen. Zwiebackbrösel, Tomatenwürfel, Frühlingszwiebeln und Käsewürfel untermischen. Mit Salz und Pfeffer würzen. Petersilie unterrühren.
6. Die garen Kartoffeln abgießen, abdämpfen und etwas abkühlen lassen. Von den Kartoffeln jeweils einen Deckel abschneiden und mit einem Löffel vorsichtig aushöhlen.
7. Das Kartoffelinnere und die Deckel mit einer Gabel zerdrücken und unter die Brösel-Käse-Masse mischen. Die Kartoffeln damit füllen und auf ein Backblech (gefettet) setzen. Das Backblech in den vorgeheizten Backofen schieben. Die Kartoffeln etwa 20 Minuten backen.

Kartoffelklöße mit Porreestreifen

4 Portionen

Zubereitungszeit: 65 Minuten
Garzeit: Klöße etwa 20 Minuten

500 g Porree (Lauch)
160 g Butter
Salz, frisch gemahlener Pfeffer
1 1/4 kg Kartoffeln
250 ml (1/4 l) Milch
100 g Hartweizengrieß
1 Brötchen (Semmel)
3 l Salzwasser

2–3 EL Semmelbrösel

Pro Portion:
E: 15 g, F: 36 g, Kh: 83 g,
kJ: 3077, kcal: 734

1. Porree putzen, die Stangen längs halbieren, gründlich waschen, abtropfen lassen und in feine Streifen schneiden. 50 g der Butter in einem Topf zerlassen. Porreestreifen darin 6–8 Minuten unter Rühren andünsten. Mit Salz und Pfeffer abschmecken, erkalten lassen.
2. Kartoffeln waschen, schälen, abspülen, abtropfen lassen und auf einer Haushaltsreibe nicht zu fein reiben. Die Kartoffelmasse in einem Geschirrtuch gut auspressen.
3. Milch mit 20 g der restlichen Butter und Salz in einem Topf zum Kochen bringen. Grieß unter Rühren einstreuen, wieder zum Kochen bringen und etwa 10 Minuten bei schwacher Hitze ausquellen lassen.
4. Ausgepresste Kartoffelmasse unter den heißen Grieß rühren, mit Salz würzen. Porreestreifen unterheben.
5. Die Brötchen klein würfeln. 30 g der restlichen Butter in einer Pfanne zerlassen. Brötchenwürfel darin von allen Seiten braun braten.
6. Aus der Kartoffelmasse mit angefeuchteten Händen etwa 12 Klöße formen. In jeden Kloß einige Brötchenwürfel drücken und den Teig zusammendrücken.
7. Salzwasser in einem großen Topf zum Kochen bringen. Klöße hineingeben, wieder zum Kochen bringen und etwa 20 Minuten bei schwacher Hitze gar ziehen lassen. Klöße mit einer Schaumkelle herausnehmen.

8. Restliche Butter zerlassen. Semmelbrösel darin unter Rühren etwas bräunen und auf den Klößen verteilen.

Italienisches Gemüse

4 Portionen

Zubereitungszeit: 20 Minuten
Garzeit: 12–13 Minuten

1 große, grüne Paprikaschote (etwa 300 g)
2 kleine Tomaten
1 große Zwiebel
1 EL Butter
100 ml Gemüsebrühe
1 EL Tomatenmark
frisch gemahlener Pfeffer
Knoblauchpulver
Salz
5 EL Schlagsahne

etwas gehackte, glatte Petersilie

Pro Portion:
E: 4 g, F: 17 g, Kh: 9 g,
kJ: 891, kcal: 213

1. Paprikaschote entstielen, halbieren, entkernen und die weißen Scheidewände entfernen. Schotenhälften abspülen, abtropfen lassen und in große Würfel schneiden.
2. Tomaten kreuzweise einschneiden, mit kochendem Wasser übergießen und kurz darin liegen lassen. Tomaten mit kaltem Wasser abschrecken, enthäuten, halbieren und die Stängelansätze herausschneiden. Tomaten in Achtel schneiden.
3. Zwiebel abziehen und in kleine Würfel schneiden. Butter in einem Topf zerlassen. Zwiebelwürfel darin goldgelb dünsten. Paprikawürfel hinzugeben und kurz mit andünsten. Brühe hinzugießen und zum Kochen bringen. Das Gemüse etwa 10 Minuten dünsten.
4. Tomatenachtel untermischen und 2–3 Minuten mitdünsten lassen. Tomatenmark unterrühren. Mit Pfeffer, Knoblauch und Salz würzen. Das Gemüse mit Sahne verfeinern und anrichten. Mit Petersilie bestreuen.

Grüne Kartoffelpuffer mit Crème fraîche

4 Portionen

Zubereitungszeit: 70 Minuten

1 1/2 kg mehligkochende Kartoffeln
125 ml (1/8 l) Milch
4 Eier (Größe M)
Salz, frisch gemahlener Pfeffer
1 Zwiebel
1 EL gehackter Dill
2–3 EL Schnittlauchröllchen
2–3 EL gehackte Petersilie
1 EL gehackte Zitronenmelisse
100 g Margarine
150 g Crème fraîche

Pro Portion:
E: 18 g, F: 29 g, Kh: 61 g,
kJ: 2500, kcal: 596

1. Kartoffeln waschen, schälen, abspülen, abtropfen lassen und grob reiben. Die Kartoffelmasse in ein mit einem Geschirrtuch ausgelegtes Sieb geben und etwa 10 Minuten abtropfen lassen. Die Kartoffelflüssigkeit auffangen, dabei das Wasser abgießen und die abgesetzte Stärke zu der Kartoffelmasse geben. Milch und Eier gut unterrühren. Mit Salz und Pfeffer würzen.
2. Zwiebel abziehen, sehr klein würfeln und mit den Kräutern unterrühren.
3. Etwas Margarine in einer Pfanne erhitzen. So viel von der Kartoffelmasse hineingeben, dass der Pfannenboden dünn bedeckt ist. Den Kartoffelpuffer von beiden Seiten knusprig braun braten, herausnehmen und warm stellen. Aus dem restlichen Kartoffelteig weitere Pfannkuchen wie beschrieben zubereiten.
4. Die Kartoffelpuffer mit Crème fraîche servieren.

Italienisches Gemüse

Grüne Kartoffelpuffer mit Crème fraîche

Kartoffelpüree mit Tapenade

4 Portionen

Zubereitungszeit: 40 Minuten

1 kg festkochende Kartoffeln
Salzwasser

Für die Tapenade:
1 TL frische Thymianblättchen
75 g getrocknete Tomaten, in Öl
3 EL Tomatenöl (von den Tomaten)

150 g Crème fraîche
100 g Schlagsahne
oder 100 ml Milch
Salz
frisch gemahlener Pfeffer

8–10 schöne Salbeiblättchen
2 EL Olivenöl

Pro Portion:
E: 7 g, F: 30 g, Kh: 37 g,
kJ: 1877, kcal: 450

1. Kartoffeln waschen, schälen, abspülen und abtropfen lassen. Kartoffeln knapp mit Salzwasser bedeckt zum Kochen bringen und zugedeckt in 20–25 Minuten gar kochen.

2. In der Zwischenzeit für die Tapenade Thymianblättchen abspülen und trocken tupfen. Die Tomaten grob zerkleinern, mit 3 Esslöffeln des Tomatenöls und den Thymianblättchen im Blitzhacker fein pürieren.

3. Die garen Kartoffeln in einem Sieb abtropfen lassen und sofort wieder in den heißen Topf geben. Kartoffeln mit einem Kartoffelstampfer grob zerdrücken. Crème fraîche und Sahne oder Milch mit einem Holzlöffel unterrühren. Mit Salz und Pfeffer würzen. Kartoffelpüree zugedeckt in dem Topf warm halten.

4. Von dem Crème-fraîche-Becher den Boden mit der Küchenschere abschneiden. Den Becher abspülen, abtrocknen und auf einen kleinen Teller stellen. Zuerst Kartoffelpüree zur Hälfte einfüllen. Danach etwas Tapenade (Tomatenpaste) daraufgeben. Mit einer weiteren Schicht Kartoffelpüree belegen und leicht andrücken. Den Becher abheben. Die weiteren Pürees auf die gleiche Weise anrichten.

5. Salbeiblättchen abspülen und trocken tupfen. Olivenöl in einer Pfanne erhitzen. Die Salbeiblättchen darin von beiden Seiten knusprig anrösten, herausnehmen und mit dem Salbeiöl auf den Pürees verteilen.

Gebackener Spinat vom Blech

6 Portionen

Zubereitungszeit: 35 Minuten, ohne Auftauzeit
Überbackzeit: 15–20 Minuten

1 1/2 kg TK-Blattspinat
4 EL Olivenöl
1 1/2 Knoblauchzehen
40 g Pinienkerne
125 g Mozzarella-Käse
50 g frisch geriebener Parmesan-Käse
Salz, frisch gemahlener Pfeffer

Pro Portion:
E: 21 g, F: 18 g, Kh: 4 g,
kJ: 1141, kcal: 273

1. Den Blattspinat nach Packungsanleitung auftauen und in einem Sieb abtropfen lassen. Ein Backblech (30 x 40 cm) mit 2 Esslöffeln des Olivenöls einfetten.

2. Den Backofen vorheizen.
Ober-/Unterhitze: etwa 220 °C
Heißluft: etwa 200 °C

3. Knoblauch abziehen, fein hacken und auf dem Backblech verteilen. Blattspinat etwas ausdrücken, auf

Kartoffelpüree mit Tapenade

Gebackener Spinat vom Blech

Erbsen mit Frühlingszwiebeln

Gemüse-Omelette

dem Backblech verteilen und etwas andrücken. Mit Pinienkernen bestreuen. Restliches Olivenöl daraufträufeln.

4. Mozzarella abtropfen lassen und in kleine Würfel schneiden. Mozzarellawürfel und Parmesan-Käse auf dem Spinat verteilen. Mit Salz und Pfeffer würzen. Das Backblech in den vorgeheizten Backofen schieben. Den Spinat 15–20 Minuten überbacken.

Tipp: Den gebackenen Spinat als Beilage zu Kurzgebratenem oder mit Baguette als Vorspeise reichen.

Erbsen mit Frühlingszwiebeln

4 Portionen

Zubereitungszeit: 20 Minuten
Garzeit: etwa 13 Minuten

40 g Butter
400 g TK-Junge Erbsen
Salz, frisch gemahlener Pfeffer
1 Prise Zucker
100 ml heiße Gemüsebrühe
1 Bund Frühlingszwiebeln (etwa 250 g)
2 EL gehackte Petersilie

Pro Portion:
E: 6 g, F: 8 g, Kh: 18 g,
kJ: 742, kcal: 177

1. Butter in einem Topf zerlassen. Gefrorene Erbsen hinzugeben und kurz andünsten. Mit Salz, Pfeffer und Zucker würzen.

2. Heiße Gemüsebrühe hinzugießen. Erbsen etwa 10 Minuten dünsten.

3. Frühlingszwiebeln putzen, abspülen, abtropfen lassen und in feine Ringe schneiden. Zwiebelringe zu den Erbsen geben und weitere 2–3 Minuten dünsten. Evtl. nochmals mit den Gewürzen abschmecken.

4. Erbsen mit Frühlingszwiebeln mit Petersilie bestreut servieren.

Gemüse-Omelette

4 Portionen

Zubereitungszeit: 35 Minuten, ohne Abkühlzeit
Garzeit: 8–10 Minuten

2 rote Paprikaschoten (je etwa 150 g)
3 Frühlingszwiebeln
1 Bund Basilikum
4 EL Olivenöl
6 Eier (Größe M)
4 EL Schlagsahne
Salz, frisch gemahlener Pfeffer

Pro Portion:
E: 12 g, F: 23 g, Kh: 7 g,
kJ: 1160, kcal: 277

1. Paprikaschoten halbieren, entstielen, entkernen und die weißen Scheidewände entfernen. Schotenhälften abspülen, trocken tupfen, grob raspeln oder in ganz feine Streifen schneiden.

2. Frühlingszwiebeln putzen, abspülen, abtropfen lassen und in Ringe schneiden. Basilikum abspülen und trocken tupfen. Die Blättchen von den Stängeln zupfen.

3. Zwei Esslöffel des Olivenöls in einer Pfanne erhitzen. Paprikaraspel oder -streifen und Frühlingszwiebelringe darin etwa 6 Minuten dünsten, herausnehmen und etwas abkühlen lassen. Basilikumblättchen unterrühren.

4. Eier mit Sahne verschlagen, mit Salz und Pfeffer würzen. Die Paprika-Frühlingszwiebel-Masse unterrühren.

5. Restliches Olivenöl in der Pfanne erhitzen. Die Eier-Gemüse-Masse hineingeben und zugedeckt 8–10 Minuten bei schwacher Hitze stocken lassen.

6. Omelette aus der Pfanne auf einen großen Teller gleiten lassen. Omelette in Tortenstücke schneiden. Lauwarm oder kalt servieren.

Tipp: Sie können das Omelette auch mit einer Tomatensauce servieren. Dazu 3–4 Knoblauchzehen abziehen, zerdrücken und mit 400 g geschälten Tomaten (aus der Dose) und etwas Salz in einem Topf etwa 15 Minuten bei schwacher Hitze kochen lassen. Die Sauce heiß zu dem Omelette servieren.

Gebackener Sommer

Überbackener Fenchel in Tomatensauce

Gebackener Sommer

4 Portionen

Zubereitungszeit: 75 Minuten
Garzeit: etwa 45 Minuten

150 g Bacon (Frühstücksspeck), in Scheiben
600 g Kartoffeln
500 g Blattspinat
Salzwasser
500 g Tomaten
1 kleine Gemüsezwiebel
Salz, frisch gemahlener Pfeffer
frisch geriebene Muskatnuss
3 Knoblauchzehen
200 g Schafkäse
5 EL Olivenöl

Pro Portion:
E: 21 g, F: 50 g, Kh: 31 g,
kJ: 2875, kcal: 687

1. Den Backofen vorheizen.
Ober-/Unterhitze: etwa 200 °C
Heißluft: etwa 180 °C

2. Die Speckscheiben halbieren und eine feuerfeste, flache Auflaufform damit auslegen.

3. Kartoffeln waschen, schälen, abspülen, abtropfen lassen, in dünne Scheiben schneiden und auf den Speckscheiben verteilen. Die Form auf dem Rost in den vorgeheizten Backofen schieben. Kartoffelscheiben etwa 20 Minuten garen.

4. In der Zwischenzeit Spinat verlesen, gründlich waschen, abtropfen lassen, kurz in kochendem Salzwasser blanchieren, in ein Sieb geben, mit kaltem Wasser übergießen und gut abtropfen lassen. Tomaten abspülen, trocken tupfen und die Stängelansätze herausschneiden. Tomaten in Scheiben schneiden. Gemüsezwiebel abziehen, halbieren und in feine Scheiben schneiden.

5. Die Form aus dem Backofen nehmen. Die Kartoffelscheiben mit Salz und Pfeffer würzen. Spinat daraufgeben, mit Salz, Pfeffer und Muskat würzen. Knoblauch abziehen, fein hacken und gleichmäßig auf dem Spinat verteilen. Zuerst die Zwiebelscheiben, dann die Tomatenscheiben dachziegelartig darauflegen. Schafkäse zerbröseln, die Tomatenscheiben damit bestreuen. Mit Olivenöl beträufeln.

6. Die Form wieder auf dem Rost in den heißen Backofen schieben. Das Gericht bei gleicher Backofentemperatur weitere etwa 25 Minuten backen.

Fenchel

4 Portionen

Zubereitungszeit: 20 Minuten
Garzeit: 15–20 Minuten

250 ml (1/4 l) Wasser
600 g Fenchelknollen
1/4 gestr. TL Salz
40 g Butter

Pro Portion:
E: 3 g, F: 9 g, Kh: 4 g,
kJ: 458, kcal: 110

1. Wasser in einem Topf zum Kochen bringen. Von den Fenchelknollen die Stiele dicht oberhalb der Knollen abschneiden. Braune Stellen und Blätter entfernen. Fenchelgrün zum Garnieren beiseitelegen. Wurzelenden gerade schneiden. Knollen abspülen, abtropfen lassen und halbieren.

2. Fenchelhälften mit dem Salz in das kochende Wasser geben und zugedeckt 15–20 Minuten bei schwacher Hitze garen. Fenchelhälften dabei einmal wenden.

3. In der Zwischenzeit das Fenchelgrün abspülen, trocken tupfen und klein schneiden. Die gegarten Fenchelhälften mit einer Schaumkelle herausnehmen, abtropfen lassen, auf eine vorgewärmte Platte legen und warm stellen. Butter zerlassen und über den Fenchel gießen. Mit Fenchelgrün bestreut servieren.

Abwandlung: **Überbackener Fenchel in Tomatensauce** (Foto). Dafür Fenchel wie im Rezept beschrieben vorbereiten, zusätzlich vierteln. Fenchel etwa 10 Minuten im kochendem Salzwasser garen, in einem Sieb abtropfen lassen und die Flüssigkeit dabei auffangen. 1 gewürfelte Zwiebel in 30 g Butter andünsten. 400 g Tomatenwürfel (aus der Dose) sowie 100 ml von der aufgefangenen Flüssigkeit hinzugeben. Mit 1 Teelöffel Kräuter der Provence, Salz, Pfeffer und Zucker würzen. Etwa 5 Minuten dünsten. Den Backofen vorheizen (Ober-/Unterhitze: etwa 200 °C, Heißluft: etwa 180 °C). Fenchel in eine Auflaufform (gefettet) geben. Die Tomatensauce darauf verteilen und mit 100 g frisch geriebenem Käse bestreuen. Die Form auf dem Rost in den vorgeheizten Backofen (unteres Drittel) schieben. Den Fenchel etwa 30 Minuten garen.

Erbsensoufflé

4 Portionen

Zubereitungszeit: 40 Minuten
Backzeit: etwa 20 Minuten

50 g Butter
40 g Weizenmehl
500 ml (1/2 l) Milch
Salz
frisch gemahlener Pfeffer
frisch geriebene Muskatnuss
2 Eigelb (Größe M)
450 g TK-Erbsen
2 Eiweiß (Größe M)

Pro Portion:
E: 14 g, F: 17 g, Kh: 28 g,
kJ: 1423, kcal: 339

1. Butter in einem Topf zerlassen. Das Mehl hinzufügen und unter Rühren so lange erhitzen, bis es hellgelb ist. Milch hinzugießen und mit einem Schneebesen durchschlagen. Dabei darauf achten, dass keine Klümpchen entstehen.
2. Den Backofen vorheizen.
Ober-/Unterhitze: etwa 180 °C
Heißluft: etwa 160 °C
3. Die Sauce zum Kochen bringen und etwa 5 Minuten bei schwacher Hitze kochen lassen. Mit Salz, Pfeffer und Muskat würzen. Eigelb verschlagen, die Sauce damit legieren (nicht mehr kochen lassen!). Gefrorene Erbsen in die heiße Sauce geben. Eiweiß steif schlagen und unterheben.
4. Die Masse in eine Souffléform (mit Butter gefettet, gemehlt) geben. Die Form auf dem Rost in den vorgeheizten Backofen schieben. Das Erbsensoufflé etwa 20 Minuten backen.
5. Das Soufflé sofort servieren.

Gebratene Kürbisspalten

16 Stück

Zubereitungszeit. 70 Minuten, ohne Saftziehzeit
Bratzeit: Kürbisspalten 4–5 Minuten je Portion

etwa 2 1/2 kg Kürbis
4 gestr. TL Salz
3–4 Bund Rucola (Rauke, 300–400 g)
etwa 200 ml Speiseöl

8 TL Balsamico-Essig
16 sehr dünne Scheiben Katenschinken
8 TL frisch geriebener Meerrettich
frisch gemahlener Pfeffer

Pro Stück:
E: 4 g, F: 18 g, Kh: 3 g,
kJ: 840, kcal: 200

1. Kürbis schälen, halbieren und die Kerne mit einem Löffel herauskratzen. Kürbishälften in je 8 Spalten (je etwa 150 g) schneiden. Kürbisspalten mit Salz bestreuen und etwa 30 Minuten zum Saftziehen liegen lassen.
2. Rucola putzen und die harten Stiele herausschneiden. Rucola abspülen, abtropfen lassen und mit Küchenpapier trocken tupfen.
3. Jeweils 8 Esslöffel des Speiseöls in einer großen Pfanne erhitzen. Die Kürbisspalten darin portionsweise je 4–5 Minuten bei mittlerer Hitze von beiden Seiten braten und aus der Pfanne nehmen.
4. Restliches Speiseöl in der Pfanne erhitzen. Rucola darin portionsweise unter vorsichtigem Wenden knusprig braten (vorsichtig, spritzt evtl.). Rucola jeweils mit einer Schaumkelle herausnehmen und auf Küchenpapier abtropfen lassen.
5. Rucola auf Tellern anrichten. Kürbisspalten darauflegen. Rucola und Kürbisspalten mit Essig beträufeln.
6. Schinken auf den Kürbisspalten verteilen. Mit Meerrettich und Pfeffer bestreut sofort servieren.

Erbsensoufflé

Gebratene Kürbisspalten

Marinierte Gemüseplatte

6 Portionen

Zubereitungszeit: 70 Minuten, ohne Abkühl-, Durchzieh- und Einweichzeit

4 rote Paprikaschoten
4 EL Olivenöl
2 abgezogene, zerdrückte Knoblauchzehen
knapp 1 EL Weißweinessig
Salz
4 kleine, blaue Artischocken
1 abgezogene Knoblauchzehe
frische Minzeblättchen
frisch gemahlener Pfeffer
3 EL Olivenöl
125 ml (1/8 l) Wasser
300 g getrocknete, große, weiße Bohnen
2–3 EL Weißweinessig oder Zitronensaft
3 EL Olivenöl
2 abgezogene Knoblauchzehen
gerebeltes Basilikum
250 g kleine Champignons
4 kleine Zwiebeln
6 EL Olivenöl
einige gehackte Salbeiblättchen
1 EL gehackte, glatte Petersilie
2–3 EL Zitronensaft
2–3 kleine Zucchini
einige Thymianblättchen
2–3 EL Olivenöl
1 zerdrückte Knoblauchzehe

Pro Portion:
E: 39 g, F: 39 g, Kh: 37 g,
kJ: 2376, kcal: 565

1. Den Backofengrill vorheizen.
2. Paprikaschoten abspülen, abtropfen lassen und auf ein Backblech legen. Paprikaschoten unter dem vorgeheizten Backofengrill von allen Seiten so lange grillen, bis die Haut Blasen wirft. Das Backblech auf einen Rost stellen. Paprikaschoten mit einem feuchten Geschirrtuch belegen und abkühlen lassen.
3. Die Paprikaschoten enthäuten, halbieren, entkernen und die weißen Scheidewände entfernen. Paprikahälften in Streifen schneiden. Olivenöl mit Knoblauch in einer Schüssel verrühren, mit Essig und Salz würzen. Die Paprikastreifen in der Marinade durchziehen lassen.
4. Die Stiele der Artischocken putzen, holzige Blätter und Spitzen entfernen. Knoblauch und Minzeblättchen klein schneiden, mit Salz und Pfeffer auf die Artischocken streuen. Olivenöl mit Wasser in einem Topf zum Kochen bringen. Die Artischocken aufrecht in den Topf stellen und zugedeckt bei mittlerer Hitze etwa 30 Minuten garen.
5. Die Artischocken aus dem Sud nehmen. Den Sud um die Hälfte einkochen lassen. Die Artischocken von oben vierteln und das Heu herausheben. Artischockenviertel mit dem Sud beträufeln.
6. Die Bohnen in kaltem Wasser über Nacht einweichen. Das Einweichwasser abgießen. Bohnen in einem Topf mit reichlich frischem Wasser zugedeckt 30–40 Minuten garen.
7. Die Bohnen in einem Sieb abtropfen lassen und in eine flache Schüssel geben. Mit Salz, Pfeffer und Essig oder Zitronensaft würzen. Olivenöl in einer Pfanne erhitzen, zerdrückte Knoblauchzehen darin andünsten und über die Bohnen geben. Mit Basilikum bestreuen, untermischen und mindestens 1 Stunde durchziehen lassen.
8. Die Champignons putzen, mit Küchenpapier abreiben, evtl. kurz abspülen und trocken tupfen. Zwiebeln abziehen und achteln. Olivenöl in einer Pfanne erhitzen. Zuerst die Champignons, dann die Zwiebelspalten darin unter Rühren hellbraun braten.
9. Champignon-Zwiebel-Mischung mit den Kräutern bestreuen. Zitronensaft kurz untermischen und etwa 1 Stunde durchziehen lassen.
10. Zucchini abspülen, abtrocknen und die Enden abschneiden. Zucchini der Länge nach in dünne Scheiben schneiden (evtl. mit einer Aufschnittmaschine). Die Zucchinischeiben mit Salz und Thymianblättchen bestreuen. Olivenöl in einer Pfanne erhitzen. Zucchinischeiben darin von beiden Seiten goldbraun braten. Knoblauch hinzugeben und kurz mit anbraten.
11. Das vorbereitete Gemüse auf einer Platte anrichten und kalt servieren.

Marinierte Gemüseplatte

Paprika-Tomaten, süßsauer

6 Gläser, je 500-ml-Inhalt

Zubereitungszeit: 40 Minuten
Einkochzeit: etwa 30 Minuten
Haltbarkeit: gekühlt etwa 6 Monate

1 kg Paprikaschoten
(rot, gelb und grün)
Salzwasser
750 g vollreife Tomaten
1 frische Chilischote
4 Knoblauchzehen
einige Zweige Majoran oder Oregano
100 g Zucker oder flüssiger
Blütenhonig
4 EL Meersalz
500 ml (1/2 l) Weißweinessig
500 ml (1/2 l) Wasser

Insgesamt:
E: 18 g, F: 4 g, Kh: 67 g,
kJ: 1711, kcal: 406

1. Paprikaschoten halbieren, entstielen, entkernen und die weißen Scheidewände entfernen. Schotenhälften abspülen, trocken tupfen, jeweils in 2–3 Streifen schneiden.
2. Paprikastreifen in kochendem Salzwasser etwa 5 Minuten blanchieren, mit eiskaltem Wasser abschrecken, in einem Sieb abtropfen lassen. Haut der Paprikastreifen abziehen.
3. Tomaten abspülen, trocken tupfen und die Stängelansätze herausschneiden. Die Tomaten rundherum mit einem Holzstäbchen einstechen und abwechselnd mit den Paprikastreifen in vorbereitete Einweckgläser schichten.
4. Chilischote abspülen, trocken tupfen, in kleine Stücke schneiden und in den Gläsern verteilen.
5. Knoblauch abziehen. Majoran oder Oregano abspülen und trocken tupfen. Den Zucker oder Honig mit Salz, Essig, Wasser und Knoblauch in einem Topf aufkochen. Die eingelegten Tomaten und Paprikastreifen mit dem Sud übergießen. Majoran- oder Oreganozweige darauf verteilen.

Paprika-Tomaten, süßsauer

6. Die Gläser mit Twist-off-Deckeln® verschließen und in einem Einkochapparat oder in einem großen Topf im Wasserdampf oder im Wasserbad einkochen (etwa 30 Minuten).

Tipp: Paprika-Tomaten passen sehr gut zu Barbecue, als Vorspeise oder Beilage.

Rosmarin-Kartoffel-Spieße

4 Portionen

Zubereitungszeit: 50 Minuten
Garzeit: etwa 40 Minuten

1 kg kleine, festkochende Kartoffeln
Salzwasser
Kümmelsamen
600 g grüne Bohnen
2 rote Zwiebeln (etwa 100 g)
4 kleine Zweige Rosmarin
2 EL Olivenöl
Salz, frisch gemahlener Pfeffer
1–2 EL Olivenöl
300 ml Gemüsebrühe oder -fond

Außerdem:
4–6 dünne Holzspieße

Pro Portion:
E: 8 g, F: 6 g, Kh: 44 g,
kJ: 1148, kcal: 273

1. Die Kartoffeln unter fließendem kalten Wasser gründlich abbürsten.

Rosmarin-Kartoffel-Spieße

Kartoffeln zugedeckt in kochendem Salzwasser mit Kümmel etwa 20 Minuten kochen lassen. Kartoffeln in ein Sieb geben und abtropfen lassen.
2. Von den Bohnen die Enden abschneiden. Die Bohnen evtl. abfädeln, abspülen, abtropfen lassen und dann in etwa 3 cm lange Stücke schneiden oder brechen. Bohnen in kochendem Salzwasser etwa 5 Minuten blanchieren, in ein Sieb geben, mit kaltem Wasser übergießen und abtropfen lassen.
3. Zwiebeln abziehen, halbieren und in Scheiben schneiden.
4. Kartoffeln gleichmäßig auf den Holzspießen verteilen. Rosmarin abspülen und trocken tupfen. Die Zweige etwas kleiner zupfen.
5. Den Backofen vorheizen.
Ober-/Unterhitze: etwa 200 °C
Heißluft: etwa 180 °C
6. Olivenöl in einer großen Pfanne erhitzen. Kartoffelspieße portionsweise darin mit den Rosmarinnadeln von allen Seiten anbraten. Mit Salz und Pfeffer würzen.
7. Olivenöl in einem großen Bräter erhitzen. Zwiebelscheiben darin glasig dünsten, Bohnen hinzugeben. Mit Salz und Pfeffer würzen. Die angebratenen Kartoffelspieße darauflegen. Brühe oder -fond hinzugießen. Den Bräter auf dem Rost in den vorgeheizten Backofen schieben. Die Rosmarin-Kartoffel-Spieße etwa 40 Minuten garen.

Beilage: Knoblauchbrot und frische Salate.

Gefüllte Kartoffelplätzchen

2 Portionen (8 Plätzchen)

Zubereitungszeit: 45 Minuten, ohne Abkühlzeit
Bratzeit: 10–12 Minuten

Für die Kartoffelplätzchen:
600 g mehligkochende Kartoffeln
Salz
1/2 Zwiebel
frisch gemahlener Pfeffer
frisch geriebene Muskatnuss

Für die Füllung:
1 Knoblauchzehe
60 g getrocknete Tomaten, in Öl
1/2 Bund glatte Petersilie
30 g frisch geraspelter Emmentaler Käse
4 EL Olivenöl

Pro Portion:
E: 12 g, F: 27 g, Kh: 44 g,
kJ: 1994, kcal: 476

1. Für die Kartoffelplätzchen Kartoffeln waschen, schälen, abspülen, abtropfen lassen. Kartoffel in einem großen Topf knapp mit Wasser bedeckt zum Kochen bringen. Salz hinzufügen. Kartoffeln zugedeckt etwa 10 Minuten garen.
2. Kartoffeln abgießen, abdämpfen, etwas abkühlen lassen und auf einer Haushaltsreibe grob raspeln.
3. Zwiebel abziehen und halbieren. Eine Zwiebelhälfte in kleine Würfel schneiden und mit den Kartoffelraspeln vermischen. Mit Salz, Pfeffer und Muskat würzen.
4. Für die Füllung Knoblauch abziehen und fein hacken. Tomaten in einem Sieb abtropfen lassen und in kleine Würfel schneiden.
5. Petersilie abspülen und trocken tupfen. Die Blättchen von den Stängeln zupfen. Blättchen klein schneiden. Petersilie, Knoblauch und die Tomatenwürfel mit dem Käse vermischen.
6. Aus dem Kartoffelteig eine Rolle formen und in 16 gleich große Scheiben teilen. Die Teigscheiben jeweils etwas flach drücken. Je 1 Teigplatte mit 2 Teelöffeln von der Füllung belegen. Eine zweite Teigplatte darauflegen und etwas andrücken. Die gefüllten Teigplatten zu runden Plätzchen formen, dabei den Rand andrücken.
7. Olivenöl in einer großen Pfanne erhitzen. Die Kartoffelplätzchen darin von jeder Seite 5–6 Minuten knusprig braun braten.

Kürbispuffer

4 Portionen

Zubereitungszeit: 30 Minuten

1/2–1 Bund Koriander
300 g Kürbisfleisch
200 g Feta-Käse
1–2 Knoblauchzehen
50 g Maismehl
50 g Weizenmehl
3 Eier (Größe M)
Salz, frisch gemahlener Pfeffer
6 EL Speiseöl

Pro Portion:
E: 18 g, F: 29 g, Kh: 23 g,
kJ: 1820, kcal: 434

1. Koriander abspülen und trocken tupfen. Die Blättchen von den Stängeln zupfen. Einige Blättchen zum Garnieren beiseitelegen. Restliche Blättchen klein schneiden. Kürbisfleisch auf der groben Seite einer Haushaltsreibe raspeln.
2. Die Hälfte des Käses in einer Rührschüssel mithilfe einer Gabel zerdrücken. Knoblauch abziehen, fein hacken und hinzufügen.
3. Beide Mehlsorten, Eier, Kürbisraspel und Koriander hinzugeben. Die Zutaten zu einem Teig verrühren. Mit Salz und Pfeffer würzen.

4. Jeweils etwas Speiseöl in einer Pfanne erhitzen. Den Teig mit einem Löffel portionsweise hineingeben und etwas flach drücken. Den Puffer von beiden Seiten goldbraun backen, herausnehmen und warm stellen. Aus dem Teig insgesamt 12 kleine Puffer backen.
5. Restlichen Käse zerbröseln. Die Puffer damit bestreuen und mit den beiseitegelegten Korianderblättchen garnieren.

Pilzpfanne

4 Portionen

Zubereitungszeit: 25 Minuten
Garzeit: 10–15 Minuten

1 kg kleine Pilze, z. B. Champignons
2 mittelgroße Zwiebeln
40 g durchwachsener Speck
30 g Butter oder Margarine
Salz, frisch gemahlener Pfeffer
1 EL gehackte Petersilie

Pro Portion:
E: 8 g, F: 10 g, Kh: 3 g,
kJ: 532, kcal: 127

1. Pilze putzen, mit Küchenpapier abreiben, evtl. abspülen und trocken tupfen. Zwiebeln abziehen. Zwiebeln und Speck in Würfel schneiden. Die Speckwürfel in einer Pfanne auslassen. Butter oder Margarine hinzufügen und zerlassen. Zwiebelwürfel darin glasig dünsten. Pilze hinzugeben, mit Salz und Pfeffer würzen.
2. Die Pilze in 10–15 Minuten unter mehrmaligem Rühren gar dünsten und mit Petersilie bestreuen.

Überbackene Erbsenpüree-Kartoffeln

4 Portionen

Zubereitungszeit: 75–80 Minuten, ohne Abkühlzeit
Überbackzeit: etwa 15 Minuten

8 große, festkochende Kartoffeln (je etwa 200 g)

Für die Füllung:
200 g TK-Erbsen
50 ml Gemüsebrühe
1 Pck. Kartoffelpüree (für 3 Portionen)
375 ml (3/8 l) Wasser
1/2 gestr. TL Salz
125 ml (1/8 l) Milch
2 EL gemischte TK-Kräuter
125 g Magerquark
Salz, frisch gemahlener Pfeffer
frisch geriebene Muskatnuss

Zum Beträufeln und Bestreuen:
30 g Butter
40 g frisch geriebener Parmesan-Käse

Pro Portion:
E: 22 g, F: 12 g, Kh: 81 g,
kJ: 2213, kcal: 530

1. Die Kartoffeln gründlich waschen, abtropfen lassen und in einen großen Topf geben. Kartoffeln knapp mit Wasser bedeckt zum Kochen bringen und 20–25 Minuten garen.
2. Kartoffeln abgießen, mit kaltem Wasser abschrecken, nochmals abgießen und etwas abkühlen lassen. Kartoffeln längs halbieren.
3. Den Backofen vorheizen.
Ober-/Unterhitze: etwa 200 °C
Heißluft: etwa 180 °C
4. Die Erbsen mit Brühe in einem kleinen Topf zum Kochen bringen und etwa 5 Minuten kochen lassen. Die Erbsen mit der Brühe in einen hohen Rührbecher geben und pürieren.
5. Kartoffelpüreepulver mit Wasser, Salz und Milch nach Packungsanleitung zubereiten. Kräuter, Quark und Erbsenpüree unterrühren. Die Masse mit Salz, Pfeffer und Muskat kräftig würzen, auf den Kartoffelhälften verteilen und mit einem Teelöffel leicht verstreichen. Die Kartoffeln auf ein Backblech (mit Backpapier belegt) legen.
6. Butter zerlassen. Die Püreemasse damit bestreichen. Käse darauf streuen.
7. Das Backblech auf mittlerer Einschubleiste in den vorgeheizten Backofen schieben. Die Kartoffeln etwa 15 Minuten überbacken.

Pilzpfanne

Überbackene Erbsenpüree-Kartoffeln

Maisgemüse

4 Portionen

Zubereitungszeit: 30 Minuten

100 g Perlzwiebeln
Salzwasser
300 g Gemüsemais (aus der Dose)
100 g Kochschinken
80 g Butter
80 g feine, rote und grüne Paprikawürfel
Salz
frisch gemahlener Pfeffer
1 Knoblauchzehe
1 EL gehackte Petersilie

Pro Portion:
E: 8 g, F: 21 g, Kh: 15 g,
kJ: 1222, kcal: 292

1. Perlzwiebeln abziehen und in kochendem Salzwasser etwa 1 Minute blanchieren, anschließend in ein Sieb geben, mit kaltem Wasser übergießen und abtropfen lassen.
2. Mais in einem Sieb abtropfen lassen. Schinken in Würfel schneiden.
3. Jeweils etwas Butter in einer Pfanne zerlassen. Zwiebeln, Mais, Schinken- und Paprikawürfel darin portionsweise andünsten. Mit Salz, Pfeffer und Knoblauch würzen. Das Maisgemüse mit Petersilie bestreut servieren.

Gemüse-Brot-Pastete

12 Portionen

Zubereitungszeit: 60 Minuten, ohne Abkühl- und Ruhezeit
Garzeit: 60–70 Minuten

1 1/2 kg Toastbrot- oder Weißbrotscheiben
3 Möhren (etwa 300 g)
2 grüne Paprikaschoten (etwa 400 g)
1 Gemüsezwiebel
500 g kleine, weiße Champignons
5 EL Speiseöl
1,2 l Milch
Salz, frisch gemahlener Pfeffer
frisch geriebene Muskatnuss
150 g Weizenmehl
100 g TK-Kräuter der Provence
8 Eier (Größe M)
etwas Speiseöl

3 Bögen Alufolie

Pro Portion:
E: 21 g, F: 17 g, Kh: 77 g,
kJ: 2289, kcal: 546

1. Toastbrot- oder Weißbrotscheiben evtl. entrinden und grob würfeln.
2. Möhren putzen, schälen, abspülen und abtropfen lassen. Paprikaschoten halbieren, entstielen, entkernen und die weißen Scheidewände entfernen. Schotenhälften abspülen und abtropfen lassen. Gemüsezwiebel abziehen und halbieren. Möhren, Paprikaschoten- und Zwiebelhälften in kleine Würfel schneiden. Champignons putzen, mit Küchenpapier abreiben, evtl. kurz abspülen, trocken tupfen. Champignons halbieren.
3. Den Backofen vorheizen.
Ober-/Unterhitze: etwa 200 °C
Heißluft: etwa 180 °C
4. Speiseöl in einer großen Pfanne erhitzen. Das vorbereitete Gemüse darin portionsweise etwa 10 Minuten unter gelegentlichem Wenden dünsten. Gemüse etwas abkühlen lassen.
5. Die Milch in einem Topf erhitzen. Salz, Pfeffer und Muskat hinzugeben. Brotwürfel, Mehl, gedünstetes Gemüse und Kräuter der Provence in einer großen Schüssel vermischen. Eier verschlagen und unterrühren. Milch hinzugießen und untermengen. Die Brot-Gemüse-Masse in 3 Portionen teilen.
6. Jeweils ein Drittel der Brot-Gemüse-Masse in Form einer Rolle auf je einen doppelt gelegten Bogen Alufolie (gefettet) geben und zu einer Rolle einwickeln. Die Enden jeweils fest verschließen.
7. Heißes Wasser in eine Fettpfanne geben. Die Rollen hineingeben. Die Fettpfanne in den vorgeheizten Backofen schieben. Die Brot-Pasteten darin etwa 60 Minuten gar ziehen

Maisgemüse

Gemüse-Brot-Pastete

Fächerkartoffeln

Kartoffel-Paprika-Curry

lassen (das Wasser sollte immer unterhalb des Siedepunktes sein).
8. Die Rollen aus der Fettpfanne nehmen. Die Gemüse-Brot-Pasteten etwa 10 Minuten ruhen lassen.
9. Die Pasteten aus der Alufolie wickeln und in Scheiben schneiden.

Beilage: Salat von frischen, gemischten Pilzen mit Essig-Öl-Dressing und Schnittlauchröllchen.

Fächerkartoffeln

4 Portionen

Zubereitungszeit: 30 Minuten
Garzeit: etwa 45 Minuten

800 g vorwiegend mehligkochende, mittelgroße Kartoffeln
1 TL gerebelter Majoran oder Kümmelsamen
Salz, frisch gemahlener Pfeffer
50 g Butter
2 EL geriebener Parmesan-Käse

Pro Portion:
E: 5 g, F: 13 g, Kh: 24 g,
kJ: 1011, kcal: 241

1. Die Kartoffeln waschen, schälen, abspülen und abtropfen lassen. Die Kartoffeln in schmalen Abständen mit einem Messer so tief einschneiden, dass die Unterseiten noch zusammenhalten (dazu kann die Kartoffel auf einen großen Löffel gelegt werden).
2. Den Backofen vorheizen.
Ober-/Unterhitze: etwa 200 °C
Heißluft: etwa 180 °C
3. Die Kartoffeln mit den Einschnitten nach oben nebeneinander in eine flache Auflaufform (gefettet) setzen. Fächerkartoffeln mit Majoran oder Kümmel, Salz und Pfeffer bestreuen. Die Butter zerlassen und darauftr äufeln. Die Form auf dem Rost in den vorgeheizten Backofen schieben. Die Fächerkartoffeln etwa 30 Minuten garen.
4. Die Form aus dem Backofen nehmen. Die Fächerkartoffen mit Parmesan-Käse bestreuen. Die Form wieder auf dem Rost in den heißen Backofen schieben. Die Fächerkartoffeln bei gleicher Backofentemperatur weitere etwa 15 Minuten überbacken.

Kartoffel-Paprika-Curry

4 Portionen

Zubereitungszeit: 30 Minuten
Garzeit: etwa 40 Minuten

800 g kleine Kartoffeln
6 EL Sonnenblumenöl
2 gestr. EL Currypulver
je 2 gelbe und grüne Paprikaschoten (etwa 800 g)
2 Zwiebeln
1 TL Koriandersamen
12 schwarze Pfefferkörner
1/2 TL Kreuzkümmel
2 EL gehackte Mandeln
1/2 TL gemahlener Kardamom
1 Prise frisch geriebene Muskatnuss
1 Knoblauchzehe
1 gestr. TL Salz
250 g Joghurt
2 EL gehackte Petersilie

Pro Portion:
E: 11 g, F: 26 g, Kh: 44 g,
kJ: 1962, kcal: 468

1. Die Kartoffeln waschen, schälen, abspülen, abtropfen lassen und mit einer Gabel rundherum einstechen. Kartoffeln trocken tupfen. 3 Esslöffel Sonnenblumenöl in einer Pfanne erhitzen. Kartoffeln darin etwa 15 Minuten unter häufigem Rühren goldbraun braten. Mit Curry bestreuen und kurz mit andünsten.
2. In der Zwischenzeit Paprikaschoten halbieren, entstielen, entkernen und die weißen Scheidewände entfernen. Schotenhälften abspülen, trocken tupfen und in etwa 2 cm große Würfel schneiden. 2 Esslöffel des restlichen Sonnenblumenöls in einem kleinen Topf erhitzen. Paprikawürfel darin etwa 5 Minuten unter Rühren dünsten.
3. Zwiebeln abziehen und in kleine Würfel schneiden. Restliches Sonnenblumenöl in einem Topf erhitzen. Koriander, Pfefferkörner, Kreuzkümmel, Mandeln, Kardamom und Muskat darin unter Rühren andünsten. Zwiebelwürfel hinzufügen und etwa 5 Minuten mitdünsten lassen. Knoblauch abziehen, zerdrücken, mit Salz und 5 Esslöffeln Wasser unterrühren. Weitere etwa 5 Minuten dünsten lassen. Dabei nach und nach den Joghurt hinzugeben.
4. Kartoffeln und Paprikawürfel hinzugeben, noch weitere etwa 10 Minuten dünsten lassen. Petersilie unterrühren.

Feines Wirsinggemüse

Gefüllte Kräuterkartoffeln

Feines Wirsinggemüse

4 Portionen

Zubereitungszeit: 35 Minuten
Garzeit: 20–25 Minuten

75 g durchwachsener Speck
1 Zwiebel
1 Knoblauchzehe
1 EL Butter oder Margarine
800 g Wirsing
125 ml (1/8 l) Gemüsebrühe
200 g Champignons
Salz
frisch gemahlener, schwarzer Pfeffer
1 EL gehackte Petersilie

Pro Portion:
E: 7 g, F: 15 g, Kh: 7 g,
kJ: 836, kcal: 199

1. Speck in dünne Scheiben schneiden. Zwiebel und Knoblauch abziehen, in kleine Würfel schneiden.
2. Butter oder Margarine in einem Topf zerlassen. Speckscheiben darin auslassen. Dann Zwiebel- und Knoblauchwürfel hinzufügen und kurz andünsten.
3. Von dem Wirsing die groben, äußeren Blätter entfernen. Wirsing achteln und den Strunk herausschneiden. Kohlachtel abspülen, abtropfen lassen und in etwa 2 cm breite Streifen schneiden. Wirsingstreifen zu der Speck-Zwiebel-Masse geben und kurz mit andünsten. Gemüsebrühe hinzufügen und zum Kochen bringen. Wirsingstreifen etwa 15 Minuten garen.
4. Die Champignons putzen, mit Küchenpapier abreiben, evtl. kurz abspülen und trocken tupfen. Champignons vierteln, zu den Wirsingstreifen geben und 5–10 Minuten mitgaren lassen. Wirsinggemüse mit Salz und Pfeffer abschmecken, anrichten und mit Petersilie bestreut servieren.

Gefüllte Kräuterkartoffeln

4 Portionen

Zubereitungszeit: 45 Minuten
Garzeit: etwa 60 Minuten
Überbackzeit: etwa 15 Minuten

8 große, festkochende Ofenkartoffeln (je etwa 150 g)
250 g Kartoffeln (normale Größe)
Salzwasser
2 Schalotten
je 1 Bund Petersilie, Majoran, Thymian
1 großer Zweig oder 1 kleiner Topf Rosmarin
2 EL Olivenöl
200 ml warme Milch
60 g zerlassene Butter
Salz, frisch geriebene Muskatnuss
2 Eier (Größe M)

100 g getrocknete Tomaten, in Streifen

Außerdem:
8 Bogen Alufolie

Pro Portion:
E: 17 g, F: 23 g, Kh: 68 g,
kJ: 2347, kcal: 559

1. Den Backofen vorheizen.
Ober-/Unterhitze: etwa 180 °C
Heißluft: etwa 160 °C
2. Ofenkartoffeln unter fließendem kalten Wasser gründlich abbürsten und abtropfen lassen. Kartoffeln jeweils in einen Bogen Alufolie einwickeln und auf ein Backblech legen. Das Backblech in den vorgeheizten Backofen schieben. Die Kartoffeln etwa 60 Minuten garen.
3. In der Zwischenzeit restliche Kartoffeln waschen, schälen, abspülen, abtropfen lassen und klein würfeln. Kartoffelwürfel in kochendem Salzwasser etwa 20 Minuten garen. Anschließend abgießen, abdämpfen und sofort durch eine Kartoffelpresse drücken.
4. Schalotten abziehen und in kleine Würfel schneiden. Kräuter abspülen und trocken tupfen. Die Blättchen bzw. Nadeln von den Stängeln zupfen. Blättchen und Nadeln klein schneiden. Olivenöl in einer Pfanne erhitzen. Schalottenwürfel und Kräuter darin andünsten.
5. Ofenkartoffeln aus der Alufolie wickeln und je einen länglichen Deckel abschneiden. Die Backofentemperatur auf Ober-/Unterhitze: etwa 200 °C, Heißluft: etwa 180 °C heraufschalten. Kartoffeln mit einem Teelöffel so aushöhlen, dass ein etwa 1/2 cm breiter Rand stehen bleibt. Ausgehöhltes Kartoffelfleisch und

die -deckel ebenfalls durch die Kartoffelpresse drücken.
6. Die durchgedrückten Kartoffeln mit Milch, Butter und den angedünsteten Kräutern vermengen. Mit Salz und Muskat würzen. Die Masse in einen Spritzbeutel mit Sterntülle geben, in die ausgehöhlten Kartoffeln spritzen, auf einem Backblech (mit Backpapier belegt) verteilen.
7. Eier verschlagen. Die Kartoffel-Kräuter-Masse damit bestreichen. Das Backblech in den vorgeheizten Backofen schieben. Die Kräuterkartoffeln etwa 15 Minuten überbacken.
8. Die Kräuterkartoffeln mit den Tomatenstreifen belegen und sofort servieren.

Eingekochter Kürbis, pikant

4 Gläser, je 1-Liter-Inhalt

Zubereitungszeit: 90 Minuten, ohne Durchziehzeit
Einkochzeit: etwa 30 Minuten

4 kg Kürbis

Zum Durchziehen:
(auf je 1 kg Kürbis, vorbereitet gewogen)
125 ml (1/8 l) Weißweinessig
125 ml (1/8 l) Wasser

Für die Essig-Zucker-Lösung:
375 ml (3/8 l) Weißweinessig
375 ml (3/8 l) Wasser
1 1/2 kg Zucker
Saft und Schale von 1/2 Bio-Zitrone (unbehandelt, ungewachst)
1 kleines Stück geschälte Ingwerwurzel

Insgesamt:
E: 24 g, F: 3 g, Kh: 1565 g,
kJ: 26721, kcal: 6368

1. Zum Vorbereiten Kürbis schälen, halbieren und die Kerne mit einem Löffel herauskratzen. Kürbishälften abspülen, abtropfen lassen und in Würfel schneiden. Kürbiswürfel in eine große Schüssel geben.
2. Zum Durchziehen Essig und Wasser verrühren und über die Kürbiswürfel gießen. Kürbiswürfel zugedeckt über Nacht kalt stellen und durchziehen lassen.
3. Kürbiswürfel mit einem Schaumlöffel herausnehmen und in einem Sieb gut abtropfen lassen.
4. Für die Essig-Zucker-Lösung die Zutaten in einem Topf zum Kochen bringen. Kürbiswürfel portionsweise in der Lösung glasig kochen (nicht zu weich werden lassen). Die Kürbiswürfel jeweils mit einem Schaumlöffel herausnehmen und in vorbereitete Gläser füllen. Die Gläser mit der Essig-Zucker-Lösung auffüllen und danach mit Twist-off-Deckeln® verschließen.
5. Die Gläser auf einen Auflagenrost in den Einkochtopf stellen. So viel kaltes Wasser hinzugießen, dass die Gläser zu drei Viertel im Wasser stehen. Die Kürbiswürfel etwa 30 Minuten bei etwa 75 °C einkochen.

Dill-Gurken-Gemüse

4 Portionen

Zubereitungszeit: 25 Minuten
Garzeit: etwa 13 Minuten

750 g Salatgurken
2 Tomaten
2 Zwiebeln
25 g Butter oder Margarine
Salz, frisch gemahlener Pfeffer
1 EL Crème fraîche
2 EL gehackter Dill

Pro Portion:
E: 2 g, F: 4 g, Kh: 4 g,
kJ: 254, kcal: 60

1. Gurken schälen, halbieren, evtl. entkernen und in etwa 2 cm breite Stücke schneiden. Tomaten kreuzweise einschneiden, mit kochendem Wasser übergießen und kurz darin liegen lassen. Tomaten mit kaltem Wasser abschrecken, enthäuten, halbieren und die Stängelansätze herausschneiden. Tomatenhälften in Würfel schneiden.
2. Zwiebeln abziehen und klein würfeln. Butter oder Margarine in einem Topf zerlassen, Zwiebelwürfel darin andünsten. Gurkenstücke hinzugeben. Mit Salz und Pfeffer würzen. Das Gemüse zum Kochen bringen und zugedeckt etwa 10 Minuten dünsten.
3. Die Tomatenwürfel hinzufügen und 2–3 Minuten mitdünsten lassen. Crème fraîche unterrühren. Das Gemüse nochmals mit den Gewürzen abschmecken, anrichten und mit Dill bestreut servieren.

Eingekochter Kürbis, pikant

Dill-Gurken-Gemüse

Dicke Bohnen mit Tomaten

4 Portionen

Zubereitungszeit: 20 Minuten
Garzeit: etwa 20 Minuten

300 g frische, ausgepalte, dicke Bohnen (etwa 1 kg mit Hülsen)
4 große Fleischtomaten, enthäutet
2 Zwiebeln
3 Knoblauchzehen
3 EL Olivenöl
Salz
frisch gemahlener Pfeffer
Cayennepfeffer
gehackte Bohnenkrautblättchen
gehackte Oreganoblättchen
125 ml (1/8 l) Gemüsebrühe
3–4 EL Rotwein

Pro Portion:
E: 8 g, F: 10 g, Kh: 15 g,
kJ: 844, kcal: 202

1. Dicke Bohnen abspülen und abtropfen lassen. Tomaten halbieren, entkernen und die Stängelansätze herausschneiden. Tomatenhälften in Stücke schneiden.
2. Zwiebeln und Knoblauch abziehen, fein würfeln. Olivenöl in einem Topf erhitzen. Zwiebel- und Knoblauchwürfel darin andünsten. Die Bohnen hinzufügen, mit Salz, Pfeffer und Cayennepfeffer würzen. Die Kräuter unterrühren.
3. Gemüsebrühe und Rotwein hinzugießen und zum Kochen bringen. Bohnen etwa 15 Minuten dünsten. Tomatenwürfel hinzugeben und etwa 5 Minuten mitdünsten lassen. Bohnen evtl. nochmals mit den Gewürzen abschmecken.

Champignons mit Schinken

4 Portionen

Zubereitungszeit: 45 Minuten
Garzeit: 15–20 Minuten

12 große, weiße Champignons (etwa 800 g)

Für die Füllung:
1 Schalotte
120 g Parmaschinken
1 Bund glatte Petersilie
3 Scheiben Toastbrot
60 g Butter
4 EL Olivenöl
Salz
frisch gemahlener Pfeffer
20 g Butter
1 Ei (Größe M)

Zum Garnieren:
3 Tomaten

Pro Portion:
E: 18 g, F: 35 g, Kh: 10 g,
kJ: 1746, kcal: 417

1. Champignons putzen, mit Küchenpapier abreiben, evtl. abspülen und trocken tupfen. Stiele herausdrehen und die Champignonköpfe etwas aushöhlen. Stiele und ausgehöhltes Champignonfleisch in kleine Würfel schneiden.
2. Für die Füllung die Schalotte abziehen und in kleine Würfel schneiden. Schinken in 2–3 cm lange, feine Streifen schneiden. Petersilie abspülen und trocken tupfen. Blättchen von den Stängeln zupfen. Blättchen klein schneiden. Toastbrotscheiben entrinden und dann in kleine Würfel schneiden. Butter in einer Pfanne zerlassen. Brotwürfel darin von allen Seiten goldgelb braten. Toastbrotwürfel beiseitestellen.
3. Olivenöl in einer Pfanne erhitzen. Champignonköpfe hinzugeben und leicht anbraten. Mit Salz und Pfeffer würzen. Anschließend in eine flache Auflaufform legen.
4. Den Backofen vorheizen.
Ober-/Unterhitze: etwa 180 °C
Heißluft: etwa 160 °C
5. Die Butter in einem Topf zerlassen. Champignon-, Schalottenwürfel und Schinkenstreifen hinzugeben, unter Rühren andünsten. Petersilie, Toastbrotwürfel und Ei unterrühren, mit Salz und Pfeffer würzen.

Dicke Bohnen mit Tomaten

Champignons mit Schinken

Artischocken, gefüllt

Champignons, ausgebacken

6. Die Masse mit zwei Teelöffeln in den ausgehöhlten Champignonköpfen verteilen. Die Form auf dem Rost in den vorgeheizten Backofen schieben. Pilze 15–20 Minuten garen.
7. Zum Garnieren Tomaten abspülen, abtrocknen, halbieren, entkernen und die Stängelansätze herausschneiden. Die Tomatenhälften in kleine Würfel schneiden. Gefüllte Champignons mit den Tomatenwürfeln garniert servieren.

Artischocken, gefüllt

6 Portionen

Zubereitungszeit: 60 Minuten
Garzeit: etwa 35 Minuten

16 junge, kleine Artischocken
1/2 Zitrone
3 Knoblauchzehen
1 Bund glatte Petersilie
10 frische Minzeblättchen
50 g Semmelbrösel
50 g geriebener Parmesan-Käse
125 ml (1/8 l) Olivenöl
Salz, frisch gemahlener Pfeffer
250 ml (1/4 l) Weißwein

Pro Portion:
E: 8 g, F: 24 g, Kh: 12 g,
kJ: 1362, kcal: 325

1. Artischocken unter fließendem kalten Wasser abspülen und gut abtropfen lassen. Äußere, welke Blätter auszupfen. Stiele und Spitzen abschneiden. Die Schnittflächen mit der Zitronenhälfte einreiben.
2. Knoblauch abziehen und sehr klein schneiden. Die Petersilie und Minzeblättchen abspülen und trocken tupfen. Von der Petersilie die Blättchen von den Stängeln zupfen. Petersilie- und Minzeblättchen klein schneiden. Semmelbrösel mit Parmesan-Käse und zwei Dritteln des Olivenöls mischen. Die Kräuter untermischen. Mit Salz und Pfeffer würzen.
3. Den Backofen vorheizen.
Ober-/Unterhitze: etwa 200 °C
Heißluft: etwa 180 °C
4. Von den Artischocken die mittleren Blätter lockern und das Heu entfernen. Die Artischocken mit der Kräuter-Käse-Mischung füllen.
5. Restliches Olivenöl in einer feuerfesten Form erhitzen. Die gefüllten Artischocken hineinsetzen. So viel Weißwein hinzugießen, dass die Artischocken zur Hälfte bedeckt sind. Die Form auf dem Rost in den vorgeheizten Backofen schieben. Die Artischocken etwa 35 Minuten garen.

Beilage: Frisches Stangenweißbrot.

Champignons, ausgebacken

4 Portionen

Zubereitungszeit: 30 Minuten, ohne Ruhezeit

300 g Champignons

Für den Ausbackteig:
150 g Weizenmehl
100 ml Bier, z. B. Pils
100 ml Milch
2 Eier (Größe M)
Salz, frisch gemahlener Pfeffer

Für die Tatarsauce:
2 EL fein gehackte Cornichons
2 EL fein gehackte Zwiebelwürfel
2 EL fein gehacktes Ei, hart gekocht
8 EL Delikatessmayonnaise
1 TL gehackte Anchovis (Sardellenfilet)
2 EL Cornichonsud

Zum Ausbacken:
1 l Speiseöl

Pro Portion:
E: 11 g, F: 76 g, Kh: 31 g,
kJ: 3757, kcal: 897

1. Champignons putzen, evtl. abspülen und auf Küchenpapier gut abtropfen lassen.
2. Für den Teig Mehl mit Bier, Milch und Eiern in einer Rührschüssel mit Handrührgerät mit Rührbesen verrühren. Mit Salz und Pfeffer würzen. Teig etwa 15 Minuten ruhen lassen.
3. Für die Sauce die Cornichons mit Zwiebelwürfeln, Ei, Mayonnaise und Anchovis verrühren. Mit Salz, Pfeffer und Sud würzen.
4. Zum Ausbacken Speiseöl in einem hohen Topf oder in der Fritteuse auf etwa 180 °C erhitzen.
5. Champignons nacheinander durch den Backteig ziehen und portionsweise in dem heißen Öl unter Wenden goldbraun ausbacken.
6. Champignons mit einer Schaumkelle herausnehmen und auf Küchenpapier abtropfen lassen.
7. Gebackene Champignons und Tatarsauce getrennt anrichten.

Tipp: Das Ausbackfett ist heiß genug, wenn sich an einem Holzlöffel kleine Bläschen bilden.

Blechkartoffeln mit Kräuterquark

Backofengemüse

Blechkartoffeln mit Kräuterquark

4 Portionen

Zubereitungszeit: 60 Minuten
Garzeit: etwa 40 Minuten

1,2 kg festkochende, mittelgroße Kartoffeln
5 EL Speiseöl, z. B. Sonnenblumenöl
40 g Butter
2 EL Kümmelsamen
Salz

Für den Kräuterquark:
500 g Magerquark
2 EL Schmand (Sauerrahm)
etwa 6 EL Milch
je 2 TL Kerbel, Petersilie und Dill, gehackt
2 TL Schnittlauchröllchen
grob gemahlener, bunter Pfeffer
evtl. etwas glatte Petersilie

Pro Portion:
E: 24 g, F: 24 g, Kh: 51 g,
kJ: 2225, kcal: 531

1. Den Backofen vorheizen.
Ober-/Unterhitze: etwa 200 °C
Heißluft: etwa 180 °C
2. Kartoffeln unter fließendem kalten Wasser sehr gründlich abbürsten, abtropfen lassen und trocken tupfen. Speiseöl in einer kleinen Pfanne erhitzen, Butter darin zerlassen.
3. Die Kartoffeln mit der Schale der Länge nach halbieren. Die Schnittflächen mit der Öl-Butter-Mischung bestreichen, mit Kümmel bestreuen und mit der Schnittfläche nach oben auf ein Backblech (gefettet) legen. Mit der restlichen Öl-Butter-Mischung beträufeln, mit Salz bestreuen. Das Backblech in den vorgeheizten Backofen schieben. Kartoffeln etwa 40 Minuten garen.
4. In der Zwischenzeit für den Kräuterquark Quark mit Schmand, Milch und Kräutern verrühren. Mit Salz und Pfeffer würzen.
5. Kartoffelhälften vom Backblech nehmen und mit dem Kräuterquark anrichten. Kräuterquark mit Pfeffer bestreuen. Nach Belieben mit abgespülter und trocken getupfter Petersilie garnieren.

Backofengemüse

4 Portionen

Zubereitungszeit: 30 Minuten
Garzeit: 40–45 Minuten

1 kg festkochende, mittelgroße Kartoffeln
Salz, frisch gemahlener Pfeffer
7 EL Olivenöl
400 g rote Paprikaschoten
200 g gelbe Paprikaschoten
400 g Zucchini
2 Zweige Rosmarin
4 Knoblauchzehen

Pro Portion:
E: 8 g, F: 19 g, Kh: 46 g,
kJ: 1640, kcal: 391

1. Den Backofen vorheizen.
Ober-/Unterhitze: etwa 180 °C
Heißluft: etwa 160 °C
2. Kartoffeln unter fließendem kalten Wasser sehr gründlich abbürsten, abtropfen lassen, trocken tupfen und längs vierteln. Kartoffelviertel in eine Fettpfanne geben, mit Salz und Pfeffer bestreuen. Mit 2 Esslöffeln Olivenöl beträufeln. Fettpfanne in den vorgeheizten Backofen schieben. Kartoffeln etwa 20 Minuten garen.
3. In der Zwischenzeit Paprikaschoten vierteln, entstielen, entkernen und die weißen Scheidewände entfernen. Schotenviertel abspülen, abtropfen lassen und in kleine Stücke schneiden.
4. Zucchini abspülen, abtrocknen und die Enden abschneiden. Zucchini in kleine Stücke schneiden. Das vorbereitete Gemüse mit Salz und Pfeffer würzen. Mit dem restlichen Olivenöl vermischen.
5. Rosmarinzweige abspülen und trocken tupfen. Knoblauch abziehen, mit dem Gemüse und den Rosmarinzweigen zu den Kartoffeln in die Fettpfanne geben, gut vermischen.
6. Die Fettpfanne wieder in den heißen Backofen schieben. Das Backofengemüse bei der oben angegebenen Backofentemperatur noch weitere 20–25 Minuten garen.

Beilage: **Schnittlauch-Ei-Dip.** Dafür 500 g Magerquark mit 150 g saurer Sahne cremig rühren. Dann 1–2 Bund Schnittlauch abspülen, trocken tupfen und in feine Röllchen schneiden. 2–3 hart gekochte Eier pellen und würfeln. Schnittlauch und Eierwürfel unter den Quark rühren. Mit Salz, Pfeffer und Worcestersauce abschmecken.

Bratkartoffeln auf dem Blech

4 Portionen

Zubereitungszeit: 20 Minuten
Backzeit: etwa 25 Minuten

1 kg festkochende Kartoffeln
2 kleine Zwiebeln
6 EL Speiseöl
1 gestr. EL Salz
frisch gemahlener Pfeffer

Pro Portion:
E: 4 g, F: 15 g, Kh: 31 g,
kJ: 1178, kcal: 281

1. Den Backofen vorheizen.
Ober-/Unterhitze: etwa 220 °C
Heißluft: etwa 200 °C
2. Kartoffeln waschen, dünn schälen, abspülen, abtropfen lassen und in etwa 3 mm dünne Scheiben schneiden. Kartoffelscheiben mit Küchenpapier trocken tupfen. Zwiebeln abziehen und klein würfeln.
3. Kartoffelscheiben mit Zwiebelwürfeln und Speiseöl in einer Schüssel vermengen. Mit Salz und Pfeffer wurzen.
4. Die Kartoffelscheiben auf einem Backblech (mit Backpapier belegt) verteilen. Das Backblech in den vorgeheizten Backofen schieben und die Bratkartoffeln etwa 25 Minuten backen.
5. Die Bratkartoffeln zwischendurch mit einem Pfannenwender wenden. Die Kartoffelscheiben sollen goldgelb und knusprig sein.

Blumenkohl-Curry

4 Portionen

Zubereitungszeit: 40 Minuten
Garzeit: etwa 25 Minuten

1 Blumenkohl (etwa 900 g)
2 Zwiebeln
4 Knoblauchzehen
40 g Ingwerwurzel
400 g Kartoffeln
1 Apfel
4 EL Maiskeimöl
2 EL Currypulver
2 EL Weizenmehl
300 ml Gemüsebrühe
2 EL Zitronensaft
2 TL Paprikapulver edelsüß
2 TL Garam Masala
(indische Gewürzmischung)
Salz
250 g Joghurt

2 rote Paprikaschoten
80 g grüne Kürbiskerne,
ohne Schale

Pro Portion:
E: 15 g, F: 25 g, Kh: 35 g,
kJ: 1882, kcal: 449

1. Von dem Blumenkohl die Blätter entfernen und den Strunk abschneiden. Blumenkohl in kleine Röschen teilen, abspülen und abtropfen lassen. Zwiebeln und Knoblauch abziehen, klein würfeln. Ingwer schälen und ebenfalls in kleine Würfel schneiden. Kartoffeln waschen, schälen, abspülen, abtropfen lassen und in etwa 2 cm große Würfel schneiden. Apfel schälen, vierteln, entkernen und würfeln.
2. Maiskeimöl in einem großen Topf erhitzen. Knoblauch-, Zwiebel- und Ingwerwürfel darin mit Curry andünsten.
3. Das Mehl hinzugeben, unter Rühren so lange erhitzen, bis es hellgelb ist. Brühe hinzugießen, mit einem Schneebesen gut durchschlagen. Dabei darauf achten, dass keine Klümpchen entstehen. Kartoffel-, Apfelwürfel und Blumenkohlröschen hinzugeben, zum Kochen bringen. Mit Zitronensaft, Paprika, Garam Masala und Salz würzen. Joghurt vorsichtig unterrühren.
4. Die Zutaten zugedeckt etwa 25 Minuten bei schwacher Hitze garen, dabei ab und zu umrühren. Paprikaschoten halbieren, entstielen, entkernen und die weißen Scheidewände entfernen. Schotenhälften abspülen, abtropfen lassen und klein würfeln. Nach etwa 20 Minuten Garzeit Paprikawürfel und Kürbiskerne hinzufügen, etwa 5 Minuten mitgaren.

Bratkartoffeln auf dem Blech

Blumenkohl-Curry

Brotsalat

2 Portionen

Zubereitungszeit: 40 Minuten

1 Bio-Zitrone
(unbehandelt, ungewachst)
2–3 Stängel Basilikum
50 g Rucola (Rauke)
1 Knoblauchzehe
5 EL Olivenöl
2 EL Wasser
Meersalz
frisch gemahlener, schwarzer Pfeffer

75 g Ciabatta-Brot

100 g grüne Bohnen
Salzwasser
12 Cocktailtomaten
1/2 rote Paprikaschote
6–8 Kalamata-Oliven
20 g Parmesan-Käse

Pro Portion:
E: 10 g, F: 32 g, Kh: 29 g,
kJ: 1894, kcal: 451

1. Zitrone heiß abwaschen und abtrocknen. Die Hälfte der Zitronenschale fein abreiben. Die Zitrone halbieren und den Saft auspressen. 3 Esslöffel Saft abmessen und beiseitestellen. Basilikum abspülen und trocken tupfen. Die Blättchen von den Stängeln zupfen. Rucola putzen und die harten Stiele entfernen. Rucola abspülen und abtropfen lassen.

2. Je ein Drittel des Rucolas und der Basilikumblättchen grob zerschneiden. Restlichen Rucola und Basilikumblättchen zugedeckt kalt stellen. Knoblauch abziehen und grob zerkleinern.

3. Den Backofengrill vorheizen.

4. Gehackten Rucola und Basilikum mit Knoblauch, 4 Esslöffeln des Olivenöls, 2 Esslöffeln Wasser und Meersalz im Blitzhacker fein pürieren. Die Zitronenschale und grob gemahlenen Pfeffer untermischen. Das Kräuteröl beiseitestellen.

5. Ciabatta in sehr dünne Scheiben schneiden. Die Brotscheiben nebeneinander auf ein Backblech legen. Das Backblech unter den vorgeheizten Backofengrill schieben. Die Brotscheiben von beiden Seiten goldbraun rösten.

6. Von den Bohnen die Enden abschneiden. Bohnen evtl. abfädeln, abspülen und abtropfen lassen. Die Bohnen in kochendem Salzwasser etwa 8 Minuten garen. Anschließend in ein Sieb geben, mit kaltem Wasser übergießen und gut abtropfen lassen.

7. Tomaten abspülen, trocken tupfen, halbieren und evtl. die Stängelansätze herausschneiden. Tomatenhälften in kleine Stücke schneiden. Paprikaschotenhälfte entstielen, entkernen und die weißen Scheidewände entfernen. Schotenhälfte abspülen, abtropfen lassen und in dünne Streifen schneiden.

8. Restliches Olivenöl in einer weiten Pfanne erhitzen. Die Paprikastreifen darin etwa 1 Minute bei starker Hitze unter Rühren anbraten. Die Bohnen, Oliven und Tomatenstücke hinzugeben und unter Rühren etwa 1 Minute mitgaren lassen.

9. Beiseitegestellten Zitronensaft unter das beiseitegestellte Kräuteröl rühren. Kalt gestellte Basilikumblättchen, Rucola, die warme Bohnen-Paprika-Mischung und die gerösteten Brotscheiben locker mit dem Kräuteröl mischen, evtl. nachwürzen.

10. Den Brotsalat in einer Schale anrichten. Parmesan-Käse dünn hobeln. Den Salat damit bestreuen.

Gemüse-Linsen-Curry mit Dip

6 Portionen

Zubereitungszeit: 25 Minuten
Garzeit: etwa 13 Minuten

6 Frühlingszwiebeln
400 g Möhren
2 Knoblauchzehen
4 TL Speiseöl, z. B. Sonnenblumenöl
225 g TK-Erbsen
160 g rote Linsen
4 TL Currypulver
1 TL Cayennepfeffer
1 TL Kreuzkümmel (Cumin)

Brotsalat

Gemüse-Linsen-Curry mit Dip

Champignons mit Knoblauch

Dicke Bohnen mit Speck

400 ml Kokosmilch (ungesüßt)
Salz

Für den Dip:
1 Topf Minze
300 g Joghurt
1 Pck. Dr. Oetker Finesse
Geriebene Zitronenschale

etwas Zitronensaft

Pro Portion:
E: 13 g, F: 17 g, Kh: 29 g,
kJ: 1356, kcal: 326

1. Frühlingszwiebeln putzen, abspülen, abtropfen lassen und in schräg in Stücke schneiden. Möhren putzen, schälen, abspülen, abtropfen lassen und in schräg in feine Scheiben schneiden. Knoblauch abziehen und in sehr kleine Würfel schneiden.
2. Das Speiseöl in einer Pfanne oder einem Topf erhitzen. Frühlingszwiebeln und Möhren darin kurz andünsten. Gefrorene Erbsen, Linsen, Knoblauch, Curry, Cayennepfeffer und Kreuzkümmel hinzugeben und unter Rühren mitdünsten lassen. Mit Kokosmilch ablöschen. Mit Salz würzen, zugedeckt etwa 13 Minuten garen.
3. Für den Dip Minze abspülen und trocken tupfen. Die Blättchen von den Stängeln zupfen. Blättchen in feine Streifen schneiden. Joghurt mit Zitronenschale und Minzestreifen verrühren, mit Salz würzen.
4. Linsen-Curry mit Zitronensaft und den Gewürzen abschmecken, mit dem Joghurt-Dip servieren.

Champignons mit Knoblauch

4–6 Portionen

Zubereitungszeit: 35 Minuten
Garzeit: etwa 8 Minuten

600 g frische, kleine Champignons
Saft von 1 Zitrone
3 Knoblauchzehen
150 ml Olivenöl
Salz, frisch gemahlener Pfeffer
1 Bund Petersilie

Pro Portion:
E: 3 g, F: 25 g, Kh: 2 g,
kJ: 1067, kcal: 254

1. Champignons putzen, mit Küchenpapier abreiben, evtl. abspülen und trocken tupfen. Champignons mit Zitronensaft beträufeln und kurz marinieren.
2. Knoblauch abziehen und in sehr kleine Stücke schneiden. Olivenöl in einer großen Pfanne erhitzen. Knoblauchstücke darin glasig dünsten.
3. Die Champignons hinzugeben und 5–6 Minuten bei schwacher Hitze unter gelegentlichem Rühren dünsten. Anschließend bei starker Hitze unter Rühren kurz braten.
4. Petersilie abspülen und trocken tupfen. Die Blättchen von den Stängeln zupfen und die Blättchen klein schneiden.
5. Champignons mit Salz und Pfeffer kräftig würzen. Petersilie unterheben und sofort servieren.

Dicke Bohnen mit Speck

4 Portionen

Zubereitungszeit: 50 Minuten
Garzeit: etwas 30 Minuten

750 g frische, ausgepalte, dicke Bohnen (2 1/2–3 kg mit Hülsen)
1 Stängel Bohnenkraut
100 g durchwachsener Speck
2–3 Zwiebeln
gut 125 ml (1/8 l) Wasser
Salz
1 kleines Bund Schnittlauch

Pro Portion:
E: 16 g, F: 17 g, Kh: 26 g,
kJ: 1426, kcal: 341

1. Bohnen abspülen und abtropfen lassen. Bohnenkraut abspülen und trocken tupfen. Speck in kleine Würfel schneiden, in einen Topf geben und anbraten.
2. Zwiebeln abziehen, halbieren, in feine Scheiben schneiden, zu den Speckwürfeln in den Topf geben und goldgelb dünsten. Bohnen hinzufügen und ebenfalls andünsten.
3. Mit Wasser ablöschen. Bohnenkraut und Salz hinzufügen. Die Bohnen etwa 30 Minuten garen.
4. Schnittlauch abspülen, trocken tupfen und in feine Röllchen schneiden. Die dicken Bohnen mit Schnittlauchröllchen bestreut servieren.

Beilage: Durchwachsener Speck, in Scheiben geschnitten und braun gebraten.

Serviettenknödel

Rotkohl, klassisch

Serviettenknödel
4 Portionen

Zubereitungszeit: 40 Minuten
Garzeit: etwa 60 Minuten

8 getrocknete Brötchen (Semmeln, etwa 300 g)
100 g Butter
300 g Weizenmehl
3 Eier (Größe M)
Salz
250 ml (1/4 l) Milch

evtl. zerlassene, gebräunte Butter

Pro Portion:
E: 22 g, F: 30 g, Kh: 112 g,
kJ: 3403, kcal: 813

1. Die Brötchen in kleine Würfel schneiden und in 2 Portionen rösten. Dazu jeweils die Hälfte der Butter in einer Pfanne zerlassen. Die Brötchenwürfel darin von allen Seiten goldgelb rösten und abkühlen lassen.
2. Mehl in eine Rührschüssel geben. Eier, Salz und Milch hinzufügen. Die Zutaten gut durchschlagen, bis der Teig Blasen wirft und geschmeidig ist. Die gerösteten Brötchenwürfel unterrühren.
3. Ein Geschirrtuch oder eine große Serviette anfeuchten. Die Knödelmasse zu einem runden Laib formen, auf das untere Drittel des Tuches geben und zusammenrollen. Die beiden Tuchenden (Serviettenenden) fest zusammenbinden.
4. Salzwasser in einem breiten Topf zum Kochen bringen. Die Rolle hineinlegen und zugedeckt etwa 60 Minuten gar ziehen lassen (das Wasser muss sich leicht bewegen).
5. Serviettenknödel aus dem Geschirrtuch (Serviette) wickeln und mithilfe eines Zwirnfadens in Scheiben schneiden.
6. Die Serviettenknödelscheiben nach Belieben mit zerlassener, gebräunter Butter beträufeln.

Tipp: Serviettenknödel als Beilage zu Sauerbraten, Schweinebraten, Geflügel (Ente, Gans) oder Gulasch reichen.

Rotkohl, klassisch
4 Portionen

Zubereitungszeit: 35 Minuten
Garzeit: etwa 60 Minuten

1 kg Rotkohl
2 Zwiebeln
2–3 Äpfel, z. B. Boskop
50 g Schweineschmalz
3 Gewürznelken
3 Wacholderbeeren
3 Pimentkörner
1 Lorbeerblatt
Salz
frisch gemahlener Pfeffer
etwas Zucker
2–3 EL Weißweinessig
2 EL Johannisbeergelee
125 ml (1/8 l) Wasser

Pro Portion:
E: 7 g, F: 14 g, Kh: 35 g,
kJ: 1273, kcal: 302

1. Von dem Rotkohl die äußeren Blätter ablösen. Rotkohl vierteln und den Strunk herausschneiden. Kohlviertel abspülen, abtropfen lassen und in feine Streifen hobeln oder schneiden. Zwiebeln abziehen und in kleine Würfel schneiden. Äpfel schälen, vierteln, entkernen und in dünne Scheiben schneiden.
2. Das Schmalz in einem Topf zerlassen. Zwiebelwürfel darin andünsten. Kohlstreifen und Apfelscheiben hinzugeben, unter Rühren mit andünsten. Gewürze, Zucker, Essig, Johannisbeergelee und Wasser hinzugeben. Rotkohl zum Kochen bringen und zugedeckt etwa 60 Minuten garen.
3. Den Rotkohl mit den Gewürzen abschmecken und als Beilage zu herzhaften Gerichten servieren.

Pilzpfanne mit Speck
4 Portionen

Zubereitungszeit: 30 Minuten

250 g Champignons
250 g Austernpilze
250 g Shiitake-Pilze
75 g durchwachsener Räucherspeck, in Scheiben
3–4 EL Speiseöl
1 Zwiebel
Salz

frisch gemahlener Pfeffer
1–2 EL Weißwein- oder Kräuteressig
1 Bund Frühlingszwiebeln

Pro Portion:
E: 9 g, F: 14 g, Kh: 11 g,
kJ: 843, kcal: 202

1. Die Pilze putzen, mit Küchenpapier abreiben, evtl. kurz abspülen und trocken tupfen. Größere Pilze in Stücke schneiden. Speckscheiben in Streifen schneiden.
2. Speiseöl in einer großen Pfanne erhitzen. Speckstreifen darin knusprig ausbraten und herausnehmen.
3. Zwiebel abziehen, klein würfeln und in dem Speckfett andünsten. Pilze portionsweise darin anbraten, mit Salz und Pfeffer bestreuen. Essig unterrühren.
4. Die Frühlingszwiebeln putzen, abspülen, abtropfen lassen, schräg in dünne Ringe schneiden und zu den Pilzen in die Pfanne geben. Mit wenig Salz und reichlich frisch gemahlenem Pfeffer würzen.
5. Die Pilze mit den beiseitegelegten Speckstreifen bestreuen und sofort servieren.

Beilage: Bandnudeln oder Semmelknödel.

Spargel mit Sauce Agnes Sorel

4 Portionen

Zubereitungszeit: 45 Minuten, ohne Abkühlzeit

1 kg weißer Spargel
375 ml (3/8 l) Wasser
1 gestr. TL Salz
1/2 TL Zucker
20 g Butter

Für die Sauce:
5 Eier (Größe M)
1 TL mittelscharfer Senf
Saft von 1/2 Zitrone
Salz, Cayennepfeffer
200 ml Olivenöl
1 großes Bund gemischte Kräuter, z. B. glatte Petersilie, Schnittlauch, Dill, Basilikum

Pro Portion:
E: 13 g, F: 58 g, Kh: 5 g,
kJ: 2449, kcal: 585

1. Den Spargel von oben nach unten schälen. Darauf achten, dass die Schalen vollständig entfernt, die Köpfe aber nicht verletzt werden. Die unteren Enden abschneiden (holzige Stellen vollkommen entfernen). Den Spargel abspülen und abtropfen lassen.
2. Spargel mit Wasser, Salz, Zucker und Butter in einem großen Topf zum Kochen bringen und zugedeckt etwa 10 Minuten kochen lassen. Den Topf von der Kochstelle nehmen. Spargel in dem Kochwasser abkühlen lassen.
3. Für die Sauce Wasser in einem Topf zum Kochen bringen. Eier hineingeben und zugedeckt genau 4 Minuten kochen lassen, herausnehmen und kalt abschrecken. Eier pellen und mit einem Messer halbieren (das Eigelb soll noch flüssig und das Eiweiß schon fest sein). Eigelb mit einem Löffel vom Eiweiß trennen. Das noch warme Eigelb in eine Schüssel geben. Senf, Zitronensaft, Salz und Cayennepfeffer hinzugeben. Mit einem Schneebesen tropfenweise das leicht erwärmte Olivenöl einrühren.
4. Kräuter abspülen und trocken tupfen. Die Blättchen bzw. Spitzen von den Stängeln zupfen. Blättchen bzw. Spitzen klein schneiden und unter die Sauce rühren. Mit Salz, Pfeffer und Zitronensaft abschmecken. Eiweiß in kleine Würfel schneiden und unterheben.
5. Den Spargel in einem Sieb abtropfen lassen, auf einer Platte oder einem Teller anrichten und lauwarm mit der Sauce servieren.

Pilzpfanne mit Speck

Spargel mit Sauce Agnes Sorel

Gemüse-Schicht-Pastete

6–8 Portionen

Zubereitungszeit: 60 Minuten, ohne Kühlzeit

Für das Brokkolipüree:
500 g Brokkoli
500 ml (1/2 l) kochendes Salzwasser
5 Blatt weiße Gelatine
125 ml (1/8 l) Gemüsefond
2 Eiweiß (Größe M)
2 EL Crème fraîche
Salz
frisch geriebene Muskatnuss

Für das Selleriepüree:
400 g Knollensellerie
125 ml (1/8 l) kochendes Salzwasser
5 Blatt weiße Gelatine
125 ml (1/8 l) Gemüsefond
2 Eiweiß (Größe M)
2 EL Crème fraîche
frisch gemahlener Pfeffer
etwas Zitronensaft

Für das Möhrenpüree:
400 g Möhren
125 ml (1/8 l) kochendes Salzwasser
5 Blatt weiße Gelatine
125 ml (1/8 l) Gemüsefond
2 Eiweiß (Größe M)
2 EL Crème fraîche
1 Prise Zucker
gemahlener Ingwer

Pro Portion:
E: 9 g, F: 8 g, Kh: 5 g,
kJ: 527, kcal: 127

1. Für das Brokkolipüree den Brokkoli putzen und die Blätter entfernen. Die Stängel am Strunk schälen und bis kurz vor den Röschen kreuzweise einschneiden. Brokkoli abspülen und abtropfen lassen.
2. Brokkoliröschen (einige Röschen zum Garnieren beiseitelegen) in kochendem Salzwasser 10–15 Minuten garen. Brokkoli in einem Sieb gut abtropfen lassen und pürieren.
3. Gelatine nach Packungsanleitung einweichen. Fond in einem Topf erwärmen (nicht kochen). Topf von der Kochstelle nehmen. Gelatine darin unter Rühren auflösen. Brokkolipüree unterrühren. Eiweiß steif schlagen. Crème fraîche und Eischnee unter die Brokkolimasse rühren. Mit Salz und Muskat abschmecken.

Gemüse-Schicht-Pastete

4. Für das Selleriepüree den Sellerie schälen, abspülen, abtropfen lassen, in kleine Stücke schneiden und in kochendem Salzwasser 25–30 Minuten garen. Selleriestücke in einem Sieb gut abtropfen lassen und pürieren. Gelatine nach Packungsanleitung einweichen.
5. Fond in einem Topf erwärmen (nicht kochen). Topf von der Kochstelle nehmen. Gelatine darin unter Rühren auflösen. Selleriepüree unterrühren. Das Eiweiß steif schlagen. Crème fraîche und Eischnee unter die Selleriemasse rühren, mit Salz, Pfeffer und Zitronensaft abschmecken.
6. Für das Möhrenpüree Möhren putzen, schälen, abspülen, abtropfen lassen, in Scheiben schneiden und in kochendem Salzwasser etwa 15 Minuten garen. Die Möhrenscheiben in einem Sieb gut abtropfen lassen und pürieren.
7. Gelatine nach Packungsanleitung einweichen. Fond in einem Topf erwärmen (nicht kochen). Topf von der Kochstelle nehmen. Gelatine darin unter Rühren auflösen.
8. Das Möhrenpüree unterrühren. Eiweiß steif schlagen. Crème fraîche und Eischnee unter die Möhrenmasse rühren. Mit Salz, Zucker und Ingwer abschmecken.
9. Zuerst das Selleriepüree in eine dichte Terrinen- oder Pastetenform (z. B. Kastenform, 30 x 11 cm, mit Speiseöl gefettet) geben und glatt streichen. Die Hälfte des Brokkolipürees darauf verteilen. Die beiseitegelegten Brokkoliröschen mit dem Stängel nach oben leicht hineindrücken. Restliches Brokkolipüree daraufgeben und glatt streichen. Zuletzt das Möhrenpüree darauf verteilen.
10. Die Form mit einem Deckel oder Alufolie verschließen und mindestens 2 Stunden in den Kühlschrank stellen.
11. Die Form kurz in heißes Wasser stellen. Die Pastete aus der Form stürzen und in nicht zu dünne Scheiben schneiden.

Beilage: Knackige Salate.

Gedämpfte Rote Bete mit Dill-Schmand

Gefüllte Pilzknödel

Gedämpfte Rote Bete mit Dill-Schmand

2–3 Portionen

Zubereitungszeit: 45 Minuten
Dämpfzeit: 15–20 Minuten

6 Rote Bete (je etwa 150 g)

Für den Dill-Schmand:
1 kleine Zwiebel
1 Bund Dill
250 g Schmand (Sauerrahm) oder saure Sahne
1 EL flüssiger Honig
Salz
frisch gemahlener Pfeffer

Pro Portion:
E: 8 g, F: 19 g, Kh: 36 g,
kJ: 1495, kcal: 358

1. Rote Bete putzen, schälen, abspülen, abtropfen lassen und in Achtel schneiden. Einen Topf (mit Dämpfeinsatz, Ø etwa 24 cm) etwa 3 cm hoch mit Wasser füllen und das Wasser zum Kochen bringen. Rote-Bete-Achtel in den Dämpfeinsatz legen. Den Einsatz in den Topf hängen. Die Rote Bete zugedeckt 15–20 Minuten dämpfen.
2. Für den Dill-Schmand Zwiebel abziehen und sehr fein würfeln. Dill abspülen und trocken tupfen. 3 Dillstängel zum Garnieren beiseitelegen. Von den restlichen Stängeln die Spitzen abzupfen und klein schneiden.
3. Schmand oder saure Sahne mit Honig und Dill verrühren, mit Salz und Pfeffer würzen. Rote Bete mit dem Dill-Schmand und mit den beiseitegelegten Dillstängeln garniert servieren.

Tipp: Beim Zubereiten der Roten Bete Einmalhandschuhe tragen, da das Gemüse stark abfärbt.

Gefüllte Pilzknödel

10 Stück

Zubereitungszeit: 45 Minuten, ohne Einweichzeit
Garzeit: Knödel etwa 20 Minuten

300 g Champignons
1 EL Butter
6 Brötchen (Semmeln)
375 ml (3/8 l) kochende Milch
2–3 Eier (Größe M)
etwa 3 EL Semmelbrösel
2–3 EL gehackte Petersilie
Salz
frisch gemahlener Pfeffer
frisch geriebener Muskatnuss
250 g ungebrühte Bratwurst
Salzwasser

Außerdem:
Semmelbrösel zum Formen der Knödel

Pro Stück:
E: 9 g, F: 11 g, Kh: 20 g,
kJ: 928, kcal: 222

1. Champignons putzen, mit Küchenpapier abreiben, evtl. abspülen, trocken tupfen und in Stücke schneiden. Butter in einer Pfanne zerlassen. Champignonstücke darin 10–15 Minuten unter gelegentlichem Rühren dünsten, bis keine Flüssigkeit mehr vorhanden ist und die Champignonstücke trocken sind.
2. Champignonstücke herausnehmen, in eine Rührschüssel geben und mit einem Stabmixer grob zerkleinern (es sollen noch kleine Stückchen vorhanden sein).
3. Die Brötchen in schmale Scheiben schneiden, in eine große Schale legen und mit kochendheißer Milch übergießen. Die Brötchenscheiben 30–60 Minuten einweichen.
4. Die Brötchenscheiben mit der Champignonmasse, den Eiern, Semmelbröseln und der Petersilie gut vermengen. Mit Salz, Pfeffer und Muskat würzen.
5. Die Bratwurstmasse aus der Haut bzw. aus dem Darm drücken und in insgesamt 10 Stücke teilen. Jeweils etwas Semmelbrösel in die Handfläche streuen. 1 gehäuften Esslöffel Knödelteig daraufgeben. Ein Bratwurststück in den Teig drücken und zu einem Knödel formen. Aus dem Knödelteig und den Bratwurststücken insgesamt 10 Knödel formen.
6. Salzwasser in einem großen, breiten Topf zum Kochen bringen. Knödel hineingeben und etwa 20 Minuten bei schwacher Hitze gar ziehen lassen (das Wasser muss sich leicht bewegen).
7. Die Knödel mit einem Schaumlöffel herausnehmen und abtropfen lassen.

Gemüse-Piccata mit Tomatensauce

Melonen-Paprika-Chutney

Gemüse-Piccata mit Tomatensauce

4 Portionen

Zubereitungszeit: 50 Minuten
Garzeit: etwa 10 Minuten

Für die Gemüse-Piccata:
1 Knollensellerie (etwa 300 g)
1 Kohlrabi (etwa 250 g)
1 Rote Bete (etwa 250 g)
Salzwasser
3 Eier (Größe M)
100 g geriebener Parmesan-Käse
Salz, frisch gemahlener Pfeffer
60 g Weizenmehl
4 EL Olivenöl

Für die Tomatensauce:
3 Fleischtomaten
1 kleine Zwiebel
1 Knoblauchzehe
3 EL Olivenöl
1 TL grüne Pfefferkörner
gerebelter Thymian

Pro Portion:
E: 19 g, F: 33 g, Kh: 23 g,
kJ: 2046, kcal: 489

1. Für die Gemüse-Piccata Sellerie und Kohlrabi putzen, schälen, abspülen, abtropfen lassen und in etwa 1/2 cm dicke Scheiben schneiden. Die Rote Bete gründlich waschen, schälen, abspülen, abtropfen lassen und in dünne Scheiben schneiden.

2. Die vorbereiteten Gemüsescheiben getrennt in kochendem Salzwasser 5–10 Minuten (je nach Gemüsesorte) blanchieren, in ein Sieb geben, mit kaltem Wasser abschrecken und abtropfen lassen.

3. Eier in einer Schüssel verschlagen, Parmesan-Käse unterrühren. Die Gemüsescheiben mit Salz und Pfeffer bestreuen. Gemüsescheiben zuerst in Mehl wenden, dann durch die Eier-Käse-Masse ziehen und am Schüsselrand abstreifen.

4. Olivenöl in einer großen Pfanne erhitzen. Die Gemüsescheiben darin etwa 10 Minuten bei schwacher Hitze von beiden Seiten goldbraun braten, herausnehmen und warm stellen.

5. In der Zwischenzeit für die Tomatensauce Tomaten kreuzweise einschneiden, mit kochendem Wasser übergießen und kurz darin liegen lassen. Tomaten mit kaltem Wasser abschrecken, enthäuten, halbieren und die Stängelansätze herausschneiden. Tomatenhälften in kleine Würfel schneiden. Zwiebel und Knoblauch abziehen, klein würfeln.

6. Olivenöl in einem Topf erhitzen. Zwiebel- und Knoblauchwürfel darin andünsten, Tomatenwürfel hinzufügen. Mit Salz, Pfeffer, Pfefferkörnern und Thymian würzen. Die Sauce unter Rühren aufkochen lassen.

7. Gemüse-Piccata mit der Tomatensauce servieren.

Beilage: Bandnudeln.

Melonen-Paprika-Chutney

etwa 6 Gläser, je 200-ml-Inhalt

Zubereitungszeit: 60 Minuten

500 g Honigmelonen-Fruchtfleisch (vorbereitet gewogen)
300 g rote Paprikaschoten (vorbereitet gewogen)
150 g Orangenfilets (vorbereitet gewogen)
100 g Rosinen
200 ml Obstessig
300 ml Orangensaft
1/2 Pck. (250 g) Super Gelierzucker 3:1
1 TL Senfkörner
Salz, frisch gemahlener Pfeffer
Paprikapulver rosenscharf

Pro Portion:
100 g: E: 1 g, F: 0 g, Kh: 23 g,
kJ: 428, kcal: 101

1. Die Honigmelone halbieren und die Kerne mit einem Löffel herausschaben. Melonenhälften in Spalten schneiden und schälen. Das Fruchtfleisch klein würfeln und 500 g abwiegen.

2. Paprikaschoten halbieren, entstielen, entkernen und die weißen Scheidewände entfernen. Schotenhälften abspülen, abtropfen lassen, sehr klein würfeln und 300 g abwiegen. Orangen so schälen, dass die weiße Haut vollständig entfernt wird.

Orangen filetieren und 150 g Filets abwiegen.
3. Die vorbereiteten Zutaten mit Rosinen, Obstessig, Orangensaft, Super Gelierzucker und den Senfkörnern in einem Topf unter Rühren zum Kochen bringen und etwa 5 Minuten kochen lassen, dabei ab und zu umrühren.
4. Das Chutney mit Salz, Pfeffer und Paprika abschmecken, sofort randvoll in vorbereitete Gläser füllen, mit Twist-off-Deckeln® verschließen, umdrehen und etwa 5 Minuten auf den Deckeln stehen lassen.

Möhren-Kartoffel-Püree

4 Portionen

Zubereitungszeit: 35 Minuten
Garzeit: etwa 20 Minuten

500 g Möhren
500 g mehligkochende Kartoffeln
50 g Butter
250 ml (1/4 l) Milch
1–2 Zweige Estragon
1 TL geriebener Meerrettich
Salz, frisch gemahlener Pfeffer

Pro Portion:
E: 6 g, F: 13 g, Kh: 28 g,
kJ: 1066, kcal: 254

1. Möhren putzen, schälen, abspülen, abtropfen lassen. Kartoffeln waschen, schälen, abspülen, abtropfen lassen. Möhren und Kartoffeln in kleine Würfel schneiden.
2. Butter in einem Topf zerlassen. Kartoffel- und Möhrenwürfel hinzufügen.
3. Milch hinzugießen, zum Kochen bringen und bei schwacher Hitze etwa 20 Minuten garen. Kartoffel-Möhren-Masse mit einem Kartoffelstampfer zu einem feinen Püree zerstampfen.
4. Estragon abspülen und trocken tupfen. Die Blättchen von den Stängeln zupfen. Blättchen klein schneiden. Estragon und Meerrettich unter das Püree geben. Mit Salz und Pfeffer abschmecken.

Marinierte Waldpilze

8 Gläser, je 300-ml-Liter-Inhalt

Zubereitungszeit: 50 Minuten, ohne Abkühlzeit
Haltbarkeit: kalt gestellt etwa 4 Monate

2 kg frische, kleine Steinpilze oder Pilze der Saison
6 Knoblauchzehen
2 Zweige Rosmarin
4 Zweige Thymian
4 Stängel Petersilie
1,2 l Wasser
400 ml Weißweinessig
600 ml Weißwein
150 g flüssiger Waldblütenhonig
4 gestr. TL Meersalz
20 weiße Pfefferkörner
500 ml (1/2 l) Olivenöl

Insgesamt:
E: 58 g, F: 504 g, Kh: 9 g,
kJ: 19773, kcal: 4725

1. Pilze putzen, mit Küchenpapier abreiben, evtl. kurz abspülen und trocken tupfen. Pilze je nach Größe halbieren oder vierteln. Knoblauch abziehen. Rosmarin, Thymian und Petersilie abspülen, trocken tupfen.
2. Wasser, Essig, Wein, Honig, Salz, Knoblauch und die Pfefferkörner in einem großen Topf zum Kochen bringen. Dann Pilze und Kräuter hinzugeben, wieder zum Kochen bringen und etwa 8 Minuten ohne Deckel sprudelnd kochen lassen.
3. Pilze mit einem Schaumlöffel aus der Kochflüssigkeit heben, auf mehrfach zusammengelegtem Küchenpapier abtropfen und erkalten lassen.
4. Die Pilze in vorbereitete Gläser füllen und mit dem Olivenöl übergießen, sodass die Pilze ganz bedeckt sind. Gläser mit gereinigten Twist-off-Deckeln® verschließen, kalt und dunkel gestellt aufbewahren.

Möhren-Kartoffel-Püree

Marinierte Waldpilze

Selleriemousse mit Gemüsejulienne

4 Portionen

Zubereitungszeit: 40 Minuten, ohne Kühlzeit
Garzeit: etwa 20 Minuten

400 g Knollensellerie
300 ml Kalbsfond
8 Blatt weiße Gelatine
Salz
frisch gemahlener Pfeffer
100 g geschlagene Schlagsahne
30 g Möhren
30 g Knollensellerie
30 g Porree (Lauch)
Salzwasser
20 g Butter
4 EL Crème fraîche
frisch gemahlener, grober, bunter Pfeffer
einige Zweige Melisse

Pro Portion:
E: 25 g, F: 17 g, Kh: 11 g,
kJ: 1249, kcal: 298

1. Sellerie putzen, schälen, abspülen, abtropfen lassen und in Würfel schneiden. Kalbsfond in einem Topf zum Kochen bringen. Selleriewürfel hinzugeben, wieder zum Kochen bringen und zugedeckt etwa 20 Minuten kochen lassen.
2. Gelatine nach Packungsanleitung einweichen.
3. Die garen Selleriewürfel mit dem Fond pürieren. Mit Salz und Pfeffer würzen. Eingeweichte Gelatine ausdrücken, in einem kleinen Topf bei schwacher Hitze unter Rühren erwärmen (nicht kochen), bis sie völlig gelöst ist.
4. Gelatine zunächst mit etwa 3 Esslöffeln des Pürees verrühren, dann mit dem restlichen Püree verrühren. Sahne unterrühren. Die Selleriemasse in kleine Förmchen füllen, zugedeckt etwa 2 Stunden in den Kühlschrank stellen und fest werden lassen.
5. Möhre und Sellerie putzen, schälen, abspülen, abtropfen lassen und in sehr feine Streifen schneiden. Den Porree putzen, gründlich waschen, abtropfen lassen, ebenfalls in sehr feine Streifen schneiden. Gemüsestreifen kurz in kochendem Salzwasser blanchieren, in ein Sieb geben, mit kaltem Wasser abspülen und abtropfen lassen. Butter in einem Topf zerlassen. Gemüsestreifen darin schwenken.
6. Die Förmchen evtl. kurz in kaltes Wasser stellen. Selleriemousse aus den Förmchen stürzen, mit Crème fraîche und Gemüsejulienne auf Tellern anrichten. Mit Pfeffer bestreuen und mit abgespülten und trocken getupften Melissezweigen garnieren.

Semmelknödel

4 Portionen (12 Stück)

Zubereitungszeit: 30 Minuten, ohne Abkühlzeit
Garzeit: etwa 20 Minuten

50 g durchwachsener Speck
2 Zwiebeln
1 EL Speiseöl, z. B. Sonnenblumenöl
300 g (etwa 8 Stück) Brötchen (Semmeln) vom Vortag
300 ml Milch
30 g Butter
4 Eier (Größe M)
2 EL gehackte Petersilie
Salz
Salzwasser (auf 1 l Wasser 1 TL Salz)

Pro Portion:
E: 17 g, F: 22 g, Kh: 43 g,
kJ: 1869, kcal: 447

1. Speck in kleine Würfel schneiden. Zwiebeln abziehen und klein würfeln. Speiseöl in einer Pfanne erhitzen. Die Speckwürfel darin knusprig braten. Zwiebelwürfel hinzufügen und bei schwacher Hitze unter Rühren glasig dünsten.
2. Brötchen in kleine Würfel schneiden und in eine Schüssel geben. Milch mit Butter erhitzen, über die Brötchenwürfel gießen und gut verrühren. Die Speck-Zwiebel-Masse mit dem Bratfett unter die einge-

Selleriemousse mit Gemüsejulienne

Semmelknödel

Rosenkohl

Gemüse im Kartoffelpüreekranz

weichten Brotwürfel rühren und abkühlen lassen.

3. Die Eier mit Petersilie verschlagen, mit der abgekühlten Knödelmasse gut vermengen. Mit Salz würzen. Aus der Masse mit bemehlten Händen 12 Knödel formen.

4. In einem großen Topf so viel Salzwasser zum Kochen bringen, dass die Knödel in dem Wasser „schwimmen" können. Die Knödel in das kochende Salzwasser geben, wieder zum Kochen bringen und etwa 20 Minuten gar ziehen lassen (das Wasser muss sich leicht bewegen). Die garen Knödel mit einer Schaumkelle aus dem Salzwasser nehmen und gut abtropfen lassen.

Tipps: Semmelknödel als Beilage zu Braten oder Pilzen in Rahmsauce servieren. Die Brötchen vor der Verarbeitung 2–3 Tage trocknen lassen.

Rosenkohl

4 Portionen

Zubereitungszeit: 40 Minuten
Garzeit: etwa 15 Minuten

1 kg Rosenkohl
1 1/2 l Salzwasser
50 g Butter
etwas Salz
frisch geriebene Muskatnuss

Pro Portion:
E: 7 g, F: 11 g, Kh: 6 g,
kJ: 649, kcal: 156

1. Vom Rosenkohl die äußeren, schlechten Blättchen entfernen. Etwas vom Strunk abschneiden. Rosenkohlröschen am Strunk kreuzförmig einschneiden, abspülen und abtropfen lassen.

2. Rosenkohlröschen zugedeckt in kochendem Salzwasser etwa 15 Minuten garen. Anschließend in ein Sieb geben und abtropfen lassen.

3. Butter in einem Topf zerlassen. Rosenkohlröschen darin schwenken. Mit Salz und Muskat würzen. Rosenkohl in einer Schüssel anrichten und servieren.

Gemüse im Kartoffelpüreekranz

4 Portionen

Zubereitungszeit: 60 Minuten
Überbackzeit: etwa 12 Minuten

750 g Rosenkohl
300 g Möhren
700 g Kartoffeln
Salz
1 Zwiebel
50 g Butter
250 ml (1/4 l) Gemüsebrühe
frisch geriebene Muskatnuss
150 g grobe Mettwurst, im Stück, z. B. Bauernmettwurst
etwa 175 ml heiße Milch
frisch gemahlener Pfeffer
150 g Gouda-Käse, im Stück

Pro Portion:
E: 26 g, F: 34 g, Kh: 30 g,
kJ: 2262, kcal: 541

1. Den Rosenkohl von den äußeren, schlechten Blättchen befreien und etwas vom Strunk abschneiden. Röschen am Strunk kreuzförmig einschneiden, abspülen und abtropfen lassen. Möhren putzen, schälen, abspülen, abtropfen lassen und schräg in Scheiben schneiden.

2. Kartoffeln waschen, schälen, abspülen, abtropfen lassen und in Würfel schneiden. Kartoffelwürfel knapp mit Wasser bedeckt zum Kochen bringen. 1 Teelöffel Salz hinzugeben. Die Kartoffelwürfel zugedeckt etwa 15 Minuten garen.

3. In der Zwischenzeit Zwiebel abziehen und in kleine Würfel schneiden. 30 g Butter in einem Topf zerlassen. Zwiebelwürfel darin glasig dünsten. Rosenkohl und Gemüsebrühe hinzugeben, zum Kochen bringen und zugedeckt etwa 10 Minuten garen. Möhrenscheiben hinzugeben und etwa 5 Minuten mitgaren lassen. Gemüse mit Salz und Muskat würzen.

4. Mettwurst enthäuten, zuerst in etwa 1/2 cm dicke Scheiben, dann in Streifen schneiden und unter das Gemüse mischen.

5. Den Backofen vorheizen.
Ober-/Unterhitze: etwa 220 °C
Heißluft: etwa 200 °C

6. Kartoffeln abgießen, abdämpfen und sofort durch eine Kartoffelpresse geben oder mit dem Kartoffelstampfer zerdrücken. Milch nach Bedarf mit einem Kochlöffel unterrühren. Restliche Butter unterrühren. Mit Salz, Pfeffer und Muskat würzen. Püree in einen Spritzbeutel mit großer Sterntülle füllen und als Kranz in eine flache Auflaufform (leicht gefettet) spritzen.

7. Käse in Würfel schneiden, mit dem Gemüse vermischen und in die Mitte des Kartoffelpüreekranzes geben. Die Form auf dem Rost in den vorgeheizten Backofen schieben. Das Gemüse etwa 12 Minuten überbacken.

Schwarzwurzeln in Sahnesauce

Möhren-Süßkartoffel-Gemüse

Schwarzwurzeln in Sahnesauce

4 Portionen

Zubereitungszeit: 30 Minuten
Garzeit: 10–15 Minuten

1 3/8 l Wasser
4 EL Weißweinessig
1 kg Schwarzwurzeln
1 gestr. TL Salz

Für die Sahnesauce:
30 g Butter oder Margarine
25 g Weizenmehl
125 g Schlagsahne
250 ml (1/4 l) Schwarzwurzel-Kochsud
1 Eigelb (Größe M)
2 EL kaltes Wasser
Salz
frisch gemahlener, weißer Pfeffer
1–2 EL fein gehackte, glatte Petersilie

Pro Portion:
E: 6 g, F: 28 g, Kh: 30 g,
kJ: 1716, kcal: 410

1. Ein Liter Wasser mit der Hälfte des Essigs verrühren. Schwarzwurzeln unter fließendem kalten Wasser gründlich abbürsten (am besten mit Gummihandschuhen, da Schwarzwurzeln stark färben). Schwarzwurzeln dünn schälen, abspülen und abtropfen lassen. Die Schwarzwurzeln einige Zeit in das Essigwasser legen, damit die Stangen weiß bleiben. Anschließend herausnehmen, in einem Sieb abtropfen lassen und in etwa 3 cm lange Stücke schneiden.
2. Restliches Wasser mit Salz und restlichem Essig in einem Topf zum Kochen bringen. Schwarzwurzeln hineingeben, wieder zum Kochen bringen und zugedeckt 10–15 Minuten bei schwacher Hitze gar kochen.
3. Die Schwarzwurzeln mit einer Schaumkelle herausnehmen, in eine vorgewärmte Schüssel geben und warm stellen. Von dem Kochsud 250 ml (1/4 l) abmessen.
4. Für die Sahnesauce Butter oder Margarine in einem Topf zerlassen. Mehl darin unter Rühren so lange erhitzen, bis es hellgelb ist. Sahne und den Kochsud nach und nach hinzugießen. Mit einem Schneebesen gut durchschlagen. Dabei darauf achten, dass keine Klümpchen entstehen. Die Sauce zum Kochen bringen und etwa 5 Minuten unter gelegentlichem Rühren kochen lassen.
5. Eigelb mit Wasser verschlagen. Zuerst 4 Esslöffel Sauce unterrühren, dann die Eigelbmasse mit der restlichen Sauce verrühren (die Sauce nicht mehr kochen lassen, da das Eigelb sonst gerinnt). Die Sauce mit Salz und Pfeffer abschmecken. Petersilie unterrühren. Die Schwarzwurzeln mit der Sauce vermengen und servieren.

Möhren-Süßkartoffel-Gemüse

4 Portionen

Zubereitungszeit: 25 Minuten
Dämpfzeit: 10–15 Minuten

300 g Möhren
300 g Süßkartoffeln
Salz
1 Döschen gemahlener Safran (2 g)
2 EL Butter

Pro Portion:
E: 2 g, F: 9 g, Kh: 18 g,
kJ: 667, kcal: 159

1. Möhren putzen, schälen, abspülen, abtropfen lassen. Süßkartoffeln waschen, schälen, abspülen und abtropfen lassen. Möhren und Kartoffeln in gleich große Würfel schneiden und auf einen hitzebeständigen Teller legen, mit Salz bestreuen und mit Safran vermischen.
2. Einen Topf (mit Dämpfeinsatz, Ø etwa 24 cm) etwa 3 cm hoch mit Wasser füllen und zum Kochen bringen. Den Teller in den Dämpfeinsatz setzen. Darauf achten, dass am Rand die Dampfaustrittslöcher nicht bedeckt sind.
3. Den Dämpfeinsatz in den Topf hängen und mit einem Deckel verschließen. Möhren-Süßkartoffel-Gemüse 10–15 Minuten dämpfen.

4. Butter in einer Pfanne zerlassen und unter das Möhren-Süßkartoffel-Gemüse rühren.

Schnittlauchkartoffeln

4 Portionen

Zubereitungszeit: 35 Minuten, ohne Abkühlzeit
Garzeit: Schnittlauchsauce etwa 15 Minuten

1 kg kleine Kartoffeln

Für die Schnittlauchsauce:
30 g Butter
30 g Weizenmehl
250 ml (1/4 l) Milch
250 ml (1/4 l) Gemüsebrühe
2 EL Schnittlauchröllchen
Salz

Pro Portion:
E: 8 g, F: 9 g, Kh: 46 g,
kJ: 1276, kcal: 304

1. Kartoffeln gründlich waschen, knapp mit Wasser bedeckt zum Kochen bringen und zugedeckt in etwa 20 Minuten gar kochen. Kartoffeln abgießen, abdämpfen, heiß pellen und abkühlen lassen.
2. Für die Schnittlauchsauce Butter in einem Topf zerlassen. Mehl darin unter Rühren so lange erhitzen, bis es hellgelb ist.
3. Milch und Gemüsebrühe hinzufügen, mit einem Schneebesen durchschlagen. Darauf achten, dass keine Klumpen entstehen.
4. Die Sauce unter Rühren zum Kochen bringen und etwa 5 Minuten kochen lassen. Kartoffeln und Schnittlauchröllchen hinzugeben und etwa 10 Minuten ziehen lassen. Schnittlauchkartoffeln mit Salz abschmecken und sofort servieren.

Schupfnudeln

4 Portionen (36 Stück)

Zubereitungszeit: 25 Minuten, ohne Abkühlzeit
Garzeit: Schupfnudeln 6–8 Minuten

300 g mehligkochende Kartoffeln
Salzwasser
1 Ei (Größe M)
100 g Weizenmehl
Salz, frisch gemahlener Pfeffer
frisch geriebene Muskatnuss
Salzwasser (auf 1 l Wasser 1 TL Salz)
30 g Butter

Pro Portion:
E: 5 g, F: 8 g, Kh: 27 g,
kJ: 861, kcal: 206

1. Kartoffeln waschen, schälen, abspülen, abtropfen lassen und zugedeckt in kochendem Salzwasser etwa 20 Minuten gar kochen.
2. Kartoffeln abgießen, abdämpfen, durch eine Kartoffelpresse drücken oder mit einem Kartoffelstampfer zerdrücken und erkalten lassen.
3. Die Kartoffelmasse mit Ei, Mehl, Salz, Pfeffer und Muskat in einer Rührschüssel mit Handrührgerät mit Knethaken verkneten. Anschließend auf einer bemehlten Arbeitsfläche zu einem glatten Teig verkneten. Aus der Masse mit bemehlten Händen zuerst fingerdicke, etwa 5 cm lange Röllchen formen, dann die Röllchen an den Enden etwas dünner rollen.
4. In einem großen Topf so viel Salzwasser zum Kochen bringen, dass die Schupfnudeln in dem Wasser „schwimmen" können. Die Schupfnudeln in das kochende Salzwasser geben, wieder zum Kochen bringen und ohne Deckel 3–4 Minuten gar ziehen lassen (das Wasser muss sich leicht bewegen).
5. Dann die Schupfnudeln mit einer Schaumkelle aus dem Wasser nehmen und gut abtropfen lassen. Butter zerlassen. Die Schupfnudeln darin unter gelegentlichem Rühren 3–4 Minuten braten.

Abwandlung: Für **Gnocchi** drehen Sie die Röllchen nicht spitz, sondern drücken diese über die Zinken einer Gabel, sodass das typische Rillenmuster entsteht. Die Gabel ab und zu in Mehl tauchen. Servieren Sie die Gnocchi nach Belieben z. B. in Tomatensauce oder zu Saltimbocca.

Schnittlauchkartoffeln

Schupfnudeln

Brokkoli in Walnussrahm

4 Portionen

Zubereitungszeit: 30 Minuten
Garzeit: etwa 17 Minuten

750 g Brokkoli
75 g Walnusskernhälften
30 g Butter
1 Prise Salz
frisch gemahlener Pfeffer
frisch geriebene Muskatnuss
125 ml (1/8 l) Weißwein
125 g Schlagsahne

Pro Portion:
E: 6 g, F: 21 g, Kh: 6 g,
kJ: 1126, kcal: 269

1. Von dem Brokkoli die Blätter entfernen. Brokkoli in Röschen teilen. Die Brokkolistängel abschneiden und schälen. Brokkoliröschen und die Stängel abspülen und abtropfen lassen. Brokkolistängel in etwa 1 cm breite Scheiben schneiden.
2. Die Hälfte der Walnusskernhälften hacken. Butter in einem Topf zerlassen. Gehackte Walnusskernhälften darin andünsten. Restliche Walnusskernhälften hinzugeben und mit andünsten. Brokkolischeiben hinzugeben und weitere etwa 2 Minuten mitdünsten lassen. Mit Salz, Pfeffer und Muskat würzen.
3. Weißwein und Sahne hinzugießen, zum Kochen bringen und zugedeckt etwa 8 Minuten dünsten. Brokkoliröschen mit dem Stängelansatz nach unten auf das Gemüse in den Topf setzen und etwa 5 Minuten mitgaren.
4. Brokkoliröschen herausnehmen. Das Gemüse mit Salz, Pfeffer und Muskat abschmecken. Brokkoliröschen mit dem Gemüse anrichten.

Tipp: Zu Kurzgebratenem, Schmorgerichten (Rouladen, Braten) oder vegetarisch zu Kartoffelpuffern oder Reis servieren.

Buchweizenklöße auf Champignons

4 Portionen

Zubereitungszeit: 45 Minuten, ohne Quell- und Abkühlzeit
Überbackzeit: etwa 30 Minuten

200 g Buchweizengrütze
100 g Butter
100 g Zwiebeln
700 ml Gemüsebrühe
1 kg frische Champignons
1 Bund (etwa 200 g) Frühlingszwiebeln
Meersalz
frisch gemahlener Pfeffer
1 Bund glatte Petersilie
200 g Schlagsahne
2 Eier (Größe M)
75 g würziger Käse, z. B. Gruyère

Pro Portion:
E: 22 g, F: 48 g, Kh: 48 g,
kJ: 3101, kcal: 740

1. Buchweizengrütze in einer Pfanne ohne Fett leicht rösten. 50 g Butter hinzufügen und zerlassen. Zwiebeln abziehen, fein würfeln, hinzugeben und kurz mitdünsten lassen.
2. Die Brühe hinzugießen und zum Kochen bringen. Grütze zugedeckt etwa 15 Minuten bei schwacher Hitze quellen lassen. Die Pfanne von der Kochstelle nehmen. Grütze abkühlen lassen.
3. Champignons putzen, mit Küchenpapier abreiben, evtl. abspülen, trocken tupfen und in feine Scheiben schneiden. Frühlingszwiebeln putzen, abspülen, abtropfen lassen und in feine Ringe schneiden. Restliche Butter in einem Topf zerlassen. Frühlingszwiebelringe und Champignonscheiben darin portionsweise unter

Brokkoli in Walnussrahm

Buchweizenklöße auf Champignons

Eingelegte Rote Bete

Pastinaken-Möhren-Gemüse

Rühren andünsten. Mit Salz und Pfeffer würzen. Die Masse in eine flache, feuerfeste Form geben.

4. Petersilie abspülen und trocken tupfen. Die Blättchen von den Stängeln zupfen. Blättchen klein schneiden. Mit 4 Esslöffeln der Sahne in einen hohen Rührbecher geben und purieren.

5. Petersiliensahne mit den Eiern verschlagen und unter die lauwarme Grütze rühren. Mit Salz und Pfeffer abschmecken.

6. Den Backofen vorheizen.
Ober-/Unterhitze: etwa 180 °C
Heißluft: etwa 160 °C

7. Aus der Masse mit angefeuchteten Händen 8–10 Klöße formen und auf die Champignon-Frühlingszwiebel-Masse setzen. Käse fein raffeln, mit der restlichen Sahne verrühren und darauf verteilen.

8. Die Form auf dem Rost in den vorgeheizten Backofen schieben. Die Buchweizenklöße etwa 30 Minuten überbacken.

Eingelegte Rote Bete

4–6 Portionen

Zubereitungszeit: 20 Minuten, ohne Durchziehzeit

1 kg Rote Bete (vakuumverpackt)
5 Zwiebeln
2 Lorbeerblätter, grob zerkleinert
12–15 Gewürznelken
12–15 Pimentkörner

Für die Essig-Zucker-Lösung:
750 ml (3/4 l) Wasser
75 g Zucker
1 gestr. TL Salz
375 ml (3/8 l) Weißweinessig

Pro Portion:
E: 4 g, F: 0 g, Kh: 30 g,
kJ: 646, kcal: 154

1. Rote Bete aus der Verpackung nehmen, in ein Sieb geben und abtropfen lassen. Rote Bete in feine Scheiben schneiden, große Scheiben evtl. halbieren.

2. Zwiebeln abziehen und in feine Scheiben schneiden. Rote Bete mit Zwiebelscheiben, zerkleinerten Lorbeerblättern, Nelken und Pimentkörnern in eine Glas- oder Keramikschüssel schichten.

3. Für die Essig-Zucker-Lösung Wasser mit Zucker und Salz in einem Topf zum Kochen bringen, Essig unterrühren. Die heiße Essig-Zucker-Lösung auf den eingeschichteten Rote-Bete-Scheiben verteilen und zugedeckt 1–2 Tage kalt gestellt durchziehen lassen.

Tipps: Da Rote Bete stark färbt, bei der Verarbeitung Einmalhandschuhe tragen. Zum Einlegen keine Kunststoffschüssel verwenden, da sie sich evtl. verfärbt.

Pastinaken-Möhren-Gemüse

4 Portionen

Zubereitungszeit: 35 Minuten
Garzeit: 8–10 Minuten

300 g Möhren
50 g Butter
700 g Pastinaken
125 ml (1/8 l) Gemüsebrühe
Salz, frisch gemahlener Pfeffer
1 EL gehackte, glatte Petersilie

Pro Portion:
E: 3 g, F: 11 g, Kh: 18 g,
kJ: 804, kcal: 193

1. Möhren putzen, schälen, abspülen, abtropfen lassen und in dünne Scheiben schneiden. Die Butter in einem Topf zerlassen, Möhrenscheiben darin andünsten.

2. Pastinaken putzen, schälen, abspülen und abtropfen lassen. Die Spitzen der Pastinaken in dünne Scheiben schneiden. Unteres Ende vierteln und ebenfalls in dünne Scheiben schneiden. Pastinakenscheiben zu den Möhrenscheiben geben und mit andünsten. Brühe hinzugießen. Mit Salz und Pfeffer abschmecken. Das Pastinaken-Möhren-Gemüse 8–10 Minuten garen.

3. Pastinaken-Möhren-Gemüse in einer Schüssel anrichten und mit Petersilie garnieren.

Paprika-Porree-Gemüse

Paksoi-Gemüse

Paprika-Porree-Gemüse

4 Portionen

Zubereitungszeit: 25 Minuten
Garzeit: 8–10 Minuten

250 g rote Paprikaschoten
250 g Porree (Lauch)
250 g kleine Zucchini
200 g Sojabohnensprossen
1 EL Speiseöl
1 Knoblauchzehe
Salz, frisch gemahlener Pfeffer
1 EL Zitronensaft
1 EL Sojasauce

Pro Portion:
E: 4 g, F: 10 g, Kh: 7 g,
kJ: 569, kcal: 136

1. Paprikaschoten halbieren, entstielen, entkernen und die weißen Scheidewände entfernen. Schotenhälften abspülen, abtropfen lassen, in kleine Rauten oder Streifen schneiden. Porree putzen, die Stangen längs halbieren, gründlich waschen, abtropfen lassen und schräg in schmale Streifen schneiden. Die Zucchini abspülen, abtrocknen und die Stängelansätze entfernen. Die Zucchini in Streifen oder Scheiben schneiden. Sprossen in einem Sieb abspülen und abtropfen lassen.
2. Speiseöl in einer großen Pfanne oder einem Wok erhitzen. Das vorbereitete Gemüse hinzugeben und 8–10 Minuten unter ständigem Rühren garen, es sollte aber noch knackig sein. Die Hitze muss so stark sein, dass sich keine Garflüssigkeit bildet.
3. Knoblauch abziehen, klein schneiden. Nach 2–3 Minuten Garzeit das Gemüse mit Salz, Pfeffer, Zitronensaft, Sojasauce und Knoblauch würzen und fertig garen.
4. Gemüse nochmals mit den Gewürzen abschmecken und heiß servieren.

Paksoi-Gemüse

4 Portionen

Zubereitungszeit: 35 Minuten
Garzeit: etwa 15 Minuten

500 g Paksoi
2 Zwiebeln
2 EL Olivenöl
1 EL Butter
2 Knoblauchzehen
Salz, frisch gemahlener Pfeffer

Pro Portion:
E: 0 g, F: 8 g, Kh: 2 g,
kJ: 349, kcal: 83

1. Paksoi putzen, die Stielenden abschneiden und entfernen. Die Blätter von den Stielen streifen. Stiele in schmale Streifen schneiden, Blätter grob zerkleinern. Paksoistreifen und -blätter abspülen und trocken tupfen.
2. Zwiebeln abziehen und in kleine Würfel schneiden. Olivenöl in einem Topf erhitzen. Butter darin zerlassen. Zwiebelwürfel hinzugeben und glasig dünsten. Knoblauch abziehen, in Scheiben schneiden und mit andünsten.
3. Paksoistreifen hinzugeben und zugedeckt etwa 10 Minuten dünsten. Paksoiblätter untermischen. Mit Salz und Pfeffer würzen, weitere etwa 3 Minuten dünsten.

Tipp: Paksoi ist eine Kohlsorte; er schmeckt ähnlich wie Mangold oder Spinat.

Leichte Gemüsesülze

4 Portionen

Zubereitungszeit: 65 Minuten, ohne Abkühl- und Gelierzeit

12 Blatt weiße Gelatine
2 kleine Zucchini (je etwa 250 g)
500 g Brokkoli
1 Zwiebel
900 ml Gemüsebrühe
Salz, frisch gemahlener Pfeffer
8 EL kräftiger Weißweinessig
1 Prise Zucker

Pro Portion:
E: 11 g, F: 5 g, Kh: 8 g,
kJ: 513, kcal: 121

1. Gelatine nach Packungsanleitung einweichen. Zucchini abspülen, abtrocknen und die Enden abschneiden. Zucchini in kleine Würfel schneiden. Von dem Brokkoli die Blätter entfernen. Brokkoli in Röschen teilen. Die dicken Stiele schälen und in kleine Würfel schneiden. Brokkoliröschen und -würfel abspülen und abtropfen lassen. Zwiebel abziehen und ebenfalls klein würfeln.
2. Die Hälfte der Brühe in einem Topf zum Kochen bringen. Zucchini-, Brokkoli-, Zwiebelwürfel und Brokkoliröschen hinzugeben, wieder zum Kochen bringen und zugedeckt

3–6 Minuten garen. Das Gemüse mit einem Schaumlöffel herausnehmen, in kaltem Wasser abschrecken und in einem Sieb gut abtropfen lassen.

3. Gemüsekochfond abmessen und evtl. mit Wasser wieder auf 450 ml auffüllen. Eingeweichte Gelatine ausdrücken und in dem heißen Kochfond unter Rühren auflösen. Restliche Brühe hinzugießen. Mit Salz, Pfeffer, Essig und Zucker kräftig würzen. Brühe abkühlen, aber nicht fest werden lassen.

4. Etwas Brühe in eine Kasten- oder Terrinenform (30 x 11 cm) geben. Etwas von dem Gemüse dekorativ in die Form legen, in den Kühlschrank stellen und fest werden lassen. Dann wieder etwas Brühe und etwas Gemüse in die Form geben, in den Kühlschrank stellen und fest werden lassen. So fortfahren, bis alle Zutaten aufgebraucht sind. Die Form zugedeckt über Nacht in den Kühlschrank stellen.

5. Die fest gewordene Gemüsesülze am Rand vorsichtig mit einem Messer lösen. Die Sülze auf eine Platte stürzen und in Scheiben schneiden. Nach Belieben mit Kräuterquark oder mit einem Senfdressing servieren.

Tipp: Falls die Brühe zu fest geworden ist, die Brühe wieder leicht erwärmen. Die Gemüsesorten der Sülze können Sie ganz nach Geschmack variieren. Sehr lecker sind z. B. auch Möhren, Erbsen, Zuckerschoten, Blumenkohl oder Fenchel.

Gefüllter Sellerie

4 Portionen

Zubereitungszeit: 85 Minuten, ohne Abkühlzeit
Garzeit: etwa 30 Minuten

2 Knollensellerie (je etwa 600 g)
2 EL Zitronensaft
Salzwasser

Für die Füllung:
100 g durchwachsener Speck
1 Zwiebel
200 g Champignons
Salz, frisch gemahlener Pfeffer
Selleriesalz
175 g Thüringer Mett
(gewürztes Schweinemett)
1 Ei (Größe M)

Für die Sauce:
2 EL Sellerie-Kochwasser
2 EL Weißwein
6 EL Schlagsahne

8 Scheiben Frühstücksspeck (Bacon)

Pro Portion:
E: 27 g, F: 21 g, Kh: 7 g,
kJ: 1373, kcal: 328

1. Sellerie putzen, schälen, abspülen, abtropfen lassen und quer halbieren. Selleriehälften mit Zitronensaft in kochendem Salzwasser etwa 30 Minuten gar kochen. Selleriehälften mit einem Schaumlöffel herausnehmen, in einem Sieb abtropfen lassen, dabei das Kochwasser auffangen.

2. Für die Füllung den Speck in kleine Würfel schneiden und in einer Pfanne auslassen. Zwiebel abziehen, klein würfeln, zu den Speckwürfeln geben und glasig dünsten.

3. Die Champignons putzen, mit Küchenpapier abreiben, evtl. abspülen, trocken tupfen und klein schneiden. Champignonstücke zu den Speck-Zwiebel-Würfeln geben und 3–4 Minuten mitdünsten lassen. Mit Salz, Pfeffer und Selleriesalz würzen. Die Champignonmasse erkalten lassen. Mett gut unterarbeiten.

4. Den Backofen vorheizen.
Ober-/Unterhitze: etwa 200 °C
Heißluft: etwa 180 °C

5. Die Selleriehälften mit einem Esslöffel vorsichtig aushöhlen. Das Selleriefleisch pürieren, mit der Champignon-Mett-Masse und dem Ei vermengen. Die ausgehöhlten Selleriehälften damit füllen und in eine große, flache Auflaufform setzen.

6. Für die Sauce Sellerie-Kochwasser, Wein und Sahne in einem Topf verrühren, zum Kochen bringen und etwas einkochen lassen. Die Sauce mit Salz, Pfeffer und Selleriesalz abschmecken.

7. Die Sauce auf den gefüllten Selleriehälften verteilen. Die Selleriehälften mit je 2 Scheiben Frühstücksspeck belegen. Die Form auf dem Rost in den vorgeheizten Backofen schieben. Die Selleriehälften etwa 30 Minuten garen.

Leichte Gemüsesülze

Gefüllter Sellerie

Gekochte Kartoffelklöße

(im Foto unten links)
4 Portionen (12 Stück)

Zubereitungszeit: 40 Minuten (an 2 Tagen), ohne Kühlzeit
Garzeit: Klöße etwa 20 Minuten

750 g mehligkochende Kartoffeln
50 g Semmelbrösel
20 g Weizenmehl
2 Eier (Größe M)
Salz
frisch geriebene Muskatnuss
Salzwasser (auf 1 l Wasser 1 TL Salz)

Pro Portion:
E: 9 g, F: 4 g, Kh: 38 g,
kJ: 944, kcal: 225

1. Kartoffeln gründlich waschen, in einem Topf knapp mit Wasser bedeckt zum Kochen bringen, zugedeckt 20–25 Minuten garen. Kartoffeln abgießen, abdämpfen und sofort durch eine Kartoffelpresse drücken oder mit einem Kartoffelstampfer zerdrücken, abkühlen lassen und zugedeckt bis zum nächsten Tag kalt stellen.
2. Semmelbrösel, Mehl und Eier mit Handrührgerät mit Knethaken oder einem Rührlöffel unter die Kartoffelmasse kneten. Mit Salz und Muskat würzen. Aus der Masse mit bemehlten Händen 12 Klöße formen.
3. In einem großen Topf so viel Salzwasser zum Kochen bringen, dass die Klöße in dem Wasser „schwimmen" können.
4. Klöße in das kochende Salzwasser geben, wieder zum Kochen bringen und ohne Deckel etwa 20 Minuten gar ziehen lassen (das Wasser muss sich leicht bewegen). Die gegarten Klöße mit einer Schaumkelle aus dem Wasser nehmen und gut abtropfen lassen.

Tipp: Die Klöße nach Belieben mit frisch geriebener Muskatnuss bestreut servieren.

Abwandlung 1: Für **rohe Kartoffelklöße** (im Foto rechts) 1 1/2 kg mehligkochende Kartoffeln waschen, schälen, abspülen, abtropfen lassen und in eine Schüssel mit kaltem Wasser reiben. Ein Sieb mit einem Geschirrtuch auslegen, die Kartoffelmasse hineingeben. Das Tuch zusammendrehen, die Kartoffelmasse gut auspressen und in eine Rührschüssel geben. 250 ml (1/4 l) Milch mit 40 g Butter oder Margarine und etwa 2 Teelöffeln Salz in einem Topf zum Kochen bringen. 150 g Hartweizengrieß unter Rühren einstreuen, kurz aufkochen lassen, sofort zu den ausgepressten Kartoffeln geben und mit Handrührgerät mit Knethaken zu einer glatten Masse verkneten. Nochmals mit Salz abschmecken. 1 Brötchen (Semmel) klein würfeln. 30 g Butter oder Margarine in einer Pfanne zerlassen. Die Brötchenwürfel darin unter gelegentlichem Rühren goldbraun rösten. Aus der Kartoffelmasse 12 Klöße formen, in jeden Kloß einige Brötchenwürfel drücken. Klöße wie im Rezept beschrieben garen, als Beilage zu Fleischgerichten mit Sauce servieren.

Gekochte Kartoffelklöße

Abwandlung 2: Für **Kartoffelklöße halb und halb** (im Foto oben) 750 g mehligkochende Kartoffeln gründlich waschen, in einem Topf knapp mit Wasser bedeckt zum Kochen bringen, zugedeckt 20–25 Minuten gar kochen. Kartoffeln abgießen, abdämpfen, heiß pellen, sofort durch eine Kartoffelpresse drücken oder mit einem Kartoffelstampfer zerdrücken. Kartoffeln abkühlen lassen und zugedeckt über Nacht kalt stellen. Weitere 500 g mehligkochende Kartoffeln waschen, schälen, abspülen und in eine Schüssel mit kaltem Wasser reiben. Dann Kartoffeln in ein Sieb geben, mit einem Geschirrtuch gut auspressen und zu den gekochten Kartoffeln geben. 1 Ei (Größe M), 65 g Weizenmehl und 1 Teelöffel Salz unterkneten. Aus der Masse mit bemehlten Händen etwa 12 Klöße formen und wie im Rezept beschrieben garen. Nach Belieben mit zerlassener Butter zu Fleischgerichten mit Sauce, z. B. Schweinebraten oder Rinderrouladen servieren.

Glasiertes Gemüse

Gemüse-Kartoffel-Gratin

Glasiertes Gemüse

4 Portionen

Zubereitungszeit: 20 Minuten

300 g Möhren
300 g Zucchini
300 g Perlzwiebeln
Salzwasser
75 g Butter
Salz, frisch gemahlener Pfeffer
25 g Zucker
evtl. 1 Zweig Estragon

Pro Portion:
E: 2 g, F: 16 g, Kh: 17 g,
kJ: 949, kcal: 227

1. Möhren putzen, schälen, abspülen, abtropfen lassen und in Streifen schneiden. Zucchini abspülen, abtrocknen, zuerst längs vierteln, dann in etwa 3 cm lange Stücke schneiden. Perlzwiebeln abziehen.
2. Das vorbereitete Gemüse in kochendem Salzwasser nacheinander blanchieren (Möhren und Perlzwiebeln etwa 5 Minuten, Zucchini etwa 1 Minute). Das blanchierte Gemüse in ein Sieb geben, mit kaltem Wasser abspülen und abtropfen lassen.
3. Butter in einem Topf zerlassen. Das Gemüse hinzugeben, mit Salz und Pfeffer würzen, mit Zucker bestreuen. Das Gemüse unter Schwenken hellgelb karamellisieren lassen.
4. Nach Belieben Estragon abspülen und trocken tupfen. Die Blättchen von dem Stängel zupfen, mit dem glasierten Gemüse servieren.

Tipp: Ganz junge Möhren mit etwas Grün verwenden.

Gemüse-Kartoffel-Gratin

4 Portionen

Zubereitungszeit: 50 Minuten
Garzeit: 40–50 Minuten

1 Bund gemischte, italienische Kräuter, z. B. Thymian, Basilikum, Majoran, Rosmarin
3 Frühlingszwiebeln
600 g festkochende Kartoffeln
400 g Zucchini
6 mittelgroße Tomaten
10 große, braune Champignons
Salz, frisch gemahlener Pfeffer
Knoblauchpulver

Außerdem:
6 EL Olivenöl für die Form
und zum Beträufeln

Pro Portion:
E: 6 g, F: 18 g, Kh: 29 g,
kJ: 1322, kcal: 316

1. Die Kräuter abspülen und trocken tupfen. Die Blättchen von den Stängeln zupfen. Die Blättchen grob zerschneiden. Frühlingszwiebeln putzen, abspülen, abtropfen lassen und in Stücke schneiden.
2. Kartoffeln waschen, schälen, abspülen, abtropfen lassen und in dünne Scheiben schneiden. Zucchini abspülen, abtrocknen und die Enden abschneiden. Tomaten abspülen, trocken tupfen und die Stängelansätze herausschneiden. Champignons putzen, mit Küchenpapier abreiben, evtl. kurz abspülen und gut trocken tupfen. Das vorbereitete Gemüse in etwa 1/2 cm dicke Scheiben schneiden.
3. Den Backofen vorheizen.
Ober-/Unterhitze: etwa 180 °C
Heißluft: etwa 160 °C
4. Den Boden einer großen Auflaufform (mit Olivenöl gefettet) jeweils mit einem Teil der klein geschnittenen Kräuter und der Frühlingszwiebelstücke belegen. Kartoffel- und Gemüsescheiben fächerförmig darauf anrichten.
5. Restliche Kräuter und Frühlingszwiebelstücke darauf verteilen. Mit Salz, Pfeffer und Knoblauch würzen. Restliches Olivenöl daraufträufeln. Die Form auf dem Rost in den vorgeheizten Backofen schieben. Gemüse-Kartoffel-Gratin 40–50 Minuten garen.

Kapitel 05

Rezepte 401–500

Aufläufe und Gratins

Curry-Lachs-Auflauf

Curry-Lachs-Auflauf

4 Portionen

Zubereitungszeit: 45 Minuten
Garzeit: etwa 20 Minuten

250 g Möhren
200 g Champignons
1 TL Butter
200 g Schnellkoch-Vollkornreis (Garzeit 10 Minuten)
400 ml Gemüsebrühe
600 g Lachsfilet, ohne Haut und Gräten
Salz, frisch gemahlener Pfeffer
175 g TK-Erbsen

Für die Sauce:
1 Zwiebel
1 Bund glatte Petersilie
1 EL Butter
1 TL mildes Currypulver
1 leicht geh. TL Weizenmehl
100 ml Milch
150 g Schlagsahne

Für die Brösel:
4 leicht geh. TL Kokosraspel
2 leicht geh. TL Semmelbrösel
2 EL weiche Butter

Pro Portion:
E: 37 g, F: 41 g, Kh: 30 g,
kJ: 2688, kcal: 642

1. Möhren putzen, schälen, abspülen, abtropfen lassen und in Stifte schneiden. Champignons putzen, mit Küchenpapier abreiben, evtl. abspülen, trocken tupfen und halbieren. Butter in einem Topf zerlassen. Möhrenstifte und Champignonhälften darin andünsten. Reis hinzugeben.
2. Brühe hinzugießen und zum Kochen bringen. Gemüse etwa 10 Minuten bei schwacher Hitze garen.
3. Den Backofen vorheizen.
Ober-/Unterhitze: etwa 200 °C
Heißluft: etwa 180 °C
4. Lachs kurz unter fließendem kalten Wasser abspülen, trocken tupfen, mit Salz und Pfeffer würzen. Lachs in eine große Auflaufform (leicht gefettet) legen. Die gefrorenen Erbsen unter die Reismasse mischen und um den Lachs herum verteilen.
5. Für die Sauce Zwiebel abziehen und in kleine Würfel schneiden. Petersilie abspülen und trocken tupfen. Die Blättchen von den Stängeln zupfen. Blättchen klein schneiden. Butter in einem Topf zerlassen. Zwiebelwürfel darin glasig dünsten. Curry und Mehl darüberstäuben und kurz andünsten. Milch und Sahne unter Rühren hinzugeben, kurz aufkochen lassen. Die Sauce mit Salz und Pfeffer abschmecken, Petersilie unter-

rühren. Die Sauce auf dem Auflauf verteilen.
6. Für die Brösel Kokosraspel mit Semmelbröseln und Butter verkneten, in Flöckchen auf dem Lachs verteilen. Die Form auf dem Rost in den vorgeheizten Backofen schieben. Auflauf etwa 20 Minuten garen.

Brokkolinudeln, überbacken

4 Portionen

Zubereitungszeit: 30 Minuten
Überbackzeit: etwa 15 Minuten

2 1/2 l Wasser
2 1/2 gestr. TL Salz
250 g Spaghetti

500 g Brokkoli
125 ml (1/8 l) Gemüsebrühe
200 g frisch geriebener, mittelalter Gouda-Käse
frisch geriebene Muskatnuss

Pro Portion:
E: 31 g, F: 15 g, Kh: 78 g,
kJ: 2547, kcal: 608

1. Den Backofen vorheizen.
Ober-/Unterhitze: etwa 200 °C
Heißluft: etwa 180 °C
2. Wasser in einem großen Topf mit geschlossenem Deckel zum Kochen bringen. Dann Salz und Spaghetti hinzugeben. Die Spaghetti im geöffneten Topf bei mittlerer Hitze nach Packungsanleitung kochen lassen, dabei zwischendurch 4–5-mal umrühren.
3. Anschließend die Spaghetti in ein Sieb geben, mit heißem Wasser abspülen und abtropfen lassen.
4. Von dem Brokkoli die Blätter entfernen. Den Brokkoli in Röschen teilen, abspülen und abtropfen lassen. Brühe in einem Topf zum Kochen bringen. Brokkoliröschen hinzugeben, wieder zum Kochen bringen und etwa 10 Minuten garen. Brokkoliröschen in ein Sieb geben, mit kaltem Wasser abschrecken und abtropfen lassen.
5. Spaghetti mit den Brokkoliröschen vermengen. Käse mit Muskat würzen. Zwei Drittel davon unter die Spaghetti-Brokkoli-Mischung geben und in einer großen, flachen Auflaufform verteilen. Restlichen Käse daraufstreuen.
6. Die Form auf dem Rost in den vorgeheizten Backofen schieben. Die Brokkolinudeln etwa 15 Minuten überbacken.

Birnen-Ananas-Auflauf

6 Portionen

Zubereitungszeit: 35 Minuten
Garzeit: etwa 60 Minuten

450 g Birnenhälften (aus der Dose)
500 g Ananasscheiben (aus der Dose)
500 g Schlagsahne
5 Eier (Größe M)
60 g brauner Zucker (Rohrzucker)
1 Fläschchen Rum-Aroma
125 g Rosinen
50 g Kokosraspel

Pro Portion:
E: 10 g, F: 40 g, Kh: 42 g,
kJ: 2453, kcal: 586

1. Birnenhälften und Ananasscheiben getrennt in je einem Sieb abtropfen lassen.
2. Den Backofen vorheizen.
Ober-/Unterhitze: etwa 180 °C
Heißluft: etwa 160 °C
3. Die Birnenhälften jeweils längs in 3 Spalten schneiden. Die Ananasscheiben halbieren.
4. Sahne und Eier verschlagen. Zucker und Aroma hinzufügen. Rosinen und Kokosraspel unterrühren.
5. Birnenspalten und Ananashälften abwechselnd in Reihen in eine große, flache Auflaufform schichten. Die Eier-Rosinen-Sahne-Mischung darauf verteilen. Die Form auf dem Rost in den vorgeheizten Backofen schieben. Den Auflauf etwa 60 Minuten garen.

Tipp: Den Auflauf mit Minze- oder Melisseblättchen garnieren.

Brokkolinudeln, überbacken

Birnen-Ananas-Auflauf

Gemüseauflauf, provenzalisch

Blattspinat, überbacken

Gemüseauflauf, provenzalisch

4 Portionen

Zubereitungszeit: 30 Minuten
Garzeit: etwa 35 Minuten

500 g rote und gelbe Paprikaschoten
3 rote Zwiebeln
240 g Artischockenherzen (aus der Dose)
100 g Cocktailtomaten
3 EL Olivenöl
Salz, frisch gemahlener Pfeffer
75 g schwarze Oliven, mit Stein

Für den Guss:
3 Eier (Größe M)
250 g Crème fraîche
1–2 TL getrocknete, provenzalische Kräuter
1 Knoblauchzehe

125 g Mozzarella-Käse
etwa 8 Baguettescheiben (je 1–2 cm dick)

Pro Portion:
E: 20 g, F: 45 g, Kh: 33 g, kJ: 2572, kcal: 617

1. Paprikaschoten halbieren, entstielen, entkernen und die weißen Scheidewände entfernen. Schotenhälften abspülen, abtropfen lassen und in Stücke schneiden. Zwiebeln abziehen und in Spalten schneiden. Artischockenherzen in einem Sieb gut abtropfen lassen und längs halbieren. Tomaten abspülen, trocken tupfen und evtl. halbieren.
2. Den Backofen vorheizen.
Ober-/Unterhitze: etwa 200 °C
Heißluft: etwa 180 °C
3. Einen Esslöffel des Olivenöls in einer Pfanne erhitzen. Paprikastücke und Zwiebelspalten darin etwa 6 Minuten unter Wenden dünsten. Mit Salz und Pfeffer würzen. Oliven mit Artischockenherzen, Tomaten und dem angedünsteten Gemüse in einer Auflaufform (gefettet) mischen.
4. Für den Guss die Eier mit Crème fraîche und Kräutern verschlagen. Mit Salz und Pfeffer würzen. Den Knoblauch abziehen, fein hacken und hinzugeben. Den Guss auf der Gemüsemischung verteilen. Die Form auf dem Rost in den vorgeheizten Backofen schieben. Den Auflauf etwa 20 Minuten garen.
5. Mozzarella abtropfen lassen und in etwa 8 dünne Scheiben schneiden.
6. Die Form aus dem Backofen nehmen. Baguettescheiben dachziegelartig auf den Auflauf legen. Mit restlichem Olivenöl beträufeln und mit etwas Salz bestreuen. Die Baguettescheiben mit den Mozzarellascheiben belegen und mit etwas Pfeffer bestreuen.
7. Die Form wieder auf dem Rost in den heißen Backofen schieben. Den Auflauf bei gleicher Backofentemperatur weitere etwa 15 Minuten goldbraun backen.

Blattspinat, überbacken

4 Portionen

Zubereitungszeit: 45 Minuten
Überbackzeit: 5–10 Minuten

400 g Blattspinat
Salzwasser

Für die Sauce Mornay:
30 g Butter
30 g Weizenmehl
200 g Schlagsahne
etwas Gemüsebrühe
Salz
frisch gemahlener Pfeffer
100 g frisch geriebener Parmesan-Käse

40 g zerlassene Butter
1 kleine Knoblauchzehe

Pro Portion:
E: 14 g, F: 37 g, Kh: 9 g, kJ: 1836, kcal: 439

1. Spinat verlesen und dicke Stiele entfernen. Spinat gründlich waschen, abtropfen lassen und in kochendem Salzwasser kurz blanchieren. Anschließend in Eiswasser abschrecken, damit er nicht nachgart. Spinat in einem Sieb gut abtropfen lassen.
2. Für die Sauce Butter in einem Topf zerlassen. Mehl hinzufügen und unter Rühren so lange erhitzen, bis es hellgelb ist. Sahne und etwas Brühe hinzugießen, mit einem Schneebesen durchschlagen. Dabei darauf achten, dass keine Klumpchen entstehen. Die Sauce zum Kochen bringen. Mit Salz und Pfeffer würzen. Die Hälfte des Parmesan-Käses unterrühren. Die Sauce zum Kochen bringen und unter gelegentlichem Rühren einkochen lassen. Den Topf von der Kochstelle nehmen.
3. Den Backofengrill vorheizen.
4. Die Butter in einem Topf zerlassen. Knoblauch abziehen, fein hacken. Blattspinat in der Butter schwenken, mit Knoblauch und Salz würzen, in eine Auflaufform geben. Den Spinat mit der Sauce Mornay übergießen und mit restlichem Parmesan-Käse bestreuen. Die Form auf dem Rost unter den vorgeheizten Grill schieben und 5–10 Minuten überbacken.

Champignon-Zucchini-Auflauf

4 Portionen

Zubereitungszeit: 20 Minuten
Garzeit: etwa 40 Minuten

600 g Zucchini
250 g rote Paprikaschoten
300 g Champignons
40 g Butter oder Margarine
1 Topf oder Bund Basilikum

Für den Guss:
4 Eier (Größe M)
4 EL Milch
150 g Crème fraîche
2 Knoblauchzehen
Salz
frisch gemahlener Pfeffer
frisch geriebene Muskatnuss

100 g frisch geriebener, mittelalter Gouda-Käse

Pro Portion:
E: 19 g, F: 38 g, Kh: 9 g,
kJ: 1879, kcal: 450

1. Zucchini abspülen, abtrocknen und die Enden abschneiden. Zucchini in Scheiben schneiden. Paprikaschoten halbieren, entstielen, entkernen und die weißen Scheidewände entfernen. Schotenhälften abspülen, abtropfen lassen und in dünne Streifen schneiden.
2. Den Backofen vorheizen.
Ober-/Unterhitze: etwa 200 °C
Heißluft: etwa 180 °C
3. Champignons putzen, mit Küchenpapier abreiben, evtl. abspülen, trocken tupfen und in dicke Scheiben schneiden. Etwas Butter oder Margarine in einer Pfanne zerlassen. Vorbereitetes Gemüse darin portionsweise kurz andünsten.
4. Basilikum abspülen und trocken tupfen. Die Blättchen von den Stängeln zupfen. Blättchen in feine Streifen schneiden.
5. Gemüse und Basilikumstreifen in eine große Auflaufform (gefettet) schichten.
6. Für den Guss Eier mit Milch und Crème fraîche verschlagen. Knoblauch abziehen, fein hacken und unterrühren. Mit Salz, Pfeffer und Muskat würzen.
7. Den Guss auf die eingeschichteten Gemüsezutaten gießen und den Käse daraufstreuen.
8. Die Form auf dem Rost in den vorgeheizten Backofen schieben. Den Auflauf etwa 40 Minuten garen.

Champignon-Zucchini-Auflauf

Ananas-Feigen-Auflauf

4 Portionen

Zubereitungszeit: 30 Minuten, ohne Abkühlzeit
Garzeit: etwa 60 Minuten

60 g Pinienkerne
250 g Ananasstücke (aus der Dose)
1 Bio-Limette (unbehandelt, ungewachst)
200 g Soft-Feigen
4 Eigelb (Größe M)
50 g Zucker
6 EL Schlagsahne
4 Eiweiß (Größe M)
1 Pck. Dr. Oetker Vanillin-Zucker
50 g Weizenmehl

evtl. 1 Bio-Limette (unbehandelt, ungewachst)

Pro Portion:
E: 17 g, F: 22 g, Kh: 60 g,
kJ: 2241, kcal: 5365

1. Pinienkerne fein hacken, in einer Pfanne ohne Fett unter Rühren rösten, herausnehmen und auf einem Teller abkühlen lassen.
2. Ananasstücke in einem Sieb abtropfen lassen. Limette heiß abwaschen, abtrocknen und die Schale dünn abreiben. Limette halbieren und den Saft auspressen. Von den Feigen die Stiele abschneiden. Feigen in Streifen schneiden.
3. Eigelb und Zucker in einer Schüssel mit Handrührgerät mit Rührbesen zu einer dicklichen Creme aufschlagen. Sahne unterrühren. Eiweiß mit Vanillin-Zucker steif schlagen.
4. Ananasstücke in Mehl wenden und unter die Eigelbcreme heben. Pinienkerne, Limettenschale, -saft und Feigenstreifen vorsichtig unterrühren. Eischnee unterheben. Die Masse in einen gewässerten Römertopf geben. Den Römertopf mit dem Deckel verschließen und auf dem Rost in den kalten Backofen schieben.
Ober-/Unterhitze: etwa 200 °C
Heißluft: etwa 180 °C
Garzeit: etwa 60 Minuten
5. Nach Belieben Limette heiß abwaschen, abtrocknen und in sehr dünne Scheiben schneiden. Ananas-Feigen-Auflauf mit Limettenscheiben garniert servieren.

Fischfilet, neapolitanisch

4 Portionen

Zubereitungszeit: 55 Minuten
Garzeit: etwa 25 Minuten

600 g Fischfilet, z. B. Seelachsfilet
evtl. Saft von 1 Zitrone
Salz
2 Zwiebeln
280 g Champignonscheiben (aus dem Glas)
1 Bund glatte Petersilie
2 EL Speiseöl
2 EL Tomatenmark
400 g geschälte Tomaten (aus der Dose)

Ananas-Feigen-Auflauf

Fischfilet, neapolitanisch

Steinpilz-Brokkoli-Gratin

frisch gemahlener Pfeffer
200 g Schmand (Sauerrahm)
80 g Semmelbrösel
40 g Butter

Pro Portion:
E: 33 g, F: 30 g, Kh: 24 g,
kJ: 2119, kcal: 499

1. Fischfilet unter fließendem kalten Wasser abspülen, trocken tupfen, nach Belieben mit Zitronensaft beträufeln, trocken tupfen und mit Salz bestreuen.
2. Zwiebeln abziehen und in kleine Würfel schneiden. Champignonscheiben in einem Sieb abtropfen lassen. Petersilie abspülen und trocken tupfen. Die Blättchen von den Stängeln zupfen, Blättchen klein schneiden.
3. Den Backofen vorheizen.
Ober-/Unterhitze: etwa 200 °C
Heißluft: etwa 180 °C
4. Das Speiseöl in einer Pfanne erhitzen, Zwiebelwürfel darin andünsten. Tomatenmark kurz mit andünsten. Tomaten mit der Flüssigkeit hinzugeben, dabei die Tomaten etwas zerdrücken. Champignonscheiben und Petersilie unterrühren. Die Zutaten kurz erhitzen. Mit Salz und Pfeffer würzen.
5. Die Tomaten-Champignon-Masse in eine flache Auflaufform (gefettet) geben. Fischfilet darauflegen. Schmand darauf verteilen und mit Semmelbröseln bestreuen. Butter in Flöckchen daraufsetzen.
6. Die Form auf dem Rost in den vorgeheizten Backofen schieben. Den Auflauf etwa 25 Minuten garen.

Steinpilz-Brokkoli-Gratin

4 Portionen

Zubereitungszeit: 25 Minuten
Überbackzeit: etwa 20 Minuten

500 g Brokkoli
Salzwasser
250 g Steinpilze oder dunkle Champignons
100 g rote Zwiebeln
3 EL Speiseöl
Salz
frisch gemahlener Pfeffer
Kurkuma (Gelbwurz)
Cumin (Kreuzkümmel)
2 EL geröstete Sesamsamen
150 g frisch geriebener Emmentaler Käse

Für die Sauce:
250 g Schlagsahne
1 EL Crème fraîche
1 EL geröstete Sesamsamen

Pro Portion:
E: 18 g, F: 46 g, Kh: 10 g,
kJ: 2288, kcal: 547

1. Von dem Brokkoli die Blätter entfernen. Stängel am Strunk schälen und bis kurz vor den Röschen kreuzförmig einschneiden. Brokkoli abspülen, abtropfen lassen und zugedeckt in kochendem Salzwasser etwa 10 Minuten garen. Brokkoli in ein Sieb geben, mit kaltem Wasser übergießen und abtropfen lassen.
2. Den Backofen vorheizen.
Ober-/Unterhitze: etwa 200 °C
Heißluft: etwa 180 °C
3. Pilze putzen, mit Küchenpapier abreiben, evtl. abspülen und trocken tupfen. Zwiebeln abziehen und in kleine Würfel schneiden. Speiseöl in einer Pfanne erhitzen. Zwiebelwürfel darin andünsten. Pilze hinzugeben und kurz mitdünsten lassen.
4. Gemüse in einer Auflaufform (gefettet) verteilen. Mit Salz, Pfeffer, Kurkuma und Cumin würzen. Die Brokkoli-Pilz-Mischung zuerst mit Sesam, dann mit Käse bestreuen.
5. Für die Sauce Sahne und Crème fraîche verschlagen, Sesam unterrühren. Mit Salz und Pfeffer würzen. Die Sauce auf dem Gratin verteilen.
6. Die Form auf dem Rost in den vorgeheizten Backofen schieben. Das Gratin etwa 20 Minuten überbacken.

Räucherlachsauflauf mit grünem Spargel

4 Portionen

Zubereitungszeit: 45 Minuten
Garzeit: 15–18 Minuten

1 Zwiebel
200 g Champignons
1 EL Butter
200 g rote Linsen
350 ml Gemüsebrühe
100 g Schlagsahne
750 g grüner Spargel
200 ml Salzwasser
300 g Räucherlachs, in Scheiben

Für die Sauce:
20 g Butter
20 g Weizenmehl
200 ml Spargelwasser
150 ml Milch
Salz
frisch gemahlener Pfeffer
fein abgeriebene Schale und Saft von 1/2 Bio-Zitrone (unbehandelt, ungewachst)
1 kleines Bund frischer Dill
oder 25 g TK-Dill

75 g milder Käse, z. B. junger Gouda, Emmentaler, Mozzarella

Pro Portion:
E: 39 g, F: 29 g, Kh: 31 g,
kJ: 2301, kcal: 550

1. Die Zwiebel abziehen und in kleine Würfel schneiden. Champignons putzen, mit Küchenpapier abreiben, evtl. kurz abspülen und trocken tupfen. Große Champignons halbieren. Butter in einem Topf zerlassen, Zwiebelwürfel darin andünsten. Champignons hinzugeben und mit andünsten. Linsen abspülen, abtropfen lassen, zu den Champignons geben und mitdünsten lassen. Brühe und Sahne hinzugießen. Die Zutaten zum Kochen bringen und etwa 8 Minuten bei schwacher Hitze garen.
2. Den Backofen vorheizen.
Ober-/Unterhitze: etwa 200 °C
Heißluft: etwa 180 °C
3. Von dem Spargel nur das untere Drittel schälen und die Enden abschneiden. Spargel in Stücke schneiden, abspülen, abtropfen lassen und zugedeckt in kochendem Salzwasser 6–7 Minuten garen.
4. Spargelstücke in einem Sieb abtropfen lassen, dabei das Spargelwasser auffangen und 200 ml abmessen. Spargel mit der Linsen-Champignon-Masse in einer großen Auflaufform (gefettet) mischen. Lachsscheiben zu Röllchen formen und darauf verteilen, evtl. etwas eindrücken.
5. Für die Sauce Butter in einem Topf zerlassen. Das Mehl darin unter Rühren so lange erhitzen, bis es hellgelb ist. Spargelwasser und Milch hinzugießen, mit einem Schneebesen gut durchschlagen. Dabei darauf achten, dass keine Klümpchen entstehen. Mit Salz, Pfeffer und Zitronenschale würzen und zum Kochen bringen. Die Sauce etwa 2 Minuten bei schwacher Hitze kochen lassen.
6. Dill abspülen und trocken tupfen. Die Spitzen von den Stängeln zupfen. Spitzen klein schneiden. Dill unter die Sauce rühren.
7. Zuerst den Zitronensaft, dann die Sauce auf dem Auflauf verteilen. Mit Käse bestreuen. Die Form auf dem Rost in den vorgeheizten Backofen schieben. Den Auflauf 15–18 Minuten garen.

Tipp: Den Auflauf mit Dillspitzen garniert servieren.

Spargel-Kartoffel-Auflauf

4 Portionen

Zubereitungszeit: 50 Minuten, ohne Abkühlzeit
Garzeit: etwa 30 Minuten

1 kg grüner Spargel
Salzwasser
800 g festkochende Kartoffeln
300 g Kochschinken
1 Knoblauchzehe
150 g Crème fraîche

Räucherlachsauflauf mit grünem Spargel

Spargel-Kartoffel-Auflauf

125 g Schlagsahne
2 Eier (Größe M)
Salz
frisch gemahlener, weißer Pfeffer
100 g frisch geriebener Emmentaler Käse

Pro Portion:
E: 37 g, F: 39 g, Kh: 34 g,
kJ: 2697, kcal: 646

1. Von dem Spargel nur das untere Drittel schälen und die Enden abschneiden. Spargel abspülen, abtropfen lassen und in 3–4 cm lange Stücke schneiden. Salzwasser in einem Topf zum Kochen bringen. Spargelstücke darin 4–6 Minuten garen. Spargelstücke in einem Sieb abtropfen und erkalten lassen.
2. Kartoffeln gründlich waschen, mit Wasser bedeckt zum Kochen bringen und zugedeckt 15–20 Minuten kochen lassen. Kartoffeln abgießen, abdämpfen und heiß pellen. Kartoffeln etwas abkühlen lassen und in dünne Scheiben schneiden.
3. Den Backofen vorheizen.
Ober-/Unterhitze: etwa 180 °C
Heißluft: etwa 160 °C
4. Den Schinken in kleine Würfel schneiden. Spargelstücke mit Kartoffelscheiben und Schinkenwürfeln mischen, in einer Auflaufform (gefettet) verteilen.
5. Knoblauch abziehen, fein hacken. Crème fraîche mit Sahne, Eiern und Knoblauch verschlagen. Mit Salz und Pfeffer würzen. Die Crème-fraîche-Eier-Masse auf dem Auflauf verteilen und mit Käse bestreuen. Die Form auf dem Rost in den vorgeheizten Backofen schieben. Den Auflauf etwa 30 Minuten garen.

Rhabarberauflauf mit Nüssen

4 Portionen

Zubereitungszeit: 25 Minuten, ohne Saftziehzeit
Überbackzeit: etwa 25 Minuten

500 g Rhabarber
125 g Zucker
2 EL Himbeersirup
125 g Zwieback
3 Eigelb (Größe M)
125 g Schlagsahne
1 Pck. Dr. Oetker Vanillin-Zucker
50 g fein gehackte Haselnusskerne
3 Eiweiß (Größe M)
50 g Zucker

Pro Portion:
E: 12 g, F: 24 g, Kh: 80 g,
kJ: 2513, kcal: 600

1. Rhabarber putzen (nicht abziehen), abspülen, abtropfen lassen. Stielenden und Blattansätze entfernen. Rhabarber in etwa 2 cm lange Stücke schneiden. Dicke Stangen vorher längs halbieren. Rhabarberstücke in eine Schüssel geben, mit Zucker und Himbeersirup vermengen. Rhabarberstücke einige Zeit zum Saftziehen stehen lassen.
2. Rhabarberstücke mit dem entstandenen Saft in einem Topf zum Kochen bringen und 5–10 Minuten weich dünsten lassen (Rhabarberstücke dürfen nicht zerfallen).
3. Den Backofen vorheizen.
Ober-/Unterhitze: etwa 180 °C
Heißluft: etwa 160 °C
4. Eine Auflaufform (gefettet) mit Zwiebäcken auslegen. Eigelb mit Sahne und Vanillin-Zucker verschlagen. Die Zwiebäcke damit übergießen. Haselnusskerne daraufstreuen und die Rhabarberstücke darauf verteilen.
5. Eiweiß steif schlagen. Der Schnee muss so fest sein, dass ein Messerschnitt sichtbar bleibt, Zucker kurz unterschlagen. Die Eischneemasse auf den Rhabarberstücken verteilen (nicht glatt streichen).
6. Die Form auf dem Rost in den vorgeheizten Backofen schieben. Den Rhabarberauflauf etwa 25 Minuten überbacken.

Steckrüben-Steinpilz-Gratin

Zucchini, überbacken

Steckrüben-Steinpilz-Gratin

4 Portionen

Zubereitungszeit: 40 Minuten, ohne Quellzeit
Garzeit: Gemüse etwa 30 Minuten
Gratinierzeit: etwa 10 Minuten

15 g getrocknete Steinpilze
1 Steckrübe (etwa 1 kg)
einige Stängel frischer oder 1 TL gerebelter Majoran
100 ml Instant-Steinpilz-Hefebrühe (aus dem Reformhaus)
250 g Schlagsahne
Salz, frisch gemahlener Pfeffer
100 g frisch geriebener Käse, z. B. mittelalter Gouda, Greyerzer

Pro Portion:
E: 11 g, F: 29 g, Kh: 12 g, kJ: 1502, kcal: 360

1. Steinpilze unter fließendem kalten Wasser kurz abspülen, damit evtl. vorhandener Sand entfernt wird. Die Steinpilze in eine Schüssel geben, mit 150 ml kochendem Wasser übergießen und etwa 15 Minuten quellen lassen.
2. Den Backofen vorheizen.
Ober-/Unterhitze: etwa 200 °C
Heißluft: etwa 180 °C
3. Steckrübe vierteln, schälen, abspülen und abtropfen lassen. Steckrübenviertel quer in sehr feine Scheiben schneiden oder auf einem stabilen Gemüsehobel fein hobeln. Frischen Majoran abspülen und trocken tupfen. Die Blättchen von den Stängeln zupfen.
4. Steckrübenscheiben mit Majoranblättchen oder gerebeltem Majoran in eine große Auflaufform (gefettet) geben. Hefebrühe, Steinpilze mit dem Einweichwasser und Sahne mischen, mit Salz und Pfeffer kräftig würzen. Die Steinpilzmischung auf den Steckrübenscheiben verteilen. Die Form auf dem Rost in den vorgeheizten Backofen schieben. Das Gemüse etwa 30 Minuten garen.
5. Nach etwa 30 Minuten Garzeit die Form aus dem Backofen nehmen. Den Käse auf das Gemüse streuen. Die Form wieder auf dem Rost in den heißen Backofen schieben. Das Gratin bei gleicher Backofentemperatur etwa 10 Minuten überbacken.

Zucchini, überbacken

4 Portionen

Zubereitungszeit: 45 Minuten
Überbackzeit: etwa 20 Minuten

2 EL Speiseöl
600 g Gehacktes (halb Rind-, halb Schweinefleisch)
Salz, frisch gemahlener Pfeffer
1–2 TL Paprikapulver edelsüß
600 g Zucchini, 4 EL Olivenöl
2 abgezogene, zerdrückte Knoblauchzehen
2 Fleischtomaten
gerebelter Oregano
100 g frisch geriebener, mittelalter Gouda-Käse

Pro Portion:
E: 37 g, F: 62 g, Kh: 6 g, kJ: 3248, kcal: 776

1. Speiseöl in einer Pfanne erhitzen. Gehacktes darin unter Rühren anbraten. Dabei die Fleischklümpchen mit einer Gabel zerdrücken. Mit Salz, Pfeffer und Paprika würzen.
2. Zucchini abspülen, abtrocknen und die Enden abschneiden. Zucchini waagerecht halbieren. Olivenöl in einer zweiten Pfanne erhitzen. Zucchinihälften mit der Schnittfläche nach unten in die Pfanne legen, anbraten und herausnehmen. Zucchinihälften abkühlen lassen und mit einem Löffel aushöhlen, sodass ein etwa 1/2 cm breiter Rand stehen bleibt.
3. Den Backofen vorheizen.
Ober-/Unterhitze: etwa 200 °C
Heißluft: etwa 180 °C
4. Das Zucchinifleisch klein schneiden, mit dem Knoblauch unter die Gehacktesmasse mischen. Mit Salz und Pfeffer würzen.
5. Die Masse in die Zucchinihälften füllen und in eine flache Auflaufform (gefettet) setzen.
6. Tomaten abspülen, trocken tupfen, halbieren und die Stängelansätze entfernen. Tomatenhälften in Scheiben schneiden und auf die gefüllten Zucchini legen. Mit Salz, Pfeffer und Oregano würzen. Käse daraufstreuen.
7. Die Form auf dem Rost in den vorgeheizten Backofen schieben und die Zucchini etwa 20 Minuten überbacken.

Chinakohl-Gratin

12 Portionen

Zubereitungszeit: 50 Minuten
Garzeit: etwa 40 Minuten

2 kg Chinakohl
Salzwasser
750 g rosé Champignons
Salz, frisch gemahlener Pfeffer
450 g Crème fraîche
300 g Joghurt
5 Eier (Größe M)
frisch geriebene Muskatnuss
Currypulver
200 g geriebener, mittelalter Gouda-Käse

Pro Portion:
E: 12 g, F: 20 g, Kh: 5 g,
kJ: 1098, kcal: 263

1. Den Backofen vorheizen.
Ober-/Unterhitze: etwa 200 °C
Heißluft: etwa 180 °C
2. Chinakohl putzen, Kohl vierteln und den Strunk herausschneiden. Die Kohlviertel portionsweise in kochendem Salzwasser 2–3 Minuten kochen lassen. Anschließend mit einer Schaumkelle herausnehmen und in eine Fettpfanne oder in eine große, runde Auflaufform legen.
3. Champignons putzen, mit Küchenpapier abreiben, evtl. abspülen, abtropfen lassen und in dicke Scheiben schneiden. Champignonscheiben zwischen den Kohlstücken verteilen. Mit Salz und Pfeffer würzen.
4. Crème fraîche und Joghurt verrühren. Eier unterschlagen. Mit Salz, Pfeffer, Muskat und Curry würzen. Die Sauce auf der Kohl-Champignon-Masse verteilen und mit Käse bestreuen. Die Fettpfanne oder die Form auf dem Rost in den vorgeheizten Backofen schieben. Das Gratin etwa 40 Minuten garen.

Beilage: Pellkartoffeln.

Burgunderschinken-Auflauf

4 Portionen

Zubereitungszeit: 30 Minuten
Garzeit: etwa 20 Minuten

2 Stangen Porree (Lauch, etwa 800 g)
225 g Pfifferlinge (aus der Dose)
1 EL Butterschmalz
Salz, frisch gemahlener Pfeffer
4 Scheiben feines, herzhaftes Bauernbrot (je etwa 60 g)
4 halbe Scheiben fertig gekaufter Burgunderschinken (je 1 cm dick, je etwa 70 g)

Für den Guss:
3 Eier (Größe M)
300 g Crème fraîche
1 Knoblauchzehe

150 g frisch geriebener Käse, z. B. Emmentaler oder Greyerzer

Pro Portion:
E: 37 g, F: 48 g, Kh: 31 g,
kJ: 2944, kcal: 706

1. Den Backofen vorheizen.
Ober-/Unterhitze: etwa 200 °C
Heißluft: etwa 180 °C
2. Porree putzen, die Stangen längs halbieren, gründlich waschen, abtropfen lassen und in feine Streifen schneiden. Pfifferlinge in einem Sieb abtropfen lassen.
3. Das Butterschmalz in einer großen Pfanne erhitzen. Porreestreifen darin 2–3 Minuten andünsten. Mit Salz und Pfeffer würzen. Porreestreifen, Pfifferlinge, Brot- und Schinkenscheiben abwechselnd in eine große Auflaufform (gefettet) schichten.
4. Für den Guss die Eier und Crème fraîche verschlagen, mit Salz und Pfeffer würzen. Knoblauch abziehen, fein hacken und unterrühren. Den Guss auf dem Auflauf verteilen. Mit Käse bestreuen. Die Form auf dem Rost in den vorgeheizten Backofen schieben. Den Auflauf etwa 20 Minuten garen.

Chinakohl-Gratin

Burgunderschinken-Auflauf

Bunter Tortellini-Auflauf

4 Portionen

Zubereitungszeit: 20 Minuten
Garzeit: etwa 30 Minuten

2 1/2 l Wasser
2 1/2 gestr. TL Salz
250 g getrocknete, bunte Tortellini
je 1 kleine, rote, grüne und gelbe Paprikaschote
1 kleine Stange Porree (Lauch)
400 g Kochschinken, in Scheiben

Für den Guss:
50 g Schlagsahne
150 g Crème fraîche
150 ml Milch
2 Eier (Größe M)
Chinagewürz
Currypulver
Salz
frisch gemahlener Pfeffer

150 g frisch geriebener Gouda-Käse

Pro Portion:
E: 48 g, F: 41 g, Kh: 44 g,
kJ: 3139, kcal: 750

1. Wasser in einem großen Topf mit geschlossenem Deckel zum Kochen bringen. Salz und Tortellini hinzugeben. Die Tortellini im geöffneten Topf bei mittlerer Hitze nach Packungsanleitung kochen lassen, dabei zwischendurch 4–5-mal umrühren.
2. Anschließend die Tortellini in ein Sieb geben, mit heißem Wasser abspülen und abtropfen lassen.
3. Den Backofen vorheizen.
Ober-/Unterhitze: etwa 200 °C
Heißluft: etwa 180 °C
4. In der Zwischenzeit Paprikaschoten halbieren, entstielen, entkernen und die weißen Scheidewände entfernen. Schotenhälften abspülen, abtropfen lassen und in feine Streifen schneiden. Porree putzen, die Stange längs halbieren, gründlich waschen, abtropfen lassen und in Streifen schneiden. Schinken in Streifen oder Würfel schneiden. Tortellini mit Paprika-, Porree- und Schinkenstreifen oder -würfeln mischen, in eine große, flache Auflaufform (gefettet) geben.
5. Für den Guss Sahne mit Crème fraîche, Milch und Eiern verschlagen. Mit Chinagewürz, Curry, Salz und Pfeffer würzen. Den Guss auf dem Auflauf verteilen und mit Käse bestreuen. Die Form auf dem Rost in den vorgeheizten Backofen schieben. Den Tortellini-Auflauf etwa 30 Minuten garen.

Überbackene Cannelloni mit Ricotta und Pilzen

10 Portionen

Zubereitungszeit: 60 Minuten
Backzeit: 40–45 Minuten

Für die Béchamelsauce:
3 kleine Zwiebeln
60 g Butter
4 EL Weizenmehl
1,2 l Milch
8 kleine Stängel Salbei
1 EL fein abgeriebene Schale von 1 Bio-Zitrone (unbehandelt, ungewachst)
Salz
frisch gemahlener Pfeffer
frisch geriebene Muskatnuss

Für die Füllung:
100 g Pinienkerne
350 g rosa Champignons
6 EL Olivenöl
1/2 Bund glatte Petersilie
1 3/4 kg Ricotta (ital. Frischkäse)
200 g Parmesan-Käse
4 Eigelb (Größe M)

etwa 400 g Cannelloni, ohne Vorgaren
10 Cocktailtomaten
12 Kalamata-Oliven

Bunter Tortellini-Auflauf

Überbackene Cannelloni mit Ricotta und Pilzen

Pro Portion:
E: 38 g, F: 59 g, Kh: 42 g,
kJ: 3558, kcal: 849

1. Für die Sauce Zwiebeln abziehen und in kleine Würfel schneiden. Butter in einem Topf zerlassen. Mehl hinzufügen und unter Rühren so lange erhitzen, bis es hellgelb ist. Milch hinzugießen und mit einem Schneebesen durchschlagen. Dabei darauf achten, dass keine Klümpchen entstehen.
2. Salbei abspülen und trocken tupfen. Von 2 Salbeistängeln die Blättchen von den Stängeln zupfen. Blättchen klein schneiden. Restliche Salbeistängel beiseitelegen. Klein geschnittene Salbeiblättchen und Zitronenschale in die Sauce geben, unter Rühren zum Kochen bringen. Die Sauce mit Salz, Pfeffer und Muskat würzen.
3. Für die Füllung die Pinienkerne in einer Pfanne ohne Fett unter Wenden goldbraun rösten, herausnehmen und auf einem Teller erkalten lassen. Pinienkerne in einem Blitzhacker fein hacken oder sehr klein schneiden.
4. Die Champignons putzen, mit Küchenpapier abreiben, evtl. abspülen, trocken tupfen und in grobe Stücke schneiden. Olivenöl in einer Pfanne erhitzen. Champignonstücke darin unter mehrmaligem Wenden kräftig andünsten. Mit Salz würzen.
5. Petersilie abspülen und trocken tupfen. Die Blättchen von den Stängeln zupfen. Blättchen klein schneiden und unter die Champignonstücke rühren. Champignonmasse erkalten lassen.
6. Den Backofen vorheizen.
Ober-/Unterhitze: etwa 180 °C
Heißluft: etwa 160 °C
7. Den Ricotta in eine Rührschüssel geben. 150 g Parmesan-Käse fein reiben. Pinienkerne, Champignon masse, Eigelb und den geriebenen Parmesan-Käse hinzufügen. Die Zutaten gut vermischen. Mit Salz, Pfeffer und Muskat würzen.
8. Die Béchamelsauce etwa 1 cm hoch in eine große Auflaufform (etwa 35 x 25 cm) füllen. Die Ricottamasse in einen Spritzbeutel oder in einen Gefrierbeutel füllen und eine Ecke abschneiden füllen. Die Ricottamasse in die Cannelloni-Hülsen spritzen. Eine Lage Cannelloni auf die Sauce in die Form legen. Etwas von der Béchamelsauce gleichmäßig daraufgeben.
9. Wieder eine Lage Cannelloni darauflegen. Die restliche Béchamelsauce darauf verteilen. Restlichen Parmesan-Käse fein reiben und daraufstreuen.
10. Die Form auf dem Rost in den vorgeheizten Backofen (unteres Drittel) schieben. Die Cannelloni 40–45 Minuten goldbraun backen.
11. Tomaten abspülen, trocken tupfen, entstielen, halbieren und die Stängelansätze herausschneiden. Nach etwa 30 Minuten Backzeit die beiseitegelegten Salbeistängel, Tomatenhälften und Oliven auf die Cannelloni legen. Mit Pfeffer bestreuen. Cannelloni fertig backen.

Erdbeer-Rhabarber-Auflauf

4 Portionen

Zubereitungszeit: 25 Minuten
Backzeit: 30–40 Minuten

400 g Erdbeeren
300 g junger Rhabarber
1 Biskuitboden (vom Konditor)

Für den Guss:
300 ml Milch oder
300 g Schlagsahne
5 Eier (Größe M)
gemahlener Zimt
Mark von 1 Dr. Oetker Bourbon Vanilleschote
100 g Zucker

Pro Portion:
E: 16 g, F: 25 g, Kh: 77 g,
kJ: 2521, kcal: 602

1. Den Backofen vorheizen.
Ober-/Unterhitze: etwa 180 °C
Heißluft: etwa 160 °C
2. Die Erdbeeren putzen, abspülen, abtropfen lassen, entstielen und halbieren. Rhabarber abziehen, abspülen und abtropfen lassen. Stielenden und Blattansätze entfernen. Die Stangen in fingerdicke Scheiben schneiden.
3. Den Biskuitboden in eine runde Auflaufform (gefettet, in Größe des Biskuitbodens) legen. Erdbeerhälften und Rhabarberscheiben darauf verteilen.
4. Milch oder Sahne mit den Eiern verschlagen. Mit Zimt, Vanillemark und Zucker abschmecken. Die Eiermilch auf den Früchten verteilen. Die Form auf dem Rost in den vorgeheizten Backofen schieben. Den Auflauf 30–40 Minuten backen.

Fenchel-Fisch-Auflauf mit Parmesan-Kartoffel-Kruste

Fenchel-Fisch-Auflauf mit Parmesan-Kartoffel-Kruste

4 Portionen

Zubereitungszeit: 40 Minuten
Garzeit: etwa 30 Minuten

1 kg Fenchelknollen
1 Stängel frischer Rosmarin
oder 1 TL gerebelter Rosmarin
2 EL Butter
Salz
frisch gemahlener Pfeffer
1 Bio-Zitrone
(unbehandelt, ungewachst)
200 ml Gemüsebrühe
200 g Schlagsahne
600 g festes Fischfilet,
z. B. Pangasius, Tilapia, Lengfisch
350 g vorwiegend mehligkochende
Kartoffeln
25 g weiche Butter
50 g frisch geriebener
Parmesan-Käse

Pro Portion:
E: 34 g, F: 38 g, Kh: 21 g,
kJ: 2395, kcal: 572

1. Von den Fenchelknollen die Stiele dicht oberhalb der Knollen abschneiden. Braune Stellen und Blätter entfernen. Wurzelenden gerade schneiden. Knollen waschen, abtropfen lassen und halbieren. Fenchelhälften in kleine Würfel schneiden. Frischen Rosmarin abspülen und trocken tupfen. Die Nadeln von dem Stängel zupfen. Nadeln klein schneiden.
2. Den Backofen vorheizen.
Ober-/Unterhitze: etwa 200 °C
Heißluft: etwa 180 °C
3. Butter in einer großen Pfanne zerlassen. Rosmarin und Fenchelwürfel darin unter Rühren andünsten, mit Salz und Pfeffer würzen. Zitrone heiß abwaschen, abtrocknen und die Schale abreiben. Zitrone halbieren und den Saft auspressen. 1 Esslöffel von der Zitronenschale zu den Fenchelwürfeln geben. Brühe und Sahne hinzugießen, zum Kochen bringen und zugedeckt etwa 8 Minuten bei schwacher Hitze dünsten.
4. Fischfilet kurz unter fließendem kalten Wasser abspülen, trocken tupfen und mit Zitronensaft beträufeln. Kartoffeln waschen, schälen, abspülen, abtropfen lassen und grob raspeln. Kartoffelraspel mit Butter, Parmesan-Käse und restlicher Zitronenschale mischen, mit Salz und Pfeffer würzen.
5. Fenchelwürfel in eine große Auflaufform (gefettet) geben. Fischfilets mit Salz und Pfeffer würzen und darauflegen. Kartoffel-Parmesan-Mischung darauf verteilen und etwas andrücken. Die Form auf dem Rost in den vorgeheizten Backofen schieben. Den Auflauf etwa 30 Minuten garen.

Tipp: Den Auflauf mit klein geschnittenem Fenchelgrün bestreut servieren.

Gratinierte Kartoffelscheiben auf Tomatenragout

6 Portionen

Zubereitungszeit: 45 Minuten
Garzeit: etwa 40 Minuten

1,2 kg festkochende Kartoffeln
Salzwasser

Für das Tomatenragout:
1 kg Fleischtomaten
1 Bund Frühlingszwiebeln
1 Bund Majoran
2 1/2 EL Olivenöl
Salz, frisch gemahlener, schwarzer Pfeffer

300 g geriebener Emmentaler Käse

Pro Portion:
E: 20 g, F: 20 g, Kh: 38 g,
kJ: 1814, kcal: 433

1. Kartoffeln waschen, schälen, abspülen und abtropfen lassen. Kartoffeln in nicht zu dünne Scheiben schneiden und in kochendem Salzwasser etwa 5 Minuten garen. Kartoffelscheiben in einem Sieb gut abtropfen lassen.
2. Für das Tomatenragout Tomaten kreuzweise einschneiden, mit ko-

chendem Wasser übergießen und kurz darin liegen lassen. Tomaten mit kaltem Wasser abschrecken, enthäuten, halbieren und die Stängelansätze herausschneiden. Tomatenviertel nochmals halbieren.

3. Frühlingszwiebeln putzen, abspülen, abtropfen lassen und in feine Ringe schneiden. Majoran abspülen und trocken tupfen. Die Blättchen von den Stängeln zupfen.

4. Den Backofen vorheizen.
Ober-/Unterhitze: etwa 180 °C
Heißluft: etwa 160 °C

5. Olivenol in einem Topf erhitzen. Frühlingszwiebelringe und Tomatenstücke darin andünsten. Mit Salz und Pfeffer würzen, Majoranblättchen unterrühren.

6. Tomatenragout in einer Auflaufform (gefettet) verteilen. Kartoffelscheiben dachziegelartig darauflegen. Die Form auf dem Rost in den vorgeheizten Backofen schieben. Die Kartoffelscheiben auf Tomatenragout etwa 40 Minuten garen.

7. Die Form aus dem Backofen nehmen. Kartoffelscheiben mit Käse bestreuen. Die Form wieder auf dem Rost in den heißen Backofen schieben. Die Kartoffelscheiben bei gleicher Backofentemperatur so lange gratinieren, bis der Käse zerlaufen ist.

Gurken-Shrimps-Auflauf

6 Portionen

Zubereitungszeit: 40 Minuten, ohne Auftauzeit
Garzeit: etwa 45 Minuten

3 mittelgroße Salatgurken (etwa 900 g) oder Schmorgurken
600 g festkochende Kartoffeln
Salzwasser
1 Gemüsezwiebel (etwa 250 g)
300 g TK-Shrimps
1 Bund Dill
50 g Butter oder Margarine
250 ml (1/4 l) Milch
250 g Schlagsahne
5 Eier (Größe M)
Salz, frisch gemahlener Pfeffer

Pro Portion:
E: 21 g, F: 28 g, Kh: 23 g,
kJ: 1888, kcal: 450

1. Salatgurken schälen, längs halbieren, das Kerngehäuse mit einem kleinen Löffel herausschaben. Die Gurken in etwa 1 cm große Stücke schneiden.

2. Kartoffeln waschen, schälen, abspülen, abtropfen lassen und in Würfel schneiden. Kartoffelwürfel in kochendem Salzwasser etwa 10 Minuten blanchieren, in ein Sieb geben, mit kaltem Wasser übergießen und abtropfen lassen.

3. Gemüsezwiebel abziehen und in Würfel schneiden. Shrimps nach Packungsanleitung auftauen lassen, kurz unter fließendem kalten Wasser abspülen und trocken tupfen. Dill abspülen und trocken tupfen. Die Spitzen von den Stängeln zupfen. Spitzen fein hacken.

4. Den Backofen vorheizen.
Ober-/Unterhitze: etwa 180 °C
Heißluft: etwa 160 °C

5. Butter oder Margarine in einer großen Pfanne zerlassen. Gurkenstücke, Kartoffel- und Zwiebelwürfel darin getrennt portionsweise anbraten.

6. Milch mit Sahne und Eiern verschlagen, Dill verrühren. Mit Salz und Pfeffer würzen. Gurkenstücke mit Kartoffel-, Zwiebelwürfeln und Shrimps vermengen. Mit Salz und Pfeffer würzen. Die Gurken-Shrimps Mischung in eine große, flache Auflaufform geben. Eier-Sahne-Milch darauf verteilen.

7. Die Form auf dem Rost in den vorgeheizten Backofen schieben. Den Auflauf etwa 45 Minuten garen.

Beilage: Weißbrot und Salat.

Gratinierte Kartoffelscheiben auf Tomatenragout

Gurken-Shrimps-Auflauf

Hähnchen, mit Käsesauce überbacken

4 Portionen

Zubereitungszeit: 20 Minuten
Garzeit: etwa 35 Minuten

1 küchenfertiges Hähnchen (etwa 1,2 kg)
Salz, frisch gemahlener Pfeffer
25 g Weizenmehl
2 EL Speiseöl
60 g Butter
250 ml (1/4 l) trockener Weißwein
250 g Schlagsahne
2 EL Dijon-Senf
100 g frisch geriebener Emmentaler Käse

Pro Portion:
E: 49 g, F: 65 g, Kh: 8 g,
kJ: 3636, kcal: 869

1. Das Hähnchen innen und außen unter fließendem kalten Wasser abspülen, trocken tupfen und in 4 Stücke teilen. Mit Salz und Pfeffer würzen, mit Mehl bestäuben.
2. Speiseöl in einer Pfanne erhitzen. Butter hinzugeben und zerlassen. Hähnchenteile darin von allen Seiten anbraten. Mit Wein und Sahne ablöschen, Senf unterrühren. Die Hähnchenteile etwa 25 Minuten garen.
3. Nach etwa 15 Minuten Garzeit den Backofen vorheizen.
Ober-/Unterhitze: etwa 200 °C
Heißluft: etwa 180 °C
4. Die Hähnchenteile aus der Pfanne nehmen und in eine Auflaufform legen. Die Sauce etwas einkochen lassen. Mit Salz und Pfeffer würzen. Käse hinzugeben und unter Rühren schmelzen.
5. Die Käsesauce auf den Hähnchenteilen verteilen. Die Form auf dem Rost in den vorgeheizten Backofen schieben. Die Hähnchenteile etwa 10 Minuten backen.

Karibischer Hähnchenauflauf

12 Portionen

Zubereitungszeit: 45 Minuten, ohne Marinierzeit
Garzeit: Auflauf 25–30 Minuten

etwa 1 1/2 kg Hähnchenbrustfilets

Für die Marinade:
2 Bio-Limetten (unbehandelt, ungewachst)
2 EL Olivenöl
Salz
frisch gemahlener Pfeffer

Für das Gemüse:
500 g Süßkartoffeln
1 Stück Ingwerwurzel
etwa 400 g Staudensellerie
1 Bund Frühlingszwiebeln
1 Ananas (etwa 500 g)
8 EL Olivenöl
330 ml ungesüßte Kokosmilch
100 ml Wasser

Zum Bestreichen:
250 g Speisequark (20 % Fett)
je 2 EL gehackte Minze oder Petersilie
1 Eigelb (Größe M)
1 Eiweiß (Größe M)
1 geh. EL Semmelbrösel
25 g gehackte, gesalzene Erdnusskerne

Pro Portion:
E: 35 g, F: 17 g, Kh: 16 g,
kJ: 1497, kcal: 359

1. Hähnchenbrustfilets kurz unter fließendem kalten Wasser abspülen, trocken tupfen und in eine flache Schale legen.
2. Für die Marinade Limetten heiß abwaschen, abtrocknen und die Schale abreiben. Limetten halbieren und den Saft auspressen. Limettenschale mit -saft und Olivenöl verrühren. Mit Salz und Pfeffer würzen. Die Hähnchenbrustfilets mit der Marina-

Hähnchen, mit Käsesauce überbacken

Karibischer Hähnchenauflauf

de übergießen und etwa 30 Minuten durchziehen lassen.

3. Für das Gemüse Kartoffeln waschen, schälen, abspülen, abtropfen lassen, in etwa 3 cm große Würfel oder Rauten schneiden. Ingwer schälen, klein würfeln und 2 Esslöffel abmessen. Sellerie putzen und die harten Außenfäden abziehen. Sellerie abspülen, abtropfen lassen und in etwa ½ cm dicke Scheiben schneiden. Frühlingszwiebeln putzen, abspülen, abtropfen lassen, in etwa 3 cm lange Stücke schneiden. Von der Ananas Blatt- und Strunkende entfernen. Ananas schälen und den mittleren Strunk herausschneiden. Ananasfruchtfleisch in etwa 2 cm dicke Stücke schneiden.

4. Die Hähnchenbrustfilets aus der Marinade nehmen. Je etwa 2 Esslöffel Olivenöl in einer großen Pfanne erhitzen. Die Hähnchenbrustfilets in 2 Portionen von beiden Seiten kurz anbraten, herausnehmen und auf eine Platte legen.

5. Den Backofen vorheizen.
Ober-/Unterhitze: etwa 200 °C
Heißluft: etwa 180 °C

6. Wieder jeweils etwa 2 Esslöffel des Olivenöls in der Pfanne erhitzen. Die Süßkartoffelstücke darin in 2 Portionen 2–3 Minuten von allen Seiten bei mittlerer Hitze anbraten. Ingwerwürfel unter die Kartoffelstücke rühren. Selleriescheiben und Frühlingszwiebelstücke hinzugeben und mit den Kartoffelstücken weitere etwa 3 Minuten unter Wenden anbraten. Kokosmilch, Wasser und die übrig gebliebene Marinade hinzugießen, aufkochen lassen.

7. Die Gemüsemasse in eine große Auflaufform geben. Die Hähnchenbrustfilets in das Gemüse setzen. Evtl. den entstandenen Bratensaft hinzugießen. Mit Salz und Pfeffer würzen.

8. Zum Bestreichen Quark mit Minze oder Petersilie und Eigelb verrühren. Mit etwas Pfeffer würzen. Eiweiß mit etwas Salz steif schlagen. Eischnee mit Semmelbröseln und Erdnusskernen unter die Quarkmasse heben. Die Quarkmasse auf die Hähnchenbrustfilets streichen. Die Form auf dem Rost in den vorgeheizten Backofen schieben. Den Hähnchenauflauf 25–30 Minuten garen.

Beilage: Basmatireis oder Stangenweißbrot.

Tipps: Statt frischer Ananas 1 große Dose gut abgetropfte Ananasstücke (Abtropfgewicht 500 g) verwenden. Auflauf nach Belieben mit Minzeblättchen garnieren.

Scheibenauflauf

Scheibenauflauf

6 Portionen

Zubereitungszeit: 40 Minuten
Garzeit: etwa 60 Minuten

5 Möhren (etwa 500 g)
2–3 Zucchini (etwa 500 g)
Salzwasser
500 ml (½ l) Milch
5 Eier (Größe M)
25 g TK-Kräuter der Provence
Salz, frisch gemahlener Pfeffer
frisch geriebene Muskatnuss
500 g geräucherte, gebratene Putenbrust, in Scheiben

Pro Portion:
E: 29 g, F: 16 g, Kh: 9 g,
kJ: 1301, kcal: 311

1. Möhren putzen, schälen, abspülen, abtropfen lassen. Zucchini abspülen, abtrocknen und die Enden abschneiden. Möhren und Zucchini in dünne Längsscheiben schneiden (evtl. mit einer Aufschnittmaschine oder einem Sparschäler).

2. Den Backofen vorheizen.
Ober-/Unterhitze: etwa 180 °C
Heißluft: etwa 160 °C

3. Möhrenscheiben in kochendem Salzwasser etwa 2 Minuten blanchieren, in ein Sieb geben, mit kaltem Wasser übergießen und abtropfen lassen.

4. Milch und Eier verschlagen, Kräuter unterrühren. Mit Salz, Pfeffer und Muskat würzen.

5. Putenbrust-, Kartoffel-, und Möhrenscheiben abwechselnd lagenweise in eine große Auflaufform (gefettet) schichten. Die Eiermilch darauf verteilen. Die Form auf dem Rost in den vorgeheizten Backofen schieben. Den Auflauf etwa 60 Minuten garen.

Beilage: Kleine, in Knoblauchbutter gebratene Weißbrotscheiben, Brat- oder Röstkartoffeln.

Rustikaler Auflauf „Cabanossi"

Schmorgurken mit Geflügelhack-Mischung

Rustikaler Auflauf „Cabanossi"

6 Portionen

Zubereitungszeit: 50 Minuten
Garzeit: etwa 60 Minuten

3 dicke Möhren (etwa 400 g)
700 g festkochende Kartoffeln
2 Stangen Porree (Lauch, etwa 300 g)
Salzwasser
385 g Sauerkraut (aus der Dose)
2 Cabanossi (etwa 325 g)
500 ml (1/2 l) Milch
5 Eier (Größe M)
Paprikapulver edelsüß
Salz, frisch gemahlener Pfeffer

evtl. 1 Zweig Thymian

Pro Portion:
E: 25 g, F: 29 g, Kh: 27 g,
kJ: 2068, kcal: 493

1. Möhren putzen, schälen, abspülen, abtropfen lassen. Kartoffeln waschen, schälen, abspülen, abtropfen lassen. Möhren und Kartoffeln in Scheiben schneiden. Porree putzen, die Stangen längs halbieren, gründlich waschen, abtropfen lassen und in feine Streifen schneiden. Kartoffel- und Möhrenscheiben in kochendem Salzwasser etwa 5 Minuten blanchieren, in ein Sieb geben, mit kaltem Wasser übergießen und abtropfen lassen.
2. Den Backofen vorheizen.
Ober-/Unterhitze: etwa 180 °C
Heißluft: etwa 160 °C
3. Sauerkraut in einem Sieb abtropfen lassen. Cabanossi in Scheiben schneiden.
4. Milch und Eier verschlagen. Mit Paprika, Salz und Pfeffer würzen. Möhren-, Kartoffelscheiben, Porreestreifen, Sauerkraut und Cabanossischeiben in einer Schüssel vermengen und in eine große, flache Auflaufform geben. Eiermilch darauf verteilen. Die Form auf dem Rost in den vorgeheizten Backofen schieben. Den Auflauf etwa 60 Minuten garen.
5. Den Auflauf nach Belieben mit dem abgespülten und trocken getupften Thymianzweig garnieren.

Beilage: Rustikales Kümmel- oder Zwiebelbaguette.

Schmorgurken mit Geflügelhack-Mischung

4 Portionen

Zubereitungszeit: 50 Minuten
Garzeit: 50–60 Minuten

2 große Schmorgurken
(je etwa 400 g)
1 Bund Schnittlauch
Salz
120 g gekochter Langkornreis
600 g Geflügelgehacktes
(beim Metzger vorbestellen)
1 Ei (Größe M)
frisch gemahlener Pfeffer
1 Gemüsezwiebel (etwa 200 g)
150 g magerer Speck
2 EL Speiseöl
200 ml Gemüsebrühe

Pro Portion:
E: 42 g, F: 20 g, Kh: 12 g,
kJ: 1648, kcal: 393

1. Schmorgurken abspülen, schälen, halbieren und entkernen. Schnittlauch abspülen, trocken tupfen und in kleine Röllchen schneiden.
2. Wasser in einem Topf zum Kochen bringen. Salz und Reis hinzufügen, umrühren, wieder zum Kochen bringen und etwa 15 Minuten bei schwacher Hitze ausquellen lassen. Reis in ein Sieb geben, mit kaltem Wasser übergießen und abtropfen lassen.
3. Den Backofen vorheizen.
Ober-/Unterhitze: etwa 180 °C
Heißluft: etwa 160 °C
4. Geflügelgehacktes in eine Schüssel geben. Reis, Ei und zwei Drittel der Schnittlauchröllchen hinzufügen. Die Zutaten gut vermengen. Mit Salz und Pfeffer würzen. Die Masse auf den Gurkenhälften verteilen.
5. Zwiebel abziehen und klein würfeln. Speck ebenfalls klein würfeln.
6. Speiseöl in einem Topf erhitzen. Zwiebel- und Speckwürfel darin glasig dünsten. Brühe hinzugießen. Die gefüllten Gurkenhälften in eine Auflaufform setzen. Die Speck-Zwiebel-Brühe darauf verteilen. Die Form auf dem Rost in den vorgeheizten Backofen schieben. Die Schmorgurken 50–60 Minuten garen.
7. Die gefüllten Schmorgurken mit den restlichen Schnittlauchröllchen bestreut servieren.

Schweinefilet, überbacken

4 Portionen

Zubereitungszeit: 55 Minuten
Überbackzeit: etwa 15 Minuten

500 g Schweinefilet
50 g Pflanzenfett
Salz
frisch gemahlener Pfeffer
200 g Champignons
1 EL Weizenmehl
125 ml (1/8 l) Wasser
125 ml (1/8 l) Weißwein
150 g Crème fraîche
mittelscharfer Senf
Worcestersauce
100 g Emmentaler Käse, im Stück

Pro Portion:
E: 37 g, F: 32 g, Kh: 6 g,
kJ: 2055, kcal: 490

1. Vom Schweinefilet evtl. Fett und Sehnen entfernen. Filet enthäuten, mit Küchenpapier trocken tupfen und in Streifen schneiden.
2. Jeweils die Hälfte des Pflanzenfettes in einer Pfanne erhitzen. Die Fleischstreifen darin in 2 Portionen von beiden Seiten anbraten. Mit Salz und Pfeffer würzen, in eine Auflaufform oder in kleine Auflaufformen (gefettet) geben.
3. Den Backofen vorheizen.
Ober-/Unterhitze: etwa 200 °C
Heißluft: etwa 180 °C
4. Champignons putzen, mit Küchenpapier abreiben, evtl. abspülen, trocken tupfen und in Scheiben schneiden. Champignonscheiben in dem verbliebenen Bratfett unter Rühren anbraten. Mit Salz und Pfeffer würzen, mit Mehl bestäuben und etwas bräunen lassen. Wasser und Wein hinzufügen, unter Rühren erhitzen. Crème fraîche unterrühren. Mit Senf und Worcestersauce abschmecken. Die Champignonmasse auf den Fleischstreifen verteilen.
5. Käse reiben und darüberstreuen. Die Form oder Formen auf dem Rost in den vorgeheizten Backofen schieben. Schweinefilet etwa 15 Minuten überbacken.

Wirsing-Möhren-Auflauf

4 Portionen

Zubereitungszeit: 30 Minuten
Garzeit: etwa 35 Minuten

400 g Wirsing
150 g Möhren
1 rote Paprikaschote (etwa 150 g)
2 Eigelb (Größe M)
2 Eier (Größe M)
125 ml (1/8 l) Milch
100 g Schlagsahne
2 Eiweiß (Größe M)
120 g durchwachsener Speck
2 EL Olivenöl
Salz, frisch gemahlener Pfeffer
frisch geriebene Muskatnuss

Pro Portion:
E: 13 g, F: 40 g, Kh: 8 g,
kJ: 1980, kcal: 473

1. Den Backofen vorheizen.
Ober-/Unterhitze: etwa 200 °C
Heißluft: etwa 180 °C
2. Von dem Wirsing die groben, äußeren Blätter entfernen. Den Wirsing vierteln und den Strunk herausschneiden. Kohlviertel abspülen, abtropfen lassen und in breite Streifen schneiden.
3. Möhren putzen, schälen, abspülen, abtropfen lassen und in Stifte schneiden. Paprikaschote halbieren, entstielen, entkernen und die weißen Scheidewände entfernen. Schotenhälften abspülen, abtropfen lassen und in Streifen schneiden.
4. Eigelb, Eier, Milch und Sahne verschlagen. Eiweiß steif schlagen und unterheben.
5. Speck in feine Streifen schneiden. Olivenöl in einer Pfanne erhitzen. Speckstreifen darin ausbraten.
6. Wirsingstreifen, Möhrenstifte, Paprika- und Speckstreifen mischen. Mit Salz, Pfeffer und Muskat würzen.
7. Die Gemüsel-Speck-Mischung in eine Auflaufform (gefettet) schichten und mit der Eier-Sahne-Milch übergießen. Die Form auf dem Rost in den vorgeheizten Backofen schieben. Den Auflauf etwa 35 Minuten garen.

Schweinefilet, überbacken

Wirsing-Möhren-Auflauf

Zucchini-Cannelloni in Zitronensauce, gratiniert

4 Portionen

Zubereitungszeit: 20 Minuten, ohne Ruhezeit
Garzeit: 45–50 Minuten

1 Zwiebel
1/2 Bio-Zitrone (unbehandelt, ungewachst)
25 g Butter oder Margarine
25 g Weizenmehl
200 ml kräftige Gemüsebrühe
300 ml Milch
Salz, frisch gemahlener Pfeffer
300 g Zucchini
250 g feines Wurstbrät, z. B. Kalbsbrät
1 TL frischer oder 1/2 TL gerebelter Thymian
etwa 16 Cannelloni, ohne Vorgaren
200 g stückige Tomaten (aus der Dose oder dem Tetra Pak®)
30 g frisch geriebener Parmesan-Käse

evtl. etwas frischer Thymian

Pro Portion:
E: 20 g, F: 28 g, Kh: 42 g, kJ: 2110, kcal: 504

1. Zwiebel abziehen und in kleine Würfel schneiden. Zitrone heiß abwaschen und abtrocknen. Die Schale fein abreiben, den Saft auspressen.
2. Den Backofen vorheizen.
Ober-/Unterhitze: etwa 180 °C
Heißluft: etwa 160 °C
3. Butter oder Margarine in einem Topf zerlassen. Zwiebelwürfel darin andünsten. Mehl hinzufügen und unter Rühren so lange erhitzen, bis es hellgelb ist. Brühe und Milch hinzugießen, mit einem Schneebesen durchschlagen. Dabei darauf achten, dass keine Klümpchen entstehen. Mit etwas Salz, Pfeffer und Zitronenschale würzen. Die Sauce zum Kochen bringen und etwa 3 Minuten bei schwacher Hitze kochen lassen. Zitronensaft unterrühren. Die Sauce würzig abschmecken.
4. Zucchini abspülen, abtrocknen und die Enden abschneiden. Zucchini auf einer groben Haushaltsreibe raspeln. Zucchiniraspel in eine Schüssel geben. Wurstbrät und Thymian hinzugeben und gut unterarbeiten, evtl. mit Pfeffer würzen (nicht salzen, da das Brät bereits gewürzt ist!).
5. Die Zucchini-Brät-Masse evtl. in einen Spritzbeutel mit großer Lochtülle füllen und in die Cannelloni spritzen. Oder die Zucchini-Brät-Masse mithilfe eines Löffels in die Cannelloni geben. Cannelloni nebeneinander in eine große Auflaufform legen. Stückige Tomaten darauf verteilen und mit der Sauce gleichmäßig übergießen. Mit Parmesan-Käse bestreuen. Die Form auf dem Rost in den vorgeheizten Backofen schieben. Die Cannelloni 45–50 Minuten garen.
6. Die Form aus dem Backofen nehmen. Cannelloni etwa 5 Minuten ruhen lassen.
7. Nach Belieben Thymian abspülen und trocken tupfen. Die Blättchen von den Stängeln zupfen. Zucchini-Cannelloni mit Thymianblättchen bestreut servieren.

Apfelgratin mit Fenchel

4 Portionen

Zubereitungszeit: 60 Minuten
Garzeit: etwa 35 Minuten

300 g Kartoffeln
Salzwasser
600 g Äpfel
Saft von 1 Zitrone
500 g Fenchelknollen
2 Zwiebeln
200 g Doppelrahm-Frischkäse
150 g Joghurt
100 ml Milch
Pfeffer, frisch geriebene Muskatnuss
Zucker
40 g Rosinen
120 g frisch geriebener, mittelalter Gouda-Käse
50 g frisch geriebener Parmesan-Käse
30 g Butter

einige Stängel Dill

Pro Portion:
E: 25 g, F: 27 g, Kh: 48 g, kJ: 2347, kcal: 561

Zucchini-Cannelloni in Zitronensauce, gratiniert

Apfelgratin mit Fenchel

Chicorée-Apfel-Auflauf mit Kartoffeln

1. Die Kartoffeln waschen, schälen, abspülen, knapp mit Salzwasser bedeckt zum Kochen bringen und zugedeckt etwa 15 Minuten garen. Kartoffeln abgießen, in ein Sieb geben, mit kaltem Wasser abspülen und etwas abkühlen lassen. Kartoffeln in dünne Scheiben schneiden.
2. Äpfel schälen, vierteln und entkernen. Die Apfelviertel in Spalten schneiden und mit Zitronensaft beträufeln.
3. Den Backofen vorheizen.
Ober-/Unterhitze: etwa 200 °C
Heißluft: etwa 180 °C
4. Von dem Fenchel die Stiele dicht oberhalb der Knollen abschneiden. Braune Stellen und Blätter entfernen. Wurzelenden gerade schneiden. Knollen waschen, abtropfen lassen, halbieren und in Streifen schneiden.
5. Abwechselnd Kartoffelscheiben, Apfelspalten und Fenchelstreifen in eine Gratinform schichten. Zwiebeln abziehen, in kleine Würfel schneiden, mit Frischkäse, Joghurt und Milch verrühren. Mit Salz, Pfeffer, Muskat und Zucker würzen.
6. Die Frischkäse-Joghurt-Masse auf dem Gratin verteilen. Rosinen daraufgeben, mit Gouda- und Parmesan-Käse bestreuen. Butter in Flöckchen daraufsetzen. Die Form auf dem Rost in den vorgeheizten Backofen schieben und das Gratin etwa 35 Minuten garen.
7. Dill abspülen und trocken tupfen. Die Spitzen von den Stängeln zupfen. Apfelgratin mit Dillspitzen bestreut servieren.

Chicorée-Apfel-Auflauf mit Kartoffeln

4 Portionen

Zubereitungszeit: 45 Minuten, ohne Abkühlzeit
Garzeit: 15–20 Minuten

750 g–1 kg vorwiegend festkochende Kartoffeln
Salzwasser
2 säuerliche Äpfel
1/2 Bund Thymian
125 g Chorizo (spanische Paprikawurst)
600 g Chicorée
1 EL Butter
Salz
frisch gemahlener Pfeffer

Für die Sauce:
2 EL Butter oder Margarine
2 leicht geh. EL Weizenmehl
125 ml (1/8 l) Milch
375 ml (3/8 l) Gemüsebrühe
150 g frisch geriebener Hart- oder Bergkäse

30 g gehackte Haselnusskerne

Pro Portion:
E: 26 g, F: 41 g, Kh: 46 g, kJ: 2810, kcal: 671

1. Die Kartoffeln gründlich waschen, mit Salzwasser bedeckt zum Kochen bringen und zugedeckt 20–25 Minuten garen. Kartoffeln abgießen, mit kaltem Wasser abspülen und heiß pellen. Kartoffeln etwas abkühlen lassen und in Spalten schneiden.
2. Den Backofen vorheizen.
Ober-/Unterhitze: etwa 200 °C
Heißluft: etwa 180 °C
3. Äpfel abspülen (evtl. schälen), abtrocknen, halbieren, entkernen und in breite Spalten schneiden. Thymian abspülen und trocken tupfen. Die Blättchen von den Stängeln zupfen. Chorizo in dünne Scheiben schneiden. Vorbereitete Zutaten in einer großen Auflaufform (gefettet) mischen.
4. Chicorée putzen, abspülen, abtropfen lassen und längs vierteln. Den bitteren Strunk keilförmig herausschneiden. Butter in einer Pfanne erhitzen. Chicorée darin unter Wenden etwa 4 Minuten anbraten, mit Salz und Pfeffer würzen. Chicorée auf den Auflaufzutaten anrichten.
5. Für die Sauce Butter oder Margarine im verbliebenen Bratfett zerlassen. Mehl hinzufügen und unter Rühren so lange erhitzen, bis es hellgelb ist. Milch und Brühe hinzugießen und mit einem Schneebesen durchschlagen. Dabei darauf achten, dass keine Klümpchen entstehen. Sauce etwa 2 Minuten kochen lassen. 50 g von dem Käse hinzugeben und unter Rühren schmelzen lassen. Die Sauce mit Salz und Pfeffer abschmecken.
6. Zuerst die Sauce, dann Haselnusskerne und restlichen Käse auf dem Auflauf verteilen. Die Form auf dem Rost in den vorgeheizten Backofen schieben. Den Auflauf 15–20 Minuten garen.

Cannelloni, neapolitanisch

Fenchel-Hirse-Auflauf mit Ziegenkäse

Cannelloni, neapolitanisch

4–6 Portionen

Zubereitungszeit: 40 Minuten, ohne Ruhe- und Abkühlzeit
Garzeit: etwa 40 Minuten

Für den Teig:
300 g Weizenmehl
2 Eier (Größe M)
2 Eigelb (Größe M)
Salz
1 EL Olivenöl
etwas Hartweizengrieß

Für die Füllung:
30 g Butter
30 g Weizenmehl
250 ml (1/4 l) Milch
125 ml (1/8 l) Gemüsebrühe
frisch gemahlener Pfeffer
frisch geriebene Muskatnuss
500 g Mozzarella-Käse
150 g Parmaschinken
3 Eigelb (Größe M)

Salzwasser

Für die Sauce:
1 Zwiebel
4 Knoblauchzehen
2 EL Olivenöl
800 g geschälte Tomaten (aus der Dose)
1 EL Tomatenmark
gerebelter Thymian
gerebelter Oregano
gerebeltes Basilikum
50 g Butter
100 g frisch geriebener Parmesan-Käse

Pro Portion:
E: 48 g, F: 60 g, Kh: 56 g,
kJ: 4027, kcal: 962

1. Für den Teig Mehl mit Eiern, Eigelb, Salz, Olivenöl und Hartweizengrieß in eine Rührschüssel geben. Die Zutaten mit Handrührgerät mit Knethaken zu einem Teig verarbeiten, evtl. 1 Esslöffel kaltes Wasser hinzugeben. Etwa 30 Minuten ruhen lassen.
2. Für die Füllung Butter in einem Topf zerlassen. Mehl unter Rühren so lange darin erhitzen, bis es hellgelb ist. Milch und Brühe hinzugießen, mit einem Schneebesen durchschlagen. Dabei darauf achten, dass keine Klümpchen entstehen. Sauce zum Kochen bringen und unter Rühren etwa 5 Minuten kochen lassen. Mit Salz, Pfeffer und Muskat würzen.
3. Mozzarella abtropfen lassen. Mozzarella und Parmaschinken in kleine Würfel schneiden, mit dem Eigelb unter die Sauce heben. Die Sauce abkühlen lassen.
4. Den Teig portionsweise dünn ausrollen und daraus Rechtecke von etwa 12 x 8 cm ausschneiden. Diese 5–7 Minuten in kochendes Salzwasser geben, herausnehmen, kalt abspülen und abtropfen lassen.
5. Den Backofen vorheizen.
Ober-/Unterhitze: etwa 200 °C
Heißluft: etwa 180 °C
6. Die Teigblätter auf einem Küchenbrett ausbreiten, etwas von der Füllung daraufgeben, aufrollen und in eine Auflaufform (gefettet, in Größe der Teigrollen) setzen.
7. Für die Sauce Zwiebel und Knoblauch abziehen, würfeln. Olivenöl erhitzen. Zwiebel- und Knoblauchwürfel darin andünsten. Tomaten mit Saft hinzugeben, dabei die Tomaten etwas zerdrücken, Tomatenmark unterrühren. Die Gewürze hinzugeben und 2–3 Minuten kochen lassen.
8. Die Sauce auf den Cannelloni verteilen. Butter und Parmesan-Käse daraufgeben. Die Form auf dem Rost in den vorgeheizten Backofen schieben. Cannelloni etwa 40 Minuten garen.

Fenchel-Hirse-Auflauf mit Ziegenkäse

4 Portionen

Zubereitungszeit: 35 Minuten
Garzeit: etwa 20 Minuten

175 g Hirse
750 g Fenchelknollen
1 Stängel frischer Rosmarin oder 1 TL gerebelter Rosmarin
1 Zwiebel

1 EL Butter
Salz
frisch gemahlener Pfeffer
knapp 500 ml (1/2 l) Gemüsebrühe

2 Eier (Größe M)
200 g Schlagsahne

200 g Ziegenkäserolle
2 EL Haselnusskerne

Pro Portion:
E: 23 g, F: 40 g, Kh: 40 g,
kJ: 2590, kcal: 620

1. Hirse in ein Sieb geben, gründlich mit heißem Wasser abspülen und abtropfen lassen.
2. Von den Fenchelknollen die Stiele dicht oberhalb der Knollen abschneiden. Braune Stellen und Blätter entfernen. Die Wurzelenden gerade schneiden. Die Knollen waschen, abtropfen lassen, halbieren und in Würfel schneiden.
3. Rosmarinstängel abspülen und trocken tupfen. Die Nadeln von dem Stängel zupfen. Nadeln klein schneiden. Die Zwiebel abziehen und klein würfeln.
4. Den Backofen vorheizen.
Ober-/Unterhitze: etwa 200 °C
Heißluft: etwa 180 °C
5. Butter in einem Topf zerlassen. Rosmarin und Fenchelwürfel darin evtl. in 2 Portionen etwa 3 Minuten unter Rühren andünsten. Mit Salz und Pfeffer würzen.
6. Hirse hinzugeben. Brühe hinzugießen, zum Kochen bringen und zugedeckt bei schwacher Hitze etwa 5 Minuten kochen lassen.
7. Eier mit Sahne verschlagen, mit Salz und Pfeffer würzen. Hirse-Fenchel-Masse in eine große Auflaufform (gefettet) geben.
8. Eiersahne darauf verteilen. Käserolle in dicke Scheiben schneiden und darauflegen. Haselnusskerne grob hacken und auf die Käsescheiben streuen.
9. Die Form auf dem Rost in den vorgeheizten Backofen schieben. Den Auflauf etwa 20 Minuten garen.

Fleischkäse-Gemüse-Auflauf

4 Portionen

Zubereitungszeit: 30 Minuten
Garzeit: etwa 35 Minuten

1 Stange Porree (Lauch)
1 rote Paprikaschote
285 g Gemüsemais (aus der Dose)
3 EL Speiseöl
150 g TK-Erbsen
Salz, frisch gemahlener Pfeffer
Cayennepfeffer
4 Scheiben Fleischkäse
(je etwa 100 g)
4 Eier (Größe M)
200 g Schlagsahne
100 g frisch geraspelter
Emmentaler Käse

Pro Portion:
E: 29 g, F: 59 g, Kh: 21 g,
kJ: 3180, kcal: 760

1. Den Backofen vorheizen.
Ober-/Unterhitze: etwa 200 °C
Heißluft: etwa 180 °C
2. Porree putzen, die Stange längs halbieren, gründlich waschen, abtropfen lassen und in Streifen schneiden.
3. Paprikaschote halbieren, entstielen, entkernen und die weißen Scheidewände entfernen. Schotenhälften abspülen, abtropfen lassen und in Streifen schneiden.
4. Den Mais in einem Sieb abtropfen lassen.
5. Speiseöl in einer Pfanne erhitzen. Porree- und Paprikastreifen darin andünsten. Mais und die gefrorenen Erbsen hinzufügen, mit andünsten. Mit Salz, Pfeffer und Cayennepfeffer würzen. Evtl. etwas Wasser hinzufügen. Fleischkäse in Streifen schneiden und unter die Gemüsemischung heben. Die Gemüse-Fleisch-Mischung in eine Auflaufform (gefettet) geben.
6. Eier mit Sahne verschlagen, mit Salz und Pfeffer würzen. Die Eiersahne auf der Gemüse-Fleisch-Mischung verteilen. Mit Käse bestreuen. Die Form auf dem Rost in den vorgeheizten Backofen schieben. Den Auflauf etwa 35 Minuten garen.

Fleischkäse-Gemüse-Auflauf

Geflügelauflauf „Gyros-Art“

6 Portionen

Zubereitungszeit: 40 Minuten
Garzeit: etwa 45 Minuten

600 g Putenbrustschnitzel
3–4 TL Gyros-Gewürzmischung
3 EL Speiseöl, z. B. Olivenöl
500 g Paprikaschoten (rot, gelb, grün)
1 1/2 Bund Frühlingszwiebeln
450 g Tomaten
Salz
frisch gemahlener Pfeffer

Für den Guss:
750 g Joghurt
3 EL gemischte TK-Kräuter
4 Eier (Größe L)
1–2 Knoblauchzehen
6 Weizenfladen (Tortilla-Fladen, aus dem Brotregal)
200 g geriebener Käse, z. B. mittelalter Gouda

etwas glatte Petersilie

Pro Portion:
E: 47 g, F: 28 g, Kh: 37 g, kJ: 2507, kcal: 600

1. Putenbrustschnitzel mit Küchenpapier trocken tupfen und in Streifen schneiden. Fleischstreifen mit Gyros-Gewürz und der Hälfte des Speiseöls verrühren.
2. Den Backofen vorheizen.
Ober-/Unterhitze: etwa 200 °C
Heißluft: etwa 180 °C
3. Paprikaschoten halbieren, entstielen, entkernen, weiße Scheidewände entfernen. Schotenhälften abspülen, abtropfen lassen, in Stücke schneiden. Frühlingszwiebeln putzen, abspülen, abtropfen lassen, in Ringe schneiden. Tomaten abspülen, trocken tupfen, halbieren, Stängelansätze herausschneiden. Tomaten in Scheiben schneiden.
4. Jeweils die Hälfte des restlichen Speiseöls in einer großen Pfanne erhitzen. Die Fleischstreifen darin in 2 Portionen etwa 2 Minuten von beiden Seiten kräftig anbraten und herausnehmen. Paprikastücke in dem verbliebenen Bratfett unter Rühren etwa 4 Minuten andünsten. Frühlingszwiebelringe hinzugeben, weitere etwa 4 Minuten dünsten. Fleischstreifen wieder hinzugeben. Mit Salz und Pfeffer würzen.
5. Für den Guss Joghurt mit Kräutern und Eiern verschlagen. Mit Salz und Pfeffer würzen. Knoblauch abziehen, fein hacken und unterrühren. Etwas von dem Guss auf dem Boden einer runden Auflaufform (Ø etwa 26 cm) verteilen. 1 Weizenfladen daraufgeben. Abwechselnd die Gemüse-Fleisch-Mischung, den Guss und die Weizenfladen einschichten. Mit je 1 Weizenfladen abschließen, mit Tomatenscheiben belegen und mit Käse bestreuen.
6. Die Form auf dem Rost in den vorgeheizten Backofen schieben. Den Auflauf etwa 45 Minuten garen.
7. Petersilie abspülen und trocken tupfen. Die Blättchen von den Stängeln zupfen. Den Auflauf mit Petersilie garniert servieren.

Grünkernauflauf mit Wirsingstreifen

4 Portionen

Zubereitungszeit: 35 Minuten, ohne Quellzeit
Garzeit: etwa 30 Minuten

150 g Grünkern
400 ml Gemüsebrühe
2 Zwiebeln
1 kleiner Kopf Wirsing (etwa 600 g)
200 g Möhren
100 g rosé Champignons
2 EL Butter oder Margarine
Salz
frisch gemahlener Pfeffer
frisch geriebene Muskatnuss
150 ml Instant-Steinpilz-Hefebrühe (aus dem Reformhaus)
100 g Schlagsahne

Für den Guss:
3 Eier (Größe M)
300 g körniger Frischkäse
1 Knoblauchzehe

125 g frisch geriebener, würziger Bergkäse

Geflügelauflauf „Gyros-Art“

Grünkernauflauf mit Wirsingstreifen

Gefüllte Zwiebeln

Pro Portion:
E: 32 g, F: 36 g, Kh: 32 g,
kJ: 2476, kcal: 591

1. Grünkern abspülen und abtropfen lassen. Grünkern in einen Topf geben. Brühe hinzugießen aufkochen und zugedeckt etwa 10 Minuten bei schwacher Hitze kochen lassen (bitte Packungsanleitung beachten). Dann den Grünkern zugedeckt auf der ausgeschalteten Kochstelle etwa 45 Minuten ausquellen lassen.
2. Zwiebeln abziehen und in kleine Würfel schneiden. Von dem Wirsing die groben, äußeren Blätter ablösen. Den Wirsing halbieren und den Strunk herausschneiden. Wirsinghälften in feine Streifen schneiden, abspülen und trocken tupfen. Möhren putzen, schälen, abspülen, abtropfen lassen und anschließend in feine Scheiben schneiden.
3. Champignons putzen, mit Küchenpapier abreiben, evtl. kurz abspülen, trocken tupfen und in Scheiben schneiden.
4. Den Backofen vorheizen.
Ober-/Unterhitze: etwa 200 °C
Heißluft: etwa 180 °C
5. Butter oder Margarine in einer großen Pfanne erhitzen. Zwiebelwürfel darin andünsten. Wirsingstreifen, Möhren- und Champignonscheiben hinzugeben, etwa 3 Minuten unter mehrmaligem Wenden anbraten. Mit Salz, Pfeffer und Muskat würzen. Hefebrühe und Sahne hinzugießen. Die Zutaten zugedeckt etwa 10 Minuten unter gelegentlichem Wenden dünsten.
6. Für den Guss Eier mit Frischkäse verschlagen. Mit Salz und Pfeffer würzen. Knoblauch abziehen, fein hacken und unterrühren. Vorbereitetes Gemüse mit Grünkern in einer großen Auflaufform mischen. Den Guss darauf verteilen und mit Käse bestreuen. Die Form auf dem Rost in den vorgeheizten Backofen schieben. Den Grünkernauflauf etwa 30 Minuten garen.

Gefüllte Zwiebeln
2 Portionen

Zubereitungszeit: 40 Minuten, ohne Abkühlzeit
Garzeit: etwa 35 Minuten

1 1/4–1 1/2 l Wasser
2 Gemüsezwiebeln (etwa 750 g)
Salz
15 g Butter oder Margarine
3 EL Schlagsahne
75 ml Kochflüssigkeit
frisch gemahlener Pfeffer
375 g Thüringer Mett
(gewürztes Schweinegehacktes)
3 EL gehackte Petersilie

Pro Portion:
E: 19 g, F: 25 g, Kh: 9 g,
kJ: 1403, kcal: 336

1. Wasser in einem Topf zum Kochen bringen. In der Zwischenzeit Gemüsezwiebeln abziehen. Die Zwiebeln mit 1 Teelöffel Salz in das kochende Wasser geben und zugedeckt bei schwacher Hitze etwa 20 Minuten halb gar kochen.
2. Die Zwiebeln mit einer Schaumkelle aus dem Wasser nehmen und abkühlen lassen. Von der Kochflüssigkeit 75 ml abmessen.
3. Den Backofen vorheizen.
Ober-/Unterhitze: etwa 200 °C
Heißluft: etwa 180 °C
4. Die Zwiebeln waagerecht halbieren und bis auf 3–4 Schichten aushöhlen. Das Zwiebelinnere klein schneiden.
5. Butter oder Margarine in einem Topf zerlassen. Die Zwiebelstücke darin unter Rühren 3–4 Minuten andünsten. Sahne und die Kochflüssigkeit unterrühren. Mit Salz und Pfeffer würzen. Zwiebelmasse in eine flache Auflaufform geben.
6. Das Mett mit 2 Esslöffeln Petersilie vermengen und in die Zwiebelhälften füllen. Die Zwiebelhälften in die Auflaufform setzen. Die Form auf dem Rost in den vorgeheizten Backofen schieben. Die gefüllten Zwiebeln etwa 35 Minuten garen.
7. Die Zwiebelhälften mit der Sauce anrichten und mit der restlichen Petersilie bestreuen.

Beilage: Kartoffelpüree, Risotto oder Baguette.

Gyros, überbacken

6 Portionen

Zubereitungszeit: 50 Minuten
Garzeit: 15–20 Minuten

etwa 50 ml Olivenöl
1 1/4 kg Gyrosfleisch
etwa 3 EL Weinbrand
3 rote Paprikaschoten
250 g frische Champignons
75 g Tomatenmark
375 g Schmand (Sauerrahm)
200 g geriebener Käse, z. B. Gouda, Emmentaler oder Mozzarella

Pro Portion:
E: 55 g, F: 52 g, Kh: 9 g,
kJ: 3088, kcal: 739

1. Jeweils die Hälfte des Olivenöls in einer großen Pfanne erhitzen. Das Gyrosfleisch darin in 2 Portionen kräftig anbraten und herausnehmen. Den Bratensatz mit Weinbrand ablöschen.

2. Paprikaschoten halbieren, entstielen, entkernen und die weißen Scheidewände entfernen. Schotenhälften abspülen, abtropfen lassen und in Streifen schneiden. Champignons putzen, mit Küchenpapier abreiben, evtl. abspülen, trocken tupfen und in Scheiben schneiden.

3. Paprikastreifen und Champignonscheiben portionsweise in dem Bratenfond andünsten. Tomatenmark mit Schmand verrühren, unter das angedünstete Gemüse heben und kurz aufkochen lassen.

4. Den Backofen vorheizen.
Ober-/Unterhitze: etwa 180 °C
Heißluft: etwa 160 °C

5. Das Gyrosfleisch mit der Gemüsemasse vermischen, in eine große Auflaufform geben. Käse daraufstreuen. Die Form auf dem Rost in den vorgeheizten Backofen schieben. Das Gyrosfleisch mit dem Gemüse 15–20 Minuten überbacken.

Beilage: Fladenbrot mit Zaziki, Reis oder Kartoffel-Wedges.

Hähnchenschenkel mit Kartoffeln

2 Portionen

Zubereitungszeit: 15 Minuten
Garzeit: 70–75 Minuten

2 Hähnchenschenkel vom Bauernhähnchen (je etwa 300 g)
Salz, frisch gemahlener Pfeffer
100 g Butter
1/4 Bund Thymian
400 g kleine, festkochende Kartoffeln, z. B. Roseval, La Ratte
1 Knoblauchknolle, möglichst frisch
150 ml Weißwein
100 ml Wasser
1 Zweig Rosmarin
2–3 Stängel Salbei

Pro Portion:
E: 45 g, F: 67 g, Kh: 26 g,
kJ: 3917, kcal: 937

1. Hähnchenschenkel kurz unter fließendem kalten Wasser abspülen und trocken tupfen. Mit Salz und Pfeffer würzen. Hähnchenschenkel in eine große, feuerfeste Form legen. Butter in Flöckchen auf den Hähnchenschenkeln verteilen.

2. Den Backofen vorheizen.
Ober-/Unterhitze: etwa 200 °C
Heißluft: etwa 180 °C

3. Thymian abspülen und trocken tupfen. Etwa 1 Esslöffel Thymianblättchen von den Stängeln zupfen, auf die Hähnchenschenkel streuen. Restlichen Thymian beiseitelegen.

4. Kartoffeln unter fließendem kalten Wasser gründlich abbürsten, abtropfen lassen und halbieren. Kartoffelhälften mit Salz und Pfeffer bestreuen und zu den Hähnchenschenkeln in die Form legen.

5. Knoblauchknolle längs vierteln und in den Zwischenräumen verteilen. Wein und etwa 100 ml Wasser hinzugießen.

6. Form auf dem Rost in den vorgeheizten Backofen (unteres Drittel) schieben. Die Hähnchenschenkel mit den Kartoffeln 70–75 Minuten garen.

7. In der Zwischenzeit Rosmarin und Salbei abspülen und trocken tupfen. Etwa 10 Minuten vor Ende der Garzeit den beiseitegelegten Thymian, Rosmarin und Salbei mit in die Form legen. Hähnchenschenkel mit den Kartoffeln fertig garen.

Tipp: Anstelle von Weißwein und Wasser können Sie auch 250 ml (1/4 l) Gemüsebrühe verwenden.

Porree-Linsen-Auflauf mit Lamm

4 Portionen

Zubereitungszeit: 30 Minuten
Garzeit: etwa 12 Minuten

60 g getrocknete Tomaten
2 Stangen Porree (Lauch, etwa 500 g)
1 Zwiebel
1 Knoblauchzehe
1 EL Butter oder Margarine
200 g rote Linsen
350 ml Gemüsebrühe
100 g Schlagsahne
Salz, frisch gemahlener Pfeffer
600 g ausgelöster Lammrücken
1 EL Butterschmalz
1 Bio-Zitrone
(unbehandelt, ungewachst)
50 g frisch geriebener
Parmesan-Käse
3 EL Semmelbrösel

Pro Portion:
E: 49 g, F: 41 g, Kh: 40 g,
kJ: 3055, kcal: 729

1. Tomaten in Streifen schneiden. Porree putzen, die Stangen längs halbieren, gründlich waschen, abtropfen lassen und in Streifen schneiden. Zwiebel und Knoblauch abziehen, in kleine Würfel schneiden.
2. Den Backofen vorheizen.
Ober-/Unterhitze: etwa 200 °C
Heißluft: etwa 180 °C
3. Butter oder Margarine in einem Topf zerlassen. Zwiebel-, Knoblauchwürfel und Porreestreifen darin andunsten. Linsen abspülen, abtropfen lassen und kurz mit andünsten. Brühe und Sahne hinzugießen. Tomatenstreifen unterrühren. Mit Salz und Pfeffer würzen. Die Zutaten zum Kochen bringen und etwa 10 Minuten bei schwacher Hitze garen.
4. In der Zwischenzeit Lammrücken mit Küchenpapier trocken tupfen. Butterschmalz in einer Pfanne erhitzen. Lammrücken darin von allen Seiten kräftig anbraten. Mit Salz und Pfeffer würzen.
5. Linsen-Porree-Mischung in einer großen Auflaufform (gefettet) verteilen. Lammrücken darauflegen.
6. Die Zitrone heiß abwaschen, abtrocknen und die Schale abreiben. Zitronenschale mit Parmesan-Käse und Semmelbröseln mischen, auf dem Lammrücken verteilen. Die Form auf dem Rost in den vorgeheizten Backofen schieben. Den Auflauf etwa 12 Minuten garen.

Süße Überraschung

8–10 Portionen

Zubereitungszeit: 60 Minuten
Backzeit: etwa 35 Minuten je Form

500 ml (1/2 l) Milch
1 Prise Salz
100 g Hartweizengrieß
75 g Zucker
1 Pck. Dr. Oetker Vanillin-Zucker
3 EL Zitronensaft
150 g Crème fraîche
4 Eigelb (Größe M)
300 g Möhren
400 g säuerliche Äpfel, z. B. Boskop
100 g gemahlene Haselnusskerne oder abgezogene, gemahlene Mandeln
1/2 gestr. TL Dr. Oetker Backin
4 Eiweiß (Größe M)

Pro Portion:
E: 8 g, F: 17 g, Kh: 28 g,
kJ: 1313, kcal: 313

1. Milch mit Salz in einem Topf zum Kochen bringen. Grieß einstreuen und zugedeckt etwa 3 Minuten bei schwacher Hitze quellen lassen.
2. Den Backofen vorheizen.
Ober-/Unterhitze: etwa 180 °C
Heißluft: etwa 160 °C
3. Den Grießbrei in eine Schüssel geben. Zucker, Vanillin-Zucker, Zitronensaft, Crème fraîche und Eigelb mit einem Schneebesen unterrühren.
4. Möhren putzen, schälen, abspülen, abtropfen lassen, fein reiben. Äpfel schälen, vierteln, entkernen und grob raspeln. Möhren-, Apfelraspel, Haselnusskerne oder Mandeln und Backpulver mit dem Schneebesen gut unter die Grießmasse rühren. Das Eiweiß sehr steif schlagen und unterheben.
5. Die Masse in 2 Auflaufformen (gefettet) füllen. Die Formen nacheinander (bei Heißluft zusammen) auf dem Rost in den vorgeheizten Backofen schieben. Den Auflauf etwa 35 Minuten je Form backen.

Beilage: Vanillesauce.

Tipp: Die Auflaufformen nur zu etwa drei Viertel füllen, da der Auflauf etwas aufgeht.

Porree-Linsen-Auflauf mit Lamm

Süße Überraschung

Süßer Hirseauflauf

4 Portionen

Zubereitungszeit: 35 Minuten, ohne Quellzeit
Backzeit: etwa 25 Minuten

200 g Hirse
500 ml (1/2 l) Milch
2 EL flüssiger Honig
3 EL Sesamsamen
3 EL gehackte Mandeln
1/2 TL gemahlener Zimt
3 Eigelb (Größe M)
500 g Früchte, z. B. entsteinte Kirschen, Pfirsiche oder Äpfel
3 Eiweiß (Größe M)

Pro Portion:
E: 16 g, F: 20 g, Kh: 61 g,
kJ: 2150, kcal: 513

1. Hirse in ein Sieb geben, unter fließendem warmen Wasser abspülen und abtropfen lassen. Hirse mit Milch in einem Topf aufkochen lassen. Den Topf von der Kochstelle nehmen und Hirse etwa 20 Minuten ausquellen lassen.
2. Den Backofen vorheizen.
Ober-/Unterhitze: etwa 180 °C
Heißluft: etwa 160 °C
3. Honig, Sesam, Mandeln und Zimt unter den Hirsebrei rühren. Eigelb nacheinander gut unterrühren.
4. Früchte putzen, abspülen, abtropfen lassen, evtl. schälen, entkernen und in Würfel schneiden. Fruchtwürfel unter den Hirsebrei rühren. Eiweiß sehr steif schlagen und unterheben. Die Masse in eine Auflaufform (gefettet) füllen. Die Form auf dem Rost in den vorgeheizten Backofen schieben. Den Auflauf etwa 25 Minuten backen.

Tipp: Den Auflauf mit Kiwischeiben, Orangenspalten und Erdbeerhälften garnieren.

Süßer Hirseauflauf

Zander-Spitzkohl-Gratin mit Blätterteigkruste

4 Portionen

Zubereitungszeit: 30 Minuten, ohne Auftauzeit
Überbackzeit: etwa 30 Minuten

3 rechteckige Platten TK-Blätterteig (je 75–80 g)
1,2 kg Spitzkohl
1 Zwiebel
1 EL Butter
Salz, frisch gemahlener Pfeffer
frisch geriebene Muskatnuss
100 g Schlagsahne
100 ml Gemüsebrühe
500–600 g Zanderfilets
etwas abgeriebene Schale und Saft von 1 Bio-Zitrone (unbehandelt, ungewachst)
4 kleine Tomaten
1 Eiweiß (Größe M)
1 Eigelb (Größe M)
75 g frisch geriebener Käse, z. B. Emmentaler
1 EL gehobelte Mandeln

Pro Portion:
E: 44 g, F: 36 g, Kh: 30 g,
kJ: 2647, kcal: 632

1. Blätterteigplatten nebeneinander nach Packungsanleitung auftauen lassen. Vom Kohl die äußeren, welken Blätter entfernen. Kohl vierteln und den Strunk herausschneiden. Kohlviertel abspülen, abtropfen lassen und in feine Streifen schneiden. Zwiebel abziehen und in kleine Würfel schneiden.
2. Den Backofen vorheizen.
Ober-/Unterhitze: etwa 200 °C
Heißluft: etwa 180 °C
3. Butter in einer Pfanne zerlassen. Zwiebelwürfel darin glasig dünsten. Kohlstreifen hinzugeben, mit Salz, Pfeffer und Muskat würzen, unter mehrmaligem Wenden etwa 5 Minuten dünsten. Sahne und Brühe hinzugießen, zum Kochen bringen und bei mittlerer bis starker Hitze etwa 8 Minuten kochen lassen. Die Kohlmasse in eine flache Auflaufform (gefettet) geben.
4. Zanderfilets kurz unter fließendem kalten Wasser abspülen, trocken tupfen und auf dem Kohl verteilen. Zanderfilets mit Salz, Pfeffer und Zitronenschale würzen, mit Zitronensaft beträufeln. Tomaten abspülen, abtrocknen und die Stängelansätze herausschneiden. Tomaten in Scheiben schneiden und auf den Zanderfilets verteilen. Mit Salz und Pfeffer würzen.
5. Blätterteigplatten aufeinanderlegen und vorsichtig auf einer bemehlten Arbeitsfläche etwas größer als die Auflaufform ausrollen. Die Rän-

Zander-Spitzkohl-Gratin mit Blätterteigkruste

Überbackene Schnitzel in Currysauce

der der Form mit verschlagenem Eiweiß bestreichen. Die Teigplatte darauflegen und an den Rändern leicht andrücken. Eigelb mit einem Esslöffel Wasser verschlagen. Die Teigplatte damit bestreichen. Mit Käse und Mandeln bestreuen. Die Form auf dem Rost in den vorgeheizten Backofen schieben. Das Gratin etwa 30 Minuten überbacken.

Überbackene Schnitzel in Currysauce

8–10 Portionen

Zubereitungszeit: 50 Minuten
Überbackzeit: etwa 60 Minuten

Für die Currysauce:
240 g Aprikosenhälften (aus der Dose)
1 große Zwiebel
2 Knoblauchzehen
2 EL Speiseöl
1 geh. EL Weizenmehl
250 ml (1/4 l) Rindfleischbrühe
100 ml Kokosmilch (aus der Dose)
250 g Schlagsahne
250 ml (1/4 l) Currysauce (aus der Flasche)
Salz
frisch gemahlener Pfeffer
Paprikapulver edelsüß
2 EL Mango-Chutney
etwas Aprikosensaft (aus der Dose)

8 dünne Putenschnitzel (je etwa 150 g, vom Metzger jeweils eine Tasche einschneiden lassen)
Currypulver
200 g Doppelrahm-Frischkäse
1 kleine, rote Paprikaschote
1 Banane
1/2 Bund frischer Estragon
4 EL Speiseöl
einige Estragonblättchen

Außerdem:
8 Holzstäbchen

Pro Portion:
E: 34 g, F: 26 g, Kh: 16 g,
kJ: 1829, kcal: 437

1. Für die Sauce Aprikosenhälften in einem Sieb abtropfen lassen, den Saft auffangen. Zwiebel und Knoblauch abziehen, in kleine Würfel schneiden. Speiseöl in einem Topf erhitzen. Zwiebel- und Knoblauchwürfel darin glasig dünsten. Mehl darüberstäuben. Brühe, Kokosmilch und Sahne nach und nach hinzugießen, mit einem Schneebesen durchschlagen. Dabei darauf achten, dass keine Klümpchen entstehen. Currysauce unterrühren. Mit Salz, Pfeffer, Paprika, Mango-Chutney und Aprikosensaft abschmecken.

2. Schnitzel mit Küchenpapier trocken tupfen. Mit Salz, Pfeffer, Paprika und Curry würzen. Die Schnitzeltaschen (innen) mit Frischkäse bestreichen.

3. Den Backofen vorheizen.
Ober-/Unterhitze: etwa 200 °C
Heißluft: etwa 180 °C

4. Paprikaschote halbieren, entstielen, entkernen und die weißen Scheidewände entfernen. Schotenhälften abspülen, trocken tupfen und in Würfel schneiden. Banane schälen und ebenfalls in Würfel schneiden. Estragon abspülen und trocken tupfen. Die Blättchen von den Stängeln zupfen. Die Schnitzeltaschen jeweils mit Aprikosenhälften, Paprika-, Bananenwürfeln und Estragonblättchen füllen. Die Öffnungen mit je 1 Holzstäbchen zusammenstecken. Die restliche Schnitzelfüllung in die Sauce geben.

5. Jeweils die Hälfte des Speiseöls in einer großen Pfanne erhitzen. Die Schnitzel darin in 2 Portionen von beiden Seiten gut anbraten, herausnehmen und in eine große, flache Auflaufform legen. Die Currysauce auf den Schnitzeln verteilen.

6. Anschließend die Form auf dem Rost in den vorgeheizten Backofen schieben. Die Schnitzel etwa 60 Minuten überbacken.

7. Die Schnitzel mit Estragonblättchen garniert servieren.

Überbackener Kürbis mit Zartweizen

Taco-Auflauf mit Schweinenackensteaks

Überbackener Kürbis mit Zartweizen

2 Portionen

Zubereitungszeit: 25 Minuten
Überbackzeit: etwa 20 Minuten

125 g Zartweizen
(vorgegarter Weizen)
1 l Gemüsebrühe
1 Zwiebel
etwa 650 g Kürbis, z. B. Hokkaido
1 EL Sonnenblumenöl
50–75 ml Gemüsebrühe
(von dem Zartweizen)
Salz
frisch geriebene Muskatnuss

Außerdem:
2 EL Schnittlauchröllchen
etwa 1/2 TL geriebene Bio-Zitronenschale (unbehandelt, ungewachst)
200 g körniger Frischkäse
frisch gemahlener Pfeffer
1–2 TL zerstoßene, rosa Pfefferbeeren

Pro Portion:
E: 24 g, F: 14 g, Kh: 60 g,
kJ: 1937, kcal: 463

1. Zartweizen mit der Gemüsebrühe nach Packungsanleitung zubereiten. Den Zartweizen in ein Sieb geben, dabei die Gemüsebrühe auffangen und 50–75 ml abmessen, beiseitestellen.
2. Zwiebel abziehen und klein würfeln. Kürbis schälen, halbieren und die Kerne mit einem Löffel herauskratzen. Danach Kürbisfleisch (etwa 400 g) in etwa 1 1/2 cm große Würfel schneiden.
3. Den Backofen vorheizen.
Ober-/Unterhitze: etwa 200 °C
Heißluft: etwa 180 °C
4. Sonnenblumenöl in einem Topf erhitzen. Zwiebelwürfel darin andünsten. Kürbiswürfel hinzufügen und etwa 2 Minuten unter gelegentlichem Rühren mitdünsten. Gemüsebrühe hinzugießen. Die Kürbiswürfel zugedeckt etwa 8 Minuten bissfest dünsten, dabei sollte die Gemüsebrühe fast verdampft sein.
5. In der Zwischenzeit Schnittlauchröllchen mit Zitronenschale und Frischkäse mischen, mit Salz und Pfeffer würzen. Das Kürbisgemüse mit Salz und Muskat würzen. Den Zartweizen untermischen. Die Kürbis-Weizen-Mischung in einer Auflaufform (gefettet) verteilen.
6. Die Käsemasse löffelweise daraufgeben und vorsichtig verstreichen. Rosa Pfefferbeeren daraufstreuen. Die Form auf dem Rost in den vorgeheizten Backofen (unteres Drittel) schieben. Das Kürbisgemüse etwa 20 Minuten überbacken und heiß servieren.

Taco-Auflauf mit Schweinenackensteaks

4 Portionen

Zubereitungszeit: 20 Minuten
Garzeit: etwa 85 Minuten

400 g Zwiebeln
1 EL Butterschmalz
4 Schweinenackensteaks
(je etwa 150 g)
Salz
frisch gemahlener Pfeffer
225–250 ml scharfe Taco-Sauce
oder Salsa-Sauce (aus dem Glas)
75 ml Gemüsebrühe

500 g Kartoffeln
140 g Gemüsemais (aus der Dose)
2 EL Speiseöl, z. B. Sonnenblumenöl
50 g Tortilla-Chili-Chips
100 g frisch geriebener
Cheddar-Käse

Pro Portion:
E: 42 g, F: 43 g, Kh: 36 g,
kJ: 2904, kcal: 694

1. Den Backofen vorheizen.
Ober-/Unterhitze: etwa 200 °C
Heißluft: etwa 180 °C
2. Zwiebeln abziehen und in Spalten schneiden. Butterschmalz in einer Pfanne erhitzen, Zwiebelspalten darin andünsten. Nackensteaks mit

Küchenpapier trocken tupfen. Mit etwas Salz und Pfeffer würzen.
3. Zwiebelspalten und Nackensteaks leicht überlappend oder nebeneinander in eine große Auflaufform schichten. Taco- oder Salsa-Sauce mit Brühe verrühren und darauf verteilen.
4. Die Form auf dem Rost in den vorgeheizten Backofen schieben. Den Auflauf etwa 40 Minuten garen.
5. Kartoffeln waschen, schälen, abspülen, abtropfen lassen und in Würfel schneiden. Mais in einem Sieb abtropfen lassen. Kartoffelwürfel mit Mais mischen, mit Salz und Pfeffer würzen, Speiseöl untermengen.
6. Die Auflaufform aus dem Backofen nehmen. Die Kartoffel-Mais-Mischung auf den Nackensteaks verteilen und etwas untermischen. Die Form wieder auf dem Rost in den heißen Backofen schieben. Den Auflauf bei gleicher Backofentemperatur weitere etwa 35 Minuten garen.
7. Die Form wieder aus dem Backofen nehmen. Tortilla-Chips auf dem Auflauf verteilen und mit Käse bestreuen. Die Form wieder auf dem Rost in den heißen Backofen schieben. Den Auflauf bei gleicher Backofentemperatur etwa 10 Minuten goldbraun überbacken.

Schwarzwurzeln, überbacken

4 Portionen

Zubereitungszeit: 50 Minuten
Überbackzeit: 20–25 Minuten

1 kg Schwarzwurzeln
1 l kaltes Wasser
2 gestr. EL Weizenmehl
2 EL Weißweinessig

375 ml (3/8 l) Wasser
2 EL Weißweinessig
1 gestr. TL Salz
4–8 Scheiben Rindersaftschinken (etwa 400 g)

Für die Sauce:
40 g Butter oder Margarine
40 g Weizenmehl
375 ml (3/8 l) Gemüsefond (von den Schwarzwurzeln)
125 ml (1/8 l) Milch oder
125 g Schlagsahne
Salz, frisch gemahlener Pfeffer
frisch geriebene Muskatnuss
2–3 EL gehackter Dill
50 g frisch geriebener, mittelalter Gouda-Käse

Pro Portion:
E: 32 g, F: 17 g, Kh: 32 g,
kJ: 1845, kcal: 441

Schwarzwurzeln, überbacken

1. Schwarzwurzeln unter fließendem kalten Wasser bürsten, schälen und abspülen. Damit die Stangen weiß bleiben, kaltes Wasser mit Mehl und Essig verrühren. Schwarzwurzeln sofort hineinlegen. Stangen abtropfen lassen (dicke Stangen längs halbieren) und in Stücke schneiden.
2. Wasser mit Essig und Salz in einem Topf zum Kochen bringen. Schwarzwurzelstücke hinzugeben, zum Kochen bringen und etwa 10 Minuten kochen lassen. Anschließend mit einer Schaumkelle herausnehmen. Von dem Kochsud 375 ml (3/8 l) abmessen.
3. Schwarzwurzelstücke in Schinkenscheiben wickeln und in eine feuerfeste Form (gefettet) legen.
4. Den Backofen vorheizen.
Ober-/Unterhitze: etwa 200 °C
Heißluft: etwa 180 °C
5. Für die Sauce Butter oder Margarine in einem Topf zerlassen. Mehl hinzufügen und unter Rühren so lange erhitzen, bis es hellgelb ist. Gemüsefond, Milch oder Sahne hinzugießen, mit einem Schneebesen durchschlagen. Dabei darauf achten, dass keine Klümpchen entstehen. Die Sauce zum Kochen bringen und etwa 5 Minuten kochen lassen. Mit Salz, Pfeffer und Muskat würzen, Dill unterrühren. Die Sauce auf den Schwarzwurzeln verteilen und mit Käse bestreuen.
6. Die Form auf dem Rost in den vorgeheizten Backofen schieben. Schwarzwurzeln 20–25 Minuten überbacken.

Beilage: Salzkartoffeln oder Reis.

Provenzalischer Auflauf

6 Portionen

Zubereitungszeit: 50 Minuten
Garzeit: etwa 60 Minuten

4 mittelgroße Tomaten (etwa 500 g)
2 Fenchelknollen (etwa 500 g)
Salzwasser
85 g grüne Oliven, ohne Stein (aus dem Glas)
600 g Hähnchenbrustfilet
2–3 EL Olivenöl
Salz, frisch gemahlener Pfeffer

Für die Sahne-Eier-Sauce:
2 Knoblauchzehen
1/2 Bund Rosmarin
oder 1/2 TL gerebelter Rosmarin
300 g Schlagsahne
5 Eier (Größe M)

evtl. 1 Zweig Rosmarin

Pro Portion:
E: 35 g, F: 28 g, Kh: 80 g,
kJ: 1831, kcal: 438

1. Tomaten abspülen, abtropfen lassen, halbieren und die Stängelansätze entfernen. Tomatenhälften in große Würfel schneiden. Von den Fenchelknollen die Stiele dicht oberhalb der Knollen abschneiden. Braune Stellen und Blätter entfernen. Knollen abspülen, abtropfen lassen, halbieren und würfeln.
2. Fenchelwürfel in kochendem Salzwasser etwa 3 Minuten blanchieren, in ein Sieb geben, mit kaltem Wasser abspülen und gut abtropfen lassen. Oliven in einem Sieb abtropfen lassen.
3. Hähnchenbrustfilet kurz unter fließendem kalten Wasser abspülen, trocken tupfen und in Würfel schneiden. Olivenöl in einer Pfanne erhitzen. Fleischwürfel darin von allen Seiten anbraten. Mit Salz und Pfeffer würzen.
4. Den Backofen vorheizen.
Ober-/Unterhitze: etwa 180 °C
Heißluft: etwa 160 °C
5. Für die Sauce Knoblauch abziehen und fein hacken. Rosmarin abspülen und trocken tupfen. Die Nadeln von den Stängeln zupfen.
6. Sahne, Eier, Knoblauch, Rosmarin, Salz und Pfeffer gut verrühren. Tomaten-, Fenchelwürfel und Oliven mit den Fleischwürfeln vermischen und in eine flache Auflaufform oder Fettpfanne geben. Sahne-Eier-Sauce darauf verteilen. Die Form auf dem Rost oder die Fettpfanne in den vorgeheizten Backofen schieben. Den Auflauf etwa 60 Minuten garen.
7. Den Auflauf nach Belieben mit einem abgespülten und trocken getupften Rosmarinzweig garnieren und sofort servieren.

Mozzarella-Spinat-Spätzle, überbacken

3 Portionen

Zubereitungszeit: 30 Minuten, ohne Abkühl- und Ruhezeit
Überbackzeit: etwa 20 Minuten

1 Zwiebel
1 EL Butter oder Margarine
200 g TK-Rahmspinat (portionierbar)
50 ml Wasser
300 g Weizenmehl, z. B. Spätzle-Mehl
Salz
3 Eier (Größe M)
2 l Wasser
1 EL Speiseöl

Provenzalischer Auflauf

Mozzarella-Spinat-Spätzle, überbacken

250 g Cocktailtomaten
150 g Mozzarella-Käse
frisch gemahlener Pfeffer
2 EL Semmelbrösel

Pro Portion:
E: 31 g, F: 28 g, Kh: 85 g,
kJ: 3017, kcal: 721

1. Zwiebel abziehen und sehr klein würfeln. Butter oder Margarine in einem Topf erhitzen. Zwiebelwürfel darin andünsten. Gefrorenen Spinat und Wasser hinzugeben, zum Kochen bringen und zugedeckt bei schwacher Hitze unter gelegentlichem Rühren knapp gar kochen. Spinat etwas abkühlen lassen.
2. Mehl in eine große Rührschüssel geben. 1 Teelöffel Salz, Eier und Spinat hinzugeben. Die Zutaten mit Handrührgerät mit Knethaken zu einem dickflüssigen, glatten Teig verschlagen. So lange schlagen, bis der Teig Blasen wirft. Den Teig zugedeckt etwa 1 Stunde ruhen lassen.
3. Wasser in einem geschlossenen Topf zum Kochen bringen. 1 Esslöffel Salz und Speiseöl hinzugeben. Den Teig portionsweise durch eine Spätzlepresse ins kochende Wasser drücken und in siedendem Salzwasser garen. Spätzle sind gar, wenn sie an der Oberfläche schwimmen.
4. Spätzle mit einer Schaumkelle herausnehmen, kurz unter kaltem Wasser abspülen und anschließend abtropfen lassen.
5. Den Backofen vorheizen.
Ober-/Unterhitze: etwa 200 °C
Heißluft: etwa 180 °C
6. Tomaten abspülen, trocken tupfen, halbieren und die Stängelansätze herausschneiden. Mozzarella abtropfen lassen und in feine Scheiben schneiden. Spätzle und Tomatenhälften in eine große Auflaufform (gefettet) geben. Mit etwas Salz und Pfeffer würzen, mit den Mozzarellascheiben belegen. Semmelbrösel daraufstreuen. Die Form auf dem Rost in den vorgeheizten Backofen schieben. Spätzle etwa 20 Minuten goldbraun überbacken.

Porree-Pfifferlings-Fisch, gratiniert

Porree-Pfifferlings-Fisch, gratiniert

2 Portionen

Zubereitungszeit: 25 Minuten
Garzeit: etwa 20 Minuten

1 Stange Porree (Lauch)
2–3 Möhren
200 g Pfifferlinge

2 Fischfilets, z. B. Seelachsfilet (je etwa 200 g)
Salz
frisch gemahlener Pfeffer
1 TL abgeriebene Schale von
1 Bio-Zitrone (unbehandelt, ungewachst)
etwa 60 g Mozzarella-Käse
1 EL Speiseöl, z. B. Rapsöl

30 g frisch geriebener Gouda-Käse

Pro Portion:
E: 49 g, F: 19 g, Kh: 7 g,
kJ: 1687, kcal: 403

1. Den Backofen vorheizen.
Ober-/Unterhitze: etwa 200 °C
Heißluft: etwa 180 °C
2. Porree putzen, die Stange längs halbieren, gründlich waschen, abtropfen lassen und in dünne Streifen schneiden. Möhren putzen, schälen, abspülen, abtropfen lassen und in feine Stifte schneiden. Pfifferlinge putzen, mit Küchenpapier abreiben, evtl. kurz abspülen und gut abtropfen lassen. Große Pfifferlinge evtl. halbieren.
3. Fischfilets kurz unter fließendem kalten Wasser abspülen und trocken tupfen. Filets mit Salz, Pfeffer und Zitronenschale würzen, in eine Auflaufform (gefettet) legen.
4. Die Form auf dem Rost in den vorgeheizten Backofen schieben. Fischfilets etwa 10 Minuten vorgaren.
5. In der Zwischenzeit Mozzarella abtropfen lassen und in kleine Stücke schneiden. Speiseöl in einer Pfanne erhitzen. Möhrenstifte, Pfifferlinge und Porreestreifen darin etwa 5 Minuten unter Wenden bei starker Hitze anbraten. Mit Salz und Pfeffer würzen. Mozzarellastücke unterheben.
6. Die Gemüse-Mozzarella-Mischung auf den Fischfilets verteilen. Mit Käse bestreuen. Die Form wieder auf dem Rost in den heißen Backofen schieben. Die Gemüse-Mozzarella-Mischung mit den Fischfilets bei gleicher Backofentemperatur weitere etwa 10 Minuten garen.
7. Porree-Pfifferlings-Fisch aus der Form nehmen und auf 2 Tellern anrichten.

Kräuter-Schollenfilets auf Tomaten

Linsen-Fisch-Auflauf

Kräuter-Schollenfilets auf Tomaten

4 Portionen

Zubereitungszeit: 30 Minuten
Garzeit: Fisch 15–18 Minuten

1 kg festkochende Kartoffeln
1 gestr. TL Salz
1 Bund Kerbel
1 Bund glatte Petersilie
2 Stängel Dill
8 Schollenfilets oder aufgetaute TK-Schollenfilets (je etwa 80 g)
Saft von 1/2 Zitrone
Salz, frisch gemahlener Pfeffer
500 g Mini-Rispen-Tomaten
30 g Kräuterbutter
2–3 EL Gemüsebrühe

Außerdem:
evtl. 8 Holzstäbchen

Pro Portion:
E: 35 g, F: 9 g, Kh: 34 g,
kJ: 1565, kcal: 374

1. Den Backofen vorheizen.
Ober-/Unterhitze: etwa 200 °C
Heißluft: etwa 180 °C

2. Kartoffeln waschen, schälen, abspülen und abtropfen lassen. Die Kartoffeln in einen Topf geben und knapp mit Wasser bedeckt zum Kochen bringen. Salz hinzufügen. Kartoffeln zugedeckt in 20–25 Minuten gar kochen.

3. In der Zwischenzeit Kerbel, Petersilie und Dill abspülen, trocken tupfen. Die Blättchen bzw. Spitzen von den Stängeln zupfen. Blättchen und Spitzen sehr klein schneiden. Kräuter vermischen.

4. Die Schollenfilets kurz unter fließendem kalten Wasser abspülen und trocken tupfen. Die Filets von beiden Seiten mit Zitronensaft beträufeln, mit Salz und Pfeffer würzen. Die Fischfilets auf der Arbeitsfläche auslegen. Die Hälfte der Kräuter daraufstreuen. Fischfilets aufrollen, evtl. mit Holzstäbchen feststecken.

5. Tomaten abspülen, trocken tupfen und vierteln, dabei evtl. die Stängelansätze herausschneiden. Tomaten in eine Auflaufform (gefettet) geben, mit Salz und Pfeffer kräftig würzen. Die Hälfte der restlichen Kräuter daraufstreuen.

6. Die Schollenfiletröllchen daraufsetzen und mit den restlichen Kräutern bestreuen. Die Kräuterbutter in Flöckchen auf die Schollenfiletröllchen setzen. Brühe hinzugeben. Die Form auf dem Rost in den vorgeheizten Backofen (unteres Drittel) schieben. Schollenfiletröllchen 15–18 Minuten garen.

7. Kartoffeln abgießen. Die Kräuter-Schollen-Filets mit den Kartoffeln servieren.

Linsen-Fisch-Auflauf

1–2 Portionen

Zubereitungszeit: 55 Minuten
Backzeit: etwa 30 Minuten

1 Stange Porree (Lauch, etwa 200 g)
1 1/2 EL Speiseöl
400 g Linsen mit Suppengrün (aus der Dose)
1 Scheibe Weizentoastbrot
50 g Schinkenwürfel
15 g Butter
1/2 Pck. Dr. Oetker Finesse Geriebene Zitronenschale
1 EL gehackte, gemischte Kräuter, z. B. Petersilie, Thymian, Schnittlauch
300 g Seelachs- oder Rotbarschfilet
1 EL Zitronensaft
Salz
frisch gemahlener Pfeffer
75 g Crème fraîche

Insgesamt:
E: 62 g, F: 38 g, Kh: 53 g,
kJ: 3400, kcal: 815

1. Den Backofen vorheizen.
Ober-/Unterhitze: etwa 200 °C
Heißluft: etwa 180 °C

2. Porree putzen, die Stange längs halbieren, gründlich waschen und abtropfen lassen. Porree in Streifen schneiden. Speiseöl in einer Pfanne erhitzen. Porreestreifen darin andünsten. Linsen mit der Flüssigkeit unterrühren und aufkochen lassen.

3. Toastbrotscheibe entrinden und zerbröseln. Schinkenwürfel in einer Pfanne ohne Fett knusprig ausbraten. Butter hinzufügen und zerlassen. Die Brotbrösel darin goldbraun rösten. Zitronenschale und Kräuter hinzugeben.

4. Das Fischfilet kurz unter fließendem kalten Wasser abspülen, trocken tupfen und in Portionsstücke schneiden. Mit Zitronensaft beträufeln, mit Salz und Pfeffer würzen.

5. Crème fraîche unter die Linsen-Porree-Mischung rühren, mit Salz würzen und in eine flache Auflaufform (gefettet) geben. Fischfiletstücke darauflegen und mit der Schinken-Brösel-Masse bestreuen. Die Form auf dem Rost in den vorgeheizten Backofen schieben. Den Auflauf etwa 30 Minuten backen.

Herbstlicher Auflauf mit Schweinefilet

6 Portionen

Zubereitungszeit: 45 Minuten
Garzeit: etwa 60 Minuten

300 g Schalotten
1 1/2 kg vorwiegend festkochende Kartoffeln
1 1/2 EL (30 g) Butter
5 Stängel frischer Thymian oder Majoran
Salz, frisch gemahlener Pfeffer

Für den Guss:
300 g Schlagsahne
375 ml (3/8 l) Gemüsebrühe
2 TL abgeriebene Schale von 1 Bio-Zitrone (unbehandelt, ungewachst)

2 säuerliche Äpfel, z. B. Boskop
600 g Schweinefilet
1–2 EL Butterschmalz
200 g milder Edelpilzkäse, z. B. junger Gorgonzola

Pro Portion:
E: 35 g, F: 34 g, Kh: 38 g,
kJ: 2532, kcal: 608

1. Den Backofen vorheizen.
Ober-/Unterhitze: etwa 200 °C
Heißluft: etwa 180 °C

2. Schalotten abziehen und in Spalten schneiden. Kartoffeln waschen, schälen, abspülen, ebenfalls in Spalten schneiden. Butter in einer großen Pfanne zerlassen. Schalottenspalten darin anbraten.

3. Kräuter abspülen, trocken tupfen. Blättchen von den Stängeln zupfen. Kartoffelspalten und Kräuterblättchen evtl. in 2 Portionen zu den Schalottenspalten geben, kurz mit andünsten. Mit Salz und Pfeffer würzen. Die Kartoffelmasse in eine große Auflaufform geben.

4. Für den Guss Sahne mit Brühe und Zitronenschale verrühren, mit Salz und Pfeffer würzen. Den Guss auf dem Auflauf verteilen. Die Form auf dem Rost in den vorgeheizten Backofen schieben. Den Auflauf etwa 35 Minuten garen.

5. Äpfel abspülen, abtrocknen, halbieren, entkernen und in Spalten schneiden. Apfelspalten nach etwa 35 Minuten Garzeit vorsichtig unter den Auflauf mischen. Die Form wieder auf dem Rost in den heißen Backofen schieben. Den Auflauf bei gleicher Backofentemperatur weitere etwa 15 Minuten garen.

6. Schweinefilet mit Küchenpapier trocken tupfen, evtl. entsehnen und enthäuten und in etwa 2 1/2 cm dicke Scheiben schneiden. Butterschmalz in einer großen Pfanne erhitzen. Filetscheiben darin von beiden Seiten kurz und kräftig anbraten. Mit Salz und Pfeffer würzen, herausnehmen, kurz ruhen lassen.

7. Die Backofentemperatur um etwa 20 °C erhöhen. Die Filetscheiben auf dem Auflauf verteilen. Den Edelpilzkäse in kleine Würfel schneiden und daraufstreuen.

8. Anschließend die Formen wieder auf dem Rost in den heißen Backofen schieben. Den Auflauf bei gleicher Backofentemperatur etwa 10 Minuten überbacken.

Herbstlicher Auflauf mit Schweinefilet

Gratinierte Kartoffelnocken

2–3 Portionen

Zubereitungszeit: 40 Minuten
Gratinierzeit: etwa 30 Minuten

750 g mehligkochende Kartoffeln
1/2 gestr. TL Salz
1/2 Bund frische Kräuter, z. B. Petersilie oder Basilikum
150 g Crème fraîche oder Schmand (Sauerrahm)
Salz
frisch gemahlener Pfeffer
frisch geriebene Muskatnuss
150 g frisch geriebener Hartkäse, z. B. Parmesan, Greyerzer, alter Gouda

Pro Portion:
E: 26 g, F: 36 g, Kh: 38 g,
kJ: 2421, kcal: 579

1. Kartoffeln waschen, schälen, abspülen, abtropfen lassen und knapp mit Wasser bedeckt zugedeckt in einem Topf aufkochen. Salz hinzugeben. Die Kartoffeln etwa 20 Minuten kochen lassen.
2. Kräuter abspülen und trocken tupfen. Die Blättchen von den Stängeln zupfen. Kräuter klein schneiden.
3. Kartoffeln abgießen, abdämpfen und durch eine Kartoffelpresse drücken oder fein zerstampfen. Kräuter und Crème fraîche kurz unterrühren. Kartoffelmasse mit Salz, Pfeffer und Muskat abschmecken.
4. Den Backofen vorheizen.
Ober-/Unterhitze: etwa 180 °C
Heißluft: etwa 160 °C
5. Aus der Kartoffelmasse mit einem großen Löffel Nocken abstechen und nebeneinander in eine große, flache Auflaufform (gefettet) setzen. Käse daraufstreuen. Die Form auf dem Rost in den vorgeheizten Backofen schieben. Die Kartoffelnocken etwa 30 Minuten goldbraun gratinieren.

Gratinierter Spargel

2 Portionen

Zubereitungszeit: 10 Minuten
Gratinierzeit: 10–15 Minuten

1 kg frischer, weißer Spargel
Salzwasser
1 mittelgroße Tomate
50 g frisch geriebener Gratin-Käse
25 g Semmelbrösel
2 EL Pesto (aus dem Glas)
2 EL Olivenöl

Pro Portion:
E: 15 g, F: 26 g, Kh: 17 g,
kJ: 1549, kcal: 367

1. Den weißen Spargel von oben nach unten schälen. Darauf achten, dass die Schalen vollständig entfernt, die Köpfe aber nicht verletzt werden. Die unteren Enden abschneiden (holzige Stellen vollständig entfernen).
2. Salzwasser in einem hohen Topf zum Kochen bringen. Spargelstangen hinzugeben, wieder zum Kochen bringen und 10–13 Minuten bissfest garen. Spargelstangen herausnehmen, abtropfen lassen und in eine längliche Auflaufform legen.
3. Den Backofen vorheizen.
Ober-/Unterhitze: etwa 220 °C
Heißluft: etwa 200 °C
4. Tomate abspülen, abtrocknen, halbieren, entkernen, den Stängelansatz entfernen. Tomate würfeln.
5. Gratin-Käse mit Semmelbröseln vermischen. Die Spargelstangen mit Pesto bestreichen (nicht zu viel Pesto daraufgeben, sonst schmeckt alles nur nach Pesto). Tomatenwürfel darauf verteilen und mit der Käse-Semmelbrösel-Mischung bestreuen. Mit Olivenöl beträufeln. Die Form auf dem Rost in den vorgeheizten Backofen schieben und den Spargel 10–15 Minuten gratinieren.

Bunter Reisauflauf
1–2 Portionen

Zubereitungszeit: 50 Minuten
Backzeit: etwa 25 Minuten

2 mittelgroße Zwiebeln
1/2–1 Knoblauchzehe
25 g Butter oder Margarine
125 g Naturreis
1 Msp. gerebelter Rosmarin
250 ml (1/4 l) Gemüsebrühe
250 g Tomaten
Salz, frisch gemahlener Pfeffer
125 g Fleischwurst, in Scheiben
50 g Gratin-Käse, z. B. Gouda

Pro Portion:
E: 29 g, F: 50 g, Kh: 71 g,
kJ: 3547, kcal: 860

1. Zwiebeln und Knoblauch abziehen, jeweils klein würfeln. Butter oder Margarine in einem Topf zerlassen. Zwiebel- und Knoblauchwürfel darin glasig dünsten. Reis und Rosmarin hinzugeben, kurz mitdünsten lassen. Brühe hinzugießen, zum Kochen bringen und zugedeckt etwa 35 Minuten bei schwacher Hitze quellen lassen.
2. Den Backofen vorheizen.
Ober-/Unterhitze: etwa 200 °C
Heißluft: etwa 180 °C
3. Tomaten abspülen, abtropfen lassen, halbieren und die Stängelansätze herausschneiden. Tomatenhälften achteln.
4. Den Rosmarinreis mit etwas Salz und Pfeffer abschmecken. Eine Auflaufform (gefettet) mit der Hälfte der Tomatenspalten und Fleischwurstscheiben auslegen. Rosmarinreis darauf verteilen. Die restlichen Tomatenspalten und Fleischwurstscheiben auf den Reis legen und etwas eindrücken. Mit Salz und Pfeffer würzen. Den Reisauflauf mit Käse bestreuen.
5. Die Form auf dem Rost in den vorgeheizten Backofen schieben. Den Reisauflauf etwa 25 Minuten garen.

Beilage: Grüner Salat mit Zitronen-Dressing.

Bunter Reisauflauf

Hummer, überbacken

Hummer, überbacken
4 Portionen

Zubereitungszeit: 50 Minuten, ohne Auftauzeit
Überbackzeit: etwa 6 Minuten

400 g TK-Hummer (2 Stück)
2 Schalotten
250 g Champignons
3 Frühlingszwiebeln
40 g Butter
1 EL Weizenmehl
125 ml (1/8 l) Fischfond
125 g Crème double
Salz, frisch gemahlener Pfeffer
75 g frisch geriebener, mittelalter Gouda-Käse
40 g Butter

Pro Portion:
E: 40 g, F: 39 g, Kh: 8 g,
kJ: 2435, kcal: 581

1. Die Hummer nach Packungsanleitung auftauen lassen. Die Hummer der Länge nach halbieren. Dazu die Hummer auf den Bauch legen und ein großes Messer an dem Punkt des Rückens ansetzen, wo der Schwanz beginnt. Mit kräftigem Druck zuerst in Schwanz-, dann in Kopfrichtung in 2 Hälften teilen, den schwarzen Darmstrang (er zieht sich wie ein Faden durch das Fleisch) entfernen. Die Hummerscheren mit einer Hummerschere aufschneiden und das Hummerfleisch herauslösen.
2. Schalotten abziehen und in kleine Würfel schneiden. Champignons putzen, mit Küchenpapier abreiben, evtl. kurz abspülen, trocken tupfen und in Stücke schneiden. Frühlingszwiebeln putzen, abspülen, abtropfen lassen und in Ringe schneiden.
3. Den Backofen vorheizen.
Ober-/Unterhitze: etwa 200 °C
Heißluft: etwa 180 °C
4. Butter in einer Pfanne zerlassen. Schalottenwürfel darin andünsten. Champignonstücke und Frühlingsscheiben hinzugeben, kurz mitdünsten lassen. Mehl darüberstäuben.
5. Fischfond und Crème double unterrühren, und unter Rühren aufkochen lassen. Mit Salz und Pfeffer würzen. Ausgelöstes Hummerfleisch hinzugeben. Die Masse in die vorbereiteten Hummerhälften füllen. Mit Käse bestreuen. Butter in Flöckchen daraufsetzen. Die gefüllten Hummerhälften auf ein Backblech legen. Das Backblech in den vorgeheizten Backofen schieben. Die Hummerhälften etwa 6 Minuten überbacken.

Beilage: Vollkornbrot mit Butter oder ofenfrisches Stangenbaguette.

Asiatisches Gratin mit Tofu und Pilzen

Auberginen-Tomaten-Auflauf

Asiatisches Gratin mit Tofu und Pilzen

1–2 Portionen

Zubereitungszeit: 35 Minuten, ohne Marinierzeit
Backzeit: 10–12 Minuten

250 g fester Tofu
1 Knoblauchzehe
1 Stück Ingwerwurzel (2–3 cm)
etwa 2 EL Sojasauce
1 Bund Frühlingszwiebeln
100 g Shiitake-Pilze
200 g Möhren
1 EL Soja- oder Erdnussöl
5–6 EL (etwa 60 ml) Asia-Sauce süßsauer
50 g geröstete, gesalzene Erdnusskerne
1 kleine, rote Chilischote
1 EL flüssiger Honig
1/2 EL Speiseöl, z. B. Sonnenblumenöl

Insgesamt.
E: 60 g, F: 66 g, Kh: 80 g,
kJ: 5045, kcal: 1207

1. Tofu in etwa 2 cm dicke Scheiben schneiden und in eine flache Schale legen. Knoblauch abziehen, Ingwer schälen. Knoblauch und Ingwer fein würfeln, mit 1 1/2 Esslöffeln Sojasauce vermischen und auf die Tofuscheiben träufeln. Etwa 30 Minuten durchziehen lassen, dabei ab und zu wenden.

2. Den Backofen vorheizen.
Ober-/Unterhitze: etwa 200 °C
Heißluft: etwa 180 °C

3. Frühlingszwiebeln putzen, abspülen, abtropfen lassen und schräg in breite Stücke schneiden. Pilze putzen, mit Küchenpapier abreiben, evtl. abspülen und trocken tupfen. Große Pilze halbieren oder vierteln. Möhren putzen, schälen, abspülen, abtropfen lassen und in feine Stifte schneiden.

4. Soja- oder Erdnussöl in einer großen Pfanne erhitzen. Tofuscheiben darin von jeder Seite 3–4 Minuten hellbraun braten, herausnehmen und beiseitestellen. Möhren in dem verbliebenen Bratfett etwa 2 Minuten dünsten. Pilze und Frühlingszwiebelstücke hinzugeben, unter Wenden etwa 3 Minuten mitdünsten lassen. Mit restlicher Sojasauce würzen, die Asia-Sauce untermischen. Die Gemüsemasse in eine Auflaufform (gefettet) füllen. Tofuscheiben darauf anrichten.

5. Nusskerne grob hacken. Chili abspülen, trocken tupfen, entstielen, halbieren und entkernen. Chili fein hacken.

6. Nusskerne mit Chili, Honig und Speiseöl vermischen, auf den Tofuscheiben verteilen.

7. Die Form auf dem Rost in den vorgeheizten Backofen schieben. Das Gratin 10–12 Minuten überbacken.

Beilage: Basmatireis.

Auberginen-Tomaten-Auflauf

2 Portionen

Zubereitungszeit: 30 Minuten, ohne Marinierzeit
Garzeit: etwa 40 Minuten

1 kleine Aubergine
1–2 EL Sojasauce
2–3 Zwiebeln
1 1/2 EL Olivenöl
3–4 Tomaten
2 Scheiben Weizenmischbrot
oder 3 Scheiben Vollkorn-Toastbrot
100 g frisch geriebener Emmentaler Käse

200 g saure Sahne
1 Knoblauchzehe
etwa 6 frische Salbeiblättchen
oder 1 Msp. gerebelter Salbei
2–3 Stängel Thymian
oder 1 Msp. gerebelter Thymian
frisch gemahlener Pfeffer

Pro Portion:
E: 26 g, F: 34 g, Kh: 39 g,
kJ: 2377, kcal: 568

1. Aubergine abspülen, abtrocknen und die Enden abschneiden. Aubergine in Scheiben schneiden, auf einen Teller legen, mit Sojasauce beträufeln. Auberginenscheiben etwa 20 Minuten marinieren, dabei gelegentlich wenden.

2. In der Zwischenzeit Zwiebeln abziehen, zuerst in Scheiben schneiden, dann in Ringe teilen. 1 Esslöffel Olivenöl in einer Pfanne erhitzen. Die Zwiebelringe darin andünsten.
3. Den Backofen vorheizen.
Ober-/Unterhitze: etwa 180 °C
Heißluft: etwa 160 °C
4. Tomaten abspülen, abtropfen lassen und die Stängelansätze herausschneiden. Tomaten in Scheiben schneiden.
5. Brotscheiben rösten und in eine mit dem restlichen Öl ausgestrichene, kleine Auflaufform legen. Evtl. die Brotscheiben in Größe der Form schneiden. Brotscheiben mit der Hälfte des Käses bestreuen.
6. Saure Sahne in eine Schüssel geben. Knoblauch abziehen, fein hacken und hinzufügen.
7. Salbeiblättchen abspülen, trocken tupfen und klein schneiden. Thymianstängel abspülen und trocken tupfen. Die Blättchen von den Stängeln zupfen. Blättchen klein schneiden. Die Kräuter unter die saure Sahne rühren. Mit Pfeffer abschmecken.
8. Die Auberginenscheiben aus der Marinade nehmen, abtropfen lassen und durch die Kräuter-Sahne-Masse ziehen. Auberginenscheiben abwechselnd mit den Zwiebelringen und Tomatenscheiben in die Auflaufform schichten.
9. Zuletzt restliche Kräuter-Sahne-Masse auf dem Auflauf verteilen und mit restlichem Käse bestreuen. Die Form auf dem Rost in den vorgeheizten Backofen schieben. Den Auflauf etwa 40 Minuten garen.

Beilage: Gemischter Blattsalat mit Essig-Öl-Vinaigrette.

Geflügel- und Shrimps-Curry in Auberginen

4 Portionen

Zubereitungszeit: 50 Minuten, ohne Auftauzeit
Garzeit: etwa 20 Minuten

4 mittelgroße Auberginen (je etwa 200 g)
Salzwasser

Für die Füllung:
200 g TK-Shrimps
2 Hähnchenbrustfilets (je etwa 200 g)
1 mittelgroße Zwiebel
1 Bund Minze
2 EL Speiseöl
1 TL Currypulver
200 g Schlagsahne
Salz, frisch gemahlener Pfeffer
100 g Joghurt

Geflügel- und Shrimps-Curry in Auberginen

Pro Portion:
E: 37 g, F: 24 g, Kh: 8 g,
kJ: 1659, kcal: 396

1. Auberginen abspülen, abtrocknen und die Stängelansätze entfernen. Auberginen längs halbieren. Auberginenhälften mit einem Kugelausstecher oder Löffel so aushöhlen, dass ein etwa 1 cm breiter Rand stehen bleibt. Auberginenfleisch in kleine Stücke schneiden. Salzwasser in einem breiten Topf zum Kochen bringen. Auberginenhälften etwa 1 Minute darin blanchieren, in ein Sieb geben, mit kaltem Wasser abschrecken und abtropfen lassen.
2. Für die Füllung Shrimps nach Packungsanleitung auftauen lassen. Hähnchenbrustfilets kurz unter fließendem kalten Wasser abspülen und trocken tupfen. Filets in kleine Würfel schneiden. Zwiebel abziehen und in kleine Würfel schneiden. Minze abspülen und trocken tupfen (einige Zweige zum Garnieren beiseitelegen). Die Blättchen von den Stängeln zupfen. Anschließend Blättchen klein schneiden.
3. Den Backofen vorheizen.
Ober-/Unterhitze: etwa 180 °C
Heißluft: etwa 160 °C
4. Speiseöl in einer Pfanne erhitzen. Zuerst Filetwürfel, dann Zwiebelwürfel, Auberginenstücke und Shrimps darin andünsten. Mit Curry bestreuen. Sahne hinzugießen, zum Kochen bringen und um die Hälfte einkochen lassen. Mit Salz und Pfeffer würzen. Gehackte Minze und Joghurt unterrühren.
5. Die Auberginenhälften in eine Auflaufform legen und mit dem Geflügel- und Shrimps-Curry füllen. Die Form auf dem Rost in den vorgeheizten Backofen schieben. Die gefüllten Auberginenhälften etwa 20 Minuten garen.
6. Die gefüllten Auberginenhälften auf Tellern anrichten, mit den beiseitegelegten Minzezweigen garnieren und sofort servieren.

Beilage: Naturreis oder Couscous.

Fränkischer Krautauflauf

4 Portionen

Zubereitungszeit: 40 Minuten
Garzeit: 35–40 Minuten

Salz (auf 1 l Wasser 1 TL Salz)
1 mittelgroßer Kopf Weißkohl (etwa 1 kg)
1 Zwiebel
80 g Schweineschmalz
1 Lorbeerblatt
1 Gewürznelke
500 g Gehacktes (halb Rind-, halb Schweinefleisch)
frisch gemahlener Pfeffer
etwas gemahlener Kümmelsamen
100 g durchwachsener Speck, in Streifen
einige Petersilienblättchen
2 EL saure Sahne

Pro Portion:
E: 31 g, F: 45 g, Kh: 9 g,
kJ: 2364, kcal: 564

1. In einem großen Topf reichlich Wasser zum Kochen bringen, Salz hinzufügen. In der Zwischenzeit von dem Weißkohl die äußeren, welken Blätter entfernen. Den Weißkohl abspülen, gut abtropfen lassen und den Strunk unten keilförmig herausschneiden. Den Weißkohl so lange in kochendes Wasser legen, bis sich die äußeren Blätter lösen. Diesen Vorgang wiederholen, bis sich 6–8 Blätter lösen lassen und etwas weich sind. Die Kohlblätter abtropfen lassen und mit Küchenpapier trocken tupfen. Die dicken Blattrippen flach schneiden. Restlichen Kohl in Streifen schneiden.
2. Den Backofen vorheizen.
Ober-/Unterhitze: etwa 200 °C
Heißluft: etwa 180 °C
3. Zwiebel abziehen und in kleine Würfel schneiden. Schmalz in einem Topf zerlassen. Kohlstreifen, Zwiebelwürfel, Lorbeerblatt und Gewürznelke hinzugeben. Mit Salz würzen. Die Kohlstreifen etwa 10 Minuten gar dünsten lassen.
4. Eine Auflaufform (gefettet) mit 3–4 Kohlblättern auslegen. Die gedünsteten Kohlstreifen (Lorbeerblatt und Gewürznelke entfernen) mit dem Gehackten gut vermengen. Mit Salz, Pfeffer und Kümmel würzen. Die Kohl-Gehacktes-Masse auf den Kohlblättern verteilen. Restliche Kohlblätter darauflegen und mit Speckstreifen belegen. Die Form auf dem Rost in den vorgeheizten Backofen schieben. Den Krautauflauf 35–40 Minuten garen.
5. Petersilienblättchen abspülen und trocken tupfen. Den Auflauf sofort nach dem Garen mit saurer Sahne bestreichen. Auflauf in Scheiben schneiden und mit Petersilienblättchen garniert servieren.

Fränkischer Krautauflauf

Auberginen-Kichererbsen-Gratin

3 Portionen

Zubereitungszeit: 45 Minuten, ohne Abkühlzeit
Garzeit: etwa 40 Minuten

2 Zwiebeln
1 Knoblauchzehe
600 g mittelgroße Auberginen
5 EL Olivenöl
Salz
frisch gemahlener Pfeffer
grob geschroteter Chili, z. B. Pul Biber
240 g Kichererbsen (aus der Dose)
400 g stückige Tomaten (aus der Dose, Pizza-Tomaten, ungewürzt)
1 TL gerebelte Kräuter der Provence
2–3 Eier (Größe M)
200 g Schlagsahne oder 200 ml Milch
200 g Mozzarella-Käse
1–2 EL Semmelbrösel

Pro Portion:
E: 31 g, F: 49 g, Kh: 31 g,
kJ: 2934, kcal: 701

1. Zwiebeln und Knoblauch abziehen, klein würfeln. Auberginen abspülen, abtrocknen und die Enden abschneiden. Auberginen in etwa 1 cm dicke Scheiben schneiden. Jeweils etwas Olivenöl in einer Pfanne erhitzen. Auberginenscheiben darin portionsweise von beiden Seiten kräftig anbraten. Zwiebeln und Knoblauch hinzugeben und mit anbraten. Mit Salz, Pfeffer und Chili würzen.
2. Kichererbsen in ein Sieb geben, mit kaltem Wasser abspülen und abtropfen lassen.
3. Den Backofen vorheizen.
Ober-/Unterhitze: etwa 180 °C
Heißluft: etwa 160 °C
4. Eine große Auflauf- oder Gratinform (gefettet) mit der Hälfte der Auberginenscheiben auslegen. Kichererbsen und die Hälfte der Tomaten darauf verteilen. Mit Salz, Pfeffer und Kräutern der Provence kräftig würzen. Restliche Auberginenschei-

Auberginen-Kichererbsen-Gratin

Arabischer Lammauflauf

ben darauflegen, nochmals kräftig würzen. Restliche Tomaten darauf verteilen. Eier mit Sahne oder Milch verschlagen. Mit Salz und Pfeffer würzen. Die Eiersahne auf dem Gemüse verteilen.

5. Mozzarella abtropfen lassen und in feine Scheiben schneiden. Mozzarellascheiben auf die Gemüsezutaten legen und mit Semmelbröseln bestreuen. Die Form auf dem Rost in den vorgeheizten Backofen schieben. Gratin in etwa 40 Minuten goldbraun backen.

Arabischer Lammauflauf

6 Portionen

Zubereitungszeit: 45 Minuten
Garzeit: etwa 60 Minuten

4–5 Zwiebeln
3 Knoblauchzehen
1 kg Lammgulasch, z. B. aus der Keule
3 EL Olivenöl
Salz, frisch gemahlener Pfeffer
Chilipulver
400 g stückige Tomaten (aus der Dose)

400 g Paprikaschoten (rot und grün)
350 g Zucchini
400 g Kichererbsen (aus der Dose)

Für den Guss:
4–5 Stängel frische Minze
3 Eier (Größe M)
250 g Joghurt

300 g Schafkäse

Pro Portion:
E: 54 g, F: 33 g, Kh: 21 g,
kJ: 2494, kcal: 595

1. Zwiebeln und Knoblauch abziehen. Zwiebeln in Spalten, Knoblauch in kleine Würfel schneiden.

2. Den Backofen vorheizen.
Ober-/Unterhitze: etwa 200 °C
Heißluft: etwa 180 °C

3. Gulasch mit Küchenpapier trocken tupfen. Jeweils die Hälfte des Olivenöls in einem Bräter erhitzen. Gulasch darin in 2 Portionen von allen Seiten kräftig anbraten. Zwiebelspalten und Knoblauchwürfel hinzugeben, kurz mit anbraten. Gulasch mit Salz, Pfeffer und Chili würzen. Stückige Tomaten untermischen und in einer großen Auflaufform verteilen.

4. Die Form mit dem Deckel verschließen und auf dem Rost in den vorgeheizten Backofen schieben. Den Auflauf etwa 30 Minuten garen.

5. Paprikaschoten halbieren, entstielen, entkernen und die weißen Scheidewände entfernen. Schotenhälften abspülen, abtropfen lassen, in Stücke schneiden. Zucchini abspülen, abtrocknen und die Enden abschneiden. Zucchini in dicke Scheiben schneiden. Kichererbsen in ein Sieb geben, mit kaltem Wasser abspülen, abtropfen lassen.

6. Für den Guss Minze abspülen, trocken tupfen. Die Blättchen von den Stängeln zupfen, in feine Streifen schneiden. Eier mit Joghurt verschlagen, Minze unterrühren. Mit Salz und Pfeffer würzen.

7. Paprikastücke, Zucchinischeiben und Kichererbsen mit dem Lammgulasch in der Auflaufform vermischen. Den Guss darauf verteilen. Schafkäse fein zerbröseln und daraufstreuen.

8. Die Form wieder auf dem Rost in den heißen Backofen schieben. Den Auflauf bei gleicher Backofentemperatur weitere etwa 30 Minuten goldbraun backen.

Überbackene Farfalle mit Tomaten-Pesto-Ragout

Ananas, überbacken

Überbackene Farfalle mit Tomaten-Pesto-Ragout

4 Portionen

Zubereitungszeit: 20 Minuten
Überbackzeit: 15–20 Minuten

2 1/2 l Wasser
2 1/2 gestr. TL Salz
250 g Farfalle (Schleifennudeln)

300 g Hähnchenbrustfilet
Salz, frisch gemahlener Pfeffer
1/2 Bund Frühlingszwiebeln
6 kleine Fleischtomaten
1 mittelgroße Aubergine
2 EL Olivenöl
1 Prise Zucker
3 EL Basilikum-Pesto (aus dem Glas)
125 g Mozzarella-Käse
4–5 EL frisch geriebener Parmesan-Käse

Pro Portion:
E: 42 g, F: 26 g, Kh: 57 g,
kJ: 2700, kcal: 644

1. Wasser in einem großen Topf mit geschlossenem Deckel zum Kochen bringen. Dann Salz und Nudeln hinzugeben. Die Nudeln im geöffneten Topf bei mittlerer Hitze nach Packungsanleitung kochen lassen, dabei 4–5-mal umrühren.
2. Anschließend die Nudeln in ein Sieb geben, mit heißem Wasser abspülen und abtropfen lassen.
3. In der Zwischenzeit Hähnchenbrustfilet kurz unter fließendem kalten Wasser abspülen, trocken tupfen und in schmale Streifen schneiden. Mit Salz und Pfeffer würzen.
4. Frühlingszwiebeln putzen, abspülen, abtropfen lassen und in Ringe schneiden. Die Tomaten abspülen, trocken tupfen, halbieren und die Stängelansätze herausschneiden. Die Tomatenhälften in grobe Stücke schneiden. Aubergine abspülen, abtrocknen und den Stängelansatz entfernen. Aubergine würfeln.
5. Den Backofen vorheizen.
Ober-/Unterhitze: etwa 180 °C
Heißluft: etwa 160 °C
6. Die Hälfte des Olivenöls in einer Pfanne erhitzen. Die Filetstreifen und Frühlingszwiebelringe darin kräftig unter Rühren anbraten und herausnehmen. Restliches Olivenöl in die Pfanne zum verbliebenen Bratfett geben und erhitzen. Auberginenwürfel darin kräftig anbraten. Tomatenstücke hinzugeben und mit den Auberginenwürfeln etwa 4 Minuten unter Rühren dünsten. Mit Salz, Pfeffer und Zucker würzen. Pesto unterrühren.
7. Die Nudeln mit den Hähnchenfleischstreifen und dem Gemüse in eine Auflaufform geben und gut vermischen. Mozzarella abtropfen lassen, in feine Scheiben schneiden und darauf verteilen. Mit Parmesan-Käse bestreuen. Die Form auf dem Rost in den vorgeheizten Backofen schieben. Den Auflauf 15–20 Minuten überbacken.

Ananas, überbacken

4 Portionen

Zubereitungszeit: 20 Minuten
Überbackzeit: etwa 10 Minuten

8 Scheiben Ananas (aus der Dose)
2 EL Orangenmarmelade
50 g Butter
100 g kernige Haferflocken
50 g Zucker
50 g gehackte Mandeln
1 Bio-Orange
(unbehandelt, ungewachst)

Pro Portion:
E: 7 g, F: 19 g, Kh: 50 g,
kJ: 1750, kcal: 418

1. Den Backofen vorheizen.
Ober-/Unterhitze: etwa 200 °C
Heißluft: etwa 180 °C
2. Die Hälfte der Ananasscheiben in eine feuerfeste Form (gefettet) legen und mit Orangenmarmelade bestreichen. Die restlichen Ananasscheiben darauflegen.
3. Butter in einer Pfanne zerlassen. Haferflocken, Zucker und Mandeln hinzugeben. Das Ganze mit der Butter vermengen.
4. Die Masse auf den Ananasscheiben verteilen. Die Form auf dem Rost in den vorgeheizten Backofen schieben. Ananasscheiben etwa 10 Minuten überbacken.
5. Orange heiß abwaschen, abtrocknen und von der Schale dünne Streifen abschneiden. Die Orange so schälen, dass die weiße Haut mitentfernt wird. Orange filetieren.
6. Überbackene Ananas mit Orangenschalenstreifen und Orangenspalten garnieren, warm oder kalt servieren.

Geflügelauflauf „Mexicana"

6 Portionen

Zubereitungszeit: 40 Minuten
Garzeit: etwa 45 Minuten

6 kleine Hähnchenkeulen (je etwa 275 g)
3 EL Mexiko-Gewürzmischung
3 EL Speiseöl, z. B. Sonnenblumenöl
400 g Pizza-Tomaten (aus der Dose)
Salz
frisch gemahlener Pfeffer
500 g vorwiegend festkochende, kleine Kartoffeln
Salzwasser
200 g rosé Champignons
600 g Chili-Bohnen (aus der Dose)
430 g Gemüsemais-Paprika-Mischung (Mexiko-Mix oder Mexikanische Gemüsemischung, aus der Dose)
200 g Schafkäse
einige Petersilienblättchen

Pro Portion:
E: 55 g, F: 36 g, Kh: 33 g,
kJ: 2841, kcal: 677

Geflügelauflauf „Mexicana"

1. Den Backofen vorheizen.
Ober-/Unterhitze: etwa 200 °C
Heißluft: etwa 180 °C
2. Hähnchenkeulen kurz unter fließendem kalten Wasser abspülen und trocken tupfen. Gewürzmischung mit Speiseöl verrühren. Die Hähnchenkeulen damit bestreichen. Tomaten in eine große Auflaufform geben. Mit etwas Salz und Pfeffer würzen. Hähnchenkeulen darauf verteilen. Die Form auf dem Rost in den vorgeheizten Backofen schieben. Die Hähnchenkeulen etwa 30 Minuten garen.
3. Kartoffeln gründlich waschen, knapp mit Salzwasser bedeckt zum Kochen bringen und zugedeckt etwa 20 Minuten garen. Champignons putzen, mit Küchenpapier abreiben, evtl. kurz abspülen, trocken tupfen. Große Champignons halbieren. Die garen Kartoffeln abgießen, mit kaltem Wasser abschrecken, heiß pellen. Kartoffeln halbieren oder vierteln.
4. Die Form aus dem Backofen nehmen. Gleichzeitig die Backofentemperatur um etwa 20 °C erhöhen. Die Hähnchenkeulen herausnehmen und kurz beiseitelegen. Chili-Bohnen, abgetropfte Mais-Paprika-Mischung, Champignons und Kartoffelstücke zu der Tomatenmasse in die Form geben und untermischen. Mit etwas Salz würzen. Die beiseitegelegten Hähnchenkeulen darauflegen. Schafkäse fein zerbröseln, auf dem Gemüse in der Form verteilen.
5. Die Form wieder auf dem Rost in den heißen Backofen schieben. Den Auflauf bei gleicher Backofentemperatur etwa 15 Minuten überbacken.
6. Petersilienblättchen abspülen und trocken tupfen. Gut die Hälfte der Blättchen klein schneiden. Den Geflügelauflauf mit der Petersilie bzw. den Petersilienblättchen bestreuen.

Tipp: Mischen Sie sich aus Paprikapulver, Chili, Knoblauch, gemahlenen Senfkörnern, Cumin (Kreuzkümmel), Pfeffer und Lorbeerblättern gerne auch Ihre eigene mexikanische Gewürzmischung.

Süßer Spätzleauflauf
6 Portionen

Zubereitungszeit: 20 Minuten
Backzeit: etwa 60 Minuten

2 l Wasser
2 gestr. TL Salz
500 g Spätzle
720 g Sauerkirschen, ohne Stein (aus Gläsern)
500 g Schlagsahne
5 Eier (Größe M)
60 g Zucker
etwas gemahlener Zimt

Pro Portion:
E: 12 g, F: 36 g, Kh: 45 g,
kJ: 2426, kcal: 579

1. Wasser in einem großen Topf mit geschlossenem Deckel zum Kochen bringen. Dann Salz und Spätzle hinzugeben. Die Spätzle im geöffneten Topf bei mittlerer Hitze nach Packungsanleitung kochen lassen, dabei zwischendurch 4–5-mal umrühren.
2. Anschließend die Spätzle in ein Sieb geben, mit heißem Wasser abspülen und abtropfen lassen.
3. Den Backofen vorheizen.
Ober-/Unterhitze: etwa 180 °C
Heißluft: etwa 160 °C
4. Sauerkirschen in einem Sieb abtropfen lassen. Spätzle mit den Sauerkirschen vermischen.
5. Sahne und Eier verschlagen. Zucker und Zimt unterrühren.
6. Die Spätzle-Sauerkirsch-Mischung in einer großen, flachen Auflaufform (gefettet) verteilen und mit der Eiersahne übergießen. Die Form auf dem Rost in den vorgeheizten Backofen schieben. Den Auflauf etwa 60 Minuten backen.

Texas-Auflauf
6 Portionen

Zubereitungszeit: 30 Minuten, ohne Antauzeit
Garzeit: etwa 40 Minuten

750 g TK-Kartoffel-Wedges
300 g TK-Brechbohnen
265 g Kidneybohnen (aus der Dose)
285 g Gemüsemais (aus der Dose)
je 1 rote und grüne Paprikaschote
Salz

Für den Guss:
300 g Schlagsahne
300 ml Milch
4 Eier (Größe M)
frisch gemahlener Pfeffer
1 gestr. TL Paprikapulver edelsüß
Cayennepfeffer

Pro Portion:
E: 18 g, F: 30 g, Kh: 52 g,
kJ: 2336, kcal: 558

1. Kartoffel-Wedges und Bohnen nach Packungsanleitung antauen lassen. Kidneybohnen in ein Sieb geben, mit kaltem Wasser abspülen und gut abtropfen lassen. Den Mais ebenfalls in ein Sieb geben und abtropfen lassen.
2. Paprikaschoten halbieren, entstielen, entkernen, weiße Scheidewände entfernen. Schotenhälften abspülen, trocken tupfen, würfeln.
3. Wasser mit etwas Salz in einem Topf zum Kochen bringen. Paprikawürfel und Brechbohnen hinzufügen, zum Kochen bringen und 2–3 Minuten kochen lassen. Paprikawürfel und Brechbohnen in ein Sieb geben, mit kaltem Wasser abschrecken, gut abtropfen lassen.

Süßer Spätzleauflauf

Texas-Auflauf

4. Den Backofen vorheizen.
Ober-/Unterhitze: etwa 200 °C
Heißluft: etwa 180 °C
5. Für den Guss Sahne mit Milch und Eiern verschlagen. Mit Salz, Pfeffer, Paprika und Cayennepfeffer würzen.
6. Kartoffel-Wedges mit Kidneybohnen, Mais, Brechbohnen und Paprikawürfeln vermischen, in eine große Auflaufform (gefettet) geben. Den Guss darauf verteilen. Die Form auf dem Rost in den vorgeheizten Backofen schieben. Den Auflauf etwa 40 Minuten garen.

Überbackene Auberginen

4 Portionen

Zubereitungszeit: 40 Minuten, ohne Ziehzeit
Überbackzeit: etwa 30 Minuten

4 mittelgroße Auberginen (je etwa 300 g)
Salz
3 Knoblauchzehen
4 EL Olivenöl
500 g passierte Tomaten (aus dem Tetra Pak®)
frisch gemahlener Pfeffer
1 Topf Basilikum

500 ml (1/2 l) Speiseöl

125 g Mozzarella-Käse
150 g Kochschinken
60 g frisch geriebener Parmesan-Käse

Pro Portion:
E: 23 g, F: 34 g, Kh: 13 g,
kJ: 1909, kcal: 455

1. Auberginen abspülen, abtrocknen und die Stängelansätze entfernen. Auberginen längs in etwa 1/2 cm dicke Scheiben schneiden. Mit Salz bestreuen und etwa 30 Minuten ziehen lassen.
2. Auberginenscheiben abspülen und trocken tupfen. Knoblauch abziehen und fein hacken.
3. Olivenöl in einem Topf erhitzen. Knoblauch darin andünsten. Tomaten hinzufügen, mit Salz und Pfeffer würzen.
4. Basilikum abspülen und trocken tupfen. Die Blättchen von den Stängeln zupfen. Blättchen klein schneiden und zu den passierten Tomaten geben. Tomatenmasse zum Kochen bringen, dicklich einkochen lassen.
5. Speiseöl in einer Fritteuse oder in einem hohen Topf auf etwa 180 °C erhitzen. Auberginenscheiben darin goldbraun frittieren, mit einem Schaumlöffel herausnehmen und auf Küchenpapier abtropfen lassen.
6. Den Backofen vorheizen.
Ober-/Unterhitze: etwa 180 °C
Heißluft: etwa 160 °C
7. Mozzarella abtropfen lassen, in feine Scheiben schneiden. Schinken in Streifen schneiden.
8. Abwechselnd Auberginenscheiben, Tomatensauce, etwas Parmesan-Käse, Mozzarellascheiben und Schinkenstreifen in eine feuerfeste Form oder Auflaufform (jeweils gefettet) schichten. Die oberste Schicht sollte aus Tomatensauce bestehen. Zum Schluss den restlichen Parmesan-Käse daraufstreuen.
9. Die Form auf den Rost in den vorgeheizten Backofen schieben. Dann die Auberginen etwa 30 Minuten überbacken.

Beilage: Gemischter Salat.

Tipps: Überbackene Auberginen schmecken auch kalt sehr gut. Die Auberginenscheiben können auch in erhitztem Speiseöl in einer Pfanne angebraten werden.

Süße Lasagne

Süße Lasagne
4 Portionen

Zubereitungszeit: 40 Minuten
Backzeit: etwa 35 Minuten

1 Pck. Saucenpulver Vanille-Geschmack zum Kochen (für 500 ml [1/2 l] Flüssigkeit)
375 ml (3/8 l) Milch
125 g Schlagsahne
3 EL Zucker
2 Eier (Größe M)
500 g Tortenpfirsiche (aus der Dose)
390 g Stachelbeeren (aus dem Glas)
6 Lasagneplatten, ohne Vorgaren
50 g gehobelte Mandeln

Für die Kirschsauce:
1 Pck. Saucenpulver Vanille-Geschmack zum Kochen (für 500 ml [1/2 l] Flüssigkeit)
500 ml (1/2 l) Kirschsaft
1 Stange Zimt
1 TL Dr. Oetker Finesse Geriebene Zitronenschale

Zum Bestäuben:
1 EL Puderzucker

Pro Portion:
E: 16 g, F: 25 g, Kh: 106 g,
kJ: 3042, kcal: 726

1. Saucenpulver mit 4 Esslöffeln von der Milch anrühren. Restliche Milch mit Sahne und Zucker in einem Topf zum Kochen bringen. Angerührtes Saucenpulver in die von der Kochstelle genommene Sahnemilch rühren und unter Rühren nochmals kurz aufkochen lassen. Den Topf von der Kochstelle nehmen.
2. Den Backofen vorheizen.
Ober-/Unterhitze: etwa 200 °C
Heißluft: etwa 180 °C
3. Eier verschlagen, mit etwas von der heißen Sauce verrühren, dann mit der restlichen heißen Sauce verrühren (nicht mehr kochen lassen).
4. Pfirsiche und Stachelbeeren getrennt in je einem Sieb abtropfen lassen. Etwas von der Sauce auf den Boden einer rechteckigen Auflaufform (gefettet) streichen. 3 Lasagneplatten nebeneinander darauflegen. Pfirsiche darauf verteilen und mit etwas Sauce knapp bedecken.
5. Restliche Lasagneplatten darauflegen. Stachelbeeren daraufgeben. Restliche Sauce darauf verteilen und mit Mandeln bestreuen. Die Form auf dem Rost in den vorgeheizten Backofen schieben und die Lasagne etwa 35 Minuten backen.
6. In der Zwischenzeit für die Kirschsauce Saucenpulver mit 4 Esslöffeln von dem Kirschsaft anrühren. Restlichen Kirschsaft mit Zimtstange und Zitronenschale in einem Topf zum Kochen bringen.
7. Zimtstange entfernen. Das angerührte Saucenpulver in den von der Kochstelle genommenen Kirschsaft rühren und unter Rühren nochmals kurz aufkochen lassen. Den Topf von der Kochstelle nehmen. Die Sauce etwas abkühlen lassen.
8. Lasagne mit Puderzucker bestäuben, mit der Kirschsauce servieren.

Reisauflauf mit Mangold und Zuckerschoten
4 Portionen

Zubereitungszeit: 50 Minuten
Garzeit: etwa 30 Minuten

2 EL Butter
150 g Langkornreis
375 ml (3/8 l) Gemüsebrühe
4 Eier (Größe M)
250 g Schlagsahne
125 g Magerquark
Salz
frisch gemahlener Pfeffer
frisch geriebene Muskatnuss
750 g Mangold
200 g Zuckerschoten
2 Bund glatte Petersilie
50 g frisch geriebener Parmesan-Käse
40 g Butter

Pro Portion:
E: 25 g, F: 45 g, Kh: 88 g,
kJ: 3666, kcal: 876

1. Butter in einem Topf zerlassen, Reis darin andünsten. Brühe hinzugießen und zum Kochen bringen. Den Reis zugedeckt etwa 20 Minuten bei schwacher Hitze garen, bis die gesamte Flüssigkeit vom Reis aufgenommen wurde.
2. Den Backofen vorheizen.
Ober-/Unterhitze: etwa 200 °C
Heißluft: etwa 180 °C
3. Eier verschlagen, Sahne und Quark unterrühren. Mit Salz, Pfeffer und Muskat würzen.
4. Mangold putzen, evtl. die großen Blattstiele entfernen. Mangold gründlich waschen, abtropfen lassen und in etwa 10 cm lange Streifen schneiden. Mangoldstreifen in kochendem Wasser 3–4 Minuten blanchieren, in ein Sieb geben, mit kaltem Wasser abschrecken, abtropfen lassen und ausdrücken. Zuckerschoten putzen und die Enden abschneiden. Zuckerschoten abspülen, ab-

tropfen lassen und in kochendem Wasser 2–3 Minuten blanchieren. Zuckerschoten in ein Sieb geben, mit kaltem Wasser abschrecken und abtropfen lassen. Petersilie abspülen und trocken tupfen. Die Blättchen von den Stängeln zupfen. Blättchen klein schneiden.

5. Reis, Gemüse und Petersilie in eine Auflaufform (gefettet) schichten, mit Salz und Pfeffer bestreuen. Die Eier-Quark-Sahne-Masse darauf verteilen, sodass die eingeschichteten Zutaten ganz bedeckt sind.

6. Den Auflauf mit Parmesan-Käse bestreuen, Butter in Flöckchen daraufsetzen. Die Form auf dem Rost in den vorgeheizten Backofen schieben. Den Reisauflauf etwa 30 Minuten garen.

Rote-Bete-Auflauf mit Speck und Salbei

4 Portionen

Zubereitungszeit: 45 Minuten
Garzeit: etwa 50 Minuten

750 g–1 kg zarte Rote Bete
1 Zwiebel
1/2 Bund frischer Salbei
1 EL Butterschmalz
Salz
frisch gemahlener Pfeffer
1 Prise Cumin (gemahlener Kreuzkümmel)
Saft und abgeriebene Schale von 1/2 Bio-Orange (unbehandelt, ungewachst)
200–250 ml Gemüsebrühe

Für das Püree:
750 g vorwiegend mehligkochende Kartoffeln
100 g Speck- oder Schinkenwürfel
200–225 ml Milch

200 g Weichkäse mit Rotschmierrinde, z. B. Chaumes, Munster

Pro Portion:
E: 21 g, F: 25 g, Kh: 44 g,
kJ: 2098, kcal: 501

1. Den Backofen vorheizen.
Ober-/Unterhitze: etwa 180 °C
Heißluft: etwa 160 °C

2. Rote Bete gründlich waschen, schälen, abtropfen lassen und in schmale Spalten schneiden. Zwiebel abziehen und klein würfeln. Salbei abspülen und trocken tupfen. Die Blättchen von den Stängeln zupfen.

3. Butterschmalz in einer Pfanne erhitzen. Zwiebelwürfel und Rote-Bete-Spalten darin andünsten. Salbeiblättchen hinzugeben, mit Salz, Pfeffer und Cumin würzen. Das Gemüse in eine Auflaufform (gefettet) geben. Orangensaft und -schale hinzugeben, Brühe hinzugießen. Die Form zugedeckt auf dem Rost in den vorgeheizten Backofen schieben. Den Auflauf etwa 35 Minuten garen.

4. In der Zwischenzeit für das Püree Kartoffeln waschen, schälen, abspülen, abtropfen lassen, in Stücke schneiden. Knapp mit Salzwasser bedeckt zum Kochen bringen und etwa 15 Minuten garen.

5. Die Speck- oder Schinkenwürfel in einer Pfanne knusprig auslassen. Milch erwärmen.

6. Kartoffeln abgießen, abdämpfen und fein zerstampfen. Dabei nach und nach Milch hinzugießen und zu einem cremigen Kartoffelpüree verarbeiten. Speck- oder Schinkenwürfel unterheben. Käse in Scheiben schneiden.

7. Die Form aus dem Backofen nehmen und den Deckel entfernen. Kartoffelpüree auf dem Auflauf verteilen und mit Käsescheiben belegen. Die Form wieder auf dem Rost in den heißen Backofen schieben. Den Auflauf bei gleicher Backofentemperatur in weiteren etwa 15 Minuten fertig garen.

Reisauflauf mit Mangold und Zuckerschoten

Rote-Bete-Auflauf mit Speck und Salbei

Reis-Quark-Auflauf mit Gemüse

4 Portionen

Zubereitungszeit: 25 Minuten
Garzeit: 25–30 Minuten

1 Knoblauchzehe
1 Zwiebel
1 EL Olivenöl
175 g Instant-Rundkornreis (Express-Reis)
500 ml (1/2 l) Gemüsebrühe
1 Zucchini (etwa 350 g)
150 g Cocktailtomaten
1 Bund Frühlingszwiebeln
1 EL Olivenöl
3 Eiweiß (Größe M)
Salz
3 Eigelb (Größe M)
250 g Magerquark
frisch gemahlener Pfeffer
100 g TK-Erbsen
75 g geriebener, kalorienreduzierter Käse (15 % Fett)

Pro Portion:
E: 25 g, F: 15 g, Kh: 28 g, kJ: 1474, kcal: 351

1. Knoblauch und Zwiebel abziehen, klein würfeln. Olivenöl in einem Topf erhitzen. Knoblauch- und Zwiebelwürfel darin glasig dünsten. Zuerst Reis, dann Brühe hinzugeben. Den Reis zugedeckt bei schwacher Hitze nach Packungsanleitung garen. Reis etwas abkühlen lassen.
2. In der Zwischenzeit Zucchini abspülen, abtrocknen und die Enden abschneiden. Zucchini in Scheiben schneiden. Tomaten abspülen, abtrocknen, halbieren und evtl. die Stängelansätze herausschneiden.
3. Den Backofen vorheizen.
Ober-/Unterhitze: etwa 180 °C
Heißluft: etwa 160 °C
4. Frühlingszwiebeln putzen, abspülen, abtropfen lassen, in feine Ringe schneiden. Olivenöl in einer Pfanne erhitzen. Frühlingszwiebelringe darin unter gelegentlichem Rühren kurz anbraten und herausnehmen.
5. Eiweiß mit 1 Prise Salz sehr steif schlagen. Eigelb mit Quark, Salz und Pfeffer verrühren. Reis unterrühren. Eischnee unterheben.
6. Zucchinischeiben, Tomatenhälften, Frühlingszwiebelringe und die gefrorenen Erbsen zu der Quarkmasse geben und vorsichtig unterheben. Die Masse in einer Auflaufform (gefettet) verteilen und mit Käse bestreuen.
7. Die Form auf dem Rost in den vorgeheizten Backofen (unteres Drittel) schieben. Den Auflauf 25–30 Minuten garen, bis die Eimasse gestockt ist.

Reis-Quark-Auflauf mit Gemüse

Penne-Würstchen-Auflauf

4 Portionen

Zubereitungszeit: 25 Minuten
Garzeit: 35–45 Minuten

2 1/2 l Wasser
2 1/2 gestr. TL Salz
250 g Penne (Röhrennudeln)
300 g Wiener Würstchen
300 g feine, ungebrühte Bratwurst
200 g Cocktailtomaten
150 g TK-Erbsen
3 Eier (Größe M)
125 ml (1/8 l) Milch
125 g Schlagsahne
Salz
frisch gemahlener Pfeffer
frisch geriebene Muskatnuss
100 g frisch geriebener Gouda-Käse
2 EL Butter

Pro Portion:
E: 44 g, F: 73 g, Kh: 53 g, kJ: 4384, kcal: 1047

1. Wasser in einem großen Topf mit geschlossenem Deckel zum Kochen bringen. Dann Salz und Nudeln hinzugeben. Die Nudeln im geöffneten Topf bei mittlerer Hitze nach Packungsanleitung kochen lassen, dabei zwischendurch 4–5-mal umrühren.
2. Anschließend die Nudeln in ein Sieb geben, mit heißem Wasser abspülen und abtropfen lassen.
3. Den Backofen vorheizen.
Ober-/Unterhitze: etwa 180 °C
Heißluft: etwa 160 °C
4. Würstchen in Scheiben schneiden, abwechselnd mit den Nudeln in ein Auflaufform (gefettet) schichten.
5. Aus der Bratwurstmasse mit angefeuchteten Händen kleine Klößchen formen, evtl. in einer beschichteten Pfanne kurz anbraten. Tomaten abspülen, trocken tupfen und die Stängelansätze herausschneiden. Tomaten evtl. halbieren.
6. Die gefrorenen Erbsen und Klößchen auf den Nudeln und Würstchen-

Penne-Würstchen-Auflauf

Penne-Auflauf mit Brokkoli und Tomaten

scheiben verteilen. Eier mit Milch und Sahne verschlagen. Mit Salz (Vorsicht: Würstchen, Brätmasse und Käse enthalten bereits Salz!), Pfeffer und Muskat würzen. Die Eier-Sahne-Milch auf dem Auflauf verteilen. Tomaten dazwischensetzen.

7. Den Auflauf mit Käse bestreuen und Butter in Flöckchen daraufsetzen. Die Form auf dem Rost in den vorgeheizten Backofen schieben. Den Auflauf 35–45 Minuten garen.

Penne-Auflauf mit Brokkoli und Tomaten

4 Portionen

Zubereitungszeit: 30 Minuten
Garzeit: 30–35 Minuten

2 1/2 l Wasser
2 1/2 gestr. TL Salz
250 g Penne (Röhrennudeln)
500 g Brokkoli
Salzwasser
1 Zwiebel
30 g Butter
30 g Weizenmehl
125 ml (1/8 l) Brokkoli-Kochflüssigkeit
250 g Schlagsahne
2 Eier (Größe M)
125 g frisch geriebener Emmentaler Käse
Kräutersalz
frisch gemahlener Pfeffer
150 g Cocktailtomaten

Pro Portion:
E: 25 g, F: 39 g, Kh: 54 g,
kJ: 2837, kcal: 678

1. Wasser in einem großen Topf mit geschlossenem Deckel zum Kochen bringen. Dann Salz und Nudeln hinzugeben. Die Nudeln im geöffneten Topf bei mittlerer Hitze nach Packungsanleitung kochen lassen, dabei 4–5-mal umrühren.

2. Anschließend die Nudeln in ein Sieb geben, mit heißem Wasser abspülen und abtropfen lassen.

3. In der Zwischenzeit von dem Brokkoli die Blätter entfernen. Brokkoli in Röschen teilen, abspülen, abtropfen lassen und in kochendem Salzwasser etwa 5 Minuten bissfest garen.

4. Die Brokkoliröschen in ein Sieb geben, dabei die Kochflüssigkeit auffangen und 125 ml (1/8 l) abmessen. Brokkoliröschen mit kaltem Wasser übergießen und abtropfen lassen.

5. Den Backofen vorheizen.
Ober-/Unterhitze: etwa 200 °C
Heißluft: etwa 180 °C

6. Zwiebel abziehen und klein würfeln. Butter in einem Topf zerlassen. Zwiebelwürfel darin glasig dünsten. Mehl hinzufügen und unter Rühren so lange erhitzen, bis es hellgelb ist. Brokkoli-Kochflüssigkeit und die Sahne hinzugießen, mit einem Schneebesen durchschlagen. Dabei darauf achten, dass keine Klümpchen entstehen. Die Sauce unter Rühren gut aufkochen lassen. Den Topf von der Kochstelle nehmen. Eier und Käse unterrühren. Die Sauce mit Kräutersalz und Pfeffer würzen.

7. Tomaten abspülen, abtrocknen und halbieren, evtl. Stängelansätze herausschneiden.

8. Die Nudeln mit Brokkoliröschen, Tomatenhälften und der Sauce vermengen, in eine Auflaufform (gefettet) geben.

9. Die Form auf dem Rost in den vorgeheizten Backofen schieben. Den Auflauf 30–35 Minuten garen.

Ofenfilet all' italiana

Pfifferlingsschnitzel, überbacken

Ofenfilet all' italiana

4 Portionen

Zubereitungszeit: 20 Minuten
Garzeit: etwa 25 Minuten

600 g festes Fischfilet,
z. B. Lengfisch, Atlantik-Seelachs, Lachsforelle (frisch oder TK)
1 Bio-Zitrone
(unbehandelt, ungewachst)
500 g Fleischtomaten

Salz
frisch gemahlener Pfeffer
etwas frischer Rosmarin, Thymian oder Basilikum
125 g Mozzarella-Käse
4 EL frisch geriebener Parmesan-Käse
1 EL Vollkorn-Semmelbrösel

einige Basilikumblättchen

Pro Portion:
E: 40 g, F: 15 g, Kh: 6 g,
kJ: 1347, kcal: 322

1. Fischfilets (TK-Fischfilets vorher auftauen lassen) kurz unter fließendem kalten Wasser abspülen, trocken tupfen, in 4 Portionen teilen.

2. Zitrone heiß abwaschen, abtrocknen und die Schale abreiben. Von der Zitronenschale etwa 1 Teelöffel abmessen. Zitrone halbieren, den Saft auspressen und 2 Esslöffel abmessen. Fischfiletstücke mit 2 Esslöffeln Zitronensaft beträufeln.

3. Den Backofen vorheizen.
Ober-/Unterhitze: etwa 180 °C
Heißluft: etwa 160 °C

4. Tomaten kreuzweise einschneiden, mit kochendem Wasser übergießen und kurz darin liegen lassen. Tomaten mit kaltem Wasser abschrecken, enthäuten, halbieren und die Stängelansätze herausschneiden. Die Tomatenhälften in dicke Scheiben schneiden.

5. Die Fischfiletstücke in einer großen, flachen Auflaufform (gefettet) verteilen. Mit Salz, Pfeffer und Zitronenschale würzen. Die Tomatenscheiben dachziegelartig auf die Fischfiletstücke legen. Mit Salz und Pfeffer würzen. Kräuter abspülen und trocken tupfen. Die Blättchen bzw. Nadeln von den Stängeln zupfen. Blättchen und Nadeln klein schneiden, auf den Tomatenscheiben verteilen.

6. Mozzarella abtropfen lassen, in dünne Scheiben schneiden und auf die Tomatenscheiben legen. Parmesan-Käse mit Semmelbröseln mischen und daraufstreuen. Die Form auf dem Rost in den vorgeheizten Backofen schieben. Ofenfilets etwa 25 Minuten garen.

7. Basilikumblättchen abspülen und trocken tupfen. Die Ofenfilets auf einer vorgewärmten Platte anrichten und mit den Basilikumblättchen bestreut servieren.

Pfifferlingsschnitzel, überbacken

4 Portionen

Zubereitungszeit: 35 Minuten
Überbackzeit: 3–4 Minuten

1 kleine Zwiebel
1 EL Butter
200 g Pfifferlinge
Salz
frisch gemahlener Pfeffer
1 EL gehackte Petersilie
4 Schweineschnitzel (je etwa 125 g)
Worcestersauce
2 EL Margarine oder Butterschmalz
4 Scheiben mittelalter Gouda-Käse

Pro Portion:
E: 39 g, F: 19 g, Kh: 1 g,
kJ: 1386, kcal: 331

1. Zwiebel abziehen und in kleine Würfel schneiden. Butter in einer Pfanne zerlassen, Zwiebelwürfel darin andünsten.
2. Pfifferlinge putzen, mit Küchenpapier abreiben, evtl. abspülen, trocken tupfen und zu den Zwiebelwürfeln geben. Mit Salz und Pfeffer würzen. Pfifferlinge etwas 6 Minuten unter gelegentlichem Wenden gar dünsten, Petersilie hinzufügen.
3. Schnitzel mit Küchenpapier trocken tupfen, mit Pfeffer bestreuen und Worcestersauce beträufeln.
4. Den Backofengrill vorheizen.
5. Margarine oder Butterschmalz in einer großen Pfanne zerlassen. Schnitzel darin 8–10 Minuten von beiden Seiten braten, herausnehmen und auf einer vorgewärmten, feuerfesten Platte anrichten.
6. Pfifferlinge auf den Schnitzeln verteilen und mit je 1 Scheibe Käse belegen. Die Platte auf dem Rost unter den vorgeheizten Grill schieben. Pfifferlingsschnitzel 3–4 Minuten überbacken.

Maultaschen-Rosenkohl-Auflauf

4 Portionen

Zubereitungszeit: 50 Minuten
Garzeit: etwa 15 Minuten

600 g Rosenkohl
6–8 Maultaschen mit Fleischfüllung (300–400 g, aus dem Kühlregal)
1 EL Instant-Gemüsebrühe
150 g Pfifferlinge, 2 EL Butter
Salz, frisch gemahlener Pfeffer
frisch geriebene Muskatnuss
200 g Schlagsahne
150 ml Gemüsebrühe
1 EL Weizenmehl
1/2 Bund glatte Petersilie
3 EL Röstzwiebeln (Fertigprodukt)
125 g frisch geriebener Bergkäse

Pro Portion:
E: 22 g, F: 47 g, Kh: 34 g,
kJ: 2730, kcal: 651

1. Rosenkohl von den schlechten Blättern befreien, etwas vom Strunk abschneiden. Die Rosenkohlröschen am Strunk kreuzförmig einschneiden, abspülen und abtropfen lassen.
2. Maultaschen in leicht siedendem Wasser mit Instant-Brühe 3–5 Minuten erhitzen, abtropfen lassen.
3. Den Backofen vorheizen.
Ober-/Unterhitze: etwa 200 °C
Heißluft: etwa 180 °C
4. Pfifferlinge putzen, mit Küchenpapier abreiben, evtl. kurz abspülen und trocken tupfen. Große Pfifferlinge halbieren. Butter in einer Pfanne erhitzen. Pfifferlinge darin unter Rühren kräftig anbraten. Mit Salz, Pfeffer und Muskat würzen. Sahne und Brühe hinzugießen, aufkochen lassen. Mehl mit etwas kaltem Wasser anrühren, unter Rühren zu den Pfifferlingen geben und bei starker Hitze etwas einkochen lassen.
5. Maultaschen in eine Auflaufform (leicht gefettet) geben. Petersilie abspülen und trocken tupfen. Die Blättchen von den Stängeln zupfen. Blättchen klein schneiden.
6. Rosenkohlröschen halbieren, mit Pfifferlingen und Petersilie mischen und in die Zwischenräume der Maultaschen geben. Mit Röstzwiebeln bestreuen und Käse darauf verteilen. Die Form auf dem Rost in den vorgeheizten Backofen schieben. Den Auflauf etwa 15 Minuten garen.

Maultaschen-Rosenkohl-Auflauf

Kalbfleischauflauf

4 Portionen

Zubereitungszeit: 50 Minuten
Garzeit: etwa 40 Minuten

1 Zwiebel
2 EL Speiseöl
300 g Kalbsgehacktes
300 g Blumenkohl
170 g Möhren
150 g Porree (Lauch)
Salzwasser
250 g Champignons
2 EL Butter
400 g Kartoffeln
3 Eier (Größe M)
150 g Crème fraîche
Salz, frisch gemahlener Pfeffer
frisch geriebene Muskatnuss
100 g frisch geriebener Käse, z. B. mittelalter Gouda

Pro Portion:
E: 32 g, F: 47 g, Kh: 18 g, kJ: 2613, kcal: 625

1. Zwiebel abziehen und in kleine Würfel schneiden. Speiseöl in einer Pfanne erhitzen. Zwiebelwürfel und Gehacktes darin unter Rühren anbraten. Dabei die Fleischklümpchen mit einer Gabel zerdrücken.
2. Von dem Blumenkohl die Blätter und schlechten Stellen entfernen. Den Strunk abschneiden. Blumenkohl in Röschen teilen, abspülen und abtropfen lassen.
3. Möhren putzen, schälen, abspülen, abtropfen lassen, in kleine Würfel oder in feine Scheiben schneiden. Porree putzen, längs halbieren, gründlich waschen, abtropfen lassen und in Streifen schneiden.
4. Blumenkohlröschen, Möhrenwürfel oder -scheiben und Porreestreifen kurz in kochendem Salzwasser blanchieren, mit kaltem Wasser abschrecken und in einem Sieb abtropfen lassen.
5. Den Backofen vorheizen.
Ober-/Unterhitze: etwa 200 °C
Heißluft: etwa 180 °C
6. Die Champignons putzen, mit Küchenpapier abreiben, evtl. abspülen, trocken tupfen und in Scheiben schneiden. Butter in einer Pfanne zerlassen. Champignonscheiben darin kurz andünsten. Kartoffeln waschen, schälen, abspülen, abtropfen lassen und in Scheiben schneiden.
7. Die Hälfte der Kartoffelscheiben auf dem Boden einer Auflaufform (gefettet) verteilen. Dann abwechselnd restliche Kartoffelscheiben, Gehacktes, blanchiertes Gemüse und Champignonscheiben in die Auflaufform geben.
8. Eier mit Crème fraîche verschlagen. Mit Salz, Pfeffer und Muskat würzen. Die Eiermasse auf dem Auflauf verteilen und mit Käse bestreuen. Die Form auf dem Rost in den vorgeheizten Backofen schieben. Den Auflauf etwa 40 Minuten garen.

Kartoffel-Möhren-Gratin

4–5 Portionen

Zubereitungszeit: 25 Minuten
Garzeit: etwa 60 Minuten

600 g kleine Kartoffeln
600 g Möhren
Salz
frisch gemahlener Pfeffer

Für den Guss:
3–4 Stängel Thymian
200 g Schlagsahne
125 ml (1/8 l) Milch
frisch geriebene Muskatnuss

100 g frisch geriebener, mittelalter Gouda-Käse
evtl. einige Majoran- oder Thymianblättchen

Pro Portion:
E: 11 g, F: 21 g, Kh: 29 g, kJ: 1524, kcal: 364

Kalbfleischauflauf

Kartoffel-Möhren-Gratin

1. Kartoffeln waschen, schälen, abspülen, abtropfen lassen. Möhren putzen, schälen, abspülen, abtropfen lassen. Kartoffeln und Möhren in dünne Scheiben schneiden oder hobeln.
2. Den Backofen vorheizen.
Ober-/Unterhitze: etwa 200 °C
Heißluft: etwa 180 °C
3. Kartoffel- und Möhrenscheiben dachziegelartig in eine Auflaufform schichten, sodass ein Streifenmuster entsteht. Mit Salz und Pfeffer würzen.
4. Für den Guss Thymian abspülen und trocken tupfen. Die Blättchen von den Stängeln zupfen. Einige Blättchen zum Bestreuen beiseitelegen. Sahne mit Milch und Thymianblättchen verrühren. Mit Salz, Pfeffer und Muskat kräftig würzen. Die Sahnemilch über die Kartoffel- und Möhrenscheiben gießen. Käse daraufstreuen. Die Form auf dem Rost in den vorgeheizten Backofen schieben. Das Gratin etwa 20 Minuten garen. Danach die Backofentemperatur um 20–30 °C herunterschalten. Das Gratin noch weitere etwa 40 Minuten garen.
5. Das Gratin mit den beiseitegelegten Thymianblättchen bestreuen und servieren.

Beilage: Ein knackiger Salat der Saison oder kurz gebratenes Fleisch.

Kartoffel-Zucchini-Auflauf

4 Portionen

Zubereitungszeit: 35 Minuten
Garzeit: etwa 35 Minuten

750 g gekochte Pellkartoffeln
300 g Zucchini
200 g Edamer Käse
Salz
frisch gemahlener Pfeffer
1 Zwiebel
2 EL Butter
250 ml (1/4 l) Milch
1 Ei (Größe M)

Pro Portion:
E: 24 g, F: 24 g, Kh: 41 g,
kJ: 2126, kcal: 508

1. Kartoffeln pellen und in Scheiben schneiden. Zucchini abspülen, abtrocknen und die Enden abschneiden. Zucchini in Scheiben schneiden. Käse reiben.
2. Den Backofen vorheizen.
Ober-/Unterhitze: etwa 200 °C
Heißluft: etwa 180 °C
3. Kartoffel- und Zucchinischeiben abwechselnd in eine runde Auflaufform (gefettet) schichten, dabei jede einzelne Schicht mit etwas Käse, Salz und Pfeffer bestreuen.
4. Die Zwiebel abziehen und in kleine Würfel schneiden. Butter in einer Pfanne zerlassen, Zwiebelwürfel darin andünsten.
5. Milch mit dem Ei verschlagen, Zwiebelwürfel unterrühren. Die Eiermilch auf dem Auflauf verteilen und mit dem restlichen Käse bestreuen. Die Form auf dem Rost in den vorgeheizten Backofen schieben. Den Auflauf etwa 35 Minuten garen.

Grün-weißer Kohlauflauf

1–2 Portionen

Zubereitungszeit: 40 Minuten
Backzeit: etwa 35 Minuten

1 kleiner Blumenkohl (etwa 500 g)
500 g Brokkoli
Salzwasser
1 kleine Zucchini (etwa 200 g)

Für die Sauce:
25 g Butter
100 g Schinkenwürfel (Fertigprodukt)
20 g Weizenmehl
250 ml (1/4 l) Gemüsebrühe
125 g Schlagsahne
80 g geriebener Parmesan-Käse
Salz
frisch gemahlener Pfeffer
frisch geriebene Muskatnuss
1 EL Sonnenblumenkerne

Pro Portion:
E: 48 g, F: 70 g, Kh: 27 g,
kJ: 3939, kcal: 940

Grün-weißer Kohlauflauf

1. Backofen vorheizen.
Ober-/Unterhitze: etwa 180 °C
Heißluft: etwa 160 °C
2. Von dem Blumenkohl und Brokkoli die Blätter entfernen und den Strunk abschneiden. Blumenkohl und Brokkoli in Röschen teilen, abspülen und abtropfen lassen.
3. Blumenkohl und Brokkoli zugedeckt in kochendem Salzwasser etwa 5 Minuten kochen lassen. Anschließend, in ein Sieb geben, mit kaltem Wasser abschrecken und abtropfen lassen.
4. Zucchini abspülen, abtrocknen und die Enden abschneiden. Zucchini in Scheiben schneiden. Zucchinischeiben mit den Blumenkohl- und Brokkoliröschen in eine Auflaufform (gefettet) geben.
5. Für die Sauce Butter in einer Pfanne zerlassen. Schinkenwürfel darin andünsten. Mehl hinzufügen und unter Rühren so lange darin erhitzen, bis es hellgelb ist. Nach und nach Brühe und Sahne hinzugießen, mit einem Schneebesen durchschlagen. Dabei darauf achten, dass keine Klümpchen entstehen. Die Sauce zum Kochen bringen und etwa 5 Minuten bei schwacher Hitze unter gelegentlichem Rühren kochen lassen. 1 Esslöffel (etwa 20 g) Parmesan-Käse unterrühren. Mit Salz, Pfeffer und Muskat würzen.
6. Das Gemüse mit der Sauce übergießen, mit restlichem Parmesan-Käse und Sonnenblumenkernen bestreuen. Die Form auf dem Rost in den vorgeheizten Backofen schieben. Den Auflauf etwa 35 Minuten garen.

Abwandlung: Statt der Zucchini 75 g Nordseekrabben (gekocht und geschält) mit den gekochten Blumenkohl- und Brokkoliröschen einschichten. Weiter wie ab Punkt 4 im Rezept beschrieben zubereiten.

Gratinierte Cannelloni mit Zucchini-Mett-Füllung

4 Portionen

Zubereitungszeit: 40 Minuten
Gratinierzeit: etwa 40 Minuten

350 g Zucchini
1 Zwiebel
1 Knoblauchzehe
25 g gemischte TK-Kräuter
400 g fertig gewürztes Mett (Thüringer Mett)
frisch gemahlener Pfeffer
20–24 Cannelloni, ohne Vorgaren (etwa 250 g)

Für die Sauce:
400 g rosé Champignons
1 geh. EL Butter
150 ml Gemüsebrühe
250 ml (1/4 l) Milch

½ EL Butter
1 leicht geh. EL Weizenmehl
150 g Schmelzkäse-Zubereitung, z. B. Champignon oder Sahne
abgeriebene Schale und Saft von ½ Bio-Zitrone (unbehandelt, ungewachst), evtl. Salz

50 g frisch geriebener Parmesan-Käse

Pro Portion:
E: 42 g, F: 46 g, Kh: 53 g, kJ: 3375, kcal: 807

1. Den Backofen vorheizen.
Ober-/Unterhitze: etwa 200 °C
Heißluft: etwa 180 °C
2. Zucchini abspülen, abtrocknen und die Enden abschneiden. Zucchini auf einer Küchenreibe grob raspeln. Zwiebel und Knoblauch abziehen, in kleine Würfel schneiden. Zucchiniraspel mit Zwiebel-, Knoblauchwürfeln, Kräutern und Mett gut vermengen. Mit etwas frisch gemahlenem Pfeffer würzen.
3. Die Mett-Zucchini-Masse mithilfe eines Teelöffels in die Cannelloni füllen und in eine Auflaufform (leicht gefettet) legen.
4. Für die Sauce Champignons putzen, mit Küchenpapier abreiben, evtl. kurz abspülen, trocken tupfen und klein schneiden. Butter in einer Pfanne zerlassen. Champignonstücke darin unter Wenden etwa 2 Minuten andünsten. Brühe und Milch hinzugießen.
5. Butter mit Mehl verkneten, in die Sauce rühren und zerlassen, etwa 1 Minute unter Rühren kochen lassen. Schmelzkäse unterrühren und schmelzen lassen. Die Sauce mit Zitronenschale, -saft, Pfeffer und evtl. etwas Salz abschmecken.
6. Die Champignonsauce auf den Cannelloni verteilen. Mit Parmesan-Käse bestreuen. Die Form auf dem Rost in den vorgeheizten Backofen schieben. Cannelloni etwa 40 Minuten gratinieren.

Tipp: Garnieren Sie den Auflauf mit einem Petersilienzweig.

Gratinierte Gemüsekartoffeln

4 Portionen

Zubereitungszeit: 60 Minuten
Gratinierzeit: 2–3 Minuten

4 große Ofenkartoffeln
Salzwasser
je 4 EL feine, blanchierte Möhren-, Porree-, Knollenselleriewürfel
300 g geschälte Kartoffeln
3–4 EL Milch
Salz, frisch geriebene Muskatnuss
1 Ei (Größe M)
2 EL Schlagsahne

Pro Portion:
E: 7 g, F: 4 g, Kh: 39 g, kJ: 959, kcal: 229

1. Ofenkartoffeln unter fließendem kalten Wasser gründlich bürsten und längs halbieren. Die Kartoffelhälften so aushöhlen, dass ein Rand stehen bleibt. Anschließend in kochendem Salzwasser etwa 20 Minuten garen. Die Kartoffelhälften abgießen, mit kaltem Wasser abspülen, abtropfen lassen und in eine Auflaufform (gefettet) setzen. Gemüsewürfel in die Zwischenräume der Kartoffelhälften geben.
2. Das ausgehöhlte Kartoffelfleisch mit den geschälten, klein geschnittenen Kartoffeln in kochendem Salzwasser etwa 20 Minuten garen und abgießen. Kartoffelwürfel durch eine Kartoffelpresse drücken. Milch unterrühren. Mit Salz und Muskat würzen. Kartoffelpüree in einen Spritzbeutel mit Sterntülle füllen und auf die Kartoffelhälften spritzen.
3. Den Backofengrill vorheizen.
4. Ei mit Sahne verschlagen. Das Püree damit beträufeln. Die Form auf dem Rost unter den vorgeheizten Grill schieben. Die Kartoffeln 2–3 Minuten gratinieren.

Gratinierte Cannelloni mit Zucchini-Mett-Füllung

Gratinierte Gemüsekartoffeln

Gewürzhähnchen-Auflauf, asiatisch

4 Portionen

Zubereitungszeit: 45 Minuten, ohne Marinierzeit
Garzeit: 15–18 Minuten

500 g Hähnchenbrustfilet
1 Knoblauchzehe
3 EL Sojasauce
1–2 TL 5-Gewürze-Pulver
175 g Asia-Weizen-Nudeln (Mie-Nudeln, Instant)
Salzwasser
1–2 TL Sesamöl
500 g Brokkoli
1 rote Paprikaschote (etwa 250 g)
190 g Maiskölbchen (aus dem Glas)
2 EL Speiseöl, z. B. Soja- oder Erdnussöl
250 ml (1/4 l) Gemüsebrühe
Salz
1 TL Speisestärke
Sojasauce
1 rote Chilischote
2 EL Sesamsamen
1 EL flüssiger Honig
2 TL Sesamöl

Pro Portion:
E: 40 g, F: 15 g, Kh: 47 g, kJ: 2036, kcal: 484

1. Hähnchenbrustfilet kurz unter fließendem kalten Wasser abspülen, trocken tupfen, in Streifen schneiden und in eine flache Schale legen. Knoblauch abziehen und fein hacken. Sojasauce mit 5-Gewürze-Pulver und Knoblauch verrühren, zu den Filetstreifen geben, untermischen und zugedeckt etwa 15 Minuten marinieren.
2. In der Zwischenzeit Nudeln in kochendem Salzwasser nach Packungsanleitung bissfest garen, abgießen, gut abtropfen lassen und mit Sesamöl mischen. Nudeln zu Nestern formen und in eine große Auflaufform (gefettet) setzen.
3. Brokkoli putzen und in kleine Röschen teilen. Dicke Stiele schälen und klein schneiden. Brokkoli abspülen und abtropfen lassen. Paprikaschote halbieren, entstielen, entkernen und die weißen Scheidewände entfernen. Schotenhälften abspülen, abtropfen lassen und in Streifen schneiden. Maiskölbchen in einem Sieb abtropfen lassen.
4. Den Backofen vorheizen.
Ober-/Unterhitze: etwa 200 °C
Heißluft: etwa 180 °C
5. Speiseöl in einer Pfanne erhitzen. Marinierte Fleischstreifen darin unter Wenden etwa 1 Minute kräftig anbraten und herausnehmen. Brokkoliröschen, -stücke und Paprikastreifen in dem verbliebenen Bratfett andünsten. Brühe hinzugießen, mit Salz würzen, zum Kochen bringen und zugedeckt etwa 8 Minuten dünsten.
6. Angedünstetes Gemüse mit Maiskölbchen und Filetstreifen auf den Nudelnestern in der Form verteilen. Speisestärke mit etwas Wasser anrühren, in den entstandenen Gemüsefond rühren und unter Rühren gut aufkochen lassen. Die Sauce mit Sojasauce abschmecken und auf den Auflauf träufeln.
7. Chilischote längs aufschneiden, entstielen und entkernen. Schote abspülen, trocken tupfen und sehr klein schneiden. Chilistückchen mit Sesam, Honig und Sesamöl mischen, ebenfalls auf den Auflauf träufeln. Die Form auf dem Rost in den vorgeheizten Backofen schieben. Den Auflauf 15–18 Minuten garen.

Seelachs auf Zitronenspinat mit Möhrenreis

4 Portionen

Zubereitungszeit: 30 Minuten
Garzeit: etwa 15 Minuten

600 g TK-Blattspinat
200 ml Gemüsebrühe
Salz
frisch geriebene Muskatnuss
4 Möhren (etwa 400 g)
1 Zitrone
4 Seelachsfilets (je etwa 150 g)
frisch gemahlener Pfeffer
10 g zerlassene Butter

Gewürzhähnchen-Auflauf, asiatisch

Seelachs auf Zitronenspinat mit Möhrenreis

Spargel-Gratin

2 EL Speiseöl, z. B. Sonnenblumenöl
160 g Langkornreis
1 Zitrone
400 ml Gemüsebrühe

Pro Portion:
E: 36 g, F: 12 g, Kh: 38 g,
kJ: 1731, kcal: 413

1. Den Backofen vorheizen.
Ober-/Unterhitze: etwa 200 °C
Heißluft: etwa 180 °C

2. Gefrorenen Spinat mit der Brühe in einem Topf unter gelegentlichem Rühren bei mittlerer Hitze auftauen lassen. Spinat mit Salz und Muskat würzen.

3. In der Zwischenzeit Möhren putzen, schälen, abspülen, abtropfen lassen und klein würfeln. Zitrone so schälen, dass die weiße Haut mitentfernt wird. Zitrone in Scheiben schneiden.

4. Spinat in einer großen Auflaufform (gefettet) verteilen. Zitronenscheiben darauflegen.

5. Fischfilets kurz unter fließendem kalten Wasser abspülen, trocken tupfen und mit Salz und Pfeffer bestreuen. Fischfilets auf den Zitronenspinat in die Auflaufform legen, mit zerlassener Butter bestreichen.

6. Die Form auf dem Rost in den vorgeheizten Backofen (unteres Drittel) schieben. Seelachs auf Zitronenspinat etwa 15 Minuten garen.

7. Speiseöl in einem Topf erhitzen. Möhrenwürfel und Reis hinzufügen, unter Rühren bei mittlerer Hitze kurz andünsten. Zitrone halbieren und den Saft auspressen. Brühe mit Zitronensaft verrühren, zu der Möhren-Reis-Mischung geben und unter gelegentlichem Rühren zum Kochen bringen. Den Reis zugedeckt etwa 15 Minuten bei schwacher Hitze ausquellen lassen.

8. Seelachs mit Zitronenspinat und Möhrenreis servieren.

Spargel-Gratin

6 Portionen

Zubereitungszeit: 50 Minuten
Backzeit: etwa 40 Minuten

1,2 kg weißer Spargel
4 Eier (Größe M)
150 g Crème fraîche
3 EL Semmelbrösel
150 ml Spargelfond oder Milch
Salz, frisch gemahlener Pfeffer
1 Bund glatte Petersilie
50 g fein geriebener Parmesan-Käse
100 g Frühstücksspeck

Pro Portion:
E: 14 g, F: 21 g, Kh: 8 g,
kJ: 1164, kcal: 278

1. Den Spargel von oben nach unten schälen. Darauf achten, dass die Schalen vollständig entfernt, die Köpfe aber nicht verletzt werden. Die unteren Enden abschneiden (holzige Stellen vollkommen entfernen). Die Spargelstangen, -schalen und -enden abspülen und gut abtropfen lassen.

2. Spargelschalen und -enden in einem Topf mit Wasser zum Kochen bringen und zugedeckt etwa 20 Minuten bei schwacher Hitze leicht kochen lassen. Anschließend in ein Sieb geben, dabei den Spargelfond auffangen.

3. Den Backofen vorheizen.
Ober-/Unterhitze: etwa 180 °C
Heißluft: etwa 160 °C

4. Eier mit Crème fraîche und Semmelbröseln verrühren. Spargelfond oder Milch unterrühren. Mit Salz und Pfeffer würzen. Petersilie abspülen und trocken tupfen. Die Blättchen von den Stängeln zupfen. Blättchen klein schneiden und unter die Eier-Crème-fraîche-Masse rühren.

5. Spargelstangen längs halbieren und in eine Gratinform (Ø 30 cm, gefettet) legen. Eier-Crème-fraîche-Masse darauf verteilen und mit Käse bestreuen. Speckscheiben darauflegen. Die Form auf dem Rost in den vorgeheizten Backofen schieben. Das Spargel-Gratin etwa 40 Minuten backen.

Beilage: Neue Kartoffeln.

Tipp: Bei dieser Zubereitung behält der Spargel etwas Biss. Wenn Sie Ihren Spargel lieber weich genießen möchten, dann kochen Sie ihn vor dem Überbacken etwa 10 Minuten in Wasser vor.

Überbackene Zucchini mit Risotto

Gemüseauflauf mit Filoteig-Haube

Überbackene Zucchini mit Risotto

4 Portionen

Zubereitungszeit: 50 Minuten
Garzeit: etwa 25 Minuten

Für den Risotto-Reis:
1 Zwiebel
50 g Butter
200 g Risotto-Reis
400–500 ml heiße Gemüsebrühe
Salz
1 EL gemischte, gehackte Kräuter, z. B. glatte Petersilie, Thymian, Basilikum

3–4 große Zucchini (je etwa 350 g)
1 mittelgroße Zwiebel
2 EL Speiseöl
frisch gemahlener, schwarzer Pfeffer
gerebelter Thymian
1 Knoblauchzehe
8 EL Semmelbrösel
50 g frisch geriebener Bergkäse
8 EL Olivenöl

Pro Portion:
E: 9 g, F: 37 g, Kh: 54 g,
kJ: 2469, kcal: 589

1. Für den Reis Zwiebel abziehen und in kleine Würfel schneiden. Butter in einem Topf zerlassen. Reis hinzufügen und unter Rühren glasig dünsten. Etwas von der Brühe hinzugießen und zum Kochen bringen. Den Reis zugedeckt bei schwacher Hitze unter gelegentlichem Rühren etwa 20 Minuten ausquellen lassen. Nach und nach restliche Brühe hinzugießen. Den garen Reis mit Salz abschmecken. Kräuter unterrühren.
2. Den Backofen vorheizen.
Ober-/Unterhitze: etwa 200 °C
Heißluft: etwa 180 °C
3. Zucchini abspülen, abtrocknen und die Enden abschneiden. Zucchini der Länge nach halbieren und mit einem Löffel aushöhlen, dabei einen 1–2 cm breiten Rand stehen lassen. Zwiebel abziehen und in kleine Würfel schneiden.
4. Speiseöl in einem Topf erhitzen. Zwiebelwürfel darin glasig dünsten. Zucchiniwürfel hinzugeben. Mit Salz, Pfeffer und Thymian würzen. Die Zutaten etwa 5 Minuten unter Rühren dünsten. Knoblauch abziehen, fein hacken und unterrühren.
5. Risotto-Reis mit den Zucchiniwürfeln gut vermischen und in die Zucchinihälften füllen. Semmelbrösel und Käse darüberstreuen. Mit Olivenöl beträufeln. Die gefüllten Zucchinihälften in eine große, flache Auflaufform setzen. Die Form auf dem Rost in den vorgeheizten Backofen schieben. Die gefüllten Zucchini etwa 25 Minuten garen.

Beilage: Tomatensalat oder ein gemischter Salat.

Gemüseauflauf mit Filoteig-Haube

4 Portionen

Zubereitungszeit: 35 Minuten
Garzeit: 25–30 Minuten

3 rote Zwiebeln (etwa 250 g)
1 Aubergine (etwa 250 g)
750 g Zucchini
300 g Fleischtomaten
3 EL Olivenöl
Salz
frisch gemahlener Pfeffer

Für den Guss:
2 Eier (Größe M)
1 Eiweiß (Größe M)

250 g Schlagsahne
2 EL gemischte, gehackte Kräuter (frisch oder TK)
1 Knoblauchzehe
200 g Schafkäse
8–10 Lagen runde Filo- oder Yufkateigblätter (etwa 175 g, erhältlich in türkischen Lebensmittelläden)
2 EL Butter
1 Eigelb (Größe M)
1 EL Sesamsamen

Pro Portion:
E: 23 g, F: 52 g, Kh: 38 g,
kJ: 3046, kcal: 727

1. Zwiebeln abziehen, zuerst in Scheiben schneiden, dann in Ringe teilen oder Zwiebeln in Spalten schneiden. Aubergine abspülen, abtrocknen und den Stängelansatz abschneiden. Aubergine in Würfel schneiden. Zucchini abspülen, abtrocknen und die Enden abschneiden. Zucchini ebenfalls in Würfel schneiden. Tomaten abspülen, trocken tupfen, halbieren und die Stängelansätze herausschneiden. Tomatenhälften in Stücke schneiden.
2. Den Backofen vorheizen.
Ober-/Unterhitze: etwa 200 °C
Heißluft: etwa 180 °C
3. Olivenöl in einer Pfanne erhitzen. Zwiebelringe oder -spalten und Auberginenwürfel darin etwa 3 Minuten unter Wenden dünsten. Mit Salz und Pfeffer würzen. Zucchiniwürfel und Tomatenstücke hinzugeben, weitere etwa 3 Minuten unter Wenden dünsten. Angedünstetes Gemüse in eine Auflaufform (gefettet) geben.
4. Für den Guss die Eier mit Eiweiß, Sahne und Kräutern verschlagen. Mit Salz und Pfeffer würzen. Knoblauch abziehen, fein hacken und hinzugeben. Den Guss auf dem Gemüse verteilen. Käse fein zerbröseln und daraufstreuen. Die Form auf dem Rost in den vorgeheizten Backofen schieben. Den Auflauf etwa 15 Minuten garen.
5. Die Teigblätter auf einer Arbeitsfläche ausbreiten. Butter zerlassen. Die Teigblätter damit bestreichen und übereinanderlegen.
6. Die Form aus dem Backofen nehmen und die Teigblätter auf den Auflauf legen. Eigelb mit 1 Teelöffel Wasser verschlagen. Die oberen Teigblätter damit dünn bestreichen und mit Sesam bestreuen. Die Form wieder auf dem Rost in den heißen Backofen schieben. Den Auflauf bei gleicher Backofentemperatur weitere 10–15 Minuten goldbraun backen.

Auflauf von Wurzelgemüsen

6 Portionen

Zubereitungszeit: 80 Minuten
Garzeit: etwa 60 Minuten

400 g Steckrüben
400 g Knollensellerie
400 g Möhren
Salzwasser
150 g Gorgonzola- oder Roquefort- oder Bavaria-blue-Käse
600 g Schlagsahne
6 Eier (Größe M)
15 g TK-Petersilie
Salz, frisch gemahlener Pfeffer

Pro Portion:
E: 18 g, F: 45 g, Kh: 9 g,
kJ: 2245, kcal: 537

1. Steckrüben, Knollensellerie und Möhren putzen, schälen, abspülen, abtropfen lassen und in kleine Würfel schneiden.
2. Den Backofen vorheizen.
Ober-/Unterhitze: etwa 180 °C
Heißluft: etwa 160 °C
3. Die Gemüsewürfel in kochendem Salzwasser etwa 5 Minuten blanchieren. Anschließend in ein Sieb geben, mit kaltem Wasser abschrecken und gut abtropfen lassen.
4. Gorgonzola oder Roquefort oder Bavaria-blue durch ein Sieb streichen, mit Sahne, Eiern und Petersilie verrühren. Mit Salz und Pfeffer würzen.
5. Die Gemüsewürfel in eine flache Auflaufform geben. Die Käse-Eier-Sahne darauf verteilen. Die Form auf dem Rost in den vorgeheizten Backofen schieben. Den Auflauf etwa 60 Minuten garen.
6. Evtl. den Auflauf nach etwa 50 Minuten mit Backpapier zudecken.

Beilage: Gemischter Salat.

Auflauf von Wurzelgemüsen

Tomaten-Krabben-Gratin

1 Portion

Zubereitungszeit: 15 Minuten
Backzeit: etwa 5 Minuten

2 Tomaten
2–3 Stängel Basilikum
1 dicke Scheibe Butterkäse (etwa 75 g)
Salz, frisch gemahlener Pfeffer
100–125 g Nordsee-Krabbenfleisch (ohne Schale)

Insgesamt:
E: 38 g, F: 27 g, Kh: 5 g,
kJ: 1787, kcal: 426

1. Den Backofen oder -grill vorheizen.
Ober-/Unterhitze: etwa 220 °C
Heißluft: etwa 200 °C
2. Tomaten kreuzweise einschneiden, mit kochendem Wasser übergießen und kurz darin liegen lassen. Tomaten mit kaltem Wasser abschrecken, enthäuten, halbieren, die Stängelansätze herausschneiden. 1 Tomatenhälfte in Würfel, restliche Tomatenhälften in Scheiben schneiden.
3. Basilikum abspülen und trocken tupfen. Die Blättchen von den Stängeln zupfen. Die Hälfte der Blättchen klein schneiden. Restliche Blättchen zum Garnieren beiseitelegen. Käsescheiben in Würfel schneiden.
4. Tomatenscheiben in eine flache Auflauf- oder Gratinform (gefettet) legen. Mit Salz, Pfeffer und klein geschnittenem Basilikum bestreuen. Das Krabbenfleisch und die Käsewürfel darauf verteilen.
5. Die Form auf dem Rost in den vorgeheizten Backofen schieben. Das Gratin etwa 5 Minuten backen (oder unter dem heißen Grill bei 220 °C etwa 5 Minuten gratinieren), bis der Käse zu zerlaufen beginnt.
6. Tomaten-Krabben-Gratin herausnehmen, mit Tomatenwürfeln und beiseitegelegten Basilikumblättchen garniert servieren.

Beilage: Knuspriges Baguette.

Tomaten-Krabben-Gratin

Tilapiafilet „Bordelaise"

2 Portionen

Zubereitungszeit: 30 Minuten
Garzeit: 8–10 Minuten

2 Tilapiafilets (je etwa 180 g)
Salz, frisch gemahlener Pfeffer
6 EL Semmelbrösel
3–4 EL Olivenöl
1 Bund Schnittlauch
2–3 Stängel Dill
1 EL körniger Senf
1 EL Butter

2 kleine Salatgurken (etwa 300 g)
125 g Schmand (Sauerrahm)
1 Prise Zucker

Pro Portion:
E: 37 g, F: 49 g, Kh: 39 g,
kJ: 3110, kcal: 743

1. Den Backofen vorheizen.
Ober-/Unterhitze: etwa 200 °C
Heißluft: etwa 180 °C
2. Fischfilets kurz unter fließendem kalten Wasser abspülen, trocken tupfen, mit Salz und Pfeffer bestreuen. Die Fischfilets in eine Auflaufform (gefettet) legen.
3. Die Semmelbrösel mit dem Olivenöl zu einer feucht-bröseligen Masse verrühren. Kräuter abspülen und trocken tupfen. Schnittlauch in feine Röllchen schneiden. Einige Dillspitzen zum Garnieren beiseitelegen. Restliche Dillspitzen von den Stängeln zupfen. Spitzen klein schneiden.
4. Die Kräuter mit dem Senf unter die Bröselmischung rühren. Mit Salz und Pfeffer abschmecken. Die Kräuter-Brösel-Masse auf den Fischfilets verteilen. Butter in Flöckchen daraufsetzen.
5. Die Form auf dem Rost in den vorgeheizten Backofen schieben. Die Fischfilets 8–10 Minuten garen.
6. In der Zwischenzeit die Gurken abspülen, abtrocknen und die Enden abschneiden. Die Gurken in dünne Scheiben schneiden oder hobeln.

Tilapiafilet „Bordelaise"

Pinienkern-Pesto-Gnocchi

7. Den Schmand glatt rühren, mit Salz, Pfeffer und Zucker würzen. Die Gurkenscheiben vorsichtig mit dem Schmand verrühren, nochmals abschmecken.
8. Die Fischfilets mit den Schmandgurken servieren. Mit den beiseitegelegten Dillspitzen garniert servieren.

Pinienkern-Pesto-Gnocchi

4 Portionen

Zubereitungszeit: 50 Minuten, ohne Abkühl- und Ruhezeit
Überbackzeit: etwa 20 Minuten

750 g mehligkochende Kartoffeln
Salz
30 g Pinienkerne
25 g getrocknete Tomaten
3–4 TL Pesto (aus dem Glas)
etwa 125 g Weizenmehl
75–100 g Hartweizengrieß
etwas Weizenmehl
500 g gedünstetes Gemüse, z. B. Brokkoli, Tomaten, Champignons, grüner Spargel
150 g Schlagsahne
125 g frisch geriebener Gratin-Käse

Pro Portion:
E: 24 g, F: 28 g, Kh: 73 g,
kJ: 2738, kcal: 654

1. Kartoffeln gründlich waschen, abtropfen lassen und in einem Topf knapp mit Salzwasser bedeckt zum Kochen bringen. Kartoffeln zugedeckt 20–25 Minuten garen.
2. In der Zwischenzeit Pinienkerne grob hacken, in einer Pfanne ohne Fett unter Rühren rösten, herausnehmen und auf einem Teller abkühlen lassen. Tomaten sehr fein würfeln.
3. Kartoffeln abgießen, abdampfen, heiß pellen und sofort durch eine Kartoffelpresse drücken oder fein zerstampfen. Pesto, Pinienkerne und Tomatenwürfel unter das Püree mischen, etwas abkühlen lassen.
4. Mehl, Grieß und etwa 1/2 Teelöffel Salz zum Püree geben und mit Handrührgerät mit Knethaken gut durcharbeiten. Anschließend mit den Händen zu einem glatten Teig verkneten (sollte der Teig zu weich sein, noch etwas Grieß hinzufügen).
5. Den Kartoffelteig zu länglichen, etwa fingerdicken Rollen formen, diese in 3–4 cm lange Stücke schneiden. Gnocchi dünn mit Mehl bestäuben und mit einer Gabel Rillen in die Oberfläche drücken. Gnocchi auf einem leicht bemehlten Geschirrtuch verteilen und mindestens 1 Stunde ruhen lassen.
6. Den Backofen vorheizen.
Ober-/Unterhitze: etwa 200 °C
Heißluft: etwa 180 °C
7. Reichlich Wasser in einem weiten Topf aufkochen. 1 Teelöffel Salz hinzugeben. Gnocchi portionsweise in das kochende Salzwasser gleiten lassen, einmal kurz aufkochen lassen, sodass die Gnocchi an die Wasseroberfläche steigen. Dann die Temperatur reduzieren. Die Gnocchi etwa 4 Minuten bei schwacher Hitze ziehen lassen.
8. Gnocchi mit einer Schaumkelle herausnehmen, gut abtropfen lassen und mit dem Gemüse in eine Auflaufform (gefettet) schichten. Zuerst die Sahne und dann den Käse darauf verteilen. Die Form auf dem Rost in den vorgeheizten Backofen schieben. Die Gnocchi etwa 20 Minuten überbacken.

Geflügelauflauf mit Camembert-Haube

4 Portionen

Zubereitungszeit: 40 Minuten
Garzeit: 10–12 Minuten

750 g mehligkochende Kartoffeln
2 Stangen Porree (Lauch, etwa 600 g)
125 ml (1/8 l) Gemüsebrühe
100 g Schlagsahne
Salz
frisch gemahlener Pfeffer
1 Lorbeerblatt
750 g Hähnchenbrustfilets
2 EL Butterschmalz
evtl. 50 g Schlagsahne
200 g Camembert (mind. 45 % Fett)
150 g Preiselbeeren (aus dem Glas)

Pro Portion:
E: 60 g, F: 26 g, Kh: 42 g,
kJ: 2719, kcal: 650

1. Kartoffeln waschen, schälen, abspülen, abtropfen lassen und in nicht zu dünne Scheiben schneiden. Porree putzen, die Stangen längs halbieren, gründlich waschen, abtropfen lassen und in Streifen schneiden. Brühe mit Sahne, Salz, Pfeffer und Lorbeerblatt in einem Topf zum Kochen bringen.
2. Kartoffelscheiben hinzugeben und zugedeckt etwa 5 Minuten bei schwacher Hitze kochen lassen. Porreestreifen vorsichtig unterrühren und weitere etwa 5 Minuten garen.
3. Den Backofen vorheizen.
Ober-/Unterhitze: etwa 200 °C
Heißluft: etwa 180 °C
4. Hähnchenbrustfilets kurz unter fließendem kalten Wasser abspülen, trocken tupfen, mit Salz und Pfeffer bestreuen. Butterschmalz in einer Pfanne zerlassen. Die Hähnchenbrustfilets darin 10–12 Minuten unter Wenden braten.
5. Sahne-Porree-Kartoffeln in eine große Auflaufform (gefettet) geben. Nach Belieben zusätzlich noch etwas Sahne daraufgeben. Die Hähnchenbrustfilets daraufsetzen. Camembert in Scheiben schneiden oder würfeln und auf dem Auflauf verteilen. Die Form auf dem Rost in den vorgeheizten Backofen schieben. Den Auflauf 10–12 Minuten garen.
6. Den Auflauf mit Preiselbeeren servieren. Oder die Preiselbeeren vor dem Servieren in Häufchen auf dem Auflauf verteilen.

Gnocchi, überbacken

4 Portionen

Zubereitungszeit: 50 Minuten
Überbackzeit: etwa 20 Minuten

1 kg Kartoffeln
3 Eier (Größe M)
100 g Weizenmehl
Salz
frisch geriebene Muskatnuss
Salzwasser
250 g Crème double
50 g frisch geriebener
Parmesan-Käse

Pro Portion:
E: 20 g, F: 42 g, Kh: 65 g,
kJ: 3180, kcal: 760

1. Kartoffeln gründlich waschen, mit Wasser bedeckt zum Kochen bringen und zugedeckt 20–25 Minuten kochen lassen. Danach Kartoffeln abgießen, mit kaltem Wasser abspülen und abtropfen lassen. Kartoffeln heiß pellen, durch eine Kartoffelpresse drücken oder mit einem Kartoffelstampfer zerdrücken, in eine Schüssel geben und etwas abkühlen lassen.

2. Eier und Mehl zu der Kartoffelmasse geben und zu einem Teig verkneten. Mit Salz und Muskat würzen.
3. Den Backofen vorheizen.
Ober-/Unterhitze: etwa 200 °C
Heißluft: etwa 180 °C
4. Aus dem Teig fingerdicke Rollen formen und in etwa 3 cm lange Stücke schneiden oder mit zwei Teelöffeln Nocken abstechen. Gnocchi in kochendem Salzwasser 2–3 Minuten garen. Sie sind gar, wenn sie an der Oberfläche schwimmen. Die Gnocchi mit einer Schaumkelle herausnehmen und in eine Gratinform (gefettet) geben. Crème double darauf verteilen und mit Parmesan-Käse bestreuen.
5. Die Form auf dem Rost in den vorgeheizten Backofen schieben.
6. Die Gnocchi etwa 20 Minuten goldbraun überbacken.

Gemüse-Reis-Auflauf

4 Portionen

Zubereitungszeit: 45 Minuten
Garzeit: etwa 30 Minuten

3 EL Speiseöl
500 g Gehacktes (halb Rind-, halb Schweinefleisch)
Salz, frisch gemahlener Pfeffer
Paprikapulver edelsüß
500 g Langkornreis
1 1/2 l Salzwasser
3 Fleischtomaten (etwa 500 g)
2 Auberginen (etwa 400 g)
2 Zucchini (etwa 400 g)
6 EL Olivenöl
je 1 Bund Schnittlauch, Dill, Petersilie und Zitronenmelisse
2 Knoblauchzehen
125 g Schlagsahne
20 g Butter

Pro Portion:
E: 33 g, F: 50 g, Kh: 58 g,
kJ: 3427, kcal: 818

1. Speiseöl in einer Pfanne erhitzen. Gehacktes unter Rühren darin anbraten. Dabei die Fleischklümpchen mit einer Gabel zerdrücken. Mit Salz, Pfeffer und Paprika würzen.
2. Den Reis in kochendem Salzwasser nach Packungsanleitung garen. Reis in ein Sieb geben, mit kaltem Wasser übergießen und abtropfen lassen.
3. Tomaten, Auberginen und Zucchini abspülen, abtrocknen und die Stängelansätze bzw. Enden entfernen. Tomaten, Zucchini und Auberginen in Scheiben schneiden. Jeweils etwas Olivenöl in einer großen Pfanne erhitzen. Zucchini- und Auberginenscheiben darin portionsweise von beiden Seiten anbraten. Mit Salz und Pfeffer bestreuen. Die Zucchini- und Auberginenscheiben herausnehmen, auf Küchenpapier legen und abtropfen lassen.
4. Den Backofen vorheizen.
Ober-/Unterhitze: etwa 180 °C
Heißluft: etwa 160 °C
5. Kräuter abspülen und trocken tupfen. Schnittlauch in Röllchen schneiden. Von den restlichen Kräutern die Blättchen oder Spitzen von den Stängeln zupfen. Blättchen oder Spitzen klein schneiden und unter den Reis mischen. Knoblauch abziehen, fein hacken und unterrühren.
6 Abwechselnd dachziegelartig Tomaten-, Zucchini-, Auberginenscheiben, Gehacktesmasse und Kräuterreis in eine flache Auflaufform legen. Sahne darauf verteilen. Butter in Flöckchen daraufsetzen. Die Form auf dem Rost in den vorgeheizten Backofen schieben. Den Auflauf etwa 30 Minuten garen.

Gemüse-Reis-Auflauf

Kapitel 06

Rezepte 501–600

Desserts

Vanille-Apfel-Küchlein

Vanille-Apfel-Küchlein

8 Stück

Zubereitungszeit: 20 Minuten, ohne Auftau- und Ruhezeit
Backzeit: etwa 25 Minuten je Backblech

450 g TK-Blätterteig

Für den Belag:
1 kg Äpfel, z. B. Boskop
etwas Zitronensaft
100 g Zucker
150 ml Weißwein
1 Dr. Oetker Bourbon Vanilleschote
100 g Puderzucker

Pro Stück:
E: 4 g, F: 14 g, Kh: 57 g,
kJ: 1065, kcal: 382

1. Die Blätterteigplatten nebeneinander nach Packungsanleitung auftauen.
2. Für den Belag die Äpfel schälen, vierteln und entkernen. 8 Apfelviertel mit Zitronensaft beträufeln und beiseitelegen. Restliche Apfelviertel in Stücke schneiden.
3. Apfelstücke, Zucker und Wein in einem Topf verrühren. Vanilleschote längs aufschneiden und das Mark herausschaben. Vanillemark zu den Apfelstücken geben, aufkochen.
4. Apfelstücke in einem Topf ohne Deckel so lange leicht kochen lassen, bis sie weich sind und der Wein verdampft ist. Apfelkompott etwas abkühlen lassen.
5. Blätterteigplatten aufeinanderlegen und auf einer bemehlten Arbeitsfläche zu einem Rechteck (etwa 38 x 50 cm) ausrollen. 8 runde Platten (Ø etwa 12 cm) ausstechen.
6. Jeweils 4 Teigplatten auf ein Backblech (mit Backpapier belegt) legen. Das Apfelkompott in die Mitte der Blätterteigplatten geben, dabei jeweils einen etwa 1 cm breiten Rand frei lassen.
7. Die beiseitegelegten Apfelviertel in Spalten schneiden, auf das Kompott legen und dick mit Puderzucker bestäuben. Die Küchlein etwa 15 Minuten ruhen lassen. In der Zwischenzeit den Backofen vorheizen.
Ober-/Unterhitze: etwa 200 °C
Heißluft: etwa 180 °C
8. Die Backbleche nacheinander (bei Heißluft zusammen) in den vor-

geheizten Backofen schieben. Die Küchlein etwa 25 Minuten je Backblech backen. Die Apfel-Küchlein sofort servieren.

Orangen-Quark-Creme

4 Portionen

Zubereitungszeit: 40 Minuten, ohne Kühlzeit

2–3 mittelgroße Orangen
4 Blatt weiße Gelatine
150 ml Saft von den Orangen
1–2 EL Zitronensaft
100 g Zucker
150 g Speisequark (20 % Fett)
300 g Schlagsahne
8 geschälte, in Schokolade getauchte Mandeln
einige Minzeblättchen

Pro Portion:
E: 8 g, F: 27 g, Kh: 32 g,
kJ: 1751, kcal: 419

1. Die Orangen waagerecht durchschneiden und den Saft auspressen. 150 ml Saft abmessen. 4 Orangenhälften mit einem Löffel von innen auskratzen.
2. Die Gelatine nach Packungsanleitung einweichen. Orangen- und Zitronensaft in einem kleinen Topf erhitzen, aber nicht kochen.
3. Gelatine leicht ausdrücken und unter Rühren in dem heißen Saft auflösen. Zucker unterrühren. Die Gelatine-Saft-Mischung etwas abkühlen lassen und mit dem Quark verrühren. Die Orangen-Quark-Masse in den Kühlschrank stellen, dabei zwischendurch umrühren.
4. Wenn die Masse anfängt dicklich zu werden, Sahne steif schlagen und unterheben. Die Creme in einen Spritzbeutel mit großer Lochtülle füllen und in die Orangenschalen spritzen. Die Creme mindestens 1 Stunde in den Kühlschrank stellen. Vor dem Servieren mit Mandeln und abgespülten und trocken getupften Minzeblättchen garnieren.

Bananen-Quark-Creme

4 Portionen

Zubereitungszeit: 15 Minuten

3 mittelgroße, reife Bananen
3 EL Zitronensaft
4–5 EL Zucker
1 TL Dr. Oetker Vanillin-Zucker
400 g Magerquark
200 g Schlagsahne

Pro Portion:
E: 15 g, F: 16 g, Kh: 39 g,
kJ: 1552, kcal: 371

1. 2 1/2 Bananen schälen, in Stücke schneiden, mit 2 Esslöffeln Zitronensaft, Zucker und Vanillin-Zucker pürieren. Das Püree unter den Quark rühren. Die Sahne steif schlagen und unterheben.
2. Restliche Bananenhälfte schälen, in Scheiben schneiden und mit dem restlichen Zitronensaft beträufeln.
3. Die Creme in Portionsgläser füllen und mit Bananenscheiben garnieren.

Orangen-Quark-Creme

Bananen-Quark-Creme

Crêpes mit Quark-Bananen-Füllung

6 Stück

Zubereitungszeit: 40 Minuten, ohne Ruhezeit

Für die Crêpes:
130 g Weizenmehl
2 Eier (Größe M)
150 ml Milch
100 g Schlagsahne
2 EL Zucker
40 g zerlassene Butter

Für die Füllung:
250 g Magerquark
2 EL Schlagsahne
2 EL brauner Zucker (Rohrzucker)
1 Pck. Dr. Oetker Vanillin-Zucker
1 EL Zitronensaft
2 Bananen, 60 g Rosinen

60 g Butter
etwas Vollmilch-Schokolade

Pro Stück:
E: 12 g, F: 24 g, Kh: 46 g,
kJ: 1911, kcal: 456

1. Für die Crêpes Mehl in eine Rührschüssel geben. Die Eier mit Milch, Sahne und Zucker verschlagen. Eiermilch nach und nach unter das Mehl rühren, sodass ein glatter Teig entsteht. Darauf achten, dass keine Klümpchen entstehen. Flüssige Butter zuletzt unter den Teig rühren. Teig etwa 30 Minuten ruhen lassen.
2. Für die Füllung in der Zwischenzeit Quark mit Sahne, Zucker, Vanillin-Zucker und Zitronensaft verrühren. Bananen schälen, in dünne Scheiben schneiden und mit den Rosinen unter die Quarkmasse heben.
3. Etwas Butter in einer Pfanne (Ø 28 cm) zerlassen. Teig gut durchrühren und 1 dünne Teiglage mit einer drehenden Bewegung gleichmäßig auf dem Boden der Pfanne verteilen. Vor dem Wenden etwas Butter in die Pfanne geben. Crêpe von beiden Seiten goldgelb backen und warm stellen. Aus dem restlichen Teig weitere 5 Crêpes backen.
4. Jeden Crêpe zur Hälfte mit der Quark-Bananen-Füllung belegen. Unbelegte Hälfte auf die Füllung klappen, dann zu einer dreieckigen Tasche zusammenklappen. Crêpes mit etwa 3 Esslöffeln geraspelter Schokolade bestreut servieren.

Beeren mit Orangen-Quark-Creme

4 Portionen

Zubereitungszeit: 15 Minuten, ohne Auftauzeit

600 g frische oder TK-Beeren
400 g Magerquark
150 ml frisch gepresster Orangensaft (von 1–2 Orangen)
etwas Zucker

Pro Portion:
E: 16 g, F: 1 g, Kh: 15 g,
kJ: 598, kcal: 143

1. Frische Beeren abspülen und abtropfen lassen. TK-Beeren nach Packungsanleitung auftauen lassen. Die Beeren auf 4 Desserttellern anrichten.
2. Quark mit Orangensaft verrühren. Die Orangen-Quark-Creme mit Zucker abschmecken und auf den Beeren verteilen.

Kartoffelwaffeln mit Dreifrucht

8 Waffeln

Zubereitungszeit: 50 Minuten, ohne Abkühlzeit

4 Eiweiß (Größe M)
1 Prise Salz
150 g weiche Butter
100 g gesiebter Puderzucker
4 Eigelb (Größe M)
50 g Weizenmehl
1/2 gestr. TL Dr. Oetker Backin
1/2 TL gemahlener Zimt
100 g Kartoffelpüree-Pulver (Fertigprodukt)

Kartoffelwaffeln mit Dreifrucht

Tiramisu-Torte mit Mandarinen

Für die Dreifruchtmasse:
2 Äpfel
1 Birne
250 g Zwetschen
75 g Zucker
75 g Schlagsahne

Pro Stück:
E: 6 g, F: 23 g, Kh: 43 g,
kJ: 1683, kcal: 402

1. Für den Teig Eiweiß mit Salz steif schlagen. Butter mit Handrührgerät mit Rührbesen auf höchster Stufe geschmeidig rühren. Nach und nach Puderzucker unterrühren. So lange rühren, bis eine gebundene Masse entstanden ist. Eigelb nach und nach unterrühren. Mehl mit Backpulver und Zimt mischen, abwechselnd mit dem Kartoffelpüree-Pulver auf mittlerer Stufe unterrühren. Eischnee unterheben.
2. Jeweils 2–3 Esslöffel Teig in ein gut erhitztes Waffeleisen (gefettet) füllen und verstreichen. Die Waffeln goldbraun backen, mit einer Gabel oder einem Pfannenwender herausnehmen und einzeln auf einem Kuchenrost erkalten lassen.
3. Für die Dreifruchtmasse Äpfel abspülen und abtrocknen. Die Birne schälen. Äpfel (mit Schale) und Birne halbieren, vierteln und entkernen. Apfel- und Birnenviertel nochmals durchschneiden. Zwetschen abspülen, abtrocknen, halbieren und entsteinen. Zwetschenhälften nochmals durchschneiden.
4. Zucker in einem Topf unter Rühren karamellisieren. Apfel- und Birnenstücke hinzugeben, gut verrühren. Sahne und Pflaumenstücke unterrühren. Die Fruchtstücke zum Kochen bringen und etwa 3 Minuten bei mittlerer Hitze kochen lassen.
5. Dreifrucht heiß oder kalt zu den Waffeln reichen.

Tiramisu-Torte mit Mandarinen

16 Stucke

Zubereitungszeit: 30 Minuten, ohne Kühlzeit

6 Blatt weiße Gelatine
350 g Mandarinen (aus der Dose)
500 g Mascarpone (ital. Frischkäse)
200 g Schmand (Sauerrahm)
150 ml Mandarinensaft (aus der Dose)
75 g Zucker
1 Pck. Dr. Oetker Finesse Geriebene Zitronenschale
50 ml Zitronensaft
200 g Schlagsahne

Außerdem:
250 g Löffelbiskuits
evtl. etwas Zimtzucker

Pro Stück:
E: 5 g, F: 20 g, Kh: 23 g,
kJ: 1256, kcal: 300

1. Gelatine nach Packungsanleitung einweichen. Mandarinen in einem Sieb abtropfen lassen. Dabei den Saft auffangen und 150 ml abmessen. Mascarpone mit Schmand, 75 ml des Mandarinensaftes, Zucker, Zitronenschale und -saft in einer Rührschüssel gut verrühren.
2. Die Gelatine leicht ausdrücken und in einem kleinen Topf bei schwacher Hitze unter Rühren auflösen. Gelatine zuerst mit 4 Esslöffeln von der Mascarpone-Schmand-Masse verrühren, dann unter die restliche Masse rühren.
3. Sahne steif schlagen und unterheben. Zwei Drittel der Mandarinen ebenfalls unterheben.
4. Einen Backrahmen (etwa 20 x 24 cm) auf eine Tortenplatte stellen. Den Boden mit Löffelbiskuits (mit der Zuckerseite nach oben) auslegen und mit der Hälfte des restlichen Mandarinensaftes tränken.
5. Die Löffelbiskuits vorsichtig mit der Hälfte der Mandarinencreme bestreichen, wieder mit Löffelbiskuits belegen und mit dem restlichen Saft tränken.
6. Restliche Creme locker daraufstreichen. Die Torte etwa 3 Stunden in den Kühlschrank stellen.
7. Die Torte aus dem Backrahmen lösen, mit den restlichen Mandarinen belegen und in Stücke (etwa 5 x 6 cm) schneiden.
8. Nach Belieben die Torte vor dem Servieren mit etwas Zimtzucker bestreuen.

Brüsseler Waffeln
7 Doppelwaffeln

Zubereitungszeit: 35 Minuten

250 g weiche Butter
6 Eier (Größe M)
250 g Weizenmehl
125 g lauwarme Crème fraîche
1/2 gestr. TL Salz

Zum Bestäuben:
100 g Puderzucker
1 Pck. Dr. Oetker Vanillin-Zucker

Pro Stück:
E: 10 g, F: 41 g, Kh: 41 g,
kJ: 2430, kcal: 581

1. Butter in einer Rührschüssel mit Handrührgerät mit Rührbesen geschmeidig rühren.
2. Eier in einer Schüssel im heißen Wasserbad schaumig schlagen. Abwechselnd die Eierschaummasse und das Mehl unter die Butter rühren. Crème fraîche und Salz unterheben.
3. Jeweils 2–3 Esslöffel Teig in ein gut erhitztes Waffeleisen (gefettet) füllen und verstreichen. Die Waffeln goldbraun backen und mit einer Gabel oder einem Pfannenwender herausnehmen. Waffeln einzeln auf einen Kuchenrost legen.
4. Zum Bestäuben Puderzucker mit Vanillin-Zucker mischen. Die Waffeln dick damit bestäuben und heiß oder kalt servieren.

Tipp: Erdbeer-, Orangen- oder Kirschsauce und Schlagsahne zu den Waffeln reichen.

Haferflockenwaffeln
9 Doppelwaffeln

Zubereitungszeit: 45 Minuten, ohne Abkühlzeit

Zum Vorbereiten:
125 g kernige Haferflocken
125 g Butterschmalz
100 g getrocknete Aprikosen

Für den Teig:
4 Eier (Größe M)
125 g Birnenschmaus (fruchtiger Brotaufstrich)
100 g Weizenmehl
3 EL Milch

Pro Stück:
E: 7 g, F: 18 g, Kh: 31 g,
kJ: 1336, kcal: 319

1. Zum Vorbereiten Haferflocken in einer Pfanne ohne Fett unter Wenden rösten, herausnehmen und auf einen Teller geben. Butterschmalz in einem Topf zerlassen, in eine Rührschüssel geben und erkalten lassen. Aprikosen in kleine Würfel schneiden.
2. Für den Teig das wieder etwas fest gewordene Butterschmalz und die Eier mit Handrührgerät mit Rührbesen geschmeidig rühren. Den Birnenschmaus unterrühren.
3. Das Mehl mit den gerösteten Haferflocken mischen und abwechselnd mit der Milch in 2 Portionen auf mittlerer Stufe unterrühren. Zuletzt die Aprikosenwürfel unterheben.
4. Jeweils 2 Esslöffel Teig in ein gut erhitztes Waffeleisen (gefettet) füllen und verstreichen. Die Waffeln goldbraun backen, mit einer Gabel oder einem Pfannenwender herausnehmen und einzeln auf einem Kuchenrost erkalten lassen.

Tipp: Die Waffeln mit einer Vanillesauce aus dem Kühlregal servieren.

Pflaumenkompott
4 Portionen

Zubereitungszeit: 20 Minuten, ohne Abkühlzeit

500 g reife Pflaumen
125 ml (1/8 l) Wasser
50 g Zucker, 1 Stange Zimt
evtl. 3 Gewürznelken
evtl. etwas Zucker
evtl. etwas Zitronensaft

Pro Portion:
E: 1 g, F: 0 g, Kh: 31 g,
kJ: 592, kcal: 141

1. Pflaumen abspülen, abtropfen lassen, halbieren und entsteinen.
2. Wasser mit Zucker in einem Topf zum Kochen bringen. Pflaumenhälften, Zimtstange und nach Belieben Nelken hineingeben, zum Kochen bringen. Pflaumenhälften in etwa 8 Minuten weich kochen.
3. Das Kompott erkalten lassen. Nach Belieben mit Zucker und Zitronensaft abschmecken. Zimtstange und Nelken entfernen.

Mandelwaffeln
8 Waffeln

Zubereitungszeit: 45 Minuten

Zum Vorbereiten:
100 g gehobelte Mandeln

Für den Rührteig:
175 g weiche Butter oder Margarine
175 g Zucker
1 Prise Salz
4 Eier (Größe M)
200 g Weizenmehl
1 Pck. Dr. Oetker Pudding-Pulver Vanille-Geschmack
1 gestr. TL Dr. Oetker Backin

Außerdem:
500 g Rote Grütze (aus dem Kühlregal)
500 ml Vanille-Eiscreme

Pro Stück:
E: 10 g, F: 33 g, Kh: 67 g,
kJ: 2567, kcal: 612

1. Zum Vorbereiten die Mandeln in einer Pfanne ohne Fett unter Wenden goldbraun rösten, herausnehmen und auf einen Teller geben.
2. Für den Rührteig Butter oder Margarine mit Handrührgerät mit Rührbesen auf höchster Stufe geschmeidig rühren. Nach und nach Zucker und Salz unterrühren. So lange rühren, bis eine gebundene Masse entstanden ist.
3. Eier nach und nach unterrühren (jedes Ei etwa 1/2 Minute). Mehl mit Pudding-Pulver und Backpulver mischen, in 2 Portionen auf mittlerer Stufe kurz unterrühren. Drei Viertel der Mandeln unterheben.
4. Jeweils etwa 2 Esslöffel Teig in ein gut erhitztes Waffeleisen (gefettet) füllen und verstreichen. Die Waffeln goldbraun backen und mit einer Gabel oder einem Pfannenwender herausnehmen. Waffeln einzeln auf ein Kuchenrost legen.
5. Die Waffeln abkühlen lassen und mit Roter Grütze, Vanille-Eis und den restlichen Mandeln anrichten.

Tipp: Die Waffeln schmecken auch gut mit Mokka-Eis und einem Sahnelikör, z.B. Baileys oder Eierlikör.

Pflaumenkompott

Mandelwaffeln

Gerollte Hefe-Buchteln

etwa 16 Stück

Zubereitungszeit: 30 Minuten, ohne Teiggehzeit
Backzeit: etwa 30 Minuten

Für den Hefeteig:
400 g Weizenmehl
1 Pck. Dr. Oetker Trockenbackhefe
200 ml lauwarme Milch
50 g Zucker
1 Pck. Dr. Oetker Vanillin-Zucker
Salz
abgeriebene Schale von 1 Bio-Orange oder -Zitrone (unbehandelt, ungewachst)
3 Eigelb (Größe M)
100 g zerlassene, abgekühlte Butter oder Margarine

Außerdem:
175 g Pflaumenmus oder Aprikosenkonfitüre
100 g zerlassene Butter
etwas Puderzucker

Pro Stück:
E: 4 g, F: 11 g, Kh: 30 g,
kJ: 985, kcal: 235

1. Für den Teig Mehl in eine Rührschüssel geben und mit Trockenbackhefe sorgfältig vermischen. Restliche Zutaten hinzufügen und mit Handrührgerät mit Knethaken zunächst kurz auf niedrigster, dann auf höchster Stufe in etwa 5 Minuten zu einem glatten Teig verarbeiten. Den Teig zugedeckt so lange an einem warmen Ort gehen lassen, bis er sich sichtbar vergrößert hat (etwa 30 Minuten).
2. Den Teig leicht mit Mehl bestäuben, aus der Schüssel nehmen, auf der leicht bemehlten Arbeitsfläche nochmals kurz durchkneten und knapp 1 cm dick ausrollen. Aus dem Teigstück etwa 6 x 8 cm große Rechtecke schneiden und mit je 1 Teelöffel Pflaumenmus oder Konfitüre bestreichen.
3. Die Teigrechtecke von der längeren Seite aus aufrollen, in zerlassener Butter wenden und in 2 Auflaufformen setzen, dabei zwischen den einzelnen Teigrollen kleine Abstände lassen. Die Teigrollen nochmals zugedeckt so lange an einem warmen Ort gehen lassen, bis sie sich sichtbar vergrößert haben (etwa 30 Minuten).
4. Den Backofen vorheizen.
Ober-/Unterhitze: etwa 160 °C
Heißluft: etwa 140 °C
5. Die Formen auf dem Rost in den vorgeheizten Backofen schieben. Die Buchteln etwa 30 Minuten backen.
6. Die Formen auf einen Kuchenrost stellen. Die Buchteln warm oder kalt servieren. Vor dem Servieren mit Puderzucker bestäuben.

Vanille-Reis-Ring mit Aprikosen

6 Portionen

Zubereitungszeit: 25 Minuten, ohne Quellzeit

750 ml (3/4 l) Milch, 75 g Zucker
Mark von 1 Dr. Oetker Bourbon Vanilleschote
150 g Milchreis (Rundkornreis)
1 Pck. gemahlene Gelatine, weiß
250 g Schlagsahne

Für das Aprikosenkompott:
750 g Aprikosen
80 g Zucker
125 ml (1/8 l) Weißwein
1 Stange Zimt
4 cl Aprikosenlikör

einige Zitronenmelisseblättchen

Pro Portion:
E: 14 g, F: 18 g, Kh: 49 g,
kJ: 1901, kcal: 454

1. Die Milch mit Zucker und Vanillemark in einem Topf zum Kochen bringen. Reis hineingeben und nach Packungsanleitung ausquellen lassen, dabei ab und zu umrühren (der Reis muss noch körnig sein).
2. Gelatine nach Packungsanleitung in einem kleinen Topf anrühren und quellen lassen. Gequollene Gelatine zu dem heißen Reisbrei geben und so lange rühren, bis sie völlig aufgelöst ist. Reisbrei abkühlen lassen.
3. Sahne steif schlagen und unterheben. Die Reis-Sahne-Masse in eine Ringform (mit kaltem Wasser ausgespült) geben und glatt streichen. Reis-Sahne-Masse zugedeckt und kalt gestellt fest werden lassen.
4. Für das Aprikosenkompott Aprikosen abspülen, abtropfen lassen, halbieren und entsteinen. Die Apri-

Gerollte Hefe-Buchteln

Vanille-Reis-Ring mit Aprikosen

Apfelküchle

Topfencreme mit Beeren

kosenhälften mit Zucker, Wein und Zimtstange in einem kleinen Topf etwa 10 Minuten dünsten. Aprikosenlikör unterrühren. Kompott erkalten lassen. Zimtstange entfernen.
5. Den Reisring auf eine Platte stürzen, mit abgespülten, trocken getupften Zitronenmelisseblättchen garnieren und mit dem Aprikosenkompott servieren.

Apfelküchle

etwa 20 Stück

Zubereitungszeit: 35 Minuten, ohne Ruhezeit
Ausbackzeit: 2–3 Minuten

4 mittelgroße Äpfel
2 EL Zitronensaft
1 TL Zucker
1 Prise gemahlener Zimt

Für den Teig:
125 g Weizenmehl
1 Prise Salz
25 g Zucker
2 Eigelb (Größe M)
125 ml (1/8 l) helles Bier
1 EL Speiseöl, z. B. Sonnenblumenöl
2 Eiweiß (Größe M)

etwa 1 1/2 l Speiseöl, z. B. Sonnenblumenöl
etwa 75 g Zucker
1 gestr. TL gemahlener Zimt

Pro Stück:
E: 1 g, F: 4 g, Kh: 11 g,
kJ: 356, kcal: 85

1. Äpfel schälen und mit einem Apfelausstecher das Kerngehäuse entfernen. Äpfel in etwa 1 cm dicke Scheiben schneiden und nebeneinander auf einen großen Teller legen. Zitronensaft mit Zucker und Zimt verrühren.
2. Danach die Apfelscheiben damit bestreichen und etwa 15 Minuten ziehen lassen.
3. Für den Teig in der Zwischenzeit Mehl in eine Rührschüssel geben. Salz, Zucker und Eigelb hinzufügen. Die Zutaten mit Handrührgerät mit Rührbesen verrühren. Nach und nach Bier und Speiseöl unterrühren. Den Teig etwa 15 Minuten ruhen lassen. Eiweiß steif schlagen und Eischnee unterheben.
4. Speiseöl in einem hohen Topf auf etwa 180 °C erhitzen. Die Apfelscheiben mithilfe einer Gabel durch den Teig ziehen, am Schüsselrand abstreifen und schwimmend in dem siedenden Öl von jeder Seite 2–3 Minuten goldgelb ausbacken.
5. Apfelküchle mit einem Schaumlöffel herausnehmen und auf einem mit Küchenpapier belegten Kuchenrost abtropfen lassen.
6. Zucker und Zimt in einem tiefen Teller mischen. Die heißen Apfelküchle darin wälzen und noch warm servieren.

Topfencreme mit Beeren

4 Portionen

Zubereitungszeit: 15 Minuten, ohne Auftauzeit

600 g frische oder TK-Beeren, z. B. Brombeeren, Himbeeren, Johannisbeeren
400 g Sahne-Pudding Vanille-Geschmack (aus dem Kühlregal)
500 g Speisequark (Topfen, 20 % Fett)
1 EL Puderzucker

einige vorbereitete, frische Beeren, z. B. Erdbeeren, Himbeeren
einige Melisseblättchen

Pro Portion:
E: 25 g, F: 23 g, Kh: 61 g,
kJ: 2460, kcal: 587

1. Frische Beeren abspülen, abtropfen lassen und evtl. entstielen. TK-Beeren nach Packungsanleitung auftauen lassen.
2. Sahne-Pudding mit Quark und Puderzucker in einer Schüssel glatt rühren.
3. Die Topfencreme abwechselnd mit den Beeren in 4 Gläser schichten. Die oberste Quarkschicht mit den frischen Beeren sowie abgespülten und trocken getupften Melisseblättchen garnieren.

Wäschermädel
8–10 Stück

Zubereitungszeit: 40 Minuten
Ausbackzeit: 4–5 Minuten

500 g Aprikosen
60 g Marzipan-Rohmasse
1 EL Marillengeist oder Weinbrand

Für den Teig:
2 Eiweiß (Größe M)
1 Prise Salz
2 Eigelb (Größe M)
1 TL Zucker
100 ml Weißwein
125 g Weizenmehl

etwa 1 1/2 l Speiseöl, z. B. Sonnenblumenöl
etwa 30 g Zucker
1 Pck. Dr. Oetker Bourbon-Vanille-Zucker

Pro Stück:
E: 3 g, F: 9 g, Kh: 18 g,
kJ: 743, kcal: 177

1. Die Aprikosen kreuzweise einschneiden, mit kochendem Wasser übergießen und kurz darin liegen lassen. Aprikosen mit kaltem Wasser abschrecken, enthäuten, aufschneiden (nicht durchschneiden) und jeweils den Kern herausnehmen.
2. Marzipan mit Marillengeist oder Weinbrand verkneten, in so viele Stücke schneiden, wie Aprikosen vorhanden sind und zu Kugeln formen. Die Kugeln in die Mitte der Aprikosen geben, Aprikosen zusammendrücken.
3. Für den Teig Eiweiß mit Salz steif schlagen, beiseitestellen. Eigelb mit Zucker und Wein in einer Rührschüssel mit Handrührgerät mit Rührbesen auf höchster Stufe in etwa 1 Minute schaumig schlagen. Eischnee auf die Eigelbcreme geben, Mehl hinzufügen und vorsichtig auf niedrigster Stufe unterrühren.
4. Speiseöl in einem großen Topf auf etwa 180 °C erhitzen. Die gefüllten Aprikosen mithilfe einer Gabel durch den Ausbackteig ziehen, am Schüsselrand abstreifen und in dem siedenden Speiseöl von beiden Seiten 4–5 Minuten goldgelb ausbacken. Die Aprikosen mit einem Schaumlöffel herausnehmen und auf einem mit Küchenpapier belegten Kuchenrost abtropfen lassen.
5. Dann Zucker und Vanille-Zucker in einem tiefen Teller mischen. Die noch heißen Aprikosen darin wälzen und sofort servieren.

Tipp: Vanillesauce auf Tellern verteilen. Jeweils 1 Teelöffel Kirschsirup daraufträufeln und mit einem Löffelstiel verzieren. Die Wäschermädel darauf anrichten.

Wäschermädel

Himbeer-Kokos-Speise

Himbeer-Kokos-Speise
4 Portionen

Zubereitungszeit: 20 Minuten, ohne Durchziehzeit

500 g frische Himbeeren
4 kleine Stängel Minze
etwa 2 TL Puderzucker
2 EL frisch gepresster Limetten- oder Zitronensaft
12 Kokos-Zwiebäcke
500 g Vanille-Quarkcreme (aus dem Kühlregal)
1 TL Dr. Oetker Finesse Orangenschalen-Aroma

Pro Portion:
E: 11 g, F: 10 g, Kh: 46 g,
kJ: 1396, kcal: 333

1. Himbeeren verlesen, evtl. vorsichtig abspülen und gut abtropfen lassen. Minze abspülen und trocken tupfen. Die Blättchen von den Stängeln zupfen. 4 Himbeeren und einige Minzeblättchen zum Garnieren beiseitelegen. Restliche Minzeblättchen in feine Streifen schneiden.
2. Zwei Himbeeren mit Minzestreifen, Puderzucker und Limetten- oder Zitronensaft mischen.
3. Kokos-Zwiebäcke mit den Händen grob zerbröseln. Quarkcreme mit Orangenschalen-Aroma glatt rühren.
4. Zuerst Himbeeren, dann Zwiebackbrösel und zuletzt die Quarkcreme in Dessertgläser einschichten. Das Dessert etwa 1 Stunde im Kühlschrank durchziehen lassen.
5. Zum Servieren die Himbeer-Kokos-Speise mit den beiseitegelegten Himbeeren und Minzeblättchen garnieren.

Pfirsich-Quarkspeise

2 Portionen

Zubereitungszeit: 15 Minuten, ohne Kühlzeit

2–4 Pfirsichhälften (aus der Dose)
1 Bio-Zitrone
(unbehandelt, ungewachst)
250 g Magerquark
3–4 EL Joghurt
2 EL Zucker

Pro Portion:
E: 17 g, F: 7 g, Kh: 33 g,
kJ: 1177, kcal: 281

1. Pfirsichhälften in einem Sieb abtropfen lassen und in kleine Stücke schneiden. Zitrone heiß abwaschen und abtrocknen. Etwa 2 Messerspitzen Zitronenschale fein abreiben. Zitrone halbieren, den Saft auspressen und 1 Esslöffel Saft abmessen. Pfirsichstücke mit abgeriebener Zitronenschale und dem Zitronensaft vermischen.
2. Quark mit Joghurt und Zucker verrühren. Die Hälfte der Quarkmasse in Dessertschälchen geben. Die Pfirsichmischung daraufschichten. Anschließend die restliche Quarkmasse darauf verteilen. Die Quarkspeise etwa 30 Minuten in den Kühlschrank stellen.

Tipp: Garnieren Sie die Quarkspeise mit gerösteten Kokosraspeln und etwas Zitronenmelisse.

Apfel-Karamell-Creme

4 Portionen

Zubereitungszeit: 15 Minuten, ohne Abkühlzeit

1 Pck. Dr. Oetker Pudding-Pulver
Mandel-Geschmack
40 g Zucker
500 ml (1/2 l) Milch
1 kleiner Apfel
etwas Butter
30 g Sonnenblumenkerne
50 g Zucker
5 EL Schlagsahne

Pro Portion:
E: 4 g, F: 10 g, Kh: 38 g,
kJ: 1144, kcal: 273

1. Aus Pudding-Pulver, Zucker und Milch einen Pudding nach Packungsanleitung zubereiten. Sofort Frischhaltefolie direkt auf den Pudding legen und den Pudding erkalten lassen.
2. Den Apfel schälen, vierteln und entkernen. Die Apfelviertel in Spalten schneiden. Butter in einer Pfanne zerlassen, Apfelspalten darin von beiden Seiten bräunen. Einige Apfelspalten zum Garnieren beiseitelegen. Restliche Apfelspalten in 4 Dessertgläsern verteilen.
3. Den erkalteten Pudding mit einem Schneebesen durchschlagen und in die Dessertgläser füllen.
4. Die Sonnenblumenkerne in einer Pfanne ohne Fett unter Wenden goldbraun rösten, herausnehmen und auf einen Teller geben.
5. Den Zucker in einem Topf hellbraun karamellisieren. Den Topf von der Kochstelle nehmen. Die Sahne in den Topf geben und unter Rühren so lange erhitzen, bis eine cremige Karamellmasse entstanden ist.
6. Sonnenblumenkerne in die Karamellmasse geben. Den Topf von der Kochstelle nehmen.
7. Beiseitegelegte Apfelspalten kurz in der Karamellmasse wenden und mit der restlichen Karamellmasse auf dem Pudding anrichten.

Quarkcreme-Auflauf mit Sauerkirschen

Fruchtige Vanille-Quarkcreme

Quarkcreme-Auflauf mit Sauerkirschen

4 Portionen

Zubereitungszeit: 35 Minuten
Backzeit: etwa 45 Minuten

700 g Sauerkirschen (aus dem Glas)
1 Pck. Dr. Oetker Pudding-Pulver Vanille-Geschmack
125 g Zucker
250 ml (1/4 l) Milch
2 Eigelb (Größe M)
2 Tropfen Zitronen-Aroma
500 g Magerquark
2 Eiweiß (Größe M)
500 ml (1/2 l) Kirschsaft (aus den Gläsern, mit Rotwein aufgefüllt)
20 g Speisestärke
15 g Zucker

Pro Portion:
E: 23 g, F: 6 g, Kh: 94 g,
kJ: 2434, kcal: 580

1. Die Sauerkirschen in einem Sieb abtropfen lassen, den Saft dabei auffangen.
2. Pudding-Pulver mit 80 g des Zuckers, der Hälfte der Milch und dem Eigelb anrühren. Restliche Milch in einem Topf zum Kochen bringen. Das Pudding-Pulver in die von der Kochstelle genommene Milch rühren und unter Rühren einmal aufkochen lassen.
3. Zitronen-Aroma und Quark unterrühren. Eiweiß steif schlagen. Nach und nach den restlichen Zucker unterschlagen. Den Eischnee unter den Pudding heben.
4. Die Kirschen in einen gewässerten Römertopf® geben. Die Puddingmasse darauf verteilen und glatt streichen. Den Römertopf® mit dem Deckel verschließen und auf dem Rost in den kalten Backofen schieben.
Ober-/Unterhitze: etwa 200 °C
Heißluft: etwa 180 °C
Backzeit: etwa 45 Minuten
5. Den aufgefangenen Kirschsaft mit Rotwein auf 500 ml (1/2 l) auffüllen. Die Speisestärke mit dem Zucker und 2 Esslöffeln von dem Kirsch-Rotwein-Saft anrühren. Den restlichen Kirsch-Rotwein-Saft in einem kleinen Topf zum Kochen bringen. Angerührte Speisestärke in den von der Kochstelle genommenen Saft rühren und unter Rühren aufkochen lassen. Die Sauce heiß zu dem Auflauf reichen.

Fruchtige Vanille-Quarkcreme

4 Portionen

Zubereitungszeit: 20 Minuten

400 g Magerquark
100 g saure Sahne
1 Pck. Dr. Oetker Bourbon-Vanille-Zucker
50 g Zucker
1–2 EL Zitronensaft
3 EL Maraschino (ital. Kirschlikör)
200 g Erdbeeren
100 g gemischte Beeren (Himbeeren, Brombeeren, Heidelbeeren)
einige Zitronenmelisseblättchen

Pro Portion:
E: 14 g, F: 3 g, Kh: 25 g,
kJ: 858, kcal: 205

1. Den Quark mit saurer Sahne cremig rühren. Vanille-Zucker, Zucker, Zitronensaft und Maraschino-Likör unterrühren.
2. Die Erdbeeren abspülen, abtropfen lassen und den Blütenansatz entfernen. Erdbeeren vierteln. Ge-

mischte Beeren abspülen und trocken tupfen.
3. Drei Viertel der Erdbeeren mit der Hälfte der gemischten Beeren unter die Quarkcreme heben.
4. Die Creme in Dessertschalen füllen, mit den restlichen Früchten und den abgespülten und trocken getupften Zitronenmelisseblättchen garnieren.

Himbeer-Sahne-Creme, halb gefroren

6 Portionen

Zubereitungszeit: 15 Minuten, ohne Gefrierzeit

450 g Himbeeren (frisch oder TK)
200 g Schlagsahne
100 g Zucker
12 kleine Waffelbecher
gehackte Pistazienkerne

Pro Portion:
E: 6 g, F: 26 g, Kh: 52 g,
kJ: 1971, kcal: 471

1. Frische Himbeeren verlesen, auf einem Tablett verteilen, in den Gefrierschrank stellen und etwa 40 Minuten anfrieren lassen. TK-Himbeeren etwa 15 Minuten antauen lassen.
2. Sahne steif schlagen. Vorbereitete Himbeeren mit Zucker pürieren. Sahne unterheben.
3. Die halb gefrorene Himbeer-Sahne-Creme in Waffelbecher füllen. Mit gehackten Pistazienkernen bestreuen und sofort servieren.

Himbeer-Kirsch-Gelee

4 Portionen

Zubereitungszeit: 40 Minuten, ohne Kühlzeit

375 g Sauerkirschen
250 ml (1/4 l) Wasser
125 g Zucker
1 Pck. Dr. Oetker Vanillin-Zucker
1 Beutel aus 1 Pck. Götterspeise Himbeer-Geschmack
1 geh. EL Zucker
500 ml (1/2 l) Saft von den Kirschen (mit Wasser aufgefüllt)

Außerdem:
100 g Himbeeren
500 g Vanillejoghurt

Pro Portion:
E: 9 g, F: 6 g, Kh: 69 g,
kJ: 1578, kcal: 376

1. Kirschen abspülen, abtropfen lassen, entstielen und entsteinen. Kirschen mit Wasser, Zucker und Vanillin-Zucker in einem Topf zum Kochen bringen und etwa 10 Minuten kochen lassen.
2. Die Kirschen in einem Sieb abtropfen lassen, dabei den Saft auffangen und mit Wasser auf 500 ml (1/2 l) auffüllen. Kirschen abkühlen lassen und kalt stellen.
3. Aus Götterspeise, Zucker und der abgemessenen Flüssigkeit eine Götterspeise nach Packungsanleitung zubereiten und kalt stellen.
4. Unter die dickliche, noch nicht erstarrte Götterspeise die Kirschen heben, in Portionsgläser füllen und kalt stellen.
5. Die Himbeeren verlesen. Das Gelee mit Himbeeren garnieren und mit Vanillejoghurt servieren.

Himbeer-Sahne-Creme, halb gefroren

Himbeer-Kirsch-Gelee

Gekochte Quarkcreme
4–6 Portionen

Zubereitungszeit: 20 Minuten, ohne Kühlzeit

1 Pck. Saucenpulver Vanille-Geschmack zum Kochen
20 g Speisestärke
375 ml (3/8 l) kalte Milch
2 Eigelb (Größe M)
25 g Butter, Salz
2 Eiweiß (Größe M)
250 g Magerquark
75 g Zucker
einige Tropfen Rum-Aroma
etwas weiße und dunkle Schokolade

Pro Portion:
E: 12 g, F: 10 g, Kh: 34 g,
kJ: 1174, kcal: 280

1. Das Saucenpulver und Speisestärke mit 6 Esslöffeln von der Milch und dem Eigelb anrühren. Die restliche Milch mit Butter und Salz in einem Topf zum Kochen bringen. Den Topf von der Kochstelle nehmen. Angerührtes Saucenpulver einrühren, zum Kochen bringen und unter Rühren kurz aufkochen lassen.
2. Eiweiß steif schlagen. Eischnee unter den noch heißen Pudding heben. Den Pudding in den Kühlschrank stellen, dabei ab und zu durchrühren.
3. Quark mit Zucker geschmeidig rühren. Die erkaltete Creme esslöffelweise unterrühren und mit Rum-Aroma abschmecken.
4. Die Quarkcreme in Glasschalen füllen und mit geschabter Schokolade bestreuen.

Limetten-Quark-Creme
4 Portionen

Zubereitungszeit: 10 Minuten

500 g Magerquark
125 ml (1/8 l) Milch
3–4 EL Ahornsirup
Saft von 1–2 Limetten
einige Bio-Limettenscheiben (unbehandelt, ungewachst)
in dünne Streifen geschnittene Schale von 1 Bio-Zitrone (unbehandelt, ungewachst)
4 Orangenkekse mit Schokolade

Pro Portion:
E: 16 g, F: 7 g, Kh: 21 g,
kJ: 951, kcal: 227

1. Quark mit Milch, Ahornsirup und Limettensaft gut verrühren.
2. Die Quark-Creme in Portionsschälchen oder -becher füllen.
3. Quark-Creme mit Limettenscheiben, Zitronenschale und Orangenkeksen garnieren.

Joghurt-Sahne-Creme
4 Portionen

Zubereitungszeit: 20 Minuten, ohne Kühlzeit

1 Pck. gemahlene Gelatine, weiß
150 g Joghurt
125 ml (1/8 l) Milch
75 g Zucker
1 Pck. Dr. Oetker Vanillin-Zucker
2 EL Zitronensaft
125 g Schlagsahne

Pro Portion:
E: 5 g, F: 13 g, Kh: 25,
kJ: 1017, kcal: 243

Gekochte Quarkcreme

Limetten-Quark-Creme

Joghurt-Sahne-Creme

Reiscreme mit Schokolade

1. Gelatine nach Packungsanleitung in einem kleinen Topf anrühren und quellen lassen.
2. In der Zwischenzeit Joghurt mit Milch, Zucker und Vanillin-Zucker verrühren. Gelatine in einem Topf unter Rühren bei schwacher Hitze auflösen.
3. Gelatine zuerst mit etwa 4 Esslöffeln von der Joghurtmasse verrühren, dann unter die restliche Joghurtmasse rühren. Mit Zitronensaft abschmecken. Die Joghurtmasse anschließend in den Kühlschrank stellen.
4. Wenn die Masse beginnt dicklich zu werden, Sahne steif schlagen und unterheben. Die Creme mindestens 1 Stunde in den Kühlschrank stellen.

Tipp: Die Creme mit frischen Nektarinen- oder Mangospalten garnieren.

Reiscreme mit Schokolade

4 Portionen

Zubereitungszeit: 30 Minuten, ohne Quell- und Kühlzeit

250 ml (1/4 l) Milch
1 EL Butter
1 EL Zucker, Salz
1 Pck. Dr. Oetker Vanillin-Zucker
75 g Milchreis (Rundkornreis)
2 Blatt weiße Gelatine
50 g Zartbitter-Schokolade
145 g Fruchtcocktail (aus der Dose)
1–2 EL brauner Rum
100 g Schlagsahne

Pro Portion:
E: 5 g, F: 18 g, Kh: 33 g,
kJ: 1402, kcal: 335

1. Milch mit Butter, Zucker, Salz und Vanillin-Zucker in einem Topf aufkochen. Reis hinzugeben und unter Rühren aufkochen lassen. Reis zugedeckt bei schwacher Hitze etwa 30 Minuten ausquellen lassen, dabei gelegentlich umrühren.
2. Gelatine nach Packungsanleitung einweichen. Schokolade raspeln. Gelatine leicht ausdrücken und unter Rühren in dem heißen Reis auflösen.
3. Fruchtcocktail in einem Sieb abtropfen lassen und mit der geraspelten Schokolade unter den Reis heben.
4. Reiscreme mit Rum abschmecken und abkühlen lassen.
5. Reiscreme zugedeckt in den Kühlschrank stellen.
6. Die Sahne steif schlagen und unter den erkalteten Reis heben. Den Reis in Dessertschälchen verteilen und servieren.

Sauerkirsch-Crumble

Quarkauflauf mit Äpfeln

Sauerkirsch-Crumble

4 Portionen

Zubereitungszeit: 20 Minuten
Backzeit: etwa 40 Minuten

350 g Sauerkirschen (aus dem Glas)
1 EL weiche Butter
2 EL Zucker

Für den Streuselteig:
100 g Weizenmehl
100 g abgezogene, gemahlene Mandeln
100 g Zucker
1 Prise Salz
1/2 TL gemahlener Zimt
90 g kalte Butter

Pro Portion:
E: 8 g, F: 37 g, Kh: 68 g,
kJ: 2683, kcal: 640

1. Sauerkirschen in einem Sieb abtropfen lassen.
2. Den Backofen vorheizen.
Ober-/Unterhitze: etwa 180 °C
Heißluft: etwa 160 °C
3. Vier Portionsförmchen oder eine Auflaufform mit Butter ausstreichen und mit Zucker ausstreuen. Die Kirschen in den vorbereiteten Förmchen oder in der Form verteilen.
4. Für den Streuselteig das Mehl in eine Rührschüssel geben. Restliche Zutaten hinzufügen und mit Handrührgerät mit Rührbesen zunächst kurz auf niedrigster, dann auf höchster Stufe zu Streuseln von gewünschter Größe verarbeiten.
5. Die Streusel auf die Sauerkirschen streuen. Die Förmchen auf einem Backblech oder die Form auf dem Rost in den vorgeheizten Backofen schieben. Sauerkirsch-Crumble etwa 40 Minuten backen.

Quarkauflauf mit Äpfeln

4 Portionen

Zubereitungszeit: 25 Minuten
Garzeit: 25–35 Minuten

75 g weiche Butter oder Margarine
125 g Zucker
1 Pck. Dr. Oetker Vanillin-Zucker
3 Eier (Größe M)
1 Prise Salz
500 g Magerquark
1 Pck. Dr. Oetker Pudding-Pulver Vanille-Geschmack
500 g säuerliche Äpfel, z. B. Boskop

Pro Portion:
E: 22 g, F: 22 g, Kh: 57 g,
kJ: 2178, kcal: 520

1. Den Backofen vorheizen.
Ober-/Unterhitze: etwa 200 °C
Heißluft: etwa 180 °C
2. Butter oder Margarine mit Handrührgerät mit Rührbesen auf höchster Stufe geschmeidig rühren. Nach und nach Zucker, Vanillin-Zucker, Eier, Salz und Quark unterrühren. Pudding-Pulver ebenfalls nach und nach auf mittlerer Stufe vorsichtig unterrühren.
3. Die Äpfel schälen, vierteln und entkernen. Die Hälfte der Apfelviertel in kleine Würfel, die restlichen Apfelviertel in Spalten schneiden. Apfelwürfel unter die Quarkmasse heben.
4. Masse in eine flache Auflaufform (gefettet, etwa 1 1/2-Liter-Inhalt) oder in 4 kleine Portions-Auflaufformen (gefettet, je etwa 400-ml-Inhalt) füllen und glatt streichen.
5. Die Apfelspalten auf dem Auflauf verteilen, evtl. etwas eindrücken. Die Form auf dem Rost in den vorgeheizten Backofen schieben. Den Quarkauflauf 25–35 Minuten garen.

Tipp: Bestäuben Sie den Auflauf vor dem Servieren zusätzlich mit etwas Puderzucker.

Himbeer-Küchlein
12 Stück

Zubereitungszeit: 35 Minuten, ohne Abkühlzeit
Backzeit: etwa 30 Minuten

Für den Teig:
3 Eiweiß (Größe M)
1 Prise Salz
170 g Zucker
3 Eigelb (Größe M)
125 g weiche Butter oder Margarine
140 g Weizenmehl
1 Pck. Rote Grütze Himbeer-Geschmack (Dessertpulver ohne Sago)
1 Msp. Natron
50 ml Mineralwasser mit Kohlensäure

Für den Belag:
300 g Schlagsahne
40 g gesiebter Puderzucker
1 Pck. Dr. Oetker Sahnesteif
250 g Himbeeren

Pro Stück:
E: 4 g, F: 18 g, Kh: 31 g,
kJ: 1284, kcal: 307

1. Eine Muffinform für 12 Muffins mit Papierbackförmchen auslegen.
2. Den Backofen vorheizen.
Ober-/Unterhitze: etwa 180 °C
Heißluft: etwa 160 °C
3. Für den Teig Eiweiß und Salz mit Handrührgerät mit Rührbesen auf höchster Stufe steif schlagen. Eischnee etwa 3 Minuten weiterschlagen, dabei nach und nach den Zucker hinzugeben.
4. Eigelb mit Butter oder Margarine mit Handrührgerät mit Rührbesen schaumig rühren. Mehl mit Rote-Grütze-Pulver und Natron mischen. Abwechselnd mit dem Mineralwasser mit Handrührgerät mit Rührbesen auf niedrigster Stufe kurz unterrühren. Eischnee ebenfalls in 2 Portionen kurz unterrühren.
5. Den Teig gleichmäßig in der Muffinform verteilen. Die Form auf dem Rost in den vorgeheizten Backofen schieben. Die Küchlein etwa 30 Minuten backen.
6. Die Form auf einen Kuchenrost stellen. Küchlein etwa 5 Minuten abkühlen lassen, dann aus der Form lösen und auf dem Kuchenrost erkalten lassen.
7. Für den Belag Sahne mit Puderzucker und Sahnesteif steif schlagen.
8. Himbeeren verlesen (12 Himbeeren zum Garnieren beiseitelegen) und kurz unter die Sahne rühren, sodass einige Beeren zerdrückt werden. Die Himbeersahne auf den Küchlein verteilen. Mit je 1 Himbeere garnieren.

Himbeer-Küchlein

Erdbeer-Traum

Erdbeer-Traum
4–6 Portionen

Zubereitungszeit: 25 Minuten

150 ml Wasser
70 g Zucker
1 Dr. Oetker Bourbon Vanilleschote
200 g große, weiche Amarettini (ital. Mandelmakronen)
4 EL Sherry medium oder Marsala (Dessertwein)
500 g Erdbeeren
250 g Mascarpone (ital. Frischkäse)
200 g Schlagsahne
60 g Zucker

Pro Portion:
E: 6 g, F: 35 g, Kh: 70 g,
kJ: 2691, kcal: 641

1. Wasser und Zucker in einem Topf zum Kochen bringen. Vanilleschote längs aufschneiden, das Mark herausschaben und beiseitestellen. Die Vanilleschote mit dem Zuckerwasser etwa 3 Minuten köcheln lassen. Den Vanillesirup kalt stellen. Vanilleschote entfernen.
2. Amarettini grob zerbröseln und in Gläsern verteilen. Jeweils 1 Esslöffel Vanillesirup und Sherry oder Marsala darüberträufeln.
3. Erdbeeren abspülen, entstielen und abtropfen lassen. Erdbeeren vierteln und in einer Schüssel mit dem restlichen Vanillesirup vermischen. Die Erdbeeren in die Gläser auf die getränkten Amarettini geben.
4. Mascarpone, Sahne, Vanillemark und Zucker in einer Rührschüssel glatt rühren. Die Mascarponecreme auf die Erdbeeren schichten.

Karamellauflauf

8 Portionen

Zubereitungszeit: 25 Minuten, ohne Abkühlzeit
Backzeit: etwa 50 Minuten

100 g feiner Zucker
400 g Schlagsahne
6 Eiweiß (Größe M)
6 Eigelb (Größe M)
8 Birnenhälften (aus der Dose)
100 g Biskuitwürfel oder gewürfelte Löffelbiskuits

Pro Portion:
E: 8 g, F: 22 g, Kh: 32 g,
kJ: 1537, kcal: 368

1. Zucker in einem kleinen Topf bei schwacher Hitze karamellisieren lassen. Die Sahne hinzugeben und kochen lassen, bis sich der Karamell gelöst hat. Die Karamellsahne abkühlen lassen.

2. Den Backofen vorheizen.
Ober-/Unterhitze: etwa 180 °C
Heißluft: etwa 160 °C

3. Eiweiß steif schlagen. Eigelb unter die Karamellsahne rühren. Eischnee unterheben.

4. Die Birnenhälften abtropfen lassen, mit den Biskuit- oder Löffelbiskuitwürfeln in eine Auflaufform (gefettet) geben und mit der Karamellsahne übergießen. Die Form auf dem Rost in den vorgeheizten Backofen schieben. Den Karamellauflauf etwa 50 Minuten backen.

Karthäuser Klöße

4 Portionen

Zubereitungszeit: 30 Minuten

8 kleine Rosinenbrötchen vom Vortag
500 ml (1/2 l) Milch
3 Eier (Größe M)
40 g Zucker
1 TL gemahlener Zimt
abgeriebene Schale von 1 Bio-Zitrone (unbehandelt, ungewachst)
100 g Butter

Pro Portion:
E: 19 g, F: 31 g, Kh: 83 g,
kJ: 3000, kcal: 716

1. Die Rinde der Rosinenbrötchen abreiben, die Brösel beiseitelegen.

2. Die Milch mit Eiern verschlagen, mit Zucker, Zimt und Zitronenschale würzen. Abgeriebene Brötchen mehrmals in der Eiermilch wenden.

3. Butter in einer großen Pfanne zerlassen. Rosinenbrötchen darin von beiden Seiten langsam braten.

4. Die Rosinenbrötchen aus der Pfanne nehmen und mit beiseitegelegten Bröseln bestreuen.

Tipp: Sie können die Klöße auch mit warmer Vanillesauce und gemischten Beeren servieren.

Karamellauflauf

Karthäuser Klöße

Aprikosenkaltschale

Quark-Ofenschlupfer

Aprikosenkaltschale
4 Portionen

Zubereitungszeit: 50 Minuten

600 g Aprikosen
375 ml (3/8 l) Weißwein
375 ml (3/8 l) Aprikosennektar
80 g Zucker
1 Pck. Dr. Oetker Vanillin-Zucker
1 Stange Zimt
30 g Perlsago (gekörnte Stärke)
etwas Zitronensaft

Pro Portion:
E: 2 g, F: 1 g, Kh: 52 g,
kJ: 1173, kcal: 280

1. Aprikosen an der Unterseite kreuzweise einschneiden, mit kochendem Wasser übergießen und kurze Zeit darin liegen lassen. Aprikosen mit kaltem Wasser abschrecken, enthäuten, halbieren, entsteinen und in Spalten schneiden.

2. Weißwein, Aprikosennektar, Zucker, Vanillin-Zucker und Zimtstange in einem Topf zum Kochen bringen. Sago unter Rühren einstreuen, kurz aufkochen lassen und zugedeckt bei schwacher Hitze etwa 15 Minuten quellen lassen. Dabei gelegentlich umrühren. Die Zimtstange herausnehmen. Die Aprikosenspalten unterheben und noch etwa 5 Minuten ziehen lassen. Die Kaltschale mit Zitronensaft abschmecken und abkühlen lassen.

Quark-Ofenschlupfer
4 Portionen

Zubereitungszeit: 20 Minuten
Backzeit: etwa 45 Minuten

4 Brötchen (Semmeln) vom Vortag
50 g Rosinen
250 g Speisequark (20 % Fett)
2 Eier (Größe M)
375 ml (3/8 l) Buttermilch
3 EL Zucker
1 EL Butter

Pro Portion:
E: 19 g, F: 9 g, Kh: 52 g,
kJ: 1616, kcal: 385

1. Den Backofen vorheizen.
Ober-/Unterhitze: etwa 200 °C
Heißluft: etwa 180 °C

2. Brötchen in Scheiben schneiden. Abwechselnd die Brötchenscheiben mit Rosinen und Quark in eine Auflaufform (gefettet) schichten. Die erste und die letzte Schicht sollte aus Brötchenscheiben bestehen.

3. Eier mit Buttermilch und Zucker verschlagen und über den Auflauf gießen. Butter in Flöckchen daraufsetzen. Die Form auf dem Rost in den vorgeheizten Backofen schieben. Den Ofenschlupfer etwa 45 Minuten backen.

Schwarzwälder Törtchen

12 Stück

Zubereitungszeit: 40 Minuten, ohne Abkühlzeit
Backzeit: etwa 30 Minuten

175 g Sauerkirschen (aus dem Glas)

Für den Teig:
3 Eiweiß (Größe M)
1 Prise Salz
180 g Zucker
1 Pck. Dr. Oetker Vanillin-Zucker
3 Eigelb (Größe M)
150 g weiche Butter oder Margarine
3 EL Speiseöl, z. B. Keimöl
180 g Weizenmehl
1 gestr. TL Dr. Oetker Backin
1 Msp. Natron
100 ml Milch
20 g gesiebtes Kakaopulver
2 EL Zartbitter-Raspelschokolade

Für den Belag:
Kirschsaft (aus dem Glas)
30 g Zucker
100 g Mascarpone (ital. Frischkäse)
400 g Schlagsahne
30 g gesiebter Puderzucker
2–3 EL Kirschwasser

Pro Stück:
E: 5 g, F: 30 g, Kh: 39 g,
kJ: 1916, kcal: 458

1. Die Kirschen in einem Sieb abtropfen lassen, dabei den Saft auffangen. Eine Muffinform für 12 Muffins mit Papierbackförmchen auslegen.
2. Den Backofen vorheizen.
Ober-/Unterhitze: etwa 180 °C
Heißluft: etwa 160 °C
3. Für den Teig Eiweiß und Salz mit Handrührgerät mit Rührbesen auf höchster Stufe steif schlagen. Nach und nach Zucker und Vanillin-Zucker unterschlagen. Eischnee etwa 3 Minuten weiterschlagen.
4. Eigelb mit Butter oder Margarine und Speiseöl mit Handrührgerät mit Rührbesen schaumig rühren. Mehl

Schwarzwälder Törtchen

mit Backpulver und Natron mischen, abwechselnd mit der Milch auf niedrigster Stufe kurz unterrühren. Eischnee in 2 Portionen unterheben.
5. Ein Drittel des Teiges beiseitestellen. Kakao unter den restlichen Teig rühren. Den dunklen Teig gleichmäßig in der Muffinform verteilen und mit Raspelschokolade bestreuen.
6. 12 abgetropfte Kirschen zum Garnieren beiseitelegen. Zuerst restliche Kirschen auf der Raspelschokolade, dann den hellen Teig auf den Kirschen verteilen.
7. Die Form auf dem Rost in den vorgeheizten Backofen schieben. Die Törtchen etwa 30 Minuten backen.
8. Die Form auf einen Kuchenrost stellen. Törtchen etwa 5 Minuten abkühlen lassen, dann aus der Form lösen und auf dem Kuchenrost erkalten lassen.
9. Für den Belag den aufgefangenen Kirschsaft mit Zucker in einem kleinen Topf sprudelnd aufkochen und in 12–15 Minuten zu 50–75 ml dickflüssigem Sirup einkochen lassen. Den Sirup erkalten lassen.
10. Mascarpone mit Sahne und Puderzucker steif schlagen, mit Kirschwasser abschmecken. Die Hälfte des Sirups mit einem Teigschaber unterheben, sodass ein Marmormuster

Trauben-Götterspeise

entsteht. Die Sahnemasse in einen Spritzbeutel mit Sterntülle (Ø etwa 15 mm) füllen, auf jedes Törtchen einen dicken Tupfen spritzen. Törtchen in den Kühlschrank stellen. Kurz vor dem Servieren mit je 1 Kirsche und dem restlichem Sirup garnieren.

Trauben-Götterspeise

12 Portionen

Zubereitungszeit: 40 Minuten, ohne Kühlzeit

2 Blatt weiße Gelatine
1 Beutel aus 1 Pck. Götterspeise Zitronen-Geschmack
100 g Zucker
500 ml (1/2 l) Apfelsaft, klar
100 ml Weißwein
400 g kernlose, grüne Weintrauben
etwa 75 g Azora Kekse (zartes Orangengebäck)
4 Blatt weiße Gelatine
1 Beutel aus 1 Pck. Götterspeise Waldmeister-Geschmack
50 g Zucker
500 ml (1/2 l) Wasser
250 ml (1/4 l) Bourbon-Vanille-Sauce (aus dem Kühlregal)
200 g Schlagsahne

400 g Schlagsahne
2 Pck. Dr. Oetker Sahnesteif
1 TL Zucker
250 ml (1/4 l) Bourbon-Vanille-Sauce (aus dem Kühlregal)

Pro Portion:
E: 6 g, F: 18 g, Kh: 37 g,
kJ: 1479, kcal: 353

1. Gelatine nach Packungsanleitung einweichen. Götterspeisenpulver Zitronen-Geschmack mit Zucker, Apfelsaft und Wein verrühren. Nach Packungsanleitung zubereiten. Eingeweichte Gelatine leicht ausdrücken, unter Rühren in der heißen Götterspeise auflösen und erkalten lassen (Götterspeise soll noch flüssig bleiben).
2. Weintrauben abspülen, gut abtropfen lassen, entstielen und halbieren. Einige Weintraubenhälften zum Garnieren beiseitelegen. Restliche Weintraubenhälften in 12 Gläsern verteilen. Die erkaltete Götterspeisenflüssigkeit daraufgießen. Die Gläser in den Kühlschrank stellen. Die Götterspeise fest werden lassen. Die Kekse auf die Götterspeise legen.
3. Gelatine nach Packungsanleitung einweichen. Das Götterspeisenpulver Waldmeister-Geschmack mit Zucker und Wasser verrühren, nach Packungsanleitung zubereiten. Eingeweichte Gelatine leicht ausdrücken, unter Rühren in der heißen Götterspeise auflösen und erkalten lassen (Götterspeise soll noch flüssig bleiben).
4. Vanille-Sauce und flüssige Sahne unter die Waldmeister-Götterspeise rühren und so auf die Kekse gießen, dass sie bedeckt sind. Die Gläser wieder in den Kühlschrank stellen und die Masse fest werden lassen.
5. Sahne mit Sahnesteif und Zucker steif schlagen. Vanille-Sauce unterheben. Die Vanille-Sahne auf die fest gewordene Götterspeisencreme geben.
6. Die Trauben-Götterspeise mit den beiseitegelegten Weintraubenhälften garnieren.

Hafer-Quark-Keulchen mit Kompott

4 Portionen

Zubereitungszeit: 20 Minuten, ohne Ruhe- und Abkühlzeit

2 Eigelb (Größe M)
50 g Zucker
200 g Magerquark
50 g kernige Haferflocken
2 geh. EL Weizenmehl (Type 550)
1 Bio-Zitrone (unbehandelt, ungewachst)
Salz
2 Eiweiß (Größe M)

Für das Erdbeer-Rhabarber-Kompott:
250 g Erdbeeren
500 g Rhabarber
gut 250 ml (1/4 l) Wasser
3–4 EL Zucker
1 Pck. Dr. Oetker Pudding-Pulver Vanille-Geschmack

3 EL Speiseöl, z. B. Sonnenblumenöl
1 EL Puderzucker

Pro Portion:
E: 14 g, F: 12 g, Kh: 55 g,
kJ: 1648, kcal: 393

1. Eigelb, Zucker, Quark, Haferflocken und Mehl in einer Rührschüssel mit Handrührgerät mit Rührbesen zu einer cremigen Masse verrühren. Zitrone heiß abwaschen, abtrocknen und die Schale abreiben. Von der Zitronenschale 1 Teelöffel abmessen. Die Zitrone halbieren. Von einer Zitronenhälfte den Saft auspressen.
2. Zitronenschale, -saft und 1 Prise Salz unter die Quarkmasse rühren. Eiweiß steif schlagen und unterheben. Den Quarkteig etwa 10 Minuten ruhen lassen.
3. Für das Kompott Erdbeeren abspülen, abtropfen lassen, entstielen und halbieren. Rhabarber putzen, evtl. abziehen, abspülen, abtropfen lassen und in fingerdicke Stücke schneiden.
4. Erdbeeren und Rhabarber in einem Topf vermischen. Wasser hinzugießen, zum Kochen bringen und etwa 4 Minuten bei schwacher Hitze kochen lassen. Zucker unterrühren. Das Kompott abschmecken. Pudding-Pulver mit 4 Esslöffeln Wasser anrühren, unter das Kompott rühren und unter Rühren kurz aufkochen lassen. Kompott in einer Schüssel erkalten lassen.
5. Jeweils etwas Speiseöl in einer Pfanne erhitzen. Mit einem Esslöffel Teighäufchen in die Pfanne setzen. Die Keulchen portionsweise bei mittlerer Hitze leicht bräunen lassen, dann vorsichtig wenden, insgesamt etwa 3 Minuten backen.
6. Die Keulchen auf eine vorgewärmte Platte legen, mit Puderzucker bestäuben und mit dem Erdbeer-Rhabarber-Kompott anrichten.

Hafer-Quark-Keulchen mit Kompott

Apfel-Sahne-Traum
12 Portionen

Zubereitungszeit: 20 Minuten, ohne Kühlzeit

110 g Cranberries oder Preiselbeeren (aus dem Glas)
750 g Apfelkompott (aus dem Glas)
400 g Schlagsahne
2 Pck. Dr. Oetker Sahnesteif
1 Pck. Dr. Oetker Vanillin-Zucker
50 ml Mandellikör oder -sirup
125 g Amarettini (ital. Mandelmakronen)
200 g Löffelbiskuits
einige Zitronenmelisseblättchen

Pro Portion:
E: 4 g, F: 12 g, Kh: 37 g,
kJ: 1201, kcal: 286

1. Cranberries oder Preiselbeeren in einem Sieb abtropfen lassen. Beeren und Apfelkompott in einer Schüssel mischen.
2. Sahne mit Sahnesteif und Vanillin-Zucker steif schlagen. Likör oder Sirup unter die Sahne heben. Amarettini grob zerbröseln.
3. Eine große Glasschale mit der Hälfte der Löffelbiskuits auslegen. Die Hälfte der Amarettinibrösel daraufstreuen. Die Sahne locker unter das Apfel-Beeren-Kompott heben.
4. Die Hälfte davon auf den Löffelbiskuits in der Schüssel verstreichen. Restliche Löffelbiskuits und Amarettinibrösel daraufgeben. Restliche Apfel-Beeren-Sahne darauf verteilen. Apfel-Sahne-Traum zugedeckt etwa 1 Stunde in den Kühlschrank stellen.
5. Apfel-Sahne-Traum mit abgespülten und trocken getupften Zitronenmelisseblättchen garnieren.

Apfel-Sahne-Traum

Berg und Tal
6 Portionen

Zubereitungszeit: 30 Minuten, ohne Abkühlzeit
Backzeit: etwa 15 Minuten

500 g gemischte Beeren (frisch oder TK)
3 EL Zucker
125 ml (1/8 l) Apfelsaft
1 Stange Zimt
1/2 Pck. Dr. Oetker Pudding-Pulver Vanille-Geschmack
50 g Butter oder Margarine
250 g Weizenmehl
25 g Zucker
1 Prise Salz
500 ml (1/2 l) Milch
4 Eier (Größe M)

Zum Bestäuben:
etwas Puderzucker

Pro Portion:
E: 12 g, F: 16 g, Kh: 55 g,
kJ: 1752, kcal: 418

1. Frische Beeren abspülen, abtropfen lassen und entstielen. Frische oder gefrorene Beeren, den Zucker, 100 ml Apfelsaft und die Zimtstange in einem Topf verrühren, aufkochen lassen. Pudding-Pulver mit restlichem Apfelsaft anrühren.
2. Angerührtes Pudding-Pulver in die Beerenmasse rühren und unter vorsichtigem Rühren kurz aufkochen lassen. Das Beerenkompott in einer Schüssel erkalten lassen. Die Zimtstange entfernen.
3. Den Backofen vorheizen.
Ober-/Unterhitze: etwa 240 °C
Heißluft: etwa 220 °C
4. Butter oder Margarine zerlassen und etwas abkühlen lassen. Mehl, Zucker und Salz in einer großen Rührschüssel mischen. Zerlassene Butter oder Margarine, Milch und Eier hinzugeben. Die Zutaten mit Handrührgerät mit Rührbesen kurz zu einem glatten Teig verrühren. Den Teig in einer Fettpfanne (30 x 40 cm, gefettet) verteilen. Die Fettpfanne in den vorgeheizten Backofen schieben. Das Gebäck in etwa 15 Minuten goldbraun backen. Während der Backzeit die Backofentür nicht öffnen!
5. Fettpfanne aus dem Backofen nehmen. Das Gebäck leicht abkühlen lassen, in Portionsstücke schneiden und auf einer Platte anrichten. Gebäckstücke mit Puderzucker bestäuben und sofort mit dem Beerenkompott servieren.

Berg und Tal

Apfel-Knusper-Kompott

Trauben-Krokant-Creme

Apfel-Knusper-Kompott

12 Portionen

Zubereitungszeit: 40 Minuten, ohne Abkühlzeit

3 kg Äpfel
2 Bio-Zitronen (unbehandelt, ungewachst)
250 ml (1/4 l) Wasser
6 EL flüssiger Honig

60 g Butter
100 g kernige Haferflocken
100 g Sonnenblumenkerne
100 g gehobelte Haselnusskerne
100 g brauner Zucker
75 g Rosinen

600 g Schlagsahne
3 EL Zucker
3/4 TL gemahlener Zimt

etwas gemahlener Zimt

Pro Portion:
E: 6 g, F: 30 g, Kh: 56 g,
kJ: 2214, kcal: 529

1. Äpfel schälen, vierteln, entkernen und in kleine Stücke schneiden. Zitronen heiß abwaschen, abtrocknen und die Schale abreiben. Zitronen halbieren und den Saft auspressen.
2. Die Apfelstücke mit Wasser, Honig, Zitronenschale und -saft in einem Topf zum Kochen bringen. Zugedeckt bei schwacher Hitze etwa 15 Minuten garen. Den Topf von der Kochstelle nehmen.
3. Apfelkompott mit einem Schneebesen etwas durchschlagen, sodass es noch stückig bleibt. Apfelkompott erkalten lassen.
4. Die Butter in einer großen Pfanne zerlassen. Haferflocken, Sonnenblumen-, Haselnusskerne und Zucker darin in 2 Portionen unter Rühren leicht anrösten, herausnehmen und in eine Schüssel geben. Die Rosinen unter die gesamte Knuspermischung rühren und erkalten lassen.
5. Sahne mit Zucker und Zimt steif schlagen. Das Apfelkompott mit der Knuspermischung und Zimtsahne in Gläser oder eine große Glasschüssel schichten. Die Oberfläche mit Zimt bestreuen.

Trauben-Krokant-Creme

12 Portionen

Zubereitungszeit: 35 Minuten, ohne Kühlzeit

1 kg saure Sahne
6 EL Zitronensaft
375 ml (3/8 l) heller Traubensaft
10 Blatt weiße Gelatine
600 g Schlagsahne
je 500 g kernlose, grüne und blaue Weintrauben
100 g Haselnuss-Krokant

einige vorbereitete Zitronenmelisseblättchen

Pro Portion:
E: 6 g, F: 25 g, Kh: 29 g,
kJ: 1564, kcal: 374

1. Saure Sahne mit Zitronen- und Traubensaft in einer Rührschüssel gut verrühren. Gelatine nach Packungsanleitung einweichen. Die Gelatine leicht ausdrücken und in einem kleinen Topf bei schwacher Hitze unter Rühren auflösen. Gelatine zuerst mit 4 Esslöffeln der Saure-Sahne-Masse verrühren, dann unter die restliche Saure-Sahne-Masse rühren. Masse in den Kühlschrank stellen.
2. Sahne steif schlagen. Sobald die Saure-Sahne-Masse anfängt dicklich zu werden, Sahne unterheben.
3. Weintrauben abspülen, abtrocknen, entstielen und halbieren. Einige Weintraubenhälften zum Garnieren beiseitelegen. Weintraubenhälften mit Krokant mischen, etwas davon beiseitestellen. Restliche Trauben-Krokant-Mischung in Gläsern verteilen und die Saure-Sahne-Creme daraufgeben. Die Creme mit der beiseitegestellten Trauben-Krokant-Mischung und Zitronenmelisseblättchen garnieren.

Quark-Kokos-Tiramisu

Kokosmilchnudeln mit Früchten

Quark-Kokos-Tiramisu

4–5 Portionen

Zubereitungszeit: 20 Minuten, ohne Kühlzeit

1/2 Bio-Zitrone (unbehandelt, ungewachst)
150 g Schlagsahne
400 g Magerquark
1 Pck. Dr. Oetker Vanillin-Zucker
3–4 EL gesiebter Puderzucker
2 Orangen
etwa 12 Kokos-Zwiebäcke
100 ml Orangensaft

Außerdem:
evtl. 2 EL geröstete Kokosraspel oder Kakaopulver

Pro Portion:
E: 15 g, F: 14 g, Kh: 42 g,
kJ: 1531, kcal: 366

1. Zitrone heiß abwaschen, abtrocknen und etwas von der Schale fein abreiben. Den Saft auspressen und 4 Esslöffel abmessen.
2. Sahne steif schlagen. Quark in einer Rührschüssel mit Zitronenschale und -saft mit einem Schneebesen zu einer glatten Masse verrühren. Vanillin-Zucker und Puderzucker unterrühren, abschmecken, dann die Sahne unterheben.
3. Die Orangen so schälen, dass die weiße Haut vollständig entfernt wird. Orangen filetieren und den Saft dabei auffangen. Orangensaft mit weiterem Orangensaft auf 100 ml auffüllen.
4. Eine Auflaufform mit 6 Zwiebäcken auslegen. Zwiebäcke mit der Hälfte des Orangensaftes beträufeln. Die Hälfte der Orangenfilets darauf verteilen und die Hälfte der Quarkcreme daraufstreichen.
5. Restliche Zwiebäcke darauflegen und mit dem restlichen Orangensaft beträufeln. Restliche Orangenfilets darauflegen und restliche Quarkcreme darauf verteilen.
6. Tiramisu mit Frischhaltefolie zugedeckt im Kühlschrank mindestens 2 Stunden durchziehen lassen.
7. Quark-Kokos-Tiramisu nach Belieben mit Kokosraspeln bestreuen oder mit Kakao bestäubt servieren.

Tipp: Quark-Kokos-Tiramisu nach Belieben mit Orangenscheiben und Minzeblättchen garnieren.

Kokosmilchnudeln mit Früchten

8 Portionen

Zubereitungszeit: 15 Minuten
Garzeit: etwa 20 Minuten

400 ml Kokosmilch
600 ml Milch (1,5 % Fett)
2 EL flüssiger Honig
1 EL Zucker
300 g kleine Suppennudeln, z. B. Hörnchen

Für das Pflaumenkompott:
600 g Pflaumen
30 g Zucker
1/2 Stange Zimt
125 ml (1/8 l) klarer Apfelsaft

Pro Portion:
E: 9 g, F: 11 g, Kh: 49 g,
kJ: 1375, kcal: 330

1. Die Kokosmilch mit Milch, Honig und Zucker in einem Topf verrühren und zum Kochen bringen. Nudeln hinzugeben. Die Nudeln bei schwacher bis mittlerer Hitze bissfest garen, dabei gelegentlich umrühren.
2. In der Zwischenzeit für das Pflaumenkompott Pflaumen abspülen, abtrocknen, entstielen, halbieren und entsteinen. Pflaumenhälften in Spalten schneiden.
3. Pflaumenspalten, Zucker, Zimtstange und Apfelsaft in einem Topf zum Kochen bringen und dann etwa 2 Minuten bei schwacher bis mittlerer Hitze kochen. Pflaumenkompott abkühlen lassen, Zimtstange entfernen.
4. Sobald die Nudeln bissfest sind, die Kochtemperatur erhöhen. Die verbliebene Flüssigkeit unter vorsichtigem Rühren kräftig einkochen lassen, bis die Nudelmasse leicht sämig ist.
5. Die Kokosmilchnudeln mit dem Pflaumenkompott in tiefen Tellern anrichten oder das Pflaumenkompott getrennt zu den Kokosmilchnudeln reichen.

Eis-Doppeldecker

4 Portionen

Zubereitungszeit: 10 Minuten

400 g gemischte Beeren (frische oder TK-Beeren)
150 g Schlagsahne
1/2–3/4 Rührkuchen, z. B. Zitrone, Marmor oder Schokolade (selbst gemacht oder aus der Packung)
300 ml Vanille-Eiscreme
1 Pck. Dr. Oetker Vanillin-Zucker

Pro Portion:
E: 5 g, F: 25 g, Kh: 34 g,
kJ: 1631, kcal: 389

1. Frische Beeren abspülen, abtropfen lassen und entstielen. TK-Beeren antauen lassen. Sahne steif schlagen und kurz in den Kühlschrank stellen.
2. Den Rührkuchen in 8 gleich dicke Scheiben schneiden. Jeweils 1 Kuchenstück auf 4 Dessertteller verteilen. Die Eiscreme in 4 Scheiben schneiden und auf die Kuchenstücke legen. Zuerst Sahne, dann die Beeren darauf verteilen.
3. Eis-Doppeldecker mit Vanillin-Zucker bestreuen. Die restlichen Kuchenstücke schräg an die Eis-Doppeldecker setzen und das Dessert sofort servieren.

Apfel-Zwetschen-Schichtspeise

12 Portionen

Zubereitungszeit: 30 Minuten, ohne Abkühl- und Durchziehzeit

1 1/2 kg säuerliche Äpfel, z. B. Boskop
1 Bio-Zitrone (unbehandelt, ungewachst)
100 ml Wasser
1 Stange Zimt
1–2 EL Zucker
1 Pck. Dr. Oetker Vanillin-Zucker
450 g Pflaumenmus (aus dem Glas)
5 EL Mandellikör
oder 4–5 EL Wasser
1 kg Vanille-Quarkcreme (aus dem Kühlregal)
225 g Zwiebäcke, z. B. Vanille-Zwiebäcke

Pro Portion:
E: 7 g, F: 6 g, Kh: 57 g,
kJ: 1299, kcal: 311

1. Die Äpfel schälen, halbieren und entkernen. Apfelhälften in Stücke schneiden. Zitrone heiß abwaschen, abtrocknen und die Schale dünn spiralförmig abschneiden. Zitrone halbieren und den Saft auspressen.
2. Apfelstücke mit Wasser, Zitronenschale, -saft, Zimtstange, Zucker und Vanillin-Zucker in einem Topf mischen, bei mittlerer Hitze zum Kochen bringen.
3. Danach die Apfelstücke etwa 5 Minuten kochen lassen, bis sie leicht zerfallen. Den Topf von der Kochstelle nehmen.
4. Apfelkompott abkühlen lassen. Zimtstange und Zitronenschale entfernen.
5. Pflaumenmus mit Likör oder Wasser glatt rühren. Das Apfelkompott, Pflaumenmus, Vanille-Quarkcreme und Zwiebäcke abwechselnd in eine Glasschüssel schichten. Die letzte Schicht sollte aus Vanille-Quarkcreme bestehen. Apfel-Zwetschen-Schichtspeise zugedeckt mindestens 2 Stunden im Kühlschrank durchziehen lassen.

Tipp: Das Dessert mit abgespülten und trocken getupften Zitronenmelisseblättchen garnieren.

Eis-Doppeldecker

Apfel-Zwetschen-Schichtspeise

Erdbeeren mit Eierlikör
4 Portionen

Zubereitungszeit: 10 Minuten

500 g Erdbeeren
300 g Mascarpone (ital. Frischkäse)
8 EL Eierlikör
2 geh. EL gesiebter Puderzucker

einige Minze- oder Melisseblättchen
einige gehackte Pistazienkerne

Pro Portion:
E: 5 g, F: 34 g, Kh: 24 g,
kJ: 1896, kcal: 452

1. Die Erdbeeren abspülen, gut abtropfen lassen und entstielen. Erdbeeren halbieren und in 4 Schalen verteilen.
2. Mascarpone, Eierlikör und Puderzucker in einer Schüssel mit einem Schneebesen glatt rühren. Jeweils 1 gehäuften Esslöffel der Eierlikörcreme auf die Erdbeeren geben. Minze- oder Melisseblättchen abspülen und trocken tupfen. Erdbeeren und Eierlikör mit Minze- oder Melisseblättchen garnieren und mit Pistazienkernen bestreuen.

Eis-Gugelhupf
8 Portionen

Zubereitungszeit: 40 Minuten, ohne Durchzieh- und Gefrierzeit

100 g gemischte, getrocknete Früchte (entsteint), z. B. Cranberries, Physalis, Kirschen
50 g Orangeat
3–4 EL Zitronen- oder Orangenlikör
4 frische Eiweiß (Größe M)
1 Prise Salz
75 ml Wasser
100 g Zucker
40 g Traubenzucker
1/2 Dr. Oetker Bourbon Vanilleschote
250 g Mascarpone (ital. Frischkäse)
100 g Schlagsahne
50 g Zartbitter-Raspelschokolade

Pro Portion:
E: 4 g, F: 19 g, Kh: 36 g,
kJ: 1458, kcal: 348

1. Getrocknete Früchte und Orangeat hacken, mit dem Likör in einer Schale mischen und zugedeckt mindestens 2 Stunden durchziehen lassen.
2. Das Eiweiß mit Salz steif schlagen. Wasser mit Zucker und Traubenzucker in einem Topf unter Rühren aufkochen lassen, bis sich der Zucker gelöst hat. Die kochend heiße Zuckerlösung in einem dünnen Strahl zum Eischnee geben, dabei den Eischnee weiterschlagen, bis er glänzt. Die Eischnee-Masse abkühlen lassen, dabei immer wieder mit dem Schneebesen durchschlagen.
3. Die Vanilleschote längs aufschneiden und das Mark herausschaben. Vanillemark, Mascarpone und Sahne in einen Rührbecher geben und mit Handrührgerät mit Rührbesen steif schlagen. Nacheinander die eingeweichten Früchte und die Raspelschokolade unterrühren. Eischnee-Masse unterheben.
4. Die Masse in eine gefrierfeste Gugelhupfform (Ø 20–22 cm) füllen. Die Form mehrfach auf die Arbeitsfläche stoßen, damit Luftblasen entweichen können. Die Form zugedeckt in den Gefrierschrank stellen. Die Masse etwa 5 Stunden gefrieren lassen.
5. Die Form kurz in heißes Wasser tauchen oder mit einem heißen Tuch belegen. Das Eis aus der Form auf eine Platte stürzen und in Stücke schneiden.

Erdbeeren mit Eierlikör

Eis-Gugelhupf

Mandarinen-Quark-Speise

Kirschmichel

Tipp: Die gemischten, getrockneten Früchte können Sie bereits als fertige Mischung kaufen. Sie sind manchmal auch als Snack deklariert.

Hinweis: Nur ganz frische Eiweiß verwenden, die nicht älter als 5 Tage sind (Legedatum beachten!).

Mandarinen-Quark-Speise

4 Portionen

Zubereitungszeit: 20 Minuten, ohne Kühlzeit

3 Blatt weiße Gelatine
175 g Mandarinen (aus der Dose)
Mandarinensaft (aus der Dose)
750 g Magerquark

Pro Portion:
E: 26 g, F: 0 g, Kh: 20 g,
kJ: 836, kcal: 200

1. Die Gelatine nach Packungsanleitung einweichen. Mandarinen in einem Sieb abtropfen lassen, dabei den Saft in einem kleinen Topf auffangen. Den Quark in einer Schüssel glatt rühren.
2. Den Fruchtsaft leicht erwärmen. Gelatine leicht ausdrücken und in dem Fruchtsaft unter Rühren auflösen. 2 Esslöffel von dem Quark unterrühren. Dann die Saft-Gelatine-Mischung unter den restlichen Quark rühren. Mandarinen unterheben.
3. Die Mandarinen-Quark-Speise zugedeckt mindestens 30 Minuten in den Kühlschrank stellen.

Kirschmichel

4–6 Portionen

Zubereitungszeit: 15 Minuten
Backzeit: etwa 40 Minuten

370 g Sauerkirschen (aus dem Glas)
2 Brötchen (Milchbrötchen oder Croissants) vom Vortag
125 ml (1/8 l) Milch
125 g Zucker
3 Eigelb (Größe M)
2 EL Butter
abgeriebene Schale von 1/2 Bio-Zitrone (unbehandelt, ungewachst)
3 Eiweiß (Größe M)
1 Prise Salz
50 g gehobelte Mandeln
etwas Puderzucker oder Zucker

Pro Portion:
E: 9 g, F: 20 g, Kh: 46 g,
kJ: 1697, kcal: 405

1. Die Kirschen in einem Sieb gut abtropfen lassen. Die Brötchen in dünne Scheiben schneiden, in eine Schüssel legen und mit Milch übergießen. Kirschen mit der Hälfte des Zuckers mischen.
2. Den Backofen vorheizen.
Ober-/Unterhitze: etwa 200 °C
Heißluft: etwa 180 °C
3. Eigelb mit 1 Esslöffel Butter und restlichem Zucker schaumig schlagen. Die eingeweichten Brötchenscheiben mit Milch und die Zitronenschale unterrühren, bis die eingeweichten Brötchenscheiben zerfallen sind.
4. Eiweiß mit Salz steif schlagen und vorsichtig mit den Kirschen unter die Brötchen-Eier-Masse heben. Die Masse in eine Auflaufform (gefettet) geben. Die restliche Butter in kleinen Stücken darauf verteilen und mit Mandeln bestreuen.
5. Die Form auf dem Rost in den vorgeheizten Backofen schieben. Den Auflauf etwa 40 Minuten backen.
6. Den Kirschmichel anschließend noch warm mit Puderzucker bestäuben oder mit Zucker bestreuen und sofort servieren.

Buttermilch-Eis

Crème-fraîche-Eis mit Toffee

Buttermilch-Eis
4–6 Portionen

Zubereitungszeit: 10 Minuten, ohne Gefrierzeit

50 g Traubenzucker
4 Messlöffel pflanzliches Bindemittel, z. B. Bindobin (4 g, erhältlich im Bio-Laden oder Reformhaus)
50 g brauner Zucker (Rohrzucker)
400 ml Buttermilch
250 g Crème fraîche

Pro Portion:
E: 4 g, F: 16 g, Kh: 25 g,
kJ: 1067, kcal: 258

1. Traubenzucker mit Bindemittel und Zucker in einer Rührschüssel verrühren. Buttermilch nach und nach unterrühren. Crème fraîche ebenfalls unterrühren. Die Masse etwa 15 Minuten kalt stellen.
2. Die Buttermilch-Crème-fraîche-Masse in eine vorbereitete Eismaschine füllen und in etwa 40 Minuten zu einem cremigen Eis gefrieren lassen.
3. Das Buttermilch-Eis zugedeckt in den Gefrierschrank stellen und etwa 30 Minuten vor dem Verzehr im Kühlschrank antauen lassen.

Crème-fraîche-Eis
4–6 Portionen

Zubereitungszeit: 15 Minuten, ohne Ruhe- und Gefrierzeit

20 g Traubenzucker
4 Messlöffel pflanzliches Bindemittel, z. B. Bindobin (4 g, erhältlich im Bio-Laden oder Reformhaus)
400 g Crème fraîche
70 g flüssiger Honig
250 g Schlagsahne

Pro Portion:
E: 3 g, F: 40 g, Kh: 19 g,
kJ: 1873, kcal: 451

1. Traubenzucker und pflanzliches Bindemittel verrühren. Crème fraîche und Honig nach und nach unterrühren. Danach Crème-fraîche-Masse zugedeckt etwa 15 Minuten stehen lassen.
2. Sahne steif schlagen und unter die Crème-fraîche-Masse heben, in eine gefrierfeste, flache Form füllen und zugedeckt in den Gefrierschrank stellen. Die Crème-fraîche-Masse etwa 4 Stunden gefrieren lassen. Dabei die Masse alle 30 Minuten umrühren. Oder die Crème-fraîche-Masse in einer vorbereiteten Eismaschine etwa 40 Minuten gefrieren lassen.

Abwandlung: **Crème-fraîche-Eis mit Toffee** (Foto). Dafür das Crème-fraîche-Eis wie beschrieben zubereiten. 150 g Sahne Toffees fein hacken. Die Hälfte davon mit 1 Esslöffel Schlagsahne und 30 g Butter in einem Topf bei schwacher Hitze zu einer glatten Masse verrühren. Den Topf von der Kochstelle nehmen. Toffee-Butter-Masse abkühlen lassen. Restliche gehackte Toffees unterrühren. Die Masse marmorartig unter das Eis rühren. Das Eis nochmals kurz gefrieren lassen.

Holunderbeersuppe
4 Portionen

Zubereitungszeit: 40 Minuten

400 g schwarze Holunderbeerdolden
1 Bio-Zitrone
(unbehandelt, ungewachst)
75 g Zucker, 1 Stange Zimt
500 ml (1/2 l) Wasser
1 Apfel
20 g Speisestärke
3 EL kaltes Wasser

Pro Portion:
E: 2 g, F: 0 g, Kh: 35 g,
kJ: 635, kcal: 152

1. Holunderbeeren abspülen, abtropfen lassen und abstreifen. Zitrone heiß abwaschen, abtrocknen und die Schale dünn abschneiden. Zitrone halbieren und den Saft auspressen.
2. Die Holunderbeeren mit Zucker, 1 Stück Zitronenschale, Zimtstange und Wasser in einem Topf zum Kochen bringen. Beeren 15–20 Minuten kochen lassen. Anschließend die Beeren durch ein Sieb streichen, mit Wasser auf 750 ml (3/4 l) auffüllen.
3. Apfel schälen, vierteln, entkernen und in Spalten schneiden.
4. Die Apfelspalten mit Holunderbeer- und Zitronensaft sowie 1 Stück Zitronenschale zum Kochen bringen.
5. Speisestärke mit Wasser anrühren, in die Suppe rühren und unter Rühren aufkochen lassen.
6. Die Suppe mit Zitronensaft abschmecken. Nach Belieben warm oder kalt servieren.

Tipps: Servieren Sie die Suppe mit einigen Grießklößchen. Sehr lecker schmeckt die Suppe auch, wenn Sie sie mit jeweils 1 Kugel Vanille-Eis servieren.

Zwetschenknödel

6 Portionen

Zubereitungszeit: 60 Minuten, ohne Abkühlzeit
Garzeit: Knödel etwa 10 Minuten

700 g mehligkochende Kartoffeln
Salzwasser
40 g Butter
160 g Weizenmehl
60 g Weizengrieß
1 Eigelb (Größe M)
1 Prise Salz
30 Zwetschen
30 Stück Würfelzucker
80 g Butter
100 g Semmelbrösel
abgeriebene Schale von
je 1/2 Bio-Orange und Bio-Zitrone
(beide unbehandelt, ungewachst)
50 g Zucker
1 TL Dr. Oetker Vanillin-Zucker

Pro Portion:
E: 10 g, F: 18 g, Kh: 102 g,
kJ: 2667, kcal: 637

1. Kartoffeln gründlich waschen und knapp mit Salzwasser bedeckt zum Kochen bringen. Die Kartoffeln zugedeckt in 20–25 Minuten gar kochen. Kartoffeln abgießen, mit kaltem Wasser abspülen, abtropfen lassen, sofort pellen und durch eine Kartoffelpresse drücken. Die Kartoffelmasse abkühlen lassen.
2. Unter die abgekühlte Kartoffelmasse Butter, Mehl, Grieß, Eigelb und Salz kneten. So lange kneten, bis ein fester Teig entstanden ist.
3. Zwetschen abspülen und abtrocknen. Zwetschen etwas aufschneiden, den Stein herausnehmen. Die Zwetschen mit je 1 Stück Würfelzucker füllen.
4. Den Kartoffelteig auf einer bemehlten Arbeitsfläche ausrollen und in 30 Portionen teilen. Jede Zwetsche mit 1 Teigportion umhüllen, mit bemehlten Händen zu Knödeln formen.
5. In einem großen Topf so viel Salzwasser zum Kochen bringen, dass die Knödel in dem Wasser „schwimmen" können. Die Knödel in das kochende Salzwasser geben, wieder zum Kochen bringen und ohne Deckel etwa 10 Minuten gar ziehen lassen.
6. In der Zwischenzeit Butter in einer Pfanne zerlassen, Semmelbrösel hinzugeben und leicht rösten. Orangen-, Zitronenschale, Zucker und Vanillin-Zucker untermischen.
7. Die gegarten Knödel mit einer Schaumkelle aus dem Wasser nehmen und gut abtropfen lassen. Die Knödel in der Semmelbröselmischung wälzen.

Holunderbeersuppe

Zwetschenknödel

Blätterteigschnitten mit Beeren

18 Stück

Zubereitungszeit: 70 Minuten, ohne Auftau- und Abkühlzeit
Backzeit: etwa 20 Minuten

225 g TK-Blätterteig

5 Blatt weiße Gelatine
2 EL Orangensaft
500 g Schlagsahne
50 g Zucker

500 g gemischte Beeren, z.B. Himbeeren, Brombeeren, Heidelbeeren
evtl. 2 EL Zucker

Pro Stück:
E: 2 g, F: 12 g, Kh: 10 g,
kJ: 649, kcal: 155

1. Die Blätterteigplatten nebeneinander nach Packungsanleitung auftauen lassen.
2. Den Backofen vorheizen.
Ober-/Unterhitze: etwa 220 °C
Heißluft: etwa 180 °C
3. Aus den Teigplatten 9 Rechtecke (je etwa 10 x 5 cm) schneiden. Die Rechtecke auf ein Backblech (mit Backpapier belegt) legen. Das Backblech in den vorgeheizten Backofen schieben. Die Blätterteigschnitten etwa 20 Minuten backen.
4. Das Backblech auf einen Kuchenrost stellen. Die Blätterteigschnitten vollständig erkalten lassen.
5. Die Blätterteigschnitten quer halbieren, sodass insgesamt 18 Schnitten entstehen.
6. Gelatine nach Packungsanleitung einweichen. Gelatine leicht ausdrücken. Orangensaft erhitzen, die Gelatine darin auflösen. Orangensaft-Gelatine-Masse abkühlen lassen.
7. Sahne mit Zucker steif schlagen und unter den dicklichen Saft ziehen.
8. Beeren verlesen, vorsichtig abspülen und gut abtropfen lassen.
9. Die Blätterteigschnitten mit der Orangensahne bestreichen, mit den Beeren garnieren und evtl. mit Zucker bestreuen.

Vanille-Heidelbeer-Eclairs

6 Stück

Zubereitungszeit: 30 Minuten
Backzeit: etwa 20 Minuten

Für den Brandteig:
125 ml (1/8 l) Wasser
25 g Butter oder Margarine
75 g Weizenmehl
1 Prise Salz
15 g Speisestärke
2–3 Eier (Größe M)
1 Msp. Dr. Oetker Backin

Für die Füllung:
2 Blatt weiße Gelatine
200 g Vanillejoghurt (1,5 % Fett)
150 g Schlagsahne
125 g Heidelbeeren

1 TL Puderzucker

Pro Stück:
E: 7 g, F: 15 g, Kh: 20 g,
kJ: 1022, kcal: 244

1. Den Backofen vorheizen.
Ober-/Unterhitze: etwa 220 °C
Heißluft: etwa 200 °C
2. Für den Teig Wasser mit Butter oder Margarine am besten in einem Stieltopf zum Kochen bringen. Mehl mit Salz und Speisestärke mischen, auf einmal in die von der Kochstelle genommene Flüssigkeit schütten, zu einem glatten Kloß rühren und unter Rühren etwa 1 Minute erhitzen. Den Kloß sofort in eine Schüssel geben.
3. Nach und nach 2 Eier mit Handrührgerät mit Knethaken auf höchster Stufe unterarbeiten. Das dritte Ei verschlagen und nur so viel unter den Teig arbeiten, bis er stark glänzt und in langen Spitzen an einem Löffel hängen bleibt. Backpulver unter den erkalteten Teig rühren.
4. Den Teig in einen Spritzbeutel mit großer Sterntülle füllen und 6 Teigstreifen (je etwa 10 cm lang) auf ein Backblech (gefettet, mit Backpapier belegt) spritzen. Das Backblech in den vorgeheizten Backofen schieben.

Blätterteigschnitten mit Beeren

Vanille-Heidelbeer-Eclairs

Bratäpfel

Überbackene Pfirsiche

Die Eclairs etwa 20 Minuten backen. Während der ersten 15 Minuten der Backzeit die Ofentür nicht öffnen.

5. Sofort nach dem Backen von jedem Eclair einen Deckel abschneiden. Das Gebäck auf einem Kuchenrost erkalten lassen.

6. Für die Füllung Gelatine nach Packungsanleitung einweichen. Gelatine leicht ausdrücken und in einem kleinen Topf bei schwacher Hitze unter Rühren auflösen. Gelatine zuerst mit etwa 2 Esslöffeln von dem Joghurt verrühren, dann unter den restlichen Joghurt rühren. Masse in den Kühlschrank stellen.

7. Sahne steif schlagen. Wenn die Masse beginnt dicklich zu werden, die Sahne unterheben.

8. Vanillecreme in einen Spritzbeutel mit großer Sterntülle füllen und auf die Eclairs-Unterhälften spritzen. Heidelbeeren abspülen, gut abtropfen lassen und auf der Vanillecreme verteilen. Eclairs-Deckel daraufsetzen und mit Puderzucker bestäuben.

Bratäpfel

8 Portionen

Zubereitungszeit: 30 Minuten, ohne Quell- und Abkühlzeit
Garzeit: 30–45 Minuten

1 EL Rosinen
100 ml Rum
8 mittelgroße, säuerliche Äpfel
20 g Butter
20 g Zucker
1 Pck. Dr. Oetker Vanillin-Zucker
2 EL abgezogene, gemahlene Mandeln
2 EL gestiftelte Mandeln

Pro Portion:
E: 1 g, F: 4 g, Kh: 20 g,
kJ: 644, kcal: 154

1. Rosinen und 2 Esslöffel Rum in einen kleinen Topf geben. Rosinen bei schwacher Hitze etwa 20 Minuten quellen und anschließend abkühlen lassen.

2. Den Backofen vorheizen.
Ober-/Unterhitze: etwa 200 °C
Heißluft: etwa 180 °C

3. Äpfel abspülen und abtrocknen. Kerngehäuse von der Blütenseite aus mit einem Apfelausstecher herausbohren. Äpfel dabei nicht ganz durchstechen. Die Äpfel in eine Auflaufform (gefettet) setzen.

4. Butter mit Zucker, Vanillin-Zucker, gemahlene Mandeln und eingeweichten Rosinen mit einem Löffel verrühren. Die Masse mit einem Teelöffel in die Äpfel füllen. Mandelstifte darauf verteilen und leicht andrücken. Restlichen Rum in die Form gießen. Die Form auf dem Rost in den vorgeheizten Backofen schieben. Die Bratäpfel 30–45 Minuten garen.

Tipp: Dazu passt eine Vanillesauce.

Überbackene Pfirsiche

4 Portionen

Zubereitungszeit: 30 Minuten
Backzeit: etwa 20 Minuten

750 g kleine Pfirsiche
150 g Crème fraîche
2 EL brauner Zucker

Pro Portion:
E: 2 g, F: 14 g, Kh: 24 g,
kJ: 981, kcal: 234

1. Den Backofen vorheizen.
Ober-/Unterhitze: etwa 220 °C
Heißluft: etwa 200 °C

2. Pfirsiche kreuzweise einschneiden, mit kochendem Wasser übergießen und kurz darin liegen lassen. Pfirsiche mit kaltem Wasser abschrecken, abtropfen lassen und enthäuten, aber nicht entsteinen. Pfirsiche mit der Rundung nach oben in eine Auflaufform (gefettet) setzen.

3. Crème fraîche verrühren, auf den Pfirsichen verteilen und mit Zucker bestreuen. Form auf dem Rost in den vorgeheizten Backofen schieben. Pfirsiche etwa 20 Minuten überbacken.

Apfel-Quiche

Kürbisschaumcreme

Apfel-Quiche
6 Portionen

Zubereitungszeit: 40 Minuten, ohne Auftau- und Abkühlzeit
Backzeit: etwa 20 Minuten

225 g TK-Blätterteig
2 Äpfel, z. B. Cox Orange
1 Pck. Dr. Oetker Finesse Geriebene Zitronenschale
1 Pck. Dr. Oetker Bourbon-Vanille-Zucker
2 EL Zucker
125 g Schlagsahne
2 Eier (Größe M)
50 g gehobelte Mandeln
1 EL Puderzucker

Pro Portion:
E: 6 g, F: 20 g, Kh: 25 g,
kJ: 1287, kcal: 308

1. Blätterteig nebeneinander nach Packungsanleitung auftauen lassen.
2. Den Backofen vorheizen.
Ober-/Unterhitze: etwa 200 °C
Heißluft: etwa 180 °C
3. Die Blätterteigplatten aufeinanderlegen und auf einer bemehlten Arbeitsfläche zu einer runden Platte (Ø etwa 32 cm) ausrollen. Blätterteig so in eine kalt ausgespülte (nicht abgetrocknete) Springform (Ø 26–28 cm) legen, dass der Rand leicht überlappt.
4. Das Kerngehäuse der Äpfel mit einem runden Ausstecher entfernen. Äpfel schälen und in dünne Scheiben schneiden. Apfelscheiben dachziegelartig auf den Blätterteig legen.
5. Zitronenschale mit Vanille-Zucker, Zucker, Sahne und Eiern verschlagen und über die Apfelscheiben gießen. Mit Mandeln bestreuen. Die Form auf dem Rost in den vorgeheizten Backofen schieben. Die Quiche etwa 20 Minuten backen.
6. Die Quiche auf einem Kuchenrost etwas abkühlen lassen. Den überhängenden Teig abschneiden. Quiche vorsichtig aus der Form lösen, mit Puderzucker bestäuben und lauwarm servieren.

Kürbisschaumcreme
8 Portionen

Zubereitungszeit: 50 Minuten, ohne Kühlzeit

5 Blatt weiße Gelatine
500 g Kürbisfleisch, geputzt, ohne faserigen Innenteil
4 Bio-Limetten (unbehandelt, ungewachst)
100 g Zucker
4 Eiweiß (Größe M)
50 g Zucker
500 g Schlagsahne
2 Pck. Dr. Oetker Sahnesteif
50 g Zucker

evtl. einige Johannisbeeren

Pro Portion:
E: 5 g, F: 20 g, Kh: 31 g,
kJ: 1389, kcal: 332

1. Die Gelatine nach Packungsanleitung einweichen. Das Kürbisfleisch in etwa 1 cm große Würfel schneiden. Die Limetten heiß abwaschen, abtrocknen und die Schale dünn abreiben. Limetten halbieren und den Saft auspressen.
2. Kürbiswürfel, Zucker, Limettenschale und -saft in einen Topf geben, zugedeckt etwa 12 Minuten dünsten. Kürbismasse pürieren. Gelatine ausdrücken und tropfnass in dem heißen Kürbispüree unter Rühren auflösen.
3. Eiweiß steif schlagen. Nach und nach den Zucker kurz unterschlagen.
4. Nach und nach den Eischnee unter ständigem Rühren unter das heiße Kürbispüree geben. Die Kürbismasse erkalten lassen, dabei gelegentlich vorsichtig umrühren.
5. Sahne mit Sahnesteif und Zucker steif schlagen und unter die Kürbismasse heben. Die Kürbisschaumcreme portionsweise in Gläser füllen und in den Kühlschrank stellen. Nach Belieben mit einigen abgespülten und trocken getupften Johannisbeerrispen garnieren.

Hinweis: Nur ganz frische Eier verwenden, die nicht älter als 5 Tage sind (Legedatum beachten!). Creme im Kühlschrank aufbewahren und innerhalb von 24 Stunden verzehren.

Schokoladenquark

4 Portionen

Zubereitungszeit: 25 Minuten, ohne Abkühlzeit

2 EL gehobelte Mandeln
100 g Zartbitter-Schokolade
500 g Magerquark
4–6 EL Schlagsahne oder Milch
2 Pck. Dr. Oetker Vanillin-Zucker
2 EL Zucker
4 reife Bananen

Pro Portion:
E: 21 g, F: 15 g, Kh: 49 g,
kJ: 1782, kcal: 425

1. Mandeln in einer Pfanne ohne Fett unter Wenden goldbraun rösten, herausnehmen und auf einen Teller geben. Schokolade in Stücke brechen und in einem kleinen Topf im heißen Wasserbad bei schwacher Hitze unter Rühren schmelzen. Abkühlen lassen.
2. Quark mit Sahne oder Milch geschmeidig rühren. Vanillin-Zucker, Zucker und Schokolade unterrühren.
3. Schokoladenquark in einen Spritzbeutel mit großer Sterntülle füllen. Große Tuffs auf 4 Dessertteller spritzen. Die Bananen schälen und neben den Schokoladenquark legen. Den Quark mit Mandeln bestreuen und servieren.

Pudding mit Keksen und Früchten

6–8 Portionen

Zubereitungszeit: 30 Minuten, ohne Kühlzeit

Für den Pudding:
2 Pck. Gala Bourbon-Vanille-Pudding-Pulver
70 g Zucker
1 Prise Salz
500 ml (1/2 l) Milch
500 g Schlagsahne

260 g Ananasscheiben (aus der Dose)
175 g Mandarinen (aus der Dose)
100 g blaue Weintrauben
100 g Löffelbiskuits

Pro Portion:
E: 6 g, F: 26 g, Kh: 49 g,
kJ: 1949, kcal: 465

1. Für den Pudding Pudding-Pulver, Zucker, Salz und 250 ml (1/4 l) Milch verrühren. Restliche Milch und Sahne aufkochen. Den Topf von der Kochstelle nehmen. Angerührtes Pudding-Pulver einrühren und unter Rühren etwa 1 Minute kochen lassen. Den Pudding sofort mit Frischhaltefolie bedecken und erkalten lassen.
2. Ananasscheiben in einem Sieb abtropfen lassen und in kleine Stücke schneiden. Mandarinen abtropfen lassen. Weintrauben abspülen, abtrocknen, halbieren und evtl. entkernen. Löffelbiskuits in grobe Stücke brechen und in 6–8 Schälchen verteilen. Einige Früchte zum Garnieren beiseitelegen. Die restlichen Früchte auf den Biskuitstücken verteilen.
3. Pudding auf die Früchte geben, mit Frischhaltefolie bedecken. Den Pudding mindestens 1 Stunde in den Kühlschrank stellen. Den Pudding vor dem Servieren mit den beiseitegelegten Früchten garnieren.

Schokoladenquark

Pudding mit Keksen und Früchten

Mirabellen-Datschis

8 Stück

Zubereitungszeit: 40 Minuten, ohne Teiggehzeit
Backzeit: 25–30 Minuten

Für den Hefeteig:
250 g Weizenmehl
21 g frische Hefe
125 ml (1/8 l) lauwarme Milch
25 g Zucker
1 Prise Salz
60 g zerlassene, abgekühlte Butter oder Margarine

100 g Marzipan-Rohmasse
1 Eigelb (Größe M)
2 EL Schmand (Sauerrahm)
750 g frische Mirabellen
1 Eigelb (Größe M)
4 EL gehobelte Mandeln
3 EL Quittengelee

Pro Stück:
E: 9 g, F: 19 g, Kh: 50 g,
kJ: 1804, kcal: 431

1. Für den Teig das Mehl in eine Rührschüssel geben und in die Mitte eine Vertiefung drücken. Hefe hineinbröckeln, mit etwas Milch sowie Zucker und Salz verrühren und etwa 5 Minuten gehen lassen.
2. Anschließend Butter oder Margarine und restliche Milch hinzufügen. Die Zutaten mit Handrührgerät mit Knethaken zunächst kurz auf niedrigster, dann auf höchster Stufe in etwa 5 Minuten zu einem glatten Teig verarbeiten. Den Teig zugedeckt so lange an einem warmen Ort gehen lassen, bis er sich sichtbar vergrößert hat (etwa 30 Minuten).
3. In der Zwischenzeit Marzipan mit Eigelb und Schmand in einer Rührschüssel mit Handrührgerät mit Rührbesen auf höchster Stufe geschmeidig rühren. Mirabellen abspülen, abtrocknen, entstielen, entsteinen und nach Belieben halbieren.
4. Den Backofen vorheizen.
Ober-/Unterhitze: etwa 180 °C
Heißluft: etwa 160 °C
5. Den gegangenen Teig leicht mit Mehl bestäuben, aus der Schüssel nehmen, auf einer leicht bemehlten Arbeitsfläche kurz durchkneten und in 8 gleich große Stücke teilen. Diese zu Kugeln formen und zu je 1 runden Platte (Ø etwa 10 cm) ausrollen.
6. Teigplatten auf ein Backblech (mit Backpapier belegt) legen und jeweils mit etwas von der Marzipancreme bestreichen. Dabei einen Rand frei lassen. Die Mirabellen auf der Creme verteilen, die Teigränder mit verschlagenem Eigelb bestreichen und mit Mandeln bestreuen. Das Backblech in den vorgeheizten Backofen schieben. Die Datschis 25–30 Minuten backen.
7. Das Gebäck mit dem Backpapier vom Backblech auf einen Kuchenrost ziehen. Gelee in einem kleinen Topf unter Rühren erwärmen. Mirabellen noch heiß damit bestreichen. Das Gebäck erkalten lassen.

Himbeer-Zitrus-Tarteletts

6 Stück

Zubereitungszeit: 30 Minuten, ohne Abkühlzeit
Backzeit: etwa 20 Minuten

Für den Knetteig:
100 g Weizenmehl
1/2 gestr. TL Dr. Oetker Backin
40 g Zucker
1 Pck. Dr. Oetker Vanillin-Zucker
1/2 TL Dr. Oetker Finesse Geriebene Zitronenschale
40 g zerlassene, etwas abgekühlte Halbfett-Butter
1 1/2 EL kaltes Wasser

Hülsenfrüchte zum Blindbacken

Mirabellen-Datschis

Himbeer-Zitrus-Tarteletts

Für die Füllung:
25 ml Zitronensaft
175 ml Apfelsaft
20 g Zucker
1 Pck. ungezuckerter Tortenguss, klar
100 g saure Sahne

150 g frische Himbeeren
einige Zitronenmelisseblättchen
1 TL gesiebter Puderzucker

Pro Stück:
E: 3 g, F: 5 g, Kh: 32 g,
kJ: 780, kcal: 186

1. Für den Teig Mehl mit Backpulver mischen und in eine Rührschüssel geben. Restliche Zutaten hinzufügen und mit Handrührgerät mit Knethaken zunächst kurz auf niedrigster, dann auf höchster Stufe gut durcharbeiten. Anschließend den Teig auf der leicht bemehlten Arbeitsfläche kurz verkneten. Sollte er kleben, ihn in Frischhaltefolie gewickelt eine Zeit lang kalt stellen.
2. Den Backofen vorheizen.
Ober-/Unterhitze: etwa 200 °C
Heißluft: etwa 180 °C
3. Teig in 6 gleich große Portionen teilen, zu 6 runden Platten (Ø etwa 14 cm) ausrollen. Teigplatten in 6 Tartelettförmchen (Ø 8–10 cm, gefettet, bemehlt) legen, dabei den Rand festdrücken. Mehrmals mit einer Gabel einstechen.
4. Je ein Stück Backpapier auf den Teig legen, mit Hülsenfrüchten zum Blindbacken füllen. Die Förmchen auf dem Rost in den vorgeheizten Backofen schieben. Tarteletts etwa 15 Minuten backen. Hülsenfrüchte mit dem Backpapier entfernen und die Förmchen wieder auf dem Rost in den Backofen schieben. Tarteletts bei gleicher Backofentemperatur in etwa 5 Minuten fertig backen.
5. Die Tarteletts kurz auf einem Kuchenrost abkühlen lassen, dann vorsichtig aus den Förmchen lösen, auf den Kuchenrost stürzen und erkalten lassen.
6. Für die Füllung Zitronensaft mit Apfelsaft, Zucker und Tortengusspulver in einem kleinen Topf verrühren, unter Rühren zum Kochen bringen und etwa 1/2 Minute kochen lassen. Die Creme etwa 1 Minute abkühlen lassen, dann die saure Sahne unterrühren. Die Creme in die Tarteletts geben und erkalten lassen.
7. Zum Garnieren Himbeeren verlesen und auf die Tarteletts legen. Tarteletts nach Belieben mit abgespülten und trocken getupften Zitronenmelisseblättchen und Puderzucker bestäubt servieren.

Rhabarberkompott mit Spätzlehaube

Rhabarberkompott mit Spätzlehaube

4 Portionen

Zubereitungszeit: 30 Minuten
Garzeit: etwa 50 Minuten

750 g Rhabarber
1 Pck. Dr. Oetker Pudding-Pulver Vanille-Geschmack
170 g Zucker
2–3 EL Erdbeerkonfitüre
200 g Spätzle
Salzwasser
1/2 TL gemahlener Zimt
40 g Butter

Pro Portion:
E: 8 g, F: 10 g, Kh: 93 g,
kJ: 2130, kcal: 508

1. Rhabarber abziehen, abspülen, abtropfen lassen, Stielenden und Blattansätze entfernen. Die Stangen in etwa 2 cm lange Stücke schneiden. Rhabarberstücke, Pudding-Pulver und 100 g des Zuckers mit der Erdbeerkonfitüre verrühren und in einen gewässerten Römertopf® füllen.
2. Den Römertopf® mit dem Deckel verschließen und auf dem Rost in den kalten Backofen schieben.
Ober-/Unterhitze: etwa 200 °C
Heißluft: etwa 180 °C
Garzeit: etwa 40 Minuten
3. Inzwischen Spätzle leicht brechen, in kochendem Salzwasser nach Packungsanleitung gar kochen. Spätzle in ein Sieb geben, mit heißem Wasser abspülen und gut abtropfen lassen.
4. Restlichen Zucker mit Zimt mischen. Spätzle mit der Butter und einem Drittel des Zimtzuckers vermengen.
5. Nach Ende der Garzeit das Rhabarberkompott durchrühren. Die Spätzle darauf verteilen und mit dem restlichen Zimtzucker bestreuen. Den Römertopf® ohne Deckel wieder auf dem Rost in den heißen Backofen schieben. Rhabarberkompott mit Spätzlehaube bei gleicher Backofentemperatur ohne Deckel in etwa 10 Minuten fertig garen.

Tipp: Falls der Rhabarber etwas länger gelagert wurde, evtl. zusätzlich 3 Esslöffel Wasser untermischen.

Mohnnudeln

Apfel-Pfannkuchen

Mohnnudeln

4 Portionen

Zubereitungszeit: 60 Minuten, ohne Ruhezeit

200 g Weizenmehl
50 g Hartweizengrieß
2 Eier (Größe M)
1 Prise Salz
1 EL Speiseöl
1 EL Wasser oder Weißweinessig
Salzwasser
80 g Butter
2 EL frisch gemahlener Mohn
1 EL Puderzucker
einige Minzeblättchen

Pro Portion:
E: 12 g, F: 26 g, Kh: 49 g,
kJ: 2073, kcal: 495

1. Mehl mit Grieß mischen und in eine Rührschüssel geben. Eier, Salz, Speiseöl und Wasser oder Weinessig hinzufügen. Die Zutaten mit Handrührgerät mit Knethaken zu einem glatten Teig verkneten. Den Teig in Frischhaltefolie wickeln und etwa 30 Minuten ruhen lassen.
2. Den Teig portionsweise auf einer leicht bemehlten Arbeitsfläche sehr dünn ausrollen, in schmale Streifen schneiden, leicht antrocknen lassen.
3. Die Nudeln in reichlich kochendem Salzwasser etwa 2 Minuten garen, in ein Sieb geben, mit heißem Wasser übergießen und abtropfen lassen.
4. Die Butter in einem Topf zerlassen. Die Nudeln darin schwenken. Mohn hinzufügen und untermischen. Die Mohnnudeln anrichten, mit Puderzucker bestäuben und mit abgespülten und trocken getupften Minzeblättchen garnieren.

Apfel-Pfannkuchen

8 Portionen

Zubereitungszeit: 50 Minuten, ohne Quellzeit

250 g Weizenmehl
500 ml (1/2 l) Milch
1 EL Zucker
Salz
4 Eier (Größe M)
3 EL zerlassene Butter
4 säuerliche Äpfel, z. B. Boskop
4 EL Butterschmalz

Zum Bestreuen:
evtl. 40 g Zucker oder Zimtzucker

Pro Portion:
E: 9 g, F: 22 g, Kh: 38 g,
kJ: 1617, kcal: 387

1. Aus Mehl, Milch, Zucker, Salz und Eiern einen dickflüssigen Teig rühren. Zuletzt die zerlassene Butter unterrühren. Den Teig zugedeckt etwa 20 Minuten quellen lassen.
2. In der Zwischenzeit die Äpfel schälen, vierteln, entkernen und in dünne Scheiben schneiden.
3. Etwas Butterschmalz in einer großen Pfanne erhitzen. Ein Achtel der Apfelscheiben darin fast weich dünsten. Dann ein Achtel des Teiges darübergießen und stocken lassen. Dabei immer wieder den Teig vom Boden lösen. Den Pfannkuchen wenden und fertig backen. Auf diese Weise insgesamt 8 Pfannkuchen zubereiten und warm halten.
4. Die Pfannkuchen evtl. mit Zucker oder Zimtzucker bestreuen.

Birnen im Blätterteig

4 Portionen

Zubereitungszeit: 40 Minuten, ohne Auftauzeit
Backzeit: 20–25 Minuten

300 g TK-Blätterteig
4 kleine Birnen
2 EL Preiselbeerkonfitüre
1 Eigelb (Größe M)
1 EL Wasser

Pro Portion:
E: 4 g, F: 24 g, Kh: 39 g,
kJ: 1711, kcal: 409

1. Blätterteigplatten nebeneinander nach Packungsanleitung auftauen lassen. Birnen schälen, halbieren und entkernen. Die Birnenhälften mit verrührter Preiselbeerkonfitüre füllen und wieder zusammensetzen.
2. Den Backofen vorheizen.
Ober-/Unterhitze: etwa 200 °C
Heißluft: etwa 180 °C
3. Den Blätterteig zu einem Quadrat (etwa 40 x 40 cm) ausrollen, in 4 Quadrate (etwa 10 x 10 cm) schneiden. Je 1 Birne auf 1 Teigstück setzen. Den Teig darüber zusammenschlagen und die Ränder zusammendrücken. Eigelb mit Wasser verschlagen. Den Teig damit bestreichen.
4. Die Blätterteigbirnen auf ein Backblech (mit Backpapier belegt) setzen. Das Backblech in den vorgeheizten Backofen schieben. Die Blätterteig-Birnen 20–25 Minuten backen.

Blütenzauber

4 Portionen

Zubereitungszeit: 35 Minuten, ohne Kühl- und Marinierzeit

Für die Mandelcreme:
400 ml Milch
50 g abgezogene, gemahlene Mandeln
50 g Zucker
6 Blatt weiße Gelatine
200 g Schlagsahne

Für die Erdbeerblüten:
500 g Erdbeeren
1 EL flüssiger Honig
50 ml Grapefruitsaft

Pro Portion:
E: 9 g, F: 26 g, Kh: 34 g,
kJ: 1782, kcal: 426

1. Für die Mandelcreme Milch in einen Topf geben. Mandeln und Zucker hinzufügen, unter Rühren aufkochen lassen. Topf von der Kochstelle nehmen.
2. Gelatine nach Packungsanleitung einweichen. Gelatine leicht ausdrücken, in der heißen Milchmischung unter Rühren auflösen, etwas abkühlen lassen.
3. Sobald die Flüssigkeit anfängt dicklich zu werden, die Sahne steif schlagen und unterheben. Die Creme in eine Schüssel füllen und 2–3 Stunden in den Kühlschrank stellen.
4. Für die Erdbeerblüten Erdbeeren abspülen, gut abtropfen lassen, entstielen und in Scheiben schneiden. Honig und Grapefruitsaft verrühren. Die Erdbeerscheiben darin etwa 5 Minuten marinieren.
5. Die Erdbeerscheiben abtropfen lassen und blütenförmig auf 4 Tellern anrichten.
6. Aus der Mandelcreme mithilfe eines Esslöffels Nocken abstechen und auf die Erdbeeren setzen.

Tipps: Den Blütenzauber kurz vor dem Servieren mit Puderzucker bestäuben. Nach Belieben mit abgespülten und trocken getupften Zitronenmelisseblättchen garnieren.

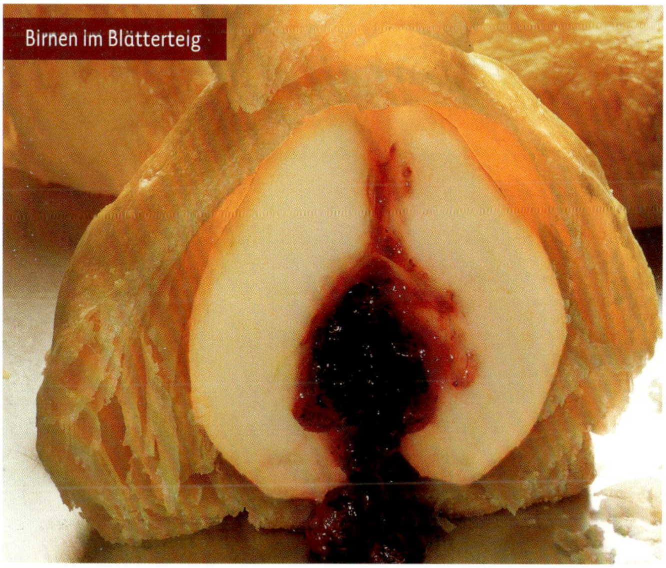
Birnen im Blätterteig

Blütenzauber

Antarktische Früchtchen

8–10 Portionen

Zubereitungszeit: 60 Minuten, ohne Gefrierzeit

1 1/2 kg Erdbeeren
600 g Schlagsahne
100 g Zucker
100 ml Erdbeersirup
150 g dunkle Kuchenglasur

Pro Portion:
E: 3 g, F: 21 g, Kh: 43 g,
kJ: 1622, kcal: 389

1. Erdbeeren abspülen und abtropfen lassen. 20 Erdbeeren zum Garnieren beiseitelegen und auf Küchenpapier abtropfen lassen. Die restlichen Erdbeeren entstielen und pürieren.
2. Sahne mit Zucker steif schlagen. Erdbeerpüree und -sirup unterheben. Die Creme in eine gefrierfeste Kastenform (25 x 11 cm) füllen, in den Gefrierschrank stellen und zugedeckt über Nacht gefrieren lassen.
3. Kuchenglasur nach Packungsanleitung schmelzen. Die beiseitegelegten Erdbeeren zur Hälfte darin eintauchen, auf Alufolie legen und im Kühlschrank fest werden lassen.
4. Das Eis aus der Form stürzen, in Scheiben schneiden und mit den Schoko-Erdbeeren garnieren.

Zitronencreme mit Joghurt

4 Portionen

Zubereitungszeit: 30 Minuten, ohne Kühlzeit

4 Blatt weiße Gelatine
150 ml Zitronensaft
(von etwa 3 Zitronen)
125 g Zucker
150 g Joghurt
300 g Schlagsahne

Pro Portion:
E: 4 g, F: 24 g, Kh: 35 g,
kJ: 1662, kcal: 398

1. Gelatine nach Packungsanleitung einweichen. Zitronensaft in einem kleinen Topf erhitzen (nicht kochen).
2. Gelatine leicht ausdrücken und unter Rühren in dem heißen Zitronensaft auflösen. Zucker unterrühren. Die Gelatine-Flüssigkeit etwas abkühlen lassen, dann mit dem Joghurt verrühren. Die Masse in den Kühlschrank stellen, dabei zwischendurch umrühren.
3. Wenn die Masse anfängt dicklich zu werden, Sahne steif schlagen und unterheben. Die Creme in Portionsgläser füllen und mindestens 3 Stunden in den Kühlschrank stellen.

Tipp: Nach Belieben Waffelgebäck dazu servieren.

Rote Grütze

6 Portionen

Zubereitungszeit: 20 Minuten

250 g Brombeeren
250 g Heidelbeeren
250 g Himbeeren
250 g Erdbeeren
(alle Früchte vorbereitet gewogen)
35 g Speisestärke
100 g Zucker

Rote Grütze

Birnentarte

500 ml (1/2 l) Fruchtsaft, z. B. Sauerkirsch- oder Johannisbeersaft

Pro Portion:
E: 3 g, F: 1 g, Kh: 40 g,
kJ: 813, kcal: 194

1. Die Brombeeren evtl. vorsichtig abspülen und gut abtropfen lassen. Die Heidelbeeren abspülen, gut abtropfen lassen und entstielen. Himbeeren verlesen. Erdbeeren abspülen, abtropfen lassen, entstielen und je nach Größe der Früchte halbieren oder vierteln.
2. Die Speisestärke mit Zucker und 4 Esslöffeln von dem Saft anrühren. Restlichen Saft in einem Topf zum Kochen bringen. Angerührte Speisestärke in den von der Kochstelle genommenen Saft rühren und unter Rühren aufkochen lassen. Den Topf von der Kochstelle nehmen. Die vorbereiteten Beeren unterrühren.
3. Die Rote Grütze in eine Glasschale oder in Dessertschälchen füllen und kalt stellen.

Beilage: Vanillesauce oder Sahne.

Birnentarte
8 Stücke

Zubereitungszeit: 40 Minuten, ohne Auftau- und Ruhezeit
Backzeit: etwa 40 Minuten

160 g TK-Blätterteig

Für den Belag und den Guss:
3 Birnen
2 EL Birnenbrand
100 g Doppelrahm-Frischkäse
100 g Schlagsahne
1 Ei (Größe M)
1 EL Zucker
1 EL Speisestärke

evtl. etwas Puderzucker

Pro Stück:
E: 4 g, F: 13 g, Kh: 16 g,
kJ: 876, kcal: 209

1. Blätterteigplatten nebeneinander nach Packungsanleitung auftauen lassen. Die Blätterteigplatten aufeinanderlegen und auf einer leicht bemehlten Arbeitsfläche zu einem Quadrat (etwa 22 x 22 cm) ausrollen.
2. Den Blätterteig in eine Tarteform (Ø 20 cm, gefettet, mit Wasser besprenkelt) legen, dabei die Teigränder überlappen lassen.
3. Den Backofen vorheizen.
Ober-/Unterhitze: etwa 200 °C
Heißluft: etwa 180 °C
4. Den Teig mehrmals mit einer Gabel einstechen und etwa 15 Minuten ruhen lassen. Die Form auf dem Rost in den vorgeheizten Backofen schieben und den Boden etwa 10 Minuten vorbacken. Die Form auf einen Kuchenrost stellen.
5. Für den Belag und den Guss Birnen schälen, halbieren und entkernen. Birnenhälften mit Birnenbrand beträufeln. Frischkäse mit Sahne, Ei, Zucker und Speisestärke verrühren.
6. Die Birnenhälften fächerartig einschneiden und auf den Blätterteigboden legen. Den Guss darauf verteilen. Form wieder auf dem Rost in den heißen Backofen schieben, Tarte bei gleicher Backofentemperatur in etwa 30 Minuten fertig backen.
7. Die Form auf einen Kuchenrost stellen. Die Birnentarte lauwarm oder kalt, evtl. mit etwas Puderzucker bestäubt, servieren.

Erdbeer-Pfirsich-Kaltschale

Scheiterhaufen mit Glühwein

Erdbeer-Pfirsich-Kaltschale

4 Portionen

Zubereitungszeit: 20 Minuten, ohne Kühlzeit

500 ml (1/2 l) Orangensaft
200 ml Weißwein
3 EL Perlsago (gekörnte Stärke)
3 Pfirsiche
500 g Erdbeeren
etwas Zucker
1 Prise gemahlener Zimt

Pro Portion:
E: 2 g, F: 1 g, Kh: 39 g,
kJ: 911, kcal: 218

1. Den Orangensaft mit Weißwein in einem Topf zum Kochen bringen. Sago einrühren, wieder zum Kochen bringen und zugedeckt 15–20 Minuten bei schwacher Hitze kochen lassen, dabei gelegentlich umrühren.
2. In der Zwischenzeit die Pfirsiche kreuzweise einschneiden, mit kochendem Wasser übergießen und kurz darin liegen lassen. Pfirsiche enthäuten, halbieren und entsteinen. Das Fruchtfleisch in kleine Würfel schneiden.
3. Erdbeeren abspülen, abtropfen lassen und entstielen. Große Erdbeeren halbieren. Pfirsiche etwa 5 Minuten, Erdbeeren etwa 2 Minuten vor Ende der Kochzeit in die Kaltschale geben.
4. Die Kaltschale mit Zucker und etwas Zimt abschmecken. Die Kaltschale gut gekühlt servieren.

Scheiterhaufen mit Glühwein

6 Portionen

Zubereitungszeit: 35 Minuten
Backzeit: etwa 10 Minuten

2 EL Butterschmalz
6 Scheiben Weißbrot
100 g Preiselbeerkonfitüre
250 ml (1/4 l) heißer Glühwein
4 Eiweiß (Größe M)
4 Eigelb (Größe M)
50 g Puderzucker
1 EL Weizenmehl
1 EL Puderzucker

Pro Portion:
E: 8 g, F: 10 g, Kh: 39 g,
kJ: 1318, kcal: 315

1. Butterschmalz in einer Pfanne zerlassen. Die Brotscheiben darin von beiden Seiten goldgelb braten.
2. Drei Brotscheiben in eine Auflaufform (gefettet) legen. Preiselbeerkonfitüre auf den Brotscheiben verteilen. Restliche Brotscheiben darauflegen.
3. Die Brotscheiben mit Glühwein begießen, bis das Brot vollgesogen ist.
4. Den Backofen vorheizen.
Ober-/Unterhitze: etwa 180 °C
Heißluft: etwa 160 °C
5. Das Eiweiß mit Puderzucker steif schlagen. Eigelb mit Handrührgerät mit Rührbesen aufschlagen. Den Eischnee untermischen.
6. Mehl darübersieben und vorsichtig unterheben. Die Eiermasse mit einem Teigschaber in kleinen Häufchen auf die Brotscheiben setzen.
7. Die Form auf dem Rost in den vorgeheizten Backofen schieben. Den Scheiterhaufen etwa 10 Minuten backen.
8. Den Scheiterhaufen mit Puderzucker bestäuben.

Beerenstark & eiskalt
6 Portionen

Zubereitungszeit: 45 Minuten

400 g gemischte Beeren,
z. B. Erdbeeren, Himbeeren,
Brombeeren, Johannisbeeren
15 g Speisestärke
250 ml (1/4 l) Himbeersaft
75 g Zucker
40 g Butter oder Margarine
300 g Schupfnudeln
(aus dem Kühlregal)
500 ml (1/2 l) Vanille-Eiscreme

evtl. einige Zitronenmelisse- oder Minzeblättchen

Pro Portion:
E: 5 g, F: 12 g, Kh: 41 g,
kJ: 1245, kcal: 297

1. Beeren putzen, abspülen, abtropfen lassen und evtl. entstielen.
2. Speisestärke mit 4 Esslöffeln von dem Himbeersaft anrühren. Restlichen Saft mit Zucker in einem Topf zum Kochen bringen. Angerührte Speisestärke in den von der Kochstelle genommenen Saft rühren und unter Rühren aufkochen lassen. Topf von der Kochstelle nehmen. Die vorbereiteten Beeren unterrühren.
3. Butter oder Margarine in einer Pfanne zerlassen. Die Schupfnudeln darin unter mehrmaligem Wenden goldbraun braten.
4. Die Eiscreme in Portionen teilen. Mit Beerenfrüchten und Schupfnudeln auf Desserttellern anrichten. Nach Belieben mit abgespülten und trocken getupften Zitronenmelisse- oder Minzeblättchen garnieren.

Birnenauflauf mit Schneehaube
4 Portionen

Zubereitungszeit: 30 Minuten, ohne Einweichzeit
Backzeit: 15–20 Minuten

250 ml (1/4 l) Milch
9 Zwiebäcke
800 g Birnenkompott
500 ml (1/2 l) Milch
1 Pck. Dr. Oetker Pudding-Pulver
Vanille-Geschmack
50 g Zucker
2 Eigelb (Größe M)
2 Eiweiß (Größe M)
2 gestr. TL Zucker

Pro Portion:
E: 13 g, F: 12 g, Kh: 66 g,
kJ: 1837, kcal: 439

1. Die Milch in einem Topf erhitzen. Die Zwiebäcke in eine flache Schale legen, mit der Milch übergießen und kurz einweichen lassen.
2. Den Backofen vorheizen.
Ober-/Unterhitze: etwa 180 °C
Heißluft: etwa 160 °C
3. Birnenkompott abtropfen lassen und in eine runde, flache Auflaufform (gefettet) geben. Eingeweichte Zwiebackscheiben dicht nebeneinander darauflegen.
4. Aus Milch, Pudding-Pulver, Zucker und Eigelb nach Packungsanleitung einen Pudding zubereiten und auf den Zwiebackscheiben verteilen.
5. Eiweiß mit Handrührgerät mit Rührbesen auf höchster Stufe sehr steif schlagen. Zucker kurz unterschlagen. Den Eischnee in einen Spritzbeutel mit Lochtülle geben und auf den Pudding spritzen.
6. Die Form auf dem Rost in den vorgeheizten Backofen schieben. Den Auflauf 15–20 Minuten backen.

Quarkspeise „Birne Helene"

4 Portionen

Zubereitungszeit: 15 Minuten

240 g Birnenhälften (aus der Dose)
250 g Speisequark (20 % Fett)
150 g Joghurt
50 g Zucker
etwa 125 ml (1/8 l) Milch
125 g Schlagsahne oder 125 ml (1/8 l) Birnensaft (aus der Dose)
4 EL Schokoladensauce (Fertigprodukt)

Pro Portion:
E: 10 g, F: 10 g, Kh: 29 g,
kJ: 1071, kcal: 256

1. Birnenhälften in einem Sieb abtropfen lassen, dabei den Saft evtl. auffangen. Quark mit Joghurt, Zucker, Milch, Sahne oder Birnensaft gut verrühren.
2. Die Quarkspeise auf 4 Tellern verteilen. Die Birnenhälften in die Mitte setzen und mit der Schokoladen sauce beträufeln.

KiBa-Quark

4–6 Portionen

Zubereitungszeit: 25 Minuten, ohne Abkühlzeit

370 g Sauerkirschen (aus dem Glas)
1 Bio-Zitrone (unbehandelt, ungewachst)
20 g Speisestärke
175 ml Kirschsaft (aus dem Glas)
25 g Zucker
1 Pck. Dr. Oetker Vanillin-Zucker

Für den Bananenquark:
2 Bananen
175 ml Saft von der Zitrone
250 g Magerquark
150 g Sahnejoghurt
30 g Zucker
150 g Schlagsahne

Pro Portion:
E: 9 g, F: 12 g, Kh: 48 g,
kJ: 1486, kcal: 355

1. Die Sauerkirschen in einem Sieb abtropfen lassen, dabei den Saft auffangen und 175 ml abmessen.
2. Zitrone heiß abwaschen, abtrocknen und ein Stück Zitronenschale abschälen. Zitrone halbieren, den Saft auspressen und für den Bananenquark beiseitestellen.
3. Speisestärke mit etwas von dem Kirschsaft anrühren. Restlichen Kirschsaft, Zitronenschalenstück, Zucker und Vanillin-Zucker in einem Topf aufkochen lassen.
4. Angerührte Speisestärke in den von der Kochstelle genommenen Saft rühren und unter Rühren nochmals aufkochen lassen. Kirschen unterheben.
5. Das Kirschkompott erkalten lassen, dabei zwischendurch mehrmals umrühren. Anschließend die Zitronenschale entfernen.
6. Für den Bananenquark Bananen schälen, in Stücke schneiden und mit dem beiseitegestellten Zitronensaft in einer Schüssel mit einem Stabmixer pürieren.
7. Quark, Joghurt und Zucker unterrühren. Sahne steif schlagen und unterheben.
8. Den Bananenquark in 4–6 Gläser füllen. Das Kirschkompott daraufgeben.

Quarkspeise „Birne Helene"

KiBa-Quark

Orangen-Herrencreme
8 Portionen

Zubereitungszeit: 40 Minuten, ohne Abkühlzeit

4 Blatt weiße Gelatine
750 ml (3/4 l) Milch
2 Pck. Dr. Oetker Pudding-Pulver Vanille-Geschmack
80 g Zucker
250 ml (1/4 l) frisch gepresster Orangensaft
1 Pck. Dr. Oetker Finesse Orangenschalen-Aroma
150 g Zartbitter-Schokolade
375 g Schlagsahne

Zum Garnieren:
25 g Zartbitter-Raspelschokolade
einige Orangenscheiben und -filets

Pro Portion:
E: 6 g, F: 24 g, Kh: 37 g,
kJ: 1714, kcal: 409

1. Die Gelatine nach Packungsanleitung einweichen. 500 ml (1/2 l) Milch zum Kochen bringen. Pudding-Pulver mit der restlichen Milch und Zucker anrühren, in die kochende Milch rühren und unter Rühren aufkochen lassen. Den Orangensaft hinzufügen und unter Rühren nochmals aufkochen lassen.
2. Die eingeweichte Gelatine leicht ausdrücken und mit dem Orangenschalen-Aroma unter den heißen Pudding rühren, bis die Gelatine vollständig gelöst ist.
3. Den Pudding in eine Schüssel füllen. Sofort Frischhaltefolie auf den Pudding legen. Den Pudding erkalten lassen. Die Schokolade in kleine Stücke brechen. Die Sahne steif schlagen.
4. Den erkalteten Pudding mit Handrührgerät mit Rührbesen aufschlagen und evtl. durch ein Sieb streichen. Die Schokostückchen und die Sahne unterheben.
5. Den Pudding in eine Glasschale füllen, mit Raspelschokolade, Orangenscheiben und -filets garnieren.

Orangen-Herrencreme

Weißweinsahne mit Erdbeeren

Weißweinsahne mit Erdbeeren
4 Portionen

Zubereitungszeit: 25 Minuten, ohne Abkühlzeit

Für die Weißweinsahne:
2 TL Speisestärke
20 g Zucker
100 ml Weißwein

2 Stängel Zitronenmelisse
500 g Erdbeeren
25 g Zucker
100 g Amarettini
(ital. Mandelmakronen)

250 g Schlagsahne

Pro Portion:
E: 4 g, F: 21 g, Kh: 43 g,
kJ: 1680, kcal: 400

1. Speisestärke mit Zucker und Weißwein verrühren, unter Rühren aufkochen lassen. Topf von der Kochstelle nehmen. Creme abkühlen lassen, dabei gelegentlich umrühren.
2. Zitronenmelisse abspülen und trocken tupfen. Erdbeeren abspülen, abtropfen lassen und entstielen. Große Erdbeeren klein schneiden. Erdbeeren mit Zucker mischen.
3. Einige Erdbeeren und einige Amarettini beiseitelegen. Restliche Erdbeeren mit den restlichen Amarettini in Portionsgläser füllen.
4. Die Sahne steif schlagen. 4 Esslöffel der Sahne unter die erkaltete Weißweincreme rühren, danach mit der restlichen Sahne verrühren. Die Weißweinsahne auf die Erdbeeren geben. Mit den beiseitegelegten Amarettini und Erdbeeren garnieren. Von der Melisse die Blättchen abzupfen, klein schneiden und auf die Weißweinsahne streuen.

Stachelbeer-Baiser-Törtchen

Süßer Kartoffelstrudel

Stachelbeer-Baiser-Törtchen

6 Portionen

Zubereitungszeit: 80 Minuten, ohne Kühlzeit
Backzeit: etwa 50 Minuten

Für den Belag:
500 g frische Stachelbeeren
1 EL Wasser, 150 g Zucker

Für die Baisermasse:
2 Eiweiß (Größe M)
100 g Zucker

Für den Guss:
1 Pck. ungezuckerter Tortenguss, klar
2 EL Zucker
250 ml (1/4 l) Saft von den Stachelbeeren

Pro Portion:
E: 2 g, F: 0 g, Kh: 55 g,
kJ: 983, kcal: 235

1. Für den Belag Stachelbeeren abspülen und abtropfen lassen. Blüten- und Stängelansätze entfernen. Stachelbeeren mit Wasser und Zucker in einem Topf zugedeckt etwa 5 Minuten weich dünsten. Anschließend in einem Sieb abtropfen lassen, den Saft dabei auffangen und evtl. mit Wasser auf 250 ml (1/4 l) auffüllen. Den Saft beiseitestellen.

2. Auf ein backblechgroßes Stück Backpapier 6 Kreise (Ø etwa 10 cm) zeichnen. Das Backpapier auf ein Backblech (gefettet) legen.

3. Den Backofen vorheizen.
Ober-/Unterhitze: etwa 120 °C
Heißluft: etwa 100 °C

4. Für die Baisermasse Eiweiß mit Handrührgerät mit Rührbesen auf höchster Stufe steif schlagen. Der Schnee muss so fest sein, dass ein Messerschnitt sichtbar bleibt. Nach und nach Zucker kurz unterschlagen.

5. Baisermasse in einen Spritzbeutel mit Sterntülle (Ø etwa 10 mm) füllen. In die Mitte der aufgezeichneten Kreise jeweils 1 Tupfen Baisermasse spritzen und glatt streichen. Auf den Rand jedes Kreises einen Ring aus Tupfen (etwa 2 cm hoch) spritzen. Aus der restlichen Masse 6 große Tupfen mit auf das Backpapier spritzen. Das Backblech in den vorgeheizten Backofen schieben. Baiser etwa 50 Minuten backen.

6. Nach etwa 5 Minuten Backzeit den Backofen etwa 25 Minuten ausschalten. Den Backofen wieder anschalten und die Baisermasse dann nochmals 15 Minuten bei gleicher Backofentemperatur backen.

7. Baiser mit dem Backpapier vom Backblech auf einen Kuchenrost ziehen und erkalten lassen.

8. Die Törtchen mit den Stachelbeeren füllen. Aus Tortengusspulver, Zucker und Stachelbeersaft einen Guss nach Packungsanleitung zubereiten und vorsichtig auf den Stachelbeeren verteilen. Törtchen etwa 30 Minuten kalt stellen.

9. In die Mitte jedes Törtchens einen Baisertupfen setzen. Die Törtchen sofort servieren.

Süßer Kartoffelstrudel

8–10 Stücke

Zubereitungszeit: 50 Minuten, ohne Abkühlzeit
Backzeit: etwa 50 Minuten

Für den Teig:
300 g Weizenmehl
1 Ei (Größe M)
Salz
1 EL Speiseöl, z. B. Sonnenblumenöl
100 ml warmes Wasser
1/2 EL Weißweinessig

Für die Füllung:
250 g gekochte Pellkartoffeln
60 g Butter
60 g Zucker
2 Eigelb (Größe M)
abgeriebene Schale und Saft von 1 Bio-Zitrone (unbehandelt, ungewachst)
50 g abgezogene, gemahlene Mandeln
125 g Schlagsahne
30 g Rosinen

2 Eiweiß (Größe M)
2–3 EL Semmelbrösel
20 g Butter

etwas Puderzucker

Pro Stück:
E: 8 g, F: 18 g, Kh: 39 g,
kJ: 1540, kcal: 368

1. Für den Teig Mehl in eine Rührschüssel geben. Restliche Zutaten für den Teig hinzufügen und mit Handrührgerät mit Knethaken zunächst kurz auf niedrigster, dann auf höchster Stufe zu einem glatten Teig verarbeiten. In einem kleinen Topf Wasser kochen, den Topf ausgießen und abtrocknen. Den Teig auf Backpapier in den heißen Topf legen. Den Topf mit einem Deckel verschließen. Teig etwa 30 Minuten ruhen lassen.
2. Für die Füllung in der Zwischenzeit Pellkartoffeln heiß pellen, sofort durch die Kartoffelpresse drücken und abkühlen lassen. Butter geschmeidig rühren. Nach und nach Zucker und Eigelb unterrühren. So lange rühren, bis eine cremige Masse entstanden ist. Zitronenschale, -saft, Mandeln und Sahne unterrühren.
3. Den Backofen vorheizen.
Ober-/Unterhitze: 170–200 °C
Heißluft: 150–180 °C
4. Kartoffelmasse und Rosinen unter die Butter-Eigelb-Creme heben. Eiweiß steif schlagen und vorsichtig unterheben.
5. Den Strudelteig auf einem bemehlten, großen Geschirrtuch ausrollen und mit den Händen zu einem Rechteck (etwa 50 x 70 cm) dünn ausziehen. Die Teigplatte, bis auf einen Rand von etwa 3 cm, dünn mit Semmelbröseln bestreuen. Die Füllung auf die Semmelbrösel geben und glatt streichen. Den Teig von der längeren Seite aus aufrollen. Die Enden gut zusammendrücken. Den Strudel auf ein Backblech (mit Backpapier belegt) legen.
6. Die Butter zerlassen, den Strudel damit bestreichen. Das Backblech in den vorgeheizten Backofen schieben. Den Strudel etwa 50 Minuten backen.
7. Den Strudel mit Puderzucker bestäuben und warm servieren.

Beerentörtchen
12 Stück

Zubereitungszeit: 30 Minuten, ohne Abkühlzeit
Backzeit: 10–15 Minuten

Für den Knetteig:
200 g Weizenmehl
1 gestr. TL Dr. Oetker Backin
75 g Zucker
1 Pck. Dr. Oetker Vanillin-Zucker
1 Prise Salz
1 Pck. Dr. Oetker Finesse Geriebene Zitronenschale
2 EL Wasser
100 g Butter oder Margarine

1–2 TL Dr. Oetker Sahnesteif

Für den Belag und den Guss:
500–750 g Beeren,
z. B. Erdbeeren oder Himbeeren
1 Pck. ungezuckerter Tortenguss, klar
40 g Zucker
250 ml (1/4 l) Fruchtsaft

Pro Stück:
E: 3 g, F: 8 g, Kh: 28 g,
kJ: 823, kcal: 196

1. Für den Teig Mehl mit Backpulver in einer Rührschüssel mischen. Restliche Zutaten hinzufügen und mit Handrührgerät mit Knethaken zunächst kurz auf niedrigster, dann auf höchster Stufe gut durcharbeiten. Anschließend auf der leicht bemehlten Arbeitsfläche kurz verkneten. Sollte er kleben, ihn in Frischhaltefolie gewickelt eine Zeit lang kalt stellen.
2. Den Backofen vorheizen.
Ober-/Unterhitze: etwa 180 °C
Heißluft: etwa 160 °C
3. Teig auf der leicht bemehlten Arbeitsfläche etwa 3 mm dick ausrollen, runde Platten (Ø 10–12 cm) daraus ausstechen. Teigplatten in Tortelett-Förmchen mit glattem Rand (gefettet) legen. Teigboden mehrmals mit einer Gabel einstechen. Die Förmchen auf einem Backblech in den vorgeheizten Backofen schieben. Die Törtchen 10–15 Minuten backen.
4. Die Törtchen auf einen mit Backpapier belegten Kuchenrost stürzen und erkalten lassen. Törtchen mit Sahnesteif bestreuen.
5. Für den Belag und den Guss die Beeren verlesen, abspülen, gut abtropfen lassen und entstielen. Die Beeren gleichmäßig auf den Törtchen verteilen. Aus Tortengusspulver, Zucker und Saft einen Guss nach Packungsanleitung zubereiten und auf den Beeren verteilen. Guss fest werden lassen.

Tipp: Die Törtchen mit gehackten Pistazienkernen oder gehobelten Mandeln bestreuen.

Beerentörtchen

Erdbeerparfait

Apfelklöße

Erdbeerparfait
4 Portionen

Zubereitungszeit: 25 Minuten, ohne Gefrierzeit

500 g Erdbeeren
2 Eigelb (Größe M)
75–100 g Zucker
1 Pck. Dr. Oetker Vanillin-Zucker
2 EL Zitronensaft
250 g Schlagsahne

Pro Portion:
E: 5 g, F: 27 g, Kh: 39 g,
kJ: 1854, kcal: 444

1. Erdbeeren abspülen, gut abtropfen lassen und entstielen. 4–5 Erdbeeren in Scheiben schneiden und zum Verzieren beiseitelegen, restliche Beeren pürieren.
2. Eigelb mit Zucker und Vanillin-Zucker in einer Schüssel im heißen Wasserbad mit Handrührgerät mit Rührbesen 5–6 Minuten cremig schlagen, bis die Sauce anfängt dicklich zu werden.
3. Erdbeerpüree und Zitronensaft unterrühren.
4. Die Sahne steif schlagen und unter die Erdbeermasse heben. Die Creme in eine gefriergeeignete Form füllen und im Gefrierschrank etwa 3 Stunden gefrieren lassen.
5. Erdbeerparfait mit den Erdbeerscheiben auf 4 Tellern anrichten.

Apfelklöße
4 Portionen

Zubereitungszeit: 50 Minuten, ohne Einweichzeit

Für den Teig:
2 Brötchen (Semmeln)
50 g Butter
2 Eier (Größe M)
1 Prise Salz
250 g Weizenmehl
3 EL Milch
500 g Äpfel
Salzwasser

1 Apfel
1 EL Zitronensaft
40 g Zimtzucker
einige Zitronenmelisseblättchen

Pro Portion:
E: 13 g, F: 15 g, Kh: 85 g,
kJ: 2237, kcal: 535

1. Für den Teig die Brötchen in kaltem Wasser einweichen. Die Butter geschmeidig rühren. Die Brötchen gut ausdrücken. Nach und nach mit den Eiern und Salz unter die Butter rühren. Das Mehl in mehreren Portionen abwechselnd mit der Milch unterrühren.
2. Die Äpfel schälen, vierteln, entkernen und in ganz kleine Stücke schneiden. Apfelstücke unter den Teig rühren. Von dem Teig mithilfe von zwei in heißes Wasser getauchten Esslöffeln Klöße abstechen und in kochendes Salzwasser geben. Das Wasser wieder zum Kochen bringen. Klöße in etwa 15 Minuten gar ziehen lassen.
3. Den Apfel abspülen, abtrocknen, vierteln, entkernen, in dünne Spalten schneiden und mit Zitronensaft beträufeln. Die Klöße mit Apfelspalten anrichten, mit Zimtzucker bestreuen und mit abgespülten und trocken getupften Zitronenmelisseblättchen garnieren.

Grießauflauf mit Obst

4–6 Portionen

Zubereitungszeit: 50 Minuten
Backzeit: etwa 35 Minuten

500 g Mirabellen
oder 500 g Ananasscheiben (aus der Dose)
500 ml (1/2 l) Milch
Salz
125 g Hartweizengrieß
1 Pck. Dr. Oetker Pudding-Pulver Vanille-Geschmack
75 g Butter
60 g Zucker
1 Pck. Dr. Oetker Vanillin-Zucker
3 Eier (Größe M)
1 gestr. TL Dr. Oetker Backin

Pro Portion:
E: 14 g, F: 26 g, Kh: 83 g,
kJ: 2696, kcal: 643

1. Mirabellen oder Ananasscheiben in einem Sieb abtropfen lassen. Die Ananasscheiben in Stücke schneiden. Milch (3 Esslöffel abnehmen) mit Salz in einem Topf zum Kochen bringen.

2. Den Backofen vorheizen.
Ober-/Unterhitze: etwa 180 °C
Heißluft: etwa 160 °C

3. Den Topf von der Kochstelle nehmen. Grieß in die Milch einstreuen, umrühren und zum Quellen stehen lassen. Pudding-Pulver mit der abgenommenen Milch anrühren.

4. Butter schaumig rühren. Nach und nach Zucker, Vanillin-Zucker, Eier, Backpulver und den noch warmen Grießbrei mit dem angerührten Pudding-Pulver unterrühren. Mirabellen oder Ananasstücke unterheben. Die Masse in eine Auflaufform (gefettet) füllen.

5. Die Auflaufform auf dem Rost in den vorgeheizten Backofen schieben. Den Grießauflauf etwa 35 Minuten backen.

Pfannkuchen mit Haferflocken

2 Portionen

Zubereitungszeit: 20 Minuten

4 Eier (Größe M)
1 EL Zucker
1 Prise Salz
4 EL Milch
3–4 EL Instant-Haferflocken
2 EL Butter oder Margarine
250 g gemischte Beeren, z. B. Erdbeeren, Johannisbeeren, Himbeeren, Heidelbeeren oder Preiselbeeren
evtl. einige Minzeblättchen
evtl. etwas Puderzucker

Pro Portion:
E: 16 g, F: 13 g, Kh: 1 g,
kJ: 1650, kcal: 394

1. Eier mit Zucker, Salz, Milch und Haferflocken in einer Schüssel gut verschlagen.

2. Butter oder Margarine in einer Pfanne zerlassen. Etwa ein Viertel der Eiermasse hineingeben und von beiden Seiten goldbraun backen.

3. Bevor der Pfannkuchen gewendet wird, etwas Butter oder Margarine in die Pfanne geben. Den Pfannkuchen warm stellen. Die restliche Eiermasse auf die gleiche Weise zubereiten.

4. Die Beeren abspülen, gut abtropfen lassen und zu den Pfannkuchen servieren. Evtl. mit abgespülten und trocken getupften Minzeblättchen garnieren und mit Puderzucker bestäuben.

Beilage: Steif geschlagene Sahne mit Orangenlikör und Zucker abgeschmeckt.

Grießauflauf mit Obst

Pfannkuchen mit Haferflocken

Geschmorte Trauben
4 Portionen

Zubereitungszeit: 10 Minuten

600 g grüne, kernlose Weintrauben
60 g Butter
Saft von 2 Zitronen
4–8 TL Zucker
evtl. 1 Spritzer Obstschnaps

Pro Portion:
E: 1 g, F: 13 g, Kh: 31 g,
kJ: 1074, kcal: 257

1. Trauben abspülen, gut trocken tupfen und entstielen.
2. Butter in einer Pfanne zerlassen. Zitronensaft und Zucker zufügen, kurz aufkochen lassen. Trauben hinzugeben und unter gelegentlichem Rühren bei mittlerer Hitze etwa 3 Minuten schmoren. Nach Belieben mit Obstschnaps abschmecken.

Tipp: Die geschmorten Trauben heiß oder kalt zu Zitronensorbet servieren und nach Belieben mit Marzipanblättern garnieren.

Wiener Apfelstrudel
12 Stücke

Zubereitungszeit: 50 Minuten, ohne Ruhezeit
Backzeit: etwa 50 Minuten

Für den Strudelteig:
200 g Weizenmehl
1 Prise Salz
75 ml lauwarmes Wasser
50 g zerlassene Butter oder Margarine

Für die Füllung:
1–1 1/2 kg Äpfel, z. B. Cox Orange
1/2 Röhrchen Rum-Aroma
75 g zerlassene Butter oder Margarine
50 g Semmelbrösel
50 g Rosinen
100 g Zucker
1 Pck. Dr. Oetker Vanillin-Zucker
50 g abgezogene, gemahlene Mandeln

Zum Bestäuben:
etwas Puderzucker

Pro Stück:
E: 3 g, F: 11 g, Kh: 38 g,
kJ: 1113, kcal: 266

1. Für den Teig Mehl in eine Rührschüssel geben. Restliche Zutaten hinzufügen und mit Handrührgerät mit Knethaken zunächst kurz auf niedrigster, dann auf höchster Stufe zu einem glatten Teig verarbeiten. In einem kleinen Topf Wasser kochen, den Topf ausgießen und abtrocknen. Den Teig auf Backpapier in den heißen Topf legen. Topf mit einem Deckel verschließen. Den Teig etwa 30 Minuten ruhen lassen.
2. Den Backofen vorheizen.
Ober-/Unterhitze: etwa 180 °C
Heißluft: etwa 160 °C
3. Für die Füllung Äpfel schälen, vierteln, entkernen und in kleine Würfel schneiden. Aroma untermischen. Den Teig halbieren und jeweils auf einem bemehlten Geschirrtuch ausrollen, dünn mit etwas Butter oder Margarine bestreichen, ihn dann mit den Händen zu je einem Rechteck (etwa 25 x 35 cm) ausziehen. Die Ränder, wenn sie dicker sind, ab-

Geschmorte Trauben

Wiener Apfelstrudel

schneiden. Zwei Drittel der restlichen Butter oder Margarine auf die Teigstücke streichen und mit Semmelbröseln bestreuen, dabei an den Rändern etwa 3 cm frei lassen.

4. Apfelwürfel, Rosinen, Zucker, Vanillin-Zucker und Mandeln mischen, halbieren und auf den Teigstücken verteilen. Die frei gelassenen Teigränder der kürzeren Seiten auf die Füllung klappen. Die Teige jeweils mithilfe des Tuches von der längeren Seite aus aufrollen und an den Enden gut zusammendrücken. Die Strudel nebeneinander auf ein Backblech (mit Backpapier belegt) legen, wieder mit etwas von der restlichen Butter oder Margarine bestreichen. Das Backblech in den vorgeheizten Backofen schieben. Die Strudel etwa 50 Minuten backen.

5. Nach etwa 30 Minuten Backzeit die Strudel mit der restlichen Butter oder Margarine bestreichen.

6. Das Backblech auf einen Kuchenrost stellen. Die Strudel auf dem Backblech erkalten lassen oder warm servieren. Vor dem Servieren mit Puderzucker bestäuben.

Tipp: Dazu passt Vanillesauce.

Erdbeercrêpes

7–8 Stück

Zubereitungszeit: 65 Minuten, ohne Ruhezeit

Für die Crêpes:
100 g Weizenmehl
2 Eier (Größe M)
250 ml (1/4 l) Milch
1 EL Zucker
1 Prise Salz
1 Pck. Dr. Oetker Finesse Geriebene Zitronenschale

Für die Füllung:
500 g Erdbeeren
1 Pck. Dr. Oetker Vanillin-Zucker
4 EL Weinbrand
2–3 EL Johannisbeergelee

Erdbeercrêpes

Außerdem:
60 g Butter
30 g gehobelte, geröstete Mandeln
etwas Puderzucker
einige vorbereitete Minzeblättchen

Pro Stück:
E: 6 g, F: 12 g, Kh: 26 g,
kJ: 1008, kcal: 241

1. Mehl in eine Rührschüssel geben. Eier mit Milch, Zucker, Salz und Zitronenschale verschlagen. Eiermilch nach und nach unter Rühren zum Mehl gießen und zu einem Teig verrühren. Darauf achten, dass keine Klümpchen entstehen. Den Teig etwa 20 Minuten ruhen lassen.

2. Für die Füllung Erdbeeren abspülen, gut abtropfen lassen, entstielen, halbieren und mit Vanillin-Zucker bestreuen.

3. Etwas von der Butter in einer Pfanne zerlassen. Teig gut durchrühren und eine dünne Teiglage gleichmäßig auf dem Pfannenboden verteilen. Bevor der Crêpe gewendet wird, etwas Butter in die Pfanne geben. Crêpe von beiden Seiten goldgelb backen und warm stellen. Weitere 6–7 Crêpes zubereiten.

4. Weinbrand erwärmen, anzünden und über die Erdbeeren gießen. Gelee in einem Topf unter Rühren erwärmen und vorsichtig unter die Erdbeeren heben.

5. Crêpes zur Hälfte mit der Erdbeerfüllung belegen, die nicht belegte Hälfte darüberlegen und nochmals zusammenklappen. Die Erdbeercrêpes mit Mandeln bestreuen, mit Puderzucker bestäuben und mit Minzeblättchen garnieren.

Erdbeerkaltschale

Erdbeerkaltschale

4 Portionen

Zubereitungszeit: 25 Minuten

750 g Erdbeeren
2–3 EL Zucker
125 ml (1/8 l) Orangensaft

Pro Portion:
E: 2 g, F: 1 g, Kh: 23 g,
kJ: 479, kcal: 115

1. Erdbeeren abspülen, gut abtropfen lassen und entstielen.

2. Die Erdbeeren pürieren. Den Zucker hinzufügen und die Masse mit Orangensaft verrühren.

3. Die Erbeerkaltschale gut gekühlt servieren.

Kürbisgratin
4 Portionen

Zubereitungszeit: 30 Minuten
Backzeit: etwa 35 Minuten

50 g Semmelbrösel
50 g abgezogene, gemahlene Mandeln
4 EL brauner Zucker (Rohrzucker)
700 g Kürbisfleisch, geputzt, ohne faserigen Innenteil

Außerdem:
50 g Butter
3 EL brauner Zucker (Rohrzucker)
2 EL Puderzucker
1 EL gehackte Pistazienkerne

Pro Portion:
E: 6 g, F: 18 g, Kh: 43 g,
kJ: 1586, kcal: 378

1. Die Semmelbrösel und Mandeln in einer Pfanne ohne Fett unter Wenden goldbraun rösten. Den Zucker unter die Masse rühren, herausnehmen und auf einen Teller geben.
2. Den Backofen vorheizen.
Ober-/Unterhitze: etwa 200 °C
Heißluft: etwa 180 °C
3. Das Kürbisfleisch in lange dünne Scheiben schneiden. Die Semmelbrösel-Mandel-Masse in eine Tarteform (Ø 28 cm, gut gefettet) füllen. Die Kürbisscheiben rosettenförmig darauflegen.
4. Die Butter zerlassen und die Kürbisscheiben damit bestreichen. Den Zucker darüberstreuen. Die Form auf dem Rost in den vorgeheizten Backofen schieben. Das Kürbisgratin etwa 35 Minuten backen.
5. Die Form auf einen Kuchenrost stellen. Das Gratin noch heiß mit Puderzucker bestäuben und mit Pistazienkernen bestreut warm oder kalt servieren.

Tipp: Das Gratin mit Vanillesauce servieren.

Topfenpalatschinken
8 Portionen

Zubereitungszeit: 50 Minuten
Backzeit: 15–20 Minuten

Für den Teig:
3 Eier (Größe M)
100 g Weizenmehl
125 ml (1/8 l) Milch
Salz
Mineralwasser mit Kohlensäure
50 g Butter

Für die Füllung:
300 g Magerquark (Topfen)
30 g flüssiger Honig
40 g Sultaninen
200 g Aprikosenkonfitüre

Für den Guss:
150 g saure Sahne
100 g Schlagsahne

Pro Portion:
E: 10 g, F: 18 g, Kh: 35 g,
kJ: 1491, kcal: 356

1. Für den Teig Eier mit Mehl in einer Rührschüssel verrühren. Nach und nach die Milch unterrühren. Zuletzt Salz und einen Schuss Mineralwasser kurz zugeben. Die Butter portionsweise in einer Pfanne zerlassen und 8 hauchdünne Palatschinken backen.
2. Den Backofen vorheizen.
Ober-/Unterhitze: etwa 220 °C
Heißluft: etwa 200 °C
3. Für die Füllung Quark mit Honig und Sultaninen verrühren. Die Palatschinken mit der Konfitüre bestreichen und die Quarkmasse darauf verteilen. Die Palatschinken zusammenrollen und dicht nebeneinander in eine Auflaufform (gefettet) legen.
4. Für den Guss saure Sahne und Schlagsahne verrühren, über die Palatschinken gießen. Die Form auf dem Rost in den vorgeheizten Backofen schieben. Die Topfenpalatschinken 15–20 Minuten backen.
5. Palatschinken sofort servieren.

Kürbisgratin

Topfenpalatschinken

Fruchtiger Zwiebackauflauf

4 Portionen

Zubereitungszeit: 25 Minuten
Backzeit: etwa 35 Minuten

2 säuerliche Äpfel, z. B. Elstar
2 EL Zitronensaft
200 g Sauerkirschen
2 EL Zucker
1 Pck. Dr. Oetker Vanillin-Zucker
2 EL Rum-Rosinen
8 Anis-Zwiebäcke
150 g Joghurt
125 g Schlagsahne
3 Eier (Größe M)
gemahlener Zimt
Zucker

2 EL gehackte Haselnusskerne
2 EL geriebene Schokolade

Pro Portion:
E: 13 g, F: 26 g, Kh: 51 g,
kJ: 2158, kcal: 515

1. Äpfel schälen, vierteln, entkernen, in Scheiben schneiden und mit Zitronensaft beträufeln. Kirschen abspülen, abtropfen lassen, entsteinen, zu den Äpfeln geben. Mit Zucker und Vanillin-Zucker bestreuen. Die Rum-Rosinen untermischen.
2. Den Backofen vorheizen.
Ober-/Unterhitze: etwa 180 °C
Heißluft: etwa 160 °C
3. Die Hälfte der Zwiebäcke in eine Auflaufform (gefettet) legen. Joghurt mit Sahne und Eiern in einer Schüssel verrühren. Mit etwas Zimt und Zucker abschmecken. Etwas von der Eiercreme auf den Zwiebäcken verteilen.
4. Die Fruchtmischung auf die Eiercreme geben. Restliche Zwiebäcke darauflegen und mit der restlichen Eiercreme bestreichen. Die Form auf dem Rost in den vorgeheizten Backofen schieben. Den Auflauf etwa 35 Minuten backen.
5. Den Auflauf mit Nusskernen und Schokolade bestreut servieren.

Fruchtiger Zwiebackauflauf

Mohnstrudel

Mohnstrudel

12 Stücke

Zubereitungszeit: 35 Minuten, ohne Ruhe- und Abkühlzeit
Backzeit: 35–40 Minuten

Für den Strudelteig:
250 g Weizenmehl
1 Prise Salz
100 ml lauwarmes Wasser
1 Ei (Größe M)
1 EL Speiseöl, z. B. Sonnenblumenöl

Für die Füllung:
400 g gemahlener Mohn
400 ml kochendes Wasser
75 g Zucker
3 EL flüssiger Honig
1 Ei (Größe M)
abgeriebene Schale von 1 Bio-Zitrone (unbehandelt, ungewachst)
100 g Rosinen
250 g geraspelte, säuerliche Äpfel

Außerdem:
50 g zerlassene Butter
etwas Puderzucker

Pro Stück:
E: 10 g, F: 20 g, Kh: 35 g,
kJ: 1514, kcal: 362

1. Für den Teig Mehl in eine Rührschüssel geben. Restliche Zutaten hinzufügen und mit Handrührgerät mit Knethaken zunächst kurz auf niedrigster, dann auf höchster Stufe zu einem glatten Teig verarbeiten. In einem kleinen Topf Wasser kochen, den Topf ausgießen und abtrocknen. Den Teig auf Backpapier in den heißen Topf legen. Topf mit einem Deckel verschließen. Den Teig etwa 30 Minuten ruhen lassen.
2. Den Backofen vorheizen.
Ober-/Unterhitze: etwa 200 °C
Heißluft: etwa 180 °C
3. Für die Füllung Mohn in einer Rührschüssel mit Wasser übergießen und verrühren, bis eine geschmeidige Masse entstanden ist. Zucker, Honig, Ei, Zitronenschale und Rosinen unterrühren. Geraspelte Äpfel ebenfalls unterrühren.
4. Den Teig halbieren und jeweils auf einem bemehlten Geschirrtuch ausrollen, ihn dann mit den Händen zu je einem Rechteck (etwa 25 x 30 cm) ausziehen. Die Ränder, wenn sie dicker sind, abschneiden.
5. Jeweils zwei Drittel der Teigrechtecke mit der Mohnmasse bestreichen. An den kürzeren Seiten einen Rand von etwa 3 cm frei lassen. Die kürzeren Seiten auf die Füllung klappen. Die Teigrechtecke mithilfe des Tuches, mit der Füllung beginnend, von der langen Seite aus aufrollen und an den Enden gut andrücken.
6. Die Strudel nebeneinander auf ein Backblech (mit Backpapier belegt) legen und mit etwas Butter bestreichen. Das Backblech in den vorgeheizten Backofen schieben. Die Strudel 35–40 Minuten backen. Die Strudel während des Backens mit der restlichen Butter bestreichen.
7. Die Strudel mit dem Backpapier vom Backblech auf einen Kuchenrost ziehen, erkalten lassen und mit Puderzucker bestäuben.

Dornröschencreme

4 Portionen

Zubereitungszeit: 20 Minuten, ohne Kühlzeit

5 Blatt weiße Gelatine
1 Dr. Oetker Bourbon Vanilleschote
500 ml (1/2 l) Buttermilch
150 g Himbeeren
(frisch oder TK)
abgeriebene Schale von
etwa 1/2 Bio-Zitrone
(unbehandelt, ungewachst)
40 g feiner Zucker
100 g Schlagsahne

Pro Portion:
E: 7 g, F: 9 g, Kh: 18 g,
kJ: 772, kcal: 185

1. Die Gelatine nach Packungsanleitung einweichen. Die Vanilleschote längs aufschneiden und das Mark herausschaben.
2. Buttermilch und verlesene Himbeeren (tiefgekühlte Himbeeren auftauen lassen) mischen. Mit Zitronenschale, Zucker und dem Vanillemark abschmecken.
3. Die Gelatine leicht ausdrücken und in einem kleinen Topf bei schwacher Hitze unter Rühren auflösen. Gelatine zuerst mit 4 Esslöffeln von der Himbeer-Buttermilch verrühren, dann unter die restliche Himbeer-Buttermilch, in den Kühlschrank stellen.
4. Die Sahne steif schlagen. Sobald die Himbbeer-Buttermilch anfängt dicklich zu werden, die Schlagsahne mit einem Schneebesen unterheben.

Tipp: Die Creme mit Himbeeren, Puderzucker und Keksröllchen garnieren.

Beergötzen
(Sächsische Pfannkuchen)

4 Portionen

Zubereitungszeit: 20 Minuten, ohne Abkühl- und Ruhezeit

200 g Kartoffeln
250 g Weizenmehl
3 Eier (Größe M)
500 ml (1/2 l) Milch
1 Prise Salz
600 g Heidelbeeren
(frisch oder aus dem Glas)
125 ml (1/8 l) Speiseöl
60 g Zucker

Pro Portion:
E: 18 g, F: 23 g, Kh: 103 g,
kJ: 3065, kcal: 731

1. Kartoffeln gründlich waschen, mit Wasser bedeckt zum Kochen bringen und zugedeckt in 20–25 Minuten gar kochen. Kartoffeln abgießen, mit kaltem Wasser abspülen, abtropfen lassen, etwas abkühlen lassen, pellen und fein reiben.
2. Mehl in eine Schüssel geben, in die Mitte eine Vertiefung drücken. Eier, etwas von der Milch und Salz von der Mitte ausgehend mit dem Mehl verrühren. Kartoffeln unter den Pfannkuchenteig rühren. Die restliche Milch hinzugeben, gut verrühren. Den Pfannkuchen-Kartoffel-Teig etwa 30 Minuten ruhen lassen. Frische Heidelbeeren abspülen und trocken tupfen. Heidelbeeren aus dem Glas in einem Sieb gut abtropfen lassen.
3. Etwas Speiseöl in einer Pfanne erhitzen, eine dünne Teiglage auf dem Boden der Pfanne verteilen. Einen Teil der Heidelbeeren daraufgeben. Wenn die Ränder etwas gebräunt sind, den Pfannkuchen wenden.
4. Pfannkuchen herausnehmen und etwas Zucker auf die Heidelbeeren geben. Die anderen Pfannkuchen auf die gleiche Art zubereiten.

Dornröschencreme

Beergötzen

Gestockte Mandelcreme

4 Portionen

Zubereitungszeit: 90 Minuten
Garzeit: etwa 40 Minuten

1 Dr. Oetker Bourbon Vanilleschote
200 g Schlagsahne
400 ml Milch
100 g abgezogene, gemahlene Mandeln
4 Eier (Größe M)
140 g Zucker
einige Tropfen Bittermandel-Aroma

Pro Portion:
E: 17 g, F: 39 g, Kh: 44 g,
kJ: 2611, kcal: 623

1. Vanilleschote längs aufschneiden und das Mark herausschaben. Vanilleschote, -mark, Sahne, Milch und Mandeln in einem Topf verrühren, zum Kochen bringen und etwa 1 Minute kochen lassen.
2. Anschließend durch ein Sieb in eine Schüssel gießen. Die Mandeln im Sieb ausdrücken. Eier mit der Hälfte des Zuckers und dem Aroma verrühren. Das Milch-Sahne-Gemisch (Vanilleschote entfernen) nach und nach unterrühren.
3. Die Masse in einen gewässerten Römertopf® gießen. Topf mit dem Deckel verschließen, auf dem Rost in den kalten Backofen schieben.
Ober-/Unterhitze: etwa 180 °C
Heißluft: etwa 160 °C
Garzeit: etwa 40 Minuten
4. Die ausgedrückten Mandeln mit dem restlichen Zucker mischen und nach Beendigung der Garzeit auf die Mandelcreme streuen. Den Backofengrill einschalten. Die Form ohne Deckel auf dem Rost unter den heißen Backofengrill schieben. Mandelcreme in 3–4 Minuten goldbraun gratinieren. Die Creme im Römertopf® abkühlen lassen.

Tipp: Mandelcreme mit frischen, gezuckerten Beeren servieren.

Gestockte Mandelcreme

Saure-Sahne-Creme mit Erdbeerpüree

Saure-Sahne-Creme mit Erbeerpüree

4 Portionen

Zubereitungszeit: 45 Minuten, ohne Kühlzeit

Für die Creme:
4 Blatt weiße Gelatine
150 ml Milch
2–3 EL Puderzucker
150 g saure Sahne
1 Pck. Dr. Oetker Bourbon-Vanille-Zucker
100 g Schlagsahne

Für das Püree:
500 g Erdbeeren
2–3 EL Puderzucker
Saft von 1 Zitrone
1 EL Cointreau (Orangenlikör)
1/2 Tasse Mineralwasser mit Kohlensäure

etwas Puderzucker

Pro Portion:
E: 5 g, F: 13 g, Kh: 26 g,
kJ: 1098, kcal: 262

1. Für die Creme Gelatine nach Packungsanleitung einweichen. Dann Milch, Puderzucker, saure Sahne und Vanille-Zucker aufschlagen. Die Gelatine leicht ausdrücken und in einem kleinen Topf bei schwacher Hitze unter Rühren auflösen. Die aufgelöste Gelatine zuerst mit etwa 4 Esslöffeln von der Milchmischung verrühren, dann unter die restliche Milchmischung rühren, in den Kühlschrank stellen.
2. Wenn die Milchmischung anfängt dicklich zu werden, die Sahne steif schlagen und unterziehen.
3. Für das Püree die Erdbeeren abspülen und abtropfen lassen. Die Hälfte der Erdbeeren entstielen, mit Puderzucker und Zitronensaft pürieren. Das Püree durch ein Sieb streichen. Likör und Mineralwasser unterrühren. Die restlichen Erdbeeren zum Garnieren beiseitelegen.
4. Den Rand von 4 Tellern mit Puderzucker bestäuben. Auf jeden Teller etwas Erdbeerpüree gießen. Dann mit einem in heißes Wasser getauchten Esslöffel spitze Creme-Nocken abstechen und daraufsetzen. Mit den beiseitegelegten Erdbeeren garnieren.

Blondes Blech

Blondes Blech

Zubereitungszeit: 35 Minuten, ohne Kühlzeit
Backzeit: etwa 30 Minuten

Für den Rührteig:
4 Eiweiß (Größe M)
1 Prise Salz
100 g Zucker
100 g weiche Butter oder Margarine
1 Pck. Dr. Oetker Vanillin-Zucker
4 Eigelb (Größe M)
30 g gehackte Haselnusskerne
150 g gemahlene Haselnusskerne
1 gestr. TL Dr. Oetker Backin
50 g Zartbitter-Raspelschokolade

Für den Belag:
150 g Wild-Preiselbeeren (aus dem Glas)
300 g Schlagsahne
1 Pck. Dr. Oetker Vanillin-Zucker
1 Pck. Dr. Oetker Sahnesteif

Zum Besprenkeln:
50 ml Eierlikör
1 Pck. Dr. Oetker Sahnesteif

Insgesamt:
E: 66 g, F: 340 g, Kh: 279 g, kJ: 18700, kcal: 4469

1. Für den Teig Eiweiß mit Salz steif schlagen. Nach und nach die Hälfte des Zuckers hinzugeben. So lange weiterschlagen, bis der Eischnee glänzt.
2. Den Backofen vorheizen.
Ober-/Unterhitze: etwa 180 °C
Heißluft: etwa 160 °C
3. Butter oder Margarine in einer Rührschüssel mit Handrührgerät mit Rührbesen auf höchster Stufe geschmeidig rühren. Nach und nach restlichen Zucker und Vanillin-Zucker unterrühren. So lange rühren, bis eine gebundene Masse entstanden ist.
4. Eigelb nach und nach unterrühren (jedes Eigelb knapp 1/2 Minute). Gehackte und gemahlene Nusskerne mit Backpulver mischen, mit der Raspelschokolade in 2 Portionen kurz auf mittlerer Stufe unterrühren. Eischnee in 2 Portionen unterheben.
5. Einen Backrahmen (etwa 20 x 30 cm) auf ein Backblech (gefettet, gemehlt) stellen. Teig hineingeben und glatt streichen. Das Backblech in den vorgeheizten Backofen schieben. Den Kuchen etwa 30 Minuten backen.
6. Das Backblech auf einen Kuchenrost stellen.
7. Für den Belag Preiselbeeren auf den heißen Kuchen geben und glatt streichen. Den Kuchen erkalten lassen und auf eine Kuchenplatte setzen. Sahne mit Vanillin-Zucker und Sahnesteif steif schlagen. Die Sahne auf den Kuchen geben, verstreichen und mit einem Teelöffel Spitzen hochziehen.
8. Zum Besprenkeln Eierlikör und Sahnesteif mit einem Schneebesen verrühren, in einen kleinen Gefrierbeutel füllen. Den Beutel verschließen und eine kleine Ecke abschneiden. Eierlikör diagonal auf die Sahne sprenkeln.
9. Den Kuchen mindestens 30 Minuten in den Kühlschrank stellen.

Früchte-Clafoutis

Zubereitungszeit: 20 Minuten
Backzeit: etwa 30 Minuten

200 g Weizenmehl
80 g gesiebter Puderzucker
400 ml Milch
8 Eier (Größe M)
1 Pck. Dr. Oetker Vanillin-Zucker
480 g Mandarinen (aus Dosen)
400 g TK-Beerenfrüchte
2–3 geh. EL Puderzucker

Insgesamt:
E: 108 g, F: 72 g, Kh: 396 g,
kJ: 11664, kcal: 2784

1. Den Backofen vorheizen.
Ober-/Unterhitze: etwa 200 °C
Heißluft: etwa 180 °C
2. Mehl mit Puderzucker in einer Rührschüssel mischen, Milch hinzufügen. Die Zutaten mit Handrührgerät mit Rührbesen glatt rühren. Eier und Vanillin-Zucker unterrühren.
3. Die Mandarinen in einem Sieb abtropfen lassen, mit den gefrorenen Beerenfrüchten in einer Fettpfanne (30 x 40 cm, gefettet) verteilen. Den Teig daraufgeben und glatt streichen. Das Backblech in den vorgeheizten Backofen schieben. Früchte-Clafoutis etwa 30 Minuten goldbraun backen.
4. Früchte-Clafoutis mit Puderzucker bestäuben und lauwarm servieren.

Abwandlung: Sie können den Clafoutis auch mit Sauerkirschen aus dem Glas, Äpfeln oder anderen Früchten zubereiten. Der Früchte-Clafoutis schmeckt auch kalt gut.

Dattelkuchen mit Frischkäse

Zubereitungszeit: 30 Minuten, ohne Kühlzeit
Backzeit: etwa 20 Minuten

Für den All-in-Teig:
100 g getrocknete, entsteinte Datteln
150 g Zartbitter-Schokolade
300 g Weizenmehl
3 gestr. TL Dr. Oetker Backin
2–3 TL Instant-Espresso-Pulver
100 g brauner Zucker (Rohrzucker)
1 Pck. Dr. Oetker Bourbon-Vanille-Zucker
1 Prise Salz
4 Eier (Größe M)
175 ml Speiseöl
150 g Joghurt

Für den Belag:
600 g Doppelrahm-Frischkäse
150 g Joghurt
30 g gesiebter Puderzucker
1 Pck. Dr. Oetker Sahnesteif
etwas Kakaopulver

Insgesamt:
E: 147 g, F: 461 g, Kh: 517 g,
kJ: 28419, kcal: 6788

1. Für den Teig die Datteln in kleine Stücke hacken. Schokolade in Stücke brechen und im Zerkleinerer grob hacken.
2. Den Backofen vorheizen.
Ober-/Unterhitze: etwa 200 °C
Heißluft: etwa 180 °C
3. Mehl mit Backpulver in einer Rührschüssel mischen. Dattel-, Schokoladenstückchen, Espresso-Pulver, Zucker, Vanille-Zucker, Salz, Eier, Speiseöl und Joghurt hinzufügen. Die Zutaten mit Handrührgerät mit Rührbesen zunächst kurz auf niedrigster, dann auf höchster Stufe in etwa 2 Minuten zu einem glatten Teig verarbeiten.
4. Den Teig auf ein Backblech (30 x 40 cm, gefettet) geben und glatt streichen. Das Backblech in den vorgeheizten Backofen schieben. Den Kuchen etwa 20 Minuten backen.
5. Das Backblech auf einen Kuchenrost stellen. Den Kuchen erkalten lassen.
6. Für den Belag Frischkäse mit Joghurt aufschlagen. Puderzucker mit Sahnesteif mischen und unterrühren. Die Frischkäsemasse wellenartig auf den Kuchen streichen. Den Kuchen etwa 30 Minuten in den Kühlschrank stellen. Vor dem Servieren mit Kakao bestäuben.

Früchte-Clafoutis

Dattelkuchen mit Frischkäse

Gedeckter Kirschkuchen mit Frischkäse

Zubereitungszeit: 60 Minuten, ohne Abkühlzeit
Backzeit: etwa 35 Minuten

Für den Frischkäseteig:
450 g Weizenmehl
1 Pck. Dr. Oetker Backin
200 g Doppelrahm-Frischkäse
125 ml (1/8 l) Milch
125 ml (1/8 l) Speiseöl
100 g Zucker
1 Pck. Dr. Oetker Vanillin-Zucker
1 Prise Salz

40 g Semmelbrösel

Für die Füllung:
740 g Sauerkirschen (aus Gläsern)
500 ml (1/2 l) Sauerkirschsaft (aus den Gläsern)
100 g Zucker
75 g Speisestärke
4 EL Kirschwasser

Für den Belag:
75 g Butter
100 g Zucker
1 Pck. Dr. Oetker Vanillin-Zucker
150 g gestiftelte Mandeln

Gedeckter Kirschkuchen mit Frischkäse

Insgesamt:
E: 115 g, F: 342 g, Kh: 948 g, kJ: 32612, kcal: 7787

1. Den Backofen vorheizen.
Ober-/Unterhitze: etwa 180 °C
Heißluft: etwa 160 °C
2. Für den Teig Mehl mit Backpulver in einer Rührschüssel mischen. Frischkäse, Milch, Speiseöl, Zucker, Vanillin-Zucker und Salz hinzufügen. Die Zutaten mit Handrührgerät mit Knethaken zunächst kurz auf niedrigster, dann auf höchster Stufe zu einem Teig verarbeiten (nicht zu lange, Teig klebt sonst).
3. Anschließend auf einer leicht bemehlten Arbeitsfläche zu einem glatten Teig verkneten und zu einer Rolle formen. Teigrolle halbieren.
4. Eine Teigrollenhälfte auf einem Backblech (30 x 40 cm, gefettet) ausrollen und mit Semmelbröseln bestreuen.
5. Für die Füllung Sauerkirschen in einem Sieb abtropfen lassen, den Saft auffangen und 500 ml (1/2 l) abmessen, evtl. mit Wasser auffüllen. Etwas von dem Saft mit Zucker und Speisestärke anrühren. Restlichen Saft in einem Topf zum Kochen bringen. Angerührte Speisestärke in den von der Kochstelle genommenen Saft rühren und unter Rühren zum Kochen bringen, etwas abkühlen lassen. Sauerkirschen und Kirschwasser unterrühren.
6. Die Kirschmasse auf dem Teigboden verteilen. Restliche Teigrolle auf der leicht bemehlten Arbeitsfläche in Größe des Backblechs ausrollen, mithilfe von Backpapier oder einer Teigrolle aufrollen und auf der Kirschfüllung wieder abrollen, etwas andrücken. Die Teigdecke mehrmals mit einer Gabel einstechen.
7. Für den Belag Butter in einem Topf zerlassen. Zucker, Vanillin-Zucker und Mandeln unterrühren. Die Zutaten unter Rühren so lange erhitzen, bis der Zucker gelöst ist. Die Mandelmasse mithilfe eines Esslöffels auf der Teigdecke verteilen. Das Backblech in den vorgeheizten Backofen schieben. Den Kuchen etwa 35 Minuten backen.
8. Das Backblech auf einen Kuchenrost stellen. Den Kuchen erkalten lassen und in Stücke schneiden.

Hefekuchen mit Amarettini

Hefekuchen mit Amarettini

Zubereitungszeit: 30 Minuten, ohne Ruhezeit
Backzeit: etwa 30 Minuten

Für den Hefeteig:
300 g Weizenmehl
1 Pck. Hefeteig Garant
50 g Zucker
1 Prise Salz
1 Ei (Größe M)
200 ml Milch
50 ml Speiseöl

Für den Belag:
120 g Amarettini (ital. Mandelmakronen)
340 g Sauerkirschkonfitüre
250 g Mascarpone (ital. Frischkäse)
1 Ei (Größe M)
50 ml kaltes Wasser
20 g Zucker
2 EL Zitronensaft

Insgesamt:
E: 72 g, F: 190 g, Kh: 636 g,
kJ: 19485, kcal: 4645

1. Für den Teig Mehl mit Hefeteig Garant in einer Rührschüssel mischen. Restliche Zutaten hinzufügen und mit Handrührgerät mit Knethaken zunächst kurz auf niedrigster, dann auf höchster Stufe in etwa 2 Minuten zu einem glatten Teig verarbeiten.
2. Den dickflüssigen Teig auf einem Backblech (30 x 40 cm, gefettet) verteilen. Den Teig mit einem zweiten Backblech zudecken und etwa 15 Minuten ruhen lassen.
3. Den Backofen vorheizen.
Ober-/Unterhitze: etwa 200 °C
Heißluft: etwa 180 °C
4. In der Zwischenzeit für den Belag Amarettini in einen Gefrierbeutel füllen. Den Beutel verschließen. Die Amarettini mit einer Teigrolle grob zerbröseln.
5. Konfitüre glatt rühren. Mascarpone, Ei, Wasser, Zucker und Zitronensaft mit Handrührgerät mit Rührbesen verrühren.
6. Das Backblech wieder abnehmen. Konfitüre in Klecksen auf dem Teig verteilen. Mascarpone esslöffelweise daraufgeben und vorsichtig glatt streichen. Mit den Amarettinibröseln bestreuen. Das Backblech in den vorgeheizten Backofen schieben. Den Kuchen etwa 30 Minuten backen.
7. Das Backblech auf einen Kuchenrost stellen. Den Kuchen erkalten lassen und in Stücke schneiden.

Früchtekuchen vom Blech

Zubereitungszeit: 70 Minuten, ohne Kühlzeit
Backzeit: etwa 30 Minuten

Für den Knetteig:
375 g Weizenmehl
1 gestr. TL Dr. Oetker Backin
125 g Zucker
1 Pck. Dr. Oetker Vanillin-Zucker
1 Ei (Größe M)
1 Eigelb (Größe M)
175 g Butter oder Margarine

Für den Belag:
130 g Aprikosenhälften (aus der Dose)
230 g Birnenhälften (aus der Dose)
180 g Beeren-Cocktail (aus der Dose)
175 g Mandarinen (aus der Dose)

Zum Bestreichen und Bestreuen:
1 Eiweiß
etwa 30 g Zucker

4 EL Aprikosensaft
2 EL Zucker

Insgesamt:
E: 55 g, F: 155 g, Kh: 587 g,
kJ: 17216, kcal: 4114

1. Für den Teig Mehl mit Backpulver mischen und in eine Rührschüssel geben. Zucker, Vanillin-Zucker, Ei, Eigelb und Butter oder Margarine hinzufügen. Die Zutaten mit Handrührgerät mit Knethaken zunächst kurz auf niedrigster, dann auf höchster Stufe gut durcharbeiten. Dann auf einer leicht bemehlten Arbeitsfläche zu einem glatten Teig verkneten. Teig in Frischhaltefolie gewickelt etwa 30 Minuten kalt stellen.

Früchtekuchen vom Blech

2. In der Zwischenzeit für den Belag die Früchte getrennt in je einem Sieb gut abtropfen lassen.
3. Den Backofen vorheizen.
Ober-/Unterhitze: etwa 180 °C
Heißluft: etwa 160 °C
4. Zwei Drittel des Teiges auf einem Backblech (30 x 40 cm, gefettet) ausrollen. Den restlichen Teig halbieren. Eine Teighälfte zu einem Rechteck (etwa 10 x 40 cm) ausrollen und in 5 Streifen (je 2 x 40 cm) schneiden. Teigstreifen auf dem Knetteigboden verteilen. Restlichen Teig zu einem Rechteck (etwa 12 x 26 cm) ausrollen, in 6 Streifen (je etwa 2 x 26 cm) schneiden und im rechten Winkel auf die längeren Teigstreifen legen, sodass ein Gitter entsteht.
5. Abwechselnd zuerst die hellen und dann die dunklen Früchte in die Teigquadrate legen.
6. Zum Bestreichen und Bestreuen die Teigstreifen zuerst mit verschlagenem Eiweiß bestreichen und dann mit Zucker bestreuen. Das Backblech in den vorgeheizten Backofen schieben. Den Früchtekuchen etwa 30 Minuten backen.
7. Das Backblech auf einen Kuchenrost stellen. Zum Glasieren Aprikosensaft und Zucker in einem kleinen Topf etwa 1 Minute unter Rühren aufkochen. Die Früchte sofort damit bestreichen. Früchtekuchen erkalten lassen.

Marzipan-Kaffee-Schnitten

Hoch-die-Tassen-Kuchen

Marzipan-Kaffee-Schnitten

Zubereitungszeit: 40 Minuten
Backzeit: etwa 35 Minuten

Für den Knetteig:
250 g Weizenmehl
1/2 gestr. TL Dr. Oetker Backin
75 g Zucker
1 Pck. Dr. Oetker Vanillin-Zucker
1 Ei (Größe M)
125 g weiche Butter oder Margarine

4 EL Konfitüre

Für den Belag:
125 g weiche Butter
125 g Marzipan-Rohmasse
100 g Zucker
1 Pck. Dr. Oetker Vanillin-Zucker
2 Eier (Größe M)
abgeriebene Schale von 1/2 Bio-Zitrone (unbehandelt, ungewachst)
250 g Weizenmehl
1 Msp. Dr. Oetker Backin

Insgesamt:
E: 97 g, F: 274 g, Kh: 671 g,
kJ: 24000, kcal: 5735

1. Den Backofen vorheizen.
Ober-/Unterhitze: etwa 180 °C
Heißluft: etwa 160 °C

2. Für den Teig Mehl mit Backpulver in einer Rührschüssel mischen. Restliche Zutaten hinzufügen und mit Handrührgerät mit Knethaken zunächst kurz auf niedrigster, dann auf höchster Stufe gut durcharbeiten. Anschließend auf einer leicht bemehlten Arbeitsfläche zu einem glatten Teig verkneten. Sollte er kleben, ihn in Frischhaltefolie gewickelt eine Zeit lang kalt stellen.
3. Den Teig auf der leicht bemehlten Arbeitsfläche zu einem Rechteck (etwa 40 x 32 cm) ausrollen. 8 Streifen (etwa 20 x 8 cm) daraus schneiden und auf ein Backblech (gefettet, mit Backpapier belegt) legen. Das Backblech in den vorgeheizten Backofen schieben. Gebäckstreifen etwa 15 Minuten hellgelb vorbacken.
4. Das Backblech auf einen Kuchenrost stellen. Die Gebäckstreifen mit Konfitüre bestreichen.
5. Für den Belag Butter und in Stücke geschnittenes Marzipan in einer Rührschüssel mit Handrührgerät mit Rührbesen zu einer geschmeidigen Masse verrühren. Nach und nach Zucker, Vanillin-Zucker, Eier und Zitronenschale unterrühren.
6. Mehl mit Backpulver mischen und esslöffelweise auf mittlerer Stufe unterrühren. Masse in einen Spritzbeutel mit Sterntülle füllen und beliebige Muster auf die Streifen spritzen. Das Backblech wieder in den heißen Backofen schieben. Das Gebäck bei gleicher Backofentemperatur etwa 20 Minuten backen.
7. Das Backblech auf einen Kuchenrost stellen. Das Gebäck sofort in schmale Streifen schneiden und auf einem mit Backpapier belegten Kuchenrost erkalten lassen.

Hoch-die-Tassen-Kuchen

(1 Tasse = etwa 150 ml)

Zubereitungszeit: 20 Minuten, ohne Abkühlzeit
Backzeit: etwa 20 Minuten

2 Tassen zerlassene, abgekühlte Butter oder Margarine
2 Tassen (je 150 g) Zucker
2 Pck. Dr. Oetker Vanillin-Zucker
4 Eier (Größe M)
4 Tassen (je 100 g) Weizenmehl
3 EL gesiebtes Kakaopulver
2 gestr. TL Dr. Oetker Backin
1 Tasse Rum
2 EL Puderzucker

Für den Guss:
1 Pck. (150 g) Vollmilch-Kuchenglasur

Insgesamt:
E: 87 g, F: 288 g, Kh: 703 g,
kJ: 28383, kcal: 6770

1. Den Backofen vorheizen.
Ober-/Unterhitze: etwa 200 °C
Heißluft: etwa 180 °C
2. Für den Teig Butter oder Margarine in einer Rührschüssel mit Handrührgerät mit Rührbesen auf höchster Stufe geschmeidig rühren. Nach und nach Zucker und Vanillin-Zucker unterrühren. So lange rühren, bis eine gebundene Masse entstanden ist.
3. Eier nach und nach unterrühren (jedes Ei etwa 1/2 Minute). Mehl mit Kakao und Backpulver mischen, in 2 Portionen kurz auf mittlerer Stufe unterrühren. Rum unterheben.
4. Den Teig auf ein Backblech (30 x 40 cm, gefettet) geben und glatt streichen. Das Backblech in den vorgeheizten Backofen schieben. Den Kuchen etwa 20 Minuten backen.
5. Das Backblech auf einen Kuchenrost stellen. Kuchen erkalten lassen und mit Puderzucker bestäuben.
6. Für den Guss Kuchenglasur nach Packungsanleitung schmelzen. Den Kuchen damit besprenkeln. Guss fest werden lassen.

Tipps: Ersetzen Sie die Hälfte des Rums durch kalten, starken Kaffee. Schneiden Sie Tassenschablonen aus Papier aus. Legen Sie die Schablonen auf den Kuchen und bestäuben Sie den Kuchen mit Puderzucker (Foto). Schablonen vorsichtig abnehmen.

Joghurtschnitten

Zubereitungszeit: 60 Minuten, ohne Kühlzeit
Backzeit: etwa 15 Minuten

Für den Biskuitteig:
6 Eier (Größe M)
200 g gesiebter Puderzucker
1 Pck. Dr. Oetker Vanillin-Zucker
200 g Weizenmehl
1 gestr. TL Dr. Oetker Backin

Für den Belag:
12 Blatt weiße Gelatine
500 g Joghurt
250 g gesiebter Puderzucker
1 Pck. Dr. Oetker Vanillin-Zucker
Saft von 1 1/2 Zitronen
2 EL Rum
500 g Schlagsahne
2 Pck. Dr. Oetker Sahnesteif
etwa 500 g frische Früchte, z. B. Weintrauben, Erdbeeren, Himbeeren, Kirschen
oder 340 g Fruchtcocktail (aus der Dose) mit frischen Früchten mischen

Zum Bestreichen:
etwas Aprikosenkonfitüre

Insgesamt:
E: 210 g, F: 212 g, Kh: 753 g,
kJ: 25061, kcal: 5990

1. Den Backofen vorheizen.
Ober-/Unterhitze: etwa 180 °C
Heißluft: etwa 160 °C
2. Für den Teig die Eier in einer Rührschüssel mit Handrührgerät mit Rührbesen auf höchster Stufe in etwa 1 Minute schaumig schlagen. Puderzucker und Vanillin-Zucker mischen, in etwa 1 Minute einstreuen, dann noch etwa 2 Minuten schlagen.
3. Mehl mit Backpulver mischen, die Hälfte davon auf die Eiercreme geben und kurz auf niedrigster Stufe unterrühren. Das restliche Mehlgemisches auf die gleiche Weise unterarbeiten.
4. Den Teig auf ein Backblech (30 x 40 cm, gefettet, mit Backpapier belegt) geben und glatt streichen. Das Backpapier an der offenen Seite des Backblechs zu einer Falte knicken, sodass ein Rand entsteht. Das Backblech in den vorgeheizten Backofen schieben. Die Biskuitplatte etwa 15 Minuten backen.
5. Das Backblech auf einen Kuchenrost stellen. Biskuitplatte erkalten lassen, einen Backrahmen darumstellen.
6. Für den Belag die Gelatine nach Packungsanleitung einweichen. Gelatine ausdrücken und in einem kleinen Topf unter Rühren erwärmen (nicht kochen), bis sie völlig gelöst ist, leicht abkühlen lassen.
7. Joghurt mit Puderzucker, Vanillin-Zucker, Zitronensaft und Rum gut verrühren. Die Gelatine zunächst mit 3–4 Esslöffeln der Joghurtmasse verrühren, dann mit der restlichen Joghurtmasse verrühren. Die Sahne mit Sahnesteif steif schlagen und unterheben.
8. Frische Früchte putzen, abspülen, abtropfen lassen, entstielen, evtl. entsteinen. Früchte in kleine Stücke schneiden. Oder Fruchtcocktail in einem Sieb abtropfen lassen.
9. Die vorbereiteten Früchte unter die Joghurtmasse heben.
10. Die Biskuitplatte mit Konfitüre bestreichen. Die Joghurt-Frucht-Masse daraufgeben und glatt streichen. Den Kuchen 3–4 Stunden in den Kühlschrank stellen.
11. Backrahmen lösen und entfernen. Kuchen in Schnitten schneiden.

Mohnkuchen mit Cremehaube

Zubereitungszeit: 60 Minuten, ohne Kühlzeit
Backzeit: etwa 25 Minuten

Für den All-in-Teig:
250 g Weizenmehl
1 Pck. Dr. Oetker Backin
250 g Zucker
4 Eier (Größe M)
250 g weiche Butter oder Margarine
250 g saure Sahne
250 g frisch gemahlener Mohn

Zum Beträufeln:
3 EL Rum oder Weinbrand

Für die Buttercreme:
1 Pck. Dr. Oetker Pudding-Pulver Vanille-Geschmack
100 g Zucker
500 ml (1/2 l) Milch
250 g weiche Butter
150 g Crème fraîche

Für den Guss:
je 150 g Vollmilch- und Zartbitter-Kuvertüre
1 EL Speiseöl

Insgesamt:
E: 152 g, F: 750 g, Kh: 813 g, kJ: 46117, kcal: 11018

1. Den Backofen vorheizen.
Ober-/Unterhitze: etwa 180 °C
Heißluft: etwa 160 °C
2. Für den Teig Mehl mit Backpulver in einer Rührschüssel mischen. Restliche Zutaten hinzufügen. Die Zutaten mit Handrührgerät mit Rührbesen zunächst kurz auf niedrigster, dann auf höchster Stufe in etwa 2 Minuten zu einem glatten Teig verarbeiten.
3. Den Teig auf ein Backblech (30 x 40 cm, gefettet, gemehlt) geben und glatt streichen. Das Backblech in den vorgeheizten Backofen schieben. Den Kuchen etwa 25 Minuten backen.
4. Das Backblech auf einen Kuchenrost stellen. Den Kuchen sofort mit Rum oder Weinbrand beträufeln und erkalten lassen. Evtl. einen Backrahmen darumstellen.
5. Für die Buttercreme aus Pudding-Pulver, Zucker und Milch einen Pudding nach Packungsanleitung zubereiten. Pudding erkalten lassen, dabei ab und zu umrühren oder die Puddingoberfläche sofort mit Frischhaltefolie belegen und erkalten lassen (nicht kalt stellen).
6. Butter mit Handrührgerät mit Rührbesen geschmeidig rühren. Den Pudding esslöffelweise unterrühren (darauf achten, dass Butter und Pudding Zimmertemperatur haben, da die Creme sonst gerinnt). Crème fraîche untermischen.
7. Die Buttercreme auf den Kuchen geben und glatt streichen. Den Kuchen etwa 30 Minuten in den Kühlschrank stellen.
8. Für den Guss Kuvertüre in kleine Stücke hacken und getrennt mit je 1/2 Esslöffel Öl in einem kleinen Topf im heißen Wasserbad bei schwacher Hitze unter Rühren schmelzen. Die Kuvertüresorten abwechselnd auf die Creme geben und mit einem Spachtel so verteilen, dass ein Marmormuster entsteht. Den Kuchen wieder etwa 30 Minuten in den Kühlschrank stellen. Guss fest werden lassen. Evtl. Backrahmen entfernen. Den Kuchen in Rechtecke schneiden.

Mohnkuchen mit Cremehaube

Rührteig vom Blech mit Schmandschicht

Zubereitungszeit: 50 Minuten, ohne Kühlzeit
Backzeit: 15–20 Minuten

Für den All-in-Teig:
150 g Weizenmehl
3 gestr. TL Dr. Oetker Backin
200 g Zucker
1 Pck. Dr. Oetker Vanillin-Zucker
4 Eier (Größe M)
75 g abgezogene, gemahlene Mandeln
200 g weiche Butter oder Margarine

Für den Belag:
8 Blatt weiße Gelatine
2 EL Butter
75 g Zucker
600 g TK-Heidelbeeren
400 g Schlagsahne
200 g Schmand (Sauerrahm)
150 ml Eierlikör

Zum Bestreuen und Garnieren:
50 g geschabte Zartbitter-Kuvertüre
etwas steif geschlagene Sahne

Insgesamt:
E: 107 g, F: 441 g, Kh: 643 g, kJ: 31668, kcal: 7564

Rührteig vom Blech mit Schmandschicht

Marzipan-Kirsch-Kuchen

1. Den Backofen vorheizen.
Ober-/Unterhitze: etwa 180 °C
Heißluft: etwa 160 °C

2. Für den Teig Mehl mit Backpulver mischen und in eine Rührschüssel geben. Zucker, Vanillin-Zucker, Eier, Mandeln und Butter oder Margarine hinzufügen. Die Zutaten mit Handrührgerät mit Rührbesen zunächst kurz auf niedrigster, dann auf höchster Stufe in etwa 2 Minuten zu einem glatten Teig verarbeiten.

3. Den Teig auf ein Backblech (30 x 40 cm, gefettet) geben und glatt streichen. Backblech in den vorgeheizten Backofen schieben. Gebäckplatte 15–20 Minuten backen.

4. Das Backblech auf einen Kuchenrost stellen. Die Gebäckplatte erkalten lassen.

5. Für den Belag Gelatine nach Packungsanleitung einweichen. Butter in einem großen Topf zerlassen. Zucker einstreuen und unter Rühren etwas karamellisieren lassen. Gefrorene Heidelbeeren hinzugeben und aufkochen lassen. Etwas Saft zum Auflösen der Gelatine abnehmen. Gelatine ausdrücken und in dem abgenommenen, heißen Heidelbeersaft unter Rühren auflösen. Heidelbeermasse etwas abkühlen lassen. Gelatine zunächst mit etwa 3 Esslöffeln der Heidelbeermasse verrühren, dann mit der restlichen Heidelbeermasse verrühren.

6. Sahne steif schlagen. Schmand und Eierlikör vorsichtig unterrühren. Die Heidelbeermasse unterheben. Die Heidelbeercreme auf die Gebäckplatte geben, glatt streichen und in den Kühlschrank stellen.

7. Den Kuchen vor dem Servieren mit geschabter Kuvertüre bestreuen und mit Sahnetuffs garnieren.

Marzipan-Kirsch-Kuchen

Zubereitungszeit: 20 Minuten, ohne Abkühlzeit
Backzeit: etwa 40 Minuten

Für den Rührteig:
100 g Marzipan-Rohmasse
50 g Schlagsahne
250 g weiche Butter oder Margarine
200 g Zucker
1 Pck. Dr. Oetker Vanillin-Zucker
6 Eier (Größe M)
400 g Weizenmehl
2 gestr. TL Dr. Oetker Backin
etwa 100 ml Milch

Für den Belag:
500 g Sauerkirschen (aus dem Glas)

Zum Bestäuben:
etwas Puderzucker

Insgesamt:
E: 124 g, F: 352 g, Kh: 719 g,
kJ: 28449, kcal: 6794

1. Den Backofen vorheizen.
Ober-/Unterhitze: etwa 180 °C
Heißluft: etwa 160 °C

2. Für den Teig Marzipan und Sahne in einer Rührschüssel mit Handrührgerät mit Rührbesen gut verrühren. Butter hinzufügen und auf höchster Stufe geschmeidig rühren. Nach und nach Zucker und Vanillin-Zucker unterrühren. So lange rühren, bis eine gebundene Masse entstanden ist. Eier nach und nach unterrühren (jedes Ei etwa ½ Minute).

3. Mehl mit Backpulver mischen, abwechselnd in 2 Portionen mit Milch kurz auf mittlerer Stufe unterrühren (nur so viel Milch verwenden, dass der Teig schwerreißend von einem Löffel fällt).

4. Für den Belag Kirschen in einem Sieb abtropfen lassen. Einen Backrahmen (etwa 35 x 18 ½ cm) auf ein Backblech (gefettet) stellen. Die Hälfte des Teiges in dem Backrahmen verstreichen. Kirschen darauf verteilen. Das Backblech in den vorgeheizten Backofen schieben. Den Kuchen etwa 40 Minuten backen.

5. Das Backblech auf einen Kuchenrost stellen. Den Kuchen erkalten lassen, mit Puderzucker bestäuben. Backrahmen lösen und entfernen.

Sacherschnitten

Zubereitungszeit: 40 Minuten, ohne Abkühlzeit
Backzeit: etwa 35 Minuten

Für den Rührteig:
140 g Zartbitter-Schokolade
140 g weiche Butter
70 g Zucker
6 Eigelb (Größe M)
140 g Weizenmehl
6 Eiweiß (Größe M)
1 Prise Salz
70 g Zucker

2 EL Rum
200 g Aprikosenkonfitüre
1–2 EL Wasser

Für den Guss und zum Verzieren:
200 g Zartbitter-Kuvertüre
50 g Vollmilch-Kuvertüre

Insgesamt:
E: 85 g, F: 290 g, Kh: 567 g,
kJ: 22859, kcal: 5461

1. Für den Teig Schokolade in Stücke brechen, in einem kleinen Topf im heißen Wasserbad bei schwacher Hitze unter Rühren schmelzen.
2. Den Backofen vorheizen.
Ober-/Unterhitze: etwa 180 °C
Heißluft: etwa 160 °C
3. Butter in einer Rührschüssel mit Handrührgerät mit Rührbesen auf höchster Stufe geschmeidig rühren. Nach und nach Zucker unterrühren. So lange rühren, bis eine gebundene Masse entstanden ist. Eigelb nach und nach unterrühren (jedes Ei etwa 1/2 Minute). Geschmolzene Schokolade unterrühren. Mehl kurz auf mittlerer Stufe unterrühren. Eiweiß mit Salz steif schlagen. Zucker kurz unterschlagen. Die Eischneemasse vorsichtig unter den Teig heben.
4. Den Teig auf die Hälfte eines Backblechs (30 x 40 cm, mit Backpapier belegt) geben und glatt streichen. Das Backpapier unmittelbar vor dem Teig zur Falte knicken, sodass ein Rand entsteht. Das Backblech in den vorgeheizten Backofen schieben. Die Gebäckplatte etwa 35 Minuten backen.
5. Das Backblech auf einen Kuchenrost stellen. Gebäckplatte erkalten lassen und auf eine mit Backpapier belegte Arbeitsfläche stürzen. Mitgebackenes Backpapier abziehen. Gebäckplatte einmal waagerecht durchschneiden. Den unteren Boden auf eine Platte legen und mit Rum beträufeln. Die Hälfte der Konfitüre daraufstreichen. Den oberen Boden darauflegen und gut andrücken.
6. Restliche Konfitüre mit Wasser in einem kleinen Topf unter Rühren aufkochen. Kuchenoberfläche und -rand damit bestreichen.
7. Für den Guss Zartbitter-Kuvertüre in Stücke hacken, in einem kleinen Topf im heißen Wasserbad bei schwacher Hitze unter Rühren schmelzen. Den Kuchen mit dem Guss überziehen und trocknen lassen. Anschließend in Dreiecke schneiden.
8. Zum Verzieren Vollmilch-Kuvertüre wie zuvor beschrieben schmelzen, in ein Pergamentpapiertütchen füllen, eine kleine Spitze abschneiden. Mit dem Guss „Sacher" auf die Dreiecke schreiben, trocknen lassen.

Sacherschnitten

Schicht-Blitzkuchen

Zubereitungszeit: 40 Minuten
Backzeit: etwa 35 Minuten

Für die 1. Schicht (Knetteig):
200 g Weizenmehl
1/2 Pck. Dr. Oetker Backin
2 EL gesiebtes Kakaopulver
100 g abgezogene, gemahlene Mandeln
100 g Zucker
1 Pck. Dr. Oetker Vanillin-Zucker
100 g Butter oder Margarine
1 Ei (Größe M), 4 EL Wasser

Für die 2. Schicht:
500 g Magerquark
400 g Schmand (Sauerrahm)
175 g Zucker
1 Pck. Dr. Oetker Finesse
Geriebene Zitronenschale
75 g weiche Butter oder Margarine
4 Eier (Größe M)
150–200 g Weinbeeren oder Rosinen

Für die 3. Schicht:
150 g Weizenmehl
1/2 Pck. Dr. Oetker Backin
1 Pck. Dr. Oetker Pudding-Pulver Vanille-Geschmack

200 g Zucker
75 ml neutrales Speiseöl, z. B. Rapsöl
3 EL Wasser

Insgesamt:
E: 179 g, F: 395 g, Kh: 933 g,
kJ: 34801, kcal: 8312

1. Für die erste Schicht das Mehl mit Backpulver und Kakao in einer Rührschüssel mischen. Restliche Zutaten hinzufügen und mit Handrührgerät mit Knethaken zunächst kurz auf niedrigster, dann auf höchster Stufe gut durcharbeiten.
2. Anschließend auf einer leicht bemehlten Arbeitsfläche zu einem glatten Teig verkneten. Den Teig zu einer Rolle formen und in einer Fettpfanne (30 x 40 cm, gefettet) gleichmäßig ausrollen.
3. Den Backofen vorheizen.
Ober-/Unterhitze: etwa 180 °C
Heißluft: etwa 160 °C
4. Für die zweite Schicht Quark mit Schmand, Zucker, Zitronenschale, Butter oder Margarine und Eiern mit Handrührgerät mit Rührbesen gut verrühren. Weinbeeren oder Rosinen vorsichtig unterheben. Die Masse auf die erste Schicht (Knetteig) geben und glatt streichen.
5. Für die dritte Schicht Mehl mit Backpulver und Pudding-Pulver in einer Rührschüssel mischen. Zucker, Speiseöl und Wasser hinzufügen. Die Zutaten mit Handrührgerät mit Rührbesen zu feinen Streuseln verarbeiten und auf der zweiten Schicht (Quarkmasse) verteilen. Die Fettpfanne in den vorgeheizten Backofen schieben. Den Blitzkuchen etwa 35 Minuten backen.
6. Die Fettpfanne auf einen Kuchenrost stellen. Kuchen erkalten lassen.

Rum-Haferflocken-Schokoladen-Schnitten

Zubereitungszeit: 50 Minuten
Backzeit: etwa 15 Minuten

Für den Biskuitteig:
5 Eier (Größe M)
2 EL heißes Wasser
150 g Zucker
1 Pck. Dr. Oetker Vanillin-Zucker
3 EL Rum
50 g Weizenmehl
3 gestr. TL Dr. Oetker Backin
200 g gemahlene, geröstete Haselnusskerne
4 EL kernige Haferflocken

Für den Belag:
800 g Schlagsahne
3 Pck. Dr. Oetker Sahnesteif
2 Pck. Dr. Oetker Vanillin-Zucker
100 g Zartbitter-Raspelschokolade
4 EL Rum
50 g Zartbitter-Schokolade

Insgesamt:
E: 99 g, F: 440 g, Kh: 374 g,
kJ: 26109, kcal: 6238

1. Den Backofen vorheizen.
Ober-/Unterhitze: etwa 180 °C
Heißluft: etwa 160 °C
2. Für den Teig Eier und Wasser in einer Rührschüssel mit Handrührgerät mit Rührbesen auf höchster Stufe in etwa 1 Minute schaumig schlagen. Zucker und Vanillin-Zucker mischen, in etwa 1 Minute einstreuen, dann noch etwa 2 Minuten schlagen. Rum unterrühren.
3. Mehl mit Backpulver, Haselnusskernen und Haferflocken mischen. Die Hälfte davon auf die Eiercreme geben und kurz auf niedrigster Stufe unterrühren. Restliches Mehlgemisch auf die gleiche Weise unterarbeiten.
4. Den Teig auf ein Backblech (30 x 40 cm, gefettet, mit Backpapier belegt) geben und glatt streichen. Das Backblech in den vorgeheizten Backofen schieben. Die Biskuitplatte etwa 15 Minuten backen.
5. Das Backblech auf einen Kuchenrost stellen. Biskuitplatte erkalten lassen.
6. Für den Belag Sahne mit Sahnesteif und Vanillin-Zucker steif schlagen. Raspelschokolade und Rum unterrühren.
7. Die Biskuitplatte mit einem Esslöffel so aushöhlen, dass Boden und Rand gut zur Hälfte stehen bleiben. Gebäckbrösel (einige Brösel beiseitelegen) unter die Sahnemasse heben und etwas bergartig in dem ausgehöhlten Biskuitboden verteilen. Mit beiseitegelegten Bröseln bestreuen.
8. Schokolade in Stücke brechen, in einem kleinen Topf im heißen Wasserbad bei schwacher Hitze unter Rühren schmelzen. Den Kuchen mit der Schokolade besprenkeln.

Schicht-Blitzkuchen

Rum-Haferflocken-Schokoladen-Schnitten

Walnusshappen

Zubereitungszeit: 30 Minuten, ohne Abkühlzeit
Backzeit: etwa 30 Minuten

Zum Vorbereiten:
75 g Zartbitter-Schokolade

Für den Rührteig:
200 g weiche Butter oder Margarine
150 g gesiebter Puderzucker
1 Pck. Dr. Oetker Vanillin-Zucker
1 Prise Salz
1 EL Rum
4 Eier (Größe M)
200 g Weizenmehl
1 gestr. TL Dr. Oetker Backin
200 g gehackte Walnusskerne

Für den Guss und zum Garnieren:
200 g Zartbitter-Kuchenglasur
einige Walnusskernhälften

Insgesamt:
E: 93 g, F: 466 g, Kh: 470 g,
kJ: 27138, kcal: 6470

1. Zum Vorbereiten Schokolade in Stücke brechen, in einem kleinen Topf im heißen Wasserbad bei schwacher Hitze unter Rühren schmelzen. Schokolade abkühlen lassen.

2. Den Backofen vorheizen.
Ober-/Unterhitze: etwa 180 °C
Heißluft: etwa 160 °C

3. Für den Teig Butter oder Margarine in einer Rührschüssel mit Handrührgerät mit Rührbesen auf höchster Stufe geschmeidig rühren. Nach und nach Puderzucker, Vanillin-Zucker, Salz und Rum unterrühren. So lange rühren, bis eine gebundene Masse entstanden ist.

4. Eier nach und nach unterrühren (jedes Ei etwa 1/2 Minute). Geschmolzene Schokolade unterrühren. Mehl mit Backpulver und Walnusskernen mischen und in 2 Portionen kurz auf mittlerer Stufe unterrühren.

5. Den Teig auf ein Backblech (30 x 40 cm, gefettet, gemehlt) geben und glatt streichen. Das Backblech in den vorgeheizten Backofen schieben. Den Kuchen etwa 30 Minuten backen.

6. Das Backblech auf einen Kuchenrost stellen. Den Kuchen erkalten lassen.

7. Für den Guss die Kuchenglasur nach Packungsanleitung schmelzen. Die Kuchenoberfläche dick damit bestreichen. Die Kuchenstücke auf dem Guss mit einem Messer markieren und mit je 1 Walnusskernhälfte belegen. Die Glasur fest werden lassen.

Walnusshappen

Spaghettikuchen

Zubereitungszeit: 60 Minuten, ohne Kühlzeit
Backzeit: 10–12 Minuten

Für den Biskuitteig:
4 Eier (Größe M)
3–4 EL heißes Wasser
125 g Zucker
1 Pck. Dr. Oetker Vanillin-Zucker
125 g Weizenmehl
25 g Speisestärke
1 gestr. TL Dr. Oetker Backin

Für den Belag:
1 Pck. Käse-Sahne-Tortencreme
200 ml Wasser
500 g Schlagsahne
500 g Speisequark

Für die „Spaghetti":
600 g Schlagsahne
100 g Multivitamin-Getränkepulver
1 Pck. Käse-Sahne-Tortencreme
200 ml Wasser

Für das Erdbeerpüree:
500 g Erdbeeren
2 Pck. Dekorzucker (je 20 g) aus der Käse-Sahne-Tortencreme-Packung

Insgesamt:
E: 140 g, F: 426 g, Kh: 473 g,
kJ: 27235, kcal: 6505

1. Den Backofen vorheizen.
Ober-/Unterhitze: etwa 200 °C
Heißluft: etwa 180 °C

2. Für den Teig Eier und Wasser in einer Rührschüssel mit Handrührgerät mit Rührbesen auf höchster Stufe in etwa 1 Minute schaumig schlagen. Zucker mit Vanillin-Zucker mischen, in etwa 1 Minute einstreuen, dann noch etwa 2 Minuten schlagen. Mehl mit Speisestärke und Backpulver mischen, auf die Eiercreme geben, kurz auf niedrigster Stufe unterrühren.

3. Den Teig auf ein Backblech (30 x 40 cm, gefettet) geben und glatt streichen. Das Backblech in den vorgeheizten Backofen schieben. Die Biskuitplatte 10–12 Minuten backen.

Spaghettikuchen

Zitronenmelisseschnitten

4. Das Backblech auf einen Kuchenrost stellen. Biskuit erkalten lassen. Einen Backrahmen darumstellen.
5. Für den Belag die Käse-Sahne-Tortencreme mit den angegebenen Zutaten nach Packungsanleitung zubereiten. Die Quark-Sahne-Creme auf die Biskuitplatte geben, glatt streichen und 2–3 Stunden in den Kühlschrank stellen.
6. Für die „Spaghetti" Sahne steif schlagen. Das Getränkepulver mit der Käse-Sahne-Tortencreme verrühren. Wasser hinzufügen und mit einem Schneebesen etwa 1/2 Minute verrühren. Sahne unterheben.
7. Die Creme in eine Kartoffelpresse geben und Spaghettinester auf die Quark-Sahne-Creme drücken.
8. Für das Erdbeerpüree Erdbeeren putzen, abspülen, abtropfen lassen, entstielen und mit dem Dekorzucker pürieren. Kurz vor dem Servieren das Erdbeerpüree portionsweise in die Mitte der Spaghettinester geben. Das restliche Erdbeerpüree dazureichen.

Zitronenmelisse-schnitten

Zubereitungszeit: 50 Minuten, ohne Kühlzeit
Backzeit: etwa 25 Minuten

Für den Rührteig:
200 g weiche Butter oder Margarine
200 g Zucker
1 Pck. Dr. Oetker Vanillin-Zucker
6 Eier (Größe M)
50 g Weizenmehl
30 g Speisestärke
1 Pck. Dr. Oetker Backin
300 g Kokosraspel
3 EL gehackte Zitronenmelisse

75–100 ml Zitronensaft

Für die Füllung:
1 Pck. Dr. Oetker Pudding-Pulver Vanille-Geschmack
3 EL Zucker
300 ml Wasser
100 ml Zitronensaft
150 g Joghurt

Für den Belag:
600 g Schlagsahne
2 Pck. Dr. Oetker Sahnesteif
1 Pck. Dr. Oetker Vanillin-Zucker
4 EL gehackte Zitronenmelisse
3 EL Kokosraspel

Zum Garnieren:
Gelee-Zitronenscheiben
Zitronenmelisseblättchen
in feine Streifen geschnittene Bio-Zitronenschale (unbehandelt, ungewachst)

Insgesamt:
E: 93 g, F: 627 g, Kh: 462 g, kJ: 32905, kcal: 7863

1. Den Backofen vorheizen.
Ober-/Unterhitze: etwa 180 °C
Heißluft: etwa 160 °C
2. Für den Teig Butter oder Margarine in einer Rührschüssel mit Handrührgerät mit Rührbesen auf höchster Stufe geschmeidig rühren. Nach und nach Zucker und Vanillin-Zucker unterrühren. So lange rühren, bis eine gebundene Masse entstanden ist. Eier nach und nach unterrühren (jedes Ei etwa 1/2 Minute).
3. Mehl mit Speisestärke und Backpulver mischen, kurz auf mittlerer Stufe unterrühren. Kokosraspel mit Melisse mischen und unterheben.
4. Den Teig auf ein Backblech (30 x 40 cm, gefettet) geben und glatt streichen. Vor den Teig einen mehrfach geknickten Streifen Alufolie legen. Das Backblech in den vorgeheizten Backofen schieben. Die Gebäckplatte etwa 25 Minuten backen.
5. Das Backblech auf einen Kuchenrost stellen. Die Gebäckplatte erkalten lassen und den Alustreifen entfernen. Anschließend mit Zitronensaft tränken.
6. Für die Füllung aus Pudding-Pulver, Zucker, Wasser und Zitronensaft einen Pudding nach Packungsanleitung, aber mit den hier angegebenen Zutaten zubereiten. Den Pudding mit Frischhaltefolie zudecken und etwas abkühlen lassen.
7. Joghurt unter den Pudding rühren und gleichmäßig auf der Gebäckplatte verteilen.
8. Für den Belag Sahne mit Sahnesteif und Vanillin-Zucker steif schlagen. Zitronenmelisse und Kokosraspel unterheben. Die Kokossahne auf der Pudding-Joghurt-Creme verteilen, glatt streichen. Kuchen etwa 2 Stunden in den Kühlschrank stellen.
9. Den Kuchen vor dem Servieren in Stücke schneiden. Mit Gelee-Zitronenscheiben, Zitronenmelisseblättchen und Zitronenschalenstreifen garnieren.

Spiegeleier-Joghurt-Schnitten

Zubereitungszeit: 50 Minuten, ohne Kühlzeit
Backzeit: etwa 20 Minuten

Für den Rührteig:
200 g weiche Butter oder Margarine
200 g Zucker
1 Pck. Dr. Oetker Vanillin-Zucker
1 Prise Salz
3 Eier (Größe M)
200 g Weizenmehl
3 gestr. TL Dr. Oetker Backin

2–3 EL Aprikosenkonfitüre

Für den Belag:
8 Blatt weiße Gelatine
500 g Joghurt
300 g saure Sahne
100 g gesiebter Puderzucker
1 Pck. Dr. Oetker Finesse
Geriebene Zitronenschale
500 g Schlagsahne
480 g Aprikosenhälften (aus der Dose)

Für den Guss:
2 Pck. ungezuckerter Tortenguss, klar
500 ml (1/2 l) Aprikosensaft (aus der Dose)
20 g Zucker

Insgesamt:
E: 104 g, F: 391 g, Kh: 739 g,
kJ: 29683, kcal: 7095

1. Den Backofen vorheizen.
Ober-/Unterhitze: etwa 180 °C
Heißluft: etwa 160 °C
2. Für den Teig Butter oder Margarine in einer Rührschüssel mit Handrührgerät mit Rührbesen auf höchster Stufe geschmeidig rühren. Nach und nach Zucker, Vanillin-Zucker und Salz unterrühren. So lange rühren, bis eine gebundene Masse entstanden ist.
3. Eier nach und nach unterrühren (jedes Ei etwa 1/2 Minute). Mehl mit Backpulver mischen, in 2 Portionen kurz auf mittlerer Stufe unterrühren.

Spiegeleier-Joghurt-Schnitten

4. Den Teig auf ein Backblech (30 x 40 cm, gefettet, mit Backpapier belegt) geben und glatt streichen. Das Backblech in den vorgeheizten Backofen schieben. Die Gebäckplatte etwa 20 Minuten backen.
5. Das Backblech auf einen Kuchenrost stellen. Gebäckplatte etwas abkühlen lassen. Einen Backrahmen darumstellen. Die Gebäckplatte mit Aprikosenkonfitüre bestreichen.
6. Für den Belag Gelatine nach Packungsanleitung einweichen. Joghurt mit saurer Sahne, Puderzucker und Zitronenschale verrühren. Gelatine ausdrücken, in einem kleinen Topf unter Rühren erwärmen (nicht kochen), bis sie völlig gelöst ist. Gelatine mit 3–4 Esslöffeln von der Joghurtmasse verrühren, dann unter die restliche Joghurtmasse rühren.
7. Sahne steif schlagen. Wenn die Masse anfängt zu gelieren, Sahne unterheben. Die Joghurtcreme auf die Gebäckplatte geben und verstreichen. Kuchen 1–2 Stunden in den Kühlschrank stellen.
8. Aprikosenhälften in einem Sieb abtropfen lassen, den Saft auffangen und mit Wasser auf 500 ml (1/2 l) auffüllen. Aprikosenhälften auf der Joghurtcreme verteilen.
9. Für den Guss aus Tortengusspulver, Saft und nur 20 g Zucker einen Guss nach Packungsanleitung zubereiten. Den Guss vorsichtig auf den Aprikosenhälften verteilen. Den Kuchen bis zum Servieren in den Kühlschrank stellen.
10. Den Backrahmen vorsichtig mit einem Messer lösen und entfernen. Kuchen in Schnitten teilen.

Getränkter Erdbeerkuchen

Zubereitungszeit: 25 Minuten, ohne Auftau- und Abkühlzeit
Backzeit: etwa 15 Minuten

Zum Vorbereiten:
300 g TK- Erdbeeren

Für den Biskuitteig:
5 Eier (Größe M)
1 Eigelb (Größe M)
2 EL heißes Wasser
150 g Zucker
1 Prise Salz
120 g Weizenmehl
1 gestr. TL Dr. Oetker Backin
70 g abgezogene, gemahlene Mandeln

Für den Guss:
40 g Zucker

Für die Creme:
200 g Doppelrahm-Frischkäse
150 g Erdbeerkonfitüre
250 g Speisequark (20 % Fett)

evtl. einige Erdbeeren

Insgesamt:
E: 120 g, F: 162 g, Kh: 414 g,
kJ: 15186, kcal: 3629

1. Zum Vorbereiten die Erdbeeren nach Packungsanleitung auftauen lassen.
2. Den Backofen vorheizen.
Ober-/Unterhitze: etwa 200 °C
Heißluft: etwa 180 °C

3. Für den Teig Eier, Eigelb und Wasser in einer Rührschüssel mit Handrührgerät mit Rührbesen auf höchster Stufe in etwa 1 Minute schaumig schlagen. Zucker und Salz in etwa 1 Minute einstreuen, dann noch etwa 2 Minuten schlagen. Mehl mit Backpulver mischen, auf die Eiercreme geben und kurz auf niedrigster Stufe unterrühren. Mandeln unterheben.
4. Den Teig in ein tiefes Backblech oder in eine Fettpfanne (30 x 40 cm, gefettet, gemehlt) geben und glatt streichen. Das Backblech in den vorgeheizten Backofen schieben und die Biskuitplatte etwa 15 Minuten backen.
5. In der Zwischenzeit für den Guss Erdbeeren mit Zucker pürieren. Das Backblech auf einen Kuchenrost stellen. Biskuitplatte sofort mit einer Gabel dicht an dicht einstechen. Das Püree auf der Biskuitplatte verteilen. Biskuitplatte erkalten lassen.
6. Für die Creme Frischkäse mit Konfitüre und Quark cremig aufschlagen. Den Kuchen in kleine Stücke schneiden. Die Creme mit einem Löffel auf die Stücke klecksen.
7. Nach Belieben Erdbeeren putzen, abspülen, trocken tupfen und vierteln. Erdbeerviertel auf die Creme legen.

Himbeerkuchen

Zubereitungszeit: 20 Minuten, ohne Auftau- und Abkühlzeit
Backzeit: etwa 20 Minuten

300 g TK-Himbeeren

Für den Rührteig:
250 g weiche Butter oder Margarine
200 g Zucker
1 Pck. Dr. Oetker Vanillin-Zucker
1 Prise Salz
1 Pck. Dr. Oetker Finesse Geriebene Zitronenschale
4 Eier (Größe M)
300 g Weizenmehl
2 gestr. TL Dr. Oetker Backin
5 EL Milch

Für die Creme:
50 g Zucker
1 Pck. Dr. Oetker Sahnesteif
500 g Mascarpone (ital. Frischkäse)
150 g Joghurt
50 g gesiebter Puderzucker

Insgesamt:
E: 89 g, F: 462 g, Kh: 576 g, kJ: 28993, kcal: 6924

1. Die Himbeeren nach Packungsanleitung auftauen lassen.
2. Den Backofen vorheizen.
Ober-/Unterhitze: etwa 200 °C
Heißluft: etwa 180 °C
3. Für den Teig Butter oder Margarine in einer Rührschüssel mit Handrührgerät mit Rührbesen auf höchster Stufe geschmeidig rühren. Nach und nach Zucker, Vanillin-Zucker, Salz und Zitronenschale unterrühren. So lange rühren, bis eine gebundene Masse entstanden ist.
4. Eier nach und nach unterrühren (jedes Ei etwa 1/2 Minute). Mehl mit Backpulver mischen, in 2 Portionen abwechselnd mit der Milch kurz auf mittlerer Stufe unterrühren.
5. Den Teig auf ein Backblech (30 x 40 cm, gefettet) geben und glatt streichen. Das Backblech in den vorgeheizten Backofen schieben. Den Kuchen etwa 20 Minuten backen.
6. Das Backblech auf einen Kuchenrost stellen. Den Kuchen erkalten lassen.
7. Für die Creme Zucker mit Sahnesteif mischen, auf die Himbeeren streuen und pürieren. Mascarpone mit Joghurt und Puderzucker aufschlagen und gleichmäßig auf dem Kuchen verteilen. Himbeerpüree in Klecksen darauf verteilen und mit einem Löffel vorsichtig eindrücken, sodass Wellen entstehen.

Getränkter Erdbeerkuchen

Himbeerkuchen

Gedeckte Zitrusschnitten

Zubereitungszeit: 40 Minuten, ohne Abkühlzeit
Backzeit: etwa 30 Minuten

Für den Knetteig:
350 g Weizenmehl
2 gestr. TL Dr. Oetker Backin
125 g Zucker
1 Pck. Dr. Oetker Vanillin-Zucker
1 Prise Salz, 2 Eier (Größe M)
125 g Butter oder Margarine

Für die Füllung:
300 g abgezogene, gemahlene Mandeln
150 g Zucker
je 2 Pck. Dr. Oetker Finesse Geriebene Zitronenschale und Orangenschalen-Aroma
Saft von 1 Zitrone und 1 Orange

Für den Guss:
100 g gesiebter Puderzucker
1–2 EL Orangensaft

Insgesamt:
E: 118 g, F: 282 g, Kh: 684 g,
kJ: 25293, kcal: 6042

1. Für den Teig Mehl und Backpulver in einer Rührschüssel mischen. Zucker, Vanillin-Zucker, Salz, Eier und Butter oder Margarine hinzufügen. Die Zutaten mit Handrührgerät mit Knethaken zunächst kurz auf niedrigster, dann auf höchster Stufe gut durcharbeiten.
2. Anschließend auf einer leicht bemehlten Arbeitsfläche zu einem glatten Teig verkneten. Sollte er kleben, ihn in Frischhaltefolie gewickelt eine Zeit lang kalt stellen.
3. Den Backofen vorheizen.
Ober-/Unterhitze: etwa 180 °C
Heißluft: etwa 160 °C
4. Knapp die Hälfte des Teiges auf einem Backblech (30 x 40 cm, gefettet) ausrollen.
5. Für die Füllung Mandeln, Zucker, Zitronenschale, Orangenschalen-Aroma, Zitronen- und Orangensaft in einer Rührschüssel zu einer einheitlichen Masse verrühren und auf dem Teig verteilen.
6. Aus dem restlichen Teig auf der leicht bemehlten Arbeitsfläche eine Platte in Backblechgröße ausrollen. Teigplatte mithilfe von Backpapier aufrollen und auf der Füllung wieder abrollen, gut andrücken. Den Teig mehrmals mit einer Gabel einstechen. Das Backblech in den vorgeheizten Backofen schieben. Den Kuchen etwa 30 Minuten backen.
7. Das Backblech auf einen Kuchenrost stellen. Den Kuchen erkalten lassen.
8. Für den Guss Puderzucker mit so viel Saft glatt rühren, dass eine dickflüssige Masse entsteht. Den Kuchen damit bestreichen. Guss fest werden lassen. Kuchen in Rauten schneiden.

Gedeckte Zitrusschnitten

Früchteblech

Zubereitungszeit: 20 Minuten
Backzeit: etwa 30 Minuten

Zum Vorbereiten für den Belag:
350 g Wild-Preiselbeerdessert (aus Gläsern)
240 g Aprikosenhälften (aus der Dose)
340 g Ananasstücke (aus der Dose)

Für den All-in-Teig:
375 g Weizenmehl
1 Pck. Dr. Oetker Backin
300 g Zucker
1 Pck. Dr. Oetker Vanillin-Zucker
3 Eier (Größe M)
200 ml fettarme Milch (1,5 % Fett)

Zum Aprikotieren:
4 EL Ananaskonfitüre
1 EL Wasser

Insgesamt:
E: 80 g, F: 20 g, Kh: 820 g,
kJ: 16100, kcal: 3840

1. Zum Vorbereiten Preiselbeerdessert, Aprikosenhälften und Ananasstücke getrennt in je einem Sieb gut abtropfen lassen. Aprikosenhälften jeweils einmal durchschneiden.
2. Den Backofen vorheizen.
Ober-/Unterhitze: etwa 180 °C
Heißluft: etwa 160 °C
3. Für den Teig Mehl mit Backpulver mischen und in eine Rührschüssel geben. Restliche Zutaten hinzufügen und mit Handrührgerät mit Rührbesen zunächst kurz auf niedrigster, dann auf höchster Stufe zu einem glatten Teig verarbeiten.
4. Den Teig auf ein Backblech (30 x 40 cm, gefettet, mit Backpapier belegt) geben und glatt streichen. Zuerst Preiselbeerdessert auf dem Teig verteilen, dann Aprikosen- und Ananasstücke darauflegen. Das Backblech in den vorgeheizten Backofen (unteres Drittel) schieben. Den Kuchen etwa 30 Minuten backen.
5. Das Backblech auf einen Kuchenrost stellen. Zum Aprikotieren Kon-

Früchteblech

Erdbeer-Grieß-Kuchen

fitüre durch ein Sieb streichen, in einem kleinen Topf mit Wasser unter Rühren aufkochen. Den heißen Kuchen sofort damit bestreichen. Den Kuchen erkalten lassen und in Stücke schneiden.

Erdbeer-Grieß-Kuchen

Zubereitungszeit: 60 Minuten, ohne Kühlzeit
Backzeit: 35–40 Minuten

Für den Rührteig:
150 g weiche Butter oder Margarine
120 g Zucker
1 Pck. Dr. Oetker Vanillin-Zucker
1 Prise Salz
3 Eier (Größe M)
50 g Weizenmehl
2 gestr. TL Dr. Oetker Backin
200 g Hartweizengrieß
6 EL Milch

Für die Streusel:
70 g Hartweizengrieß
50 g Zucker
50 g weiche Butter
100 g gehobelte Mandeln

Für die Creme:
2 Pck. gemahlene Gelatine, rot
600 g aufgetaute TK-Erdbeeren
100 g gesiebter Puderzucker
600 g Schlagsahne

Insgesamt:
E: 108 g, F: 445 g, Kh: 563 g,
kJ: 28114, kcal: 6723

1. Den Backofen vorheizen.
Ober-/Unterhitze: etwa 200 °C
Heißluft: etwa 180 °C

2. Für den Rührteig Butter oder Margarine in einer Rührschüssel mit Handrührgerät mit Rührbesen auf höchster Stufe geschmeidig rühren. Nach und nach Zucker, Vanillin-Zucker und Salz unterrühren. So lange rühren, bis eine gebundene Masse entstanden ist. Eier nach und nach unterrühren (jedes Ei etwa ½ Minute). Mehl mit Backpulver und Grieß mischen, abwechselnd in 2 Portionen mit der Milch kurz auf mittlerer Stufe unterrühren.

3. Den Teig auf ein Backblech (30 x 40 cm, gefettet) geben und glatt streichen. Vor den Teig einen mehrfach geknickten Streifen Alufolie legen.

4. Das Backblech in den vorgeheizten Backofen schieben. Die Gebäckplatte 25–30 Minuten backen.

5. Das Backblech auf einen Kuchenrost stellen. Gebäckplatte erkalten lassen. Einen Backrahmen darumstellen.

6. Für die Streusel Grieß und Zucker in einer Rührschüssel mischen, Butter hinzufügen. Die Zutaten mit Handrührgerät mit Rührbesen zu Streuseln von gewünschter Größe verarbeiten. Mandeln vorsichtig unterrühren. Die Teigstreusel auf ein zweites Backblech (mit Backpapier belegt) streuen, in den heißen Backofen schieben und bei gleicher Backofentemperatur etwa 10 Minuten backen.

7. Das Backblech auf einen Kuchenrost stellen. Die Streusel erkalten lassen, evtl. etwas zerkleinern.

8. Für die Creme Gelatine in einem kleinen Topf nach Packungsanleitung anrühren und quellen lassen. Gelatine unter Rühren bei schwacher Hitze erwärmen (nicht kochen), bis sie völlig gelöst ist.

9. Erdbeeren und Puderzucker pürieren. Gelatine mit etwa 3 Esslöffeln des Pürees verrühren, dann mit dem restlichen Püree verrühren. Püreemasse in den Kühlschrank stellen. Sahne steif schlagen. Sobald die Püreemasse anfängt zu gelieren, Sahne unterheben. Die Erdbeercreme auf der Gebäckplatte verteilen. Den Kuchen etwa 3 Stunden in den Kühlschrank stellen.

10. Den Backrahmen lösen und entfernen. Kuchen in Stücke schneiden. Streusel verteilen.

Englische Teeschnitten

Ananas-Toffee-Kuchen

Englische Teeschnitten

Zubereitungszeit: 20 Minuten
Backzeit: etwa 25 Minuten

Für den Rührteig:
250 g weiche Butter oder Margarine
175 g Zucker
1 Pck. Dr. Oetker Vanillin-Zucker
2 EL Rum
5 Eier (Größe M)
250 g Weizenmehl
1 gestr. TL Dr. Oetker Backin
125 g Korinthen

Für den Belag:
100 g gehackte Mandeln
3 EL brauner Zucker (Kandisfarin)

Insgesamt:
E: 83 g, F: 304 g, Kh: 503 g,
kJ: 21678, kcal: 5180

1. Den Backofen vorheizen.
Ober-/Unterhitze: etwa 180 °C
Heißluft: etwa 160 °C
2. Für den Teig Butter oder Margarine mit Handrührgerät mit Rührbesen auf höchster Stufe geschmeidig rühren. Nach und nach Zucker, Vanillin-Zucker und Rum unterrühren. So lange rühren, bis eine gebundene Masse entstanden ist. Die Eier nach und nach unterrühren (jedes Ei etwa 1/2 Minute).
3. Mehl mit Backpulver mischen und in 2 Portionen auf mittlerer Stufe unterrühren. Korinthen kurz unterheben. Den Teig auf einem Backblech (30 x 40 cm, gefettet, bemehlt) verteilen und verstreichen.
4. Für den Belag Mandeln und Kandisfarin auf dem Teig verteilen. Das Backblech in den vorgeheizten Backofen schieben und den Kuchen etwa 25 Minuten backen.
5. Das Backblech auf einen Kuchenrost stellen.
6. Das Gebäck noch warm in beliebig große Schnitten schneiden.

Tipps: Für Kinder den Rum durch Apfelsaft ersetzen. Der Kuchen kann 1–2 Tage vor dem Verzehr zubereitet werden und ist gefriergeeignet.

Ananas-Toffee-Kuchen

Zubereitungszeit: 30 Minuten
Backzeit: etwa 40 Minuten

150 g gehackte Mandeln
50 g Semmelbrösel
490 g Ananasstücke
(aus der Dose)

Für die Toffee-Masse:
680 g gezuckerte Kondensmilch
(8 % Fett, 45 % Zucker)
600 g saure Sahne
3 Eier (Größe M)
1 leicht geh. EL Weizenmehl

Insgesamt:
E: 132 g, F: 224 g, Kh: 551 g,
kJ: 20036, kcal: 4785

1. Die Mandeln mit Semmelbröseln mischen und auf einem Backblech (30 x 40 cm, gefettet) verteilen. Ananasstücke in einem Sieb gut abtropfen lassen.
2. Den Backofen vorheizen.
Ober-/Unterhitze: etwa 200 °C
Heißluft: etwa 180 °C
3. Für die Toffee-Masse Kondensmilch in einen weiten Topf oder eine Pfanne geben. Kondensmilch unter Rühren zum Kochen bringen und bei mittlerer Hitze etwa 15 Minuten einkochen lassen, bis die Masse eine cremige Konsistenz hat und etwas dunkler geworden ist. Während des Einkochens die Kondensmilch mit einem Holzspatel oder Kochlöffel umrühren, damit sie gleichmäßig bräunt und nicht am Topf- oder Pfannenboden ansetzt.
4. Den Topf von der Kochstelle nehmen. Nacheinander saure Sahne, Eier und Mehl unter die Kondensmilch rühren. Die Masse auf dem Backblech verteilen. Die Ananasstücke darauflegen. Das Backblech in den vorgeheizten Backofen schieben. Den Kuchen etwa 40 Minuten backen.
5. Das Backblech auf einen Kuchenrost stellen. Den Ananas-Toffee-Kuchen erkalten lassen und in Stücke schneiden.

Blondies mit Johannisbeeren

Zubereitungszeit: 25 Minuten, ohne Abkühlzeit
Backzeit: etwa 20 Minuten

250 g rote Johannisbeeren
50 g weiße Schokolade

Für den All-in-Teig:
200 g Butter
200 g weiße Schokolade
300 g Weizenmehl
3 gestr. TL Dr. Oetker Backin
150 g Zucker
3 Eier (Größe M)
150 g saure Sahne

Insgesamt:
E: 71 g, F: 287 g, Kh: 543 g,
kJ: 21273, kcal: 5084

1. Johannisbeeren verlesen, abspülen, abtropfen lassen und entstielen. Schokolade in kleine Stücke hacken.
2. Den Backofen vorheizen.
Ober-/Unterhitze: etwa 200 °C
Heißluft: etwa 180 °C
3. Für den Teig Butter in einem kleinen Topf bei schwacher Hitze zerlassen. Den Topf von der Kochstelle nehmen. Weiße Schokolade in Stücke brechen und unter Rühren in der Butter schmelzen, abkühlen lassen.
4. Mehl mit Backpulver in einer Rührschüssel mischen. Zucker, Eier und saure Sahne hinzufügen. Butter-Schoko-Masse glatt rühren und hinzugeben. Die Zutaten mit Handrührgerät mit Rührbesen zunächst kurz auf niedrigster, dann auf höchster Stufe in etwa 2 Minuten zu einem glatten Teig verarbeiten.
5. Den Teig auf ein Backblech (30 x 40 cm, gefettet) geben und glatt streichen. Johannisbeeren auf dem Teig verteilen. Das Backblech in den vorgeheizten Backofen schieben. Kuchen etwa 20 Minuten backen.
6. Das Backblech auf einen Kuchenrost stellen. Die gehackte Schokolade auf den heißen Kuchen streuen. Den Kuchen erkalten lassen und in Stücke schneiden.

Streuselkuchen mit Apfelmus

Zubereitungszeit: 25 Minuten
Backzeit: etwa 50 Minuten

Für den Streuselteig:
500 g Weizenmehl
1 Pck. Dr. Oetker Backin
200 g Zucker
1 Pck. Dr. Oetker Vanillin-Zucker
1 gestr. TL gemahlener Zimt
1 Ei (Größe M)
250 g Butter oder Margarine

Für die Füllung:
1080 g Apfelmus (aus Gläsern)
100 g Rosinen

Insgesamt:
E: 59 g, F: 230 g, Kh: 750 g,
kJ: 22447, kcal: 5361

1. Für den Teig Mehl mit Backpulver in einer Rührschüssel mischen. Zucker, Vanillin-Zucker, Zimt, Ei und Butter oder Margarine hinzufügen. Die Zutaten mit Handrührgerät mit Rührbesen zunächst kurz auf niedrigster, dann auf höchster Stufe zu Streuseln verarbeiten.
2. Gut die Hälfte der Teigstreusel auf einem Backblech (30 x 40 cm, gefettet) zu einem Boden andrücken.
3. Den Backofen vorheizen.
Ober-/Unterhitze: etwa 180 °C
Heißluft: etwa 160 °C
4. Für die Füllung Apfelmus gleichmäßig auf dem Teig verteilen. Rosinen daraufstreuen und mit einem Löffel etwas eindrücken. Restliche Teigstreusel darauf verteilen. Das Backblech in den vorgeheizten Backofen schieben. Den Kuchen etwa 50 Minuten backen.
5. Das Backblech auf einen Kuchenrost stellen. Den Kuchen erkalten lassen und in Stücke schneiden.

Blondies mit Johannisbeeren

Streuselkuchen mit Apfelmus

Saftiger Zuckerkuchen

Zubereitungszeit: 20 Minuten, ohne Abkühlzeit
Backzeit: etwa 20 Minuten

Für den Hefeteig:
50 g Butter
375 g Weizenmehl
1 Pck. Hefeteig Garant
75 g Zucker
1 Pck. Dr. Oetker Vanillin-Zucker
1 Prise Salz
1 Ei (Größe M)
150 ml Milch

Für den Belag:
75 g kalte Butter
150 g Zucker
150 g saure Sahne oder Crème fraîche

Insgesamt:
E: 57 g, F: 158 g, Kh: 521 g,
kJ: 15937, kcal: 3810

1. Für den Teig Butter zerlassen und abkühlen lassen. Mehl in einer Rührschüssel sorgfältig mit Hefeteig Garant vermischen. Zucker, Vanillin-Zucker, Salz, Ei, Milch und Butter hinzufügen. Die Zutaten mit Handrührgerät mit Knethaken zunächst kurz auf niedrigster, dann auf höchster Stufe in etwa 2 Minuten zu einem glatten Teig verarbeiten.
2. Den Teig auf einer leicht bemehlten Arbeitsfläche zu einer Rolle verkneten und auf einem Backblech (30 x 40 cm, gefettet) ausrollen.
3. Den Backofen vorheizen.
Ober-/Unterhitze: etwa 200 °C
Heißluft: etwa 180 °C
4. Für den Belag Butter in Flöckchen gleichmäßig auf den Teig setzen, mit Zucker bestreuen. Das Backblech in den vorgeheizten Backofen schieben. Den Kuchen etwa 20 Minuten backen.
5. Den Kuchen etwa 5 Minuten vor Ende der Backzeit gleichmäßig mit saurer Sahne oder Crème fraîche bestreichen. Kuchen fertig backen.
6. Das Backblech auf einen Kuchenrost stellen. Den Kuchen erkalten lassen.

Streusel-Aprikosen-Kuchen

Zubereitungszeit: 30 Minuten
Backzeit: etwa 40 Minuten

Für den Belag:
480 g Aprikosenhälften (aus der Dose)

Für den All-in-Teig:
250 g Weizenmehl
2 gestr. TL Dr. Oetker Backin
225 g Zucker
1 Prise Salz
1 Fläschchen (Röhrchen) Zitronen-Aroma
250 g weiche Butter oder Margarine
4 Eier (Größe M)

Für die Streusel:
225 g Weizenmehl
150 g Zucker
1 Pck. Dr. Oetker Vanillin-Zucker
1/2 TL gemahlener Zimt
150 g weiche Butter oder Margarine

Insgesamt:
E: 80 g, F: 372 g, Kh: 807 g,
kJ: 29137, kcal: 6964

1. Für den Belag Aprikosenhälften in einem Sieb gut abtropfen lassen.
2. Für den Teig Mehl mit Backpulver in einer Rührschüssel mischen. Zucker, Salz, Aroma, Butter oder Margarine und Eier hinzufügen. Die Zutaten mit Handrührgerät mit Rührbesen zunächst kurz auf niedrigster, dann auf höchster Stufe in etwa 2 Minuten zu einem glatten Teig verarbeiten.
3. Den Teig auf ein Backblech (30 x 40 cm, gefettet, bemehlt) geben und glatt streichen. Die Aprikosenhälften mit der Wölbung nach oben auf den Teig legen.
4. Den Backofen vorheizen.
Ober-/Unterhitze: etwa 180 °C
Heißluft: etwa 160 °C

Saftiger Zuckerkuchen

Streusel-Aprikosen-Kuchen

5. Für die Streusel Mehl mit Zucker, Vanillin-Zucker und Zimt in einer Rührschüssel mischen. Butter oder Margarine hinzufügen.
6. Die Zutaten mit Handrührgerät mit Rührbesen zu feinen Streuseln verarbeiten. Die Teigstreusel auf den Aprikosenhälften verteilen. Das Backblech in den vorgeheizten Backofen schieben. Den Kuchen etwa 40 Minuten backen.
7. Das Backblech auf einen Kuchenrost stellen. Den Kuchen erkalten lassen und in Stücke schneiden.

Stachelbeerschnitten

Stachelbeerschnitten

Zubereitungszeit: 60 Minuten, ohne Kühlzeit
Backzeit: etwa 15 Minuten

Für den Knetteig:
200 g Weizenmehl
1 gestr. TL Dr. Oetker Backin
75 g Zucker
1 Pck. Dr. Oetker Vanillin-Zucker
1 Ei (Größe M)
125 g Butter oder Margarine

Für die Füllung:
750 g frische Stachelbeeren oder 780 g Stachelbeeren (aus Gläsern)
200 g Zucker
2 EL Wasser
1 Pck. ungezuckerter Tortenguss, klar
1 EL Zucker
250 ml (1/4 l) Saft von den Stachelbeeren

Für den Krokant:
30 g gehackte Mandeln
1 EL Zucker
1 Msp. Butter

Für den Belag:
500 g Schlagsahne
50 g Zucker
1 Pck. Dr. Oetker Vanillin-Zucker
2 Pck. Dr. Oetker Sahnesteif
4 EL Zitronensaft

Insgesamt:
E: 49 g, F: 297 g, Kh: 622 g, kJ: 22916, kcal: 5476

1. Den Backofen vorheizen.
Ober-/Unterhitze: etwa 200 °C
Heißluft: etwa 180 °C
2. Für den Teig Mehl mit Backpulver mischen und in eine Rührschüssel geben. Restliche Zutaten hinzufügen und mit Handrührgerät mit Knethaken zunächst kurz auf niedrigster, dann auf höchster Stufe gut durcharbeiten.
3. Anschließend auf einer leicht bemehlten Arbeitsfläche zu einem glatten Teig verkneten. Sollte er kleben, ihn in Frischhaltefolie gewickelt eine Zeit lang kalt stellen.
4. Den Teig auf einem Backblech (30 x 40 cm, gefettet) ausrollen. Den Teig mehrmals mit einer Gabel einstechen. Backblech in den vorgeheizten Backofen schieben und die Gebäckplatte etwa 15 Minuten backen.
5. Das Backblech auf einen Kuchenrost stellen. Die Gebäckplatte sofort nach dem Backen halbieren, vom Backblech lösen und auf dem Kuchenrost erkalten lassen.
6. Für die Füllung frische Stachelbeeren abspülen, abtropfen lassen, Blüten- und Stängelansätze entfernen. Stachelbeeren in einem Topf mit Zucker und Wasser zugedeckt etwa 5 Minuten dünsten.
7. Die gedünsteten Stachelbeeren oder Stachelbeeren aus den Gläsern in einem Sieb abtropfen lassen. Den Saft auffangen und 250 ml (1/4 l) abmessen, evtl. mit Wasser auffüllen. Aus Tortengusspulver, aber nur 1 Esslöffel Zucker und Saft einen Guss nach Packungsanleitung zubereiten. Stachelbeeren unterheben. Stachelbeerkompott erkalten lassen.
8. Für den Krokant Mandeln in einer Pfanne ohne Fett hellbraun rösten, herausnehmen und auf einem Teller erkalten lassen.
9. Den Zucker in die Pfanne geben und unter Rühren leicht bräunen lassen. Mandeln und Butter hinzufügen, unter Rühren erhitzen, bis der Krokant genügend gebräunt ist. Die Masse auf Backpapier geben und erkalten lassen. Krokantmasse mit einer Teigrolle in kleine Stücke zerstoßen.
10. Die Stachelbeermasse gleichmäßig auf eine Gebäckhälfte streichen. Die zweite Gebäckhälfte darauflegen und leicht andrücken. Den Kuchen etwa 1 Stunde in den Kühlschrank stellen.
11. Für den Belag Sahne mit Zucker, Vanillin-Zucker und Sahnesteif steif schlagen. Zitronensaft unterrühren. Die Sahne auf dem Gebäckboden verteilen, mit einem Löffel verzieren und mit Krokant bestreuen. Den Kuchen in Schnitten schneiden.

Sandschnitten

Schneeballkuchen

Sandschnitten

Zubereitungszeit: 25 Minuten, ohne Kühlzeit
Backzeit: etwa 20 Minuten

Für den Rührteig:
125 g Butterschmalz
125 g Butter
200 g feiner Zucker
1 Pck. Dr. Oetker Vanillin-Zucker
4 Eier (Größe M)
1 Prise Salz
125 g Weizenmehl
125 g Speisestärke
1 gestr. TL Dr. Oetker Backin

Zum Bestreuen:
50 g gehobelte Mandeln

Für den Guss:
150 g gesiebter Puderzucker
5 EL Orangensaft
3 EL Zitronensaft

Zum Verzieren:
100 g gesiebter Puderzucker
etwas gelbe Speisefarbe

Insgesamt:
E: 52 g, F: 290 g, Kh: 669 g,
kJ: 23052, kcal: 5508

1. Den Backofen vorheizen.
Ober-/Unterhitze: etwa 180 °C
Heißluft: etwa 160 °C

2. Für den Teig Butterschmalz und Butter in kleine Stücke schneiden, mit Zucker und Vanillin-Zucker in eine Rührschüssel geben und mit Handrührgerät mit Rührbesen so lange rühren, bis Butter und Zucker weiß-schaumig geworden sind. Nach und nach Eier (jedes Ei etwa 1/2 Minute) und Salz unterrühren.

3. Mehl mit Speisestärke und Backpulver mischen, in 2 Portionen kurz auf mittlerer Stufe unterrühren.
Teig auf ein Backblech (30 x 40 cm, gefettet, gemehlt) geben, glatt streichen und mit Mandeln bestreuen. Das Backblech in den vorgeheizten Backofen schieben. Den Kuchen etwa 20 Minuten backen.

4. Für den Guss Puderzucker mit Orangensaft und Zitronensaft verrühren. Ein Drittel davon abnehmen und zum Verzieren beiseitestellen. Mit dem restlichen Guss den noch warmen Kuchen bestreichen, Guss einziehen lassen.

5. Zum Verzieren den beiseitegestellten Guss nach und nach mit Puderzucker zu einer dickflüssigen Masse verrühren. Die Hälfte davon mit Speisefarbe etwas einfärben. Den weißen und gelben Guss getrennt in Pergamentpapiertütchen füllen und eine kleine Ecke abschneiden. Den Kuchen in Schnitten teilen und mit dem Guss beliebig verzieren. Guss fest werden lassen.

Schneeballkuchen

Zubereitungszeit: 90 Minuten, ohne Kühlzeit
Backzeit: etwa 12 Minuten

Für den Biskuitteig:
4 Eier (Größe M)
3 EL heißes Wasser
150 g Zucker
150 g Weizenmehl
25 g Speisestärke
1 gestr. TL Dr. Oetker Backin

Für den Belag:
10 Blatt weiße Gelatine
940 g Mandarinen (aus Dosen)
80 g Zucker
2 Pck. Dr. Oetker Vanillin-Zucker
100 g Orangen-Getränkepulver
600 g Schmand (Sauerrahm)
150 ml Mandarinensaft (aus den Dosen)
400 g Schlagsahne

Für die Schneebälle:
4 Blatt weiße Gelatine
400 g Schlagsahne
50 g Zucker
1 EL Kaffee- oder Kakaopulver

Insgesamt:
E: 103 g, F: 460 g, Kh: 724 g,
kJ: 32204, kcal: 7698

1. Den Backofen vorheizen.
Ober-/Unterhitze: etwa 180 °C
Heißluft: etwa 160 °C

2. Für den Teig Eier und Wasser mit Handrührgerät mit Rührbesen auf höchster Stufe in etwa 1 Minute schaumig schlagen. Zucker in etwa 1 Minute einstreuen, dann noch etwa 2 Minuten schlagen.

3. Mehl mit Speisestärke und Backpulver mischen. Die Hälfte davon auf die Eiercreme geben und kurz auf niedrigster Stufe unterrühren. Restliches Mehlgemisch auf die gleiche Weise unterarbeiten.

4. Einen Backrahmen auf ein Backblech (30 x 40 cm, gefettet, gemehlt) stellen. Den Teig auf das Backblech in den Backrahmen geben und glatt streichen. Das Backblech in den vorgeheizten Backofen schieben. Die Biskuitplatte etwa 12 Minuten backen.

5. Das Backblech auf einen Kuchenrost stellen, die Biskuitplatte erkalten lassen.

6. Für den Belag Gelatine nach Packungsanleitung einweichen. Mandarinen in einem Sieb abtropfen lassen, den Saft auffangen und 150 ml abmessen. Zucker, Vanillin-Zucker, Getränkepulver und Schmand verrühren. Gelatine ausdrücken und in einem kleinen Topf unter Rühren erhitzen (nicht kochen), bis sie völlig gelöst ist.

7. Gelatine mit 3–4 Esslöffeln des Mandarinensaftes verrühren. Dann mit dem restlichen Mandarinensaft unter die Schmandmasse rühren.

8. Sahne steif schlagen. Wenn die Masse anfängt zu gelieren, Sahne unterheben. Mandarinen-Sahne-Creme auf der Biskuitplatte verteilen. Den Kuchen in den Kühlschrank stellen. Creme ganz fest werden lassen. Den Backrahmen vorsichtig lösen und entfernen. Auf der Creme 36 Kuchenstücke markieren.

9. Für die Schneebälle Gelatine wie unter Punkt 6 beschrieben einweichen, auflösen und leicht abkühlen lassen. Sahne fast steif schlagen, Zucker und die aufgelöste Gelatine unterrühren. Dann Sahne ganz steif schlagen.

10. Die Sahnemasse etwas fest werden lassen, aber nur so fest, dass man noch mithilfe eines Eisportionierers 36 Kugeln formen kann. Jeweils 1 Sahnekugel auf ein markiertes Kuchenstück setzen und fest werden lassen. Mit Kaffee- oder Kakaopulver bestäuben.

Schoko-Nougat-Stücke

Zubereitungszeit: 30 Minuten, ohne Kühlzeit
Backzeit: etwa 15 Minuten

Für den Biskuitteig:
5 Eier (Größe M)
2 EL heißes Wasser
150 g Zucker
1 Prise Salz
1 Pck. Dr. Oetker Bourbon-Vanille-Zucker
100 g Weizenmehl
30 g gesiebtes Kakaopulver
1 gestr. TL Dr. Oetker Backin

Schoko-Nougat-Stücke

Zum Bestreuen:
100 g gehobelte Haselnusskerne
1 EL Zucker

Für die Füllung:
200 g weiche Nuss-Nougat-Creme
200 g Mascarpone (ital. Frischkäse)
200 g Schlagsahne
1 Pck. Dr. Oetker Sahnesteif

Insgesamt:
E: 84 g, F: 317 g, Kh: 403 g,
kJ: 20297, kcal: 4849

1. Den Backofen vorheizen.
Ober-/Unterhitze: etwa 200 °C
Heißluft: etwa 180 °C

2. Für den Teig Eier und Wasser in einer Rührschüssel mit Handrührgerät mit Rührbesen auf höchster Stufe in etwa 1 Minute schaumig schlagen. Zucker, Salz und Vanille-Zucker mischen, in etwa 1 Minute einstreuen, dann noch etwa 2 Minuten schlagen.

3. Mehl mit Kakao und Backpulver mischen, auf die Eiercreme geben und kurz auf niedrigster Stufe unterrühren. Den Teig auf ein Backblech (30 x 40 cm, gefettet, gemehlt) geben und glatt streichen. Zuerst Nusskerne, dann Zucker gleichmäßig auf den Teig streuen. Das Backblech in den vorgeheizten Backofen schieben. Die Biskuitplatte etwa 15 Minuten backen.

4. Das Backblech auf einen Kuchenrost stellen. Biskuitplatte erkalten lassen.

5. Für die Füllung Nuss-Nougat und Mascarpone mit Handrührgerät mit Rührbesen zu einer Creme aufschlagen. Die Sahne mit Sahnesteif steif schlagen. Die Hälfte der Sahne kurz unter die Mascarpone-Nougat-Creme rühren. Restliche Sahne vorsichtig unterheben.

6. Biskuitplatte vierteln und vom Backblech lösen. 2 Biskuitstücke auf der Nussseite mit der Creme bestreichen und mit den restlichen Biskuitstücken (Nussseite nach oben) belegen. Kuchen mindestens 30 Minuten in den Kühlschrank stellen. Anschließend in Stücke schneiden.

Schokokaramell-Schnitten

Zubereitungszeit: 35 Minuten, ohne Abkühlzeit
Backzeit: 12–15 Minuten

Für die Creme:
200 g Riesen Schokokaramell (von Storck)
500 g Schlagsahne

Für den Biskuitteig:
2 Eier (Größe M)
1 EL heißes Wasser
60 g Zucker
1 Pck. Dr. Oetker Vanillin-Zucker
60 g Weizenmehl
15 g Speisestärke
1 leicht geh. EL Kakaopulver
1/2 gestr. TL Dr. Oetker Backin

1 Pck. Dr. Oetker Sahnesteif

Zum Garnieren:
einige Riesen Schokokaramell (von Storck)
etwas Kakaopulver

Insgesamt:
E: 42 g, F: 219 g, Kh: 316 g, kJ: 14452, kcal: 3451

1. Für die Creme Riesen Schokokaramell in Stücke schneiden. Sahne in einem Topf erhitzen. Karamellstücke darin bei schwacher Hitze unter Rühren auflösen. Die Sahnemasse in eine Rührschüssel geben und unter gelegentlichem Rühren abkühlen lassen. Sahnemasse mit Frischhaltefolie zugedeckt mindestens 8 Stunden (am besten über Nacht) in den Kühlschrank stellen.

2. Den Backofen vorheizen.
Ober-/Unterhitze: etwa 200 °C
Heißluft: etwa 180 °C

3. Für den Teig Eier und Wasser in einer Rührschüssel mit Handrührgerät mit Rührbesen auf höchster Stufe in etwa 1 Minute schaumig schlagen. Zucker und Vanillin-Zucker mischen, in etwa 1 Minute einstreuen, dann noch etwa 2 Minuten schlagen. Mehl mit Speisestärke, Kakao und Backpulver mischen, auf die Eiercreme geben und kurz auf niedrigster Stufe unterrühren.

4. Einen Backrahmen (20 x 30 cm) auf ein Backblech (gefettet, gemehlt) stellen. Den Teig hineingeben und glatt streichen. Das Backblech in den vorgeheizten Backofen schieben. Die Biskuitplatte 12–15 Minuten backen.

5. Das Backblech auf einen Kuchenrost stellen. Biskuitplatte erkalten lassen.

6. Die Karamellsahne in 2 Portionen mit je 1/2 Päckchen Sahnesteif steif schlagen. 4 Esslöffel der Karamellsahne in einen Spritzbeutel mit Sterntülle (Ø etwa 10 mm) geben und zum Verzieren beiseitelegen. Restliche Karamellsahne auf der Biskuitplatte verteilen.

7. Beiseitegelegte Karamellsahne in 12–15 Tuffs auf den Belag spritzen. Nach Belieben den Kuchen mit halbierten Riesen Schokokaramell garnieren und mit Kakao bestäuben. Den Backrahmen mit einem Messer lösen und entfernen.

Schokokaramell-Schnitten

Schoko-Mirabellen-Kuchen

Zubereitungszeit: 55 Minuten, ohne Kühlzeit
Backzeit: etwa 25 Minuten

Zum Vorbereiten:
770 g Mirabellen, mit Stein (aus Gläsern)

Für den Rührteig:
250 g weiche Butter oder Margarine
200 g Zucker
1 Pck. Dr. Oetker Vanillin-Zucker
4 Eier (Größe M)
375 g Weizenmehl
40 g gesiebtes Kakaopulver
1 Pck. Dr. Oetker Backin
3 EL Milch

Für den Belag:
1 Pck. Dr. Oetker Pudding-Pulver Sahne-Geschmack
3–4 EL Zucker
500 ml (1/2 l) Mirabellensaft (aus den Gläsern)
500 g Schlagsahne
2 Pck. Dr. Oetker Sahnesteif
1–2 EL gesiebter Puderzucker

Zum Bestäuben:
2 EL Kakaopulver

Insgesamt:
E: 99 g, F: 420 g, Kh: 848 g, kJ: 31932, kcal: 7632

1. Zum Vorbereiten Mirabellen in einem Sieb abtropfen lassen, den Saft auffangen und 500 ml (1/2 l) abmessen. Mirabellen je nach Größe halbieren oder vierteln und entsteinen.
2. Den Backofen vorheizen.
Ober-/Unterhitze: etwa 180 °C
Heißluft: etwa 160 °C
3. Für den Teig Butter oder Margarine in einer Rührschüssel mit Handrührgerät mit Rührbesen auf höchster Stufe geschmeidig rühren. Nach und nach Zucker und Vanillin-Zucker unterrühren. So lange rühren, bis eine gebundene Masse entstanden ist.
4. Eier nach und nach unterrühren (jedes Ei etwa 1/2 Minute). Mehl mit Kakao und Backpulver mischen, abwechselnd in 2 Portionen mit der Milch kurz auf mittlerer Stufe unterrühren. Ein Drittel der Mirabellenstücke unterheben.
5. Einen Backrahmen auf ein Backblech (30 x 40 cm, gefettet) stellen. Den Teig hineingeben und glatt streichen. Die restlichen Mirabellenstücke darauf verteilen. Das Backblech in den vorgeheizten Backofen schieben. Den Kuchen etwa 25 Minuten backen.
6. Das Backblech auf einen Kuchenrost stellen. Den Kuchen erkalten lassen.
7. Für den Belag aus Pudding-Pulver, Zucker und Mirabellensaft einen Pudding nach Packungsanleitung, aber mit den hier angegebenen Zutaten zubereiten. Den Pudding in eine Rührschüssel geben. Puddingoberfläche mit Frischhaltefolie belegen und erkalten lassen.
8. Sahne mit Sahnesteif und Puderzucker steif schlagen. Den Pudding mit Handrührgerät mit Rührbesen geschmeidig rühren, Sahne unterheben. Die Pudding-Sahne-Masse wellenartig auf den Kuchen streichen. Den Kuchen etwa 1 Stunde in den Kühlschrank stellen.
9. Zum Bestäuben einen Kuchenrost auf den Backrahmen legen. Den Kuchen durch den Rost mit Kakao bestäuben. Backrahmen entfernen.

Schoko-Mirabellen-Kuchen

Umgedrehter Ahornsirup-Nuss-Kuchen

Umgedrehter Ahornsirup-Nuss-Kuchen

Zubereitungszeit: 40 Minuten, ohne Abkühlzeit
Backzeit: etwa 25 Minuten

100 g Butter
75 g brauner Zucker (Rohrzucker)
100 ml Ahornsirup
250 g gemischte, grob gehackte Nusskerne, z. B. Cashew-, Walnuss- oder Haselnusskerne

Für den Rührteig:
200 g weiche Butter oder Margarine
150 g brauner Zucker (Rohrzucker)
1 Pck. Dr. Oetker Vanillin-Zucker
1 Pck. Dr. Oetker Finesse Geriebene Zitronenschale
1 Prise Salz
3 Eier (Größe M)
250 g Weizenmehl
2 gestr. TL Dr. Oetker Backin
150 g Joghurt

Zum Aprikotieren:
4 geh. EL Aprikosenkonfitüre
2 EL Rum

Insgesamt:
E: 98 g, F: 411 g, Kh: 596 g, kJ: 28177, kcal: 6731

1. Butter in einem Topf zerlassen. Rohrzucker und Ahornsirup hinzufügen, unter Rühren schmelzen lassen. Nusskerne unterrühren. Die Masse abkühlen lassen. Einen Backrahmen (etwa 25 x 30 cm) auf ein Backblech (gefettet, mit Backpapier belegt) stellen. Die Nussmasse in dem Backrahmen verteilen.
2. Den Backofen vorheizen.
Ober-/Unterhitze: etwa 180 °C
Heißluft: etwa 160 °C
3. Für den Teig Butter oder Margarine in einer Rührschüssel mit Handrührgerät mit Rührbesen auf höchster Stufe geschmeidig rühren. Nach und nach Zucker, Vanillin-Zucker, Zitronenschale und Salz unterrühren. So lange rühren, bis eine gebundene Masse entstanden ist. Eier nach und nach unterrühren (jedes Ei etwa 1/2 Minute).
4. Mehl mit Backpulver mischen, in 2 Portionen kurz auf mittlerer Stufe unterrühren. Joghurt unterrühren.
5. Den Teig auf der Nussmasse verteilen. Das Backblech in den vorgeheizten Backofen schieben. Den Kuchen etwa 25 Minuten backen.
6. Den Kuchen mit einem Messer vom Rand lösen. Den Backrahmen entfernen. Den Kuchen auf ein großes Stück Alufolie stürzen. Mitgebackenes Backpapier abziehen.
7. Zum Aprikotieren Konfitüre durch ein Sieb in einen Topf streichen, unter Rühren zum Kochen bringen und etwas einkochen lassen. Rum unterrühren. Den warmen Kuchen damit bestreichen und erkalten lassen.
8. Den Kuchen in Stücke schneiden und auf eine Platte legen (Alufolie entfernen).

Torte mit Ananas-Kokos-Creme

Zubereitungszeit: 105 Minuten, ohne Kühlzeit
Backzeit: Knetteig 15–20 Minuten, Biskuitteig etwa 15 Minuten je Backblech

Für den Knetteig:
300 g Weizenmehl
1 Msp. Dr. Oetker Backin
100 g Zucker
1 Prise Salz
1 Ei (Größe M)
200 g Butter oder Margarine

Für den Biskuitteig:
8 Eier (Größe M)
8 EL heißes Wasser
300 g Zucker
2 Pck. Dr. Oetker Vanillin-Zucker
200 g Weizenmehl
200 g Speisestärke
4 gestr. TL Dr. Oetker Backin

Für die Füllung:
340 g Ananasstücke (aus der Dose)
6 Blatt weiße Gelatine
500 g Magerquark
50 ml Ananassaft (aus der Dose)
400 ml Kokosmilch
100 g Zucker
1 Pck. Dr. Oetker Vanillin-Zucker
1 kg Schlagsahne

4 EL Ananaskonfitüre

einige silberne Liebesperlen
einige Kokosraspel
einige kandierte Zuckerblüten

Insgesamt:
E: 223 g, F: 549 g, Kh: 1242 g,
kJ: 46765, kcal: 11174

1. Den Backofen vorheizen.
Ober-/Unterhitze: etwa 200 °C
Heißluft: etwa 180 °C

2. Für den Knetteig Mehl mit Backpulver in einer Rührschüssel mischen. Restliche Zutaten hinzufügen und mit Handrührgerät mit Knethaken auf höchster Stufe gut durcharbeiten. Anschließend auf einer leicht bemehlten Arbeitsfläche zu einem glatten Teig verkneten. Sollte er kleben, ihn in Frischhaltefolie gewickelt eine Zeit lang kalt stellen.

3. Den Teig auf einem Backblech (gefettet) zu einem Quadrat (etwa 30 x 30 cm) ausrollen. Teig mehrmals mit einer Gabel einstechen, einen Backrahmen darumstellen. Das Backblech in den vorgeheizten Backofen schieben. Den Knetteigboden 15–20 Minuten backen.

4. Das Backblech auf einen Kuchenrost stellen. Boden erkalten lassen.

5. Für den Biskuitteig Eier und Wasser in einer Rührschüssel mit Handrührgerät mit Rührbesen auf höchster Stufe in etwa 1 Minute schaumig schlagen. Zucker und Vanillin-Zucker mischen, in etwa 1 Minute einstreuen, dann noch etwa 2 Minuten schlagen. Mehl mit Speisestärke und Backpulver mischen, die Hälfte davon auf die Eiercreme geben, kurz auf niedrigster Stufe unterrühren. Restliches Mehlgemisch auf die gleiche Weise unterarbeiten. Den Teig halbieren. Jeweils 1 Teighälfte auf ein Backblech (30 x 40 cm, mit Backpapier belegt) geben, glatt streichen. Die Backbleche nacheinander (bei Heißluft zusammen) in den heißen Backofen schieben. Die Biskuitplatten bei gleicher Backofentemperatur etwa 15 Minuten je Backblech backen.

6. Böden sofort auf je ein mit Zucker bestreutes Stück Backpapier stürzen. Mitgebackenes Backpapier abziehen. Böden erkalten lassen.

Torte mit Ananas-Kokos-Creme

Trüffelecken

7. Für die Füllung Ananasstücke in einem Sieb abtropfen lassen, Saft auffangen und 50 ml abmessen. Gelatine nach Packungsanleitung einweichen. Die leicht ausgedrückte Gelatine in einem kleinen Topf unter Rühren erwärmen (nicht kochen), bis sie völlig gelöst ist, leicht abkühlen lassen.

8. Quark, Ananassaft, Kokosmilch, Zucker und Vanillin-Zucker gut verrühren. Gelatine zuerst mit 3–4 Esslöffeln der Quarkmasse verrühren, dann unter die restliche Quarkmasse rühren, kalt stellen.

9. 200 g der Sahne steif schlagen. Sobald die Quarkmasse anfängt zu gelieren, Sahne und Ananasstücke unterheben.

10. Aus den Biskuitplatten 2 Quadrate (etwa 30 x 30 cm) ausschneiden. Biskuitreste grob zerbröseln. Den Knetteigboden auf eine große Platte legen und mit Konfitüre bestreichen. Eine Biskuitplatte daraufsetzen. Mit der Hälfte der Quarkcreme bestreichen. Biskuitbrösel bergartig darauf verteilen (am Rand etwa 5 cm frei lassen). Restliche Creme daraufstreichen. Mit der zweiten Biskuitplatte belegen. Ränder andrücken. Torte etwa 3 Stunden in den Kühlschrank stellen.

11. Restliche Sahne in 2 Portionen steif schlagen. Ein Drittel der Sahne in einen Spritzbeutel mit Sterntülle füllen. Tortenoberfläche und -rand mit der restlichen Sahne bestreichen. Torte mit der Sahne aus dem Spritzbeutel verzieren. Mit Silberperlen, Kokosraspeln und Zuckerblüten garnieren.

Trüffelecken

Zubereitungszeit: 50 Minuten, ohne Kühlzeit
Backzeit: etwa 12 Minuten

Für die Füllung:
150 g Zartbitter-Schokolade
150 g Schlagsahne

Für den Biskuitteig:
2 Eier (Größe M)
2 EL heißes Wasser
100 g Zucker
1 Pck. Dr. Oetker Vanillin-Zucker
100 g Weizenmehl
1/2 gestr. TL Dr. Oetker Backin

Zum Bestäuben und Bestreuen:
etwas Puderzucker
einige Schokoladenröllchen

Insgesamt:
E: 40 g, F: 111 g, Kh: 285 g,
kJ: 9929, kcal: 2372

1. Für die Füllung die Schokolade in Stücke brechen, mit der Sahne in einem Topf unter Rühren erwärmen, bis die Schokolade geschmolzen ist. Die Schokoladensahne zugedeckt einige Stunden in den Kühlschrank stellen (am besten über Nacht).
2. Den Backofen vorheizen.
Ober-/Unterhitze: etwa 200 °C
Heißluft: etwa 180 °C
3. Für den Teig Eier und Wasser mit Handrührgerät mit Rührbesen auf höchster Stufe in etwa 1 Minute schaumig schlagen. Zucker mit Vanillin-Zucker mischen, in etwa 1 Minute einstreuen, dann noch etwa 2 Minuten schlagen.
4. Das Mehl mit Backpulver mischen, auf die Eiercreme geben und kurz auf niedrigster Stufe unterrühren. Einen Backrahmen (etwa 20 x 30 cm) auf ein Backblech (mit Backpapier belegt) geben und glatt streichen. Den Teig in den Backrahmen geben und glatt streichen. Das Backblech in den vorgeheizten Backofen schieben. Die Biskuitplatte etwa 12 Minuten backen.
5. Den Backrahmen lösen und entfernen. Die Biskuitplatte auf mit Zucker bestreutes Backpapier stürzen und erkalten lassen. Mitgebackenes Backpapier abziehen. Die Biskuitplatte einmal senkrecht halbieren.
6. Die Schokoladensahne dickcremig aufschlagen, auf eine Biskuithälfte geben und glatt streichen. Die zweite Biskuithälfte darauflegen. Trüffelecken bis zum Servieren in den Kühlschrank stellen.
7. Die Trüffelecken mit Puderzucker bestäuben, in Quadrate und dann in Dreiecke schneiden. Mit Schokoladenröllchen bestreuen.

Würziger Apfelkuchen

Zubereitungszeit: 50 Minuten, ohne Abkühlzeit
Backzeit: etwa 40 Minuten

Für den Rührteig:
200 g weiche Butter oder Margarine
200 g Zucker
1 Pck. Dr. Oetker Vanillin-Zucker
1 Prise Salz
4 Eier (Größe M)
1 gestr. TL gemahlener Zimt
1/2 gestr. TL gemahlener Ingwer
1 Msp. Kardamom
250 g Weizenmehl
2 gestr. TL Dr. Oetker Backin

Für den Belag:
12–15 mittelgroße Äpfel,
z. B. Cox Orange
etwa 100 g Preiselbeerkonfitüre

Für den Guss:
500 ml (1/2 l) Apfelsaft oder halb Weißwein, halb Wasser
2 Pck. ungezuckerter Tortenguss, klar
2 EL Zucker

Insgesamt:
E: 59 g, F: 207 g, Kh: 722 g,
kJ: 21089, kcal: 5044

1. Für den Teig Butter oder Margarine in einer Rührschüssel mit Handrührgerät mit Rührbesen auf höchster Stufe geschmeidig rühren. Nach und nach Zucker, Vanillin-Zucker und Salz unterrühren. So lange rühren, bis eine gebundene Masse entstanden ist. Eier nach und nach unterrühren (jedes Ei etwa 1/2 Minute). Zimt, Ingwer und Kardamom hinzufügen.
2. Mehl mit Backpulver mischen, in 2 Portionen kurz auf mittlerer Stufe unterrühren. Den Teig auf ein Backblech (30 x 40 cm, gefettet) geben und glatt streichen.
3. Den Backofen vorheizen.
Ober-/Unterhitze: etwa 180 °C
Heißluft: etwa 160 °C
4. Für den Belag Äpfel schälen. Das Kerngehäuse mit einem Apfelausstecher ausstechen. Die Äpfel in etwa 1 cm dicke Scheiben schneiden. Die Apfelscheiben sofort dachziegelartig auf den Teig legen. Die Löcher in den Apfelscheiben mit Konfitüre füllen. Das Backblech in den vorgeheizten Backofen schieben. Den Apfelkuchen etwa 40 Minuten backen.
5. Backblech auf einen Kuchenrost stellen. Den Kuchen erkalten lassen.
6. Für den Guss aus Apfelsaft oder Wein und Wasser, Tortengusspulver und Zucker einen Guss nach Packungsanleitung zubereiten. Den Guss gleichmäßig auf den Kuchen streichen. Guss fest werden lassen.

Himbeer-Schmand-Kuchen mit Eierlikörguss

Zubereitungszeit: 30 Minuten, ohne Auftau- und Kühlzeit
Backzeit: etwa 25 Minuten

Für den Belag:
750 g–1 kg TK-Himbeeren
100 g gesiebter Puderzucker

Für den Teig:
4 Eier (Größe M)
250 g Zucker
1 Pck. Dr. Oetker Vanillin-Zucker
125 ml (1/8 l) geschmacksneutrales Speiseöl
150 ml Ginger Ale oder Mineralwasser
250 g Weizenmehl
3 gestr. TL Dr. Oetker Backin

500 g Schlagsahne
2 Pck. Dr. Oetker Vanillin-Zucker
3 Pck. Dr. Oetker Sahnesteif
600 g Schmand (Sauerrahm, 24 % Fett)

Für den Eierlikörguss:
400 ml Eierlikör
1 Pck. Saucenpulver Vanille-Geschmack ohne Kochen

Insgesamt:
E: 108 g, F: 489 g, Kh: 829 g, kJ: 36152, kcal: 8630

1. Für den Belag Himbeeren mit Puderzucker bestreuen und nach Packungsanleitung auftauen lassen.
2. Den Backofen vorheizen.
Ober-/Unterhitze: etwa 180 °C
Heißluft: etwa 160 °C
3. Einen Backrahmen auf ein Backblech (30 x 40 cm, gefettet) stellen.
4. Für den Teig Eier, Zucker und Vanillin-Zucker in einer Rührschüssel mit Handrührgerät mit Rührbesen auf höchster Stufe in gut 1 Minute schaumig schlagen. Speiseöl und Ginger Ale oder Mineralwasser unterrühren.
5. Mehl mit Backpulver mischen. Die Hälfte davon kurz auf niedrigster Stufe unterrühren. Restliches Mehlgemisch auf die gleiche Weise unterarbeiten. Den Teig auf das Backblech in den Backrahmen geben. Das Backblech in den vorgeheizten Backofen schieben. Die Gebäckplatte etwa 25 Minuten backen.
6. Das Backblech auf einen Kuchenrost stellen. Gebäckplatte erkalten lassen.
7. Für den Belag die aufgetauten Himbeeren in einem Sieb gut abtropfen lassen und auf der Gebäckplatte verteilen. Sahne mit Vanillin-Zucker und Sahnesteif steif schlagen. Schmand glatt rühren und unterheben. Die Schmand-Sahne-Masse auf den Himbeeren verteilen und glatt streichen. Den Kuchen etwa 1 Stunde in den Kühlschrank stellen.
8. Für den Guss Eierlikör mit Saucenpulver verrühren, auf der Schmand-Sahne-Masse verteilen. Den Kuchen nochmals etwa 1 Stunde in den Kühlschrank stellen, bis der Guss fest geworden ist.
9. Vor dem Servieren den Backrahmen mit einem Messers lösen und entfernen.

Erfrischender Stachelbeerkuchen

Zubereitungszeit: 60 Minuten, ohne Kühlzeit
Backzeit: 25–30 Minuten

Für den Rührteig:
250 g weiche Butter oder Margarine
200 g Zucker
1 Pck. Dr. Oetker Vanillin-Zucker
1 Pck. Dr. Oetker Finesse Geriebene Zitronenschale
4 Eier (Größe M)
250 g Weizenmehl
2 gestr. TL Dr. Oetker Backin
720 g Stachelbeeren (aus Gläsern)

Für den Belag:
Stachelbeersaft (aus den Gläsern)
etwa 300 ml Apfelsaft
1 Beutel aus 1 Pck. Götterspeise Zitronen-Geschmack
150 g Zucker

Himbeer-Schmand-Kuchen mit Eierlikörguss

Erfrischender Stachelbeerkuchen

12 Blatt weiße Gelatine
750–800 g Schlagsahne

Zum Garnieren:
1 Beutel aus 1 Pck. Götterspeise Zitronen-Geschmack
300 ml Apfelsaft
60 g Zucker
evtl. Hagelzucker

Insgesamt:
E: 101 g, F: 485 g, Kh: 873 g, kJ: 35642, kcal: 8522

1. Den Backofen vorheizen.
Ober-/Unterhitze: etwa 180 °C
Heißluft: etwa 160 °C
2. Für den Teig Butter oder Margarine in einer Rührschüssel mit Handrührgerät mit Rührbesen auf höchster Stufe geschmeidig rühren. Nach und nach Zucker, Vanillin-Zucker und Zitronenschale unterrühren. So lange rühren, bis eine gebundene Masse entstanden ist.
3. Eier nach und nach unterrühren (jedes Ei etwa 1/2 Minute). Mehl mit Backpulver mischen, in 2 Portionen kurz auf mittlerer Stufe unterrühren. Teig auf ein Backblech (30 x 40 cm, gefettet, mit Backpapier belegt) geben und glatt streichen.
4. Stachelbeeren in einem Sieb gut abtropfen lassen, den Saft auffangen. Die Stachelbeeren auf dem Teig verteilen. Das Backblech in den vorgeheizten Backofen schieben. Den Kuchen 25–30 Minuten backen.
5. Backblech auf einen Kuchenrost stellen, Kuchen erkalten lassen.
6. Für den Belag den aufgefangenen Stachelbeersaft mit Apfelsaft auf 1 Liter auffüllen. Götterspeise mit Saft und Zucker nach Packungsanleitung zubereiten. Gelatine nach Packungsanleitung einweichen.
7. Gelatine ausdrücken und in der heißen Götterspeisenflüssigkeit unter Rühren auflösen. Restlichen Stachelbeer-Apfelsaft gut unterrühren und in den Kühlschrank stellen.
8. Sahne steif schlagen. Wenn die Flüssigkeit anfängt zu gelieren, Sahne portionsweise unterheben.
9. Einen Backrahmen um den Kuchen stellen. Götterspeisencreme auf den Kuchen geben und glatt streichen. Den Kuchen mindestens 2–3 Stunden kalt stellen.
10. In der Zwischenzeit zum Garnieren Götterspeise mit Apfelsaft und Zucker nach Packunganleitung, aber mit den hier angegebenen Zutaten zubereiten, in eine kalt ausgespülte, flache Schale gießen. Götterspeise in den Kühlschrank stellen und fest werden lassen.
11. Anschließend auf ein kalt abgespultes Brett stürzen. Aus der Götterspeise beliebige Motive (evtl. Blüten oder Blätter) ausstechen und auf dem Kuchen verteilen.
12. Den Backrahmen lösen und entfernen. Den Kuchen nach Belieben mit Hagelzucker bestreuen und in Stücke schneiden.

Everybody's darling

Zubereitungszeit: 40 Minuten
Backzeit: etwa 12 Minuten

Für den Biskuitteig:
4 Eier (Größe M)
100 g Zucker
1 Pck. Dr. Oetker Vanillin-Zucker
100 g Weizenmehl
40 g Speisestärke
20 g gesiebtes Kakaopulver
1 gestr. TL Dr. Oetker Backin

Für den Belag:
150 g Aprikosenkonfitüre
250 g Mascarpone (ital. Frischkäse)
200 g Zitronenjoghurt
1 EL Zucker
1,2 kg vorbereitete, gemischte Früchte, z. B. Pflaumenhälften, Kiwischeiben, Erdbeerhälften, Aprikosenspalten, Blaubeeren, Johannisbeeren, Melonenkugeln

Insgesamt:
E: 74 g, F: 145 g, Kh: 542 g, kJ: 16375, kcal: 3914

Everybody's darling

1. Den Backofen vorheizen.
Ober-/Unterhitze: etwa 200 °C
Heißluft: etwa 180 °C
2. Für den Teig die Eier in einer Rührschüssel mit Handrührgerät mit Rührbesen auf höchster Stufe in etwa 1 Minute schaumig schlagen. Zucker mit Vanillin-Zucker mischen, in etwa 1 Minute einstreuen, dann noch etwa 2 Minuten schlagen. Mehl, Speisestärke, Kakao und Backpulver mischen, auf die Eiercreme geben, kurz auf niedrigster Stufe unterrühren.
3. Den Teig auf ein Backblech (30 x 40 cm gefettet, mit Backpapier belegt) geben und glatt streichen. An der offenen Seite des Backblechs das Papier unmittelbar vor dem Teig zur Falte knicken, sodass ein Rand entsteht. Das Backblech in den vorgeheizten Backofen schieben. Die Biskuitplatte etwa 12 Minuten backen.
4. Die Biskuitplatte vom Backblechrand lösen und auf mit Zucker bestreutes Backpapier stürzen. Mitgebackenes Backpapier mit kaltem Wasser bestreichen, vorsichtig, aber schnell abziehen.
5. Für den Belag Konfitüre durch ein Sieb streichen, in einem kleinen Topf erwärmen. Die Biskuitplatte dünn damit bestreichen.
6. Mascarpone mit Joghurt und Zucker verrühren, auf der bestrichenen Biskuitplatte verteilen. Mit einer Gabel oder einem Tortengarnierkamm Wellen ziehen. Den Kuchen in 24 Stücke teilen. Die Kuchenstücke vor dem Servieren mit einer Sorte der vorbereiteten Früchte belegen.

Express-Erdbeer-Schnitten

Express-Erdbeer-Schnitten

Zubereitungszeit: 30 Minuten, ohne Auftau- und Kühlzeit
Backzeit: 15–20 Minuten

300 g TK-Blätterteig

Für die Füllung:
1 Pck. Dr. Oetker Pudding-Pulver Vanille-Geschmack
40 g Zucker
125 ml (1/8 l) Milch
250 g Schlagsahne

etwas Kondensmilch

Für den Belag:
750 g Erdbeeren
50 g Zucker

Für den Guss:
1 Pck. ungezuckerter Tortenguss, klar
30 g Zucker
250 ml (1/4 l) Wasser

15 g gehackte Mandeln

Insgesamt:
E: 35 g, F: 177 g, Kh: 319 g,
kJ: 12900, kcal: 3087

1. Die Bätterteigplatten nebeneinander nach Packungsanleitung auftauen lassen.
2. Für die Füllung aus Pudding-Pulver, Zucker, Milch und Sahne einen Pudding nach Packungsanleitung, aber mit den hier angegebenen Zutaten zubereiten. Pudding kalt stellen, dabei ab und zu durchrühren.
3. Den Backofen vorheizen.
Ober-/Unterhitze: etwa 200 °C
Heißluft: etwa 180 °C
4. Die Teigplatten aufeinanderlegen und auf einer leicht bemehlten Arbeitsfläche erst zu einem Rechteck (etwa 34 x 30 cm) ausrollen, dann daraus 2 Rechtecke (etwa 30 x 14 cm) schneiden. Teigrechtecke auf ein Backblech (30 x 40 cm, gefettet, mit Wasser besprenkelt) legen. Teigkanten mit Kondensmilch bestreichen.
5. Aus dem restlichen Teig schmale Streifen schneiden, umeinanderschlingen und auf die Teigkanten legen. Die Teigstreifen ebenfalls mit Kondensmilch bestreichen.
6. Die Teigrechtecke mehrmals mit einer Gabel einstechen. Das Backblech in den vorgeheizten Backofen schieben. Die Blätterteigplatten 15–20 Minuten backen. Die Teigplatten während des Backens evtl. nochmals einstechen.
7. Für den Belag Erdbeeren putzen, abspülen, gut abtropfen lassen, entstielen und halbieren. Erdbeerhälften mit Zucker bestreuen und zum Saftziehen stehen lassen.
8. Das Backblech auf einen Kuchenrost stellen. Das Blätterteiggebäck sofort vom Backblech lösen und auf einem Kuchenrost erkalten lassen.
9. Blätterteiggebäck mit dem Pudding bestreichen. Erdbeerhälften in einem Sieb gut abtropfen lassen und dachziegelartig auf den Pudding legen.
10. Für den Guss aus Tortengusspulver, Zucker und Wasser einen Guss nach Packungsanleitung zubereiten. Den Guss auf den Erdbeerhälften verteilen. Die Längsseiten der Schnitten mit Mandeln bestreuen. Guss fest werden lassen.

Erdbeer-Rhabarber-Kuchen

Zubereitungszeit: 50 Minuten, ohne Abkühlzeit
Backzeit: 30–35 Minuten

Für den Knetteig:
350 g Weizenmehl
1 gestr. TL Dr. Oetker Backin
25 g Zucker
1 Pck. Dr. Oetker Finesse Orangenschalen-Aroma
4 Eigelb (Größe M)
200 g Butter oder Margarine

Für den Belag:
4 Eiweiß (Größe M)
125 g Zucker
25 g Speisestärke
50 g gehackte Mandeln
250 g Rhabarber
250 g Erdbeeren

Insgesamt:
E: 79 g, F: 218 g, Kh: 454 g,
kJ: 17902, kcal: 4277

1. Den Backofen vorheizen.
Ober-/Unterhitze: etwa 180 °C
Heißluft: etwa 160 °C
2. Für den Teig Mehl mit Backpulver mischen und in eine Rührschüssel geben. Zucker, Orangenschalen-Aroma, Eigelb und Butter oder Margarine hinzufügen. Die Zutaten mit Handrührgerät mit Knethaken zunächst kurz auf niedrigster, dann auf höchster Stufe gut durcharbeiten. Danach

auf einer leicht bemehlten Arbeitsfläche zu einem glatten Teig verkneten. Sollte er kleben, ihn in Frischhaltefolie eine Zeit lang kalt stellen.
3. Den Teig in einer Fettpfanne (30 x 40 cm, gefettet) ausrollen, am Rand etwas hochdrücken. Die Fettpfanne in den vorgeheizten Backofen schieben. Den Knetteigboden etwa 15 Minuten backen.
4. Das Backblech auf einen Kuchenrost stellen. Den Boden erkalten lassen. Die Backofentemperatur um etwa 20 °C erhöhen.
5. Für den Belag Eiweiß sehr steif schlagen. Den Zucker nach und nach kurz unterschlagen. Speisestärke mit Mandeln mischen und vorsichtig unter den Eischnee heben.
6. Rhabarber abziehen, abspülen, abtropfen lassen, Stielenden und Blattansätze entfernen. Die Stangen in etwa 2 cm lange Stücke schneiden und auf dem Knetteigboden verteilen. Erdbeeren putzen, abspülen, gut abtropfen lassen, entstielen, vierteln (große Erdbeeren achteln) und unter den Eischnee heben.
7. Die Eischnee-Erdbeer-Masse auf den Rhabarberstücken verteilen, glatt streichen und mit einem Esslöffel „Eischneespitzen" hochziehen. Das Backblech in den vorgeheizten Backofen schieben. Den Kuchen in 15–20 Minuten fertig backen.
8. Das Backblech auf einen Kuchenrost stellen. Den Kuchen erkalten lassen und in Stücke schneiden.

Brombeerschnitten

Zubereitungszeit: 35 Minuten, ohne Abkühlzeit
Backzeit: etwa 30 Minuten

Für den Belag:
750 g frische oder TK-Brombeeren

Für die Streusel:
300 g Weizenmehl
1 gestr. TL Dr. Oetker Backin
100 g Zucker
1 Pck. Dr. Oetker Vanillin-Zucker
175 g weiche Butter oder Margarine

Für den Guss:
4 Eigelb (Größe M)
150 g Zucker
1 Pck. Dr. Oetker Bourbon-Vanille-Zucker
1 Pck. Dr. Oetker Finesse Orangenschalen-Aroma
150 g Crème fraîche
100 g abgezogene, gemahlene Mandeln
4 Eiweiß (Größe M)
50 g Zucker

etwas Puderzucker
etwas Zitronenmelisse

Insgesamt:
E: 90 g, F: 281 g, Kh: 586 g, kJ: 22150, kcal: 5298

1. Für den Belag die TK-Brombeeren etwas antauen lassen. Frische Brombeeren abspülen und gut abtropfen lassen.
2. Den Backofen vorheizen.
Ober-/Unterhitze: etwa 180 °C
Heißluft: etwa 160 °C
3. Für die Streusel Mehl mit Backpulver in einer Rührschüssel mischen. Zucker, Vanillin-Zucker und Butter oder Margarine hinzufügen.
4. Die Zutaten mit Handrührgerät mit Rührbesen zunächst kurz auf niedrigster, dann auf höchster Stufe zu Streuseln verarbeiten. Teigstreusel auf einem Backblech (30 x 40 cm, gefettet, mit Backpapier belegt) verteilen, leicht andrücken. Einen Backrahmen darumstellen.
5. Frische oder angetaute Brombeeren auf dem Teig verteilen.
6. Für den Guss Eigelb mit Zucker, Vanille-Zucker und Orangenschalen-Aroma schaumig rühren. Crème fraîche und Mandeln gut unterrühren. Eiweiß mit Zucker steif schlagen und unter die Eigelbcreme heben. Den Guss auf die Brombeeren geben und glatt streichen. Das Backblech in den vorgeheizten Backofen schieben. Den Kuchen etwa 30 Minuten backen.
7. Das Backblech auf einen Kuchenrost stellen. Den Kuchen erkalten lassen.
8. Backrahmen mit einem Messer lösen und entfernen.
9. Den Kuchen mit Puderzucker bestäuben, in Stücke schneiden und mit abgespülter, trocken getupfter Zitronenmelisse garnieren.

Erdbeer-Rhabarber-Kuchen

Brombeerschnitten

Blubberkuchen

Zubereitungszeit: 40 Minuten, ohne Kühlzeit
Backzeit: etwa 20 Minuten

Für den Schüttelteig:
150 g Weizenmehl
1 gestr. TL Dr. Oetker Backin
100 g Zucker
1 Pck. Dr. Oetker Vanillin-Zucker
1/2 Pck. Dr. Oetker Finesse
Geriebene Zitronenschale
2 Eier (Größe M)
75 ml Speiseöl, z. B. Sonnenblumenöl
75 ml Mineralwasser mit Kohlensäure

Für den Belag:
5 Blatt weiße Gelatine
500 g Dickmilch
2 EL Zitronensaft
50 g Zucker
1 Pck. Dr. Oetker Vanillin-Zucker
250 g frische Himbeeren
250 g Schlagsahne

Für den Guss:
1 Pck. ungezuckerter Tortenguss, rot
250 ml (1/4 l) Flüssigkeit,
z. B. Himbeer-, Apfelsaft oder Wasser
1 EL Zucker

Insgesamt:
E: 65 g, F: 195 g, Kh: 359 g,
kJ: 14615, kcal: 3493

Blubberkuchen

1. Den Backofen vorheizen.
Ober-/Unterhitze: etwa 180 °C
Heißluft: etwa 160 °C
2. Für den Teig Mehl mit Backpulver mischen und in eine verschließbare Schüssel (etwa 2-Liter-Inhalt) geben. Mit Zucker, Vanillin-Zucker und Zitronenschale mischen. Eier, Speiseöl und Mineralwasser hinzufügen. Schüssel mit dem Deckel fest verschließen. Die Schüssel mehrmals (insgesamt 15–30 Sekunden) kräftig schütteln, sodass alle Zutaten gut vermischt sind.
3. Alles mit einem Schneebesen oder Rührlöffel nochmals sorgfältig durchrühren, damit trockene Zutaten vom Rand mit untergerührt werden. Einen Backrahmen (etwa 20 x 30 cm) auf ein Backblech (gefettet, gemehlt) stellen. Den Teig hineingeben und glatt streichen. Das Backblech in den vorgeheizten Backofen schieben. Den Gebäckboden etwa 20 Minuten backen.
4. Das Backblech auf einen Kuchenrost stellen. Boden erkalten lassen.
5. Für den Belag Gelatine nach Packungsanleitung einweichen. Dickmilch mit Zitronensaft, Zucker und Vanillin-Zucker in einer Schüssel verrühren. Gelatine leicht ausdrücken, in einem Topf bei schwacher Hitze unter Rühren erwärmen (nicht kochen), bis sie völlig gelöst ist.
6. Gelatine zunächst mit etwa 4 Esslöffeln von der Dickmilchmasse verrühren, dann unter die restliche Dickmilchmasse rühren und in den Kühlschrank stellen.
7. In der Zwischenzeit Himbeeren verlesen, evtl. kurz abspülen und mit Küchenpapier gut trocken tupfen. Himbeeren auf dem Gebäckboden verteilen. Sahne steif schlagen. Sobald die Dickmilchmasse anfängt zu gelieren, Sahne unterheben. Die Creme auf den Himbeeren verteilen. Den Kuchen zugedeckt etwa 30 Minuten in den Kühlschrank stellen.
8. Für den Guss aus Tortengusspulver, Flüssigkeit und Zucker einen Guss nach Packungsanleitung zubereiten. Den heißen Guss sofort auf der Dickmilchcreme verteilen, sodass die Creme etwas angelöst wird. Damit schöne „Blubber" entstehen, evtl. den Guss mit einem Löffel leicht eindrücken. Den Kuchen zugedeckt etwa 1 Stunde in den Kühlschrank stellen. Vor dem Servieren Backrahmen lösen und entfernen.

Apfelkuchen mit Mandelkruste

Zubereitungszeit: 50 Minuten, ohne Teiggeh- und Abkühlzeit
Backzeit: 20–30 Minuten

Für den Hefeteig:
400 g Weizenmehl
1 Pck. Dr. Oetker Trockenbackhefe
75 g Zucker
1 Pck. Dr. Oetker Vanillin-Zucker
1 Prise Salz
1 Ei (Größe M)
200 ml lauwarme Milch
50 g zerlassene, abgekühlte Butter

Für die Füllung:
1 kg Äpfel, z. B. Boskop
Saft von 1 Zitrone
75 g Butter
75 g Zucker
100 g Rosinen

40 g Semmelbrösel

Für den Belag:
100 g Butter
150 g Zucker
1 Pck. Dr. Oetker Vanillin-Zucker
3 EL Milch
200 g gehobelte Mandeln

Insgesamt:
E: 121 g, F: 316 g, Kh: 809 g,
kJ: 28762, kcal: 6866

1. Für den Teig Mehl in eine Rührschüssel geben, mit Trockenbackhefe sorgfältig vermischen. Restliche Zutaten hinzufügen und mit Handrührgerät mit Knethaken zunächst

Apfelkuchen mit Mandelkruste

Apfelkuchen mit Gitter

kurz auf niedrigster, dann auf höchster Stufe in etwa 5 Minuten zu einem glatten Teig verarbeiten. Den Teig zugedeckt so lange an einem warmen Ort gehen lassen, bis er sich sichtbar vergrößert hat (etwa 30 Minuten).

2. Für die Füllung Äpfel schälen, vierteln, entkernen und in kleine Stücke schneiden. Apfelstücke mit Zitronensaft, Butter, Zucker und Rosinen unter Rühren leicht dünsten, erkalten lassen.

3. Den gegangenen Teig leicht mit Mehl bestäuben, aus der Schüssel nehmen, auf einer leicht bemehlten Arbeitsfläche nochmals gut durchkneten. Die Hälfte des Teiges auf einem Backblech (30 x 40 cm, gefettet) ausrollen, am Rand etwas hochdrücken. Den Teig mit Semmelbröseln bestreuen. Die Apfelmasse darauf verteilen.

4. Den restlichen Teig auf der leicht bemehlten Arbeitsfläche zu einer Platte in Backblechgröße ausrollen, mit Backpapier belegen, aufrollen und auf der Füllung wieder abrollen. Die Teigränder gut andrücken.

5. Für den Belag Butter mit Zucker, Vanillin-Zucker und Milch in einem Topf erhitzen. Mandeln unterrühren. Die Mandelmasse etwas abkühlen lassen und gleichmäßig auf der Teigdecke verteilen. Den Teig nochmals zugedeckt so lange an einem warmen Ort gehen lassen, bis er sich sichtbar vergrößert hat (etwa 30 Minuten).

6. Inzwischen Backofen vorheizen.
Ober-/Unterhitze: etwa 200 °C
Heißluft: etwa 180 °C

7. Das Backblech in den vorgeheizten Backofen schieben. Den Kuchen 20–30 Minuten backen.

8. Das Backblech auf einen Kuchenrost stellen. Den Kuchen erkalten lassen und in Stücke schneiden.

Apfelkuchen mit Gitter

Zubereitungszeit: 50 Minuten, ohne Kühlzeit
Backzeit: etwa 30 Minuten

Für den Teig:
250 g Weizenmehl
1 Pck. Dr. Oetker Vanillin-Zucker
1 Prise Salz
250 g Magerquark
250 g Butter

Für die Füllung:
2 kg Äpfel, z. B. Boskop, Cox Orange
75–100 g Zucker
1 Pck. Dr. Oetker Vanillin-Zucker
125 g Rosinen

Zum Bestreichen:
etwas Kondensmilch

Insgesamt:
E: 117 g, F: 441 g, Kh: 1071 g,
kJ: 37898, kcal: 9047

1. Für den Teig Mehl in eine Rührschüssel geben. Vanillin-Zucker, Salz, Quark und in Stücke geschnittene Butter hinzufügen. Die Zutaten mit Handrührgerät mit Knethaken zunächst kurz auf niedrigster, dann auf höchster Stufe gut durcharbeiten. Auf einer leicht bemehlten Arbeitsfläche zu einem glatten Teig verkneten. Sollte er zu weich sein, evtl. noch etwas Mehl unterarbeiten.

2. Den Teig in Frischhaltefolie gewickelt etwa 1 Stunde im Kühlschrank ruhen lassen.

3. Den Backofen vorheizen.
Ober-/Unterhitze: etwa 200 °C
Heißluft: etwa 180 °C

4. Für die Füllung Äpfel schälen, vierteln, entkernen und in kleine Stücke schneiden. Apfelstücke mit Zucker und Vanillin-Zucker in einem Topf unter Rühren weich dünsten, erkalten lassen. Rosinen unterheben.

5. Knapp zwei Drittel des Teiges auf einem Backblech (30 x 40 cm, gefettet) ausrollen. Die Apfelmasse gleichmäßig darauf verteilen.

6. Den restlichen Teig auf der bemehlten Arbeitsfläche dünn ausrollen und in etwa 1 cm breite Streifen schneiden. Die Teigstreifen gitterartig auf die Apfelmasse legen, mit Kondensmilch bestreichen. Backblech in den vorgeheizten Backofen schieben, etwa 30 Minuten backen.

7. Das Backblech auf einem Kuchenrost erkalten lassen.

Apfelkuchen mit Quarkguss

Zubereitungszeit: 45 Minuten, ohne Teiggehzeit
Backzeit: etwa 30 Minuten

Für den Hefeteig:
1 Pck. (357 g) Grundmischung Hefeteig
150 ml lauwarme Milch
1 Ei (Größe M)
50 g weiche Butter oder Margarine

1 EL Apfelgelee

Für den Belag:
1 1/4 kg Äpfel
75 g Weinbeeren

Für die Quarkmasse:
500 g Speisequark (20 % Fett)
4 Eigelb (Größe M)
150 g Zucker
1 Pck. Dr. Oetker Vanillin-Zucker
1 Pck. Dr. Oetker Finesse Geriebene Zitronenschale
4 Eiweiß (Größe M)

Insgesamt:
E: 153 g, F: 113 g, Kh: 590 g, kJ: 17358, kcal: 4141

1. Für den Teig die Grundmischung mit Milch, Ei und Butter oder Margarine nach Packungsanleitung zubereiten. Den Teig zugedeckt so lange an einem warmen Ort gehen lassen, bis er sich sichtbar vergrößert hat (etwa 25 Minuten).
2. Den Teig auf einem Backblech (gefettet) zu einem Rechteck (etwa 25 x 40 cm) ausrollen. Einen Backrahmen darumstellen. Gelee auf den Teig streichen.
3. Für den Belag Äpfel schälen, vierteln, entkernen und in dünne Spalten schneiden. Apfelspalten auf den Teig legen. Weinbeeren darauf verteilen.
4. Für die Quarkmasse Quark mit Eigelb, Zucker, Vanillin-Zucker und Zitronenschale mit einem Schneebesen geschmeidig rühren. Eiweiß steif schlagen und unterheben. Die Quarkmasse auf den Apfelspalten und Weinbeeren verteilen.
5. Den belegten Hefeteig nochmals so lange an einem warmen Ort gehen lassen, bis er sich sichtbar vergrößert hat (etwa 30 Minuten).
6. In der Zwischenzeit den Backofen vorheizen.
Ober-/Unterhitze: etwa 180 °C
Heißluft: etwa 160 °C
7. Das Backblech in den vorgeheizten Backofen schieben. Den Kuchen etwa 30 Minuten backen.
8. Das Backblech auf einen Kuchenrost stellen. Den Kuchen erkalten lassen. Backrahmen lösen und entfernen. Kuchen in Stücke schneiden.

Bananen-Frischkäse-Kuchen

Zubereitungszeit: 25 Minuten, ohne Kühlzeit
Backzeit: etwa 40 Minuten

Für den Knetteig:
250 g Weizenmehl
1/2 gestr. TL Dr. Oetker Backin
80 g brauner Zucker (Rohrzucker)
1 Prise Salz
1 Ei (Größe M)
170 g Butter oder Margarine

Für die Frischkäsemasse:
1 Bio-Limette (unbehandelt, ungewachst)
3 reife Bananen (etwa 500 g)
300 g saure Sahne
800 g Doppelrahm-Frischkäse
120 g Zucker
3 Eier (Größe M)

Zum Garnieren:
etwa 100 g kleine Schokoladenherzen

Insgesamt:
E: 165 g, F: 495 g, Kh: 539 g, kJ: 30566, kcal: 7306

1. Den Backofen vorheizen.
Ober-/Unterhitze: etwa 180 °C
Heißluft: etwa 160 °C
2. Für den Teig Mehl mit Backpulver in einer Rührschüssel mischen. Restliche Zutaten hinzufügen und mit Handrührgerät mit Knethaken zunächst kurz auf niedrigster, dann auf höchster Stufe gut durcharbeiten. Anschließend auf einer leicht bemehlten Arbeitsfläche zu einem glatten Teig verkneten. Den Teig zu einem Rechteck ausrollen, in ein tiefes Backblech oder in eine Fettpfanne (30 x 40 cm, gefettet) legen und darauf so ausrollen, dass das ganze Backblech mit dem Teig bedeckt ist. Den Teig mit einer Gabel mehrmals einstechen. Das Backblech in den vorgeheizten Backofen schieben. Den Knetteigboden etwa 10 Minuten vorbacken.

3. In der Zwischenzeit für die Frischkäsemasse Limette heiß abwaschen, abtrocknen und die Schale abreiben. Limette halbieren und den Saft auspressen. Bananen schälen, mit Limettenschale, -saft und saurer Sahne pürieren. Frischkäse, Zucker und Eier hinzufügen, zu einer glatten Masse verrühren.
4. Die Frischkäsemasse auf den vorgebackenen, noch heißen Boden geben und glatt streichen. Das Backblech wieder in den heißen Backofen schieben. Den Kuchen bei gleicher Backofentemperatur in etwa 30 Minuten fertig backen.
5. Das Backblech auf einen Kuchenrost stellen. Den Kuchen erkalten lassen, mit Schokoladenherzen belegen und in Stücke schneiden.

Berliner Luft mit Dickmilch

Zubereitungszeit: 45 Minuten, ohne Kühlzeit
Backzeit: etwa 25 Minuten je Backblech

Für den Rührteig:
200 g weiche Butter oder Margarine
200 g Zucker
1 Pck. Dr. Oetker Bourbon-Vanille-Zucker
6 Eigelb (Größe M)
200 g Weizenmehl
2 gestr. TL Dr. Oetker Backin

Für den Belag:
6 Eiweiß (Größe M)
150 g gehobelte oder gehackte Haselnusskerne
50 g Zucker

Für die Apfelfüllung:
1 kg Äpfel, z. B. Cox Orange
150 ml Weißwein
150 ml Apfelsaft
50 g Zucker
30 g Speisestärke

Für die Dickmilchfüllung:
6 Blatt weiße Gelatine
500 g Dickmilch
30 g Zucker
1 Pck. Dr. Oetker Finesse
Geriebene Zitronenschale
400 g Schlagsahne
etwas Puderzucker
einige Baby-Äpfel (aus der Dose)

Insgesamt:
E: 125 g, F: 445 g, Kh: 692 g,
kJ: 31866, kcal: 7611

1. Den Backofen vorheizen.
Ober-/Unterhitze: etwa 180 °C
Heißluft: etwa 160 °C
2. Für den Teig Butter oder Margarine in einer Rührschüssel mit Handrührgerät mit Rührbesen auf höchster Stufe geschmeidig rühren. Nach und nach Zucker und Vanille-Zucker unterrühren. So lange rühren, bis eine gebundene Masse entstanden ist. Eigelb nach und nach unterrühren (jedes Eigelb knapp 1/2 Minute). Mehl mit Backpulver mischen, in 2 Portionen kurz auf mittlerer Stufe unterrühren. Zwei Drittel des Teiges auf ein Backblech (30 x 40 cm, gefettet, mit Backpapier belegt) geben und glatt streichen. Einen Backrahmen (etwa 20 x 30 cm) auf ein zweites Backblech (gefettet, mit Backpapier belegt) stellen. Den restlichen Teig hineingeben und glatt streichen.
3. Für den Belag Eiweiß steif schlagen und gleichmäßig auf die Teige streichen. Mit Haselnusskernen und Zucker bestreuen. Die Backbleche nacheinander (bei Heißluft zusammen) in den vorgeheizten Backofen schieben. Die Gebäckplatten etwa 25 Minuten je Backblech backen.
4. Die Backbleche auf Kuchenroste stellen. Backrahmen entfernen. Die große Gebäckplatte sofort senkrecht halbieren. Die Gebäckplatten mit dem Backpapier von den Backblechen nehmen. Das Backpapier lösen und entfernen. Gebäckplatten erkalten lassen.
5. Für die Apfelfüllung Äpfel schälen, vierteln, entkernen und in feine Würfel schneiden. Mit Wein, Saft und Zucker in einem Topf gar dünsten. Speisestärke mit etwas Wasser anrühren, unter die Apfelmasse rühren und kurz aufkochen lassen. Apfelmasse erkalten lassen.
6. Für die Dickmilchfüllung Gelatine nach Packungsanleitung einweichen. Dickmilch, Zucker und Zitronenschale verrühren. Gelatine ausdrücken, in einem kleinen Topf unter Rühren erwärmen (nicht kochen), bis sie völlig gelöst ist. Gelatine zuerst mit 3–4 Esslöffeln der Dickmilchmasse verrühren, dann unter die restliche Dickmilchmasse rühren. Sahne steif schlagen. Sobald die Masse anfängt zu gelieren, Sahne unterheben.
7. Eine Gebäckplatte auf eine Tortenplatte legen, mit der Hälfte der Apfelmasse bestreichen, dann die Hälfte der Dickmilch-Sahne-Creme daraufstreichen und mit der zweiten Gebäckplatte belegen. Zuerst restliche Apfelmasse, dann restliche Dickmilch-Sahne-Creme darauf verteilen. Die letzte Gebäckplatte darauflegen, leicht andrücken. Den Kuchen etwa 2 Stunden in den Kühlschrank stellen.
8. Den Kuchen mithilfe eines elektrischen Messers in beliebig große Stücke schneiden, mit Puderzucker bestäuben und mit abgetropften, halbierten Baby-Äpfeln garnieren.

Berliner Luft mit Dickmilch

Blätterteig-Mango-Kuchen

Zubereitungszeit: 25 Minuten, ohne Auftau- und Abkühlzeit
Backzeit: etwa 30 Minuten

450 g TK-Blätterteig (6 Platten)

Für den Belag:
750 g Mangoscheiben (aus Dosen)
800 g Doppelrahm-Frischkäse
100 g Crème fraîche
3 Eier (Größe M)
100 g Zucker
2 EL Zitronensaft

Für den Guss:
1 Pck. ungezuckerter Tortenguss, klar
2 EL Zucker
2 EL Zitronensaft
250 ml (1/4 l) Mangosaft
(aus den Dosen)

Insgesamt:
E: 144 g, F: 419 g, Kh: 515 g,
kJ: 26849, kcal: 6419

1. Blätterteig nebeneinander nach Packungsanleitung auftauen lassen.
2. Den Backofen vorheizen.
Ober-/Unterhitze: etwa 200 °C
Heißluft: etwa 180 °C
3. Für den Belag Mangoscheiben in einem Sieb abtropfen lassen, den Saft auffangen. 250 ml (1/4 l) abmessen und für den Guss beiseitestellen. Den Frischkäse mit Crème fraîche, Eiern, Zucker und Zitronensaft verrühren.
4. Die Teigplatten auf einer leicht bemehlten Arbeitsfläche aufeinanderlegen und zu einer Platte (etwa 35 x 45 cm) ausrollen. Die Teigplatte in ein tiefes Backblech oder in eine Fettpfanne (30 x 40 cm, gefettet) legen und kurz ruhen lassen (der Teig zieht sich etwas zusammen).
5. In der Zwischenzeit Mangoscheiben der Länge nach in schmale Streifen schneiden.
6. Den Blätterteig mehrmals mit einer Gabel einstechen. Die Frischkäsemasse auf den Teig streichen und mit Mangostreifen belegen. Das Backblech in den vorgeheizten Backofen schieben. Den Kuchen etwa 30 Minuten backen.
7. Das Backblech auf einen Kuchenrost stellen. Den Kuchen erkalten lassen.
8. Für den Guss aus Tortengusspulver, Zucker, Zitronen- und Mangosaft einen Guss nach Packungsanleitung zubereiten. Den Guss sofort und schnell mit einem Esslöffel von innen nach außen auf dem Kuchen verteilen. Guss fest werden lassen.

Blätterteig-Mango-Kuchen

Coca-Cola Kuchen*

Zubereitungszeit: 40 Minuten
Backzeit: 25–30 Minuten

Für den All-in-Teig:
200 g Weizenmehl
1 1/2 gestr. TL Dr. Oetker Backin
230 g Zucker
125 g weiche Butter oder Margarine
20 g gesiebtes Kakaopulver
100 ml Coca-Cola
100 ml Buttermilch
3 Eier (Größe M)
4–5 Tropfen Butter-Vanille-Aroma (aus dem Fläschchen)

Zum Bestreuen:
100 g Pekannusskerne

Für den Guss:
70 g Butter
20 g gesiebtes Kakaopulver
100 ml Coca-Cola
350 g Puderzucker

Insgesamt:
E: 67 g, F: 264 g, Kh: 767 g,
kJ: 23946, kcal: 5727

1. Den Backofen vorheizen.
Ober-/Unterhitze: etwa 180 °C
Heißluft: etwa 160 °C
2. Für den Teig Mehl mit Backpulver in einer Rührschüssel mischen. Restliche Zutaten hinzufügen und mit Handrührgerät mit Rührbesen zunächst kurz auf niedrigster, dann auf höchster Stufe in etwa 2 Minuten zu einem glatten Teig verarbeiten.
3. Einen Backrahmen (etwa 20 x 30 cm) auf ein Backblech (gefettet, mit Backpapier belegt) stellen. Den Teig in den Backrahmen geben und glatt streichen. Das Backblech in den vorgeheizten Backofen schieben. Den Kuchen 25–30 Minuten backen.
4. In der Zwischenzeit zum Bestreuen Pekannusskerne grob hacken.
5. Den Backrahmen lösen und entfernen. Den Kuchen auf einen mit Backpapier belegten Kuchenrost stürzen. Mitgebackenes Backpapier abziehen. Den Guss sofort zubereiten.
6. Für den Guss Butter mit Kakao und Coca-Cola in einem Topf zum Kochen bringen und kurz etwas einkochen

lassen. Den Topf von der Kochstelle nehmen. Puderzucker mit einer Gabel in den Guss rühren.

7. Den warmen Guss auf den warmen Kuchen geben und etwas verteilen. Den Kuchen mit den gehackten Pekannusskernen bestreuen und erkalten lassen.

* Rezept nicht durch Coca-Cola autorisiert.

Erdbeer-Milchreis-Schnitten

Zubereitungszeit: 50 Minuten, ohne Kühlzeit
Backzeit: etwa 15 Minuten

Für den Knetteig:
200 g Weizenmehl
100 g abgezogene, gemahlene Mandeln
75 g Zucker
1 Pck. Dr. Oetker Vanillin-Zucker
150 g Butter oder Margarine

Für den Belag:
3 Blatt weiße Gelatine
2 Pck. (je 125 g) Milchreis nach klassischer Art
800 ml Milch
750 g Erdbeeren
2 Pck. ungezuckerter Tortenguss, rot
4 EL Zucker
500 ml (1/2 l) Apfelsaft oder Wasser
400 g Schlagsahne
1 Pck. Dr. Oetker Vanillin-Zucker
1 TL Zucker
2 Pck. Dr. Oetker Sahnesteif

Zum Verzieren und Garnieren:
250 g Erdbeeren
20 g Puderzucker
evtl. Zitronenmelisse

Insgesamt:
E: 94 g, F: 333 g, Kh: 724 g,
kJ: 27087, kcal: 6461

1. Für den Teig das Mehl in eine Rührschüssel geben. Restliche Zutaten hinzufügen und mit Handrührgerät mit Knethaken zunächst kurz auf niedrigster, dann auf höchster Stufe gut durcharbeiten.

2. Auf einer leicht bemehlten Arbeitsfläche zu einem glatten Teig verkneten. Den Teig in Frischhaltefolie gewickelt etwa 1 Stunde kalt stellen.

3. Den Backofen vorheizen.
Ober-/Unterhitze: etwa 200 °C
Heißluft: etwa 180 °C

4. Teig auf einem Backblech (30 x 40 cm, gefettet, mit Backpapier belegt) ausrollen. Teig mehrmals mit einer Gabel einstechen. Das Backblech in den vorgeheizten Backofen schieben. Den Knetteigboden etwa 15 Minuten backen.

5. Das Backblech auf einen Kuchenrost stellen. Den Knetteigboden erkalten lassen.

6. Für den Belag Gelatine nach Packungsanleitung einweichen. Beide Päckchen Milchreis zusammen nach Packungsanleitung, aber nur mit 800 ml Milch zubereiten. Gelatine leicht ausdrücken und in dem heißen Milchreis unter Rühren auflösen. Reismasse erkalten lassen.

7. Erdbeeren putzen, abspülen, gut abtropfen lassen und halbieren. Erdbeerhälften mit der Schnittseite nach unten auf dem Knetteigboden verteilen. Aus Tortengusspulver, Zucker und Apfelsaft oder Wasser eine Guss nach Packungsanleitung zubereiten. Den Guss auf den Erdbeerhälften verteilen. Guss fest werden lassen.

8. Sahne mit Vanillin-Zucker, Zucker und Sahnesteif steif schlagen und unter den erkalteten Milchreis heben. Sahne-Milchreis auf die Erdbeerhälften geben und glatt streichen. Den Kuchen etwa 2 Stunden in den Kühlschrank stellen.

9. Zum Garnieren Erdbeeren putzen, abspülen und gut abtropfen lassen. Etwa 100 g der Erdbeeren mit Puderzucker pürieren, in einen Gefrierbeutel füllen und eine kleine Ecke abschneiden. Erdbeerpüree auf den Sahne-Milchreis-Belag sprenkeln.

10. Restliche Erdbeeren halbieren, auf dem Sahne-Milchreis-Belag verteilen. Den Kuchen in Stücke schneiden und nach Belieben mit abgespülter, trocken getupfter Zitronenmelisse garnieren.

Coca-Cola Kuchen*

Erdbeer-Milchreis-Schnitten

Brownies mit Cashewkernen

Zubereitungszeit: 30 Minuten
Backzeit: etwa 30 Minuten

Für den Rührteig:
250 g Zartbitter-Schokolade
50 ml Milch
250 g geröstete und gesalzene Cashewkerne
250 g weiche Butter oder Margarine
200 g brauner Zucker (Rohrzucker)
1 Pck. Dr. Oetker Vanillin-Zucker
4 Eier (Größe M)
200 g Weizenmehl
20 g gesiebtes Kakaopulver
1 gestr. TL Dr. Oetker Backin

Zum Bestreuen:
50 g weiße Schokolade
50 g Zartbitter-Schokolade

Insgesamt:
E: 117 g, F: 480 g, Kh: 574 g,
kJ: 29680, kcal: 7090

1. Für den Teig 100 g der Schokolade in Stücke brechen. Milch in einem Topf kurz aufkochen lassen. Topf von der Kochplatte nehmen. Schokoladenstücke in die Milch geben und unter Rühren schmelzen lassen. Restliche Schokolade (150 g) in Stücke brechen und mit den Cashewkernen portionsweise hacken.
2. Den Backofen vorheizen.
Ober-/Unterhitze: etwa 180 °C
Heißluft: etwa 160 °C
3. Butter oder Margarine in einer Rührschüssel mit Handrührgerät mit Rührbesen auf höchster Stufe geschmeidig rühren. Nach und nach braunen Zucker und Vanillin-Zucker unterrühren. So lange rühren, bis eine gebundene Masse entstanden ist. Eier nach und nach unterrühren (jedes Ei etwa 1/2 Minute).
4. Geschmolzene Schokolade glatt rühren und unterrühren. Mehl mit Kakao und Backpulver mischen, in 2 Portionen kurz auf mittlerer Stufe unterrühren. Gehackte Schokolade und Cashewkerne unterheben.
5. Den Teig in einem tiefen Backblech oder in einer Fettpfanne (30 x 40 cm, gefettet) gleichmäßig verteilen. Das Backblech in den vorgeheizten Backofen schieben und den Kuchen etwa 30 Minuten backen.
6. Das Backblech auf einen Kuchenrost stellen. Zum Bestreuen weiße und Zartbitter-Schokolade in dünne Streifen schneiden oder schaben und auf den lauwarmen Kuchen streuen. Den Kuchen auf dem Backblech erkalten lassen.

Himbeer-Schaumkuchen

Zubereitungszeit: 50 Minuten, ohne Auftau- und Kühlzeit
Backzeit: etwa 20 Minuten

Für den Belag:
1 1/2 kg TK-Himbeeren
75 g Zucker

Für den All-in-Teig:
150 g Weizenmehl
50 g Speisestärke
1 Pck. Dr. Oetker Backin
175 g Zucker
1 Pck. Dr. Oetker Vanillin-Zucker
1 Prise Salz
175 g weiche Butter oder Margarine
4 Eier (Größe M)

1 Pck. (2 Beutel) Götterspeise Himbeer-Geschmack
800 ml Saft von den Himbeeren (mit Wasser aufgefüllt)
75 g Zucker
500 g Schlagsahne
1 Pck. Dr. Oetker Sahnesteif

Zum Verzieren:
200 g Schlagsahne
125 g Himbeeren
2–3 EL Hagelzucker

Brownies mit Cashewkernen

Himbeer-Schaumkuchen

Insgesamt:
E: 110 g, F: 402 g, Kh: 633 g,
kJ: 28523, kcal: 6808

1. Den Backofen vorheizen.
Ober-/Unterhitze: etwa 180 °C
Heißluft: etwa 160 °C
2. Für den Belag Himbeeren mit Zucker bestreuen und auftauen lassen.
3. Für den Teig Mehl mit Speisestärke und Backpulver in einer Rührschüssel mischen. Restliche Zutaten hinzufügen und mit Handrührgerät mit Rührbesen zunächst kurz auf niedrigster, dann auf höchster Stufe in etwa 2 Minuten zu einem glatten Teig verarbeiten.
4. Den Teig auf ein Backblech (30 x 40 cm, gefettet, mit Backpapier belegt) geben und glatt streichen. Das Backblech in den vorgeheizten Backofen schieben. Den Gebäckboden etwa 20 Minuten backen.
5. Das Backblech auf einen Kuchenrost stellen. Gebäckboden erkalten lassen.
6. Für den Belag Himbeeren in einem Sieb gut abtropfen lassen, den Saft auffangen und mit Wasser auf 800 ml auffüllen.
7. Götterspeise mit dem Saft und Zucker nach Packungsanleitung zubereiten, in den Kühlschrank stellen.
8. Sahne steif schlagen. Wenn die Götterspeise anfängt zu gelieren, Sahne unterheben.
9. Sahnesteif auf den Gebäckboden streuen. Himbeeren darauf verteilen. Die Götterspeise-Sahne-Masse darauf verteilen. Den Kuchen 3–4 Stunden in den Kühlschrank stellen, bis die Masse fest ist. Den Backrahmen vorsichtig mit einem Messer lösen und entfernen. Den Kuchen in Stücke schneiden.
10. Zum Verzieren und Garnieren Sahne steif schlagen und in einen Spritzbeutel mit Lochtülle (Ø etwa 10 mm) füllen. Kleine Sahnetupfen auf die Kuchenstücke spritzen. Die Himbeeren verlesen und auf die Sahnetupfen setzen. Die Kuchenstücke vor dem Servieren mit Hagelzucker bestreuen.

Kekskuchen mit Stachelbeeren

Zubereitungszeit: 50 Minuten, ohne Kühlzeit
Backzeit: etwa 10 Minuten

Für den Biskuitteig:
2 Eier (Größe M)
60 g Zucker
1 Pck. Dr. Oetker Vanillin-Zucker
50 g Weizenmehl
20 g Speisestärke
1/2 gestr. TL Dr. Oetker Backin

Für den Belag:
390 g Stachelbeeren (aus dem Glas)
1 Pck. Dr. Oetker Pudding-Pulver Vanille-Geschmack
300 ml Stachelbeersaft (aus dem Glas)
400 g Schlagsahne
2 Pck. Dr. Oetker Sahnesteif
2 EL Puderzucker
12–16 flache, runde Vollkornkekse, z. B. Haferkekse

10–15 g Pistazienkerne
50 g weiße Schokolade
1 TL Speiseöl

Insgesamt:
E: 49 g, F: 190 g, Kh: 381 g,
kJ: 14498, kcal: 3460

1. Den Backofen vorheizen.
Ober-/Unterhitze: etwa 200 °C
Heißluft: etwa 180 °C
2. Für den Teig die Eier in einer Rührschüssel mit Handrührgerät mit Rührbesen auf höchster Stufe in etwa 1 Minute schaumig schlagen. Den Zucker mit Vanillin-Zucker mischen, in etwa 1 Minute einstreuen, dann noch etwa 2 Minuten schlagen. Mehl mit Speisestärke und Backpulver mischen, auf die Eiercreme geben, kurz auf niedrigster Stufe unterrühren.
3. Einen Backrahmen (etwa 20 x 30 cm) auf ein Backblech (gefettet, mit Backpapier belegt) stellen. Den Teig hineingeben und glatt streichen. Das Backblech in den vorgeheizten

Kekskuchen mit Stachelbeeren

Backofen schieben. Die Biskuitplatte etwa 10 Minuten backen.
4. Das Backblech auf einen Kuchenrost stellen. Den Backrahmen vorsichtig mit einem Messer lösen und entfernen. Die Biskuitplatte auf einen mit Backpapier belegten Kuchenrost stürzen und erkalten lassen. Mitgebackenes Backpapier abziehen. Die Biskuitplatte auf ein Backblech legen und den gesäuberten Backrahmen darumstellen.
5. Für den Belag Stachelbeeren in einem Sieb abtropfen lassen, den Saft auffangen und 300 ml abmessen. Pudding-Pulver mit 6 Esslöffeln von dem Stachelbeersaft anrühren. Restlichen Saft in einem Topf zum Kochen bringen. Angerührtes Pudding-Pulver in den von der Kochstelle genommenen Saft rühren und unter Rühren aufkochen lassen. Stachelbeeren unterheben. Die Stachelbeermasse auf der Biskuitplatte verteilen und erkalten lassen.
6. Sahne mit Sahnesteif und Puderzucker steif schlagen, auf die Stachelbeermasse geben und glatt streichen. Die Kekse auf der Sahne verteilen. Den Kuchen mindestens 1 Stunde in den Kühlschrank stellen.
7. Pistazienkerne sehr fein hacken. Schokolade in Stücke brechen, mit dem Speiseöl in einem kleinen Topf im heißen Wasserbad bei schwacher Hitze unter Rühren schmelzen. Auf jeden Keks einen Klecks Schokolade geben, mit Pistazienkernen bestreuen. Schokolade fest werden lassen.
8. Den Backrahmen mit einem Messer vorsichtig lösen und entfernen. Kuchen in Stücke schneiden.

Kokos-Schmand-Schnitten

Leichte Joghurtschnitten

Kokos-Schmand-Schnitten

Zubereitungszeit: 60 Minuten, ohne Abkühlzeit
Backzeit: etwa 15 Minuten je Backblech

Für den Knetteig:
320 g Weizenmehl
1 gestr. TL Dr. Oetker Backin
1 EL Zucker
125 g Butter oder Margarine
125 g Schmand (Sauerrahm)

Zum Bestreuen und Beträufeln:
80 g Kokosraspel
55 g Zucker
125 g zerlassene Butter

Für den Belag:
125 g Schmand (Sauerrahm)
125 g Schlagsahne
1 EL gesiebter Puderzucker
1 Pck. Dr. Oetker Sahnesteif
250 g Pflaumenmus (aus dem Glas)

24 Pflaumen (aus dem Glas)

Insgesamt:
E: 55 g, F: 349 g, Kh: 550 g,
kJ: 24177, kcal: 5779

1. Für den Teig Mehl mit Backpulver in einer Rührschüssel mischen. Den Zucker, Butter oder Margarine und Schmand hinzufügen. Die Zutaten mit Handrührgerät mit Knethaken zunächst kurz auf niedrigster und dann auf höchster Stufe gut durcharbeiten.
2. Anschließend auf einer leicht bemehlten Arbeitsfläche zu einem glatten Teig verkneten. Sollte er kleben, ihn in Frischhaltefolie gewickelt eine Zeit lang kalt stellen.
3. Den Backofen vorheizen.
Ober-/Unterhitze: etwa 200 °C
Heißluft: etwa 180 °C
4. Den Teig in 2 Portionen auf einer bemehlten Arbeitsfläche zu je einem Rechteck (etwa 24 x 16 cm) ausrollen. Mit einem Teigrädchen Quadrate (etwa 8 x 8 cm) ausrollen und auf Backbleche (mit Backpapier belegt) legen. Teigquadrate mehrmals mit einer Gabel einstechen. Nacheinander Kokosraspel und Zucker daraufstreuen. Mit Butter beträufeln. Die Backbleche nacheinander (bei Heißluft zusammen) in den vorgeheizten Backofen schieben. Das Gebäck etwa 15 Minuten je Backblech backen.
5. Die Backbleche auf Kuchenroste stellen. Das Gebäck erkalten lassen.
6. Für den Belag Schmand und Sahne in einem Rührbecher mit Handrührgerät mit Rührbesen kurz aufschlagen. Puderzucker und Sahnesteif mischen, hinzufügen. Die Schmand-Sahne-Masse steif schlagen und in einen Spritzbeutel mit Sterntülle (Ø etwa 8 mm) geben. Auf jedes Gebäckstück einen Sahnering spritzen. In die Mitte je einen Klecks Pflaumenmus geben und mit je 1 abgetropften Pflaume garnieren.

Leichte Joghurtschnitten

Zubereitungszeit: 40 Minuten, ohne Kühlzeit
Backzeit: 15–20 Minuten

Für den Biskuitteig:
3 Eier (Größe M)
100 g Zucker
1 Pck. Dr. Oetker Vanillin-Zucker
100 g Weizenmehl
1 Msp. Dr. Oetker Backin
50 g zerlassene, abgekühlte Butter

100 g Zartbitter-Kuvertüre

Für die Füllung:
4 Blatt weiße Gelatine
750 g Himbeer-Götterspeise (aus dem Kühlregal)
500 g Joghurt
50 g Zucker
400 g Schlagsahne
150 g Himbeer-Götterspeise (aus dem Kühlregal)
200 g frische Himbeeren

Zum Verzieren und Garnieren:
200 g Schlagsahne
1 TL Dr. Oetker Sahnesteif
150 g Himbeer-Götterspeise (aus dem Kühlregal)
100 g frische Himbeeren

Insgesamt:
E: 751 g, F: 301 g, Kh: 465 g,
kJ: 33923, kcal: 8111

1. Den Backofen vorheizen.
Ober-/Unterhitze: etwa 180 °C
Heißluft: etwa 160 °C
2. Für den Teig die Eier in einer Rührschüssel mit Handrührgerät mit Rührbesen auf höchster Stufe in etwa 1 Minute schaumig schlagen. Zucker mit Vanillin-Zucker mischen, in etwa 1 Minute einstreuen, dann noch etwa 2 Minuten schlagen. Mehl mit Backpulver mischen, auf die Eiercreme geben und kurz auf niedrigster Stufe unterrühren. Butter unterheben.
3. Einen Backrahmen (25 x 25 cm) auf ein Backblech (gefettet, mit Backpapier belegt) stellen. Den Teig in den Backrahmen geben und glatt streichen. Das Backblech in den vorgeheizten Backofen schieben. Die Biskuitplatte 15–20 Minuten backen.
4. Die Biskuitplatte vorsichtig vom Backrahmen lösen, Backrahmen entfernen. Biskuitplatte auf mit Zucker bestreutes Backpapier stürzen und erkalten lassen.
5. Die Kuvertüre in Stücke schneiden und in einem kleinen Topf im heißen Wasserbad bei schwacher Hitze unter Rühren schmelzen. Die Biskuitplatte damit bestreichen. Kuvertüre fest werden lassen. Biskuitplatte umdrehen, sodass die Schokoladenseite unten liegt. Gesäuberten Backrahmen darumstellen.
6. Für die Füllung Gelatine nach Packungsanleitung einweichen. Götterspeise in einem Topf langsam erwärmen, bis sie flüssig ist. Gelatine ausdrücken und in der warmen Götterspeise unter Rühren vollständig auflösen. Joghurt und Zucker unterrühren, kalt stellen.
7. Die Sahne steif schlagen. Wenn die Joghurtmasse anfängt zu gelieren, Sahne unterheben. Götterspeise in Würfel schneiden und Himbeeren verlesen. Götterspeisewürfel und Himbeeren unter die Joghurt-Sahne-Creme heben. Die Creme auf der Biskuitplatte verteilen, glatt streichen.
8. Zum Verzieren und Garnieren die Sahne mit Sahnesteif steif schlagen. In einen Spritzbeutel mit kleiner Sterntülle füllen. Kleine Sahnetupfen tief in die Creme spritzen. Götterspeise in Würfel schneiden. Himbeeren verlesen. Den Kuchen mit Götterspeisewürfeln und Himbeeren garnieren. Kuchen 4–5 Stunden in den Kühlschrank stellen.
9. Den Backrahmen mit einem Messer lösen und entfernen. Kuchen in Quadrate schneiden.

Mandarinen-Cranberry-Kuchen

Zubereitungszeit: 25 Minuten, ohne Abkühlzeit
Backzeit: etwa 25 Minuten

Für den Belag:
350 g Mandarinen (aus Dosen)
150 g Butter
80 g brauner Zucker (Rohrzucker)
1 Prise Salz
1 Pck. Dr. Oetker Vanillin-Zucker
4 EL Schlagsahne
125 g getrocknete Cranberries
150 g Sonnenblumenkerne
1/2 Pck. Dr. Oetker Finesse Orangenschalen-Aroma

Für den Quark-Öl-Teig:
250 g Weizenmehl
3 gestr. TL Dr. Oetker Backin
125 g Magerquark
75 ml Milch
75 ml Speiseöl
75 g Zucker
1 Pck. Dr. Oetker Vanillin-Zucker
1 Prise Salz

Insgesamt:
E: 81 g, F: 300 g, Kh: 544 g, kJ: 21928, kcal: 5232

1. Für den Belag die Mandarinen in einem Sieb abtropfen lassen. Butter, Zucker, Salz, Vanillin-Zucker und Sahne in einem kleinen Topf bei schwacher Hitze unter Rühren aufkochen lassen. Cranberries, Sonnenblumenkerne und Orangenschalen-Aroma unterrühren. Den Topf von der Kochstelle nehmen. Die Masse abkühlen lassen.
2. Den Backofen vorheizen.
Ober-/Unterhitze: etwa 200 °C
Heißluft: etwa 180 °C
3. Für den Teig Mehl mit Backpulver in einer Rührschüssel mischen. Quark, Milch, Speiseöl, Zucker, Vanillin-Zucker und Salz hinzufügen. Die Zutaten mit Handrührgerät mit Knethaken zunächst kurz auf niedrigster, dann auf höchster Stufe in etwa 1 Minute zu einem glatten Teig verarbeiten (nicht zu lange, sonst klebt der Teig).
4. Teig auf einer leicht bemehlten Arbeitsfläche zu einem Rechteck ausrollen, auf ein Backblech (30 x 40 cm, gefettet) legen und darauf ausrollen, sodass der Teig am Rand etwa 1 cm hoch steht.
5. Die Mandarinen vorsichtig unter die abgekühlte Sonnenblumenkernmasse heben und gleichmäßig auf dem Teig verteilen. Das Backblech in den vorgeheizten Backofen schieben. Den Kuchen etwa 25 Minuten backen.
6. Das Backblech auf einen Kuchenrost stellen. Den Kuchen erkalten lassen und in Stücke schneiden.

Mandarinen-Cranberry-Kuchen

Leichte Johannisbeerschnitten

Zubereitungszeit: 50 Minuten, ohne Kühlzeit
Backzeit: etwa 12 Minuten

Für den Biskuitteig:
4 Eier (Größe M)
3 EL heißes Wasser
125 g Zucker
1 Pck. Dr. Oetker Vanillin-Zucker
125 g Weizenmehl
25 g Speisestärke
1 gestr. TL Dr. Oetker Backin

Für die Füllung:
6 Blatt weiße Gelatine
200 g rote Johannisbeeren
500 g Dickmilch oder Joghurt (0,1 % Fett)
100 g Zucker
2 EL Cassis-Likör (schwarzer Johannisbeerlikör, 15 Vol.-%)
200 g Schlagsahne

Für den Belag:
2 Blatt Gelatine
250 g Magerquark
50 g Zucker
50 g Schlagsahne

Für den Guss:
200 g rote Johannisbeeren
1 Pck. ungezuckerter Tortenguss, klar
25 g Zucker
250 ml (1/4 l) Waldbeerfruchtsaft oder roter Traubensaft

Insgesamt:
E: 111 g, F: 43 g, Kh: 568 g, kJ: 13653, kcal: 3260

1. Den Backofen vorheizen.
Ober-/Unterhitze: etwa 180 °C
Heißluft: etwa 160 °C
2. Für den Teig die Eier und Wasser in einer Rührschüssel mit Handrührgerät mit Rührbesen auf höchster Stufe in etwa 1 Minute schaumig schlagen. Zucker und Vanillin-Zucker mischen, in etwa 1 Minute einstreuen, dann noch etwa 2 Minuten schlagen. Mehl mit Speisestärke und Backpulver mischen, auf die Eiercreme geben, kurz auf niedrigster Stufe unterrühren.
3. Den Teig auf ein Backblech (30 x 40 cm, gefettet, mit Backpapier belegt) geben und glatt streichen. Das Backblech in den vorgeheizten Backofen schieben. Die Biskuitplatte etwa 12 Minuten backen.
4. Die Biskuitplatte sofort nach dem Backen mit einem Messer vom Backblechrand lösen und auf mit Zucker bestreutes Backpapier stürzen. Biskuitplatte erkalten lassen. Mitgebackenes Backpapier abziehen.
5. Biskuit der Länge nach halbieren. Eine Hälfte auf eine Platte legen und einen Backrahmen darumstellen.
6. Für die Füllung Gelatine in kaltem Wasser nach Packungsanleitung einweichen. Johannisbeeren abspülen, abtropfen lassen, entstielen, pürieren und durch ein Sieb streichen. Johannisbeerpüree mit Dickmilch oder Joghurt, Zucker und Likör verrühren.
7. Die Gelatine leicht ausdrücken und in einem kleinem Topf bei schwacher Hitze unter Rühren erwärmen (nicht kochen), bis sie völlig gelöst ist. 2 Esslöffel von der Johannisbeermasse unter die Gelatine rühren, dann mit der restlichen Johannisbeermasse verrühren. Sahne steif schlagen und unterheben.
8. Die Johannisbeercreme auf den Biskuit geben, glatt streichen und mit der zweiten Teigplatte belegen.
9. Für den Belag Gelatine wie unter Punkt 6 beschrieben einweichen und auflösen. Quark mit Zucker verrühren. Die Sahne mit der aufgelösten Gelatine verrühren, dann unter den Quark rühren. Die Quarkmasse in einen Spritzbeutel mit Lochtülle (Ø etwa 5 mm) füllen. Die Masse spiralförmig in Streifen (Abstand jeweils etwa 3 cm) auf die Biskuitplatte spritzen. Den Kuchen etwa 2 Stunden in den Kühlschrank stellen.
10. Für den Guss Johannisbeeren abspülen, abtropfen lassen und entstielen. Aus Tortengusspulver, Zucker und Saft einen Guss nach Packungsanleitung zubereiten. Johannisbeeren unterheben und sofort in die Zwischenräume der Quarkmasse verteilen. Den Kuchen etwa 30 Minuten in den Kühlschrank stellen.
11. Den Backrahmen mit einem Messer lösen und entfernen. Den Kuchen in Stücke schneiden.

Leichte Johannisbeerschnitten

Möhren-Kirsch-Kuchen

Zubereitungszeit: 25 Minuten
Backzeit: etwa 30 Minuten

Für den All-in-Teig:
740 g Sauerkirschen (aus Gläsern)
3 Möhren (etwa 250 g)
1 Pck. Dr. Oetker Finesse Geriebene Zitronenschale
120 g Zucker
180 g Weizenmehl
3 gestr. TL Dr. Oetker Backin
70 g Hartweizengrieß
1 gestr. TL gemahlener Zimt

Möhren-Kirsch-Kuchen

Nuss-Nougat-Creme-Schnitten

100 g abgezogene, gemahlene Mandeln
3 Eier (Größe M)
200 g weiche Butter oder Margarine

Für den Guss:
100 g gesiebter Puderzucker
1–2 EL Kirschsaft (aus dem Glas)

Insgesamt:
E: 72 g, F: 252 g, Kh: 558 g,
kJ: 20331, kcal: 4855

1. Für den Teig Kirschen in einem Sieb abtropfen lassen, den Saft auffangen und 2 Esslöffel Saft für den Guss abnehmen. Möhren putzen, schälen, abspülen, abtropfen lassen und auf der feinen Seite der Haushaltsreibe reiben. Geriebene Möhren mit Zitronenschale und Zucker mischen.
2. Den Backofen vorheizen.
Ober-/Unterhitze: etwa 180 °C
Heißluft: etwa 160 °C
3. Das Mehl und Backpulver in einer Rührschüssel mischen. Grieß, Zimt, Mandeln, Eier, Butter oder Margarine und die Möhrenmasse hinzufügen. Die Zutaten mit Handrührgerät mit Rührbesen zunächst kurz auf niedrigster, dann auf höchster Stufe in etwa 2 Minuten zu einem glatten Teig verarbeiten. Kirschen unterheben.
4. Den Teig auf ein Backblech (30 x 40 cm, gefettet) geben und glatt streichen. Das Backblech in den vorgeheizten Backofen schieben. Den Kuchen etwa 30 Minuten backen.
5. In der Zwischenzeit für den Guss Puderzucker mit 1–2 Esslöffeln Saft zu einer dickflüssigen Masse verrühren. Den Guss in einen kleinen Gefrierbeutel füllen und eine kleine Ecke abschneiden.
6. Das Backblech auf einen Kuchenrost stellen. Den Guss auf den heißen Kuchen sprenkeln, erkalten lassen.

Tipp: Für einen weißen Zuckerguss ersetzen Sie den Kirschsaft durch die gleiche Menge Zitronensaft.

Nuss-Nougat-Creme-Schnitten

Zubereitungszeit: 40 Minuten, ohne Kühlzeit
Backzeit: etwa 20 Minuten

Zum Vorbereiten:
750–800 g Schlagsahne
150 g Nuss-Nougat-Creme

Für den Rührteig:
250 g weiche Butter oder Margarine
250 g gesiebter Puderzucker
1 Prise Salz
6 Eier (Größe M)
250 g Weizenmehl
2 gestr. TL Dr. Oetker Backin
25 g gesiebtes Kakaopulver

Für den Belag:
4 Pck. Dr. Oetker Sahnesteif
200 g Schlagsahne
50 g gehackte Haselnusskerne

Insgesamt:
E: 128 g, F: 612 g, Kh: 581 g,
kJ: 36162, kcal: 8643

1. Zum Vorbereiten Sahne in einem Topf aufkochen lassen. Topf von der Kochstelle nehmen. Nuss-Nougat-Creme einrühren und unter Rühren vollständig schmelzen lassen. Die Nougatsahne in eine Rührschüssel geben, sofort mit Frischhaltefolie zudecken und über Nacht in den Kühlschrank stellen.
2. Den Backofen vorheizen.
Ober-/Unterhitze: etwa 180 °C
Heißluft: etwa 160 °C
3. Für den Teig Butter oder Margarine in einer Rührschüssel mit Handrührgerät mit Rührbesen auf höchster Stufe geschmeidig rühren. Nach und nach Puderzucker und Salz unterrühren. So lange rühren, bis eine gebundene Masse entstanden ist. Eier nach und nach unterrühren (jedes Ei etwa 1/2 Minute).
4. Mehl mit Backpulver und Kakao mischen, in 2 Portionen kurz auf mittlerer Stufe unterrühren. Den Teig auf ein Backblech (30 x 40 cm, gefettet) geben und glatt streichen. Das Backblech in den vorgeheizten Backofen schieben. Die Gebäckplatte etwa 20 Minuten backen.
5. Das Backblech auf einen Kuchenrost stellen. Gebäckplatte erkalten lassen.
6. Für den Belag die kalt gestellte Nougatsahne mit 3 Päckchen Sahnesteif steif schlagen, auf den Gebäckboden geben und glatt streichen. Restliche Sahne mit restlichem Päckchen Sahnesteif steif schlagen, in einen Spritzbeutel mit Lochtülle füllen und Zackenlinien auf die Nougatsahne spritzen. Mit Haselnusskernen bestreuen.

Zitronen-Klecksel-Kuchen

Stachelbeerkuchen mit Waldmeister

Zitronen-Klecksel-Kuchen

Zubereitungszeit: 20 Minuten
Backzeit: etwa 38 Minuten

Für den All-in-Teig:
200 g Weizenmehl
1 gestr. TL Dr. Oetker Backin
100 g Zucker
1 Prise Salz
250 g weiche Butter oder Margarine
2 Eier (Größe M)
100 g Vollmilch-Raspelschokolade
1 EL Wasser

Für die Füllung:
1 Bio-Zitrone (unbehandelt, ungewachst)
1 Zitrone
500 g Sahne-Pudding Vanille-Geschmack (aus dem Kühlregal)
500 g Speisequark (20 % Fett)
70 g Zucker
3 Eier (Größe M)
30 g Hartweizengrieß

etwas Puderzucker

Insgesamt:
E: 142 g, F: 343 g, Kh: 481 g, kJ: 23669, kcal: 5660

1. Den Backofen vorheizen.
Ober-/Unterhitze: etwa 200 °C
Heißluft: etwa 180 °C

2. Für den Teig das Mehl mit Backpulver in einer Rührschüssel mischen. Zucker, Salz, Butter oder Margarine und Eier hinzufügen. Die Zutaten mit Handrührgerät mit Rührbesen zunächst kurz auf niedrigster, dann auf höchster Stufe in etwa 2 Minuten zu einem glatten Teig verarbeiten. Raspelschokolade unterrühren.
3. Für die Klecksel ein Drittel des Teiges abnehmen, mit 1 Esslöffel Wasser verrühren, beiseitestellen. Restlichen Teig in einem tiefen Backblech oder in einer Fettpfanne (30 x 40 cm, gefettet) verteilen. Das Backblech in den vorgeheizten Backofen schieben. Kuchen etwa 8 Minuten vorbacken.
4. Für die Füllung Bio-Zitrone heiß abwaschen, abtrocknen und die Schale abreiben. Beide Zitronen halbieren und den Saft auspressen. Zitronenschale mit 5 Esslöffeln Zitronensaft, Sahne-Pudding, Quark, Zucker, Eiern und Grieß zu einer glatten Masse verrühren. Die Masse auf den heißen, vorgebackenen Boden geben und glatt streichen.
5. Den beiseitegestellten Kleckselteig in einen Spritzbeutel mit großer Lochtülle füllen und Kleckse auf die Quark-Pudding-Masse spritzen.
6. Das Backblech wieder in den heißen Backofen schieben. Den Kuchen bei gleicher Backofentemperatur in etwa 30 Minuten fertig backen.
7. Das Backblech auf einen Kuchenrost stellen. Den Kuchen erkalten lassen, mit Puderzucker bestäuben.

Stachelbeerkuchen mit Waldmeister

Zubereitungszeit: 60 Minuten, ohne Teiggeh- und Kühlzeit
Backzeit: etwa 25 Minuten

Für den Hefeteig:
300 g Weizenmehl
1 Pck. Dr. Oetker Trockenbackhefe
60 g Zucker
1 Pck. Dr. Oetker Vanillin-Zucker
1 Prise Salz
1 Ei (Größe M)
75 ml lauwarme Milch
75 g zerlassene, abgekühlte Butter oder Margarine

Für die Quarkcreme:
250 ml (1/4 l) Milch
2 EL Zucker
1/2 Pck. Dr. Oetker Pudding-Pulver Vanille-Geschmack
250 g Magerquark
1 TL Dr. Oetker Pudding-Pulver Vanille-Geschmack
50 g zerlassene Butter
1 Ei (Größe M)

Für den Belag:
750 g–1 kg Stachelbeeren (aus Gläsern, gut abgetropft)

Für die Buttercreme:
375 ml (3/8 l) Milch
1 Pck. Dr. Oetker Pudding-Pulver Vanille-Geschmack

3 EL Zucker
175 g weiche Butter

Für den Guss:
1 1/2 Pck. (3 Beutel) Götterspeise Waldmeister-Geschmack
4 EL Zucker
600 ml Wasser

Insgesamt:
E: 115 g, F: 292 g, Kh: 728 g, kJ: 26086, kcal: 6232

1. Für den Teig das Mehl in eine Rührschüssel geben, mit Trockenbackhefe sorgfältig vermischen. Restliche Zutaten hinzufügen und mit Handrührgerät mit Knethaken zunächst kurz auf niedrigster, dann auf höchster Stufe in etwa 5 Minuten zu einem glatten Teig verarbeiten (evtl. noch 1 Esslöffel Milch hinzugeben, wenn der Teig zu fest sein sollte).
2. Den Teig zugedeckt so lange an einem warmen Ort gehen lassen, bis er sich sichtbar vergrößert hat (etwa 20 Minuten).
3. Den Backofen vorheizen.
Ober-/Unterhitze: etwa 200 °C
Heißluft: etwa 180 °C
4. Für die Quarkcreme in der Zwischenzeit Milch mit Zucker und Pudding-Pulver in einem Topf verrühren, unter Rühren gut aufkochen lassen. Puddingmasse erkalten lassen. Quark, Pudding-Pulver, Butter und Ei gut unterrühren.
5. Den gegangenen Teig leicht mit Mehl bestäuben, aus der Schüssel nehmen, auf einer leicht bemehlten Arbeitsfläche nochmals kurz durchkneten. Den Teig in einer Fettpfanne (30 x 40 cm, gefettet) ausrollen. Die Quarkcreme daraufgeben und glatt streichen. Die Stachelbeeren darauf verteilen. Die Fettpfanne in den vorgeheizten Backofen schieben. Den Kuchen etwa 25 Minuten backen.
6. Backblech auf einen Kuchenrost stellen. Kuchen erkalten lassen.
7. Für die Buttercreme aus Milch, Pudding-Pulver und Zucker einen Pudding nach Packungsanleitung, aber nur mit 375 ml (3/8 l) Milch, zubereiten. Pudding bei Zimmertemperatur erkalten lassen. Butter schaumig schlagen. Den Pudding esslöffelweise unterrühren. Darauf achten, dass Butter und Pudding Zimmertemperatur haben, da die Creme sonst gerinnt. Buttercreme in einen Spritzbeutel mit Lochtülle füllen, gitterartig Tupfen an Tupfen auf den Kuchen spritzen. Kalt stellen.
8. Für den Guss Götterspeise nach Packungsanleitung, aber mit den hier angegebenen Zutaten zubereiten und kalt stellen. Die Götterspeise erst kurz vor dem Gelieren auf den Kuchen geben. Die Buttercremetupfen sollen ganz mit der Götterspeise überzogen sein. Kuchen kalt stellen.

Sauerkirschkuchen

Zubereitungszeit: 45 Minuten, ohne Abkühlzeit
Backzeit: etwa 30 Minuten

Für den Belag:
1 kg Sauerkirschen
150 g ganze, abgezogene Mandeln

Für den Rührteig:
250 g weiche Butter oder Margarine
250 g gesiebter Puderzucker
1 Prise Salz
1 Pck. Dr. Oetker Finesse Geriebene Zitronenschale
6 Eier (Größe M)
300 g Weizenmehl
100 g Speisestärke
1 gestr. TL Dr. Oetker Backin
4 EL saure Sahne

Für den Guss:
150 g gesiebter Puderzucker
3–4 Esslöffel Zitronensaft

Insgesamt:
E: 129 g, F: 344 g, Kh: 797 g, kJ: 30455, kcal: 7270

1. Für den Belag Sauerkirschen abspülen, abtropfen lassen, entstielen und entsteinen. Mandeln halbieren.
2. Den Backofen vorheizen.
Ober-/Unterhitze: etwa 180 °C
Heißluft: etwa 160 °C
3. Für den Teig Butter oder Margarine in einer Rührschüssel mit Handrührgerät mit Rührbesen auf höchster Stufe geschmeidig rühren. Nach und nach Puderzucker, Salz und Zitronenschale unterrühren. So lange rühren, bis eine gebundene Masse entstanden ist. Eier nach und nach unterrühren (jedes Ei etwa 1/2 Minute).
4. Mehl mit Speisestärke und Backpulver mischen, in 2 Portionen abwechselnd mit der sauren Sahne kurz auf mittlerer Stufe unterrühren.
5. Den Teig auf ein Backblech (30 x 40 cm, gefettet, mit Backpapier belegt) geben und glatt streichen. Sauerkirschen darauf verteilen und mit Mandeln bestreuen. Das Backblech in den vorgeheizten Backofen schieben. Den Kuchen etwa 30 Minuten backen.
6. Das Backblech auf einen Kuchenrost stellen. Den Kuchen etwa 15 Minuten abkühlen lassen.
7. Für den Guss den Puderzucker mit Zitronensaft zu einer dickflüssigen Masse verrühren. Den Kuchen damit besprenkeln. Den Guss fest werden lassen.
8. Den Backrahmen lösen und entfernen. Den Kuchen in Stücke schneiden und servieren.

Sauerkirschkuchen

Schneewittchen-Blech

Zubereitungszeit: 50 Minuten, ohne Abkühlzeit
Backzeit: etwa 20 Minuten

Für den All-in-Teig:
150 g Weizenmehl
50 g Speisestärke
20 g gesiebtes Kakaopulver
3 gestr. TL Dr. Oetker Backin
200 g Zucker
4 Eier (Größe M)
3 EL Wasser oder Kirschwasser
200 g weiche Butter oder Margarine

Für die Kirschfüllung:
740 g Sauerkirschen (aus Gläsern)
50 g Speisestärke
600 ml Kirschsaft (aus den Gläsern)
50 g Zucker

Für die Puddingfüllung:
2 Pck. Dr. Oetker Pudding-Pulver Vanille-Geschmack
750 ml (3/4 l) Milch
50 g Zucker
200 g Schlagsahne

18 Schoko-Butterkekse

Insgesamt:
E: 109 g, F: 366 g, Kh: 973 g,
kJ: 32425, kcal: 7737

Schneewittchen-Blech

1. Den Backofen vorheizen.
Ober-/Unterhitze: etwa 200 °C
Heißluft: etwa 180 °C
2. Für den Teig Mehl mit Speisestärke, Kakao und Backpulver in einer Rührschüssel mischen. Restliche Zutaten hinzufügen und mit Handrührgerät mit Rührbesen zunächst kurz auf niedrigster, dann auf höchster Stufe in etwa 2 Minuten zu einem glatten Teig verarbeiten.
3. Einen Backrahmen auf ein Backblech (30 x 40 cm, gefettet, gemehlt) stellen. Den Teig in dem Backrahmen verteilen. Das Backblech in den vorgeheizten Backofen schieben. Die Gebäckplatte etwa 20 Minuten backen.
4. Das Backblech auf einen Kuchenrost stellen. Die Gebäckplatte erkalten lassen.
5. Für die Kirschfüllung Kirschen in einem Sieb abtropfen lassen, den Saft auffangen und 600 ml abmessen. Speisestärke mit etwa 3 Esslöffeln von dem Saft anrühren. Restlichen Saft mit Zucker in einem Topf zum Kochen bringen. Angerührte Speisestärke in den von der Kochstelle genommenen Saft rühren und unter Rühren aufkochen lassen. Den Topf von der Kochstelle nehmen. Kirschen unterheben.
6. Die Kirschmasse auf der Gebäckplatte verteilen und erkalten lassen.
7. Für die Puddingfüllung aus Pudding-Pulver, Milch und Zucker einen Pudding nach Packungsanleitung, aber mit den hier angegebenen Zutaten zubereiten. Den Pudding unter gelegentlichem Rühren erkalten lassen.
8. Sahne steif schlagen und unter den Pudding heben. Die Creme auf die Kirschmasse geben und glatt streichen.
9. Danach die Butterkekse mit etwas Abstand mit der Schokoladenseite nach oben gleichmäßig auf die Creme legen.
10. Den Kuchen bis zum Servieren in den Kühlschrank stellen. Backrahmen lösen und entfernen. Kuchen in Stücke schneiden und servieren.

Schoko-Kokos-Bienenstich

Zubereitungszeit: 70 Minuten, ohne Abkühlzeit
Backzeit: etwa 30 Minuten

Für den Rührteig:
250 g weiche Butter oder Margarine
150 g Zucker
2 Pck. Dr. Oetker Vanillin-Zucker
4 Eigelb (Größe M)
200 g Weizenmehl
2 gestr. TL Dr. Oetker Backin
125 g hellbraun geröstete Kokosraspel
4 EL Amaretto-Likör
4 Eiweiß (Größe M)
200 g Zartbitter-Raspelschokolade

Für den Belag:
100 g Schlagsahne
100 g Butter
70 g flüssiger Honig
2 EL Zucker
200 g hellbraun geröstete, grobe Kokosraspel

Für die Füllung:
480 g Aprikosenhälften (aus der Dose)
4 reife Bananen
2 EL Zitronensaft
600 g Schlagsahne
3 Pck. Dr. Oetker Sahnesteif
2 Pck. Dr. Oetker Vanillin-Zucker

Insgesamt:
E: 113 g, F: 803 g, Kh: 750 g,
kJ: 46258, kcal: 11055

1. Den Backofen vorheizen.
Ober-/Unterhitze: etwa 200 °C
Heißluft: etwa 180 °C
2. Für den Teig Butter oder Margarine in einer Rührschüssel mit Handrührgerät mit Rührbesen auf höchster Stufe geschmeidig rühren. Nach und nach Zucker und Vanillin-Zucker unterrühren. So lange rühren, bis eine gebundene Masse entstanden ist.
3. Eigelb nach und nach unterrühren (jedes Eigelb knapp 1/2 Minute).

Schoko-Kokos-Bienenstich

Prasselschnitten

Mehl mit Backpulver mischen, abwechselnd in 2 Portionen mit Kokosraspeln und Likör auf mittlerer Stufe unterrühren. Eiweiß steif schlagen und mit der Raspelschokolade vorsichtig unterheben.

4. Den Teig in eine Fettpfanne (30 x 40 cm, gefettet) geben und glatt streichen. Die Fettpfanne in den vorgeheizten Backofen schieben. Den Boden etwa 20 Minuten vorbacken.

5. Die Fettpfanne auf einen Kuchenrost stellen. Den Boden etwas abkuhlen lassen.

6. Für den Belag Sahne, Butter, Honig und Zucker in einem Topf unter Rühren aufkochen. Kokosraspel unterrühren. Die Masse als Häufchen auf den vorgebackenen Boden geben und vorsichtig glatt streichen. Die Fettpfanne wieder in den heißen Backofen schieben. Den Gebäckboden bei gleicher Backofentemperatur in etwa 10 Minuten fertig backen.

7. Die Fettpfanne auf einen Kuchenrost stellen. Den Gebäckboden erkalten lassen.

8. Für die Füllung Aprikosenhälften in einem Sieb gut abtropfen lassen. Bananen schälen, waagerecht halbieren und mit Zitronensaft beträufeln.

9. Gebäckboden vierteln und vorsichtig aus der Fettpfanne lösen. Die Gebäckstücke jeweils einmal waagerecht durchschneiden. 4 der Gebäckstücke (oberen Boden) in jeweils 6 Rechtecke schneiden.

10. Sahne mit Sahnesteif und Vanillin-Zucker steif schlagen. 4 Gebäckstücke (unteren Boden) mit etwas Sahne bestreichen, mit Aprikosen- und Bananenhälften belegen. Restliche Sahne darauf verteilen. Die oberen Gebäckstücke darauflegen und etwas andrücken.

11. Schoko-Kokos-Bienenstich bis zum Servieren in den Kühlschrank stellen.

Prasselschnitten

Zubereitungszeit: 25 Minuten,
ohne Auftau- Ruhe- und Abkühlzeit
Backzeit: etwa 20 Minuten

450 g TK-Blätterteig
(10 quadratische Platten)

Zum Bestreichen:
75–100 g Aprikosen- oder
Kirschkonfitüre

Für die Streusel:
300 g Weizenmehl
150 g Zucker
1 Pck. Dr. Oetker Vanillin-Zucker
1 Msp. gemahlener Zimt
200 g weiche Butter

Für den Guss:
150 g gesiebter Puderzucker
2 EL Zitronensaft

Insgesamt:
E: 55 g, F: 275 g, Kh: 737 g,
kJ: 23757, kcal: 5679

1. Blätterteigplatten nebeneinander nach Packungsanleitung antauen lassen. Die Platten auf einem Backblech (mit Backpapier belegt, mit Wasser besprenkelt) verteilen. Den Teig mit einer Gabel mehrmals einstechen und mit Konfitüre bestreichen. Teigplatten etwa 10 Minuten ruhen lassen.

2. Den Backofen vorheizen.
Ober-/Unterhitze: etwa 200 °C
Heißluft: etwa 180 °C

3. In der Zwischenzeit für die Streusel Mehl mit Zucker, Vanillin-Zucker, Zimt und Butter in eine Rührschüssel geben. Die Zutaten mit Handrührgerät mit Rührbesen zunächst kurz auf niedrigster, dann auf höchster Stufe zu Streuseln verarbeiten.

4. Die Blätterteigplatten mit den Teigstreuseln bestreuen. Das Backblech in den vorgeheizten Backofen schieben. Die Prasselschnitten etwa 20 Minuten backen.

5. Die Prasselschnitten mit dem Backpapier vom Backblech auf einen Kuchenrost ziehen, erkalten lassen.

6. Für den Guss Puderzucker mit Zitronensaft zu einer dickflüssigen Masse verrühren. Die Prasselschnitten mit dem Guss besprenkeln. Guss trocknen lassen. Prasselschnitten in Quadrate schneiden.

Preiselbeer-Aprikosen-Kuchen

Preiselbeer-Aprikosen-Kuchen

Zubereitungszeit: 25 Minuten
Backzeit: etwa 25 Minuten

480 g Aprikosenhälften
(aus der Dose)

Für den All-in-Teig:
220 g Weizenmehl
80 g Haferflocken, blütenzart
2 gestr. TL Dr. Oetker Backin
120 g Zucker
1 Pck. Dr. Oetker Finesse
Geriebene Zitronenschale
3 Eier (Größe M)
250 g weiche Butter oder Margarine

Für den Belag:
400 g Wild-Preiselbeeren
(aus dem Glas)

Insgesamt:
E: 57 g, F: 243 g, Kh: 588 g,
kJ: 20251, kcal: 4836

1. Aprikosenhälften in einem Sieb abtropfen lassen.
2. Den Backofen vorheizen.
Ober-/Unterhitze: etwa 200 °C
Heißluft: etwa 180 °C
3. Für den Teig Mehl mit Haferflocken und Backpulver in einer Rührschüssel mischen. Restliche Zutaten hinzufügen und mit Handrührgerät mit Rührbesen zunächst kurz auf niedrigster, dann auf höchster Stufe in etwa 2 Minuten zu einem glatten Teig verarbeiten. Den Teig auf ein Backblech (30 x 40 cm, gefettet) geben und glatt streichen.
4. Für den Belag Wild-Preiselbeeren durchrühren, auf den Teig geben und glatt streichen. Die Aprikosenhälften mit der Wölbung nach oben auf dem Teig verteilen. Das Backblech in den vorgeheizten Backofen schieben. Den Kuchen etwa 25 Minuten backen.
5. Das Backblech auf einen Kuchenrost stellen. Den Kuchen erkalten lassen.

Tipp: Einen schönen Glanz erhält der Kuchen, wenn er mit Aprikosenkonfitüre bestrichen wird. Dafür 100 g Aprikosenkonfitüre pürieren und aufkochen lassen. Die Aprikosenhälften nach dem Backen damit bestreichen.

Quark-Orangen-Kuchen

Zubereitungszeit: 70 Minuten
Backzeit: etwa 55 Minuten

Für den Schüttelteig:
375 g Weizenmehl
3 gestr. TL Dr. Oetker Backin
175 g Zucker
1 Pck. Dr. Oetker Vanillin-Zucker
3 Eier (Größe M)
125 g zerlassene, abgekühlte Butter oder Margarine
125 g Schlagsahne

Für den Belag:
8–10 Orangen
750 g Magerquark
175 g Zucker
1 Pck. Dr. Oetker Finesse
Orangenschalen-Aroma
2 Eigelb (Größe M)
2 EL Speisestärke
125 ml (1/8 l) Orangensaft
2 Eiweiß (Größe M)

Zum Garnieren:
2 EL Puderzucker
25 g geschmolzene Vollmilch-Kuvertüre

Insgesamt:
E: 196 g, F: 183 g, Kh: 813 g,
kJ: 24928, kcal: 5952

1. Den Backofen vorheizen.
Ober-/Unterhitze: etwa 180 °C
Heißluft: etwa 160 °C
2. Für den Teig Mehl mit Backpulver mischen, in eine verschließbare Schüssel (3-Liter-Inhalt) geben, mit Zucker und Vanillin-Zucker mischen. Die Eier, Butter oder Margarine und Sahne hinzufügen. Schüssel mit dem Deckel fest verschließen.
3. Mehrmals (insgesamt 15–30 Sekunden) kräftig schütteln, sodass alle Zutaten gut vermischt sind. Alles mit einem Schneebesen oder Rührlöffel nochmals sorgfältig durchrühren, damit trockene Zutaten vom Rand mit untergerührt werden.
4. Den Teig auf ein Backblech (30 x 40 cm, gefettet) geben und glatt streichen. Das Backblech in den vorgeheizten Backofen schieben. Den Kuchen etwa 15 Minuten vorbacken.
5. Das Backblech auf einen Kuchenrost stellen. Für den Belag Orangen so dick schälen, dass auch die weiße Haut vollständig entfernt wird. Orangen filetieren, den Saft dabei auffangen.
6. Quark, Zucker, Orangenschalen-Aroma, Eigelb und Speisestärke zu einer geschmeidigen Masse verrühren. Aufgefangenen Saft mit Orangensaft auf 125 ml (1/8 l) auffüllen und unterrühren. Eiweiß steif schlagen und unterheben.
7. Die Quark-Orangen-Masse auf den vorgebackenen Boden geben und glatt streichen. Orangenfilets darauf verteilen. Das Backblech wieder in den heißen Backofen schieben. Den Kuchen bei gleicher Backofentemperatur in etwa 40 Minuten fertig backen.
8. Das Backblech auf einen Kuchenrost stellen. Die Orangenfilets mit

Puderzucker bestäuben. Den Kuchen mit Kuvertüre besprenkeln. Kuvertüre fest werden lassen.

Nuss-Erdbeer-Schnitten

Zubereitungszeit: 60 Minuten, ohne Abkühlzeit
Backzeit: etwa 27 Minuten

Zum Vorbereiten:
100 g gemahlene Haselnusskerne

Für den Knetteig:
150 g Weizenmehl
50 g Speisestärke
1 gestr. TL Dr. Oetker Backin
100 g gesiebter Puderzucker
1 Pck. Dr. Oetker Vanillin-Zucker
150 g weiche Butter oder Margarine

Zum Bestreichen:
150 g Erdbeerkonfitüre oder Johannisbeergelee

Für den Biskuitteig:
4 Eier (Größe M)
2 EL heißes Wasser
125 g Zucker
125 g Weizenmehl
1 gestr. TL Dr. Oetker Backin
25 g Speisestärke

Für den Belag:
1 1/2 kg Erdbeeren
50 g Puderzucker
500 ml (1/2 l) Erdbeersaft und Wasser
2 Pck. ungezuckerter Tortenguss, rot
2 EL Zucker

Insgesamt:
E: 80 g, F: 220 g, Kh: 760 g,
kJ: 22800, kcal: 5440

1. Zum Vorbereiten Haselnusskerne in einer Pfanne ohne Fett unter Rühren leicht rösten, herausnehmen und auf einem Teller erkalten lassen.
2. Den Backofen vorheizen.
Ober-/Unterhitze: etwa 200 °C
Heißluft: etwa 180 °C
3. Für den Knetteig Mehl mit Speisestärke und Backpulver mischen, in eine Rührschüssel geben. Restliche Zutaten und die gerösteten Haselnusskerne hinzufügen. Mit Handrührgerät mit Knethaken zunächst kurz auf niedrigster, dann auf höchster Stufe zu einem glatten Teig verarbeiten. Den Teig zu einer Rolle formen und auf einem Backblech (30 x 40 cm, gefettet, mit Backpapier belegt) ausrollen. Den Teig mehrmals mit einer Gabel einstechen. Einen Backrahmen um den Teig stellen. Das Backblech in den vorgeheizten Backofen schieben. Den Knetteigboden etwa 12 Minuten backen.
4. Das Backblech auf einen Kuchenrost stellen. Den Boden etwas abkühlen lassen.
5. Zum Bestreichen Konfitüre durch ein Sieb streichen oder Gelee verrühren und auf dem Boden verstreichen.
6. Für den Biskuitteig Eier und Wasser in einer Rührschüssel mit Handrührgerät mit Rührbesen auf höchster Stufe in etwa 1 Minute schaumig schlagen. Zucker in etwa 1 Minute einstreuen, dann noch etwa 2 Minuten schlagen. Mehl mit Backpulver und Speisestärke mischen, kurz auf niedrigster Stufe unterrühren. Den Biskuitteig auf den Knetteigboden geben und glatt streichen. Das Backblech wieder in den heißen Backofen schieben. Den Boden bei gleicher Backofentemperatur in etwa 15 Minuten fertig backen.
7. Das Backblech auf einen Kuchenrost stellen. Den Gebäckboden erkalten lassen.
8. Für den Belag in der Zwischenzeit Erdbeeren putzen, abspülen, abtropfen lassen, entstielen und halbieren. Erdbeerhälften mit Puderzucker bestäuben und zum Saftziehen etwas stehen lassen. Anschließend die Erdbeeren in einem Sieb abtropfen lassen, den Saft auffangen. Erdbeerhälften auf dem Boden verteilen.
9. Aufgefangenen Saft mit Wasser auf 500 ml (1/2 l) auffüllen. Aus Tortengusspulver, Flüssigkeit und Zucker einen Guss nach Packungsanleitung, aber nur mit 2 Esslöffeln Zucker zubereiten. Den Guss auf den Erdbeeren verteilen. Guss fest werden lassen.
10. Den Backrahmen vorsichtig mithilfe eines Messers lösen und entfernen. Kuchen in Schnitten teilen.

Tipp: Die Nuss-Erdbeer-Schnitten mit Schlagsahne und gehobelten, gebräunten Mandeln garnieren.

Quark-Orangen-Kuchen

Nuss-Erdbeer-Schnitten

Nuss-Marzipan-Schnitten

Zubereitungszeit: 40 Minuten, ohne Abkühlzeit
Backzeit: etwa 25 Minuten

Für den Rührteig:
200 g Zartbitter-Schokolade
300 g weiche Butter oder Margarine
300 g gesiebter Puderzucker
1 Pck. Dr. Oetker Vanillin-Zucker
8 Eigelb (Größe M)
3 EL Rum
200 g gemahlene Haselnusskerne
160 g Weizenmehl
1 gestr. TL Dr. Oetker Backin
8 Eiweiß (Größe M)

4 EL Aprikosenkonfitüre
3 EL Rum

Für den Belag:
400 g Marzipan-Rohmasse

Für den Guss:
150 g Zartbitter-Kuchenglasur

Insgesamt:
E: 165 g, F: 627 g, Kh: 837 g,
kJ: 44482, kcal: 10613

1. Für den Teig Schokolade in kleine Stücke brechen und in einem kleinen Topf im heißen Wasserbad bei schwacher Hitze unter Rühren schmelzen. Schokolade abkühlen lassen.
2. Den Backofen vorheizen.
Ober-/Unterhitze: etwa 180 °C
Heißluft: etwa 160 °C
3. Butter oder Margarine in einer Rührschüssel mit Handrührgerät mit Rührbesen auf höchster Stufe geschmeidig rühren. Nach und nach Puderzucker und Vanillin-Zucker unterrühren. So lange rühren, bis eine gebundene Masse entstanden ist.
4. Eigelb nach und nach unterrühren (jedes Eigelb knapp 1/2 Minute). Schokolade und Rum unterrühren. Haselnusskerne mit Mehl und Backpulver mischen, in 2 Portionen kurz auf mittlerer Stufe unterrühren. Eiweiß steif schlagen und unterheben.
5. Den Teig auf ein Backblech (30 x 40 cm, gefettet, mit Backpapier belegt) geben und glatt streichen. Das Backblech in den vorgeheizten Backofen schieben. Den Kuchen etwa 25 Minuten backen.
6. Backblech auf einen Kuchenrost stellen. Kuchen erkalten lassen.
7. Konfitüre durch ein Sieb in einen kleinen Topf streichen, mit Rum erwärmen und glatt rühren. Konfitüre auf den Kuchen streichen.
8. Für den Belag Marzipan verkneten, portionsweise zwischen Frischhaltefolie (oder aufgeschnittenen Gefrierbeuteln) in Größe des Kuchens ausrollen. Marzipanplatte auf den Kuchen legen.
9. Für den Guss Kuchenglasur nach Packungsanleitung schmelzen. Den Kuchen damit bestreichen. Glasur trocknen lassen.

Orangen-Marzipan-Kuchen

Zubereitungszeit: 30 Minuten, ohne Auftau- und Ruhezeit
Backzeit: etwa 30 Minuten

450 g TK-Blätterteig (6 Platten)

Für die Füllung:
1 Bio-Orange (unbehandelt, ungewachst)
400 g Marzipan-Rohmasse
100 g weiche Butter
30 g Hartweizengrieß
25 g gemahlene Pistazienkerne
1 Ei (Größe M)
80 g Zucker
150 ml Orangensaft (Saft von der Bio-Orange plus Handelsware)

Zum Bestreichen und Bestäuben:
2 EL Schlagsahne
evtl. Puderzucker

Insgesamt:
E: 89 g, F: 356 g, Kh: 431 g,
kJ: 22195, kcal: 5304

1. Blätterteig nebeneinander nach Packungsanleitung auftauen lassen.
2. Für die Füllung Orange heiß abwaschen, abtrocknen und die Schale dünn abreiben. Die Orange halbieren und den Saft auspressen.
3. Den Backofen vorheizen.
Ober-/Unterhitze: etwa 200 °C
Heißluft: etwa 180 °C

Nuss-Marzipan-Schnitten

Orangen-Marzipan-Kuchen

4. Marzipan in kleine Würfel schneiden, mit der Butter in eine Rührschüssel geben und mit Handrührgerät mit Rührbesen glatt rühren. Grieß, Pistazienkerne, Ei, Zucker, Orangenschale und -saft hinzufügen und zu einer glatten Masse verrühren.
5. Vier Teigplatten aufeinanderlegen und auf der leicht bemehlten Arbeitsfläche zu einer Platte (etwa 33 x 43 cm) ausrollen. Teigplatte auf ein Backblech (30 x 40 cm, gefettet) legen und ruhen lassen (Teig zieht sich etwas zusammen). Restliche Teigplatten ebenfalls aufeinanderlegen, zu einem Quadrat (etwa 27 x 27 cm) ausrollen und ruhen lassen.
6. Den Teig auf dem Backblech mehrmals mit einer Gabel einstechen. Marzipanmasse auf dem Teig verteilen und glatt streichen.
7. Restliches Teigquadrat mit Sahne bestreichen und mit einem scharfen Messer die Seiten begradigen, sodass ein Quadrat (etwa 25 x 25 cm) entsteht. Das Teigstück in kleine Quadrate (etwa 5 x 5 cm) schneiden. Die Teigstücke mit der bestrichenen Seite nach oben auf der Marzipanfüllung verteilen. Das Backblech in den vorgeheizten Backofen schieben. Den Kuchen etwa 30 Minuten backen.
8. Das Backblech auf einen Kuchenrost stellen. Den Kuchen erkalten lassen. Anschließend den Kuchen evtl. mit Puderzucker bestäuben.

Perlenkuchen

Perlenkuchen

Zubereitungszeit: 60 Minuten, ohne Abkühlzeit
Backzeit: 20–25 Minuten

Für den Biskuitteig:
4 Eier (Größe M)
3 EL heißes Wasser
120 g Zucker
1 Pck. Dr. Oetker Vanillin-Zucker
1 Prise Salz
100 g Weizenmehl
70 g Speisestärke
2 gestr. TL Dr. Oetker Backin
abgeriebene Schale von 1 Bio-Limette (unbehandelt, ungewachst)

Für die Füllung:
700 g Mandarinen (aus Dosen)
2 EL Limettensaft
300 g Orangenmarmelade

Für den Belag:
500 g Schlagsahne
2 EL gesiebter Puderzucker
2 Pck. Dr. Oetker Sahnesteif

Marzipankugeln mit Orangengeschmack
1–2 EL bunte Zuckerperlen

Insgesamt:
E: 68 g, F: 212 g, Kh: 753 g,
kJ: 22536, kcal: 5384

1. Den Backofen vorheizen.
Ober-/Unterhitze: etwa 200 °C
Heißluft: etwa 180 °C
2. Für den Teig die Eier und Wasser in einer Rührschüssel mit Handrührgerät mit Rührbesen auf höchster Stufe in etwa 1 Minute schaumig schlagen. Zucker, Vanillin-Zucker und Salz mischen, in etwa 1 Minute einstreuen, noch etwa 2 Minuten schlagen.
3. Mehl mit Speisestärke und Backpulver mischen, auf die Eiercreme geben, kurz auf niedrigster Stufe unterrühren. Limettenschale unterheben.
4. Den Teig auf ein Backblech (30 x 40 cm, gefettet, mit Backpapier belegt) geben und glatt streichen. Vor den Teig einen mehrfach geknickten Streifen Alufolie legen. Das Backblech in den vorgeheizten Backofen schieben und die Biskuitplatte 20–25 Minuten backen.
5. Das Backblech auf einen Kuchenrost stellen. Die Biskuitplatte etwas abkühlen lassen, dann auf mit Zucker bestreutes Backpapier stürzen. Mitgebackenes Backpapier vorsichtig abziehen. Biskuitplatte erkalten lassen.
6. Für die Füllung die Mandarinen in einem Sieb abtropfen lassen. Limettensaft und Orangenmarmelade in einem kleinen Topf unter Rühren etwa 2 Minuten kochen lassen. Topf von der Kochstelle nehmen. Mandarinen vorsichtig unterheben. Die Marmeladen-Mandarinen-Masse gleichmäßig auf der Biskuitplatte verteilen und erkalten lassen.
7. Für den Belag Sahne mit Puderzucker und Sahnesteif steif schlagen. Sahne auf die Marmeladen-Mandarinen-Masse streichen. Mit einem Tortengarnierkamm oder einer Gabel ein wellenartiges Muster durch die Sahne ziehen.
8. Marzipankugeln mit einem Sägemesser halbieren. Den Kuchen mit den halbierten Marzipankugeln und Zuckerperlen garnieren. Den Perlenkuchen in Stücke schneiden.

Pudding-Streusel-Kuchen

Pudding-Streusel-Kuchen

Zubereitungszeit: 50 Minuten, ohne Teiggehzeit
Backzeit: etwa 25 Minuten

Für den Hefeteig:
375 g Weizenmehl
1 Pck. Dr. Oetker Trockenbackhefe
50 g Zucker
1 Pck. Dr. Oetker Vanillin-Zucker
1 Prise Salz
1 Ei (Größe M)
200 ml lauwarme Milch
50 g zerlassene, abgekühlte Butter oder Margarine

Für die Streusel:
275 g Weizenmehl
150 g Zucker
1 Pck. Dr. Oetker Vanillin-Zucker
200 g weiche Butter
25 g gesiebtes Kakaopulver

Für den Pudding:
2 Pck. Dr. Oetker Pudding-Pulver Vanille-Geschmack
50 g Zucker
600 ml Orangensaft
400 g Schmand (Sauerrahm) oder Crème fraîche

Insgesamt:
E: 107 g, F: 314 g, Kh: 889 g,
kJ: 29506, kcal: 7051

1. Für den Teig Mehl in eine Rührschüssel geben und mit der Trockenbackhefe sorgfältig vermischen. Die restlichen Zutaten hinzufügen.
2. Die Zutaten mit Handrührgerät mit Knethaken zunächst kurz auf niedrigster, dann auf höchster Stufe in etwa 5 Minuten zu einem glatten Teig verarbeiten. Den Teig zugedeckt so lange an einem warmen Ort gehen lassen, bis er sich sichtbar vergrößert hat (etwa 20 Minuten).
3. Für die Streusel Mehl in eine Rührschüssel geben. Zucker, Vanillin-Zucker und Butter hinzufügen und mit Handrührgerät mit Rührbesen oder mit den Händen zu Streuseln von gewünschter Größe verarbeiten. Die Hälfte der Teigstreusel in eine zweite Schüssel geben. Unter die restlichen Teigstreusel Kakao arbeiten. Teigstreusel jeweils in den Kühlschrank stellen.
4. Für den Pudding aus Pudding-Pulver, Zucker und Orangensaft einen Pudding nach Packungsanleitung, aber mit den hier angegebenen Zutaten zubereiten und erkalten lassen, dabei ab und zu umrühren. Schmand oder Crème fraîche unterrühren.
5. Den gegangenen Teig leicht mit Mehl bestäuben, aus der Schüssel nehmen und auf der leicht bemehlten Arbeitsfläche nochmals kurz durchkneten. Den Teig auf einem Backblech (30 x 40 cm, gefettet) ausrollen.
6. Die Puddingmasse daraufgeben und glatt streichen. Abwechselnd die dunklen und hellen Teigstreusel darauf verteilen. Den Teig nochmals zugedeckt so lange an einem warmen Ort gehen lassen, bis er sich sichtbar vergrößert hat (etwa 30 Minuten).
7. In der Zwischenzeit den Backofen vorheizen.
Ober-/Unterhitze: etwa 200 °C
Heißluft: etwa 180 °C
8. Das Backblech in den vorgeheizten Backofen schieben. Den Kuchen etwa 25 Minuten backen.
9. Das Backblech auf einen Kuchenrost stellen. Den Kuchen erkalten lassen.

Orangenkuchen mit weißem Schokoladenguss

Zubereitungszeit: 35 Minuten, ohne Abkühlzeit
Backzeit: etwa 25 Minuten

Für den Rührteig:
300 g weiche Butter oder Margarine
300 g Zucker
1 Pck. Dr. Oetker Vanillin-Zucker
1 Prise Salz, 5 Eier (Größe M)
300 g Weizenmehl
2 gestr. TL Dr. Oetker Backin
2 Pck. Dr. Oetker Finesse Orangenschalen-Aroma

200 ml Orangensaft
Saft von 1 Zitrone
75 g Zucker
1 Pck. Dr. Oetker Finesse Orangenschalen-Aroma

Für den Guss:
200 g Citrus-Buttermilch-Schokolade oder eine weiße Schokolade mit Lemon- oder Orangengeschmack (meist nur im Sommer erhältlich)

evtl. einige Bio-Orangenschalenstreifen

Insgesamt:
E: 82 g, F: 298 g, Kh: 780 g,
kJ: 26386, kcal: 6304

1. Den Backofen vorheizen.
Ober-/Unterhitze: etwa 180 °C
Heißluft: etwa 160 °C
2. Für den Teig Butter oder Margarine in einer Rührschüssel mit Handrührgerät mit Rührbesen auf höchster Stufe geschmeidig rühren. Nach und nach Zucker, Vanillin-Zucker und Salz unterrühren. So lange rühren, bis eine gebundene Masse entstanden ist.
3. Eier nach und nach unterrühren (jedes Ei etwa 1/2 Minute). Mehl mit Backpulver mischen, in 2 Portionen kurz auf mittlerer Stufe unterrühren. Orangenschalen-Aroma unterrühren.

4. Den Teig auf ein Backblech (30 x 40 cm, gefettet) geben und glatt streichen. Das Backblech in den vorgeheizten Backofen schieben. Den Kuchen etwa 25 Minuten backen.
5. Das Backblech auf einen Kuchenrost stellen. Orangen- mit Zitronensaft, Zucker und Orangenschalen-Aroma verrühren. Den noch warmen Kuchen mehrmals mit einem Holzstäbchen einstechen und mit der Orangensaft-Mischung tränken. Kuchen erkalten lassen.
6. Für den Guss Schokolade in Stücke brechen, in einem kleinen Topf im heißen Wasserbad bei schwacher Hitze unter Rühren schmelzen. Schokolade in einen kleinen Gefrierbeutel geben und eine kleine Ecke abschneiden. Den Kuchen dick damit besprenkeln. Nach Belieben mit Orangenschalenstreifen garnieren. Schokolade fest werden lassen.

Rasante Mandelschnitten

Zubereitungszeit: 30 Minuten, ohne Kühlzeit
Backzeit: etwa 15 Minuten

Für den Biskuitteig:
3 Eier (Größe M)
4 EL heißes Wasser
120 g Zucker
1 Pck. Dr. Oetker Vanillin-Zucker
1 TL abgeriebene Schale von 1 Bio-Zitrone (unbehandelt, ungewachst)
1 Prise Salz
100 g Weizenmehl
50 g Speisestärke
1 gestr. TL Dr. Oetker Backin

Für die Füllung:
200 ml Milch
100 g Schlagsahne
1 Pck. Mousse à la Vanille (Dessertpulver)

200 g rotes Johannisbeergelee
100 g gehobelte Mandeln
evtl. etwas Puderzucker

Insgesamt:
E: 74 g, F: 116 g, Kh: 441 g,
kJ: 13516, kcal: 3228

1. Den Backofen vorheizen.
Ober-/Unterhitze: etwa 180 °C
Heißluft: etwa 160 °C
2. Für den Teig Eier und Wasser in einer Rührschüssel mit Handrührgerät mit Rührbesen auf höchster Stufe in etwa 1 Minute schaumig schlagen. Zucker mit Vanillin-Zucker, Zitronenschale und Salz mischen, in etwa 1 Minute einstreuen, dann noch etwa 2 Minuten schlagen.
3. Mehl mit Speisestärke und Backpulver mischen, auf die Eiercreme geben und kurz auf niedrigster Stufe unterrühren. Den Teig auf ein Backblech (30 x 40 cm, gefettet, mit Backpapier belegt) geben und glatt streichen. Das Backblech in den vorgeheizten Backofen schieben und anschließend die Biskuitplatte etwa 15 Minuten backen.
4. Die Biskuitplatte vom Backblechrand lösen und auf eine Arbeitsfläche stürzen. Das mitgebackene Backpapier vorsichtig, aber schnell abziehen. Die Biskuitplatte erkalten lassen.
5. Für die Füllung Milch und Sahne in einen mit heißem Wasser ausgespülten hohen Rührbecher geben. Cremepulver hinzufügen und mit Handrührgerät mit Rührbesen zunächst kurz auf niedrigster, dann etwa 3 Minuten auf höchster Stufe cremig schlagen.
6. Biskuitplatte in der Mitte senkrecht durchschneiden. Biskuithälften umdrehen. Gelee unter Rühren erhitzen. Mandeln in einer Pfanne ohne Fett goldbraun rösten, herausnehmen und auf einem Teller erkalten lassen.
7. Beide Biskuithälften mit Gelee bestreichen und mit Mandeln bestreuen. Mousse auf eine Biskuithälfte streichen und die zweite Hälfte mit den Mandeln nach oben darauflegen, leicht andrücken. Den Kuchen etwa 1 Stunde in den Kühlschrank stellen.
8. Den Kuchen nach Belieben mit Puderzucker bestäuben und in etwa 24 Stücke teilen.

Orangenkuchen mit weißem Schokoladenguss

Rasante Mandelschnitten

Pudding-Früchte-Kuchen

Zubereitungszeit: 70 Minuten, ohne Auftau- und Teiggehzeit
Backzeit: 35–40 Minuten

Zum Vorbereiten:
750 g TK-Beerenfrüchte
240 g Aprikosenhälften (aus der Dose)
750 ml (3/4 l) Milch
100 g Zucker
2 Pck. Dr. Oetker Pudding-Pulver Vanille-Geschmack
250 g Crème fraîche

Für den Hefeteig:
375 g Weizenmehl
42 g frische Hefe, 50 g Zucker
200 ml lauwarme Milch
1 Pck. Dr. Oetker Vanillin-Zucker
1 Ei (Größe M)
50 g zerlassene, abgekühlte Butter oder Margarine

Für den Belag:
50 g Kumquats (Miniorangen)
1 roter Apfel

10 g gehackte Pistazienkerne

Insgesamt:
E: 104 g, F: 172 g, Kh: 712 g, kJ: 20306, kcal: 4848

1. Zum Vorbereiten Beerenfrüchte nach Packungsanleitung auftauen und in einem Sieb abtropfen lassen. Aprikosenhälften ebenfalls in einem Sieb abtropfen lassen.
2. Einen Pudding aus Milch, Zucker und Pudding-Pulver nach Packungsanleitung, aber nur mit 750 ml (3/4 l) Milch zubereiten. Crème fraîche unterrühren. Pudding-Crème-fraîche-Masse lauwarm abkühlen lassen, dabei ab und zu umrühren.
3. Für den Teig Mehl in eine Rührschüssel geben. In die Mitte eine Vertiefung drücken und die Hefe hineinbröckeln. Zucker und etwas Milch hinzufügen. Mit einem kleinen Teil des Mehls vorsichtig verrühren, zugedeckt etwa 10 Minuten gehen lassen.
4. Vanillin-Zucker, Ei, restliche Milch und Butter oder Margarine hinzufügen. Die Zutaten mit Handrührgerät mit Knethaken zunächst kurz auf niedrigster, dann auf höchster Stufe in etwa 5 Minuten zu einem glatten Teig verarbeiten. Den Teig leicht mit Mehl bestäuben und zugedeckt so lange an einem warmen Ort gehen lassen, bis er sich sichtbar vergrößert hat (etwa 30 Minuten).
5. Den gegangenen Teig leicht mit Mehl bestäuben, aus der Schüssel nehmen, auf einer leicht bemehlten Arbeitsfläche nochmals kurz durchkneten und in einer Fettpfanne (30 x 40 cm, gefettet) ausrollen. Teigränder hochdrücken. Drei Viertel der Pudding-Crème-fraîche-Masse auf den Teig streichen.
6. Für den Belag Kumquats abspülen, trocken tupfen, entstielen und in Scheiben schneiden. Apfel abspülen, halbieren, vierteln, entkernen und mit der Schale in Spalten schneiden.
7. Die vorbereiteten Beerenfrüchte, Aprikosenhälften und Kumquatscheiben auf der Pudding-Crème-fraîche-Masse verteilen. Apfelspalten in die Zwischenräume stecken. Restliche Pudding-Crème-fraîche-Masse in Klecksen auf die Früchte geben. Mit Pistazienkernen bestreuen. Den Teig nochmals zugedeckt so lange an einem warmen Ort gehen lassen, bis er sich sichtbar vergrößert hat (etwa 30 Minuten).
8. In der Zwischenzeit den Backofen vorheizen.
Ober-/Unterhitze: etwa 180 °C
Heißluft: etwa 160 °C
9. Die Fettpfanne in den vorgeheizten Backofen schieben. Den Kuchen 35–40 Minuten backen.
10. Fettpfanne auf einen Kuchenrost stellen. Kuchen erkalten lassen.

Apfelkuchen

Zubereitungszeit: 30 Minuten, ohne Abkühlzeit
Backzeit: etwa 30 Minuten

Für den Streuselteig:
200 g Weizenmehl
1 gestr. TL Dr. Oetker Backin
75 g Zucker
1 Ei (Größe M)
75 g Butter oder Margarine

Pudding-Früchte-Kuchen

Apfelkuchen

Für die Füllung:
2 Pck. Dr. Oetker Pudding-Pulver Vanille-Geschmack
100 g Zucker
500 ml (1/2 l) Orangensaft
3–4 Äpfel (etwa 500 g)

Für den Belag:
500 g Schlagsahne
2 Pck. Dr. Oetker Sahnesteif
2 Pck. Dr. Oetker Vanillin-Zucker

Zum Bestäuben:
evtl. Kakaopulver

Insgesamt:
E: 38 g, F: 235 g, Kh: 512 g,
kJ: 18570, kcal: 4436

1. Für den Teig Mehl mit Backpulver in einer Rührschüssel mischen. Zucker, Ei und Butter oder Margarine hinzufügen. Die Zutaten mit Handrührgerät mit Rührbesen zunächst kurz auf niedrigster, dann auf höchster Stufe zu feinen Streuseln verarbeiten.
2. Die Teigstreusel gleichmäßig auf einem Backblech (30 x 40 cm, gefettet) verteilen und gut zu einem Boden andrücken.
3. Den Backofen vorheizen.
Ober-/Unterhitze: etwa 180 °C
Heißluft: etwa 160 °C
4. Für die Füllung aus Pudding-Pulver, Zucker und Orangensaft einen Pudding nach Packungsanleitung, aber mit den hier angegebenen Zutaten zubereiten. Äpfel schälen, vierteln, entkernen, raspeln und unter den Pudding mischen.
5. Die Puddingmasse auf den Teig geben und glatt streichen. Das Backblech in den vorgeheizten Backofen schieben. Den Kuchen etwa 30 Minuten backen.
6. Das Backblech auf einen Kuchenrost stellen. Den Kuchen erkalten lassen.
7. Für den Belag Sahne mit Sahnesteif und Vanillin-Zucker steif schlagen. Die Sahne wellenartig auf den Kuchen streichen. Nach Belieben den Kuchen vor dem Servieren mit Kakao bestäuben.

Apfelbaum

Zubereitungszeit: 30 Minuten, ohne Teiggehzeit
Backzeit: etwa 30 Minuten

Für den Hefeteig:
375 g Weizenmehl
1 Pck. Dr. Oetker Trockenbackhefe
1 Prise Salz
50 g Zucker
1 Pck. Dr. Oetker Vanillin-Zucker
50 g weiche Butter oder Margarine
50 g Schlagsahne oder 50 ml Milch
200 g Crème fraîche

Zum Bestreichen:
1 Eigelb
2 EL Milch

Für den Belag:
213 g Baby-Äpfel, mit Stiel (aus der Dose)

Zum Bestreichen und Bestreuen:
etwa 25 g gehackte Mandeln
4 EL Baby-Apfelsaft (aus der Dose)
2 EL Zucker

Insgesamt:
E: 59 g, F: 141 g, Kh: 426 g,
kJ: 13946, kcal: 3333

1. Für den Teig das Mehl in eine Rührschüssel geben, mit Trockenbackhefe sorgfältig vermischen. Restliche Zutaten hinzufügen mit Handrührgerät mit Knetkaken zunächst kurz auf niedrigster, dann auf höchster Stufe in etwa 5 Minuten zu einem glatten Teig verarbeiten.
2. Den Teig zugedeckt so lange an einem warmen Ort gehen lassen, bis er sich sichtbar vergrößert hat (etwa 30 Minuten).
3. Den gegangenen Teig leicht mit Mehl bestäuben, aus der Schüssel nehmen und auf einer leicht bemehlten Arbeitsfläche nochmals kurz durchkneten.
4. Zwei Drittel des Teiges auf einem Backblech (30 x 40 cm, gefettet, mit Backpapier belegt) zu einem Baum (Ø der Krone etwa 20 cm, Höhe des

Apfelbaum

Stammes mit Wurzel etwa 15 cm) ausrollen und formen.
5. Zum Bestreichen Eigelb mit Milch verschlagen. Die Baumkrone damit bestreichen. Restlichen Teig auf der bemehlten Arbeitsfläche etwa 1/2 cm dick ausrollen. Mit einem Blattausstecher oder mithilfe eines Messers Blätter ausstechen oder -schneiden und auf die Baumkrone legen.
6. Die Teigreste verkneten, Schnecken daraus formen und auf den Baumstamm setzen.
7. Für den Belag die Baby-Äpfel in einem Sieb gut abtropfen lassen, den Saft auffangen. Die Äpfel auf der Baumkrone verteilen.
8. Den gesamten Baum mit Eigelbmilch bestreichen und mit Mandeln bestreuen. Den Baum nochmals so lange an einem warmen Ort gehen lassen, bis er sich sichtbar vergrößert hat (etwa 25 Minuten).
9. In der Zwischenzeit den Backofen vorheizen.
Ober-/Unterhitze: etwa 180 °C
Heißluft: etwa 160 °C
10. Das Backblech in den vorgeheizten Backofen schieben. Den Apfelbaum etwa 30 Minuten backen.
11. Den Apfelsaft mit 1 Esslöffel Zucker in einem Topf zum Kochen bringen, etwa 2 Minuten kochen lassen. Die Äpfel sofort nach dem Backen damit bestreichen und mit restlichem Zucker bestreuen.

Apfelmolke-Torte

Apfelmolke-Torte

Zubereitungszeit: 50 Minuten, ohne Abkühlzeit
Backzeit: etwa 15 Minuten

Für den Knetteig:
300 g Weizenmehl
1 Msp. Dr. Oetker Backin
75 g Zucker
3 EL Apfelsaft
175 g Butter oder Margarine
100 g gehobelte Haselnusskerne

Zum Bestreuen:
50 g gehobelte Haselnusskerne
25 g Zucker

Für die Apfelcreme:
4 Blatt weiße Gelatine
300 g Äpfel
500 ml (1/2 l) Apfelmolke
1 Pck. Dr. Oetker Pudding-Pulver Vanille-Geschmack
25 g Zucker

Für den Belag:
200 g Schlagsahne
1 Pck. Dr. Oetker Bourbon-Vanille-Zucker

etwas Puderzucker

Insgesamt:
E: 72 g, F: 304 g, Kh: 522 g,
kJ: 22095, kcal: 5275

1. Den Backofen vorheizen.
Ober-/Unterhitze: etwa 200 °C
Heißluft: etwa 180 °C
2. Für den Teig Mehl mit Backpulver in einer Rührschüssel mischen. Restliche Zutaten hinzufügen und mit Handrührgerät mit Knethaken zunächst kurz auf niedrigster, dann auf höchster Stufe gut durcharbeiten. Anschließend auf einer leicht bemehlten Arbeitsfläche zu einem glatten Teig verkneten. Teig auf einem Backblech (30 x 40 cm, gefettet, mit Backpapier belegt) ausrollen. Den Teig mehrmals mit einer Gabel einstechen.
3. Den Teig waagerecht halbieren, sodass 2 Rechtecke je 20 x 30 cm entstehen. Aus einem Teigrechteck 10 lange, spitze Dreiecke schneiden. Die Hälfte der Teigdreiecke mit Haselnusskernen bestreuen. Restliche Teigdreiecke mit Zucker bestreuen. Das Backblech in den vorgeheizten Backofen schieben. Das Gebäck etwa 15 Minuten backen.
4. Gebäck (Dreiecke) evtl. sofort nach dem Backen noch einmal nachschneiden. Das Gebäck auf dem Backblech erkalten lassen.
5. Für die Apfelcreme Gelatine nach Packungsanleitung einweichen. Die Äpfel schälen, vierteln, entkernen und in sehr kleine Stücke schneiden. Aus Molke, Pudding-Pulver und Zucker einen Pudding nach Packungsanleitung zubereiten. Gelatine ausdrücken und in dem heißen Pudding unter Rühren auflösen. Apfelstücke unterrühren. Pudding unter gelegentlichem Rühren erkalten lassen.
6. Den Knetteigboden auf eine Platte legen, evtl. einen Backrahmen darumstellen. Pudding-Apfel-Masse auf den Boden geben, glatt streichen.
7. Für den Belag Sahne mit Vanille-Zucker steif schlagen und auf die Apfel-Pudding-Masse streichen. Die mit Zucker bestreuten Dreiecke mit Puderzucker bestäuben. Abwechselnd mit den Nussdreiecken auf die Sahne legen. Die Torte bis zum Servieren in den Kühlschrank stellen. Evtl. Backrahmen entfernen.

Himbeer-Sekt-Schnitten

Zubereitungszeit: 60 Minuten, ohne Kühlzeit
Backzeit: etwa 12 Minuten

Für den Biskuitteig:
4 Eier (Größe M)
200 g Zucker
1 Pck. Dr. Oetker Vanillin-Zucker
1 Pck. Dr. Oetker Finesse Geriebene Zitronenschale
150 g Weizenmehl
1 gestr. TL Dr. Oetker Backin
50 g zerlassene, abgekühlte Butter

Für die Himbeerfüllung:
1 Pck. gemahlene Gelatine, rot
2 Blatt weiße Gelatine
1 kg Himbeeren
150 g Zucker
4 EL Himbeergeist

Für die Sektcreme:
400 g Schlagsahne
2 Pck. Mousse Zitrone (Dessertpulver)
600 ml trockener Sekt
2 Pck. Saucenpulver Vanille-Geschmack ohne Kochen

Zum Garnieren:
100 g Zartbitter-Schokolade
20 g Kokosfett

Insgesamt:
E: 84 g, F: 249 g, Kh: 669 g,
kJ: 24820, kcal: 5930

1. Den Backofen vorheizen.
Ober-/Unterhitze: etwa 200 °C
Heißluft: etwa 180 °C
2. Für den Teig die Eier in einer Rührschüssel mit Handrührgerät mit Rührbesen in etwa 1 Minute schaumig schlagen. Zucker, Vanillin-Zucker und Zitronenschale mischen und in etwa 1 Minute einstreuen, dann noch etwa 2 Minuten schlagen.
3. Mehl mit Backpulver mischen, auf die Eiercreme geben und kurz auf niedrigster Stufe unterrühren. Butter

vorsichtig unterrühren. Den Teig auf einem Backblech (30 x 40 cm, gefettet) verteilen und glatt streichen. Das Backblech in den vorgeheizten Backofen schieben. Die Biskuitplatte etwa 12 Minuten backen.

4. Das Backblech auf einen Kuchenrost stellen. Biskuit erkalten lassen, einen Backrahmen darumstellen.

5. Für die Himbeerfüllung gemahlene Gelatine und Blattgelatine nach Packungsanleitung quellen lassen bzw. einweichen und auflösen. Himbeeren verlesen (24 Himbeeren beiseitelegen). Restliche Himbeeren pürieren, mit Zucker und Himbeergeist verrühren.

6. Gelatine zuerst mit etwa 3 Esslöffeln des Himbeerpürees verrühren, dann mit dem restlichen Himbeerpüree verrühren. Wenn die Masse anfängt zu gelieren, auf dem Biskuitboden verteilen und glatt streichen.

7. Für die Sektcreme die Sahne mit Handrührgerät mit Rührbesen leicht cremig schlagen. Mousse-Dessertpulver gut unterschlagen und zu einer Creme aufschlagen. Sekt unterrühren. Zuletzt Saucenpulver gut unterrühren. Die Sektcreme in den Kühlschrank stellen und leicht anziehen lassen. Die Sektcreme gleichmäßig auf der Himbeerfüllung verteilen. Den Kuchen etwa 2 Stunden in den Kühlschrank stellen.

8. Backrahmen vorsichtig mit einem Messer lösen und entfernen. Kuchen in Schnitten teilen.

9. Zum Garnieren Schokolade in Stücke brechen, mit Kokosfett in einem kleinen Topf im heißen Wasserbad bei schwacher Hitze unter Rühren schmelzen. Kuvertüre in einen kleinen Gefrierbeutel geben und eine kleine Ecke abschneiden. Ornamente auf Backpapier spritzen und fest werden lassen. Die Schnitten mit den Ornamenten und den beiseitegelegten Himbeeren garnieren.

Karamell-Pistazien-Schnitten

Zubereitungszeit: 40 Minuten, ohne Abkühlzeit
Backzeit: etwa 25 Minuten

Für den Knetteig:
200 g Weizenmehl
1/2 gestr. TL Dr. Oetker Backin
80 g gesiebter Puderzucker
120 g Butter oder Margarine

Für den Belag:
50 g gehackte Pistazienkerne
400 g gezuckerte Kondensmilch
70 g Butter
50 g Crème fraîche

Insgesamt:
E: 64 g, F: 215 g, Kh: 278 g,
kJ: 14283, kcal: 3413

1. Für den Teig Mehl mit Backpulver in einer Rührschüssel mischen. Puderzucker und Butter oder Margarine hinzufügen. Die Zutaten mit Handrührgerät mit Knethaken zunächst kurz auf niedrigster, dann auf höchster Stufe gut durcharbeiten. Anschließend auf einer leicht bemehlten Arbeitsfläche zu einem glatten Teig verkneten. Sollte er kleben, ihn in Frischhaltefolie gewickelt eine Zeit lang kalt stellen.

2. In der Zwischenzeit den Backofen vorheizen.
Ober-/Unterhitze: etwa 180 °C
Heißluft: etwa 160 °C

3. Den Teig auf einem Backblech (gefettet) zu einem Quadrat (etwa 25 x 25 cm) ausrollen. Einen Backrahmen innen fetten und darumstellen. Den Teigboden mehrmals mit einer Gabel einstechen. Das Backblech in den vorgeheizten Backofen schieben. Den Kuchen etwa 25 Minuten backen.

4. Das Backblech auf einen Kuchenrost stellen. Den Kuchen erkalten lassen.

5. Für den Belag Pistazienkerne in einer Pfanne ohne Fett leicht rösten, herausnehmen und auf einem Teller erkalten lassen.

6. Kondensmilch und Butter in einem Topf unter Rühren erwärmen, bis die Butter geschmolzen ist. Den Topf von der Kochstelle nehmen. Crème fraîche unterrühren.

7. Die heiße Creme auf den Kuchen streichen. Pistazienkerne daraufstreuen und andrücken. Kuchen erkalten lassen. Den Backrahmen vorsichtig lösen und entfernen. Den Kuchen in etwa 5 x 5 cm große Stücke schneiden.

Himbeer-Sekt-Schnitten

Karamell-Pistazien-Schnitten

Apfel-Blüten-Kuchen

Zubereitungszeit: 60 Minuten, ohne Auftau-, Ruhe- und Kühlzeit
Backzeit: 30–35 Minuten

Zum Vorbereiten:
450 g TK-Blätterteig (6 Platten)

Für den Knetteig:
150 g Weizenmehl
100 g abgezogene, gemahlene Mandeln
1/2 TL gemahlener Zimt
100 g Zucker
1 Prise Salz
100 g Butter oder Margarine
1–2 EL kalte Milch

Für den Belag:
4 mittelgroße, säuerliche Äpfel
2 EL Zitronensaft

Zum Bestreichen:
1 Eigelb
2 EL Milch
1 Eiweiß
1 EL Wasser
100 g Apfelgelee

Zum Garnieren:
etwa 200 g Johannisbeergelee

Insgesamt:
E: 71 g, F: 273 g, Kh: 480 g,
kJ: 20135, kcal: 4810

1. Zum Vorbereiten Blätterteigplatten nebeneinander nach Packungsanleitung auftauen lassen.
2. Den Backofen vorheizen.
Ober-/Unterhitze: etwa 200 °C
Heißluft: etwa 180 °C
3. Für den Teig Mehl in eine Rührschüssel geben. Restliche Zutaten hinzufügen und mit Handrührgerät mit Rührbesen zunächst kurz auf niedrigster, danach auf höchster Stufe gut durcharbeiten.
4. Dann auf einer leicht bemehlten Arbeitsfläche zu einem glatten Teig verkneten. Sollte er kleben, ihn in Frischhaltefolie gewickelt etwa 1 Stunde kalt stellen.
5. Den Teig auf einem Backblech (30 x 40 cm, gefettet, mit Backpapier belegt) ausrollen. Teig mehrmals mit einer Gabel einstechen.
6. Für den Belag Äpfel schälen, vierteln, entkernen und waagerecht in dünne Scheiben schneiden. Apfelscheiben mit Zitronensaft beträufeln.
7. Zum Bestreichen Eigelb mit Milch verschlagen. Jeweils die Hälfte der Blätterteigplatten aufeinanderlegen und auf der leicht bemehlten Arbeitsfläche zu je einem Rechteck (etwa 20 x 30 cm) ausrollen. Blätterteigrechtecke etwa 5 Minuten ruhen lassen. Aus jedem Teigrechteck 6 Quadrate (je etwa 10 x 10 cm) schneiden. Blätterteigquadrate mit der Eigelbmilch bestreichen. Eiweiß mit Wasser verschlagen. Den Knetteigboden damit bestreichen. Die Blätterteigquadrate darauflegen. Apfelscheiben kreisförmig auf je ein Teigquadrat legen, sodass eine Blüte entsteht. Das Backblech in den vorgeheizten Backofen schieben. Den Kuchen 20–25 Minuten backen.
8. Das Backblech auf einen Kuchenrost stellen. Den Kuchen etwas abkühlen lassen.
9. Apfelgelee in einem kleinen Topf zum Kochen bringen. Die Apfelscheiben damit bestreichen. Den Kuchen erkalten lassen.
10. Zum Garnieren je 1 kleinen Teelöffel Johannisbeergelee auf jeweils 1 Apfelblüte geben.

Apfel-Nuss-Kuchen

Zubereitungszeit: 30 Minuten
Backzeit: etwa 30 Minuten

Für den Rührteig:
1 Bio-Zitrone (unbehandelt, ungewachst)
200 g weiche Butter oder Margarine
175 g Zucker
2 Pck. Dr. Oetker Vanillin-Zucker
1 Prise Salz
3 Eier (Größe M)
300 g Dinkelmehl (Type 630)
3 gestr. TL Dr. Oetker Backin
1 gestr. TL gemahlener Zimt
1/2 gestr. TL gemahlener Ingwer
600 g säuerliche Äpfel, z. B. Cox Orange, Elstar, Boskop
100 g gehobelte Haselnusskerne

Zum Bestreuen:
100 g gehobelte Haselnusskerne
20 g Zucker

Insgesamt:
E: 83 g, F: 321 g, Kh: 499 g,
kJ: 21922, kcal: 5239

1. Für den Teig Zitrone heiß abwaschen, abtrocknen und die Schale abreiben. Zitrone halbieren und den Saft auspressen, beiseitestellen.
2. Den Backofen vorheizen.
Ober-/Unterhitze: etwa 200 °C
Heißluft: etwa 180 °C
3. Butter oder Margarine in einer Rührschüssel mit Handrührgerät mit Rührbesen auf höchster Stufe geschmeidig rühren. Nach und nach Zucker, Vanillin-Zucker, Salz und Zitronenschale unterrühren. So lange rühren, bis eine gebundene Masse entstanden ist. Eier nach und nach unterrühren (jedes Ei etwa 1/2 Minute). Dinkelmehl mit Backpulver, Zimt und Ingwer mischen, in 2 Portionen kurz auf mittlerer Stufe unterrühren.
4. Äpfel schälen, halbieren und entkernen. Apfelhälften auf einer Haushaltsreibe grob raspeln. Apfelraspel (etwa 450 g) mit 2 Esslöffeln Zitronensaft mischen und mit den Haselnusskernen kurz unter den Teig

Apfel-Nuss-Kuchen

Schokoquadrate mit Physalis

rühren. Den Teig in einem tiefen Backblech oder in einer Fettpfanne (30 x 40 cm, gefettet) verteilen und glatt streichen.

5. Zum Bestreuen nacheinander Haselnusskerne und Zucker auf den Teig streuen. Das Backblech in den vorgeheizten Backofen schieben. Den Kuchen etwa 30 Minuten backen.

6. Das Backblech auf einen Kuchenrost stellen. Den Kuchen erkalten lassen.

Tipp: Die geschälten Äpfel nicht halbieren, sondern jeweils im Ganzen raspeln, sodass von jedem Apfel nur das Kerngehäuse mit Blüte und Stiel zurückbleibt.

Schokoquadrate mit Physalis

Zubereitungszeit: 45 Minuten, ohne Abkühlzeit
Backzeit: etwa 30 Minuten

Zum Vorbereiten:
100 g Zartbitter-Schokolade
200 g weiße Schokolade mit Crunch

Für den Schüttelteig:
170 g Weizenmehl
2 gestr. TL Dr. Oetker Backin
1 EL gesiebter Kakaopulver
70 g Zucker
3 Eier (Größe M)
120 g zerlassene, abgekühlte Butter oder Margarine
100 ml Milch

Für den Belag:
200 g Doppelrahm-Frischkäse
200 g Schlagsahne
1 EL gesiebter Puderzucker
1 Pck. Dr. Oetker Sahnesteif
25 Physalis (Kapstachelbeeren)

evtl. weiße, geschabte Schokolade

Insgesamt:
E: 90 g, F: 343 g, Kh: 400 g,
kJ: 21927, kcal: 5240

1. Zum Vorbereiten die Schokolade in Stücke brechen, in einem kleinen Topf im heißen Wasserbad bei schwacher Hitze unter Rühren schmelzen. Weiße Schokolade fein hacken.

2. Den Backofen vorheizen.
Ober-/Unterhitze: etwa 180 °C
Heißluft: etwa 160 °C

3. Für den Teig Mehl mit Backpulver und Kakao mischen, in eine verschließbare Schüssel (3-Liter-Inhalt) geben, mit Zucker vermischen. Eier, Butter oder Margarine, geschmolzene Schokolade und Milch hinzufügen. Schüssel mit dem Deckel fest verschließen. Mehrmals (insgesamt 15–30 Sekunden) kräftig schütteln, sodass alle Zutaten gut vermischt sind. Gehackte, weiße Schokolade hinzugeben. Alles mit einem Schneebesen oder Rührlöffel nochmals sorgfältig durchrühren, damit vor allem trockene Zutaten vom Rand mit untergerührt werden.

4. Einen Backrahmen (25 x 25 cm) auf ein Backblech (mit Backpapier belegt) stellen. Den Teig in den Backrahmen geben und glatt streichen. Das Backblech in den vorgeheizten Backofen schieben. Den Kuchen etwa 30 Minuten backen.

5. Das Backblech auf einen Kuchenrost stellen. Den Kuchen erkalten lassen. Backrahmen lösen und entfernen. Den Kuchen in Quadrate (etwa 5 x 5 cm) schneiden.

6. Für den Belag den Frischkäse und die Sahne in einer Rührschüssel mit Handrührgerät mit Rührbesen auf höchster Stufe 1/2 Minute schlagen. Puderzucker mit Sahnesteif mischen und einrieseln lassen. Sahnemasse cremig aufschlagen. Je 1 Esslöffel der Creme auf die Schokoquadrate geben.

7. Die Hüllen der Kapstachelbeeren jeweils über der Frucht zusammendrehen. Je 1 Kapstachelbeere auf die Sahnecreme setzen. Nach Belieben mit geschabter Schokolade bestreuen.

Schokoladen-Buttermilch-Schnitten

Thüringer Mohnkuchen

Schokoladen-Buttermilch-Schnitten

Zubereitungszeit: 55 Minuten, ohne Kühlzeit
Backzeit: etwa 20 Minuten

Für den Rührteig:
250 g weiche Butter oder Margarine
250 g Zucker
1 Pck. Dr. Oetker Bourbon-Vanille-Zucker
4 Eier (Größe M)
250 g Weizenmehl
2 gestr. TL Dr. Oetker Backin
35 g gesiebtes Kakaopulver
etwa 150 ml Buttermilch

Für die Karamellsplitter:
200 g Zucker
50 g gehobelte Mandeln

Für die Cremefüllung:
2 EL Orangenmarmelade
250 g weiche Butter
500 g Schokoladen-Pudding (aus dem Kühlregal)
100 g Kokosfett

Insgesamt:
E: 100 g, F: 585 g, Kh: 800 g,
kJ: 38241, kcal: 9132

1. Den Backofen vorheizen.
Ober-/Unterhitze: etwa 180 °C
Heißluft: etwa 160 °C
2. Für den Teig Butter oder Margarine in einer Rührschüssel mit Handrührgerät mit Rührbesen auf höchster Stufe geschmeidig rühren. Nach und nach Zucker und Vanille-Zucker unterrühren. So lange rühren, bis eine gebundene Masse entstanden ist.
3. Eier nach und nach unterrühren (jedes Ei etwa 1/2 Minute). Mehl mit Backpulver und Kakao mischen, abwechselnd in 2 Portionen mit der Buttermilch kurz auf mittlerer Stufe unterrühren (nur so viel Buttermilch verwenden, dass der Teig schwer-reißend vom Löffel fällt).
4. Den Teig auf ein Backblech (30 x 40 cm, gefettet, mit Backpapier belegt) geben und glatt streichen. Das Backblech in den vorgeheizten Backofen schieben. Die Gebäckplatte etwa 20 Minuten backen.
5. Die Gebäckplatte vom Rand lösen und auf eine mit Backpapier belegte Arbeitsfläche stürzen. Mitgebackenes Backpapier abziehen. Gebäckplatte erkalten lassen und der Länge nach halbieren.
6. Für die Karamellsplitter Zucker in einem Topf bei schwacher Hitze etwas karamellisieren lassen. Mandeln unterrühren. Die Karamellmasse herausnehmen, auf einem Stück Alufolie verstreichen und fest werden lassen.
7. Für die Cremefüllung eine Gebäckhälfte mit der Orangenmarmelade bestreichen. Butter mit Handrührgerät mit Rührbesen geschmeidig rühren. Nach und nach den Schokoladen-Pudding (Zimmertemperatur) unterrühren. Das Kokosfett erhitzen und sofort unterrühren.
8. Die Hälfte der Creme auf die mit Orangenmarmelade bestrichene Gebäckhälfte streichen. Mit der zweiten Gebäckhälfte belegen und etwas andrücken. Restliche Creme auf die obere Gebäckhälfte geben und glatt streichen. Evtl. auch die Seiten dünn mit der Creme bestreichen. Den Kuchen in den Kühlschrank stellen.
9. Den Kuchen in Schnitten teilen. Die Karamellplatte in beliebig große Stücke brechen. Die Schnitten damit garnieren.

Thüringer Mohnkuchen

Zubereitungszeit: 60 Minuten, ohne Teiggeh- und Abkühlzeit
Backzeit: 30–35 Minuten

Für den Hefeteig:
300 g Weizenmehl
etwa 21 g frische Hefe
65 g Zucker
100 ml lauwarme Milch
50 g zerlassene, abgekühlte Butter oder Margarine
25 g weiches Butterschmalz
1 Prise Salz

Für die Füllung:
375 ml (3/8 l) Milch
125 g Hartweizengrieß
375 g gemahlener Mohn
1 Birne
2 Eier (Größe M)
200 g Butter
200 g Zucker
125 g Magerquark
3 EL abgezogene, gemahlene Mandeln
2 EL Rum-Rosinen
2 EL Rum

Für die Streusel:
300 g Weizenmehl
200 g Zucker
1 Pck. Dr. Oetker Vanillin-Zucker
200 g weiche Butter

etwas Puderzucker

Insgesamt:
E: 210 g, F: 616 g, Kh: 1110 g,
kJ: 47282, kcal: 11294

1. Für den Teig Mehl in eine Rührschüssel geben. In die Mitte eine Vertiefung drücken und die Hefe hineinbröckeln. Zucker und etwas Milch hinzufügen. Mit einem kleinen Teil des Mehls mit einer Gabel vorsichtig verrühren und etwa 10 Minuten gehen lassen.
2. Butter oder Margarine, Butterschmalz, Salz und restliche Milch hinzufügen. Die Zutaten mit Handrührgerät mit Knethaken zunächst kurz auf niedrigster, dann auf höchster Stufe in etwa 5 Minuten zu einem glatten Teig verarbeiten. Den Teig leicht mit Mehl bestäuben und zugedeckt so lange an einem warmen Ort gehen lassen, bis er sich sichtbar vergrößert hat (etwa 20 Minuten).
3. In der Zwischenzeit für die Füllung Milch mit Grieß in einem Topf unter Rühren zum Kochen bringen. Mohn unterrühren. Die Masse erkalten lassen.
4. Den Backofen vorheizen.
Ober-/Unterhitze: etwa 180 °C
Heißluft: etwa 160 °C
5. Birne schälen, vierteln, entkernen und fein raspeln. Eier, Butter, Zucker, Quark und Mandeln gut unter die Mohnmasse rühren. Rum-Rosinen, Birnenraspel und Rum unterheben.
6. Den gegangenen Teig leicht mit Mehl bestäuben, aus der Schüssel nehmen und auf der leicht bemehlten Arbeitsfläche nochmals kurz durchkneten. Den Teig in einer Fettpfanne (30 x 40 cm, gefettet) ausrollen. Die Mohnfüllung daraufgeben und glatt streichen.
7. Für die Streusel Mehl in eine Rührschüssel geben. Die restlichen Zutaten hinzufügen und mit Handrührgerät mit Rührbesen zu Streuseln von gewünschter Größe verarbeiten. Teigstreusel auf der Mohnfüllung verteilen.
8. Die Fettpfanne in den vorgeheizten Backofen schieben. Den Kuchen 30–35 Minuten backen.
9. Die Fettpfanne auf einen Kuchenrost stellen. Den Kuchen erkalten lassen und vor dem Servieren mit Puderzucker bestäuben.

Kumquat-Gewürz-Kuchen

Zubereitungszeit: 25 Minuten, ohne Abkühlzeit
Backzeit: etwa 20 Minuten

Für die Kumquat-Masse:
100 g Kumquats (Miniorangen)
70 g flüssiger Honig
30 g Zucker
2 gestr. TL gemahlener Zimt
1 1/2 gestr. TL gemahlener Kardamom
1 gestr. TL gemahlener Ingwer
1/2 gest. TL gemahlener Piment (Nelkenpfeffer)

Für den All-in-Teig:
350 g Weizenmehl
30 g Speisestärke
3 gestr. TL Dr. Oetker Backin
120 g Zucker
1 Prise Salz
4 Eier (Größe M)
70 ml Buttermilch
250 g weiche Butter oder Margarine

2 EL Hagelzucker

Insgesamt:
E: 67 g, F: 245 g, Kh: 530 g,
kJ: 19395, kcal: 4635

1. Für die Kumquat-Masse die Kumquats mit heißem Wasser abspülen und abtropfen lassen. Die Stängelansätze entfernen. Kumquats längs halbieren und in dünne Scheiben schneiden, dabei Kerne entfernen. Kumquatscheiben mit Honig, Zucker und den Gewürzen in einem kleinen Topf bei mittlerer Hitze aufkochen lassen. Den Topf von der Kochstelle nehmen. Die Masse abkühlen lassen.
2. Den Backofen vorheizen.
Ober-/Unterhitze: etwa 180 °C
Heißluft: etwa 160 °C
3. Für den Teig Mehl mit Speisestärke und Backpulver in einer Rührschüssel mischen. Restliche Zutaten und lauwarme Kumquat-Masse hinzufügen. Mit Handrührgerät mit Rührbesen zunächst kurz auf niedrigster, dann auf höchster Stufe in etwa 2 Minuten zu einem glatten Teig verarbeiten.
4. Den Teig auf ein Backblech (30 x 40 cm, gefettet) geben, glatt streichen und mit Hagelzucker bestreuen. Das Backblech in den vorgeheizten Backofen schieben. Den Kuchen etwa 20 Minuten backen.
5. Das Backblech auf einen Kuchenrost stellen. Den Kuchen erkalten lassen.

Kumquat-Gewürz-Kuchen

Kuchen zum Tee

Zubereitungszeit: 25 Minuten, ohne Abkühlzeit
Backzeit: etwa 30 Minuten

Für den Knetteig:
200 g getrocknete, entsteinte Pflaumen
500 g Weizenmehl
1 gestr. TL gemahlener Anis
1 Pck. Dr. Oetker Backin
120 g brauner Zucker (Rohrzucker)
1 Prise Salz
300 g Butter oder Margarine
250 g Crème fraîche

3 EL Schlagsahne

Für die Creme:
etwa 220 g Schlagsahne
2 EL Zucker
1 Pck. Dr. Oetker Sahnesteif
150 g Crème fraîche

Insgesamt:
E: 74 g, F: 463 g, Kh: 660 g,
kJ: 30030, kcal: 7196

1. Den Backofen vorheizen.
Ober-/Unterhitze: etwa 200 °C
Heißluft: etwa 180 °C
2. Für den Teig die Pflaumen hacken. Mehl mit Anis und Backpulver in einer Rührschüssel mischen. Zucker, Salz, Butter oder Margarine und Crème fraîche hinzufügen. Die Zutaten mit Handrührgerät mit Knethaken zunächst kurz auf niedrigster, dann auf höchster Stufe gut durcharbeiten. Anschließend auf einer leicht bemehlten Arbeitsfläche zu einem glatten Teig verkneten.
3. Den Teig zu einem Rechteck ausrollen, in ein tiefes Backblech oder in eine Fettpfanne (30 x 40 cm, gefettet) legen und darauf ausrollen. Den Teig mit 3 Esslöffeln Sahne bestreichen. Das Backblech in den vorgeheizten Backofen schieben. Den Kuchen etwa 30 Minuten backen.
4. Das Backblech auf einen Kuchenrost stellen. Den Kuchen erkalten lassen.
5. Für die Creme Sahne steif schlagen. Zucker mit Sahnesteif mischen, mit Crème fraîche verrühren und unter die Sahne rühren. Den Kuchen in kleine Rauten schneiden und die Creme in Klecksen auf den Kuchenstücken verteilen.

Kuchen zum Tee

Apfelkuchen mit Mandellikörcreme

Zubereitungszeit: 45 Minuten, ohne Kühlzeit
Backzeit: etwa 60 Minuten

Für den Knetteig:
350 g Weizenmehl
2 gestr. TL Dr. Oetker Backin
150 g Butter oder Margarine
2 Eier (Größe M)
100 g Zucker
1 Pck. Dr. Oetker Vanillin-Zucker
1 Prise Salz
50 g abgezogene, gemahlene Mandeln

Für den Belag:
1 1/2 kg Äpfel, z. B. Cox Orange oder Elstar
Saft von 2 Zitronen
300 g weiche Butter
200 g Zucker
2 Pck. Dr. Oetker Vanillin-Zucker
2 Eier (Größe M)
etwas abgeriebene Schale von 1 Bio-Zitrone (unbehandelt, ungewachst)
80 ml Mandellikör
200 g Weizenmehl
500 g Schlagsahne
50 g gestiftete Mandeln

Insgesamt:
E: 127 g, F: 607 g, Kh: 916 g,
kJ: 42500, kcal: 10149

1. Für den Teig Mehl mit Backpulver in einer Rührschüssel mischen. Butter oder Margarine, Eier, Zucker, Vanillin-Zucker, Salz und Mandeln hinzufügen. Die Zutaten mit Handrührgerät mit Knethaken zunächst kurz auf niedrigster, dann auf höchster Stufe zu einem glatten Teig verarbeiten. Den Teig in Frischhaltefolie gewickelt etwa 30 Minuten kalt stellen.
2. Inzwischen Backofen vorheizen.
Ober-/Unterhitze: etwa 200 °C
Heißluft: etwa 180 °C
3. Den Teig in einer Fettpfanne (30 x 40 cm, gefettet) ausrollen, dabei einen kleinen Rand hochdrücken. Vor den Teig einen mehrfach geknickten Streifen Alufolie legen. Den Teigboden mehrmals mit einer Gabel einstechen. Die Fettpfanne in den vorgeheizten Backofen schieben. Die Gebäckplatte etwa 15 Minuten vorbacken.
4. Für den Belag Äpfel schälen und das Kerngehäuse mit einem Apfelausstecher ausstechen. Äpfel in Scheiben schneiden und mit Zitronensaft beträufeln.
5. Butter in einer Rührschüssel mit Handrührgerät mit Rührbesen geschmeidig rühren. Nach und nach Zucker, Vanillin-Zucker, Eier, Zitronenschale, Mandellikör und Mehl unterrühren. Sahne steif schlagen und unterheben. Die Masse auf die vorgebackene Gebäckplatte geben und glatt streichen. Die Apfelscheiben dicht an dicht darauflegen und mit Mandeln bestreuen. Die Fettpfanne wieder in den heißen Backofen (unteres Drittel) schieben. Den Apfelku-

Apfelkuchen mit Mandellikörcreme

Mango-Schnitten

chen bei gleicher Backofentemperatur in etwa 45 Minuten fertig backen.
6. Den Kuchen evtl. mit Backpapier bedecken, damit die Oberfläche nicht zu dunkel wird.

Mango-Schnitten

Zubereitungszeit: 35 Minuten, ohne Kühlzeit
Backzeit: 15–20 Minuten

Zum Vorbereiten:
460 g Mangoscheiben (aus Dosen)

Für den All-in-Teig:
100 g Weizenmehl
1 1/2 gestr. TL Dr. Oetker Backin
150 g Zucker
1/2 Pck. Dr. Oetker Finesse Geriebene Zitronenschale
2 Eier (Größe M)
70 g weiche Butter oder Margarine
50 ml Mangosaft (aus den Dosen)

Für den Belag:
250 ml (1/4 l) Mangosaft (aus den Dosen)
2 gestr. EL Zucker
1 Pck. ungezuckerter Tortenguss, klar

Für die Creme:
3 Blatt weiße Gelatine
125 ml (1/8 l) Buttermilch
250 g Schlagsahne
2 EL Puderzucker

Zum Garnieren:
125 g Mini-Butterkekse mit Schokolade

Insgesamt:
E: 52 g, F: 184 g, Kh: 479 g, kJ: 15992, kcal: 3824

1. Den Backofen vorheizen.
Ober-/Unterhitze: etwa 180 °C
Heißluft: etwa 160 °C
2. Zum Vorbereiten Mangoscheiben in einem Sieb abtropfen lassen. Den Saft auffangen und insgesamt 300 ml abmessen.
3. Für den Teig Mehl mit Backpulver in einer Rührschüssel mischen. Zucker, Zitronenschale, Eier, Butter oder Margarine und Mangosaft hinzufügen. Die Zutaten mit Handrührgerät mit Rührbesen zunächst kurz auf niedrigster, dann auf höchster Stufe in etwa 2 Minuten zu einem glatten Teig verarbeiten.
4. Einen Backrahmen (20 x 30 cm) auf ein Backblech (gefettet, mit Backpapier belegt) stellen. Den Teig hineingeben und glatt streichen. Das Backblech in den vorgeheizten Backofen schieben und die Gebäckplatte 15–20 Minuten backen.
5. Den Backrahmen lösen und entfernen. Die Gebäckplatte auf einen mit Backpapier belegten Kuchenrost stürzen und erkalten lassen. Mitgebackenes Backpapier abziehen. Gebäckplatte auf ein Backblech legen und den gesäuberten Backrahmen darumstellen.
6. Für den Belag die abgetropften Mangoscheiben auf der Gebäckplatte verteilen. Aus Mangosaft, Zucker und Tortengusspulver einen Guss nach Packungsanleitung zubereiten. Den Guss auf den Mangoscheiben verteilen. Den Kuchen etwa 30 Minuten in den Kühlschrank stellen.
7. Für die Creme Gelatine nach Packungsanleitung einweichen. Die Hälfte der Buttermilch erwärmen. Gelatine leicht ausdrücken und in der Buttermilch unter Rühren auflösen. Restliche Buttermilch unterrühren und anschließend in den Kühlschrank stellen.
8. Sahne mit Puderzucker steif schlagen. Sobald die Buttermilchmasse anfängt zu gelieren, Sahne unterheben. Die Creme auf die Mangoscheiben geben und glatt streichen. Auf der Creme Kuchenstücke markieren.
9. Zum Garnieren Butterkekse auf die markierten Kuchenstücke legen. Den Kuchen mindestens 1 Stunde in den Kühlschrank stellen. Den Backrahmen mit einem Messer lösen und entfernen. Den Kuchen in Stücke schneiden.

Rätsel-Blechkuchen mit Kirschen

Rhabarber-Pfirsich-Kuchen

Rätsel-Blechkuchen mit Kirschen

Zubereitungszeit: 55 Minuten, ohne Kühlzeit

Für die 1. Lage:
300 g Butterkekse
250 g Butter

Für die 3. Lage:
200 g gemahlene, geröstete Haselnusskerne

Für die 2. Lage:
500 g Doppelrahm-Frischkäse
75 g gesiebter Puderzucker
200 g Schlagsahne
2 Pck. Dr. Oetker Sahnesteif

Für die 4. Lage:
600 g Schlagsahne
2 Pck. Dr. Oetker Vanillin-Zucker
3 Pck. Dr. Oetker Sahnesteif

Für die 5. Lage:
740 g Sauerkirschen (aus Gläsern)
2 Pck. ungezuckerter Tortenguss, rot
500 ml (1/2 l) Kirschsaft
(aus den Gläsern)

Insgesamt:
E: 131 g, F: 681 g, Kh: 523 g,
kJ: 37976, kcal: 9073

1. Für die 1. Lage die Butterkekse in einen Gefrierbeutel geben. Den Beutel verschließen. Butterkekse mit einer Teigrolle fein zerbröseln und in eine Rührschüssel geben. Butter zerlassen, zu den Keksbröseln geben und gut verrühren. Keksbrösel auf einem Backblech (30 x 40 cm, gefettet) verteilen und mithilfe eines Löffels gut zu einem Boden andrücken. Einen Backrahmen darumstellen.
2. Für die 3. Lage Haselnusskerne in einer Pfanne ohne Fett unter Rühren bei schwacher Hitze leicht bräunen lassen, sofort herausnehmen und auf einem Teller erkalten lassen.
3. Für die 2. Lage Frischkäse mit Puderzucker verrühren. Sahne mit Sahnesteif steif schlagen und unter den Frischkäse heben. Die Frischkäse-Sahne-Creme auf dem Bröselboden verteilen. Als 3. Lage die Haselnusskerne gleichmäßig daraufstreuen.
4. Für die 4. Lage die Sahne mit Vanillin-Zucker und Sahnesteif steif schlagen. Die Sahne auf den Haselnusskernen verteilen und glatt streichen.
5. Für die 5. Lage Sauerkirschen in einem Sieb abtropfen lassen, dabei den Saft auffangen und 500 ml (1/2 l) abmessen, evtl. mit Wasser auffüllen. Die Sauerkirschen auf der Sahne (4. Lage) verteilen. Aus Tortengusspulver und Kirschsaft einen Guss nach Packungsanleitung, aber ohne Zucker zubereiten. Den Guss vorsichtig mithilfe eines Esslöffels auf den Sauerkirschen verteilen.
6. Den Kuchen etwa 2 Stunden in den Kühlschrank stellen. Den Backrahmen vorsichtig lösen und entfernen.

Tipp: Sie sollten den Kuchen maximal 1 Tag vor dem Verzehr zubereiten.

Rhabarber-Pfirsich-Kuchen

Zubereitungszeit: 65 Minuten, ohne Teiggehzeit
Backzeit: etwa 35 Minuten

Für den Hefeteig:
375 g Weizenmehl
1 Pck. Dr. Oetker Trockenbackhefe
50 g Zucker
1 Pck. Dr. Oetker Vanillin-Zucker
1 Prise Salz
125 ml (1/8 l) lauwarme Milch
75 g weiche Butter oder Margarine
1 Ei (Größe M)

Für den Streuselteig:
150 g Weizenmehl
100 g kernige Haferflocken
100 g Zucker
etwas gemahlener Zimt
1 Prise Salz
175 g weiche Butter oder Margarine

Für den Belag:
4 reife Pfirsiche (etwa 700 g)
1 kg Rhabarber

Insgesamt:
E: 96 g, F: 230 g, Kh: 684 g,
kJ: 22715, kcal: 5424

1. Für den Hefeteig Mehl in eine Rührschüssel geben, mit Trockenbackhefe sorgfältig vermischen. Zucker, Vanillin-Zucker, Salz, Milch, Butter oder Margarine und Ei hinzufügen.
2. Die Zutaten mit Handrührgerät mit Knethaken zunächst kurz auf niedrigster, dann auf höchster Stufe in etwa 5 Minuten zu einem glatten Teig verarbeiten. Den Teig zugedeckt so lange an einem warmen Ort gehen lassen, bis er sich sichtbar vergrößert hat (etwa 30 Minuten).
3. Für den Streuselteig Mehl in eine Rührschüssel geben. Restliche Zutaten hinzufügen und mit Handrührgerät mit Rührbesen zu Streuseln von gewünschter Größe verarbeiten. Teigstreusel beiseitestellen.
4. Für den Belag Pfirsiche kreuzweise einschneiden, kurz in kochendes Wasser legen (nicht kochen lassen), in kaltem Wasser abschrecken. Pfirsiche enthäuten, halbieren und entsteinen. Pfirsichhälften in Spalten schneiden.
5. Den Rhabarber abziehen, abspülen und abtropfen lassen. Stielenden und Blattansätze entfernen. Die Stangen in etwa 2 cm lange Stücke schneiden.
6. Den Hefeteig leicht mit Mehl bestäuben, aus der Schüssel nehmen und auf einer leicht bemehlten Arbeitsfläche nochmals kurz durchkneten. Den Teig auf einem Backblech (30 x 40 cm, gefettet) ausrollen. Pfirsichspalten und Rhabarberstücke gleichmäßig darauf verteilen. Mit den beiseitegestellten Teigstreuseln bestreuen. Den Teig zugedeckt nochmals so lange an einem warmen Ort gehen lassen, bis er sich sichtbar vergrößert hat (etwa 30 Minuten).
7. Inzwischen Backofen vorheizen.
Ober-/Unterhitze: etwa 180 °C
Heißluft: etwa 160 °C
8. Das Backblech in den vorgeheizten Backofen schieben. Den Kuchen etwa 35 Minuten backen.
9. Das Backblech auf einen Kuchenrost stellen. Den Kuchen erkalten lassen und in Stücke schneiden.

Saftiger Aprikosenkuchen

Zubereitungszeit: 45 Minuten, ohne Abkühlzeit
Backzeit: etwa 45 Minuten

Für den Knetteig:
225 g Weizenmehl
2 gestr. TL Dr. Oetker Backin
125 g Zucker
1 Pck. Dr. Oetker Vanillin-Zucker
1 Prise Salz
125 g Butter oder Margarine
1 Ei (Größe M)

2 geh. EL Johannisbeergelee

Für den Belag:
960 g Aprikosenhälften (aus Dosen)

Für den Biskuitteig:
4 Eier (Größe M)
2 EL heißes Wasser
125 g Zucker
1 Pck. Dr. Oetker Vanillin-Zucker
1 Prise Salz
100 g Weizenmehl
50 g Speisestärke
1 gestr. TL Dr. Oetker Backin

Insgesamt:
E: 80 g, F: 140 g, Kh: 764 g,
kJ: 20188, kcal: 4820

1. Für den Knetteig das Mehl mit Backpulver in einer Rührschüssel mischen. Restliche Zutaten hinzufügen und mit Handrührgerät mit Knethaken zunächst kurz auf niedrigster, dann auf höchster Stufe gut durcharbeiten.
2. Alles auf einer leicht bemehlten Arbeitsfläche zu einem glatten Teig verkneten. Sollte er kleben, ihn in Frischhaltefolie gewickelt 20–30 Minuten kalt stellen.
3. In der Zwischenzeit den Backofen vorheizen.
Ober-/Unterhitze: etwa 200 °C
Heißluft: etwa 180 °C
4. Teig auf einem Backblech (30 x 40 cm, gefettet) ausrollen. Einen Backrahmen darumstellen. Teig etwa 15 Minuten vorbacken.
5. Das Backblech auf einen Kuchenrost stellen. Die Knetteigplatte etwas abkühlen lassen und mit Johannisbeergelee bestreichen.
6. Für den Belag Aprikosenhälften in einem Sieb abtropfen lassen.
7. Für den Biskuitteig Eier und Wasser in einer Rührschüssel mit Handrührgerät mit Rührbesen auf höchster Stufe in etwa 1 Minute schaumig schlagen. Zucker, Vanillin-Zucker und Salz mischen, in etwa 1 Minute einstreuen, dann noch etwa 2 Minuten schlagen.
8. Mehl mit Speisestärke und Backpulver mischen, auf die Eiercreme geben und kurz auf niedrigster Stufe unterrühren. Den Teig auf die bestrichene Knetteigplatte streichen. Die Aprikosenhälften mit der Wölbung nach oben darauf verteilen.
9. Das Backblech wieder in den heißen Backofen schieben. Den Kuchen bei gleicher Backofentemperatur in etwa 30 Minuten fertig backen.
10. Das Backblech auf einen Kuchenrost stellen. Den Kuchen abkühlen lassen. Backrahmen vorsichtig mit einem Messers lösen und entfernen. Kuchen in Stücke schneiden.

Tipp: Den Kuchen mit Puderzucker bestäuben.

Saftiger Aprikosenkuchen

Roter-Reis-Kuchen

Zubereitungszeit: 90 Minuten, ohne Kühlzeit
Backzeit: 30–35 Minuten

Zum Vorbereiten:
750 ml (3/4 l) Milch
125 g Butter
1/2 gestr. TL Salz
250 g Milchreis (Rundkornreis)

Für die Streusel:
150 g Bananenchips
100 g Semmelbrösel
30 g Zucker
100 g Butter

Für den Belag:
2 Eier (Größe M)
1 EL heißes Wasser
100 g Zucker
1 Pck. Dr. Oetker Finesse Geriebene Zitronenschale
1 Pck. Rote Grütze Himbeer-Geschmack
1 Pck. (300 g) TK-Gemischte Beeren

Für den Guss:
1 Pck. Rote Grütze Himbeer-Geschmack
200 ml Wasser
250 ml (1/4 l) Himbeersirup

Insgesamt:
E: 68 g, F: 217 g, Kh: 484 g,
kJ: 18048, kcal: 4600

1. Zum Vorbereiten Milch, Butter und Salz in einem hohen Topf aufkochen lassen. Reis unter Rühren hinzugeben, aufkochen und zugedeckt etwa 40 Minuten bei schwacher Hitze ausquellen lassen, dabei ab und zu umrühren. Reis erkalten lassen.
2. Für die Streusel Bananenchips in einen Gefrierbeutel geben. Beutel fest verschließen. Chips mit einer Teigrolle fein zerbröseln.
3. Den Backofen vorheizen.
Ober-/Unterhitze: etwa 200 °C
Heißluft: etwa 180 °C
4. Chipsbrösel mit Semmelbröseln, Zucker und Butter mit Handrührgerät mit Rührbesen oder Knethaken verkneten. Die Bröselmasse auf einem Backblech (30 x 40 cm, gefettet) verteilen und mit einem Esslöffelrücken andrücken.
5. Für den Belag Eier und Wasser in einer Rührschüssel mit Handrührgerät mit Rührbesen auf höchster Stufe in etwa 1 Minute schaumig schlagen. Zucker und Zitronenschale mischen, in etwa 1 Minute einstreuen, dann noch etwa 2 Minuten schlagen. Rote-Grütze-Pulver kurz auf niedrigster Stufe unterrühren.
6. Den Reis mit einem Kochlöffel durchrühren. Die gefrorenen Beeren und die Eiercreme portionsweise unter den Reis heben. Die Reis-Beeren-Masse in kleinen Klecksen auf dem Bröselboden verteilen und glatt streichen. Das Backblech in den vorgeheizten Backofen schieben. Den Kuchen 30–35 Minuten backen.
7. Das Backblech auf einen Kuchenrost stellen. Den Kuchen vom Backblech lösen, aber darauf erkalten lassen.
8. Für den Guss Rote-Grütze-Pulver mit 6 Esslöffeln von dem Wasser anrühren. Sirup und restliches Wasser in einem Topf zum Kochen bringen. Angerührtes Pudding-Pulver unter Rühren in den von der Kochstelle genommenen Saft rühren und unter Rühren gut aufkochen lassen. Die Puddingmasse auf den Reiskuchen geben und glatt streichen. Den Kuchen etwa 2 Stunden in den Kühlschrank stellen. Den Kuchen in Rhomben schneiden.

Roter-Reis-Kuchen

Konfitüren-Kuchen

Zubereitungszeit: 60 Minuten, ohne Abkühlzeit
Backzeit: 25–30 Minuten

Für den All-in-Teig:
350 g Weizenmehl
3 gestr. TL Dr. Oetker Backin
120 g Zucker, 1 Prise Salz
4 Eier (Größe M)
250 g weiche Butter oder Margarine
340 g Sauerkirschkonfitüre

150 g Sauerkirschkonfitüre

Für den Belag:
6 Kiwis
120 g Stachelbeer- oder Kiwikonfitüre

Insgesamt:
E: 78 g, F: 240 g, Kh: 792 g,
kJ: 24490, kcal: 5849

1. Den Backofen vorheizen.
Ober-/Unterhitze: etwa 200 °C
Heißluft: etwa 180 °C
2. Für den Teig Mehl mit Backpulver in einer Rührschüssel mischen. Zucker, Salz, Eier, Butter oder Margarine und Konfitüre hinzufügen.

Die Zutaten mit Handrührgerät mit Rührbesen zunächst kurz auf niedrigster, dann auf höchster Stufe in etwa 2 Minuten zu einem glatten Teig verarbeiten.

3. Den Teig auf ein Backblech (30 x 40 cm, gefettet) geben und glatt streichen. Das Backblech in den vorgeheizten Backofen schieben. Den Kuchen 25–30 Minuten backen.

4. Das Backblech auf einen Kuchenrost stellen.

5. Konfitüre durch ein Sieb streichen, in einem kleinen Topf unter Rühren aufkochen lassen. Konfitüre streifenweise auf den Kuchen streichen. Kuchen erkalten lassen.

6. Für den Belag Kiwis schälen, der Länge nach halbieren und quer in Scheiben schneiden. Kiwischeiben dachziegelartig auf die nicht bestrichenen Kuchenstreifen legen. Stachelbeer- oder Kiwikonfitüre in einem kleinen Topf unter Rühren aufkochen lassen und durch ein Sieb streichen. Die Kiwischeiben mit der Konfitüre bestreichen. Kuchen erkalten lassen.

Konfitüren-Kuchen

Rhabarberkuchen mit Marzipangitter

Rhabarberkuchen mit Marzipangitter

Zubereitungszeit: 60 Minuten, ohne Teiggeh- und Abkühlzeit
Backzeit: 30–35 Minuten

Für den Hefeteig:
400 g Weizenmehl (Type 550)
1 Pck. Dr. Oetker Trockenbackhefe
75 g Zucker
1 Pck. Dr. Oetker Vanillin-Zucker
1 Prise Salz
200 ml lauwarme Milch
50–75 g zerlassene, abgekühlte Butter oder Margarine

Für den Belag:
1,2 kg Rhabarber, 50 g Zucker
200 g Marzipan-Rohmasse
150 g gesiebter Puderzucker
1 EL Zitronensaft

Zum Bestreichen und Bestäuben:
1 Eigelb
1 EL Schlagsahne oder Milch
etwas Puderzucker

Insgesamt:
E: 99 g, F: 137 g, Kh: 754 g,
kJ: 20191, kcal: 4821

1. Für den Teig das Mehl in eine Rührschüssel geben, mit Trockenbackhefe sorgfältig vermischen. Restliche Zutaten hinzufügen und mit Handrührgerät mit Knethaken zunächst kurz auf niedrigster, dann auf höchster Stufe in etwa 5 Minuten zu einem glatten Teig verarbeiten. Den Teig zugedeckt so lange an einem warmen Ort gehen lassen, bis er sich sichtbar vergrößert hat (etwa 20 Minuten).

2. Den gegangenen Teig leicht mit Mehl bestäuben, aus der Schüssel nehmen und auf einer leicht bemehlten Arbeitsfläche nochmals kurz durchkneten.

3. Drei Viertel des Teiges auf einem Backblech (30 x 40 cm, gefettet) ausrollen. Den Teig nochmals zugedeckt etwa 20 Minuten an einem warmen Ort gehen lassen.

4. Für den Belag Rhabarber nicht abziehen, abspülen, abtropfen lassen, Stielenden und Blattansätze entfernen. Die Stangen in 2–3 cm lange Stücke schneiden und mit Zucker vermischen.

5. Den Backofen vorheizen.
Ober-/Unterhitze: etwa 180 °C
Heißluft: etwa 160 °C

6. Marzipan mit Puderzucker und Zitronensaft verkneten. Die Hälfte davon mit einer Reibe auf den Hefeteig raspeln. Rhabarber darauf verteilen.

7. Restlichen Hefeteig auf der bemehlten Arbeitsfläche dünn ausrollen. Restliche Marzipanmasse halbieren, jeweils zwischen 2 Lagen Frischhaltefolie ausrollen. Dann die Marzipanplatten auf den Hefeteig legen. Mit einer Teigrolle nochmals darüberrollen, damit Teig und Marzipan verbunden sind. Anschließend mithilfe eines Gitterrollers zu einem Gitter rollen, auf den Rhabarber legen und möglichst vorsichtig auseinanderziehen.

8. Eigelb mit Sahne oder Milch verschlagen. Das Teiggitter damit bestreichen. Das Backblech in den vorgeheizten Backofen schieben. Den Kuchen 30–35 Minuten backen.

9. Das Backblech auf einen Kuchenrost stellen. Den Kuchen erkalten lassen und mit Puderzucker bestäuben.

Tipp: Wenn kein Gitterroller vorhanden ist, Teig-Marzipan-Platte mit einem Teigrädchen oder Messer in Streifen rädeln/schneiden. Streifen einzeln auf den Rhabarber legen.

Apfel-Pudding-Torte

Apfel-Pudding-Torte

Zubereitungszeit: 60 Minuten, ohne Kühlzeit
Backzeit: etwa 30 Minuten

Für den Biskuitteig:
30 g Butter
3 Eier (Größe M)
2 EL heißes Wasser
125 g Zucker
1 Pck. Dr. Oetker Vanillin-Zucker
125 g Weizenmehl
1 gestr. TL Dr. Oetker Backin

Für die Apfelfüllung:
500 g Äpfel
20 g Butter
2 EL Zitronensaft
30 g Zucker
1 Pck. Dr. Oetker Vanillin-Zucker

Für die Puddingcreme:
200 ml Apfelsaft
250 g Schlagsahne
40 g Zucker
1 Pck. Dr. Oetker Pudding-Pulver Vanille-Geschmack

Zum Bestreichen und Verzieren:
400 g Schlagsahne
30 g Zucker
1 Pck. Dr. Oetker Sahnesteif

evtl. einige Baby-Äpfel (aus der Dose)
etwas weiße Schokolade

Insgesamt:
E: 54 g, F: 267 g, Kh: 507 g,
kJ: 20001, kcal: 4779

1. Den Backofen vorheizen.
Ober-/Unterhitze: etwa 180 °C
Heißluft: etwa 160 °C

2. Für den Teig Butter zerlassen und abkühlen lassen. Eier und Wasser in einer Rührschüssel mit Handrührgerät mit Rührbesen auf höchster Stufe in etwa 1 Minute schaumig schlagen. Zucker und Vanillin-Zucker mischen, in etwa 1 Minute einstreuen, dann noch etwa 2 Minuten schlagen.

3. Mehl mit Backpulver mischen, auf die Eiercreme geben und kurz auf niedrigster Stufe unterrühren. Zuletzt die flüssige Butter kurz unterrühren.

4. Teig in eine Springform (Ø 26 cm, Boden gefettet, mit Backpapier belegt) füllen und glatt streichen. Die Form auf dem Rost in den vorgeheizten Backofen schieben. Den Biskuitboden etwa 30 Minuten backen.

5. Die Form auf einen Kuchenrost stellen. Den Biskuitboden etwas abkühlen lassen. Dann vorsichtig aus der Form lösen und auf einen mit Backpapier belegten Kuchenrost stürzen. Mitgebackenes Backpapier abziehen. Den Biskuitboden erkalten lassen.

6. Für die Apfelfüllung in der Zwischenzeit Äpfel schälen, vierteln, entkernen, in kleine Würfel schneiden. Apfelwürfel mit Butter, Zitronensaft, Zucker und Vanillin-Zucker in einem Topf dünsten. Apfelmasse abkühlen lassen.

7. Für die Puddingcreme aus Apfelsaft, Sahne, Zucker und Pudding-Pulver einen Pudding nach Packungsanleitung, aber mit den hier angegebenen Zutaten zubereiten. Sofort Frischhaltefolie direkt auf den Pudding legen. Pudding erkalten lassen.

8. Den Biskuitboden einmal waagerecht durchschneiden. Den unteren Boden auf eine Tortenplatte legen, einen Tortenring darumstellen. Zunächst die Apfelmasse darauf verteilen, dann die Puddingcreme daraufgeben und glatt streichen. Den oberen Boden vorsichtig darauflegen und leicht andrücken. Die Torte etwa 1 Stunde in den Kühlschrank stellen.

9. Zum Bestreichen und Verzieren Sahne mit Zucker und Sahnesteif steif schlagen. Die Torte mit gut zwei Dritteln der Sahne bestreichen. Restliche Sahne in einen Spritzbeutel mit Sternbandtülle füllen und ein Gitter auf die Tortenoberfläche spitzen. Die Torte nach Belieben mit gut abgetropften Baby-Äpfeln und weißer, geraspelter Schokolade garnieren.

Nusstorte mit Osterhäschen

Zubereitungszeit: 35 Minuten, ohne Abkühlzeit
Backzeit: 20–30 Minuten

150 g gemahlene Haselnusskerne

Für den Biskuitteig:
2 Eier (Größe M)
2–3 EL heißes Wasser
100 g Zucker
1 Pck. Dr. Oetker Vanillin-Zucker
75 g Weizenmehl
25 g Speisestärke
1 gestr. TL Dr. Oetker Backin

Für die Füllung:
600 g Schlagsahne
25 g gesiebter Puderzucker
1 Pck. Dr. Oetker Vanillin-Zucker
2 Pck. Dr. Oetker Sahnesteif

Zum Bestäuben:
etwas Puderzucker

Insgesamt:
E: 43 g, F: 280 g, Kh: 280 g,
kJ: 16394, kcal: 3917

1. Haselnusskerne in einer Pfanne ohne Fett unter Wenden goldbraun rösten, herausnehmen und auf einen Teller geben.

2. Den Backofen vorheizen.
Ober-/Unterhitze: etwa 180 °C
Heißluft: etwa 160 °C

3. Für den Teig Eier und Wasser mit Handrührgerät mit Rührbesen auf höchster Stufe in etwa 1 Minute schaumig schlagen. Zucker und Vanillin-Zucker mischen, in etwa 1 Minute einstreuen, dann noch etwa 2 Minuten schlagen.

4. Mehl mit Speisestärke und Backpulver mischen, auf die Eiercreme geben und kurz auf niedrigster Stufe unterrühren. Restliches Mehlgemisch auf die gleiche Weise unterarbeiten. Den Teig in eine Springform (Ø 26 cm, Boden gefettet, mit Backpapier belegt) füllen. Die Form auf dem Rost in den vorgeheizten Backofen schieben. Den Biskuitboden 20–30 Minuten backen.

5. Die Form auf einen Kuchenrost stellen. Den Biskuitboden etwas abkühlen lassen. Dann aus der Form lösen und auf einen mit Backpapier belegten Kuchenrost stürzen. Mitgebackenes Backpapier abziehen. Boden erkalten lassen. Den Biskuitboden einmal waagerecht durchschneiden.

6. Für die Füllung Sahne mit Puderzucker, Vanillin-Zucker und Sahnesteif steif schlagen. Die gerösteten Haselnusskerne (2 Esslöffel für den Rand beiseitelegen) unterrühren.

7. Den unteren Biskuitboden auf eine Tortenplatte legen und mit drei Viertel der Nuss-Sahne bestreichen. Den oberen Boden darauflegen und leicht andrücken. Den Tortenrand mit der restlichen Nuss-Sahne bestreichen und mit den beiseitegelegten Haselnusskernen bestreuen.

8. Aus Back- oder Pergamentpapier mehrere Osterhasen-Schablonen schneiden und auf die Tortenoberfläche legen. Tortenoberfläche mit Puderzucker bestäuben. Die Schablonen vorsichtig entfernen.

Nusstorte mit Osterhäschen

Orangen-Kokos-Torte

Zubereitungszeit: 35 Minuten
Backzeit: etwa 45 Minuten

Für den Rührteig:
125 g weiche Butter oder Margarine
125 g Zucker
1 Prise Salz
4 Tropfen Zitronen-Aroma
3 Eier (Größe M)
200 g Weizenmehl
2 gestr. TL Dr. Oetker Backin

Für den Belag:
4 Orangen
50 g gesiebter Puderzucker
1/2 gestr. TL gemahlener Zimt
50 g Kokosraspel

etwas Puderzucker

Insgesamt:
E: 54 g, F: 157 g, Kh: 391 g,
kJ: 13813, kcal: 3299

1. Den Backofen vorheizen.
Ober-/Unterhitze: etwa 160 °C
Heißluft: etwa 140 °C
2. Für den Teig Butter oder Margarine in einer Rührschüssel mit Handrührgerät mit Rührbesen auf höchster Stufe geschmeidig rühren. Nach und nach Zucker, Salz und Aroma unterrühren. So lange rühren, bis eine gebundene Masse entstanden ist.
3. Eier nach und nach unterrühren (jedes Ei etwa 1/2 Minute). Mehl mit Backpulver mischen und auf mittlerer Stufe kurz unterrühren. Den Teig in eine Springform (Ø 26 cm, Boden gefettet) füllen und glatt streichen.
4. Für den Belag Orangen so schälen, dass die weiße Haut vollständig entfernt wird. Orangen in dünne Scheiben schneiden. Orangenscheiben auf den Teig legen, dabei einen etwa 1 cm breiten Rand frei lassen. Puderzucker mit Zimt und Kokosraspeln mischen, auf den Orangenscheiben verteilen. Die Form auf dem Rost in den vorgeheizten Backofen schieben. Die Torte etwa 45 Minuten backen.
5. Die Form auf einen Kuchenrost stellen. Die Torte etwas abkühlen lassen. Dann aus der Form lösen und auf einem mit Backpapier belegten Kuchenrost erkalten lassen. Die Torte mit Puderzucker bestäuben.

Haselnusstorte

Zubereitungszeit: 45 Minuten, ohne Abkühlzeit
Backzeit: 20–30 Minuten

150 g gemahlene Haselnusskerne

Für den Biskuitteig:
4 Eier (Größe M)
4–5 EL heißes Wasser
200 g Zucker
1 Pck. Dr. Oetker Vanillin-Zucker
150 g Weizenmehl
100 g Speisestärke
3 gestr. TL Dr. Oetker Backin

Für die Füllung:
750 g Schlagsahne
35 g gesiebter Puderzucker
1 Pck. Dr. Oetker Vanillin-Zucker
3 Pck. Dr. Oetker Sahnesteif

14–16 ganze Haselnusskerne

Insgesamt:
E: 88 g, F: 363 g, Kh: 510 g,
kJ: 24420, kcal: 5835

1. Haselnusskerne in einer Pfanne ohne Fett unter Wenden goldbraun rösten, herausnehmen und auf einen Teller geben.
2. Den Backofen vorheizen.
Ober-/Unterhitze: etwa 180 °C
Heißluft: etwa 160 °C
3. Für den Teig Eier und Wasser in einer Rührschüssel mit Handrührgerät mit Rührbesen auf höchster Stufe in etwa 1 Minute schaumig schlagen. Zucker und Vanillin-Zucker mischen, in etwa 1 Minute einstreuen, dann noch etwa 2 Minuten schlagen.
4. Mehl mit Speisestärke und Backpulver mischen, die Hälfte davon auf die Eiercreme geben und kurz auf niedrigster Stufe unterrühren. Restliches Mehlgemisch auf die gleiche Weise unterarbeiten. Den Teig in eine Springform (Ø 26 cm, Boden gefettet, mit Backpapier belegt) füllen. Die Form auf dem Rost in den vor-

Orangen-Kokos-Torte

Haselnusstorte

geheizten Backofen schieben. Dann den Biskuitboden 20–30 Minuten backen.

5. Die Form auf einen Kuchenrost stellen. Biskuitboden etwas abkühlen lassen. Dann aus der Form lösen und auf einen mit Backpapier belegten Kuchenrost stürzen. Mitgebackenes Backpapier abziehen. Biskuitboden erkalten lassen.

6. Für die Füllung Sahne mit Puderzucker, Vanillin-Zucker und Sahnesteif steif schlagen. Unter zwei Drittel der Sahne 100 g der gerösteten Haselnusskerne rühren. Die Haselnuss-Sahne in 2 Portionen teilen.

7. Biskuitboden zweimal waagerecht durchschneiden. Den unteren Boden auf eine Tortenplatte legen und mit einer Portion Haselnuss-Sahne bestreichen. Mittleren Boden darauflegen, mit einer weiteren Portion Haselnuss-Sahne bestreichen. Den oberen Boden darauflegen und leicht andrücken. Tortenrand und -oberfläche mit einem Teil der restlichen Sahne bestreichen. Restliche Sahne halbieren und jeweils in einen Spritzbeutel mit Sternbandtülle und Bandtülle füllen.

8. Den unteren Tortenrand mit den restlichen gemahlenen Haselnusskernen (1 Teelöffel für die Mitte zurücklassen) bestreuen. Die Torte mit der Sahne verzieren und mit gemahlenen und ganzen Haselnusskernen garnieren.

Kaffee-Haselnuss-Torte

Kaffee-Haselnuss-Torte

Zubereitungszeit: 60 Minuten, ohne Kühlzeit
Backzeit: etwa 30 Minuten

Für den Biskuitteig:
2 TL Instant-Kaffee-Pulver
3 EL heißes Wasser
5 Eier (Größe M)
170 g Zucker
50 g Weizenmehl
2 gestr. TL Dr. Oetker Backin
200 g gemahlene Haselnusskerne

Für die Füllung:
2 TL Instant-Kaffee-Pulver
500 g Schlagsahne
30 g gesiebter Puderzucker
2 Pck. Dr. Oetker Sahnesteif

Für den Guss:
100 g Zartbitter-Kuvertüre
50 g Butter

30 g gehobelte, zweifarbige Schokolade (Kaffeesahne)

Insgesamt:
E: 96 g, F: 364 g, Kh: 196 g,
kJ: 19325, kcal: 4618

1. Den Backofen vorheizen.
Ober-/Unterhitze: etwa 180 °C
Heißluft: etwa 160 °C

2. Für den Teig Kaffee-Pulver in dem Wasser auflösen. Eier und Kaffee in einer Rührschüssel mit Handrührgerät mit Rührbesen auf höchster Stufe in etwa 1 Minute schaumig schlagen. Zucker in etwa 1 Minute einstreuen, noch etwa 2 Minuten schlagen.

3. Mehl mit Backpulver mischen, auf die Eiercreme geben und kurz auf niedrigster Stufe unterrühren. Haselnusskerne vorsichtig unterheben. Den Teig in eine Springform (Ø 26 cm, Boden gefettet, mit Backpapier belegt) füllen und glatt streichen. Die Form auf dem Rost in den vorgeheizten Backofen schieben. Den Biskuitboden etwa 30 Minuten backen.

4. Die Form auf einen Kuchenrost stellen. Biskuitboden etwas abkühlen lassen. Dann aus der Form lösen und auf einen mit Backpapier belegten Kuchenrost stürzen. Mitgebackenes Backpapier abziehen. Boden erkalten lassen. Biskuitboden zweimal waagerecht durchschneiden. Den unteren Boden auf eine Tortenplatte legen.

5. Für die Füllung Kaffee-Pulver durch ein feines Sieb streichen. Die Sahne mit Kaffee-Pulver, Puderzucker und Sahnesteif steif schlagen. Etwa 4 Esslöffel der Kaffeesahne abnehmen und zugedeckt in den Kühlschrank stellen. Die Hälfte der restlichen Kaffeesahne auf dem unteren Biskuitboden verteilen. Mittleren Biskuitboden darauflegen, mit der restlichen Kaffeesahne bestreichen und dem oberen Boden belegen. Die Torte zugedeckt in den Kühlschrank stellen.

6. Für den Guss Kuvertüre in Stücke brechen, mit der Butter in einem kleinen Topf im heißen Wasserbad bei schwacher Hitze unter Rühren schmelzen. Den Guss etwas abkühlen lassen, dabei ab und zu umrühren. Den Guss auf die Tortenoberfläche geben und glatt streichen. Guss fest werden lassen.

7. Den Tortenrand mit der beiseitegestellten Kaffeesahne bestreichen. Gehobelte Schokolade auf die Tortenoberfläche streuen.

Erdbeer-Wein-Torte

Erdbeer-Wein-Torte

Zubereitungszeit: 40 Minuten, ohne Quell- und Kühlzeit

Für die Füllung:
1 Pck. gemahlene Gelatine, weiß
250 ml (1/4 l) Weißwein
3 Eigelb (Größe M)
120 g Zucker
1 Pck. Dr. Oetker Vanillin-Zucker
1 EL Zitronensaft
250 g Schlagsahne
300 g Erdbeeren
1 heller Biskuitboden
(Ø 26 cm, fertig gekauft)

Zum Verzieren und Garnieren:
50 g gehobelte Mandeln
250 g Schlagsahne
1 Pck. Dr. Oetker Sahnesteif
1 Pck. Dr. Oetker Vanillin-Zucker
einige vorbereitete, halbierte Erdbeeren

Insgesamt:
E: 73 g, F: 230 g, Kh: 551 g,
kJ: 20145, kcal: 4813

1. Für die Füllung Gelatine mit 125 ml (1/8 l) Wein nach Packungsanleitung in einem kleinen Topf anrühren und quellen lassen.
2. In der Zwischenzeit Eigelb, Zucker, Vanillin-Zucker, Zitronensaft und restlichen Wein in einen Edelstahltopf oder eine Schüssel geben und mit Handrührgerät mit Rührbesen auf niedrigster Stufe im heißen Wasserbad so lange schlagen, bis die Masse durch und durch schaumig ist (das Volumen muss sich etwa verdoppeln – Wasser und Weinschaum nicht kochen lassen, da die Masse sonst gerinnt).
3. Den Topf oder die Schüssel aus dem Wasserbad nehmen. So lange weiterschlagen, bis die Masse erkaltet ist.
4. Gequollene Gelatine in dem Topf unter Rühren bei schwacher Hitze auflösen. Die Gelatine zuerst mit etwa 4 Esslöffeln von der Weinschaummasse verrühren, dann unter die restliche Weinschaummasse rühren.
5. Sahne steif schlagen. Sobald die Weinschaummasse anfängt dicklich zu werden, Sahne vorsichtig unterheben.
6. Erdbeeren abspülen, gut abtropfen lassen, entstielen und in Stücke schneiden. Den Biskuitboden einmal waagerecht durchschneiden. Den unteren Boden auf eine Tortenplatte legen. Die Hälfte der Weincreme darauf glatt streichen. Die Erdbeerstücke auf der Creme verteilen. Restliche Creme daraufgeben und glatt streichen. Den oberen Biskuitboden darauflegen und leicht andrücken.
7. Zum Verzieren und Garnieren Mandeln in einer Pfanne ohne Fett unter Wenden goldbraun rösten, herausnehmen und auf einen Teller geben. Sahne mit Sahnesteif und Vanillin-Zucker steif schlagen. Tortenrand und -oberfläche mit zwei Dritteln der Sahne bestreichen. Die Torte etwa 15 Minuten in den Kühlschrank stellen. Den Tortenrand mit Mandeln garnieren.
8. Restliche Sahne in einen Spritzbeutel mit Sterntülle füllen. Die Tortenoberfläche damit verzieren und mit den Erdbeerhälften garnieren.

Hinweis: Nur ganz frische Eier verwenden, die nicht älter als 5 Tage sind (Legedatum beachten!). Die Torte im Kühlschrank aufbewahren und innerhalb von 24 Stunden verzehren.

Kleine Espressotorte

Zubereitungszeit: 50 Minuten, ohne Abkühlzeit
Backzeit: 25–30 Minuten

Für den Biskuitteig:
2 Eier (Größe M)
40 g Zucker
70 g Weizenmehl
10 g Speisestärke

Für die Füllung:
250 ml (1/4 l) Milch
1/2 Pck. Dr. Oetker Pudding-Pulver Schokoladen-Geschmack
3 EL Zucker
2–3 TL Instant-Espresso-Pulver
125 g weiche Butter

Außerdem:
4 EL Aprikosenkonfitüre
200 g Marzipan-Rohmasse
50 g gesiebter Puderzucker
einige hauchdünne Täfelchen Mokka-Schokolade
1 TL Kakaopulver

Insgesamt:
E: 60 g, F: 215 g, Kh: 406 g,
kJ: 16074, kcal: 3841

1. Den Backofen vorheizen.
Ober-/Unterhitze: etwa 180 °C
Heißluft: etwa 160 °C
2. Für den Teig die Eier in einer Rührschüssel mit Handrührgerät mit Rühr-

besen auf höchster Stufe in etwa 1 Minute schaumig schlagen. Zucker in etwa 1 Minute einstreuen, dann noch etwa 2 Minuten schlagen. Mehl mit Speisestärke mischen, auf die Eiercreme geben und kurz auf niedrigster Stufe unterrühren.

3. Teig in eine Springform (Ø 18 cm, Boden gefettet, mit Backpapier belegt) füllen und glatt streichen. Die Form auf dem Rost in den vorgeheizten Backofen schieben. Den Boden 25–30 Minuten backen.

4. Die Form auf einen Kuchenrost stellen. Den Biskuitboden etwas abkühlen lassen. Dann vorsichtig aus der Form lösen und auf einen mit Backpapier belegten Kuchenrost stürzen. Mitgebackenes Backpapier abziehen. Den Biskuitboden erkalten lassen.

5. Für die Füllung aus Milch, Pudding-Pulver und Zucker einen Pudding nach Packungsanleitung zubereiten. Espresso-Pulver unterrühren. Den Topf von der Kochstelle nehmen. Sofort Frischhaltefolie direkt auf den Pudding legen. Pudding erkalten lassen. Butter schaumig rühren. Pudding esslöffelweise unterrühren.

6. Den Biskuitboden einmal waagerecht durchschneiden. Puddingcreme auf den unteren Boden streichen, oberen Boden darauflegen. 3 Esslöffel der Konfitüre in einem Topf erwärmen, glatt rühren und auf den oberen Boden streichen.

7. Das Marzipan mit Puderzucker verkneten, zwischen 2 Lagen Frischhaltefolie ausrollen (Ø etwa 26 cm), als Marzipandecke auf die Torte legen und rundherum andrücken. Überstehendes Marzipan abschneiden. Mokkatäfelchen mit restlicher Konfitüre an den Tortenrand kleben. Die Torte mit Kakao bestäuben.

Kleine Espressotorte

Preiselbeertorte „Linzer Art"

Zubereitungszeit: 45 Minuten
Backzeit: etwa 30 Minuten

Für den Knetteig:
200 g Weizenmehl, 50 g Zucker
150 g Butter oder Margarine

Für die Füllung:
210 g Wild-Preiselbeeren (aus dem Glas)
1 gestr. TL gemahlener Zimt

1 EL Milch
1 Eigelb

Insgesamt:
E: 27 g, F: 137 g, Kh: 301 g, kJ: 10708, kcal: 2561

1. Für den Teig Mehl in eine Rührschüssel geben. Restliche Zutaten hinzufügen und mit Handrührgerät mit Knethaken zunächst kurz auf niedrigster, dann auf höchster Stufe gut durcharbeiten.

2. Anschließend auf einer leicht bemehlten Arbeitsfläche zu einem glatten Teig verkneten. Sollte er kleben, ihn in Frischhaltefolie gewickelt eine Zeit lang kalt stellen.

3. Den Backofen vorheizen.
Ober-/Unterhitze: etwa 200 °C
Heißluft: etwa 180 °C

4. Gut die Hälfte des Teiges auf dem Boden einer Springform (Ø 26 cm, gefettet) ausrollen, den Springformrand darumstellen. Restlichen Teig auf der leicht bemehlten Arbeitsfläche zu einer runden Platte (Ø etwa 26 cm) ausrollen. Aus der Teigplatte mit einem Teigrädchen 15–20 Streifen schneiden.

5. Für die Füllung Preiselbeeren mit Zimt mischen, auf den Teigboden geben und glatt streichen. Dabei einen etwa 1 cm breiten Rand frei lassen. Teigstreifen gitterförmig auf die Füllung legen. Milch und Eigelb verquirlen, die Teigstreifen damit bestreichen.

6. Die Form auf dem Rost in den vorgeheizten Backofen schieben. Die Torte etwa 30 Minuten backen.

7. Die Form auf einen Kuchenrost stellen. Die Torte etwas abkühlen lassen. Dann aus der Form lösen und auf einem mit Backpapier belegten Kuchenrost erkalten lassen.

Preiselbeertorte „Linzer Art"

Weintrauben-Schmand-Torte

Zubereitungszeit: 65 Minuten, ohne Kühlzeit
Backzeit: Knetteigboden 10–15 Minuten, Biskuitboden 20–30 Minuten

Für den Knetteig:
150 g Weizenmehl
20 g gesiebtes Kakaopulver
75 g Zucker
1 Pck. Dr. Oetker Vanillin-Zucker
1 Ei (Größe M)
100 g Butter oder Margarine

Für den Biskuitteig:
2 Eier (Größe M)
2 EL heißes Wasser
100 g Zucker
1 Pck. Dr. Oetker Vanillin-Zucker
75 g Weizenmehl
50 g Speisestärke
1 gestr. TL Dr. Oetker Backin

Für die Füllung:
1 Pck. gemahlene Gelatine, weiß
4 EL Wasser
1 Pck. Saucenpulver Vanille-Geschmack zum Kochen
500 g Schlagsahne
150 g Zucker
600 g Schmand (Sauerrahm)
evtl. 2 EL Zitronensaft

Außerdem:
2 EL Nuss-Nougat-Creme
750 g grüne und blaue Weintrauben
1 Pck. ungezuckerter Tortenguss, klar
25 g Zucker
250 ml (1/4 l) heller Traubensaft

Insgesamt:
E: 73 g, F: 432 g, Kh: 839 g,
kJ: 32100, kcal: 7588

1. Den Backofen vorheizen.
Ober-/Unterhitze: etwa 180 °C
Heißluft: etwa 160 °C
2. Für den Knetteig Mehl mit Kakao in einer Rührschüssel mischen. Restliche Zutaten hinzufügen und mit Handrührgerät mit Knethaken zunächst kurz auf niedrigster, dann auf höchster Stufe gut durcharbeiten.
3. Anschließend auf einer leicht bemehlten Arbeitsfläche zu einem glatten Teig verkneten. Sollte er kleben, ihn in Frischhaltefolie gewickelt eine Zeit lang kalt stellen.
4. Den Teig auf dem Boden einer Springform (Ø 26 cm, gefettet) ausrollen, Springformrand darumstellen. Die Form auf dem Rost in den vorgeheizten Backofen schieben. Den Boden 10–15 Minuten backen.
5. Den Boden vom Springformboden lösen, aber darauf erkalten lassen.
6. Für den Biskuitteig Eier und Wasser in einer Rührschüssel mit Handrührgerät mit Rührbesen auf höchster Stufe in etwa 1 Minute schaumig schlagen. Zucker mit Vanillin-Zucker mischen, in etwa 1 Minute einstreuen, dann noch etwa 2 Minuten schlagen.
7. Mehl mit Speisestärke und Backpulver mischen, kurz auf niedrigster Stufe unterrühren. Den Teig in eine Springform (Ø 26 cm, gefettet, mit Backpapier belegt) geben und glatt streichen. Die Form auf dem Rost in den vorgeheizten Backofen schieben. Den Biskuitboden bei gleicher Backofentemperatur 20–30 Minuten backen.
8. Den Biskuitboden aus der Form lösen und auf einen Kuchenrost stürzen. Mitgebackenes Backpapier abziehen, Biskuit erkalten lassen.
9. Für die Füllung Gelatine in einem kleinen Topf nach Packungsanleitung anrühren und quellen lassen. Aus Saucenpulver, 250 g Sahne und 25 g des Zuckers eine Vanillesauce nach Packungsanleitung zubereiten. Gelatine darin unter Rühren auflösen. Die Sauce in den Kühlschrank stellen.
10. Wenn die Sauce anfängt dicklich zu werden, Schmand mit restlichem Zucker verrühren und unter die Vanillesauce rühren. Die restliche Sahne steif schlagen und unterheben. Nach Belieben 2 Esslöffel Zitronensaft unterrühren.
11. Den Knetteigboden auf eine Tortenplatte legen und mit der Nuss-Nougat-Creme bestreichen. Biskuitboden darauflegen und andrücken. Einen Tortenring darumstellen. Die Vanille-Schmand-Creme auf dem Biskuitboden verteilen.
12. Weintrauben abspülen, abtropfen lassen, entstielen, halbieren und entkernen. Die Traubenhälften gemischt auf der Vanille-Schmand-Creme verteilen.
13. Aus Tortengusspulver, Zucker und Traubensaft einen Guss nach Packungsanleitung zubereiten. Guss vorsichtig auf den Weintrauben verteilen. Die Torte etwa 2 Stunden in den Kühlschrank stellen. Vor dem Servieren den Tortenring vorsichtig lösen und entfernen.

Weintrauben-Schmand-Torte

Schoko-Makronen-Torte

Zubereitungszeit: 100 Minuten, ohne Abkühlzeit
Backzeit: Knetteigboden etwa 15 Minuten, Makronenringe etwa 15 Minuten je Backblech

Für den Knetteig:
75 g Weizenmehl
25 g Zucker
1 Pck. Dr. Oetker Vanillin-Zucker
1 Eigelb (Größe M)
50 g Butter oder Margarine

Für die Makronenringe:
275 g Marzipan-Rohmasse
60 g gesiebter Puderzucker
1 Ei (Größe M)
1 Eiweiß (Größe M)

Zum Bestreichen und für die Füllung:
275 g Zartbitter-Kuvertüre
400 g Schlagsahne
2 Pck. Dr. Oetker Sahnesteif

etwas Halbbitter-Kuvertüre

Insgesamt:
E: 79 g, F: 381 g, Kh: 446 g,
kJ: 23891, kcal: 5709

Schoko-Makronen-Torte

1. Für den Teig das Mehl in eine Rührschüssel geben. Restliche Zutaten hinzufügen und mit Handrührgerät mit Knethaken zunächst kurz auf niedrigster, dann auf höchster Stufe gut durcharbeiten.
2. Anschließend auf einer leicht bemehlten Arbeitsfläche zu einem glatten Teig verkneten. Sollte er kleben, ihn in Frischhaltefolie gewickelt eine Zeit lang kalt stellen.
3. Den Backofen vorheizen.
Ober-/Unterhitze: etwa 180 °C
Heißluft: etwa 160 °C
4. Den Knetteig auf dem Boden einer Springform (Ø 22 cm, gefettet) ausrollen, den Springformrand darumstellen. Die Form auf dem Rost in den vorgeheizten Backofen schieben. Den Knetteigboden etwa 15 Minuten backen.
5. Die Form auf einen Kuchenrost stellen. Knetteigboden sofort vom Springformboden lösen, aber darauf erkalten lassen. Die Backofentemperatur um etwa 20 °C herunterschalten.
6. Für die Makronenringe Marzipan in sehr dünne Scheiben schneiden. Marzipanscheiben mit Puderzucker, Ei und Eiweiß gut verrühren. Die Marzipan-Masse in einen Spritzbeutel mit großer Lochtülle (Ø etwa 15 mm) füllen.
7. Auf 2 Stück Backpapier einmal 1 Kreis und einmal 2 Kreise (jeweils Ø etwa 20 cm) zeichnen. Backpapier auf je 1 Backblech legen. Die Marzipanmasse als Ringe daraufspritzen. Restliche Marzipan-Masse als Tupfen mit auf das Backpapier spritzen. Die Backbleche nacheinander (bei Heißluft zusammen) in den heißen Backofen schieben. Die Makronenringe und -tupfen etwa 15 Minuten je Backblech backen.
8. Die Makronenringe und -tupfen mit dem Backpapier von den Backblechen auf Kuchenroste ziehen. Makronengebäck erkalten lassen.
9. Zum Bestreichen und für die Füllung Kuvertüre in Stücke hacken, in einem kleinen Topf im heißen Wasserbad bei schwacher Hitze unter Rühren schmelzen. Den Knetteigboden auf eine Tortenplatte legen und mit gut 2 Esslöffeln Kuvertüre bestreichen. Dann 1 Makronenring darauflegen, mit etwas Kuvertüre bestreichen. Den zweiten Makronenring darauflegen, wieder mit etwas Kuvertüre bestreichen und mit dem dritten Makronenring belegen. Die Kuvertüre fest werden lassen.
10. Sahne mit Sahnesteif steif schlagen. Restliche, abgekühlte, aber noch nicht wieder fest gewordene, Kuvertüre vorsichtig unterrühren. Die Schokoladensahne in die Makronenringe geben und glatt streichen. Die Makronentupfen daraufsetzen.
11. Die Halbbitter-Kuvertüre wie unter Punkt 9 beschrieben schmelzen. Kuvertüre in einen Gefrierbeutel füllen, eine kleine Ecke abschneiden. Die Schoko-Makronen-Torte mit der Kuvertüre verzieren.

Kürbis-Apfel-Torte

Zubereitungszeit: 45 Minuten, ohne Abkühlzeit
Backzeit: etwa 30 Minuten

Zum Vorbereiten:
150 g Äpfel
1 EL Zitronensaft
175 g Kürbisfleisch, in Würfeln
100 ml Orangensaft

Für den Schüttelteig:
125 g Butter oder Margarine
200 g Weizenmehl
3 gestr. TL Dr. Oetker Backin
125 g Zucker
1 Pck. Dr. Oetker Vanillin-Zucker
2 Eier (Größe M)
100 g Schlagsahne

Für den Belag:
200 g Schlagsahne
1 Pck. Dr. Oetker Sahnesteif
1 EL Puderzucker

1 EL Himbeer- oder Johannisbeergelee

Insgesamt:
E: 42 g, F: 214 g, Kh: 356 g,
kJ: 15000, kcal: 3586

1. Zum Vorbereiten Äpfel schälen, halbieren, entkernen und auf einer Haushaltsreibe fein raspeln. Apfelraspel mit Zitronensaft vermischen.
2. Kürbiswürfel und Orangensaft in einem Topf zum Kochen bringen und 8–10 Minuten kochen lassen. Den Topf von der Kochstelle nehmen. Apfelraspel unterrühren, die Fruchtmasse erkalten lassen.
3. Den Backofen vorheizen.
Ober-/Unterhitze: etwa 180 °C
Heißluft: etwa 160 °C
4. Für den Teig Butter oder Margarine zerlassen und abkühlen lassen. Mehl mit Backpulver mischen, in eine verschließbare Schüssel (etwa 3-Liter-Inhalt) geben, mit Zucker und Vanillin-Zucker mischen. Eier, flüssige Butter oder Margarine und Sahne hinzufügen. Die Schüssel mit dem Deckel fest verschließen.
5. Die Schüssel mehrmals kräftig schütteln (insgesamt 15–30 Sekunden), sodass alle Zutaten gut vermischt sind. Alles mit einem Schneebesen oder Rührlöffel nochmals sorgfältig durchrühren, damit trockene Zutaten vom Rand mit untergerührt werden.
6. Die Hälfte der Fruchtmasse unter den Teig heben. Den Teig in eine Springform (Ø 26 cm, Boden gefettet) füllen und glatt streichen. Die Form auf dem Rost in den vorgeheizten Backofen schieben. Die Torte etwa 30 Minuten backen.
7. Die Torte aus der Form lösen, auf einen mit Backpapier belegten Kuchenrost stürzen, erkalten lassen. Torte auf eine Tortenplatte setzen.
8. Für den Belag Sahne mit Sahnesteif und Puderzucker steif schlagen. Die restliche Fruchtmasse unter die Sahne heben und kuppelförmig auf die Torte streichen.
9. Gelee in einem kleinen Topf unter Rühren zum Kochen bringen. Die Tortenoberfläche mithilfe eines Teelöffels mit dem Gelee verzieren. Die Kürbis-Apfel-Torte 1–2 Stunden in den Kühlschrank stellen.

Gefüllte Sandtorte

Zubereitungszeit: 50 Minuten
Backzeit: etwa 40 Minuten

Für den Knetteig:
250 g Weizenmehl
1 gestr. TL Dr. Oetker Backin
100 g Zucker
100 g abgezogene, gemahlene Mandeln
1 Ei (Größe M)
200 g Butter oder Margarine

Außerdem:
395 g Wild-Preiselbeeren (aus dem Glas)

etwas Milch
25 g gehackte Mandeln
1 Pck. Dr. Oetker Vanillin-Zucker
1–2 EL Puderzucker

Insgesamt:
E: 72 g, F: 245 g, Kh: 558 g,
kJ: 19762, kcal: 4719

1. Für den Teig Mehl mit Backpulver in einer Rührschüssel mischen. Restliche Zutaten hinzufügen und mit Handrührgerät mit Knethaken zunächst kurz auf niedrigster, dann auf höchster Stufe gut durcharbeiten.
2. Anschließend auf einer leicht bemehlten Arbeitsfläche zu einem glatten Teig verkneten. Sollte er kleben, ihn in Frischhaltefolie gewickelt eine Zeit lang kalt stellen.
3. Den Backofen vorheizen.
Ober-/Unterhitze: etwa 180 °C
Heißluft: etwa 160 °C
4. Den Teig dritteln. Aus jedem Teigdrittel auf der bemehlten Arbeitsfläche eine runde Platte (Ø etwa 26 cm) ausrollen. 2 Teigplatten vorsichtig auf Backpapier aufrollen. Die dritte Platte in eine Springform (Ø 26 cm, Boden gefettet, mit Backpapier belegt) legen und mit der Hälfte der Preiselbeeren bestreichen. Restliche Teigplatte durch Abrollen vom Backpapier auf die Preiselbeerschicht legen und mit den restlichen Preiselbeeren bestreichen. Die letzte Teigplatte darauflegen, mit einer Gabel mehrmals einstechen, mit Milch bestreichen und kreisförmig mit Mandeln bestreuen. Die Form auf dem Rost in den vorgeheizten Backofen schieben. Die Torte etwa 40 Minuten backen.
5. Die Sandtorte vorsichtig aus der Springform lösen. Vanillin-Zucker mit Puderzucker mischen. Die Torte sofort damit bestäuben und auf einem Kuchenrost erkalten lassen.

Saure-Sahne-Torte

Zubereitungszeit: 50 Minuten, ohne Kühlzeit
Backzeit: etwa 15 Minuten je Boden

Für den Rührteig:
250 g weiche Butter oder Margarine
250 g Zucker
1 Pck. Dr. Oetker Vanillin-Zucker
6 Eier (Größe M)
150 g Weizenmehl
100 g Speisestärke
3 gestr. TL Dr. Oetker Backin
2 EL Rum

Für die Füllung:
600 g saure Sahne
400 g Aprikosenkonfitüre

Saure-Sahne-Torte

400 g Schlagsahne
2 Pck. Dr. Oetker Sahnesteif

einige Schokoladenstreusel
etwas Aprikosenkonfitüre

Insgesamt:
E: 92 g, F: 455 g, Kh: 802 g,
kJ: 32455, kcal: 7751

1. Den Backofen vorheizen.
Ober-/Unterhitze: etwa 180 °C
Heißluft: etwa 160 °C
2. Für den Teig Butter oder Margarine in einer Rührschüssel mit Handrührgerät mit Rührbesen auf höchster Stufe geschmeidig rühren. Nach und nach Zucker und Vanillin-Zucker unterrühren. So lange rühren, bis eine gebundene Masse entstanden ist.
3. Eier nach und nach unterrühren (jedes Ei etwa 1/2 Minute). Mehl mit Speisestärke und Backpulver mischen, abwechselnd mit dem Rum in 2 Portionen auf mittlerer Stufe kurz unterrühren. Den Teig in 6 gleich große Portionen teilen.
4. Eine Teigportion auf den Boden einer Springform (Ø 26 cm, gefettet) streichen und den Springformrand darumstellen. Die Form auf dem Rost in den vorgeheizten Backofen schieben. Boden etwa 15 Minuten backen.
5. Den Gebäckboden sofort aus der Form lösen und auf einem mit Backpapier belegten Kuchenrost erkalten lassen. Aus den restlichen Teigportionen weitere 5 Böden backen.
6. Für die Füllung saure Sahne mit Konfitüre gut verrühren. 5 Gebäckböden mit der Sahne-Konfitüre-Masse bestreichen und zu einer Torte zusammensetzen. Den nicht bestrichenen Gebäckboden darauflegen. Die Torte zugedeckt 24 Stunden im Kühlschrank durchziehen lassen.
7. Sahne mit Sahnesteif steif schlagen. Tortenoberfläche und -rand mit zwei Dritteln der Sahne bestreichen. Restliche Sahne in einen Spritzbeutel mit Sterntülle füllen. Sahnetuffs auf die Torte spritzen. Die Tortenmitte mit Schokoladenstreuseln bestreuen. Die Sahnetuffs mit der Aprikosenkonfitüre verzieren.

Kirsch-Nuss-Torte

Zubereitungszeit: 45 Minuten, ohne Abkühlzeit
Backzeit: etwa 25 Minuten

Für den Rührteig:
100 g weiche Butter oder Margarine
100 g Zucker
1 Pck. Dr. Oetker Vanillin-Zucker
1 Prise Salz
4 Eier (Größe M)
100 g gemahlene Haselnusskerne
100 g geriebene Zartbitter-Schokolade
125 g Weizenmehl
1 gestr. TL Dr. Oetker Backin

Für den Belag:
370 g Sauerkirschen (aus dem Glas)
1 Pck. ungezuckerter Tortenguss, klar
1 EL Zucker
250 ml (1/4 l) Sauerkirschsaft (aus dem Glas)

Kirsch-Nuss-Torte

Zum Verzieren:
250 g Schlagsahne
1 Pck. Dr. Oetker Sahnesteif
1 TL Zucker
etwas Dr. Oetker Vanillin-Zucker
etwas Haselnusskrokant oder einige gehackte Mandeln

Insgesamt:
E: 75 g, F: 283 g, Kh: 401 g,
kJ: 19342, kcal: 4620

1. Den Backofen vorheizen.
Ober-/Unterhitze: etwa 180 °C
Heißluft: etwa 160 °C

2. Für den Teig Butter oder Margarine in einer Rührschüssel mit Handrührgerät mit Rührbesen auf höchster Stufe geschmeidig rühren. Nach und nach Zucker, Vanillin-Zucker und Salz unterrühren. So lange rühren, bis eine gebundene Masse entstanden ist.

3. Eier nach und nach unterrühren (jedes Ei etwa 1/2 Minute). Haselnusskerne und Schokolade unterrühren. Mehl mit Backpulver mischen und kurz auf mittlerer Stufe unterrühren. Den Teig in eine Springform (Ø 26 cm, Boden gefettet) füllen und glatt streichen.

4. Für den Belag Sauerkirschen in einem Sieb abtropfen lassen. Den Saft auffangen und evtl. mit Wasser auf 250 ml (1/4 l) auffüllen. Die Kirschen auf dem Teig verteilen und leicht eindrücken. Die Form auf dem Rost in den vorgeheizten Backofen schieben. Die Torte etwa 25 Minuten backen.

5. Die Form auf einen Kuchenrost stellen. Die Torte etwas abkühlen lassen. Dann aus der Form lösen und auf einem mit Backpapier belegten Kuchenrost erkalten lassen.

6. Aus Tortengusspulver, Zucker und Saft einen Guss nach Packungsanleitung zubereiten. Den Guss auf der Tortenoberfläche verteilen. Guss fest werden lassen.

7. Zum Verzieren Sahne mit Sahnesteif, Zucker und Vanillin-Zucker steif schlagen. Die Sahne in einen Spritzbeutel mit Sterntülle füllen. Die Torte mit Sahnetuffs verzieren. Die Sahnetuffs mit Haselnusskrokant oder gehackten Mandeln bestreuen.

Eiercremetorte

Zubereitungszeit: 50 Minuten
Backzeit: 20–30 Minuten

Für den Knetteig:
200 g Weizenmehl
1 gestr. TL Dr. Oetker Backin
70 g Zucker
1 Prise Salz
1 EL Speiseöl
1 Eigelb (Größe M)
80 g Butter oder Margarine
2 EL kaltes Wasser

Für den Belag:
3 Eiweiß (Größe M)
100 g Butter
100 g Zucker
3 Eigelb (Größe M)
40 g abgezogene, gemahlene Mandeln
10 g Speisestärke

Insgesamt:
E: 53 g, F: 204 g, Kh: 328 g,
kJ: 14597, kcal: 3487

1. Für den Teig Mehl mit Backpulver in einer Rührschüssel mischen. Restliche Zutaten hinzufügen und mit Handrührgerät mit Knethaken zunächst kurz auf niedrigster, dann auf höchster Stufe gut durcharbeiten.

2. Anschließend auf einer leicht bemehlten Arbeitsfläche zu einem glatten Teig verkneten. Sollte er kleben, ihn in Frischhaltefolie gewickelt eine Zeit lang kalt stellen.

3. Den Backofen vorheizen.
Ober-/Unterhitze: etwa 200 °C
Heißluft: etwa 180 °C

4. Zwei Drittel des Teiges auf dem Boden einer Springform (Ø 26 cm, gefettet) ausrollen, den Springformrand darumstellen. Restlichen Teig zu einer Rolle formen, auf den Teigboden legen und so an die Form drü-

cken, dass ein etwa 2 cm hoher Rand entsteht.
5. Für den Belag Eiweiß steif schlagen. Butter in einer Rührschüssel mit Handrührgerät mit Rührbesen auf höchster Stufe geschmeidig rühren. Nach und nach Zucker unterrühren. So lange rühren, bis eine gebundene Masse entstanden ist. Eigelb nach und nach unterrühren.
6. Eischnee, Mandeln und Speisestärke auf die Eigelbmasse geben und vorsichtig unterheben. Die Eiercreme auf dem Teigboden verstreichen. Die Form auf dem Rost in den vorgeheizten Backofen schieben. Die Torte 20–30 Minuten backen.
7. Die Form auf einen Kuchenrost stellen. Die Torte etwas abkühlen lassen. Dann aus der Form lösen und auf einem mit Backpapier belegten Kuchenrost erkalten lassen.

Eiercremetorte

Mohntorte mit Orangencreme

Mohntorte mit Orangencreme

Zubereitungszeit: 50 Minuten, ohne Kühlzeit
Backzeit: 25–30 Minuten

Für den Rührteig:
3 Eiweiß (Größe M)
125 g weiche Butter oder Margarine
100 g gesiebter Puderzucker
3 Eigelb (Größe M)
150 g Weizenmehl
2 gestr. TL Dr. Oetker Backin
50 g frisch gemahlener Mohn
1 Pck. Dr. Oetker Finesse Geriebene Zitronenschale
100 g Vollmilch-Raspelschokolade

Für die Orangencreme:
5 Blatt weiße Gelatine
1 Bio-Orange (unbehandelt, ungewachst)
400 g Doppelrahm-Frischkäse
150 g Joghurt
100 g Zucker
1 Pck. Dr. Oetker Vanillin-Zucker
200 g Schlagsahne

Für den Guss:
1 Pck. ungezuckerter Tortenguss, rot
2 EL Zucker
250 ml (1/4 l) schwarzer Johannisbeernektar

Insgesamt:
E: 124 g, F: 375 g, Kh: 490 g, kJ: 24447, kcal: 5836

1. Den Backofen vorheizen.
Ober-/Unterhitze: etwa 200 °C
Heißluft: etwa 180 °C
2. Für den Teig Eiweiß steif schlagen und beiseitestellen. Butter oder Margarine in einer Rührschüssel mit Handrührgerät mit Rührbesen auf höchster Stufe geschmeidig rühren. Nach und nach Puderzucker unterrühren. So lange rühren, bis eine gebundene Masse entstanden ist.
3. Eigelb nach und nach unterrühren. Mehl mit Backpulver mischen und auf mittlerer Stufe kurz unterrühren. Mohn, Zitronenschale und Raspelschokolade kurz unterrühren. Beiseitegestellten Eischnee unterheben. Den Teig in eine Springform (Ø 26 cm, Boden gefettet, mit Backpapier belegt) füllen und glatt streichen. Die Form auf dem Rost in den vorgeheizten Backofen schieben. Den Gebäckboden 25–30 Minuten backen.
4. Die Form auf einen Kuchenrost stellen. Den Gebäckboden etwas abkühlen lassen. Dann aus der Form lösen und auf einen mit Backpapier belegten Kuchenrost stürzen. Mitgebackenes Backpapier abziehen. Boden erkalten lassen.
5. Für die Orangencreme Gelatine nach Packungsanleitung einweichen. Orange heiß abwaschen, abtrocknen und die Schale abreiben. Die Orange halbieren und den Saft auspressen. Den Frischkäse mit Joghurt, Zucker, Vanillin-Zucker, Orangensaft und -schale verrühren.
6. Gelatine leicht ausdrücken und in einem kleinen Topf bei schwacher Hitze unter Rühren auflösen. Gelatine zuerst mit etwa 4 Esslöffeln von der Frischkäse-Joghurt-Masse verrühren, dann unter die restliche Frischkäse-Joghurt-Masse rühren. Masse in den Kühlschrank stellen.
7. Wenn die Frischkäse-Joghurt-Masse anfängt dicklich zu werden, Sahne steif schlagen, unterheben.
8. Den Gebäckboden auf eine Tortenplatte legen, einen Tortenring darumstellen. Die Frischkäse-Joghurt-Creme auf den Boden geben und glatt streichen. Die Torte 2–3 Stunden in den Kühlschrank stellen.
9. Für den Guss aus Tortengusspulver, Zucker und Nektar einen Guss nach Packungsanleitung zubereiten. Den Guss als Spiegel auf die Tortenoberfläche gießen. Guss fest werden lassen. Den Tortenring lösen und vorsichtig entfernen.

Haferflockentorte

Zubereitungszeit: 30 Minuten, ohne Abkühlzeit
Backzeit: etwa 30 Minuten

Für den Belag:
125 g Butter
100 g brauner Zucker (Kandisfarin)
4 EL Schlagsahne
200 g kernige Haferflocken

Für den Rührteig:
200 g weiche Butter oder Margarine
150 g brauner Zucker (Kandisfarin)
1 Pck. Dr. Oetker Vanillin-Zucker
1 Prise frisch geriebene Muskatnuss
3 Eier (Größe M)
150 g Weizenmehl
2 gestr. TL Dr. Oetker Backin
80 g gemahlene Haselnusskerne

30 g Zartbitter-Schokolade

Insgesamt:
E: 83 g, F: 374 g, Kh: 515 g,
kJ: 24865, kcal: 5941

1. Für den Belag Butter, Zucker und Sahne in einen Topf geben, zum Kochen bringen und 1–2 Minuten kochen lassen. Den Topf von der Kochstelle nehmen und die Haferflocken unterrühren.
2. Den Backofen vorheizen.
Ober-/Unterhitze: etwa 180 °C
Heißluft: etwa 160 °C
3. Für den Teig Butter oder Margarine in einer Rührschüssel mit Handrührgerät mit Rührbesen auf höchster Stufe geschmeidig rühren. Nach und nach Zucker, Vanillin-Zucker und Muskat unterrühren. So lange rühren, bis eine gebundene Masse entstanden ist.
4. Eier nach und nach unterrühren (jedes Ei etwa 1/2 Minute). Mehl mit Backpulver und Haselnusskernen mischen, in 2 Portionen kurz auf mittlerer Stufe unterrühren. Den Teig in eine Springform (Ø 28 cm, Boden gefettet, mit Backpapier belegt) füllen und glatt streichen. Den Haferflockenbelag darauf verteilen. Die

Haferflockentorte

Mohntorte mit Zitronencreme

Form auf dem Rost in den vorgeheizten Backofen schieben. Die Haferflockentorte etwa 30 Minuten backen.
5. Die Form auf einen Kuchenrost stellen. Die Torte etwas abkühlen lassen. Dann vorsichtig aus der Form lösen, mitgebackenes Backpapier entfernen. Die Torte auf einem mit Backpapier belegten Kuchenrost erkalten lassen.
6. Schokolade in Stücke brechen und in einem kleinen Topf im heißen Wasserbad bei schwacher Hitze unter Rühren schmelzen. Schokolade in einen Gefrierbeutel füllen und eine kleine Spitze abschneiden. Die Torte mit der Schokolade verzieren. Guss fest werden lassen.

Mohntorte mit Zitronencreme

Zubereitungszeit: 60 Minuten, ohne Kühlzeit
Backzeit: etwa 20 Minuten

Für den Biskuitteig:
60 g Butter
3 Eier (Größe M)
3 EL heißes Wasser
100 g Zucker
1 Pck. Dr. Oetker Vanillin-Zucker
100 g Weizenmehl
1 Msp. Dr. Oetker Backin

Für die Füllung:
350 g Preiselbeeren (aus dem Glas)
4–5 Blatt weiße Gelatine
375 g Magerquark
250 g Mascarpone (ital. Frischkäse)
60 g Zucker
2–3 EL gemahlener Mohn

Für die Zitronencreme:
1 Pck. Paradiescreme Zitronen-Geschmack (Dessertpulver)
400 g Schlagsahne
125 g Magerquark

abgeriebene Schale von 1 Bio-Zitrone (unbehandelt, ungewachst)
3 EL Zucker

Insgesamt:
E: 124 g, F: 316 g, Kh: 492 g,
kJ: 23014, kcal: 5496

1. Für den Teig Butter zerlassen und abkühlen lassen.
2. Den Backofen vorheizen.
Ober-/Unterhitze: etwa 180 °C
Heißluft: etwa 160 °C
3. Eier und Wasser in einer Rührschüssel mit Handrührgerät mit Rührbesen auf höchster Stufe in etwa 1 Minute schaumig schlagen. Zucker und Vanillin-Zucker mischen, in etwa 1 Minute einstreuen, dann noch etwa 2 Minuten schlagen.
4. Mehl mit Backpulver mischen, auf die Eiercreme geben und kurz auf niedrigster Stufe unterrühren. Den

Teig in eine Springform (Ø 26 cm, Boden gefettet, mit Backpapier belegt) füllen und glatt streichen. Die Form auf dem Rost in den vorgeheizten Backofen schieben. Den Biskuitboden etwa 20 Minuten backen.

5. Die Form auf einen Kuchenrost stellen. Biskuitboden etwas abkühlen lassen. Dann aus der Form lösen und auf einen mit Backpapier belegten Kuchenrost stürzen. Mitgebackenes Backpapier abziehen. Boden erkalten lassen.

6. Für die Füllung Preiselbeeren in einem Sieb abtropfen lassen. Gelatine nach Packungsanleitung einweichen. Quark mit Mascarpone, Zucker und Mohn glatt rühren. Gelatine leicht ausdrücken und in einem kleinen Topf bei schwacher Hitze unter Rühren auflösen. Gelatine zuerst mit etwa 4 Esslöffeln von dem Mohnquark verrühren, dann unter den restlichen Mohnquark rühren.

7. Den Biskuitboden auf eine Tortenplatte legen und einen Tortenring darumstellen. Die Hälfte des Mohnquarks auf den Boden geben und glatt streichen. Die Preiselbeeren darauf verteilen und den restlichen Mohnquark darauf verstreichen. Die Torte etwa 1 Stunde in den Kühlschrank stellen.

8. Für die Zitronencreme Dessertpulver mit Sahne nach Packungsanleitung zubereiten. Dann den Quark unterrühren. Die Zitronencreme kuppelförmig auf dem Mohnquark verstreichen. Die Torte nochmals etwa 1 Stunde in den Kühlschrank stellen.

9. Den Tortenring lösen und entfernen. Zitronenschale mit Zucker mischen und auf die Tortenoberfläche streuen.

Gefüllte Brownie-Torte

Zubereitungszeit: 45 Minuten, ohne Kühlzeit
Backzeit: etwa 45 Minuten

175 g weiße Schokolade
150 g Crème fraîche

Für den All-in-Teig:
150 g Walnusskerne
100 g Zartbitter-Schokolade
225 g Weizenmehl
20 g gesiebtes Kakaopulver
2 gestr. TL Dr. Oetker Backin
100 g Zucker
100 g brauner Zucker (Rohrzucker)
1 Pck. Dr. Oetker Bourbon-Vanille-Zucker
1/2 gestr. TL Salz
225 ml Speiseöl, z. B. Sonnenblumenöl
3 Eier (Größe M)
2 EL Milch

Außerdem:
50 g Orangeat
25 g weiße Schokolade
einige Walnusskerne

Insgesamt:
E: 95 g, F: 493 g, Kh: 599 g, kJ: 29918, kcal: 7151

Gefüllte Brownie-Torte

1. Schokolade in Stücke brechen, mit Crème fraîche in einem kleinen Topf im heißen Wasserbad bei schwacher Hitze geschmeidig rühren. Die Schokoladen-Crème-fraîche-Masse zugedeckt über Nacht in den Kühlschrank stellen.

2. Den Backofen vorheizen.
Ober-/Unterhitze: etwa 180 °C
Heißluft: etwa 160 °C

3. Für den Teig Walnusskerne und Schokolade grob hacken. Mehl mit Kakao und Backpulver in einer Rührschüssel mischen. Restliche Zutaten hinzufügen und mit Handrührgerät mit Rührbesen zunächst kurz auf niedrigster, dann auf höchster Stufe in etwa 2 Minuten zu einem glatten Teig verarbeiten. Danach gehackte Nusskerne und Schokolade unterheben.

4. Teig in eine Springform (Ø 26 cm, Boden gefettet, mit Backpapier belegt) geben und glatt streichen. Die Form auf dem Rost in den vorgeheizten Backofen schieben. Den Gebäckboden etwa 45 Minuten backen.

5. Die Form auf einen Kuchenrost stellen. Den Gebäckboden erkalten lassen. Anschließend aus der Springform lösen. Mitgebackenes Backpapier abziehen. Gebäckboden einmal waagerecht durchschneiden. Den unteren Gebäckboden auf eine Tortenplatte legen.

6. Orangeat sehr fein hacken. Die Schokoladen-Crème-fraîche-Masse mit Handrührgerät mit Rührbesen auf höchster Stufe cremig schlagen. Orangeat untermischen. Die Creme auf dem unteren Boden verstreichen. Den oberen Boden darauflegen und leicht andrücken.

7. Die Schokolade in Stücke brechen, in einem kleinen Topf im heißen Wasserbad bei schwacher Hitze unter Rühren schmelzen.

8. Schokolade in einen Gefrierbeutel füllen, eine kleine Ecke abschneiden. Die Torte mit Schokolade besprenkeln.

9. Walnusskerne auf die noch feuchte Schokolade setzen. Schokolade fest werden lassen.

Mandel-Amaretto-Torte

Zubereitungszeit: 75 Minuten, ohne Kühlzeit
Backzeit: Biskuitboden etwa 30 Minuten, Mandelboden etwa 15 Minuten

Für den Biskuitteig:
4 Eier (Größe M)
2 EL Amaretto-Likör
150 g Zucker
1 Pck. Dr. Oetker Vanillin-Zucker
100 g Weizenmehl
2 gestr. TL Dr. Oetker Backin
100 g abgezogene, gemahlene Mandeln

Für die Amarettocreme:
8 Blatt weiße Gelatine
4 Eier (Größe M)
150 g Zucker
75 ml Milch
75 ml Amaretto-Likör
600 g Schlagsahne

Für den Mandelboden:
75 g Butter
30 g Zucker
1 Pck. Dr. Oetker Vanillin-Zucker
2 EL Schlagsahne
100 g gehobelte Mandeln

200 g Schlagsahne
1 Pck. Dr. Oetker Vanillin-Zucker

Insgesamt:
E: 138 g, F: 485 g, Kh: 495 g,
kJ: 29670, kcal: 7091

1. Den Backofen vorheizen.
Ober-/Unterhitze: etwa 180 °C
Heißluft: etwa 160 °C

2. Für den Teig Eier und Amaretto in einer Rührschüssel mit Handrührgerät mit Rührbesen auf höchster Stufe in etwa 1 Minute schaumig schlagen. Zucker und Vanillin-Zucker mischen, in etwa 1 Minute einstreuen, dann noch etwa 2 Minuten schlagen. Mehl mit Backpulver mischen, auf die Eiercreme geben und kurz auf niedrigster Stufe unterrühren. Mandeln kurz unterrühren. Den Teig in eine Springform (Ø 26 cm, Boden gefettet, mit Backpapier belegt) füllen und glatt streichen. Die Form auf dem Rost in den vorgeheizten Backofen schieben. Den Biskuitboden etwa 30 Minuten backen.

3. Den Boden aus der Form lösen, auf einen mit Backpapier belegten Kuchenrost stürzen und erkalten lassen. Mitgebackenes Backpapier abziehen. Biskuitboden einmal waagerecht durchschneiden.

4. Für die Amarettocreme Gelatine nach Packungsanleitung einweichen. Eier mit Zucker, Milch und Amaretto in einer Edelstahlschüssel verrühren und im heißen Wasserbad erhitzen. Dabei ständig mit Handrührgerät mit Rührbesen auf mittlerer Stufe schlagen. Sobald die Masse anfängt dicklich zu werden, Gelatine leicht ausdrücken und in der heißen Masse unter Rühren auflösen. Die Schüssel aus dem Wasserbad nehmen. Creme erkalten lassen, dabei gelegentlich umrühren. Sahne steif schlagen und unter die Creme ziehen.

5. Den unteren Boden auf eine Tortenplatte legen und mit gut der Hälfte der Amarettocreme bestreichen. Den oberen Boden darauflegen. Die Torte rundherum mit der restlichen Creme bestreichen. Die Torte etwa 2 Stunden in den Kühlschrank stellen.

6. Den Backofen vorheizen.
Ober-/Unterhitze: etwa 180 °C
Heißluft: etwa 160 °C

7. In der Zwischenzeit für den Mandelboden Butter mit Zucker und Vanillin-Zucker in einem Topf zerlassen und verrühren. Sahne und Mandeln hinzufügen, unter Rühren kurz aufkochen lassen. Die Mandelmasse in eine Springform (Ø 18–20 cm, Boden gefettet, mit Backpapier belegt) füllen und gleichmäßig andrücken. Die Form auf dem Rost in den vorgeheizten Backofen schieben. Den Mandelboden etwa 15 Minuten backen.

8. Den Mandelboden vorsichtig aus der Form lösen, noch heiß in 12 Tortenstücke schneiden und erkalten lassen. Kurz vor dem Servieren Sahne mit Vanillin-Zucker steif schlagen und in einen Spritzbeutel mit Lochtülle füllen. 12 große längliche Spiralen auf die Tortenoberfläche spritzen. Jeweils 1 Mandel-Tortenstück anlegen.

Mandel-Amaretto-Torte

St.-Honoré-Torte

Zubereitungszeit: 75 Minuten, ohne Kühlzeit
Backzeit: Knetteig 12–15 Minuten, Brandteig etwa 15 Minuten

Für den Knetteig:
120 g Weizenmehl
40 g Zucker
1 Eigelb (Größe M)
60 g Butter oder Margarine

Für den Brandteig:
125 ml (1/8 l) Wasser
60 g Butter
100 g Weizenmehl
1 Msp. Salz
1 Eiweiß (Größe M)
2–3 Eier (Größe M)

Zum Glasieren:
100 g Zucker
2–3 EL Wasser

Für die Vanillecreme:
4 Blatt weiße Gelatine
500 ml (1/2 l) Milch
30 g Zucker
1 Pck. Dr. Oetker Pudding-Pulver Vanille-Geschmack
250 g Schlagsahne
1 Pck. Dr. Oetker Bourbon-Vanille-Zucker

Insgesamt:
E: 74 g, F: 225 g, Kh: 403 g,
kJ: 16826, kcal: 4021

St.-Honoré-Torte

1. Den Backofen vorheizen.
Ober-/Unterhitze: etwa 180 °C
Heißluft: etwa 160 °C

2. Für den Knetteig das Mehl in eine Rührschüssel geben. Restliche Zutaten hinzufügen und mit Handrührgerät mit Knethaken zunächst kurz auf niedrigster, dann auf höchster Stufe gut durcharbeiten. Danach auf der leicht bemehlten Arbeitsfläche zu einem glatten Teig verkneten. Sollte er kleben, ihn in Frischhaltefolie gewickelt eine Zeit lang kalt stellen.

3. Den Teig auf dem Boden einer Springform (Ø 26 cm, gefettet) ausrollen, den Springformrand darumstellen. Teigboden mehrmals mit einer Gabel einstechen.

4. Die Form auf dem Rost in den vorgeheizten Backofen schieben. Den Boden 12–15 Minuten backen.

5. Den Boden sofort aus der Form lösen und auf einem Kuchenrost erkalten lassen. Die Backofentemperatur um etwa 20 °C erhöhen.

6. Für den Brandteig Wasser mit Butter am besten in einem Stieltopf zum Kochen bringen. Mehl mit Salz auf einmal in die von der Kochstelle genommene Flüssigkeit schütten, zu einem glatten Kloß rühren und unter Rühren etwa 1 Minute erhitzen. Den heißen Kloß sofort in eine Schüssel geben.

7. Nach und nach Eiweiß und 2 Eier mit Handrührgerät mit Knethaken auf höchster Stufe unterarbeiten. Das letzte Ei verschlagen und nur so viel davon unter den Teig arbeiten, dass er stark glänzt und in langen Spitzen an einem Löffel hängen bleibt.

8. Den Teig in einen Spritzbeutel mit Sterntülle (Ø etwa 12 mm) füllen. 3 Kreise (Ø 24, 15 und 10 cm) auf einem Backblech (gefettet, gemehlt) andeuten und die Kreise mit dem Teig ausspritzen. Aus dem restlichen Teig kleine Tuffs mit auf das Backblech spritzen. Das Backblech in den heißen Backofen schieben. Das Gebäck bei gleicher Backofentemperatur etwa 15 Minuten backen.

9. Das Gebäck vom Backblech lösen und auf einem Kuchenrost erkalten lassen. Die Gebäckringe auf den Knetteigboden legen (mit dem großen, äußeren Ring beginnend).

10. Zum Glasieren Zucker in Wasser in einem kleinen Topf auflösen, aufkochen und unter Rühren leicht karamellisieren. Den äußeren, großen Brandteigring und die Tuffs damit überziehen. Die Tuffs sofort auf den bestrichenen Brandteigring legen, trocknen lassen.

11. Für die Creme Gelatine nach Packungsanleitung einweichen. Aus Milch, Zucker und Pudding-Pulver einen Pudding nach Packungsanleitung zubereiten. Den Pudding in eine Schüssel geben. Ausgedrückte Gelatine darin unter Rühren auflösen. Sofort Frischhaltefolie direkt auf den Pudding legen. Pudding erkalten lassen, dann in den Kühlschrank stellen.

12. Sahne mit Vanille-Zucker steif schlagen. Sobald die Puddingmasse anfängt dicklich zu werden, die Sahne unterheben. Die Creme in einen Spritzbeutel mit Sterntülle geben. Zunächst die Zwischenräume der einzelnen Ringe damit ausfüllen. Restliche Creme in die Mitte spritzen und evtl. glatt streichen. Die Torte bis zum Servieren in den Kühlschrank stellen.

Sachertorte

Preiselbeer-Pfannkuchen-Torte

Sachertorte

Zubereitungszeit: 45 Minuten, ohne Abkühlzeit
Backzeit: etwa 50 Minuten

Zum Vorbereiten:
150 g Zartbitter-Schokolade

Für den Rührteig:
6 Eiweiß (Größe M)
160 g weiche Butter oder Margarine
160 g Zucker
1 Pck. Dr. Oetker Vanillin-Zucker
4 Eigelb (Größe M)
100 g feine Semmelbrösel

Außerdem:
200 g Aprikosenkonfitüre
60 g Zucker
7 EL Wasser
200 g Zartbitter-Schokolade
50 g Zartbitter-Schokolade

Insgesamt:
E: 75 g, F: 292 g, Kh: 609 g,
kJ: 22529, kcal: 5382

1. Zum Vorbereiten Schokolade in Stücke brechen, in einem kleinen Topf im heißen Wasserbad bei schwacher Hitze unter Rühren schmelzen und abkühlen lassen.
2. Den Backofen vorheizen.
Ober-/Unterhitze: etwa 180 °C
Heißluft: etwa 160 °C
3. Für den Teig Eiweiß steif schlagen. Butter oder Margarine in einer Rührschüssel mit Handrührgerät mit Rührbesen auf höchster Stufe geschmeidig rühren. Nach und nach Zucker und Vanillin-Zucker unterrühren. So lange rühren, bis eine gebundene Masse entstanden ist.
4. Eigelb nach und nach unterrühren. Geschmolzene Schokolade und Semmelbrösel auf mittlerer Stufe kurz unterrühren. Eischnee vorsichtig unterheben. Den Teig in eine Springform (Ø 26 cm, Boden gefettet, mit Backpapier belegt) füllen und glatt streichen. Die Form auf dem Rost in den vorgeheizten Backofen schieben. Den Tortenboden etwa 50 Minuten backen.
5. Den Tortenboden vorsichtig aus der Form lösen, auf einen mit Backpapier belegten Kuchenrost stürzen und erkalten lassen. Mitgebackenes Backpapier abziehen. Tortenboden einmal waagerecht durchschneiden.
6. Die Konfitüre durch ein Sieb streichen. Zwei Drittel der Konfitüre auf den unteren Tortenboden streichen. Den oberen Tortenboden darauflegen. Tortenrand und -oberfläche mit der restlichen Konfitüre bestreichen.
7. Zucker mit Wasser in einem Topf so lange kochen, bis sich der Zucker gelöst hat. Topf von der Kochstelle nehmen. Schokolade in Stücke brechen, nach und nach unter das Zuckerwasser rühren. So lange rühren, bis die Schokolade geschmolzen ist und der Guss glänzt.
8. Den Guss mitten auf die Torte gießen und durch „Bewegen" der Torte auf der Oberfläche und am Rand gleichmäßig verlaufen lassen. Den Guss evtl. am Rand mit einem Messer verstreichen. Um eine gleichmäßige Oberfläche zu erhalten, die Torte auf der Platte „aufklopfen". Guss fest werden lassen.
9. Schokolade wie unter Punkt 1 beschrieben schmelzen. Die Tortenoberfläche in 12 Stücke einteilen. Schokoladenguss in einen Gefrierbeutel füllen und eine kleine Ecke abschneiden. Auf jedes Tortenstück ein „S" schreiben. Die Torte bis zum Servieren kalt stellen.

Preiselbeer-Pfannkuchen-Torte

Zubereitungszeit: 45 Minuten, ohne Kühlzeit

Für das Preiselbeerkompott:
500 g TK-Preiselbeeren
250 g Extra Gelierzucker 2:1

Für die Pfannkuchen:
8 Eigelb (Größe L)
100 ml Milch
60 g Schlagsahne
150 g Weizenmehl
8 Eiweiß (Größe L)
150 g Zucker

5 EL Speiseöl
5 EL Butterschmalz

Für die Füllung:
600 g Schlagsahne

Insgesamt:
E: 96 g, F: 416 g, Kh: 576 g,
kJ: 26864, kcal: 6400

1. Für das Kompott 250 g der Preiselbeeren in einem Topf mit Gelierzucker gut verrühren. Die Preiselbeeren unter Rühren bei starker Hitze zum Kochen bringen und mindestens 3 Minuten unter ständigem Rühren sprudelnd kochen lassen.
2. Die restlichen Preiselbeeren unterrühren. Den Topf von der Kochstelle nehmen. Preiselbeermasse erkalten lassen.
3. Für die Pfannkuchen Eigelb, Milch, Sahne und Mehl in einer Rührschüssel mit einem Schneebesen gut verrühren. Eiweiß steif schlagen. Zucker hinzugeben und weitere etwa 3 Minuten schlagen, bis ein fester Schaum entstanden ist. Den Eiweißschaum portionsweise unter die Eigelb-Mehl-Masse rühren.
4. Aus dem Teig insgesamt 5 Pfannkuchen backen. Dafür jeweils 1 Esslöffel Speiseöl und 1 Esslöffel Butterschmalz in einer Pfanne (Ø 28 cm) erhitzen.
5. Eine Teiglage (ein Fünftel des Teiges) mit einer drehenden Bewegung gleichmäßig auf dem Boden der Pfanne verteilen. Den Pfannkuchen etwa 2 Minuten von einer Seite goldgelb backen. Dann den Pfannkuchen auf einen Deckel gleiten lassen, umgedreht zurück in die Pfanne geben und weitere etwa 2 Minuten backen.
6. Den Pfannkuchen aus der Pfanne nehmen, auf einen Teller legen und erkalten lassen.
7. Für die Füllung Sahne steif schlagen. 4 Esslöffel des Preiselbeerkompotts abnehmen und beiseitestellen. Restliches Preiselbeerkompott zügig unter die Sahne heben. Die Preiselbeersahne in 5 Portionen teilen.
8. Die einzelnen Pfannkuchen mit jeweils 1 Portion Preiselbeersahne bestreichen und zu einer Torte zusammensetzen. Restliche Preiselbeersahne auf der Tortenoberfläche verteilen. Die Torte etwa 2 Stunden in den Kühlschrank stellen.
9. Vor dem Servieren das beiseitegestellte Preiselbeerkompott in Klecksen auf der Tortenoberfläche verteilen.

Gedeckte Apfeltorte

Zubereitungszeit: 70 Minuten, ohne Abkühlzeit
Backzeit: etwa 60 Minuten

Für den Knetteig:
500 g Weizenmehl
300 g Butter oder Margarine
150 g Zucker
1 Ei (Größe L)
1 gestr. TL Salz
1 EL Wasser

Für die Füllung:
1,6 kg Äpfel, z. B. Boskop
Saft von 1 Zitrone
100 g Zucker
je 1 Msp. Zimt, Muskat, Ingwer, gemahlen
50 g Sultaninen

1 Ei
2 EL Milch

1 EL Puderzucker

Insgesamt:
E: 80 g, F: 288 g, Kh: 832 g,
kJ: 26448, kcal: 6336

1. Für den Teig das Mehl in eine Rührschüssel geben. Restliche Zutaten hinzufügen und mit Handrührgerät mit Knethaken zunächst kurz auf niedrigster, dann auf höchster Stufe gut durcharbeiten.
2. Anschließend auf einer leicht bemehlten Arbeitsfläche zu einem glatten Teig verkneten. Den Teig in Frischhaltefolie gewickelt etwa 30 Minuten kalt stellen.
3. Für die Füllung Äpfel schälen, vierteln, entkernen und in kleine Stücke schneiden. Die Apfelstücke in eine Schüssel geben und mit Zitronensaft beträufeln. Zucker, Zimt, Muskat, Ingwer und Sultaninen untermischen. Ei und Milch verschlagen.
4. Den Backofen vorheizen.
Ober-/Unterhitze: etwa 180 °C
Heißluft: etwa 160 °C
5. 600 g von dem kalt gestellten Teig abnehmen, geschmeidig kneten, leicht mit Mehl bestäuben und auf der leicht bemehlten Arbeitsfläche zu einer runden Platte (Ø etwa 40 cm) ausrollen. Den Teigrand einschlagen. Die Teigplatte in eine Springform (Ø 28 cm, Boden mit Backpapier belegt, Rand gefettet) legen. Die eingeschlagenen Teigränder am Formrand hochdrücken. Die Apfelmasse auf den Teigboden geben und glatt streichen. Die angedrückten Teigränder wieder lösen und auf die Apfelmasse drücken. Den Teig dünn mit etwas von der Eiermilch bestreichen.
6. Den restlichen Teig auf der leicht bemehlten Arbeitsfläche zu einer runden Platte (Ø etwa 28 cm) ausrollen. Die Teigplatte auf die Apfelstücke legen. Den Teig am Rand mit einer Gabel fest zusammendrücken. Die Teigplatte mit der restlichen Eiermilch bestreichen. Die Form auf dem Rost in den vorgeheizten Backofen schieben. Die Apfeltorte etwa 60 Minuten backen.
7. Die Form auf einen Kuchenrost stellen. Die Torte in der Form erkalten lassen. Dann aus der Form lösen und auf eine Tortenplatte setzen. Die Apfeltorte mit Puderzucker bestäuben.

Gedeckte Apfeltorte

Birnentorte mit Walnuss-Karamell

Zubereitungszeit: 30 Minuten, ohne Kühlzeit
Backzeit: etwa 35 Minuten

Für den All-in-Teig:
125 g Weizenmehl
1 Pck. Dr. Oetker Pudding-Pulver Schokoladen-Geschmack
3 gestr. TL Dr. Oetker Backin
150 g Zucker
1 Pck. Dr. Oetker Vanillin-Zucker
1 Prise Salz
175 g weiche Butter oder Margarine
3 Eier (Größe M)

Für den Belag:
100 g Walnusskernhälften
125 ml Karamellsauce (Fertigprodukt)

460 g Birnenhälften (aus der Dose)

Für die Karamell-Schmand-Creme:
400 g Schlagsahne
200 g Schmand (Sauerrahm)
3 Pck. Dr. Oetker Sahnesteif

Insgesamt:
E: 48 g, F: 262 g, Kh: 333 g,
kJ: 16485, kcal: 3936

1. Den Backofen vorheizen.
Ober-/Unterhitze: etwa 180 °C
Heißluft: etwa 160 °C
2. Für den Teig Mehl mit Pudding-Pulver und Backpulver in einer Rührschüssel mischen. Restliche Zutaten hinzufügen und mit Handrührgerät mit Rührbesen zunächst kurz auf niedrigster, dann auf höchster Stufe in etwa 2 Minuten zu einem glatten Teig verarbeiten.
3. Teig in eine Springform (Ø 26 cm, Boden gefettet, mit Backpapier belegt) geben und glatt streichen. Die Nusskerne auf dem Teig verteilen.
4. Die Form auf dem Rost in den vorgeheizten Backofen (unteres Drittel) schieben. Den Boden etwa 35 Minuten backen.
5. Sofort nach dem Backen 2–3 Esslöffel von der Karamellsauce über die Nusskerne träufeln. Den Boden aus der Form lösen, auf einem Kuchenrost erkalten lassen. Mitgebackenes Backpapier entfernen. Den Boden einmal waagerecht durchschneiden. Unteren Boden auf eine Tortenplatte legen, Tortenring darumstellen. Birnenhälften in einem Sieb abtropfen lassen, mit der Rundung nach oben auf den Boden legen.
6. Für die Karamell-Schmand-Creme Sahne und Schmand mit Handrührgerät mit Rührbesen zunächst kurz auf niedrigster Stufe verrühren, dann Sahnesteif einstreuen. Sahnemasse vollständig steif schlagen. Restliche Karamellsauce kurz unterrühren.
7. Die Karamell-Schmand-Creme auf den Birnenhälften verstreichen. Den oberen Boden am besten in 12 Tortenstücke schneiden und auf die Tortenoberfläche legen. Die Torte mindestens 1 Stunde in den Kühlschrank stellen. Vor dem Servieren den Tortenring lösen und entfernen.

Hügeltorte

Zubereitungszeit: 30 Minuten, ohne Kühlzeit

Zum Vorbereiten:
1 dunkler Biskuitboden (vom Konditor, ungeschnitten)
50–75 g gehobelte Mandeln

Für die Mascarpone-Zimt-Creme:
500 g Mascarpone (ital. Frischkäse, evtl. „light")
300 g Schlagsahne
50 g Zucker
1 Pck. Dr. Oetker Vanillin-Zucker
1 TL gemahlener Zimt
2 Pck. Dr. Oetker Sahnesteif
250 g Magerquark

Außerdem:
1 Pck. Dr. Oetker Sahnesteif
360 g Apfelkompott (aus dem Glas)

Insgesamt:
E: 84 g, F: 345 g, Kh: 331 g,
kJ: 20377, kcal: 4866

1. Den Biskuitboden mit einem Löffel bis auf einen etwa 2 cm breiten Rand und Boden aushöhlen und auf eine Tortenplatte legen. Etwa die Hälfte des ausgehöhlten Gebäcks fein zerbröseln (Rest evtl. für Desserts oder Rumkugeln verwenden).
2. Mandeln in einer Pfanne ohne Fett unter Wenden goldbraun rösten, herausnehmen, auf einen Teller geben.
3. Für die Creme Mascarpone, Sahne, Zucker, Vanillin-Zucker und Zimt in

einer hohen Rührschüssel mit Handrührgerät mit Rührbesen zuerst kurz auf niedrigster Stufe glatt rühren, dann auf höchster Stufe steif schlagen. Sahnesteif dabei einrieseln lassen. Anschließend Quark portionsweise unterheben.

4. Den äußeren Biskuitrand mit etwas Mascarpone-Zimt-Creme bestreichen. Den Boden mit Sahnesteif bestreuen. Zuerst Apfelkompott, dann die restliche Mascarpone-Zimt-Creme kuppelförmig in den Boden füllen.

5. Die Hälfte der gerösteten Mandeln unter die vorbereiteten Gebäckbrösel mischen. Den Tortenrand mit den restlichen Mandeln garnieren. Die Bröselmischung kuppelförmig auf die Creme geben. Die Hügeltorte mindestens 1 Stunde in den Kühlschrank stellen.

Weiße-Mousse-Torte

Weiße-Mousse-Torte

Zubereitungszeit: 60 Minuten, ohne Kühlzeit
Backzeit: etwa 50 Minuten

100 g gemahlene Mandeln

Für den Biskuitteig:
8 Eier (Größe M)
140 g Zucker
140 g Weizenmehl

150 ml Orangensaft

Für die Creme:
5 Blatt weiße Gelatine
800 g Schlagsahne
150 g weiße Kuvertüre
60 g Zucker
1 Pck. Dr. Oetker Bourbon-Vanille-Zucker

300 g TK-Himbeeren
200 g weiße Kuvertüre

Insgesamt:
E: 144 g, F: 480 g, Kh: 560 g, kJ: 30160, kcal: 7200

1. Den Backofen vorheizen.
Ober-/Unterhitze: etwa 180 °C
Heißluft: etwa 160 °C

2. Mandeln in einer Pfanne ohne Fett unter Wenden goldbraun rösten, herausnehmen, auf einen Teller geben.

3. Für den Teig Eier in einer Rührschüssel mit Handrührgerät mit Rührbesen auf höchster Stufe in etwa 1 Minute schaumig schlagen. Zucker in etwa 1 Minute einstreuen, dann noch etwa 2 Minuten schlagen.

4. Mehl mit den gerösteten Mandeln mischen, die Hälfte davon auf die Eiercreme geben und kurz auf niedrigster Stufe unterrühren. Restliches Mehlgemisch auf die gleiche Weise unterarbeiten. Teig in eine Springform (Ø 28 cm, Boden gefettet, mit Backpapier belegt) füllen und glatt streichen. Die Form auf dem Rost in den vorgeheizten Backofen schieben. Den Biskuitboden etwa 50 Minuten backen.

5. Die Form auf einen Kuchenrost stellen. Den Biskuitboden etwas abkühlen lassen. Dann aus der Form lösen und auf einen mit Backpapier belegten Kuchenrost stürzen. Mitgebackenes Backpapier abziehen. Biskuitboden einmal waagerecht durchschneiden. Den unteren Boden auf eine Tortenplatte legen und mit der Hälfte des Orangensaftes beträufeln.

6. Die Gelatine nach Packungsanleitung einweichen. 200 g Sahne in eine Edelstahlschüssel geben. Kuvertüre in Stücke brechen und hinzugeben. Die Schüssel in ein heißes Wasserbad stellen und unter Rühren so lange erhitzen, bis die Kuvertüre geschmolzen ist. Die Schüssel aus dem Wasserbad nehmen. Gelatine ausdrücken und in der Schokoladensahne unter Rühren auflösen. Zucker und Vanille-Zucker unterrühren. Schokoladensahne handwarm abkühlen lassen.

7. Restliche Sahne steif schlagen. 3 Esslöffel der Sahne unter die Schokoladensahne rühren. Restliche Sahne unterheben.

8. Die gefrorenen Himbeeren auf dem unteren Biskuitboden verteilen. Die Hälfte der Schokoladen-Sahne-Creme daraufgeben und glatt streichen. Den zweiten Biskuitboden darauflegen. Mit dem restlichen Orangensaft beträufeln. Tortenoberfläche und -rand mit der restlichen Schokoladen-Sahne-Creme bestreichen. Die Torte mindestens 3 Stunden in den Kühlschrank stellen.

9. Weiße Kuvertüre in Stücke hacken und in einem kleinen Topf im heißen Wasserbad bei schwacher Hitze unter Rühren schmelzen. Die Kuvertüre in 2 Streifen (je etwa 6 x 45 cm) auf eine gekühlte Marmorplatte streichen. Kuvertüre fest werden lassen. Anschließend mit einem Spachtel abschaben und an den Tortenrand drücken.

10. Restliche Kuvertüre sehr dünn auf die Marmorplatte streichen und fest werden lassen. Kuvertüre mit einem Spachtel abschaben und auf die Torte streuen.

Stachelbeer-Mandel-Torte

Zubereitungszeit: 60 Minuten, ohne Kühlzeit
Backzeit: etwa 30 Minuten

Für den Rührteig:
125 g weiche Butter oder Margarine
125 g Zucker
1 Pck. Dr. Oetker Vanillin-Zucker
3 Eier (Größe M)
150 g Weizenmehl
50 g Speisestärke
2 gestr. TL Dr. Oetker Backin

Für den Belag:
80 g Butter
100 g Zucker
100 g gehobelte Mandeln
2 EL Milch

Für die Füllung I:
500 g rote Stachelbeeren
30 g Speisestärke
125 ml (1/8 l) Wasser
50 g Zucker
etwas gemahlener Zimt

Für die Füllung II:
2 Pck. Dr. Oetker Pudding-Pulver Mandel-Geschmack
80 g Zucker
400 ml Milch
200 g Schlagsahne
50 g abgezogene, gemahlene Mandeln
2 EL Amaretto-Likör

Insgesamt:
E: 95 g, F: 350 g, Kh: 731 g, kJ: 28196, kcal: 6732

1. Den Backofen vorheizen.
Ober-/Unterhitze: etwa 180 °C
Heißluft: etwa 160 °C

2. Für den Teig Butter oder Margarine in einer Rührschüssel mit Handrührgerät mit Rührbesen auf höchster Stufe geschmeidig rühren. Nach und nach Zucker und Vanillin-Zucker unterrühren. So lange rühren, bis eine gebundene Masse entstanden ist. Die Eier nach und nach unterrühren (jedes Ei etwa 1/2 Minute). Mehl mit Speisestärke und Backpulver mischen, in 2 Portionen kurz auf mittlerer Stufe unterrühren. Den Teig in eine Springform (Ø 26 cm, Boden gefettet) füllen und glatt streichen.

3. Für den Belag Butter mit Zucker in einem kleinen Topf unter Rühren langsam zerlassen und aufkochen lassen. Mandeln unterrühren und einige Minuten mitbräunen lassen. Milch unterrühren. Die Mandelmasse auf den Rührteig geben und glatt streichen. Die Form auf dem Rost in den vorgeheizten Backofen schieben. Den Tortenboden etwa 30 Minuten backen.

4. Die Form auf einen Kuchenrost stellen. Tortenboden etwas abkühlen lassen, dann aus der Form lösen und auf dem Kuchenrost erkalten lassen. Den Boden einmal waagerecht durchschneiden.

5. Für die Füllung I Stachelbeeren abspülen, abtropfen lassen Blüten- und Stängelansätze entfernen. Speisestärke mit 4 Esslöffeln von dem Wasser anrühren. Stachelbeeren, restliches Wasser, Zucker und Zimt in einem Topf zum Kochen bringen. Die Stachelbeermasse 3–5 Minuten kochen lassen. Angerührte Speisestärke in die von der Kochstelle genommene Stachelbeermasse rühren und unter Rühren aufkochen lassen. Topf von der Kochstelle nehmen. Stachelbeerkompott etwas abkühlen lassen, dabei ab und zu umrühren.

6. Den unteren Gebäckboden auf eine Tortenplatte legen. Einen Tortenring darumstellen. Stachelbeerkompott auf den Boden geben und glatt streichen. Stachelbeermasse im Kühlschrank fest werden lassen.

7. Für die Füllung II aus Pudding-Pulver, Zucker, Milch und Sahne einen Pudding nach Packungsanleitung, aber mit den hier angegebenen Zutaten zubereiten. Mandeln und Amaretto unterrühren. Pudding unter Rühren etwas abkühlen lassen.

8. Pudding auf der Stachelbeermasse verteilen und glatt streichen. Den Mandelboden in 12 Stücke schneiden und auf die Puddingmasse legen. Torte etwa 1 Stunde in den Kühlschrank stellen. Tortenring lösen und entfernen.

Sterntaler-Torte

Zubereitungszeit: 90 Minuten, ohne Abkühlzeit
Backzeit: etwa 2 Minuten je Grillschicht

Für den Rührteig:
7 Eiweiß (Größe M)
400 g weiche Butter oder Margarine
365 g Zucker
1–2 EL Rum
4 EL Orangenlikör
etwas abgeriebene Schale von 1 Bio-Orange (unbehandelt, ungewachst)
3 Eier (Größe M)
7 Eigelb (Größe M)
250 g Weizenmehl
100 g Speisestärke
40 g gesiebtes Kakaopulver
3 1/2 gestr. TL Dr. Oetker Backin

Für den Belag:
200 g Marzipan-Rohmasse
100 g gesiebter Puderzucker

etwa 75 g Aprikosenkonfitüre (durch ein Sieb gestrichen)

200 g Zartbitter-Schokolade
20 g Kokosfett
50 g Marzipan-Rohmasse
20 g gesiebter Puderzucker

Insgesamt:
E: 154 g, F: 582 g, Kh: 1014 g, kJ: 41838, kcal: 9992

Sterntaler-Torte

1. Den Backofengrill vorheizen.
2. Für den Teig Eiweiß steif schlagen und beiseitestellen. Butter oder Margarine in einer Rührschüssel mit Handrührgerät mit Rührbesen auf höchster Stufe geschmeidig rühren. Nach und nach Zucker, Rum, Likör und Orangenschale unterrühren. So lange rühren, bis eine gebundene Masse entstanden ist.
3. Eier und Eigelb nach und nach unterrühren (jedes Ei/Eigelb etwa 1/2 Minute). Mehl mit Speisestärke, Kakao und Backpulver mischen, in 2 Portionen kurz auf mittlerer Stufe unterrühren. Eischnee unterheben.
4. Etwa 2 Esslöffel des Teiges auf den Boden einer Springform (Ø 26 cm, gefettet, mit Backpapier belegt) geben und glatt streichen. Den Springformrand darumstellen. Die Form auf dem Rost unter den vorgeheizten Backofengrill schieben (Abstand zwischen Grill und Teigschicht etwa 20 cm). Die Teigschicht etwa 2 Minuten hellbraun backen.
5. Als zweite Schicht wieder etwa 2 Esslöffel des Teiges auf die gebackene Schicht streichen. Die Form wieder auf dem Rost unter den heißen Grill schieben. Auf diese Weise den ganzen Teig verarbeiten (die Einschubhöhe nach Möglichkeit so verändern, dass der Abstand von etwa 20 cm zwischen Grill und Teigschicht bestehen bleibt).
6. Die fertig gebackene Torte vorsichtig vom Rand der Form lösen und auf ein mit Backpapier belegtes Backblech stürzen. Mitgebackenes Backpapier abziehen. Das Backblech mit der Torte nochmals etwa 5 Minuten in den ausgeschalteten, noch heißen Backofen schieben. Die Torte mit dem Backpapier auf einem Kuchenrost erkalten lassen.
7. Für den Belag Marzipan mit Puderzucker verkneten und auf einer Arbeitsfläche zwischen 2 Lagen Frischhaltefolie dünn ausrollen. 1 runde Platte (Ø 26 cm) und 1 Streifen in Höhe der Torte daraus ausschneiden. Tortenoberfläche und -rand mit Konfitüre bestreichen und mit Marzipan umhüllen.
8. Schokolade in Stücke brechen, mit Kokosfett in einem kleinen Topf im heißen Wasserbad bei schwacher Hitze unter Rühren schmelzen. Die Torte mit dem Guss überziehen.
9. Marzipan mit Puderzucker verkneten, wie unter Punkt 7 beschrieben dünn ausrollen und Sterne ausstechen. Die Torte damit garnieren.

Schokomousse-Kirschtorte

Erdbeerkuppel

Schokomousse-Kirschtorte

Zubereitungszeit: 30 Minuten, ohne Kühlzeit
Backzeit: 35–40 Minuten

400 g Schlagsahne
100 g Zartbitter-Schokolade
350 g Sauerkirschen (aus dem Glas)

Für den All-in-Teig:
125 g Weizenmehl
2 gestr. TL Dr. Oetker Backin
125 g Zucker
1 Pck. Dr. Oetker Vanillin-Zucker
1 Prise Salz
1/2 Pck. Dr. Oetker Finesse Geriebene Zitronenschale
125 g weiche Butter oder Margarine
2 Eier (Größe M)

40 g gesiebter Puderzucker
1 Pck. Dr. Oetker Sahnesteif
1 TL Kakaopulver

Insgesamt:
E: 45 g, F: 276 g, Kh: 399 g,
kJ: 18104, kcal: 4326

1. Die Hälfte der Sahne in einem Topf erhitzen, aber nicht kochen. Topf von der Kochstelle nehmen. Schokolade in Stücke brechen und in der Sahne unter Rühren schmelzen. Mischung mit einem Schneebesen so lange rühren, bis eine glatte Flüssigkeit entstanden ist. Die restliche kalte Sahne unterrühren. Die Schokoladensahne in einen hohen Rührbecher füllen und zugedeckt mindestens 2 Stunden in den Kühlschrank stellen. In der Zwischenzeit Kirschen in einem Sieb abtropfen lassen.
2. Den Backofen vorheizen.
Ober-/Unterhitze: etwa 180 °C
Heißluft: etwa 160 °C
3. Für den Teig Mehl mit Backpulver in einer Rührschüssel mischen. Restliche Zutaten hinzufügen, mit Handrührgerät mit Rührbesen zunächst kurz auf niedrigster Stufe, dann auf höchster Stufe in etwa 2 Minuten zu einem glatten Teig verarbeiten.
4. Teig in eine Springform (Ø 26 cm, Boden gefettet, mit Backpapier belegt) geben und glatt streichen. Kirschen darauf verteilen. Die Form auf dem Rost in den vorgeheizten Backofen (unteres Drittel) schieben. Den Boden 35–40 Minuten backen.
5. Den Boden aus der Form lösen und auf einem Kuchenrost erkalten lassen. Mitgebackenes Backpapier entfernen.
6. Die Schokoladensahne mit Handrührgerät mit Rührbesen kurz aufschlagen, dann Puderzucker und Sahnesteif einstreuen. Schokoladensahne vollständig steif schlagen.
7. Die Sahne portionsweise in einen Spritzbeutel mit großer Lochtülle füllen und unterschiedlich dicke Tupfen auf die Torte spritzen. Torte bis zum Servieren in den Kühlschrank stellen. Die Torte vor dem Servieren mit Kakao bestäuben.

Erdbeerkuppel

Zubereitungszeit: 40 Minuten, ohne Kühlzeit

Für den Boden:
150 g Löffelbiskuits
125 g Butter

Für die Füllung:
250 g kleine Erdbeeren
10 Löffelbiskuits (etwa 80 g)
3 EL Orangensaft oder -likör
400 g Doppelrahm-Frischkäse
300 g Joghurt
3 EL Zitronensaft
70 g Zucker
1 Pck. ungezuckerter Tortenguss, klar
1 geh. EL Zucker
150 ml Orangensaft
250 g Schlagsahne
1 Pck. Dr. Oetker Sahnesteif

Insgesamt:
E: 89 g, F: 338 g, Kh: 356 g,
kJ: 20672, kcal: 4939

1. Für den Boden Löffelbiskuits in einen Gefrierbeutel geben, den Beutel verschließen. Die Löffelbiskuits mit einer Teigrolle zerbröseln und in eine Schüssel geben. Butter zerlassen, zu den Bröseln geben und gut vermengen.
2. Einen geschlossenen Springformrand (Ø 26 cm) auf eine mit Tortenspitze oder Backpapier belegte Tortenplatte stellen. Die Bröselmasse gleichmäßig darin verteilen und mit

einem Löffel gut andrücken. Den Boden kalt stellen.

3. Für die Füllung Erdbeeren abspülen, gut abtropfen lassen, entstielen und vierteln (einige Erdbeeren zum Garnieren beiseitelegen). Löffelbiskuits mit Saft oder Likör beträufeln.

4. Frischkäse mit Joghurt, Zitronensaft und Zucker verrühren. Tortengusspulver und Zucker mischen, mit Orangensaft in einem kleinen Topf unter Rühren aufkochen lassen. Den heißen Guss schnell mit Handrührgerät mit Rührbesen unter die Frischkäsemasse rühren.

5. Sahne mit Sahnesteif steif schlagen und unter die Frischkäsemasse heben. Ein Drittel der Creme auf dem Boden verstreichen und mit den getränkten Löffelbiskuits belegen. Gut die Hälfte der Erdbeerstücke darauf verteilen. Restliche Creme leicht kuppelförmig daraufstreichen. Die Torte 2–3 Stunden in den Kühlschrank stellen.

6. Zum Garnieren Springformrand lösen und entfernen, evtl. Backpapier vom Bröselboden lösen und entfernen. Die Torte mit den beiseitegelegten Erdbeeren garnieren.

Kleine Nuss-Sahne-Torte

Zubereitungszeit: 50 Minuten, ohne Kühlzeit
Backzeit: etwa 30 Minuten

Für den Biskuitteig:
80 g gemahlene Haselnusskerne
2 Eier (Größe M)
75 g Zucker
1 Pck. Dr. Oetker Vanillin-Zucker
1 Prise Salz
30 g Weizenmehl
1 gestr. TL Dr. Oetker Backin

Für die Füllung:
350 g Schlagsahne
1 Pck. Dr. Oetker Bourbon-Vanille-Zucker

Außerdem:
50 g gehackte Haselnusskerne
etwas Kakaopulver

Insgesamt:
E: 41 g, F: 202 g, Kh: 143 g,
kJ: 10790, kcal: 2578

1. Für den Teig Haselnusskerne in einer Pfanne ohne Fett unter Wenden goldbraun rösten, herausnehmen und auf einen Teller geben.

2. Den Backofen vorheizen.
Ober-/Unterhitze: etwa 180 °C
Heißluft: etwa 160 °C

3. Die Eier in einer Rührschüssel mit Handrührgerät mit Rührbesen auf höchster Stufe in etwa 1 Minute schaumig schlagen. Zucker, Vanillin-Zucker und Salz mischen, in etwa 1 Minute einstreuen, dann noch etwa 2 Minuten schlagen. Mehl mit Backpulver mischen und kurz auf niedrigster Stufe unterrühren. Haselnusskerne unterheben.

4. Teig in eine Springform (Ø 18 cm, Boden gefettet, mit Backpapier belegt) füllen und glatt streichen. Die Form auf dem Rost in den vorgeheizten Backofen schieben. Den Biskuitboden etwa 30 Minuten backen.

5. Die Form auf einen Kuchenrost stellen. Biskuitboden etwas abkühlen lassen. Dann vorsichtig aus der Form lösen und auf einen mit Backpapier belegten Kuchenrost stürzen. Mitgebackenes Backpapier abziehen. Biskuitboden erkalten lassen, zweimal waagerecht durchschneiden.

6. Für die Füllung 200 g der Sahne mit Vanille-Zucker steif schlagen und auf den unteren und mittleren Biskuitboden streichen. Die Böden wieder zu einer Torte zusammensetzen.

7. Restliche Sahne steif schlagen. Ein Drittel davon in einen Spritzbeutel mit Lochtülle (Ø etwa 10 mm) füllen und in den Kühlschrank legen. Tortenrand und -oberfläche mit der restlichen Sahne bestreichen.

8. Den Tortenrand mit den gehackten Haselnusskernen bestreuen. Einen Ring Sahnetupfen auf die Torte spritzen. Die Torte etwa 1 Stunde in den Kühlschrank stellen. Die Torte vor dem Servieren mit Kakao bestäuben.

Kleine Nuss-Sahne-Torte

Feine Schokoladentorte

Zubereitungszeit: 40 Minuten, ohne Abkühlzeit
Backzeit: etwa 45 Minuten

Für den Rührteig:
150 g Edelbitter-Schokolade
4 Eiweiß (Größe M)
1 Prise Salz
150 g weiche Butter oder Margarine
125 g Zucker
1 Pck. Dr. Oetker Vanillin-Zucker
2 Eier (Größe M)
4 Eigelb (Größe M)
150 g Weizenmehl
1 gestr. TL Dr. Oetker Backin
15 g Kakaopulver

Außerdem:
6 EL rotes Johannisbeergelee
150 g Edelbitter-Schokolade
1 TL Speiseöl, z. B. Sonnenblumenöl

Insgesamt:
E: 84 g, F: 300 g, Kh: 456 g, kJ: 20508, kcal: 4896

1. Den Backofen vorheizen.
Ober-/Unterhitze: etwa 180 °C
Heißluft: etwa 160 °C
2. Für Teig Schokolade in Stücke brechen, in einem kleinen Topf im heißen Wasserbad bei schwacher Hitze unter Rühren schmelzen. Eiweiß mit Salz steif schlagen.
3. Butter oder Margarine in einer Rührschüssel mit Handrührgerät mit Rührbesen auf höchster Stufe geschmeidig rühren. Nach und nach Zucker und Vanillin-Zucker unterrühren. So lange rühren, bis eine gebundene Masse entstanden ist. Schokolade unterrühren.
4. Eier und Eigelb nach und nach unterrühren (jedes Ei/Eigelb etwa 1/2 Minute). Mehl mit Backpulver und Kakao mischen, in 2 Portionen auf mittlerer Stufe kurz unterrühren. Eischnee in 2 Portionen unterheben.
5. Teig in eine Springform (Ø 26 cm, Boden gefettet, mit Backpapier belegt) füllen und glatt streichen. Die Form auf dem Rost in den vorgeheizten Backofen schieben. Den Boden etwa 45 Minuten backen.
6. Die Form auf einen Kuchenrost stellen, Boden etwas abkühlen lassen. Dann vorsichtig aus der Form lösen und auf einen mit Backpapier belegten Kuchenrost stürzen. Den Tortenboden mindestens 2 Stunden erkalten lassen.
7. Mitgebackenes Backpapier abziehen. Den Tortenboden einmal waagerecht durchschneiden. Den unteren Boden auf eine Tortenplatte legen.
8. Johannisbeergelee durchrühren, die Hälfte auf dem unteren Boden verstreichen. Den oberen Boden darauflegen und leicht andrücken. Tortenrand und -oberfläche mit dem restlichen Gelee bestreichen.
9. Die Schokolade in Stücke brechen, mit Speiseöl wie unter Punkt 2 beschrieben schmelzen. Den Guss auf der Torte glatt streichen. Guss fest werden lassen.

Feine Schokoladentorte

Preiselbeer-Eierlikör-Torte

Zubereitungszeit: 60 Minuten, ohne Kühlzeit
Backzeit: etwa 35 Minuten

Für den Biskuitteig:
50 g Butter
4 Eier (Größe M)
2 EL heißes Wasser
100 g Zucker
1 Pck. Dr. Oetker Vanillin-Zucker
30 g Weizenmehl
1 gestr. TL Dr. Oetker Backin
200 g gemahlene Haselnusskerne
1 gestr. TL gemahlener Zimt
60 g Zartbitter-Raspelschokolade

Zum Bestreichen:
365 g Wild-Preiselbeeren (aus dem Glas)

Für den Belag:
500 g Schlagsahne
2 Pck. Dr. Oetker Sahnesteif
20 g gesiebter Puderzucker
1 Pck. Dr. Oetker Vanillin-Zucker
100 ml Eierlikör

Insgesamt:
E: 74 g, F: 367 g, Kh: 445 g, kJ: 23132, kcal: 5527

1. Den Backofen vorheizen.
Ober-/Unterhitze: etwa 180 °C
Heißluft: etwa 160 °C
2. Für den Teig Butter zerlassen und abkühlen lassen. Eier und Wasser in einer Rührschüssel mit Handrührgerät mit Rührbesen auf höchster Stufe in etwa 1 Minute schaumig schlagen. Zucker mit Vanillin-Zucker mischen,

Preiselbeer-Eierlikör-Torte

Rhabarber-Himbeer-Torte

in etwa 1 Minute einstreuen, dann noch etwa 2 Minuten schlagen.

3. Mehl mit Backpulver mischen, auf die Eiercreme geben und kurz auf niedrigster Stufe unterrühren. Nusskerne und Zimt mischen und mit der Raspelschokolade kurz unterheben. Zuletzt die flüssige Butter vorsichtig unterrühren. Den Teig in eine Springform (Ø 26 cm, Boden gefettet, mit Backpapier belegt) füllen und glatt streichen. Die Form auf dem Rost in den vorgeheizten Backofen schieben. Den Boden etwa 35 Minuten backen.

4. Die Form auf einen Kuchenrost stellen. Den Boden etwas abkühlen lassen. Dann vorsichtig aus der Form lösen und auf einen mit Backpapier belegten Kuchenrost stürzen. Mitgebackenes Backpapier abziehen. Den heißen Biskuitboden mit den Preiselbeeren bestreichen, dabei rundherum einen etwa 1 cm breiten Rand frei lassen. Den Biskuitboden erkalten lassen.

5. Für den Belag Sahne mit Sahnesteif, Puderzucker und Vanillin-Zucker steif schlagen. Die Hälfte der Sahne auf den Preiselbeeren verstreichen. Restliche Sahne in einen Spritzbeutel mit Sterntülle (Ø etwa 10 mm) füllen. Hohe Sahnetupfen auf den oberen Tortenrand spritzen, damit der Eierlikör nicht herunterlaufen kann. Eierlikör auf der Torte verteilen. Die Torte 3–4 Stunden in den Kühlschrank stellen.

Rhabarber-Himbeer-Torte

Zubereitungszeit: 40 Minuten, ohne Kühlzeit
Backzeit: etwa 40 Minuten

Für den All-in-Teig:
200 g Weizenmehl
1 gestr. TL Dr. Oetker Backin
150 g Zucker
1 Pck. Dr. Oetker Bourbon-Vanille-Zucker
3 Eier (Größe M)
75 g Schlagsahne
75 ml Speiseöl

Für den Belag:
500 g Rhabarber
150 g TK-Himbeeren

Außerdem:
3 Blatt weiße Gelatine
125 g Himbeeren
225 ml + 2 EL roter Johannisbeernektar

Insgesamt:
E: 47 g, F: 123 g, Kh: 380 g,
kJ: 11996, kcal: 2863

1. Den Backofen vorheizen.
Ober-/Unterhitze: etwa 180 °C
Heißluft: etwa 160 °C

2. Für den Teig Mehl mit Backpulver in einer Rührschüssel mischen. Restliche Zutaten hinzufügen und mit Handrührgerät mit Rührbesen zunächst kurz auf niedrigster, dann auf höchster Stufe in etwa 2 Minuten zu einem glatten Teig verarbeiten. Teig in die Springform (Ø 26 cm, Boden gefettet) füllen und glatt streichen.

3. Rhabarber abziehen, abspülen, abtropfen lassen, Stielenden und Blattansätze entfernen. Die Stangen in etwa 3 cm lange Stücke schneiden. Rhabarberstücke und Himbeeren auf dem Teig verteilen. Die Form auf dem Rost in den vorgeheizten Backofen schieben. Die Torte etwa 40 Minuten backen.

4. Die Form auf einen Kuchenrost stellen. Torte etwas abkühlen lassen. Dann vorsichtig aus der Form lösen. Die Torte erkalten lassen.

5. Für den Guss Gelatine nach Packungsanleitung einweichen. Gelatine leicht ausdrücken, in einem kleinen Topf bei schwacher Hitze unter Rühren auflösen. Gelatine zunächst mit etwa 4 Esslöffeln von dem Johannisbeernektar verrühren, dann unter den restlichen Nektar rühren. Den Guss in den Kühlschrank stellen.

6. Einen Tortenring um die Torte stellen. Die Himbeeren verlesen und auf der Torte verteilen. Wenn der Guss anfängt dicklich zu werden, den Guss auf der Torte verteilen. Die Torte zugedeckt in den Kühlschrank stellen. Den Guss fest werden lassen. Tortenring lösen und entfernen.

Erdbeer-Flockentorte

Zubereitungszeit: 45 Minuten, ohne Abkühlzeit
Backzeit: Knetteigboden etwa 15 Minuten, Brandteigböden 20–25 Minuten je Boden

Für den Knetteig:
150 g Weizenmehl
40 g Zucker
1 Pck. Dr. Oetker Vanillin-Zucker
100 g Butter oder Margarine

Für den Brandteig:
125 ml (1/8 l) Wasser
25 g Butter oder Margarine
75 g Weizenmehl
15 g Speisestärke
2–3 Eier (Größe M)
1 Msp. Dr. Oetker Backin

Für den Belag:
8 Blatt weiße Gelatine
500 g Erdbeerjoghurt
400 g Schlagsahne
400–500 g Erdbeeren

2 EL Erdbeerkonfitüre

Insgesamt:
E: 80 g, F: 270 g, Kh: 399 g,
kJ: 18720, kcal: 4475

Erdbeer-Flockentorte

1. Für den Knetteig das Mehl in eine Rührschüssel geben. Restliche Zutaten hinzufügen und mit Handrührgerät mit Knethaken zunächst kurz auf niedrigster, dann auf höchster Stufe gut durcharbeiten. Anschließend auf einer leicht bemehlten Arbeitsfläche zu einem glatten Teig verkneten. Sollte er kleben, ihn in Frischhaltefolie gewickelt eine Zeit lang kalt stellen.
2. Den Backofen vorheizen.
Ober-/Unterhitze: etwa 200 °C
Heißluft: etwa 180 °C
3. Den Teig auf dem Boden einer Springform (Ø 26 cm, gefettet) ausrollen und mehrmals mit einer Gabel einstechen. Dann den Springformrand darumstellen. Die Form auf dem Rost in den vorgeheizten Backofen schieben. Den Knetteigboden etwa 15 Minuten backen. Den Knetteigboden sofort nach dem Backen vom Springformboden lösen, aber darauf erkalten lassen.
4. Für den Brandteig Wasser mit Butter oder Margarine am besten in einem Stieltopf zum Kochen bringen. Mehl mit Speisestärke mischen. Das Mehlgemisch auf einmal in die von der Kochstelle genommene Flüssigkeit schütten, zu einem glatten Kloß rühren und unter Rühren etwa 1 Minute erhitzen. Den heißen Kloß sofort in eine Schüssel geben.
5. Nach und nach Eier mit Handrührgerät mit Knethaken auf höchster Stufe unterarbeiten. Die Eiermenge hängt von der Beschaffenheit des Teiges ab. Er muss stark glänzen und so von einem Löffel abreißen, dass lange Spitzen hängen bleiben. Backpulver in den erkalteten Teig arbeiten.
6. Aus dem Teig 3 Böden backen. Dafür jeweils ein Drittel des Teiges auf den Boden einer Springform (Ø 26 cm, gefettet, bemehlt) streichen. Darauf achten, dass der Teig am Rand nicht zu dünn ist, damit die Böden dort nicht zu dunkel werden. Den Springformboden ohne Springformrand auf dem Rost in den heißen Backofen schieben. Die Teigböden nacheinander bei gleicher Backofentemperatur jeweils 20–25 Minuten backen, bis sie hellbraun sind. Die Böden sofort nach dem Backen vom Springformboden lösen und einzeln auf mit Backpapier belegten Kuchenrosten erkalten lassen.
7. Für den Belag Gelatine nach Packungsanleitung einweichen. Gelatine leicht ausdrücken und in einem kleinen Topf bei schwacher Hitze unter Rühren auflösen. Gelatine zuerst mit etwa 4 Esslöffeln von dem Erdbeerjoghurt verrühren, dann unter den restlichen Joghurt rühren. Wenn die Masse anfängt dicklich zu werden, Sahne steif schlagen und unterheben. Die Joghurtmasse halbieren.
8. Erdbeeren abspülen, abtropfen lassen, entstielen und halbieren. Große Erdbeeren in Stücke schneiden.
9. Den Knetteigboden auf eine Tortenplatte legen und mit Konfitüre bestreichen. Einen Brandteigboden darauflegen, leicht andrücken und mit der Hälfte der Joghurtmasse bestreichen. Die Hälfte der Erdbeeren darauf verteilen.
10. Den zweiten Brandteigboden darauflegen und mit der restlichen Joghurtmasse bestreichen. Die restlichen Erdbeeren darauf verteilen und leicht andrücken. Den letzten Brandteigboden in Flocken brechen und darauf verteilen.

Fürst-Pückler-Torte

Zubereitungszeit: 70 Minuten, ohne Kühlzeit
Backzeit: Knetteigboden etwa 15 Minuten, All-in-Teig-Boden etwa 15 Minuten

Für den Knetteig:
150 g Weizenmehl
1 Msp. Dr. Oetker Backin
50 g Zucker
1 Pck. Dr. Oetker Vanillin-Zucker
75 g Butter
1 Eigelb (Größe M)
1 EL Wasser

Für den All-in-Teig:
70 g Weizenmehl
2 gestr. TL Dr. Oetker Backin
50 g Zucker
1 Pck. Dr. Oetker Vanillin-Zucker
2 Eier (Größe M)
2 EL Speiseöl, z. B. Rapsöl
20 g Zartbitter-Raspelschokolade

2 EL Erdbeerkonfitüre

Für die Kakaosahne:
250 g Schlagsahne
30 g Zucker
1 EL gesiebtes Kakaopulver
1 Pck. Dr. Oetker Sahnesteif

Für die Erdbeer-Joghurt-Sahne:
8–10 Blatt weiße Gelatine
200 g aufgetaute TK-Erdbeeren
100 g Zucker
2 EL Zitronensaft
500 g Joghurt
250 g Schlagsahne

Zum Verzieren und Garnieren:
100 g Schlagsahne
150 g kleine Erdbeeren
25 g fein gehackte Pistazienkerne

Insgesamt:
E: 104 g, F: 327 g, Kh: 532 g, kJ: 23666, kcal: 5658

1. Für den Knetteig Mehl mit Backpulver in einer Rührschüssel mischen. Restliche Zutaten hinzufügen und mit Handrührgerät mit Knethaken zunächst kurz auf niedrigster, dann auf höchster Stufe gut durcharbeiten.
2. Anschließend auf einer leicht bemehlten Arbeitsfläche zu einem glatten Teig verkneten. Sollte er kleben, ihn in Frischhaltefolie gewickelt eine Zeit lang kalt stellen.
3. Den Backofen vorheizen.
Ober-/Unterhitze: etwa 200 °C
Heißluft: etwa 180 °C
4. Den Teig auf dem Boden einer Springform (Ø 26 cm, gefettet) ausrollen, Springformrand darumstellen. Den Teigboden mit einer Gabel mehrmals einstechen. Die Form auf dem Rost in den vorgeheizten Backofen schieben. Den Knetteigboden etwa 15 Minuten backen.
5. Die Form auf einen Kuchenrost stellen. Den Knetteigboden sofort vom Springformboden lösen, aber darauf erkalten lassen.
6. Für den All-in-Teig inzwischen Mehl mit Backpulver in einer Rührschüssel mischen. Zucker, Vanillin-Zucker, Eier und Öl hinzufügen. Die Zutaten mit Handrührgerät mit Rührbesen auf höchster Stufe in etwa 2 Minuten zu einem glatten Teig verarbeiten. Schokolade kurz unterrühren.
7. Teig in eine Springform (Ø 26 cm, Boden gefettet, mit Backpapier belegt) füllen und glatt streichen. Die Form auf dem Rost in den heißen Backofen schieben. Den Gebäckboden bei gleicher Backofentemperatur etwa 15 Minuten backen.
8. Die Form auf einen Kuchenrost stellen. Boden etwas abkühlen lassen. Dann aus der Form lösen und auf einen mit Backpapier belegten Kuchenrost stürzen. Mitgebackenes Backpapier abziehen. Boden erkalten lassen.
9. Knetteigboden auf eine Tortenplatte legen und mit Erdbeerkonfitüre bestreichen. Den All-in-Teig-Boden darauflegen und leicht andrücken.
10. Für die Kakaosahne Sahne mit Zucker, Kakao und Sahnesteif steif schlagen. Die Kakaosahne kuppelförmig auf die Mitte des Bodens streichen. Einen Tortenring um die Böden stellen. Die Torte in den Kühlschrank stellen.
11. Für die Erdbeer-Joghurt-Sahne Gelatine nach Packungsanleitung einweichen. Erdbeeren mit Zucker, Zitronensaft und Joghurt pürieren. Gelatine leicht ausdrücken und in einem kleinen Topf bei schwacher Hitze unter Rühren auflösen. Gelatine zuerst mit 4 Esslöffeln von der Joghurt-Erdbeer-Masse verrühren, dann unter die restliche Joghurt-Erdbeer-Masse rühren. Einige Minuten in den Kühlschrank stellen.
12. Wenn die Masse anfängt dicklich zu werden, Sahne steif schlagen und unterheben. Die Erdbeer-Joghurt-Sahne vorsichtig auf die Kakaosahne in den Tortenring füllen und glatt streichen. Die Torte 2–3 Stunden in den Kühlschrank stellen. Tortenring lösen und entfernen.
13. Zum Verzieren und Garnieren Sahne steif schlagen, in einen Spritzbeutel mit Lochtülle füllen. Die Torte damit verzieren. Erdbeeren abspülen, trocken tupfen, mit dem Grün halbieren und auf die Torte legen. Die Torte mit Pistazienkernen bestreuen.

Fürst-Pückler-Torte

Emdener Torte

Kartoffeltorte

Emdener Torte

Zubereitungszeit: 70 Minuten, ohne Abkühlzeit
Backzeit: etwa 15 Minuten je Boden

Für den Biskuitteig:
2 Eier (Größe M)
2–3 EL heißes Wasser
100 g Zucker
1 Pck. Dr. Oetker Vanillin-Zucker
75 g Weizenmehl
50 g Speisestärke
1 gestr. TL Dr. Oetker Backin
20 g gesiebtes Kakaopulver

Für die Füllung:
750 g Schlagsahne
3 Pck. Dr. Oetker Sahnesteif
3 EL Preiselbeeren (aus dem Glas)
1–2 EL Zitronensaft
100 g Zartbitter-Schokolade

1–2 EL Preiselbeeren (aus dem Glas)

Insgesamt:
E: 61 g, F: 289 g, Kh: 336 g,
kJ: 18073, kcal: 4320

1. Den Backofen vorheizen.
Ober-/Unterhitze: etwa 180 °C
Heißluft: etwa 160 °C
2. Für den Teig Eier und Wasser in einer Rührschüssel mit Handrührgerät mit Rührbesen auf höchster Stufe in etwa1 Minute schaumig schlagen. Zucker und Vanillin-Zucker mischen, in etwa 1 Minute einstreuen, dann noch etwa 2 Minuten schlagen. Das Mehl mit Speisestärke und Backpulver mischen, auf die Eiercreme geben und kurz auf niedrigster Stufe unterrühren.
3. Die Hälfte des Teiges in eine Springform (Ø 28 cm, Boden gefettet, mit Backpapier belegt) füllen und glatt streichen. Unter den restlichen Teig den Kakao rühren. Den dunklen Teig in eine zweite Springform (Ø 28 cm, Boden gefettet, mit Backpapier belegt) füllen und glatt streichen.
4. Die Formen nacheinander (bei Heißluft zusammen) in den vorgeheizten Backofen schieben. Die Biskuitböden etwa 15 Minuten je Boden backen.
5. Die Formen auf Kuchenroste stellen. Biskuitböden etwas abkühlen lassen. Dann aus den Formen lösen und auf mit Backpapier belegte Kuchenroste stürzen. Mitgebackenes Backpapier abziehen. Böden erkalten lassen.
6. Für die Füllung Sahne mit Sahnesteif steif schlagen. Unter ein Drittel der Sahne die Preiselbeeren und den Zitronensaft rühren. Den dunklen Biskuitboden auf eine Tortenplatte legen und mit der Preiselbeersahne bestreichen. Den hellen Biskuitboden darauflegen und leicht andrücken.
7. Schokolade in Stücke brechen und in einem kleinen Topf im heißen Wasserbad bei schwacher Hitze unter Rühren schmelzen. Schokolade etwas abkühlen lassen, dann unter die restliche Sahne rühren. Tortenrand und -oberfläche mit der Hälfte der Schokoladensahne bestreichen.
8. Restliche Schokoladensahne in einen Spritzbeutel mit Sterntülle füllen und Tuffs auf die Tortenoberfläche spritzen. Die Sahnetuffs mit Preiselbeeren garnieren.

Kartoffeltorte

Zubereitungszeit: 45 Minuten, ohne Abkühlzeit
Backzeit: 30–35 Minuten

Für den Teig:
250 g gegarte, noch warme Kartoffeln
3 Eiweiß (Größe M)
3 Eigelb (Größe M)
180 g Zucker
50 g gemahlene Haselnusskerne
2 EL Rum

Für die Füllung:
300 g Aprikosenkonfitüre
6 EL Wasser

Für den Guss und zum Verzieren:
100 g Zartbitter-Kuvertüre
30 g weiße Kuvertüre

Insgesamt:
E: 42 g, F: 98 g, Kh: 492 g,
kJ: 12917, kcal: 3094

1. Den Backofen vorheizen.
Ober-/Unterhitze: etwa 180 °C
Heißluft: etwa 160 °C
2. Für den Teig die Kartoffeln durch ein Sieb streichen. Eiweiß steif schlagen und beiseitestellen. Das Eigelb in einer Rührschüssel mit Handrührgerät mit Rührbesen auf höchster Stufe in etwa 1 Minute schaumig schlagen. Zucker in etwa 1 Minute einstreuen, dann noch etwa 2 Minuten weiterschlagen.
3. Haselnusskerne und Rum auf niedrigster Stufe kurz unterrühren. Die Kartoffelmasse unterrühren und den Eischnee unterheben.
4. Dann den Teig in eine Springform (Ø 26 cm, Boden gefettet, mit Semmelbröseln ausgestreut) füllen und glatt streichen. Die Form auf dem Rost in den vorgeheizten Backofen schieben. Kartoffelboden 30–35 Minuten backen.
5. Die Form auf einen Kuchenrost stellen. Kartoffelboden etwas abkühlen lassen. Dann aus der Form lösen und auf einen mit Backpapier belegten Kuchenrost stürzen. Boden erkalten lassen. Den Kartoffelboden einmal waagerecht durchschneiden. Unteren Boden auf eine Tortenplatte legen.
6. Für die Füllung Konfitüre mit Wasser in einem kleinen Topf unter Rühren etwas einkochen lassen. Zwei Drittel der Konfitüre auf den unteren Boden geben und glatt streichen. Den oberen Boden darauflegen und leicht andrücken. Tortenoberfläche und -rand mit der restlichen Konfitüre bestreichen.
7. Für den Guss Zartbitter-Kuvertüre in Stücke hacken, in einem kleinen Topf im heißen Wasserbad bei schwacher Hitze unter Rühren schmelzen. Die Torte mit der Zartbitter-Schokolade überziehen. Guss fest werden lassen.
8. Die weiße Kuvertüre wie unter Punkt 7 beschrieben schmelzen, in einen Gefrierbeutel füllen und eine kleine Ecke abschneiden. Die Torte mit einem Gittermuster verzieren. Kuvertüre fest werden lassen.

Kronentorte

Zubereitungszeit: 30 Minuten, ohne Kühlzeit
Backzeit: 24–30 Minuten

Für die Böden:
2 Pck. (je etwa 275 g) Blätterteig (auf Backpapier, aus dem Kühlregal)
1 EL Schlagsahne
4 TL Zucker
3 EL gehobelte Haselnusskerne

Für die Nougatcreme:
250 g weiche Nuss-Nougat-Creme
175 g Frischkäsezubereitung (5 % Fett absolut)
500 g Schlagsahne
1 Pck. (2 Beutel) Gelatine Fix

Insgesamt:
E: 84 g, F: 402 g, Kh: 390 g, kJ: 23313, kcal: 5574

1. Den Backofen vorheizen.
Ober-/Unterhitze: etwa 220 °C
Heißluft: etwa 200 °C
2. Einen Blätterteigboden mit dem Backpapier auf einem leicht gefetteten Backblech auseinanderrollen. Eine runde Platte (Ø etwa 24 cm) ausschneiden und den überstehenden Teig entfernen. Mit einem Messer 12 Tortenstücke im Teig markieren (einritzen, nicht durchschneiden). Boden dünn mit der Sahne bestreichen, den Zucker und gehobelte Haselnusskerne daraufstreuen. Das Backblech in den vorgeheizten Backofen (unteres Drittel) schieben. Den Boden 12–15 Minuten backen.
3. Das Backblech auf einen Kuchenrost stellen. Markierte Tortenstücke sofort durchschneiden. Tortenstücke mit dem Backpapier vom Backblech auf einen Kuchenrost ziehen und erkalten lassen. Zweiten Blätterteigboden ebenfalls mit dem Backpapier auf einem leicht gefetteten Backblech auseinanderrollen (evtl. als Kreis ausschneiden) und mit einer Gabel mehrmals dicht nebeneinander einstechen. Boden ohne Belag etwa 5 Minuten stehen lassen und dann ebenfalls bei gleicher Backofentemperatur 12–15 Minuten backen.
4. Das Backblech auf einen Kuchenrost stellen. Falls der Blätterteigboden sehr stark aufgegangen ist, sofort vorsichtig einen Kuchenrost darauflegen. Den Boden damit flach drücken. Boden auf einem Kuchenrost erkalten lassen. Mitgebackenes Backpapier entfernen. Boden auf eine Tortenplatte legen und einen Tortenring weit darumstellen. Die Tortenstücke mit den Spitzen nach oben in den Tortenring stellen.
5. Für die Nougatcreme Nuss-Nougat-Creme und Frischkäse mit Handrührgerät mit Rührbesen glatt rühren. Sahne leicht aufschlagen, dann Gelatine Fix nach und nach einstreuen. Die Sahne vollständig steif schlagen. Sahne portionsweise unter die Nougat-Creme ziehen. Nougat-Creme von der Mitte aus auf den Boden geben und verstreichen. Die Tortenstücke mit den Spitzen etwas zur Mitte drücken, sodass eine Krone entsteht. Torte 1–2 Stunden in den Kühlschrank stellen. Vor dem Servieren Tortenring lösen und entfernen.

Kronentorte

Erdbeer-Sahne-Torte

Russische Streuseltorte

Erdbeer-Sahne-Torte

Zubereitungszeit: 40 Minuten, ohne Kühlzeit
Backzeit: 20–30 Minuten

Für den Biskuitteig:
2 Eier (Größe M)
2–3 EL heißes Wasser
100 g Zucker
1 Pck. Dr. Oetker Vanillin-Zucker
75 g Weizenmehl
50 g Speisestärke
1 gestr. TL Dr. Oetker Backin

Für die Füllung:
1 Pck. Saucenpulver Vanille-Geschmack zum Kochen
25 g Zucker
200 ml Milch
700 g Erdbeeren
2 schwach geh. TL gemahlene Gelatine, weiß
3 EL kaltes Wasser
500 g Schlagsahne
40 g gesiebter Puderzucker
1 Pck. Dr. Oetker Vanillin-Zucker

einige gehobelte, geröstete Mandeln

Insgesamt:
E: 55 g, F: 190 g, Kh: 356 g,
kJ: 14143, kcal: 3380

1. Den Backofen vorheizen.
Ober-/Unterhitze: etwa 180 °C
Heißluft: etwa 160 °C
2. Für den Teig Eier und Wasser in einer Rührschüssel mit Handrührgerät mit Rührbesen auf höchster Stufe in etwa 1 Minute schaumig schlagen. Zucker und Vanillin-Zucker mischen, in etwa 1 Minute einstreuen, dann noch etwa 2 Minuten schlagen. Mehl mit Speisestärke und Backpulver mischen, auf die Eiercreme geben, kurz auf niedrigster Stufe unterrühren.
3. Den Biskuitteig in eine Springform (Ø 28 cm, Boden gefettet, mit Backpapier belegt) füllen und glatt streichen. Die Form auf dem Rost in den vorgeheizten Backofen schieben. Den Biskuitboden 20–30 Minuten backen.
4. Die Form auf einen Kuchenrost stellen. Biskuitboden etwas abkühlen lassen. Dann aus der Form lösen und auf einen mit Backpapier belegten Kuchenost stürzen. Mitgebackenes Backpapier abziehen. Boden erkalten lassen.
5. Für die Füllung aus Saucenpulver, Zucker und Milch einen Pudding nach Packungsanleitung, aber nur mit 200 ml Milch zubereiten. Sofort Frischhaltefolie auf den Pudding legen. Pudding erkalten lassen.
6. In der Zwischenzeit Erdbeeren abspülen und gut abtropfen lassen. 14–16 Erdbeeren mit dem Grün auf Küchenpapier beiseitelegen. Restliche Erdbeeren entstielen. Einige Erdbeeren in Scheiben schneiden (insgesamt 14–16 Scheiben) und beiseitelegen. Restliche Erdbeeren halbieren. Gelatine mit Wasser nach Packungsanleitung in einem kleinen Topf anrühren und quellen lassen. Gelatine in dem Topf unter Rühren bei schwacher Hitze auflösen. Sahne fast steif schlagen. Die lauwarme Gelatinelösung unter Schlagen hinzufügen, die Sahne vollständig steif schlagen. Puderzucker mit Vanillin-Zucker mischen und unterrühren.
7. Den Biskuitboden einmal waagerecht durchschneiden. Den unteren Boden auf eine Tortenplatte legen, mit Pudding bestreichen und mit den Erdbeerhälften belegen. Drei Viertel der Sahne auf die Erdbeeren geben und glatt streichen. Den oberen Boden darauflegen und leicht andrücken.
8. Tortenrand und -oberfläche mit einem Teil der restlichen Sahne bestreichen. Die Erdbeerescheiben vorsichtig an den Tortenrand drücken. Restliche Sahne in einen Spritzbeutel mit Sterntülle füllen. Die Torte mit Sahne verzieren und mit den beiseitegelegten Erdbeeren und den Mandeln garnieren. Die Torte 2–3 Stunden in den Kühlschrank stellen.

Russische Streuseltorte

Zubereitungszeit: 30 Minuten, ohne Kühlzeit
Backzeit: etwa 25 Minuten

Für die Streuselböden:
275 g Weizenmehl
150 g feiner Zucker
1 Prise Salz
1 gestr. TL Dr. Oetker Backin
1 Pck. Dr. Oetker Pudding-Pulver Schokoladen-Geschmack
1 Ei (Größe M)
2 EL Wasser
125 g weiche Butter

Für die Füllung:
175 g Mandarinen (aus der Dose)
2 Pck. Dr. Oetker Vanillin-Zucker
200 g Doppelrahm-Frischkäse
300 g Vanilla-Frischkäse oder -Quarkcreme (fettreduziert)
3–4 EL Zitronensaft
250 g Schlagsahne
3 Pck. Dr. Oetker Sahnesteif

etwas Puderzucker

Insgesamt:
E: 79 g, F: 271 g, Kh: 523 g,
kJ: 20612, kcal: 4922

1. Den Backofen vorheizen.
Ober-/Unterhitze: etwa 180 °C
Heißluft: etwa 160 °C
2. Für die Streuselböden Mehl mit Zucker, Salz, Backpulver und Pudding-Pulver in einer Rührschüssel mischen. Ei mit Wasser verschlagen und mit der Butter hinzugeben. Die Zutaten mit Handrührgerät mit Rührbesen zu feinen Streuseln verarbeiten.
3. Einen Tortenring auf knapp 20 cm Durchmesser einstellen und so auf ein Backblech (gefettet, mit Backpapier belegt) setzen, dass 2 Streuselteigböden daraufpassen. Die Hälfte der Streusel in den Tortenring geben, gleichmäßig auf dem Boden verteilen und leicht andrücken.
4. Tortenring vorsichtig abheben und auf die noch freie Fläche des Backblechs setzen. Restliche Teigstreusel auf die gleiche Weise zu einem zweiten Boden andrücken. Tortenring ebenfalls abheben. Das Backblech in den vorgeheizten Backofen (unteres Drittel) schieben. Die Streuselböden etwa 25 Minuten backen.
5. Das Backblech auf einen Kuchenrost stellen. Einen Streuselboden sofort und noch heiß mit einem scharfen, langen Messer in 8–10 gleich große Tortenstücke teilen. Boden und Tortenstücke auf dem Backblech erkalten lassen. Den zweiten Streuselboden auf eine Tortenplatte legen. Den Tortenring darumstellen.
6. Für die Füllung Mandarinen in einem Sieb abtropfen lassen, dann auf Küchenpapier legen. Vanillin-Zucker mit Frischkäse in einer Rührschüssel verrühren. Dann Vanilla-Frischkäse oder -Quarkcreme und Zitronensaft unterrühren. Sahne mit Sahnesteif steif schlagen. Sahne in 2 Portionen mit einem Schneebesen unter die Creme heben.
7. Die Creme auf dem Tortenboden verstreichen. Mandarinen darauf verteilen und leicht eindrücken. Streusel-Tortenstücke darauflegen. Die Torte bis zum Servieren in den Kühlschrank stellen. Kurz vor dem Servieren Tortenring lösen und entfernen. Die Tortenoberfläche mit Puderzucker bestäuben.

Osterei aus Blätterteig

Zubereitungszeit: 60 Minuten, ohne Auftau-, Ruhe- und Kühlzeit
Backzeit: etwa 20 Minuten

Für den Teig:
450 g TK-Blätterteig
etwas Wasser

Zum Bestreichen:
1 Eigelb
1 EL Milch

Für die Füllung:
1 Pck. Tiramisu-Creme (Dessertpulver)
200 ml Milch
100 g Schlagsahne

Für den Belag:
175 g Mandarinen (aus der Dose)
250 g Erdbeeren

einige Melisseblättchen

Insgesamt:
E: 39 g, F: 175 g, Kh: 217 g,
kJ: 11142 , kcal: 2665

1. Für den Teig Blätterteigplatten nebeneinander nach Packungsanleitung auftauen lassen. Den Backofen vorheizen.
Ober-/Unterhitze: etwa 200 °C
Heißluft: etwa 180 °C
2. Die Hälfte der Blätterteigplatten aufeinanderlegen und auf einer leicht bemehlten Arbeitsfläche zu einem Rechteck ausrollen. Den Teig auf ein Backblech (30 x 40 cm, mit Backpapier belegt) legen. Aus dem Teig eine ovale Platte in Form eines Eis (etwa 35 x 25 cm) ausschneiden.
3. Restliche Teigplatten aufeinanderlegen, zu einem Rechteck (etwa 40 x 12 cm) ausrollen und längs in 4 Streifen schneiden. Teigstreifen etwas dehnen, mit Wasser bestreichen und in 2 Lagen auf den Rand des Teigeies kleben.
4. Zum Bestreichen Eigelb mit Milch verschlagen. Den Rand des Teigeies damit bestreichen. Den Teigboden mit einer Gabel mehrfach einstechen. Das Blätterteigei zugedeckt etwa 30 Minuten ruhen lassen.
5. Den Teigboden mit einem Stück Alufolie bedecken. Das Backblech in den vorgeheizten Backofen schieben. Teig etwa 10 Minuten vorbacken.
6. Anschließend die Alufolie entfernen und das Blätterteigei bei gleicher Backofentemperatur weitere etwa 10 Minuten backen.
7. Das Backblech auf einen Kuchenrost stellen. Das Blätterteigei etwas abkühlen lassen. Dann mit dem Backpapier vom Backblech auf einen Kuchenrost ziehen und erkalten lassen.
8. Für die Füllung aus Dessertpulver, Milch und Sahne eine Creme nach Packungsanleitung zubereiten. Die Creme in das Blätterteigei füllen, glatt streichen und etwa 1 Stunde in den Kühlschrank stellen.
9. Für den Belag Mandarinen in einem Sieb gut abtropfen lassen. Erdbeeren abspülen, gut abtropfen lassen, entstielen und halbieren. Mandarinen und Erdbeeren auf der Tiramisu-Creme verteilen. Das Osterei mit abgespülten, trocken getupften Melisseblättchen garnieren.

Osterei aus Blätterteig

Schokoladenwickeltorte

Schokoladen-wickeltorte

Zubereitungszeit: 75 Minuten, ohne Abkühlzeit
Backzeit: Knetteigboden etwa 15 Minuten, Biskuitboden 12–15 Minuten

Für den Knetteig:
150 g Weizenmehl
30 g Zucker
1 EL Wasser
75 g Butter

Für den Biskuitteig:
5 Eier (Größe M)
70 g Zucker
1 Pck. Dr. Oetker Vanillin-Zucker
75 g Weizenmehl
50 g Speisestärke
1 gestr. TL Dr. Oetker Backin

2 EL Kirschkonfitüre

Für die Füllung:
500 g Schlagsahne
2 Pck. Dr. Oetker Sahnesteif
1 EL gesiebtes Kakaopulver
1 EL Zucker
2 EL Calvados

Außerdem:
50 g geschabte, weiße Schokolade
50 g geschabte Vollmilch-Schokolade
etwas Puderzucker

Insgesamt:
E: 80 g, F: 291 g, Kh: 476 g,
kJ: 20636, kcal: 4932

1. Für den Knetteig das Mehl in eine Rührschüssel geben. Restliche Zutaten hinzufügen und mit Handrührgerät mit Knethaken zunächst kurz auf niedrigster, dann auf höchster Stufe gut durcharbeiten.
2. Anschließend auf einer leicht bemehlten Arbeitsfläche zu einem glatten Teig verkneten. Sollte er kleben, ihn in Frischhaltefolie gewickelt eine Zeit lang kalt stellen.
3. Den Backofen vorheizen.
Ober-/Unterhitze: etwa 200 °C
Heißluft: etwa 180 °C
4. Den Teig auf dem Boden einer Springform (Ø 26 cm, gefettet) ausrollen, den Springformrand darumstellen. Teigboden mehrmals mit einer Gabel einstechen.
5. Die Form auf dem Rost in den vorgeheizten Backofen schieben. Den Knetteigboden etwa 15 Minuten backen.
6. Für den Biskuitteig in der Zwischenzeit Eier in einer Rührschüssel mit Handrührgerät mit Rührbesen auf höchster Stufe in etwa 1 Minute schaumig schlagen. Zucker und Vanillin-Zucker mischen, in etwa 1 Minute einstreuen, dann noch etwa 2 Minuten schlagen.
7. Mehl mit Speisestärke und Backpulver mischen, auf die Eiercreme geben und kurz auf niedrigster Stufe unterrühren. Den Biskuitteig auf ein Backblech (30 x 40 cm, gefettet, mit Backpapier belegt) geben und glatt streichen.
8. Die Springform auf einen Kuchenrost stellen. Den Knetteigboden sofort vom Springformboden lösen, aber darauf erkalten lassen.
9. Das Backblech in den heißen Backofen schieben. Die Biskuitplatte bei gleicher Backofentemperatur 12–15 Minuten backen.
10. Die Biskuitplatte sofort vom Backblechrand lösen, auf mit Zucker bestreutes Backpapier stürzen und mit dem Backpapier erkalten lassen.
11. Den Knetteigboden auf eine Tortenplatte legen und mit der Kirschkonfitüre bestreichen.
12. Für die Füllung Sahne mit Sahnesteif steif schlagen. Kakao, Zucker und Calvados unterrühren.
13. Von der Biskuitplatte das mitgebackene Backpapier abziehen. Drei Viertel der Sahnecreme auf der Biskuitplatte verstreichen. Die Platte von der langen Seite aus in etwa 4 1/2 cm breite Streifen schneiden. Einen Biskuitstreifen zur Schnecke aufrollen und in die Mitte des Knetteigbodens stellen. Die restlichen Streifen anlegen und darumwickeln. Anschließend die Tortenoberfläche glatt streichen.
14. Tortenrand und -oberfläche mit der restlichen Sahnecreme bestreichen und mit geschabter Schokolade bestreuen.
15. Die Torte mit Puderzucker bestäuben und 2–3 Stunden in den Kühlschrank stellen.

Mirabellen-Joghurt-Torte

Zubereitungszeit: 45 Minuten, ohne Kühlzeit
Backzeit: etwa 20 Minuten

Für den Knetteig:
200 g Weizenmehl
1 Msp. Dr. Oetker Backin
50 g Zucker
1 Pck. Dr. Oetker Vanillin-Zucker
2 EL Sherry
125 g Butter oder Margarine

1 gestr. EL Weizenmehl

Für die Füllung:
350 g Mirabellen (aus dem Glas)
1 Pck. ungezuckerter Tortenguss, klar
1 Pck. Dr. Oetker Vanillin-Zucker
250 ml (1/4 l) Mirabellensaft (aus dem Glas)

Für die Joghurtcreme:
4 Blatt weiße Gelatine
450 g Joghurt
50 g Zucker
1 Pck. Dr. Oetker Vanillin-Zucker
1 Pck. Dr. Oetker Finesse Geriebene Zitronenschale
250 g Schlagsahne

Zum Verzieren und Bestreuen:
50 g Vollmilch-Schokolade
1 EL gehackte Pistazienkerne

Insgesamt:
E: 62 g, F: 220 g, Kh: 447 g, kJ: 17522, kcal: 4189

1. Für den Teig Mehl mit Backpulver in einer Rührschüssel mischen. Restliche Zutaten hinzufügen und mit Handrührgerät mit Knethaken zunächst kurz auf niedrigster, dann auf höchster Stufe gut durcharbeiten.
2. Anschließend auf einer leicht bemehlten Arbeitsfläche zu einem glatten Teig verkneten. Sollte er kleben, ihn in Frischhaltefolie gewickelt eine Zeit lang kalt stellen.
3. Den Backofen vorheizen.
Ober-/Unterhitze: etwa 200 °C
Heißluft: etwa 180 °C
4. Zwei Drittel des Teiges auf dem Boden einer Springform (Ø 26 cm, gefettet) ausrollen, den Springformrand darumstellen. Unter den restlichen Teig 1 Esslöffel Mehl kneten. Den Teig zu einer Rolle formen, auf den Teigboden legen und so an die Form drücken, dass ein etwa 3 cm hoher Rand entsteht. Den Teigboden mehrmals mit einer Gabel einstechen. Die Form auf dem Rost in den vorgeheizten Backofen schieben. Den Boden etwa 20 Minuten backen.
5. Die Form auf einen Kuchenrost stellen. Den Boden sofort vom Springformboden lösen, aber darauf erkalten lassen. Boden auf eine Tortenplatte legen und einen Tortenring darumstellen.
6. Für die Füllung Mirabellen in einem Sieb abtropfen lassen, den Saft auffangen und 250 ml (1/4 l) abmessen. Mirabellen entsteinen und vierteln. Aus Tortengusspulver, Vanillin-Zucker und Saft einen Guss nach Packungsanleitung, aber mit den hier angegebenen Zutaten zubereiten. Mirabellen unterheben, etwas abkühlen lassen. Die Masse auf den Boden geben und glatt streichen.
7. Für die Joghurtcreme die Gelatine nach Packungsanleitung einweichen. Die Gelatine leicht ausdrücken und in einem kleinen Topf bei schwacher Hitze unter Rühren auflösen. Joghurt mit Zucker, Vanillin-Zucker und Zitronenschale gut verrühren. Gelatine zuerst mit etwa 4 Esslöffeln von der Joghurtmasse verrühren, dann unter die restliche Joghurtmasse rühren.
8. Wenn die Masse anfängt dicklich zu werden, Sahne steif schlagen und unterheben. Joghurtcreme auf den Mirabellen verteilen und glatt streichen. Die Torte etwa 2 Stunden in den Kühlschrank stellen.
9. Zum Verzieren und Bestreuen Schokolade in Stücke brechen, in einem kleinen Topf im heißen Wasserbad bei schwacher Hitze unter Rühren schmelzen. Schokolade in einen Gefrierbeutel füllen, eine kleine Ecke abschneiden. Die Schokolade spiralförmig auf die Torte spritzen und mit Pistazienkernen bestreuen. Schokolade fest werden lassen.

Mirabellen-Joghurt-Torte

Schokoherz mit Nuss-Nougat-Sahne

Zubereitungszeit: 70 Minuten, ohne Abkühlzeit
Backzeit: etwa 45 Minuten

4 EL gehobelte Haselnusskerne
100 g Zartbitter-Kuvertüre

Für den Rührteig:
6 Eiweiß (Größe M)
200 g weiche Butter oder Margarine
150 g Zucker
1 Prise Salz
6 Eigelb (Größe M)
250 g Weizenmehl
100 g gemahlene Haselnusskerne
2 gestr. TL Dr. Oetker Backin

Für die Füllung:
100 g Nuss-Nougat
500 g Schlagsahne
2 Pck. Dr. Oetker Sahnesteif

12 Milka®-Herzen

Insgesamt:
E: 113 g, F: 545 g, Kh: 540 g,
kJ: 31694, kcal: 7581

1. Die Haselnusskerne in einer Pfanne ohne Fett unter Wenden goldbraun rösten, herausnehmen und auf einen Teller geben. Die Kuvertüre in Stücke hacken, in einem kleinen Topf im heißen Wasserbad bei schwacher Hitze unter Rühren schmelzen. Schokolade etwas abkühlen lassen.

2. Den Backofen vorheizen.
Ober-/Unterhitze: etwa 200 °C
Heißluft: etwa 180 °C

3. Für den Teig Eiweiß steif schlagen. Butter oder Margarine in einer Rührschüssel mit Handrührgerät mit Rührbesen auf höchster Stufe geschmeidig rühren. Nach und nach Zucker und Salz unterrühren. So lange rühren, bis eine gebundene Masse entstanden ist. Geschmolzene Kuvertüre unterrühren.

4. Eigelb nach und nach unterrühren. Mehl mit Haselnusskernen und Backpulver mischen, in 2 Portionen kurz auf mittlerer Stufe unterrühren. Eischnee vorsichtig unterheben. Den Teig in eine Herzbackform (Ø 26 cm, etwa 1 1/2-Liter-Inhalt, gefettet, gemehlt) füllen und glatt streichen. Die Form auf dem Rost in den vorgeheizten Backofen schieben. Das Gebäckherz etwa 45 Minuten backen.

5. Die Form auf einen Kuchenrost stellen. Das Gebäckherz etwas abkühlen lassen. Dann aus der Form lösen und auf einen mit Backpapier belegten Kuchenrost stürzen. Gebäckherz erkalten lassen.

6. Für die Füllung Nuss-Nougat in kleine Stücke schneiden und wie unter Punkt 1 beschrieben schmelzen. Nuss-Nougat etwas abkühlen lassen. 200 g von der Sahne mit 1 Päckchen Sahnesteif steif schlagen, Nuss-Nougat unterrühren.

7. Das Gebäckherz einmal waagerecht durchschneiden. Den unteren Boden mit der Nuss-Nougat-Sahne bestreichen, den oberen Boden darauflegen und leicht andrücken.

8. Restliche Sahne mit 1 Päckchen Sahnesteif steif schlagen. Oberfläche und Rand des Gebäckherzes mit zwei Dritteln der Sahne bestreichen. Die restliche Sahne in einen Spritzbeutel mit Sterntülle füllen. Sahnetupfen auf die Oberfläche spritzen. Das Schokoherz in den Kühlschrank stellen.

9. Tortenrand und -mitte mit den gerösteten Haselnusskernen bestreuen. Herz mit Schoko-Herzen garnieren.

® Registered trademark of Kraft Foods.

Schokoherz mit Nuss-Nougat-Sahne

Kaffeetorte

Zubereitungszeit: 45 Minuten, ohne Kühl-, Auftau- und Ruhezeit
Backzeit: etwa 15 Minuten je Backblech

Zum Vorbereiten:
600 g Schlagsahne
150 g Mokka-Schokolade
6 TL Instant-Espresso-Pulver
2 Pck. Dr. Oetker Sahnesteif

Für die Böden:
300 g TK-Blätterteig

Für die Streusel:
150 g Weizenmehl
10 g gesiebtes Kakaopulver
75 g Zucker
1 Pck. Dr. Oetker Vanillin-Zucker
100 g zerlassene Butter

4–5 EL Milch

Für die Füllung:
460 g Birnenhälften (aus der Dose)
1 Pck. ungezuckerter Tortenguss, klar
250 ml (1/4 l) Birnensaft (aus der Dose)

etwas Puderzucker

Insgesamt:
E: 61 g, F: 402 g, Kh: 559 g,
kJ: 25494, kcal: 6089

1. Zum Vorbereiten Sahne in einem Topf zum Kochen bringen. Topf von der Kochstelle nehmen. Schokolade in Stücke brechen und in der Sahne unter Rühren auflösen, Espresso-Pulver unterrühren. Die Schokoladensahne in eine Rührschüssel geben, zugedeckt über Nacht kalt stellen.

2. Für die Böden Blätterteigplatten nebeneinander nach Packungsanleitung auftauen lassen. Jeweils die Hälfte der Platten aufeinanderlegen und auf einer leicht bemehlten Arbeitsfläche zu je einer runden Platte (Ø etwa 28 cm) ausrollen. Teigplatten auf je ein Backblech (gefettet, mit Wasser besprenkelt) legen. Den Teig mehrmals mit einer Gabel einstechen und Teigplatten kalt gestellt etwa 15 Minuten ruhen lassen.

3. Den Backofen vorheizen.
Ober-/Unterhitze: etwa 200 °C
Heißluft: etwa 180 °C

4. Für die Streusel Mehl mit Kakao in einer Rührschüssel mischen. Restliche Zutaten hinzufügen und mit Handrührgerät mit Rührbesen zunächst kurz auf niedrigster, dann auf höchster Stufe zu Streuseln von gewünschter Größe verarbeiten. Teigstreusel kalt stellen, bis sie fest geworden sind. Blätterteigplatten mit Milch bestreichen. Jeweils mit der Hälfte der Streusel bestreuen. Die Backbleche nacheinander (bei Heißluft zusammen) in den vorgeheizten Backofen schieben. Die Blätterteigböden je etwa 15 Minuten backen.

5. Die Blätterteigböden von den Backblechen lösen und einzeln auf je einem Kuchenrost erkalten lassen.

6. Für die Füllung Birnenhälften in einem Sieb abtropfen lassen. Den Saft auffangen und 250 ml (1/4 l) abmessen. Birnenhälften in Würfel schneiden. Aus Tortengusspulver und Saft einen Guss nach Packungsanleitung zubereiten. Birnenwürfel unterheben, etwas abkühlen lassen. Die Fruchtmasse auf einem Streusel-Blätterteigboden verteilen, in den Kühlschrank stellen.

7. Die gut gekühlte Schokoladensahne steif schlagen und in einen Spritzbeutel mit Sterntülle füllen. Die Schokoladensahne auf die Fruchtmasse spritzen. Den zweiten Boden in 12 Tortenstücke schneiden. Tortenstücke auf die Schokoladensahne legen. Die Torte in den Kühlschrank stellen. Vor dem Servieren mit Puderzucker bestäuben.

Kaffeetorte

Friesentorte

Friesentorte

Zubereitungszeit: 50 Minuten, ohne Ruhe- und Kühlzeit
Backzeit: etwa 15 Minuten je Boden

Für den Knetteig:
250 g Weizenmehl
1 Msp. Dr. Oetker Backin
2 Pck. Dr. Oetker Vanillin-Zucker
150 g Crème fraîche
175 g Butter

Für die Streusel:
150 g Weizenmehl
75 g Zucker
1 Pck. Dr. Oetker Vanillin-Zucker
1 Msp. gemahlener Zimt
100 g Butter oder Margarine

Für die Füllung:
500 g Schlagsahne
25 g Zucker
1 Pck. Dr. Oetker Vanillin-Zucker
2 Pck. Dr. Oetker Sahnesteif
450 g Pflaumenmus

etwas Puderzucker

Insgesamt:
E: 59 g, F: 444 g, Kh: 685 g,
kJ: 29416, kcal: 7033

1. Für den Knetteig Mehl mit Backpulver in einer Rührschüssel mischen. Restliche Zutaten hinzufügen, mit Handrührgerät mit Knethaken zunächst kurz auf niedrigster, dann auf höchster Stufe gut durcharbeiten.

2. Anschließend auf einer leicht bemehlten Arbeitsfläche zu einem glatten Teig verkneten. Sollte er kleben, ihn in Frischhaltefolie gewickelt eine Zeit lang kalt stellen.

3. Den Teig in 4 Portionen teilen. Jeweils eine Teigportion auf dem Boden einer Springform (Ø 28 cm, gefettet) ausrollen. Dabei darauf achten, dass der Teigboden am Rand nicht zu dünn ist. Die Teigböden mehrmals mit einer Gabel einstechen. Jeweils den Springformrand darumstellen.

4. Für die Streusel Mehl in eine Rührschüssel geben. Restliche Zutaten hinzufügen und mit Handrührgerät mit Rührbesen zunächst kurz auf niedrigster, dann auf höchster Stufe zu Streuseln verarbeiten.

5. Die Teigböden jeweils mit einem Viertel der Streusel bestreuen und etwa 15 Minuten ruhen lassen.

6. Inzwischen Backofen vorheizen.
Ober-/Unterhitze: etwa 200 °C
Heißluft: etwa 180 °C

7. Die Formen nacheinander (bei Heißluft 2 Böden zusammen) auf dem Rost in den vorgeheizten Backofen schieben. Die Böden etwa 15 Minuten je Boden backen.

8. Die Gebäckböden sofort aus den Formen lösen und einzeln auf je einem Kuchenrost erkalten lassen. Einen Gebäckboden noch heiß in 12 oder 14 Tortenstücke schneiden.

9. Für die Füllung Sahne mit Zucker, Vanillin-Zucker und Sahnesteif steif schlagen. Sahne in einen Spritzbeutel mit Sterntülle füllen.

10. Die 3 unzerteilten Tortenböden zunächst mit jeweils einem Drittel von dem Pflaumenmus bestreichen. Je ein Drittel der Sahne daraufspritzen. Die Böden zu einer Torte zusammensetzen. Den geschnittenen Boden fächerartig darauflegen. Die Torte 2–3 Stunden in den Kühlschrank stellen, vor dem Servieren mit Puderzucker bestäuben.

Aprikosen-Joghurt Torte

Zubereitungszeit: 60 Minuten, ohne Kühlzeit
Backzeit: etwa 20 Minuten

Für den All-in-Teig:
250 g Weizenmehl
2 gestr. TL Dr. Oetker Backin
250 g Zucker
120 g weiche Butter oder Margarine
3 Eier (Größe L)
100 ml Buttermilch

Für die Füllung:
920 g Aprikosenhälften (aus Dosen)
Saft von 2 Zitronen (100 ml)
300 g Aprikosenkonfitüre
1 TL gemahlener Kardamom
1 Dr. Oetker Bourbon Vanilleschote
12 Blatt weiße Gelatine
500 g Joghurt
500 g Schlagsahne

500 g Schlagsahne
80 g Zucker
2 Pck. Dr. Oetker Sahnesteif
1 EL Kakaopulver

Insgesamt:
E: 112 g, F: 464 g, Kh: 2544 g,
kJ: 35632, kcal: 8512

1. Den Backofen vorheizen.
Ober-/Unterhitze: etwa 180 °C
Heißluft: etwa 160 °C

2. Für den Teig Mehl mit Backpulver in einer Rührschüssel mischen. Restliche Zutaten hinzufügen und mit Handrührgerät mit Rührbesen zunächst kurz auf niedrigster, dann auf höchster Stufe in etwa 2 Minuten zu einem glatten Teig verarbeiten. Den Teig in eine Springform (Ø 28 cm, Boden gefettet, mit Backpapier belegt) füllen und glatt streichen.

3. Die Form auf dem Rost in den vorgeheizten Backofen schieben und den Tortenboden etwa 20 Minuten backen.

4. Die Form auf einen Kuchenrost stellen. Den Tortenboden etwas abkühlen lassen. Dann aus der Form lösen und auf einem mit Backpapier belegten Kuchenrost erkalten lassen. Tortenboden einmal waagerecht durchschneiden. Den unteren Boden auf eine Tortenplatte legen. Einen Tortenring darumstellen.

5. Für die Füllung Aprikosenhälften in einem Sieb abtropfen lassen und in einen Topf geben. Zitronensaft, Konfitüre und Kardamom hinzugeben. Die Vanilleschote längs aufschneiden und das Mark herausschaben. Vanilleschote und -mark in den Topf geben. Aprikosenhälften zum Kochen bringen und in etwa 5 Minuten weich kochen.

6. In der Zwischenzeit Gelatine nach Packungsanleitung einweichen. Vanilleschote aus dem Topf nehmen. Gelatine leicht ausdrücken und in der Aprikosenmasse unter Rühren auflösen. 350 g der Aprikosenmasse zum Garnieren beiseitestellen.

7. Restliche Aprikosenmasse in Eiswasser stellen und unter gelegentlichem Rühren erkalten lassen, bis die Masse anfängt zu gelieren. Den Joghurt unterrühren.

8. Sahne steif schlagen und unter die Aprikosen-Joghurt-Masse heben. Die Hälfte der Aprikosen-Sahne-Creme auf dem unteren Boden verteilen. Den oberen Boden darauflegen und leicht andrücken. Restliche Aprikosen-Sahne-Creme daraufgeben und glatt streichen Die Torte mindestens 6 Stunden in den Kühlschrank stellen.

9. Den Tortenring lösen und entfernen. Die beiseitegestellte Aprikosenmasse in einem kleinen Topf bei schwacher Hitze unter vorsichtigem Rühren erwärmen. Die Aprikosenmasse auf der Tortenoberfläche verteilen, dabei einen 2–3 cm breiten Rand frei lassen.

10. Sahne mit Zucker und Sahnesteif steif schlagen, in einen Spritzbeutel mit Lochtülle (Ø etwa 8 mm) füllen. Tortenrand und oberen frei gelassenen Tortenrand mit Sahnetupfen verzieren. Anschließend mit Kakao bestäuben.

11. Torte bis zum Servieren in den Kühlschrank stellen.

Aprikosen-Joghurt Torte

Quittentorte

Zubereitungszeit: 60 Minuten
Backzeit: etwa 60 Minuten

Für den Knetteig:
250 g Weizenmehl
1/2 gestr. TL Dr. Oetker Backin
40 g Zucker
1 Prise Salz
1 Eigelb (Größe M)
abgeriebene Schale von 1/2 Bio-Zitrone (unbehandelt, ungewachst)

Für den Belag:
750 g Quitten
375 ml (3/8 l) Wasser
250 ml (1/4 l) Quittenwasser
250 g Zucker
30 g Zitronat (Sukkade)
abgeriebene Schale von 1/2 Bio-Zitrone (unbehandelt, ungewachst)

Für den Guss:
3 Eier (Größe M)
2 Eigelb (Größe M)
100 g Zucker
100 g abgezogene, gemahlene Mandeln
abgeriebene Schale und Saft von 1 Bio-Zitrone (unbehandelt, ungewachst)

Außerdem:
30 g Semmelbrösel
1 TL gemahlener Zimt
1 EL Zucker
50 g Butter

Insgesamt:
E: 82 g, F: 144 g, Kh: 693 g,
kJ: 18566, kcal: 4434

Quittentorte

1. Für den Teig Mehl mit Backpulver in einer Rührschüssel mischen. Restliche Zutaten hinzufügen und mit Handrührgerät mit Knethaken zunächst kurz auf niedrigster, dann auf höchster Stufe gut durcharbeiten.
2. Anschließend auf einer leicht bemehlten Arbeitsfläche zu einem glatten Teig verkneten. Den Teig in Frischhaltefolie gewickelt etwa 30 Minuten kalt stellen.
3. Für den Belag in der Zwischenzeit Quitten schälen, vierteln und entkernen. Quitten mit Wasser in einem Topf in etwa 20 Minuten weich dünsten. Dann die Quitten in ein Sieb geben, das Quittenwasser auffangen und 250 ml (1/4 l) abmessen. Quitten in kleine Würfel schneiden.
4. Abgemessenes Quittenwasser und Quittenwürfeln in einen Topf geben. Zucker, Zitronat und Zitronenschale hinzufügen. Die Zutaten aufkochen und in 15–20 Minuten zu einer geleeartigen Masse einkochen. Den Topf von der Kochstelle nehmen. Die Quittenmasse etwas abkühlen lassen.
5. Den Backofen vorheizen.
Ober-/Unterhitze: etwa 200 °C
Heißluft: etwa 180 °C
6. Zwei Drittel des Teiges auf dem Boden einer Springform (Ø 24 cm, gefettet) ausrollen, den Springformrand darumstellen. Restlichen Teig zu einer Rolle formen, auf den Teigboden legen und so an die Form drücken, dass ein etwa 3 cm hoher Rand entsteht. Den Teigboden mehrmals mit einer Gabel einstechen.
7. Für den Guss Eier, Eigelb und Zucker in einer Rührschüssel mit Handrührgerät mit Rührbesen auf höchster Stufe schaumig schlagen. 4 Esslöffel der Quittenmasse, Mandeln, Zitronenschale und 2 Esslöffel Zitronensaft hinzufügen, kurz auf niedrigster Stufe unterrühren.
8. Die restliche Quittenmasse auf den Teigboden geben und glatt streichen. Den Guss auf die Quittenmasse geben und glatt streichen. Die Form auf dem Rost in den vorgeheizten Backofen schieben. Die Torte etwa 40 Minuten backen.
9. Die Form auf einen Kuchenrost stellen. Semmelbrösel mit Zimt und Zucker mischen, auf die Torte streuen. Die Butter in Flöckchen daraufsetzen. Die Form wieder auf dem Rost in den heißen Backofen schieben. Die Torte in weiteren etwa 20 Minuten fertig backen.
10. Die Form auf einen Kuchenrost stellen. Die Torte etwas abkühlen lassen. Dann aus der Form lösen und auf einem mit Backpapier belegten Kuchenrost erkalten lassen.

Preiselbeer-Käse-Torte

Beerenstarke Grützetorte

Preiselbeer-Käse-Torte

Zubereitungszeit: 60 Minuten
Backzeit: 80–90 Minuten

Für den Knetteig:
250 g Vollkorn-Weizenmehl
3 EL flüssiger Honig
1 Ei (Größe M)
1 Eigelb (Größe M)
100 g Butter oder Margarine

1 EL Weizenmehl
500 g Hülsenfrüchte
zum Blindbacken

Für den Belag:
225 g Preiselbeeren
(aus dem Glas)
3 Eiweiß (Größe M)
500 g Magerquark
3 Eigelb (Größe M)
2 EL flüssiger Honig

Insgesamt:
E: 129 g, F: 40 g, Kh: 306 g,
kJ: 9316, kcal: 2224

1. Für den Teig Mehl in eine Rührschüssel geben. Restliche Zutaten hinzufügen und mit Handrührgerät mit Knethaken zunächst kurz auf niedrigster, dann auf höchster Stufe gut durcharbeiten.
2. Anschließend auf einer leicht bemehlten Arbeitsfläche zu einem glatten Teig verkneten. Sollte er kleben, ihn in Frischhaltefolie gewickelt eine Zeit lang kalt stellen.
3. Den Backofen vorheizen.
Ober-/Unterhitze: etwa 200 °C
Heißluft: etwa 180 °C
4. Zwei Drittel des Teiges auf dem Boden einer Springform (Ø 26 cm, gefettet, gemehlt) ausrollen, den Springformrand darumstellen. Restlichen Teig mit 1 Esslöffel Mehl verkneten, zu einer Rolle formen, auf den Teigboden legen und so an die Form drücken, dass ein 2–3 cm hoher Rand entsteht. Backpapier auf den Teigboden legen und Hülsenfrüchte daraufgeben. Die Form auf dem Rost in den vorgeheizten Backofen schieben. Den Tortenboden etwa 20 Minuten vorbacken.
5. Die Form auf einen Kuchenrost stellen. Hülsenfrüchte und Backpapier entfernen. Backofentemperatur um etwa 40 ° C herunterschalten.
6. Für den Belag Preiselbeeren in einem Sieb abtropfen lassen. Eiweiß steif schlagen. Quark mit Eigelb und Honig glatt rühren. Zuerst die Preiselbeeren, dann den Eischnee unterheben. Die Quark-Preiselbeer-Masse auf den vorgebackenen Boden geben und glatt streichen. Die Form wieder auf dem Rost in den heißen Backofen schieben. Die Torte weitere 60–70 Minuten backen.
7. Die Form auf einen Kuchenrost stellen. Die Torte etwas abkühlen lassen. Dann aus der Form lösen und auf einem mit Backpapier belegten Kuchenrost erkalten lassen.

Tipp: Torte mit Sahnetuffs verzieren.

Beerenstarke Grützetorte

Zubereitungszeit: 15 Minuten, ohne Kühlzeit
Backzeit: 20–25 Minuten

Für den All-in-Teig:
150 g Weizenmehl
3 gestr. TL Dr. Oetker Backin
100 g feinster Zucker
1 Pck. Dr. Oetker Vanillin-Zucker
4 Eier (Größe M)
4 EL Speiseöl, z. B. Sonnenblumenöl
2 EL Obstessig

Für den Belag:
6 Blatt weiße Gelatine
1 kg Rote Grütze (aus dem Kühlregal)
250 g Vanille-Sauce
(aus dem Kühlregal)

Insgesamt:
E: 65 g, F: 87 g, Kh: 526 g,
kJ: 13397, kcal: 3176

1. Den Backofen vorheizen.
Ober-/Unterhitze: etwa 180 °C
Heißluft: etwa 160 °C
2. Für den Teig Mehl mit Backpulver in einer Rührschüssel mischen. Restliche Zutaten hinzufügen und mit Handrührgerät mit Rührbesen zunächst kurz auf niedrigster, dann auf höchster Stufe in etwa 2 Minuten zu einem glatten Teig verarbeiten.
3. Teig in eine Springform (Ø 26 cm, gefettet, gemehlt) füllen und glatt

streichen. Die Form auf dem Rost in den vorgeheizten Backofen (unteres Drittel) schieben. Den Tortenboden 20–25 Minuten backen.

4. Den Tortenboden von Formrand lösen, auf einen mit Backpapier belegten Kuchenrost stürzen und erkalten lassen. Tortenring darumstellen.

5. Für den Belag Gelatine nach Packungsanleitung einweichen. Die Hälfte der Roten Grütze in einem kleinen Topf erwärmen. Gelatine leicht ausdrücken und unter Rühren in der warmen Grütze auflösen. Die Masse unter die restliche Rote Grütze rühren. Die Rote-Grütze-Masse gleichmäßig auf dem Tortenboden verteilen. Die Torte etwa 2 Stunden in den Kühlschrank stellen.

6. Die Torte in Stücke schneiden und mit der Vanille-Sauce servieren.

Fruchtige Haselnuss-Sahne-Torte

Zubereitungszeit: 50 Minuten, ohne Kühlzeit
Backzeit: 25–30 Minuten

200 g gemahlene Haselnusskerne

Für den Biskuitteig:
3 Eier (Größe M)
3 EL heißes Wasser
150 g Zucker
1 Pck. Dr. Oetker Vanillin-Zucker
100 g Weizenmehl
3 gestr. TL Dr. Oetker Backin
50 g Speisestärke

200 g Wild-Preiselbeeren (aus dem Glas)

Für die Füllung:
400 g Schlagsahne
2 Pck. Dr. Oetker Sahnesteif
40 g Zucker
1 Pck. Dr. Oetker Bourbon-Vanille-Zucker

einige ganze Haselnusskerne

Insgesamt:
E: 67 g, F: 279 g, Kh: 461 g,
kJ: 19342, kcal: 4622

1. Die gemahlenen Haselnusskerne in einer Pfanne ohne Fett unter Wenden goldbraun rösten, herausnehmen und auf einen Teller geben.

2. Den Backofen vorheizen.
Ober-/Unterhitze: etwa 180 °C
Heißluft: etwa 160 °C

3. Für den Teig Eier und Wasser in einer Rührschüssel mit Handrührgerät mit Rührbesen auf höchster Stufe in etwa 1 Minute schaumig schlagen. Zucker und Vanillin-Zucker mischen, in etwa 1 Minute einstreuen, dann noch etwa 2 Minuten schlagen.

4. Mehl mit Backpulver und Speisestärke mischen, auf die Eiercreme geben und kurz auf niedrigster Stufe unterrühren. 75 g der gerösteten Haselnusskerne unterrühren. Den Teig in eine Springform (Ø 26 cm, Boden gefettet, mit Backpapier belegt) füllen und glatt streichen. Die Form auf dem Rost in den vorgeheizten Backofen schieben. Den Biskuitboden 25–30 Minuten backen.

5. Die Form auf einen Kuchenrost stellen. Den Biskuitboden etwas abkühlen lassen. Dann aus der Form lösen und auf einen mit Backpapier belegten Kuchenrost stürzen. Mitgebackenes Backpapier abziehen. Den Boden erkalten lassen.

6. Den Biskuitboden einmal waagerecht durchschneiden. Den unteren Boden auf eine Tortenplatte legen. Preiselbeeren bis auf 2 Esslöffel auf den unteren Boden geben und glatt streichen. Einen Tortenring darumstellen.

7. Für die Füllung Sahne mit Sahnesteif, Zucker und Vanille-Zucker steif schlagen. 100 g der gerösteten Haselnusskerne unterrühren. Zwei Drittel der Haselnuss-Sahne auf die Preiselbeeren geben und glatt streichen. Den oberen Boden darauflegen und leicht andrücken.

8. Restliche Haselnuss-Sahne daraufgeben, glatt streichen und mit einer Gabel ein Muster durch die Sahne ziehen. Die Haselnuss-Sahne-Torte mindestens 2 Stunden in den Kühlschrank stellen.

9. Den Tortenring lösen und entfernen. Die Torte mit den restlichen Preiselbeeren, den restlichen gerösteten und den ganzen Haselnusskernen garnieren.

Fruchtige Haselnuss-Sahne-Torte

Nuss-Strudel-Torte

Zubereitungszeit: 90 Minuten, ohne Ruhe- und Abkühlzeit
Backzeit: 45–55 Minuten

Für den Strudelteig:
250 g Weizenmehl
100 ml lauwarmes Wasser
1 Eigelb (Größe M)
3 EL Speiseöl

Für die Füllung:
100 g gemahlene Haselnusskerne
30 g gehobelte Mandeln
70 g gehackte Pekan- oder Walnusskerne
70 g gehobelte Haselnusskerne
200 g Nuss-Nougat
30 g Butter

6 EL Kondensmilch
1 Pck. Dr. Oetker Vanillin-Zucker
20 g zerlassene Butter

Insgesamt:
E: 92 g, F: 332 g, Kh: 383 g, kJ: 21234, kcal: 5074

1. Für den Teig Mehl in eine Rührschüssel geben. Restliche Zutaten hinzufügen und mit Handrührgerät mit Knethaken zunächst kurz auf niedrigster, dann auf höchster Stufe zu einem glatten Teig verarbeiten. In einem kleinen Topf Wasser kochen, den Topf ausgießen und abtrocknen. Den Teig auf Backpapier in den heißen Topf legen, Topf mit einem Deckel verschließen. Den Teig etwa 30 Minuten ruhen lassen.
2. Für die Füllung in der Zwischenzeit gemahlene Haselnusskerne und Mandeln in einer Pfanne ohne Fett goldbraun rösten. Pekan- oder Walnusskerne mit den gehobelten Haselnusskernen hinzugeben. Die Nuss-Mandel-Mischung aus der Pfanne nehmen und auf einen Teller geben.

3. Nuss-Nougat in kleine Stücke schneiden, mit der Butter in einem kleinen Topf im heißen Wasserbad bei schwacher Hitze unter Rühren schmelzen.
4. Die Masse abkühlen lassen, dann mit den gerösteten Nusskernen und Mandeln vermengen. Die Nuss-Mandel-Nougat-Masse in 3 Portionen teilen.
5. Den Backofen vorheizen.
Ober-/Unterhitze: etwa 200 °C
Heißluft: etwa 180 °C
6. Den Strudelteig halbieren. Eine Teighälfte auf der leicht bemehlten Arbeitsfläche zu einem Rechteck (etwa 50 x 70 cm) ausrollen. Teigrechteck in eine Springform (Ø 26 cm, Boden gefettet) legen und leicht andrücken. Den überstehenden Teig überlappen lassen.
7. Die andere Teighälfte in 3 Portionen teilen. Jede Teigportion zu einer runden Platte (Ø etwa 28 cm) ausrollen und jeweils mithilfe der Teigrolle auf Backpapier aufrollen.
8. Kondensmilch mit Vanillin-Zucker verrühren. Den Teigboden in der Form damit bestreichen.
9. Eine der aufgerollten Teigplatten auf dem Teigboden wieder abrollen, dabei den Rand an die Form drücken. Eine Portion Nuss-Mandel-Nougat-Mischung gleichmäßig auf der Teigplatte verstreichen.
10. Die zweite Teigplatte darauf abrollen, dabei ebenfalls den Rand an die Form drücken. Mit einer weiteren Portion Nuss-Mandel-Nougat-Mischung bestreichen.
11. Die letzte Teigplatte und die restliche Nuss-Mandel-Mischung ebenso verarbeiten.
12. Den überlappenden Teig (vom Boden) in Falten über die Füllung legen und danach gut mit Butter bestreichen. Die Form auf dem Rost in den vorgeheizten Backofen schieben. Die Torte 45–55 Minuten backen.
13. Die Form auf einen Kuchenrost stellen. Die Torte etwas abkühlen lassen. Dann aus der Form lösen und auf einem mit Backpapier belegten Kuchenrost erkalten lassen.

Apfel-Mango-Torte mit Baiser

Zubereitungszeit: 35 Minuten, ohne Auftau- und Kühlzeit
Backzeit: etwa 30 Minuten

250 g TK-Blätterteig
einige Hülsenfrüchte zum Blindbacken

Für die Füllung:
50 g Rosinen
3 CL Mandellikör
1 Mango
365 g Apfelkompott (aus dem Glas)
2 EL Zitronensaft
1–2 EL flüssiger Honig
1 Msp. gemahlener Ingwer
1 Pck. Dr. Oetker Vanillin-Zucker
1 Pck. gemahlene Gelatine, weiß
250 g Schlagsahne
100 g Marzipan-Rohmasse

Für das Baiser:
2–3 Eiweiß (Größe M)
100 g Zucker

Apfel-Mango-Torte mit Baiser

Insgesamt:
E: 52 g, F: 187 g, Kh: 373 g,
kJ: 14856, kcal: 3551

1. Blätterteigplatten nebeneinander nach Packungsanleitung auftauen lassen.
2. Den Backofen vorheizen.
Ober-/Unterhitze: etwa 220 °C
Heißluft: etwa 200 °C
3. Den Blätterteig aufeinanderlegen und auf einer leicht bemehlten Arbeitsfläche zu einer runden Platte (Ø 27–29 cm) ausrollen. Eine Springform (Ø 24–26 cm, Boden gefettet) damit auslegen und einen etwa 3 cm hohen Rand andrücken. Den Teig mehrmals mit einer Gabel einstechen. Backpapier auf den Teigboden legen und Hülsenfrüchte daraufgeben. Die Form auf dem Rost in den vorgeheizten Backofen schieben. Den Boden etwa 25 Minuten backen.
4. Anschließend die Hülsenfrüchte und das Backpapier entfernen. Den Boden bei gleicher Backofentemperatur in weiteren etwa 5 Minuten fertig backen.
5. Die Form auf einen Kuchenrost stellen. Den Boden in der Form vollständig erkalten lassen.
6. Für die Füllung Rosinen in Mandellikör einweichen. Mango halbieren, entsteinen, schälen und klein würfeln. Mangowürfel mit Apfelkompott, Zitronensaft, Honig, Ingwer und Vanillin-Zucker vermischen.
7. Gelatine in einem kleinen Topf nach Packungsanleitung anrühren und quellen lassen. Gelatine im Topf unter Rühren bei schwacher Hitze auflösen. Gelatine zuerst mit etwa 4 Esslöffeln der Fruchtmasse verrühren, dann unter die restliche Fruchtmasse rühren.
8. Wenn die Fruchtmasse anfängt dicklich zu werden, die Sahne steif schlagen und unterheben.
9. Die eingeweichten Rosinen in einem Sieb abtropfen lassen. Dabei den Mandellikör auffangen und mit dem Marzipan zu einer geschmeidigen Creme verrühren. Die Marzipan Likör-Creme auf dem Blätterteigboden glatt streichen. Rosinen darauf verteilen, dann die Apfel-Mango-Creme daraufgeben und vorsichtig glatt streichen.
10. Die Torte 1–2 Stunden in den Kühlschrank stellen.
11. Den Backofengrill vorheizen.
12. Für das Baiser Eiweiß mit Handrührgerät mit Rührbesen auf höchster Stufe steif schlagen. Der Schnee muss so fest sein, dass ein Messerschnitt sichtbar bleibt. Nach und nach Zucker kurz unterschlagen. Die Baisermasse in einen Spritzbeutel mit Sterntülle füllen und spiralförmig so auf die Creme spritzen, dass sie vollständig bedeckt ist. Die Form auf dem Rost unter den vorgeheizten Backofengrill schieben. Baiser so lange überbacken, bis es fest und leicht gebräunt ist.

Christkindels Möhrentorte

Zubereitungszeit: 50 Minuten, ohne Abkühlzeit
Backzeit: 45–55 Minuten

Für den Teig:
7 Eigelb (Größe M)
300 g brauner Zucker (Kandisfarin)
400 g abgezogene, gemahlene Mandeln
300 g fein geraspelte Möhren
75 g Speisestärke
1/2 TL gemahlener Zimt
1 Msp. gemahlene Nelken
1 Msp. gemahlener Kardamom
1 Prise Salz
7 Eiweiß (Größe M)

Für den Guss:
200 g Zartbitter-Kuvertüre
20 g Kokosfett oder
2 TL Speiseöl

Zum Garnieren:
100 g Marzipan-Rohmasse
25 g gesiebter Puderzucker
Goldperlen und -staub
lange, dünne Kerzen

Insgesamt:
E: 154 g, F: 385 g, Kh: 574 g,
kJ: 26533, kcal: 6341

1. Den Backofen vorheizen.
Ober-/Unterhitze: etwa 180 °C
Heißluft: etwa 160 °C
2. Für den Teig Eigelb und Zucker in einer Rührschüssel mit Handrührgerät mit Rührbesen auf höchster Stufe sehr schaumig schlagen. Mandeln, Möhrenraspel, Speisestärke, Zimt, Nelken, Kardamom und Salz vorsichtig unterrühren. Eiweiß sehr steif schlagen und unterheben. Den Teig in 2 Springformen (Ø 22 und 16 cm, Boden gefettet, mit Backpapier belegt) verteilen und glatt streichen. Formen nebeneinander auf dem Rost in den vorgeheizten Backofen schieben. Böden 45–55 Minuten backen.
3. Die Formen auf Kuchenroste stellen. Die Gebäckböden etwas abkühlen lassen. Dann aus den Formen lösen und auf mit Backpapier belegte Kuchenroste stürzen. Mitgebackenes Backpapier abziehen. Gebäckböden erkalten lassen.
4. Für den Guss Kuvertüre in Stücke hacken, mit Kokosfett oder Speiseöl in einem kleinen Topf im heißen Wasserbad bei schwacher Hitze unter Rühren schmelzen. Die Gebäckböden mit dem Guss überziehen. Den kleinen auf den großen Boden setzen.
5. Zum Garnieren das Marzipan mit Puderzucker verkneten und in 3 Portionen teilen. Die Marzipanportionen einzeln zwischen 2 Lagen Frischhaltefolie ausrollen. Sterne und Monde daraus ausstechen. Die Torte mit Marzipanmotiven, Goldperlen und -staub garnieren. Die Kerzen auf der Torte verteilen und etwas in die Tortenoberfläche drücken. Guss fest werden lassen.

Christkindels Möhrentorte

Wiener Schokoladentorte

Zubereitungszeit: 40 Minuten, ohne Abkühlzeit
Backzeit: etwa 70 Minuten

Für den Rührteig:
250 g Zartbitter-Schokolade
250 g weiche Butter
150 g Zucker
5 Eigelb (Größe M)
3 Eier (Größe M)
200 g abgezogene, gemahlene Mandeln
100 g Semmelbrösel
2 gestr. TL Dr. Oetker Backin
5 Eiweiß (Größe M)
100 g Zartbitter-Raspelschokolade

3 EL Johannisbeergelee oder Orangenmarmelade
2 EL Wasser
250 g Zartbitter-Schokolade
2–3 TL Speiseöl
1 EL Kakaopulver

Insgesamt:
E: 151 g, F: 580 g, Kh: 556 g,
kJ: 33555, kcal: 8016

1. Für den Teig Schokolade in Stücke brechen, in einem kleinen Topf im heißen Wasserbad bei schwacher

Wiener Schokoladentorte

Linzer Torte

Hitze unter Rühren schmelzen. Schokolade etwas abkühlen lassen.
2. Den Backofen vorheizen.
Ober-/Unterhitze: etwa 160 °C
Heißluft: etwa 140 °C
3. Butter in einer Rührschüssel mit Handrührgerät mit Rührbesen auf höchster Stufe geschmeidig rühren. Nach und nach 100 g des Zuckers unterrühren. So lange rühren, bis eine gebundene Masse entstanden ist. Eigelb und Eier nach und nach unterrühren (jedes Eigelb/Ei etwa ½ Minute). Mandeln mit Semmelbröseln und Backpulver mischen, in 2 Portionen auf mittlerer Stufe kurz unterrühren. Geschmolzene Schokolade unterrühren.
4. Eiweiß mit restlichem Zucker steif schlagen. Eischnee mit Raspelschokolade vorsichtig unter den Teig heben. Den Teig in eine Springform (Ø 28 cm, Boden gefettet) füllen und glatt streichen. Die Form auf dem Rost in den vorgeheizten Backofen schieben. Den Tortenboden etwa 70 Minuten backen.
5. Den Tortenboden aus der Form lösen und auf einem mit Backpapier belegten Kuchenrost erkalten lassen.
6. Gelee oder Marmelade glatt rühren, mit Wasser in einem kleinen Topf unter Rühren 2–3 Minuten kochen lassen. Den Tortenboden rundherum damit bestreichen und etwas antrocknen lassen.
7. Schokolade in Stücke brechen, mit Speiseöl wie unter Punkt 1 beschrieben schmelzen. Die Torte mit zwei Dritteln der Kuvertüre überziehen.
8. Restliche Kuvertüre auf einem runden Stück Backpapier (Ø 30 cm) gleichmäßig dick verstreichen, dabei etwa 2 cm am Rand frei lassen. Das Backpapier so auf einen leicht tiefen Suppenteller legen, dass sich eine Falte bildet. Den Teller mit dem Backpapier 5–10 Minuten in den Kühlschrank stellen, bis die Kuvertüre fest geworden ist. Dann das Backpapier vorsichtig abziehen. Kuvertüreplatte auf die Tortenoberfläche legen. Die Torte vor dem Servieren mit Kakao bestäuben.

Linzer Torte

Zubereitungszeit: 60 Minuten
Backzeit: 25–30 Minuten

Für den Knetteig:
200 g Weizenmehl
1 gestr. TL Dr. Oetker Backin
125 g Zucker
1 Pck. Dr. Oetker Vanillin-Zucker
2 Tropfen Bittermandel-Aroma
1 Msp. gemahlene Nelken
1 gestr. TL gemahlener Zimt
1 Prise Salz
½ Eigelb (Größe M)
1 Eiweiß (Größe M)
125 g Butter
125 g nicht abgezogene, gemahlene Mandeln

Außerdem:
100 g Himbeerkonfitüre
½ Eigelb
1 TL Milch

Insgesamt:
E: 55 g, F: 177 g, Kh: 350 g,
kJ: 14117, kcal: 3372

1. Für den Knetteig Mehl mit Backpulver in einer Rührschüssel mischen. Restliche Zutaten hinzufügen und mit Handrührgerät mit Knethaken erst kurz auf niedrigster, dann auf höchster Stufe durcharbeiten.
2. Anschließend auf einer leicht bemehlten Arbeitsfläche zu einem glatten Teig verkneten. Sollte er kleben, ihn in Frischhaltefolie gewickelt eine Zeit lang kalt stellen.
3. Den Backofen vorheizen.
Ober-/Unterhitze: etwa 180 °C
Heißluft: etwa 160 °C
4. Gut die Hälfte des Teiges auf dem Boden einer Springform (Ø 28 cm, Boden gefettet) ausrollen, den Springformrand darumstellen.
5. Den restlichen Teig auf der leicht bemehlten Arbeitsfläche zu einer runden Platte (Ø etwa 28 cm) ausrollen und mit einem Teigrädchen etwa 16–20 Streifen ausschneiden.
6. Den Knetteigboden mit Himbeerkonfitüre bestreichen, dabei einen etwa 1 cm breiten Rand frei lassen. Die Teigstreifen gitterförmig auf die Konfitüre legen. Eigelb und Milch verquirlen, Teigstreifen damit bestreichen. Die Form auf dem Rost in den vorgeheizten Backofen schieben. Die Torte 25–30 Minuten backen.
7. Die Form auf einen Kuchenrost stellen. Die Torte etwas abkühlen lassen. Dann vorsichtig aus der Form lösen und auf einem mit Backpapier belegten Kuchenrost erkalten lassen.

Schnelle Kirschtorte nach Schwarzwälder Art

Zubereitungszeit: 40 Minuten, ohne Kühlzeit
Backzeit: etwa 45 Minuten

Für den Rührteig:
150 g Edelbitter-Schokolade
4 Eiweiß (Größe M)
1 Prise Salz
150 g weiche Butter oder Margarine
125 g Zucker
1 Pck. Dr. Oetker Vanillin-Zucker
2 Eier (Größe M)
4 Eigelb (Größe M)
150 g Weizenmehl
1 gestr. TL Dr. Oetker Backin
15 g gesiebtes Kakaopulver

Für die Füllung:
350 g Sauerkirschen (aus dem Glas)
1 Pck. ungezuckerter Tortenguss, klar
1 EL Zucker
250 ml (1/4 l) Sauerkirschsaft (aus dem Glas)
400 g Schlagsahne
2 Pck. Dr. Oetker Sahnesteif
30 g Zucker
1 Pck. Dr. Oetker Vanillin-Zucker

50 g gehobelte Edelbitter-Schokolade

Insgesamt:
E: 96 g, F: 384 g, Kh: 492 g, kJ: 24528, kcal: 5856

1. Den Backofen vorheizen.
Ober-/Unterhitze: etwa 180 °C
Heißluft: etwa 160 °C

2. Für den Teig Schokolade in Stücke brechen, in einem kleinen Topf im heißen Wasserbad bei schwacher Hitze unter Rühren schmelzen. Schokolade etwas abkühlen lassen.

3. Eiweiß mit Salz steif schlagen. Butter oder Margarine in einer Rührschüssel mit Handrührgerät mit Rührbesen auf höchster Stufe geschmeidig rühren. Nach und nach Zucker und Vanillin-Zucker unterrühren. So lange rühren, bis eine gebundene Masse entstanden ist. Geschmolzene Schokolade unterrühren.

4. Eier und Eigelb nach und nach unterrühren (jedes Ei/Eigelb etwa 1/2 Minute). Mehl mit Backpulver und Kakao mischen, kurz auf mittlerer Stufe unterrühren. Den Eischnee unterheben. Den Teig in eine Springform (Ø 26 cm, Boden gefettet, mit Backpapier belegt) füllen und glatt streichen. Die Form auf dem Rost in den vorgeheizten Backofen (unteres Drittel) schieben. Den Gebäckboden etwa 45 Minuten backen.

5. Die Form auf einen Kuchenrost stellen. Den Gebäckboden etwas abkühlen lassen. Dann aus der Form lösen und auf einen mit Backpapier belegten Kuchenrost stürzen. Mitgebackenes Backpapier abziehen. Boden erkalten lassen.

6. Für die Füllung Kirschen in einem Sieb abtropfen lassen, den Saft auffangen und 250 ml (1/4 l) abmessen. Den Gebäckboden einmal waagerecht durchschneiden. Unteren Boden auf eine Tortenplatte legen, einen Tortenring darumstellen.

7. Aus Tortengusspulver, Zucker und Sauerkirschsaft einen Guss nach Packungsanleitung zubereiten. Die Kirschen unterrühren. Kirschmasse auf den unteren Gebäckboden geben, glatt streichen und etwa 30 Minuten in den Kühlschrank stellen.

8. Sahne mit Sahnesteif, Zucker und Vanillin-Zucker steif schlagen. Zwei Drittel der Sahne auf die Kirschen geben und glatt streichen. Den oberen Gebäckboden darauflegen und leicht andrücken. Restliche Sahne daraufgeben und glatt streichen. Die Torte etwa 2 Stunden in den Kühlschrank stellen.

9. Tortenring lösen und entfernen. Die Torte mit gehobelter Schokolade bestreuen.

Schnelle Kirschtorte nach Schwarzwälder Art

Brombeer-Käse-Sahne-Torte

Zubereitungszeit: 55 Minuten, ohne Kühlzeit
Backzeit: 25–30 Minuten

Für den Rührteig:
75 g Marzipan-Rohmasse
150 g weiche Butter oder Margarine
125 g Zucker
1 Pck. Dr. Oetker Vanillin-Zucker
3 Eier (Größe M)
125 g Weizenmehl
1 Msp. Dr. Oetker Backin

Für die Füllung:
2 Pck. gemahlene Gelatine, weiß
400 g vorbereitete Brombeeren
100 ml Weißwein
125 g Zucker
1 Pck. Dr. Oetker Vanillin-Zucker
400 g Schlagsahne
500 g Magerquark

Für den Belag:
150 g vorbereitete Brombeeren

Für den Guss:
1 Pck. ungezuckerter Tortenguss, klar
25 g Zucker
125 ml (1/8 l) Weißwein
125 ml (1/8 l) Wasser

Außerdem:
250 g Schlagsahne
1 Pck. Dr. Oetker Sahnesteif
etwas gehobelte Vollmilch-Schokolade

Insgesamt:
E: 144 g, F: 401 g, Kh: 516 g,
kJ: 21620, kcal: 6599

1. Den Backofen vorheizen.
Ober-/Unterhitze: etwa 180 °C
Heißluft: etwa 160 °C

2. Für den Teig Marzipan und Butter oder Margarine in einer Rührschüssel mit Handrührgerät mit Rührbesen auf höchster Stufe geschmeidig rühren. Nach und nach Zucker und Vanillin-Zucker unterrühren. So lange rühren, bis eine gebundene Masse entstanden ist.

3. Eier nach und nach unterrühren (jedes Ei etwa 1/2 Minute). Mehl mit Backpulver mischen und kurz auf mittlerer Stufe unterrühren. Den Teig in eine Springform (Ø 26 cm, Boden gefettet, mit Backpapier belegt) füllen und glatt streichen. Die Form auf dem Rost in den vorgeheizten Backofen schieben. Den Tortenboden 25–30 Minuten backen.

4. Die Form auf einen Kuchenrost stellen. Den Tortenboden etwas abkühlen lassen. Dann vorsichtig aus der Form lösen und auf einen mit Backpapier belegten Kuchenrost stürzen. Mitgebackenes Backpapier abziehen. Boden erkalten lassen.

5. Für die Füllung in der Zwischenzeit Gelatine in einem kleinen Topf nach Packungsanleitung anrühren und quellen lassen. 250 g der Brombeeren pürieren, mit Weißwein, Zucker und Vanillin-Zucker verrühren. Gelatine im Topf unter Rühren bei schwacher Hitze auflösen. Gelatine zuerst mit etwa 4 Esslöffeln der Brombeermasse verrühren, dann unter die restliche Brombeermasse rühren.

6. Wenn die Masse anfängt dicklich zu werden, Sahne steif schlagen. Zuerst den Quark portionsweise unterrühren, dann die Sahne unterheben.

7. Tortenboden einmal waagerecht durchschneiden. Den unteren Boden auf eine Tortenplatte legen, einen Tortenring darumstellen. Die Hälfte der Brombeer-Sahne-Creme auf den Boden geben und glatt streichen, mit den restlichen Brombeeren (150 g) belegen. Die restliche Creme darauf verteilen, mit dem oberen Boden bedecken, leicht andrücken. Die Torte etwa 2 Stunden in den Kühlschrank stellen.

8. Die Tortenoberfläche mit den Brombeeren belegen. Aus Tortengusspulver, Zucker, Weißwein und Wasser einen Guss nach Packungsanleitung zubereiten. Den Guss auf den Brombeeren verteilen. Die Torte etwa 1 Stunde in den Kühlschrank stellen. Anschließend Tortenring lösen und entfernen.

9. Sahne mit Sahnesteif steif schlagen und in einen Spritzbeutel mit Lochtülle füllen. Die Torte mit Sahnetuffs verzieren und mit Schokolade bestreuen.

Brombeer-Käse-Sahne-Torte

Schokoladen-Espresso-Torte

Kleine Wintertorte

Schokoladen-Espresso-Torte

Zubereitungszeit: 65 Minuten, ohne Kühlzeit
Backzeit: etwa 40 Minuten

100 g Zartbitter-Schokolade
50 g Mokka-Schokolade

Für den Rührteig:
2 Eiweiß (Größe M)
150 g weiche Butter oder Margarine
75 g Zucker
1 Pck. Dr. Oetker Finesse Bourbon-Vanille-Aroma
2 Eier (Größe M)
2 Eigelb (Größe M)
150 g Weizenmehl
2 gestr. TL Dr. Oetker Backin
3 EL gesiebtes Kakaopulver
1 EL Instant-Kaffee-Pulver

Für die Füllung:
5 EL starker Espresso
3 EL Kaffeelikör
50 g Mokka-Schokolade
750 g Schlagsahne
2 Pck. Dr. Oetker Sahnesteif
2 Pck. Dr. Oetker Vanillin-Zucker

etwas Kakaopulver
einige Schokoladen-Ornamente

Insgesamt:
E: 85 g, F: 456 g, Kh: 381 g, kJ: 26076, kcal: 6231

1. Beide Schokoladensorten in Stücke brechen, in einem kleinen Topf im heißen Wasserbad bei schwacher Hitze unter Rühren schmelzen. Schokolade abkühlen lassen.
2. Den Backofen vorheizen.
Ober-/Unterhitze: etwa 180 °C
Heißluft: etwa 200 °C
3. Für den Teig Eiweiß steif schlagen und beiseitestellen. Die Butter oder Margarine in einer Rührschüssel mit Handrührgerät mit Rührbesen auf höchster Stufe geschmeidig rühren. Nach und nach Zucker und Aroma unterrühren. So lange rühren, bis eine gebundene Masse entstanden ist.
4. Eier und Eigelb nach und nach unterrühren (jedes Ei/Eigelb etwa 1/2 Minute). Mehl mit Backpulver, Kakao und Kaffee-Pulver mischen, kurz auf mittlerer Stufe unterrühren. Geschmolzene Schokolade kurz unterrühren. Eischnee unterheben. Den Teig in eine Springform (Ø 26 cm, Boden gefettet, mit Backpapier belegt) füllen und glatt streichen. Die Form auf dem Rost in den vorgeheizten Backofen schieben. Den Tortenboden etwa 40 Minuten backen.
5. Die Form auf einen Kuchenrost stellen. Den Tortenboden etwas abkühlen lassen. Dann aus der Form lösen und auf einen mit Backpapier belegten Kuchenrost stürzen. Mitgebackenes Backpapier abziehen. Den Boden erkalten lassen.
6. Den Teigboden einmal so waagerecht durchschneiden, dass der untere Boden etwas dicker ist. Unteren Boden auf eine Tortenplatte legen. Einen Tortenring darumstellen. Oberen Boden fein zerbröseln.
7. Für die Füllung Espresso mit Likör mischen. Die Schokolade fein reiben. Sahne mit Sahnesteif und Vanillin-Zucker steif schlagen. Die Sahne halbieren.
8. Unter eine Sahnehälfte die Gebäckbrösel und die Espresso-Likör-Mischung heben, auf den unteren Boden geben und glatt streichen. Unter die restliche Sahne die Schokolade heben. Die Schokoladensahne auf die Espressosahne geben und glatt streichen. Die Torte in den Kühlschrank stellen.
9. Vor dem Servieren den Tortenring lösen und entfernen. Die Tortenoberfläche mit Kakao bestäuben und mit Schoko-Ornamenten garnieren.

Kleine Wintertorte

Zubereitungszeit: 40 Minuten, ohne Abkühlzeit
Backzeit: etwa 25 Minuten

Für den Biskuitteig:
2 Eier (Größe M)
2 EL heißes Wasser
80 g Zucker
1 Pck. Dr. Oetker Vanillin-Zucker
50 g Weizenmehl
40 g Speisestärke
1 EL Kakaopulver
1/2 gestr. TL Dr. Oetker Backin
50 g grob gehackte Pekannusskerne

Für die Füllung:
4 EL Mandarinen (aus der Dose)
40 g Vollmilch-Schokolade
200 g Schlagsahne

etwas Puderzucker

Insgesamt:
E: 35 g, F: 124 g, Kh: 206 g,
kJ: 8978, kcal: 2145

1. Den Backofen vorheizen.
Ober-/Unterhitze: etwa 180 °C
Heißluft: etwa 160 °C
2. Für den Teig Eier und Wasser in einer Rührschüssel mit Handrührgerät mit Rührbesen auf höchster Stufe in etwa 1 Minute schaumig schlagen. Zucker und Vanillin-Zucker mischen, in etwa 1 Minute einstreuen, dann noch etwa 2 Minuten schlagen.
3. Mehl mit Speisestärke, Kakao und Backpulver mischen, auf die Eiercreme geben und kurz auf niedrigster Stufe unterrühren. Pekannusskerne vorsichtig unterrühren. Den Teig in eine Springform (Ø 18 cm, Boden gefettet, mit Backpapier belegt) füllen und glatt streichen. Die Form auf dem Rost in den vorgeheizten Backofen schieben. Den Biskuitboden etwa 25 Minuten backen.
4. Die Form auf einen Kuchenrost stellen. Biskuit etwas abkühlen lassen. Dann aus der Form lösen und auf einen mit Backpapier belegten Kuchenrost stürzen. Mitgebackenes Backpapier entfernen. Biskuitboden wieder umdrehen, erkalten lassen.
5. Den Biskuitboden mit einem Löffel aushöhlen, dabei einen etwa 1 cm dicken Boden und einen etwa 1 1/2 cm breiten Rand stehen lassen. Den ausgehöhlten Boden auf eine Tortenplatte legen. Die Biskuitbrösel grob zerkleinern.
6. Für die Füllung die Mandarinen in einem Sieb abtropfen lassen. Schokolade grob hacken und Sahne steif schlagen.
7. Schokolade und die Hälfte der Biskuitbrösel unter die Sahne heben. Mandarinen (einige zum Garnieren beiseitelegen) unterheben.
8. Die Mandarinen-Schokoladen-Sahne kuppelförmig in den ausgehöhlten Boden füllen, mit den restlichen Biskuitkrümeln bestreuen und mit den zurückgelassenen Mandarinenspalten garnieren. Die Torte mit Puderzucker bestäuben.

Heidelbeertorte mit Weincreme

Zubereitungszeit: 40 Minuten, ohne Kühlzeit

Für den Boden:
12 Zwiebäcke
200 g Nuss-Nougat

Für die Weincreme:
1 Pck. Dr. Oetker Pudding-Pulver Sahne-Geschmack
60 g Zucker
400 ml Weißwein

Für den Belag:
450 g Heidelbeeren (aus dem Glas)
1 Pck. ungezuckerter Tortenguss, klar
250 ml (1/4 l) Heidelbeersaft (aus dem Glas)
1 EL Zucker

200 g Schlagsahne
2 Pck. Dr. Oetker Sahnesteif
etwas Puderzucker

Insgesamt:
E: 30 g, F: 113 g, Kh: 456 g,
kJ: 13837, kcal: 3303

1. Für den Boden Zwiebäcke in einen Gefrierbeutel geben. Den Beutel verschließen. Zwiebäcke mit einer Teigrolle sehr fein zerbröseln. Nuss-Nougat in einem kleinen Topf im heißen Wasserbad bei schwacher Hitze unter Rühren schmelzen. Zwiebackbrösel mit der Nuss-Nougat-Masse verkneten.
2. Einen Springformrand (Ø 26 cm) auf eine mit Backpapier oder Tortenspitze belegte Tortenplatte stellen. Die Bröselmasse hineingeben und mit einem Löffel zu einem Boden andrücken. Den Boden in den Kühlschrank stellen und fest werden lassen.
3. Für die Weincreme aus Pudding-Pulver, Zucker und Wein einen Pudding nach Packungsanleitung, aber mit der hier angegebenen Weinmenge zubereiten und in eine Schüssel geben. Sofort Frischhaltefolie direkt auf den Pudding legen. Pudding erkalten lassen.
4. Für den Belag Heidelbeeren in ein Sieb geben, abtropfen lassen, den Saft auffangen und 250 ml (1/4 l) abmessen. Aus Tortengusspulver, Saft und Zucker einen Guss nach Packungsanleitung zubereiten. Die Heidelbeeren (einige Beeren zum Garnieren beiseitelegen) unterheben, die Masse abkühlen lassen.
5. Sahne mit Sahnesteif steif schlagen. Den Pudding einmal gut durchrühren, dann die Sahne unterheben. Die Heidelbeermasse auf dem Tortenboden verteilen. Die Sahne daraufgeben und glatt streichen. Die Torte etwa 2 Stunden in den Kühlschrank stellen.
6. Den Springformrand lösen und entfernen. Die Tortenoberfläche kurz vor dem Verzehr mit den beiseitegelegten Heidelbeeren garnieren und leicht mit Puderzucker bestäuben.

Heidelbeertorte mit Weincreme

Himmelstorte mit Stachelbeeren

Zubereitungszeit: 90 Minuten, ohne Kühlzeit
Backzeit: etwa 20 Minuten je Boden

Für den Belag:
5 Eiweiß (Größe M)
1 EL Zucker
1 Prise Salz

Für den Rührteig:
250 g weiche Butter oder Margarine
200 g Zucker
1 Pck. Dr. Oetker Vanillin-Zucker
5 Eigelb (Größe M)
250 g Weizenmehl
2 gestr. TL Dr. Oetker Backin

Zum Bestreuen:
40 g Zucker
1 Msp. gemahlener Zimt
100 g gehobelte Mandeln

Für die Füllung:
390 g Stachelbeeren (aus dem Glas)
2–3 gestr. TL Speisestärke
3 TL Zucker
150 ml Stachelbeersaft (aus dem Glas)
400 g Schmand (Sauerrahm)
150 g Crème fraîche
3 Pck. Dr. Oetker Sahnesteif
1 EL Zitronensaft

Insgesamt:
E: 98 g, F: 449 g, Kh: 591 g, kJ: 28612, kcal: 6840

1. Den Backofen vorheizen.
Ober-/Unterhitze: etwa 180 °C
Heißluft: etwa 160 °C

2. Für den Belag Eiweiß mit Handrührgerät mit Rührbesen steif schlagen. Der Schnee muss so fest sein, dass ein Messerschnitt sichtbar bleibt. Nach und nach Zucker und Salz kurz unterschlagen.

3. Für den Teig Butter oder Margarine in einer Rührschüssel mit Handrührgerät mit Rührbesen auf höchster Stufe geschmeidig rühren. Nach und nach Zucker und Vanillin-Zucker unterrühren. So lange rühren, bis eine gebundene Masse entstanden ist. Eigelb nach und nach unterrühren. Mehl mit Backpulver mischen und in 2 Portionen auf mittlerer Stufe kurz unterrühren. Den Teig in 4 gleich große Portionen teilen.

4. Jeweils eine Teigportion gleichmäßig auf dem Boden einer Springform (Ø 26 cm, gefettet) verstreichen. Darauf achten, dass der Teig am Rand nicht zu dünn ist. Jeweils ein Viertel des Eischnees darauf verteilen. Zucker mit Zimt mischen. Je ein Viertel der Mandeln und des Zimtzuckers auf die vorbereiteten Böden streuen. Die Böden ohne Springformrand nacheinander (bei Heißluft 2 Böden zusammen) auf dem Rost in den vorgeheizten Backofen schieben. Die Böden etwa 20 Minuten je Boden backen.

5. Die Tortenböden mit dem Springformboden etwa 10 Minuten auf einem Kuchenrost abkühlen lassen. Danach vorsichtig von den Springformböden lösen, auf Backpapier ziehen und auf Kuchenrosten erkalten lassen.

6. Für die Füllung Stachelbeeren in einem Sieb abtropfen lassen, den Saft auffangen und 150 ml abmessen. Speisestärke mit 1 Teelöffel Zucker und 2 Esslöffeln von dem Saft anrühren. Restlichen Saft in einem Topf zum Kochen bringen. Angerührte Speisestärke in den von der Kochstelle genommenen Saft rühren und unter Rühren aufkochen lassen. Topf von der Kochstelle nehmen. Stachelbeeren unterrühren, erkalten lassen.

7. Schmand und Crème fraîche mit restlichem Zucker und Sahnesteif in einer Rührschüssel mit Handrührgerät mit Rührbesen etwa 2 Minuten aufschlagen. Stachelbeerkompott und Zitronensaft unterheben.

8. Drei Tortenböden mit der Creme bestreichen und zu einer Torte zusammensetzen. Den vierten Boden darauflegen. Die Torte etwa 1 Stunde in den Kühlschrank stellen.

Tipp: Die Torte mit Puderzucker bestäuben.

Himmelstorte mit Stachelbeeren

Marzipantorte

Zubereitungszeit: 60 Minuten, ohne Abkühl- und Wartezeit
Backzeit: etwa 40 Minuten

Für den Teig:
5 Eier (Größe M)
125 g Zucker
1 Pck. Dr. Oetker Finesse Geriebene Zitronenschale
1 Prise Salz
75 g Weizenmehl
75 g Speisestärke
50 g zerlassene, abgekühlte Butter

Für die Füllung:
400 g Marzipan-Rohmasse
100 g gesiebter Puderzucker
250 g Aprikosenkonfitüre
4 EL Rum

Für den Belag:
200 g Marzipan-Rohmasse
2 Eigelb (Größe M)
50 g gesiebter Puderzucker
1 EL Rum

Zum Aprikotieren:
200 g Aprikosenkonfitüre
3 EL Wasser

Marzipantorte

Insgesamt:
E: 124 g, F: 297 g, Kh: 919 g,
kJ: 29280, kcal: 6998

1. Für den Teig Eier, Zucker, Zitronenschale und Salz in einer Edelstahlschüssel im heißen Wasserbad mit Handrührgerät mit Rührbesen auf höchster Stufe so lange schlagen, bis eine cremige Masse entstanden ist (etwa 4 Minuten).

2. Den Backofen vorheizen.
Ober-/Unterhitze: etwa 180 °C
Heißluft: etwa 160 °C

3. Die Schüssel aus dem Wasserbad nehmen. Die Masse so lange weiterschlagen, bis sie kalt ist. Mehl mit Speisestärke mischen und unterheben. Butter vorsichtig unterrühren.

4. Teig in eine Springform (Ø 28 cm, Boden gefettet, mit Backpapier belegt) füllen und vorsichtig glatt streichen. Die Form auf dem Rost in den vorgeheizten Backofen schieben. Den Tortenboden etwa 10 Minuten backen.

5. Den Tortenboden aus der Form lösen und auf einen mit Backpapier belegten Kuchenrost stürzen. Mitgebackenes Backpapier abziehen. Tortenboden erkalten lassen und zweimal waagerecht durchschneiden.

6. Für die Füllung Marzipan in dünne Scheiben schneiden, mit Puderzucker, Konfitüre und Rum zu einer geschmeidigen Masse verrühren.

7. Jeweils ein Drittel der Marzipanmasse auf den unteren und mittleren Boden streichen und zu einer Torte zusammensetzen. Tortenoberfläche und -rand mit der restlichen Marzipanmasse bestreichen.

8. Für den Belag Marzipan in dünne Scheiben schneiden, mit Eigelb, Puderzucker und Rum zu einer spritzfähigen Masse verrühren. Die Masse in einen Spritzbeutel mit Sterntülle füllen. Die Torte damit verzieren. Die Torte bei Zimmertemperatur etwa 30 Minuten stehen lassen, damit die Marzipanmasse antrocknen kann. Inzwischen den Backofengrill vorheizen.

9. Die Torte auf dem Rost unter den vorgeheizten Backofengrill schieben. Die Marzipanverzierung goldbraun überbacken.

10. Zum Aprikotieren die Konfitüre durch ein Sieb streichen, mit Wasser in einem kleinen Topf unter Rühren etwas einkochen lassen. Die etwas abgekühlte Torte mit der Konfitüre bestreichen.

Hinweis: Nur ganz frisches Eigelb für den Belag verwenden, das nicht älter als 5 Tage ist (Legedatum beachten!).

Panama-Torte

Zubereitungszeit: 85 Minuten, ohne Abkühlzeit
Backzeit: etwa 50 Minuten

25 g gehobelte Mandeln
150 g Zartbitter-Schokolade

Für den Biskuitteig:
7 Eier (Größe M)
3 EL Wasser
150 g Zucker
1 Pck. Dr. Oetker Vanillin-Zucker
25 g Weizenmehl
50 g Speisestärke
1 gestr. TL Dr. Oetker Backin
150 g gemahlene Haselnusskerne

Für die Buttercreme:
100 g Zartbitter-Schokolade
150 g Butter
50 g gesiebter Puderzucker
2 Eier (Größe M)

etwa 16 Pralinen nach Belieben

Insgesamt:
E: 118 g, F: 372 g, Kh: 382 g,
kJ: 23190, kcal: 5540

1. Die Mandeln in einer Pfanne ohne Fett unter Wenden goldbraun rösten, herausnehmen und auf einen Teller geben. Schokolade in Stücke brechen und in einem kleinen Topf im heißen Wasserbad bei schwacher Hitze unter Rühren schmelzen.
2. Den Backofen vorheizen.
Ober-/Unterhitze: etwa 180 °C
Heißluft: etwa 160 °C
3. Für den Teig Eier und Wasser in einer Rührschüssel mit Handrührgerät mit Rührbesen auf höchster Stufe in etwa 1 Minute schaumig schlagen. Zucker und Vanillin-Zucker mischen, in etwa 1 Minute einstreuen, dann noch etwa 2 Minuten schlagen.
4. Mehl mit Speisestärke und Backpulver mischen, auf die Eiercreme geben und kurz auf niedrigster Stufe unterrühren. Geschmolzene Schokolade und Nusskerne kurz unterrühren.
5. Teig in eine Springform (Ø 28 cm, Boden gefettet, mit Backpapier belegt) füllen und glatt streichen. Die Form auf dem Rost in den vorgeheizten Backofen schieben. Den Biskuitboden etwa 50 Minuten backen.
6. Die Form auf einen Kuchenrost stellen. Biskuitboden etwas abkühlen lassen. Dann aus der Form lösen und auf einen mit Backpapier belegten Kuchenrost stürzen. Mitgebackenes Backpapier abziehen. Boden erkalten lassen.
7. Für die Füllung Schokolade wie unter Punkt 1 beschrieben schmelzen. Butter in einer Rührschüssel geschmeidig rühren. Nach und nach Puderzucker und die Eier unterrühren (jedes Ei etwa 1/2 Minute). Geschmolzene Schokolade esslöffelweise unter die Buttercreme rühren.
8. Den Biskuitboden einmal waagerecht durchschneiden. Den unteren Boden auf eine Tortenplatte legen und mit der Hälfte der Buttercreme bestreichen. Den oberen Boden darauflegen und leicht andrücken. Tortenrand und -oberfläche mit der restlichen Buttercreme bestreichen.
9. Mit einer Gabel Wellen in die Tortenoberfläche ziehen. Den Tortenrand mit den gerösteten Mandeln bestreuen. Die Panama-Torte mit den Pralinen garnieren und 2–3 Stunden in den Kühlschrank stellen.

Panama-Torte

Zitronentorte auf spanische Art

Zubereitungszeit: 50 Minuten, ohne Abkühlzeit
Backzeit: 55–60 Minuten

Für den Knetteig:
200 g Weizenmehl
25 g Zucker
1 Prise Salz
1 EL Sonnenblumenöl
1 EL kaltes Wasser
80 g Butter oder Margarine

Für die Zitronencreme:
3 Eigelb (Größe M)
25 g Zucker
abgeriebene Schale von 1 Bio-Zitrone (unbehandelt, ungewachst)
150 g Schlagsahne
Saft von 1–2 Zitronen
3 Eiweiß (Größe M)
1 Prise Salz
50 g Zucker
1 TL Weizenmehl

Insgesamt:
E: 46 g, F: 143 g, Kh: 222 g,
kJ: 10256, kcal: 2451

1. Für den Teig Mehl in eine Rührschüssel geben. Restliche Zutaten hinzufügen und mit Handrührgerät mit Knethaken zunächst kurz auf niedrigster, dann auf höchster Stufe gut durcharbeiten.
2. Anschließend auf einer leicht bemehlten Arbeitsfläche zu einem glatten Teig verkneten. Sollte er kleben, ihn in Frischhaltefolie gewickelt eine Zeit lang kalt stellen.
3. Den Backofen vorheizen.
Ober-/Unterhitze: etwa 200 °C
Heißluft: etwa 180 °C
4. Zwei Drittel des Teiges auf dem Boden einer Springform (Ø 26 cm, gefettet, gemehlt) ausrollen, den Springformrand darumstellen. Restlichen Teig zu einer Rolle formen, auf den Teigboden legen und so an die Form drücken, dass ein etwa 2 cm hoher Rand entsteht. Den Teigboden

Zitronentorte auf spanische Art

Bananentorte

mehrmals mit einer Gabel einstechen. Die Form auf dem Rost in den vorgeheizten Backofen schieben. Den Tortenboden 15–20 Minuten backen.

5. Die Form auf einen Kuchenrost stellen. Tortenboden erkalten lassen. Die Backofentemperatur um etwa 20 °C herunterschalten.

6. Für die Zitronencreme Eigelb mit Zucker und Zitronenschale schaumig schlagen. Sahne und Zitronensaft unterschlagen.

7. Eiweiß mit Salz steif schlagen. Etwas von der Eischneemasse auf den Tortenboden streichen. Die Form wieder auf dem Rost in den heißen Backofen schieben. Den Boden mit der Eischneemasse etwa 5 Minuten überbacken.

8. In der Zwischenzeit Zucker unter die restliche Eischneemasse schlagen. Mehl vorsichtig unterheben.

9. Die Form auf einen Kuchenrost stellen. Die Zitronencreme auf den Tortenboden geben und glatt streichen. Die Form wieder auf dem Rost in den heißen Backofen schieben. Die Torte bei gleicher Backofentemperatur etwa 20 Minuten backen.

10. Die Form auf einen Kuchenrost stellen. Die restliche Eischneemasse auf der Zitronencreme verteilen und glatt streichen. Die Form wieder auf dem Rost in den heißen Backofen schieben. Das Baiser bei gleicher Backofentemperatur etwa 15 Minuten überbacken.

11. Die Form auf einen Kuchenrost stellen. Die Torte etwas abkühlen lassen. Dann aus der Form lösen und erkalten lassen.

Bananentorte

Zubereitungszeit: 40 Minuten, ohne Abkühlzeit
Backzeit: 27–35 Minuten

Für den Knetteig:
250 g Vollkorn-Weizenmehl
1 gestr. TL Dr. Oetker Backin
80 g flüssiger Honig
1 Prise Meersalz, 1 Ei (Größe M)
100 g Butter oder Margarine

1 EL Weizenmehl

Für den Belag:
1 1/2 kg Bananen
Saft von 2 Zitronen
200 g verlesene Himbeeren

Für das Mandel-Kokos-Baiser:
3 Eiweiß (Größe M)
70 g flüssiger Honig
75 g abgezogene, gemahlene Mandeln
125 g Kokosraspel

Insgesamt:
E: 88 g, F: 220 g, Kh: 519 g,
kJ: 18739, kcal: 4479

1. Für den Teig Mehl mit Backpulver in einer Rührschüssel mischen. Restliche Zutaten hinzufügen und mit Handrührgerät mit Knethaken zunächst kurz auf niedrigster, dann auf höchster Stufe gut durcharbeiten.

2. Anschließend auf einer leicht bemehlten Arbeitsfläche zu einem glatten Teig verkneten. Sollte er kleben, ihn in Frischhaltefolie gewickelt eine Zeit lang kalt stellen.

3. Den Backofen vorheizen.
Ober-/Unterhitze: etwa 180 °C
Heißluft: etwa 160 °C

4. Zwei Drittel des Teiges auf dem Boden einer Springform (Ø 26 cm, gefettet) ausrollen, den Springformrand darumstellen. Teigboden mehrmals mit einer Gabel einstechen. Restlichen Teig mit 1 Esslöffel Mehl verkneten, zu einer Rolle formen, auf den Teigboden legen und so an die Form drücken, dass ein 2–3 cm hoher Rand entsteht. Die Form auf dem Rost in den vorgeheizten Backofen schieben. Den Boden 15–20 Minuten backen.

5. Die Form auf einen Kuchenrost stellen. Den Tortenboden in der Form abkühlen lassen.

6. Für den Belag Bananen schälen, in etwa 3 cm lange Stücke schneiden und mit Zitronensaft beträufeln. Bananenstücke dicht nebeneinander auf den vorgebackenen Tortenboden legen. Himbeeren in den Zwischenräumen der Bananenstücke verteilen.

7. Für das Baiser Eiweiß mit Handrührgerät mit Rührbesen auf höchster Stufe steif schlagen. Der Schnee muss so fest sein, dass ein Messerschnitt sichtbar bleibt. Honig und Mandeln kurz unterschlagen. Kokosraspel unterheben. Eischneemasse auf den Früchten verteilen. Die Form wieder auf dem Rost in den heißen Backofen schieben. Die Torte bei gleicher Backofentemperatur in 12–15 Minuten fertig backen.

8. Die Torte aus der Form lösen und auf eine Tortenplatte setzen. Torte erkalten lassen.

Apfel-Brombeer-Torte

Apfel-Brombeer-Torte

Zubereitungszeit: 70 Minuten, ohne Kühlzeit
Backzeit: Knetteigboden etwa 12 Minuten, Biskuitboden etwa 25 Minuten

750 g Äpfel
300 ml Apfelwein oder -saft
25 g Zucker
1 Pck. Dr. Oetker Vanillin-Zucker

Für den Knetteig:
125 g Weizenmehl
1 Msp. Dr. Oetker Backin
50 g Zucker
1 Pck. Dr. Oetker Vanillin-Zucker
70 g Butter oder
Margarine
1 EL kaltes Wasser

Für den Biskuitteig:
3 Eier (Größe M)
125 g Zucker
1 Pck. Dr. Oetker Vanillin-Zucker
25 g Weizenmehl
1 gestr. TL Dr. Oetker Backin
200 g gemahlene Haselnusskerne

Außerdem:
75 g Brombeerkonfitüre
300 g Brombeeren
1 Pck. ungezuckerter Tortenguss, rot
30 g Zucker
6 Blatt weiße Gelatine
400 g Schlagsahne
einige Brombeeren

Insgesamt:
E: 87 g, F: 334 g, Kh: 561 g,
kJ: 23788, kcal: 5683

1. Äpfel schälen, achteln, entkernen und quer in Spalten schneiden. Apfelspalten mit 100 ml des Apfelweins oder -safts, Zucker und Vanillin-Zucker in einem Topf etwa 5 Minuten dünsten. Etwa 20 Apfelspalten auf Küchenpapier abtropfen lassen und beiseitelegen. Restliche Apfelspalten in einem Sieb abtropfen lassen, den Saft auffangen.

2. Den Backofen vorheizen.
Ober-/Unterhitze: etwa 180 °C
Heißluft: etwa 160 °C

3. Für den Knetteig Mehl mit Backpulver in einer Rührschüssel mischen. Restliche Zutaten hinzufügen und mit Handrührgerät mit Knethaken zunächst kurz auf niedrigster, dann auf höchster Stufe gut durcharbeiten. Anschließend auf einer leicht bemehlten Arbeitsfläche zu einem glatten Teig verkneten. Teig auf dem Boden einer Springform (Ø 26 cm, gefettet) ausrollen und mit einer Gabel mehrfach einstechen. Den Springformrand darumstellen. Die Form auf dem Rost in den vorgeheizten Backofen schieben. Den Boden etwa 12 Minuten backen.

4. Den Springformrand entfernen. Den Boden vom Springformboden lösen, aber darauf auf einem Kuchenrost erkalten lassen.

5. Für den Biskuitteig Eier in einer Rührschüssel mit Handrührgerät mit Rührbesen auf höchster Stufe in etwa 1 Minute schaumig schlagen. Zucker mit Vanillin-Zucker mischen, in etwa 1 Minute einstreuen, dann noch etwa 2 Minuten schlagen. Mehl mit Backpulver mischen, auf die Eiercreme geben und kurz auf niedrigster Stufe unterrühren. 175 g der Haselnusskerne unterheben. Den Teig in eine Springform (Ø 26 cm, Boden gefettet, mit Backpapier belegt) füllen und glatt streichen. Die Form auf dem Rost in den heißen Backofen schieben. Den Biskuitboden bei gleicher Backofentemperatur etwa 25 Minuten backen.

6. Den Biskuitboden aus der Form lösen, auf einen mit Backpapier belegten Kuchenrost stürzen und erkalten lassen. Mitgebackenes Backpapier abziehen und den Boden einmal waagerecht durchschneiden. Den Knetteigboden auf eine Tortenplatte legen, mit Konfitüre bestreichen. Einen Tortenring darumstellen. Den unteren Biskuitboden mit der Schnittfläche nach oben auf den Knetteigboden legen, leicht andrücken.

7. Brombeeren verlesen. Aus Tortengusspulver, Zucker und restlichem Apfelwein oder -saft einen Guss nach Packungsanleitung zubereiten, Brombeeren unterheben. Die Brombeermasse auf den unteren Biskuitboden streichen, dabei einen etwa 1 cm breiten Rand frei lassen.

8. Gelatine nach Packungsanleitung einweichen. Die Gelatine leicht ausdrücken und in einem kleinen Topf bei schwacher Hitze unter Rühren auflösen. Gelatine zuerst mit etwa 4 Esslöffeln des aufgefangenen Apfelsafts verrühren, dann unter den restlichen Saft rühren, abkühlen lassen. Sahne steif schlagen. Die Gelatine-Apfelsaft-Lösung unter die Sahne rühren. Die vorbereiteten Apfelspalten unterheben.

9. Die Hälfte der Apfelsahne auf der Brombeermasse verstreichen. Den oberen Boden darauflegen und leicht andrücken. Restliche Apfelsahne daraufstreichen und mit den beiseitegelegten Apfelspalten belegen.
Die Torte 2–3 Stunden in den Kühlschrank stellen.

10. Den Tortenring lösen und entfernen. Restliche Haselnusskerne an den Tortenrand drücken. Die Torte mit Brombeeren garnieren.

Mohntorte mit Rhabarbercreme

Zubereitungszeit: 80 Minuten, ohne Kühlzeit
Backzeit: 35–40 Minuten

Für den Schüttelteig:
175 g Butter oder Margarine
200 g Weizenmehl
50 g Speisestärke
3 gestr. TL Dr. Oetker Backin
200 g Zucker
1 Prise Salz
4 Eier (Größe M)
150 ml Milch
75 g Mohnsamen

Für den Belag:
9 Blatt weiße Gelatine
500 g Rhabarber
50 ml Wasser
120 g Zucker
2 Pck. Dr. Oetker Bourbon-Vanille-Zucker
250 g Vanillejoghurt
400 g Schlagsahne

Außerdem:
4 EL Erdbeer-Fruchtaufstrich
300 g Marzipan-Rohmasse
100 g gesiebter Puderzucker

Insgesamt:
E: 147 g, F: 449 g, Kh: 861 g,
kJ: 34789, kcal: 8311

1. Den Backofen vorheizen.
Ober-/Unterhitze: etwa 180 °C
Heißluft: etwa 160 °C

2. Für den Teig Butter oder Margarine zerlassen und abkühlen lassen. Mehl mit Speisestärke und Backpulver in eine verschließbare Schüssel (etwa 3-Liter-Inhalt) geben, mit Zucker und Salz mischen. Eier, Milch und zerlassene Butter oder Margarine hinzufügen. Die Schüssel mit einem Deckel fest verschließen. Schüssel mehrmals kräftig schütteln (insgesamt 15–30 Sekunden), sodass alle Zutaten gut vermischt sind.

3. Mohn hinzugeben und alles mit einem Schneebesen oder Rührlöffel nochmals sorgfältig durchrühren, damit trockene Zutaten vom Rand mit untergerührt werden. Den Teig in eine Springform (Ø 26 cm, Boden gefettet, gemehlt) füllen und glatt streichen. Die Form auf dem Rost in den vorgeheizten Backofen schieben. Boden 35–40 Minuten backen.

4. Die Form auf einen Kuchenrost stellen. Gebäckboden etwas abkühlen lassen. Dann aus der Form lösen und auf einen mit Backpapier belegten Kuchenrost stürzen. Mitgebackenes Backpapier abziehen. Gebäckboden erkalten lassen und einmal waagerecht durchschneiden.

5. Für den Belag die Gelatine nach Packungsanleitung einweichen. Den Rhabarber abziehen, abspülen, abtropfen lassen, Stielenden und Blattansätze entfernen. Die Stangen in etwa 2 cm lange Stücke schneiden. Rhabarberstücke mit Wasser in einem Topf weich dünsten. Zucker und Vanille-Zucker unterrühren. Gelatine leicht ausdrücken und in dem Rhabarberkompott unter Rühren auflösen. Kompott abkühlen lassen. Joghurt unterrühren, das Kompott in den Kühlschrank stellen.

6. Wenn die Rhabarber-Joghurt-Masse anfängt dicklich zu werden, die Sahne steif schlagen und unterheben. Den unteren Gebäckboden auf eine Tortenplatte legen. Einen Tortenring darumstellen. Rhabarber-Joghurt-Creme auf den Boden geben und glatt streichen. Den oberen Boden darauflegen und leicht andrücken. Die Torte 2–3 Stunden in den Kühlschrank stellen.

7. Den Tortenring lösen und entfernen. Fruchtaufstrich durch ein Sieb streichen, Tortenoberfläche und -rand damit bestreichen. Marzipan klein schneiden, mit Puderzucker verkneten und zwischen 2 Lagen Frischhaltefolie zu einer runden Platte (Ø etwa 30 cm) ausrollen. Die Marzipanplatte auf die Torte legen, dabei auf der Oberfläche und am Rand leicht andrücken.

Mohntorte mit Rhabarbercreme

Tipp: Die Torte nach Belieben mit Sahnetuffs verzieren und mit gehobelter weißer Schokolade bestreuen.

Obsttorte mit Joghurtsahne

Zubereitungszeit: 65 Minuten, ohne Abkühlzeit
Backzeit: 15–20 Minuten

25 g gehackte Mandeln

Für den Knetteig:
150 g Weizenmehl
1/2 gestr. TL Dr. Oetker Backin
65 g Zucker
1 Pck. Dr. Oetker Vanillin-Zucker
1 Ei (Größe M)
65 g Butter oder Margarine

1 gestr. EL Weizenmehl
1/2 Pck. Dr. Oetker Sahnesteif

Für den Belag:
750 g Aprikosen- oder Pfirsichhälften (aus der Dose)
1 Pck. ungezuckerter Tortenguss, klar
25–50 g Zucker
250 ml (1/4 l) Aprikosen- oder Pfirsichsaft (aus der Dose)

Für die Joghurtsahne:
250 g Schlagsahne
1 1/2 Pck. Dr. Oetker Sahnesteif
50 g Zucker
150 g Joghurt
2–3 EL Zitronensaft

Insgesamt:
E: 46 g, F: 159 g, Kh: 472 g,
kJ: 15229, kcal: 3638

1. Die Mandeln in einer Pfanne ohne Fett unter Wenden goldbraun rösten, herausnehmen und auf einen Teller geben.
2. Für den Teig Mehl mit Backpulver in einer Rührschüssel mischen. Restliche Zutaten hinzufügen und mit Handrührgerät mit Knethaken zunächst kurz auf niedrigster, dann auf höchster Stufe gut durcharbeiten.
3. Anschließend auf einer leicht bemehlten Arbeitsfläche zu einem glatten Teig verkneten. Sollte er kleben, ihn in Frischhaltefolie gewickelt eine Zeit lang kalt stellen.
4. Den Backofen vorheizen.
Ober-/Unterhitze: etwa 200 °C
Heißluft: etwa 180 °C
5. Zwei Drittel des Teiges auf dem Boden einer Springform (Ø 28 cm, gefettet) ausrollen, den Springformrand darumstellen. Unter den restlichen Teig 1 Esslöffel Mehl kneten. Den Teig zu einer langen Rolle formen, auf den Teigboden legen und so an die Form drücken, dass ein etwa 3 cm hoher Rand entsteht. Den Teigboden mehrmals mit einer Gabel einstechen. Die Form auf dem Rost in den vorgeheizten Backofen schieben. Den Knetteigboden 15–20 Minuten backen.
6. Die Form auf einen Kuchenrost stellen. Boden etwas abkühlen lassen, dann aus der Form lösen und auf einem Kuchenrost erkalten lassen. Den Tortenboden mit Sahnesteif bestreuen.
7. Für den Belag Aprikosen- oder Pfirsichhälften in einem Sieb abtropfen lassen. Den Saft auffangen und 250 ml (1/4 l) abmessen. Die Früchte auf den Boden legen.
8. Für den Guss aus Tortengusspulver, Zucker und Saft einen Guss nach Packungsanleitung zubereiten. Guss auf den Früchten verteilen und fest werden lassen.
9. Für die Joghurtsahne Sahne mit Sahnesteif und Zucker steif schlagen. Joghurt unterrühren, mit Zitronensaft abschmecken. Die Joghurt-Sahne-Creme auf den fest gewordenen Tortenguss geben und glatt streichen. Die Torte mit Mandeln bestreuen.

Sektschaumtorte mit Eierlikör

Zubereitungszeit: 45 Minuten, ohne Kühlzeit
Backzeit: 8–10 Minuten

Für den Teig:
1 Ei (Größe M)
25 g Puderzucker
20 g Weizenmehl
15 g abgezogene, gemahlene Mandeln

Für die Sektcreme:
1 1/2 Blatt weiße Gelatine
100 ml Sekt
50 g Zucker
2 Eigelb (Größe M)
abgeriebene Schale von 1/2 Bio-Zitrone und 1/2 Bio-Orange (jeweils unbehandelt, ungewachst)
1 Eiweiß (Größe M)
50 g Schlagsahne
20 g Zucker

Für das Eierlikörgelee:
2 Blatt weiße Gelatine
150 ml Eierlikör

Insgesamt:
E: 66 g, F: 48 g, Kh: 156 g,
kJ: 6348, kcal: 1515

1. Den Backofen vorheizen.
Ober-/Unterhitze: etwa 200 °C
Heißluft: etwa 180 °C

2. Für den Teig das Ei mit dem Puderzucker in einer Edelstahlschüssel über dem heißen Wasserbad mit Handrührgerät mit Rührbesen auf höchster Stufe kurz schaumig schlagen, Schüssel herausnehmen weiter so lange schlagen, bis die Eimasse kalt ist. Mehl mit Mandeln mischen und vorsichtig unterheben. Den Teig in eine Springform (Ø 20 cm, Boden gefettet, mit Backpapier belegt) füllen und glatt streichen. Die Form auf dem Rost in den vorgeheizten Backofen schieben. Den Gebäckboden 8–10 Minuten backen.

3. Die Form auf einen Kuchenrost stellen. Den Gebäckboden etwas abkühlen lassen. Dann aus der Form lösen und auf einen mit Backpapier belegten Kuchenrost stürzen. Mitgebackenes Backpapier abziehen. Boden erkalten lassen und auf eine Tortenplatte legen. Einen Tortenring darumstellen.

4. Für die Sektcreme Gelatine nach Packungsanleitung einweichen. Sekt, Zucker, Eigelb, Zitronen- und Orangenschale in einer Edelstahlschüssel über dem heißen Wasserbad mit Handrührgerät mit Rührbesen auf höchster Stufe schaumig schlagen. Gelatine leicht ausdrücken und unter Rühren darin auflösen. Die Schüssel aus dem Wasserbad nehmen. Die Sekt-Gelatine-Masse so lange schlagen, bis sie erkaltet ist.

5. Eiweiß steif schlagen. Sahne mit Zucker ebenfalls steif schlagen und mit dem Eischnee unter die Sekt-Gelatine-Masse heben. Die Sektcreme auf dem Gebäckboden verstreichen. Die Torte 1–2 Stunden in den Kühlschrank stellen.

6. Für das Gelee Gelatine nach Packungsanleitung einweichen. Den Likör in einem kleinen Topf leicht erwärmen. Gelatine leicht ausdrücken und unter Rühren in dem Likör auflösen. Das Gelee auf dem Sektschaum verteilen. Die Torte nochmals etwa 1 Stunde in den Kühlschrank stellen.

Tipp: Die Torte mit verschiedenen Fruchtsaucen garnieren.

Hinweis: Nur ganze frische Eier für die Sektcreme verwenden, die nicht älter als 5 Tage sind (Legedatum beachten!) Die Torte im Kühlschrank aufbewahren und innerhalb von 24 Stunden verzehren.

Sektschaumtorte mit Eierlikör

Cashew-Zimt-Torte, geschüttelt

Zubereitungszeit: 30 Minuten
Backzeit: etwa 50 Minuten

Zum Vorbereiten:
250 g Fruchtcocktail (aus der Dose)
150 g Cashewkerne

Für den Schüttelteig:
300 g Weizenmehl
1 Pck. Dr. Oetker Backin
2 gestr. TL gemahlener Zimt
100 g Zucker
125 g brauner Zucker (Rohrzucker)
150 ml Speiseöl
3 Eier (Größe M)
100 ml Fruchtcocktailsaft (aus der Dose)

etwas Puderzucker

Insgesamt:
E: 81 g, F: 236 g, Kh: 533 g,
kJ: 19033, kcal: 4547

1. Zum Vorbereiten Fruchtcocktail in einem Sieb gut abtropfen lassen. Den Saft auffangen und 100 ml abmessen. Cashewkerne fein hacken.

2. Den Backofen vorheizen.
Ober-/Unterhitze: etwa 180 °C
Heißluft: etwa 160 °C

3. Für den Teig Mehl mit Backpulver und Zimt mischen, in eine verschließbare Schüssel (etwa 3-Liter-Inhalt) geben und mit beiden Zuckersorten mischen. Speiseöl, Eier und Fruchtcocktailsaft hinzufügen. Die Schüssel mit dem Deckel fest verschließen. Schüssel mehrmals kräftig schütteln (insgesamt 15–30 Sekunden), sodass alle Zutaten gut vermischt sind.

4. Cashewkerne und Fruchtcocktail hinzufügen und alles mit einem Schneebesen oder Rührlöffel nochmals sorgfältig durchrühren, damit trockene Zutaten vom Rand mit untergerührt werden. Den Teig in eine Springform (Ø 26 cm, Boden gefettet) füllen und glatt streichen. Die Form auf dem Rost in den vorgeheizten Backofen schieben. Die Torte etwa 50 Minuten backen.

5. Die Cashew-Zimt-Torte aus der Form lösen und auf einem Kuchenrost erkalten lassen.

Tipp: Die Torte mit einem Guss aus Puderzucker und Saft besprenkeln und mit einigen Cashewkernen bestreuen.

Cashew-Zimt-Torte, geschüttelt

Sahne-Schichttorte

Zubereitungszeit: 50 Minuten, ohne Abkühlzeit
Backzeit: etwa 15 Minuten je Boden

Für den Rührteig:
250 g weiche Butter oder Margarine
250 g Zucker
1 Pck. Dr. Oetker Vanillin-Zucker
1 Prise Salz
4 Eier (Größe M)
200 g Weizenmehl
50 g Speisestärke
1 gestr. TL Dr. Oetker Backin

Für die Füllung:
200 g Zartbitter-Schokolade
1 kg Schlagsahne
4 Pck. Dr. Oetker Sahnesteif

50 g Zartbitter-Schokolade

Insgesamt:
E: 86 g, F: 641 g, Kh: 611 g,
kJ: 36279, kcal: 8669

1. Den Backofen vorheizen.
Ober-/Unterhitze: etwa 180 °C
Heißluft: etwa 160 °C

2. Für den Teig Butter oder Margarine in einer Rührschüssel mit Handrührgerät mit Rührbesen auf höchster Stufe geschmeidig rühren. Nach und nach Zucker, Vanillin-Zucker und Salz unterrühren. So lange rühren, bis eine gebundene Masse entstanden ist.

3. Eier nach und nach unterrühren (jedes Ei etwa 1/2 Minute). Mehl mit Speisestärke und Backpulver mischen, in 2 Portionen auf mittlerer Stufe kurz unterrühren. Den Teig in 6 gleich große Portionen teilen.

4. Eine Teigportion auf den Boden einer Springform (Ø 26 cm, gefettet) streichen. Den Springformboden ohne Springformrand auf dem Rost in den vorgeheizten Backofen schieben. Boden etwa 15 Minuten backen.

5. Den Gebäckboden vom Springformboden lösen und auf einem mit Backpapier belegten Kuchenrost erkalten lassen. Aus den restlichen

Sahne-Schichttorte

Schokocreme-Haselnuss-Torte

Teigportionen wie beschrieben 5 weitere Böden backen.

6. Für die Füllung Schokolade in Stücke brechen, in einem kleinen Topf im heißen Wasserbad bei schwacher Hitze unter Rühren schmelzen und abkühlen lassen.

7. Sahne mit Sahnesteif in 2 Portionen steif schlagen. Abgekühlte, noch flüssige Schokolade unterheben. Die einzelnen Böden mit der Schokoladensahne (etwas Sahne für den Rand abnehmen) bestreichen und zu einer Torte zusammensetzen. Tortenrand evtl. mit einem scharfen Messer begradigen und mit der abgenommenen Schokoladensahne bestreichen Schokolade mit einem Sparschäler in Locken schaben. Tortenoberfläche und -rand mit Schokoladenlocken verzieren.

Schokocreme-Haselnuss-Torte

Zubereitungszeit: 40 Minuten, ohne Kühlzeit
Backzeit: etwa 15 Minuten je Boden

Zum Vorbereiten:
100 g Vollmilch-Schokolade
100 g Zartbitter-Schokolade
600 g Schlagsahne

Für den Knetteig:
300 g Weizenmehl
2 gestr. TL Dr. Oetker Backin
150 g Zucker
1 Pck. Dr. Oetker Bourbon-Vanille-Zucker
150 g gemahlene Haselnusskerne
50 g gehobelte Haselnusskerne
1 Ei (Größe M)
200 g Butter oder Margarine

Zum Bestreichen und Bestreuen:
2 EL Milch
80 g gehobelte Haselnusskerne
40 g Zucker

3 Pck. Dr. Oetker Sahnesteif

Insgesamt:
E: 103 g, F: 606 g, Kh: 582 g,
kJ: 34243, kcal: 8185

1. Zum Vorbereiten die Schokolade in Stücke brechen. Sahne in einem Topf zum Kochen bringen. Dann den Topf von der Kochstelle nehmen und die Schokoladenstücke unter Rühren in der heißen Sahne schmelzen. Die Schokoladensahne in eine Rührschüssel füllen. Frischhaltefolie direkt darauflegen, erkalten lassen und über Nacht in den Kühlschrank stellen.

2. Für den Teig Mehl mit Backpulver in einer Rührschüssel mischen. Restliche Zutaten hinzufügen und mit Handrührgerät mit Knethaken zunächst kurz auf niedrigster, dann auf höchster Stufe gut durcharbeiten.

3. Anschließend auf einer leicht bemehlten Arbeitsfläche zu einem glatten Teig verkneten. Den Teig vierteln und jeweils zu einer Kugel formen. 3 Teigkugeln in Frischhaltefolie wickeln und etwa 1 Stunde kalt stellen.

4. Den Backofen vorheizen.
Ober-/Unterhitze: etwa 200 °C
Heißluft: etwa 180 °C

5. Die vierte Kugel auf dem Boden einer Springform (Ø 26 cm, gefettet) ausrollen, den Springformrand darumstellen. Den Teig mit etwas Milch bestreichen. Mit je einem Viertel der Haselnusskerne und des Zuckers bestreuen. Die Form auf dem Rost in den vorgeheizten Backofen schieben. Den Knetteigboden etwa 15 Minuten backen.

6. Den Boden sofort nach dem Backen vorsichtig vom Springformboden lösen, aber darauf auf einem Kuchenrost erkalten lassen. Aus den 3 kalt gestellten Teigkugeln wie beschrieben weitere 3 Böden backen.

7. Schokoladensahne mit Sahnesteif steif schlagen. Die Schokoladensahne dritteln und auf 3 Knetteigböden verstreichen. Die bestrichenen Böden auf eine Platte schichten. Den letzten Knetteigboden darauflegen. Die Torte bis zum Servieren in den Kühlschrank stellen.

Zimt-Schoko-Torte

Zimt-Schoko-Torte

Zubereitungszeit: 50 Minuten, ohne Abkühlzeit
Backzeit: etwa 40 Minuten

Für den Biskuitteig:
100 g Butter
6 Eier (Größe M)
6 EL heißes Wasser
250 g Zucker
1 Pck. Dr. Oetker Vanillin-Zucker
230 g Weizenmehl
1 Msp. Dr. Oetker Backin
2 gestr. EL Kakaopulver
1 gestr. TL gemahlener Zimt

Für die Buttercreme:
200 g Zartbitter-Kuvertüre
250 g weiche Butter
100 g gesiebter Puderzucker
3 Eier (Größe M)
6 EL Rum

Zum Bestreichen und Verzieren:
500 g Schlagsahne
1 Pck. Dr. Oetker Sahnesteif
1 Pck. Dr. Oetker Vanillin-Zucker

etwas geschmolzene Zartbitter-Kuvertüre

Insgesamt:
E: 120 g, F: 588 g, Kh: 686 g, kJ: 37594, kcal: 8983

1. Für den Teig Butter in einem kleinen Topf zerlassen, abkühlen lassen.
2. Den Backofen vorheizen.
Ober-/Unterhitze: etwa 180 °C
Heißluft: etwa 160 °C
3. Die Eier und Wasser in einer Rührschüssel mit Handrührgerät mit Rührbesen auf höchster Stufe in etwa 1 Minute schaumig schlagen. Zucker und Vanillin-Zucker mischen, in etwa 1 Minute einstreuen, dann noch etwa 2 Minuten schlagen.
4. Mehl mit Backpulver, Kakao und Zimt mischen, die Hälfte davon auf die Eiercreme geben und kurz auf niedrigster Stufe unterrühren. Restliches Mehlgemisch auf die gleiche Weise unterarbeiten. Zuletzt die flüssige Butter kurz unterrühren.
5. Teig in eine Springform (Ø 26 cm, Boden gefettet, mit Backpapier belegt) füllen. Die Form auf dem Rost in den vorgeheizten Backofen schieben. Den Biskuitboden etwa 40 Minuten backen.
6. Die Form auf einen Kuchenrost stellen. Den Biskuitboden etwas abkühlen lassen. Dann aus der Form lösen und auf einen mit Backpapier belegten Kuchenrost stürzen. Mitgebackenes Backpapier abziehen. Boden erkalten lassen.
7. Für die Buttercreme Kuvertüre in Stücke hacken, in einem kleinen Topf im heißen Wasserbad bei schwacher Hitze unter Rühren schmelzen. Kuvertüre abkühlen lassen.
8. Butter in einer Rührschüssel mit Handrührgerät mit Rührbesen auf höchster Stufe geschmeidig rühren. Nach und nach Puderzucker unterrühren. So lange rühren, bis eine gebundene Masse entstanden ist. Eier nach und nach unterrühren. Kuvertüre und Rum unterrühren.
9. Den Biskuitboden zweimal waagerecht durchschneiden. Den unteren Boden auf eine Tortenplatte legen. Die Hälfte der Buttercreme daraufstreichen, den mittleren Boden darauflegen, etwas andrücken. Die restliche Buttercreme darauf verteilen, mit dem oberen Boden bedecken.
10. Zum Bestreichen und Verzieren Sahne mit Sahnesteif und Vanillin-Zucker steif schlagen. Ein Drittel der Sahne in einen Spritzbeutel mit Lochtülle füllen. Tortenoberfläche und -rand mit der restlichen Sahne bestreichen. Die Tortenoberfläche mit der Sahne aus dem Spritzbeutel verzieren und mit der Kuvertüre besprenkeln.

Hinweis: Nur ganz frische Eier für die Creme verwenden, die nicht älter als 5 Tage sind (Legedatum beachten!). Die Torte im Kühlschrank aufbewahren und innerhalb von 24 Stunden verzehren.

Orangen-Punsch-Torte

Zubereitungszeit: 65 Minuten, ohne Kühlzeit
Backzeit: etwa 30 Minuten

Für den Teig:
5 Eiweiß (Größe M)
50 g Zucker
5 Eigelb (Größe M)
125 g Zucker
30 g fein gehackte Zartbitter-Schokolade
25 g Semmelbrösel
200 g gemahlene Haselnusskerne

Für die Füllung:
6–7 Orangen
50 g Zucker
2 Beutel Glühweingewürz
6 Blatt weiße Gelatine
3 EL Orangenlikör
250 g Schlagsahne

Zum Verzieren:
250 g Schlagsahne
1 Pck. Dr. Oetker Sahnesteif
30 g Vollmilch-Raspelschokolade

Insgesamt:
E: 106 g, F: 327 g, Kh: 409 g,
kJ: 22020, kcal: 5259

1. Den Backofen vorheizen.
Ober-/Unterhitze: etwa 180 °C
Heißluft: etwa 160 °C

2. Für den Teig Eiweiß mit Zucker steif schlagen. Eigelb und Zucker in einer Rührschüssel mit Handrührgerät mit Rührbesen auf höchster Stufe schaumig schlagen. Die Eigelbmasse vorsichtig unter den Eischnee heben.

3. Schokolade mit Semmelbröseln und Haselnusskernen mischen, unter die Eiermasse heben. Den Teig in eine Springform (Ø 26 cm, Boden gefettet, mit Backpapier belegt) füllen und glatt streichen. Die Form auf dem Rost in den vorgeheizten Backofen schieben. Den Tortenboden etwa 30 Minuten backen.

4. Die Form auf einen Kuchenrost stellen. Den Tortenboden etwas abkühlen lassen. Dann aus der Form lösen und auf einen mit Backpapier belegten Kuchenrost stürzen. Mitgebackenes Backpapier abziehen. Den Tortenboden erkalten lassen.

5. Für die Füllung in der Zwischenzeit 4 Orangen so schälen, dass die weiße Haut vollständig entfernt wird. Orangen filetieren, den Saft dabei auffangen. Restliche Orangen auspressen und 250 ml (1/4 l) Saft abmessen.

6. Orangensaft mit Zucker in einem Topf zum Kochen bringen. Topf von der Kochstelle nehmen. Glühweingewürzbeutel etwa 5 Minuten im Saft ziehen lassen. Beutel entfernen.

7. Gelatine nach Packungsanleitung einweichen. Gelatine leicht ausdrücken und unter Rühren in dem noch heißen Orangensaft auflösen. Orangenlikör hinzufügen. Orangenflüssigkeit in den Kühlschrank stellen.

8. Wenn die Orangenflüssigkeit anfängt dicklich zu werden, Sahne steif schlagen und unterheben.

9. Den Tortenboden einmal waagerecht durchschneiden. Den unteren Boden auf eine Tortenplatte legen. Die Hälfte der Orangen-Sahne-Creme darauf verteilen. Die Orangenfilets (12 davon zum Garnieren beiseitelegen) auf die Orangen-Sahne-Creme legen. Restliche Orangen-Sahne-Creme leicht kuppelförmig darauf verteilen. Den oberen Boden auf die Creme legen und leicht andrücken. Die Torte etwa 2 Stunden in den Kühlschrank stellen.

10. Zum Verzieren Sahne mit Sahnesteif steif schlagen. 3 Esslöffel davon in einen Spritzbeutel mit Sterntülle füllen. Tortenoberfläche und -rand mit der restlichen Sahne bestreichen. Die Torte mit Sahnetuffs verzieren und mit Orangenfilets garnieren. Tortenrand und -mitte mit Raspelschokolade bestreuen.

Orangen-Punsch-Torte

Gitter-Mohntorte

Gitter-Mohntorte

Zubereitungszeit: 55 Minuten, ohne Abkühlzeit
Backzeit: 60–80 Minuten

Für die Füllung:
125 ml (1/8 l) Milch
150 g Zucker
100 g Butter oder Margarine
400 g gemahlener Mohn
1 gestr. TL gemahlener Zimt
1 Ei (Größe M)
2 EL Schlagsahne
5 EL Weinbrand
2 EL Rosenwasser
100 g Rosinen

Für den Knetteig:
500 g Weizenmehl
1 Pck. Dr. Oetker Backin
200 g Zucker
1 Pck. Dr. Oetker Vanillin-Zucker
1 Prise Salz
2 Eier (Größe M)
125 g Butter oder Margarine
250 g Magerquark

etwas Milch

Insgesamt:
E: 201 g, F: 397 g, Kh: 833 g, kJ: 32793, kcal: 7831

1. Für die Füllung Milch mit Zucker und Butter oder Margarine in einem Topf zum Kochen bringen. Topf von der Kochstelle nehmen. Restliche Zutaten hinzufügen und gut verrühren. Die Mohnmasse erkalten lassen und in 4 Portionen teilen.

2. Für den Teig Mehl mit Backpulver in einer Rührschüssel mischen. Restliche Zutaten hinzufügen und mit Handrührgerät mit Knethaken zunächst kurz auf niedrigster, dann auf höchster Stufe gut durcharbeiten.

3. Anschließend auf einer leicht bemehlten Arbeitsfläche zu einem glatten Teig verkneten. Sollte er kleben, ihn in Frischhaltefolie gewickelt eine Zeit lang kalt stellen.

4. Den Backofen vorheizen.
Ober-/Unterhitze: etwa 180 °C
Heißluft: etwa 160 °C

5. Den Teig in 6 Portionen teilen. 5 Teigportionen auf der leicht bemehlten Arbeitsfläche jeweils zu einer runden Platte (Ø etwa 28 cm) ausrollen. Eine Teigplatte in eine Springform (Ø 28 cm, Boden gefettet) legen. Aus der sechsten Teigportion eine lange Rolle formen, auf den Teigboden legen und so an die Springform drücken, dass ein etwa 5 cm hoher Rand entsteht.

6. Eine Portion Mohnmasse auf den Teigboden geben und glatt streichen, mit einer zweiten Teigplatte belegen, wieder mit einer Portion Mohnmasse bestreichen und mit der dritten Teigplatte belegen. Nochmals eine Portion Mohnmasse daraufgeben, glatt streichen und mit der vierten Teigplatte belegen. Restliche Mohnmasse daraufgeben und glatt streichen.

7. Aus der letzten Teigplatte mit einem Teigrädchen 16–20 gleich große Streifen schneiden. Die Streifen gitterförmig auf die Mohnmasse legen und mit Milch bestreichen. Die Form auf dem Rost in den vorgeheizten Backofen schieben. Die Torte 60–80 Minuten backen (gegen Ende der Backzeit evtl. ein Stück Backpapier auf die Torte legen).

8. Die Form auf einen Kuchenrost stellen. Die Torte etwas abkühlen lassen. Dann aus der Form lösen und auf einem mit Backpapier belegten Kuchenrost erkalten lassen.

Erdbeer-Rhabarber-Torte

Zubereitungszeit: 90 Minuten
Backzeit: 60–70 Minuten

Für den Knetteig:
200 g Vollkorn-Weizenmehl
2 gestr. TL Dr. Oetker Backin
1 Ei (Größe M)
2–3 EL flüssiger Honig
100 g Butter
50 g gemahlene Haselnusskerne

1 gestr. EL Vollkorn-Weizenmehl

Für den Belag:
750 g Rhabarber
250 g Erdbeeren
4–5 EL flüssiger Honig
2 Eiweiß (Größe M)
2 Eigelb (Größe M)
1 EL flüssiger Honig
500 g Magerquark
45 g Speisestärke
1 EL Zitronensaft
200 g Schlagsahne

Insgesamt:
E: 126 g, F: 198 g, Kh: 393 g, kJ: 16835, kcal: 4022

1. Den Backofen vorheizen.
Ober-/Unterhitze: etwa 180 °C
Heißluft: etwa 160 °C

2. Für den Teig Mehl mit Backpulver in einer Rührschüssel mischen. Restliche Zutaten hinzufügen und mit Handrührgerät mit Knethaken zunächst kurz auf niedrigster, dann auf höchster Stufe gut durcharbeiten.

3. Anschließend auf einer leicht bemehlten Arbeitsfläche zu einem glatten Teig verkneten. Sollte er kleben, ihn in Frischhaltefolie gewickelt eine Zeit lang kalt stellen.
4. Zwei Drittel des Teiges auf dem Boden einer Springform (Ø 28 cm, gefettet) ausrollen, den Springformrand darumstellen. Unter den restlichen Teig 1 Esslöffel Mehl kneten. Den Teig zu einer Rolle formen, auf den Teigboden legen und so an die Form drücken, dass ein 3–4 cm hoher Rand entsteht. Den Teigboden mehrmals mit einer Gabel einstechen. Die Form auf dem Rost in den vorgeheizten Backofen schieben. Den Boden etwa 10 Minuten vorbacken.
5. Die Form auf einen Kuchenrost stellen. Den Boden etwas abkühlen lassen.
6. Für den Belag in der Zwischenzeit Rhabarber abziehen, abspülen, abtropfen lassen, Stielenden und Blattansätze entfernen. Die Stangen in kleine Stücke schneiden. Erdbeeren abspülen, gut abtropfen lassen, entstielen und je nach Größe halbieren oder vierteln.
7. Rhabarber und Erdbeeren auf dem vorgebackenen Boden verteilen. Honig gleichmäßig daraufträufeln.
8. Eiweiß steif schlagen. Eigelb und Honig in einer Rührschüssel mit Handrührgerät mit Rührbesen gut verrühren. Quark, Speisestärke und Zitronensaft unterrühren. Sahne steif schlagen. Eischnee und Sahne unter die Quarkmasse heben. Die Quark-Sahne-Creme auf den Obststücken verteilen. Die Form wieder auf dem Rost in den heißen Backofen schieben. Die Torte bei gleicher Backofentemperatur noch weitere 50–60 Minuten backen.
9. Die Form auf einen Kuchenrost stellen. Die Torte etwas abkühlen lassen. Dann aus der Form lösen und auf einem mit Backpapier belegten Kuchenrost erkalten lassen.

Streifentorte

Zubereitungszeit: 90 Minuten, ohne Abkühl- und Durchziehzeit
Backzeit: etwa 15 Minuten je Boden

Für den Rührteig:
500 g weiche Butter oder Margarine
500 g Zucker
1 Pck. Dr. Oetker Vanillin-Zucker
1/2 Röhrchen Butter-Vanille-Aroma
10 Eier (Größe M)
500 g Weizenmehl
1 Pck. Dr. Oetker Backin

450 g Johannisbeergelee
400 g Orangenmarmelade

Für den Guss:
300 g gesiebter Puderzucker
3 EL heißes Wasser
2 EL Zitronensaft
10 g zerlassene Butter

Insgesamt:
E: 129 g, F: 516 g, Kh: 1704 g, kJ: 50274, kcal: 12004

1. Den Backofen vorheizen.
Ober-/Unterhitze: etwa 180 °C
Heißluft: etwa 160 °C
2. Für den Teig Butter oder Margarine in einer Rührschüssel mit Handrührgerät mit Rührbesen auf höchster Stufe geschmeidig rühren. Nach und nach Zucker, Vanillin-Zucker und Aroma unterrühren. So lange rühren, bis eine gebundene Masse entstanden ist.
3. Eier nach und nach unterrühren (jedes Ei etwa 1/2 Minute). Mehl mit Backpulver mischen, in 2 Portionen auf mittlerer Stufe kurz unterrühren. Den Teig in 10 gleich große Portionen teilen.
4. Eine Teigportion auf den Boden einer Springform (Ø 26 cm, gefettet) streichen. Den Springformboden ohne Springformrand auf dem Rost in den vorgeheizten Backofen (unteres Drittel) schieben. Den Boden etwa 15 Minuten backen.
5. Den Gebäckboden vom Springformboden lösen und auf einem mit Backpapier belegten Kuchenrost erkalten lassen. Aus den restlichen Teigportionen wie beschrieben 9 weitere Böden backen.
6. Jeweils 5 Böden mit Gelee und 4 Böden mit Orangenmarmelade bestreichen. Abwechselnd einen mit Gelee und einen mit Marmelade bestrichenen Boden zu einer Torte zusammensetzen. Den letzten Boden darauflegen. Den Tortenrand gerade schneiden. Die Torte evtl. kalt stellen und 24 Stunden durchziehen lassen.
7. Für den Guss Puderzucker mit Wasser und Zitronensaft zu einer dickflüssigen Masse verrühren, Butter unterrühren. Die Torte mit dem Guss überziehen. Guss fest werden lassen.

Erdbeer-Rhabarber-Torte

Streifentorte

Mohn-Marzipan-Torte

Zubereitungszeit: 90 Minuten, ohne Kühlzeit
Backzeit: etwa 30 Minuten

Für den Biskuitteig:
4 Eier (Größe M)
3 EL Apfelsaft
150 g Zucker
1 Pck. Dr. Oetker Vanillin-Zucker
125 g Weizenmehl
50 g Speisestärke
2 gestr. TL Dr. Oetker Backin
30–40 g fein gemahlene Pistazienkerne

Für die Marzipancreme:
2 Blatt weiße Gelatine
200 g Marzipan-Rohmasse
200 ml Milch
1 Pck. Dr. Oetker Pudding-Pulver Vanille-Geschmack
200 g Schlagsahne

Für die Mohncreme:
2 Blatt weiße Gelatine
50 g Mohnsamen
200 ml Milch
30 g Zucker
1 Pck. Dr. Oetker Pudding-Pulver Vanille-Geschmack
200 g Schlagsahne

Für den Belag:
750 g Äpfel, z. B. Elstar
etwa 250 ml (1/4 l) Apfelsaft
25 g Zucker
1 Pck. ungezuckerter Tortenguss, klar
20 g gehackte Pistazienkerne

Insgesamt:
E: 119 g, F: 289 g, Kh: 621 g,
kJ: 23723, kcal: 5662

Mohn-Marzipan-Torte

1. Den Backofen vorheizen.
Ober-/Unterhitze: etwa 180 °C
Heißluft: etwa 160 °C

2. Für den Teig Eier und Saft in einer Rührschüssel mit Handrührgerät mit Rührbesen auf höchster Stufe in etwa 1 Minute schaumig schlagen. Zucker und Vanillin-Zucker mischen, in etwa 1 Minute einstreuen, dann noch etwa 2 Minuten schlagen. Mehl mit Speisestärke und Backpulver mischen, auf die Eiercreme geben und kurz auf niedrigster Stufe unterrühren. Pistazienkerne unterheben.

3. Den Rührteig in eine Springform (Ø 26 cm, Boden gefettet, mit Backpapier belegt) füllen, glatt streichen. Die Form auf dem Rost in den vorgeheizten Backofen schieben. Biskuitboden etwa 30 Minuten backen.

4. Den Boden aus der Form lösen, auf einen mit Backpapier belegten Kuchenrost stürzen und erkalten lassen. Mitgebackenes Backpapier abziehen. Den Biskuitboden zweimal waagerecht durchschneiden.

5. Für die Marzipancreme Gelatine nach Packungsanleitung einweichen. Marzipan sehr fein schneiden und unter ständigem Rühren mit der Milch in einem Topf zum Kochen bringen. Pudding-Pulver mit Sahne verrühren, in die kochende Marzipanmilch geben und dann unter Rühren aufkochen lassen. Den Topf von der Kochstelle nehmen. Gelatine leicht ausdrücken und unter Rühren darin auflösen. Den unteren Boden auf eine Tortenplatte legen. Einen Tortenring darumstellen. Die warme Marzipancreme auf dem Boden glatt streichen, den mittleren Boden darauflegen.

6. Für die Mohncreme Gelatine nach Packungsanleitung einweichen. Den Mohn mit Milch und Zucker in einem Topf zum Kochen bringen. Pudding-Pulver mit Sahne verrühren, in die kochende Mohnmilch geben und unter Rühren aufkochen lassen. Den Topf von der Kochstelle nehmen. Gelatine leicht ausdrücken, unter Rühren darin auflösen. Die warme Creme auf dem mittleren Boden glatt streichen. Den oberen Boden darauflegen. Die Torte zugedeckt etwa 2 Stunden in den Kühlschrank stellen.

7. Für den Belag Äpfel schälen, vierteln, entkernen, in Spalten schneiden. Apfelspalten in einem Topf mit etwas Apfelsaft weich garen. Apfelspalten abtropfen lassen, Saft auffangen. Die Apfelspalten abkühlen lassen und kreisförmig auf der Tortenoberfläche verteilen. Aufgefangenen Saft mit restlichem Apfelsaft auf 250 ml (1/4 l) auffüllen. Aus Saft, Zucker und Tortengusspulver einen Guss nach Packungsanleitung zubereiten. Auf den Apfelspalten verteilen, mit Pistazien bestreuen. Guss fest werden lassen. Tortenring vorsichtig lösen und entfernen.

Stachelbeertorte

Zubereitungszeit: 50 Minuten,
ohne Abkühlzeit
Backzeit: etwa 15 Minuten je Boden

Für den Rührteig:
125 g weiche Butter oder Margarine
125 g Zucker
1 Pck. Dr. Oetker Vanillin-Zucker
1 Prise Salz
2 Eier (Größe M)
100 g Weizenmehl
1 schwach geh. EL Speisestärke
1/2 gestr. TL Dr. Oetker Backin

Für die Buttercreme:
1 Pck. Saucenpulver Vanille-Geschmack zum Kochen
35 g Zucker
250 ml (1/4 l) Milch
125 g weiche Butter

Für den Belag:
720 g Stachelbeeren (aus Gläsern)
1 Pck. Saucenpulver Vanille-Geschmack zum Kochen
25 g Zucker
250 ml (1/4 l) Stachelbeersaft (aus den Gläsern)

Für den Guss:
1 Pck. ungezuckerter Tortenguss, klar
1 EL Zucker
250 ml (1/4 l) Stachelbeersaft (aus den Gläsern)

50 g gehobelte Mandeln

Insgesamt:
E: 53 g, F: 267 g, Kh: 513 g,
kJ: 19771, kcal: 4715

1. Den Backofen vorheizen.
Ober-/Unterhitze: etwa 180 °C
Heißluft: etwa 160 °C

2. Für den Teig Butter oder Margarine in einer Rührschüssel mit Handrührgerät mit Rührbesen auf höchster Stufe geschmeidig rühren. Nach und nach Zucker, Vanillin-Zucker und Salz unterrühren. So lange rühren, bis eine gebundene Masse entstanden ist.

3. Eier nach und nach unterrühren (jedes Ei etwa 1/2 Minute). Mehl mit Speisestärke und Backpulver mischen, in 2 Portionen kurz auf mittlerer Stufe unterrühren. Den Teig in 3 Portionen teilen. Jeweils 1 Teigportion auf den Boden einer Springform (Ø 26 cm, gefettet) geben und glatt streichen. Die Springformböden (ohne Springformrand) nacheinander (bei Heißluft 2 Böden zusammen) auf dem Rost in den vorgeheizten Backofen schieben. Gebäckböden etwa 15 Minuten je Boden backen.

4. Die Gebäckboden von den Springformböden lösen und auf mit Backpapier belegten Kuchenrosten erkalten lassen.

5. Für die Buttercreme aus Saucenpulver, Zucker und Milch einen Pudding nach Packungsanleitung zubereiten. Sofort Frischhaltefolie direkt auf den Pudding legen. Pudding erkalten lassen (nicht kalt stellen).

6. Die Butter in einer Rührschüssel mit Handrührgerät mit Rührbesen auf höchster Stufe geschmeidig rühren. Den Pudding esslöffelweise unterrühren (darauf achten, dass Butter und Pudding Zimmertemperatur haben, da die Creme sonst gerinnt).

7. Einen Gebäckboden auf eine Tortenplatte legen. Die Hälfte der Buttercreme darauf glatt streichen und mit einem weiteren Gebäckboden belegen. Von der restlichen Buttercreme 2 Esslöffel abnehmen und zugedeckt in den Kühlschrank stellen. Restliche Buttercreme auf den Gebäckboden geben, glatt streichen und mit dem letzten Boden belegen. Einen Tortenring darumstellen.

8. Für den Belag Stachelbeeren in einem Sieb abtropfen lassen, den Saft auffangen. Aus Saucenpulver, Zucker und 250 ml (1/4 l) Stachelbeersaft einen Pudding nach Packungsanleitung zubereiten. Pudding auf den oberen Gebäckboden geben und glatt streichen. Die Stachelbeeren auf dem Pudding verteilen, dabei einen etwa 2 cm breiten Rand frei lassen.

9. Für den Guss aus Tortengusspulver, Zucker und 250 ml (1/4 l) Stachelbeersaft einen Guss nach Packungsanleitung zubereiten. Den Guss auf den Stachelbeeren verteilen und fest werden lassen. Tortenring lösen und entfernen. Den Tortenrand mit der kalt gestellten Buttercreme bestreichen und mit Mandeln bestreuen.

Schweizer Kartoffeltorte

Zubereitungszeit: 60 Minuten, ohne Abkühlzeit
Backzeit: etwa 30 Minuten

200 g festkochende Kartoffeln
Salzwasser

Für den Teig:
4 Eier (Größe M)
200 g Zucker
1 Pck. Dr. Oetker Finesse Geriebene Zitronenschale
2 EL Kirschwasser
100 g abgezogene, gemahlene Mandeln
100 g gemahlene Haselnusskerne
1 gestr. TL Dr. Oetker Backin
65 g Hartweizengrieß

Außerdem:
250 g Himbeerkonfitüre
125 g Puderzucker
2 EL Zitronensaft
einige ganze Haselnusskerne
1 EL roter Zucker

Insgesamt:
E: 73 g, F: 154 g, Kh: 593 g,
kJ: 17249, kcal: 4119

1. Kartoffeln gründlich waschen, knapp mit Salzwasser bedeckt zum Kochen bringen und zugedeckt etwa 20 Minuten garen. Kartoffeln abgießen, abdämpfen, etwas abkühlen lassen und heiß pellen. Kartoffeln durch eine Kartoffelpresse drücken und erkalten lassen.

2. Den Backofen vorheizen.
Ober-/Unterhitze: etwa 180 °C
Heißluft: etwa 160 °C

3. Für den Teig die Eier in einer Rührschüssel mit Handrührgerät mit Rührbesen auf höchster Stufe in etwa 1 Minute schaumig schlagen. Zucker in etwa 1 Minute einstreuen, noch etwa 2 Minuten schlagen. Zitronenschale und Kirschwasser unterrühren.

4. Mandeln, Haselnusskerne, Backpulver und Grieß mischen, in 2 Portionen auf niedrigster Stufe unterrühren. Kartoffelmasse unterrühren.

5. Teig in eine Springform (Ø 26 cm, Boden gefettet, mit Backpapier belegt) füllen und glatt streichen. Die Form auf dem Rost in den vorgeheizten Backofen schieben. Den Boden etwa 30 Minuten backen.

6. Den Tortenboden aus der Form lösen und auf einen mit Backpapier belegten Kuchenrost stürzen. Mitgebackenes Backpapier abziehen. Tortenboden erkalten lassen.

7. Den Tortenboden einmal waagerecht durchschneiden. Den unteren Boden auf eine Tortenplatte legen. 200 g der Konfitüre auf den unteren Boden streichen, den oberen Boden darauflegen und leicht andrücken. Die restliche Konfitüre durch ein Sieb streichen. Den oberen Boden damit bestreichen.

8. Puderzucker mit Zitronensaft zu einer geschmeidigen Masse verrühren. Den Guss auf die Torte geben und mit einem Messer verstreichen. Die Torte mit Haselnusskernen garnieren und mit rotem Zucker bestreuen. Guss fest werden lassen.

Orangen-Stracciatella-Torte

Zubereitungszeit: 50 Minuten, ohne Abkühlzeit
Backzeit: 25–30 Minuten

Für den Biskuitteig:
3 Eier (Größe M)
3 EL heißes Wasser
150 g Zucker
1 Pck. Dr. Oetker Vanillin-Zucker
100 g Weizenmehl
3 gestr. TL Dr. Oetker Backin
100 g Speisestärke

Für die Füllung:
100 g Edelbitter-Schokolade
400 g Schlagsahne
2 Pck. Dr. Oetker Sahnesteif
1 Pck. Dr. Oetker Vanillin-Zucker
25 g Zucker
1 Pck. Dr. Oetker Finesse Orangenschalen-Aroma

4 EL Orangenmarmelade
3 EL Orangensaft

Schweizer Kartoffeltorte

Orangen-Stracciatella-Torte

3 EL Orangensaft
1 EL Orangenmarmelade
100 g gefüllte Orangentaler mit Schokolade

Insgesamt:
E: 48 g, F: 204 g, Kh: 588 g,
kJ: 18480, kcal: 4416

1. Den Backofen vorheizen.
Ober-/Unterhitze: etwa 180 °C
Heißluft: etwa 160 °C
2. Eier und Wasser in einer Rührschüssel mit Handrührgerät mit Rührbesen auf höchster Stufe in etwa 1 Minute schaumig schlagen. Zucker und Vanillin-Zucker mischen, in etwa 1 Minute einstreuen, dann noch etwa 2 Minuten schlagen.
3. Mehl mit Backpulver und Speisestärke mischen, die Hälfte davon auf die Eiercreme geben und kurz auf niedrigster Stufe unterrühren. Restliches Mehlgemisch auf die gleiche Weise unterarbeiten. Den Teig in eine Springform (Ø 26 cm, Boden gefettet, mit Backpapier belegt) füllen und glatt streichen. Die Form auf dem Rost in den vorgeheizten Backofen (unteres Drittel) schieben. Den Biskuitboden 25–30 Minuten backen.
4. Die Form auf einen Kuchenrost stellen. Den Biskuitboden etwas abkühlen lassen. Dann aus der Form lösen und auf einen mit Backpapier belegten Kuchenrost stürzen. Mitgebackenes Backpapier abziehen. Boden erkalten lassen.
5. Für die Füllung Schokolade in sehr kleine Stücke hacken, 1 gehäuften Esslöffel beiseitelegen.
6. Den Biskuitboden einmal waagerecht durchschneiden. Unteren Tortenboden auf eine Tortenplatte legen. Orangenmarmelade mit Orangensaft verrühren, auf den unteren Boden geben und glatt streichen. Einen Tortenring darumstellen.
7. Sahne mit Sahnesteif, Vanillin-Zucker und Zucker steif schlagen. Orangenschalen-Aroma und gehackte Schokolade kurz unter die Sahne rühren. Zwei Drittel der Stracciatella-Sahne auf die Orangenmarmelade geben und glatt streichen. Den oberen Boden darauflegen, leicht andrücken und mit Orangensaft beträufeln. Restliche Stracciatella-Sahne daraufgeben und glatt streichen. Mit einem Teelöffel ein Muster in die Sahne drücken.
8. Die Torte mit Orangenmarmelade, -talern und beiseitegelegter Schokolade garnieren. Die Torte mindestens 2 Stunden in den Kühlschrank stellen. Den Tortenring lösen und entfernen.

Kaiserin-Friedrich-Torte

Zubereitungszeit: 35 Minuten, ohne Kühlzeit
Backzeit: 65–75 Minuten

Für den Rührteig:
125 g Kokosfett
200 g weiche Butter
275 g Zucker
1 Pck. Dr. Oetker Vanillin-Zucker
1–2 EL Rum
1 Prise gemahlener Ingwer
1 Prise Salz
5 Eier (Größe M)
300 g Weizenmehl
75 g Speisestärke
2 gestr. TL Dr. Oetker Backin
200 g Zitronat (Sukkade)

Für den Guss:
150 g gesiebter Puderzucker
2–3 EL Zitronensaft

Zitronatscheiben (erhältlich im guten Gewürzladen)

Insgesamt:
E: 67 g, F: 329 g, Kh: 871 g,
kJ: 28276, kcal: 6756

1. Für den Teig Kokosfett und Butter in einem Topf zerlassen, in eine Rührschüssel geben, kalt stellen und wieder etwas fest werden lassen.

Kaiserin-Friedrich-Torte

2. Den Backofen vorheizen.
Ober-/Unterhitze: etwa 180 °C
Heißluft: etwa 160 °C
3. Die Fett-Butter-Masse mit Handrührgerät mit Rührbesen auf höchster Stufe geschmeidig rühren. Nach und nach Zucker, Vanillin-Zucker, Rum, Ingwer und Salz unterrühren. So lange rühren, bis eine gebundene Masse entstanden ist.
4. Eier nach und nach unterrühren (jedes Ei etwa 1/2 Minute). Mehl mit Speisestärke und Backpulver mischen, in 2 Portionen auf mittlerer Stufe kurz unterrühren.
5. Zitronat in kleine Würfel schneiden (evtl. 25 g Zitronatwürfel zum Garnieren beiseitelegen) und unter den Teig heben. Den Teig in eine Springform (Ø 26 cm, Boden gefettet) geben und glatt streichen. Die Form auf dem Rost in den vorgeheizten Backofen schieben. Die Torte 65–75 Minuten backen.
6. Die Torte aus der Form lösen, auf einem Kuchenrost erkalten lassen.
7. Für den Guss Puderzucker mit Zitronensaft zu einer dickflüssigen Masse verrühren. Die Tortenoberfläche mit dem Guss überziehen. Zitronatscheiben in Streifen schneiden. Die Torte mit den Zitronatstreifen oder den beiseitegelegten Zitronatwürfeln garnieren. Guss trocknen lassen.

Schneller Frankfurter Kranz

Zubereitungszeit: 50 Minuten, ohne Kühlzeit
Backzeit: etwa 50 Minuten

Für den Teig:
5 Eier (Größe M)
250 g gesiebter Puderzucker
2 Pck. Dr. Oetker Vanillin-Zucker
250 ml (1/4 l) Speiseöl
250 ml (1/4 l) Eierlikör
125 g Weizenmehl
100 g Speisestärke
1 Pck. Dr. Oetker Pudding-Pulver Vanille-Geschmack
4 gestr. TL Dr. Oetker Backin

Für die Füllung:
370 g Sauerkirschen (aus dem Glas)
1 Pck. ungezuckerter Tortenguss, klar
250 ml (1/4 l) Kirschsaft (aus dem Glas)
1 EL Zucker

Für die Creme:
1 Pck. Galetta Vanille-Geschmack (Pudding-Pulver ohne Kochen)
375 ml (3/8 l) Milch
400 g Schlagsahne
2 Pck. Dr. Oetker Sahnesteif

100 g Haselnusskrokant
einige Cocktailkirschen

Insgesamt:
E: 92 g, F: 444 g, Kh: 867 g,
kJ: 35741, kcal: 8534

1. Den Backofen vorheizen.
Ober-/Unterhitze: etwa 180 °C
Heißluft: etwa 160 °C

2. Für den Teig Eier mit Puderzucker und Vanillin-Zucker in einer Rührschüssel mit Handrührgerät mit Rührbesen auf höchster Stufe in etwa 1 Minute schaumig schlagen. Speiseöl und Likör unterrühren.

3. Mehl mit Speisestärke, Pudding-Pulver und dem Backpulver mischen, die Hälfte davon auf die Eiercreme geben und kurz auf mittlerer Stufe unterrühren. Restliches Mehlgemisch auf die gleiche Weise unterarbeiten. Den Teig in eine Kranzform (Ø 24 cm, gefettet, gemehlt) füllen und glatt streichen. Die Form auf dem Rost in den vorgeheizten Backofen schieben. Den Gebäckkranz etwa 50 Minuten backen.

4. Die Form auf einen Kuchenrost stellen. Gebäckkranz etwas abkühlen lassen. Dann aus der Form lösen, auf einen mit Backpapier belegten Kuchenrost stürzen und erkalten lassen. Gebäckkranz zweimal waagerecht durchschneiden. Den unteren Boden auf eine Tortenplatte legen.

5. Für die Füllung Sauerkirschen in einem Sieb abtropfen lassen. Den Saft auffangen und evtl. mit Wasser auf 250 ml (1/4 l) auffüllen.

6. Aus Tortengusspulver, Saft und 1 Esslöffel Zucker einen Guss nach Packungsanleitung zubereiten und die Sauerkirschen unterheben. Die Kirschmasse auf den unteren Boden geben, glatt streichen und in den Kühlschrank stellen.

7. Für die Creme aus Pudding-Pulver und Milch einen Pudding nach Packungsanleitung zubereiten. Sahne mit Sahnesteif steif schlagen und unterheben. Die Creme in 3 Portionen teilen.

8. Eine Cremeportion auf der Kirschmasse verstreichen. Den zweiten Boden darauflegen und mit einer weiteren Cremeportion bestreichen. Dritten Boden darauflegen und leicht andrücken. 2 Esslöffel von der restlichen Creme in einen Spritzbeutel mit Sternbandtülle füllen. Den Kranz mit der restlichen Creme bestreichen und rundherum mit Haselnusskrokant bestreuen. Den Kranz mit der Creme aus dem Spritzbeutel verzieren und mit Cocktailkirschen belegen.

Schneller Frankfurter Kranz

Schoko-Crème-fraîche-Aprikosen-Torte

Schoko-Crème-fraîche-Aprikosen-Torte

Zubereitungszeit: 70 Minuten, ohne Abkühlzeit
Backzeit: etwa 15 Minuten je Boden

Für den Biskuitteig:
6 Eier (Größe M)
3 EL heißes Wasser
250 g Zucker
125 g Zwiebackbrösel
200 g gemahlene Haselnusskerne
100 g Zartbitter-Raspelschokolade
75 g zerlassene Butter

Für Belag I:
250 g Schlagsahne
3 Pck. Dr. Oetker Sahnesteif
40 g Zucker
1 Pck. Dr. Oetker Vanillin-Zucker
300 g Crème fraîche

Für Belag II:
480 g Aprikosenhälften (aus der Dose)
2 EL Zitronensaft
1 Pck. Saucenpulver Vanille-Geschmack ohne Kochen

etwa 20 Haselnusskerne
50 g Zartbitter-Raspelschokolade

Insgesamt:
E: 111 g, F: 454 g, Kh: 647 g, kJ: 29775, kcal: 7119

1. Den Backofen vorheizen.
Ober-/Unterhitze: etwa 180 °C
Heißluft: etwa 160 °C

2. Für den Teig Eier und Wasser in einer Rührschüssel mit Handrührgerät mit Rührbesen auf höchster Stufe in etwa 1 Minute schaumig schlagen. Zucker in etwa 1 Minute einstreuen, dann noch etwa 2 Minuten schlagen.

3. Zwiebackbrösel mit Haselnusskernen und Raspelschokolade mischen, die Hälfte davon auf die Eiercreme geben und kurz auf niedrigster Stufe unterrühren.

4. Restliche Brösel-Nuss-Mischung auf die gleiche Weise unterarbeiten. Zuletzt die flüssige Butter kurz unterrühren. Den Teig in 4 gleich große Portionen teilen.

5. Eine Teigportion in eine Springform (Ø 26 cm, Boden gefettet, mit Backpapier belegt) füllen und vorsichtig glatt streichen.

6. Die Form auf dem Rost in den vorgeheizten Backofen schieben. Den Boden etwa 15 Minuten backen.

7. Biskuitboden aus der Form lösen und auf einen mit Backpapier belegten Kuchenrost stürzen. Mitgebackenes Backpapier abziehen. Biskuitboden erkalten lassen. Aus den restlichen Teigportionen wie beschrieben 3 weitere Böden backen.

8. Für Belag I Sahne mit Sahnesteif, Zucker und Vanillin-Zucker steif schlagen. Danach die Crème fraîche unterheben.

9. Für Belag II Aprikosenhälften in einem Sieb abtropfen lassen, in eine hohe Rührschüssel geben und pürieren. Zitronensaft und Saucenpulver gut unterrühren.

10. Einen Biskuitboden auf eine Tortenplatte legen und mit einem Drittel des Aprikosenpürees bestreichen. Einen zweiten Biskuitboden darauflegen. Die Hälfte der Crème-fraîche-Sahnecreme darauf verteilen. Den dritten Biskuitboden darauflegen. Gut die Hälfte des restlichen Aprikosenpürees darauf verstreichen und mit dem vierten Biskuitboden belegen. Tortenrand und -oberfläche mit der restlichen Crème-fraîche-Sahnecreme bestreichen.

11. Restliches Aprikosenpüree in einen Spritzbeutel mit Lochtülle füllen. Das Aprikosenpüree gitterartig auf die Tortenoberfläche spritzen. Die Torte mit Haselnusskernen garnieren. Tortenrand mit Raspelschokolade bestreuen.

Mandarinen-Bienenstich-Torte

Käse-Sahne-Torte

Mandarinen-Bienenstich-Torte

Zubereitungszeit: 40 Minuten, ohne Abkühlzeit
Backzeit: etwa 35 Minuten

Für den All-in-Teig:
125 g Weizenmehl
2 gestr. TL Dr. Oetker Backin
125 g Zucker
1 Pck. Dr. Oetker Bourbon-Vanille-Zucker
150 g weiche Butter oder Margarine
4 Eier (Größe M)

Für den Belag:
75 g Butter
40 g Zucker
3 EL Schlagsahne (von der Sahne für die Füllung abnehmen)
1 TL flüssiger Honig
100 g kernige Haferflocken oder gehobelte Mandeln

Für die Füllung:
175 g Mandarinen (aus der Dose)
250 g Mascarpone (ital. Frischkäse)
200 g Schlagsahne
3 EL Zucker
1–2 EL Zitronensaft

Insgesamt:
E: 71 g, F: 404 g, Kh: 391 g,
kJ: 23248, kcal: 5552

1. Den Backofen vorheizen.
Ober-/Unterhitze: etwa 180 °C
Heißluft: etwa 160 °C

2. Für den Teig Mehl mit Backpulver in einer Rührschüssel mischen. Restliche Zutaten hinzufügen und mit Handrührgerät mit Rührbesen zunächst kurz auf niedrigster, dann auf höchster Stufe in etwa 2 Minuten zu einem glatten Teig verarbeiten.
3. Teig in eine Springform (Ø 26 cm, Boden gefettet) geben und glatt streichen. Die Form auf dem Rost in den vorgeheizten Backofen (unteres Drittel) schieben. Den Boden etwa 20 Minuten vorbacken.
4. Für den Belag in der Zwischenzeit Butter mit Zucker, Sahne und Honig in einem kleinen Topf unter Rühren langsam erhitzen und aufkochen lassen. Haferflocken oder Mandeln unterrühren. Die Masse etwas abkühlen lassen, dabei gelegentlich umrühren.
5. Die Form aus dem Backofen nehmen. Den Belag in Klecksen auf dem vorgebackenen Boden verteilen und vorsichtig verstreichen. Die Form wieder auf dem Rost in den heißen Backofen schieben und bei gleicher Backofentemperatur in etwa 15 Minuten fertig backen.
6. Den Boden aus der Form lösen und auf einem Kuchenrost erkalten lassen. Den Boden mit einem großen Sägemesser einmal waagerecht durchschneiden. Den oberen Bienenstichboden in 12 Stücke schneiden.
7. Für die Füllung Mandarinen in einem Sieb abtropfen lassen. Mascarpone, Sahne und Zucker mit Handrührgerät mit Rührbesen steif schlagen. Die Mandarinen mit Zitronensaft kurz unterrühren, sodass einige Mandarinen dabei zerteilt werden. Die Creme auf dem unteren Boden glatt streichen. Die Tortenstücke darauflegen und leicht andrücken. Torte mindestens 1 Stunde in den Kühlschrank stellen.

Käse-Sahne-Torte

Zubereitungszeit: 45 Minuten, ohne Kühlzeit
Backzeit: 25–30 Minuten

Für den Rührteig:
150 g weiche Butter oder Margarine
150 g Zucker
1 Pck. Dr. Oetker Vanillin-Zucker
1 Prise Salz
3 Eier (Größe M)
150 g Weizenmehl
1 gestr. TL Dr. Oetker Backin

Für die Füllung:
8 Blatt weiße Gelatine
750 g Magerquark
150 g Zucker
1 Pck. Dr. Oetker Vanillin-Zucker
100 ml Zitronensaft
1 Pck. Dr. Oetker Finesse
Geriebene Zitronenschale
400 g Schlagsahne

Zum Bestäuben:
etwas Puderzucker

Insgesamt:
E: 156 g, F: 276 g, Kh: 468 g,
kJ: 21204, kcal: 5064

1. Den Backofen vorheizen.
Ober-/Unterhitze: etwa 180 °C
Heißluft: etwa 160 °C
2. Für den Teig Butter oder Margarine in einer Rührschüssel mit Handrührgerät mit Rührbesen auf höchster Stufe geschmeidig rühren. Nach und nach Zucker, Vanillin-Zucker und Salz unterrühren. So lange rühren, bis eine gebundene Masse entstanden ist.
3. Eier nach und nach unterrühren (jedes Ei etwa 1/2 Minute). Mehl mit Backpulver mischen und auf mittlerer Stufe kurz unterrühren. Den Teig in eine Springform (Ø 26 cm, Boden gefettet) füllen und glatt streichen. Die Form auf dem Rost in den vorgeheizten Backofen schieben. Den Tortenboden 25–30 Minuten backen.
4. Die Form auf einen Kuchenrost stellen. Den Boden etwas abkühlen lassen. Dann den Boden vorsichtig aus der Form lösen und auf einem mit Backpapier belegten Kuchenrost erkalten lassen.
5. Den Tortenboden einmal waagerecht durchschneiden. Den unteren Boden auf eine Tortenplatte legen. Einen Tortenring darumstellen.
6. Für die Füllung Gelatine nach Packungsanleitung einweichen. Quark mit Zucker, Vanillin-Zucker, Zitronensaft und -schale zu einer geschmeidigen Masse verrühren. Sahne steif schlagen. Gelatine leicht ausdrücken und in einem kleinen Topf bei schwacher Hitze unter Rühren auflösen.
7. Gelatine zunächst mit 4 Esslöffeln von der Quarkmasse verrühren, dann unter die restliche Quarkmasse rühren. Sahne unterheben. Die Quark-Sahne-Creme auf dem unteren Tortenboden verstreichen.
8. Den oberen Tortenboden in 12 Tortenstücke schneiden, auf die Quark-Sahne-Creme legen und leicht andrücken.
9. Die Torte mindestens 3 Stunden in den Kühlschrank stellen.
10. Den Tortenring vorsichtig lösen und entfernen. Käse-Sahne-Torte vor dem Servieren mit Puderzucker bestäuben.

Baiser-Wolken-Torte

Zubereitungszeit: 30 Minuten, ohne Kühlzeit
Backzeit: etwa 25 Minuten

Für den Biskuitteig:
2 Eier (Größe M)
75 g Zucker
1 Pck. Dr. Oetker Vanillin-Zucker
1 Prise Salz
75 g Weizenmehl
1 gestr. TL Dr. Oetker Backin

Für die Creme:
250 g Mascarpone (ital. Frischkäse)
250 g Schlagsahne
1 Pck. Dr. Oetker Sahnesteif
1 Pck. Dr. Oetker Finesse
Geriebene Zitronenschale
2–3 EL Zitronensaft
75 g gesiebter Puderzucker
500 g Magerquark

Außerdem:
2 EL Himbeerkonfitüre
300 g vorbereitete Himbeeren
75 g Baiserschalen
evtl. 1 TL Kakaopulver

Insgesamt:
E: 110 g, F: 197 g, Kh: 371 g,
kJ: 15973, kcal: 3813

1. Den Backofen vorheizen.
Ober-/Unterhitze: etwa 180 °C
Heißluft: etwa 160 °C
2. Für den Teig Eier in einer Rührschüssel mit Handrührgerät mit Rührbesen auf höchster Stufe in etwa 1 Minute schaumig schlagen. Zucker mit Vanillin-Zucker und Salz mischen, in etwa 1 Minute unter Rühren einstreuen, dann noch etwa 2 Minuten schlagen.
3. Mehl mit Backpulver mischen, auf die Eiercreme geben und kurz auf niedrigster Stufe unterrühren. Den Teig in eine Springform (Ø 26 cm, Boden gefettet, mit Backpapier belegt) geben und glatt streichen. Die Form auf dem Rost in den vorgeheizten Backofen (unteres Drittel) schieben. Den Biskuitboden etwa 25 Minuten backen.
4. Den Boden aus der Form lösen, auf einen mit Backpapier belegten Kuchenrost stürzen und erkalten lassen. Mitgebackenes Backpapier abziehen. Boden auf eine Tortenplatte legen. Einen Tortenring darumstellen.
5. Für die Creme Mascarpone mit Sahne und Sahnesteif in einem Rührbecher kurz steif schlagen. Zitronenschale, -saft und Puderzucker unterrühren. Den Quark ebenfalls in 2 Portionen unterrühren.
6. Den Biskuitboden mit glatt gerührter Konfitüre bestreichen. Die Hälfte der Mascarponecreme daraufgeben und glatt streichen. Himbeeren darauf verteilen. Restliche Creme vorsichtig auf die Himbeeren geben und verstreichen. Die Torte bis zum Servieren in den Kühlschrank stellen.
7. Vor dem Servieren Baiser in einen großen Gefrierbeutel geben und grob zerdrücken. Tortenring lösen und entfernen. Die Torte mit dem Baiser umhüllen und evtl. hauchdünn mit Kakao bestäuben.

Baiser-Wolken-Torte

Johannisbeertorte mit Mohncreme

Zubereitungszeit: 30 Minuten, ohne Abkühlzeit
Backzeit: etwa 40 Minuten

Zum Vorbereiten:
400 g Johannisbeeren (frisch oder TK)

Für den All-in-Teig:
125 g Weizenmehl, 1 Prise Salz
2 gestr. TL Dr. Oetker Backin
125 g Zucker
1 Pck. Dr. Oetker Vanillin-Zucker
1/2 Pck. Dr. Oetker Finesse Geriebene Zitronenschale
125 g weiche Butter oder Margarine
2 Eier (Größe M)

Für die Creme:
175 g Doppelrahm-Frischkäse
1/2 Pck. Dr. Oetker Finesse Geriebene Zitronenschale
2–3 EL Zitronensaft
125 g backfertige Mohnfüllung
200 g Schlagsahne
1 Pck. Dr. Oetker Sahnesteif
2 EL gesiebter Puderzucker

Insgesamt:
E: 62 g, F: 252 g, Kh: 338 g, kJ: 16469, kcal: 3933

1. Zum Vorbereiten Johannisbeeren abspülen, gut abtropfen lassen und entstielen. TK-Beeren auf mehreren Lagen Küchenpapier ausbreiten und antauen lassen.
2. Den Backofen vorheizen.
Ober-/Unterhitze: etwa 180 °C
Heißluft: etwa 160 °C
3. Für den Teig Mehl mit Salz und Backpulver in einer Rührschüssel mischen. Restliche Zutaten hinzufügen und mit Handrührgerät mit Rührbesen zunächst kurz auf niedrigster, dann auf höchster Stufe in etwa 2 Minuten zu einem glatten Teig verarbeiten. 200 g der Johannisbeeren unterheben.
4. Teig in eine Springform (Ø 26 cm, Boden gefettet, mit Backpapier belegt) füllen und glatt streichen. Die Form auf dem Rost in den vorgeheizten Backofen schieben. Den Boden etwa 40 Minuten backen.
5. Den Boden aus der Form lösen und auf einem Kuchenrost erkalten lassen. Mitgebackenes Backpapier entfernen. Den Boden auf eine Tortenplatte legen.
6. Für die Creme Frischkäse mit Zitronenschale und -saft in einer Rührschüssel mit Handrührgerät mit Rührbesen zunächst auf niedrigster Stufe glatt rühren. Dann auf höchster Stufe cremig aufschlagen. Mohnfüllung kurz unterrühren.
7. Sahne mit Sahnesteif und Puderzucker steif schlagen. Die Sahne in 2 Portionen unter die Mohncreme heben. Die Mohncreme auf dem Boden verstreichen. Die Torte mit den restlichen Johannisbeeren garnieren und bis zum Servieren in den Kühlschrank stellen.

Johannisbeertorte mit Mohncreme

KiBa-Torte

Zubereitungszeit: 25 Minuten, ohne Kühlzeit
Backzeit: 30–35 Minuten

Für den Biskuitteig:
4 Eier (Größe M)
2 EL heißes Wasser
150 g Zucker
1 Prise Salz
125 g Weizenmehl
1 gestr. TL Dr. Oetker Backin
1 Pck. Dr. Oetker Pudding-Pulver Schokoladen-Geschmack

Für die Füllung:
3 Pck. Dr. Oetker Sahnesteif
185 g Sauerkirschen (aus dem Glas)
3 Bananen (etwa 450 g, ohne Schale)
3–5 EL Zitronensaft
30 g gesiebter Puderzucker
250 g Magerquark
125 g Crème double
etwa 3 EL (75 g) Kirsch-Fruchtaufstrich oder -konfitüre

bunte Zuckerperlen/Zuckerdeko

Insgesamt:
E: 76 g, F: 77 g, Kh: 502 g, kJ: 12827, kcal: 3068

1. Den Backofen vorheizen.
Ober-/Unterhitze: etwa 180 °C
Heißluft: etwa 160 °C
2. Für den Teig Eier und Wasser in einer Rührschüssel mit Handrührgerät mit Rührbesen auf höchster Stufe in etwa 1 Minute schaumig schlagen. Zucker mit Salz mischen, in etwa 1 Minute unter Rühren einstreuen, dann noch etwa 2 Minuten schlagen.

3. Mehl mit Backpulver und Pudding-Pulver mischen, auf die Eiercreme geben und kurz auf niedrigster Stufe unterrühren. Den Teig in eine Springform (Ø 26 cm, Boden gefettet, mit Backpapier belegt) geben und glatt streichen. Die Form auf dem Rost in den vorgeheizten Backofen (unteres Drittel) schieben. Boden 30–35 Minuten backen.
4. Den Boden aus der Form lösen, auf einen mit Backpapier belegten Kuchenrost stürzen und erkalten lassen. Mitgebackenes Backpapier abziehen. Den Boden auf eine Tortenplatte legen. Boden bis auf einen etwa 1 cm breiten Boden und Rand aushöhlen (Brösel evtl. für ein Dessert verwenden). 1 Päckchen Sahnesteif auf den Boden streuen.
5. Für die Füllung Kirschen in einem Sieb abtropfen lassen, dann auf Küchenpapier legen. 1 Banane grob würfeln, mit 2–3 Esslöffeln Zitronensaft, Puderzucker und Quark in einen Rührbecher geben und mit Handrührgerät mit Rührbesen verrühren. Crème double mit restlichem Sahnesteif steif schlagen. Bananen-Masse portionsweise unterziehen.
6. Kirschen mit 2 Esslöffeln Fruchtaufstrich (Konfitüre) mischen. Restliche Bananen längs teilen, im restlichen Zitronensaft wenden und auf den Boden legen. Kirschen in den Zwischenräumen verteilen. Bananencreme daraufgeben und glatt streichen. Restlichen Fruchtaufstrich (Konfitüre) glatt rühren oder evtl. leicht erwärmen und auf die Creme träufeln. Torte bis zum Servieren in den Kühlschrank stellen. Den Tortenrand vor dem Servieren mit Zuckerperlen oder -deko garnieren.

Pflaumenmus-Nuss-Torte

Zubereitungszeit: 20 Minuten

Für die Creme:
750 g Schlagsahne
1 Pck. Dr. Oetker Sahnesteif
50 g Zucker
1 Pck. Dr. Oetker Vanillin-Zucker
125 g gemahlene Walnuss- oder Haselnusskerne

225 g Pflaumenmus

3 Lagen von einem hellen Biskuitboden (Ø etwa 26 cm) oder den Biskuitteig von Seite 494 wie beschrieben zubereiten und gebacken in 3 Böden schneiden

einige Walnuss- oder Haselnusskerne
etwas Kakaopulver

Insgesamt:
E: 61 g, F: 350 g, Kh: 483 g,
kJ: 22509, kcal: 5379

1. Für die Creme Sahne mit Sahnesteif, Zucker und Vanillin-Zucker steif schlagen.
2. Von der Sahne etwa 3 Esslöffel abnehmen, in einen Spritzbeutel mit Sterntülle füllen und in den Kühlschrank legen. Nusskerne unter die restliche Sahne heben.
3. Pflaumenmus durchrühren. Den untersten und mittleren Biskuitboden mit dem Pflaumenmus bestreichen, dabei einen schmalen Rand frei lassen. Einen bestrichenen Boden auf eine Tortenplatte legen.
4. Ein Drittel der Nuss-Sahne auf den unteren Boden streichen und den zweiten bestrichenen Boden darauflegen. Die Hälfte der restlichen Nuss-Sahne darauf verstreichen. Den oberen unbestrichenen Boden darauflegen und leicht andrücken.
5. Die Torte rundherum mit der restlichen Nuss-Sahne bestreichen. Mit der Sahne aus dem Spritzbeutel Tuffs auf die Tortenoberfläche spritzen. Die Torte mit Nusskernen garnieren und mit Kakao bestäuben.

Italienische Torte mit Ricotta und Graupen

Zubereitungszeit: 75 Minuten, ohne Einweich-, Ruhe- und Abkühlzeit
Backzeit: etwa 70 Minuten

200 g Graupen

Für den Knetteig:
300 g Weizenmehl
125 g gesiebter Puderzucker
3 Eigelb (Größe M)
abgeriebene Schale von 1/2 Bio-Orange (unbehandelt, ungewachst)
150 g Butter

Für die Füllung:
500 ml (1/2 l) Milch
200 g Zucker
2 Pck. Dr. Oetker Vanillin-Zucker
1 Prise Salz
500 g Ricotta (ital. Frischkäse)
1 gestr. TL gemahlener Zimt
je 100 g fein gehacktes Zitronat (Sukkade) und Orangeat
je 1 Pck. Dr. Oetker Finesse Geriebene Zitronenschale und Orangenschalen-Aroma
5 Eigelb (Größe M)
3 Eiweiß (Größe M)

2 EL Milch
etwas Puderzucker
einige Minzeblättchen

Insgesamt:
E: 156 g, F: 281 g, Kh: 899 g,
kJ: 28334, kcal: 6764

1. Die Graupen in kaltem Wasser etwa 24 Stunden einweichen in ein Sieb geben und gut abtropfen lassen.
2. Für den Teig das Mehl in eine Rührschüssel geben. Die restlichen Zutaten hinzufügen und mit Handrührgerät mit Knethaken zunächst kurz auf niedrigster, dann auf höchster Stufe gut durcharbeiten. Anschließend auf einer leicht bemehlten Arbeitsfläche zu einem glatten Teig verkneten. Den Teig in Frischhaltefolie gewickelt eine Zeit lang kalt stellen.

Italienische Torte mit Ricotta und Graupen

3. Für die Füllung Milch mit Graupen in einem Topf unter Rühren zum Kochen bringen. Graupen etwa 20 Minuten kochen lassen, bis die Milch vollständig von den Graupen aufgesogen ist, dabei gelegentlich umrühren. 50 g des Zuckers, Vanillin-Zucker und Salz gut unterrühren. Die Graupenmasse abkühlen lassen.
4. Ricotta mit restlichem Zucker, Zimt, Zitronat, Orangeat, Zitronenschale, Orangenschalen-Aroma und Eigelb in einer Rührschüssel gut verrühren. Graupenmasse unterrühren. Eiweiß steif schlagen und vorsichtig unterheben.
5. Den Backofen vorheizen.
Ober-/Unterhitze: etwa 180 °C
Heißluft: etwa 160 °C
6. Knapp ein Drittel des Teiges auf der leicht bemehlten Arbeitsfläche zu einer runden Platte (Ø 28 cm) ausrollen. Mit einem Teigrädchen 16–20 Streifen ausschneiden und beiseitelegen. Die Hälfte des restlichen Teiges auf dem Boden einer Springform (Ø 28 cm, gefettet) ausrollen, den Springformrand darumstellen. Restlichen Teig zu einer langen Rolle formen, auf den Teigboden legen und so an die Form drücken, dass ein etwa 3 cm hoher Rand entsteht.
7. Die Graupen-Ricotta-Masse auf dem Teigboden glatt streichen. Die beiseitegelegten Teigstreifen als Gitter darauflegen und mit Milch bestreichen. Die Form auf dem Rost in den vorgeheizten Backofen schieben. Die Torte etwa 70 Minuten backen (evtl. nach der Hälfte der Backzeit die Tortenoberfläche mit Backpapier belegen).
8. Nach Ende der Backzeit die Torte noch etwa 20 Minuten im ausgeschalteten Backofen stehen lassen. Die Form auf einen Kuchenrost stellen. Die Torte erkalten lassen.
9. Anschließend aus der Form lösen und auf eine Tortenplatte setzen.
10. Die Knetteigtorte mit Puderzucker bestäuben und mit abgespülten, trocken getupften Minzeblättchen garnieren.

Weintrauben-Wickeltorte

Zubereitungszeit: 80 Minuten, ohne Ruhe- und Kühlzeit
Backzeit: Knetteigboden etwa 12 Minuten, Biskuitboden etwa 10 Minuten

Für den Knetteig:
125 g Weizenmehl
50 g Zucker
1 Pck. Dr. Oetker Vanillin-Zucker
1 EL Wasser
70 g Butter oder Margarine

Für den Biskuitteig:
3 Eier (Größe M)
100 g Zucker
1 Pck. Dr. Oetker Vanillin-Zucker
100 g Weizenmehl
1/2 gestr. TL Dr. Oetker Backin

100 g gehobelte Mandeln

Für die Füllung:
250 g kernlose, grüne Weintrauben
6 Blatt weiße Gelatine
100 ml weißer Traubensaft
25 g Zucker
1 Pck. Dr. Oetker Vanillin-Zucker
Saft von 1 Zitrone
400 g Schlagsahne

Zum Bestreichen und Garnieren:
250 g Schlagsahne
1 Pck. Dr. Oetker Sahnesteif
125 g kernlose, grüne Weintrauben
30 g geröstete, gehobelte Mandeln

Insgesamt:
E: 93 g, F: 354 g, Kh: 490 g,
kJ: 23497, kcal: 5614

Weintrauben-Wickeltorte

1. Den Backofen vorheizen.
Ober-/Unterhitze: etwa 180 °C
Heißluft: etwa 160 °C

2. Für den Knetteig das Mehl in eine Rührschüssel geben. Restliche Zutaten hinzufügen und mit Handrührgerät mit Knethaken zunächst kurz auf niedrigster, dann auf höchster Stufe gut durcharbeiten. Auf einer leicht bemehlten Arbeitsfläche zu einem glatten Teig verkneten. Sollte er kleben, ihn in Frischhaltefolie gewickelt eine Zeit lang kalt stellen.

3. Den Teig auf dem Boden einer Springform (Ø 26 cm, gefettet) ausrollen. Teigboden mehrmals mit einer Gabel einstechen, Springformrand darumstellen. Die Form auf dem Rost in den vorgeheizten Backofen schieben. Boden etwa 12 Minuten backen.

4. Den Knetteigboden vom Springformboden lösen, aber darauf erkalten lassen.

5. Für den Biskuitteig Eier in einer Rührschüssel mit Handrührgerät mit Rührbesen in etwa 1 Minute schaumig schlagen. Zucker mit Vanillin-Zucker mischen, in etwa 1 Minute einstreuen, dann noch etwa 2 Minuten schlagen. Das Mehl mit Backpulver mischen und kurz auf niedrigster Stufe unterrühren. Den Teig auf ein Backblech (30 x 40 cm, gefettet, mit Backpapier belegt) geben, glatt streichen und mit Mandeln bestreuen. Das Backblech in den vorgeheizten Backofen schieben. Die Biskuitplatte bei gleicher Backofentemperatur etwa 10 Minuten backen.

6. Die Biskuitplatte auf ein mit Zucker bestreutes Stück Backpapier stürzen (mitgebackenes Backpapier nicht abziehen). Die Biskuitplatte erkalten lassen.

7. Für die Füllung Weintrauben abspülen, gut abtropfen lassen, entstielen und längs halbieren. Gelatine nach Packungsanleitung einweichen, dann leicht ausdrücken und in einem kleinen Topf bei schwacher Hitze unter Rühren auflösen.

8. Traubensaft mit Zucker, Vanillin-Zucker und Zitronensaft verrühren. Gelatine zuerst mit etwa 4 Esslöffeln von dem Saft-Zucker-Gemisch verrühren, dann unter das restliche Saftgemisch rühren, in den Kühlschrank stellen. Wenn die Flüssigkeit anfängt dicklich zu werden, Sahne steif schlagen und unterheben.

9. Den Knetteigboden auf eine Tortenplatte legen. Das mitgebackene Backpapier von der Biskuitplatte abziehen. Die Biskuitplatte längs in 8 etwa 5 cm breite Streifen schneiden. Die Sahnecreme auf die Biskuitstreifen streichen. Weintrauben darauf verteilen, etwa 15 Minuten ruhen lassen. Den ersten Biskuitstreifen vorsichtig aufrollen und senkrecht in die Mitte des Knetteigbodens stellen. Die restlichen Biskuitstreifen dicht nacheinander zu einer Spirale darumwickeln. Einen Tortenring darumstellen. Die Torte etwa 2 Stunden in den Kühlschrank stellen. Den Tortenring lösen und entfernen, evtl. überstehenden Knetteigboden mit einem spitzen Messer abschneiden.

10. Zum Bestreichen Sahne mit Sahnesteif steif schlagen. Die Tortenoberfläche mit der Sahne bestreichen und nach Belieben verzieren.

11. Zum Garnieren Weintrauben abspülen, gut abtropfen lassen, entstielen und längs halbieren. Die Torte mit den Weintraubenhälften garnieren und mit Mandeln bestreuen.

Schokokusstorte mit Kirschen

Zubereitungszeit: 45 Minuten, ohne Kühlzeit
Backzeit: 25–30 Minuten

Für den Biskuitteig:
4 Eier (Größe M)
4 EL heißes Wasser
175 g Zucker
1 Pck. Dr. Oetker Vanillin-Zucker
150 g Weizenmehl
50 g Speisestärke
2 gestr. TL Dr. Oetker Backin

Für die Füllung:
400 g Kaiserkirschen (aus dem Glas)
12 Schokoküsse
250 g Speisequark (40 % Fett)
1 TL Zitronensaft
25 g Zucker
150 g saure Sahne
400 g Schlagsahne
3 Pck. Dr. Oetker Sahnesteif

einige Mini-Schokoküsse
etwas geraspelte Vollmilch-Schokolade

Insgesamt:
E: 104 g, F: 263 g, Kh: 646 g,
kJ: 23410, kcal: 5556

Schokokusstorte mit Kirschen

1. Den Backofen vorheizen.
Ober-/Unterhitze: etwa 180 °C
Heißluft: etwa 160 °C
2. Für den Teig Eier und Wasser in einer Rührschüssel mit Handrührgerät mit Rührbesen auf höchster Stufe in etwa 1 Minute schaumig schlagen. Zucker mit Vanillin mischen, in etwa 1 Minute einstreuen, dann noch etwa 2 Minuten schlagen.
3. Mehl mit Speisestärke und Backpulver mischen. Die Hälfte davon auf die Eiercreme geben und kurz auf niedrigster Stufe unterrühren. Restliches Mehlgemisch auf die gleiche Weise unterarbeiten. Den Teig in eine Springform (Ø 28 cm, Boden gefettet, mit Backpapier belegt) füllen und glatt streichen. Den Biskuitboden 25–30 Minuten backen.
4. Die Form auf einen Kuchenrost stellen. Boden etwas abkühlen lassen. Dann aus der Form lösen und auf einen mit Backpapier belegten Kuchenrost stürzen. Mitgebackenes Backpapier abziehen. Den Boden erkalten lassen und einmal waagerecht durchschneiden. Unteren Boden auf eine Tortenplatte legen.
5. Für die Füllung Kirschen in einem Sieb abtropfen lassen. 10–12 Kirschen zum Garnieren beiseitelegen. Restliche Kirschen auf dem unteren Biskuitboden verteilen.
6. Die Waffeln der Schokoküsse vorsichtig abtrennen. Die Schaummasse in eine Rührschüssel geben. Quark, Zitronensaft, Zucker und die saure Sahne hinzufügen, mit Handrührgerät mit Rührbesen verrühren. Sahne mit Sahnesteif steif schlagen und unter die Quarkmasse heben.
7. Zwei Drittel der Quark-Schokokuss-Creme auf die Kirschen geben und glatt streichen. Den oberen Boden darauflegen und leicht andrücken. Tortenoberfläche und -rand mit der restlichen Quark-Schokokuss-Creme bestreichen. Die Torte etwa 1 Stunde in den Kühlschrank stellen.
8. Die Torte mit Mini-Schokoküssen, geraspelter Schokolade und den beiseitegelegten Kirschen garnieren.

Erdbeertorte mit Joghurtsahne

Zubereitungszeit: 45 Minuten, ohne Abkühlzeit
Backzeit: 15–20 Minuten

Zum Vorbereiten:
25 g gehobelte Mandeln

Für den Knetteig:
150 g Weizenmehl
1/2 gestr. TL Dr. Oetker Backin
65 g Zucker
1 Pck. Dr. Oetker Vanillin-Zucker
1 Ei (Größe M)
65 g Butter oder Margarine

1 EL Weizenmehl

Für den Belag:
750 g kleine Erdbeeren
etwas Zucker
1 Pck. Dr. Oetker Sahnesteif

1 Pck. ungezuckerter Tortenguss, klar
25–50 g Zucker
250 ml (1/4 l) Erdbeersaft
(evtl. mit Wasser aufgefüllt)

Für die Joghurtsahne:
250 g Schlagsahne
2 Pck. Dr. Oetker Sahnesteif
50 g Zucker
150 g Joghurt
2–3 EL Zitronensaft

Insgesamt:
E: 43 g, F: 148 g, Kh: 368 g,
kJ: 12878, kcal: 3082

1. Zum Vorbereiten Mandeln in einer Pfanne ohne Fett unter Wenden goldbraun rösten, herausnehmen und auf einen Teller geben.
2. Für den Teig Mehl mit Backpulver in einer Rührschüssel mischen. Restliche Zutaten hinzufügen und mit Handrührgerät mit Knethaken zunächst kurz auf niedrigster, dann auf höchster Stufe gut durcharbeiten.
3. Anschließend auf einer leicht bemehlten Arbeitsfläche zu einem glat-

Erdbeertorte mit Joghurtsahne

Beerenherz

ten Teig verkneten. Sollte er kleben, ihn in Frischhaltefolie gewickelt eine Zeit lang kalt stellen.

4. Den Backofen vorheizen.
Ober-/Unterhitze: etwa 200 °C
Heißluft: etwa 180 °C

5. Zwei Drittel des Teiges auf dem Boden einer Springform (Ø 26 cm, gefettet) ausrollen, den Springformrand darumstellen. Unter den restlichen Teig 1 Esslöffel Mehl kneten. Den Teig zu einer Rolle formen, auf den Teigboden legen und so an die Form drücken, dass ein etwa 2 cm hoher Rand entsteht. Den Teigboden mehrmals mit einer Gabel einstechen. Die Form auf dem Rost in den vorgeheizten Backofen schieben. Den Boden 15–20 Minuten backen.

6. Die Form auf einen Kuchenrost stellen. Boden vom Springformboden lösen, aber darauf erkalten lassen.

7. Für den Belag in der Zwischenzeit Erdbeeren abspülen, gut abtropfen lassen, entstielen, mit etwas Zucker bestreuen und zum Saftziehen stehen lassen. Erdbeeren in ein Sieb geben, den Saft auffangen und evtl. mit Wasser auf 250 ml (1/4 l) auffüllen.

8. Den Tortenboden vom Springformboden lösen, auf eine Tortenplatte setzen und mit Sahnesteif bestreuen. Erdbeeren auf dem Boden verteilen.

9. Aus Tortengusspulver, Zucker und Saft einen Guss nach Packungsanleitung zubereiten. Guss auf den Erdbeeren verteilen, fest werden lassen.

10. Für die Joghurtsahne Sahne mit Sahnesteif und Zucker steif schlagen. Joghurt unterrühren, mit Zitronensaft abschmecken. Die Joghurt-Sahne-Creme auf den Tortenguss geben und grob verstreichen. Die Torte mit Mandeln bestreuen.

Beerenherz

Zubereitungszeit: 40 Minuten, ohne Kühlzeit
Backzeit: etwa 20 Minuten

Für den All-in-Teig:
100 g Weizenmehl
1 gestr. TL Dr. Oetker Backin
1 gestr. EL gesiebtes Kakaopulver
100 g Zucker
2 Eier (Größe M)
100 g weiche Butter oder Margarine

Für die Beerensahne:
10 Kugeln Kokoskonfekt
150 g vorbereitete, gemischte Beerenfrüchte, z. B. Him-, Brom-, Johannis- und Heidelbeeren
30 g Zucker
6 Blatt weiße Gelatine
300 g Schlagsahne
250 g Himbeerjoghurt

Zum Verzieren und Garnieren:
100 g Schlagsahne
1 Pck. Dr. Oetker Vanillin-Zucker
150 g vorbereitete, gemischte Beerenfrüchte
4–6 Kugeln Kokoskonfekt

Insgesamt:
E: 69 g, F: 303 g, Kh: 336 g,
kJ: 18571, kcal: 4439

1. Den Backofen vorheizen.
Ober-/Unterhitze: etwa 180 °C
Heißluft: etwa 160 °C

2. Für den Teig Mehl mit Backpulver und Kakao in einer Rührschüssel mischen. Restliche Zutaten hinzufügen und mit Handrührgerät mit Rührbesen zunächst kurz auf niedrigster, dann auf höchster Stufe in etwa 2 Minuten zu einem glatten Teig verarbeiten. Den Teig in eine Herzform (1-Liter-Inhalt, gefettet, gemehlt) füllen und glatt streichen. Die Form auf dem Rost in den vorgeheizten Backofen schieben. Das Gebäckherz etwa 20 Minuten backen.

3. Die Form auf einen Kuchenrost stellen. Gebäckherz etwas abkühlen lassen, dann aus der Form lösen, auf einen mit Backpapier belegten Kuchenrost stürzen und anschließend erkalten lassen.

4. Für die Beerensahne Konfektkugeln einige Zeit in den Gefrierschrank legen, dann mit einem Messer grob zerhacken. Beerenfrüchte mit Zucker pürieren.

5. Gelatine nach Packungsanleitung einweichen. Sahne steif schlagen. Gelatine leicht ausdrücken und in einem kleinen Topf bei schwacher Hitze unter Rühren auflösen. Gelatine zuerst mit etwa 4 Esslöffeln von dem Beerenpüree verrühren, dann unter das restliche Beerenpüree rühren. Sahne und Joghurt unterheben. Unter zwei Drittel der Beerencreme das gehackte Kokoskonfekt heben und kurz in den Kühlschrank stellen. Die restliche Beerencreme beiseitestellen.

6. Das Gebäckherz einmal waagerecht durchschneiden. Den unteren Boden auf eine Tortenplatte legen und mit der Kokos-Beeren-Creme bestreichen. Den oberen Boden darauflegen. Das Beerenherz rundherum mit der beiseitegestellten Beerencreme bestreichen und etwa 3 Stunden in den Kühlschrank stellen.

7. Zum Verzieren und Garnieren die Sahne mit Vanillin-Zucker steif schlagen und in einen Spritzbeutel mit Sterntülle (Ø etwa 8 mm) füllen. Sahnetupfen auf das Beerenherz spritzen. Mit Beerenfrüchten und Konfektkugeln garnieren.

Frankfurter Kranz mit Erdbeercreme

Zubereitungszeit: 50 Minuten, ohne Abkühlzeit
Backzeit: etwa 35–40 Minuten

Für den Rührteig:
140 g weiche Butter oder Margarine
170 g Zucker
1 Prise Salz
4 Eier (Größe M)
200 g Weizenmehl
70 g Speisestärke
2 geh. TL Dr. Oetker Backin
3 EL Milch
2 EL Zitronensaft

Für die Füllung:
400 g Erdbeeren
1 Pck. Dr. Oetker Pudding-Pulver Vanille-Geschmack
75 g Zucker
1 Eigelb (Größe M)
500 ml (1/2 l) Milch
1 Pck. Dr. Oetker Vanillin-Zucker
1 Prise Salz
30 g Kokosfett
200 g Butter
50 g gesiebter Puderzucker

100 g fein gehackte Pistazienkerne

Insgesamt:
E: 94 g, F: 422 g, Kh: 598 g, kJ: 27505, kcal: 6565

Frankfurter Kranz mit Erdbeercreme

1. Den Backofen vorheizen.
Ober-/Unterhitze: etwa 180 °C
Heißluft: etwa 160 °C

2. Für den Teig Butter oder Margarine in einer Rührschüssel mit Handrührgerät mit Rührbesen auf höchster Stufe geschmeidig rühren. Nach und nach Zucker und Salz unterrühren. So lange rühren, bis eine gebundene Masse entstanden ist.

3. Eier nach und nach unterrühren (jedes Ei etwa 1/2 Minute). Mehl mit Speisestärke und Backpulver mischen, in 2 Portionen kurz auf mittlerer Stufe unterrühren. So viel Milch und Zitronensaft unter den Teig rühren, dass er schwer reißend vom Löffel fällt.

4. Teig in eine Kranzform (Ø 24 cm, gefettet) füllen und glatt streichen. Die Form auf dem Rost in den vorgeheizten Backofen schieben. Den Gebäckkranz 35–40 Minuten backen.

5. Die Form auf einen Kuchenrost stellen. Gebäckkranz etwas abkühlen lassen. Dann aus der Form lösen und auf einen mit Backpapier belegten Kuchenrost stürzen. Gebäckkranz erkalten lassen.

6. Für die Füllung in der Zwischenzeit Erdbeeren abspülen, gut abtropfen lassen, entstielen und halbieren. Pudding-Pulver, Zucker und Eigelb mit etwas von der Milch anrühren. Restliche Milch mit Vanillin-Zucker, Salz und Kokosfett in einem Topf zum Kochen bringen. Angerührtes Pudding-Pulver in die von der Kochstelle genommene Milch rühren und unter Rühren gut aufkochen lassen. Den Pudding in eine Rührschüssel füllen. Sofort Frischhaltefolie direkt auf den Pudding legen. Den Pudding erkalten lassen.

7. Den Gebäckkranz zweimal waagerecht durchschneiden. Den unteren Boden auf eine Tortenplatte legen. Butter mit Puderzucker geschmeidig rühren. Den Pudding esslöffelweise unterrühren (darauf achten, dass Butter und Pudding Zimmertemperatur haben, da die Creme sonst gerinnt). Gut die Hälfte der Buttercreme auf dem unteren und dem mittleren Gebäckboden verstreichen. Die Erdbeeren auf beiden Buttercreme-Böden verteilen. Jeweils etwas Buttercreme auf die Erdbeeren streichen, dann die Böden wieder zu einem Kranz zusammensetzen. Den oberen Gebäckboden darauflegen und leicht andrücken. Den Gebäckkranz mit der restlichen Buttercreme bestreichen und mit Pistazienkernen bestreuen. Den Kranz 1–2 Stunden in den Kühlschrank stellen.

Espresso-Marzipan-Torte

Zubereitungszeit: 50 Minuten, ohne Abkühlzeit
Backzeit: etwa 35 Minuten

Für den Biskuitteig:
200 g Butter
3–4 gestr. EL Instant-Espresso-Pulver
3 Eier (Größe M)
120 g Zucker
2 Pck. Dr. Oetker Vanillin-Zucker
80 g Weizenmehl
120 g Speisestärke
3 gestr. TL Dr. Oetker Backin

2–3 EL Eierlikör

Für den Belag:
100 g Marzipan-Rohmasse
500 g Schlagsahne
1 EL Zucker
1 Pck. Dr. Oetker Bourbon-Vanille-Zucker

125 g Marzipan-Rohmasse
3 geh. EL gesiebter Puderzucker
3 gestr. TL Kakaopulver
2 gestr. TL Instant-Espresso-Pulver

Insgesamt:
E: 65 g, F: 388 g, Kh: 523 g,
kJ: 25290, kcal: 6043

1. Für den Teig Butter zerlassen, Espresso-Pulver unterrühren und abkühlen lassen.
2. Den Backofen vorheizen.
Ober-/Unterhitze: etwa 180 °C
Heißluft: etwa 160 °C
3. Eier in einer Rührschüssel mit Handrührgerät mit Rührbesen auf höchster Stufe in etwa 1 Minute schaumig schlagen. Zucker und Vanillin-Zucker mischen, in etwa 1 Minute einstreuen, dann noch etwa 2 Minuten schlagen.
4. Mehl mit Speisestärke und Backpulver mischen, die Hälfte davon auf die Eiercreme geben und kurz auf niedrigster Stufe unterrühren. Restliches Mehlgemisch auf die gleiche Weise unterarbeiten. Zuletzt die flüssige Butter-Espresso-Mischung kurz unterrühren. Den Teig in eine Springform (Ø 26 cm, Boden gefettet) füllen und glatt streichen. Die Form auf dem Rost in den vorgeheizten Backofen schieben. Den Biskuitboden etwa 35 Minuten backen.
5. Die Form auf einen Kuchenrost stellen. Den Biskuitboden etwas abkühlen lassen. Dann aus der Form lösen und auf einem mit Backpapier belegten Kuchenrost erkalten lassen.
6. Den Biskuitboden mit einem Löffel so aushöhlen, dass ein etwa 2 cm dicker Boden und ein etwa 2 cm breiter Rand stehen bleiben. Den ausgehöhlten Boden auf eine Tortenplatte legen und mit Likör beträufeln. Die Biskuitbrösel mit den Händen zerreiben.
7. Für den Belag Marzipan in feine Scheiben schneiden, in eine Rührschüssel geben. 100 g Sahne hinzugeben und pürieren. Restliche Sahne mit Zucker und Vanille-Zucker steif schlagen. Marzipan und Biskuitbrösel unterheben. Die Marzipan-Sahne-Masse auf den ausgehöhlten Boden geben, kuppelförmig verstreichen.
8. Marzipan mit 2 gehäuften Esslöffeln des Puderzuckers verkneten. Marzipan auf einer Arbeitsfläche zwischen 2 Lagen Frischhaltefolie zu einer runden Platte (Ø etwa 28 cm) ausrollen. Marzipanplatte auf die Tortenoberfläche legen und vorsichtig andrücken. Restlichen Puderzucker mit Kakao und Espresso-Pulver mischen. Die Torte kurz vor dem Servieren damit bestäuben. Mit einer Gabel Streifen ziehen.

Espresso-Marzipan-Torte

Trüffelhund

Trüffelhund

Zubereitungszeit: 40 Minuten, ohne Kühlzeit

300 g Zartbitter-Kuvertüre
400 g Schlagsahne
6 Eigelb (Größe M)
75 g gesiebter Puderzucker
100 ml Eierlikör
etwa 35 Butterkekse

125 g Schlagsahne
evtl. 2 EL geriebene Zartbitter-Kuvertüre

Insgesamt:
E: 62 g, F: 341 g, Kh: 385 g,
kJ: 21633, kcal: 5168

1. Kuvertüre in Stücke hacken und in einem kleinen Topf im heißen Wasserbad bei schwacher Hitze unter Rühren schmelzen. Kuvertüre aus dem Wasserbad nehmen und etwas abkühlen lassen.
2. Sahne sehr steif schlagen. Eigelb mit Puderzucker in einer Rührschüssel mit Handrührgerät mit Rührbesen auf höchster Stufe weiß-cremig schlagen. Eierlikör und Kuvertüre unterrühren. Sahne unterheben.
3. Die Creme gut 1 cm dick in eine Kastenform (etwa 25 x 11 cm, gefettet, mit Backpapier ausgelegt) füllen und glatt streichen. Die Cremeschicht dicht mit Keksen belegen, darauf wieder eine Cremeschicht geben, glatt streichen und dicht mit Keksen belegen. Den Vorgang so lange wiederholen, bis die Creme verbraucht ist. Die letzte Schicht soll aus Keksen bestehen. Die Form zugedeckt über Nacht in den Gefrierschrank stellen.
4. Den Trüffelhund aus der Form lösen und auf eine Tortenplatte stürzen. Das Backpapier vorsichtig abziehen. Sahne steif schlagen. Zwei Drittel der Sahne in einen Spritzbeutel mit Sterntülle füllen. Restliche Sahne in einen Spritzbeutel mit Lochtülle füllen. Den Trüffelhund mit der Sahne verzieren und nach Belieben mit Kuvertüre bestreuen.

Hinweis: Nur ganz frische Eier verwenden, die nicht älter als 5 Tage sind (Legedatum beachten!).

Leichter Apfelkuchen

Zubereitungszeit: 35 Minuten, ohne Abkühlzeit
Backzeit: etwa 45 Minuten

25 g gehobelte Mandeln
850 g Äpfel, z. B. Boskop

Für den Biskuitteig:
2 Eier (Größe M)
100 g Zucker

1 Pck. Dr. Oetker Vanillin-Zucker
250 g Weizenmehl
3 gestr. TL Dr. Oetker Backin
150 g fettarmer Joghurt
3 TL Speiseöl, z. B. Distelöl

Insgesamt:
E: 53 g, F: 45 g, Kh: 374 g,
kJ: 8864, kcal: 2112

1. Mandeln in einer Pfanne ohne Fett unter Wenden goldbraun rösten, herausnehmen und auf einen Teller legen. Äpfel schälen, vierteln, entkernen und in Achtel schneiden.
2. Den Backofen vorheizen.
Ober-/Unterhitze: etwa 180 °C
Heißluft: etwa 160 °C
3. Für den Teig die Eier in einer Rührschüssel mit Handrührgerät mit Rührbesen auf höchster Stufe in etwa 1 Minute schaumig schlagen. Zucker und Vanillin-Zucker mischen, in etwa 1 Minute einstreuen, dann noch etwa 2 Minuten schlagen.
4. Das Mehl mit Backpulver mischen, die Hälfte davon auf die Eiercreme geben und kurz auf niedrigster Stufe unterrühren. Restliches Mehlgemisch auf die gleiche Weise unterarbeiten. Zuletzt Joghurt und Speiseöl kurz unterrühren. Den Teig in eine Springform (Ø 26 cm, Boden gefettet, mit Backpapier belegt) füllen und glatt streichen.
5. Die Apfelstückchen auf den Teig legen und mit den Mandeln bestreuen. Die Form auf dem Rost in den vorgeheizten Backofen (unteres Drittel) schieben. Den Kuchen etwa 45 Minuten backen.
6. Die Form auf einen Kuchenrost stellen. Den Kuchen etwas abkühlen lassen. Springformrand lösen und entfernen. Den Apfelkuchen auf dem Springformboden erkalten lassen. Springformboden entfernen. Kuchen auf eine Tortenplatte setzen.

Nektarinen-Brombeer-Tarte

Zubereitungszeit: 50 Minuten, ohne Abkühlzeit
Backzeit: etwa 55 Minuten

4 Nektarinen
250 g Brombeeren

Für den Streuselteig:
380 g Weizenmehl
2 gestr. TL Dr. Oetker Backin
180 g brauner Zucker (Rohrzucker)
1 Pck. Dr. Oetker Vanillin-Zucker
1 Prise Salz
1/2 gestr. TL gemahlener Zimt
1/2 gestr. TL geriebene Muskatnuss
1 Ei (Größe M)
225 g Butter oder Margarine

20 g brauner Zucker (Rohrzucker)

Für den Guss:
100 g gesiebter Puderzucker
3 EL Wasser

Insgesamt:
E: 56 g, F: 205 g, Kh: 634 g,
kJ: 19324, kcal: 4614

1. Den Backofen vorheizen.
Ober-/Unterhitze: etwa 180 °C
Heißluft: etwa 160 °C
2. Nektarinen abspülen, abtrocknen, halbieren und entsteinen. Die Nektarinenhälften in schmale Spalten schneiden. Brombeeren verlesen, abspülen und trocken tupfen.
3. Für den Teig Mehl mit Backpulver in einer Rührschüssel mischen. Restliche Zutaten hinzufügen und mit Handrührgerät mit Rührbesen zunächst kurz auf niedrigster, dann auf höchster Stufe zu Streuseln von gewünschter Größe verarbeiten.
4. Die Hälfte der Teigstreusel in eine Tarte- oder Springform (Ø 26 cm, gefettet) geben und andrücken, dabei einen etwa 3 cm hohen Rand formen.
5. Die Nektarinenspalten und Brombeeren mit Zucker mischen, auf den Teigboden geben. Die restlichen Teigstreusel daraufgeben und leicht andrücken. Die Form auf dem Rost in den vorgeheizten Backofen schieben. Die Streuseltarte etwa 55 Minuten backen.
6. Die Form auf einen Kuchenrost stellen. Die Tarte etwas abkühlen lassen.
7. Für den Guss den Puderzucker mit Wasser zu einer dickflüssigen Masse verrühren. Den Guss auf die Nektarinen-Brombeer-Tarte träufeln. Die Tarte lauwarm servieren.

Leichter Apfelkuchen

Nektarinen-Brombeer-Tarte

Ottilienkuchen

Zubereitungszeit: 30 Minuten, ohne Abkühlzeit
Backzeit: 65–75 Minuten

Für den Rührteig:
250 g weiche Butter oder Margarine
200 g Zucker
1 Pck. Dr. Oetker Vanillin-Zucker
1/2 Röhrchen Rum-Aroma
1 Prise Salz, 4 Eier (Größe M)
200 g Weizenmehl
50 g Speisestärke
1 gestr. TL Dr. Oetker Backin
100 g klein gehackte Zartbitter-Schokolade
100 g abgezogene, gemahlene Mandeln
50 g gewürfeltes Zitronat (Sukkade)

etwas Puderzucker

Insgesamt:
E: 76 g, F: 322 g, Kh: 487 g, kJ: 21545, kcal: 5150

1. Den Backofen vorheizen.
Ober-/Unterhitze: etwa 160 °C
Heißluft: etwa 140 °C
2. Für den Teig Butter oder Margarine in einer Rührschüssel mit Handrührgerät mit Rührbesen geschmeidig rühren. Nach und nach Zucker, Vanillin-Zucker, Aroma und Salz unterrühren. So lange rühren, bis eine gebundene Masse entstanden ist.
3. Eier nach und nach unterrühren (jedes Ei etwa 1/2 Minute). Mehl mit Speisestärke und Backpulver mischen, in 2 Portionen kurz auf mittlerer Stufe unterrühren. Schokolade, Mandeln und Zitronat unterrühren. Teig in eine Kastenform (30 x 11 cm, gefettet, mit Backpapier ausgelegt) füllen und glatt streichen. Die Form auf dem Rost in den vorgeheizten Backofen schieben. Den Kuchen 65–75 Minuten backen.
4. Die Form auf einen Kuchenrost stellen. Den Kuchen etwas abkühlen lassen. Dann aus der Form lösen und auf einen mit Backpapier belegten Kuchenrost setzen. Mitgebackenes Backpapier abziehen. Den Kuchen erkalten lassen und mit Puderzucker bestäuben.

Pistazien-Käsekuchen

Zubereitungszeit: 90 Minuten, ohne Abkühlzeit
Backzeit: etwa 70 Minuten

Für den Knetteig:
175 g Weizenmehl (Type 550)
1 Msp. Dr. Oetker Backin
25 g gemahlene Pistazienkerne
50 g gesiebter Puderzucker
1 Pck. Dr. Oetker Vanillin-Zucker
1 Ei (Größe M)
100 g Butter

Für die Füllung:
100 g weiche Butter
200 g gesiebter Puderzucker
1 Pck. Dr. Oetker Bourbon-Vanille-Zucker
1 Pck. Dr. Oetker Finesse Geriebene Zitronenschale
4 Eier (Größe M)
750 g Magerquark
2 EL Weizengrieß
75 g gemahlene Pistazienkerne

Für den Belag:
100 g kernlose, grüne Weintrauben
1 Pfirsich (etwa 150 g)
200 g vorbereitete, gemischte Beeren, z. B. Brom-, Erd-, Heidel- und Himbeeren
1 Pck. ungezuckerter Tortenguss, klar
20 g Zucker
250 ml (1/4 l) klarer Apfelsaft

Insgesamt:
E: 182 g, F: 255 g, Kh: 554 g, kJ: 22868, kcal: 5463

1. Für den Teig Mehl mit Backpulver in einer Rührschüssel mischen. Restliche Zutaten hinzufügen und mit Handrührgerät mit Knethaken zunächst kurz auf niedrigster, dann auf höchster Stufe gut durcharbeiten. Anschließend auf einer leicht bemehlten Arbeitsfläche zu einem glatten Teig verkneten. Sollte er kleben, ihn in Frischhaltefolie gewickelt eine Zeit lang kalt stellen.

Ottilienkuchen

Pistazien-Käsekuchen

2. Den Backofen vorheizen.
Ober-/Unterhitze: etwa 200 °C
Heißluft: etwa 180 °C
3. Den Teig auf der leicht bemehlten Arbeitsfläche zu einer runden Platte (Ø etwa 32 cm) ausrollen. Teigplatte in eine Tarteform (Ø 30 cm, gefettet, gemehlt) legen. Boden und Rand andrücken. Den Teigboden mehrmals mit einer Gabel einstechen. Die Form auf dem Rost in den vorgeheizten Backofen schieben. Den Knetteigboden etwa 10 Minuten vorbacken.
4. Die Form auf einen Kuchenrost stellen. Den Knetteigboden etwas abkühlen lassen.
5. Für die Füllung Butter mit Handrührgerät mit Rührbesen auf höchster Stufe geschmeidig rühren. Restliche Zutaten unterrühren. Die Masse auf den vorgebackenen Boden geben und glatt streichen. Die Form wieder auf dem Rost in den vorgeheizten Backofen schieben. Den Kuchen in etwa 60 Minuten fertig backen.
6. Die Form auf einen Kuchenrost stellen. Den Kuchen in der Form erkalten lassen, aus der Form lösen und auf eine Tortenplatte setzen.
7. Für den Belag Weintrauben abspülen, trocken tupfen und halbieren. Pfirsich abspülen, abtrocknen, entsteinen und in feine Spalten schneiden. Das Obst mit den Beeren auf dem Kuchen verteilen.
8. Aus Tortengusspulver, Zucker und Apfelsaft einen Guss nach Packungsanleitung zubereiten und auf dem Obst verteilen. Den Guss fest werden lassen.

Rodonkuchen

Zubereitungszeit: 25 Minuten, ohne Abkühlzeit
Backzeit: 50–60 Minuten

Für den Rührteig:
250 g weiche Butter oder Margarine
200 g Zucker
1 Pck. Dr. Oetker Vanillin-Zucker
1 Prise Salz
5 Eier (Größe M)
500 g Weizenmehl
4 gestr. TL Dr. Oetker Backin
gut 3 EL Milch
150 g Korinthen
150 g Rosinen

Für den Guss:
200 g gesiebter Puderzucker
30 g gesiebtes Kakaopulver
etwa 3 EL heißes Wasser
25 g Kokosfett

Insgesamt:
E: 108 g, F: 274 g, Kh: 983 g,
kJ: 29551, kcal: 7060

1. Den Backofen vorheizen.
Ober-/Unterhitze: etwa 180 °C
Heißluft: etwa 160 °C
2. Für den Teig Butter oder Margarine in einer Rührschüssel mit einem Handrührgerät mit Rührbesen auf höchster Stufe geschmeidig rühren. Nach und nach Zucker, Vanillin-Zucker und Salz unterrühren. So lange rühren, bis eine gebundene Masse entstanden ist.
3. Eier nach und nach unterrühren (jedes Ei etwa ½ Minute). Mehl mit Backpulver mischen und abwechselnd in 2 Portionen mit der Milch kurz auf mittlerer Stufe unterrühren. Korinthen und Rosinen vorsichtig unterrühren.
4. Den Teig in eine Napfkuchenform (Ø 24 cm, gefettet) füllen und glatt streichen. Die Form auf dem Rost in den vorgeheizten Backofen schieben. Den Kuchen 50–60 Minuten backen.
5. Die Form auf einen Kuchenrost stellen. Den Kuchen etwas abkühlen lassen. Dann aus der Form lösen, auf einen mit Backpapier belegten Kuchenrost stürzen, erkalten lassen.
6. Für den Guss Puderzucker mit Kakao mischen und mit Wasser zu einer dickflüssigen Masse verrühren. Das Kokosfett in einem kleinen Topf zerlassen und unterrühren. Den Kuchen mit dem Guss überziehen. Guss fest werden lassen.

Pflaumentarte

Zubereitungszeit: 40 Minuten
Backzeit: etwa 45 Minuten

600 g Pflaumen

Für den Schüttelteig:
125 g Weizenmehl
2 gestr. TL Dr. Oetker Backin
75 g feinkörniger Zucker
1 Pck. Dr. Oetker Vanillin-Zucker
1 Ei (Größe M)
100 g Magerquark
100 ml Speiseöl, z. B. Rapsöl
100 g Schlagsahne

20 g abgezogene, gemahlene Mandeln

Für den Guss:
100 g Schlagsahne
1 Ei (Größe M)
25 g abgezogene, gemahlene Mandeln
1 EL Zucker

Insgesamt:
E: 59 g, F: 201 g, Kh: 270 g,
kJ: 13745, kcal: 3283

1. Pflaumen abspülen, abtrocknen, entstielen, halbieren und entsteinen.
2. Den Backofen vorheizen.
Ober-/Unterhitze: etwa 180 °C
Heißluft: etwa 160 °C
3. Für den Teig Mehl mit Backpulver mischen, in eine verschließbare Schüssel (etwa 3 Liter-Inhalt) geben, mit Zucker und Vanillin-Zucker mischen. Ei, Quark, Speiseöl und Sahne hinzufügen. Die Schüssel mit dem Deckel fest verschließen und mehrmals kräftig schütteln (insgesamt 15–30 Sekunden), sodass alle Zutaten gut vermischt sind.
4. Alles mit einem Schneebesen oder Rührlöffel nochmals sorgfältig durchrühren, damit trockene Zutaten vom Rand mit untergerührt werden. Den Teig in eine Tarteform (Ø 28 cm, gefettet, mit Mandeln ausgestreut) füllen und glatt streichen. Die Pflaumenhälften mit der Schnittfläche nach oben dachziegelartig darauflegen. Die Form auf dem Rost in den vorgeheizten Backofen schieben. Die Tarte etwa 20 Minuten vorbacken.
5. Für den Guss in der Zwischenzeit Sahne, Ei, Mandeln und Zucker gut verrühren. Nach Ende der Backzeit die Form auf einen Kuchenrost stellen. Den Guss auf der Tarte verteilen. Anschließend die Form wieder auf dem Rost in den heißen Backofen schieben. Die Tarte bei gleicher Backofentemperatur in etwa 25 Minuten fertig backen.
6. Die Form auf einen Kuchenrost stellen. Die Tarte erkalten lassen.

Apfelkuchen mit Krokant

Zubereitungszeit: 30 Minuten, ohne Abkühlzeit
Backzeit: etwa 60 Minuten

Für den Knetteig:
250 g Weizenmehl
2 gestr. TL Dr. Oetker Backin
125 g Zucker
1 Pck. Dr. Oetker Vanillin-Zucker
1 Prise Salz
1 Ei (Größe M)
125 g Butter

Für die Füllung:
8–10 säuerliche Äpfel
1 Pck. Dr. Oetker Vanillin-Zucker
2 EL Rum

Für den Belag:
50 g Butter
50 g Zucker
100 g gehackte Mandeln

2 EL Puderzucker
1/4 TL gemahlener Zimt

Insgesamt:
E: 53 g, F: 208 g, Kh: 483 g,
kJ: 17848, kcal: 4260

1. Für den Teig Mehl mit Backpulver in einer Rührschüssel mischen. Restliche Zutaten hinzufügen und mit Handrührgerät mit Knethaken zunächst kurz auf niedrigster, dann auf höchster Stufe gut durcharbeiten.
2. Anschließend auf einer leicht bemehlten Arbeitsfläche zu einem glatten Teig verkneten. Sollte er kleben, ihn in Frischhaltefolie gewickelt eine Zeit lang kalt stellen.
3. Für die Füllung die Äpfel schälen, vierteln, entkernen und in Scheiben schneiden. Apfelscheiben mit Vanillin-Zucker und Rum mischen.
4. Den Backofen vorheizen.
Ober-/Unterhitze: etwa 180 °C
Heißluft: etwa 160 °C
5. Knapp zwei Drittel des Teiges auf der leicht bemehlten Arbeitsfläche zu einer runden Platte (Ø etwa 30 cm) ausrollen und in eine Springform (Ø 26 cm, Boden gefettet) legen. Teig am Rand etwa 2 cm hochdrücken. Die Apfelmasse auf den Teigboden geben und glatt streichen. Restlichen Teig zu einer runden Platte (Ø etwa 26 cm) ausrollen. Die Teigplatte auf die Apfelmasse legen und an den Rändern leicht andrücken.
6. Für den Belag Butter und Zucker in einem kleinen Topf karamellisieren. Mandeln unterrühren und leicht bräunen. Den Krokant auf die Teigdecke geben und vorsichtig glatt streichen.
7. Dann die Form auf dem Rost in den vorgeheizten Backofen schieben. Den Apfelkuchen etwa 60 Minuten backen.
8. Die Form auf einen Kuchenrost stellen. Den Kuchen etwas abkühlen lassen, dann den Springformrand lösen und entfernen. Kuchen vom Springformboden lösen, aber darauf erkalten lassen. Puderzucker mit Zimt mischen. Den Apfelkuchen damit bestäuben.

Rheinischer Schichtkuchen

Zubereitungszeit: 2 Stunden, ohne Abkühl- und Durchziehzeit
Backzeit: 8–10 Minuten je Boden

Für den Rührteig:
500 g weiche Butter oder Margarine
300 g Zucker
1 Pck. Dr. Oetker Bourbon-Vanille-Zucker, 1 Prise Salz
8 Eier (Größe M)
450 g Weizenmehl

Für die Füllung:
400 g rotes Johannisbeergelee
400 g Apfelgelee

etwas Puderzucker

Insgesamt:
E: 108 g, F: 497 g, Kh: 1139 g, kJ: 39655, kcal: 9469

1. Den Backofen vorheizen.
Ober-/Unterhitze: etwa 180 °C
Heißluft: etwa 160 °C
2. Für den Teig Butter oder Margarine in einer Rührschüssel mit Handrührgerät mit Rührbesen auf höchster Stufe geschmeidig rühren. Nach und nach Zucker, Vanille-Zucker und Salz unterrühren. So lange rühren, bis eine gebundene Masse entstanden ist.
3. Eier nach und nach unterrühren (jedes Ei etwa 1/2 Minute). Mehl in 2 Portionen kurz auf mittlerer Stufe unterrühren.
4. Aus dem Rührteig nacheinander 10–12 Böden backen. Dazu jeweils gut 2 Esslöffel des Teiges auf den Boden einer Springform (Ø 28 cm, gefettet) geben und glatt streichen (darauf achten, dass der Teig am Rand nicht zu dünn ist). Die Springformböden (ohne Springformrand) nacheinander (bei Heißluft 2 Böden zusammen) auf dem Rost in den vorgeheizten Backofen schieben. Die Gebäckböden 8–10 Minuten je Boden backen.
5. Die Gebäckböden sofort nach dem Backen von den Springformböden lösen und auf mit Backpapier belegte Kuchenroste legen.
6. Für die Füllung abwechselnd die frisch gebackenen, warmen Böden mit Johannisbeer- und Apfelgelee bestreichen und zu einer Torte zusammensetzen. Den Schichtkuchen erkalten lassen, mit Puderzucker bestäuben, zudecken und kalt gestellt mehrere Tage durchziehen lassen.
7. Den Schichtkuchen vor dem Verzehr in etwa 1 cm dicke Scheiben schneiden.

Apfelkuchen mit Krokant

Rheinischer Schichtkuchen

Patzerlgugelhupf

Zubereitungszeit: 45 Minuten,
ohne Teiggeh- und Abkühlzeit
Backzeit: 35–40 Minuten

Für den Hefeteig:
500 g Weizenmehl
42 g frische Hefe
80 g Zucker
250 ml (1/4 l) lauwarme Milch
1 Pck. Dr. Oetker Vanillin-Zucker
1 Prise Salz
1 Pck. Dr. Oetker Finesse
Geriebene Zitronenschale
100 g weiche Butter oder Margarine

Für die Quarkfüllung:
125 g Magerquark
1 EL Zucker
1 Eigelb (Größe M)
2 EL Rosinen
2 EL Zitronensaft

Für die Mohnfüllung:
100 g gemahlener Mohn
1 EL Zucker, 2 EL Zwiebackbrösel
1 Prise gemahlener Zimt
1 EL Rum
125 ml (1/8 l) heiße Milch

Für die Nussfüllung:
100 g gemahlene Haselnusskerne
2 EL Zwiebackbrösel
1 Prise gemahlener Zimt
1 EL Zucker
1 EL Rum
125 ml (1/8 l) heiße Milch

Für die Pflaumenmusfüllung:
150 g Pflaumenmus (aus dem Glas)
1 EL Zucker
1 Prise gemahlener Zimt

etwas Puderzucker

Insgesamt:
E: 136 g, F: 225 g, Kh: 716 g,
kJ: 23068, kcal: 5512

1. Für den Teig das Mehl in eine Rührschüssel geben. In die Mitte eine Vertiefung drücken und die Hefe hineinbröckeln. Zucker und lauwarme Milch hinzufügen. Mit einem Teil des Mehls mit einer Gabel vorsichtig verrühren und zugedeckt etwa 15 Minuten bei Zimmertemperatur gehen lassen.
2. Vanillin-Zucker, Salz, Zitronenschale und Butter oder Margarine hinzufügen. Die Zutaten mit Handrührgerät mit Knethaken zunächst kurz auf niedrigster, dann auf höchster Stufe in etwa 5 Minuten zu einem glatten Teig verarbeiten. Den Teig zugedeckt so lange an einem warmen Ort gehen lassen, bis er sich sichtbar vergrößert hat (etwa 30 Minuten).
3. Für die Quark-, Mohn-, Nuss- und Pflaumenmussfüllung jeweils die entsprechenden Zutaten in je einer Rührschüssel gut verrühren.
4. Den gegangenen Teig leicht mit Mehl bestäuben, aus der Schüssel nehmen, auf einer leicht bemehlten Arbeitsfläche kurz durchkneten und zu einer Rolle formen. Die Rolle in 24 Portionen teilen. Jede Portion zu einer dünnen ovalen Platte (etwa 16 cm lang, 8 cm breit) ausrollen. Jeweils 6 Teigplatten mit einer Füllung füllen. Dazu 1 Teelöffel Füllung auf eine Teighälfte geben, die andere Teighälfte darüberklappen und die Teigränder fest zusammendrücken.
5. Die Teigtaschen (mit abwechselnden Füllungen) leicht überlappend und dachziegelartig in eine Napfkuchenform (Ø 22 cm, gefettet, gemehlt) schichten.
6. Den Teig nochmals zugedeckt an einem warmen Ort so lange gehen lassen, bis er sich sichtbar vergrößert hat (etwa 30 Minuten).
7. In der Zwischenzeit den Backofen vorheizen.
Ober-/Unterhitze: etwa 180 °C
Heißluft: etwa 160 °C
8. Die Form auf dem Rost in den vorgeheizten Backofen schieben. Den Kuchen 35–40 Minuten backen.
9. Die Form auf einen Kuchenrost stellen. Den Patzerlgugelhupf etwa 30 Minuten abkühlen lassen. Dann vorsichtig aus der Form lösen, auf einen mit Backpapier belegten Kuchenrost stürzen und noch heiß mit Puderzucker bestäuben.

Patzerlgugelhupf

Saarländischer Apfelkuchen

Saarländischer Apfelkuchen

Zubereitungszeit: 30 Minuten, ohne Auftau- und Abkühlzeit
Backzeit: etwa 25 Minuten

225 g TK-Blätterteig

Für den Belag:
500 g Äpfel, z. B. Boskop
2 EL Zucker
1/2 gestr. TL Dr. Oetker Vanillin-Zucker
50 g gehobelte Mandeln

150 g Aprikosenkonfitüre
1 EL Wasser

Insgesamt:
E: 25 g, F: 84 g, Kh: 267 g,
kJ: 8079, kcal: 1932

1. Die Blätterteigplatten nebeneinander nach Packungsanleitung auftauen lassen.
2. Die Teigplatten aufeinanderlegen und auf einer leicht bemehlten Arbeitsfläche zu einer runden Platte (Ø etwa 30 cm) ausrollen. Die Teigplatte auf den Boden einer Springform (Ø 30 cm, gefettet) legen und den Blätterteig am Formrand etwas hochziehen.
3. Den Backofen vorheizen.
Ober-/Unterhitze: etwa 200 °C
Heißluft: etwa 180 °C
4. Für den Belag Äpfel schälen, vierteln und entkernen. Apfelviertel in dünne Spalten schneiden. Den Teigboden mehrmals mit einer Gabel einstechen. Die Apfelspalten auf dem Teigboden verteilen. Zucker, Vanillin-Zucker und Mandeln mischen und auf die Apfelspalten streuen. Die Form auf dem Rost in den vorgeheizten Backofen schieben. Den Apfelkuchen etwa 25 Minuten backen.
5. Die Form auf einen Kuchenrost stellen. Den Kuchen etwas abkühlen lassen. Dann aus der Form lösen und auf einen mit Backpapier belegten Kuchenrost setzen.
6. Konfitüre evtl. durch ein Sieb streichen, mit Wasser in einem kleinen Topf unter Rühren zum Kochen bringen. Den Kuchen damit bestreichen und lauwarm servieren.

Möhren-Tassenkuchen

Möhren-Tassenkuchen
1 Tasse = 150 ml

Zubereitungszeit: 25 Minuten, ohne Abkühlzeit
Backzeit: etwa 50 Minuten

Für den Schüttelteig:
3 Tassen (300 g) Weizenmehl
2 gestr. TL Dr. Oetker Backin
1 Tasse (150 g) Zucker
2 Pck. Dr. Oetker Vanillin-Zucker
1 gestr. TL gemahlener Zimt
1 Prise Salz
1 Tasse Speiseöl
2 Eier (Größe M)
2 Tassen (250 g) fein geriebene Möhren
1 EL Zitronensaft
1 Tasse (50 g) gemahlene Haselnusskerne

1 1/2 Tassen (120 g) gesiebter Puderzucker
1 EL Zitronensaft

Insgesamt:
E: 55 g, F: 195 g, Kh: 520 g,
kJ: 16854, kcal: 4024

1. Den Backofen vorheizen.
Ober-/Unterhitze: etwa 180 °C
Heißluft: etwa 160 °C
2. Für den Teig das Mehl mit Backpulver mischen, in eine verschließbare Schüssel (etwa 3-Liter-Inhalt) geben. Mit Zucker, Vanillin-Zucker, Zimt und Salz mischen. Speiseöl und Eier hinzufügen. Die Schüssel mit dem Deckel fest verschließen. Schüssel mehrmals kräftig schütteln (insgesamt 15–30 Sekunden), sodass alle Zutaten gut vermischt sind. Möhren, Zitronensaft und Haselnusskerne hinzugeben.
3. Alles mit einem Schneebesen oder Rührlöffel nochmals sorgfältig durchrühren, damit trockene Zutaten vom Rand mit untergerührt werden. Teig in eine Kastenform (30 x 11 cm, gefettet, mit Backpapier ausgelegt) füllen und glatt streichen. Die Form auf dem Rost in den vorgeheizten Backofen schieben. Den Möhren-Tassenkuchen etwa 50 Minuten backen.
4. Die Form auf einen Kuchenrost stellen. Den Kuchen etwas abkühlen lassen. Dann aus der Form lösen und auf einen mit Backpapier belegten Kuchenrost stürzen. Mitgebackenes Backpapier vorsichtig abziehen. Den Kuchen erkalten lassen.
5. Puderzucker und Zitronensaft zu einer dünnflüssigen Masse verrühren. Den Kuchen mit dem Guss überziehen. Guss fest werden lassen.

Erdbeer-Kokos-Kranz

Erdbeer-Kokos-Kranz

Zubereitungszeit: 40 Minuten, ohne Kühlzeit
Backzeit: etwa 40 Minuten

200 g Kokosraspel
250 g Erdbeeren

Für den Rührteig:
200 g weiche Butter oder Margarine
150 g Zucker
1 Pck. Dr. Oetker Vanillin-Zucker
1 Prise Salz
5 Eier (Größe M)
200 g Weizenmehl
3 gestr. TL Dr. Oetker Backin

Für die Füllung:
2 Pck. Dr. Oetker Pudding-Pulver Erdbeer-Geschmack
100 g Zucker
750 ml (3/4 l) Milch
4 EL Eierlikör
250 g weiche Butter

125 g Erdbeerkonfitüre

Insgesamt:
E: 96 g, F: 564 g, Kh: 626 g, kJ: 33990, kcal: 8120

1. Kokosraspel in einer Pfanne ohne Fett unter Wenden goldbraun rösten, herausnehmen und auf einen Teller geben. Die Erdbeeren abspülen und gut abtropfen lassen. 6 Erdbeeren mit dem Grün halbieren und beiseitelegen. Restliche Erdbeeren entstielen und sehr klein schneiden.
2. Den Backofen vorheizen.
Ober-/Unterhitze: etwa 180 °C
Heißluft: etwa 160 °C
3. Für den Teig Butter oder Margarine in einer Rührschüssel mit Handrührgerät mit Rührbesen auf höchster Stufe geschmeidig rühren. Nach und nach Zucker, Vanillin-Zucker und Salz unterrühren. So lange rühren, bis eine gebundene Masse entstanden ist.
4. Eier nach und nach unterrühren (jedes Ei etwa 1/2 Minute). Mehl mit Backpulver mischen, in 2 Portionen kurz auf mittlerer Stufe unterrühren. Den Teig in eine Kranzform (Ø 24 cm, gefettet, gemehlt) füllen und glatt streichen. Die Form auf dem Rost in den vorgeheizten Backofen schieben. Den Kranz etwa 40 Minuten backen.
5. Die Form auf einen Kuchenrost stellen. Den Gebäckkranz etwas abkühlen lassen. Dann aus der Form lösen, auf einen mit Backpapier belegten Kuchenrost stürzen und erkalten lassen. Den Gebäckkranz zweimal waagerecht durchschneiden.
6. Für die Füllung aus Pudding-Pulver, Zucker und Milch einen Pudding nach Packungsanleitung, aber mit den hier angegebenen Zutaten zubereiten. Eierlikör unterrühren. Sofort Frischhaltefolie auf den Pudding legen. Pudding erkalten lassen (aber nicht kalt stellen).
7. Die Butter mit Handrührgerät mit Rührbesen geschmeidig rühren. Den erkalteten Pudding esslöffelweise unterrühren (dabei darauf achten, dass Butter und Pudding Zimmertemperatur haben, da die Creme sonst gerinnt).
8. Den unteren Kranzboden auf eine Tortenplatte legen und mit der Hälfte der Erdbeerkonfitüre bestreichen, dabei am Rand etwa 1 cm frei lassen. Die Hälfte der vorbereiteten Erdbeerstücke und ein Drittel der Buttercreme darauf verteilen.
9. Den mittleren Boden darauflegen und mit der restlichen Konfitüre bestreichen. Die restlichen Erdbeerstücke daraufgeben und wieder ein Drittel der Buttercreme daraufstreichen. Mit dem oberen Boden belegen. Etwa 3 Esslöffel von der Buttercreme in einen Spritzbeutel mit Lochtülle füllen und beiseitelegen. Den Kranz mit der restlichen Buttercreme bestreichen und mit den gerösteten Kokosraspeln bestreuen.
10. Den Kranz mit der Buttercreme aus dem Spritzbeutel verzieren und mit den beiseitegelegten Erdbeerhälften garnieren. Den Erdbeer-Kokos-Kranz mindestens 3 Stunden in den Kühlschrank stellen.

Umgedrehter Himbeerkuchen

Zubereitungszeit: 30 Minuten, ohne Abkühlzeit
Backzeit: 30–35 Minuten

Für den All-in-Teig:
165 g Weizenmehl
4 gestr. TL Dr. Oetker Backin
150 g Zucker
50 g Instant-Getränkepulver Himbeer-Geschmack

1 Pck. Dr. Oetker Finesse
Geriebene Zitronenschale
4 Eier (Größe M)
165 g weiche Butter oder Margarine

250 g TK-Himbeeren

3 EL Himbeerkonfitüre
1/2 EL Wasser
1–2 EL gehobelte Mandeln

Insgesamt:
E: 53 g, F: 176 g, Kh: 390 g,
kJ: 14261, kcal: 3406

1. Den Backofen vorheizen.
Ober-/Unterhitze: etwa 180 °C
Heißluft: etwa 160 °C
2. Für den Teig Mehl mit Backpulver in einer Rührschüssel mischen. Restliche Zutaten hinzufügen und mit Handrührgerät mit Rührbesen zunächst kurz auf niedrigster, dann auf höchster Stufe in etwa 2 Minuten zu einem glatten Teig verarbeiten.
3. Gefrorene Himbeeren auf dem Boden einer Springform (Ø 26 cm, Boden gefettet, mit Backpapier belegt) verteilen, dabei einen 1–2 cm breiten Rand frei lassen. Den Teig vorsichtig vom Rand her daraufgeben und glatt streichen. Die Form auf dem Rost in den vorgeheizten Backofen schieben. Den Kuchen 30–35 Minuten backen.
4. Die Form auf einen Kuchenrost stellen. Kuchen etwas abkühlen lassen, aus der Form lösen, auf einen mit Backpapier belegten Kuchenrost stürzen. Mitgebackenes Backpapier abziehen. Kuchen erkalten lassen.
5. Die Konfitüre durch ein Sieb in einen Topf streichen, mit Wasser unter Rühren zum Kochen bringen und evtl. etwas einkochen lassen. Kuchenoberfläche und -rand damit bestreichen. Den Kuchenrand mit Mandeln bestreuen.

Saftiger Kirschkuchen

Zubereitungszeit: 15 Minuten, ohne Abkühlzeit
Backzeit: etwa 60 Minuten

185 g Sauerkirschen (aus dem Glas)

Für den Schüttelteig:
300 g Weizenmehl
1/2 Pck. Dr. Oetker Backin
300 g Zucker
1 Pck. Dr. Oetker Finesse
Geriebene Zitronenschale
4 Eier (Größe M)
150 ml Speiseöl
150 ml Zitronenlimonade

etwas Puderzucker

Insgesamt:
E: 64 g, F: 180 g, Kh: 584 g,
kJ: 18155, kcal: 4336

1. Die Sauerkirschen in einem Sieb gut abtropfen lassen, evtl. mit Küchenpapier trocken tupfen.
2. Den Backofen vorheizen.
Ober-/Unterhitze: etwa 180 °C
Heißluft: etwa 160 °C
3. Für den Teig Mehl mit Backpulver mischen, in eine verschließbare Schüssel (etwa 3-Liter-Inhalt) geben, mit Zucker und Zitronenschale mischen. Eier, Speiseöl und Limonade hinzufügen.
4. Die Schüssel mit dem Deckel fest verschließen. Mehrmals kräftig schütteln (insgesamt 15–30 Sekunden), sodass alle Zutaten gut vermischt sind.
5. Alles mit einem Schneebesen oder Rührlöffel nochmals sorgfältig durchrühren, damit trockene Zutaten vom Rand mit untergerührt werden. Den Teig in eine Kastenform (25 x 11 cm, gefettet, mit Backpapier ausgelegt) füllen und glatt streichen. Kirschen auf dem Teig verteilen.
6. Die Form auf dem Rost in den vorgeheizten Backofen schieben. Den Kuchen etwa 60 Minuten backen.
7. Die Form auf einen Kuchenrost stellen. Den Kuchen etwas abkühlen lassen. Dann aus der Form lösen. Mitgebackenes Backpapier entfernen. Den Kuchen auf einem mit Backpapier belegten Kuchenrost erkalten lassen und mit Puderzucker bestäuben.

Umgedrehter Himbeerkuchen

Saftiger Kirschkuchen

Birnen-Streuseltarte

Zubereitungszeit: 40 Minuten, ohne Abkühlzeit
Backzeit: etwa 50 Minuten

Zum Vorbereiten:
40 g Amarettini
(ital. Mandelmakronen)
1 Pck. Dr. Oetker Pudding-Pulver Mandel-Geschmack
500 ml (1/2 l) Milch
40 g Zucker

Für den Schüttelteig:
125 g Butter oder Margarine
200 g Weizenmehl
2 gestr. TL Dr. Oetker Backin
150 g Zucker
2 Eier (Größe M)

500 g rotschalige Birnen
30 g gehobelte Mandeln

Insgesamt:
E: 76 g, F: 156 g, Kh: 554 g,
kJ: 17045, kcal: 4070

1. Zum Vorbereiten Amarettini in einen Gefrierbeutel geben, den Beutel fest verschließen. Amarettini mit einer Teigrolle fein zerbröseln. Aus Pudding-Pulver, Milch und Zucker einen Pudding nach Packungsanleitung zubereiten. Amarettinibrösel unterrühren. Sofort Frischhaltefolie direkt auf den Pudding legen. Pudding erkalten lassen.

2. Den Backofen vorheizen.
Ober-/Unterhitze: etwa 180 °C
Heißluft: etwa 160 °C

3. Für den Teig Butter oder Margarine in einem kleinen Topf zerlassen und abkühlen lassen. Das Mehl mit Backpulver mischen, in eine verschließbare Schüssel (etwa 3-Liter-Inhalt) geben, mit Zucker mischen. Eier und zerlassene Butter oder Margarine hinzufügen. Die Schüssel mit dem Deckel fest verschließen. Schüssel mehrmals kräftig schütteln (insgesamt 15–30 Sekunden), sodass alle Zutaten gut vermischt sind.

4. Alles mit einem Schneebesen oder Rührlöffel nochmals sorgfältig durchrühren, damit trockene Zutaten vom Rand mit untergerührt werden. Den Teig mit einer Gabel zu Streuseln verarbeiten.

5. Zwei Drittel der Teigstreusel in eine Tarteform (Ø 28 cm, gefettet, gemehlt) geben, dabei Boden und Rand gut andrücken. Den Pudding daraufgeben und glatt streichen.

6. Die Birnen abspülen, abtrocknen, vierteln, entkernen und in Spalten schneiden. Birnenspalten dachziegelartig auf dem Pudding verteilen. Mit den restlichen Teigstreuseln und Mandeln bestreuen. Die Form auf dem Rost in den vorgeheizten Backofen schieben. Die Tarte etwa 50 Minuten backen.

7. Die Form auf einen Kuchenrost stellen. Die Tarte in der Form erkalten lassen.

Süße Früchte-Pizza

Zubereitungszeit: 35 Minuten, ohne Teiggehzeit
Backzeit: 30–35 Minuten

Für den Schüttelteig:
125 g Butter
300 g Weizenmehl
1 Pck. Dr. Oetker Trockenbackhefe
150 g Zucker
3 Eier (Größe M)

Für den Guss:
150 g Schmand (Sauerrahm)
1 Eigelb (Größe M)
100 g gesiebter Puderzucker
abgeriebene Schale von
1 Bio-Zitrone (unbehandelt, ungewachst)

Für den Belag:
je 1 grün- und rotschaliger Apfel
Saft von 1 Zitrone
150 g kernlose, blaue Weintrauben

Insgesamt:
E: 68 g, F: 164 g, Kh: 525 g,
kJ: 16696, kcal: 3987

1. Für den Teig Butter in einem kleinen Topf zerlassen und abkühlen lassen. Mehl mit Trockenbackhefe in eine verschließbare Schüssel (etwa 3-Liter-Inhalt) geben und mit dem Zucker sorgfältig vermischen. Eier und zerlassene Butter hinzufügen. Schüssel mit dem Deckel fest ver-

Birnen-Streuseltarte

Süße Früchte-Pizza

schließen. Schüssel mehrmals kräftig schütteln (insgesamt 15–30 Sekunden), sodass alle Zutaten gut vermischt sind.
2. Alles mit einem Schneebesen oder Rührlöffel nochmals sorgfältig durchrühren, damit vor allem trockene Zutaten vom Rand mit untergerührt werden.
3. Den Teig in eine Pizza- oder Tarteform (Ø 28 cm, gefettet) geben. Den Boden und Rand gut andrücken. Den Schüttelteig zugedeckt so lange an einem warmen Ort gehen lassen, bis er sich sichtbar vergrößert hat (etwa 30 Minuten).
4. Den Backofen vorheizen.
Ober-/Unterhitze: etwa 200 °C
Heißluft: etwa 180 °C
5. Für den Guss Schmand in einer Rührschüssel mit Eigelb, Puderzucker und Zitronenschale glatt rühren. Den Guss auf den Teig geben und glatt streichen.
6. Für den Belag Äpfel abspülen, abtrocknen, vierteln, entkernen und mit der Schale in dünne Spalten schneiden. Apfelspalten mit Zitronensaft beträufeln. Weintrauben abspülen, gut trocken tupfen und entstielen. Den Schmandguss mit Apfelspalten und Weintrauben belegen. Die Form auf dem Rost in den vorgeheizten Backofen schieben. Die süße Früchte-Pizza 30–35 Minuten backen.
7. Die Form auf einen Kuchenrost stellen. Die Pizza etwas abkühlen lassen und lauwarm servieren.

Tipp: Den Pizzarand mit Puderzucker bestäuben.

Gewürzkuchenkranz

Zubereitungszeit: 35 Minuten, ohne Abkühlzeit
Backzeit: etwa 50 Minuten

200 g gefüllte Lebkuchenherzen (mit Schokolade umhüllt)

Für den Rührteig:
250 g weiche Butter oder Margarine
250 g Zucker
1 Pck. Dr. Oetker Vanillin-Zucker
4 Eier (Größe M)
500 g Weizenmehl
2 gestr. TL Natron
1/2 gestr. TL gemahlener Zimt
3 Msp. gemahlene Nelken
355 g Apfelmus (aus dem Glas)

Außerdem:
200 g Aprikosenkonfitüre
100 ml Orangensaft
150 g Zartbitter-Kuvertüre
einige Gelee-Orangen
einige gehobelte, geröstete Haselnusskerne

Insgesamt:
E: 110 g, F: 329 g, Kh: 1048 g, kJ: 32888, kcal: 7858

1. Lebkuchenherzen fein hacken.
2. Den Backofen vorheizen.
Ober-/Unterhitze: etwa 180 °C
Heißluft: etwa 160 °C
3. Für den Teig Butter oder Margarine in einer Rührschüssel mit Handrührgerät mit Rührbesen auf höchster Stufe geschmeidig rühren. Nach und nach Zucker und Vanillin-Zucker unterrühren. So lange rühren, bis eine gebundene Masse entstanden ist.
4. Eier nach und nach unterrühren (jedes Ei etwa 1/2 Minute). Mehl mit Natron, Zimt und Nelken mischen, in 2 Portionen kurz auf mittlerer Stufe unterrühren. Apfelmus und gehackte Lebkuchenherzen unterrühren. Den Teig in eine Springform mit Rohrboden (Ø 26 cm, gefettet) füllen und glatt streichen. Die Form auf dem Rost in den vorgeheizten Backofen schieben. Den Gebäckkranz etwa 50 Minuten backen.
5. Die Form auf einen Kuchenrost stellen. Den Gebäckkranz etwas abkühlen lassen. Dann aus der Form lösen und auf einen mit Backpapier belegten Kuchenrost stürzen. Die Kuchenoberfläche mehrmals mit einem Holzstäbchen einstechen.
6. Die Konfitüre durch ein Sieb streichen und in einem kleinen Topf erhitzen. Den Kuchen mit dem Orangensaft tränken, dick mit der Konfitüre bestreichen. Kuchen erkalten lassen.
7. Die Kuvertüre in Stücke hacken, in einem kleinen Topf im heißen Wasserbad bei schwacher Hitze unter Rühren schmelzen. Einige Gelee-Orangen evtl. zur Hälfte mit etwas Kuvertüre überziehen und auf ein Stück Backpapier legen. Den Kuchen mit der restlichen Kuvertüre überziehen, mit Haselnusskernen bestreuen und mit den Gelee-Orangen garnieren. Guss fest werden lassen.

Tipp: Verfeinern Sie den Kranz statt mit Zimt und Nelken mit 1 gestrichenen Teelöffel Stollengewürz.

Triback-Tarte

Zubereitungszeit: 40 Minuten
Backzeit: 20–25 Minuten

125 g Zwieback

Für den Knetteig:
100 g Weizenmehl
2 gestr. TL Dr. Oetker Backin
1/2 TL gemahlener Zimt
1/2 TL gemahlener Anis
125 g Zucker
1 Pck. Dr. Oetker Vanillin-Zucker
1 Prise Salz
1 Ei (Größe M)
125 g weiche Butter

Für den Belag:
300 g TK-Heidelbeeren
1 gestr. EL Weizenmehl
1 Pck. Dr. Oetker Vanillin-Zucker
3 Zwiebäcke

Insgesamt:
E: 36 g, F: 124 g, Kh: 354 g,
kJ: 11274, kcal: 2691

1. Zwiebäcke in einen Gefrierbeutel geben. Den Beutel fest verschließen. Zwiebäcke mit einer Teigrolle fein zerbröseln. 2 Esslöffel von den Bröseln beiseitestellen.
2. Den Backofen vorheizen.
Ober-/Unterhitze: etwa 200 °C
Heißluft: etwa 180 °C
3. Für den Teig Mehl mit Zwiebackbröseln, Backpulver, Zimt und Anis in einer Rührschüssel mischen. Restliche Zutaten hinzufügen und mit Handrührgerät mit Knethaken zunächst kurz auf niedrigster, dann auf höchster Stufe in etwa 2 Minuten zu einem glatten Teig verarbeiten.
4. Zwei Drittel des Teiges in eine Tarteform (Ø 28 cm, gefettet) geben, dabei den Boden und Rand andrücken. Den Teigboden mit den beiseitegestellten Zwiebackbröseln bestreuen.
5. Für den Belag gefrorene Heidelbeeren mit Mehl und Vanillin-Zucker mischen und auf dem Teigboden verteilen. Zwiebäcke in kleine Stücke brechen und unter den restlichen Teig rühren. Den Teig gleichmäßig auf den Heidelbeeren verteilen. Die Form auf dem Rost in den vorgeheizten Backofen schieben. Triback-Tarte 20–25 Minuten backen.
6. Die Form auf einen Kuchenrost stellen. Die Tarte etwas abkühlen lassen. Dann aus der Form lösen und lauwarm servieren.

Tipp: Den Tarterand mit Puderzucker bestäuben.

Haselnusskuchen

Zubereitungszeit: 30 Minuten, ohne Abkühlzeit
Backzeit: etwa 45 Minuten

300 g gemahlene Haselnusskerne
2 EL gesiebtes Kakaopulver

Für den Teig:
4 Eiweiß (Größe M)
200 g Butter
250 g brauner Zucker (Rohrzucker)
4 Eigelb (Größe M)
75 g gesiebtes Weizenmehl

etwas Puderzucker

Insgesamt:
E: 76 g, F: 385 g, Kh: 328 g,
kJ: 21145, kcal: 5051

1. Den Backofen vorheizen.
Ober-/Unterhitze: etwa 180 °C
Heißluft: etwa 160 °C
2. Die Haselnusskerne in 2 Portionen in einer Pfanne ohne Fett unter Wenden goldbraun rösten, in eine Schüssel geben und etwas abkühlen lassen. Die Haselnusskerne mit dem Kakao mischen.
3. Für den Teig Eiweiß steif schlagen. Butter und Zucker in einer Rührschüssel mit Handrührgerät mit Rührbesen auf höchster Stufe in etwa 6 Minuten schaumig schlagen. Eigelb nach und nach unterrühren (jedes Eigelb etwa 1/2 Minute).
4. Das Mehl mit der Nuss-Kakao-Mischung vermengen und vorsichtig unter die Butter-Eigelb-Creme rühren. Eischnee unterheben. Den Teig in eine Springform (Ø 26 cm, Boden gefettet) geben und glatt streichen. Die Form auf dem Rost in den vorgeheizten Backofen schieben. Den Haselnusskuchen etwa 45 Minuten backen.
5. Die Form auf einen Kuchenrost stellen. Den Kuchen etwas abkühlen lassen. Dann aus der Form lösen, auf einen mit Backpapier belegten Kuchenrost stürzen, erkalten lassen.

6. Einen Kuchenrost auf die Kuchenoberfläche legen. Den Haselnusskuchen mit Puderzucker bestäuben. Kuchenrost vorsichtig abheben.

Himbeer-Haferflocken-Tarte

Zubereitungszeit: 15 Minuten
Backzeit: etwa 35 Minuten

Für den All-in-Teig:
200 g Weizenmehl
2 gestr. TL Dr. Oetker Backin
30 g Haferflocken, blütenzart
120 g Zucker
1 Pck. Dr. Oetker Bourbon-Vanille-Zucker
3 Eier (Größe M)
4 EL Milch
100 g weiche Butter oder Margarine

300 g TK-Himbeeren
200 g Schlagsahne

Insgesamt:
E: 55 g, F: 174 g, Kh: 311 g,
kJ: 12944, kcal: 3091

1. Den Backofen vorheizen.
Ober-/Unterhitze: etwa 180 °C
Heißluft: etwa 160 °C
2. Für den Teig Mehl mit Backpulver in einer Rührschüssel mischen. Restliche Zutaten hinzufügen und mit Handrührgerät mit Rührbesen zunächst kurz auf niedrigster, dann auf höchster Stufe in etwa 2 Minuten zu einem glatten Teig verarbeiten.
3. Den All-in-Teig in eine Tarteform (Ø etwa 28 cm, gefettet) füllen und glatt streichen. Die gefrorenen Himbeeren darauf verteilen. Die Form auf dem Rost in den vorgeheizten Backofen schieben. Die Tarte etwa 35 Minuten backen.
4. Die Form auf einen Kuchenrost stellen. Die Sahne nach und nach auf der heißen Tarte verteilen. Die Tarte in der Form erkalten lassen.

Birnenkuchen

Zubereitungszeit: 80 Minuten, ohne Abkühlzeit
Backzeit: 50–60 Minuten

455 g Birnenhälften (aus der Dose)

Für den Schüttelteig:
150 g Butter oder Margarine
250 g Weizenmehl
3 gestr. TL Dr. Oetker Backin
1/2 TL gemahlener Zimt
100 g Zucker
100 g Haselnusskrokant
3 Eier (Größe M)
125 ml (1/8 l) Milch

100 g Aprikosenkonfitüre
100 g Nuss-Nougat oder Haselnussglasur

Insgesamt:
E: 69 g, F: 189 g, Kh: 523 g,
kJ: 17626, kcal: 4213

1. Die Birnenhälften in einem Sieb abtropfen lassen. Birnenhälften in Würfel schneiden.
2. Den Backofen vorheizen.
Ober-/Unterhitze: etwa 180 °C
Heißluft: etwa 160 °C
3. Für den Teig Butter oder Margarine in einem kleinen Topf zerlassen und abkühlen lassen. Mehl mit Backpulver und Zimt mischen, in eine verschließbare Schüssel (etwa 3-Liter-Inhalt) geben, mit Zucker und Krokant mischen. Eier, zerlassene Butter oder Margarine und Milch hinzufügen. Die Schüssel mit dem Deckel fest verschließen. Schüssel mehrmals kräftig schütteln (insgesamt 15–30 Sekunden), sodass alle Zutaten gut vermischt sind.
4. Alles mit einem Schneebesen oder Rührlöffel nochmals sorgfältig durchrühren, damit die trockenen Zutaten vom Rand mit untergerührt werden. Den Teig in eine Springform (Ø 26 cm, Boden gefettet) füllen und glatt streichen. Birnenwürfel darauf verteilen. Die Form auf dem Rost in den vorgeheizten Backofen schieben. Den Kuchen 50–60 Minuten backen.
5. Die Form auf einen Kuchenrost stellen. Den Kuchen etwas abkühlen lassen. Dann aus der Form lösen und auf einem mit Backpapier belegten Kuchenrost erkalten lassen.
6. Die Konfitüre durch ein Sieb streichen und in einem kleinen Topf zum Kochen bringen. Die Birnenwürfel mit der Konfitüre bestreichen und erkalten lassen.
7. Nougat oder Kuchenglasur nach Packungsanleitung schmelzen, in einen kleinen Gefrierbeutel füllen und eine kleine Ecke abschneiden. Den Kuchen mit Nougat oder Kuchenglasur besprenkeln. Glasur trocknen lassen.

Himbeer-Haferflocken-Tarte

Birnenkuchen

Cranberry-Kuchen

Zubereitungszeit: 30 Minuten, ohne Abkühlzeit
Backzeit: etwa 40 Minuten

Für den Rührteig:
3 Eiweiß (Größe M)
175 g weiche Butter oder Margarine
150 g Zucker
1 Pck. Dr. Oetker Vanillin-Zucker
1 Prise Salz
1 Pck. Dr. Oetker Finesse Geriebene Zitronenschale
3 Eigelb (Größe M)
175 g Weizenmehl
2 gestr. TL Dr. Oetker Backin
3 EL Milch
100 g Zartbitter-Raspelschokolade
100 g getrocknete Cranberries

Für den Guss:
150 g Zartbitter-Schokolade
1 EL Speiseöl, z. B. Sonnenblumenöl
25 g getrocknete Cranberries

Insgesamt:
E: 61 g, F: 252 g, Kh: 504 g,
kJ: 18958, kcal: 4522

1. Den Backofen vorheizen.
Ober-/Unterhitze: etwa 180 °C
Heißluft: etwa 160 °C
2. Für den Teig das Eiweiß sehr steif schlagen. Butter oder Margarine in einer Rührschüssel mit Handrührgerät mit Rührbesen auf höchster Stufe geschmeidig rühren. Nach und nach Zucker, Vanillin-Zucker, Salz und Zitronenschale unterrühren. So lange rühren, bis eine gebundene Masse entstanden ist.
3. Eigelb nach und nach unterrühren. Das Mehl mit Backpulver mischen und abwechselnd in 2 Portionen mit der Milch kurz auf mittlerer Stufe unterrühren. Den Eischnee unterheben. Zuletzt die Raspelschokolade und Cranberries vorsichtig untermischen. Den Teig in eine Springform (Ø 26 cm, Boden gefettet, mit Backpapier belegt) geben und glatt streichen. Die Form auf dem Rost in den vorgeheizten Backofen schieben. Den Kuchen etwa 40 Minuten backen.
4. Die Form auf einen Kuchenrost stellen. Den Kuchen etwas abkühlen lassen. Dann aus der Form lösen, auf einen mit Backpapier belegten Kuchenrost setzen und erkalten lassen. Mitgebackenes Backpapier vorsichtig abziehen.
5. Für den Guss Schokolade in Stücke brechen und mit Speiseöl in einem kleinen Topf im heißen Wasserbad bei schwacher Hitze unter Rühren schmelzen. Den Guss gleichmäßig auf dem Kuchen verstreichen und in „Nasen" am Rand herunterlaufen lassen. Die Cranberries auf den noch feuchten Guss streuen. Guss fest werden lassen.

Cranberry-Kuchen

Saftiger Apfel-Mandel-Gugelhupf

Zubereitungszeit: 45 Minuten, ohne Abkühlzeit
Backzeit: etwa 60 Minuten

100 g gehobelte Mandeln
300 g Äpfel, z. B. Elstar

Für den Rührteig:
150 g weiche Butter oder Margarine
225 g Zucker
1 Pck. Dr. Oetker Vanillin-Zucker
1 Prise Salz
4 Eier (Größe M)
300 g Weizenmehl
3 gestr. TL Dr. Oetker Backin

Außerdem:
200 g Aprikosenkonfitüre
75 g gesiebter Puderzucker
2–3 TL Apfelsaft

Insgesamt:
E: 82 g, F: 212 g, Kh: 695 g,
kJ: 21004, kcal: 5017

1. Die Mandeln in einer Pfanne ohne Fett unter Wenden goldbraun rösten, herausnehmen und auf einen Teller geben. Äpfel schälen, vierteln, entkernen, in kleine Stücke schneiden.
2. Den Backofen vorheizen.
Ober-/Unterhitze: etwa 180 °C
Heißluft: etwa 160 °C
3. Für den Teig Butter oder Margarine in einer Rührschüssel mit Handrührgerät mit Rührbesen auf höchster Stufe geschmeidig rühren. Nach und nach Zucker, Vanillin-Zucker und Salz unterrühren. So lange rühren, bis eine gebundene Masse entstanden ist.
4. Eier nach und nach unterrühren (jedes Ei etwa 1/2 Minute). Mehl mit Backpulver mischen, in 2 Portionen kurz auf mittlerer Stufe unterrühren. Zuletzt Apfelstücke und Mandeln (25 g zum Garnieren beiseitestellen) unterheben.
5. Den Teig in eine Gugelhupfform (Ø 22 cm, gefettet, gemehlt) füllen,

Saftiger Apfel-Mandel-Gugelhupf

Schneller Schoko-Bienenstich

glatt streichen. Die Form auf dem Rost in den vorgeheizten Backofen (unteres Drittel) schieben. Den Gugelhupf etwa 60 Minuten backen.

6. Die Form auf einen Kuchenrost stellen. Den Kuchen etwas abkühlen lassen. Dann aus der Form lösen und auf einen mit Backpapier belegten Kuchenrost stürzen. Gugelhupf erkalten lassen.

7. Aprikosenkonfitüre durch ein Sieb streichen und in einem kleinen Topf kurz aufkochen lassen. Den Gugelhupf damit bestreichen. Puderzucker mit so viel Saft verrühren, dass ein dickflüssiger Guss entsteht.

8. Den Guss in einen kleinen Gefrierbeutel geben und eine kleine Ecke abschneiden. Den Gugelhupf mit dem Guss besprenkeln und mit den beiseitegestellten Mandeln bestreuen. Guss fest werden lassen.

Schneller Schoko-Bienenstich

Zubereitungszeit: 40 Minuten, ohne Abkühlzeit
Backzeit: etwa 35 Minuten

Für den All-in-Teig:
125 g Weizenmehl
20 g gesiebtes Kakaopulver
2 gestr. TL Dr. Oetker Backin
125 g Zucker
1 Pck. Dr. Oetker Bourbon-Vanille-Zucker
150 g weiche Butter oder Margarine
4 Eier (Größe M)

Für den Belag:
75 g Butter
40 g Zucker
3 EL Schlagsahne (von der Sahne für die Füllung abnehmen)
1 TL flüssiger Honig
100 g gehobelte Mandeln

Für die Füllung:
1 Pck. Paradiescreme Schokoladen-Geschmack (Dessertpulver)
400 g Schlagsahne

Insgesamt:
E: 79 g, F: 409 g, Kh: 341 g,
kJ: 22424, kcal: 5352

1. Den Backofen vorheizen.
Ober-/Unterhitze: etwa 180 °C
Heißluft: etwa 160 °C

2. Für den Teig Mehl mit Kakao und Backpulver in einer Rührschüssel mischen. Die restlichen Zutaten hinzufügen und mit Handrührgerät mit Rührbesen zunächst kurz auf niedrigster, dann auf höchster Stufe in etwa 2 Minuten zu einem glatten Teig verarbeiten.

3. Teig in eine Springform (Ø 26 cm, Boden gefettet) füllen und glatt streichen. Die Form auf dem Rost in den vorgeheizten Backofen schieben. Den Gebäckboden etwa 20 Minuten vorbacken.

4. Für den Belag in der Zwischenzeit Butter mit Zucker, Sahne und Honig in einem kleinen Topf unter Rühren langsam erhitzen und kurz aufkochen lassen. Den Topf von der Kochstelle nehmen, Mandeln unterrühren. Die Mandelmasse etwas abkühlen lassen, dabei gelegentlich umrühren.

5. Die Form auf einen Kuchenrost stellen. Den Mandelbelag auf den vorgebackenen Boden geben und vorsichtig glatt streichen. Die Form wieder auf dem Rost in den heißen Backofen schieben. Den Mandel-Gebäckboden bei gleicher Backofentemperatur in etwa 15 Minuten fertig backen.

6. Die Form auf einen Kuchenrost stellen. Den Boden etwas abkühlen lassen. Dann aus der Form lösen, auf einen mit Backpapier belegten Kuchenrost setzen und erkalten lassen. Den Boden einmal waagerecht durchschneiden. Den unteren Boden auf eine Tortenplatte legen. Mandelboden in 12 Tortenstücke schneiden.

7. Für die Füllung Paradiescreme nach Packungsanleitung, aber mit Sahne zubereiten. Die Creme auf den unteren Boden geben und glatt streichen. Die Mandel-Tortenstücke darauflegen und leicht andrücken. Die Torte bis zum Servieren in den Kühlschrank stellen.

Apfelkuchen mit Streuseln

Zubereitungszeit: 45 Minuten, ohne Abkühlzeit
Backzeit: 50–52 Minuten

Für den Knetteig:
150 g Weizenmehl
1 Msp. Dr. Oetker Backin
100 g Zucker
1 Pck. Dr. Oetker Vanillin-Zucker
1 Prise Salz
1 Ei (Größe M)
100 g Butter oder Margarine

Für die Füllung:
etwa 1 1/2 kg Äpfel
75 g Butter oder Margarine
75 g Zucker
1 Msp. gemahlener Zimt

Für die Streusel:
150 g Weizenmehl
100 g Zucker
1 Pck. Dr. Oetker Vanillin-Zucker
100 g Butter

Insgesamt:
E: 43 g, F: 247 g, Kh: 651 g,
kJ: 21012, kcal: 5028

1. Für den Teig Mehl mit Backpulver in einer Rührschüssel mischen. Restliche Zutaten hinzufügen und mit Handrührgerät mit Knethaken zunächst kurz auf niedrigster, dann auf höchster Stufe gut durcharbeiten.
2. Anschließend auf einer leicht bemehlten Arbeitsfläche zu einem glatten Teig verkneten. Sollte er kleben, ihn in Frischhaltefolie gewickelt eine Zeit lang kalt stellen.
3. Den Backofen vorheizen.
Ober-/Unterhitze: etwa 180 °C
Heißluft: etwa 160 °C
4. Gut zwei Drittel des Teiges auf dem Boden einer Springform (Ø 28 cm, gefettet) ausrollen, den Springformrand darumstellen. Den Teigboden mehrmals mit einer Gabel einstechen. Die Form auf dem Rost in den vorgeheizten Backofen schieben. Den Knetteigboden 10–12 Minuten vorbacken.
5. Die Form auf einen Kuchenrost stellen. Knetteigboden etwas abkühlen lassen. Die Backofentemperatur um etwa 20 °C erhöhen.
6. Restlichen Teig zu einer Rolle formen, auf den vorgebackenen Boden legen und so an die Form drücken, dass ein etwa 2 cm hoher Rand entsteht.
7. Für die Füllung Äpfel schälen, vierteln, entkernen und in kleine Stücke schneiden. Butter oder Margarine in einem Topf zerlassen. Apfelstücke, Zucker und Zimt hinzugeben, unter Rühren leicht dünsten, etwas abkühlen lassen. Apfelstücke auf dem vorgebackenen Boden verteilen.
8. Für die Streusel Mehl in eine Rührschüssel geben. Restliche Zutaten hinzufügen und mit Handrührgerät mit Rührbesen zunächst kurz auf niedrigster, dann auf höchster Stufe zu Streuseln von gewünschter Größe verarbeiten.
9. Die Teigstreusel auf den Apfelstücken verteilen. Die Form wieder auf dem Rost in den heißen Backofen schieben. Den Kuchen in etwa 40 Minuten fertig backen.
10. Die Form auf einen Kuchenrost stellen. Den Kuchen etwas abkühlen lassen. Dann aus der Form lösen und auf einem mit Backpapier belegten Kuchenrost erkalten lassen.

Walnuss-Trauben-Kuchen

Zubereitungszeit: 60 Minuten
Backzeit: etwa 65 Minuten

175 g Walnusskernhälften
300 g kernlose, grüne Weintrauben

Für den Rührteig:
200 g weiche Butter oder Margarine
200 g Zucker
1 Pck. Dr. Oetker Vanillin-Zucker
1 Prise Salz
5 Eier (Größe M)
500 g Weizenmehl
1 Pck. Dr. Oetker Backin
3 EL Milch
150 g Crème fraîche

einige Walnusskernhälften

Insgesamt:
E: 128 g, F: 383 g, Kh: 647 g,
kJ: 27286, kcal: 6522

1. Walnusskerne grob hacken, in einer Pfanne ohne Fett unter Wenden goldbraun rösten, herausnehmen und auf einen Teller geben. Weintrauben abspülen, gut trocken tupfen und entstielen.

2. Den Backofen vorheizen.
Ober-/Unterhitze: etwa 180 °C
Heißluft: etwa 160 °C

3. Für den Teig Butter oder Margarine in einer Rührschüssel mit Handrührgerät mit Rührbesen auf höchster Stufe geschmeidig rühren. Nach und nach Zucker, Vanillin-Zucker und Salz unterrühren. So lange rühren, bis eine gebundene Masse entstanden ist.

4. Eier nach und nach unterrühren (jedes Ei etwa 1/2 Minute). Mehl mit Backpulver mischen, abwechselnd in 2 Portionen mit der Milch kurz auf mittlerer Stufe unterrühren. Crème fraîche kurz untermischen. Walnusskerne und Weintrauben unterheben.

5. In jede Vertiefung einer Gugelhupfform (Ø 24 cm, gefettet, gemehlt) 1 Walnusskernhälfte legen. Den Teig vorsichtig daraufgeben und glatt streichen. Die Form auf dem Rost in den vorgeheizten Backofen (unteres Drittel) schieben. Den Gugelhupf etwa 65 Minuten backen.

6. Die Form auf einen Kuchenrost stellen. Den Gugelhupf etwas abkühlen lassen. Dann aus der Form lösen und auf einen mit Backpapier belegten Kuchenrost stürzen. Den Gugelhupf erkalten lassen.

Tipp: Den Kuchen mit Puderzucker bestäuben.

Kuchen in Schwarz-Weiß

Zubereitungszeit: 50 Minuten, ohne Abkühlzeit
Backzeit: etwa 65 Minuten

Für den Rührteig:
250 g weiche Butter oder Margarine
250 g Zucker
1 Pck. Dr. Oetker Vanillin-Zucker
1 Prise Salz
5 Eier (Größe M)
350 g Weizenmehl
4 gestr. TL Dr. Oetker Backin
100 g abgezogene, gemahlene Mandeln
150 g Vanillepudding (aus dem Kühlregal)
2 gestr. EL gesiebtes Kakaopulver
2–3 EL Rum
150 g Schokoladenpudding (aus dem Kühlregal)

Für den Guss:
75 g Zartbitter-Schokolade
75 g weiße Schokolade
2 TL Speiseöl

Insgesamt:
E: 113 g, F: 385 g, Kh: 646 g,
kJ: 27150, kcal: 6483

1. Den Backofen vorheizen.
Ober-/Unterhitze: etwa 180 °C
Heißluft: etwa 160 °C

2. Für den Teig Butter oder Margarine in einer Rührschüssel mit Handrührgerät mit Rührbesen auf höchster Stufe geschmeidig rühren. Nach und nach Zucker, Vanillin-Zucker und Salz unterrühren. So lange rühren, bis eine gebundene Masse entstanden ist.

3. Eier nach und nach unterrühren (jedes Ei etwa 1/2 Minute). Mehl mit Backpulver mischen, in 2 Portionen kurz auf mittlerer Stufe unterrühren. Die Hälfte des Teiges in eine zweite Schüssel geben. Unter eine Teighälfte 75 g der gemahlenen Mandeln und den Vanillepudding rühren. Unter den restlichen Teig Kakao, restliche Mandeln, Rum und Schokoladenpudding rühren.

4. Den hellen und dunklen Teig mit 2 Esslöffeln so in eine Gugelhupfform (Ø 22 cm, gefettet, gemehlt) füllen, dass jeweils ein heller und dunkler Teigring eine Schicht bilden. Bei der nächsten Schicht den dunklen Teig auf dem hellen Teig verteilen und umgekehrt. Insgesamt sollen 3 Teigschichten eingefüllt werden.

5. Den Teig vorsichtig glatt streichen und die Form auf der Arbeitsfläche leicht aufklopfen. Die Form auf dem Rost (unteres Drittel) in den vorgeheizten Backofen schieben. Den Kuchen etwa 65 Minuten backen.

6. Die Form auf einen Kuchenrost stellen. Den Kuchen etwas abkühlen lassen, aus der Form lösen, auf einen mit Backpapier belegten Kuchenrost stürzen und erkalten lassen.

7. Für den Guss von beiden Schokoladensorten mit einem Sparschäler einige Schokospäne zum Garnieren abhobeln und beiseitelegen. Restliche Schokoladen in Stücke brechen, getrennt mit jeweils 1 Teelöffel Speiseöl in einem kleinen Topf im heißen Wasserbad bei schwacher Hitze unter Rühren schmelzen. Geschmolzene Schokoladen mit einem Teelöffel in Streifen auf den Kuchen geben. Den dunklen Guss mit weißer Schokospäne und den weißen Guss mit dunkler Schokospäne bestreuen. Guss fest werden lassen.

Erdbeer-Limetten-Tarte

Zubereitungszeit: 65 Minuten, ohne Auftau-, Ruhe- und Kühlzeit
Backzeit: 20–25 Minuten

300 g TK-Blätterteig

1 Eigelb
etwas Wasser
50 g gehobelte Mandeln

Für die Limettencreme:
5 Blatt weiße Gelatine
100 ml Milch
50 g Schlagsahne
abgeriebene Schale von
3 Bio-Limetten (unbehandelt, ungewachst)
100 g Zucker
Saft von den 3 Bio-Limetten
600 g Schlagsahne

500 g frische Erdbeeren

Für den Guss:
200 ml schwarzer Johannisbeersaft
3 EL schwarzes Johannisbeergelee
50 g Zucker
1 Pck. ungezuckerter Tortenguss, rot

etwas Puderzucker

Insgesamt:
E: 59 g, F: 310 g, Kh: 454 g,
kJ: 20835, kcal: 4980

1. Die Blätterteigplatten nebeneinander nach Packungsanleitung auftauen lassen. Blätterteigplatten aufeinanderlegen und auf einer leicht bemehlten Arbeitsfläche zu einer runden Platte (Ø etwa 34 cm) ausrollen. Die Teigplatte in eine Tarteform (Ø 28 cm, gefettet, mit Wasser besprenkelt) legen, dabei den Teigrand überlappen lassen. Boden mehrmals mit einer Gabel einstechen und etwa 15 Minuten ruhen lassen.
2. In der Zwischenzeit den Backofen vorheizen.
Ober-/Unterhitze: etwa 200 °C
Heißluft: etwa 180 °C
3. Eigelb mit Wasser verschlagen. Den Teig damit bestreichen und mit Mandeln bestreuen. Die Form auf dem Rost in den vorgeheizten Backofen schieben. Den Blätterteigboden 20–25 Minuten backen.
4. Die Form auf einen Kuchenrost stellen. Den Blätterteigboden erkalten lassen, dann aus der Form lösen und auf eine Tortenplatte legen.
5. Für die Creme Gelatine nach Packungsanleitung einweichen. Milch, Sahne, Limettenschale und Zucker in einem Topf erhitzen. Den Topf von der Kochstelle nehmen, Sahnemilch etwas abkühlen lassen. Limettensaft unterrühren.
6. Gelatine leicht ausdrücken und unter Rühren in der Sahne-Limetten-Milch auflösen. Die Sahne-Limetten-Milch zugedeckt in den Kühlschrank stellen.
7. Wenn die Sahne-Limetten-Milch anfängt dicklich zu werden, Sahne steif schlagen und unterheben. Die Limettencreme auf den Blätterteigboden geben und glatt streichen.
8. Erdbeeren abspülen, gut abtropfen lassen und entstielen. Erdbeeren auf der Creme verteilen.
9. Für den Guss Johannisbeersaft und -gelee mit Zucker und Tortengusspulver in einem Topf sorgfältig verrühren, unter Rühren zum Kochen bringen. Die Erdbeeren mit dem Guss überziehen. Guss fest werden lassen. Die Tarte mit Puderzucker bestäubt sofort servieren.

Erdbeer-Limetten-Tarte

Aprikosen-Makronen-Tarte

Zubereitungszeit: 55 Minuten, ohne Auftau-, Ruhe- und Ziehzeit
Backzeit: 35–40 Minuten

300 g TK-Blätterteig

Für die Vanillecreme:
1 Pck. Dr. Oetker Pudding-Pulver Vanille-Geschmack
500 ml (1/2 l) Milch
1 Dr. Oetker Bourbon Vanilleschote
2 EL Zucker

Für den Belag:
500 g Aprikosenhälften (aus der Dose)
2 EL Aprikosenkonfitüre

250 g Marzipan-Rohmasse
1 Ei (Größe M)
50 g Zucker

Insgesamt:
E: 73 g, F: 177 g, Kh: 430 g,
kJ: 15366, kcal: 3669

1. Die Blätterteigplatten nebeneinander nach Packungsanleitung auftauen lassen. Blätterteigplatten aufeinanderlegen und auf einer leicht bemehlten Arbeitsfläche zu

Aprikosen-Makronen-Tarte

Schoko-Mandel-Hupf

einer runden Platte (Ø etwa 32 cm) ausrollen. Die Teigplatte etwa 15 Minuten ruhen lassen.
2. Den Backofen vorheizen.
Ober-/Unterhitze: etwa 200 °C
Heißluft: etwa 180 °C
3. Die Teigplatte in eine Tarteform (Ø 28 cm, gefettet, mit Wasser besprenkelt) legen, den Rand dabei andrücken. Teigboden mehrmals mit einer Gabel einstechen. Die Form auf dem Rost in den vorgeheizten Backofen schieben. Den Blätterteigboden etwa 20 Minuten vorbacken. Die Form auf einen Kuchenrost stellen. Die Backofentemperatur um etwa 20 °C herunterschalten.
4. Für die Creme Pudding-Pulver mit 5 Esslöffeln Milch anrühren und beiseitestellen. Restliche Milch in einen Topf gießen. Vanilleschote längs aufschneiden, das Mark herausschaben. Vanilleschote und -mark in die Milch geben und zum Kochen bringen. Den Topf von der Kochstelle nehmen. Die Vanillemilch etwa 10 Minuten ziehen lassen, dann den Zucker hinzufügen.
5. Vanillemilch wieder zum Kochen bringen. Angerührtes Pudding-Pulver in die von der Kochstelle genommene Milch rühren und unter Rühren kurz aufkochen lassen. Den Topf von der Kochstelle nehmen, die Vanilleschote entfernen. Vanillecreme auf den Blätterteigboden geben und glatt streichen.
6. Für den Belag Aprikosenhälften in einem Sieb abtropfen lassen. Aprikosenhälften auf die Vanillecreme legen. Konfitüre glatt rühren. Aprikosenhälften damit bestreichen.
7. Marzipan in Stücke schneiden, mit Ei und Zucker in einer Rührschüssel mit Handrührgerät mit Rührbesen zu einer geschmeidigen Masse verrühren. Die Masse in einen Spritzbeutel mit Lochtülle füllen. Ein Gittermuster auf die Aprikosenhälften spritzen. Die Form wieder auf dem Rost in den heißen Backofen schieben. Das Makronengitter 15–20 Minuten goldbraun überbacken.
8. Die Form auf einen Kuchenrost stellen. Die Tarte erkalten lassen.

Schoko-Mandel-Hupf

Zubereitungszeit: 30 Minuten
Backzeit: etwa 55 Minuten

175 g Wild-Preiselbeerdessert (aus dem Glas)
200 g Zartbitter-Schokolade

Für den Rührteig:
250 g weiche Butter oder Margarine
100 g Zucker
1 Pck. Dr. Oetker Vanillin-Zucker
1 Prise Salz
4 Eier (Größe M)
250 g Weizenmehl
4 gestr. TL Dr. Oetker Backin
2 EL Milch
50 g gehackte Mandeln

2 EL gehackte Mandeln

Insgesamt:
E: 86 g, F: 344 g, Kh: 458 g,
kJ: 22008, kcal: 5254

1. Die Preiselbeeren in einem Sieb gut abtropfen lassen. Die Hälfte der Schokolade in kleine Stückchen schneiden. Die restliche Schokolade in Stücke brechen und in einem kleinen Topf im heißen Wasserbad bei schwacher Hitze unter Rühren schmelzen.
2. Den Backofen vorheizen.
Ober-/Unterhitze: etwa 180 °C
Heißluft: etwa 160 °C
3. Für den Teig Butter oder Margarine in einer Rührschüssel mit Handrührgerät mit Rührbesen auf höchster Stufe geschmeidig rühren. Nach und nach Zucker, Vanillin-Zucker und Salz unterrühren. So lange rühren, bis eine gebundene Masse entstanden ist.
4. Die Eier nach und nach unterrühren (jedes Ei etwa 1/2 Minute). Mehl mit Backpulver mischen, in 2 Portionen abwechselnd mit der Milch kurz auf mittlerer Stufe unterrühren. Geschmolzene und klein geschnittene Schokolade, Mandeln und Preiselbeeren unterheben.
5. Den Teig in eine Gugelhupfform (Ø 22 cm, gefettet, mit gehackten Mandeln ausgestreut) füllen und glatt streichen.
6. Die Form auf dem Rost in den vorgeheizten Backofen (unteres Drittel) schieben. Den Gugelhupf etwa 55 Minuten backen.
7. Die Form auf einen Kuchenrost stellen. Den Kuchen etwas abkühlen lassen. Danach aus der Form lösen, auf einen mit Backpapier belegten Kuchenrost stürzen und erkalten lassen.

Gestürzte Apfeltarte

Marmorkuchen

Gestürzte Apfeltarte

Zubereitungszeit: 15 Minuten
Backzeit: etwa 30 Minuten

800 g säuerliche Äpfel, z. B. Elstar
50 g getrocknete, gezuckerte Cranberries oder Kirschen

1 Pck. Blätterteig (aus dem Kühlregal, Ø 32 cm, 230 g)

Insgesamt:
E: 15 g, F: 62 g, Kh: 217 g,
kJ: 6208, kcal: 1483

1. Den Backofen vorheizen.
Ober-/Unterhitze: etwa 200 °C
Heißluft: etwa 180 °C
2. Äpfel schälen und das Kerngehäuse jeweils mit einem Apfelausstecher ausstechen. Die Äpfel in etwa 1 cm dicke Scheiben schneiden und in eine Tarteform (Ø 28–30 cm, gefettet, mit Zucker ausgestreut) dachziegelartig einschichten. Die Cranberries oder Kirschen in den Zwischenräumen verteilen.
3. Blätterteigplatte auf die Früchte legen und leicht andrücken. Evtl. überstehenden Teig auf die Teigplatte legen. Die Teigplatte mehrmals mit einer Gabel einstechen. Die Form auf dem Rost in den vorgeheizten Backofen (unteres Drittel) schieben. Die Tarte etwa 30 Minuten backen.
4. Die Tarte nach dem Backen vorsichtig auf eine Tortenplatte stürzen und warm servieren.

Marmorkuchen

Zubereitungszeit: 30 Minuten
Backzeit: etwa 55 Minuten

Für den Rührteig:
225 g weiche Butter oder Margarine
200 g Zucker
1 Pck. Dr. Oetker Vanillin-Zucker
1 Prise Salz
4 Eier (Größe M)
275 g Weizenmehl
3 gestr. TL Dr. Oetker Backin
etwa 2 EL Milch
15 g gesiebtes Kakaopulver
15 g Zucker
etwa 2 EL Milch

Insgesamt:
E: 60 g, F: 220 g, Kh: 440 g,
kJ: 16980, kcal: 4060

1. Den Backofen vorheizen.
Ober-/Unterhitze: etwa 180 °C
Heißluft: etwa 160 °C
2. Für den Teig Butter oder Margarine in einer Rührschüssel mit Handrührgerät mit Rührbesen auf höchster Stufe geschmeidig rühren. Nach und nach Zucker, Vanillin-Zucker und Salz unterrühren. So lange rühren, bis eine gebundene Masse entstanden ist.
3. Eier nach und nach unterrühren (jedes Ei etwa 1/2 Minute). Mehl mit Backpulver mischen, abwechselnd in 2 Portionen mit der Milch kurz auf mittlerer Stufe unterrühren.
4. Zwei Drittel des Teiges in eine Gugelhupfform (Ø 22 cm, gefettet) füllen. Kakao, Zucker und Milch unter den restlichen Teig rühren. Den dunklen Teig auf dem hellen Teig verteilen. Eine Gabel spiralförmig leicht durch die Teigschichten ziehen, sodass ein Marmormuster entsteht.
5. Die Form auf dem Rost in den vorgeheizten Backofen (unteres Drittel) schieben. Den Kuchen etwa 55 Minuten backen.
6. Die Form auf einen Kuchenrost stellen. Den Kuchen etwas abkühlen lassen, aus der Form lösen, auf einen mit Backpapier belegten Kuchenrost stürzen und erkalten lassen.

Tipp: Den Kuchen mit Puderzucker bestäuben.

Marzipan-Kirsch-Gugelhupf

Zubereitungszeit: 15 Minuten, ohne Abkühlzeit
Backzeit: 60–70 Minuten

370 g Sauerkirschen (aus dem Glas)
200 g Marzipan-Rohmasse

Für den All-in-Teig:
200 g Weizenmehl
2 gestr. TL Dr. Oetker Backin
225 g Zucker
1 Prise Salz

1 Pck. Dr. Oetker Vanillin-Zucker
3 Eier (Größe M)
150 ml Speiseöl
75 ml Mineralwasser
mit Kohlensäure

etwas Puderzucker

Insgesamt:
E: 68 g, F: 245 g, Kh: 534 g,
kJ: 19351, kcal: 4622

1. Die Sauerkirschen in einem Sieb gut abtropfen lassen. Marzipan in kleine Würfel schneiden.
2. Den Backofen vorheizen.
Ober-/Unterhitze: etwa 180 °C
Heißluft: etwa 160 °C
3. Für den Teig Mehl mit Backpulver in einer Rührschüssel mischen. Marzipanwürfel und restliche Zutaten hinzufügen. Alles mit Handrührgerät mit Rührbesen zunächst kurz auf niedrigster, dann auf höchster Stufe in etwa 2 Minuten zu einem glatten Teig verarbeiten.
4. Die Hälfte des Teiges in eine Gugelhupfform (Ø 22 cm, gefettet, mit Semmelbröseln ausgestreut) füllen und glatt streichen. Die Hälfte der Kirschen auf den Teig geben. Restlichen Teig und restliche Kirschen auf die gleiche Weise in die Form füllen. Die Form auf dem Rost in den vorgeheizten Backofen schieben. Den Kuchen 60–70 Minuten backen.
5. Die Form auf einen Kuchenrost stellen. Den Kuchen etwas abkühlen lassen, aus der Form lösen, auf einen mit Backpapier belegten Kuchenrost stürzen und erkalten lassen. Kuchen mit Puderzucker bestäuben.

Himbeer-Käse-Tarte

Zubereitungszeit: 35 Minuten
Backzeit: etwa 90 Minuten

Für den Boden:
150 g Butterkekse
125 g abgezogene, gemahlene Mandeln
140 g Butter

Für den Belag:
400 g Crème fraîche
200 g saure Sahne
2 Eier (Größe M)
150 g Zucker
abgeriebene Schale von 1 Bio-Zitrone (unbehandelt, ungewachst)
250 g verlesene Himbeeren

Insgesamt:
E: 73 g, F: 370 g, Kh: 283 g,
kJ: 19898, kcal: 4770

1. Für den Boden die Kekse in einen Gefrierbeutel geben. Den Beutel fest verschließen. Kekse mit einer Teigrolle grob zerbröseln, in eine Rührschüssel geben, Mandeln untermischen.
2. Die Butter in einem kleinen Topf zerlassen, zu der Mandel-Brösel-Mischung geben und gut vermischen. Die Bröselmischung auf den Boden einer Springform (Ø 26 cm, Boden gefettet, mit Backpapier belegt) geben und mit einem Löffel zu einem Boden andrücken.
3. Den Backofen vorheizen.
Ober-/Unterhitze: etwa 160 °C
Heißluft: etwa 140 °C
4. Für den Belag die Crème fraîche, saure Sahne, Eier, Zucker und Zitronenschale in einer Rührschüssel mit Handrührgerät mit Rührbesen auf mittlerer Stufe verrühren. Die Creme vorsichtig über einen Löffel auf die Brösel gießen.
5. Himbeeren auf der Creme verteilen. Die Form auf dem Rost in den vorgeheizten Backofen schieben. Die Tarte etwa 90 Minuten backen.
6. Die Form auf einen Kuchenrost stellen. Die Tarte gut auskühlen lassen. Dann aus der Form lösen. Mitgebackenes Backpapier abziehen. Die Tarte auf eine Tortenplatte setzen und zugedeckt etwa 1 Stunde in den Kühlschrank stellen.

Marzipan-Kirsch-Gugelhupf

Himbeer-Käse-Tarte

Paradieskranz

Zubereitungszeit: 35 Minuten, ohne Kühlzeit
Backzeit: etwa 35 Minuten

Für den Rührteig:
100 g weiche Butter oder Margarine
150 g Zucker
1 Pck. Dr. Oetker Vanillin-Zucker
3 Eier (Größe M)
150 g Weizenmehl
25 g Speisestärke
2 gestr. TL Dr. Oetker Backin

Für die Füllung:
100 g Himbeeren
2 Pck. Paradiescreme Zitronen-Geschmack (Dessertpulver)
400 ml Milch
2 Pck. Paradiescreme Vanille-Geschmack (Dessertpulver)
300 ml Milch

200 g Schlagsahne
1 Pck. Dr. Oetker Vanillin-Zucker

Insgesamt:
E: 73 g, F: 196 g, Kh: 375 g, kJ: 15397, kcal: 3675

1. Den Backofen vorheizen.
Ober-/Unterhitze: etwa 180 °C
Heißluft: etwa 160 °C

2. Für den Teig Butter oder Margarine in einer Rührschüssel mit Handrührgerät mit Rührbesen auf höchster Stufe geschmeidig rühren. Nach und nach Zucker und Vanillin-Zucker unterrühren. So lange rühren, bis eine gebundene Masse entstanden ist.

3. Eier nach und nach unterrühren (jedes Ei etwa 1/2 Minute). Das Mehl mit Speisestärke und Backpulver mischen, kurz auf mittlerer Stufe unterrühren. Den Teig in eine Kranzform (Ø 20 cm, gefettet, gemehlt) füllen und glatt streichen. Die Form auf dem Rost in den vorgeheizten Backofen schieben. Den Gebäckkranz etwa 35 Minuten backen.

4. Die Form auf einen Kuchenrost stellen. Den Gebäckkranz etwas abkühlen lassen. Dann aus der Form lösen und auf einen mit Backpapier belegten Kuchenrost stürzen. Gebäckkranz erkalten lassen.

5. Für die Füllung Himbeeren verlesen, evtl. kurz abspülen, gut trocken tupfen, pürieren und durch ein Sieb streichen. Dessertpulver Zitronen-Geschmack mit 400 ml Milch nach Packungsanleitung zubereiten. Dessertpulver Vanille-Geschmack mit 300 ml Milch und dem Himbeerpüree nach Packungsanleitung zubereiten. Beide Cremes getrennt in je einen Spritzbeutel mit Lochtülle füllen. Von jeder Cremesorte 2–3 Esslöffel abnehmen und in je einen Gefrierbeutel füllen.

6. Den Gebäckkranz zweimal waagerecht durchschneiden. Den unteren Boden auf eine Tortenplatte legen, außen und innen einen Vanille-Himbeercremering aufspritzen, die Mitte mit Zitronencreme füllen. Mittleren Boden darauflegen. Restliche Zitronencreme außen und innen als Ring daraufspritzen. Die Mitte mit der restlichen Vanille-Himbeercreme füllen. Den oberen Boden darauflegen. Gebäckkranz kurz in den Kühlschrank stellen.

7. Sahne mit Vanillin-Zucker steif schlagen. Den Gebäckkranz rundherum damit bestreichen. Von den Gefrierbeuteln jeweils eine kleine Ecke abschneiden. Kranz mit den beiden Cremesorten verzieren, etwa 2 Stunden in den Kühlschrank stellen.

Paradieskranz

Johannisbeer-Ring

Walnuss-Toffee-Tarte

Johannisbeer-Ring

Zubereitungszeit: 40 Minuten
Backzeit: etwa 45 Minuten

150 g Johannisbeeren
100 g Marzipan-Rohmasse

Für den Schüttelteig:
150 g Weizenmehl
2 gestr. TL Dr. Oetker Backin
100 g Zucker
1 Pck. Dr. Oetker Vanillin-Zucker
2 Eier (Größe M)
4 EL Milch
5 EL Speiseöl
100 g Haferflocken

Insgesamt:
E: 62 g, F: 110 g, Kh: 341 g,
kJ: 11335, kcal: 2707

1. Johannisbeeren abspülen, abtropfen lassen und entstielen. Marzipan in hauchdünne Scheiben schneiden.
2. Den Backofen vorheizen.
Ober-/Unterhitze: etwa 180 °C
Heißluft: etwa 160 °C
3. Für den Teig Mehl mit Backpulver mischen, in eine verschließbare Schüssel (etwa 3-Liter-Inhalt) geben, mit Zucker und Vanillin-Zucker mischen. Eier, Milch und Speiseöl hinzufügen. Die Schüssel mit dem Deckel fest verschließen und mehrmals (insgesamt 15–30 Sekunden) kräftig schütteln, sodass alle Zutaten gut vermischt sind. Haferflocken hinzugeben.
4. Alles mit einem Schneebesen oder Rührlöffel nochmals sorgfältig durchrühren, damit trockene Zutaten vom Rand mit untergerührt werden. Den Teig in eine Springform mit Rohrboden (Ø 24 cm, gefettet, mit Haferflocken ausgestreut) füllen und glatt streichen.
5. Johannisbeeren und Marzipanscheiben auf dem Teig verteilen und mit einem Teelöffel unterheben. Die Form auf dem Rost in den vorgeheizten Backofen schieben. Den Gebäckkranz etwa 45 Minuten backen.
6. Die Form auf einen Kuchenrost stellen. Den Kuchen etwas abkühlen lassen. Dann aus der Form lösen, auf einen mit Backpapier belegten Kuchenrost stürzen, erkalten lassen.

Walnuss-Toffee-Tarte

Zubereitungszeit: 40 Minuten, ohne Abkühlzeit
Backzeit: etwa 30 Minuten

125 g Riesen Schokokaramell (von Storck)
200 g Walnusskernhälften

Für den Rührteig:
125 g weiche Butter oder Margarine
110 g Zucker
1 Pck. Dr. Oetker Vanillin-Zucker
2 Eier (Größe M)
255 g Weizenmehl
1 gestr. TL Dr. Oetker Backin
5 EL Milch
200 g gezuckerte Kondensmilch
etwas Puderzucker

Insgesamt:
E: 89 g, F: 270 g, Kh: 533 g,
kJ: 21286, kcal: 5085

1. Riesen Schokokaramell in dünne Scheiben schneiden. Ein Drittel der Walnusskerne fein hacken.
2. Den Backofen vorheizen.
Ober-/Unterhitze: etwa 180 °C
Heißluft: etwa 160 °C
3. Für den Teig Butter oder Margarine in einer Rührschüssel mit Handrührgerät mit Rührbesen auf höchster Stufe geschmeidig rühren. Nach und nach Zucker und Vanillin-Zucker unterrühren. So lange rühren, bis eine gebundene Masse entstanden ist.
4. Eier nach und nach unterrühren (jedes Ei etwa 1/2 Minute). Mehl mit Backpulver mischen und abwechselnd in 2 Portionen mit der Milch kurz auf mittlerer Stufe unterrühren. Riesen Schokokaramellscheiben und gehackte Walnusskerne unterheben.
5. Teig in eine Tarteform (Ø 28 cm, gefettet) geben und glatt streichen. Die restlichen Walnusskernhälften gleichmäßig auf den Teig legen und leicht andrücken. Kondensmilch darauf verteilen. Die Form auf dem Rost in den vorgeheizten Backofen schieben. Tarte etwa 30 Minuten backen.
6. Die Form auf einen Kuchenrost stellen. Die Tarte erkalten lassen. Mit Puderzucker bestäuben.

Früchtekuchen mit Haferflocken

Rehrücken

Früchtekuchen mit Haferflocken

Zubereitungszeit: 40 Minuten, ohne Abkühlzeit
Backzeit: etwa 35 Minuten

240 g Aprikosenhälften (aus der Dose)
150 g TK-Heidelbeeren
1/2 Pck. Dr. Oetker Finesse Geriebene Zitronenschale

Für den All-in-Teig:
255 g Weizenmehl
3 gestr. TL Dr. Oetker Backin
1/2 Pck. Dr. Oetker Finesse Geriebene Zitronenschale
110 g Zucker
1 Pck. Dr. Oetker Vanillin-Zucker
1 Prise Salz
2 Eier (Größe M)
6 EL Speiseöl

100 g kernige Haferflocken

Für den Guss:
140 g gesiebter Puderzucker
1 EL Zitronensaft
4 EL Aprikosensaft (aus der Dose)

Insgesamt:
E: 60 g, F: 99 g, Kh: 573 g, kJ: 15299, kcal: 3654

1. Aprikosenhälften in einem Sieb gut abtropfen lassen und den Saft auffangen. Aprikosenhälften fein würfeln. Aprikosenwürfel mit den gefrorenen Heidelbeeren und der Zitronenschale mischen.
2. Den Backofen vorheizen.
Ober-/Unterhitze: etwa 180 °C
Heißluft: etwa 160 °C
3. Für den Teig Mehl mit Backpulver in einer Rührschüssel mischen. Restliche Zutaten hinzufügen und mit Handrührgerät mit Rührbesen zunächst kurz auf niedrigster, dann auf höchster Stufe in etwa 2 Minuten zu einem glatten Teig verarbeiten. Die Aprikosen-Heidelbeer-Mischung und Haferflocken hinzugeben, vorsichtig unterheben.
4. Den Teig in 4 kleine Kastenformen (je 300-ml-Inhalt, gefettet, gemehlt) füllen und glatt streichen. Die Formen auf dem Rost in den vorgeheizten Backofen schieben. Die Kuchen etwa 35 Minuten backen.
5. Die Formen auf Kuchenroste stellen. Die Kuchen etwas abkühlen lassen, aus den Formen lösen, auf mit Backpapier belegte Kuchenroste stürzen und wieder umdrehen.
6. Für den Guss Puderzucker mit Zitronen- und Aprikosensaft zu einer dickflüssigen Masse verrühren. Die Kuchenoberflächen sofort mit dem Guss bestreichen. Die Kuchen erkalten lassen.

Rehrücken

Zubereitungszeit: 35 Minuten, ohne Abkühlzeit
Backzeit: 50–60 Minuten

Für den Rührteig:
100 g weiche Butter oder Margarine
150 g Zucker
1 Pck. Dr. Oetker Vanillin-Zucker
1 Prise Salz
4 Eier (Größe M)
50 g Weizenmehl
1 Pck. Dr. Oetker Pudding-Pulver Schokoladen-Geschmack
2 gestr. TL Dr. Oetker Backin
2 EL Milch
100 g geriebene Zartbitter-Schokolade
75 g abgezogene, gemahlene Mandeln

100 g Aprikosenkonfitüre
1 EL Wasser

Für den Guss:
130 g Zartbitter-Kuvertüre
15 g Kokosfett
25 g Vollmilch-Kuvertüre
1/2 TL Kokosfett

etwa 30 g gestiftelte Mandeln

Insgesamt:
E: 75 g, F: 276, Kh: 432 g, kJ: 18850, kcal: 4509

1. Den Backofen vorheizen.
Ober-/Unterhitze: etwa 160 °C
Heißluft: etwa 140 °C

2. Für den Teig Butter oder Margarine in einer Rührschüssel mit Handrührgerät mit Rührbesen auf höchster Stufe geschmeidig rühren. Nach und nach Zucker, Vanillin-Zucker und Salz hinzufügen. So lange rühren, bis eine gebundene Masse entstanden ist.

3. Eier nach und nach unterrühren (jedes Ei etwa 1/2 Minute). Mehl mit Pudding-Pulver und Backpulver mischen, abwechselnd mit der Milch kurz auf mittlerer Stufe unterrühren. Schokolade und Mandeln unterrühren. Den Teig in eine Rehrückenform (30 x 11 cm, gefettet, gemehlt) füllen und glatt streichen. Die Form auf dem Rost in den vorgeheizten Backofen schieben. Kuchen 50–60 Minuten backen.

4. Die Form auf einen Kuchenrost stellen. Den Kuchen etwas abkühlen lassen. Dann aus der Form lösen, auf einen mit Backpapier belegten Kuchenrost stürzen und anschließend erkalten lassen.

5. Die Aprikosenkonfitüre durch ein Sieb streichen und mit Wasser in einem Topf unter Rühren etwas einkochen lassen. Den Rehrücken mit der Konfitüre bestreichen.

6. Für den Guss Zartbitter-Kuvertüre in Stücke hacken, mit dem Kokosfett in einem kleinen Topf im heißen Wasserbad bei schwacher Hitze unter Rühren schmelzen. Die Vollmilch-Kuvertüre mit dem Kokosfett in einem anderen Topf auf die gleiche Weise schmelzen.

7. Den Kuchen mit der Zartbitter-Kuvertüre überziehen.

8. Die Vollmilch-Kuvertüre in einen Gefrierbeutel füllen und eine kleine Ecke abschneiden. Die Schokolade in Punkten oder Wellen auf den noch feuchten Guss spritzen. Ein Holzstäbchen so durch die Vollmilch-Kuvertüre ziehen, dass ein Marmormuster entsteht.

9. Die Mandelstifte in den Rehrücken stecken.

Apfelkuchen „Elsässer Art"

Zubereitungszeit: 50 Minuten, ohne Abkühlzeit
Backzeit: etwa 45 Minuten

Für den Knetteig:
200 g Weizenmehl
1 gestr. TL Dr. Oetker Backin
80 g Butter oder Margarine
50 g Zucker
80 ml Weißwein

Für den Belag:
1 kg Äpfel, z. B. Elstar oder Boskop
50 g Butter
40 g Zucker

Für den Guss:
2 Eiweiß (Größe M)
2 Eigelb (Größe M)
40 g Zucker
2 Pck. Dr. Oetker Vanillin-Zucker
1 Pck. Dr. Oetker Finesse
Geriebene Zitronenschale
2 EL Zitronensaft
125 g Schlagsahne

Insgesamt:
E: 41 g, F: 167 g, Kh: 404 g,
kJ: 14166, kcal: 3387

1. Für den Teig Mehl mit Backpulver in einer Rührschüssel mischen. Restliche Zutaten hinzufügen und mit Handrührgerät mit Knethaken zunächst kurz auf niedrigster, dann auf höchster Stufe gut durcharbeiten.

2. Anschließend auf einer leicht bemehlten Arbeitsfläche zu einem glatten Teig verkneten. Sollte er kleben, ihn in Frischhaltefolie gewickelt eine Zeit lang kalt stellen.

3. Den Backofen vorheizen.
Ober-/Unterhitze: etwa 200 °C
Heißluft: etwa 180 °C

4. Für den Belag Äpfel schälen, vierteln und entkernen. Apfelviertel in Stücke schneiden. Butter in einem Topf zerlassen. Apfelstücke darin andünsten. Zucker hinzufügen und weitere 5–10 Minuten dünsten. Apfelmasse abkühlen lassen.

5. Den Teig auf dem Boden einer Springform (Ø 26 cm, gefettet) ausrollen. Den Springformrand darumstellen. Die Form auf dem Rost in den vorgeheizten Backofen schieben. Den Boden etwa 15 Minuten backen.

6. Die Form auf einen Kuchenrost stellen. Die Backofentemperatur um etwa 20 °C herunterschalten.

7. Für den Guss Eiweiß steif schlagen. Eigelb, Zucker und Vanillin-Zucker schaumig schlagen. Zitronenschale, -saft und Sahne kurz unterrühren. Den Eischnee unterheben.

8. Die Apfelmasse auf dem vorgebackenen Boden verteilen, den Guss daraufgeben. Die Form wieder auf dem Rost in den heißen Backofen schieben. Den Kuchen in etwa 30 Minuten fertig backen.

9. Die Form auf einen Kuchenrost stellen. Den Kuchen etwas abkühlen lassen. Dann aus der Form lösen, auf eine Tortenplatte setzen und lauwarm servieren.

Apfelkuchen „Elsässer Art"

Schwäbischer Apfelkuchen

Zubereitungszeit: 40 Minuten, ohne Durchziehzeit
Backzeit: etwa 50 Minuten

Für den Rührteig:
125 g weiche Butter oder Margarine
125 g Zucker
1 Pck. Dr. Oetker Vanillin-Zucker
abgeriebene Schale von
1 Bio-Zitrone (unbehandelt, ungewachst)
1 Prise Salz
3 Eier (Größe M)
300 g Weizenmehl
3 gestr. TL Dr. Oetker Backin

Für die Füllung:
1 kg Äpfel, z. B. Cox Orange
etwas Zitronensaft
25–50 g Zucker
1 TL gemahlener Zimt
125 g Rum-Rosinen

40 g Weizenmehl
1 Eigelb
1 EL Milch

Insgesamt:
E: 67 g, F: 136 g, Kh: 552 g,
kJ: 16197, kcal: 3865

1. Für den Teig Butter oder Margarine in einer Rührschüssel mit Handrührgerät mit Rührbesen auf höchster Stufe geschmeidig rühren. Nach und nach Zucker, Vanillin-Zucker, Zitronenschale und Salz unterrühren. So lange rühren, bis eine gebundene Masse entstanden ist.
2. Eier nach und nach unterrühren (jedes Ei etwa 1/2 Minute). Mehl mit Backpulver mischen, in 2 Portionen kurz auf mittlerer Stufe unterrühren. Zwei Drittel des Teiges in eine Springform (Ø 28 cm, Boden gefettet) füllen und glatt streichen.
3. Für die Füllung Äpfel schälen, vierteln, entkernen und in dünne Scheiben schneiden. Apfelscheiben mit Zitronensaft, Zucker und Zimt vermischen und etwa 10 Minuten durchziehen lassen.
4. In der Zwischenzeit den Backofen vorheizen.
Ober-/Unterhitze: etwa 180 °C
Heißluft: etwa 160 °C
5. Die Rum-Rosinen vorsichtig unter die Apfelscheiben heben. Die Apfel-Rosinen-Füllung auf den Teigboden geben und verstreichen. Restlichen Teig mit Mehl verkneten und zu einer runden Platte (Ø etwa 28 cm) ausrollen. Die Teigplatte auf die Apfel-Rosinen-Füllung legen und leicht andrücken.
6. Eigelb mit Milch verschlagen. Die Teigoberfläche damit bestreichen. Den Teig mehrmals mit einer Gabel einstechen. Die Form auf dem Rost in den vorgeheizten Backofen schieben. Den Apfelkuchen etwa 50 Minuten backen.
7. Die Form auf einen Kuchenrost stellen. Den Kuchen in der Form erkalten lassen.

Getränkter Orangenkuchen

Zubereitungszeit: 40 Minuten
Backzeit: etwa 60 Minuten

Für den Schüttelteig:
350 g Butter
350 g Weizenmehl
50 g Speisestärke
2 gestr. TL Dr. Oetker Backin
300 g Zucker
1 Pck. Dr. Oetker Vanillin-Zucker
abgeriebene Schale von
1 Bio-Orange und 1/2 Bio-Zitrone (unbehandelt, ungewachst)
6 Eier (Größe M)

250 ml (1/4 l) Orangensaft
3 EL Zitronensaft

Schwäbischer Apfelkuchen

Getränkter Orangenkuchen

100 g Zucker
abgeriebene Schale von
1 Bio-Orange und 1/2 Bio-Zitrone
(unbehandelt, ungewachst)

Insgesamt:
E: 89 g, F: 331 g, Kh: 737 g,
kJ: 27088, kcal: 6473

1. Den Backofen vorheizen.
Ober-/Unterhitze: etwa 180 °C
Heißluft: etwa 160 °C
2. Für den Teig Butter in einem kleinen Topf zerlassen und abkühlen lassen. Mehl mit Speisestärke und Backpulver mischen, in eine verschließbare Schüssel (etwa 3-Liter-Inhalt) geben. Mit Zucker, Vanillin-Zucker, Orangen- und Zitronenschale mischen. Eier und zerlassene Butter hinzufügen. Die Schüssel mit dem Deckel fest verschließen. Schüssel mehrmals kräftig schütteln (insgesamt 15–30 Sekunden), sodass alle Zutaten gut vermischt sind.
3. Alles mit einem Schneebesen oder Rührlöffel nochmals sorgfältig durchrühren, damit trockene Zutaten vom Rand mit untergerührt werden. Den Teig in eine Springform mit Rohrboden (Ø 26 cm, gefettet, gemehlt) füllen und glatt streichen. Die Form auf dem Rost in den vorgeheizten Backofen schieben. Den Kuchen etwa 60 Minuten backen.
4. Die Form auf einen Kuchenrost stellen. Den Kuchen etwas abkühlen lassen. Dann aus der Form lösen, auf einen Kuchenrost stürzen und wieder in die gesäuberte Form zurückgeben. Den Kuchen mehrmals mit einem Holzstäbchen einstechen.
5. Orangen- und Zitronensaft durch ein Sieb in eine Schüssel gießen. Die Saftmischung mit Zucker, Orangen- und Zitronenschale verrühren. Die Hälfte der Saftmischung gleichmäßig über den Kuchen gießen. Den Kuchen aus der Form stürzen. Die Kuchenoberfläche mehrmals mit einem Holzstäbchen einstechen und mit dem restlichen Saft tränken.

Tipp: Mit Puderzucker bestäuben.

Apfel-Marzipan-Kuchen

Apfel-Marzipan-Kuchen

Zubereitungszeit: 45 Minuten, ohne Abkühlzeit
Backzeit: etwa 45 Minuten

Für den Knetteig:
150 g Weizenmehl
1/2 gestr. TL Dr. Oetker Backin
1 Msp. gemahlene Gewürznelken
1/2 gestr. TL gemahlener Zimt
75 g Zucker
1 Eigelb (Größe M)
75 g abgezogene, gemahlene Mandeln
100 g Butter

Für den Belag:
200 g Marzipan-Rohmasse
125 g weiche Butter
75 g gesiebter Puderzucker
2 Eier (Größe M)
1 Eiweiß (Größe M)
100 g Weizenmehl
1 gestr. TL Dr. Oetker Backin
500 g Äpfel, z. B. Boskop

30 g Butter

Insgesamt:
E: 85 g, F: 348 g, Kh: 453 g,
kJ: 22206, kcal: 5308

1. Für den Teig das Mehl in eine Rührschüssel geben. Restliche Zutaten hinzufügen und mit Handrührgerät mit Knethaken zunächst kurz auf niedrigster, dann auf höchster Stufe gut durcharbeiten. Anschließend auf einer leicht bemehlten Arbeitsfläche zu einem glatten Teig verkneten. Sollte er kleben, ihn in Frischhaltefolie gewickelt eine Zeit lang kalt stellen.
2. Zwei Drittel des Teiges auf dem Boden einer Springform (Ø 26 cm, gefettet) ausrollen. Den Springformrand darumstellen. Restlichen Teig zu einer Rolle formen, auf den Teigboden legen und so an die Form drücken, dass ein etwa 2 cm hoher Rand entsteht.
3. Für den Belag Marzipan in dünne Scheiben schneiden und in eine Rührschüssel geben. Butter hinzufügen und mit Handrührgerät mit Rührbesen zu einer geschmeidigen Masse verrühren. Nach und nach Puderzucker, Eier und Eiweiß unterrühren. Mehl mit Backpulver mischen und kurz unterrühren.
4. Den Backofen vorheizen.
Ober-/Unterhitze: etwa 180 °C
Heißluft: etwa 160 °C
5. Äpfel schälen, vierteln und entkernen. 1 Apfel in Spalten, restliche Äpfel in kleine Stücke schneiden und die Apfelstücke unter die Marzipanmasse heben.
6. Die Marzipan-Apfel-Masse auf den Teigboden geben und glatt streichen, Apfelspalten darauflegen. Die Form auf dem Rost in den vorgeheizten Backofen schieben. Den Apfel-Marzipan-Kuchen etwa 45 Minuten backen.
7. Die Form auf einen Kuchenrost stellen. Den Kuchen etwas abkühlen lassen. Dann aus der Form lösen und auf einen mit Backpapier belegten Kuchenrost setzen. Den Kuchen erkalten lassen. Die Butter in einem kleinen Topf zerlassen. Den Apfel-Marzipan-Kuchen damit streichen.

Orangen-Möhren-Kuchen

Orangen-Möhren-Kuchen

Zubereitungszeit: 40 Minuten
Backzeit: etwa 40 Minuten

Für den Schüttelteig:
100 g Weizenmehl
1 Pck.Garant-Grieß-Pudding-Pulver
1 Pck. Dr. Oetker Backin
125 g brauner Zucker (Rohrzucker)
3 Eier (Größe M)
200 g fein geraspelte Möhren
125 g zerlassene, abgekühlte Butter oder Margarine
50 g geriebener Zwieback

Außerdem:
20 g gesiebter Puderzucker
4 geschälte, in Scheiben geschnittene Orangen

Insgesamt:
E: 46 g, F: 136 g, Kh: 387 g,
kJ: 12512, kcal: 2987

1. Den Backofen vorheizen.
Ober-/Unterhitze: etwa 180 °C
Heißluft: etwa 160 °C
2. Für den Teig Mehl mit Pudding-Pulver und Backpulver mischen, in eine verschließbare Schüssel (etwa 3-Liter-Inhalt) geben, mit Zucker mischen. Eier, Möhrenraspel, zerlassene Butter oder Margarine und Zwieback hinzufügen, mit dem Deckel fest verschließen. Schüssel mehrmals kräftig schütteln (insgesamt 15–30 Sekunden), sodass alle Zutaten gut vermischt sind.
3. Alles mit einem Schneebesen oder Rührlöffel nochmals sorgfältig durchrühren, damit trockene Zutaten vom Rand mit untergerührt werden. Eine Rosetten-Tarteform (Ø 30 cm, gut gefettet, mit Puderzucker ausgestreut) mit Orangenscheiben auslegen. Den Teig daraufgeben und glatt streichen. Die Form auf dem Rost in den vorgeheizten Backofen schieben. Den Kuchen etwa 40 Minuten backen.
4. Die Form auf einen Kuchenrost stellen. Den Kuchen etwas abkühlen lassen, aus der Form lösen, auf einen mit Backpapier belegten Kuchenrost stürzen und erkalten lassen.

Thüringer Zwetschenkuchen

Zubereitungszeit: 40 Minuten, ohne Teiggehzeit
Backzeit: etwa 45 Minuten

Für den Hefeteig:
250 g Weizenmehl
21 g frische Hefe
50 g Zucker
4 EL lauwarme Milch
1 Pck. Dr. Oetker Vanillin-Zucker
1 Ei (Größe M)
75 g weiche Butter oder Margarine
abgeriebene Schale von 1 Bio-Zitrone (unbehandelt, ungewachst)

Für den Belag:
1 kg Zwetschen

Für die Eiersahne:
2 Eier (Größe S)
75 g Zucker
knapp 125 g Schlagsahne
etwas gemahlener Zimt

Für die Streusel:
150 g Weizenmehl
75 g Zucker
abgeriebene Schale von 1 Bio-Zitrone (unbehandelt, ungewachst)
100 g kalte Butter

Insgesamt:
E: 81 g, F: 210 g, Kh: 638 g,
kJ: 20819, kcal: 4974

1. Für den Teig das Mehl in eine Rührschüssel geben. In die Mitte eine Vertiefung drücken und die Hefe hineinbröckeln. Zucker und lauwarme Milch hinzufügen. Mit einem Teil des Mehls mit einer Gabel vorsichtig verrühren und zugedeckt etwa 15 Minuten bei Zimmertemperatur gehen lassen.
2. Vanillin-Zucker, Ei, Butter oder Margarine und Zitronenschale hinzufügen. Die Zutaten mit Handrührgerät mit Knethaken zunächst kurz auf niedrigster, dann auf höchster Stufe in etwa 5 Minuten zu einem glatten Teig verarbeiten. Den Teig zugedeckt so lange an einem warmen Ort gehen lassen, bis er sich sichtbar vergrößert hat (etwa 30 Minuten).
3. Für den Belag in der Zwischenzeit Zwetschen abspülen, abtrocknen, halbieren und entsteinen.
4. Den Teig leicht mit Mehl bestäuben, aus der Schüssel nehmen und auf einer leicht bemehlten Arbeitsfläche nochmals kurz durchkneten. Den Teig in eine Springform (Ø 28 cm, Boden gefettet) geben, andrücken und am Rand etwa 3 cm hochdrücken. Teigboden mehrmals mit einer Gabel einstechen.
5. Die Zwetschen mit der Schnittfläche nach oben dachziegelartig auf den Teigboden legen. Den Teig nochmals zugedeckt so lange an einem

warmen Ort gehen lassen, bis er sich sichtbar vergrößert hat (etwa 30 Minuten).

6. Den Backofen vorheizen.
Ober-/Unterhitze: etwa 200 °C
Heißluft: etwa 180 °C

7. Die Form auf dem Rost in den vorgeheizten Backofen schieben. Den Kuchen etwa 15 Minuten vorbacken.

8. Für die Eiersahne in der Zwischenzeit die Eier mit Zucker in einer Rührschüssel mit Handrührgerät mit Rührbesen auf höchster Stufe schaumig schlagen. Sahne und Zimt auf niedrigster Stufe unterrühren.

9. Die Form auf einen Kuchenrost stellen. Eiersahne über die Zwetschen gießen. Die Form wieder auf dem Rost in den heißen Backofen schieben. Den Kuchen bei gleicher Backofentemperatur etwa 10 Minuten backen.

10. Für die Streusel in der Zwischenzeit Mehl in eine Rührschüssel geben. Restliche Zutaten hinzufügen und mit Handrührgerät mit Rührbesen zunächst kurz auf niedrigster, dann auf höchster Stufe zu Streuseln von gewünschter Größe verarbeiten.

11. Die Form auf einen Kuchenrost stellen. Die Streusel auf den Zwetschen verteilen. Die Form wieder auf dem Rost in den heißen Backofen schieben. Den Kuchen bei gleicher Backofentemperatur in etwa 20 Minuten fertig backen.

12. Die Form auf einen Kuchenrost stellen. Den Kuchen etwas abkühlen lassen. Dann aus der Form lösen und auf einem mit Backpapier belegten Kuchenrost erkalten lassen.

Dinkel-Pflaumen-Kranz

Zubereitungszeit: 30 Minuten, ohne Abkühlzeit
Backzeit: etwa 65 Minuten

200 g Trockenpflaumen

Für den All-in-Teig:
100 g Weizenmehl
3 gestr. TL Dr. Oetker Backin
200 g Dinkel-Vollkornmehl
250 g Zucker
1 Pck. Dr. Oetker Vanillin-Zucker
4–6 Tropfen Bittermandel-Aroma
5 Eier (Größe M)
150 g weiche Halbfettbutter (39 % Fett)
125 g Apfelmus (aus dem Glas)

2 EL Puderzucker
1 EL Kakaopulver

Insgesamt:
E: 88 g, F: 106 g, Kh: 610 g,
kJ: 15820, kcal: 3780

1. Trockenpflaumen in kleine Stücke schneiden und beiseitelegen.

2. Den Backofen vorheizen.
Ober-/Unterhitze: etwa 180 °C
Heißluft: etwa 160 °C

3. Für den Teig das Mehl mit Backpulver und Vollkornmehl in einer Rührschüssel mischen. Restliche Zutaten hinzufügen und mit Handrührgerät mit Rührbesen zunächst kurz auf niedrigster, dann auf höchster Stufe in etwa 2 Minuten zu einem glatten Teig verarbeiten. Pflaumenstückchen kurz unterrühren.

4. Den Teig in eine Springform mit Rohrboden (Ø 26 cm, gefettet, gemehlt) füllen und glatt streichen. Die Form auf dem Rost in den vorgeheizten Backofen (unteres Drittel) schieben. Den Gebäckkranz etwa 65 Minuten backen.

5. Die Form auf einen Kuchenrost stellen. Den Gebäckkranz etwas abkühlen lassen. Dann aus der Form lösen, auf einen mit Backpapier belegten Kuchenrost stürzen und erkalten lassen.

6. Den Dinkel-Pflaumen-Kranz abwechselnd mit Puderzucker und Kakao bestäuben.

Thüringer Zwetschenkuchen

Dinkel-Pflaumen-Kranz

Roter Mandarinen-Kirsch-Kuchen

Zubereitungszeit: 15 Minuten, ohne Abkühlzeit
Backzeit: 40–45 Minuten

175 g Mandarinen (aus der Dose)
350 g Sauerkirschen (aus dem Glas)

Für den All-in-Teig:
250 g Weizenmehl
3 gestr. TL Dr. Oetker Backin
1 Pck. Rote Grütze Himbeer-Geschmack (Dessertpulver)
175 g Zucker
4 Eier (Größe M)
250 g weiche Butter oder Margarine
2 EL Kirschsaft (aus dem Glas)

etwas Puderzucker

Insgesamt:
E: 57 g, F: 239 g, Kh: 499 g,
kJ: 18562, kcal: 4432

1. Mandarinen und Sauerkirschen getrennt in je einem Sieb abtropfen lassen. Den Kirschsaft auffangen und 2 Esslöffel für den Teig abmessen.
2. Den Backofen vorheizen.
Ober-/Unterhitze: etwa 180 °C
Heißluft: etwa 160 °C
3. Für den Teig Mehl mit Backpulver in einer Rührschüssel mischen. Restliche Zutaten hinzufügen und mit Handrührgerät mit Rührbesen zunächst kurz auf niedrigster, dann auf höchster Stufe in etwa 2 Minuten zu einem glatten Teig verarbeiten. Die Hälfte der Kirschen unterheben.
4. Teig in eine Springform (Ø 26 cm, Boden gefettet) füllen und glatt streichen. Restliche Kirschen und Mandarinen auf dem Teig verteilen. Die Form auf dem Rost in den vorgeheizten Backofen (unteres Drittel) schieben. Den Kuchen 40–45 Minuten backen.
5. Die Form auf einen Kuchenrost stellen. Den Springformrand lösen und entfernen. Den Kuchen auf dem Springformboden auf dem Kuchenrost erkalten lassen. Den Kuchen vom Springformboden lösen, auf eine Tortenplatte setzen und mit Puderzucker bestäuben.

Stachelbeertarte

Zubereitungszeit: 30 Minuten, ohne Abkühlzeit
Backzeit: etwa 40 Minuten

390 g Stachelbeeren (aus dem Glas)

Für den Rührteig:
125 g weiche Butter oder Margarine
150 g Zucker
1 Prise Salz
1 Pck. Dr. Oetker Vanillin-Zucker
2 Eier (Größe M)
150 g Dinkel-Vollkornmehl
1/2 gestr. TL Dr. Oetker Backin

3 EL Quitten- oder Apfelgelee

Insgesamt:
E: 38 g, F: 122 g, Kh: 381 g,
kJ: 11744, kcal: 2805

1. Die Stachelbeeren in einem Sieb abtropfen lassen.
2. Den Backofen vorheizen.
Ober-/Unterhitze: etwa 180 °C
Heißluft: etwa 160 °C
3. Für den Teig Butter oder Margarine in einer Rührschüssel mit Handrührgerät mit Rührbesen auf höchster Stufe geschmeidig rühren. Nach und nach Zucker, Salz und Vanillin-Zucker unterrühren. So lange rühren, bis eine gebundene Masse entstanden ist.
4. Eier nach und nach unterrühren (jedes Ei etwa 1/2 Minute). Mehl mit Backpulver mischen und kurz auf mittlerer Stufe unterrühren. Den Teig in eine Springform (Ø 26 cm, Boden gefettet) füllen und glatt streichen. Stachelbeeren auf dem Teig verteilen. Die Form auf dem Rost in den vorgeheizten Backofen schieben. Die Tarte etwa 40 Minuten backen.
5. Form auf einen Kuchenrost stellen. Die Tarte etwas abkühlen lassen.
6. Das Gelee in einem kleinen Topf unter Rühren kurz aufkochen. Die Tarte damit bestreichen und erkalten lassen.

Roter Mandarinen-Kirsch-Kuchen

Stachelbeertarte

Pfirsichkuchen

Gestreifter Orangenkuchen

Pfirsichkuchen

Zubereitungszeit: 35 Minuten, ohne Abkühlzeit
Backzeit: etwa 35 Minuten

480 g Pfirsichhälften (aus der Dose)

Für den Rührteig:
125 g weiche Butter oder Margarine
75 g Zucker
1 Prise Salz
1 Pck. Dr. Oetker Vanillin-Zucker
1 gestr. TL Dr. Oetker Finesse Orangenschalen-Aroma
2 Eier (Größe M)
150 g Weizenmehl
2 gestr. TL Dr. Oetker Backin

25 g gehackte Pistazienkerne

2 geh. EL Aprikosenkonfitüre
1 EL gehackte Pistazienkerne

Insgesamt:
E: 37 g, F: 133 g, Kh: 320 g,
kJ: 11150, kcal: 2662

1. Die Pfirsichhälften in einem Sieb gut abtropfen lassen.
2. Den Backofen vorheizen.
Ober-/Unterhitze: etwa 200 °C
Heißluft: etwa 180 °C
3. Für den Teig Butter oder Margarine in einer Rührschüssel mit Handrührgerät mit Rührbesen auf höchster Stufe geschmeidig rühren. Nach und nach Zucker, Salz, Vanillin-Zucker und Orangenschalen-Aroma unterrühren. So lange rühren, bis eine gebundene Masse entstanden ist.
4. Eier nach und nach unterrühren (jedes Ei etwa 1/2 Minute). Mehl mit Backpulver mischen und kurz auf mittlerer Stufe unterrühren. Den Teig in eine Springform (Ø 26 cm, Boden gefettet) füllen und glatt streichen. Pistazienkerne daraufstreuen. Die Pfirsichhälften mit der Wölbung nach oben auf den Teig legen. Die Form auf dem Rost in den vorgeheizten Backofen schieben. Den Kuchen etwa 35 Minuten backen.
5. Die Form auf einen Kuchenrost stellen. Den Kuchen etwas abkühlen lassen. Dann aus der Form lösen und auf dem Kuchenrost erkalten lassen.
6. Konfitüre in einen kleinen Topf geben und kurz aufkochen lassen. Kuchen mit Konfitüre bestreichen, mit Pistazienkernen bestreuen.

Gestreifter Orangenkuchen

Zubereitungszeit: 15 Minuten, ohne Abkühlzeit
Backzeit: etwa 25 Minuten

Für den All-in-Teig:
150 g Weizenmehl
3 gestr. TL Dr. Oetker Backin
150 g Zucker
1 Pck. Dr. Oetker Vanillin-Zucker
125 g weiche Butter oder Margarine
2 Eier (Größe M)
75 g gehackte Mandeln

1 EL gesiebtes Kakaopulver
1 Pck. Dr. Oetker Finesse Orangenschalen-Aroma
1–2 EL Orangensaft
40 g Schokotropfen

Zum Bestreichen:
3 EL Orangenmarmelade
1 EL Orangensaft

Insgesamt:
E: 47 g, F: 170 g, Kh: 360 g,
kJ: 13308, kcal: 3179

1. Den Backofen vorheizen.
Ober-/Unterhitze: etwa 170 °C
Heißluft: etwa 150 °C
2. Für den Teig Mehl mit Backpulver in einer Rührschüssel mischen. Zucker, Vanillin-Zucker, Butter oder Margarine und Eier hinzufügen. Die Zutaten mit Handrührgerät mit Rührbesen zunächst kurz auf niedrigster, dann auf höchster Stufe in etwa 2 Minuten zu einem glatten Teig verarbeiten. Mandeln unterheben. Den Teig halbieren.
3. Unter eine Teighälfte den Kakao, Orangenschalen-Aroma und Orangensaft rühren. Die Schokotropfen unterheben. Mit einem Esslöffel abwechselnd den hellen und den dunklen Teig streifenweise in eine Springform (Ø 26 cm, Boden gefettet) füllen. Die Form auf dem Rost in den vorgeheizten Backofen (unteres Drittel) schieben. Den Orangenkuchen etwa 25 Minuten backen.
4. Die Form auf einen Kuchenrost stellen. Den Kuchen etwas abkühlen lassen. Dann aus der Form lösen und auf einen mit Backpapier belegten Kuchenrost setzen.
5. Zum Bestreichen Orangenmarmelade mit Orangensaft in einem kleinen Topf verrühren und aufkochen lassen.
6. Den Kuchen sofort damit bestreichen und erkalten lassen.

Apfel-Zimt-Gugelhupf

Apfel-Zimt-Gugelhupf

Zubereitungszeit: 20 Minuten, ohne Ruhe- und Abkühlzeit
Backzeit: etwa 55 Minuten

2 Äpfel, z. B. Cox Orange
1 EL Zitronensaft

Für den Hefeteig:
375 g Weizenmehl
1 Pck. Hefeteig Garant
125 g Zucker
1 Pck. Dr. Oetker Vanillin-Zucker
1 Prise Salz
2 gestr. TL gemahlener Zimt
2 Eier (Größe M)
200 ml Milch
100 g Butter oder Margarine

Außerdem:
3–4 EL Aprikosenkonfitüre
50 g Haselnusskrokant

Insgesamt:
E: 62 g, F: 121 g, Kh: 561 g,
kJ: 15446, kcal: 3691

1. Äpfel schälen, vierteln und entkernen. Apfelviertel in kleine Stücke schneiden, mit Zitronensaft mischen.
2. Den Backofen vorheizen.
Ober-/Unterhitze: etwa 180 °C
Heißluft: etwa 160 °C
3. Für den Teig das Mehl mit Hefeteig Garant in einer Rührschüssel sorgfältig vermischen. Die restlichen Zutaten hinzufügen und mit Handrührgerät mit Knethaken zunächst kurz auf niedrigster, dann auf höchster Stufe in etwa 2 Minuten zu einem glatten Teig verarbeiten. Die Apfelstücke unterkneten.
4. Den Teig in eine Gugelhupfform (Ø 22 cm, gefettet) füllen und glatt streichen. Zugedeckt etwa 15 Minuten ruhen lassen. Die Form auf dem Rost in den vorgeheizten Backofen schieben. Den Apfel-Zimt-Gugelhupf etwa 55 Minuten backen.
5. Die Form auf einen Kuchenrost stellen. Den Gugelhupf etwas abkühlen lassen. Dann aus der Form lösen und auf einen mit Backpapier belegten Kuchenrost stürzen.
6. Die Konfitüre durch ein Sieb streichen und mit einem Pinsel auf den noch heißen Gugelhupf streichen. Krokant daraufstreuen. Den Gugelhupf erkalten lassen.

Kaffeebohnenkuchen

Zubereitungszeit: 35 Minuten, ohne Abkühlzeit
Backzeit: etwa 35 Minuten

Für den Rührteig:
250 g weiche Butter oder Margarine
175 g brauner Zucker
1 Pck. Dr. Oetker Bourbon-Vanille-Zucker
4 Eier (Größe M)
200 g Weizenmehl
25 g Speisestärke
1 gestr. TL Dr. Oetker Backin
75 ml Milch oder Sahne

Für den Teig I:
100 g klein gehackte, dragierte Kaffeebohnen (geröstete Kaffeebohnen mit Schokoladenhülle)
50 g fein gehackte Vollmilch-Schokolade
2 EL gesiebtes Kakaopulver
1 Msp. gemahlener Zimt

Für den Teig II:
50 g abgezogene, gemahlene Mandeln
1 EL Rum

150 g Vollmilch-Schokolade
1 TL Speiseöl
50 g dragierte Kaffeebohnen
1–2 TL Kakaopulver

Insgesamt:
E: 94 g, F: 391 g, Kh: 536 g,
kJ: 25494, kcal: 6093

1. Den Backofen vorheizen.
Ober-/Unterhitze: etwa 180 °C
Heißluft: etwa 160 °C
2. Für den Teig Butter oder Margarine in einer Rührschüssel mit Handrührgerät mit Rührbesen auf höchster

Stufe geschmeidig rühren. Nach und nach Zucker und Vanille-Zucker unterrühren. So lange rühren, bis eine gebundene Masse entstanden ist.
3. Eier nach und nach unterrühren (jedes Ei etwa 1/2 Minute). Mehl mit Speisestärke und Backpulver mischen, in 2 Portionen abwechselnd mit Milch oder Sahne kurz auf mittlerer Stufe unterrühren.
4. Ein Drittel des Teiges abnehmen und beiseitestellen. Unter den restlichen Teig Kaffeebohnen, Schokolade, Kakao und Zimt rühren. Unter den beiseitegestellten Teig die Mandeln und den Rum rühren. Die beiden Teige abwechselnd esslöffelweise in eine Springform (Ø 26 cm, Boden gefettet) füllen und vorsichtig glatt streichen. Die Form auf dem Rost in den vorgeheizten Backofen schieben. Den Kuchen etwa 35 Minuten backen.
5. Die Form auf einen Kuchenrost stellen. Den Kuchen etwas abkühlen lassen. Dann aus der Form lösen und auf einem mit Backpapier belegten Kuchenrost erkalten lassen.
6. Für den Guss Schokolade in Stücke brechen, mit Speiseöl in einem kleinen Topf im heißen Wasserbad unter Rühren bei schwacher Hitze schmelzen. Den Kuchen mit dem Guss überziehen.
7. Zum Garnieren die Kaffeebohnen in grobe Stücke hacken und in die Mitte des Kuchens in den noch feuchten Guss streuen. Guss fest werden lassen. Den Kuchenoberflächerand mit Kakao bestäuben.

Gestürzter Pflaumenkuchen

Zubereitungszeit: 45 Minuten, ohne Auftau- und Ruhezeit
Backzeit: etwa 40 Minuten

300 g TK-Blätterteig

750 g Pflaumen
150 g feiner Kristallzucker
100 g Butter
100 g Schlagsahne
1 TL gemahlener Zimt

2 EL Puderzucker

150 g Crème fraîche
etwas Zucker

Insgesamt:
E: 27 g, F: 224 g, Kh: 369 g, kJ: 15168, kcal: 3631

1. Die Blätterteigplatten nebeneinander nach Packungsanleitung auftauen lassen. Die Blätterteigplatten wieder aufeinanderlegen und auf einer leicht bemehlten Arbeitsfläche zu einer runden Platte (Ø etwa 32 cm) ausrollen. Den Teig mehrmals mit einer Gabel einstechen, etwa 15 Minuten ruhen lassen.
2. Den Backofen vorheizen.
Ober-/Unterhitze: etwa 200 °C
Heißluft: etwa 180 °C
3. Pflaumen abspülen, abtrocknen, halbieren und entsteinen. Zucker in einer ofenfesten Pfanne (Ø 28 cm) bei mittlerer Hitze karamellisieren lassen. Die Pfanne dabei schwenken (den Karamell nicht rühren, sonst klumpt er). Die Butter in die Karamellmasse geben und unter Rühren zerlassen. Sahne hinzugießen und so lange rühren, bis sich der Karamell gelöst hat. Die Karamellmasse unter Rühren zum Kochen bringen. Zimt unterrühren.
4. Die Pfanne von der Kochstelle nehmen. Pflaumenhälften nebeneinander in die Karamellmasse legen. Die Blätterteigplatte auf die Pflaumenhälften legen (den Teigrand etwa 3 cm überlappen lassen). Die Pfanne auf dem Rost in den vorgeheizten Backofen schieben. Den Pflaumenkuchen etwa 40 Minuten backen.
5. Die Pfanne auf einen Kuchenrost stellen. Eine flache Tortenplatte darauflegen. Die Pfanne mit der Tortenplatte umdrehen. Den Kuchen vorsichtig aus der Pfanne auf die Tortenplatte stürzen.
6. Den Kuchen mit Puderzucker bestäuben und warm servieren. Crème fraîche mit Zucker verrühren, abschmecken und dazureichen.

Kaffeebohnenkuchen

Gestürzter Pflaumenkuchen

Schokoladen-Nuss-Tarte

Zubereitungszeit: 40 Minuten, ohne Abkühlzeit
Backzeit: 55–60 Minuten

Für den Knetteig:
50 g Marzipan-Rohmasse
1 Eigelb (Größe M)
175 g Weizenmehl
50 g gesiebter Puderzucker
1 Prise Salz
1 Pck. Dr. Oetker Vanillin-Zucker
125 g Butter

500 g Hülsenfrüchte zum Blindbacken

Für den Belag:
100 g Vollmilch-Schokolade mit ganzen Nüssen
100 g Zartbitter-Schokolade mit ganzen Nüssen
100 g Butter
4 Eier (Größe M)
1 Eiweiß (Größe M)
75 g Zucker
2–3 EL Rum
125 g Crème double
100 g Löffelbiskuits

etwas Puderzucker

Insgesamt: E: 94 g, F: 379, Kh: 461 g, kJ: 23837, kcal: 5707

1. Den Backofen vorheizen.
Ober-/Unterhitze: etwa 180 °C
Heißluft: etwa 160 °C
2. Für den Teig Marzipan in sehr kleine Stücke schneiden, mit dem Eigelb in eine Rührschüssel geben und mit Handrührgerät mit Rührbesen glatt rühren. Mehl mit Puderzucker mischen. Salz, Vanillin-Zucker und Butterstückchen hinfügen. Die Zutaten mit Handrührgerät mit Knethaken zunächst kurz auf niedrigster, dann auf höchster Stufe zu einem glatten Teig verarbeiten.
3. Den Teig auf der leicht bemehlten Arbeitsfläche zu einer runden Platte (Ø etwa 32 cm) ausrollen. Die Teigplatte in eine Tarteform (Ø 28 cm, gefettet, gemehlt) legen. Den Teig am Tarteformboden und -rand andrücken. Den Boden mehrmals mit einer Gabel einstechen. Den Teig mit Backpapier belegen, Hülsenfrüchte daraufgeben. Form auf dem Rost in den vorgeheizten Backofen (unteres Drittel) schieben. Den Boden etwa 20 Minuten vorbacken. Nach etwa 15 Minuten Backzeit die Hülsenfrüchte mit dem Backpapier entfernen.
4. Die Form auf einen Kuchenrost stellen. Den Boden abkühlen lassen.
5. Für den Belag die Schokolade in Stücke brechen. Die Nüsse mit einem Messer in grobe Stücke hacken. Die Nuss-Schokostücke mit Butter in einem Topf im heißen Wasserbad bei schwacher Hitze unter Rühren schmelzen. Schokoladenbutter abkühlen lassen.
6. Eier und Eiweiß in einer Rührschüssel mit Handrührgerät mit Rührbesen in etwa 1 Minute schaumig schlagen. Zucker in etwa 1 Minute einstreuen, dann noch etwa 2 Minuten schlagen. Rum, Schokoladenbutter und Crème double kurz unterrühren.
7. Die Löffelbiskuits in Stücke brechen und unter die Schokoladencreme heben. Die Schokoladencreme auf den vorgebackenen Boden geben und glatt streichen. Die Form wieder auf dem Rost in den heißen Backofen (unteres Drittel) schieben. Die Tarte bei gleicher Backofentemperatur in 35–40 Minuten fertig backen.
8. Die Form auf einen Kuchenrost stellen. Die Tarte erkalten lassen. Dann aus der Form lösen, auf eine Tortenplatte setzen und mit Puderzucker bestäuben.

Nusskuchen mit Aprikosen

Zubereitungszeit: 35 Minuten, ohne Abkühlzeit
Backzeit: etwa 50 Minuten

200 g getrocknete Aprikosen
200 g gemahlene Haselnusskerne
100 g gehackte Haselnusskerne

Schokoladen-Nuss-Tarte

Nusskuchen mit Aprikosen

Für den Rührteig:
275 g weiche Butter oder Margarine
175 g Zucker
1 Pck. Dr. Oetker Vanillin-Zucker
4 Eier (Größe M)
150 g Weizenmehl
1 gestr. TL Dr. Oetker Backin

3 EL Aprikosenkonfitüre
1 EL Wasser oder Rum

Insgesamt:
E: 93 g, F: 445 g, Kh: 490 g,
kJ: 26692, kcal: 6380

1. Die Aprikosen in kleine Würfel schneiden. Gemahlene und gehackte Haselnusskerne nacheinander in einer Pfanne ohne Fett unter Wenden goldbraun rösten, herausnehmen und auf einen Teller geben.
2. Den Backofen vorheizen.
Ober-/Unterhitze: etwa 180 °C
Heißluft: etwa 160 °C
3. Für den Teig Butter oder Margarine in einer Rührschüssel mit Handrührgerät mit Rührbesen auf höchster Stufe geschmeidig rühren. Nach und nach Zucker und Vanillin-Zucker unterrühren. So lange rühren, bis eine gebundene Masse entstanden ist.
4. Eier nach und nach unterrühren (jedes Ei etwa 1/2 Minute). Mehl mit Backpulver mischen und kurz auf mittlerer Stufe unterrühren. Die Aprikosenwürfel und geröstete die Haselnusskerne unterrühren. Den Teig in eine Gugelhupfform (Ø 24 cm, gefettet, gemehlt) füllen und glatt streichen. Die Form auf dem Rost in den vorgeheizten Backofen schieben. Dann den Kuchen etwa 50 Minuten backen.
5. Die Form auf einen Kuchenrost stellen. Den Kuchen etwas abkühlen lassen. Dann aus der Form lösen und auf einen mit Backpapier belegten Kuchenrost stürzen.
6. Konfitüre mit Wasser oder Rum in einem kleinen Topf pürieren und unter Rühren einmal kräftig aufkochen. Den Kuchen damit bestreichen und erkalten lassen.

Nuss-Likör-Kuchen

Nuss-Likör-Kuchen

Zubereitungszeit: 35 Minuten, ohne Abkühlzeit
Backzeit: etwa 40 Minuten

Für den Schüttelteig:
125 g Butter oder Margarine
300 g Weizenmehl
1 Pck. Dr. Oetker Backin
150 g Zucker
1 Pck. Dr. Oetker Vanillin-Zucker
4 Eier (Größe M)
etwa 140 ml Baileys (Original Irish Cream Likör)
100 g gemahlene Haselnusskerne
100 g Zartbitter-Raspelschokolade

Für den Guss und zum Bestreuen:
100 g Edelbitter-Schokolade (70 % Kakaoanteil)
1 TL Speiseöl
30 g gehobelte Haselnusskerne

Insgesamt:
E: 95 g, F: 302 g, Kh: 511 g,
kJ: 22062, kcal: 5273

1. Den Backofen vorheizen.
Ober-/Unterhitze: etwa 180 °C
Heißluft: etwa 160 °C
2. Für den Teig Butter oder Margarine zerlassen und abkühlen lassen. Mehl mit Backpulver mischen, in eine verschließbare Schüssel (etwa 3-Liter-Inhalt) geben, mit Zucker und Vanillin-Zucker mischen. Eier, zerlassene Butter oder Margarine und Likör hinzufügen. Die Schüssel mit dem Deckel fest verschließen und mehrmals (insgesamt 15–30 Sekunden) kräftig schütteln, sodass alle Zutaten gut vermischt sind. Haselnusskerne und Schokolade hinzufügen.
3. Alles mit einem Schneebesen oder Rührlöffel nochmals sorgfältig durchrühren, damit trockene Zutaten vom Rand mit untergerührt werden. Den Teig in eine Springform (Ø 26 cm, Boden gefettet) füllen und glatt streichen. Die Form auf dem Rost in den vorgeheizten Backofen schieben. Den Kuchen etwa 40 Minuten backen.
4. Die Form auf einen Kuchenrost stellen. Den Kuchen etwas abkühlen lassen. Dann aus der Form lösen, auf einen mit Backpapier belegten Kuchenrost stürzen, erkalten lassen.
5. Für den Guss Schokolade in Stücke brechen und mit Speiseöl in einem kleinen Topf im heißen Wasserbad bei schwacher Hitze unter Rühren schmelzen. Kuchen mit der Schokolade überziehen und mit Haselnusskernen bestreuen. Guss fest werden lassen.

Apfeltarte

Apfeltarte

Zubereitungszeit: 35 Minuten, ohne Abkühlzeit
Backzeit: 30–42 Minuten

Für den Knetteig:
200 g Weizenmehl
40 g Zucker
125 g Butter oder Margarine

Für den Belag:
5–6 säuerliche Äpfel (etwa 750 g)
2 TL Speisestärke
75 g Zucker
1 Pck. Dr. Oetker Vanillin-Zucker
3 Eier (Größe M)
125 g Schlagsahne

1–2 TL Puderzucker

Insgesamt:
E: 48 g, F: 168 g, Kh: 372 g,
kJ: 13344, kcal: 3204

1. Für den Teig das Mehl in eine Rührschüssel geben. Restliche Zutaten hinzufügen und mit Handrührgerät mit Knethaken zunächst kurz auf niedrigster, dann auf höchster Stufe gut durcharbeiten.
2. Anschließend auf einer leicht bemehlten Arbeitsfläche zu einem glatten Teig verkneten. Sollte er kleben, ihn in Frischhaltefolie gewickelt eine Zeit lang kalt stellen.
3. Den Backofen vorheizen.
Ober-/Unterhitze: etwa 200 °C
Heißluft: etwa 180 °C
4. Zwei Drittel des Teiges auf der leicht bemehlten Arbeitsfläche zu einer runden Platte (Ø etwa 28 cm) ausrollen. Die Teigplatte in eine Tarteform (Ø 28 cm, Boden gefettet) legen, den Boden andrücken und mit einer Gabel mehrmals einstechen.
5. Die Form auf dem Rost in den vorgeheizten Backofen schieben. Den Knetteigboden 10–12 Minuten vorbacken.
6. Die Form auf einen Kuchenrost stellen. Den vorgebackenen Knetteigboden etwas abkühlen lassen.
7. Für den Belag in der Zwischenzeit Äpfel schälen, vierteln und entkernen. Apfelviertel längs halbieren. Speisestärke, Zucker und Vanillin-Zucker in einer Rührschüssel mischen. Eier und Sahne hinzugeben und mit einem Schneebesen gut verrühren.
8. Aus dem restlichen Teig eine Rolle formen, auf den vorgebackenen Knetteigboden legen und an den Formrand drücken. Apfelachtel kranzförmig, von außen nach innen, auf dem Boden verteilen. Den Eier-Sahne-Guss auf den Apfelachteln verteilen.
9. Die Form wieder auf dem Rost in den heißen Backofen schieben. Die Tarte bei gleicher Backofentemperatur in 20–30 Minuten fertig backen.
10. Die Form auf einen Kuchenrost stellen. Die Tarte erkalten lassen. Dann aus der Form lösen, vorsichtig auf eine Tortenplatte setzen und mit Puderzucker bestäuben.

Obsttarte

Zubereitungszeit: 35 Minuten, ohne Abkühlzeit
Backzeit: 30–45 Minuten

Für den Knetteig:
200 g Weizenmehl
40 g Zucker
1 Prise Salz
125 g weiche Butter oder Margarine

Für den Belag:
250 g Aprikosenhälften (aus der Dose)
2 Birnen (etwa 300 g)
100 g kernlose, grüne Weintrauben

Für die Mandelmasse:
75 g Zucker
1/2 Pck. Dr. Oetker Finesse Geriebene Zitronenschale
100 g abgezogene, gemahlene Mandeln
2 EL Speisestärke
4 Eier (Größe M)

2 EL Aprikosenkonfitüre
1 EL Aprikosensaft (aus der Dose) oder Wasser

Insgesamt:
E: 72 g, F: 180 g, Kh: 432 g,
kJ: 15504, kcal: 3708

1. Für den Teig das Mehl in eine Rührschüssel geben. Restliche Zutaten hinzufügen und mit Handrührgerät mit Knethaken zunächst kurz auf niedrigster, dann auf höchster Stufe gut durcharbeiten. Anschließend auf einer leicht bemehlten Arbeitsfläche zu einem glatten Teig verkneten. Sollte er kleben, ihn in Frischhaltefolie gewickelt eine Zeit lang kalt stellen.
2. Den Backofen vorheizen.
Ober-/Unterhitze: etwa 200 °C
Heißluft: etwa 180 °C
3. Zwei Drittel des Teiges auf der leicht bemehlten Arbeitsfläche zu einer runden Platte (Ø etwa 28 cm) ausrollen. Den Teig in eine Tarteform (Ø 26–28 cm, Boden gefettet, mit Backpapier belegt) legen und an den Formboden drücken. Den Teigboden mit einer Gabel mehrmals einstechen. Die Form auf dem Rost in den vorgeheizten Backofen schieben. Den Boden 10–15 Minuten vorbacken.
4. Die Form auf einen Kuchenrost stellen. Den Tarteboden etwas abkühlen lassen.
5. Für den Belag in der Zwischenzeit Aprikosenhälften in einem Sieb abtropfen lassen, den Saft auffangen. Birnen schälen, vierteln, entkernen und achteln. Weintrauben abspülen, gut abtropfen lassen, entstielen und halbieren.
6. Für die Mandelmasse Zucker, Zitronenschale, Mandeln und Speisestärke in einer Rührschüssel gut vermischen. Eier unterrühren.
7. Aus dem restlichen Teig eine Rolle formen, auf den vorgebackenen Boden legen und an den Tarteformrand drücken. Die Mandelmasse auf den Boden geben und glatt streichen. Das vorbereitete Obst darauflegen. Die Form wieder auf dem Rost in den heißen Backofen schieben. Die Tarte bei gleicher Backofentemperatur in 20–30 Minuten fertig backen. Dann die Form auf einen Kuchenrost stellen. Die Tarte erkalten lassen.
8. Konfitüre in einem Topf mit Aprikosensaft oder Wasser pürieren, dann unter Rühren kräftig aufkochen. Den heißen Kuchen damit bestreichen.
9. Die Tarte auf eine Tortenplatte setzen, mitgebackenes Backpapier entfernen.

Schneller Aprikosenkuchen

Zubereitungszeit: 15 Minuten
Backzeit: etwa 60 Minuten

480 g Aprikosenhälften (aus der Dose)

Für den All-in-Teig:
300 g Weizenmehl
1 Pck. Dr. Oetker Backin
200 g weiche Butter oder Margarine
200 g Zucker
1 Pck. Dr. Oetker Bourbon-Vanille-Zucker
1 Msp. gemahlener Zimt
50 g gemahlene Haselnusskerne
4 Eier (Größe M)
50 g Zartbitter-Raspelschokolade

Insgesamt:
E: 71 g, F: 240 g, Kh: 540 g,
kJ: 19440, kcal: 4644

1. Die Aprikosenhälften in einem Sieb abtropfen lassen.
2. Den Backofen vorheizen.
Ober-/Unterhitze: etwa 180 °C
Heißluft: etwa 160 °C
3. Für den Teig Mehl mit Backpulver in einer Rührschüssel mischen. Die restlichen Zutaten (bis auf die Raspelschokolade) hinzufügen und mit Handrührgerät mit Rührbesen zunächst kurz auf niedrigster, dann auf höchster Stufe in etwa 2 Minuten zu einem glatten Teig verarbeiten. Raspelschokolade unterheben.
4. Teig in eine Springform (Ø 26 cm, Boden gefettet) füllen, glatt streichen. Die Aprikosenhälften mit der Schnittfläche nach unten auf dem Teig verteilen, dabei am Springformrand einen kleinen Rand frei lassen. Die Form auf dem Rost in den vorgeheizten Backofen (unteres Drittel) schieben. Den Kuchen etwa 60 Minuten backen.
5. Die Form auf einen Kuchenrost stellen. Anschließend Aprikosenkuchen etwas abkühlen lassen. Dann den Springformrand lösen und entfernen. Den Kuchen mit dem Springformboden auf dem Kuchenrost erkalten lassen.
6. Den Kuchen vom Springformboden lösen und auf eine Tortenplatte setzen.

Tipp: Den Kuchen mit Puderzucker bestäuben.

Obsttarte

Schneller Aprikosenkuchen

Quarkstollen

Zubereitungszeit: 30 Minuten, ohne Durchzieh- und Abkühlzeit
Backzeit: etwa 55 Minuten

375 g Rosinen
100 ml Rum

Für den Knetteig:
500 g Weizenmehl
1 Pck. Dr. Oetker Backin
150 g Zucker
1 Pck. Dr. Oetker Vanillin-Zucker
1 Prise Salz
4 Tropfen Bittermandel-Aroma
je 1 Msp. Gewürznelken. Kardamom, Ingwer, Muskatnuss und Zimt (alles gemahlen)
1 Pck. Dr. Oetker Finesse Orangenschalen-Aroma
2 Eier (Größe M)
200 g Butter oder Margarine
250 g Magerquark
250 g abgezogene, gemahlene Mandeln
100 g gewürfeltes Zitronat (Sukkade)
100 g gewürfeltes Orangeat

100 g Butter
50 g Puderzucker

Insgesamt:
E: 160 g, F: 400 g, Kh: 980 g, kJ: 35920, kcal: 8580

1. Rosinen mit Rum übergießen und zugedeckt über Nacht durchziehen lassen.
2. Den Backofen vorheizen.
Ober-/Unterhitze: etwa 250 °C
Heißluft: etwa 230 °C
3. Für den Teig Mehl mit Backpulver in einer Rührschüssel mischen. Zucker, Vanillin-Zucker, Salz, Aroma, Gewürze, Orangenschalen-Aroma, Eier, Butter oder Margarine und Quark hinzufügen.
4. Die Zutaten mit Handrührgerät mit Knethaken zunächst kurz auf niedrigster, dann auf höchster Stufe gut durcharbeiten. Anschließend auf einer leicht bemehlten Arbeitsfläche zu einem glatten Teig verkneten. Mandeln, Zitronat, Orangeat und Rum-Rosinen mit der Flüssigkeit unterkneten.
5. Den Teig zu einem Quadrat (etwa 30 x 30 cm) ausrollen. Dann aufrollen, mit der Teigrolle der Länge nach eine Vertiefung eindrücken und die linke Teigseite leicht versetzt auf die rechte schlagen. Den mittleren Teig mit den Händen der Länge nach zu einem Wulst formen. Den Stollen auf ein Backblech (dreifach mit Backpapier belegt) legen. Das Backblech in den vorgeheizten Backofen schieben. Sofort die Backofentemperatur auf Ober-/Unterhitze: etwa 180 °C, Heißluft: etwa 160 °C herunterschalten. Den Stollen etwa 55 Minuten backen.
6. Die Butter in einem Topf zerlassen. Das Backblech auf einen Kuchenrost stellen. Den Stollen sofort mit der Hälfte der Butter bestreichen und mit der Hälfte des Puderzuckers bestäuben. Den Stollen mit dem Backpapier vom Backblech auf einen Kuchenrost ziehen und etwas abkühlen lassen.
7. Den Vorgang des Bestreichens und Bestäubens so lange wiederholen, bis Butter und Zucker aufgebraucht sind. Den Stollen erkalten lassen.

Schokoladen-Rotwein-Kuchen

Zubereitungszeit: etwa 35 Minuten, ohne Zieh- und Abkühlzeit
Backzeit: etwa 60 Minuten

125 ml (1/8 l) Rotwein
100 g Korinthen

Für den Rührteig:
250 g weiche Butter oder Margarine
125 g Zucker
1 Pck. Dr. Oetker Vanillin-Zucker
1 Prise Salz
4 Eier (Größe M)
2 EL Rum
250 g Weizenmehl
3 gestr. TL Kakaopulver
1–2 TL gemahlener Zimt
3 gestr. TL Dr. Oetker Backin
175 g Zartbitter-Raspelschokolade
100 g gehackte Mandeln

Außerdem:
200 g Edelbitter-Schokolade (70 % Kakaoanteil)
100 g Schlagsahne

Quarkstollen

Schokoladen-Rotwein-Kuchen

1 EL rotes Johannisbeergelee
25 g Zartbitter-Raspelschokolade

Insgesamt:
E: 108 g, F: 468 g, Kh: 588 g,
kJ: 29880, kcal: 7140

1. Den Rotwein in einem kleinen Topf bei schwacher Hitze erwärmen. Die Korinthen hinzugeben. Topf von der Kochstelle nehmen. Korinthen mindestens 30 Minuten ziehen lassen.
2. Den Backofen vorheizen.
Ober-/Unterhitze: etwa 180 °C
Heißluft: etwa 160 °C
3. Für den Teig Butter oder Margarine in einer Rührschüssel mit Handrührgerät mit Rührbesen auf höchster Stufe geschmeidig rühren. Nach und nach Zucker, Vanillin-Zucker und Salz unterrühren. So lange rühren, bis eine gebundene Masse entstanden ist.
4. Eier nach und nach unterrühren (jedes Ei etwa 1/2 Minute). Rum hinzufügen. Mehl mit Kakao, Zimt und Backpulver mischen, in 2 Portionen kurz auf mittlerer Stufe unterrühren. Raspelschokolade, Mandeln und Rotwein-Korinthen mit dem Rotwein kurz unterrühren. Den Teig in eine Springform (Ø 26 cm, Boden gefettet) füllen und glatt streichen. Den Kuchen etwa 60 Minuten backen.
5. Die Form auf einen Kuchenrost stellen. Den Kuchen etwas abkühlen lassen. Dann aus der Form lösen, auf einen mit Backpapier belegten Kuchenrost stürzen, erkalten lassen.
6. Schokolade in Stücke brechen und mit der Sahne in einem kleinen Topf im heißen Wasserbad bei schwacher Hitze unter Rühren schmelzen.
7. Den Kuchen einmal waagerecht durchschneiden. Untere Gebäckhälfte auf eine Tortenplatte legen und mit Gelee bestreichen. Die Hälfte der Schokoladen-Sahne-Masse auf das Gelee geben und verstreichen. Den oberen Boden darauflegen und leicht andrücken.
8. Restliche Schokoladen-Sahne-Masse auf die Kuchenoberfläche geben, glatt streichen und mit Raspelschokolade bestreuen. Den Kuchen etwa 1 Stunde in den Kühlschrank stellen.

Nougat-Kugel-Kuchen

Nougat-Kugel-Kuchen

Zubereitungszeit: 15 Minuten, ohne Abkühlzeit
Backzeit: etwa 30 Minuten

Für den Rührteig:
150 g weiche Butter oder Margarine
150 g Nuss-Nougat-Creme
70 g Zucker
1 Pck. Dr. Oetker Vanillin-Zucker
1/2 Pck. Dr. Oetker Finesse Geriebene Zitronenschale
3 Eier (Größe M)
250 g Weizenmehl
3 TL gestr. Dr. Oetker Backin
50 g gemahlene Haselnusskerne
6 EL Orangensaft
18 Haselnuss-Gebäck-Kugeln

Für den Guss:
50 g gesiebter Puderzucker
1/2 Pck. Dr. Oetker Finesse Orangenschalen-Aroma
1 EL Orangensaft

Insgesamt:
E: 73 g, F: 263 g, Kh: 431 g,
kJ: 18475, kcal: 4416

1. Den Backofen vorheizen.
Ober-/Unterhitze: etwa 180 °C
Heißluft: etwa 160 °C
2. Für den Teig Butter oder Margarine und Nuss-Nougat-Creme in einer Rührschüssel mit Handrührgerät mit Rührbesen auf höchster Stufe geschmeidig rühren. Nach und nach Zucker, Vanillin-Zucker und Orangenschalen-Aroma unterrühren. So lange rühren, bis eine gebundene Masse entstanden ist.
3. Eier nach und nach unterrühren (jedes Ei etwa 1/2 Minute). Mehl mit Backpulver mischen, in 2 Portionen kurz auf mittlerer Stufe unterrühren. Haselnusskerne und Orangensaft unterrühren.
4. Teig in eine Springform (Ø 26 cm, Boden gefettet) füllen und glatt streichen. Haselnuss-Gebäck-Kugeln darauf verteilen und leicht in den Teig drücken. Die Form auf dem Rost in den vorgeheizten Backofen (unteres Drittel) schieben. Den Kuchen etwa 30 Minuten backen.
5. Die Form auf einen Kuchenrost stellen. Den Kuchen etwas abkühlen lassen. Dann aus der Form lösen und auf einem mit Backpapier belegten Kuchenrost erkalten lassen.
6. Für den Guss Puderzucker mit Aroma und Orangensaft verrühren. Den Kuchen mit dem Guss besprenkeln. Guss fest werden lassen.

Kleiner Brombeerkuchen

Schokoladen-Macadamia-Kuchen

Kleiner Brombeerkuchen

Zubereitungszeit: 35 Minuten, ohne Kühlzeit
Backzeit: etwa 15 Minuten

Für den All-in-Teig:
80 g Weizenmehl
1/2 gestr. TL Dr. Oetker Backin
50 g gemahlene Haselnusskerne
60 g Zucker
1 Pck. Dr. Oetker Vanillin-Zucker
1 Ei (Größe M)
100 g weiche Butter oder Margarine

Für den Belag:
2 Blatt weiße Gelatine
250 g Brombeeren
150 g Joghurt
125 g Schlagsahne
3 EL gesiebter Puderzucker

1 EL gehackte, geröstete Mandeln

Insgesamt:
E: 36 g, F: 101 g, Kh: 190 g,
kJ: 7849, kcal: 1877

1. Den Backofen vorheizen.
Ober-/Unterhitze: etwa 200 °C
Heißluft: etwa 180 °C

2. Für den Teig Mehl und Backpulver in einer Rührschüssel mischen. Die restlichen Zutaten hinzufügen und mit Handrührgerät mit Rührbesen zunächst kurz auf niedrigster, dann auf höchster Stufe in etwa 2 Minuten zu einem glatten Teig verarbeiten. Teig in eine Obstbodenform (Ø 22 cm, gefettet, gemehlt) füllen und glatt streichen. Die Form auf dem Rost in den vorgeheizten Backofen schieben und den Obstboden etwa 15 Minuten backen.

3. Die Form auf einen Kuchenrost stellen. Den Obstboden etwas abkühlen lassen. Dann aus der Form lösen, auf einen mit Backpapier belegten Kuchenrost stürzen und erkalten lassen.

4. Für den Belag die Gelatine nach Packungsanleitung einweichen. Die Brombeeren verlesen, evtl. kurz abspülen und trocken tupfen. Gelatine leicht ausdrücken und in einem kleinen Topf bei schwacher Hitze unter Rühren auflösen. Die Gelatine zuerst mit etwa 2 Esslöffeln Joghurt verrühren, danach unter den restlichen Joghurt rühren.

5. Wenn die Joghurt-Gelatine-Masse anfängt zu gelieren, Sahne mit Puderzucker steif schlagen und unterrühren. 3 Esslöffel der Joghurtcreme auf den Obstboden geben und glatt streichen. Die Brombeeren darauf verteilen. Die restliche Joghurtcreme in einen Spritzbeutel mit Sterntülle (Ø etwa 10 mm) füllen. Creme-Tupfen zwischen die Brombeeren spritzen. Den Kuchen etwa 2 Stunden in den Kühlschrank stellen.

6. Den Brombeerkuchen mit Mandeln bestreuen.

Schokoladen-Macadamia-Kuchen

Zubereitungszeit: 40 Minuten, ohne Abkühlzeit
Backzeit: 50–60 Minuten

75 ml Milch
1 EL gesiebtes Kakaopulver
50 g Vollmilch-Schokolade
80 g geröstete, gesalzene Macadamianusskerne

Für den Rührteig:
250 g weiche Butter oder Margarine
150 g Zucker
1 Pck. Dr. Oetker Vanillin-Zucker
4 Eier (Größe M)
250 g Weizenmehl
3 gestr. TL Dr. Oetker Backin

Für den Guss:
150 g Vollmilch-Schokolade
1 TL Speiseöl

Insgesamt:
E: 81 g, F: 370 g, Kh: 450 g,
kJ: 22906, kcal: 5473

1. Milch mit Kakao in einem kleinen Topf verrühren und erhitzen. Den Topf von der Kochstelle nehmen. Schokolade in kleine Stücke brechen und in dem heißen Kakao unter Rühren auflösen. Die Schoko-Milch unter Rühren erkalten lassen. Macadamianusskerne grob hacken.

2. Den Backofen vorheizen.
Ober-/Unterhitze: etwa 180 °C
Heißluft: etwa 160 °C
3. Für den Teig Butter oder Margarine in einer Rührschüssel mit Handrührgerät mit Rührbesen auf höchster Stufe geschmeidig rühren. Nach und nach Zucker und Vanillin-Zucker unterrühren. So lange rühren, bis eine gebundene Masse entstanden ist.
4. Eier nach und nach unterrühren (jedes Ei etwa 1/2 Minute). Mehl mit Backpulver mischen, abwechselnd in 2 Portionen mit der Schoko-Milch kurz auf mittlerer Stufe unterrühren. Die gehackten Nusskerne kurz unterrühren. Den Teig in eine Gugelhupfform (Ø 22 cm, gefettet) füllen und glatt streichen. Die Form auf dem Rost in den vorgeheizten Backofen schieben. Den Kuchen 50–60 Minuten backen.
5. Die Form auf einen Kuchenrost stellen. Den Kuchen etwas abkühlen lassen. Dann aus der Form lösen, auf einen mit Backpapier belegten Kuchenrost stürzen und erkalten lassen.
6. Für den Guss die Schokolade in Stücke brechen und mit Speiseöl in einem kleinen Topf im heißen Wasserbad bei schwacher Hitze unter Rühren schmelzen. Den Kuchen mit der Schokolade überziehen. Schokolade fest werden lassen.

Mandarinen-Haselnuss-Kuchen

Zubereitungszeit: 50 Minuten, ohne Abkühlzeit
Backzeit: etwa 50 Minuten

Für den Rührteig:
50 g Marzipan-Rohmasse
75 g weiche Butter oder Margarine
70 g Zucker
1 Prise Salz
1 Pck. Dr. Oetker Vanillin-Zucker
2 Eier (Größe M)
70 g Weizenmehl
1/2 gestr. TL Dr. Oetker Backin
70 g gemahlene Haselnusskerne

Für die Füllung:
175 g Mandarinen (aus der Dose)
250 g Schlagsahne
2 EL gesiebter Puderzucker
1 Pck. Dr. Oetker Sahnesteif

Insgesamt:
E: 42 g, F: 218 g, Kh: 221 g, kJ: 12749, kcal: 3046

1. Den Backofen vorheizen.
Ober-/Unterhitze: etwa 180 °C
Heißluft: etwa 160 °C
2. Für den Teig Marzipan in sehr kleine Stücke schneiden. Die Marzipanstücke mit Butter oder Margarine in einer Rührschüssel mit Handrührgerät mit Rührbesen geschmeidig rühren. Nach und nach Zucker, Salz und Vanillin-Zucker unterrühren. So lange rühren, bis eine gebundene Masse entstanden ist.
3. Eier nach und nach unterrühren (jedes Ei etwa 1/2 Minute). Das Mehl mit Backpulver mischen und kurz auf mittlerer Stufe unterrühren. Die Nusskerne unterrühren. Den Teig in eine Gugelhupfform (Ø 16 cm, gefettet) füllen und glatt streichen. Die Form auf dem Rost in den vorgeheizten Backofen schieben. Den Kuchen etwa 50 Minuten backen.
4. Die Form auf einen Kuchenrost stellen. Den Kuchen etwas abkühlen lassen. Dann aus der Form lösen, auf einen mit Backpapier belegten Kuchenrost stürzen und erkalten lassen. Den Kuchen dreimal waagerecht durchschneiden, sodass 4 Gebäckringe entstehen.
5. Für die Füllung die Mandarinen in einem Sieb gut abtropfen lassen. 12 Mandarinen zum Garnieren beiseitelegen. Sahne mit Puderzucker und Sahnesteif steif schlagen. Die abgetropften Mandarinen mit Handrührgerät mit Rührbesen unterrühren, sodass die Mandarinen zerkleinert werden.
6. Die Füllung in einen Spritzbeutel mit Lochtülle (Ø etwa 12 mm) füllen. Auf die unteren 3 Gebäckringe jeweils ein Viertel der Sahne spritzen. Die Gebäckringe wieder zu einem Kuchen zusammensetzen. 12 Sahnetupfen auf die Kuchenoberfläche spritzen und mit den beiseitegelegten Mandarinen garnieren.

Mandarinen-Haselnuss-Kuchen

Punschkranz

Zubereitungszeit: 45 Minuten, ohne Kühlzeit
Backzeit: 35–40 Minuten

Für den Rührteig:
100 g weiche Butter oder Margarine
150 g Zucker
1 Pck. Dr. Oetker Bourbon-Vanille-Zucker
3 Eier (Größe M)
100 g Weizenmehl
10 g gesiebtes Kakaopulver
2 gestr. TL Dr. Oetker Backin
2 EL Rotwein
50 g abgezogene, gemahlene Mandeln
100 g geriebene Vollmilch- oder Zartbitter-Schokolade

Für die Füllung:
125 ml (1/8 l) Rotwein
abgeriebene Schale von 1 Bio-Orange (unbehandelt, ungewachst)
40 g Zucker
1 Msp. gemahlener Zimt
1 Msp. gemahlene Nelken
3–4 EL Orangensaft
175 g Zartbitter-Schokolade
100 g Marzipan-Rohmasse

100 g Zartbitter-Schokolade
125 g Aprikosenkonfitüre
1 TL Zucker
1 EL Wasser
125 g gesiebter Puderzucker
2–3 EL Rotwein

Insgesamt:
E: 86 g, F: 294 g, Kh: 719 g, kJ: 24994, kcal: 5972

1. Den Backofen vorheizen.
Ober-/Unterhitze: etwa 180 °C
Heißluft: etwa 160 °C

2. Für den Teig Butter oder Margarine in einer Rührschüssel mit Handrührgerät mit Rührbesen auf höchster Stufe geschmeidig rühren. Nach und nach Zucker und Vanille-Zucker unterrühren. So lange rühren, bis eine gebundene Masse entstanden ist.

3. Eier nach und nach unterrühren (jedes Ei etwa 1/2 Minute). Mehl mit Kakao und Backpulver mischen, abwechselnd mit dem Wein kurz auf mittlerer Stufe unterrühren. Mandeln und geriebene Schokolade kurz unterrühren.

4. Teig in eine Kranzform (Ø 20 cm, gefettet, gemehlt) füllen und glatt streichen. Die Form auf dem Rost in den vorgeheizten Backofen schieben. Den Gebäckkranz 35–40 Minuten backen.

5. Die Form auf einen Kuchenrost stellen. Den Gebäckkranz etwas abkühlen lassen. Dann aus der Form lösen, auf einen mit Backpapier belegten Kuchenrost stürzen und erkalten lassen. Anschließend den Kranz dreimal waagerecht durchschneiden. Den zweiten Gebäckring von unten fein zerbröseln.

6. Für die Füllung Rotwein mit Orangenschale, Zucker, Zimt und Nelken in einem Topf zum Kochen bringen. Den Topf von der Kochstelle nehmen. 1 Esslöffel Orangensaft und in Stücke gebrochene Schokolade hinzugeben. Die Schokolade darin unter Rühren auflösen. Gebäckbrösel unterheben, etwas abkühlen lassen.

7. Den unteren Gebäckring auf eine Tortenplatte legen. Das Marzipan klein schneiden, in eine Rührschüssel geben und mit dem restlichen Orangensaft mit Handrührgerät mit Rührbesen auf mittlerer Stufe zu einer geschmeidigen Masse verrühren. Die Marzipanmasse auf den unteren Gebäckring streichen. Die Hälfte der Schokomasse auf der Marzipanmasse verteilen und glatt streichen.

8. Den mittleren (dritten) Gebäckring darauflegen und leicht andrücken. Restliche Schokomasse darauf verteilen und glatt streichen. Den oberen Gebäckring darauflegen und leicht andrücken. Kranz etwa 2 Stunden in den Kühlschrank stellen.

9. Schokolade in Stücke brechen, in einem kleinen Topf im heißen Wasserbad bei schwacher Hitze unter Rühren schmelzen. Zwei Drittel der Schokolade mithilfe eines Teelöffels als Tropfen auf Backpapier geben und fest werden lassen. Restliche Kuvertüre beiseitestellen.

10. Konfitüre durch ein Sieb streichen. Mit Zucker und Wasser in einem Topf aufkochen lassen. Den Kranz mit der heißen Konfitüre bestreichen. Puderzucker mit Rotwein zu einer dickflüssigen Masse verrühren. Den Kranz damit überziehen.

11. Restliche flüssige Schokolade auf den noch feuchten Guss sprenkeln. Den Kranz sofort mit den Schokotropfen garnieren. Guss fest werden lassen.

Punschkranz

Stachelbeerkuchen

Fruchtiger Gugelhupf

Stachelbeerkuchen

Zubereitungszeit: 20 Minuten, ohne Abkühlzeit
Backzeit: 40–45 Minuten

125 g Butter oder Margarine
360 g Stachelbeeren (aus dem Glas)

Für den All-in-Teig:
250 g Weizenmehl
3 gestr. TL Dr. Oetker Backin
150 g gesiebter Puderzucker
1 Pck. Dr. Oetker Bourbon-Vanille-Zucker
1 Prise Salz
4 Eier (Größe M)
200 g Schmand (Sauerrahm)

1 EL Puderzucker

Insgesamt:
E: 62 g, F: 182 g, Kh: 418 g,
kJ: 15019, kcal: 3589

1. Butter oder Margarine in einem kleinen Topf bei schwacher Hitze zerlassen und etwas abkühlen lassen. Stachelbeeren in einem Sieb abtropfen lassen.
2. Den Backofen vorheizen.
Ober-/Unterhitze: etwa 180 °C
Heißluft: etwa 160 °C
3. Für den Teig Mehl mit Backpulver in einer Rührschüssel mischen. Restliche Zutaten und die zerlassene Butter oder Margarine hinzufügen und mit Handrührgerät mit Rührbesen zunächst kurz auf niedrigster, dann auf höchster Stufe in etwa 2 Minuten zu einem glatten Teig verarbeiten.
4. Teig in eine Springform (Ø 26 cm, Boden gefettet) füllen und glatt streichen. Stachelbeeren auf dem Teig verteilen, dabei einen etwa 1 cm breiten Rand frei lassen. Die Form auf dem Rost in den vorgeheizten Backofen (unteres Drittel) schieben. Den Kuchen 40–45 Minuten backen.
5. Die Form auf einen Kuchenrost stellen. Den Kuchen etwas abkühlen lassen. Dann aus der Form losen und auf einem mit Backpapier belegten Kuchenrost erkalten lassen.
6. Den Kuchen mit Puderzucker bestäuben.

Fruchtiger Gugelhupf

Zubereitungszeit: 15 Minuten
Backzeit: etwa 55 Minuten

75 g Amarettini
(ital. Mandelmakronen)

Für den All-in-Teig:
300 g Weizenmehl
4 gestr. TL Dr. Oetker Backin
150 g Zucker
1 Pck. Dr. Oetker Bourbon-Vanille-Zucker
1 Pck. Dr. Oetker Finesse Geriebene Zitronenschale
3 Eier (Größe M)
125 g Magerquark
150 g weiche Butter oder Margarine

200 g TK-Himbeeren

Insgesamt:
E: 75 g, F: 153 g, Kh: 456 g,
kJ: 14880, kcal: 3551

1. Amarettini in einen Gefrierbeutel geben, den Beutel fest verschließen. Die Amarettini mit einer Teigrolle grob zerbröseln.
2. Den Backofen vorheizen.
Ober-/Unterhitze: etwa 180 °C
Heißluft: etwa 160 °C
3. Für den Teig Mehl mit Backpulver in einer Rührschüssel mischen. Restliche Zutaten hinzufügen und mit Handrührgerät mit Rührbesen zunächst kurz auf niedrigster, dann auf höchster Stufe in etwa 2 Minuten zu einem glatten Teig verarbeiten. Amarettinibrösel unterrühren, gefrorene Himbeeren vorsichtig unterheben. Den Teig in eine Gugelhupfform (Ø 22 cm, gefettet, bemehlt) füllen und glatt streichen. Die Form auf dem Rost in den vorgeheizten Backofen (unteres Drittel) schieben. Den Gugelhupf etwa 55 Minuten backen.
4. Die Form auf einen Kuchenrost stellen. Den Gugelhupf etwas abkühlen lassen. Dann aus der Form lösen und auf einen mit Backpapier belegten Kuchenrost stürzen. Den Gugelhupf erkalten lassen.

Aprikosen-Rosetten-Kuchen

Aprikosen-Rosetten-Kuchen

Zubereitungszeit: 60 Minuten, ohne Einweich- und Teiggehzeit
Backzeit: 45–50 Minuten

Für die Füllung:
125 g getrocknete Aprikosen
5 EL Rum
1 Pck. Dr. Oetker Pudding-Pulver Vanille-Geschmack
40 g Zucker
375 ml (3/8 l) Milch
1 Pck. Dr. Oetker Bourbon-Vanille-Zucker
125 g Crème double

Für den Hefeteig:
275 g Weizenmehl
1 Pck. Dr. Oetker Trockenbackhefe
75 g Zucker
1 Pck. Dr. Oetker Vanillin-Zucker
1/2 Röhrchen Zitronen-Aroma
1 Prise Salz
1 Ei (Größe M)
150 g Crème fraîche
4 EL lauwarme Milch

Für den Knetteig:
100 g Weizenmehl
30 g Zucker
1 Pck. Dr. Oetker Vanillin-Zucker
1 Prise Salz
60 g Butter oder Margarine

Außerdem:
2 EL Aprikosenkonfitüre
2 EL Wasser
einige gehackte Pistazienkerne

Insgesamt:
E: 94 g, F: 181 g, Kh: 632 g,
kJ: 20222, kcal: 4830

1. Für die Füllung Aprikosen in kleine Würfel schneiden. Aprikosenwürfel in einer Schüssel mit Rum vermengen und zugedeckt, am besten über Nacht einweichen.
2. Aus Pudding-Pulver, Zucker und Milch einen Pudding nach Packungsanleitung, aber mit den hier angegebenen Zutaten zubereiten, unter Rühren etwas abkühlen lassen. Vanille-Zucker, Crème double und die eingeweichten Aprikosenwürfel unterrühren. Sofort Frischhaltefolie direkt auf den Pudding legen. Pudding erkalten lassen.
3. Für den Hefeteig in der Zwischenzeit Mehl mit Trockenbackhefe in einer Rührschüssel sorgfältig vermischen. Restliche Zutaten hinzufügen und mit Handrührgerät mit Knethaken zunächst kurz auf niedrigster, dann auf höchster Stufe in etwa 5 Minuten zu einem glatten Teig verarbeiten. Den Hefeteig so lange an einem warmen Ort gehen lassen, bis er sich sichtbar vergrößert hat (etwa 30 Minuten).
4. Für den Knetteig das Mehl in eine Rührschüssel geben. Restliche Zutaten hinzufügen und mit Handrührgerät mit Knethaken zunächst kurz auf niedrigster, dann auf höchster Stufe gut durcharbeiten. Anschließend auf einer leicht bemehlten Arbeitsfläche zu einem glatten Teig verkneten.
5. Hefeteig auf der leicht bemehlten Arbeitsfläche mit dem Knetteig gut verkneten. Den Teig zu einem Rechteck (etwa 50 x 30 cm) ausrollen. Die Füllung daraufgeben und glatt streichen, dabei einen etwa 1 cm breiten Rand frei lassen. Das Teigrechteck mit der Füllung aufrollen. Die Teigrolle in etwa 3 cm breite Scheiben schneiden und nebeneinander in eine Springform (Ø 28 cm, Boden gefettet) setzen. Den Teig nochmals so lange an einem warmen Ort gehen lassen, bis er sich sichtbar vergrößert hat (etwa 30 Minuten).
6. In der Zwischenzeit den Backofen vorheizen.
Ober-/Unterhitze: etwa 180 °C
Heißluft: etwa 160 °C
7. Die Form auf dem Rost in den vorgeheizten Backofen schieben. Den Kuchen 45–50 Minuten backen.
8. Den Kuchen aus der Form lösen und auf einen mit Backpapier belegten Kuchenrost setzen. Die Konfitüre durch ein Sieb streichen, in einem Topf mit dem Wasser unter Rühren etwas einkochen lassen. Den warmen Kuchen damit bestreichen und mit Pistazienkernen bestreuen.

Kirschkuchen „Linzer Art"

Zubereitungszeit: 35 Minuten, ohne Abkühlzeit
Backzeit: etwa 60 Minuten

740 g Sauerkirschen (aus Gläsern)

Für den Rührteig:
250 g weiche Butter oder Margarine
200 g Zucker
1 Pck. Dr. Oetker Vanillin-Zucker
1 Prise Salz
1 gestr. TL gemahlener Zimt
1 Msp. gemahlene Nelken
5 Eier (Größe M)
250 g Weizenmehl
1 gestr. TL Dr. Oetker Backin
150 g nicht abgezogene, gemahlene Mandeln

etwas Puderzucker

Insgesamt:
E: 94 g, F: 329 g, Kh: 544 g,
kJ: 23307, kcal: 5566

1. Die Sauerkirschen in einem Sieb abtropfen lassen.
2. Den Backofen vorheizen.
Ober-/Unterhitze: etwa 180 °C
Heißluft: etwa 160 °C
3. Für den Teig Butter oder Margarine in einer Rührschüssel mit Handrührgerät mit Rührbesen auf höchster Stufe geschmeidig rühren. Nach und nach Zucker, Vanillin-Zucker, Salz, Zimt und Nelken unterrühren. So lange rühren, bis eine gebundene Masse entstanden ist.
4. Eier nach und nach unterrühren (jedes Ei etwa 1/2 Minute). Mehl mit Backpulver mischen, in 2 Portionen kurz auf mittlerer Stufe unterrühren. Mandeln unterheben.
5. Zwei Drittel des Teiges in eine Springform (Ø 28 cm, Boden gefettet) füllen und glatt streichen. Die Sauerkirschen darauf verteilen und leicht in den Teig drücken. Restlichen Teig mit in Häufchen daraufgeben. Die Form auf dem Rost in den vorgeheizten Backofen schieben. Den Kuchen etwa 60 Minuten backen.
6. Die Form auf einen Kuchenrost stellen. Den Kuchen etwas abkühlen lassen. Dann aus der Form lösen und auf einem mit Backpapier belegten Kuchenrost erkalten lassen. Den Kuchen mit Puderzucker bestäuben.

Baskischer Kuchen

Zubereitungszeit: 50 Minuten, ohne Teiggehzeit
Backzeit: etwa 45 Minuten

Für den Hefeteig:
500 g Weizenmehl
1 Pck. Dr. Oetker Trockenbackhefe
3 Eier (Größe M)
1 Eigelb (Größe M)
300 g Zucker
250 g Butter oder Margarine

Für die Füllung:
500 g Kirschkonfitüre

1 Ei
1 EL Milch

Insgesamt:
E: 89 g, F: 245 g, Kh: 1012 g,
kJ: 27974, kcal: 6685

1. Für den Teig Mehl in eine Rührschüssel geben und mit Trockenbackhefe sorgfältig vermischen. Restliche Zutaten hinzufügen und mit Handrührgerät mit Knethaken zunächst kurz auf niedrigster, dann auf höchster Stufe in etwa 5 Minuten zu einem glatten Teig verarbeiten. Den Teig zugedeckt so lange an einem warmen Ort gehen lassen, bis er sich sichtbar vergrößert hat (etwa 30 Minuten).
2. Den gegangenen Teig leicht mit Mehl bestäuben, aus der Schüssel nehmen und auf einer leicht bemehlten Arbeitsfläche nochmals kurz durchkneten. Dann den Teig zu einer Kugel formen.
3. Zwei Drittel des Teiges auf den Boden einer Springform (Ø 28 cm, Boden gefettet) geben und zu einem Boden andrücken. Dabei einen etwa 1/2 cm hohen Rand formen.
4. Für die Füllung die Konfitüre glatt rühren, auf den Teigboden geben und glatt streichen.
5. Restlichen Teig auf der leicht bemehlten Arbeitsfläche zu einer runden Platte (Ø etwa 28 cm) ausrollen. Die Teigplatte auf die Kirschkonfitüre legen. Den Teigrand vorsichtig andrücken. Ei mit Milch verschlagen. Die Teigoberfläche damit bestreichen. Den Teig nochmals zugedeckt so lange an einem warmen Ort gehen lassen, bis er sich sichtbar vergrößert hat (etwa 30 Minuten).
6. In der Zwischenzeit den Backofen vorheizen.
Ober-/Unterhitze: etwa 180 °C
Heißluft: etwa 160 °C
7. Die Form auf dem Rost in den vorgeheizten Backofen schieben. Den Kuchen etwa 45 Minuten backen.
8. Die Form auf einen Kuchenrost stellen. Den Kuchen etwas abkühlen lassen. Dann aus der Form lösen und auf einem mit Backpapier belegten Kuchenrost erkalten lassen.

Kirschkuchen „Linzer Art"

Baskischer Kuchen

Brandteigkranz mit Mokkacreme

Zubereitungszeit: 55 Minuten, ohne Abkühlzeit
Backzeit: etwa 35 Minuten

Für den Brandteig:
100 ml Milch
150 ml Wasser
75 g Butter oder Margarine
1 EL Zucker
150 g Weizenmehl
1/2 gestr. TL Salz
4 Eier (Größe M)

3–4 EL gehobelte Mandeln

Für die Creme:
2 Pck. Dr. Oetker Pudding-Pulver Vanille-Geschmack
1 l Milch
2 EL Instant-Kaffee-Pulver
100 g Zucker
200 g weiche Butter
100 g gesiebter Puderzucker

etwas Puderzucker

Insgesamt:
E: 83 g, F: 313 g, Kh: 434 g, kJ: 20982, kcal: 5013

1. Den Backofen vorheizen.
Ober-/Unterhitze: etwa 200 °C
Heißluft: etwa 180 °C
2. Für den Teig die Milch mit Wasser, Butter oder Margarine und Zucker am besten in einem Stieltopf zum Kochen bringen. Topf von der Kochstelle nehmen. Mehl mit dem Salz auf einmal in die von der Kochstelle genommene Flüssigkeit schütten, zu einem glatten Kloß rühren und unter Rühren etwa 1 Minute erhitzen. Den heißen Kloß sofort in eine Rührschüssel geben.
3. Nach und nach 3 Eier mit Handrührgerät mit Knethaken auf höchster Stufe unterarbeiten. Das letzte Ei verschlagen und nur so viel davon unter den Teig arbeiten, bis er stark glänzt und in langen Spitzen am Löffel hängen bleibt.
4. Den Teig in einen Spritzbeutel mit Lochtülle (Ø 1 1/2–2 cm) füllen. Auf einem Stück Backpapier einen Kreis (Ø etwa 23 cm) zeichnen. Backpapier auf ein Backblech legen. Mit dem Teig aus dem Spritzbeutel 2 Kreise innen und außen von dem aufgezeichneten Kreis spritzen. Auf diese 2 Teigkreise in die Mitte einen dritten Kreis spritzen. Den Teigring mit Mandeln bestreuen. Das Backblech in den vorgeheizten Backofen schieben. Den Brandteigkranz etwa 35 Minuten backen.
5. Den Brandteigkranz mit dem Backpapier vom Backblech auf einen Kuchenrost ziehen. Den Kranz sofort waagerecht durchschneiden. Den oberen Kranzboden auf einen zweiten, mit Backpapier belegten Kuchenrost legen. Die Kranzhälften erkalten lassen.
6. Für die Creme das Pudding-Pulver mit etwa 100 ml der Milch anrühren. Restliche Milch mit Kaffee-Pulver und Zucker in einem Topf zum Kochen bringen. Angerührtes Pudding-Pulver in die von der Kochstelle genommene Kaffeemilch rühren und unter Rühren aufkochen lassen. Den Topf von der Kochstelle nehmen. Sofort Frischhaltefolie direkt auf den Pudding legen. Pudding abkühlen lassen.
7. Butter und Puderzucker in einer Rührschüssel mit Handrührgerät mit Rührbesen schaumig schlagen. Den Pudding in einer Rührschüssel glatt rühren, die Butter unterrühren.
8. Den unteren Kranzboden auf eine Tortenplatte legen. Die Mokkacreme in einen Spritzbeutel mit Sterntülle (Ø etwa 1 cm) füllen und daraufspritzen. Den oberen Kranzboden darauflegen. Den Kranz mit Puderzucker bestäuben.

Christstollen

Zubereitungszeit: 35 Minuten, ohne Durchzieh- und Teiggehzeit
Backzeit: etwa 50 Minuten

200 g Rosinen
100 g Korinthen
100 ml Rum

Für den Hefeteig:
375 g Weizenmehl
42 g frische Hefe
50 g Zucker
100 ml lauwarme Milch
1 Pck. Dr. Oetker Vanillin-Zucker
1 Prise Salz
15 g Christstollengewürz
2 Eier (Größe M)
175 g weiche Butter oder Margarine

Brandteigkranz mit Mokkacreme

Christstollen

100 g gewürfeltes Orangeat
100 g gewürfeltes Zitronat (Sukkade)
100 g abgezogene, gemahlene Mandeln

75 g Butter
etwas Puderzucker

Insgesamt:
E: 96 g, F: 288 g, Kh: 704 g,
kJ: 25392, kcal: 6064

1. Die Rosinen und die Korinthen mit Rum übergießen und zugedeckt über Nacht durchziehen lassen.
2. Für den Teig das Mehl in eine Rührschüssel geben. In die Mitte eine Vertiefung drücken, die Hefe hineinbröckeln. Zucker und etwas lauwarme Milch hinzufügen. Mit einem Teil des Mehls mit einer Gabel verrühren und zugedeckt etwa 15 Minuten bei Zimmertemperatur gehen lassen.
3. Vanillin-Zucker, Salz, Gewürz, Eier und Butter oder Margarine hinzufügen. Die Zutaten mit Handrührgerat mit Knethaken zunächst kurz auf niedrigster, dann auf höchster Stufe in etwa 5 Minuten zu einem glatten Teig verarbeiten.
4. Orangeat, Zitronat, Mandeln und die eingeweichten Rosinen und Korinthen auf einer leicht bemehlten Arbeitsfläche kurz unterkneten. Teig zugedeckt so lange an einem warmen Ort gehen lassen, bis er sich sichtbar vergrößert hat (etwa 30 Minuten).
5. Das Backblech mit 3 Lagen Backpapier belegen (so wird der Stollen beim Backen von unten nicht zu dunkel). Den Teig zu einem Rechteck (etwa 30 x 25 cm) ausrollen. Den Teig von der längeren Seite aus aufrollen und mit der Teigrolle der Länge nach eine Vertiefung eindrücken. Dann die linke Seite leicht versetzt auf die rechte Seite schlagen. Den mittleren Teil mit den Händen der Länge nach zu einem Wulst formen.
6. Den Stollen auf das Backblech legen und nochmals zugedeckt so lange an einem warmen Ort gehen lassen, bis er sich sichtbar vergrößert hat (etwa 30 Minuten).

Zitronen-Kirsch-Tarte

7. Den Backofen vorheizen.
Ober-/Unterhitze: etwa 250 °C
Heißluft: etwa 220 °C
8. Das Backblech in den vorgeheizten Backofen (unteres Drittel) schieben und sofort die Backofentemperatur auf Ober-Unterhitze: etwa 160 °C oder Heißluft: etwa 140 °C herunterschalten. Den Stollen etwa 50 Minuten backen.
9. Die Butter zerlassen und auf den warmen Stollen streichen. Den Stollen auf einem Kuchenrost erkalten lassen. Mit Puderzucker bestäuben.

Zitronen-Kirsch-Tarte

Zubereitungszeit: 35 Minuten, ohne Abkühlzeit
Backzeit: 40–42 Minuten

Für den Knetteig:
200 g Weizenmehl
40 g Zucker
1 Prise Salz
125 g weiche Butter oder Margarine

350 g Sauerkirschen (aus dem Glas)

Für den Zitronenguss:
3 Eier (Größe M)
150 g Crème fraîche
80 g Zucker
100 ml Zitronensaft

Insgesamt:
E: 48 g, F: 168 g, Kh: 348 g,
kJ: 13344, kcal: 3192

1. Für den Teig Mehl eine Rührschüssel geben. Restliche Zutaten hinzufügen und mit Handrührgerät mit Knethaken zunächst kurz auf niedrigster, dann auf höchster Stufe gut durcharbelten. Anschließend auf einer leicht bemehlten Arbeitsfläche zu einem glatten Teig verkneten. Sollte er kleben, ihn in Frischhaltefolie gewickelt eine Zeit lang kalt stellen.
2. Den Backofen vorheizen.
Ober-/Unterhitze: etwa 200 °C
Heißluft: etwa 180 °C
3. Zwei Drittel des Teiges auf dem Boden einer Springform (Ø 26 cm, gefettet) ausrollen, den Springformrand darumstellen. Teigboden mit einer Gabel mehrmals einstechen. Die Form auf dem Rost in den vorgeheizten Backofen schieben. Den Knetteigboden 10–12 Minuten vorbacken.
4. Die Form auf einen Kuchenrost stellen. Den Knetteigboden etwas abkühlen lassen. Sauerkirschen in einem Sieb abtropfen lassen.
5. Für den Guss Eier, Crème fraîche und Zucker zu einer glatten Masse verrühren. Zitronensaft unterrühren.
6. Restlichen Teig zu einer Rolle formen, auf den vorgebackenen Boden legen und so an die Form drucken, dass ein etwa 1 cm hoher Rand entsteht. Die Kirschen auf dem vorgebackenen Boden verteilen. Den Guss auf die Kirschen gießen.
7. Die Form wieder auf dem Rost in den heißen Backofen schieben. Die Tarte bei gleicher Backofentemperatur in etwa 30 Minuten fertig backen.
8. Die Form auf einen Kuchenrost stellen. Die Tarte erkalten lassen. Dann aus der Form lösen und auf eine Tortenplatte setzen.

Schmandkuchen

Schmandkuchen

Zubereitungszeit: 40 Minuten, ohne Kühlzeit
Backzeit: 60–70 Minuten

Für den Knetteig:
175 g Weizenmehl
60 g Zucker
1 Pck. Dr. Oetker Vanillin-Zucker
1 Ei (Größe M)
100 g Butter oder Margarine

Für den Belag:
1 Pck. Dr. Oetker Pudding-Pulver Vanille-Geschmack
60 g Zucker
400 ml Milch
200 g Schmand (Sauerrahm)
350 g Mandarinen (aus der Dose)

Für den Guss:
1 Pck. ungezuckerter Tortenguss, klar
1 TL Zucker
250 ml (1/4 l) Mandarinensaft (aus der Dose)

1 TL Puderzucker

Insgesamt:
E: 49 g, F: 157 g, Kh: 441 g,
kJ: 14291, kcal: 3411

1. Den Backofen vorheizen.
Ober-/Unterhitze: etwa 200 °C
Heißluft: etwa 180 °C
2. Für den Teig Mehl in eine Rührschüssel geben. Restliche Zutaten hinzufügen und mit Handrührgerät mit Knethaken zunächst kurz auf niedrigster, dann auf höchster Stufe gut durcharbeiten. Anschließend auf einer leicht bemehlten Arbeitsfläche zu einem glatten Teig verkneten. Sollte er kleben, ihn in Frischhaltefolie gewickelt eine Zeit lang kalt stellen.
3. Zwei Drittel des Teiges auf dem Boden einer Springform (Ø 26 cm, gefettet) ausrollen, den Springformrand darumstellen. Teigboden mehrmals mit einer Gabel einstechen. Die Form auf dem Rost in den vorgeheizten Backofen schieben. Den Boden etwa 10 Minuten vorbacken.
4. Die Form auf einen Kuchenrost stellen. Den Knetteigboden erkalten lassen. Die Backofentemperatur um etwa 20 °C herunterschalten.
5. Für den Belag aus Pudding-Pulver, Zucker und der Milch einen Pudding nach Packungsanleitung, aber nur mit 400 ml Milch zubereiten. Pudding unter gelegentlichem Umrühren etwas abkühlen lassen. Schmand unterrühren. Mandarinen in einem Sieb abtropfen lassen, den Saft auffangen und 250 ml (1/4 l) für den Guss abmessen, evtl. mit Wasser auffüllen.
6. Restlichen Teig zu einer Rolle formen, auf den vorgebackenen Boden legen und so an die Form drücken, dass ein etwa 3 cm hoher Rand entsteht. Die Puddingcreme in die Form geben und verstreichen. Mit den Mandarinen belegen. Die Form wieder auf dem Rost in den heißen Backofen schieben. Den Kuchen weitere 50–60 Minuten backen.
7. Die Form auf einen Kuchenrost stellen. Den Kuchen etwas abkühlen lassen. Dann aus der Form lösen und auf einem mit Backpapier belegten Kuchenrost erkalten lassen.
8. Für den Guss aus Tortengusspulver, Zucker und Mandarinensaft einen Guss nach Packungsanleitung, aber nur mit 1 Teelöffel Zucker zubereiten. Den Guss auf dem Kuchen verteilen. Den Kuchen etwa 30 Minuten in den Kühlschrank stellen. Kuchenrand mit Puderzucker bestäuben.

Schokoladentarte

Zubereitungszeit: 50 Minuten, ohne Abkühlzeit
Backzeit: etwa 40 Minuten

Für den Knetteig:
200 g Weizenmehl
80 g Zucker
1 Prise Salz
1 Eigelb (Größe M)
150 g Butter

400 g Schlagsahne
300 g Zartbitter-Kuvertüre
1 Prise gemahlener Zimt
1 Pck. Dr. Oetker Bourbon-Vanille-Zucker
50 g Zucker
50 g Butter
1 Ei (Größe M)
1 Eiweiß (Größe M)

1 EL Kakaopulver

Insgesamt:
E: 67 g, F: 405 g, Kh: 438 g,
kJ: 23944, kcal: 5721

1. Für den Teig Mehl in eine Rührschüssel geben. Restliche Zutaten hinzufügen und mit Handrührgerät mit Knethaken zunächst kurz auf niedrigster, dann auf höchster Stufe gut durcharbeiten. Anschließend auf einer leicht bemehlten Arbeitsfläche zu einem glatten Teig verkneten.

2. Den Teig auf der leicht bemehlten Arbeitsfläche zu einer runden Platte (Ø etwa 30 cm) ausrollen. Die Teigplatte auf den Boden einer Springform (Ø 28 cm, gefettet, mit Backpapier belegt) legen und den überstehenden Teigrand auf den Springformboden einschlagen. Den Springformrand darumstellen. Den eingeschlagenen Teig an den Springformrand drücken.

3. Den Backofen vorheizen.
Ober-/Unterhitze: etwa 180 °C
Heißluft: etwa 160 °C

4. Sahne in einem Topf erhitzen. Die Kuvertüre in Stücke hacken, in die heiße Sahne geben und unter Rühren auflösen. Den Topf von der Kochstelle nehmen. Zimt, Vanille-Zucker, Zucker und Butter unter die Schokoladensahne rühren.

5. Ei und Eiweiß hinzufügen und mit Handrührgerät mit Rührbesen unter die Creme rühren. Die Schokoladencreme vorsichtig auf den Teigboden in die Springform gießen. Die Form auf dem Rost in den vorgeheizten Backofen schieben. Die Schokoladentarte etwa 40 Minuten backen.

6. Die Form auf einen Kuchenrost stellen. Die Schokoladentarte etwas abkühlen lassen, dann aus der Form lösen. Mitgebackenes Backpapier abziehen. Die Tarte auf einem mit Backpapier belegten Kuchenrost erkalten lassen. Die Schokoladentarte mit Kakao bestäuben.

Apfelkuchen mit Gewürzen

Zubereitungszeit: 50 Minuten, ohne Kühlzeit
Backzeit: etwa 60 Minuten

Für den Knetteig:
500 g Weizenmehl
350 g Butter
40 g Zucker
1 Prise Salz
6 EL eiskaltes Wasser

Für den Belag:
1,2 kg säuerliche Äpfel, z. B. Boskop
250 g brauner Zucker (Rohzucker)
1 EL Weizenmehl
1 TL gemahlener Zimt
1 TL frisch geriebene Muskatnuss

1 Eiweiß

Insgesamt:
E: 60 g, F: 301 g, Kh: 781 g, kJ: 25651, kcal: 6135

1. Für den Teig Mehl in eine Rührschüssel geben. Restliche Zutaten hinzufügen und mit Handrührgerät mit Knethaken zunächst kurz auf niedrigster, dann auf höchster Stufe gut durcharbeiten. Anschließend auf einer leicht bemehlten Arbeitsfläche zu einem glatten Teig verkneten. Den Teig in Frischhaltefolie gewickelt etwa 1 Stunde kalt stellen.

2. Für den Belag Äpfel schälen, vierteln und entkernen. Die Apfelviertel in kleine Würfel schneiden und in eine Schüssel füllen. Mit Zucker, Mehl, Zimt und Muskat mischen.

3. Den Backofen vorheizen.
Ober-/Unterhitze: etwa 180 °C
Heißluft: etwa 160 °C

4. Von dem Teig 400 g abnehmen und beiseitelegen. Restlichen Teig auf der leicht bemehlten Arbeitsfläche zu einer runden Platte (etwa Ø 30 cm) ausrollen. Teigplatte auf den Boden einer Springform (Ø 28 cm, gefettet) legen. Überstehenden Teigrand auf den Springformboden einschlagen. Den Springformrand darumstellen. Den eingeschlagenen Teig an den Formrand drücken. Die Apfelmischung auf den Boden geben und zur Mitte hin etwas aufschichten.

5. Den beiseitegelegten Teig auf der leicht mit Mehl bestäubten Arbeitsfläche etwa 1/2 cm dick ausrollen. Den Teig mit einem Teigrädchen in etwa 2 cm breite Streifen schneiden. Die Teigstreifen als Gitter auf die Apfelmischung legen. Überstehenden Teig abschneiden. Die Teigreste evtl. nochmals ausrollen und in Streifen schneiden. Das Teiggitter mit verschlagenem Eiweiß bestreichen. Die Form auf dem Rost in den vorgeheizten Backofen schieben. Den Apfelkuchen etwa 60 Minuten backen.

6. Die Form auf einen Kuchenrost stellen. Den Kuchen in der Form erkalten lassen, aus der Form lösen und auf eine Tortenplatte setzen.

Schokoladentarte

Apfelkuchen mit Gewürzen

Schokoladenkuchen

Zubereitungszeit: 40 Minuten, ohne Abkühlzeit
Backzeit: etwa 50 Minuten

Für den Teig:
200 g Edelbitter-Schokolade (70 % Kakaoanteil)
175 g Butter
125 g Weizenmehl
1 gestr. TL Dr. Oetker Backin
1/4 gestr. TL Salz
225 g Zucker
3 Eier (Größe L)
3 EL Brandy

Für den Guss:
200 g Edelbitter-Schokolade (70 % Kakaoanteil)
30 g Schlagsahne

etwas Kakaopulver

Insgesamt:
E: 80 g, F: 352 g, Kh: 464 g,
kJ: 22288, kcal: 5328

1. Boden einer Springform (Ø 20 cm, gefettet) mit Backpapier belegen. Den Springformrand mit einem Streifen Backpapier auslegen und bis zum Einfüllen des Teiges mit einer Büroklammer feststecken.
2. Den Backofen vorheizen.
Ober-/Unterhitze: etwa 160 °C
Heißluft: etwa 140 °C
3. Für den Teig Schokolade in Stücke brechen, mit Butter in einem Topf im heißen Wasserbad bei schwacher Hitze unter Rühren schmelzen, etwas abkühlen lassen.
4. Mehl mit Backpulver und Salz gut vermischen. Zucker, Eier und Brandy in einer Rührschüssel mit dem Schneebesen gut verrühren. Schokolade hinzugeben und gleichmäßig mit einem Teigspatel untermischen. Das Mehlgemisch mit dem Teigspatel vorsichtig unterheben.
5. Den Teig in die vorbereitete Form füllen. Büroklammer entfernen. Die Form auf dem Rost in den vorgeheizten Backofen (unteres Drittel) schieben. Den Kuchen etwa 50 Minuten backen und nach Ende der Backzeit noch etwa 30 Minuten im ausgeschalteten Backofen stehen lassen.
6. Die Form auf einen Kuchenrost stellen. Den Kuchen mit einem Tuch zudecken und etwa 2 Stunden in der Form abkühlen lassen. Dann den Kuchen vorsichtig aus der Form lösen und auf eine Tortenplatte setzen.
7. Für den Guss Schokolade in Stücke brechen, mit der Sahne wie unter Punkt 3 beschrieben schmelzen. Den Kuchen mit der Schokolade bestreichen. Schokolade fest werden lassen. Den Kuchen dick mit Kakao bestäuben.

Tipp: Den Schokoladenkuchen evtl. mit einer Porzellan-Rose garnieren.

Aprikosen-Käsekuchen

Zubereitungszeit: etwa 40 Minuten, ohne Kühlzeit

140 g Amarettini (ital. Mandelmakronen)
100 g Butter

Für die Creme:
260 g Aprikosenhälften (aus der Dose)
2 Pck. Aranca Aprikose-Maracuja-Geschmack (Dessertpulver)
150 g Magerquark
150 g griechischer Sahnejoghurt

Für das Püree:
2 Blatt weiße Gelatine
260 g Aprikosenhälften (aus der Dose)

Insgesamt:
E: 51 g, F: 103 g, Kh: 359 g,
kJ: 10974, kcal: 2605

1. Amarettini in einen Gefrierbeutel geben. Den Beutel fest verschließen. Amarettini mit einer Teigrolle fein zerbröseln und in eine Rührschüssel geben. Butter in einem Topf zerlassen und zu den Bröseln geben. Die Bröselmasse gut vermischen.
2. Einen Tortenring (Ø 22 cm) auf eine mit Tortenspitze oder Backpapier belegte Tortenplatte stellen. Die Bröselmasse in den Tortenring

Schokoladenkuchen

Aprikosen-Käsekuchen

geben und mit einem Löffel zu einem Boden andrücken. Den Bröselboden mindestens 15 Minuten in den Kühlschrank stellen.

3. Für die Creme Aprikosenhälften mit dem Saft fein pürieren. Aprikosenpüree, Dessertpulver, Quark und Joghurt mit Handrührgerät mit Rührbesen in etwa 4 Minuten schaumig schlagen. Die Creme auf den Boden in den Tortenring füllen und glatt streichen. Käsekuchen etwa 30 Minuten in den Kühlschrank stellen.

4. Für das Püree die Gelatine nach Packungsanleitung einweichen. Die Aprikosenhälften in einem Sieb gut abtropfen lassen. 200 g der Aprikosenhälften fein pürieren. 4 Esslöffel von dem Püree in einem Topf leicht erwärmen. Eingeweichte Gelatine leicht ausdrücken und darin unter Rühren auflösen. Den Topf von der Kochstelle nehmen. Restliches Püree unterrühren.

5. Das Aprikosenpüree auf den Käsekuchen geben und glatt streichen. Aprikosen-Käsekuchen etwa 3 Stunden in den Kühlschrank stellen.

6. Den Käsekuchen mit den restlichen Aprikosenhälften garnieren.

Haselnusszopf

Haselnusszopf

Zubereitungszeit: 20 Minuten
Backzeit: etwa 45 Minuten

Für die Füllung:
100 g gemahlene Haselnusskerne
100 g Marzipan-Rohmasse
1 Ei (Größe M)
30 g Zucker
1 Pck. Dr. Oetker Vanillin-Zucker
2–3 EL Rum

Für den Quark-Öl-Teig:
300 g Weizenmehl
1 Pck. Dr. Oetker Backin
150 g Magerquark
100 ml Milch
100 ml Speiseöl
80 g Zucker
1 Pck. Dr. Oetker Vanillin-Zucker
1 Röhrchen Butter-Vanille-Aroma
1 Prise Salz

etwas Kondensmilch

Zum Aprikotieren:
3 EL Aprikosenkonfitüre
2 EL Wasser

Insgesamt:
E: 90 g, F: 211 g, Kh: 440 g,
kJ: 17452, kcal: 4176

1. Für die Füllung Haselnusskerne in einer Pfanne ohne Fett unter Wenden goldbraun rösten, herausnehmen und auf einen Teller geben.

2. Marzipan mit Ei, Zucker, Vanillin-Zucker und Rum in einer Rührschüssel mit Handrührgerät mit Rührbesen auf mittlerer Stufe zu einer geschmeidigen Masse verrühren. Haselnusskerne unterrühren.

3. Den Backofen vorheizen.
Ober-/Unterhitze: etwa 160 °C
Heißluft: etwa 140 °C

4. Für den Teig Mehl mit Backpulver in einer Rührschüssel mischen. Restliche Zutaten hinzufügen und mit Handrührgerät mit Knethaken auf höchster Stufe in etwa 1 Minute zu einem glatten Teig verarbeiten (nicht zu lange, Teig klebt sonst).

5. Anschließend auf einer leicht bemehlten Arbeitsfläche zu einer Rolle formen und dann zu einem Rechteck (etwa 40 x 35 cm) ausrollen. Die Haselnuss-Marzipan-Masse daraufgeben und glatt streichen, dabei einen etwa 1 cm breiten Rand frei lassen. Den Teigrand mit Kondensmilch bestreichen. Das Teigrechteck von der längeren Seite aus aufrollen. Die Rolle der Länge nach einmal durchschneiden. Dabei darauf achten, dass die Rolle genau in der Mitte geteilt wird, damit der Zopf gleichmäßig aufgeht.

6. Die beiden Teigstränge – mit der Teigseite nach unten – umeinanderschlingen und als Zopf auf ein Backblech (mit Backpapier belegt) legen. Die Enden fest zusammendrücken. Das Backblech in den vorgeheizten Backofen schieben. Den Haselnusszopf etwa 45 Minuten backen. Nach etwa 25 Minuten Backzeit den Zopf evtl. mit Backpapier belegen, damit er nicht zu stark bräunt.

7. Zum Aprikotieren Aprikosenkonfitüre durch ein Sieb streichen, mit Wasser in einem Topf unter Rühren etwas einkochen lassen. Den Haselnusszopf sofort nach dem Backen mit der Konfitüre bestreichen. Haselnusszopf erkalten lassen.

Erdbeerkuchen, klassisch

7. Die Erdbeeren abspülen, gut abtropfen lassen, entstielen und halbieren. Den Pudding auf den Biskuitboden geben und glatt streichen. Die Erdbeeren auf dem Pudding verteilen.
8. Für den Guss aus Tortengusspulver, Zucker und Wasser einen Guss nach Packungsanleitung, aber mit 80 g Zucker zubereiten. Guss auf den Erdbeeren verteilen. Guss fest werden lassen. Den Tortenrand mit den gerösteten Mandeln bestreuen und mit Puderzucker bestäuben.

Erdbeerkuchen, klassisch

Zubereitungszeit: 40 Minuten, ohne Abkühlzeit
Backzeit: 20–30 Minuten

1 EL gehobelte Mandeln

Für den Biskuitteig:
2 Eier (Größe M)
2 EL heißes Wasser
70 g Zucker
1 Pck. Dr. Oetker Vanillin-Zucker
100 g Weizenmehl
1 gestr. TL Dr. Oetker Backin
50 g zerlassene, abgekühlte Butter

Für den Belag:
1 Pck. Dr. Oetker Pudding-Pulver Vanille-Geschmack
40 g Zucker
125 ml (1/8 l) Milch
250 g Schlagsahne

500 g Erdbeeren

Für den Guss und zum Bestäuben:
1 Pck. ungezuckerter Tortenguss, rot
80 g Zucker
250 ml (1/4 l) Wasser
etwas Puderzucker

Insgesamt:
E: 42 g, F: 153 g, Kh: 359 g,
kJ: 12555, kcal: 2999

1. Die Mandeln in einer Pfanne ohne Fett unter Wenden goldbraun rösten, herausnehmen und auf einen Teller geben.
2. Den Backofen vorheizen.
Ober-/Unterhitze: etwa 180 °C
Heißluft: etwa 160 °C
3. Für den Teig die Eier und Wasser in einer Rührschüssel mit Handrührgerät mit Rührbesen auf höchster Stufe in etwa 1 Minute schaumig schlagen. Zucker und Vanillin-Zucker mischen, in etwa 1 Minute einstreuen, dann noch etwa 2 Minuten schlagen.
4. Das Mehl mit Backpulver mischen, die Hälfte davon auf die Eiercreme geben und kurz auf niedrigster Stufe unterrühren. Restliches Mehlgemisch auf die gleiche Weise unterarbeiten. Butter kurz unterrühren. Den Teig in eine Obstbodenform (Ø 30 cm, gefettet, gemehlt) geben und glatt streichen. Die Form auf dem Rost in den vorgeheizten Backofen schieben. Biskuitboden 20–30 Minuten backen.
5. Die Form auf einen Kuchenrost stellen. Den Biskuitboden etwas abkühlen lassen. Dann aus der Form lösen und auf einen mit Backpapier belegten Kuchenrost stürzen. Boden erkalten lassen.
6. Für den Belag in der Zwischenzeit aus Pudding-Pulver, Zucker, Milch und Sahne einen Pudding nach Packungsanleitung zubereiten. Sofort Frischhaltefolie direkt auf den Pudding legen. Pudding erkalten lassen.

Savarin mit Beeren

Zubereitungszeit: 40 Minuten, ohne Kühlzeit
Backzeit: etwa 35 Minuten

Für den Biskuitteig:
2 Eier (Größe M)
2 EL heißes Wasser
100 g Zucker
1 Pck. Dr. Oetker Vanillin-Zucker
125 g Weizenmehl
30 g Speisestärke
1/2 gestr. TL Dr. Oetker Backin

Zum Tränken:
125 ml (1/8 l) Wasser
100 g Zucker
1 Pck. Dr. Oetker Vanillin-Zucker
375 ml (3/8 l) Weißwein

Für die Füllung:
150 g Himbeeren
150 g Brombeeren

etwas Puderzucker

Insgesamt:
E: 31 g, F: 20 g, Kh: 351 g,
kJ: 8379, kcal: 2001

1. Den Backofen vorheizen.
Ober-/Unterhitze: etwa 180 °C
Heißluft: etwa 160 °C
2. Für den Teig die Eier und Wasser in einer Rührschüssel mit Handrührgerät mit Rührbesen auf höchster Stufe

in etwa 1 Minute schaumig schlagen. Zucker und Vanillin-Zucker mischen, in etwa 1 Minute einstreuen, dann noch etwa 2 Minuten schlagen.

3. Mehl mit Speisestärke und Backpulver mischen, auf die Eiercreme geben und kurz auf niedrigster Stufe unterrühren.

4. Teig in eine Savarinform (Ø 24 cm, gefettet) füllen und glatt streichen. Die Form auf dem Rost in den vorgeheizten Backofen schieben. Savarin etwa 35 Minuten backen.

5. Die Form auf einen Kuchenrost stellen. Savarin etwas abkühlen lassen. Dann aus der Form lösen und auf einen mit Backpapier belegten Kuchenrost stürzen. Savarin erkalten lassen.

6. Zum Tränken etwa 3 Stunden vor dem Servieren Wasser mit Zucker und Vanillin-Zucker in einem Topf zum Kochen bringen. Topf von der Kochstelle nehmen, Wein unterrühren.

7. Etwa ein Drittel der heißen Flüssigkeit in die gesäuberte Savarinform gießen. Savarin hineinsetzen, vorsichtig mit der restlichen Flüssigkeit begießen und kalt stellen.

8. Für die Füllung Himbeeren und Brombeeren verlesen. Brombeeren vorsichtig abspülen und trocken tupfen. Den Savarin auf eine Tortenplatte stürzen. Die Beeren in die Mitte des Savarins geben und mit Puderzucker bestäuben.

Schokoladen-Marmorkuchen

Zubereitungszeit: 30 Minuten, ohne Abkühlzeit
Backzeit: etwa 60 Minuten

Für den Rührteig:
300 g weiche Butter oder Margarine
275 g Zucker
1 Pck. Dr. Oetker Vanillin-Zucker
1 Röhrchen Rum-Aroma
1 Prise Salz
5 Eier (Größe M)
375 g Weizenmehl
4 gestr. TL Dr. Oetker Backin
3 EL Milch
20 g gesiebtes Kakaopulver
20 g Zucker
3 EL Milch
100 g fein gehackte Edelbitter-Schokolade (70 % Kakaoanteil)

200 g Edelbitter-Schokolade (70 % Kakaoanteil)
2 TL Speiseöl, z. B. Sonnenblumenöl

Insgesamt:
E: 112 g, F: 248 g, Kh: 686 g, kJ: 29610, kcal: 7084

1. Den Backofen vorheizen.
Ober-/Unterhitze: etwa 180 °C
Heißluft: etwa 160 °C

2. Für den Teig Butter oder Margarine in einer Rührschüssel mit Handrührgerät mit Rührbesen auf höchster Stufe geschmeidig rühren. Nach und nach Zucker, Vanillin-Zucker, Aroma und Salz unterrühren. So lange rühren, bis eine gebundene Masse entstanden ist. Eier nach und nach unterrühren (jedes Ei etwa 1/2 Minute). Mehl mit Backpulver mischen und abwechselnd in 2 Portionen mit der Milch kurz auf mittlerer Stufe unterrühren. Die Hälfte des Teiges in eine Gugelhupfform (Ø 24 cm, gefettet) füllen und glatt streichen.

3. Kakao und Zucker mischen, mit Milch und der gehackten Schokolade unter den restlichen Teig rühren. Den dunklen Teig in Klecksen auf dem hellen Teig verteilen. Mit einer Gabel spiralförmig so durch die Teigschichten ziehen, dass ein Marmormuster entsteht. Die Form auf dem Rost in den vorgeheizten Backofen schieben. Den Kuchen etwa 60 Minuten backen.

4. Die Form auf einen Kuchenrost stellen. Den Kuchen etwas abkühlen lassen. Dann aus der Form lösen, auf einen mit Backpapier belegten Kuchenrost stürzen, erkalten lassen.

5. Schokolade in Stücke brechen und mit Speiseöl in einem kleinen Topf im heißen Wasserbad bei schwacher Hitze unter Rühren schmelzen. Kuchen mit der Schokolade überziehen. Schokolade fest werden lassen.

Savarin mit Beeren

Schokoladen-Marmorkuchen

Kirsch-Streusel-Kuchen

Aprikosen-Rotwein-Tarte

Kirsch-Streusel-Kuchen

Zubereitungszeit: 60 Minuten, ohne Abkühl- und Saftziehzeit
Backzeit: 50–52 Minuten

Für den Knetteig:
150 g Weizenmehl
1 Msp. Dr. Oetker Backin
100 g Zucker
1 Pck. Dr. Oetker Vanillin-Zucker
1 Prise Salz
1 Ei (Größe M)
100 g Butter oder Margarine

Für die Füllung:
1 kg Sauerkirschen
100 g Zucker
20 g Speisestärke
250 ml (1/4 l) Saft von den Sauerkirschen
etwa 1 EL Zucker

Für die Streusel:
150 g Weizenmehl
100 g Zucker
1 Pck. Dr. Oetker Vanillin-Zucker
100 g Butter oder Margarine

Insgesamt:
E: 49 g, F: 177 g, Kh: 660 g,
kJ: 19211, kcal: 4585

1. Für den Teig Mehl mit Backpulver in einer Rührschüssel mischen. Restliche Zutaten hinzufügen und mit Handrührgerät mit Knethaken zunächst kurz auf niedrigster, dann auf höchster Stufe gut durcharbeiten. Anschließend auf einer leicht bemehlten Arbeitsfläche zu einem glatten Teig verkneten. Sollte er kleben, ihn in Frischhaltefolie gewickelt eine Zeit lang kalt stellen.
2. Den Backofen vorheizen.
Ober-/Unterhitze: etwa 200 °C
Heißluft: etwa 180 °C
3. Zwei Drittel des Teiges auf dem Boden einer Springform (Ø 26–28 cm, gefettet) ausrollen und den Springformrand darumstellen. Teigboden mehrmals mit einer Gabel einstechen. Restlichen Teig zu einer Rolle formen, auf den Teigboden legen und so an die Form drücken, dass ein etwa 2 cm hoher Rand entsteht. Den Knetteigboden 10–12 Minuten vorbacken.
4. Die Form auf einen Kuchenrost stellen. Boden erkalten lassen.
5. Für die Füllung in der Zwischenzeit Kirschen abspülen, in einem Sieb abtropfen lassen, entstielen und entsteinen. Kirschen mit Zucker mischen und kurz zum Saftziehen stehen lassen. Die Kirschen in einem Topf aufkochen lassen. Anschließend in einem Sieb abtropfen lassen, den Saft auffangen und 250 ml (1/4 l) abmessen (evtl. mit Wasser auffüllen).
6. Speisestärke mit 4 Esslöffeln von dem Saft anrühren. Den restlichen Saft zum Kochen bringen. Die angerührte Speisestärke in die von der Kochstelle genommene Flüssigkeit rühren und unter Rühren kurz aufkochen lassen. Kirschen unterrühren, mit Zucker abschmecken und etwas abkühlen lassen. Die Kirschmasse auf dem vorgebackenen Boden verteilen.
7. Für die Streusel Mehl in eine Rührschüssel geben. Restliche Zutaten hinzufügen und mit Handrührgerät mit Rührbesen auf höchster Stufe zu Streuseln von gewünschter Größe verarbeiten. Die Teigstreusel auf der Kirschmasse verteilen.
8. Die Form wieder auf dem Rost in den heißen Backofen schieben. Den Kirsch-Streusel-Kuchen bei gleicher Backofentemperatur in etwa 40 Minuten fertig backen.
9. Die Form auf einen Kuchenrost stellen. Den Kuchen etwas abkühlen lassen. Dann aus der Form lösen, auf einen mit Backpapier belegten Kuchenrost setzen und erkalten lassen.

Aprikosen-Rotwein-Tarte

Zubereitungszeit: 25 Minuten
Backzeit: 40–45 Minuten

480 g Aprikosenhälften (aus der Dose)
2 EL brauner Zucker (Rohrzucker)

Für den Schüttelteig:
150 g Weizenmehl
2 gestr. TL Dr. Oetker Backin

70 g gehackte Mandeln
3 EL Schokoblättchen
70 g Rosinen
100 g brauner Zucker (Rohrzucker)
1 Pck. Dr. Oetker Bourbon-Vanille-Zucker
2 Eier (Größe M)
5 EL Speiseöl
100 ml Rotwein

Insgesamt:
E: 51 g, F: 108 g, Kh: 420 g,
kJ: 12249, kcal: 2920

1. Aprikosenhälften in einem Sieb abtropfen lassen und in Spalten schneiden. Den Boden einer Tarteform (Ø 28 cm, gefettet, Boden mit Backpapier belegt) mit braunem Zucker bestreuen. Aprikosenspalten darauf verteilen.
2. Den Backofen vorheizen.
Ober-/Unterhitze: etwa 200 °C
Heißluft: etwa 180 °C
3. Für den Teig das Mehl mit Backpulver mischen, in eine verschließbare Schüssel (etwa 3 Liter-Inhalt) geben. Mit Mandeln, Schokoblättchen, Rosinen, Zucker und Vanille-Zucker mischen. Eier, Speiseöl und Rotwein hinzufügen. Die Schüssel mit dem Deckel fest verschließen.
4. Die Schüssel mehrmals kräftig schütteln (insgesamt 15–30 Sekunden), sodass alle Zutaten gut vermischt sind. Alles mit einem Schneebesen oder Rührlöffel nochmals sorgfältig durchrühren, damit trockene Zutaten vom Rand mit untergerührt werden. Den Teig in die Form auf die Aprikosenspalten geben und vorsichtig glatt streichen. Die Form auf dem Rost in den vorgeheizten Backofen schieben und die Tarte 40–45 Minuten backen.
5. Die Form auf einen Kuchenrost stellen. Die Tarte etwas abkühlen lassen. Dann aus der Form auf einen mit Backpapier belegten Kuchenrost stürzen. Mitgebackenes Backpapier abziehen. Die Tarte erkalten lassen.

Tipp: Die Tarte vor dem Servieren mit etwas Puderzucker bestäuben.

Haferflocken-Bienenstich

Zubereitungszeit: 55 Minuten, ohne Abkühlzeit
Backzeit: 25–30 Minuten

Für den Belag:
50 g Butter
100 g Zucker
75 g Schlagsahne
100 g kernige Haferflocken

Für den Schüttelteig:
125 g Butter oder Margarine
175 g Weizenmehl
2 gestr. TL Dr. Oetker Backin
75 g Zucker
1 Pck. Dr. Oetker Vanillin-Zucker
1/2 Röhrchen Butter-Vanille-Aroma
3 Eier (Größe M)

Für die Füllung:
1 Pck. Dr. Oetker Pudding-Pulver Sahne-Geschmack
50 g Zucker
375 ml (3/8 l) Milch
100 g weiche Butter

Insgesamt:
E: 72 g, F: 219 g, Kh: 480 g,
kJ: 20791, kcal: 4966

1. Für den Belag Butter, Zucker und Sahne in einen Topf geben und aufkochen. Haferflocken hinzufügen und nochmals kurz aufkochen lassen. Haferflockenmasse etwas abkühlen lassen.
2. Den Backofen vorheizen.
Ober-/Unterhitze: etwa 180 °C
Heißluft: etwa 160 °C
3. Für den Teig Butter oder Margarine in einem Topf zerlassen und abkühlen lassen. Das Mehl mit Backpulver mischen, in eine verschließbare Schüssel (etwa 3-Liter-Inhalt) geben, mit Zucker und Vanillin-Zucker mischen. Aroma, Eier und zerlassene Butter oder Margarine hinzufügen. Die Schüssel mit dem Deckel fest verschließen. Schüssel mehrmals (insgesamt 15–30 Sekunden) kräftig schütteln, sodass alle Zutaten gut vermischt sind.
4. Alles mit einem Schneebesen oder Rührlöffel sorgfältig durchrühren, damit trockene Zutaten vom Rand mit untergerührt werden. Den Teig in eine Springform (Ø 26 cm, Boden gefettet) füllen und glatt streichen. Die Haferflockenmasse vorsichtig auf dem Teig verteilen. Die Form auf dem Rost in den vorgeheizten Backofen schieben. Kuchen 25–30 Minuten backen.
5. Die Form auf einen Kuchenrost stellen. Den Kuchen etwas abkühlen lassen. Dann aus der Form lösen, auf einen mit Backpapier belegten Kuchenrost setzen und erkalten lassen. Den Kuchen einmal waagerecht durchschneiden. Den unteren Boden auf eine Tortenplatte legen.
6. Für die Füllung aus Pudding-Pulver, Zucker und Milch einen Pudding nach Packungsanleitung, aber mit den hier angegebenen Zutaten zubereiten. Die Butter unterrühren und sofort Frischhaltefolie direkt auf die Puddingoberfläche legen. Pudding erkalten lassen.
7. Pudding auf den unteren Boden geben und glatt streichen. Den oberen Boden in 12 Stücke schneiden und auf den Pudding legen. Den Bienenstich etwa 1 Stunde in den Kühlschrank stellen.

Haferflocken-Bienenstich

Himbeer-Aprikosen-Tarte

Zubereitungszeit: 25 Minuten, ohne Abkühlzeit
Backzeit: etwa 45 Minuten

Für den Knetteig:
220 g Weizenmehl
85 g Zucker
1 Ei (Größe M)
125 g Butter oder Margarine

Für den Belag:
240 g Aprikosenhälften (aus der Dose)
250 g Himbeeren
150 g Crème fraîche
3 Eier (Größe M)
3 EL Zucker
1 Pck. Dr. Oetker Finesse Bourbon-Vanille-Aroma

2 EL Aprikosenkonfitüre

Insgesamt:
E: 60 g, F: 181 g, Kh: 395 g,
kJ: 14640, kcal: 3503

1. Für den Teig Mehl in eine Rührschüssel geben. Restliche Zutaten hinzufügen und mit Handrührgerät mit Knethaken zunächst kurz auf niedrigster, dann auf höchster Stufe gut durcharbeiten.
2. Anschließend auf einer leicht bemehlten Arbeitsfläche zu einem glatten Teig verkneten. Sollte er kleben, ihn in Frischhaltefolie gewickelt eine Zeit lang kalt stellen.
3. Den Backofen vorheizen.
Ober-/Unterhitze: etwa 180 °C
Heißluft: etwa 160 °C
4. Zwei Drittel des Teiges auf der leicht bemehlten Arbeitsfläche zu einem Rechteck (etwa 20 x 28 cm) ausrollen. Den Teig in eine rechteckige Tarteform (20 x 28 cm, gefettet) legen und andrücken. Den Teig mehrmals mit einer Gabel einstechen.
Die Form auf dem Rost in den vorgeheizten Backofen schieben. Den Knetteigboden etwa 20 Minuten vorbacken.
5. Form auf einen Kuchenrost stellen. Boden etwas abkühlen lassen.
6. Restlichen Teig zu einer Rolle formen, auf den vorgebackenen Boden legen, so an die Form drücken, dass ein 1–2 cm hoher Rand entsteht.
7. Für den Belag Aprikosenhälften in einem Sieb gut abtropfen lassen. Himbeeren verlesen, evtl. kurz abspülen und vorsichtig trocken tupfen. Crème fraîche mit Eiern, Zucker und Aroma zu einer geschmeidigen Masse verrühren.
8. Die Crème-fraîche-Eier-Creme auf den vorgebackenen Boden geben und glatt streichen. Aprikosenhälften und Himbeeren darauf verteilen. Die Form wieder auf dem Rost in den heißen Backofen schieben. Die Tarte bei gleicher Backofentemperatur in etwa 25 Minuten fertig backen.
9. Die Form auf einen Kuchenrost stellen. Die Tarte etwas abkühlen lassen.
10. Konfitüre durch ein Sieb streichen und in einem kleinen Topf kurz aufkochen lassen. Die Tarte mit der Konfitüre bestreichen und erkalten lassen. Dann aus der Form lösen und auf eine Tortenplatte setzen.

Himbeer-Aprikosen-Tarte

Gefüllter Marmorkuchen

Zubereitungszeit: 45 Minuten, ohne Abkühlzeit
Backzeit: etwa 40 Minuten

Für den Schüttelteig:
125 g Butter oder Margarine
200 g Weizenmehl
2 gestr. TL Dr. Oetker Backin
125 g Zucker
3 Eier (Größe M)
125 g Vanillejoghurt
25 g Trinkschokoladen-Pulver
1 EL Milch

Für die Füllung:
200 ml Milch
1 Pck. Saucenpulver Vanille-Geschmack zum Kochen
2 EL Zucker
75 g Butter

Insgesamt:
E: 61 g, F: 199 g, Kh: 367 g,
kJ: 15125, kcal: 3613

1. Den Backofen vorheizen.
Ober-/Unterhitze: etwa 180 °C
Heißluft: etwa 160 °C
2. Für den Teig Butter oder Margarine zerlassen und abkühlen lassen. Mehl

Gefüllter Marmorkuchen

Schoko-Quark-Herz

mit Backpulver mischen, in eine verschließbare Schüssel (etwa 3-Liter-Inhalt) geben und mit dem Zucker mischen. Eier, Joghurt und zerlassene Butter oder Margarine hinzufügen. Die Schüssel mit dem Deckel fest verschließen und mehrmals kräftig schütteln (insgesamt 15–30 Sekunden), sodass alle Zutaten gut vermischt sind.

3. Alles mit einem Schneebesen oder Rührlöffel nochmals gut durchrühren, damit trockene Zutaten vom Rand mit untergerührt werden.

4. Zwei Drittel des Teiges in eine Kastenform (30 x 11 cm, gefettet, gemehlt) füllen. Trinkschokoladen-Pulver und Milch unter den restlichen Teig rühren. Den dunklen auf dem hellen Teig verteilen. Eine Gabel spiralförmig durch die Teigschichten ziehen, sodass ein Marmormuster entsteht. Die Form auf dem Rost in den vorgeheizten Backofen schieben. Den Kuchen etwa 40 Minuten backen.

5. Die Form auf einen Kuchenrost stellen. Den Kuchen etwas abkühlen lassen. Dann aus der Form lösen und auf einem mit Backpapier belegten Kuchenrost erkalten lassen.

6. Für die Füllung in der Zwischenzeit aus Milch, Saucenpulver und Zucker einen Pudding nach Packungsanleitung, aber nur mit 200 ml Milch zubereiten. Die Butter sofort unterrühren. Frischhaltefolie direkt auf die Puddingoberfläche legen. Pudding erkalten lassen.

7. Den Kuchen dreimal der Länge nach durchschneiden. Den Pudding in 3 Portionen teilen (1 Esslöffel davon in ein Pergamentpapiertütchen füllen). Die Schnittfläche eines Gebäckbodens mit einer Portion Pudding bestreichen, mit dem zweiten Gebäckboden belegen, wieder mit einer Puddingportion bestreichen und mit dem dritten Gebäckboden belegen. Die dritte Portion Pudding daraufstreichen und mit dem letzten Gebäckboden belegen. Den Kuchen leicht zusammendrücken.

8. Die Kuchenoberfläche mit dem Pudding aus dem Pergamentpapiertütchen (eine kleine Ecke abschneiden) verzieren.

Schoko-Quark-Herz

Zubereitungszeit: 35 Minuten, ohne Abkühlzeit
Backzeit: etwa 45 Minuten

Für den Boden:
100 g Butter
200 g Schoko-Zwieback
2 Pck. Dr. Oetker Bourbon-Vanille-Zucker

Für die Füllung:
240 g Ananasstücke (aus der Dose)
500 g Speisequark (40 % Fett)
2 Eier (Größe M)
1 Pck. Gala Sahne-Pudding-Pulver
120 g Zucker

2–3 EL rotes Johannisbeer- oder Himbeergelee

Insgesamt:
E: 86 g, F: 193 g, Kh: 419 g,
kJ: 16058, kcal: 3835

1. Für den Boden die Butter in einem Topf zerlassen und abkühlen lassen. Zwiebäcke in Stücke brechen und in einen Gefrierbeutel geben. Den Beutel verschließen. Zwiebackstücke mit einer Teigrolle fein zerbröseln und in eine Schüssel geben. Butter und Vanille-Zucker hinzufügen, mit einem Löffel gut verrühren.

2. Drei Viertel der Bröselmasse in eine Herzbackform (etwa 1-Liter-Inhalt, gefettet, gemehlt) geben und mit einem Löffel zu einem Boden andrücken.

3. Den Backofen vorheizen.
Ober-/Unterhitze: etwa 180 °C
Heißluft: etwa 160 °C

4. Für die Füllung Ananasstücke in einem Sieb abtropfen lassen, größere Ananasstücke klein schneiden. Quark mit Eiern, Pudding-Pulver und Zucker verrühren. Die Ananasstücke unterheben. Die Ananas-Quark-Masse auf den Bröselboden geben und glatt streichen. Die restliche Bröselmasse daraufstreuen. Die Form auf dem Rost in den vorgeheizten Backofen schieben. Das Schoko-Quark-Herz etwa 45 Minuten backen.

5. Die Form auf einen Kuchenrost stellen. Das Schoko-Quark-Herz in der Form erkalten lassen. Dann vorsichtig aus der Form auf einen mit Backpapier belegten Kuchenrost stürzen, wieder umdrehen und auf eine Tortenplatte setzen.

6. Gelee in einen Topf geben und kurz aufkochen lassen. Das warme Gelee in einen Gefrierbeutel füllen und eine kleine Ecke abschneiden. Das Gelee spiralförmig auf das Herz spritzen. Gelee fest werden lassen.

Elsässer Gugelhupf

Bröselkuchen mit Obst

Elsässer Gugelhupf

Zubereitungszeit: 30 Minuten, ohne Teiggehzeit
Backzeit: etwa 45 Minuten

Für den Hefeteig:
500 g Weizenmehl
1 Pck. Dr. Oetker Trockenbackhefe
200 ml lauwarme Milch
200 g zerlassene, abgekühlte Butter oder Margarine
100 g Zucker
1 gestr. TL Salz
50 g abgezogene, gemahlene Mandeln
2 Eier (Größe M)
50 g Rosinen

Außerdem:
20 g gehobelte Mandeln

Insgesamt:
E: 90 g, F: 232 g, Kh: 521 g,
kJ: 19221, kcal: 4595

1. Für den Teig das Mehl in eine Rührschüssel geben und mit der Trockenbackhefe sorgfältig vermischen. Milch, Butter oder Margarine, Zucker, Salz, Mandeln und Eier hinzufügen. Die Zutaten mit Handrührgerät mit Knethaken zunächst kurz auf niedrigster, dann auf höchster Stufe in etwa 5 Minuten zu einem glatten Teig verarbeiten. Die Teig zugedeckt so lange an einem warmen Ort gehen lassen, bis er sich sichtbar vergrößert hat (etwa 30 Minuten).
2. Den gegangenen Teig leicht mit Mehl bestäuben, aus der Schüssel nehmen, auf einer leicht bemehlten Arbeitsfläche nochmals kurz durchkneten. Die Rosinen unterarbeiten.
3. Den Teig in eine Gugelhupfform (Ø 24 cm, gefettet, mit Mandeln ausgestreut) hineingeben und nochmals zugedeckt so lange an einem warmen Ort gehen lassen, bis er sich sichtbar vergrößert hat (etwa 30 Minuten).
4. In der Zwischenzeit den Backofen vorheizen.
Ober-/Unterhitze: etwa 180 °C
Heißluft: etwa 160 °C
5. Die Form auf dem Rost in den vorgeheizten Backofen schieben. Den Gugelhupf etwa 45 Minuten backen.
6. Die Form auf einen Kuchenrost stellen. Den Gugelhupf etwas abkühlen lassen. Dann aus der Form lösen und auf einen mit Backpapier belegten Kuchenrost stürzen. Gugelhupf erkalten lassen.

Bröselkuchen mit Obst

Zubereitungszeit: 20 Minuten, ohne Abkühlzeit
Backzeit: etwa 30 Minuten

Für den Streuselteig:
225 g Weizenmehl
100 g Zucker
1 Pck. Dr. Oetker Finesse Geriebene Zitronenschale
150 g weiche Butter oder Margarine
1 Ei (Größe M)

360 g Rhabarberkompott (aus dem Glas)

etwas Puderzucker

Insgesamt:
E: 34 g, F: 138 g, Kh: 342 g,
kJ: 11508, kcal: 2749

1. Den Backofen vorheizen.
Ober-/Unterhitze: etwa 180 °C
Heißluft: etwa 160 °C
2. Für den Teig Mehl in eine Rührschüssel geben. Zucker, Zitronenschale und Butter oder Margarine hinzufügen. Zutaten mit Handrührgerät mit Rührbesen zunächst kurz auf niedrigster, dann auf höchster Stufe zu Streuseln von gewünschter Größe verarbeiten.
3. Die Hälfte der Teigstreusel in eine Springform (Ø 26 cm, Boden gefettet) geben und zu einem Boden andrücken. Kompott darauf verteilen, dabei am Rand etwa 1 cm frei lassen.
4. Das Ei unter den restlichen Teig rühren, in einen Spritzbeutel mit Sterntülle geben. Zuerst einen Rand, dann Längs- und Querstreifen auf das Kompott spritzen, sodass ein Karomuster entsteht. Die Form auf dem Rost in den vorgeheizten Backofen schieben und den Kuchen etwa 30 Minuten backen.
5. Die Form auf einen Kuchenrost stellen. Den Kuchen etwas abkühlen lassen. Dann aus der Form lösen und auf einem mit Backpapier belegten Kuchenrost erkalten lassen. Den Kuchen mit Puderzucker bestäuben.

Gewürzstollen

Zubereitungszeit: 40 Minuten
Backzeit: etwa 45 Minuten

Für den Teig:
6 Eier (Größe M)
500 g Zucker, 1 Prise Salz
1 TL gemahlene Nelken
20 g gemahlener Zimt
700 g Weizenmehl
1 Pck. Dr. Oetker Backin
500 g ungeschälte, ganze Mandeln

1 Eigelb

Insgesamt:
E: 211 g, F: 322 g, Kh: 1047 g,
kJ: 33166, kcal: 7926

1. Den Backofen vorheizen.
Ober-/Unterhitze: etwa 180 °C
Heißluft: etwa 160 °C
2. Für den Teig die Eier mit Zucker und Salz in einer Rührschüssel mit Handrührgerät mit Rührbesen auf höchster Stufe in etwa 3 Minuten schaumig schlagen. Nelken und Zimt kurz unterrühren.
3. Mehl mit Backpulver mischen, die Hälfte davon in 2 Portionen kurz auf niedrigster Stufe unterrühren. Restliches Mehlgemisch mit Handrührgerät mit Knethaken zunächst kurz auf niedrigster, dann auf höchster Stufe gut durcharbeiten. Mandeln vorsichtig unterkneten. Den Teig halbieren.
4. Eine Teighälfte auf einer leicht bemehlten Arbeitsfläche zu einem Rechteck (etwa 30 x 20 cm) ausrollen. Den Teig von der längeren Seite aus aufrollen und mit der Teigrolle der Länge nach eine Vertiefung eindrücken. Dann die linke Seite leicht versetzt auf die rechte Seite schlagen. Den mittleren Teil mit den Händen der Länge nach zu einem Wulst formen. Den restlichen Teig auf die gleiche Weise zu einem Stollen verarbeiten.
5. Das Eigelb mit einer Gabel verschlagen. Die Stollen damit bestreichen und auf ein Backblech (mit 3 Lagen Backpapier belegt) legen. Das Backblech in den vorgeheizten Backofen schieben und die Gewürzstollen etwa 45 Minuten backen.
6. Das Backblech auf einen Kuchenrost stellen. Die Stollen mit dem Backpapier vom Backblech auf einen Kuchenrost ziehen, erkalten lassen.

Rührteig-Kastenkuchen

Zubereitungszeit: 20 Minuten
Backzeit: etwa 60 Minuten

Für den Rührteig:
250 g weiche Butter oder Margarine
150 g Zucker
1 Pck. Dr. Oetker Vanillin-Zucker
1 Prise Salz
4 Eier (Größe M)
300 g Weizenmehl
4 gestr. TL Dr. Oetker Backin
2 EL Milch

Insgesamt:
E: 60 g, F: 240 g, Kh: 375 g,
kJ: 16560, kcal: 3960

1. Den Backofen vorheizen.
Ober-/Unterhitze: etwa 180 °C
Heißluft: etwa 160 °C
2. Für den Teig Butter oder Margarine in einer Rührschüssel mit Handrührgerät mit Rührbesen auf höchster Stufe geschmeidig rühren. Nach und nach Zucker, Vanillin-Zucker und Salz unterrühren. So lange rühren, bis eine gebundene Masse entstanden ist.
3. Eier nach und nach unterrühren (jedes Ei etwa 1/2 Minute). Mehl mit Backpulver mischen, abwechselnd in 2 Portionen mit der Milch kurz auf mittlerer Stufe unterrühren.
4. Den Teig in eine Kastenform (25 x 11 cm, gefettet, gemehlt) füllen und glatt streichen. Die Form auf dem Rost in den vorgeheizten Backofen (unteres Drittel) schieben. Den Kuchen etwa 60 Minuten backen. Nach etwa 15 Minuten Backzeit den Kuchen mit einem spitzen Messer der Länge nach in der Mitte etwa 1 cm tief einschneiden.
5. Die Form auf einen Kuchenrost stellen. Den Kuchen etwas abkühlen lassen. Dann aus der Form lösen und auf einen mit Backpapier belegten Kuchenrost stürzen. Kuchen erkalten lassen.

Gewürzstollen

Rührteig-Kastenkuchen

Teekuchen

Zubereitungszeit: 60 Minuten, ohne Kühlzeit
Backzeit: etwa 50 Minuten

Für den All-in-Teig:
250 g Weizenmehl
100 g Speisestärke
1 Pck. Dr. Oetker Backin
150 g brauner Zucker (Rohrzucker)
4 Eier (Größe M)
150 g Crème fraîche
150 g weiche Butter

Für die Füllung:
385 g Pflaumenhälften (aus dem Glas)
250 ml (1/4 l) Wasser
5 Beutel grüner Tee
1 Pck. ungezuckerter Tortenguss, klar
2 EL Zucker
5 EL Pflaumensaft (aus dem Glas)
450 g Crème fraîche
2 EL gesiebter Puderzucker
1 Pck. Dr. Oetker Sahnesteif

1 EL brauner Zucker (Rohrzucker)
einige hauchdünne Täfelchen Zartbitter-Schokolade

Insgesamt:
E: 76 g, F: 343 g, Kh: 577 g, kJ: 23779, kcal: 5702

1. Den Backofen vorheizen.
Ober-/Unterhitze: etwa 180 °C
Heißluft: etwa 160 °C
2. Für den Teig Mehl mit Speisestärke und Backpulver in einer Rührschüssel mischen. Restliche Zutaten hinzufügen und mit Handrührgerät mit Rührbesen zunächst kurz auf niedrigster, dann auf höchster Stufe in etwa 2 Minuten zu einem glatten Teig verarbeiten.
3. Den Teig in eine Springform mit Rohrboden (Ø 26 cm, gefettet) füllen und glatt streichen. Die Form auf dem Rost in den vorgeheizten Backofen schieben. Den Gebäckkranz etwa 50 Minuten backen.
4. Die Form auf einen Kuchenrost stellen. Den Kuchen etwas abkühlen lassen. Dann aus der Form lösen, auf einen mit Backpapier belegten Kuchenrost stürzen und erkalten lassen. Den Gebäckkranz zweimal waagerecht durchschneiden.
5. Für die Füllung Pflaumenhälften in einem Sieb gut abtropfen lassen, den Saft auffangen und 250 ml (1/4 l) abmessen. Pflaumenhälften in kleine Stücke schneiden. Wasser in einem kleinen Topf zum Kochen bringen. Den Topf von der Kochstelle nehmen. Die Teebeutel in das leicht abgekühlte Wasser hängen. Tee etwa 3 Minuten ziehen lassen, dann die Teebeutel herausnehmen.
6. Tortengusspulver, Zucker und Pflaumensaft in einem Topf verrühren. Nach und 200 ml Tee unterrühren und kurz aufkochen lassen. Pflaumenstücke unterrühren. Die Masse auf dem unteren Kranzboden verteilen.
7. Crème fraîche mit Puderzucker und Sahnesteif in einem hohen Rührbecher mit Handrührgerät mit Rührbesen cremig schlagen. Die Creme in 3 Portionen teilen. Eine Cremeportion auf die Pflaumenmasse geben, glatt streichen und mit dem mittleren Kranzboden belegen. Eine weitere Cremeportion daraufgeben und glatt streichen. Den oberen Kranzboden darauflegen und leicht andrücken. Restliche Creme auf die Kuchenoberfläche geben und wellenförmig verstreichen. Anschließend den Kuchen mindestens 1 Stunde in den Kühlschrank stellen.
8. Den Teekuchen mit Zucker bestreuen. Die Schokoladen-Täfelchen in Stücke brechen und auf die Creme legen.

Teekuchen

Heidelbeerkuchen

Zubereitungszeit: 50 Minuten, ohne Kühlzeit
Backzeit: 15–20 Minuten

Für den Knetteig:
300 g Weizenmehl
60 g Zucker
1 Prise Salz
125 g Butter
4 EL trockener Sherry

1 EL Weizenmehl

Für die Füllung:
1 Pck. gemahlene Gelatine, rot
350 g frische Heidelbeeren oder 350 g TK-Beerenmischung
125 ml (1/8 l) Wasser
Saft von 1/2 Zitrone
150 g Zucker
350 g frische Heidelbeeren oder 350 g TK-Beerenmischung

Heidelbeerkuchen

Schokoladenkranz

Insgesamt:
E: 48 g, F: 115 g, Kh: 482 g,
kJ: 13560, kcal: 3236

1. Für den Teig Mehl in eine Rührschüssel geben. Restliche Zutaten hinzufügen und mit Handrührgerät mit Knethaken zunächst kurz auf niedrigster, dann auf höchster Stufe gut durcharbeiten.
2. Anschließend auf einer leicht bemehlten Arbeitsfläche zu einem glatten Teig verkneten. Teig in Frischhaltefolie gewickelt etwa 1 Stunde kalt stellen.
3. Den Backofen vorheizen.
Ober-/Unterhitze: etwa 200 °C
Heißluft: etwa 180 °C
4. Zwei Drittel des Teiges auf dem Boden einer Springform (Ø 26 cm, gefettet) ausrollen. Den Springformrand darumstellen. Den restlichen Teig mit 1 Esslöffel Mehl verkneten, zu einer Rolle formen, auf den Teigboden legen und so an die Form drücken, dass ein etwa 3 cm hoher Rand entsteht. Teigboden mehrmals mit einer Gabel einstechen. Die Form auf dem Rost in den vorgeheizten Backofen schieben. Den Knetteigboden 15–20 Minuten backen.
5. Die Form auf einen Kuchenrost stellen. Den Springformrand lösen und entfernen. Den Knetteigboden vom Springformboden lösen, aber darauf erkalten lassen. Knetteigboden auf eine Platte legen.
6. Für die Füllung Gelatine nach Packungsanleitung in einem kleinen Topf anrühren und quellen lassen. Heidelbeeren verlesen, abspülen, abtropfen lassen und in einen Topf geben. Wasser, Zitronensaft und Zucker hinzufügen. Die Zutaten zum Kochen bringen und bei schwacher Hitze unter mehrmaligem Rühren (mit einem Schneebesen) etwa 10 Minuten kochen lassen. Den Topf von der Kochstelle nehmen und die Gelatine unter Rühren darin auflösen. Die Fruchtmasse in den Kühlschrank stellen.
7. Heidelbeeren verlesen, abspülen und gut abtropfen lassen. Wenn die Fruchtmasse anfängt dicklich zu werden, Heidelbeeren vorsichtig unterheben und auf dem Knetteigboden verteilen. Kuchen 3–4 Stunden in den Kühlschrank stellen.

Schokoladenkranz

Zubereitungszeit: 30 Minuten, ohne Abkühlzeit
Backzeit: etwa 40 Minuten

Für den Rührteig:
80 g weiche Butter oder Margarine
80 g Zucker
1 Pck. Dr. Oetker Vanillin-Zucker
4 Eigelb (Größe M)
80 g Speisestärke
1 gestr. TL Dr. Oetker Backin
80 g abgezogene, gemahlene Mandeln
80 g geriebene Zartbitter-Schokolade
4 Eiweiß (Größe M)
100 g Zartbitter-Kuverture
40 g gestiftelte Mandeln

Insgesamt:
E: 65 g, F: 220 g, Kh: 248 g,
kJ: 13515, kcal: 3228

1. Den Backofen vorheizen.
Ober-/Unterhitze: etwa 180 °C
Heißluft: etwa 160 °C
2. Für den Teig Butter oder Margarine in einer Rührschüssel mit Handrührgerät mit Rührbesen auf höchster Stufe geschmeidig rühren. Nach und nach Zucker und Vanillin-Zucker unterrühren. So lange rühren, bis eine gebundene Masse entstanden ist.
3. Eigelb nach und nach unterrühren. Speisestärke mit Backpulver mischen und kurz auf mittlerer Stufe unterrühren. Mandeln und Schokolade unterrühren. Eiweiß steif schlagen und unterheben.
4. Teig in eine Kranzform (Ø 20 cm, gefettet, gemehlt) füllen und glatt streichen. Die Form auf dem Rost in den vorgeheizten Backofen schieben. Den Kranz etwa 40 Minuten backen.
5. Die Form auf einen Kuchenrost stellen. Den Gebäckkranz etwas abkühlen lassen. Dann aus der Form lösen und auf einen mit Backpapier belegten Kuchenrost stürzen. Gebäckkranz erkalten lassen.
6. Kuvertüre in Stücke hacken, in einem kleinen Topf im heißen Wasserbad bei schwacher Hitze unter Rühren schmelzen. Kranz mit der Kuvertüre überziehen, mit den Mandeln spicken. Guss fest werden lassen.

Orangen-Mohn-Sirup-Kuchen

Fruchtiger Möhrenkuchen

Orangen-Mohn-Sirup-Kuchen

Zubereitungszeit: 45 Minuten, ohne Quell- und Abkühlzeit
Backzeit: etwa 45 Minuten

4 EL Mohnsamen
150 ml Orangensaft

Für den Rührteig:
200 g weiche Butter oder Margarine
150 g Zucker
1 Prise Salz
1 gestr. TL Dr. Oetker Finesse Orangenschalen-Aroma
4 Eier (Größe M)
350 g Weizenmehl
3 gestr. TL. Dr. Oetker Backin
100 g abgezogene, gemahlene Mandeln

Für den Sirup:
225 g Zucker
200 ml Orangensaft
5 EL Zitronensaft

Insgesamt:
E: 104 g, F: 269 g, Kh: 709 g,
kJ: 24661, kcal: 5893

1. Den Mohn in eine Schüssel geben, mit Orangensaft übergießen und etwa 30 Minuten quellen lassen.
2. Den Backofen vorheizen.
Ober-/Unterhitze: etwa 180 °C
Heißluft: etwa 160 °C
3. Für den Teig Butter oder Margarine in einer Rührschüssel mit Handrührgerät mit Rührbesen auf höchster Stufe geschmeidig rühren. Nach und nach Zucker, Salz und Orangenschalen-Aroma unterrühren. So lange rühren, bis eine gebundene Masse entstanden ist.
4. Eier nach und nach unterrühren (jedes Ei etwa ½ Minute). Mehl mit Backpulver mischen und in 2 Portionen kurz auf mittlerer Stufe unterrühren. Die Mandeln und die Mohn-Orangensaft-Mischung unterrühren.
5. Teig in eine Springform (Ø 26 cm, Boden gefettet) füllen und glatt streichen. Die Form auf dem Rost in den vorgeheizten Backofen schieben. Den Orangen-Mohn-Kuchen etwa 45 Minuten backen.
6. Die Form auf einen Kuchenrost stellen. Den Kuchen etwas abkühlen lassen. Dann aus der Form lösen und auf einen Kuchenrost setzen. Den Kuchen mit dem Kuchenrost auf ein Backblech stellen. Die Kuchenoberfläche mehrmals mit einem Holzstäbchen einstechen.
7. Für den Sirup Zucker, Orangen- und Zitronensaft in einem kleinen Topf verrühren und so lange erwärmen, bis sich der Zucker aufgelöst hat. Anschließend bei mittlerer Hitze etwa 2 Minuten etwas einkochen lassen, dabei nicht umrühren.
8. Den Kuchen mit dem Sirup beträufeln und erkalten lassen.

Tipp: Den Kuchen mit Puderzucker bestäuben und mit Bio-Orangenzesten (unbehandelt, ungewachst) garnieren.

Fruchtiger Möhrenkuchen

Zubereitungszeit: 75 Minuten
Backzeit: etwa 40 Minuten

300 g Möhren
10 Aprikosen

Für den Biskuitteig:
3 Eiweiß (Größe M)
125 g Zucker
3 Eigelb (Größe M)
1 Pck. Dr. Oetker Vanillin-Zucker
50 g Weizenmehl (Type 550)
½ gestr. TL Dr. Oetker Backin
100 g abgezogene, gemahlene Mandeln
100 g gehackte Mandeln

Außerdem:
150 g Aprikosenkonfitüre

Insgesamt:
E: 77 g, F: 129 g, Kh: 337 g,
kJ: 12977, kcal: 3004

1. Möhren putzen, schälen, abspülen, abtropfen lassen, fein raspeln. Möhrenraspel in ein Sieb geben und abtropfen lassen. Aprikosen kreuzweise einschneiden, mit kochendem Wasser übergießen und kurz darin liegen lassen. Aprikosen mit kaltem Wasser abschrecken, enthäuten, halbieren und entsteinen.
2. Den Backofen vorheizen.
Ober-/Unterhitze: etwa 180 °C
Heißluft: etwa 160 °C

3. Für den Teig Eiweiß mit der Hälfte des Zuckers sehr steif schlagen. Eigelb in einer Rührschüssel mit Handrührgerät mit Rührbesen auf höchster Stufe in etwa 1 Minute schaumig schlagen. Restlichen Zucker und Vanillin-Zucker mischen, in etwa 1 Minute einstreuen, dann noch etwa 2 Minuten schlagen.
4. Mehl mit Backpulver und gemahlenen Mandeln mischen, auf die Eiercreme geben und kurz auf niedrigster Stufe unterrühren. Gehackte Mandeln unterrühren, Eischnee unterheben. Die Möhrenraspel vorsichtig unterrühren. Den Teig in eine Springform (Ø 26 cm, Boden gefettet, gemehlt) füllen und glatt streichen.
5. Die Aprikosenhälften mit der Wölbung nach oben auf dem Teig verteilen. Die Form auf dem Rost in den vorgeheizten Backofen schieben. Den Kuchen etwa 40 Minuten backen.
6. Die Form auf einen Kuchenrost stellen. Den Springformrand vorsichtig lösen und entfernen. Die Konfitüre durch ein Sieb streichen und in einem Topf kurz aufkochen lassen. Den heißen Kuchen damit bestreichen und erkalten lassen. Dann den Kuchen vom Springformboden lösen und auf eine Tortenplatte setzen.

Neujahrskuchen

Zubereitungszeit: 30 Minuten, ohne Teiggehzeit
Backzeit: etwa 60 Minuten

Für den Hefeteig:
500 g Weizenmehl
42 g frische Hefe
200 ml lauwarme Milch
150 g Zucker
4 Eier (Größe M)
200 g zerlassene Butter
1 gestr. TL gemahlener Zimt
½ gestr. TL frisch geriebene Muskatnuss
1 gestr. TL Salz
200 g abgezogene, gemahlene Mandeln

einige abgezogene, ganze Mandeln

Insgesamt:
E: 140 g, F: 324 g, Kh: 542 g, kJ: 24942, kcal: 5958

1. Für den Teig das Mehl in eine Rührschüssel geben und in die Mitte eine Vertiefung eindrücken. Hefe hineinbröckeln, mit etwas Milch und etwas Zucker verrühren und zugedeckt etwa 15 Minuten stehen lassen.
2. Restliche Zutaten hinzufügen und mit Handrührgerät mit Knethaken zunächst auf niedrigster, dann auf höchster Stufe in etwa 5 Minuten zu einem glatten Teig verarbeiten. Den Teig anschließend zugedeckt so lange an einem warmen Ort gehen lassen, bis er sich sichtbar vergrößert hat (etwa 30 Minuten).
3. Den Teig leicht mit Mehl bestäuben, aus der Schüssel nehmen und auf einer leicht bemehlten Arbeitsfläche nochmals kurz durchkneten. Den Teig in eine Napfkuchenform (Ø 24 cm, gefettet) füllen. Die ganzen Mandeln darauf verteilen. Den Teig zugedeckt nochmals so lange an einem warmen Ort gehen lassen, bis er sich sichtbar vergrößert hat (etwa 30 Minuten).
4. In der Zwischenzeit den Backofen vorheizen.
Ober-/Unterhitze: etwa 180 °C
Heißluft: etwa 160 °C
5. Die Form auf dem Rost in den vorgeheizten Backofen schieben. Den Kuchen etwa 60 Minuten backen.
6. Die Form auf einen Kuchenrost stellen. Den Kuchen etwas abkühlen lassen. Dann aus der Form lösen und auf einen mit Backpapier belegten Kuchenrost setzen.

Neujahrskuchen

Kapitel 10
Rezepte 901–1000

Brot und pikantes Gebäck

Focaccia all'olio

Focaccia all'olio

Für den Hefeteig:
600 g Weizenmehl
42 g frische Hefe
350 ml lauwarmes Wasser
1 gestr. TL Salz
100 ml Olivenöl

1/2 Knoblauchzehe
1 Stängel Rosmarin
1 gestr. TL Meersalz

Zubereitungszeit: 40 Minuten, ohne Teiggehzeit
Backzeit: etwa 35 Minuten

Insgesamt:
E: 68 g, F: 107 g, Kh: 440 g,
kJ: 12597, kcal: 3007

1. Für den Teig Mehl in eine Rührschüssel geben. In die Mitte eine Vertiefung drücken. Hefe hineinbröckeln, etwas Wasser hinzufügen. Mit einem kleinen Teil des Mehls mit einer Gabel vorsichtig verrühren und zugedeckt etwa 10 Minuten gehen lassen.
2. Das Salz, die Hälfte des Olivenöls und restliches Wasser hinzufügen. Die Zutaten mit Handrührgerät mit Knethaken zunächst kurz auf niedrigster, dann auf höchster Stufe in etwa 5 Minuten zu einem glatten Teig verarbeiten. Den Teig mit Mehl bestäuben und zugedeckt so lange an einem warmen Ort gehen lassen, bis er sich sichtbar vergrößert hat (etwa 60 Minuten).
3. Den gegangenen Teig leicht mit Mehl bestäuben, aus der Schüssel nehmen, auf einer leicht bemehlten Arbeitsfläche nochmals kurz durchkneten und zu einem Fladen formen. Teigfladen auf ein Backblech (mit Backpapier belegt, mit Mehl bestäubt) legen und flach drücken. Den Teig zugedeckt nochmals etwa 20 Minuten an einem warmen Ort gehen lassen.
4. In der Zwischenzeit den Backofen vorheizen.
Ober-/Unterhitze: etwa 200 °C
Heißluft: etwa 180 °C
5. Knoblauch abziehen, halbieren. Knoblauchhälfte klein schneiden. Rosmarin abspülen und trocken tupfen. Die Nadeln von den Stängeln zupfen. Das restliche Olivenöl mit Knoblauch und Rosmarinnadeln vermischen.
6. Mit einem Löffelstiel Vertiefungen in den Teigfladen drücken. Das Kräuteröl gleichmäßig darauf verteilen und mit Meersalz bestreuen. Das Backblech in den vorgeheizten Backofen schieben. Focaccia etwa 35 Minuten backen.
7. Focaccia mit dem Backpapier vom Backblech auf einen Kuchenrost ziehen. Focaccia erkalten lassen.

Würzige Käse-Preiselbeer-Muffins

12 Muffins

Zubereitungszeit: 25 Minuten
Backzeit: 30–35 Minuten

100 g Camembert
250 g Weizenmehl (Type 550)
1 gestr. TL Salz
3 gestr. TL Dr. Oetker Backin
100 g Crème fraîche
2 Eier (Größe M)
50 ml Speiseöl
75 ml Mineralwasser mit Kohlensäure
75 g Wild-Preiselbeeren (aus dem Glas)
40 g frisch geriebener Parmesan-Käse

Pro Stück:
E: 6 g, F: 12 g, Kh: 19 g,
kJ: 866, kcal: 207

1. Den Backofen vorheizen.
Ober-/Unterhitze: etwa 180 °C
Heißluft: etwa 160 °C
2. Camembert in sehr kleine Würfel schneiden.
3. Mehl, Salz und Backpulver in eine Rührschüssel geben und mit einem Schneebesen verrühren. Die Crème fraîche, Eier, Speiseöl und Mineralwasser hinzufügen. Die Zutaten mit Handrührgerät mit Knethaken zu einem glatten Teig verarbeiten.
4. Preiselbeeren, Parmesan-Käse und Camembertwürfel mit Handrührgerät mit Knethaken kurz unter den Teig arbeiten. Den Teig in einer Muffinform (für 12 Muffins, gefettet, gemehlt) verteilen. Die Form auf dem Rost in den vorgeheizten Backofen schieben. Muffins 30–35 Minuten backen.
5. Die Form auf einen Kuchenrost stellen.
6. Die Muffins etwa 5 Minuten in der Form stehen lassen, dann aus den Förmchen lösen und auf einem mit Backpapier belegten Kuchenrost erkalten lassen.

Pikantes Blätterteiggebäck

40 Stück

Zubereitungszeit: 30 Minuten, ohne Auftauzeit
Backzeit: etwa 15 Minuten

300 g TK-Blätterteig

Für die Füllung:
150 g Räucherlachs
40 g Pistazienkerne
1 Bund Dill
150 g frisch geriebener, mittelalter Gouda-Käse
1 Eiweiß (Größe M)
2 EL Crème fraîche
1 verschlagenes Eigelb

Pro Stück:
E: 2 g, F: 3 g, Kh: 3 g,
kJ: 242, kcal: 6

1. Blätterteigplatten nebeneinander nach Packungsanleitung auftauen lassen. Die Platten aufeinanderlegen und auf einer leicht bemehlten Arbeitsfläche zu einem großen Rechteck ausrollen. Teigrechteck halbieren und jeweils zu einem Rechteck (etwa 20 x 40 cm) ausrollen.
2. Für die Füllung Lachs in feine Würfel schneiden. Pistazienkerne klein hacken. Dill abspülen und trocken tupfen. Die Spitzen von den Stängeln zupfen. Spitzen klein schneiden.
3. Den Backofen vorheizen.
Ober-/Unterhitze: etwa 200 °C
Heißluft: etwa 180 °C
4. Den Käse in eine Schüssel geben. Eiweiß, Crème fraîche, Lachswürfel, Pistazienkerne und Dill hinzufügen. Die Zutaten gut verrühren. Die Masse gleichmäßig auf den Teigrechtecken verteilen und jeweils von der längeren Seite aus aufrollen.
5. Die Teigrollen in je 20 dicke Scheiben schneiden, auf ein Backblech (mit Backpapier belegt) legen und mit Eigelb bestreichen. Das Backblech in den vorgeheizten Backofen schieben. Blätterteiggebäck etwa 15 Minuten backen. Das Gebäck mit dem Backpapier auf einen Kuchenrost ziehen und erkalten lassen.

Würzige Käse-Preiselbeer-Muffins

Pikantes Blätterteiggebäck

sammendrücken und die Figuren auf die Teigoberfläche legen.

9. Eigelb mit Milch verschlagen, die Teigoberfläche damit bestreichen und mehrmals mit einer Gabel einstechen. Die Form auf dem Rost in den vorgeheizten Backofen schieben. Kartoffelpastete etwa 60 Minuten backen.

10. Die Form auf einen Kuchenrost stellen. Den Springformrand lösen und entfernen. Die Kartoffelpastete heiß servieren.

Kartoffelpastete

Kartoffelpastete

6 Portionen

Zubereitungszeit: 45 Minuten, ohne Abkühlzeit
Backzeit: etwa 60 Minuten

300 g TK-Blätterteig
1 kg kleine, festkochende Kartoffeln
250 g durchwachsener Speck
3 EL Schnittlauchröllchen
1 EL gehackte Majoranblättchen
Salz
frisch gemahlener, weißer Pfeffer
150 g Crème fraîche
3 Eier (Größe M)
1/2 Eiweiß (Größe M)
1/2 Eigelb (Größe M)
frisch geriebene Muskatnuss
Paprikapulver edelsüß

1/2 verschlagenes Eiweiß
1/2 Eigelb
1 EL Milch

Pro Portion:
E: 11 g, F: 49 g, Kh: 43 g,
kJ: 2801, kcal: 669

1. Blätterteig nebeneinander nach Packungsanleitung auftauen lassen.

2. Kartoffeln gründlich waschen, knapp mit Wasser bedeckt zum Kochen bringen und etwa 20 Minuten garen. Kartoffeln abgießen, abdämpfen, heiß pellen und erkalten lassen.

3. Kartoffeln in Scheiben schneiden. Speck in Würfel schneiden.

4. Etwa drei Viertel des Blätterteigs auf einer leicht bemehlten Arbeitsfläche zu einer runden Platte (Ø etwa 32 cm) ausrollen. Die Teigplatte in eine Springform (Ø 26 cm, mit kaltem Wasser ausgespült) legen, dabei einen etwa 3 cm hohen Rand andrücken.

5. Kartoffelscheiben, Speckwürfel, Schnittlauchröllchen und Majoran abwechselnd auf den Teigboden schichten. Dabei jeweils die Kartoffelscheiben mit Salz und Pfeffer würzen.

6. Crème fraîche mit Eiern, Eiweiß und Eigelb verschlagen. Mit Salz, Pfeffer, Muskat und Paprika kräftig würzen. Den Guss über die eingeschichteten Zutaten gießen.

7. Den Backofen vorheizen.
Ober-/Unterhitze: etwa 200 °C
Heißluft: etwa 180 °C

8. Restlichen Teig auf der leicht bemehlten Arbeitsfläche zu einer runden Platte (Ø etwa 26 cm) ausrollen. Aus den Teigresten kleine Figuren ausstechen. Die überlappenden Teigränder und Figurenunterseiten mit dem verschlagenen Eiweiß bestreichen, Teigplatte auf die eingeschichteten Zutaten legen. Ränder fest zu-

Kürbis-Käsekuchen vom Blech

Zubereitungszeit: 40 Minuten, ohne Abkühlzeit
Backzeit: etwa 40 Minuten

Für den Knetteig:
400 g Weizenmehl
1 gestr. TL Salz
1 Ei (Größe M)
200 g Butter oder Margarine
2 EL kaltes Wasser
60g gehackte Kürbiskerne

Für den Belag:
1 kleiner Kürbis, z. B. Hokkaido (etwa 500 g)
150 g Greyerzer-Käse
6 Eier (Größe M)
250 ml (1/4 l) Milch
400 g Schmand (Sauerrahm)
Salz, frisch gemahlener Pfeffer
gemahlener Koriander
gemahlener Zimt
Kurkuma (Gelbwurz)

Insgesamt:
E: 182 g, F: 383 g, Kh: 339 g,
kJ: 24285, kcal: 5800

1. Den Backofen vorheizen.
Ober-/Unterhitze: etwa 180 °C
Heißluft: etwa 160 °C

2. Für den Teig Mehl in eine Rührschüssel geben. Salz, Ei, Butter oder Margarine und Wasser hinzufügen.

Die Zutaten mit Handrührgerät mit Knethaken zunächst kurz auf niedrigster, dann auf höchster Stufe gut durcharbeiten. Anschließend auf einer leicht bemehlten Arbeitsfläche zu einem glatten Teig verkneten. Kürbiskerne unterarbeiten. Sollte er kleben, ihn in Frischhaltefolie gewickelt eine Zeit lang kalt stellen.

3. Den Teig auf einem Backblech (30 x 40 cm, gefettet) ausrollen. Das Backblech in den vorgeheizten Backofen schieben und den Boden etwa 10 Minuten vorbacken.

4. Das Backblech auf einen Kuchenrost stellen. Knetteigboden etwas abkühlen lassen.

5. Für den Belag in der Zwischenzeit Kürbis abspülen, abtrocknen, evtl. schälen und halbieren. Die Kerne herauskratzen. Das Kürbisfleisch in Spalten schneiden, grob raspeln. Käse entrinden und raspeln.

6. Die Eier, Milch und Schmand geschmeidig rühren. Mit Salz, Pfeffer, Koriander, Zimt und Kurkuma würzen. Kürbis- und Käseraspel unterrühren. Die Kürbis-Käse-Masse auf dem vorgebackenen Boden verteilen. Das Backblech in den heißen Backofen schieben und den Kuchen bei gleicher Backofentemperatur weitere etwa 30 Minuten backen.

7. Das Backblech auf einen Kuchenrost stellen. Den Kürbis-Käsekuchen abkühlen lassen und in Stücke schneiden. Warm oder kalt servieren.

Käsewindbeutelchen

24 Stück

Zubereitungszeit: 45 Minuten, ohne Kühlzeit
Backzeit: etwa 20 Minuten

Für den Brandteig:
125 ml (1/8 l) Wasser
1 Prise Salz
25 g Butter oder Margarine
75 g Weizenmehl
15 g Speisestärke
2–3 Eier (Größe M)
1/2 gestr. TL Dr. Oetker Backin
75 g frisch geriebener Emmentaler Käse

Für die Füllung:
200 g Doppelrahm-Frischkäse
150 g Crème fraîche
Salz, frisch gemahlener Pfeffer
100 g roher Schinken
Paprikapulver edelsüß

Pro Stück:
E: 4 g, F: 7 g, Kh: 3 g,
kJ: 388, kcal: 93

1. Für den Teig Wasser mit Salz und Butter oder Margarine in einem kleinen Topf aufkochen. Topf von der Kochstelle nehmen. Mehl mit Speisestärke mischen und auf einmal in die heiße Flüssigkeit geben. Alles mit einem Kochlöffel zu einem glatten Teigkloß verrühren, dann etwa 1 Minute unter ständigem Rühren erhitzen (abbrennen) und in eine Rührschüssel geben.

2. Zwei Eier nacheinander mit Handrührgerät mit Knethaken auf höchster Stufe unter den Teig arbeiten. Das letzte Ei verschlagen und nur so viel davon unter den Teig arbeiten, bis er stark glänzt und in langen Spitzen an einem Löffel hängen bleibt. Teig abkühlen lassen.

3. Den Backofen vorheizen.
Ober-/Unterhitze: etwa 200 °C
Heißluft: etwa 180 °C

4. Backpulver unter den erkalteten Teig rühren. Zuletzt den Käse unterheben. Den Teig mit zwei Teelöffeln in walnussgroßen Häufchen auf ein Backblech (gefettet, mit Backpapier belegt) setzen. Das Backblech in den vorgeheizten Backofen schieben. Die Windbeutelchen etwa 20 Minuten backen. Während der ersten 15 Minuten Backzeit die Backofentür nicht öffnen, da die Windbeutelchen sonst zusammenfallen.

5. Sofort nach dem Backen von jedem Windbeutelchen einen Deckel abschneiden. Das Gebäck auf einem Kuchenrost erkalten lassen.

6. Für die Füllung Frischkäse mit Crème fraîche verrühren, mit Salz und Pfeffer abschmecken. Schinken sehr fein würfeln und unterrühren. Die Käsewindbeutelchen füllen. Die Deckel wieder auflegen. Die Windbeutelchen mit Paprika bestäuben.

Kürbis-Käsekuchen vom Blech

Käsewindbeutelchen

Kürbis-Frischkäse-Torte

Zubereitungszeit: 45 Minuten, ohne Abkühlzeit
Backzeit: etwa 55 Minuten

Für den Knetteig:
175 g Weizenmehl
1 gestr. TL Dr. Oetker Backin
75 g Zucker
1 Pck. Dr. Oetker Vanillin-Zucker
1 Prise Salz
1 Ei (Größe M)
75 g Butter oder Margarine

Für den Belag:
200 g Doppelrahm-Frischkäse
50 g Zucker
2 Eier (Größe M)
20 g Speisestärke
500 g Kürbisfleisch, (geputzt, geraspelt)
50 g geröstete, gesalzene Erdnusskerne

Insgesamt:
E: 83 g, F: 172 g, Kh: 308 g, kJ: 13521, kcal: 3228

1. Für den Teig Mehl mit Backpulver mischen und in eine Rührschüssel geben. Zucker, Vanillin-Zucker, Salz, Ei und Butter oder Margarine hinzufügen. Die Zutaten mit Handrührgerät mit Knethaken zunächst kurz auf niedrigster, dann auf höchster Stufe gut durcharbeiten.
2. Anschließend auf einer leicht bemehlten Arbeitsfläche zu einem glatten Teig verkneten. Sollte er kleben, ihn in Folie gewickelt eine Zeit lang kalt stellen.
3. Den Backofen vorheizen.
Ober-/Unterhitze: etwa 180 °C
Heißluft: etwa 160 °C
4. Zwei Drittel des Teiges auf dem Boden einer Springform (Ø 26 cm, gefettet) ausrollen. Den Springformrand darumlegen. Die Form auf dem Rost in den Backofen schieben, den Boden etwa 10 Minuten vorbacken.
5. Die Form auf einen Kuchenrost stellen, den Boden etwas abkühlen lassen.
6. Restlichen Teig zu einer Rolle formen. Teigrolle als Rand auf den vorgebackenen Boden legen und so an die Form drücken, dass ein etwa 2 cm hoher Rand entsteht.
7. Für den Belag Frischkäse, Zucker, Eier, Speisestärke, Kürbisraspel und Erdnusskerne in einer Schüssel verrühren. Die Masse auf dem vorgebackenen Boden verteilen. Die Form wieder auf dem Rost in den heißen Backofen schieben und die Torte bei gleicher Backofentemperatur weitere etwa 45 Minuten backen.
8. Die Form auf einen Kuchenrost stellen. Torte abkühlen lassen, aus der Form lösen und auf einem Kuchenrost erkalten lassen.

Kürbiskernbrötchen

16 Stück

Zubereitungszeit: 45 Minuten, ohne Abkühl- und Teiggehzeit
Backzeit: 25–30 Minuten

100 g Kürbiskerne
42 g frische Hefe
300 ml warmes Wasser
250 g Weizenmehl (Type 405)
1 TL Zucker
200 g Weizenmehl (Type 1050)
1 gestr. TL Salz
2 EL Olivenöl

4 hart gekochte Eier
4 Salatblätter
1 Bund Schnittlauch
4 EL Remouladensauce

Pro Stück:
E: 7 g, F: 7 g, Kh: 24 g, kJ: 791, kcal: 189

1. Kürbiskerne in einer Pfanne ohne Fett unter Rühren anrösten, herausnehmen und erkalten lassen.

Kürbis-Frischkäse-Torte

Kürbiskernbrötchen

2. Hefe in eine Rührschüssel bröckeln. Warmes Wasser hinzugießen, die Hefe damit verrühren. Mehl (Type 405) und Zucker hinzugeben. Die Zutaten mit Handrührgerät mit Knethaken unterarbeiten. Das Mehl (Type 1050), die Hälfte der gerösteten Kürbiskerne und das Salz auf den Vorteig geben. Den Hefeteig zugedeckt etwa 30 Minuten an einem warmen Ort gehen lassen.
3. Wenn sich der Teig deutlich vergrößert hat und das Mehl Risse zeigt, Olivenöl hinzugießen. Die Zutaten mit Handrührgerät mit Knethaken zu einem geschmeidigen Teig verkneten. Den Teig zugedeckt etwa 5 Minuten ruhen lassen.
4. Den Teig leicht mit Mehl bestäuben und auf einer leicht bemehlten Arbeitsfläche zu einer langen Rolle formen. Die Teigrolle halbieren und in je 8 Stücke schneiden. Die Teigstücke zu Kugeln formen und mit Abstand auf ein Backblech (mit Backpapier belegt) setzen. Die Teigkugeln mit kaltem Wasser bestreichen und restliche Kürbiskerne daraufstreuen. Die Teigbrötchen zugedeckt etwa 1 Stunde an einem warmen Ort gehen lassen.
5. In der Zwischenzeit den Backofen vorheizen.
Ober-/Unterhitze: etwa 200 °C
Heißluft: etwa 180 °C
6. Das Backblech in den vorgeheizten Backofen schieben. Die Brötchen 25–30 Minuten backen.
7. In der Zwischenzeit Eier pellen und in Scheiben schneiden. Salatblätter abspülen, trocken tupfen. Schnittlauch abspülen, trocken tupfen und in Röllchen schneiden.
8. Die Brötchen mit dem Backpapier vom Backblech auf einen Kuchenrost ziehen. Brötchen etwas abkühlen lassen.
9. Die noch warmen Brötchen durchschneiden und mit Remouladensauce bestreichen. Salatblätter und Eierscheiben auf die unteren Brötchenhälften legen, mit Schnittlauchröllchen bestreuen. Die oberen Brötchenhälften darauflegen.

Laugenbrezeln

Laugenbrezeln
10 Stück

Zubereitungszeit: 50 Minuten, ohne Teiggehzeit
Backzeit: 15–20 Minuten

Für den Hefeteig:
375 g Weizenmehl
42 g frische Hefe
1 TL Zucker
250 ml (1/4 l) lauwarmes Wasser
1 gestr. TL Salz

Für die Lauge:
1 l Wasser
30 g Hausnatron

Zum Bestreuen:
evtl. Hagelsalz
evtl. Kümmelsamen
evtl. frisch geriebener Gouda-Käse

Insgesamt:
E: 5 g, F: 0 g, Kh: 28 g,
kJ: 565, kcal: 135

1. Für den Teig Mehl in eine Rührschüssel geben. In die Mitte eine Vertiefung drücken. Hefe hineinbröckeln, Zucker und etwas Wasser hinzufügen. Mit einem kleinen Teil des Mehls mit einer Gabel vorsichtig verrühren und etwa 10 Minuten gehen lassen.
2. Restliches Wasser und Salz hinzugeben. Die Zutaten mit Handrührgerät mit Knethaken zunächst kurz auf niedrigster, dann auf höchster Stufe in etwa 5 Minuten zu einem glatten Teig verarbeiten. Den Teig leicht mit Mehl bestäuben und zugedeckt so lange an einem warmen Ort gehen lassen, bis er sich sichtbar vergrößert hat (etwa 30 Minuten).
3. Den gegangenen Teig leicht mit Mehl bestäuben, aus der Schüssel nehmen, auf einer leicht bemehlten Arbeitsfläche nochmals kurz durchkneten und in 10 Portionen teilen.
4. Die Teigportionen jeweils zu etwa 40 cm langen Rollen formen und zu Brezeln schlingen.
5. Den Backofen vorheizen.
Ober-/Unterhitze: etwa 200 °C
Heißluft: etwa 180 °C
6. Für die Lauge das Wasser in einem hohen Topf zum Kochen bringen. Den Topf von der Kochstelle nehmen und Natron langsam einrühren (die Lauge sprudelt).
7. Die Teigbrezeln jeweils mithilfe einer Teigkarte auf eine Schaumkelle legen und etwa 10 Sekunden in die Lauge tauchen. Die Schaumkelle dabei schwenken, damit das Teigstück schwimmt.
8. Die Teigbrezeln mit der Schaumkelle herausnehmen und auf der Schaumkelle abtropfen lassen. Teigbrezeln auf ein Backblech (mit Backpapier belegt) legen. Nach Belieben mit Salz, Kümmel oder Käse bestreuen. Das Backblech in den vorgeheizten Backofen schieben. Die Brezeln 15–20 Minuten backen.
9. Die Brezeln mit dem Backpapier vom Backblech auf einen Kuchenrost ziehen. Brezeln erkalten lassen.

Tipps: Der Laugenteig kann auch zu Stangen (Teigstücke dann zu 12–15 cm langen Rollen formen), Ringen (wie Stangen, dann an den Enden zusammendrücken) oder Brötchen (Teigstücke zu Bällchen formen) weiterverarbeitet werden. Laugenbrötchen vor dem Backen mit einem scharfen Messer etwa 1 cm tief einschneiden.

Möhren-Sonnenblumenkern-Brot

Möhren-Sonnenblumenkern-Brot

etwa 25 Scheiben

Zubereitungszeit: 20 Minuten, ohne Teiggehzeit
Backzeit: etwa 45 Minuten

240 g Möhren

Für den Hefeteig:
700 g Weizenmehl
2 Pck. Dr. Oetker Trockenbackhefe
200 g Sonnenblumenkerne
2 gestr. TL Zucker
3 TL Salz
500 ml (1/2 l) warmes Wasser

Pro Scheibe:
E: 5 g, F: 4 g, Kh: 22 g,
kJ: 618, kcal: 148

1. Möhren putzen, schälen, abspülen, abtropfen lassen und grob raspeln.
2. Für den Teig das Mehl mit Trockenbackhefe in einer Rührschüssel sorgfältig vermischen. Restliche Zutaten, aber nur 175 g der Sonnenblumenkerne, hinzufügen und mit Handrührgerät mit Knethaken zunächst kurz auf niedrigster Stufe, dann auf höchster Stufe in etwa 5 Minuten zu einem glatten Teig verarbeiten.
3. Den Teig leicht mit Mehl bestäuben und zugedeckt etwa 15 Minuten an einem warmen Ort gehen lassen, bis er sich sichtbar vergrößert hat.
4. Den Backofen vorheizen.
Ober-/Unterhitze: etwa 200 °C
Heißluft: etwa 180 °C
5. Den gegangenen Teig leicht mit Mehl bestäuben und nochmals kurz mit Handrührgerät mit Knethaken

Milchbrötchen mit Korinthen

durchkneten. Den Teig mithilfe einer Teigkarte in eine Kastenform (30 x 11 cm, gefettet, mit restlichen Sonnenblumenkernen ausgestreut) füllen und evtl. mit einem angefeuchteten Teigschaber glatt streichen. Den Teig nochmals zugedeckt etwa 10 Minuten an einem warmen Ort gehen lassen.
6. Die Form auf dem Rost in den vorgeheizten Backofen (unteres Drittel) schieben. Das Brot etwa 45 Minuten backen. Das Brot nach etwa 10 Minuten Backzeit der Länge nach mit einem spitzen Messer etwa 1 cm tief einschneiden (nicht drücken).
7. Das Brot auf einen Kuchenrost stürzen, wieder umdrehen und erkalten lassen. Das Brot in etwa 25 Scheiben schneiden.

Milchbrötchen mit Korinthen

etwa 25 Stück

Zubereitungszeit: 30 Minuten, ohne Teiggehzeit
Backzeit: etwa 30 Minuten je Backblech

Für den Hefeteig:
200 ml Milch, 50 g Schlagsahne
180 g Zucker
1 Pck. Dr. Oetker Trockenbackhefe
250 g Weizenmehl (Type 405)
500 g Weizenmehl (Type 550)
3 Eier (Größe M)
200 g weiche Butter
1 Prise Salz
60 g Pinienkerne
100 g Korinthen

Pro Stück:
E: 5 g, F: 10 g, Kh: 33 g,
kJ: 1024, kcal: 245

1. Für den Hefeteig Milch und Sahne erwärmen, in eine Rührschüssel gießen. Zucker und Trockenbackhefe sorgfältig unterrühren. Mehl (Type 405) hinzugeben und zu einen glatten Teig verrühren.
2. Mehl (Type 550), Eier, Butter, Salz, Pinienkerne und Korinthen auf den Vorteig in die Schüssel geben, aber nicht verrühren. Den Teig zugedeckt etwa 1 Stunde an einem warmen Ort gehen lassen.
3. Den gegangenen Teig mit Handrührgerät mit Knethaken zunächst kurz auf niedrigster, dann auf höchster Stufe in etwa 5 Minuten zu einem glatten, elastischen Teig verarbeiten. Den Teig zugedeckt weitere etwa 30 Minuten an einem warmen Ort gehen lassen.
4. Den gegangenen Teig leicht mit Mehl bestäuben, aus der Schüssel nehmen, auf der leicht bemehlten Arbeitsfläche nochmals kurz durchkneten und zu einer etwa 70 cm langen Rolle formen. Die Teigrolle in etwa 25 gleich große Stücke schneiden.
5. Aus den Teigstücken kleine Brötchen formen, dabei die herausstehenden Korinthen in den Teig drücken.
6. Die Teigbrötchen mit etwas Abstand auf 2 Backbleche (mit Mehl bestäubt) legen und zugedeckt nochmals etwa 1 Stunde an einem warmen Ort gehen lassen.
7. Inzwischen Backofen vorheizen.
Ober-/Unterhitze: etwa 200 °C
Heißluft: etwa 180 °C
8. Die Backbleche nacheinander (bei Heißluft zusammen) in den vorgeheizten Backofen schieben. Dabei die Backofentemperatur um etwa 20 °C herunterschalten. Die Brötchen etwa 30 Minuten je Backblech backen.
9. Die Brötchen mit dem Backpapier von den Backblechen auf Kuchenroste ziehen. Brötchen erkalten lassen.

Muffins mit Crème fraîche

12 Muffins

Zubereitungszeit: 45 Minuten
Backzeit: 30–35 Minuten

1/2 Bund Schnittlauch
170 g festkochende Kartoffeln

Für den Teig:
80 g Hartweizengrieß
2 gestr. TL Dr. Oetker Backin
2 gestr. TL Salz
frisch gemahlener Pfeffer
150 g Crème fraîche
250 g Magerquark
2 Eier (Größe M)
2 EL Olivenöl

Pro Stück:
E: 5 g, F: 7 g, Kh: 8 g,
kJ: 502, kcal: 120

1. Den Backofen vorheizen.
Ober-/Unterhitze: etwa 200 °C
Heißluft: etwa 180 °C
2. Schnittlauch abspülen, trocken tupfen und in feine Röllchen schneiden. Kartoffeln waschen, schälen, abspülen, abtropfen lassen und auf der groben Seite der Haushaltsreibe raspeln.
3. Für den Teig Grieß, Backpulver, Salz und etwas Pfeffer in einer Rührschüssel mit einem Schneebesen verrühren. Crème fraîche, Quark, Eier und Olivenöl hinzugeben. Die Zutaten mit Handrührgerät mit Rührbesen zu einer geschmeidigen Masse verrühren. Kartoffelraspel und Schnittlauchröllchen kurz unterrühren.
4. Den Teig in einer Muffinform (für 12 Muffins, gefettet, mit Semmelbröseln ausgestreut) verteilen. Die Form auf dem Rost in den vorgeheizten Backofen schieben. Die Muffins 30–35 Minuten backen.
5. Die Form auf einen Kuchenrost stellen. Muffins etwa 10 Minuten in der Form stehen lassen, aus der Form lösen, auf einem mit Backpapier belegten Kuchenrost erkalten lassen.

Flammkuchen vom Blech mit Quark

10–12 Portionen

Zubereitungszeit: 35 Minuten, ohne Teiggeh- und Abkühlzeit
Backzeit: etwa 20 Minuten

Für den Hefeteig:
350 g Weizenmehl (Type 550)
1 Pck. Dr. Oetker Trockenbackhefe
1 Prise Salz
3 EL Olivenöl
250 ml (1/4 l) lauwarmes Wasser

Für den Belag:
2 mittelgroße Zwiebeln
150 g gewürfelter, durchwachsener Speck, z. B. Bacon
250 g Speisequark (20 % Fett)
150 g saure Sahne
1 TL Zucker
1/2 gestr. TL Salz
frisch gemahlener Pfeffer
frisch geriebene Muskatnuss

evtl. etwas glatte Petersilie

Pro Portion:
E: 9 g, F: 10 g, Kh: 27 g,
kJ: 1000, kcal: 239

1. Für den Teig Mehl in eine Rührschüssel geben, mit Trockenbackhefe sorgfältig vermischen. Salz, Olivenöl und Wasser hinzufügen. Die Zutaten mit Handrührgerät mit Knethaken zunächst kurz auf niedrigster, dann auf höchster Stufe in etwa 5 Minuten zu einem glatten Teig verarbeiten. Den Teig leicht mit Mehl bestäuben und zugedeckt so lange an einem warmen Ort gehen lassen, bis er sich sichtbar vergrößert hat (etwa 30 Minuten).
2. In der Zwischenzeit für den Belag Zwiebeln abziehen, zuerst in dünne Scheiben schneiden, dann in Ringe teilen. Speckwürfel in einer Pfanne ohne Fett kurz erhitzen. Zwiebelringe hinzugeben und etwa 1 Minute unter mehrmaligem Wenden miterhitzen. Die Speck-Zwiebel-Masse auf einem Teller abkühlen lassen. Quark in eine Rührschüssel geben. Saure Sahne unterrühren. Mit Zucker, Salz, Pfeffer und Muskat würzen.
3. Den gegangenen Teig leicht mit Mehl bestäuben, aus der Schüssel nehmen und auf der leicht bemehlten Arbeitsfläche nochmals kurz durchkneten. Den Teig auf ein Backblech (30 x 40 cm, gefettet) geben. Den Teig mit bemehlten Händen darauf verteilen. Die Quarkmasse daraufgeben und gleichmäßig verstreichen. Die Speck-Zwiebel-Masse darauf verteilen. Den Teig nochmals zugedeckt etwa 15 Minuten an einem warmen Ort gehen lassen.
4. In der Zwischenzeit den Backofen vorheizen.
Ober-/Unterhitze: etwa 200 °C
Heißluft: etwa 180 °C
5. Das Backblech in den vorgeheizten Backofen schieben. Den Flammkuchen etwa 20 Minuten backen.
6. Das Backblech auf einen Kuchenrost stellen. Den Flammkuchen in Rechtecke oder Quadrate schneiden. Nach Belieben Petersilie abspülen und trocken tupfen. Die Blättchen von den Stängeln zupfen und grob zerschneiden. Den Flammkuchen damit bestreut warm servieren.

Muffins mit Crème fraîche

Flammkuchen vom Blech mit Quark

Osterknoten

Osterknoten

8 Stück

Zubereitungszeit: 30 Minuten, ohne Teiggehzeit
Backzeit: etwa 20 Minuten je Backblech

Für den Hefeteig:
500 g Weizenmehl
1 Pck. Dr. Oetker Trockenbackhefe
1 Prise Salz
2 EL Zucker
1 Pck. Dr. Oetker Vanillin-Zucker
1 Msp. Safran
250 ml (1/4 l) lauwarme Milch
100 g weiche Butter oder Margarine
1 Ei (Größe M)

Zum Bestreichen:
1 Eigelb
1 EL Milch

2 EL Hagelzucker

Pro Stück:
E: 10 g, F: 14 g, Kh: 56 g,
kJ: 1688, kcal: 403

1. Für den Teig Mehl in eine Rührschüssel geben, mit Trockenbackhefe sorgfältig vermischen. Restliche Zutaten hinzufügen und mit Handrührgerät mit Knethaken zunächst kurz auf niedrigster, dann auf höchster Stufe in etwa 5 Minuten zu einem glatten Teig verarbeiten.
2. Teig leicht mit Mehl bestäuben und zugedeckt so lange an einem warmen Ort gehen lassen, bis er sich sichtbar vergrößert hat (etwa 20 Minuten).
3. Den gegangenen Teig leicht mit Mehl bestäuben, aus der Schüssel nehmen, auf einer leicht bemehlten Arbeitsfläche nochmals kurz durchkneten und in 8 Portionen teilen.
4. Jede Teigportion auf einer nicht bemehlten Arbeitsfläche zu einer etwa 35 cm langen Rolle formen. Aus jeder Teigrolle einen dicken Knoten schlingen und auf Backbleche (mit Backpapier belegt) legen.
5. Zum Bestreichen Eigelb mit Milch verschlagen. Die Teigknoten damit bestreichen und mit Hagelzucker bestreuen. Nochmals zugedeckt etwa 15 Minuten an einem warmen Ort gehen lassen.
6. In der Zwischenzeit den Backofen vorheizen.
Ober-/Unterhitze: etwa 200 °C
Heißluft: etwa 180 °C
7. Die Backbleche nacheinander (bei Heißluft zusammen) in den vorgeheizten Backofen schieben. Die Osterknoten etwa 20 Minuten je Backblech backen.
8. Die Osterknoten mit dem Backpapier von den Backblechen auf Kuchenroste ziehen. Osterknoten erkalten lassen.

Tipp: Der Hefeteig kann am Vorabend zubereitet werden. Dafür den gekneteten Teig sofort gut verpackt in den Kühlschrank legen. Morgens den Teig nur durchkneten, formen und wie oben beschrieben weiterverarbeiten.

Party-Brot

Zubereitungszeit: 10 Minuten, ohne Teiggehzeit
Backzeit: etwa 35 Minuten

Zutaten für das Grundrezept:
290 ml warmes Wasser
42 g frische Hefe
1 Ei (Größe M)
1 gestr. EL Salz
1/2 EL Zucker
etwa 30 ml Olivenöl
500 g Weizenmehl

Insgesamt:
E: 65 g, F: 42 g, Kh: 377 g,
kJ: 9060, kcal: 2166

1. Wasser, grob zerbröckelte Hefe, Ei, Salz, Zucker und Olivenöl in einer Rührschüssel mit einem Löffel gut verrühren. Vorgewärmtes Mehl hinzugeben und mit Handrührgerät mit Knethaken zu einem glatten Teig verarbeiten. Der Teig zugedeckt so lange an einem warmen Ort gehen lassen, bis er sich sichtbar vergrößert hat (25–30 Minuten).
2. Den gegangenen Teig leicht mit Mehl bestäuben, aus der Schüssel nehmen und auf einer gut bemehlten Arbeitsfläche mithilfe eines Spachtels oder Teigschabers zu einem Brot oder 2 länglichen Baguettes formen. Das Teigbrot (Baguettes) auf ein Backblech (mit Backpapier belegt) legen. Das Backblech in den kalten Backofen schieben.
Ober-/Unterhitze: etwa 220 °C
Heißluft: etwa 200 °C
3. Das Brot (Baguettes) etwa 35 Minuten backen. Um festzustellen, ob das Brot nach Ablauf der Backzeit

fertig ist, dreht man es einfach um und klopft von unten an. Hört es sich „hohl" an, ist es fertig. Hat es noch keinen Sound, kann es noch 5–8 Minuten weiterbacken.

4. Die fertigen Brote vom Backblech nehmen und auf einem Kuchenrost etwas abkühlen lassen.

Abwandlungen:

Zwiebelbrot: Zusätzlich eine gute Handvoll geröstete Hot-Dog-Zwiebeln mit unter den Teig mischen.

Spargelbrot: Weißen oder grünen Spargel schälen und die unteren Enden abschneiden. Den Spargel abspülen, abtropfen lassen, grob klein schneiden und kurz vor Ende der Teigknetzeit zum Teig geben.

Kürbisbrot: Eine Handvoll gewürfeltes Kürbisfleisch, Kürbiskerne und anstelle des Olivenöls Kürbiskernöl zum Teig geben und daraus ein ovales Brot formen.

Mediterranes Brot: Eine Handvoll Olivenringe, getrocknete Tomaten und gewürfelten Schafkäse kurz vor Ende der Teigknetzeit mit unter den Teig arbeiten.

Dosenbrot: Aus dem Teig kleine Bälle formen und in gut ausgewaschene, gefettete und gemehlte Konservendosen füllen. Die Dosen sollten etwa zu zwei Drittel mit dem Teig ausgefüllt sein. Rosmarinzweig abspülen, abtrocknen, jeweils in den Teig stecken und backen.

Brot-Abwandlungen bei gleicher Backofentemperatur und Backzeit wie oben angegeben fertig backen.

Partybrötchen mit Frischkäse

Zubereitungszeit: 45 Minuten, ohne Teiggehzeit
Backzeit: 30–35 Minuten

Für den Hefeteig:
500 g Weizenmehl
42 g frische Hefe
½ gestr. TL Zucker
125 ml (⅛ l) lauwarmes Wasser
1 gestr. TL Salz
125 ml (⅛ l) lauwarme Milch
150 g Frischkäse mit Kräutern der Provence

Zum Bestreichen:
etwas Milch

Insgesamt:
E: 78 g, F: 26 g, Kh: 381 g,
kJ: 9119, kcal: 2178

1. Für den Teig Mehl in eine Rührschüssel geben. In die Mitte eine Vertiefung drücken und die Hefe hineinbröckeln. Zucker und etwas Wasser hinzufügen. Mit einem kleinen Teil des Mehls mit einer Gabel vorsichtig verrühren und etwa 10 Minuten gehen lassen.

2. Salz, Milch, Frischkäse und restliches Wasser hinzufügen. Die Zutaten mit Handrührgerät mit Knethaken zunächst kurz auf niedrigster, dann auf höchster Stufe in etwa 5 Minuten zu einem glatten Teig verarbeiten. Den Teig leicht mit Mehl bestäuben und zugedeckt an einem warmen Ort gehen lassen, bis er sich sichtbar vergrößert hat (etwa 30 Minuten).

3. Den Backofen vorheizen.
Ober-/Unterhitze: etwa 200 °C
Heißluft: etwa 180 °C

4. Den gegangenen Teig leicht mit Mehl bestäuben, aus der Schüssel nehmen, auf einer leicht bemehlten Arbeitsfläche nochmals kurz durchkneten und zu einer Rolle formen. Teigrolle in 10 gleich große Portionen teilen, zu Brötchen formen und auf einem Backblech (gefettet, mit Backpapier belegt) zu einem Kranz zusammenlegen. Teigbrötchen nochmals zugedeckt so lange an einem warmen Ort gehen lassen, bis sie sich sichtbar vergrößert haben (etwa 25 Minuten).

5. Die Teigbrötchen mit Milch bestreichen. Das Backblech in den vorgeheizten Backofen schieben. Die Brötchen 30–35 Minuten backen.

6. Die Partybrötchen mit dem Backpapier vom Backblech auf einen Kuchenrost ziehen. Partybrötchen erkalten lassen.

Party-Brot

Partybrötchen mit Frischkäse

Ofenbrot, italienisch
10 Portionen

Zubereitungszeit: 20 Minuten, ohne Teiggehzeit
Backzeit: etwa 60 Minuten

Für den Hefeteig:
800 ml warmes Wasser
1 TL Zucker
42 g frische Hefe
800 g Weizenmehl (Type 550)
400 g Vollkorn-Weizenmehl
100 ml Olivenöl
100 g Weichweizengrieß
2 gestr. TL Salz

Pro Portion:
E: 15 g, F: 12 g, Kh: 93 g,
kJ: 2274, kcal: 543

1. Für den Teig Wasser und Zucker in eine Rührschüssel geben. Hefe zerbröckeln, hinzugeben und unter Rühren auflösen. 600 g des Weizenmehls (Type 550) mit Handrührgerät mit Knethaken unterrühren. Den Vorteig zugedeckt etwa 60 Minuten an einem warmen Ort gehen lassen.
2. Das Vollkorn-Weizenmehl, Olivenöl, Grieß und Salz zum Vorteig in die Schüssel geben und mit Handrührgerät mit Knethaken zu einem glatten Teig verarbeiten. Restliches Weizenmehl (Type 550) unterkneten. Den Teig auf einer leicht bemehlten Arbeitsfläche zu einem elastischen Teig verkneten und zugedeckt etwa 5 Minuten ruhen lassen.
3. Teig leicht mit Mehl bestäuben, zu einem ovalen Laib formen und auf ein Backblech (mit Backpapier belegt) legen. Teiglaib zugedeckt nochmals etwa 60 Minuten an einem warmen Ort gehen lassen. Das Backblech in den kalten Backofen schieben.
Ober-/Unterhitze: etwa 200 °C
Heißluft: etwa 180 °C
4. Ofenbrot etwa 60 Minuten backen.
5. Das Ofenbrot mit dem Backpapier vom Backblech auf einen Kuchenrost ziehen. Ofenbrot erkalten lassen.

Ofenbrot, italienisch

Müslistangen
etwa 15 Stück

Zubereitungszeit: 35 Minuten, ohne Quell- und Teiggehzeit
Backzeit: 25–30 Minuten

Für den Hefeteig:
150 g Früchtemüsli (ohne Zuckerzusatz)
300 ml kochendheiße Milch
400 g Weizenkörner
1 TL Korianderkörner
1 Pck. Dr. Oetker Trockenbackhefe
1 gestr. TL Meersalz
2 TL flüssiger Honig
200 g Magerquark
40 g weiche Butter

2–3 EL Milch
etwa 30 g gehobelte Haselnusskerne

Pro Stück:
E: 7 g, F: 6 g, Kh: 25 g,
kJ: 805, kcal: 192

1. Für den Teig Müsli in eine Schüssel geben, mit Milch übergießen und etwa 30 Minuten quellen lassen. Weizen- und Korianderkörnern fein mahlen, in eine Rührschüssel geben und mit der Trockenbackhefe sorgfältig vermischen. Meersalz, Honig, Quark, Butter und den Müslibrei hinzufügen.
2. Die Zutaten mit Handrührgerät mit Knethaken zunächst kurz auf niedrigster, dann auf höchster Stufe in etwa 5 Minuten zu einem glatten Teig verarbeiten, evtl. noch etwas Milch hinzufügen. Den Teig leicht mit Mehl bestäuben und zugedeckt so lange an einem warmen Ort gehen lassen, bis er sich sichtbar vergrößert hat (etwa 30 Minuten).
3. Den gegangenen Teig leicht mit Mehl bestäuben, aus der Schüssel nehmen, auf der leicht bemehlten Arbeitsfläche nochmals kurz durchkneten und zu einer Rolle formen. Teigrolle in etwa 15 Stücke schneiden und jeweils zu etwa 15 cm langen Stangen formen. Teigstangen mit Milch bestreichen und mit Haselnusskernen bestreuen.
4. Die Teigstangen auf ein Backblech (gut gefettet) legen und nochmals zugedeckt so lange an einem warmen Ort gehen lassen, bis sie sich sichtbar vergrößert haben (etwa 25 Minuten).
5. Inzwischen Backofen vorheizen.
Ober-/Unterhitze: etwa 200 °C
Heißluft: etwa 180 °C
6. Das Backblech in den vorgeheizten Backofen schieben. Müslistangen 25–30 Minuten backen.
7. Die Müslistangen vom Backblech lösen und auf einem mit Backpapier belegten Kuchenrost erkalten lassen.

Müslistangen

Osterkranz

Zubereitungszeit: 30 Minuten, ohne Teiggehzeit
Backzeit: 30–40 Minuten

Für den Hefeteig:
500 g Weizenmehl
1 Pck. Dr. Oetker Trockenbackhefe
75 g Zucker
1 Pck. Dr. Oetker Vanillin-Zucker
½ gestr. TL Salz
abgeriebene Schale von 1 Bio-Zitrone (unbehandelt, ungewachst)
125 ml (⅛ l) lauwarme Milch
125 g lauwarme Schlagsahne
100 g weiche Butter
2 Eier (Größe M)
3 EL Kokosraspel

5 Eier (Größe M)

1 Eigelb
1 EL Milch

Insgesamt:
E: 124 g, F: 202 g, Kh: 471 g,
kJ: 18387, kcal: 4394

1. Für den Teig Mehl in eine Rührschüssel geben, mit Trockenbackhefe sorgfältig vermischen. Die restlichen Zutaten hinzufügen und mit Handrührgerät mit Knethaken zunächst kurz auf niedrigster, dann auf höchster Stufe in etwa 5 Minuten zu einem glatten Teig verarbeiten.
2. Den Teig zugedeckt so lange an einem warmen Ort gehen lassen, bis er sich sichtbar vergrößert hat (etwa 20 Minuten).
3. Den gegangenen Teig leicht mit Mehl bestäuben, aus der Schüssel nehmen, auf einer leicht bemehlten Arbeitsfläche nochmals kurz durchkneten und in 4 Portionen teilen.
4. Drei Teigportionen jeweils auf einer nicht bemehlten Arbeitsfläche zu etwa 50 cm langen Strängen formen und zu einem Zopf flechten.
5. Den Teigzopf auf ein Backblech (gefettet, mit Backpapier belegt) legen und zu einem Kranz formen. Aus der restlichen Teigportion 10 Ku-

Osterkranz

geln formen. Aus den Teigkugeln jeweils kleine Stränge formen. Je 2 Teigstränge zu einer Kordel zusammendrehen und als Eierhalter auf dem Kranz verteilen. Die rohen Eier hineinsetzen.
6. Den Teigkranz nochmals zugedeckt so lange an einem warmen Ort gehen lassen, bis er sich sichtbar vergrößert hat (etwa 30 Minuten).
7. In der Zwischenzeit den Backofen vorheizen.
Ober-/Unterhitze: etwa 180 °C
Heißluft: etwa 160 °C
8. Eigelb mit Milch verschlagen. Den Teigkranz damit bestreichen. Das Backblech in den vorgeheizten Backofen schieben und den Osterkranz 30–40 Minuten backen.
9. Den Osterkranz mit dem Backpapier auf einen Kuchenrost ziehen. Osterkranz erkalten lassen.

Kartoffelbrötchen
35– 40 Stück

Zubereitungszeit: 50 Minuten, ohne Kühlzeit
Ausbackzeit: etwa 5 Minuten je Portion

2,4 kg festkochende Kartoffeln
Salzwasser
1 große Zwiebel
240 g Champignons
etwas Speiseöl
5 Eigelb (Größe M)
100 g Speisestärke
Salz, frisch gemahlener Pfeffer
frisch geriebene Muskatnuss

etwas Speisestärke
5 verschlagene Eiweiß (Größe M)
300 g Semmelbrösel

Kartoffelbrötchen

1 kg Ausbackfett oder
1 l Speiseöl

Pro Stück:
E: 3 g, F: 11 g, Kh: 17 g,
kJ: 801, kcal: 191

1. Die Kartoffeln waschen, schälen, abspülen, abtropfen lassen und in kleine Stücke schneiden. Kartoffelstücke zugedeckt in kochendem Salzwasser etwa 20 Minuten garen.
2. In der Zwischenzeit Zwiebel abziehen, Champignons putzen, mit Küchenpapier abreiben, evtl. kurz abspülen und trocken tupfen. Zwiebel und Champignons in Würfel schneiden. Speiseöl in einer Pfanne erhitzen. Zwiebel- und Champignonwürfel darin kurz andünsten.
3. Kartoffelstücke abgießen, abdämpfen und sofort durch eine Kartoffelpresse in eine große Schüssel drücken. Eigelb und Speisestärke hinzugeben. Die Zutaten mit Handrührgerät mit Knethaken zu einem Teig verkneten. Mit Salz, Pfeffer und Muskat würzen. Zwiebel- und Champignonwürfel gut unterarbeiten. Aus dem Teig 35–40 kleine, runde oder ovale Brötchen formen und etwa 60 Minuten kalt stellen.
4. Brötchen mit etwas Speisestärke bestreuen, mit Eiweiß bestreichen und in Semmelbröseln wälzen.
5. Fett oder Speiseöl in einem weiten Topf oder einer Fritteuse auf etwa 175 °C erhitzen. Das Fett ist heiß genug, wenn sich um einen in das Fett gehaltenen Holzlöffelstiel Bläschen bilden. Brötchen darin portionsweise in etwa 5 Minuten goldbraun ausbacken, dabei einmal wenden. Brötchen mit einem Schaumlöffel herausnehmen und auf Küchenpapier abtropfen lassen.

Würzige Pizza-Brötchen
12 Stück (4 Portionen)

Zubereitungszeit: 50 Minuten, ohne Ruhezeit
Backzeit: 25–35 Minuten

2 Fleischtomaten (etwa 300 g)
80 g schwarze und grüne Oliven, ohne Stein
1 Pck. Grundmischung Pizzateig „Italienische Art"
etwas Weizenmehl
2 Knoblauchzehen
1 Zweig Rosmarin

Zum Bestreichen:
4 EL Olivenöl

Außerdem:
2 Bögen Alufolie

Pro Portion:
E: 8 g, F: 28 g, Kh: 52 g,
kJ: 2072, kcal: 493

1. Die Tomaten abspülen, trocken tupfen, vierteln, entkernen und die Stängelansätze herausschneiden. Tomatenviertel in Würfel schneiden. Oliven in kleine Stücke schneiden.
2. Pizzateig nach Packungsanleitung zubereiten. Tomatenwürfel und Olivenstückchen unterarbeiten. Den Teig etwa 10 Minuten ruhen lassen. Anschließend in 12 Portionen teilen. Die Teigportionen jeweils zu flachen Ovalen (Brötchen) formen.
3. Den Backofen vorheizen.
Ober-/Unterhitze: etwa 200 °C
Heißluft: etwa 180 °C
4. Knoblauch abziehen und in kleine Würfel schneiden. Rosmarin abspülen und trocken tupfen. Die Nadeln von den Stängeln zupfen, Nadeln klein schneiden.
5. Die Teigbrötchen auf der Oberfläche kreuzweise mit einem scharfen Messer einschneiden und auf einem Backblech (mit Alufolie belegt, mit Olivenöl bestrichen) verteilen. Teigbrötchen mit etwas Olivenöl bestreichen, mit Knoblauchwürfeln und Rosmarin bestreuen. Einen zweiten Bogen Alufolie locker darauflegen und die Ränder mit der unteren Alufolie verbinden (zusammenfalten).
6. Das Backblech in den vorgeheizten Backofen schieben. Die Brötchen 20–25 Minuten vorbacken.
7. Die obere Alufolie von den vorgebackenen Brötchen entfernen. Die Brötchen bei gleicher Backofentemperatur weitere 5–10 Minuten backen (Die Brötchen sollen etwas kross sein und eine goldbraune Farbe haben).
8. Das Backblech auf einen Kuchenrost stellen. Die Brötchen sofort mit dem restlichen Olivenöl bestreichen und noch warm servieren.

Zwieback

Zubereitungszeit: 20 Minuten, ohne Teiggeh- und Abkühlzeit
Backzeit: Brote 15–20 Minuten
Röstzeit: etwa 20 Minuten

500 g Weizenmehl (Type 405 oder 550)
1 Pck. Dr. Oetker Trockenbackhefe
1/2 gestr. TL Salz
50 g Zucker
250 ml (1/4 l) lauwarme Milch
1 Ei (Größe M)
75 g zerlassene, abgekühlte Butter oder Margarine

Insgesamt:
E: 72 g, F: 82 g, Kh: 419 g,
kJ: 11864, kcal: 2834

1. Für den Teig Mehl in eine Rührschüssel geben, mit der Trockenbackhefe sorgfältig vermischen. Salz, Zucker, Milch, Ei und Butter oder Margarine hinzufügen.
2. Die Zutaten mit Handrührgerät mit Knethaken zunächst kurz auf niedrigster, dann auf höchster Stufe in etwa 5 Minuten zu einem glatten Teig verarbeiten.
3. Den Teig leicht mit Mehl bestäuben und zugedeckt an einem warmen Ort gehen lassen, bis er sich sichtbar vergrößert hat (etwa 20 Minuten).

4. Den gegangenen Teig leicht mit Mehl bestäuben, aus der Schüssel nehmen und auf einer leicht bemehlten Arbeitsfläche nochmals kurz durchkneten. Den Teig in 2 Kastenformen (25 x 11 cm, mit Backpapier ausgelegt) oder eine große Kastenform (30 x 11 cm, mit Backpapier ausgelegt) geben und nochmals zugedeckt so lange an einem warmen Ort gehen lassen, bis er sich sichtbar vergrößert hat (etwa 15 Minuten).
5. In der Zwischenzeit den Backofen vorheizen.
Ober-/Unterhitze: etwa 180 °C
Heißluft: etwa 160 °C
6. Die Formen auf dem Rost in den vorgeheizten Backofen schieben und das Zwiebackbrot 15–20 Minuten backen.
7. Die Zwiebackbrote in den Formen auf einem Kuchenrost etwas abkühlen lassen. Dann aus den Formen stürzen, mitgebackenes Backpapier abziehen. Brote am besten über Nacht erkalten lassen.
8. Den Backofen vorheizen.
Ober-/Unterhitze: etwa 180 °C
Heißluft: etwa 160 °C
9. Die Brote mit einem Sägemesser in etwa 1 cm dicke Scheiben schneiden. Auf ein Backblech legen und im vorgeheizten Backofen etwa 10 Minuten je Seite hellbraun rösten.

Tipp: Die Hälfte des Zwiebacks zu Makronenzwieback weiterverarbeiten. Dafür 2–3 Eiweiß steif schlagen. 125 g feinsten Zucker einrieseln lassen, dann 125 g Kokosflocken unterheben. Die Masse auf die fertigen Zwiebackscheiben streichen. Diese Zwiebackscheiben etwa 5 Minuten bei gleicher Backofentemperatur im Backofen überbacken, bis sie leicht braun sind.

Westfälischer Kastenpickert

Zubereitungszeit: 70 Minuten, ohne Teiggeh- und Abkühlzeit
Backzeit: etwa 60 Minuten

Für den Hefeteig:
500 g Weizenmehl
30 g frische Hefe
1 TL Zucker
125 ml (1/8 l) lauwarme Milch
1 kg mehligkochende Kartoffeln
3 Eier (Größe M)
1 Prise Salz

250 g Rosinen

Zum Braten:
200 ml Speiseöl

Insgesamt:
E: 106 g, F: 229 g, Kh: 680 g,
kJ: 22035, kcal: 5264

Westfälischer Kastenpickert

1. Für den Teig Mehl in eine Rührschüssel geben. In die Mitte eine Vertiefung drücken und die Hefe hineinbröckeln. Zucker und 5 Esslöffel von der Milch hinzufügen. Mit einem kleinen Teil des Mehls mit einer Gabel vorsichtig verrühren und etwa 10 Minuten gehen lassen.
2. Die Kartoffeln waschen, schälen, abspülen, abtropfen lassen, fein reiben, gut abtropfen lassen oder in einem sauberen Geschirrtuch gut auspressen.
3. Eier, Salz und restliche Milch zum Vorteig in die Schüssel geben und mit Handrührgerät mit Knethaken zunächst kurz auf niedrigster, dann auf höchster Stufe in etwa 5 Minuten zu einem glatten Teig verarbeiten. Die Kartoffelmasse gut unterarbeiten. Teig leicht mit Mehl bestäuben und zugedeckt so lange an einem warmen Ort gehen lassen, bis er sich sichtbar vergrößert hat (etwa 20 Minuten).
4. Den gegangenen Teig leicht mit Mehl bestäuben, aus der Schüssel nehmen, auf einer leicht bemehlten Arbeitsfläche nochmals gut durchkneten, Rosinen unterarbeiten. Den Teig in eine Kastenform (30 x 11 cm, gefettet, mit Semmelbröseln ausgestreut) geben. Den Teig nochmals zugedeckt so lange an einem warmen Ort gehen lassen, bis er sich sichtbar vergrößert hat (etwa 15 Minuten).
5. In der Zwischenzeit den Backofen vorheizen.
Ober-/Unterhitze: etwa 180 °C
Heißluft: etwa 160 °C
6. Die Form auf dem Rost in den vorgeheizten Backofen schieben und den Kastenpickert etwa 60 Minuten backen.
7. Die Form auf einen Kuchenrost stellen. Den Kastenpickert in der Form erkalten lassen. Dann aus der Form lösen und in 2–3 cm dicke Scheiben schneiden.
8. Vor dem Servieren jeweils etwas Speiseöl in einer großen Pfanne erhitzen. Den Pickert darin portionsweise von beiden Seiten goldbraun braten. Westfälischen Kastenpickert heiß servieren.

Speckbrot

Zubereitungszeit: 45 Minuten, ohne Teiggehzeit
Backzeit: etwa 50 Minuten

Für den Hefeteig:
250 g Weizenmehl (Type 550)
250 g Weizen-Vollkornschrot
1 Pck. Dr. Oetker Trockenbackhefe
300 ml lauwarmes Wasser
150 g durchwachsene Speckwürfel
100 g Röst-Zwiebeln (Fertigprodukt)

Insgesamt:
E: 78 g, F: 141 g, Kh: 401 g, kJ: 13763, kcal: 3278

1. Für den Teig Weizenmehl und Vollkornschrot in einer Rührschüssel mit Trockenbackhefe sorgfältig vermischen. Wasser hinzufügen und mit Handrührgerät mit Knethaken zunächst kurz auf niedrigster, dann auf höchster Stufe in etwa 5 Minuten zu einem glatten Teig verarbeiten.
2. Teig leicht mit Mehl bestäuben und zugedeckt so lange an einem warmen Ort gehen lassen, bis er sich sichtbar vergrößert hat (etwa 30 Minuten).
3. Den gegangenen Teig leicht mit Mehl bestäuben, aus der Schüssel nehmen, auf einer leicht bemehlten Arbeitsfläche nochmals kurz durchkneten. Speckwürfel und Zwiebeln unterarbeiten.
4. Den Teig zu einem länglichen Brot formen und auf ein Backblech (gefettet) legen. Den Teig nochmals zugedeckt so lange an einem warmen Ort gehen lassen, bis er sich sichtbar vergrößert hat (etwa 30 Minuten).
5. In der Zwischenzeit den Backofen vorheizen.
Ober-/Unterhitze: etwa 180 °C
Heißluft: etwa 160 °C
6. Die Teigoberfläche mehrere Male mit einem Messer etwa 1 cm tief einschneiden (nicht drücken) und mit 2 Esslöffeln Wasser bestreichen. Das Backblech in den vorgeheizten Backofen schieben. Das Speckbrot etwa 50 Minuten backen.
7. Das Speckbrot vom Backblech lösen und auf einem Kuchenrost erkalten lassen.

Speckbrot

Vollkorn-Dinkelbrot

Zubereitungszeit: 30 Minuten, ohne Einweich- und Teiggehzeit
Backzeit: etwa 45 Minuten

Zum Vorbereiten:
100 g Dinkelkörner

Für den Hefeteig:
425 g Dinkel-Vollkornmehl
1 Pck. Dr. Oetker Trockenbackhefe
1 gestr. TL brauner Zucker (Kandisfarin)
knapp 2 gestr. TL Salz
3 EL Speiseöl
250 ml (1/4 l) warmes Wasser

Insgesamt:
E: 49 g, F: 42 g, Kh: 276 g, kJ: 7062, kcal: 1669

1. Zum Vorbereiten Dinkelkörner in kaltem Wasser über Nacht einweichen. Dinkelkörner in einem Sieb abtropfen lassen.
2. Für den Teig das Mehl in eine Rührschüssel geben und mit der Trockenbackhefe sorgfältig vermischen. Dinkelkörner, Zucker, Salz, Speiseöl und Wasser hinzufügen. Die Zutaten mit Handrührgerät mit Knethaken zunächst kurz auf niedrigster, dann auf höchster Stufe in etwa 5 Minuten zu einem glatten Teig verarbeiten. Teig leicht mit Mehl bestäuben und zugedeckt so lange an einem warmen Ort gehen lassen, bis er sich sichtbar vergrößert hat (etwa 20 Minuten).
3. Den Backofen vorheizen.
Ober-/Unterhitze: etwa 200 °C
Heißluft: etwa 180 °C
4. Den gegangenen Teig leicht mit Mehl bestäuben, aus der Schüssel nehmen und auf einer leicht bemehlten Arbeitsfläche kurz durchkneten. Den Teig zu einem runden Brot formen und auf ein Backblech (mit Backpapier belegt) legen. Teigbrot nochmals zugedeckt so lange an einem warmen Ort gehen lassen, bis es sich sichtbar vergrößert hat (etwa 25 Minuten).
5. Die Teigoberfläche mit einem scharfen Messer mehrmals schräg etwa 1 cm tief einschneiden (nicht drücken). Teigoberfläche mit Wasser bestreichen. Das Backblech in den vorgeheizten Backofen schieben. Dinkelbrot etwa 45 Minuten backen.
6. Das Brot in der Form auf einem Kuchenrost etwas abkühlen lassen. Dann aus der Form lösen und das Vollkorn-Dinkelbrot auf dem Kuchenrost erkalten lassen.

Tipp: Kneten Sie 2 Esslöffel gerebelte Kräuter der Provence unter den Teig.

Vollkorn-Dinkelbrot

Sesambrot

Zubereitungszeit: 50 Minuten, ohne Teiggehzeit
Backzeit: etwa 45 Minuten

Für den Hefeteig:
3 EL Sesamsamen
500 g Weizenmehl (Type 550)
1 Pck. Dr. Oetker Trockenbackhefe
1 TL Zucker
gut 1 TL Salz
350 ml lauwarmes Wasser
4 EL Olivenöl

etwas Sesamsamen

Insgesamt:
E: 68 g, F: 82 g, Kh: 369 g, kJ: 10950, kcal: 2618

1. Für den Teig Sesam in einer Pfanne ohne Fett unter Wenden rösten, herausnehmen und auf einen Teller geben.
2. Mehl in eine Rührschüssel geben, mit Trockenbackhefe sorgfältig vermischen. Zucker, Salz, Wasser und Olivenöl hinzufügen. Die Zutaten mit Handrührgerät mit Knethaken zunächst kurz auf niedrigster, dann auf höchster Stufe in etwa 5 Minuten zu einem glatten Teig verarbeiten. Gerösteten Sesam unterkneten.
3. Teig leicht mit Mehl bestäuben und zugedeckt so lange an einem warmen Ort gehen lassen, bis er sich sichtbar vergrößert hat (etwa 30 Minuten).
4. Den gegangenen Teig leicht mit Mehl bestäuben, aus der Schüssel nehmen, auf einer leicht bemehlten Arbeitsfläche nochmals kurz durchkneten und in eine Kastenform (30 x 11 cm, gefettet) geben. Den Teig zugedeckt nochmals an einem warmen Ort gehen lassen, bis er sich sichtbar vergrößert hat (etwa 25 Minuten).
5. In der Zwischenzeit den Backofen vorheizen.
Ober-/Unterhitze: etwa 180 °C
Heißluft: etwa 160 °C
6. Die Teigoberfläche mit Wasser bestreichen und mit Sesam bestreuen. Die Form auf dem Rost in den vorgeheizten Backofen schieben. Das Sesambrot etwa 45 Minuten backen.
7. Das Brot aus der Form lösen, auf einen Kuchenrost stürzen, wieder umdrehen und erkalten lassen.

Sesambrot

Weizenmischbrot mit Sesam

Weizenmischbrot mit Sesam

Zubereitungszeit: 30 Minuten, ohne Teiggehzeit
Backzeit: 40–50 Minuten

Für den Hefeteig:
150 g Roggenmehl (Type 1150)
350 g Weizen-Vollkornmehl
1 Pck. Dr. Oetker Trockenbackhefe
2 gestr. TL Salz
20 g geschälte Sesamsamen
300 ml lauwarmes Wasser
1 TL flüssiger Honig
50 ml Speiseöl

Außerdem:
20 g geschälte Sesamsamen

Insgesamt:
E: 71 g, F: 100 g, Kh: 342 g, kJ: 10711, kcal: 2560

1. Für den Teig beide Mehlsorten in eine Rührschüssel geben und gut mit Trockenbackhefe vermischen. Salz, Sesam, Wasser, Honig und Speiseöl hinzufügen. Die Zutaten mit Handrührgerät mit Knethaken zunächst kurz auf niedrigster, dann auf höchster Stufe in etwa 5 Minuten zu einem glatten Teig verarbeiten. Den Teig mit Mehl bestäuben und zugedeckt so lange an einem warmen Ort gehen lassen, bis er sich sichtbar vergrößert hat (etwa 30 Minuten).
2. Den gegangenen Teig leicht mit Mehl bestäuben, aus der Schüssel nehmen und auf einer leicht bemehlten Arbeitsfläche nochmals kurz durchkneten. Den Teig zu einer Rolle (etwa 28 cm Länge) formen und in eine Kastenform (30 x 11 cm, gefettet, mit Sesam ausgestreut) legen.
3. Teigoberfläche mit Wasser bestreichen. Den Teig nochmals zugedeckt so lange an einem warmen Ort gehen lassen, bis er sich sichtbar vergrößert hat (etwa 20 Minuten).
4. In der Zwischenzeit den Backofen vorheizen.
Ober-/Unterhitze: etwa 200 °C
Heißluft: etwa 180 °C
5. Den Teig mit einem scharfen Messer mehrmals schräg etwa 1 cm tief einschneiden (nicht drücken). Die Form auf dem Rost in den vorgeheizten Backofen schieben. Weizenmischbrot 40–50 Minuten backen.
6. Das Brot aus der Form auf einen Kuchenrost stürzen, umdrehen und auf dem Kuchenrost erkalten lassen.

Schweinchen, gefüllt

4 Stück

Zubereitungszeit: 60 Minuten, ohne Teiggehzeit
Backzeit: etwa 20 Minuten

Für den Hefeteig:
375 g Weizenmehl
21 g frische Hefe
1 Prise Zucker
150 ml lauwarme Milch
1 gestr. TL Salz
50 g zerlassene, abgekühlte Butter oder Margarine

1 verschlagenes Eiweiß
1 verschlagenes Eigelb

Für die Füllung:
125 g Ricotta (ital. Frischkäse) mit Kräutern oder Salamiwürfel oder fein gewürfeltes Gemüse oder Chutney

8 Haselnusskerne für die Augen

Pro Stück:
E: 17 g, F: 31 g, Kh: 65 g,
kJ: 2603, kcal: 622

1. Für den Teig Mehl in eine Rührschüssel geben. In die Mitte eine Vertiefung drücken und die Hefe hineinbröckeln. Zucker und etwas Milch hinzufügen. Mit einem kleinen Teil des Mehls mit einer Gabel vorsichtig verrühren und etwa 10 Minuten gehen lassen.

2. Restliche Milch, Salz und Butter oder Margarine hinzufügen. Die Zutaten mit Handrührgerät mit Knethaken zunächst kurz auf niedrigster, dann auf höchster Stufe in etwa 5 Minuten zu einem glatten Teig verarbeiten. Den Teig leicht mit Mehl bestäuben und zugedeckt so lange an einem warmen Ort gehen lassen, bis er sich sichtbar vergrößert hat (etwa 20 Minuten).

3. Den Backofen vorheizen.
Ober-/Unterhitze: etwa 180 °C
Heißluft: etwa 160 °C

4. Den gegangenen Teig leicht mit Mehl bestäuben, aus der Schüssel nehmen, auf einer leicht bemehlten Arbeitsfläche nochmals kurz durchkneten und zu einem Rechteck (etwa 50 x 40 cm) ausrollen. 8 runde Platten (Ø etwa 10 cm) und 4 runde Platten (Ø etwa 5 cm) ausstechen. In den kleineren Platten mit einem Apfelausstecher Nasenlöcher ausstechen. Den restlichen Teig zu 8 kleinen Ohren formen.

5. Vier der größeren Platten auf ein Backblech (mit Backpapier belegt) legen. Ricotta oder Salamiwürfel oder Gemüsewürfel oder Chutney in 4 Portionen teilen. Jeweils eine Portion in die Mitte der Platten geben. Teigränder mit verschlagenem Eiweiß bestreichen. Die restlichen großen Platten darauflegen. Ränder gut andrücken. Nasen (kleine Platten mit Nasenlöchern), Ohren und Augen (Haselnusskerne) tief in den Teig drücken) und mit verschlagenem Eigelb ankleben. Die Schweinchen mit dem restlichen Eigelb bestreichen.

6. Das Backlech in den vorgeheizten Backofen schieben. Die Schweinchen etwa 20 Minuten backen.

7. Die Schweinchen mit dem Backpapier vom Backblech auf einen Kuchenrost ziehen. Schweinchen erkalten lassen.

Tipp: Die Schweinchen als Vorspeise oder zur Suppe servieren.

Schweinchen, gefüllt

Schafkäse-Spinat-Brot

24 Scheiben

Zubereitungszeit: 40 Minuten, ohne Auftau- und Teiggehzeit
Backzeit: etwa 35 Minuten

Zum Vorbereiten:
etwa 100 g TK-Blattspinat (kein Rahmspinat!)
200 g Schafkäse

Für den hellen Hefeteig:
500 g Weizenmehl (Type 550)
1 Pck. Dr. Oetker Trockenbackhefe
1 gestr. TL Zucker
175 ml warmes Wasser
1 1/2 gestr. TL Salz
1/2 TL frisch gemahlener Pfeffer
100 g Crème fraîche

Für den Spinat-Hefeteig:
50 g Crème fraîche
2 EL gehackte Petersilie
100 g Weizenmehl (Type 550)

Zum Bestreuen:
einige Sonnenblumenkerne

Pro Scheibe:
E: 4 g, F: 4 g, Kh: 18 g,
kJ: 546, kcal: 131

1. Zum Vorbereiten Spinat nach Packungsanleitung in einer Rührschüssel auftauen lassen. Den Schafkäse würfeln.
2. Für den hellen Hefeteig Mehl mit Trockenbackhefe in einer Rührschüssel sorgfältig vermischen. Restliche Zutaten hinzufügen und mit Handrührgerät mit Knethaken kurz auf niedrigster, dann auf höchster Stufe in etwa 5 Minuten zu einem glatten Teig verarbeiten. Ein Drittel des Teiges für den Spinat-Hefeteig abnehmen.
3. Für den Spinat-Hefeteig Spinat und Crème fraîche mit einem Pürierstab pürieren. Abgenommenen Teig mit Spinatmasse, Petersilie und Mehl gut verkneten. Zuletzt Schafkäse unterarbeiten. Den hellen Hefeteig mit 1–2 Esslöffeln Wasser nochmals verkneten.
4. Beide Teige zugedeckt so lange an einem warmen Ort gehen lassen, bis sie sich sichtbar vergrößert haben (etwa 25 Minuten).
5. In der Zwischenzeit den Backofen vorheizen.
Ober-/Unterhitze: etwa 200 °C
Heißluft: etwa 180 °C
6. Die gegangenen Hefeteige jeweils mit etwas Mehl bestäuben, aus der Schüssel nehmen und auf einer leicht bemehlten Arbeitsfläche kurz durchkneten. Hellen Teig zu einem Rechteck (etwa 40 x 25 cm) ausrollen. Spinat-Teig zu einer etwa 35 cm langen Rolle formen, auf den hellen Teig legen und darin einwickeln (die Enden gut zusammendrücken). Teigrolle auf ein Backblech (mit Backpapier belegt) legen, mit etwas Wasser bestreichen und zickzackförmig einschneiden. Rolle nochmals so lange an einem warmen Ort gehen lassen, bis sie sich sichtbar vergrößert hat (etwa 25 Minuten). Teigoberfläche mit Wasser bestreichen und mit Sonnenblumenkernen bestreuen. Das Backblech in den vorgeheizten Backofen schieben. Das Schafkäse-Spinat-Brot etwa 35 Minuten backen.
7. Das Brot mit dem Backpapier vom Backblech auf einen Kuchenrost ziehen und erkalten lassen.

Schafkäse-Spinat-Brot

Sauerkrautkuchen mit Gitter

Sauerkrautkuchen mit Gitter

6–8 Portionen

Zubereitungszeit: 50 Minuten, ohne Kühlzeit
Backzeit: etwa 30 Minuten

Für den schnellen Blätterteig:
200 g Weizenmehl
200 g Doppelrahm-Frischkäse
200 g Butter
1 Prise Salz

Für den Belag:
200 g mittelalter Gouda-Käse
2 mittelgroße Zwiebeln
2 EL Speiseöl
500 g Sauerkraut (aus der Dose)
2 Eier (Größe M)
Cayennepfeffer
1–2 gestr. TL Kümmelsamen
6 Mettwürstchen
2 EL rote Paprikaschotenwürfel

1 Eigelb
etwas gehackte Kresse
einige Schnittlauchröllchen

Pro Portion:
E: 31 g, F: 56 g, Kh: 25 g,
kJ: 3230, kcal: 772

1. Für den Teig Mehl in eine Rührschüssel geben. Restliche Zutaten hinzufügen und mit Handrührgerät mit Knethaken zunächst kurz auf niedrigster, dann auf höchster Stufe zu einem glatten Teig verarbeiten.
2. Den Teig in Frischhaltefolie gewickelt einige Stunden oder über Nacht in den Kühlschrank legen.
3. Für den Belag Käse fein würfeln. Die Zwiebeln abziehen, klein schneiden. Speiseöl in einem Topf erhitzen. Zwiebelstücke darin glasig dünsten. Gut ausgedrücktes Sauerkraut hinzugeben und etwa 10 Minuten mitdünsten. Abkühlen lassen.
4. Den Backofen vorheizen.
Ober-/Unterhitze: etwa 200 °C
Heißluft: etwa 180 °C
5. Eier und die Käsewürfel unter die Sauerkrautmasse rühren. Mit Cayennepfeffer und Kümmel würzen.
6. Zwei Drittel des Teiges in einer Fettpfanne (30 x 40 cm, gefettet) ausrollen. Sauerkrautmasse darauf verteilen. Die Mettwürstchen in etwa 1 cm dicke Scheiben schneiden und auf die Sauerkrautmasse legen. Mit Paprikawürfeln bestreuen.
7. Den restlichen Teig auf der leicht bemehlten Arbeitsfläche zu einem Rechteck (etwa 20 x 30 cm) ausrollen und mit einem Gitterroller darüberrollen. Teiggitter vorsichtig auseinanderziehen. Die Ränder gut andrücken. Das Teiggitter mit verschlagenem Eigelb bestreichen. Das Backblech in den vorgeheizten Backofen schieben. Den Sauerkrautkuchen etwa 30 Minuten backen.
8. Sauerkrautkuchen vor dem Servieren mit Kresse und Schnittlauchröllchen bestreuen.

Pikante Biskuitroulade

Mini-Pizzen

Pikante Biskuitroulade

24 Scheiben

Zubereitungszeit: 70 Minuten, ohne Kühlzeit
Backzeit: etwa 15 Minuten

Für den Biskuitteig:
75 g Butter
75 g Weizenmehl
300 ml Milch
Salz, frisch geriebene Muskatnuss
1 Bund Schnittlauch
5 Eier (Größe M)

Für die Paprikafüllung:
2 rote Paprikaschoten
2 EL Speiseöl
1 Knoblauchzehe
400 g Doppelrahm-Frischkäse
125 g Crème fraîche
frisch gemahlener Pfeffer

Für die Kräuterfüllung:
je 1 Bund Schnittlauch und glatte Petersilie
1 kleines Bund Frühlingszwiebeln
400 g Doppelrahm-Frischkäse

Pro Scheibe:
E: 6 g, F: 17 g, Kh: 6 g,
kJ: 850, kcal: 203

1. Den Backofen vorheizen.
Ober-/Unterhitze: etwa 180 °C
Heißluft: etwa 160 °C
2. Für den Teig Butter in einem Topf zerlassen. 50 g des Mehls mit einem Schneebesen unterrühren. Milch hinzugießen, unter Rühren einmal aufkochen lassen. Mit Salz und Muskat würzen. Schnittlauch abspülen, trocken tupfen, in Röllchen schneiden. Eier trennen. Schnittlauchröllchen mit dem Eigelb unter den Teig rühren.
3. Eiweiß sehr steif schlagen, portionsweise mit restlichem Mehl unter den Teig heben. Den Teig auf ein Backblech (30 x 40 cm, mit Backpapier belegt) geben, glatt streichen. Das Backblech in den vorgeheizten Backofen schieben, Biskuitplatte etwa 15 Minuten backen.
4. Biskuitplatte vom Rand lösen und auf Backpapier stürzen. Mitgebackenes Backpapier mit kaltem Wasser bestreichen und vorsichtig abziehen. Biskuitplatte aufrollen und erkalten lassen.
5. Für die Paprikafüllung Paprikaschoten mit einem Sparschäler dünn schälen. Paprikaschoten halbieren, entstielen, entkernen und die weißen Scheidewände entfernen. Schotenhälften abspülen, abtropfen lassen, in Stücke schneiden. Speiseöl in einem Topf erhitzen. Paprikastücke darin unter Rühren weich dünsten. Mit Salz würzen. Knoblauch abziehen, klein schneiden. Paprikastücke mit dem Knoblauch fein pürieren. Frischkäse, Creme fraîche, Salz und Pfeffer unterrühren. Biskuitrolle auseinanderrollen. Die Creme längs auf eine Hälfte der Biskuitplatte streichen.
6. Für die Kräuterfüllung Kräuter abspülen, trocken tupfen. Schnittlauch in Röllchen schneiden. Petersilienblättchen von den Stängeln zupfen, klein schneiden. Frühlingszwiebeln putzen, abspülen, abtropfen lassen, in feine Ringe schneiden. Zutaten mit Frischkäse, Salz und Pfeffer verrühren. Kräutercreme auf die zweite Hälfte der Biskuitplatte streichen. Biskuitplatte wieder aufrollen, und etwa 1 Stunde kalt stellen.
7. Biskuitrolle mit einem Elektromesser in 24 Scheiben schneiden und anrichten.

Mini-Pizzen

4 Stück

Zubereitungszeit: 65 Minuten, ohne Teiggehzeit
Backzeit: etwa 20 Minuten je Backblech

Für den Hefeteig:
300 g Weizenmehl
1 Pck. Dr. Oetker Trockenbackhefe
1 TL Zucker
1/2 gestr. TL Salz
2 EL Speiseöl, z. B. Sonnenblumenöl
200 ml warmes Wasser

Für den Belag:
150 g TK-Brokkoliröschen
Salzwasser
200 g kleine Tomaten
4 EL Tomatenketchup
80 g Salami, in Scheiben
Salz, frisch gemahlener Pfeffer
gerebelter Oregano
200 g frisch geriebener Mozzarella- oder Gouda-Käse

Zum Bestreuen:
einige Basilikumblättchen

Pro Stück:
E: 26 g, F: 24 g, Kh: 66 g,
kJ: 2478, kcal: 592

1. Für den Teig das Mehl in einer Rührschüssel mit Trockenbackhefe sorgfältig vermischen. Restliche Teigzutaten hinzufügen und mit Handrührgerät mit Knethaken zunächst kurz auf niedrigster, dann auf höchster Stufe in etwa 5 Minuten zu einem glatten Teig verarbeiten. Den Teig leicht mit Mehl bestäuben und zugedeckt so lange an einem warmen Ort gehen lassen, bis er sich sichtbar vergrößert hat (etwa 30 Minuten).
2. Für den Belag die Brokkoliröschen in kochendem Salzwasser nach Packungsanleitung garen, mit eiskaltem Wasser abspülen und in einem Sieb abtropfen lassen. Tomaten abspülen, abtrocknen und die Stängelansätze herausschneiden. Tomaten in Scheiben schneiden.
3. Den Backofen vorheizen.
Ober-/Unterhitze: etwa 200 °C
Heißluft: etwa 180 °C
4. Den gegangenen Teig leicht mit Mehl bestäuben, aus der Schüssel nehmen und auf einer leicht bemehlten Arbeitsfläche nochmals kurz durchkneten. Den Teig in 4 gleich große Portionen teilen und zu Kugeln formen. Teigkugeln jeweils zu einer runden Platte (Ø etwa 14 cm) ausrollen.
5. Je 2 Teigplatten auf ein Backblech (mit Backpapier belegt) legen und jeweils mit der Hälfte des Ketchups bestreichen, dabei einen etwa 1 cm breiten Rand frei lassen. Jeweils die Hälfte der Salami-, Tomatenscheiben und Brokkoliröschen darauf verteilen. Mit Salz, Pfeffer und Oregano bestreuen.
6. Jeweils die Hälfte des Käses daraufstreuen. Die Backbleche nacheinander (bei Heißluft zusammen) in den vorgeheizten Backofen schieben. Die Pizzen etwa 20 Minuten je Backblech backen.
7. Zum Bestreuen in der Zwischenzeit Basilikumblättchen abspülen, trocken tupfen und in feine Streifen schneiden.
8. Die Pizzen von den Backblechen nehmen, mit Basilikum bestreuen und sofort servieren.

Kürbisbrötchen mit Dinkel

12 Stück

Zubereitungszeit: 50 Minuten, ohne Saftzieh-, Abkühl- und Teiggehzeit
Backzeit: 25–30 Minuten

Zum Vorbereiten:
300 g vorbereitetes Kürbisfleisch, (geschält, entkernt)
1 gestr. TL Salz

Für den Hefeteig:
350 g Dinkel-Vollkornmehl
42 g frische Hefe
1 TL flüssiger Honig
100 ml lauwarmes Wasser
1 1/2 gestr. TL Salz
1 TL gemahlener Koriander
120 g kernige Haferflocken

Insgesamt:
E: 78 g, F: 17 g, Kh: 327 g, kJ: 7473, kcal: 1787

1. Zum Vorbereiten Kürbisfleisch in kleine Würfel schneiden, in einem Topf mit Salz mischen, etwa 10 Minuten zum Saftziehen stehen lassen. Kürbismasse zugedeckt etwa 10 Minuten dünsten, abkühlen lassen.
2. Für den Teig Mehl in eine Rührschüssel geben. In die Mitte eine Vertiefung drücken. Hefe hineinbröckeln, Honig und etwas Wasser hinzufügen. Mit einem kleinen Teil des Mehls mit einer Gabel vorsichtig verrühren und zugedeckt etwa 10 Minuten gehen lassen.
3. Salz, Koriander, restliches Wasser, Haferflocken und die lauwarme Kürbismasse hinzufügen. Die Zutaten mit Handrührgerät mit Knethaken zunächst kurz auf niedrigster, dann auf höchster Stufe in etwa 5 Minuten zu einem glatten Teig verarbeiten. Teig leicht mit Mehl bestäuben, zugedeckt so lange an einem warmen Ort gehen lassen, bis er sich sichtbar vergrößert hat (etwa 30 Minuten).
4. Gegangenen Teig leicht mit Mehl bestäuben, aus der Schüssel nehmen, auf der leicht bemehlten Arbeitsfläche nochmals kurz durchkneten. Sollte er kleben, etwas Vollkornmehl unterarbeiten. Den Teig zu einer Rolle formen, in 12 Portionen teilen, jeweils zu einem runden Brötchen formen und auf ein Backblech (gefettet, mit Backpapier belegt) legen. Nochmals zugedeckt so lange an einem warmen Ort gehen lassen, bis sie sich sichtbar vergrößert haben (etwa 20 Minuten).
5. Inzwischen Backofen vorheizen.
Ober-/Unterhitze: etwa 200 °C
Heißluft: etwa 180 °C
6. Die Brötchenoberfläche der Länge nach etwa 1 cm tief einschneiden (nicht drücken). Das Backblech in den vorgeheizten Backofen schieben. Die Brötchen 25–30 Minuten backen.
7. Die Brötchen mit dem Backpapier vom Backblech auf einen Kuchenrost ziehen. Brötchen erkalten lassen.

Kürbisbrötchen mit Dinkel

Kürbismuffins
12 Muffins

Zubereitungszeit: 30 Minuten
Backzeit: etwa 25 Minuten

Für den Knetteig:
150 g Maismehl
150 g Weizenmehl
1 Pck. Dr. Oetker Backin
100 g brauner Zucker (Kandisfarin)
150 g Joghurt, 2 EL Zitronensaft
4 Eier (Größe M)
100 ml Kürbiskernöl
1 Prise Salz
200 g geraspelter, frischer Kürbis

100 g Kürbis, in dünnen Scheiben
etwas Puderzucker

Pro Stück:
E: 6 g, F: 12 g, Kh: 28 g,
kJ: 1040, kcal: 248

1. Den Backofen vorheizen.
Ober-/Unterhitze: etwa 180 °C
Heißluft: etwa 160 °C

2. Für den Teig Maismehl, Weizenmehl und Backpulver in einer Rührschüssel mischen. Braunen Zucker, Joghurt, Zitronensaft, Eier, Kürbiskernöl und Salz hinzufügen. Die Zutaten mit Handrührgerät mit Knethaken zunächst kurz auf niedrigster, dann auf höchster Stufe gut durcharbeiten. Gut ausgedrückte Kürbisraspel unterheben.

3. Den Teig in einer Muffinform (für 12 Muffins, gefettet, gemehlt) verteilen. Aus den Kürbisscheiben Motive ausstechen, auf den Teig legen. Motive mit Puderzucker bestäuben. Die Form auf dem Rost in den vorgeheizten Backofen schieben. Kürbismuffins etwa 25 Minuten backen.

4. Die Form auf einen Kuchenrost stellen. Die Muffins etwa 10 Minuten in der Form stehen lassen, dann aus den Förmchen lösen und auf dem Kuchenrost erkalten lassen.

Kräuterbrötchen
12 Stück

Zubereitungszeit: 30 Minuten, ohne Teiggehzeit
Backzeit: etwa 25 Minuten

250 g Weizenmehl (Type 550)
250 g Weizenmehl (Type 1050)
1 Pck. Dr. Oetker Trockenbackhefe
1 TL Zucker
1 1/2 gestr. TL Salz
frisch gemahlener Pfeffer
3 EL Speiseöl
250 ml (1/4 l) lauwarmes Wasser
2 EL gehackte Petersilie
2 EL Schnittlauchröllchen
2 EL gehackter Dill
1 Eigelb
1 EL Wasser

Pro Stück:
E: 5 g, F: 4 g, Kh: 30 g,
kJ: 784, kcal: 187

1. Für den Teig Mehl in eine Rührschüssel geben, mit der Trockenbackhefe sorgfältig vermischen. Zucker, Salz, Pfeffer, Speiseöl und Wasser hinzufügen.

2. Die Zutaten mit Handrührgerät mit Knethaken zunächst kurz auf niedrigster, dann auf höchster Stufe in etwa 5 Minuten zu einem glatten Teig verarbeiten. Petersilie, Schnittlauch und Dill kurz unterkneten.

3. Den Teig zugedeckt so lange an einem warmen Ort gehen lassen, bis er sich sichtbar vergrößert hat (etwa 30 Minuten).

4. Den gegangenen Teig leicht mit Mehl bestäuben, aus der Schüssel nehmen und auf einer leicht bemehlten Arbeitsfläche nochmals kurz durchkneten. Aus dem Teig 12 runde Brötchen formen und mit etwas Abstand auf ein Backblech (mit Backpapier belegt) setzen.

5. Teigbrötchen zugedeckt nochmals so lange an einem warmen Ort gehen lassen, bis sie sich sichtbar vergrößert haben (etwa 30 Minuten).

Kürbismuffins

Kräuterbrötchen

6. In der Zwischenzeit den Backofen vorheizen.
Ober-/Unterhitze: etwa 180 °C
Heißluft: etwa 160 °C
7. Brötchenoberfläche mit einem scharfen Messer kreuzweise etwa 1 cm tief einschneiden (dabei nicht drücken). Das Eigelb mit Wasser verschlagen, die Brötchen damit bestreichen und in den vorgeheizten Backofen schieben. Kräuterbrötchen etwa 25 Minuten backen. Die Brötchen mit dem Backpapier vom Backblech auf einen Kuchenrost ziehen und erkalten lassen.

Leberwurststrudel

Leberwurststrudel
4–6 Portionen

Zubereitungszeit: 45 Minuten, ohne Abkühl- und Auftauzeit
Backzeit: 15–20 Minuten

Für die Strudel:
2 Schalotten
200 g Wirsingkohl
40 g Butter
Salz
frisch gemahlener Pfeffer
2 Stängel Majoran
200 g grobe Leberwurst
1 Pck. Strudelteigblätter (120 g, 4 Blätter, aus dem Kühlregal) oder Yufka-Teig (erhältlich in türkischen Geschäften)

Für die Vinaigrette:
1 TL Korianderkörner
6 Stängel frischer Majoran
1 TL Dijon-Senf
1–2 EL alter Balsamico-Essig
2 EL Olivenöl
2 EL Geflügelbrühe
evtl. Zucker

Pro Portion:
E: 10 g, F: 23 g, Kh: 17 g, kJ: 1340, kcal: 320

1. Für die Strudel Schalotten abziehen und in kleine Würfel schneiden. Von dem Wirsing die groben, äußeren Blätter lösen, vierteln und den Strunk abschneiden. Wirsingviertel abspülen, abtropfen lassen und in sehr feine Streifen schneiden. 20 g der Butter in einem Topf zerlassen. Schalottenwürfel darin glasig dünsten. Wirsingstreifen hinzufügen und bei schwacher Hitze etwa 10 Minuten dünsten, Flüssigkeit verdampfen lassen. Wirsingstreifen mit Salz und Pfeffer würzen, abkühlen lassen.
2. Restliche Butter zerlassen und abkühlen lassen. Majoran abspülen und trocken tupfen. Die Blättchen von den Stängeln zupfen. Blättchen klein schneiden und mit der Leberwurst vermengen.
3. Den Backofen vorheizen.
Ober-/Unterhitze: etwa 220 °C
Heißluft: etwa 200 °C
4. Ein Strudelteigblatt mit der kurzen Seite nach unten auf ein Geschirrtuch legen. Die Hälfte der Wirsingstreifen auf dem Teig verteilen, dabei rundherum einen etwa 5 cm breiten Teigstreifen frei lassen. Die Hälfte der Leberwurstmasse teelöffelweise auf die Wirsingstreifen geben. Nacheinander die langen Seiten, dann die kurzen Seiten des Teiges zur Mitte, über die Wirsingfüllung schlagen. Den Teig mithilfe des Geschirrtuches aufrollen. Ein zweites Strudelblatt dünn mit einem Teil der zerlassenen Butter bestreichen. Den Strudel auf das untere Drittel des Teigblattes legen, wie beschrieben in den Teig einschlagen und aufrollen. Strudel mit der offenen Seite nach unten auf ein Backblech (mit Backpapier belegt) legen.
5. Aus den restlichen Zutaten einen zweiten Strudel wie beschrieben zubereiten und mit auf das Backblech legen.
6. Den Strudel mit der restlichen Butter bestreichen. Das Backblech in den vorgeheizten Backofen schieben. Leberwurststrudel etwa 5 Minuten backen.
7. Danach die Backofentemperatur auf Ober-/Unterhitze: etwa 180 °C, Heißluft: etwa 160 °C herunterschalten. Die Strudel weitere 10–15 Minuten backen.
8. Für die Vinaigrette in der Zwischenzeit Korianderkörner in einer Pfanne ohne Fett rösten, bis sie duften. Koriander in einem Mörser fein zerstoßen. Majoran abspülen, trocken tupfen. Von 2 Stängeln die Blättchen abzupfen. Restliche Stängel in Zweige teilen. Koriander, Senf und Essig verrühren. Olivenöl nach und nach unter ständigem Rühren unterschlagen, sodass eine dickflüssige Sauce entsteht, Brühe unterrühren. Mit Salz, Pfeffer und nach Belieben mit Zucker würzen.
9. Leberwurststrudel vom Backpapier nehmen und schräg in breite Stücke schneiden. Strudel portionsweise auf Tellern anrichten, mit Majoranzweigen garnieren. Vinaigrette auf die Teller träufeln und mit Majoranblättchen bestreuen.

Beilage: Kartoffelsalat.

Kräuter-Haferbrötchen

Kräuter-Flammkuchen

Dinkelbrötchen mit Rosinen

16 Stück

Zubereitungszeit: 35 Minuten, ohne Teiggehzeit
Backzeit: etwa 25 Minuten

Für den Hefeteig:
200 ml Wasser
50 g Butter oder Margarine
500 g Dinkel-Vollkornmehl
1 Pck. Dr. Oetker Trockenbackhefe
1 TL Zucker
1 gestr. TL Salz
250 g Magerquark
4 EL flüssiger Honig
100 g Rosinen

Zum Bestreichen:
2 EL Wasser oder Milch

Pro Stück:
E: 112 g, F: 53 g, Kh: 474 g,
kJ: 12025, kcal: 2873

1. Wasser leicht erwärmen und Butter oder Margarine darin zerlassen.
2. Mehl in eine Rührschüssel geben und sorgfältig mit der Hefe verrühren. Zucker, Salz, Quark, Honig und die warme Wasser-Fett-Mischung in die Schüssel geben. Die Zutaten mit Handrührgerät mit Knethaken zunächst auf niedrigster, dann auf höchster Stufe in etwa 5 Minuten zu einem glatten Teig verarbeiten. Rosinen kurz unterkneten. Den Teig zugedeckt an einem warmen Ort so lange gehen lassen, bis er sich sichtbar vergrößert hat (etwa 30 Minuten).
3. Den Teig und die Arbeitsfläche leicht mit Mehl bestäuben. Den Teig auf der leicht bemehlten Arbeitsfläche nochmals gut kneten. Aus dem Teig eine Rolle formen und in 16 Scheiben teilen. Aus den Scheiben Brötchen formen. Dafür eine Hand kuppelförmig über die Teigscheiben legen, die Hand und den Teig darin kreisen lassen, bis aus dem Teig eine Kugel entstanden ist.
4. Den Backofen vorheizen.
Ober-/Unterhitze: etwa 200 °C
Heißluft: etwa 180 °C
5. Die Teigkugeln auf ein Backblech (mit Backpapier belegt) legen und nochmals zugedeckt so lange an einem warmen Ort gehen lassen, bis sie sich sichtbar vergrößert haben (etwa 15 Minuten).
6. Herausstehende Rosinen in den Teig drücken und die Teigstücke mit Wasser oder Milch bestreichen. Das Backblech in den vorgeheizten Backofen schieben. Die Dinkelbrötchen etwa 25 Minuten backen.
7. Die Brötchen vom Backpapier nehmen und auf einem Kuchenrost erkalten lassen.

Kräuter-Flammkuchen

Zubereitungszeit: 20 Minuten, ohne Ruhezeit
Backzeit: 12–15 Minuten

Für den Teig:
250 g Weizenmehl
150 ml Weizenbier
1 gestr. TL Salz
1 Msp. Zucker
1 EL Speiseöl, z. B. Olivenöl

Für den Belag:
1 Bund gemischte Kräuter, z. B. Dill, Schnittlauch, Petersilie, Basilikum
200 g Cocktailtomaten
150 g Crème fraîche
Salz, frisch gemahlener Pfeffer

Insgesamt:
E: 32 g, F: 58 g, Kh: 203 g,
kJ: 6343, kcal: 1522

1. Den Backofen vorheizen.
Ober-/Unterhitze: etwa 240 °C
Heißluft: etwa 220 °C
2. Für den Teig Mehl in eine Rührschüssel geben. Restliche Zutaten hinzufügen und mit Handrührgerät mit Knethaken zunächst kurz auf niedrigster, dann auf höchster Stufe zu einem glatten Teig verarbeiten.
3. Den Teig auf der leicht bemehlten Arbeitsfläche dünn zu einem großen Oval (etwa in Größe des Backblechs) ausrollen. Teigoval auf ein Backblech (mit Backpapier belegt) legen, zugedeckt etwa 10 Minuten ruhen lassen.
4. Teig mehrmals mit einer Gabel einstechen. Das Backblech in den vorgeheizten Backofen schieben. Den Flammkuchen 12–15 Minuten backen, bis die Oberfläche goldbraun und knusprig ist.
5. In der Zwischenzeit für den Belag Kräuter abspülen und trocken tupfen. Die Spitzen bzw. Blättchen von den Stängeln zupfen. Tomaten abspülen, abtrocknen, halbieren und die Stängelansätze herausschneiden. Die Tomaten nach Belieben in Scheiben oder Viertel schneiden.
6. Den Flammkuchen mit dem Backpapier vom Backblech auf ein großes Holzbrett ziehen und noch warm zügig mit Crème fraîche bestreichen. Vorbereitete Kräuter und Tomatenhälften oder -scheiben darauf verteilen. Flammkuchen mit Salz und Pfeffer bestreuen.
7. Flammkuchen sofort mit einem scharfen Messer in Streifen schneiden und lauwarm servieren.

Grissini

50 Stück

Zubereitungszeit: 60 Minuten, ohne Teiggehzeit
Backzeit: 12–15 Minuten je Backblech

500 g Weizenmehl
42 g frische Hefe
250 ml (1/4 l) lauwarmes Wasser
40 g sehr weiche Margarine
1 gestr. TL Salz
1 Eigelb (Größe M)
1 EL Milch

Pro Stück:
E: 1 g, F: 1 g, Kh: 7 g,
kJ: 184, kcal: 44

1. Für den Teig Mehl in eine Rührschüssel geben. In die Mitte eine Vertiefung drücken und die Hefe hineinbröckeln. Wasser hinzufügen. Mit einem kleinen Teil des Mehls mit einer Gabel vorsichtig verrühren und 10–15 Minuten gehen lassen.
2. Margarine und Salz hinzugeben. Die Zutaten mit Handrührgerät mit Knethaken zunächst kurz auf niedrigster, dann auf höchster Stufe in etwa 5 Minuten zu einem glatten Teig verarbeiten. Den Teig so lange zugedeckt an einem warmen Ort gehen lassen, bis er sich sichtbar vergrößert hat (etwa 20 Minuten).
3. Den gegangenen Teig leicht mit Mehl bestäuben, aus der Schüssel nehmen und auf der leicht bemehlten Arbeitsfläche nochmals kurz durchkneten.
4. Aus dem Teig 50 etwa 20 cm lange, dünne Rollen formen. Die Teigröllchen auf Backbleche (mit Backpapier belegt) legen. Eigelb mit Milch verschlagen, die Teigrollen damit bestreichen und nochmals zugedeckt etwa 10 Minuten gehen lassen.
5. In der Zwischenzeit den Backofen vorheizen.
Ober-/Unterhitze: etwa 200 °C
Heißluft: etwa 180 °C
6. Die Backbleche nacheinander (bei Heißluft zusammen) in den vorgeheizten Backofen schieben und Grissini 12–15 Minuten je Backblech backen.
7. Die Grissini vorsichtig vom Backblech nehmen und auf einem Kuchenrost erkalten lassen.

Weißbrot

Zubereitungszeit: 20 Minuten, ohne Teiggehzeit
Backzeit: etwa 45 Minuten

Für den Hefeteig:
125 ml (1/8 l) Milch
500 g Weizenmehl
1 Pck. Dr. Oetker Trockenbackhefe
1 gestr. TL Zucker
1 schwach geh. TL Salz
2 Eier (Größe M)
150 g Crème fraîche

Insgesamt:
E: 76 g, F: 71 g, Kh: 380 g,
kJ: 10414, kcal: 2496

1. Für den Teig Milch in einem kleinen Topf erwärmen. Mehl in eine Rührschüssel geben und mit der Trockenbackhefe sorgfältig vermischen. Die restlichen Zutaten und die warme Milch hinzufügen. Die Zutaten mit Handrührgerät mit Knethaken zunächst kurz auf niedrigster, dann auf höchster Stufe in etwa 5 Minuten zu einem glatten Teig verarbeiten.
2. Teig leicht mit Mehl bestäuben und zugedeckt so lange an einem warmen Ort gehen lassen, bis er sich sichtbar vergrößert hat (etwa 30 Minuten).
3. Den gegangenen Teig leicht mit Mehl bestäuben, aus der Schüssel nehmen und auf einer leicht bemehlten Arbeitsfläche nochmals gut durchkneten. Den Teig zu einer etwa 28 cm langen Rolle formen, in eine Kastenform (30 x 11 cm, gefettet, gemehlt) geben und nochmals zugedeckt so lange an einem warmen Ort gehen lassen, bis sie sichtbar vergrößert hat (etwa 25 Minuten).
4. In der Zwischenzeit den Backofen vorheizen.
Ober-/Unterhitze: etwa 180 °C
Heißluft: etwa 160 °C
5. Die Teigoberfläche der Länge nach mit einem scharfen Messer etwa 1 cm tief einschneiden (nicht drücken) und mit Wasser bestreichen. Die Form auf dem Rost in den vorgeheizten Backofen (unteres Drittel) schieben. Das Brot etwa 45 Minuten backen.
6. Das Weißbrot aus der Form lösen und auf einem Kuchenrost erkalten lassen.

Grissini

Weißbrot

Kartoffelbrot

Kartoffel-Tomaten-Pizza

Kartoffelbrot

Zubereitungszeit: 35 Minuten, ohne Abkühl- und Teiggehzeit
Backzeit: etwa 70 Minuten

75 g Sonnenblumenkerne
250 g mehligkochende Kartoffeln
375 g Weizenmehl (Type 1050)
1 gestr. TL Salz
30 g weiche Butter
21 g frische Hefe
1 gestr. TL Zucker
75 ml lauwarme Milch
75 ml lauwarmes Wasser
1/2 mittelgroßer Apfel, z. B. Boskop

Außerdem:
3 EL Sonnenblumenkerne

Insgesamt:
E: 83 g, F: 98 g, Kh: 332 g,
kJ: 10717, kcal: 2560

1. Für den Teig Sonnenblumenkerne in einer Pfanne ohne Fett unter Wenden leicht rösten, herausnehmen und auf einem Teller abkühlen lassen.
2. Kartoffeln gründlich waschen, knapp mit Wasser bedeckt zum Kochen bringen und zugedeckt in 20–25 Minuten gar kochen. Kartoffeln abgießen, abdämpfen, heiß pellen und sofort durch eine Kartoffelpresse drücken. Kartoffelmasse abkühlen lassen.
3. Mehl in eine Rührschüssel geben. Kartoffelmasse hinzufügen und kurz mit Handrührgerät mit Knethaken vermengen. Salz und weiche Butter kurz unterarbeiten.
4. Hefe zerbröckeln, mit Zucker unter Rühren in der Milch auflösen. Hefemilch etwa 5 Minuten an einem warmen Ort gehen lassen. Hefemilch und Wasser zu der Kartoffel-Mehl-Masse geben. Die Zutaten mit Handrührgerät mit Knethaken zunächst kurz auf niedrigster, dann auf höchster Stufe in etwa 5 Minuten zu einem glatten Teig verarbeiten.
5. Apfelhälfte schälen, halbieren, entkernen und raspeln. Apfelraspel und Sonnenblumenkerne unter den Teig arbeiten. Den Teig zugedeckt so lange an einem warmen Ort gehen lassen, bis er sich sichtbar vergrößert hat (etwa 30 Minuten).
6. Den gegangenen Teig leicht mit Mehl bestäuben, aus der Schüssel nehmen, auf einer leicht bemehlten Arbeitsfläche nochmals kurz durchkneten.
7. Den Teig in eine Kastenform (30 x 11 cm, gefettet, mit Sonnenblumenkernen ausgestreut) geben und den Teig nochmals zugedeckt so lange an einem warmen Ort gehen lassen, bis er sich sichtbar vergrößert hat (etwa 30 Minuten).
8. Den Backofen vorheizen.
Ober-/Unterhitze: etwa 180 °C
Heißluft: etwa 160 °C
9. Den gegangenen Teig mit Wasser bepinseln. Dünn mit Mehl bestäuben und mit einem scharfen Sägemesser der Länge nach etwa 1 cm tief einschneiden (nicht drücken).
10. Die Form auf dem Rost in den vorgeheizten Backofen schieben. Das Brot etwa 70 Minuten backen. Das Kartoffelbrot ist fertig, wenn es beim Klopfen hohl klingt. Das Brot aus der Form lösen und auf einem Kuchenrost erkalten lassen.

Kartoffel-Tomaten-Pizza

6–8 Portionen

Zubereitungszeit: 50 Minuten, ohne Abkühlzeit
Backzeit: etwa 25 Minuten

2 kg festkochende Kartoffeln
1 1/2 kg Tomaten
300 g durchwachsener Speck
2 Knoblauchzehen
1 TL gerebelter Oregano
2 EL gehackte Petersilie
Salz, frisch gemahlener Pfeffer
250 g frisch geriebener Käse, z. B. Emmentaler, Gouda

Insgesamt:
E: 171 g, F: 111 g, Kh: 308 g,
kJ: 12505, kcal: 2979

1. Kartoffeln gründlich waschen, knapp mit Wasser bedeckt in einem Topf zum Kochen bringen, etwa

20–25 Minuten garen. Kartoffeln abgießen, mit kaltem Wasser abschrecken, etwas abkühlen lassen und noch warm pellen. Kartoffeln in eine Schüssel geben und zugedeckt erkalten lassen.

2. Kartoffeln in gleich große Scheiben schneiden und beiseitestellen. Tomaten abspülen, abtrocknen, halbieren und die Stängelansätze herausschneiden. Tomaten ebenfalls in Scheiben schneiden und mit den Kartoffelscheiben abwechselnd fächerartig in eine Fettpfanne (gefettet) schichten.

3. Den Backofen vorheizen.
Ober-/Unterhitze: etwa 200 °C
Heißluft: etwa 180 °C

4. Speck in kleine Würfel schneiden und in einer Pfanne ohne Fett auslassen. Speckwürfel gleichmäßig auf den Kartoffel- und Tomatenscheiben verteilen.

5. Knoblauch abziehen und in feine Würfel schneiden. Oregano, Petersilie, Knoblauchwürfel, Salz und Pfeffer vermischen. Die Pizza damit bestreuen. Käse gleichmäßig darauf verteilen. Die Fettpfanne in den vorgeheizten Backofen schieben. Kartoffel-Tomaten-Pizza etwa 25 Minuten backen.

6. Die Kartoffel-Tomaten-Pizza in Stücke teilen und anschließend sofort servieren.

Bayerisches Gewürzbrot

Zubereitungszeit: 30 Minuten, ohne Teiggehzeit
Backzeit: etwa 80 Minuten

500 g Weizenkörner
500 g Roggenkörner
2 Pck. Dr. Oetker Trockenbackhefe
2 Pck. (je 15 g) Sauerteig-Extrakt
2 schwach geh. TL Meersalz
je 2 TL Kümmel-, Fenchel- und Anissamen
1 TL gemahlener Koriander
etwa 750 ml (3/4 l) lauwarmes Wasser

Insgesamt:
E: 132 g, F: 24 g, Kh: 686 g,
kJ: 15441, kcal: 3693

1. Für den Teig Weizenkörner fein mahlen. Roggenkörner mittelfein mahlen. Beide Mehlsorten in eine Rührschüssel geben, mit Trockenbackhefe und Sauerteig-Extrakt sorgfältig vermischen. Salz, Kümmel-, Fenchel-, Anisssamen, Koriander und Wasser hinzufügen.

2. Die Zutaten mit Handrührgerät mit Knethaken zunächst kurz auf niedrigster, dann auf höchster Stufe in etwa 5 Minuten zu einem glatten Teig verarbeiten. Den Teig zugedeckt so lange an einem warmen Ort gehen lassen, bis er sich sichtbar vergrößert hat (etwa 30 Minuten).

3. Den gegangenen Teig leicht mit Mehl bestäuben, aus der Schüssel nehmen und auf einer leicht bemehlten Arbeitsfläche nochmals kurz durchkneten. Den Teig zu einem runden Brotlaib formen und auf ein Backblech (gefettet) legen. Den Brotlaib zugedeckt nochmals so lange an einem warmen Ort gehen lassen, bis er sich sichtbar vergrößert hat (etwa 25 Minuten).

4. In der Zwischenzeit den Backofen vorheizen.
Ober-/Unterhitze: etwa 200 °C
Heißluft: etwa 180 °C

5. Den Brotlaib mit Wasser bestreichen und mit etwas Mehl bestäuben. Das Backblech in den vorgeheizten Backofen schieben. Das Gewürzbrot etwa 80 Minuten backen.

6. Das Gewürzbrot während des Backens 2–3-mal mit kaltem Wasser besprenkeln.

7. Das Brot auf einem Kuchenrost erkalten lassen.

Tipps: Ein typisches Rillenmuster erhalten Sie, wenn Sie den Brotlaib während der zweiten Teiggehzeit in einem mit Mehl bestäubten Gärkorb legen und es vor dem Backen vorsichtig auf das Backblech (gefettet) stürzen. Haben Sie keine Getreidemühle, können Sie das Getreide im Reformhaus oder Bioladen frisch mahlen lassen.

Bayerisches Gewürzbrot

Amerikanische Cracker

Zubereitungszeit: 45 Minuten, ohne Ruhezeit
Backzeit: 15–20 Minuten

Für den Teig:
200 g Weizenmehl
1 Ei (Größe M)
1 TL Zucker
1 gestr. TL Salz
25 g zerlassene Butter
100 ml Milch

75 g Sesamsamen
50 g Mohnsamen

Insgesamt:
E: 57 g, F: 92 g, Kh: 166 g,
kJ: 7569, kcal: 1808

1. Für den Teig das Mehl in eine Rührschüssel geben und Ei, Zucker, Salz, Butter und Milch hinzufügen. Die Zutaten mit Handrührgerät mit Knethaken zu einem festen Teig verarbeiten. Teig zugedeckt 1 1/2–2 Stunden ruhen lassen.
2. Den Backofen vorheizen.
Ober-/Unterhitze: etwa 200 °C
Heißluft: etwa 180 °C
3. Den Teig halbieren und jeweils eine Hälfte auf einer leicht bemehlten Arbeitsfläche hauchdünn auf Backblechgröße ausrollen.
4. Zwei Backbleche (mit Backpapier belegt) mit Wasser befeuchten und mit Sesam bestreuen. Die Teigplatten jeweils darauflegen.
5. Teigplatten mit Wasser bestreichen und mit Mohn bestreuen. Die Backbleche nacheinander (bei Heißluft zusammen) in den vorgeheizten Backofen schieben. Das Gebäck 15–20 Minuten backen.
6. Die Backbleche auf Kuchenroste stellen. Gebäck etwas abkühlen lassen und in Stücke brechen.

Bananen-Nuss-Brot

Zubereitungszeit: 45 Minuten, ohne Abkühlzeit
Backzeit: etwa 70 Minuten

100 g gehobelte Haselnusskerne
3 mittelgroße Bananen
1 EL Zitronensaft
30 g Butter
1 Dr. Oetker Bourbon Vanilleschote
2 Eigelb (Größe M)
200 g flüssiger Honig
3 EL Milch
30 g Butter
250 g Weizenmehl
1 gestr. TL Dr. Oetker Backin
1 gestr. TL Salz
2 Eiweiß (Größe M)

Insgesamt:
E: 54 g, F: 69 g, Kh: 429 g,
kJ: 11009, kcal: 2633

1. Haselnusskerne in einer Pfanne ohne Fett unter Rühren goldgelb rösten, herausnehmen und auf einem Teller abkühlen lassen. Die Bananen schälen, mit einer Gabel zu einem Mus zerdrücken und mit Zitronensaft beträufeln.
2. Butter in einer kleinen Pfanne zerlassen. Bananenmus darin kurz andünsten und erkalten lassen.
3. Vanilleschote längs aufschneiden und das Mark herauskratzen.
4. Eigelb und den Honig in eine Rührschüssel geben und mit Handrührgerät mit Rührbesen schaumig schlagen. Milch, Vanillemark, Butter und Bananenmus unterrühren. Mehl mit Backpulver und Salz mischen und sorgfältig unter die Bananenmusmasse rühren.
5. Den Backofen vorheizen.
Ober-/Unterhitze: etwa 180 °C
Heißluft: etwa 160 °C
6. Eiweiß steif schlagen, mit den Haselnusskernen unter den Teig heben.
7. Den Teig in eine Kastenform (30 x 11 cm, gefettet) geben und glatt streichen. Die Form auf dem Rost in den vorgeheizten Backofen schieben. Bananen-Nuss-Brot etwa 70 Minuten backen.

Amerikanische Cracker

Bananen-Nuss-Brot

8. Das Brot aus der Form lösen, auf einen mit Backpapier belegten Kuchenrost stürzen und wieder umdrehen. Bananen-Nuss-Brot erkalten lassen.

Tipps: Bananen-Nuss-Brot eignet sich gut für einen Sonntagsbrunch. Es lässt sich gut vorbereiten und schmeckt pur oder mit Butter und Honig bestrichen.

Bagels mit Lachs

Bagels mit Lachs

12 Stück

Zubereitungszeit: 50 Minuten, ohne Teiggeh- und Abkühlzeit
Backzeit: etwa 30 Minuten je Backblech

Für den Hefeteig:
250 ml (1/4 l) lauwarmes Wasser
2 TL Zucker
42 g frische Hefe
3 Eiweiß (Größe M)
550 g Weizenmehl
50 g weiche Butter
1/2 gestr. EL Salz

Für die Lauge:
2 gestr. TL Salz
1 gestr. TL Dr. Oetker Backin

1 Eiweiß (Größe M)
2 EL Sesamsamen
2 EL Mohnsamen
2 EL grobes Meersalz

Für den Belag:
200 g Doppelrahm-Frischkäse
3 EL Milch
Salz
frisch gemahlener Pfeffer
1 Bund Dill
150 g Räucherlachs, in Scheiben

Pro Stück:
E: 12 g, F: 13 g, Kh: 37 g,
kJ: 1260, kcal: 313

1. Für den Teig Wasser und Zucker in eine Rührschüssel geben. Hefe darin auflösen. Eiweiß und 250 g Mehl hinzugeben. Die Zutaten mit Handrührgerät mit Knethaken zunächst kurz auf niedrigster, dann auf höchster Stufe zu einem glatten Teig verarbeiten. Den Teig zugedeckt so lange an einem warmen Ort gehen lassen, bis er sich sichtbar vergrößert hat (etwa 1 Stunde).
2. Butter, Salz und restliches Mehl hinzugeben und mit Handrührgerät mit Knethaken in etwa 5 Minuten zu einem elastischen Teig verarbeiten. Den Teig zugedeckt weitere etwa 30 Minuten gehen lassen.
3. Den gegangenen Teig leicht mit Mehl bestäuben, aus der Schüssel nehmen, auf einer leicht bemehlten Arbeitsfläche nochmals gut durchkneten und zu einer Rolle formen. Die Teigrolle zunächst in 12 gleich große Stücke schneiden, mit etwas Mehl bestäuben und jeweils zu einer glatten Kugel rollen. In die Mitte jeder Teigkugel ein Loch eindrücken und auf Walnussgröße ausziehen.
4. Die Teigringe mit genügend Abstand auf der gut bemehlten Arbeitsfläche verteilen. Mit einem feuchten Geschirrtuch belegen und zugedeckt mindestens 30 Minuten gehen lassen, bis sie sich deutlich vergrößert haben.
5. Den Backofen vorheizen.
Ober-/Unterhitze: etwa 200 °C
Heißluft: etwa 180 °C
6. Für die Lauge einen breiten Topf zu zwei Drittel mit Wasser füllen, zum Kochen bringen. Salz und Backpulver hineingeben. Die Teigringe portionsweise in das kochende Wasser geben und von jeder Seite etwa 1 Minute köcheln lassen. Die Teigringe müssen „schwimmen" können. Teigringe mit einer Schaumkelle aus dem Wasser nehmen und abtropfen lassen. Jeweils 6 Teigringe mit Abstand auf ein Backblech (gefettet, mit Backpapier belegt) legen. Eiweiß mit 2 Esslöffeln Wasser verschlagen. Die Teigringe damit bestreichen. Nach Belieben mit Sesam, Mohn oder grobem Salz bestreuen.
7. Die Backbleche nacheinander (bei Heißluft zusammen) in den vorgeheizten Backofen schieben. Bagels etwa 30 Minuten je Backblech goldbraun backen.
8. Die Bagels mit dem Backpapier von den Backblechen auf Kuchenroste ziehen. Bagels abkühlen lassen und waagerecht durchschneiden.
9. Für den Belag den Frischkäse mit Milch glatt rühren. Mit Salz und Pfeffer abschmecken. Dill abspülen und trocken tupfen. Die Spitzen von den Stängeln zupfen. Die Frischkäse-Creme auf die Bagel-Unterseiten streichen. Die Lachsscheiben gleichmäßig darauf verteilen und mit den Dillspitzen garnieren. Gebäckdeckel darauflegen.

Brokkoli-Käse-Säckchen

Brokkoli-Käse-Säckchen

12 Stück

Zubereitungszeit: 60 Minuten, ohne Ruhezeit
Backzeit: etwa 20 Minuten

Für den Strudelteig:
250 g Weizenmehl
1 Prise Salz
100 ml lauwarmes Wasser
1 Ei (Größe M)
1 EL Speiseöl, z. B. Sonnenblumenöl

Für die Füllung:
50 g Pinienkerne
500 g Brokkoli
Salz
125 g Kräuter-Crème-fraîche
etwa 30 g Kräuter-Frischkäse
75 g frisch geriebener Gouda-Käse
frisch gemahlener Pfeffer
1 geh. EL Speisestärke

Zum Bestreichen und Bestreuen:
50 g Butter
2 EL Semmelbrösel

Pro Stück:
E: 7 g, F: 13 g, Kh: 19 g,
kJ: 921, kcal: 220

1. Für den Strudelteig Mehl in eine Rührschüssel geben. Restliche Zutaten hinzufügen und mit Handrührgerät mit Knethaken zunächst kurz auf niedrigster, dann auf höchster Stufe zu einem glatten Teig verarbeiten. In einem kleinen Kochtopf Wasser kochen, den Topf ausgießen und abtrocknen. Den Teig auf Backpapier in den heißen Topf legen, mit einem Deckel verschließen und etwa 30 Minuten ruhen lassen.
2. In der Zwischenzeit den Backofen vorheizen.
Ober-/Unterhitze: etwa 200 °C
Heißluft: etwa 180 °C
3. Für die Füllung Pinienkerne hacken, in einer Pfanne ohne Fett goldgelb rösten, herausnehmen und auf einem Teller erkalten lassen. Brokkoli putzen und in Röschen teilen. Brokkoliröschen in kochendem Salzwasser etwa 5 Minuten garen. Anschließend in einem Sieb gut abtropfen lassen. Crème fraîche und Käse in einer Schüssel verrühren, mit Salz und Pfeffer würzen. Pinienkerne und Speisestärke unterrühren.
4. Zum Bestreichen Butter in einem kleinen Topf zerlassen.
5. Den Strudelteig auf einem leicht bemehlten großen Geschirrtuch zu einem großen Rechteck ausrollen, dann mit dem Handrücken vorsichtig ausziehen (etwa 60 x 45 cm) und dünn mit etwas Butter bestreichen. Teig in 12 Quadrate (etwa 15 x 15 cm) teilen und die Mitte jeweils mit etwas Semmelbröseln bestreuen. Die Käsecreme und Brokkoliröschen gleichmäßig darauf verteilen, dabei die Ränder frei lassen. Teig so über der Füllung zusammendrücken, dass kleine Säckchen entstehen. Säckchen auf ein Backblech (mit Backpapier belegt) setzen und mit etwas Butter bestreichen. Das Backblech in den vorgeheizten Backofen schieben. Die Brokkoli-Käse-Säckchen etwa 20 Minuten backen.
6. Die Brokkoli-Käse-Säckchen während der Backzeit mit der restlichen Butter bestreichen. Säckchen mit dem Backpapier vom Backblech auf einen Kuchenrost ziehen und erkalten lassen oder warm servieren.

Abwandlung: Die Brokkoli-Käse-Säckchen statt mit Brokkoli mit grünem Spargel füllen. Dafür 500 g grünen Spargel waschen (nicht schälen), Enden abschneiden und klein schneiden.

Gemüseküchlein

10 Stück

Zubereitungszeit: 40 Minuten, ohne Teiggehzeit
Backzeit: 25–30 Minuten

Für den Hefeteig:
375 g Weizenmehl
21 g frische Hefe
1 Prise Zucker
200 ml warme Milch
50 g zerlassene, abgekühlte Butter oder Margarine
1 gestr. TL Salz

Für den Belag:
60 g Butter
250 g Porree (Lauch), in Ringe geschnitten
2 rote Zwiebeln, in Ringe geschnitten
250 g bunte Paprikaschotenwürfel
150 g Käse, z. B. Mozzarella, Emmentaler, Bergkäse, Gouda
100 g Frühstücksspeck
2 Eier (Größe M)
400 g Schlagsahne
Salz, frisch gemahlener Pfeffer
200 g Cocktailtomaten

Pro Stück:
E: 12 g, F: 37 g, Kh: 30 g,
kJ: 2140, kcal: 512

1. Für den Teig das Mehl in eine Rührschüssel geben. In die Mitte eine Vertiefung drücken und die Hefe hineinbröckeln. Zucker und etwas Milch hinzufügen. Mit einem kleinen Teil des Mehls mit einer Gabel vorsichtig verrühren und 10–15 Minuten gehen lassen.
2. Butter oder Margarine und Salz hinzufügen. Die Zutaten mit Handrührgerät mit Knethaken zunächst kurz auf niedrigster, dann auf höchster Stufe in etwa 5 Minuten zu einem glatten Teig verarbeiten. Den Teig mit etwas Mehl bestäuben und zugedeckt so lange an einem warmen Ort gehen lassen, bis er sich sichtbar vergrößert hat (etwa 30 Minuten).
3. Für den Belag in der Zwischenzeit Butter in einem Topf zerlassen. Gemüse kurz darin andünsten. Käse reiben, Frühstücksspeck klein würfeln. Eier mit Sahne verschlagen, mit Salz und Pfeffer würzen. Tomaten abspülen, trocken tupfen, halbieren und evtl. Stängelansätze entfernen.
4. Den gegangenen Teig leicht mit Mehl bestäuben, aus der Schüssel nehmen, auf einer leicht bemehlten Arbeitsfläche nochmals gut durchkneten und dünn ausrollen. 10 runde Platten (Ø 10–12 cm) ausstechen, in kleine Förmchen (Ø 10–12 cm, gefettet) legen. Gemüse mit Käse und Speckwürfeln mischen, in die Förmchen füllen. Eiersahne daraufgeben und mit Tomatenhälften garnieren. Nochmals zugedeckt so lange an einem warmen Ort gehen lassen, bis der Teig sich sichtbar vergrößert hat (etwa 20 Minuten).
5. In der Zwischenzeit den Backofen vorheizen.
Ober-/Unterhitze: etwa 180 °C
Heißluft: etwa 160 °C
6. Die Förmchen auf dem Rost in den vorgeheizten Backofen schieben. Die Küchlein 25–30 Minuten backen.
7. Die Förmchen auf einen Kuchenrost stellen. Gemüseküchlein etwas abkühlen lassen und aus den Förmchen lösen. Küchlein warm oder kalt servieren.

Buttermilchbrötchen

12 Stück

Zubereitungszeit: 10 Minuten
Backzeit: etwa 30 Minuten

600 g Weizenmehl
1 Pck. Dr. Oetker Backin
1 gestr. TL Salz
2 TL Zucker
80 g weiche Butter
2 Eier (Größe M)
300 ml Buttermilch
1 Eigelb

Pro Stück:
E: 7 g, F: 8 g, Kh: 38 g,
kJ: 1054, kcal: 252

1. Den Backofen vorheizen.
Ober-/Unterhitze: etwa 200 °C
Heißluft: etwa 180 °C
2. Für den Teig Mehl mit Backpulver, Salz und Zucker in einer Rührschüssel vermischen. Die Butter, Eier und 250 ml (1/4 l) Buttermilch hinzugeben. Die Zutaten mit Handrührgerät mit Knethaken zu einem glatten Teig verarbeiten.
3. Den Teig aus der Schüssel nehmen, auf einer leicht bemehlten Arbeitsfläche zu einer Rolle formen und in 12 gleich große Stücke teilen.
4. Die Teigstücke mit der Schnittfläche nach oben mit Abstand auf ein Backblech (mit Backpapier belegt) legen.
5. Restliche Buttermilch mit Eigelb verschlagen. Die Teigstücke damit bestreichen.
6. Das Backblech in den vorgeheizten Backofen schieben. Die Buttermilchbrötchen etwa 30 Minuten backen.
7. Die Brötchen mit dem Backpapier vom Backblech auf einen Kuchenrost ziehen. Brötchen erkalten lassen.

Tipps: Die Brötchen sind gar, wenn man an ihrer Unterseite klopft und sie sich hohl anhören. Die Buttermilchbrötchen lassen sich gut auf Vorrat backen und einfrieren.

Gemüseküchlein

Buttermilchbrötchen

Gemüsemuffins mit Käsedip

Hirsebrot aus der Pfanne

Gemüsemuffins mit Käsedip

12 Muffins

Zubereitungszeit: 60 Minuten
Backzeit: etwa 25 Minuten

Zum Vorbereiten:
1 gelbe Paprikaschote
2 Strauchtomaten
1 kleine Zucchini
1 Bund Basilikum
100 g Bacon (Frühstücksspeck)

Für den Teig:
150 g Weizenmehl
100 g Maismehl
2 gestr. TL Dr. Oetker Backin
1 TL Paprikapulver edelsüß
2 gestr. TL Natron
200 g Joghurt (3,5 % Fett)
100 ml Milch
1 Ei (Größe M)
40 ml Olivenöl
1 gestr. TL Salz

Für den Käsedip:
1 Bund Schnittlauch
1 Bund Frühlingszwiebeln
400 g Doppelrahm-Frischkäse
200 g Joghurt
150 g würziger Bergkäse
Salz
frisch gemahlener Pfeffer

Außerdem:
12 Papierbackförmchen

Pro Portion:
E: 13 g, F: 21 g, Kh: 20 g,
kJ: 1380, kcal: 330

1. Zum Vorbereiten Paprikaschote mit einem Sparschäler grob schälen, halbieren, entstielen, entkernen und die weißen Scheidewände entfernen. Schotenhälften abspülen, abtropfen lassen und in Würfel schneiden. Tomaten abspülen, trocken tupfen, halbieren, entstielen und entkernen. Tomatenhälften in Würfel schneiden. Zucchini abspülen, trocken tupfen und die Enden abschneiden. Zucchini zuerst längs in Scheiben, dann in kleine Würfel schneiden. Basilikum abspülen und trocken tupfen. Die Blättchen von den Stängeln zupfen. Blättchen klein schneiden.
2. Bacon in kleine Würfel schneiden, in einer Pfanne ohne Fett anbraten, herausnehmen und auf Küchenpapier abtropfen lassen.
3. Den Backofen vorheizen.
Ober-/Unterhitze: etwa 180 °C
Heißluft: etwa 160 °C
4. Für den Teig Mehl mit Maismehl in eine Rührschüssel geben. Backpulver, Paprika und Natron untermischen. Joghurt, Milch, Ei, Olivenöl und Salz hinzugeben. Die Zutaten mit Handrührgerät mit Knethaken zunächst kurz auf niedrigster, dann auf höchster Stufe zu einem glatten Teig verkneten. Vorbereitetes Gemüse, Basilikum und Speckwürfel unterarbeiten.
5. Den Teig in einer Muffinform (für 12 Muffins, mit Papierbackförmchen ausgelegt) verteilen. Die Form auf dem Rost in den vorgeheizten Backofen schieben. Die Muffins etwa 25 Minuten backen.
6. In der Zwischenzeit für den Käsedip Schnittlauch abspülen, trocken tupfen und in Röllchen schneiden. Frühlingszwiebeln putzen, abspülen, abtropfen lassen und in feine Ringe schneiden. Schnittlauchröllchen, Frühlingszwiebelringe, Frischkäse und Joghurt in eine Schüssel geben. Käse grob reiben und hinzugeben. Die Zutaten zu einer glatten Masse verrühren. Den Dip mit Salz und Pfeffer kräftig abschmecken.
7. Die Muffins aus der Form nehmen und warm oder kalt mit dem Dip servieren.

Hirsebrot aus der Pfanne

2–3 Brote

Zubereitungszeit: 50 Minuten, ohne Einweich- und Teiggehzeit
Backzeit: etwa 30 Minuten je Brot

200 g Hirsekörner
300 ml Wasser
30 g frische Hefe
3 EL lauwarmes Wasser
1 TL flüssiger Honig
200 g Weizen-Vollkornmehl
etwa 125 ml (1/8 l) lauwarme Milch
2 EL flüssiger Honig
1 gestr. TL Meersalz
1 TL gemahlener Kardamom
2 TL Sonnenblumen- oder Maiskeimöl (kaltgepresst)
4 EL Hirsekörner

Insgesamt:
E: 46 g, F: 27 g, Kh: 324 g,
kJ: 7556, kcal: 1804

1. Hirse über Nacht in kaltem Wasser einweichen und anschließend in einem Sieb abtropfen lassen.
2. Hefe zerbröckeln, in lauwarmem Wasser auflösen, mit dem Honig verrühren und zugedeckt an einem warmen Ort etwa 15 Minuten gehen lassen.
3. Hirse, Mehl, Milch, Honig, Meersalz, Kardamom und aufgelöste Hefe in eine Rührschüssel geben. Die Zutaten mit Handrührgerät mit Knethaken zunächst kurz auf niedrigster, dann auf höchster Stufe in etwa 5 Minuten zu einem glatten Teig verarbeiten. Den Hefeteig zugedeckt so lange an einem warmen Ort gehen lassen, bis er sich sichtbar vergrößert hat (etwa 1 Stunde).
4. Eine Pfanne mit Öl ausstreichen und mit Hirsekörnern ausstreuen.
5. Einen Teil des Teiges zu einem flachen Brot in Pfannengröße formen, in der Pfanne etwa 30 Minuten gehen lassen. Die Pfanne erhitzen. Das Brot zugedeckt bei mittlerer Hitze von jeder Seite etwa 15 Minuten backen.
6. Den restlichen Teig auf die gleiche Weise backen. Nach dem Backen evtl. zu dunkel gewordene Körner von dem Brot klopfen. Das Hirsebrot heiß oder kalt servieren.

Tipp: Mit Käsecreme oder vegetarischem Brotaufstrich servieren.

Kartoffelteigpizza mit Parmaschinken

8–10 Portionen (2 Backbleche)

Zubereitungszeit: 60 Minuten, ohne Teiggehzeit
Backzeit: etwa 30 Minuten je Backblech

600 g mehligkochende Kartoffeln
500 g Weizenmehl
2 gestr. TL Salz
42 g frische Hefe
1/2 TL Zucker
400 ml lauwarme Milch
740 g stückige Tomaten mit Kräutern (aus dem Tetra Pak®)
100 g milde Peperoni (aus dem Glas)
400 g frisch geriebener Edamer Käse
200 g Parmaschinken, in dünnen Scheiben
1 Bund Rauke (Rucola)

Pro Portion:
E: 26 g, F: 18 g, Kh: 57 g,
kJ: 2075, kcal: 495

1. Für den Teig Kartoffeln gründlich waschen und in einem Topf knapp mit Wasser bedeckt zum Kochen bringen. Kartoffeln zugedeckt 20–25 Minuten garen. Die Kartoffeln abgießen, abdämpfen, noch heiß pellen und sofort durch eine Kartoffelpresse in eine große Rührschüssel drücken.
2. Mehl und Salz mit der Kartoffelmasse vermengen und in die Mitte eine Mulde drücken. Hefe hineinbröckeln. Zucker und 2 Esslöffel Milch hinzugeben, mit der Hefe verrühren und etwa 10 Minuten gehen lassen.
3. Restliche Milch hinzufügen. Die Zutaten mit Handrührgerät mit Knethaken in etwa 5 Minuten zu einem glatten Teig verkneten. Den Teig zugedeckt so lange an einem warmen Ort gehen lassen, bis er sich sichtbar vergrößert hat (etwa 30 Minuten).
4. Den Kartoffelteig leicht mit Mehl bestäuben, aus der Schüssel nehmen, auf der leicht bemehlten Arbeitsfläche nochmals durchkneten und halbieren. Jede Teighälfte auf einem Backblech (30 x 40 cm gefettet, mit Backpapier belegt) ausrollen.
5. Den ausgerollten Kartoffelteig mit den Tomatenstückchen bestreichen. Peperoni abtropfen lassen, gleichmäßig darauf verteilen und mit Käse bestreuen.
6. Kartoffelteigpizza nochmals zugedeckt etwa 20 Minuten an einem warmen Ort gehen lassen.
7. Den Backofen vorheizen.
Ober-/Unterhitze: etwa 200 °C
Heißluft: etwa 180 °C
8. Die Backbleche nacheinander (bei Heißluft zusammen) in den vorgeheizten Backofen schieben. Kartoffelteigpizza etwa 30 Minuten je Blech backen.
9. In der Zwischenzeit die Rauke (Rucola) abspülen, abtropfen lassen und trocken tupfen. Dicke Stiele abschneiden.
10. Die Backbleche aus dem Backofen nehmen und auf Kuchenroste stellen. Parmaschinken und Rauke dekorativ darauf verteilen. Die Pizzen sofort servieren.

Kartoffelteigpizza mit Parmaschinken

Käseschnecken

14 Stück

Zubereitungszeit: 30 Minuten, ohne Teiggehzeit
Backzeit: etwa 15 Minuten je Backblech

Für den Hefeteig:
500 g Weizenmehl
42 g frische Hefe
1 gestr. TL Zucker
125 ml (1/8 l) lauwarme Milch
100 g zerlassene, abgekühlte Butter oder Margarine
1/2 gestr. TL Salz
2 Eier (Größe M)

Für die Füllung:
2 Zwiebeln
10 g Butter
200 g Rindergehacktes
125 g Thüringer Mett (Schweinemett)
Salz
frisch gemahlener Pfeffer
1 Ei (Größe M)
2–3 EL gemischte, gehackte Kräuter, z. B. Petersilie, Dill, Liebstöckel, Basilikum
300 g mittelalter Gouda-Käse

Zum Bestreichen:
2 Eigelb
2 EL Milch

Pro Stück:
E: 16 g, F: 20 g, Kh: 28 g, kJ: 1564, kcal: 374

1. Für den Teig das Mehl in eine Rührschüssel geben. In die Mitte eine Vertiefung drücken, die Hefe hineinbröckeln. Zucker und etwas Milch hinzufügen. Mit einem kleinen Teil des Mehls mit einer Gabel vorsichtig verrühren, 10–15 Minuten gehen lassen.
2. Butter oder Margarine, Salz und Eier hinzufügen. Die Zutaten mit Handrührgerät mit Knethaken zunächst kurz auf niedrigster, dann auf höchster Stufe in etwa 5 Minuten zu einem glatten Teig verarbeiten. Teig leicht mit Mehl bestäuben und zugedeckt so lange an einem warmen Ort gehen lassen, bis er sich sichtbar vergrößert hat (etwa 30 Minuten).
3. Für die Füllung in der Zwischenzeit Zwiebeln abziehen und klein würfeln. Butter in einer großen Pfanne zerlassen, Zwiebelwürfel darin andünsten. Gehacktes und Mett hinzufügen und unter Rühren anbraten. Dabei die Fleischklümpchen mit einer Gabel zerdrücken. Mit Salz und Pfeffer würzen. Fleischmasse etwas abkühlen lassen. Dann Ei und Kräuter unterkneten. Den Käse grob reiben.
4. Den gegangenen Teig leicht mit Mehl bestäuben, aus der Schüssel nehmen, auf einer leicht bemehlten Arbeitsfläche nochmals kurz durchkneten und zu einem Rechteck (etwa 35 x 45 cm) ausrollen. Die Teigplatte mit der Fleischmasse bestreichen. Dabei rundherum einen etwa 2 cm breiten Rand frei lassen. Die Fleischmasse gleichmäßig mit dem geriebenen Käse bestreuen.
5. Den Backofen vorheizen.
Ober-/Unterhitze: etwa 200 °C
Heißluft: etwa 180 °C
6. Den Teig von der kürzeren Seite aus vorsichtig aufrollen und in etwa 2 1/2 cm dicke Scheiben schneiden. Die Teigscheiben mit Abstand auf Backbleche (mit Backpapier belegt) legen. Die Käseschnecken zugedeckt nochmals so lange an einem warmen Ort gehen lassen, bis sie sich sichtbar vergrößert haben (etwa 30 Minuten).
7. Zum Bestreichen Eigelb mit Milch verschlagen und die Teigschnecken damit bestreichen. Die Backbleche nacheinander (bei Heißluft zusammen) in den vorgeheizten Backofen schieben. Die Käseschnecken etwa 15 Minuten je Backblech backen.
8. Die Käseschnecken mit dem Backpapier auf Kuchenroste ziehen und erkalten lassen.

Käseschnecken

Käsepizza vom Blech

9 Stücke

Zubereitungszeit: 45 Minuten, ohne Teiggehzeit
Backzeit: etwa 30 Minuten

21 g frische Hefe
200 ml warmes Wasser
300 g Weizenmehl
50 ml Olivenöl
1 gestr. TL Salz

500 g Tomaten
20 Basilikumblättchen
Salz, frisch gemahlener Pfeffer
250 g Mozzarella-Käse
100 g Parmesan-Käse
1 Knoblauchzehe
2–3 EL Olivenöl

Käsepizza vom Blech

Kokosbrötchen

Insgesamt:
E: 120 g, F: 164 g, Kh: 248 g,
kJ: 12367, kcal: 2954

1. Die Hefe mit Wasser in eine Rührschüssel geben und auflösen. Mehl, Olivenöl und Salz hinzugeben. Zutaten mit Handrührgerät mit Knethaken zu einem weichen Teig verarbeiten. Teig mit etwas Mehl bestäuben und zugedeckt etwa 5 Minuten ruhen lassen.
2. Den Teig mit etwas Mehl bestäuben und auf einem Backblech (gefettet, mit Backpapier belegt) auf etwa 30 x 35 cm ausrollen. Den Teig zugedeckt so lange an einem warmen Ort gehen lassen, bis er sich sichtbar vergrößert hat (etwa 30 Minuten).
3. In der Zwischenzeit den Backofen vorheizen.
Ober-/Unterhitze: etwa 200 °C
Heißluft: etwa 180 °C
4. Die Tomaten abspülen, abtropfen lassen und die Stielansätze herausschneiden. Tomaten in dünne Scheiben schneiden und nebeneinander auf den gegangenen Teig legen. Basilikumblättchen abspülen, trocken tupfen und darauf verteilen. Mit Salz und Pfeffer bestreuen.
5. Mozzarella in einem Sieb abtropfen lassen, in Scheiben schneiden und auf die Pizza legen. Parmesan-Käse grob raspeln und darüberstreuen. Knoblauch abziehen, in feine Scheiben schneiden und darauf verteilen. Pizza mit Olivenöl beträufeln. Das Backblech in den vorgeheizten Backofen schieben. Käsepizza etwa 30 Minuten goldbraun backen.

Kokosbrötchen

18–20 Stück

Zubereitungszeit: 50 Minuten, ohne Teiggehzeit
Backzeit: etwa 30 Minuten

400 g Weizenmehl (Type 550)
100 g Sojamehl
1 Pck. Dr. Oetker Trockenbackhefe
250 g Magerquark
50 g Zucker
1 Ei (Größe M)
abgeriebene Schale von 1 Bio-Zitrone (unbehandelt, ungewachst)
125 g weiche Butter
etwa 100 ml lauwarme Milch
175 g geröstete Kokosraspel
100 g Rosinen

Zum Bestreichen und Bestreuen:
etwas Milch
einige Kokosraspel

Insgesamt:
E: 155 g, F: 228 g, Kh: 435 g,
kJ: 19041, kcal: 4550

1. Für den Teig Mehl mit Sojamehl in eine Rührschüssel geben und mit der Trockenbackhefe sorgfältig vermischen. Quark, Zucker, Ei, Zitronenschale, Butter und Milch hinzufügen.
2. Die Zutaten mit Handrührgerät mit Knethaken zunächst kurz auf niedrigster, dann auf höchster Stufe in etwa 5 Minuten zu einem glatten Teig verarbeiten.
3. Kokosraspel und Rosinen kurz unterarbeiten. Den Teig zugedeckt so lange an einem warmen Ort gehen lassen, bis er sich sichtbar vergrößert hat (etwa 30 Minuten). Den gegangenen Teig leicht mit Mehl bestäuben, aus der Schüssel nehmen und auf einer bemehlten Arbeitsfläche nochmals kurz durchkneten. Den Teig in 18–20 Portionen teilen.
4. Den Backofen vorheizen.
Ober-/Unterhitze: etwa 200 °C
Heißluft: etwa 180 °C
5. Die Teigstücke zu Kugeln formen und mit Abstand auf ein Backblech (mit Backpapier belegt) legen. Zugedeckt nochmals so lange an einem warmen Ort gehen lassen, bis sie sich sichtbar vergrößert haben (etwa 20 Minuten). Teigbrötchen mit Milch bestreichen und mit Kokosraspeln bestreuen.
6. Das Backblech in den vorgeheizten Backofen schieben. Die Kokosbrötchen etwa 30 Minuten backen.
7. Kokosbrötchen mit dem Backpapier vom Backblech auf einen Kuchenrost ziehen und anschließend erkalten lassen.

Kraftbrot

Mini-Pizzen mit Sardellen

Kraftbrot

Zubereitungszeit: 45 Minuten, ohne Teiggehzeit
Backzeit: etwa 35 Minuten

Zum Vorbereiten:
200 g Möhren
100 g Walnusskerne
100 g Haselnusskerne

Für den Hefeteig:
100 g Roggenmehl (Type 1150)
400 g Dinkel-Vollkornmehl
1 Pck. Dr. Oetker Trockenbackhefe
2 gestr. TL Salz
250 ml (1/4 l) warmes Wasser

Insgesamt:
E: 99 g, F: 139 g, Kh: 381 g,
kJ: 13253, kcal: 3166

1. Zum Vorbereiten Möhren putzen, schälen, abspülen, abtrocknen und fein raspeln. Walnuss- und Haselnusskerne grob hacken.
2. Für den Teig beide Mehlsorten mit Trockenbackhefe in einer Rührschüssel sorgfältig vermischen. Salz, Wasser, Möhrenraspel und Nussstückchen hinzufügen. Die Zutaten mit Handrührgerät mit Knethaken zunächst kurz auf niedrigster, dann auf höchster Stufe in etwa 5 Minuten zu einem glatten Teig verarbeiten.
3. Teig leicht mit Mehl bestäuben und zugedeckt so lange an einem warmen Ort gehen lassen, bis er sich sichtbar vergrößert hat (etwa 60 Minuten).
4. Den gegangenen Teig leicht mit Mehl bestäuben, auf der leicht bemehlten Arbeitsfläche nochmals kurz durchkneten und zu einer Rolle von etwa 28 cm Länge formen. Die Teigrolle in eine Kastenform (30 x 11 cm, gefettet) legen, leicht mit Mehl bestäuben und zugedeckt so lange an einem warmen Ort gehen lassen, bis sie sich sichtbar vergrößert hat (etwa 40 Minuten).
5. Den Backofen vorheizen.
Ober-/Unterhitze: etwa 250 °C
Heißluft: etwa 230 °C
6. Die Teigoberfläche mit einem Messer mehrmals diagonal kreuzweise etwa 1/2 cm tief einritzen. Die Form auf dem Rost in den vorgeheizten Backofen schieben. Das Brot etwa 10 Minuten backen. Backofentemperatur um etwa 50 °C auf Ober-/Unterhitze: etwa 200 °C, Heißluft: etwa 180 °C herunterschalten. Das Brot weitere etwa 25 Minuten backen.
7. Das Brot auf einen Kuchenrost stürzen, umdrehen und auf dem Kuchenrost erkalten lassen.

Mini-Pizzen mit Sardellen

16 Stück

Zubereitungszeit: 40 Minuten, ohne Teiggehzeit
Backzeit: etwa 25 Minuten je Backblech

Für den Hefeteig:
21 g frische Hefe
200 ml warmes Wasser
400 g Weizenmehl (Type 550)
50 ml Olivenöl
1 gestr. TL Salz

Für den Belag:
200 g Crème fraîche
Salz
frisch gemahlener Pfeffer
150 g Gorgonzola-Käse
80 g kleine, schwarze Oliven
40 g Sardellen
16 Salbeiblättchen
60 g Kapern

Pro Stück:
E: 5 g, F: 12 g, Kh: 15 g,
kJ: 778, kcal: 186

1. Für den Teig Hefe in eine Rührschüssel geben und zerbröckeln.

Warmes Wasser hinzugießen. Die Hefe darin unter Rühren auflösen. Mehl, Olivenöl und Salz hinzugeben. Die Zutaten mit Handrührgerät mit Knethaken zu einem glatten Teig verkneten.

2. Den gegangenen Teig leicht mit Mehl bestäuben, aus der Schüssel nehmen, auf einer leicht bemehlten Arbeitsfläche zu einer langen Rolle formen. Teigrolle in 16 gleich große Stücke schneiden und jeweils zu einer Kugel formen. Die Teigkugeln auf 2 Backbleche (mit Backpapier belegt) legen. Die Teigkugeln zu runden Platten (Ø etwa 10 cm) formen und flach drücken.

3. Für den Belag Crème fraîche mit Salz und Pfeffer verrühren. Jeweils 1 Esslöffel Crème fraîche auf die Teigplatten geben. Gorgonzola in Stücke schneiden und darauf verteilen.

4. Den Backofen vorheizen.
Ober-/Unterhitze: etwa 200 °C
Heißluft: etwa 180 °C

5. Oliven abtropfen lassen. Sardellen mit kaltem Wasser abspülen, abtropfen lassen. Salbeiblättchen abspülen und trocken tupfen. Kapern in einem Sieb abtropfen lassen. Die Mini-Pizzen mit den vorbereiteten Zutaten belegen.

6. Die Backbleche nacheinander (bei Heißluft zusammen) in den vorgeheizten Backofen schieben. Die Pizzen etwa 25 Minuten je Backblech backen.

7. Die Pizzen von den Backblechen nehmen und sofort servieren.

Kürbisbrot mit Dinkel

Zubereitungszeit: 50 Minuten, ohne Saftzieh-, Abkühl- und Teiggehzeit
Backzeit: etwa 45 Minuten

Zum Vorbereiten:
300 g Kürbisfleisch, (geputzt, ohne faserigen Innenteil)
1 gestr. TL Salz

Für den Hefeteig:
350 g Dinkel-Vollkornmehl
42 g frische Hefe
1 TL flüssiger Honig
100 ml lauwarmes Wasser
1 1/2 gestr. TL Salz
1 TL gemahlener Koriander
120 g kernige Haferflocken

Insgesamt:
E: 58 g, F: 16 g, Kh: 335 g, kJ: 7605, kcal: 1815

1. Zum Vorbereiten Kürbisfleisch in kleine Würfel schneiden, in einem Topf mit Salz mischen. Kürbiswürfel etwa 10 Minuten zum Saftziehen stehen lassen.

2. Kürbismasse zum Kochen bringen und zugedeckt etwa 10 Minuten dünsten, abkühlen lassen.

3. Für den Teig das Mehl in eine Rührschüssel geben. In die Mitte eine Vertiefung drücken und die Hefe hineinbröckeln. Honig und etwas von dem Wasser hinzufügen. Mit einem kleinen Teil des Mehls mit einer Gabel vorsichtig verrühren und etwa 10 Minuten gehen lassen.

4. Salz, Koriander, restliches Wasser, Haferflocken und die lauwarme Kürbismasse hinzufügen. Die Zutaten mit Handruhrgerat mit Knethaken zunächst kurz auf niedrigster, dann auf höchster Stufe in etwa 5 Minuten zu einem glatten Teig verarbeiten. Den Hefeteig leicht mit Mehl bestäuben und zugedeckt so lange an einem warmen Ort gehen lassen, bis er sich sichtbar vergrößert hat (etwa 30 Minuten).

5. Den gegangenen Teig leicht mit Mehl bestäuben, aus der Schüssel nehmen, auf einer leicht bemehlten Arbeitsfläche nochmals kurz durchkneten und zu einem ovalen Laib formen.

6. Den Teiglaib auf ein Backblech (mit Backpapier belegt) legen und nochmals zugedeckt so lange an einem warmen Ort gehen lassen, bis er sich sichtbar vergrößert hat (etwa 30 Minuten).

7. In der Zwischenzeit den Backofen vorheizen.
Ober-/Unterhitze: etwa 200 °C
Heißluft: etwa 180 °C

8. Die Teigoberfläche mit einem scharfen Messer der Länge nach etwa 1 cm tief einschneiden (nicht drücken). Das Backblech in den vorgeheizten Backofen schieben. Kürbisbrot etwa 45 Minuten backen.

9. Das Kürbisbrot mit dem Backpapier auf einen Kuchenrost ziehen und das Brot erkalten lassen.

Kürbisbrot mit Dinkel

Nussbrötchenrad

Zubereitungszeit: 45 Minuten, ohne Teiggehzeit
Backzeit: etwa 25 Minuten

Für den Hefeteig:
500 g Weizenmehl
1 Pck. Dr. Oetker Trockenbackhefe
1 EL (25 g) Zucker
1 gestr. TL Salz
250 ml (1/4 l) lauwarme Milch
75 g zerlassene, abgekühlte Butter oder Margarine
je 30 g gemahlene Pistazien-, Walnuss- und Haselnusskerne

1 Eigelb
3 EL Wasser

4 EL Mohnsamen
4 EL Sesamsamen

Insgesamt:
E: 98 g, F: 112 g, Kh: 413 g,
kJ: 13443, kcal: 3211

1. Für den Teig Mehl in eine Rührschüssel geben, mit Trockenbackhefe sorgfältig vermischen. Zucker, Salz, Milch und Butter oder Margarine hinzufügen.
2. Die Zutaten mit Handrührgerät mit Knethaken zunächst kurz auf niedrigster, dann auf höchster Stufe in etwa 5 Minuten zu einem glatten Teig verarbeiten. Den Teig zugedeckt so lange an einem warmen Ort gehen lassen, bis er sich sichtbar vergrößert hat (etwa 30 Minuten).
3. Den gegangenen Teig leicht mit Mehl bestäuben, aus der Schüssel nehmen, auf einer leicht bemehlten Arbeitsfläche nochmals kurz durchkneten und in 3 Portionen teilen. Die Teigportionen jeweils mit einer Nusssorte verkneten und zu je 4 runden Brötchen formen.
4. Zunächst 4 Brötchen in die Mitte eines Backbleches (mit Backpapier belegt) setzen. Restliche Brötchen nicht zu eng kreisförmig darumsetzen.
5. Eigelb mit Wasser verschlagen. Die Teigbrötchen damit bestreichen, im Wechsel mit Mohn und Sesam bestreuen. Die Teigbrötchen nochmals zugedeckt so lange an einem warmen Ort gehen lassen, bis sie sich sichtbar vergrößert haben (etwa 25 Minuten).
6. In der Zwischenzeit den Backofen vorheizen.
Ober-/Unterhitze: etwa 180 °C
Heißluft: etwa 160 °C
7. Das Backblech in den vorgeheizten Backofen schieben. Das Nussbrötchenrad etwa 25 Minuten backen.
8. Das Nussbrötchenrad mit dem Backpapier auf einen Kuchenrost ziehen und erkalten lassen.

Nussbrötchenrad

Pastete mit Schafkäse

4–6 Portionen

Zubereitungszeit: 45 Minuten
Garzeit: 30–35 Minuten
Haltbarkeit: gekühlt etwa 3 Tage

2 Zwiebeln
2 EL Olivenöl
500 g Rindergehacktes
Salz
frisch gemahlener Pfeffer
1 EL Paprikapulver edelsüß
1/4 TL Pul Biber (geschrotete Pfefferschoten)
200 g Schafkäse
300 g Krautsalat
etwa 300 g Yufka- oder Filoteig (erhältlich in türkischen Läden)
250 g Zaziki
1–2 EL Olivenöl

Pro Portion:
E: 34 g, F: 37 g, Kh: 52 g,
kJ: 2954, kcal: 705

1. Zwiebeln abziehen, zuerst in dünne Scheiben schneiden, dann in Ringe teilen. Olivenöl in einer Pfanne erhitzen. Zwiebelringe darin andünsten. Gehacktes hinzufügen und unter Rühren anbraten, dabei die Fleischklümpchen mit einer Gabel zerdrücken. Mit Salz, Pfeffer, Paprika und Pul Biber würzen.
2. Den Backofen vorheizen.
Ober-/Unterhitze: etwa 180 °C
Heißluft: etwa 160 °C
3. Schafkäse fein zerbröseln. Krautsalat in einem Sieb abtropfen lassen.
4. Eine Springform (Ø 28 cm, gefettet) mit etwa einem Drittel der Teigplatten so auslegen, dass auch die Ränder der Form mit dem Teig bedeckt sind. Nacheinander Gehacktes, Zaziki, Krautsalat und Schafkäsebrösel in die Form schichten. Die restlichen Teigplatten dünn mit Olivenöl bestreichen und darauflegen.
5. Die Form auf dem Rost in den vorgeheizten Backofen schieben. Die Pastete 30–35 Minuten garen.
6. Die Form auf einen Kuchenrost stellen. Die Pastete kurz in der Form

Pastete mit Schafkäse

Quiche Lorraine

ruhen lassen, dann den Springformrand lösen und entfernen. Die Pastete mit einem Sägemesser in Stücke schneiden.

Tipps: Filo- bzw. Yufkateigplatten gibt es in unterschiedlichen Packungsgrößen. Die Platten lassen sich gut mit einer Haushaltsschere in die benötigte Größe schneiden. Zusätzlich 1 Bund abgespülte und trocken getupfte Petersilienblättchen mit einschichten.

Quiche Lorraine

etwa 12 Stücke

Zubereitungszeit: 40 Minuten
Backzeit: etwa 40 Minuten

Für den Knetteig:
250 g Weizenmehl
1 Msp. Dr. Oetker Backin
1 Prise Salz
1 Ei (Größe M)
2 EL kaltes Wasser
125 g weiche Butter oder Margarine

Für den Belag:
120 g durchwachsener Speck
100 g Gouda-Käse
4 Eier (Größe M)
200 g Schlagsahne
Salz, frisch gemahlener Pfeffer
frisch geriebene Muskatnuss

evtl. einige Kräuterblättchen

Pro Stück:
E: 9 g, F: 22 g, Kh: 15 g,
kJ: 1255, kcal: 300

1. Den Backofen vorheizen.
Ober-/Unterhitze: etwa 200 °C
Heißluft: etwa 180 °C

2. Für den Teig Mehl mit Backpulver und Salz in einer Rührschüssel mischen. Restliche Zutaten hinzufügen und mit Handrührgerät mit Knethaken zunächst kurz auf niedrigster, dann auf höchster Stufe zu einem glatten Teig verarbeiten. Den Teig mit den Händen zu einer Kugel formen.

3. Zwei Drittel des Teiges auf einer leicht bemehlten Arbeitsfläche zu einer runden Platte (Ø etwa 26 cm) ausrollen und in eine Tarteform (Ø 26 cm, gefettet) legen oder auf dem Boden einer Springform (Ø 26 cm, gefettet) ausrollen und einen Springformrand darumlegen.

4. Restlichen Teig zu einer langen Rolle formen, auf den Teigboden legen und so an die Form drücken, dass ein etwa 2 cm hoher Rand entsteht. Den Teigboden mehrmals mit einer Gabel einstechen. Die Form auf dem Rost in den vorgeheizten Backofen schieben. Den Knetteigboden etwa 15 Minuten vorbacken.

5. Für den Belag Speck klein würfeln, in einem Topf andünsten und etwas abkühlen lassen. Käse in feine Streifen schneiden. Speckwürfel mit Käsestreifen, Eiern und Sahne verrühren. Mit Salz, Pfeffer und Muskat würzen. Den Belag auf dem vorgebackenen Knetteigboden verteilen. Die Form wieder auf dem Rost in den heißen Backofen schieben. Die Quiche bei gleicher Backofentemperatur weitere etwa 25 Minuten backen.

6. Die Quiche nach Belieben noch warm mit abgespülten und trocken getupften Kräuterblättchen garniert servieren.

Roggenbrot mit Kürbiskernen

Quark-Öl-Teig-Brot mit Sonnenblumenkernen

Roggenbrot mit Kürbiskernen

Zubereitungszeit: 30 Minuten, ohne Teiggehzeit
Backzeit: etwa 40 Minuten

Für den Hefeteig:
250 g Roggen-Vollkornschrot
250 g Weizenmehl (Type 550)
1 Pck. Dr. Oetker Trockenbackhefe
1 gestr. TL Zucker
1 gestr. TL Salz
375 ml (3/8 l) warmes Wasser
150 g Kürbiskerne

Insgesamt:
E: 92 g, F: 75 g, Kh: 367 g,
kJ: 10581, kcal: 2526

1. Für den Teig den Roggen-Vollkornschrot und Mehl in eine Rührschüssel geben, mit Trockenbackhefe sorgfältig mischen. Restliche Zutaten für den Teig (außer Kürbiskerne) hinzufügen, mit Handrührgerät mit Knethaken zunächst kurz auf niedrigster Stufe, dann auf höchster Stufe in etwa 5 Minuten zu einem glatten Teig verarbeiten.

2. Die Kürbiskerne gegen Ende der Knetzeit kurz unterkneten. Den Teig leicht mit Mehl bestäuben und zugedeckt so lange an einem warmen Ort gehen lassen, bis er sich sichtbar vergrößert hat (etwa 25 Minuten).

3. Den Backofen vorheizen.
Ober-/Unterhitze: etwa 200 °C
Heißluft: etwa 180 °C

4. Den gegangenen Teig leicht mit Mehl bestäuben, aus der Schüssel nehmen und auf einer leicht bemehlten Arbeitsfläche gut durchkneten. Aus dem Teig einen länglichen Laib formen, auf ein Backblech (mit Backpapier belegt) legen und nochmals zugedeckt an einem warmen Ort gehen lassen, bis er sich sichtbar vergrößert hat (etwa 30 Minuten).

5. Die Teigoberfläche mit Wasser bestreichen und mit Mehl bestäuben. Das Backblech in den vorgeheizten Backofen (unteres Drittel) schieben. Das Brot etwa 40 Minuten backen.

6. Das Brot mit dem Backpapier vom Backblech auf einen Kuchenrost ziehen und erkalten lassen.

Abwandlung: Sie können statt der Kürbiskerne auch Sonnenblumenkerne unter den Teig kneten.

Quark-Öl-Teig-Brot mit Sonnenblumenkernen

Zubereitungszeit: 25 Minuten, ohne Abkühlzeit
Backzeit: 30–35 Minuten

Zum Vorbereiten:
100 g Sonnenblumenkerne

Für den Quark-Öl-Teig:
400 g Weizenmehl (Type 550)
1 Pck. Dr. Oetker Backin
1 gestr. TL Salz
250 g Magerquark
100 ml Milch
100 ml Olivenöl

Zum Bestreichen und Bestreuen:
1 Eigelb
1 EL Milch
1 Prise Salz
2 EL Sonnenblumenkerne

Insgesamt:
E: 108 g, F: 181 g, Kh: 312 g,
kJ: 13929, kcal: 3327

1. Zum Vorbereiten Sonnenblumenkerne in einer Pfanne ohne Fett gold-

braun rösten, herausnehmen und auf einem Teller erkalten lassen.
2. Den Backofen vorheizen.
Ober-/Unterhitze: etwa 200 °C
Heißluft: etwa 180 °C
3. Für den Teig Mehl mit Backpulver mischen und in eine Rührschüssel geben. Salz, Quark, Milch, Olivenöl und Sonnenblumenkerne hinzufügen. Die Zutaten mit Handrührgerät mit Knethaken zunächst kurz auf niedrigster, dann auf höchster Stufe zu einem glatten Teig verarbeiten (nicht zu lange, Teig klebt sonst).
4. Den Teig auf einer leicht bemehlten Arbeitsfläche zu einer 70–80 cm langen Rolle formen, schneckenartig aufrollen und in eine Springform (Ø 26 cm, gefettet) legen. Die Teigschnecke etwas auseinanderziehen, damit sich der Teig beim Backen ausdehnen kann.
5. Zum Bestreichen und Bestreuen Eigelb mit Milch und Salz verschlagen. Die Teigschnecke damit bestreichen und mit Sonnenblumenkernen bestreuen.
6. Die Form auf dem Rost in den vorgeheizten Backofen schieben und 30–35 Minuten backen.
7. Das Brot etwa 5 Minuten in der Form abkühlen lassen, dann aus der Form lösen und auf einem Kuchenrost erkalten lassen.

Sonnenblumenbrot

Zubereitungszeit: 55 Minuten, ohne Teiggehzeit
Backzeit: etwa 45 Minuten

Für den Teig:
250 g Weizenkörner
200 g Roggenkörner
50 g Vollkorn-Weizenmehl
1 Pck. Dr. Oetker Trockenbackhefe
1 Pck. (15 g) Sauerteig-Extrakt
375 ml (3/8 l) lauwarmes Wasser
1 gestr. TL Meersalz
1 EL flüssiger Honig
2 EL Speiseöl
100 g Sonnenblumenkerne
60 g Sesamsamen
60 g Leinsamen

1 EL Sonnenblumenkerne

Insgesamt:
E: 118 g, F: 139 g, Kh: 379 g,
kJ: 14255, kcal: 3406

1. Weizen- und Roggenkörner grob mahlen, mit dem Vollkorn-Weizenmehl in eine Rührschüssel geben, mit Trockenbackhefe und Sauerteig-Extrakt sorgfältig vermischen. Wasser, Salz, Honig und Speiseöl hinzufügen.
2. Die Zutaten mit Handrührgerät mit Knethaken zunächst kurz auf niedrigster, dann auf höchster Stufe in etwa 5 Minuten zu einem glatten Teig verarbeiten. Den Teig leicht mit Mehl bestäuben und zugedeckt so lange an einem warmen Ort gehen lassen, bis er sich sichtbar vergrößert hat (etwa 30 Minuten).
3. Sonnenblumenkerne, Sesam und Leinsamen hinzugeben, mit Handrührgerät mit Knethaken auf mittlerer Stufe unter den Teig kneten. Den Teig leicht mit Mehl bestäuben, aus der Schüssel nehmen, auf einer bemehlten Arbeitsfläche nochmals kurz durchkneten und zu einem runden Brot formen. Das Teigbrot auf ein Backblech (gefettet) legen und nochmals zugedeckt so lange an einem warmen Ort gehen lassen, bis er sich sichtbar vergrößert hat (etwa 30 Minuten).
4. Inzwischen Backofen vorheizen.
Ober-/Unterhitze: etwa 200 °C
Heißluft: etwa 180 °C
5. Die Teigoberfläche mit Wasser bestreichen und mit Sonnenblumenkernen bestreuen. Das Backblech in den vorgeheizten Backofen schieben. Das Brot etwa 45 Minuten backen.
6. Das Backblech auf einen Kuchenrost stellen. Das Brot sofort vorsichtig mit Wasser bestreichen und leicht mit Vollkorn-Weizenmehl bestäuben. Brot erkalten lassen.

Sonnenblumenbrot

Sonnenblumenkern-Brötchen

12–14 Stück

Zubereitungszeit: 30 Minuten, ohne Abkühl- und Teiggehzeit
Backzeit: etwa 25 Minuten

100 g Sonnenblumenkerne

Für den Teig:
300 g Weizen-Vollkornmehl
200 g Roggen-Vollkornmehl
1 Pck. Dr. Oetker Trockenbackhefe
1 gestr. TL Zucker
1 geh. TL Salz
etwa 375 ml (3/8 l) warmes Wasser
1 Pck. (15 g) Sauerteig-Extrakt

Pro Stück:
E: 6 g, F: 5 g, Kh: 26 g,
kJ: 749, kcal: 179

1. Die Sonnenblumenkerne in einer Pfanne ohne Fett unter gelegentlichem Rühren rösten, herausnehmen und auf einem Teller erkalten lassen. 1–2 Esslöffel von den Sonnenblumenkernen beiseitestellen.
2. Für den Teig Weizen- und Roggen-Vollkornmehl in eine Rührschüssel geben, mit Trockenbackhefe sorgfältig vermischen. Die restlichen Zutaten hinzufügen und mit Handrührgerät mit Knethaken zunächst kurz auf niedrigster, dann auf höchster Stufe in etwa 5 Minuten zu einem glatten Teig verarbeiten.
3. Kurz vor Ende der Knetzeit die Sonnenblumenkerne unterarbeiten. Den Teig leicht mit Vollkornmehl bestäuben und zugedeckt so lange an einem warmen Ort gehen lassen, bis er sich sichtbar vergrößert hat (etwa 30 Minuten).
4. Den gegangenen Teig leicht mit Vollkornmehl bestäuben, aus der Schüssel nehmen und auf der leicht bemehlten Arbeitsfläche nochmals gut durchkneten. Den Teig zu einer Rolle formen und in 12–14 gleich große Stücke schneiden. Die Teigstücke jeweils rund formen und auf ein Backblech (gefettet) geben. Teigoberfläche mit Wasser bestreichen und mit beiseitegelegten Sonnenblumenkernen bestreuen, etwas andrücken. Die Teigbrötchen zugedeckt nochmals so lange an einem warmen Ort gehen lassen, bis sie sich sichtbar vergrößert haben (etwa 25 Minuten).
5. In der Zwischenzeit den Backofen vorheizen.
Ober-/Unterhitze: etwa 200 °C
Heißluft: etwa 180 °C
6. Das Backblech in den vorgeheizten Backofen schieben. Die Brötchen etwa 25 Minuten backen.
7. Die Brötchen auf einem Kuchenrost erkalten lassen.

Tipp: Servieren Sie die Brötchen mit Kräuterquark.

Sonnenblumenkern-Brötchen

Senfstängel

30 Stück

Zubereitungszeit: 50 Minuten, ohne Teiggehzeit
Backzeit: etwa 15 Minuten je Backblech

Für den Hefeteig:
250 g Weizenmehl (Type 550)
1 Pck. Dr. Oetker Trockenbackhefe
1 gestr. TL Zucker
1 gestr. TL Salz
50 g mittelscharfer Senf
100 g weiche Butter oder Margarine
50 ml lauwarmes Wasser

1 Eiweiß
30 g Senfkörner

Pro Stück:
E: 2 g, F: 3 g, Kh: 7 g,
kJ: 259, kcal: 62

1. Für den Teig Mehl in eine Rührschüssel geben, mit Trockenbackhefe sorgfältig vermischen. Zucker, Salz, Senf, Butter oder Margarine und Wasser hinzufügen.
2. Die Zutaten mit Handrührgerät mit Knethaken zunächst kurz auf niedrigster, dann auf höchster Stufe in etwa 5 Minuten zu einem glatten Teig verarbeiten. Den Teig leicht mit Mehl bestäuben und zugedeckt so lange an einem warmen Ort gehen lassen, bis er sich sichtbar vergrößert hat (etwa 30 Minuten).
3. Den gegangenen Teig leicht mit Mehl bestäuben, aus der Schüssel nehmen, auf einer leicht bemehlten Arbeitsfläche nochmals kurz durchkneten und zu einer Rolle formen. Teigrolle in 30 Scheiben schneiden. Teigscheiben jeweils zu etwa 23 cm langen Stangen formen, auf 2 Backbleche (gefettet, mit Backpapier belegt) legen. Die Teigstangen zugedeckt nochmals etwa 15 Minuten an einem warmen Ort gehen lassen.
4. In der Zwischenzeit den Backofen vorheizen.
Ober-/Unterhitze: etwa 200 °C
Heißluft: etwa 180 °C

Senfstängel

Spargel-Quiche mit Parmaschinken

5. Eiweiß verschlagen. Teigstangen damit bestreichen und mit Senfkörnern bestreuen.
6. Die Backbleche nacheinander (bei Heißluft zusammen) in den vorgeheizten Backofen schieben und die Senfstängel etwa 15 Minuten je Backblech backen.
7. Die Senfstängel mit dem Backpapier von den Backblechen auf Kuchenroste ziehen, erkalten lassen.

Spargel-Quiche mit Parmaschinken

4 Portionen

Zubereitungszeit: 60 Minuten
Backzeit: etwa 30 Minuten

Für den Spargel:
500 g weißer Spargel
500 ml (1/2 l) Wasser
1 gestr. TL Salz
20 g Butter
1 Prise Zucker

Für den Quark-Öl-Teig:
200 g Weizenmehl
3 gestr. TL Dr. Oetker Backin
100 g Magerquark
50 ml kaltes Wasser
3 EL Olivenöl
1 gestr. TL Salz
1 TL Zucker

Für den Belag:
240 g Artischockenböden (aus der Dose)
2 Eier (Größe M)
150 g Schlagsahne
Salz, Cayennepfeffer
30 g frisch geriebener Parmesan-Käse

einige Rucolablätter (Rauke)
8 Scheiben Parmaschinken

Pro Portion:
E: 23 g, F: 28 g, Kh: 45 g,
kJ: 2204, kcal: 527

1. Den Spargel von oben nach unten schälen. Darauf achten, dass die Schalen vollständig entfernt, die Köpfe aber nicht verletzt werden. Die unteren Enden abschneiden (holzige Stellen vollkommen entfernen). Spargel abspülen, abtropfen lassen und in etwa 3 cm lange Stücke schneiden.
2. Wasser mit Salz, Butter und Zucker in einem Topf zum Kochen bringen. Spargelstücke hinzufügen, wieder zum Kochen bringen und zugedeckt etwa 5 Minuten garen. Spargelstücke in einem Sieb abtropfen lassen.
3. Für den Quark-Öl-Teig das Mehl mit Backpulver mischen und in eine Rührschüssel geben. Quark, Wasser, Olivenöl, Salz und Zucker hinzufügen. Die Zutaten mit Handrührgerät mit Knethaken zunächst kurz auf niedrigster, dann auf höchster Stufe zu einem glatten Teig verarbeiten (nicht zu lange kneten, Teig klebt sonst).
4. Den Backofen vorheizen.
Ober-/Unterhitze: etwa 200 °C
Heißluft: etwa 180 °C
5. Den Teig auf einer leicht bemehlten Arbeitsfläche zu einer runden Platte (Ø etwa 32 cm) ausrollen. Den Teig vorsichtig von 4 Seiten zur Mitte hin falten. Den Teig in eine Tarte- oder Quicheform (Ø 26–28 cm, gefettet) legen. Den Teig in der Form auseinanderfalten und die Teigränder andrücken. Den Teigboden mit einer Gabel mehrmals einstechen.
6. Für den Belag die Artischockenböden in einem Sieb abtropfen lassen und in dünne Scheiben schneiden. Eier mit Sahne verschlagen, mit Salz und Cayennepfeffer würzen. Die Artischockenscheiben und Spargelstücke nacheinander auf den Teigboden legen. Die Eiersahne darauf verteilen und mit Parmesan-Käse bestreuen.
7. Die Form auf dem Rost in den vorgeheizten Backofen schieben. Die Quiche etwa 30 Minuten backen.
8. Rucola abspülen und trocken tupfen. Die dicken Stiele herausschneiden. Rucola in kleine Stücke schneiden oder zupfen.
9. Die Form auf einen Kuchenrost stellen. Die Quiche vor dem Servieren mit Parmaschinken und Rucola garnieren. Die Quiche heiß oder kalt servieren.

Schweineöhrchen, pikant

Steinpilz-Kürbiskern-Kuchen

Schweineöhrchen, pikant

Zubereitungszeit: 40 Minuten, ohne Auftauzeit
Backzeit: etwa 15 Minuten je Backblech

450 g TK-Blätterteig
(10 quadratische Platten)

Zum Bestreichen:
2 Eier (Größe M)
etwa 150 g geriebener Parmesan-Käse
1 TL Paprikapulver edelsüß

Insgesamt:
E: 89 g, F: 171 g, Kh: 162 g,
kJ: 10587, kcal: 2530

1. Blätterteigplatten nebeneinander nach Packungsanleitung auftauen lassen. Die einzelnen Blätterteigplatten jeweils auf einer leicht bemehlten Arbeitsfläche zu einem Rechteck (etwa 5 x 20 cm) ausrollen.
2. Den Backofen vorheizen.
Ober-/Unterhitze: etwa 200 °C
Heißluft: etwa 180 °C
3. Zum Bestreichen Eier verschlagen. Parmesan-Käse und Paprika unterrühren. Die Käsemasse mit einem Messer dünn auf die Blätterteigplatten streichen.
4. Die einzelnen Blätterteigplatten in gut 1 cm breite Streifen schneiden (etwa 5 Streifen je Platte). Die Teigstreifen von beiden Enden aus zur Mitte aufrollen.
5. Die Schweineöhrchen auf Backbleche (mit Backpapier belegt) legen. Die Backbleche nacheinander (bei Heißluft zusammen) in den vorgeheizten Backofen schieben. Schweineöhrchen etwa 15 Minuten je Backblech backen.
6. Die Schweineöhrchen mit dem Backpapier von den Backblechen auf Kuchenroste ziehen. Schweineöhrchen erkalten lassen.

Steinpilz-Kürbiskern-Kuchen

6–8 Portionen

Zubereitungszeit: 90 Minuten, ohne Kühl- und Ruhezeit
Backzeit: 50–60 Minuten

Für den Knetteig:
100 g Kürbiskerne
150 g Weizenmehl
125 g Butter
1 Eigelb (Größe M)
2–3 EL Wasser
1 gestr. TL Salz

Für den Belag:
500 g frische Steinpilze
Salz
frisch gemahlener Pfeffer
30 g Butter
100 g Kürbiskerne
3 Eier (Größe M)
200 g Schlagsahne
frisch geriebene Muskatnuss

Für die Wacholder-Zwetschen-Vinaigrette:
5 Wacholderbeeren
2 EL Zucker
4 cl Gin
200 ml Rotwein
100 ml Geflügelbrühe
12 Zwetschen
3 EL Rotweinessig
6 EL Traubenkernöl

150 g Feldsalat
1 EL brauner Zucker (Rohrzucker)

Pro Portion:
E: 16 g, F: 53 g, Kh: 34 g,
kJ: 3010, kcal: 719

1. Für den Teig Kürbiskerne in einer Pfanne ohne Fett unter Rühren hellbraun rösten, herausnehmen und auf einem Teller erkalten lassen. Kürbiskerne im Zerkleinerer oder Mixer sehr fein hacken.
2. Mehl und gemahlene Kürbiskerne in einer Rührschüssel mit einem Schneebesen verrühren. Butter, Eigelb, Wasser und Salz hinzufügen. Die Zutaten mit Handrührgerät mit Knethaken zunächst kurz auf niedrigster, dann auf höchster Stufe gut durcharbeiten. Anschließend auf

einer leicht bemehlten Arbeitsfläche zu einem glatten Teig verkneten. Den Teig in Frischhaltefolie gewickelt etwa 1 Stunde kalt stellen.

3. Für den Belag in der Zwischenzeit Steinpilze putzen, mit Küchenpapier abreiben, evtl. kurz abspülen und gut trocken tupfen. Pilze in dickere Scheiben schneiden. Mit Salz und Pfeffer würzen. Butter in einer Pfanne zerlassen. Pilzscheiben darin unter Rühren anbraten.

4. Kürbiskerne ebenfalls in einer Pfanne ohne Fett rösten, herausnehmen und auf einem Teller erkalten lassen.

5. Den Backofen vorheizen.
Ober-/Unterhitze: etwa 180 °C
Heißluft: etwa 160 °C

6. Zwei Drittel des Teiges auf dem Boden einer Springform (Ø 26 cm, gefettet) ausrollen. Den Teigboden mehrmals mit einer Gabel einstechen. Springformrand darumlegen. Die Form auf dem Rost in den vorgeheizten Backofen schieben. Den Knetteigboden etwa 10 Minuten vorbacken.

7. Die Form auf einen Kuchenrost stellen. Den vorgebackenen Knetteigboden etwa 10 Minuten abkühlen lassen. Restlichen Teig auf der leicht bemehlten Arbeitsfläche zu einer etwa 75 cm langen Rolle formen, auf den vorgebackenen Boden legen und so an die Form drücken, dass ein 2–3 cm hoher Rand entsteht. Pilzscheiben mit den Kürbiskernen mischen und auf dem vorgebackenen Boden verteilen. Eier und Sahne in einer Schüssel verschlagen. Mit Salz, Pfeffer und Muskat würzen. Die Eiersahne auf der Pilz-Kürbis-Masse verteilen. Die Masse muss mit der Eiersahne bedeckt sein. Die Form wieder auf dem Rost in den vorgeheizten Backofen schieben. Den Kuchen bei gleicher Backofentemperatur 40–50 Minuten backen.

8. Für die Vinaigrette in der Zwischenzeit Wacholderbeeren in einem Mörser zerstoßen. Zucker in einer Pfanne hellbraun karamellisieren. Wacholderbeeren hinzugeben und kurz anrösten. Mit Gin ablöschen. Rotwein und Brühe hinzugießen, zum Kochen bringen und um die Hälfte einkochen lassen.

9. Zwetschen abspülen, trocken tupfen, halbieren und entsteinen. Zwetschenhälften in kleine Würfel schneiden, in den Wacholdersud geben, wieder zum Kochen bringen und etwas einkochen lassen. Den Sud in eine Schüssel geben. Essig unterrühren. Traubenkernöl nach und nach langsam unterschlagen. Mit Salz und Pfeffer abschmecken.

10. Feldsalat putzen, abspülen, abtropfen lassen, trocken schleudern oder trocken tupfen.

11. Die Form auf einen Kuchenrost stellen. Den Kuchen mit Zucker bestreuen und etwa 10 Minuten ruhen lassen. Dann den Kuchen aus der Form lösen, in Stücke schneiden, mit der Vinaigrette und Feldsalat auf Tellern anrichten.

Käsestangen

20 Stück

Zubereitungszeit: etwa 25 Minuten, ohne Auftau- und Ruhezeit
Backzeit: etwa 15 Minuten je Backblech

450 g TK-Blätterteig

100 g geriebener Appenzeller Käse
Paprikapulver edelsüß
frisch gemahlener Pfeffer

1 Eigelb
1 EL Milch

Pro Stück:
E: 3 g, F: 7 g, Kh: 8 g,
kJ: 458, kcal: 109

1. Den Blätterteig nach Packungsanleitung auftauen lassen.

2. Für den Belag Käse, Paprika und Pfeffer in einer Schüssel mischen.

3. Die Hälfte der Blätterteigscheiben aufeinanderlegen und auf einer leicht bemehlten Arbeitsfläche zu einem Rechteck (etwa 20 x 40 cm) ausrollen.

4. Das Eigelb mit Milch verschlagen, die Blätterteigplatte dünn damit bestreichen. Die Hälfte der Käsemischung auf einer Teighälfte (etwa 20 x 20 cm) verteilen. Die zweite Teighälfte daraufklappen und andrücken.

5. Den Backofen vorheizen.
Ober-/Unterhitze: etwa 200 °C
Heißluft: etwa 180 °C

6. Blätterteigquadrat mit einem scharfen Messer in etwa 2 cm breite Streifen schneiden. Die Streifen spiralförmig drehen und auf Backbleche (mit Backpapier belegt) legen. Die Enden auf dem Backpapier andrücken. Teigspiralen zugedeckt etwa 10 Minuten ruhen lassen.

7. Die Seiten der Teigspiralen mit restlichem verschlagenem Eigelb bestreichen. Die Backbleche nacheinander (bei Heißluft zusammen) in den vorgeheizten Backofen schieben. Käsestangen etwa 15 Minuten je Backblech backen.

8. Die Käsestangen mit dem Backpapier von den Backblechen auf Kuchenroste ziehen, erkalten lassen.

Käsestangen

Käsegebäck

Zubereitungszeit: 30 Minuten
Backzeit: etwa 10 Minuten

400 g Weizenmehl
3 gestr. TL Dr. Oetker Backin
1/2 TL Salz
250 g Magerquark
250 g weiche Butter

3 EL Kondensmilch
50 g frisch geriebener Parmesan-Käse
2 EL Kümmelsamen

Insgesamt:
E: 95 g, F: 235 g, Kh: 305 g,
kJ: 15757, kcal: 3767

1. Den Backofen vorheizen.
Ober-/Unterhitze: etwa 200 °C
Heißluft: etwa 180 °C
2. Für den Teig Mehl mit Backpulver in einer Rührschüssel mischen. Salz, Magerquark und Butter hinzufügen. Die Zutaten mit Handrührgerät mit Knethaken zunächst kurz auf niedrigster, dann auf höchster Stufe zu einem glatten Teig verarbeiten. Den Teig mit den Händen zu einer Rolle formen. Sollte der Teig kleben, ihn in Frischhaltefolie gewickelt etwa 30 Minuten in den Kühlschrank legen.
3. Den Teig portionsweise auf einer leicht bemehlten Arbeitsfläche knapp 1/2 cm dick ausrollen. Streifen und Vierecke ausrädeln, mit Kondensmilch bestreuen, mit Käse und Kümmel bestreuen. Streifen und Vierecke auf ein Backblech (mit Backpapier belegt) legen. Das Backblech in den vorgeheizten Backofen schieben. Das Gebäck etwa 10 Minuten backen.
4. Das Gebäck mit dem Backpapier vom Backblech auf einen Kuchenrost ziehen und erkalten lassen.

Taco-Torte

12 Portionen

Zubereitungszeit: 55 Minuten
Backzeit: etwa 20 Minuten

Für die Füllung I:
2 EL Olivenöl
400 g Rindergehacktes
1 Knoblauchzehe
1 Zwiebel
1/2 rote Paprikaschote
1 EL Tomatenmark
Salz
frisch gemahlener Pfeffer
Chilipulver
1 EL frisch gehackter Koriander

Käsegebäck

Für die Füllung II:
300 g Hähnchenbrustfilet
1 EL Olivenöl
Paprikapulver edelsüß
1 EL Weizenmehl
1 rote Pfefferschote
2 EL Olivenöl

300 g Soft-Tacos
(Ø 17–18 cm, 8 Stück)
200 ml milde Taco-Sauce
(aus dem Glas)

2 kleine Tomaten
14–16 Schnittlauchhalme

100 g frisch geriebener Gouda-Käse

Pro Portion:
E: 20 g, F: 30 g, Kh: 28 g,
kJ: 1799, kcal: 430

1. Für die Füllung I Olivenöl in einer Pfanne erhitzen. Gehacktes darin unter Rühren anbraten. Dabei die Fleischklümpchen mit einer Gabel zerdrücken. Knoblauch und Zwiebel abziehen. Paprikaschote entstielen, entkernen und die weißen Scheidewände entfernen. Schotenhälfte abspülen, trocken tupfen.
2. Knoblauch, Zwiebel und Paprika klein würfeln, zu dem Gehackten geben, etwa 5 Minuten unter Rühren mit anbraten. Tomatenmark unterrühren. Mit Salz, Pfeffer und Chili würzen. Koriander unterrühren. Die Gehacktesmasse auf einen Teller geben.
3. Für die Füllung II Hähnchenbrustfilet kurz unter fließendem kalten Wasser abspülen, trocken tupfen, in feine Streifen schneiden und in eine Schüssel geben. Olivenöl, Paprika, etwas Salz, Pfeffer und Mehl gut untermischen. Pfefferschote halbieren, entstielen, entkernen, abspülen, trocken tupfen, in feine Streifen schneiden. Jeweils 1 Esslöffel des Olivenöls in einer Pfanne erhitzen. Die Hähnchenfleischmischung darin in 2 Portionen unter Rühren kurz anbraten. Pfefferschotenstreifen unterrühren, kurz mit anbraten. Die

Taco-Torte

Joghurthörnchen mit Käse

Hähnchenfleischmasse auf einen Teller geben.

4. Tacos mit je 1 Esslöffel der Taco-Sauce bestreichen und halbieren. Tomaten abspülen, trocken tupfen, Stängelansätze herausschneiden, in Scheiben schneiden. Schnittlauch abspülen, trocken tupfen.

5. Je etwa 2 Esslöffel der Gehacktesmasse auf 8 Tacohälften verteilen, mit je 1 Tomatenscheibe belegen. Tacohälften aufrollen und mit je einem Schnittlauchhalm umwickeln.

6. Den Backofen vorheizen.
Ober-/Unterhitze: etwa 200 °C
Heißluft: etwa 180 °C

7. Die restlichen, bestrichenen Tacohälften mit je etwa 2 Esslöffeln der Hähnchenfleischmasse belegen, aufrollen und mit Schnittlauchhalmen umwickeln. Je 7 gefüllte Hähnchenfleisch- und Gehacktes-Tacos im Wechsel mit der Nahtseite nach unten kreisförmig in eine Springform (Ø 28 cm, gefettet) legen. Die restlichen Hähnchenfleisch- und Gehacktes-Tacos halbieren und senkrecht in die Mitte der Springform setzen. Die Tacorollen mit Käse bestreuen.

8. Die Form auf dem Rost in den vorgeheizten Backofen schieben. Die Taco-Torte etwa 20 Minuten backen.

Tipp: Die Taco-Torte noch warm servieren. Dazu einen Eisbergsalat gemischt mit Paprikaschoten, Frühlingszwiebeln, Tomaten und Avocados und Crème fraîche reichen.

Joghurthörnchen mit Käse

6–8 Stück

Zubereitungszeit: 45 Minuten, ohne Ruhezeit
Backzeit: 15–20 Minuten

150 g Joghurt
125 ml (1/8 l) Olivenöl
125 g geriebener Schafkäse
2–3 EL Milch
2 Eier (Größe M)
1 EL Zucker
1 Prise Salz
500 g Weizenmehl
1 gestr. TL Dr. Oetker Backin
2 Eigelb (Größe M)
2 EL Olivenöl
3 EL Mohnsamen
3 EL Sesamsamen

Pro Stück:
E: 17 g, F: 15 g, Kh: 57 g,
kJ: 2559, kcal: 611

1. Den Joghurt und Olivenöl in eine Schüssel geben und glatt rühren. Schafkäse, Milch, Eier, Zucker und Salz hinzugeben und gut verrühren.

2. Mehl mit Backpulver mischen, in eine Rührschüssel geben, eine Mulde hineindrücken. Joghurtmasse hineingeben. Die Zutaten von außen nach innen mit Handrührgerät mit Knethaken zu einem glatten Teig verkneten. Den Teig in ein feuchtes Geschirrtuch wickeln und mindestens 1 Stunde ruhen lassen.

3. Den Backofen vorheizen.
Ober-/Unterhitze: etwa 180 °C
Heißluft: etwa 160 °C

4. Den Teig leicht mit Mehl bestäuben, aus der Schüssel nehmen und auf einer leicht bemehlten Arbeitsfläche dünn ausrollen. Mit einem Messer Dreiecke ausschneiden. Teigdreiecke von der breiten Seite aus aufrollen und zu Hörnchen formen.

5. Die Hörnchen auf ein Backblech (mit Backpapier belegt) legen.

6. Eigelb mit Olivenöl verrühren. Die Hörnchen damit bestreichen, mit Mohn oder Sesam bestreuen. Das Backblech in den vorgeheizten Backofen schieben. Joghurthörnchen 15–20 Minuten backen.

7. Die Hörnchen mit dem Backpapier vom Backblech auf einen Kuchenrost ziehen. Hörnchen erkalten lassen.

Tipp: Joghurthörnchen warm oder kalt servieren.

Blätterteigpastetchen mit Leberwurst

Blätterteigpastetchen mit Leberwurst

10 Stück

Zubereitungszeit: 20 Minuten, ohne Auftauzeit
Backzeit: 15–20 Minuten je Backblech

450 g TK-Blätterteig (10 quadratische Platten)
200 g Leberwurst, z. B. grobe Gutsleberwurst
250 g Kasseler-Aufschnitt
250 g säuerliche Äpfel, z. B. Boskop
1 Zwiebel
1 TL gerebelter Beifuß
1 TL mittelscharfer Senf

Pro Stück:
E: 11 g, F: 17 g, Kh: 19 g,
kJ: 1194, kcal: 285

1. Die Blätterteigplatten nebeneinander nach Packungsanleitung auftauen lassen.
2. Den Backofen vorheizen.
Ober-/Unterhitze: etwa 200 °C
Heißluft: etwa 180 °C
3. Leberwurst aus der Hülle drücken und in eine Schüssel geben. Kasseler-Aufschnitt in kleine Stücke schneiden und hinzufügen.
4. Die Äpfel abspülen, abtrocknen, vierteln, entkernen und in kleine Würfel schneiden. Zwiebel abziehen und klein würfeln. Apfel- und Zwiebelwürfel zu der Leberwurst in die Schüssel geben. Die Zutaten gut vermischen, mit Beifuß und Senf würzen.
5. Die Blätterteigplatten nebeneinander auf Backbleche (mit Backpapier belegt) legen. Die Leberwurst-Apfel-Masse mit einem Teelöffel in die Mitte der Blätterteigplatten geben.
6. Die Backbleche nacheinander (bei Heißluft zusammen) in den vorgeheizten Backofen (unteres Drittel) schieben. Die Pastetchen 15–20 Minuten je Backblech backen.
7. Die Pastetchen mit dem Backpapier von den Backblechen auf Kuchenroste ziehen. Pastetchen warm servieren.

Tipps: Die Blätterteigpastetchen lassen sich gut vorbereiten und schmecken auch kalt sehr gut.

Bunte Quiche mit Kräuter-Eier-Sahne

4 Portionen

Zubereitungszeit: 30 Minuten
Backzeit: etwa 45 Minuten

Für den Belag:
1 rote oder gelbe Paprikaschote (etwa 200 g)
2 mittelgroße Zucchini (etwa 250 g)
200 g Cocktailtomaten

Für den Guss:
4 Eier (Größe M)
200 g Schlagsahne
Salz
frisch gemahlener Pfeffer
25 g TK-Kräuter-Mischung

Für den Quark-Öl-Teig:
200 g Weizenmehl
1/2 Pck. Dr. Oetker Backin
100 g Magerquark
1 Ei (Größe M)
3 EL Milch
4 EL Speiseöl

Pro Portion:
E: 21 g, F: 35 g, Kh: 46 g,
kJ: 2480, kcal: 592

1. Für den Belag Paprikaschoten halbieren, entstielen, entkernen und die weißen Scheidewände entfernen. Schotenhälften abspülen, abtropfen lassen und in Stücke schneiden. Zucchini abspülen, abtrocknen und die Enden abschneiden. Zucchini in Scheiben schneiden. Die Tomaten abspülen, trocken tupfen, halbieren und die Stängelansätze herausschneiden.
2. Für den Guss Eier mit Sahne verschlagen. Mit Salz und Pfeffer würzen. Kräuter-Mischung unterrühren.
3. Für den Teig Mehl mit Backpulver mischen und in eine Rührschüssel geben. Quark, Ei, Milch und Speiseöl hinzufügen. Die Zutaten mit Handrührgerät mit Knethaken zunächst kurz auf niedrigster, dann auf höchster Stufe zu einem glatten Teig ver-

arbeiten (nicht zu lange, Teig klebt sonst). Den Teig auf einer leicht bemehlten Arbeitsfläche zu einer Rolle formen.

4. Den Backofen vorheizen.
Ober-/Unterhitze: etwa 180 °C
Heißluft: etwa 160 °C

5. Teigrolle zu einer runden Platte (Ø etwa 30 cm) ausrollen und in eine Pieform (Ø 26–28 cm, gut gefettet oder mit Backpapier belegt) legen, dabei einen etwa 3 cm hohen Rand andrücken.

6. Die Paprikastücke und Zucchinischeiben auf dem Teigboden verteilen und mit der Kräuter-Eier-Sahne übergießen. Tomatenhälften auf dem Gemüse verteilen.

7. Die Form auf dem Rost in den vorgeheizten Backofen schieben. Die Quiche etwa 45 Minuten backen.

8. Die Form auf einen Kuchenrost stellen. Die Quiche kurz ruhen lassen, in Tortenstücke schneiden, servieren.

Tipps: Statt mit frischem Gemüse können Sie die Quiche auch mit einer TK-Gemüse-Mischung zubereiten. Lecker sind z. B. Gemüsemischungen mit Brokkoli oder mediterrane Mischungen mit Paprikaschoten und Aubergine. Falls Sie TK-Gemüse aus Portionsbeuteln verwenden, etwa 500 g Gemüse entnehmen, auf Küchenpapier legen und leicht antauen lassen. Dann das Gemüse wie im Rezept beschrieben auf dem Teig verteilen und mit der Kräuter-Eier-Sahne übergießen. Die Quiche wie im Rezept angegeben fertig backen. Statt der Sahne die gleiche Menge saure Sahne verwenden.

Fladenbrot-Pizza

8 Portionen (2 Fladenbrote)

Zubereitungszeit: 20 Minuten
Backzeit: etwa 20 Minuten je Backblech

2 Fladenbrote
8 mittelgroße Tomaten
2 Bund Frühlingszwiebeln
400 g Schafkäse
100 g schwarze Oliven, ohne Stein
500 g Thüringer Mett (gewürztes Schweinegehacktes)
200 g Zaziki (aus dem Kühlregal)
etwas gerebelter Oregano
evtl. einige Kräuterblättchen

Pro Portion:
E: 31 g, F: 31 g, Kh: 67 g,
kJ: 2805, kcal: 670

1. Den Backofen vorheizen.
Ober-/Unterhitze: etwa 200 °C
Heißluft: etwa 180 °C

2. Die Fladenbrote auf 2 Backbleche (mit Backpapier belegt) legen. Tomaten abspülen, abtrocknen, halbieren und die Stängelansätze herausschneiden. Tomaten in dünne Scheiben schneiden. Die Frühlingszwiebeln putzen, abspülen, abtropfen lassen und in dünne Ringe schneiden.

3. Den Schafkäse abtropfen lassen und fein würfeln. Oliven in Stücke schneiden und mit den Käsewürfeln vermischen.

4. Das Mett gleichmäßig dünn auf den Fladenbroten verstreichen. Das Zaziki in Klecksen darauf verteilen. Fladenbrote gleichmäßig mit Tomatenscheiben belegen und die Frühlingszwiebelringe daraufgeben. Mit Oregano bestreuen.

5. Die Oliven-Käse-Mischung zuletzt auf den Pizzen verteilen. Die Backbleche nacheinander (bei Heißluft zusammen) in den vorgeheizten Backofen schieben. Die Pizza etwa 20 Minuten je Backblech backen.

6. Zum Servieren die Fladenbrot-Pizzen nach Belieben mit Kräuterblättchen bestreuen und in Stücke schneiden.

Bunte Quiche mit Kräuter-Eier-Sahne

Fladenbrot-Pizza

Vegetarische Mini-Pizzen

4 Stück

Zubereitungszeit: 65 Minuten, ohne Teiggehzeit
Backzeit: etwa 20 Minuten je Backblech

Für den Hefeteig:
300 g Weizenmehl
1 Pck. Dr. Oetker Trockenbackhefe
1 TL Zucker
1/2 gestr. TL Salz
2 EL Speiseöl, z. B. Sonnenblumenöl
200 ml warmes Wasser

Für den Belag:
200 g Doppelrahm-Frischkäse
1 geh. TL mittelscharfer Senf
Salz
1 EL fein gehackte Basilikumblättchen
3 Tomaten
170 g Champignonscheiben (aus dem Glas)
150 g Blauschimmelkäse
frisch gemahlener Pfeffer

Zum Bestreuen:
einige Basilikumblättchen

Pro Stück:
E: 24 g, F: 33 g, Kh: 64 g,
kJ: 2734, kcal: 653

Vegetarische Mini-Pizzen

1. Für den Teig Mehl in einer Rührschüssel mit Trockenbackhefe sorgfältig vermischen. Restliche Zutaten hinzufügen und mit Handrührgerät mit Knethaken zunächst kurz auf niedrigster, dann auf höchster Stufe in etwa 5 Minuten zu einem glatten Teig verarbeiten. Den Teig leicht mit Mehl bestäuben und zugedeckt so lange an einem warmen Ort gehen lassen, bis er sich sichtbar vergrößert hat (etwa 30 Minuten).
2. Für den Belag in der Zwischenzeit Frischkäse mit Senf, etwas Salz und Basilikum verrühren.
3. Die Tomaten abspülen, abtrocknen, halbieren und die Stängelansätze entfernen. Tomatenhälften in Würfel schneiden. Champignonscheiben in einem Sieb abtropfen lassen. Blauschimmelkäse in kleine Würfel schneiden.
4. Den Backofen vorheizen.
Ober-/Unterhitze: etwa 200 °C
Heißluft: etwa 180 °C
5. Den gegangenen Teig leicht mit Mehl bestäuben, aus der Schüssel nehmen und auf einer leicht bemehlten Arbeitsfläche nochmals kurz durchkneten.
6. Den Teig in 4 gleich große Stücke teilen, zu Kugeln formen und jeweils zu einer runden Platte (Ø etwa 14 cm) ausrollen.
7. Jeweils 2 Teigplatten auf ein Backblech (mit Backpapier belegt) legen. Frischkäsemasse in 4 Portionen teilen. Die Teigplatten jeweils mit einer Frischkäseportion bestreichen. Tomatenwürfel, Champignonscheiben und Käsewürfel darauf verteilen. Mit Salz und Pfeffer würzen.
8. Die Backbleche nacheinander (bei Heißluft zusammen) in den vorgeheizten Backofen (unteres Drittel) schieben. Die Pizzen etwa 20 Minuten je Backblech backen.
9. Zum Bestreuen Basilikum abspülen und trocken tupfen. Die Blättchen von den Stängeln zupfen. Blättchen in Streifen schneiden.
10. Die Pizzen von den Backblechen nehmen, mit Basilikumstreifen bestreuen und sofort servieren.

Gemüse-Käse-Küchlein

20 Stück

Zubereitungszeit: 40 Minuten, ohne Teiggehzeit
Backzeit: etwa 15 Minuten je Backblech

Für den Hefeteig:
400 g Weizenmehl
1 Pck. Dr. Oetker Trockenbackhefe
6 EL Speiseöl, z.B. Sonnenblumenöl
200 ml lauwarmes Wasser
100 g frisch geriebener Gouda-Käse
1 gestr. TL Salz
1/2 TL Zucker

Für den Belag:
300 g Cocktailtomaten
1 kleine Zucchini
100 g Pilze, z. B. Champignons oder Austernpilze
je 1 rote und gelbe Paprikaschote
4 Frühlingszwiebeln
3 Knoblauchzehen
150 g frisch geriebener Emmentaler Käse
150 g Edelpilzkäse, z. B. Gorgonzola
150 g Camembert
50 g Salami, in Scheiben
50 g Blutwurst, in Scheiben
Salz, frisch gemahlener Pfeffer
einige gehackte, frische Kräuter, z. B. Majoran, Thymian, Basilikum, Schnittlauch

Pro Stück:
E: 11 g, F: 13 g, Kh: 17 g,
kJ: 1017, kcal: 248

1. Für den Teig Mehl in eine Rührschüssel geben, mit Trockenbackhefe sorgfältig vermischen. Speiseöl, Wasser, Käse, Salz und Zucker hinzufügen. Die Zutaten mit Handrührgerät mit Knethaken zunächst kurz auf niedrigster, dann auf höchster Stufe in etwa 5 Minuten zu einem glatten Teig verarbeiten. Den Teig zugedeckt so lange an einem warmen Ort gehen lassen, bis er sich sichtbar vergrößert hat (etwa 30 Minuten).
2. Für den Belag die Tomaten abspülen, abtropfen lassen, entstielen und

Gemüse-Käse-Küchlein

Dinkel-Nuss-Brot

vierteln. Zucchini abspülen, trocken tupfen und die Enden abschneiden. Zucchini in dünne Scheiben schneiden. Pilze putzen, mit Küchenpapier abreiben, evtl. kurz abspülen, trocken tupfen und ebenfalls in dünne Scheiben schneiden.

3. Paprikaschoten halbieren, entstielen, entkernen und die weißen Scheidewände entfernen. Schotenhälften abspülen, abtropfen lassen und in kleine Würfel schneiden. Frühlingszwiebeln putzen, abspülen, abtropfen lassen und in Ringe schneiden. Knoblauch abziehen, in kleine Würfel schneiden. Edelpilzkäse grob zerteilen. Camembert in Scheiben schneiden.

4. Den Backofen vorheizen.
Ober-/Unterhitze: etwa 180 °C
Heißluft: etwa 160 °C

5. Den gegangenen Teig leicht mit Mehl bestäuben, aus der Schüssel nehmen und auf einer leicht bemehlten Arbeitsfläche nochmals gut durchkneten. Teig halbieren und zu 2 langen Rollen formen. Die Teigrollen jeweils in 10 gleich große Stücke schneiden und zu Kugeln formen. Teigkugeln je zu einer runden Platte (etwa Ø 10 cm) ausrollen. Dabei mit dem Daumen einen Rand eindrücken.

6. Die Teigplatten mit etwas Abstand auf Backbleche (mit Backpapier belegt) legen und nach Belieben mit dem vorbereiteten Gemüse, den Wurstscheiben und dem Käse belegen. Die Backbleche nacheinander (bei Heißluft zusammen) in den vorgeheizten Backofen schieben. Gemüse-Käse-Küchlein etwa 15 Minuten je Backblech backen.

7. Die Backbleche auf Kuchenroste stellen. Die Küchlein nach Belieben mit Salz, Pfeffer und Kräutern bestreut servieren.

Dinkel-Nuss-Brot

Zubereitungszeit: 30 Minuten, ohne Teiggehzeit
Backzeit: etwa 45 Minuten

Für den Hefeteig:
500 g Dinkelmehl (Type 630)
1 Pck. Dr. Oetker Trockenbackhefe
30 g brauner Zucker
1 gestr. TL Salz
1 Prise Kardamom
1 Prise gemahlener Zimt
2 Eier (Größe M)
200 ml lauwarme Milch
75 g zerlassene, abgekühlte Butter
150 g Haselnusskerne

Zum Bestreuen:
50 g gehackte Haselnusskerne

Insgesamt:
E: 113 g, F: 212 g, Kh: 422 g,
kJ: 16788, kcal: 4013

1. Für den Teig Dinkelmehl mit Trockenbackhefe in einer Rührschüssel sorgfältig vermischen. Zucker, Salz, Kardamom, Zimt, Eier, Milch und Butter hinzufügen. Die Zutaten mit Handrührgerät mit Knethaken zunächst kurz auf niedrigster, dann auf höchster Stufe in etwa 5 Minuten zu einem glatten Teig verarbeiten. Die Haselnusskerne unterkneten.

2. Den Teig zugedeckt so lange an einem warmen Ort gehen lassen, bis er sich sichtbar vergrößert hat (etwa 30 Minuten).

3. Den gegangenen Teig leicht mit Mehl bestäuben, aus der Schüssel nehmen, auf einer leicht bemehlten Arbeitsfläche nochmals kurz durchkneten und zu einem länglichen Brotlaib (etwa 30 cm) formen.

4. Den Brotlaib auf ein Backblech (mit Backpapier belegt) legen und zugedeckt nochmals so lange an einem warmen Ort gehen lassen, bis er sich sichtbar vergrößert hat (etwa 30 Minuten).

5. Inzwischen Backofen vorheizen.
Ober-/Unterhitze: etwa 180 °C
Heißluft: etwa 160 °C

6. Die Teigoberfläche mit einem Sägemesser mehrmals schräg etwa 1 cm tief einschneiden (nicht drücken). Den Brotlaib mit Wasser bestreichen und mit Haselnusskernen bestreuen. Das Backblech in den vorgeheizten Backofen schieben. Das Brot etwa 45 Minuten backen.

7. Das Brot mit dem Backpapier vom Backblech auf einen Kuchenrost ziehen und erkalten lassen.

Viererlei Brot

Würzige Garnelentarte

Viererlei Brot

Zubereitungszeit: 90 Minuten, ohne Teiggehzeit
Backzeit: 35–40 Minuten

Für den Hefeteig:
750 g Weizenmehl (Type 550)
300 g Weizenschrot (Type 1700)
84 g frische Hefe
1 gestr. TL Zucker
etwa 600 ml lauwarmes Wasser
1 gestr. TL Salz
2 gestr. TL frisch gemahlener, schwarzer Pfeffer
125 ml (1/8 l) Walnussöl

50 g entsteinte, geviertelte, schwarze Oliven
100 g Salamiwürfel
2 TL gerebelter Oregano
150 g klein gewürfelter, mittelalter Gouda-Käse
2 TL Kümmelsamen
1 TL frisch gemahlener Pfeffer
100 g Haselnusskerne
50 g Walnusskerne
100 g geschälte Kürbiskerne
2 TL gemahlener Koriander

Insgesamt:
E: 241 g, F: 342 g, Kh: 757 g, kJ: 31193, kcal: 7454

1. Für den Teig Mehl und Weizenschrot in eine Rührschüssel geben. In die Mitte eine Vertiefung drücken und die Hefe hineinbröckeln. Zucker und etwas Wasser hinzufügen. Mit einem kleinen Teil des Mehls mit einer Gabel vorsichtig verrühren und etwa 15 Minuten gehen lassen.
2. Salz, Pfeffer und Walnussöl hinzufügen. Die Zutaten mit Handrührgerät mit Knethaken zunächst kurz auf niedrigster, dann auf höchster Stufe in etwa 5 Minuten zu einem glatten Teig verarbeiten. Den Teig leicht mit Mehl bestäuben und zugedeckt so lange an einem warmen Ort gehen lassen, bis er sich sichtbar vergrößert hat (etwa 30 Minuten).
3. Den gegangenen Teig leicht mit Mehl bestäuben, aus der Schüssel nehmen, auf einer leicht bemehlten Arbeitsfläche nochmals gut durchkneten und zu einer Rolle formen. Die Teigrolle in 4 Portionen teilen.
4. Die erste Teigportion mit Olivenviertel, Salamiwürfeln und Oregano verkneten. Dann die zweite Teigportion mit Gouda-Käse, Kümmel und Pfeffer verkneten. Die dritte Teigportion mit Haselnuss- und Walnusskernen verkneten. Die letzte Teigportion mit Kürbiskernen und Koriander verkneten.
5. Die einzelnen Teigportionen auf der leicht bemehlten Arbeitsfläche birnenförmig formen. Das spitze Teigende (Stielansatz) jeweils etwas flach drücken und mit Wasser bestreichen.
6. Die einzelnen Teigportionen so auf ein Backblech (gefettet) legen, dass sie mit den spitzen Enden leicht überlappen. Den Teig in der Mitte etwas zusammendrücken.
7. Das Teigbrot zugedeckt nochmals so lange an einem warmen Ort gehen lassen, bis es sich sichtbar vergrößert hat (etwa 20 Minuten).
8. In der Zwischenzeit den Backofen vorheizen.
Ober-/Unterhitze: etwa 220 °C
Heißluft: etwa 200 °C
9. Das Teigbrot mit Wasser bestreichen und der Länge nach mit einem scharfen Messer etwa 1 cm tief einschneiden (nicht drücken). Das Backblech in den vorgeheizten Backofen schieben. Das Brot 35–40 Minuten backen.
10. Das Brot vom Backblech lösen und anschließend auf einem Kuchenrost erkalten lassen.

Würzige Garnelentarte

Zubereitungszeit: 50 Minuten, ohne Auftau- und Abkühlzeit
Backzeit: 35–40 Minuten

225 g TK-King Prawns (Garnelen), geschält
1 Bund Frühlingszwiebeln
500 g gelbe, grüne und rote Paprikaschoten
100 ml Olivenöl

Für den Teig:
100 g Weizenmehl (Type 550)
30 g Hartweizengrieß
40 g Kokosraspel
2 gestr. TL Currypulver

3 gestr. TL Dr. Oetker Backin
1 gestr. TL Salz
50 g Joghurt
2 Eier (Größe M)

20 g Kokos- oder Bananenchips
(erhältlich im Reformhaus)

Insgesamt:
E: 84 g, F: 156 g, Kh: 149 g,
kJ: 9773, kcal: 2335

1. King Prawns nach Packungsanleitung auftauen lassen.
2. Frühlingszwiebeln putzen (etwas Frühlingszwiebelgrün beiseitelegen), abspülen, abtropfen lassen und quer in dünne Ringe schneiden. Gelbe und grüne Paprikaschoten halbieren, entstielen, entkernen und die weißen Scheidewände entfernen. Schotenhälften abspülen, abtropfen lassen und in kleine Würfel schneiden.
3. Zwei Esslöffel Olivenöl in einem kleinen Topf erhitzen. Paprikawürfel darin zugedeckt etwa 2 Minuten dünsten. Frühlingszwiebelringe hinzugeben und kurz mitdünsten. Gemüse lauwarm abkühlen lassen.
4. Den Backofen vorheizen.
Ober-/Unterhitze: etwa 180 °C
Heißluft: etwa 160 °C
5. Rote Paprikaschote abspülen, abtrocknen, entstielen und in Ringe schneiden. Kerne und die weißen Scheidewände entfernen.
6. Aufgetaute Garnelen evtl. entdarmen, abspülen, trocken tupfen und in etwa 2 cm lange Stücke schneiden.
7. Für den Teig Mehl, Grieß, Kokosraspel, Curry, Backpulver und Salz in eine Rührschüssel geben und mit einem Schneebesen verrühren. Joghurt, Eier und restliches Olivenöl hinzugeben. Die Zutaten mit Handrührgerät mit Rührbesen unterrühren. Gedünstetes Gemüse mit der Flüssigkeit kurz untermischen.
8. Den Teig in eine Tarteform geben und glatt streichen. Mit den Paprikaringen belegen. Die Garnelenstückchen gleichmäßig auf der Tarte verteilen. Mit Kokos- oder Bananenchips bestreuen.
9. Die Form auf dem Rost in den vorgeheizten Backofen schieben. Kokos-Tarte 35–40 Minuten backen.
10. Die Form auf einen Kuchenrost stellen. Die Tarte in der Form erkalten lassen. Beiseitegelegtes Frühlingszwiebelgrün abspülen, trocken tupfen und schräg in lange, dünne Streifen schneiden. Die Tarte damit garnieren.

Butter-Toastbrot

Zubereitungszeit: 15 Minuten, ohne Teiggehzeit
Backzeit: etwa 45 Minuten

250 g Weizenmehl (Type 405)
250 g Weizenmehl (Type 1050)
1 Pck. Dr. Oetker Trockenbackhefe
1 gestr. TL Meersalz
1 geh. TL flüssiger Honig
75 g weiche Butter
1 Ei (Größe M)
etwa 250 ml (1/4 l) lauwarme Milch

Insgesamt:
E: 79 g, F: 93 g, Kh: 387 g,
kJ: 11882, kcal: 2838

1. Mehl in eine Rührschüssel geben, mit Trockenbackhefe und Salz sorgfältig vermischen. Honig, Butter, Ei und Milch hinzufügen. Die Zutaten mit Handrührgerät mit Knethaken zunächst kurz auf niedrigster, dann auf höchster Stufe in 5 Minuten zu einem glatten Teig verarbeiten.
2. Den Teig so lange zugedeckt an einem warmen Ort gehen lassen, bis er sich sichtbar vergrößert hat (etwa 30 Minuten). Den gegangenen Teig leicht mit Mehl bestäuben, aus der Schüssel nehmen und auf einer leicht bemehlten Arbeitsfläche nochmals kurz durchkneten.
3. Den Teig in eine Kastenform (30 x 11 cm, gefettet, mit Semmelbröseln ausgestreut) geben, nochmals so lange an einem warmen Ort gehen lassen, bis der Teig sich sichtbar vergrößert hat (etwa 30 Minuten).
4. In der Zwischenzeit den Backofen vorheizen.
Ober-/Unterhitze: etwa 180 °C
Heißluft: etwa 160 °C
5. Die Teigoberfläche mehrmals schräg einschneiden und mit Wasser bestreichen. Die Form auf dem Rost in den vorgeheizten Backofen schieben und etwa 45 Minuten backen.
6. Die Form auf einen Kuchenrost stellen. Das Toastbrot etwa 10 Minuten in der Form stehen lassen, dann aus der Form lösen und auf dem Kuchenrost erkalten lassen.

Butter-Toastbrot

Kosakenbrötchen

10 Stück

Zubereitungszeit: 45 Minuten, ohne Teiggehzeit
Backzeit: 30–35 Minuten

125 g Roggenbackschrot (Type 1800)
375 g Weizenmehl (Type 1050)
1 gestr. TL Salz, 42 g frische Hefe
300 ml lauwarmes Wasser
40 g weiche Butter oder Schmalz

1 Brötchen (Semmel) vom Vortag
500 g Gehacktes (halb Rind-, halb Schweinefleisch)
1 Zwiebel
3 EL gemischte, gehackte Kräuter
2 Eier (Größe M)
Salz, frisch gemahlener Pfeffer
Paprikapulver edelsüß
etwas Kondensmilch

Pro Stück:
E: 18 g, F: 18 g, Kh: 36 g,
kJ: 1666, kcal: 397

1. Für den Teig Roggenbackschrot mit Weizenmehl und das Salz in eine Rührschüssel geben. Hefe zerbröseln und in dem lauwarmen Wasser auflösen, dann mit Butter oder Schmalz zu dem Mehlgemisch geben.
2. Die Zutaten mit Handrührgerät mit Knethaken zunächst kurz auf niedrigster, dann auf höchster Stufe in etwa 5 Minuten zu einem glatten Teig verarbeiten. Den Teig zugedeckt so lange an einem warmen Ort gehen lassen, bis er sich sichtbar vergrößert hat (etwa 30 Minuten).
3. Für die Füllung Brötchen in kaltem Wasser einweichen, gut ausdrücken und mit dem Gehackten in eine Schüssel geben. Zwiebel abziehen, klein würfeln, mit den Kräutern und Eiern hinzufügen. Mit Salz, Pfeffer, Paprika würzen, gut durchkneten.
4. Den gegangenen Teig leicht mit Mehl bestäuben, aus der Schüssel nehmen und auf der leicht bemehlten Arbeitsfläche nochmals kurz durchkneten. Den Teig in 2 Portionen teilen. Die Teigportionen jeweils zu einem Rechteck (etwa 30 x 36) cm ausrollen, dann in Rechtecke (etwa 12 x 15 cm) schneiden.
5. Die Fleischmasse gleichmäßig auf den Teigstücken verteilen, dabei einen etwa 1 1/2 cm breiten Rand frei lassen. Die Teigränder mit Wasser bestreichen. Teigstücke von der längeren Seite aus aufrollen, an den Schnittflächen fest andrücken und mit der Nahtstelle nach unten auf ein Backblech (mit Backpapier belegt) legen.
6. Nochmals zugedeckt so lange an einem warmen Ort gehen lassen, bis sie sich sichtbar vergrößert haben (etwa 20 Minuten).
7. Den Backofen vorheizen.
Ober-/Unterhitze: etwa 200 °C
Heißluft: etwa 180 °C
8. Die Teigoberfläche mit Kondensmilch bestreichen und mit einem kleinen Messer zickzackförmig einschneiden. Das Backblech in den vorgeheizten Backofen schieben. Die Kosakenbrötchen 30–35 Minuten backen.
9. Kosakenbrötchen mit dem Backpapier vom Backblech auf einen Kuchenrost ziehen und erkalten lassen.

Dinkel-Speck-Brot

Zubereitungszeit: 60 Minuten, ohne Teiggehzeit
Backzeit: 45–50 Minuten

Für den Hefeteig:
42 g frische Hefe
150 ml lauwarmes Wasser
1 gestr. TL Zucker
500 g Dinkel-Vollkornmehl
150 g durchwachsener Speck
1 TL gemahlener Kümmelsamen
1 gestr. TL Salz
500 g Magerquark

Insgesamt:
E: 144 g, F: 121 g, Kh: 329 g,
kJ: 13238, kcal: 3159

1. Für den Teig Hefe mit Wasser, Zucker und 1 Esslöffel des Mehls verrühren, zugedeckt etwa 15 Minuten bei Zimmertemperatur gehen lassen.

Kosakenbrötchen

Dinkel-Speck-Brot

2. Den Speck in kleine Würfel schneiden. Das restliche Mehl in eine Rührschüssel geben, mit Speckwürfeln, Kümmel und Salz vermischen, in die Mitte eine Mulde drücken. Die angerührte Hefe und den Quark hineingeben. Die Zutaten mit Handrührgerät mit Knethaken in etwa 5 Minuten zu einem glatten Teig verarbeiten.
3. Den Teig mit etwas Mehl bestäuben und zugedeckt an einem warmen Ort stehen lassen, bis er sich sichtbar vergrößert hat (etwa 40 Minuten).
4. Den gegangenen Teig leicht mit Mehl bestäuben, aus der Schüssel nehmen, auf der leicht bemehlten Arbeitsfläche nochmals kurz durchkneten und zu einer etwa 24 cm langen Rolle formen.
5. Den Hefeteig in eine gewässerte Römertopf®-Brotbackform (mit Speiseöl bestrichen) legen und zugedeckt nochmals so lange an einem warmen Ort gehen lassen, bis er sich sichtbar vergrößert hat (mindestens 30 Minuten).
6. Die Römertopf®-Backform auf dem Rost in den kalten Backofen schieben.
Ober-/Unterhitze: etwa 200 °C
Heißluft: etwa 180 °C
Backzeit: 45–50 Minuten
7. Das Brot etwa 5 Minuten in der Form abkühlen lassen, dann vorsichtig aus der Form lösen und auf einem Kuchenrost erkalten lassen.

Süße Mohn- und Sesamhörnchen

Süße Mohn- und Sesamhörnchen

12 Stück

Zubereitungszeit: 30 Minuten
Backzeit: etwa 20 Minuten

Für den Quark-Öl-Teig:
300 g Weizenmehl (Type 405)
1 Pck. Dr. Oetker Backin
150 g Magerquark
100 ml Milch
100 ml Speiseöl, z. B. Sonnenblumenöl
80 g Zucker
1 Prise Salz

Zum Bestreichen und Bestreuen:
1 Eigelb
1 EL Milch
1–2 EL Mohnsamen
1–2 EL Sesamsamen

Pro Stück:
E: 5 g, F: 11 g, Kh: 26 g,
kJ: 956, kcal: 228

1. Den Backofen vorheizen.
Ober-/Unterhitze: etwa 200 °C
Heißluft: etwa 180 °C
2. Für den Teig das Mehl mit Backpulver in einer Rührschüssel mischen. Restliche Zutaten hinzufügen und mit Handrührgerät mit Knethaken zunächst kurz auf niedrigster, dann auf höchster Stufe zu einem glatten Teig verarbeiten (nicht zu lange, Teig klebt sonst). Anschließend auf einer leicht bemehlten Arbeitsfläche zu einer Rolle formen.
3. Die Teigrolle in 12 Portionen teilen. Teigportionen jeweils zu etwa 18 cm langen Rollen formen, dabei die Enden etwas dünner formen.
4. Zum Bestreichen und Bestreuen das Eigelb mit Milch verschlagen. Die Teigoberfläche der Rollen damit bestreichen. Die Hälfte der Teigrollen mit Mohn und die restlichen Teigrollen mit Sesam bestreuen. Die Teigrollen in Form von Hörnchen auf ein Backblech (mit Backpapier belegt) legen. Das Backblech in den vorgeheizten Backofen schieben. Die Hörnchen etwa 20 Minuten backen.
5. Die Brötchen mit dem Backpapier vom Backblech auf einen Kuchenrost ziehen. Hörnchen erkalten lassen.

Tipp: Die Hörnchen schmecken frisch am besten, können aber auch eingefroren werden. Dann die aufgetauten Hörnchen im vorgeheizten Backofen bei Ober-/Unterhitze: etwa 200 °C, Heißluft: etwas 180 °C in etwa 5 Minuten aufbacken.

Stutenkerle oder Martinsgänse

Stutenkerle oder Martinsgänse

8–10 Stutenkerle oder
8 Martinsgänse

Zubereitungszeit: 90 Minuten, ohne Teiggehzeit
Backzeit: 15–20 Minuten, je Backblech

Für den Hefeteig:
500 g Weizenmehl
1 Pck. Dr. Oetker Trockenbackhefe
2 EL Zucker, 1 gestr. TL Salz
1 Ei (Größe M)
1 Eiweiß (Größe M)
100 g zerlassene, abgekühlte Butter
gut 125 ml (1/8 l) lauwarme Milch

Für die Stutenkerle:
einige Rosinen
1 Eigelb, 1–2 EL Milch
8–10 Tonpfeifen

Für die Martinsgänse:
1 Eigelb
1–2 EL Milch
einige Rosinen
etwas Hagelzucker

Insgesamt:
E: 92 g, F: 111 g, Kh: 463 g,
kJ: 14103, kcal: 3369

1. Für den Teig Mehl mit Trockenbackhefe in einer Rührschüssel mischen. Restliche Zutaten hinzufügen und mit Handrührgerät mit Knethaken zunächst kurz auf niedrigster, dann auf höchster Stufe in etwa 5 Minuten zu einem glatten Teig verarbeiten. Den Teig leicht mit Mehl bestäuben und zugedeckt so lange an einem warmen Ort gehen lassen, bis er sich sichtbar vergrößert hat (etwa 30 Minuten).
2. Den gegangenen Teig leicht mit Mehl bestäuben, aus der Schüssel nehmen und auf einer leicht bemehlten Arbeitsfläche nochmals kurz durchkneten.
3. Für die Stutenkerle den Teig etwa 1 cm dick ausrollen, aus Pappe eine Stutenkerl-Schablone (Höhe etwa 18 cm, Breite gut 8 cm) ausschneiden, auf den Teig legen und Stutenkerle ausschneiden. Stutenkerle auf Backbleche (gefettet) legen. Jeweils Nase, Bart, Knöpfe und Gürtel aus dem restlichen Teig formen. Die Stutenkerle damit garnieren. Rosinen als Augen eindrücken.
4. Eigelb mit Milch verschlagen, die Stutenkerle damit bestreichen. Tonpfeifen in die Stutenkerle drücken. Die Teigstutenkerle nochmals zugedeckt etwa 20 Minuten an einem warmen Ort gehen lassen.
5. In der Zwischenzeit den Backofen vorheizen.
Ober-/Unterhitze: etwa 200 °C
Heißluft: etwa 180 °C
6. Die Backbleche nacheinander (bei Heißluft zusammen) in den vorgeheizten Backofen schieben. Die Stutenkerle 15–20 Minuten backen.
7. Oder für Martinsgänse den Teig wie beschrieben knapp 1 cm dick ausrollen, mithilfe einer Pappschablone Gänse (Körperlänge etwa 14 cm, Körperbreite etwa 10 cm, Gesamthöhe etwa 20 cm) ausschneiden. Die Teiggänse auf Backbleche (gefettet) legen.
8. Eigelb mit Milch verschlagen, die Teiggänse damit bestreichen. Die Rosinen als Augen eindrücken. Teiggänse mit Hagelzucker bestreuen und nochmals zugedeckt etwa 20 Minuten einem warmen Ort gehen lassen. Die Teiggänse ebenfalls bei gleicher Backofentemperatur wie die Stutenkerle 15–20 Minuten backen.
9. Die Stutenkerle oder Martinsgänse vorsichtig von den Backblechen lösen und anschließend auf mit Backpapier belegten Kuchenrosten erkalten lassen.

Tomatenbrote

4 kleine Brote

Zubereitungszeit: 50 Minuten, ohne Teiggehzeit
Backzeit: 25–30 Minuten

Für den Hefeteig:
100 g getrocknete Tomaten, in Öl
350 g Weizenmehl (Type 550)
100 g Weizenmehl (Type 1050)
1 Pck. Dr. Oetker Trockenbackhefe
2 gestr. TL Salz
270 ml warmes Wasser
5 EL Speiseöl, evtl. von den eingelegten Tomaten

Pro Brot:
E: 15 g, F: 16 g, Kh: 90 g,
kJ: 2395, kcal: 572

1. Für den Teig Tomaten in einem Sieb abtropfen lassen, dabei das Öl auffangen. Tomaten in feine Streifen schneiden.
2. Beide Mehlsorten mit der Trockenbackhefe in einer Rührschüssel mischen. Salz, Wasser und Öl hinzufügen. Die Zutaten mit Handrührgerät mit Knethaken zunächst kurz auf niedrigster, dann auf höchster Stufe in etwa 5 Minuten zu einem glatten Teig verarbeiten.
3. Den Teig leicht mit Mehl bestäuben und zugedeckt an einem warmen Ort gehen lassen, bis er sich sichtbar vergrößert hat (etwa 40 Minuten).
4. Den Backofen vorheizen.
Ober-/Unterhitze: etwa 250 °C
Heißluft: etwa 230 °C
5. Den gegangenen Teig leicht mit Mehl bestäuben und mit Handrührgerät mit Knethaken kurz durchkneten. Tomatenstreifen unterarbeiten. Den Teig leicht mit Mehl bestäuben, aus der Schüssel nehmen und auf einer leicht bemehlten Arbeitsfläche zu einer Rolle formen. Die Teigrolle in 4 gleich große Portionen teilen. Teigportionen jeweils zu einer etwa 24 cm langen Rolle formen. Die Teigrollen so formen, dass die Enden sehr viel dünner als die Mitte sind. Herausstehende Tomatenstreifen in den Teig drücken.
6. Die Teigrollen versetzt auf ein Backblech (gefettet, mit Backpapier belegt) legen, leicht mit Mehl bestäuben und nochmals zugedeckt an einem warmen Ort gehen lassen, bis sie sich sichtbar vergrößert haben (etwa 30 Minuten).
7. Die Teigrollen jeweils mit einem Sägemesser 2–3-mal schräg, etwa 1/2 cm tief einschneiden (nicht drücken). Das Backblech in den vorgeheizten Backofen schieben. Die Tomatenbrote etwa 10 Minuten backen. Dann die Backofentemperatur um etwa 50 °C auf Ober-/Unterhitze: etwa 200 °C, Heißluft: etwa 180 °C herunterschalten. Die Tomatenbrote in weiteren 15–20 Minuten fertig backen.
8. Die Tomatenbrote mit dem Backpapier vom Backblech auf einen Kuchenrost ziehen, erkalten lassen.

Schnelle Pizza-Brötchen

12 Portionen

Zubereitungszeit: 30 Minuten
Backzeit: etwa 12 Minuten

4 Fleischtomaten
2 EL TK-Knoblauch-Kräuter-Mischung oder 1 TL Pizza-Gewürzmischung
2 EL Olivenöl
Salz
frisch gemahlener Pfeffer
6 Scheiben Kochschinken
500 g Mozzarella-Käse
12 kleine Aufbackbrötchen (je 50–70 g, aus dem Brotregal)

Pro Portion:
E: 18 g, F: 12 g, Kh: 32 g,
kJ: 1307, kcal: 312

1. Den Backofen vorheizen.
Ober-/Unterhitze: etwa 200 °C
Heißluft: etwa 180 °C
2. Tomaten abspülen, abtrocknen, halbieren und die Stängelansätze herausschneiden. Tomaten in kleine Würfel schneiden, in ein Sieb geben, abtropfen lassen. Tomatenwürfel mit der Knoblauch-Kräuter- oder Pizza-Gewürzmischung und dem Olivenöl vermischen. Mit Salz und Pfeffer würzen.
3. Schinkenscheiben übereinanderlegen und in 4 breite Streifen schneiden. Mozzarella in einem Sieb abtropfen lassen und in feine Scheiben schneiden.
4. Die Brötchen mit etwas Abstand auf ein Backblech (mit Backpapier belegt) legen. Brötchen waagerecht der Länge nach je zweimal ein-, aber nicht durchschneiden. Die Einschnitte vorsichtig etwas auseinanderdrücken. Tomatenwürfel und Schinkenstreifen darin verteilen, Mozzarellascheiben darauflegen. Das Backblech in den vorgeheizten Backofen schieben. Die Brötchen etwa 12 Minuten backen.
5. Pizza-Brötchen vom Backblech nehmen und noch warm servieren.

Würstchen im Briocheteig

10 Portionen

Zubereitungszeit: 40 Minuten, ohne Teiggeh- und Abkühlzeit
Backzeit: etwa 45 Minuten

Für den Briocheteig:
450 g Weizenmehl
42 g frische Hefe
60 g Zucker
50 ml warmes Wasser
300 g weiche Butter
6 Eier (Größe M)
1 gestr. TL Salz

2 luftgetrocknete Würstchen (je etwa 250 g, z. B. luftgetrocknete Mettwurst oder Cabanossi)

Pro Portion:
E: 18 g, F: 49 g, Kh: 44 g,
kJ: 2880, kcal: 690

1. Für den Teig das Mehl in eine Rührschüssel geben. In die Mitte eine Vertiefung drücken und die Hefe hineinbröckeln. Zucker und Wasser hinzufügen. Mit einem kleinen Teil des Mehls mit einer Gabel vorsichtig verrühren, zugedeckt etwa 1 Stunde an einem warmen Ort gehen lassen.
2. Butter, Eier und Salz hinzufügen. Die Zutaten mit Handrührgerät mit Knethaken zunächst kurz auf niedrigster, dann auf höchster Stufe in etwa 5 Minuten zu einem glatten, elastischen Teig verarbeiten. Teig nochmals zugedeckt etwa 1 Stunde an einem warmen Ort gehen lassen.
3. Die Würstchen mit einer Gabel einstechen und in einem Topf mit Wasser bedeckt zum Kochen bringen. Die Würstchen etwa 30 Minuten bei schwacher Hitze kochen lassen. Die Würstchen aus dem Topf nehmen und etwas abkühlen lassen.
4. Den gegangenen Teig leicht mit Mehl bestäuben, aus der Schüssel nehmen und auf der leicht bemehlten Arbeitsfläche nochmals kurz durchkneten. Den Teig halbieren. Jede Teighälfte zu einer etwa 60 cm langen Rolle formen und mit der Teigrolle etwa 15 cm breit ausrollen. Jeweils ein Würstchen schräg auf das Teigstück legen und in den Teig einrollen. Die Teigrollen mit Abstand auf ein Backblech (mit Backpapier belegt) legen und nochmals zugedeckt etwa 20 Minuten an einem warmen Ort gehen lassen.
5. In der Zwischenzeit den Backofen vorheizen.
Ober-/Unterhitze: etwa 200 °C
Heißluft: etwa 180 °C
6. Das Backblech in den vorgeheizten Backofen schieben. Die Würstchen im Briocheteig etwa 45 Minuten backen.
7. Die Würstchen im Briocheteig vom Backblech nehmen, auf eine Platte legen und in Scheiben schneiden. Würstchen im Briocheteig warm oder kalt servieren.

Tipp: Die Würstchen im Briocheteig können vorbereitet werden und anschließend zugedeckt und ungebacken über Nacht im Kühlschrank aufgehen. Dann die Würstchen im Briocheteig vor dem Servieren bei der im Rezept angegebenen Backofentemperatur und Backzeit backen.

Spargeltarte

12 Portionen

Zubereitungszeit: 60 Minuten, ohne Teiggeh- und Ruhezeit
Backzeit: etwa 35 Minuten

Für den Hefeteig:
150 ml warmes Wasser
21 g frische Hefe
1 Prise Zucker
350 g Weizenmehl
20 g geriebener Parmesan-Käse
1 gestr. TL Salz
50 ml Olivenöl

Für den Belag:
750 g grüner Spargel
Salzwasser

Für den Guss:
2 Eier (Größe M)
200 g Schlagsahne

Würstchen im Briocheteig

Spargeltarte

200 ml Milch
Salz, frisch gemahlener Pfeffer
frisch geriebene Muskatnuss
50 g geriebener Parmesan-Käse

Pro Portion:
E: 8 g, F: 14 g, Kh: 24 g,
kJ: 1081, kcal: 259

1. Für den Teig Wasser mit der zerbröckelten Hefe und Zucker in einer Rührschüssel verrühren. Die Hälfte des Mehls unterrühren. Restliches Mehl, Parmesan-Käse und Salz daraufstreuen. Olivenöl hinzugießen. Den Teig zugedeckt etwa 20 Minuten an einen warmen Ort gehen lassen.
2. Wenn das aufgestreute Mehl Risse zeigt, die Zutaten mit Handrührgerät mit Knethaken zunächst kurz auf niedrigster, dann auf höchster Stufe zu einem glatten Teig verkneten. Den Teig etwa 10 Minuten ruhen lassen.
3. Den Teig leicht mit Mehl bestäuben, aus der Schüssel nehmen und auf einer leicht bemehlten Arbeitsfläche zu einer runden Platte (Ø etwa 34 cm) ausrollen. Die Teigplatte in eine Springform (Ø 28 cm, Boden mit Backpapier belegt, den Rand mit Butter bestrichen) legen und einen etwa 3 cm hohen Rand andrücken.
4. Den Backofen vorheizen.
Ober-/Unterhitze: etwa 200 °C
Heißluft: etwa 180 °C
5. Für den Belag von dem Spargel das untere Drittel schälen und die Enden abschneiden. Salzwasser in einem Topf zum Kochen bringen. Den Spargel darin etwa 2 Minuten blanchieren, mit einer Schaumkelle herausnehmen, in ein Sieb geben, mit kaltem Wasser abspülen und abtropfen lassen. Den Spargel kreisförmig auf den Teig legen.
6. Für den Guss Eier mit Sahne und Milch in einer Rührschüssel verschlagen. Mit Salz, Pfeffer und 1 Prise Muskat abschmecken. Den Guss auf dem Spargel verteilen und mit Parmesan-Käse bestreuen.
7. Die Tarte auf dem Rost in den vorgeheizten Backofen schieben. Tarte etwa 35 Minuten goldbraun backen.
8. Die Tarte aus der Form lösen, auf eine Platte legen und warm oder kalt servieren.

Schusterjungen

Schusterjungen
12 Stück

Zubereitungszeit: 45 Minuten, ohne Teiggehzeit
Backzeit: 20–25 Minuten

350 g Roggenmehl (Type 1050)
150 g Weizenmehl (Type 550)
1 Pck. Dr. Oetker Trockenbackhefe
1 gestr. TL Salz
etwa 375 ml (3/8 l) lauwarmes Wasser

Insgesamt:
E: 63 g, F: 8 g, Kh: 354 g,
kJ: 7724, kcal: 1845

1. Mehl in eine Rührschüssel geben, mit Trockenbackhefe sorgfältig vermischen. Salz und Wasser hinzufügen. Die Zutaten mit Handrührgerät mit Knethaken zunächst kurz auf niedrigster, dann auf höchster Stufe in etwa 5 Minuten zu einem glatten Teig verarbeiten.
2. Den Teig leicht mit Mehl bestäuben und zugedeckt an einem warmen Ort gehen lassen, bis er sich sichtbar vergrößert hat (etwa 20 Minuten).
3. Den gegangenen Teig leicht mit Mehl bestäuben, aus der Schüssel nehmen und auf einer leicht bemehlten Arbeitsfläche nochmals kurz durchkneten. Den Teig in 12 Portionen teilen und jeweils zu einer Kugel formen. Teigkugeln auf ein Backblech (mit Backpapier belegt) legen. Nochmals zugedeckt so lange an einem warmen Ort gehen lassen, bis sie sich sichtbar vergrößert haben (etwa 20 Minuten).
4. In der Zwischenzeit den Backofen vorheizen.
Ober-/Unterhitze: etwa 200 °C
Heißluft: etwa 180 °C
5. Teigkugeln mit Wasser bestreichen und mit Mehl bestäuben. Das Backblech in den vorgeheizten Backofen schieben. Schusterjungen 20–25 Minuten backen.
6. Die Schusterjungen mit dem Backpapier vom Backblech auf einen Kuchenrost ziehen und erkalten lassen.

Rustikaler Kürbiskuchen

4 Portionen

Zubereitungszeit: 40 Minuten, ohne Teiggehzeit
Backzeit: etwa 25 Minuten

300 g Weizenmehl (Type 550)
1 TL Dr. Oetker Trockenbackhefe
1 gestr. TL Salz
1 TL Kümmelsamen
225 ml lauwarmes Wasser
2 EL Walnussöl

250 g Hokkaido-Kürbis
100 g Zwiebeln
je 50 g Ziegengouda- und Gruyère-Käse
75 g durchwachsener Speck, in Scheiben
75 g Crème fraîche
Salz
4 Zweige Majoran
frisch gemahlener, schwarzer Pfeffer

Pro Portion:
E: 19 g, F: 25 g, Kh: 59 g,
kJ: 2267, kcal: 542

1. Für den Teig das Mehl in eine Rührschüssel geben, mit Trockenbackhefe sorgfältig vermischen. Salz, Kümmel, Wasser und Walnussöl hinzugeben. Die Zutaten mit Handrührgerät mit Knethaken zunächst kurz auf niedrigster, dann auf höchster Stufe in etwa 5 Minuten zu einem glatten Teig verarbeiten. Den Teig leicht mit Mehl bestäuben und zugedeckt so lange an einem warmen Ort gehen lassen, bis er sich sichtbar vergrößert hat (etwa 90 Minuten).
2. In der Zwischenzeit von dem Kürbis die Kerne mit einem Löffel herausschaben. Kürbis abspülen, abtropfen lassen und das Fruchtfleisch in sehr dünne Scheiben schneiden oder hobeln. Zwiebeln abziehen und in dünne Streifen schneiden. Den Käse grob reiben. Speckscheiben in etwa 1 cm breite Streifen schneiden.
3. Den Backofen vorheizen.
Ober-/Unterhitze: etwa 240 °C
Heißluft: etwa 220 °C
4. Den gegangenen Teig leicht mit Mehl bestäuben, vorsichtig aus der Schüssel nehmen und auf einem Backblech (gefettet, mit Backpapier belegt) mit angefeuchteten Händen zu einem etwa 1 cm dicken Fladen formen.
5. Den Teigfladen zuerst mit Crème fraîche bestreichen. Kürbisscheiben mit etwas Salz bestreuen und darauflegen. Zwiebelstreifen daraufstreuen und den Käse darauf verteilen.

Rustikaler Kürbiskuchen

6. Majoran abspülen und trocken tupfen. Den Teigfladen mit den Speckstreifen und Majoranzweigen belegen. Mit grob gemahlenem Pfeffer bestreuen. Das Backblech in den vorgeheizten Backofen (untere Schiene) schieben. Den Kürbiskuchen etwa 25 Minuten backen.
7. Kürbiskuchen mit dem Backpapier vom Backblech auf einen Kuchenrost ziehen und erkalten lassen.

Dinkelzopf mit Kürbiskernen

Zubereitungszeit: 40 Minuten, ohne Teiggehzeit
Backzeit: etwa 30 Minuten

Für den Hefeteig:
500 g Dinkel-Vollkornmehl
1 Pck. Dr. Oetker Trockenbackhefe
70 g Kürbiskerne
2 gestr. TL Salz
300 ml warmes Wasser
2 EL Speiseöl, z. B. Sonnenblumenöl

1–2 EL Kürbiskerne

Insgesamt:
E: 100 g, F: 73 g, Kh: 354 g,
kJ: 10368, kcal: 2477

1. Für den Teig Vollkornmehl und Trockenbackhefe in einer Rührschüssel sorgfältig vermischen. Kürbiskerne grob hacken. Salz, gehackte Kürbiskerne, Wasser und Speiseöl hinzufügen. Die Zutaten mit Handrührgerät mit Knethaken zunächst kurz auf niedrigster, dann auf höchster Stufe in etwa 5 Minuten zu einem glatten Teig verarbeiten.
2. Teig leicht mit Mehl bestäuben und zugedeckt so lange an einem warmen Ort gehen lassen, bis er sich sichtbar vergrößert hat (etwa 40 Minuten).
3. Den gegangenen Teig leicht mit Mehl bestäuben, aus der Schüssel nehmen, auf der leicht bemehlten Arbeitsfläche nochmals kurz durch-

Dinkelzopf mit Kürbiskernen

Sauerkraut-Pie

kneten und zu einer Rolle formen. Die Teigrolle in 3 gleich große Portionen teilen. Jede Teigportion zu einer Rolle von etwa 30 cm Länge formen.
4. Die Teigrollen nebeneinander auf die leicht bemehlte Arbeitsfläche legen und zu einem Zopf flechten. Die Teigenden gut zusammendrücken und unter den Zopf schlagen. Teigzopf auf ein Backblech (mit Backpapier belegt) legen, mit Wasser bestreichen und noch mit Kürbiskernen bestreuen.
5. Den Teigzopf nochmals zugedeckt so lange an einem warmen Ort gehen lassen, bis er sich sichtbar vergrößert hat (etwa 20 Minuten).
6. Den Backofen vorheizen.
Ober-/Unterhitze: etwa 250 °C
Heißluft: etwa 230 °C
7. Das Backblech in den Backofen schieben (unteres Drittel). Den Zopf etwa 5 Minuten backen. Dann die Backofentemperatur um etwa 50 °C auf Ober-/Unterhitze: etwa 200 °C, Heißluft: etwa 180 °C herunterschalten und den Zopf weitere etwa 25 Minuten backen.
8. Den Dinkelzopf vom Backpapier nehmen und auf einem Kuchenrost erkalten lassen.

Tipp: Klingt das Brot nach dem Backen beim Klopfen hohl, ist das Brot fertig.

Sauerkraut-Pie
4 Portionen

Zubereitungszeit: 30 Minuten, ohne Auftau- und Kühlzeit
Backzeit: etwa 30 Minuten

225 g TK-Blätterteig
2 Zwiebeln
770 g Sauerkraut (aus der Dose)
2 EL Speiseöl, z. B. Rapsöl
125 g rohe Schinkenwürfel
200 ml Fleischbrühe
frisch gemahlener Pfeffer
1 gestr. EL Zucker
1–2 EL Instant-Bratensauce
2 EL Speiseöl, z. B. Rapsöl
4 Bratwürste (etwa 500 g)
1 Eigelb

Pro Portion:
E: 34 g, F: 58 g, Kh: 34 g,
kJ: 3342, kcal: 798

1. Die Blätterteigplatten nebeneinander nach Packungsanleitung auftauen lassen.
2. Die Zwiebeln abziehen und in feine Würfel schneiden. Das Sauerkraut in einem Sieb abtropfen lassen und evtl. etwas kleiner schneiden.
3. Speiseöl in einer Pfanne erhitzen, Zwiebel- und Schinkenwürfel darin anbraten. Sauerkraut hinzufügen und unter Rühren ebenfalls kurz mitdünsten. Fleischbrühe hinzugießen. Sauerkraut etwa 10 Minuten garen.
4. Sauerkraut mit Pfeffer, Zucker und Bratensauce würzen, etwas abkühlen lassen und in einer Pie- oder Tarteform (Ø 26–28 cm) verteilen.
5. Speiseöl in einer Pfanne erhitzen. Die Bratwürste darin von allen Seiten anbraten und auf das Sauerkraut legen.
6. Den Backofen vorheizen.
Ober-/Unterhitze: etwa 180 °C
Heißluft: etwa 160 °C
7. Blätterteigplatten aufeinanderlegen und auf einer leicht bemehlten Arbeitsfläche zu einer Platte (Ø 26–28 cm)ausrollen. Eigelb verschlagen und den Innenrand der Form damit bestreichen. Teigplatte auf das Sauerkraut legen und am Rand der Form fest andrücken.
8. Mit einem spitzen Messer in der Mitte der Blätterteigplatte einen Kreis (Ø etwa 2 cm) herausschneiden, damit beim Backen der Dampf entweichen kann. Die Blätterteigplatte mit restlichem, verschlagenem Eigelb bestreichen.
9. Die Form auf dem Rost in den vorgeheizten Backofen schieben. Die Pie etwa 30 Minuten backen.
10. Die Form auf einen Rost stellen. Sauerkraut-Pie kurz ruhen lassen, in Stücke schneiden und noch warm servieren.

Brioches

8 Stück

Zubereitungszeit: 25 Minuten, ohne Teiggehzeit
Backzeit: etwa 20 Minuten

Für den Vorteig:
100 g Weizenmehl (Type 550)
42 g frische Hefe
1 gestr. TL Zucker
6 EL lauwarmes Wasser

Für den Teig:
400 g weiche Butter
50 g gesiebter Puderzucker
10 g Salz
6 Eier (Größe M)
400 g Weizenmehl (Type 550)

Außerdem:
8 kleine Briocheformen (Ø etwa 8 cm)

Pro Stück:
E: 14 g, F: 47 g, Kh: 54 g,
kJ: 3013, kcal: 720

1. Für den Vorteig Mehl in eine Rührschüssel geben und in die Mitte eine Vertiefung eindrücken. Hefe hineinbröckeln, mit Zucker und lauwarmem Wasser verrühren. Den Vorteig zugedeckt etwa 15 Minuten an einem warmen Ort gehen lassen, bis er sich sichtbar vergrößert hat.
2. Für den Teig Butter in einer Rührschüssel mit Handrührgerät mit Rührbesen schaumig schlagen. Puderzucker und Salz unterrühren. So lange rühren, bis eine gebundene Masse entstanden ist. Die Eier nach und nach unterrühren. Mehl und den Vorteig hinzufügen. Die Zutaten mit Handrührgerät mit Knethaken zunächst kurz auf niedrigster, dann auf höchster Stufe in etwa 5 Minuten zu einem glatten Teig verarbeiten. Den Teig zugedeckt an einem warmen Ort gehen lassen, bis er sich sichtbar vergrößert hat (etwa 30 Minuten).
3. Den gegangenen Teig leicht mit Mehl bestäuben, aus der Schüssel nehmen, auf einer leicht bemehlten Arbeitsfläche nochmals gut durchkneten und in 8 gleich große Portionen teilen. Jede Teigportion im Verhältnis zwei Drittel zu ein Drittel teilen und jeweils zu Kugeln formen.
4. Jeweils eine große Teigkugel in 8 kleine Briocheformen (Ø etwa 8 cm, gefettet, evtl. mit Semmelbröseln ausgestreut) geben. Mit dem Daumen eine Vertiefung eindrücken und je eine kleine Kugel darauflegen. Den Teig nochmals zugedeckt so lange an einem warmen Ort gehen lassen, bis er sich sichtbar vergrößert hat (etwa 30 Minuten).
5. Inzwischen Backofen vorheizen.
Ober-/Unterhitze: etwa 200 °C
Heißluft: etwa 180 °C
6. Die Formen auf dem Rost in den vorgeheizten Backofen schieben. Brioches etwa 20 Minuten backen.
7. Brioches in den Formen kurz abkühlen lassen, dann aus den Formen lösen und auf dem Kuchenrost abkühlen lassen.

Tipp: Brioches sollten möglichst frisch verzehrt werden.

Kartoffelbrotfladen

Zubereitungszeit: 45 Minuten, ohne Abkühl- und Teiggehzeit
Backzeit: etwa 40 Minuten

600 g mehligkochende Kartoffeln
200 ml warmes Wasser
1 Pck. Dr. Oetker Trockenbackhefe
1 gestr. TL Zucker
500 g Weizenmehl
300 g Hartweizengrieß
2 gestr. TL Salz

Insgesamt:
E: 97 g, F: 9 g, Kh: 680 g,
kJ: 13560, kcal: 3241

1. Die Kartoffeln gründlich waschen. Knapp mit Wasser bedeckt zum Kochen bringen und 20–25 Minuten garen. Die Kartoffeln abgießen, mit kaltem Wasser abschrecken und ab-

tropfen lassen. Kartoffeln noch heiß pellen und sofort durch eine Kartoffelpresse drücken oder mit einem Kartoffelstampfer zerdrücken. Kartoffelmasse abkühlen lassen.
2. Das warme Wasser in eine Rührschüssel geben. Trockenbackhefe und Zucker hinzugeben. Mehl in 2 Portionen mit Handrührgerät mit Knethaken unterarbeiten. Den Teig zugedeckt an einem warmen Ort etwa 1 Stunde gehen lassen.
3. Grieß, Kartoffelmasse und Salz zum Vorteig in die Rührschüssel geben und mit Handrührgerät mit Knethaken zu einem glatten Teig verkneten. Den Teig nochmals zugedeckt so lange an einem warmen Ort gehen lassen, bis er sich sichtbar vergrößert hat (etwa 30 Minuten).
4. Den gegangenen Teig leicht mit Mehl bestäuben, aus der Schüssel nehmen und auf der leicht bemehlten Arbeitsfläche zu einem Fladen formen. Den Teigfladen auf ein Backblech (mit Backpapier belegt) legen. Die Teigoberfläche mit einem Messer kreuzweise einschneiden. Den Teigfladen nochmals zugedeckt so lange an einem warmen Ort gehen lassen, bis er sich sichtbar vergrößert hat (etwa 1 1/2 Stunden).
5. In der Zwischenzeit den Backofen vorheizen.
Ober-/Unterhitze: etwa 180 °C
Heißluft: etwa 160 °C
6. Das Backblech in den vorgeheizten Backofen schieben. Den Brotfladen etwa 40 Minuten backen.
7. Den Brotfladen mit dem Backpapier vom Backblech auf einen Kuchenrost ziehen. Brotfladen erkalten lassen.

Kleine Pilz-Quiches
12 Stück

Zubereitungszeit: 50 Minuten, ohne Auftau-, Abkühl- und Ruhezeit
Backzeit: 25–30 Minuten

450 g TK-Blätterteig

500 g Champignons
2 Frühlingszwiebeln
2 EL Olivenöl
Salz, frisch gemahlener Pfeffer
1 Scheibe Toastbrot
30 g frisch geriebener Emmentaler Käse
200 g Schmand (Sauerrahm)
2 Eier (Größe M)
Paprikapulver rosenscharf

Insgesamt:
E: 68 g, F: 217 g, Kh: 181 g, kJ: 12659, kcal: 3024

1. Die Blätterteigplatten nebeneinander nach Packungsanleitung auftauen lassen.
2. Für die Füllung die Champignons putzen, mit Küchenpapier abreiben, evtl. kurz abspülen, trocken tupfen und vierteln. Frühlingszwiebeln putzen, abspülen, abtropfen lassen und in dünne Ringe schneiden.
3. Olivenöl in einer Pfanne erhitzen. Champignonviertel darin andünsten, mit Salz und Pfeffer würzen. Frühlingszwiebelringe unterheben und erkalten lassen.
4. Toastbrot in einer kleinen Schüssel fein zerbröseln, Käse untermischen und beiseitestellen.
5. Schmand und Eier verschlagen, mit Salz, Pfeffer und Paprika würzen.
6. Je 3 Blätterteigplatten aufeinanderlegen und auf einer bemehlten Arbeitsfläche zu 2 Rechtecken (etwa 33 x 23 cm) ausrollen, etwa 5 Minuten ruhen lassen.
7. Den Backofen vorheizen.
Ober-/Unterhitze: etwa 200 °C
Heißluft: etwa 180 °C
8. Aus jedem Teigrechteck 6 runde Platten (Ø etwa 11 cm) ausstechen.
9. Die Teigplatten in eine Muffinform (für 12 Muffins, gefettet) legen. Die Teigböden mit einer Gabel mehrmals einstechen. Champignonmasse auf dem Teig verteilen, Schmandmasse gleichmäßig daraufgeben und mit der Brot-Käse-Mischung bestreuen. Die Form auf dem Rost in den vorgeheizten Backofen schieben. Pilz-Quiches 25–30 Minuten backen.
10. Die Form auf einen Kuchenrost stellen. Die Pilz-Quiches etwa 10 Minuten in der Form abkühlen lassen, dann aus der Form lösen und sofort servieren.

Kleine Pilz-Quiches

Pikante Franzbrötchen
10 Stück

Zubereitungszeit: 30 Minuten, ohne Teiggehzeit
Backzeit: etwa 25 Minuten

Für den Hefeteig:
250 g Weizenmehl (Type 550)
250 g Weizenmehl (Type 1050)
21 g frische Hefe
1/2 gestr. TL Zucker
etwa 300 ml lauwarmes Wasser
1 Prise Salz

Zum Bestreichen und Bestreuen:
1 Ei
1 EL Kümmelsamen
1 1/2 TL grobes Salz

Pro Stück:
E: 5 g, F: 12 g, Kh: 23 g,
kJ: 950, kcal: 227

1. Für den Teig Mehl in eine Rührschüssel geben. In die Mitte eine Vertiefung drücken und die Hefe hineinbröckeln. Zucker und etwas Milch hinzufügen. Mit einem kleinen Teil des Mehls mit einer Gabel vorsichtig verrühren und etwa 10 Minuten gehen lassen.
2. Salz und restliches Wasser hinzufügen. Die Zutaten mit Handrührgerät mit Knethaken zunächst kurz auf niedrigster, dann auf höchster Stufe in etwa 5 Minuten zu einem glatten Teig verarbeiten. Den Teig zugedeckt so lange an einem warmen Ort gehen lassen, bis er sich sichtbar vergrößert hat (etwa 20 Minuten).
3. Den gegangenen Teig leicht mit Mehl bestäuben, aus der Schüssel nehmen, auf einer leicht bemehlten Arbeitsfläche kurz durchkneten und zu einem Rechteck (etwa 20 x 40 cm) ausrollen.
4. Das Ei trennen. Teig mit verschlagenem Eiweiß bestreichen, mit Kümmel und Salz bestreuen. Teig von der Längsseite aus aufrollen und in etwa 4 cm breite Stücke schneiden. Mit einem bemehlten Kochlöffelstiel die Stücke zwischen den Schnittkanten in der Mitte herunterdrücken, sodass sich die Seiten stark hochwölben.
5. Teigbrötchen auf ein Backblech (mit Backpapier belegt) legen. Das Eigelb mit etwas Wasser verschlagen, die Brötchen damit bestreichen und zugedeckt nochmals so lange an einem warmen Ort gehen lassen, bis sie sich sichtbar vergrößert haben (etwa 25 Minuten).
6. In der Zwischenzeit den Backofen vorheizen.
Ober-/Unterhitze: etwa 200 °C
Heißluft: etwa 180 °C
7. Das Backblech in den vorgeheizten Backofen schieben. Die Franzbrötchen etwa 25 Minuten backen.
8. Franzbrötchen mit dem Backpapier vom Backblech auf einen Kuchenrost ziehen und erkalten lassen.

Pikante Franzbrötchen

Pikante Hörnchen
etwa 30 Stück

Zubereitungszeit: 60 Minuten, ohne Kühlzeit
Backzeit: 20–25 Minuten

Für den Teig:
250 g Weizenmehl
1/4 gestr. TL Salz
frisch gemahlener Pfeffer
frisch geriebene Muskatnuss
250 g kalte Butter oder Margarine
250 g Magerquark

300 g Kochschinken, in dünnen Scheiben

1 Eigelb
2 EL Milch

Pro Stück:
E: 4 g, F: 8 g, Kh: 6 g,
kJ: 523, kcal: 125

1. Für den Teig Mehl in eine Rührschüssel geben, Salz, Pfeffer und Muskat untermischen. Butter oder Margarine und Quark hinzufügen (sollte der Quark sehr nass sein, ihn vorher in ein Geschirrtuch geben und die Flüssigkeit herausdrücken). Die Zutaten mit Handrührgerät mit Knethaken zu einem glatten Teig verarbeiten.
2. Den Teig zu einer Kugel formen und in Frischhaltefolie gewickelt im Kühlschrank etwa 1 Stunde ruhen lassen.
3. Den Backofen vorheizen.
Ober-/Unterhitze: etwa 200 °C
Heißluft: etwa 180 °C
4. Den Teig auf einer leicht bemehlten Arbeitsfläche 3–4 mm dick ausrollen. Mit dem Teigrädchen zuerst in etwa 14 cm breite Streifen, dann in etwa 30 spitz zulaufende Teigdreiecke schneiden.
5. Die Schinkenscheiben in Streifen schneiden. Jedes Teigdreieck mit Schinkenstreifen belegen und von der breiten Seite aus zu einem Hörnchen aufrollen.
6. Die Hörnchen auf ein Backblech (mit Backpapier belegt) legen. Ei-

Pikante Hörnchen

Ciabatta

gelb mit Milch verschlagen, die Hörnchen dünn damit bestreichen. Das Backblech in den vorgeheizten Backofen schieben. Hörnchen 20–25 Minuten goldgelb backen.

7. Pikante Hörnchen mit dem Backpapier vom Backblech auf einen Kuchenrost ziehen und erkalten lassen.

Tipps: Die Hörnchen schmecken frisch am besten. Nach Belieben die Hörnchen mit Käse füllen.

Ciabatta

4 Brote (je etwa 330 g)

Zubereitungszeit: 45 Minuten, ohne Teiggeh- und Ruhezeit
Backzeit: 20–25 Minuten je Backblech

Für den Hefeteig:
900 g Weizenmehl (Type 550)
2 Pck. Dr. Oetker Trockenbackhefe
500 ml (1/2 l) warmes Wasser
5 EL (75 ml) warme Milch
1 EL Olivenöl
1 gestr. EL Salz

Je Brot:
E: 27 g, F: 6 g, Kh: 175 g,
kJ: 3652, kcal: 872

1. Für den Teig 500 g Mehl in einer großen Rührschüssel mit der Trockenbackhefe sorgfältig vermischen. Wasser, Milch, Olivenöl und Salz hinzufügen. Die Zutaten mit Handrührgerät mit Knethaken zunächst kurz auf niedrigster Stufe, dann auf höchster Stufe in etwa 5 Minuten zu einem dickflüssigen Teig verarbeiten.

2. Den Teig leicht mit Mehl bestäuben und zugedeckt an einem warmen Ort gehen lassen, bis er sich sichtbar vergrößert hat (etwa 30 Minuten).

3. Restliches Mehl zum Teig geben und mit Handrührgerät mit Knethaken etwa 3 Minuten unterarbeiten. Den Teig leicht mit Mehl bestäuben und nochmals zugedeckt so lange an einem warmen Ort gehen lassen, bis er sich sichtbar vergrößert hat (etwa 30 Minuten).

4. Teig und Arbeitsfläche mit etwas Mehl bestäuben. Hefeteig in 4 gleich große Portionen teilen. Jede Portion auf ein Stück Backpapier (etwa 16 x 40 cm) legen und mit den Händen zu einem Teigfladen (etwa 10 x 25 cm) formen. Die Fladen zugedeckt etwa 90 Minuten ruhen lassen.

5. Den Backofen vorheizen.
Ober-/Unterhitze: etwa 220 °C
Heißluft: etwa 200 °C

6. Ein Backblech etwa 5 Minuten zum Erwärmen in den vorgeheizten Backofen schieben. Das heiße Backblech auf einen Kuchenrost stellen und 2 Fladen mit dem Backpapier vorsichtig daraufziehen.

7. Die Teigfladen vorsichtig mit Wasser bestreichen und mit etwas Mehl bestäuben. Das Backblech in den vorgeheizten Backofen schieben. Ciabatta 20–25 Minuten backen. Restliche Fladen zugedeckt ruhen lassen und wie beschrieben backen.

8. Ciabatta auf einem Kuchenrost erkalten lassen.

Abwandlung: Für **Ciabatta mit Tomaten und Oliven** lassen Sie je 80 g schwarze und grüne Oliven ohne Stein und 4 getrocknete, in Öl eingelegte Tomaten gut abtropfen. Schneiden Sie die Oliven und Tomaten in sehr kleine Stücke und kneten Sie diese bei Punkt 3 mit unter den Teig.

Kapitelregister

Suppen und Eintöpfe

Salate

Fleisch

Gemüse und Beilagen

Aufläufe und Gratins

Desserts

Blechkuchen

Torten

Kuchen

Brot und pikantes Gebäck

A

T

U

V

W

Bildnachweis

Bei mehreren Bildern auf einer Seite geben die Abkürzungen hinter der Seitenzahl die Position des Bildes an:
o. = oben; u. = unten; l. = links; r. = rechts

Titelfoto
Thomas Diercks, Hamburg

Innenfotos

Walter Cimbal, Hamburg (S. 101 l., 251, 302, 308 l., 309 l., 310 l., 316 l., 317 r., 348 r., 351 r., 435, 436 r., 437, 439, 448 r., 456, 457, 462, 463 l., 469, 516, 517 l., 519 r., 523, 531, 532 l., 536 l., 540, 543 r., 544 l., 547, 556 l., 557 l., 562, 566 r., 568 r., 572 l., 580 l., 589, 592 l., 595 l., 596 r., 604 l., 618, 622 r.)

Fotostudio Diercks (Thomas Diercks, Kai Boxhammer, Christiane Krüger), Hamburg (S. 4, 6, 9 l., 11 l., 13, 14, 15 r., 18 l., 20 r., 21 l., 22, 24, 27, 29, 35 r., 36 r., 37 l., 38, 40 r., 41, 42, 44, 45 l., 47, 48, 50, 52 l., 53, 55 l., 56, 59, 60 l., 63, 65 l., 72 l., 73 l., 76 l., 78 r., 80 r., 82 r., 83 r., 87, 88, 89 r., 90 r.–92 l., 93 l., 94, 100 r., 102 r., 106 l., 119, 121 o., 123 r., 124 l., 126–128, 129 r., 132, 133 l., 134, 135 u., 137–140 l., 142 r., 144, 145, 147 r., 150–152, 153 r., 154 r.–156 l., 157, 158, 159 r., 162, 163 r., 164, 166 l., 168 r., 170, 171 l., 172, 175 l., 176, 177 l., 178, 181, 182 l., 184 l., 186, 187 r., 188 l., 189 r., 191 l., 193 r., 194, 197 l., 199 l., 200 r., 201, 205 l., 206 r., 207 r., 208, 210 r., 211 l., 212 l., 214, 215 l., 217 r., 220 r., 221 l., 222 l., 224, 225 l., 228, 230, 231, 235 r., 236, 241 r., 245 l., 246 r., 254, 258, 260 l., 264 l., 269, 277, 280 l., 283, 287, 288 l., 293 r., 295 r., 296 l., 299 l., 304 l., 305 l., 306, 308 r., 318, 320 r., 321–325, 326 r., 328, 331, 332 r., 334 r., 336 l., 337 l., 338 r., 340 r., 343 r., 344, 346, 348 l., 350 l., 354, 355, 356 r., 358–361 l., 362, 363 r., 364, 365 l., 367, 369, 370–378 l., 381, 382, 383 r., 385 l., 386 l.–388, 389 r., 390, 392 l., 393–397, 399–403, 405–407, 409 r.–414, 416 l., 418, 419, 422 r., 423, 425 l., 427, 428 l., 431 r., 432 r., 436 l., 438, 441, 442 l., 443, 445, 449–451, 454, 455 r., 458 r., 460, 465, 467, 468, 473–477 l., 479, 480, 481 r., 483, 484 l., 485, 487, 489–492, 494, 495 r., 497, 498, 499, 502, 503 l., 504, 506, 507 l., 508, 510, 511 r., 518 r., 519 l., 520–522 l., 524 r., 527 r., 528 r., 529 l., 530, 538, 539, 543 l., 544 r., 546, 548 r., 553–555, 557 r., 558, 559 l., 560 l., 561, 563 l., 565, 568 l., 569, 579 l., 580 r., 581, 582 l., 583, 585 r., 586 l., 590, 592 r., 593, 594, 596 l., 597, 599–603 l., 604 r., 605–607, 609–611, 612 r., 615, 617, 621 l., 622 l., 623, 625 r.)

Ulli Hartmann, Halle/Westf. (S. 9 r., 11 r., 16 r., 19, 21 r., 23 r., 28 l., 30, 32, 34, 43 l., 45 r., 46 l., 49 l., 54 l., 55 r., 64, 67 l., 80 l., 84 r., 85, 101 r., 105 r., 111 r., 113, 114 l., 115, 118 r., 121 u., 123 l., 130 l., 148 r., 149, 160 r., 169, 184 r., 190 l., 196 l., 198 l., 199 r., 206 l., 209 r., 212 r., 216 r., 218 r., 239 r., 243 r., 248 l., 250 l., 253, 255, 256, 257 r., 261, 267 r., 270, 274 l., 278, 279 l., 282 l., 284, 285 l., 290 l., 291, 297, 299 r., 301, 303, 305 r., 311 r.–315, 333, 337 r., 338 l., 341 l., 342, 343 l., 352 l., 353, 363 l., 365 r., 380, 398, 404, 434, 447, 477 r., 482, 509, 514 l., 518 l., 528 l., 529 r., 535 r., 537, 541 r., 573 r.)

Bela Hoche, Hamburg (S. 23 l., 52 r., 79 r., 133 r., 171 r., 227 r., 298, 310 r., 311 l., 574 l.)

Ulrich Kopp, Sindelfingen (S. 20 l., 31 l., 57 r., 61 l., 195 r., 203 r., 218 l., 229 r., 334 l., 368, 385 r., 415 l., 416 r., 417, 421, 425 r., 429–431 l., 432 l., 440, 446, 461, 471 l., 493, 524 l., 525, 566 l., 586 r.)

Bernd Lippert (S. 28 r., 39 l., 226 r., 339 l., 356 l., 357, 383 l., 386 l., 420, 426, 428 r., 453, 478, 486, 495 l., 496, 505, 507 r., 522 r., 556 r., 571 r., 574 r., 585 l., 595 r., 619, 625 l.)

Herbert Maass, Hamburg (S. 16 l., 40 l., 62 l., 92 r., 95 r., 204 r., 213 r., 232 l., 234 l., 263 r., 290 r.)

Janne Peters, Hamburg (S. 8, 60 r., 103 r., 120, 130 r., 131, 135 o., 136, 142 l., 143 r., 154 l., 159 l., 161, 168 l., 179, 190 r., 192 l., 195 l., 204 l., 220 l., 250 r., 264 r., 274 r., 326 l., 327 r., 548 l., 571 l., 591 r., 620)

Antje Plewinski, Berlin (S. 31 r., 33 l., 51 r., 62 r., 65 r., 66, 67 r., 69, 70 r., 71 l., 73 r., 74 l., 89 l., 90 l., 93 r., 96 l., 98 r., 102 l., 106 r., 108 l., 109 l., 124 r., 125, 140 r., 141, 143 l., 146, 147 l., 156 r., 166 r., 167, 182 r., 189 l., 210 l., 211 r., 219 l., 268 l., 272, 275 l., 276 r., 282 r., 292, 295 l., 307 r., 309 r., 316 r., 327 l., 330 r., 332 l., 442 r., 444, 459, 464, 484 r., 488, 532 r., 533–535 l., 536 r., 541 l., 545, 551 r., 576 r., 577, 584, 603 r.)

Anke Politt, Hamburg (S. 317 l., 320 l., 384, 389 l., 391, 415 r.)

Christiane Pries, Borgholzhausen (S. 12 r., 43 r., 192 r., 196 r., 197 l., 207 l., 225 r., 234 r., 257 l., 307 l., 329 r., 341 r., 379, 458 l., 481 l., 564, 576 l., 614 l.)

Hans-Joachim Schmidt, Hamburg (S. 10, 17, 25, 35 l., 39 r., 46 r., 51 l., 58, 68, 70 l., 72 r., 75 r., 76 r., 77, 79 l., 86 r., 95 l., 96 r., 97 l., 98 l., 99, 103 l., 104, 105 l., 109 r.–111 l., 112, 116, 117 r., 200 l., 238, 240 l., 242, 244, 246 l., 249 r., 252, 259 r., 261 r., 262, 263 l., 265 l., 267 l., 268 r., 271, 273, 276 l., 279 r., 281, 285 r., 286, 289, 293 l., 294, 296 r., 300 l., 335, 614 r.)

Axel Struwe, Bielefeld (S. 108 r., 122, 129 l., 148 l., 153 l., 163 l., 165, 173 r., 174, 175 r., 177 r., 180, 183, 185, 209 l., 433, 472, 512, 513 r., 608, 621 r.)

Norbert Toelle, Bielefeld (S. 12 l., 15 l., 18 r., 26 l., 33 r., 36 l., 37 r., 57 l., 81 l., 83 l., 84 l., 97 r., 160 l., 173 l., 191 r., 217 l., 221 r., 222 r., 223, 227 l. 237 r., 239 l., 241, 245 r., 248 r., 265 l., 266, 280 r., 288 r., 319, 336 r., 347, 350 r., 352 r., 501, 527 l., 552 l., 613)

Brigitte Wegner, Bielefeld (S. 26 r., 49 r., 54 r., 61 r., 71 r., 74 r., 75 l., 78 l., 81 r., 82, l., 86 l., 107, 114 r., 117 l., 118 l., 188 r., 193 l., 198 r., 202 l., 203 l., 205 r., 213 l., 215 r., 216 l., 219 r., 226 l., 229 l., 233, 237 l., 243 l., 247, 249 l., 259 l., 275 r., 300 r., 329 l., 340 l., 345, 349, 351 l., 366, 392 r., 408, 409 l., 422 l., 424, 448 l., 452, 455 l., 463 r., 466 l., 470, 471 r., 500, 503 r., 511 l., 513 l., 514 r., 515, 517 r., 526, 542, 549, 550, 551 l., 552 r., 560 r., 563 r., 570, 572 r., 573 l., 575, 578, 579 r., 583 r., 587, 588, 591 l., 598, 599 l., 616, 624)

Bernd Wohlgemuth, Hamburg (S. 100 l., 187 l., 202 r., 232 r., 235 l., 304 r., 330 l., 339 r., 361 r., 378 r., 466 r., 559 r., 567, 612 l.)

Abkürzungen

EL	=	Esslöffel
TL	=	Teelöffel
Msp.	=	Messerspitze
Pck.	=	Packung/Päckchen
g	=	Gramm
kg	=	Kilogramm
ml	=	Milliliter
l	=	Liter
evtl.	=	eventuell
geh.	=	gehäuft
gestr.	=	gestrichen
TK	=	Tiefkühlprodukt
°C	=	Grad Celcius
Ø	=	Durchmesser

Kalorien-/Nährwertangaben

E	=	Eiweiß
F	=	Fett
Kh	=	Kohlenhydrate
kJ	=	Kilojoule
kcal	=	Kilokalorie

Hinweise zu den Rezepten

Lesen Sie bitte vor der Zubereitung – besser noch vor dem Einkaufen – das Rezept einmal vollständig durch. Oft werden Arbeitsabläufe oder -zusammenhänge dann klarer. Die Rezepte sind, wenn nicht anders angegeben, für 4 Portionen berechnet. Die Zutaten sind in der Reihenfolge ihrer Bearbeitung aufgeführt. Die Arbeitsschritte sind einzeln hervorgehoben, in der Reihenfolge, in der sie von uns ausprobiert wurden.

Backofeneinstellung

Die in den Rezepten angegebenen Gar- und Backtemperaturen und -zeiten sind Richtwerte, die je nach individueller Hitzeleistung des Backofens über- oder unterschritten werden können. Bitte beachten Sie deshalb bei der Einstellung des Backofens die Gebrauchsanweisung des Herstellers.

Zubereitungszeiten

Die Zubereitungszeit beinhaltet nur die Zeit für die eigentliche Zubereitung. Längere Wartezeiten wie z. B. Auftau- und Kühlzeiten sind nicht miteinbezogen.

Für Fragen, Vorschläge oder Anregungen stehen Ihnen der Verbraucherservice der Dr. Oetker Versuchsküche Telefon: 00800 717273 74 Mo.–Fr. 8:00–18:00 Uhr, Sa. 9:00–15:00 Uhr (gebührenfrei in Deutschland) oder die Mitarbeiter des Dr. Oetker Verlages Telefon: +49 (0) 521 520642 Mo.–Fr. 9:00–15:00 Uhr zur Verfügung.

Oder schreiben Sie uns:
Dr. Oetker Verlag KG, Am Bach 11, 33602 Bielefeld oder besuchen Sie uns im Internet unter www.oetker-verlag.de oder www.oetker.de.

Umwelthinweis Dieses Buch und der Einband wurden auf chlorfrei gebleichtem Papier gedruckt. Die Einschrumpffolie - zum Schutz vor Verschmutzung - ist aus umweltfreundlichem und recyclingfähigem PE-Material.

Redaktion Carola Reich, Carola Hülshoff, Christina Langner, Annette Riesenberg

Lektorat no:vum, Susanne Noll, Leinfelden-Echterdingen

Nährwertberechnungen Nutri Service, Hennef

Titelgestaltung kontur:design, Bielefeld
Grafisches Konzept und Gestaltung MDH Haselhorst
Satz und Layout MDH Haselhorst

Druck und Bindung Firmengruppe APPL, aprinta Druck, Wemding

Wir danken für die freundliche Unterstützung Bahlsen, Hannover; Coca-Cola, Berlin; DIAGEO Deutschland, Wiesbaden; Kraft Foods, Bremen; August Storck, Berlin

ISBN: 978–3–7670–0999–8